Rumänien, Slowakei und Bulgarien 1943

Verfolgung und Ermordung der Juden 1933–1945

Die Verfolgung und Ermordung der europäischen Juden durch das nationalsozialistische Deutschland 1933–1945

Herausgegeben im Auftrag des
Bundesarchivs, des Instituts für Zeitgeschichte,
des Lehrstuhls für Neuere und Neueste Geschichte
an der Albert-Ludwigs-Universität Freiburg
von
Susanne Heim, Ulrich Herbert, Michael Hollmann,
Horst Möller, Dieter Pohl, Sybille Steinbacher,
Simone Walther-von Jena und Andreas Wirsching

Die Verfolgung und Ermordung der europäischen Juden durch das nationalsozialistische Deutschland 1933–1945

Band 13

Slowakei, Rumänien und Bulgarien

Bearbeitet von Mariana Hausleitner, Souzana Hazan und Barbara Hutzelmann
Bandkoordination: Ingo Loose

DE GRUYTER
OLDENBOURG

ISBN 978-3-11-036500-9
e-ISBN (PDF) 978-3-11-049520-1
e-ISBN (EPUB) 978-3-11-049190-6

Library of Congress Cataloging-in-Publication Data
A CIP catalog record for this book has been applied for at the Library of Congress.

Bibliografische Information der Deutschen Nationalbibliothek
Die Deutsche Nationalbibliothek verzeichnet diese Publikation in der Deutschen Nationalbibliografie; detaillierte bibliografische Daten sind im Internet über http://dnb.dnb.de abrufbar.

Die Länderabschnitte haben bearbeitet: Slowakei – Barbara Hutzelmann, Rumänien – Mariana Hausleitner, Bulgarien – Souzana Hazan.

Endredaktion: Angelika Königseder, Berlin
Karten: Peter Palm, Berlin
Einband und Schutzumschlag: Frank Ortmann und Martin Z. Schröder
Satz: Meta Systems Publishing & Printservices GmbH, Wustermark
Druck & Bindung: Hubert & Co. GmbH & Co. KG, Göttingen

♾ Gedruckt auf säurefreiem Papier
Printed in Germany

www.degruyter.com

MIX
Papier aus verantwortungsvollen Quellen
FSC® C016439

Inhalt

Vorwort der Herausgeber

Die Edition „Die Verfolgung und Ermordung der europäischen Juden durch das nationalsozialistische Deutschland 1933–1945“ (VEJ) ist auf insgesamt 16 Bände angelegt, die in den nächsten Jahren erscheinen werden. In ihnen wird eine thematisch umfassende, wissenschaftlich fundierte Auswahl von Quellen publiziert. Der vorliegende 13. Band der Edition dokumentiert die Verfolgung und Ermordung der Juden in Rumänien, Bulgarien und der Slowakei, das heißt in drei Staaten, die vor und während des Zweiten Weltkriegs mit dem nationalsozialistischen Deutschland verbündet waren.

Im Vorwort zum ersten Band der Edition sind die Kriterien der Dokumentenauswahl detailliert dargelegt. Die wichtigsten werden im Folgenden noch einmal zusammengefasst: Quellen im Sinne der Edition sind Schrift- und gelegentlich auch Tondokumente aus den Jahren 1933 bis 1945. Fotografien wurden nicht einbezogen, vor allem weil sich die Umstände ihrer Entstehung oft nur schwer zurückverfolgen lassen. Ebenso wenig werden Lebenserinnerungen, Berichte und juristische Unterlagen, die nach Ende des Zweiten Weltkriegs entstanden sind, aus quellenkritischen Gründen in die Edition aufgenommen. Allerdings wird von ihnen in der Kommentierung vielfältig Gebrauch gemacht. Dokumentiert werden die Aktivitäten und Reaktionen von Menschen mit unterschiedlichen Lebenserfahrungen, Überzeugungen und Absichten, an verschiedenen Orten, mit jeweils begrenzten Horizonten und Handlungsspielräumen – Behördenschreiben ebenso wie private Briefe und Tagebuchaufzeichnungen, Zeitungsartikel und die Berichte ausländischer Beobachter.

Die Dokumentation umfasst Tagebucheinträge verfolgter Juden, aber auch den slowakischen „Judenkodex“, Bittschriften der Föderation Jüdischer Gemeinden in Rumänien, politische Lageberichte ausländischer Diplomaten, in denen die Verfolgung der Juden thematisiert wird, sowie Schreiben des bulgarischen Judenkommissars über die Deportation von Juden aus Bulgarien. Der häufige Perspektivenwechsel ist gewollt. Durch die Unterscheidung der Dokumente nach Ländern werden die regionalen Besonderheiten ebenso wie Parallelen sichtbar. Ein Sachgruppenindex soll die thematische Zuordnung der Dokumente und Vergleiche erleichtern und Zusammenhänge verdeutlichen.

Die Herausgeber danken der Deutschen Forschungsgemeinschaft für die großzügige Förderung des Editionsprojekts. Ferner schulden sie einer großen Zahl von Fachleuten und Privatpersonen Dank, die durch Quellenhinweise, biographische Informationen über die in den Dokumenten erwähnten Personen und Auskünfte zur Kommentierung die Arbeit unterstützt oder Teile des Manuskripts kritisch gelesen haben.

Die slowakischen Dokumente haben Dr. Zuzana Finger und Dr. Eduard Nižňanský ins Deutsche übertragen, die englischsprachigen Theo Bruns, Dr. Britta Grell und Niels Kadritzke. Die rumänischen Dokumente wurden von Dr. Ottmar Traşcă und Dr. Anke Pfeifer übersetzt, die bulgarischen von Alexander Sitzmann und die italienischen von Frieda Lüscher. Aus dem Französischen übersetzten Inga Frohn und Lena Müller. Die Übersetzungen aus dem Hebräischen hat Doron Oberhand angefertigt.

Das Übersetzungslektorat besorgten Ulrike Baureithel, Dr. Stephan Lahrem und Daniela Tewes.

Als studentische oder wissenschaftliche Hilfskräfte haben an diesem Band mitgearbeitet: Johannes Breit, Niklas Lämmel, Laura Löbner, Anselm Meyer, Laura Pörzgen, Carolin Raabe, Max Zeterberg, als wissenschaftliche Mitarbeiter Romina Becker, Johannes Gamm, Maria Kilwing, Dr. Ingo Loose und Julian Nordhues.

Hinweise auf abgelegene oder noch nicht erschlossene Quellen zur Judenverfolgung, insbesondere auf private Briefe und Tagebuchaufzeichnungen, nehmen die Herausgeber für die künftigen Bände gern entgegen. Da sich trotz aller Sorgfalt gelegentliche Ungenauigkeiten nicht gänzlich vermeiden lassen, sind sie für entsprechende Mitteilungen dankbar.

Die Adresse des Herausgeberkreises lautet: Institut für Zeitgeschichte, Edition Judenverfolgung, Finckensteinallee 85–87, D-12205 Berlin oder ejv@ifz-muenchen.de.

Berlin, München, Freiburg i. Br., Klagenfurt im Januar 2018

Editorische Vorbemerkung

Die Quellenedition zur Verfolgung und Ermordung der europäischen Juden soll in der wissenschaftlichen Literatur als VEJ abgekürzt zitiert werden. Das geschieht im Fall von Querverweisen zwischen den einzelnen Bänden auch in dem Werk selbst. Die Dokumente sind – mit jedem Band neu beginnend – fortlaufend nummeriert. Demnach bedeutet „VEJ 1/200" Dokument Nummer 200 in Band 1 dieser Edition. Die Drucklegung der einzelnen Schriftzeugnisse folgt dem Schema: Überschrift, Kopfzeile, Dokument, Anmerkungen.

Die halbfett gesetzte, von den Bearbeiterinnen des vorliegenden Bandes formulierte Überschrift gibt Auskunft über das Entstehungsdatum des folgenden Schriftstücks, dessen Kernbotschaft, Verfasser und Adressaten. Die darunter platzierte Kopfzeile ist Teil des Dokuments. Sie enthält Angaben über die Gattung der Quelle (Brief, Gesetzentwurf, Protokoll usw.), den Namen des Verfassers, den Entstehungsort, gegebenenfalls Aktenzeichen, Geheimhaltungsvermerke und andere Besonderheiten. Die in Berlin seinerzeit ansässigen Ministerien und zentralen Behörden, etwa das Reichssicherheitshauptamt oder die Kanzlei des Führers, bleiben ohne Ortsangabe. Die Kopfzeile enthält ferner Angaben über den Adressaten, gegebenenfalls das Datum des Eingangsstempels, sie endet mit dem Entstehungsdatum und Hinweisen auf Bearbeitungsstufen der überlieferten Quelle, etwa „Entwurf", „Durchschlag" oder „Abschrift".

Dem schließt sich der Text an. In der Regel wird er vollständig ediert. Anrede- und Grußformeln werden mitgedruckt, Unterschriften jedoch nur einmal in die Kopfzeile aufgenommen. Hervorhebungen der Verfasser in den Originaltexten werden übernommen. Sie erscheinen unabhängig von der in der Vorlage verwendeten Hervorhebungsart im Druck immer kursiv. Fallweise erforderliche Zusatzangaben finden sich im Anmerkungsapparat.

Während die von den Editoren formulierten Überschriften und Fußnoten sowie die Übersetzung fremdsprachiger Dokumente der heutigen Rechtschreibung folgen, gilt für die Quellen die zeitgenössische. Offensichtliche Tippfehler in der Vorlage und kleinere Nachlässigkeiten werden stillschweigend korrigiert, widersprüchliche Schreibweisen und Zeichensetzungen innerhalb eines Dokuments vereinheitlicht. Die sprachlichen Eigenheiten deutscher Texte, die von Nicht-Muttersprachlern verfasst wurden, werden beibehalten. Versehentlich ausgelassene Wörter oder Ergänzungen infolge unlesbarer Textstellen fügen die Editoren in eckigen Klammern ein. Bilden jedoch bestimmte orthographische und grammatikalische Eigenheiten ein Charakteristikum der Quelle, vermerken sie „Grammatik und Rechtschreibung wie im Original". Abkürzungen, auch unterschiedliche (z. B. NSDAP, N.S.D.A.P. und NSDAP.), werden im Dokument nicht vereinheitlicht. Sie werden im Abkürzungsverzeichnis erklärt. Ungebräuchliche Abkürzungen, vor allem in privaten Briefen, werden bei der ersten Nennung in eckigen Klammern aufgelöst.

Handschriftliche Zusätze in maschinenschriftlichen Originalen übernehmen die Editoren ohne weitere Kennzeichnung, sofern es sich um formale Korrekturen und um Einfügungen handelt, die sicher oder mit hoher Wahrscheinlichkeit vom Verfasser stammen. Verändern sie die Aussage in beachtlicher Weise – schwächen sie ab oder radikalisieren sie –, wird das in den Fußnoten vermerkt und, soweit feststellbar, der Urheber mitgeteilt. Auf die in den Originalen häufigen, von den Empfängern oder auch von späteren Lesern vorgenommenen Unterstreichungen mit Blei- oder Farbstift wird im Allgemeinen pauschal, in interessanten Einzelfällen speziell in der Fußnote hingewiesen.

In der Regel werden die Dokumente im vollen Wortlaut abgedruckt. Lediglich in Ausnahmefällen, sofern einzelne Dokumente sehr umfangreich sind, wie etwa antisemitische Kampfschriften, erfolgt der Abdruck nur teilweise. Dasselbe gilt für Sitzungsprotokolle, die nicht insgesamt, sondern nur in einem abgeschlossenen Teil von der nationalsozialistischen Judenpolitik oder den damit verbundenen Reaktionen handeln. Solche Kürzungen sind mit eckigen Auslassungsklammern gekennzeichnet; der Inhalt wird in der Fußnote skizziert. Undatierte Monats- oder Jahresberichte erscheinen am Ende des jeweiligen Zeitraums. Von der Einordnung der Dokumente nach ihrer Entstehungszeit wird nur in wenigen Ausnahmen abgewichen. So wird unter Umständen ein Bericht über ein zurückliegendes Ereignis unter dem Datum des Ereignisses abgedruckt, das Entstehungsdatum aber in der Kopfzeile vermerkt.

In der ersten, der Überschrift angehängten Fußnote stehen der Fundort und, sofern er ein Archiv bezeichnet, auch die Aktensignatur. Handelt es sich um gedruckte Quellen, etwa Zeitungsartikel oder Gesetzestexte, finden sich in dieser Fußnote die üblichen bibliographischen Angaben. Wurde eine Quelle schon einmal in einer Dokumentation zum Nationalsozialismus beziehungsweise zur Judenverfolgung veröffentlicht, wird sie nach dem Original ediert, doch wird neben dem ursprünglichen Fundort auch auf die Erstveröffentlichung verwiesen.

In einigen wenigen Fällen konnte das Original des abgedruckten Dokuments nicht eingesehen werden, sondern lediglich Kopien in anderen Archiven oder Publikationen, z. B. im Falle der rumänischen Militärarchive in Piteşti (AMR) oder des Tagebuchs von Emil Dorian, das sich in Privatbesitz befindet. In allen diesen Fällen wird in der ersten Fußnote kenntlich gemacht, dass das Original nicht vorlag.

In einer weiteren Fußnote werden ferner die Entstehungsumstände des Dokuments erläutert, gegebenenfalls damit verbundene Diskussionen, die besondere Rolle von Verfassern und Adressaten, begleitende oder sich unmittelbar anschließende Aktivitäten.

Die dann folgenden Fußnoten erläutern sachliche und personelle Zusammenhänge. Sie verweisen auf andere – unveröffentlichte, andernorts oder in der Edition publizierte – Dokumente, sofern das für die geschichtliche Einordnung hilfreich erscheint. Weiterhin finden sich in den Fußnoten Erläuterungen zu Details, etwa zu handschriftlichen Randnotizen, Unterstreichungen, Streichungen. Bearbeitungsvermerke und Vorlageverfügungen werden entweder in der weiteren Fußnote als vorhanden erwähnt oder aber in den späteren Fußnoten entschlüsselt, sofern sie nach Ansicht der Editoren wesentliche Aussagen enthalten. Für die im Quellentext genannten Abkommen, Gesetze und Erlasse werden die Fundorte nach Möglichkeit in den Fußnoten angegeben, Bezugsdokumente mit ihrer Archivsignatur. Konnten diese nicht ermittelt werden, wird das angemerkt.

Für die in den Schriftstücken angeführten Absender und Adressaten wurden, soweit möglich, die biographischen Daten ermittelt und angegeben. Dasselbe gilt für die im Text erwähnten Personen, sofern sie als handelnde Personen eingestuft werden. Die Angaben stehen in der Regel in der Fußnote zur jeweils ersten Nennung des Namens innerhalb eines Bandes und lassen sich so über den Personenindex leicht aufsuchen.

Die Kurzbiographien beruhen auf Angaben, die sich in Nachschlagewerken und in der speziellen Fachliteratur finden. In vielen nur schwer zu klärenden Fällen wurden im In- und Ausland Personalakten und -karteien eingesehen, Standesämter und Spezialisten befragt. Für denselben Zweck wurden die speziellen, auf die NS-Zeit bezogenen Personenkarteien und -dossiers einschlägiger Archive benutzt: in erster Linie die des ehemaligen Berlin Document Center und der Zentralen Stelle der Landesjustizverwaltungen in Ludwigsburg, die heute im Bundesarchiv verwahrt werden, sowie die der ausländischen Nationalarchive und die der Spezialarchive zum Zweiten Weltkrieg und der Verfolgung der Juden in den jeweiligen Ländern.

Trotz aller Mühen gelang es nicht immer, die biographischen Daten vollständig zu ermitteln. In solchen Fällen enthält die jeweilige Fußnote nur die gesicherten Angaben, wie z. B. das Geburtsjahr. Waren Personen nicht zu identifizieren, wird auf eine entsprechende Anmerkung verzichtet, desgleichen bei allseits bekannten Personen wie Adolf Hitler.

In der Regel setzen die Editoren die zeitüblichen Begriffe des nationalsozialistischen Deutschlands nicht in Anführungszeichen. Dazu gehören Wörter wie Führer, Judenfrage, Judenrat, aber auch Judenkommissar, Judenberater etc. Der Kontext macht deutlich, dass keines der Wörter affirmativ gebraucht wird. Die Begriffe Jude, Jüdin, jüdisch werden folglich, den Umständen der Zeit entsprechend, auch für Menschen verwandt, die sich nicht als jüdisch verstanden, aber aufgrund der Nürnberger bzw. in den Ländern eigens eingeführten Rassengesetze so definiert wurden und daher der Verfolgung ausgesetzt waren. Begriffe wie „Mischling“, „Mischehe“ oder „Arisierung“, die eigentlich auch Termini technici der Zeit waren, werden in Anführungszeichen gesetzt. Ein solcher nicht klar zu definierender Gebrauch der Anführungszeichen lässt sich nicht systematisch begründen. Er bildet einen gewiss anfechtbaren Kompromiss zwischen historiographischer Strenge und dem Bedürfnis, wenigstens gelegentlich ein Distanzsignal zu setzen.

Die Dokumente in diesem Band sind nach Ländern und innerhalb des Landes chronologisch geordnet. Ein großer Teil der Dokumente wurde aus Fremdsprachen übersetzt. Dabei sind Straßennamen gegebenenfalls durch den Zusatz „-Straße“, „-Gasse“ oder „-Platz“ ergänzt worden; für Ortsnamen wurden die im Deutschen gebräuchlichen Ortsbezeichnungen (z. B. Bukarest statt Bucureşti etc.) bzw. die völkerrechtlich gültigen Ortsnamen verwendet. Falls in den Dokumenten heute ungebräuchliche Ortsnamen verwendet werden oder Ortschaften umbenannt wurden, steht der heute gültige Name in Klammern, z. B. „Gorna Džumaja (heute Blagoevgrad)“, oder in den Anmerkungen. Die ältere Schreibweise bulgarischer Namen in deutschsprachigen Dokumenten unterscheidet sich von der modernen wissenschaftlichen Transliteration, daher kommen bei einzelnen Namen unterschiedliche Formen vor, z. B. Beleff und Belev. Das Fehlen von rumänischen und slowakischen Sonderzeichen in deutschen Dokumenten wird nicht korrigiert.

Ein besonderes Problem bildet die wechselnde Schreibweise des Begriffs Getto bzw. Ghetto. Im Deutschen waren damals beide Formen gebräuchlich. Sie werden daher wie im Original belassen. In übersetzten Dokumenten wird die Schreibweise Getto benutzt, desgleichen in der Einleitung und im Kommentierungstext.

Zeitgenössische Begriffe werden in einer Fußnote, bei Mehrfachnennung im Glossar erläutert. Im Register stehen in der Regel nur bei Verfolgungsinstitutionen der drei Länder auch die originalsprachigen Bezeichnungen, wohingegen bei linearen Übersetzungen von Ämtern, Ministerien etc. nur die deutschen Entsprechungen ins Register aufgenommen wurden.

Einleitung

Die Slowakei, Rumänien und Bulgarien waren während des Zweiten Weltkriegs Verbündete Deutschlands. In allen drei Ländern herrschten autoritäre Regime, die mit der nationalsozialistischen Judenpolitik sympathisierten, selbst antisemitische Gesetze erließen und schließlich auch bei der Ermordung der Juden mit den Deutschen kooperierten. Die Regierungen aller drei Länder waren bereit, die Minderheiten und insbesondere die Juden preiszugeben, um eigene politische und territoriale Interessen durchzusetzen: Die Slowakei und Bulgarien lieferten Juden an die Deutschen aus und ließen sie in die Vernichtungslager deportieren; die rumänische Führung verfolgte in den annektierten und besetzten Gebieten eine eigene Politik, der Hunderttausende Juden zum Opfer fielen. Der vorliegende Band dokumentiert die Ausgrenzung, Verfolgung und Ermordung der Juden in der Slowakei, Rumänien und Bulgarien seit den späten 1930er-Jahren bis zum Ende des Zweiten Weltkriegs. Die Judenverfolgung in den besetzten Staaten Südosteuropas und in Italien wird in Band 14 dokumentiert, das Schicksal der Juden in Ungarn in Band 15.

Für Deutschland hatten die Balkanstaaten zunächst keine besondere ökonomische oder strategische Bedeutung; sie galten als agrarisches Hinterland, bestenfalls als Rohstofflieferanten. Bis Mitte der 1930er-Jahre unterhielt das Deutsche Reich weder mit Rumänien noch mit Bulgarien intensive Beziehungen. Während sich die Regierungen in Berlin und Sofia in der Ablehnung der Beschlüsse der Pariser Friedenskonferenz einig waren, hatten Rumänien und die Tschechoslowakei als Folge des Ersten Weltkriegs beachtliche Gebietsgewinne erzielt. Rumänien verdoppelte sein Staatsterritorium, wodurch sich aber auch der Anteil nationaler Minderheiten auf fast ein Drittel der Gesamtbevölkerung vergrößerte. Ihnen wurde zwar Gleichberechtigung in Aussicht gestellt, doch bald zeigte sich, dass der in Paris 1919 unterzeichnete Vertrag zum Schutz der Minderheiten nur unzureichend umgesetzt wurde, was sich vor allem negativ für die Juden auswirkte. Anders als in der Slowakei gab es in Rumänien bereits seit den frühen 1920er-Jahren, vereinzelt schon vor dem Ersten Weltkrieg, manifeste Gewalt und zahlreiche Übergriffe gegen Juden.

Im 1878 entstandenen bulgarischen Staat lebten zahlreiche ethnische und religiöse Minderheiten.[1] Insbesondere zwischen 1898 und 1904 kam es zunächst zu pogromartigen Ausschreitungen gegen Juden, bevor sich die Gewalt verstärkt gegen die Griechen im Land richtete.[2] Bulgarien war neben Ungarn der einzige Staat in der Region, der nach dem Ersten Weltkrieg zum Lager der Besiegten gehörte. Das Streben nach Rückgewinnung der verlorenen Landesteile wurde in der Zwischenkriegszeit zu einem vorrangigen Ziel der bulgarischen Politik und verstärkte die Isolation des Landes. Die Anlehnung an das Deutsche Reich seit Mitte der 1930er-Jahre und die Wiederbewaffnung mit deutscher

1 Mark Biondich, The Balkans. Revolution, War, and Political Violence since 1878, New York 2011.
2 Jens Hoppe, Bulgarien, in: Handbuch des Antisemitismus. Judenfeindschaft in Geschichte und Gegenwart, Bd. 1: Länder und Regionen, hrsg. von Wolfgang Benz, München 2008, S. 64–70.

Unterstützung verband die bulgarische Regierung mit der Hoffnung auf eine Revision der Grenzen.[3]

Die Slowakei wiederum entstand erst infolge des Münchner Abkommens vom September 1938 und der Abtrennung der Sudetengebiete von der Tschechoslowakei. Von Oktober 1938 bis März 1939 war das Autonome Land der Slowakei Teil der noch bestehenden Tschecho-Slowakei. Hitler drängte den kurz darauf zum slowakischen Ministerpräsidenten ernannten Jozef Tiso dazu, Mitte März 1939 schließlich einen eigenständigen slowakischen Kleinstaat zu begründen, der einer der engsten Verbündeten des Deutschen Reichs wurde.

Die slowakischen, vor allem aber die bulgarischen und rumänischen Juden waren nicht sonderlich wohlhabend. Während es in Rumänien zunächst eine kleine Gruppe von Juden mit wirtschaftlichem Einfluss gab, bildeten Juden in der Slowakei und Bulgarien im Wesentlichen die schmale Mittelschicht in einer ansonsten agrarisch geprägten Gesellschaft. In der Slowakei waren viele Juden auch Juristen, Ärzte und Tierärzte. Von 1937 an planten die autoritären Regime der drei Staaten den Ausbau einer autochthonen, nichtjüdischen Mittelschicht und begannen mit einer antisemitischen Diskriminierungspolitik, deren Vorbild die Entrechtung der deutschen Juden nach 1933 war. In der Slowakei war der Antisemitismus zudem stark von einem christlich tradierten Antijudaismus geprägt, was der Politik von Staatschef Tiso, einem Priester der römisch-katholischen Kirche, zusätzliche Legitimation verlieh.[4]

Rumänien strebte seit Dezember 1937 nach einer Annäherung an das Deutsche Reich, obwohl König Carol II. bis Kriegsbeginn weiterhin enge politische und wirtschaftliche Verbindungen mit Frankreich und Großbritannien unterhielt. Im Zuge des verstärkten Wirtschaftsaustauschs führte die Regierung zahlreiche Maßnahmen gegen Juden nach deutschem Vorbild ein. Rumänien wurde für das Deutsche Reich ein zunehmend wichtiger Bündnispartner, weil die Erdöl- und Getreidelieferungen für die deutsche Kriegsführung von zentraler Bedeutung waren. Daher bemühte sich die deutsche Führung 1940, Rumänien in das militärische Bündnis mit Italien und Japan einzubinden. Ziel war es, dadurch und durch die Aufnahme weiterer Länder auf dem Balkan den Donauraum im deutschen Sinn zu „stabilisieren".

Allerdings waren die Beziehungen zwischen Rumänien und Deutschland nicht spannungsfrei. Im geheimen Zusatzprotokoll zum deutsch-sowjetischen Vertrag vom 23. August 1939 hatte sich die Sowjetunion den Anspruch auf Bessarabien gesichert, das ebenso wie die Nordbukowina von Rumänien im Juni 1940 geräumt werden musste. Im August 1940 trat Rumänien auf deutschen und italienischen Druck zudem Nordsiebenbürgen an Ungarn, im September die Süddobrudscha an Bulgarien ab. Nach der Räumung

3 Hans-Joachim Hoppe, Bulgarien – Hitlers eigenwilliger Verbündeter. Eine Fallstudie zur nationalsozialistischen Südosteuropapolitik, Stuttgart 1979; R. J. Crampton, A Concise History of Bulgaria, Second Edition, Cambridge u. a. 2005; Elżbieta Znamierowska-Rakk, Bulgarian Territorial Revisionism and Bulgaria's Rapprochement with the Third Reich, in: Marina Cattaruzza/Stefan Dyroff/Dieter Langewiesche (Hrsg.), Territorial Revisionism and the Allies of Germany in the Second World War: Goals, Expectations and Practices, New York 2013, S. 102–125.

4 Johann Kaiser, Die Politik des Dritten Reiches gegenüber der Slowakei 1939–1945, Bochum 1970; Tatjana Tönsmeyer, Das Dritte Reich und die Slowakei. Politischer Alltag zwischen Kooperation und Eigensinn, Paderborn u. a. 2003; Miloslav Szabó, „Von Worten zu Taten". Die slowakische Nationalbewegung und der Antisemitismus 1875–1922, Berlin 2014.

Bessarabiens und der Nordbukowina kam es zu den ersten gewalttätigen Pogromen in Rumänien, da man die jüdische Bevölkerung der Sympathie mit der Sowjetunion verdächtigte.

Der Verzicht Rumäniens auf ein Drittel seines Staatsgebiets war aus deutscher Sicht die Voraussetzung dafür, dass das Land in den Dreimächtepakt aufgenommen wurde. Dem Bündnis schlossen sich trotz ihrer Rivalitäten 1940 auch Ungarn, die Slowakei und 1941 Bulgarien an. Die Partner sahen, welche Folgen ein Ausscheren bedeutete, als Hitler im April 1941 das abtrünnige Jugoslawien überfallen und besetzen ließ – mit fatalen Folgen für die dort lebenden Juden.

Im Gegensatz zur Slowakei und Rumänien kam dem Antisemitismus in Bulgarien eine geringe Bedeutung bei der Nationsbildung zu. In Bulgarien hatte sich eine repressive Minderheitenpolitik weniger gegen die Juden als vielmehr gegen Angehörige anderer Minderheiten wie Muslime und Griechen gerichtet.[5] Innenpolitisch herrschte seit den 1920er-Jahren auch hier ein günstiges Klima für autoritäre Experimente. Seit 1935 etablierte sich die Regierungsform der vom bulgarischen Zaren ernannten Beamtenkabinette. Eine umfassende Gleichschaltung nach nationalsozialistischem Vorbild oder die Einrichtung einer faschistischen Diktatur entwickelte sich daraus jedoch nicht.[6] Das 1938 wiedereingesetzte Parlament, das nun aus parteilosen Abgeordneten bestand, blieb trotz seiner begrenzten Befugnisse eine Stätte der Diskussionen, Debatten und Proteste. Für das Deutsche Reich hatte das kleine und rohstoffarme Bulgarien zunächst eine geringere politische und wirtschaftliche Bedeutung als seine Nachbarstaaten Rumänien und Jugoslawien. Erst seit Herbst 1940 konzentrierten sich die deutschen Bemühungen im Zuge der Vorbereitungen des Überfalls auf Griechenland sowie später auf die Sowjetunion stärker auf das Land, dem dann eine wichtige Rolle als Sicherheitszone im Südosten Europas zukam. Zwar proklamierte Bulgarien nach Kriegsbeginn zunächst seine Neutralität, doch die raschen deutschen Kriegserfolge bestärkten Hoffnungen, die eigenen Expansionspläne durch eine engere Bindung an das Deutsche Reich verwirklichen zu können. Die bulgarische Armee beteiligte sich nicht direkt am Angriff auf Griechenland, sondern zog mit zeitlicher Verzögerung in zuvor von den Deutschen eroberte Gebiete ein. Aus der Aufteilung Griechenlands und Jugoslawiens erhielt Bulgarien das an der nördlichen Ägäisküste gelegene (West-)Thrazien (bulgarisch: Belomorie-Gebiet), den bedeutenden Teil (Vardar-)Mazedoniens sowie das Gebiet um Vranje und Pirot im Südosten Serbiens zur Verwaltung – Territorien, die es fortan als *de facto* angeschlossen behandelte. Diese Gebiete und die dort unter bulgarischer Jurisdiktion lebenden Juden werden in Band 14 ausführlich behandelt.[7]

Als die deutsche Regierung nach Beginn des Zweiten Weltkriegs die Verfolgung der Juden intensivierte, sahen sich auch die Bündnispartner Rumänien, Bulgarien und die

5 Roumen Avramov, Anchialo, 1906: The Political Economy of an Ethnic Clash, in: Andreas Lyberatos (Hrsg.), Social Transformation and Mass Mobilisation in the Balkan and Eastern Mediterranean Cities, 1900–1923, Heraklion 2013, S. 195–228; Biondich, The Balkans (wie Anm. 1), S. 30 f.

6 Nikolaj Poppetrov, Flucht aus der Demokratie: Autoritarismus und autoritäres Regime in Bulgarien 1919–1944, in: Erwin Oberländer (Hrsg.), Autoritäre Regime in Ostmittel- und Südosteuropa 1919–1944, Paderborn u. a. 2001, S. 379–401.

7 Marshall Lee Miller, Bulgaria During the Second World War, Stanford 1977; Vladimir Zlatarski, Rajchăt i Carstvoto. Germanskoto prisăstvie v Bălgarija 1933–1940 g., Sofia 2014.

Slowakei vor die Frage gestellt, ob und inwieweit sie die eigene antijüdische Diskriminierung am deutschen Vorgehen ausrichten, die deutschen Maßnahmen unterstützen oder gar übernehmen wollten. Die Praxis und die Dynamik der Judenpolitik unterschieden sich in den drei Ländern erheblich. Die Regierungen nahmen Handlungsspielräume wahr und agierten mittels Hinhaltemanövern und Verschleppungstaktiken bisweilen auch gegen deutsche Forderungen, wenn sie darin Nachteile sahen. In dieser Hinsicht unterschieden sich die Verbündeten von den während des Krieges besetzten Ländern, die derlei Spielräume nicht besaßen. Deutsche Judenberater und Diplomaten drängten jedoch unablässig darauf, die antisemitischen Maßnahmen zu verschärfen, die jüdische Bevölkerung an Deutschland auszuliefern sowie Juden die Flucht in sichere Staaten wie die Türkei zu verwehren.

Antijüdische Gesetze und Verordnungen wurden oft mit wirtschaftlichen Zielen begründet, was in der Bevölkerung auf wachsende Zustimmung stieß, zumal sich ein zunehmend radikaler Antisemitismus in den 1930er-Jahren als einigendes Band der miteinander konkurrierenden politischen Gruppierungen herausbildete. Seit 1937/38 gehörten Berufsbeschränkungen und Enteignungen zu den ersten staatlich legitimierten antisemitischen Maßnahmen. Zudem traten in Rumänien und der Slowakei die deutschen Volksgruppen auf den Plan, die sich ebenfalls lautstark um die Übernahme der wirtschaftlichen Positionen der Juden bemühten und zu diesem Zweck auch beim Auswärtigen Amt vorstellig wurden.[8]

Nach dem deutschen Angriff auf die Sowjetunion fanden sich alle drei Länder dazu bereit, mit den Deutschen in der Vernichtungspolitik zu kooperieren. Im Jahr 1942 einigten sich Tiso und Hitler auf die Auslieferung der slowakischen Juden an Deutschland. Bis zum Herbst wurden insgesamt fast 58 000 Juden nach Auschwitz bzw. ins Generalgouvernement deportiert und in den Vernichtungslagern ermordet.

Die rumänische Regierung betrieb parallel zum Angriff auf die Sowjetunion ihre eigene Vernichtungspolitik. Bereits im Juni 1941 ermordeten rumänische Täter bei dem größten Massaker im rumänischen Kernland mehr als 14 000 Juden. Im Oktober 1941 ließ General Antonescu Zehntausende Juden aus Bessarabien (in etwa die Region der heutigen Republik Moldau) und der nordwestlich davon gelegenen Bukowina deportieren. Bis zum Frühjahr 1942 fielen in Transnistrien, dem rumänischen Besatzungsgebiet in der Ukraine, etwa 180 000 Juden den Massenmorden der Einsatzgruppe D und der rumänischen Besatzungstruppen zum Opfer, viele starben aber auch an Unterernährung und Mangelkrankheiten. Die Verfolgung der Juden in Transnistrien unter rumänischer Besatzung wird in Band 7 dokumentiert.[9] Die im Land verbliebenen etwa 280 000 Juden sollten nach den Plänen des Reichssicherheitshauptamts in das Vernichtungslager Belzec deportiert werden. Dazu kam es jedoch nicht mehr, weil sich die rumänische Seite von den deutschen Vernichtungsplänen zu distanzieren begann. Erste Anzeichen von Dis-

8 Burkhard Olschowsky/Ingo Loose (Hrsg.), Nationalsozialismus und Regionalbewusstsein im östlichen Europa, Berlin 2016, siehe dort die Beiträge zur Slowakei, zu Rumänien und Bulgarien; Ján Kokorák, Die deutsche Minderheit in der Slowakei 1918–1945. Die Parteienlandschaft im Spannungsfeld zwischen deutsch-ungarischer Tradition und deutsch-national(sozialistischem) Gedankengut, Hamburg 2013.

9 Vgl. Hildrun Glass, Deutschland und die Verfolgung der Juden im rumänischen Machtbereich 1940–1944, München 2014.

sens traten im Herbst 1942 auf. Im Oktober ließ Marschall Antonescu alle Vorbereitungen für die Auslieferung der rumänischen Juden an Deutschland abbrechen. Stattdessen genehmigte er die Emigration der Juden mit dem Kalkül, dadurch die ethnische Homogenisierung im Land zu fördern. Zugleich aber hoffte Bukarest, die Unterstützung der USA zu erlangen, um die rumänische Position bei späteren Friedensverhandlungen zu stärken. Endgültig beendete jedoch erst der Sturz Antonescus im August 1944 die Verfolgung der Juden in Rumänien.

Auch Bulgarien initiierte von 1940 an in Anlehnung an das Deutsche Reich und andere Staaten in der Region antijüdische Maßnahmen. Bis Ende 1942 agierte die bulgarische Führung im Einklang mit den deutschen Vorstellungen. Gleichzeitig versuchte sie, eigene Absichten damit zu verbinden, etwa als sie die Verfolgung auf andere Minderheiten ausdehnte oder umfassende Vertreibungen in den besetzten Gebieten durchführte.[10] Nachdem die Juden im bulgarischen Kernland entrechtet, ihres Eigentums beraubt und zur Zwangsarbeit herangezogen worden waren, erklärte sich Bulgarien bereit, alle 12 000 Juden aus den besetzten Gebieten zu deportieren – sie wurden im März 1943 dem Deutschen Reich ausgeliefert. Die Juden aus Alt-Bulgarien blieben jedoch von den Deportationen noch ausgenommen.

Ein erster Versuch, 6000 bis 8000 Juden aus Alt-Bulgarien zu deportieren, scheiterte an Widerständen aus den Reihen der bürgerlichen Gesellschaft und der Kirche sowie an internationalen Protesten. Daraufhin versuchte die bulgarische Führung, sich dem deutschen Druck zu entziehen. Der Kriegsverlauf, die periphere Lage des Landes sowie die eher geringe Zahl der Juden im Kernland führten dazu, dass das deutsche Drängen bis Ende 1943 nachließ und weitere Deportationen ausblieben. Gleichwohl waren auch die Juden in den alten Landesgrenzen bis zuletzt zahlreichen Repressalien wie Enteignung, Zwangsarbeit und Umsiedlung ausgesetzt.

In der Slowakei wurden ab Ende Oktober 1942 die Deportationen eingestellt. Die antisemitischen Gesetze und Verordnungen blieben jedoch vorerst in Kraft. Als sich unter dem Einfluss der vorrückenden Roten Armee im Sommer 1944 Teile der slowakischen Armee im Slowakischen Nationalaufstand gegen das Tiso-Regime erhoben und die Wehrmacht die Slowakei besetzte, nahmen die Deutschen die Deportationen der noch lebenden Juden sofort wieder auf.

Im Verlauf des Krieges gingen die Regierungen der drei Länder in der Judenpolitik zunehmend auf Distanz zu den Vorgaben des deutschen Verbündeten. Zu unterschiedlichen Zeiten und aus jeweils unterschiedlichen Gründen änderten sie ihre antisemitische Politik und ließen keine Juden mehr deportieren. Vor allem in Bulgarien und Rumänien verstärkten sich die politischen Widerstände gegen eine fortdauernde Komplizenschaft mit Hitler. Auch die sich abzeichnende Niederlage der Achsenmächte ließ eine Neuausrichtung der politischen Ziele an den Positionen der Alliierten, vor allem der Sowjetunion und der Vereinigten Staaten, opportun erscheinen.

10 Biondich, The Balkans (wie Anm. 1), S. 115.

Slowakei

Juden in der Slowakei bis 1938

Bis zum Ende des Ersten Weltkriegs gehörte die Slowakei zum ungarischen Reichsteil der Donaumonarchie. Jüdische Gemeinden entstanden erst am Ende des 18. Jahrhunderts nach der Einwanderung von Juden aus Böhmen, Mähren, Österreich und Polen. Seit Mitte des 19. Jahrhunderts entwickelte sich eine jüdische Reformbewegung, die sich vom orthodoxen Judentum abspaltete. Auch ungarische Juden schlossen sich der beginnenden Reformierung des Judentums an. In den folgenden Jahrzehnten führten Differenzen über die Reformbewegung zur Spaltung des ungarischen Judentums in neologisch-reformierte, Status-quo- und orthodoxe Gemeinden. Die neologisch-reformierten Gemeinden wurden 1869, die orthodoxen 1871 gesetzlich anerkannt. Im Jahr 1910 gehörten etwa zwei Drittel der slowakischen Gemeinden, die sich vor allem in der Ostslowakei befanden, dem orthodoxen Judentum an. Die Reformen Ungarns nach dem österreichisch-ungarischen Ausgleich von 1867 und die rechtliche Gleichstellung der christlichen und jüdischen Religion 1896 bedeuteten für die jüdischen Gemeinden in gesellschaftlicher, wirtschaftlicher und religiöser Hinsicht eine Zäsur. Wie auch Angehörige anderer Minderheiten nutzten Juden nun die von der ungarischen Regierung gewünschte Magyarisierung, d. h. die vollständige Assimilation an die ungarische Sprache und Kultur, zur Verbesserung ihrer wirtschaftlichen Lage. Viele Juden ließen sich in Städten als Ärzte, Tierärzte, Rechtsanwälte, Journalisten oder Apotheker nieder. In den ländlichen Regionen waren die meisten Juden dagegen als Schankwirte, Handwerker und Kaufleute tätig oder besaßen kleine Läden. Dass viele Juden mehrsprachig waren, erleichterte ihnen den Eintritt in die entstehende bürgerliche Gesellschaft.[11]

Die slowakische Nationalbewegung gab im 19. Jahrhundert einem seit langem existierenden, religiös motivierten Antisemitismus neuen Auftrieb. Zwar hatten sich auch Juden der slowakischen Nationalbewegung angeschlossen, doch blieb diese Annäherung nach der Verschärfung der ungarischen Nationalitätenpolitik ohne Resonanz. Die am Anfang des 20. Jahrhunderts gegründete, aus der Nationalbewegung hervorgegangene Slowakische Volkspartei unter der Führung des katholischen Priesters Andrej Hlinka lehnte die an Ungarn orientierten Aufstiegs- und Modernisierungsbestrebungen der Juden strikt ab. Das antisemitische Stereotyp vom Juden als Ausbeuter des armen slowakischen Bauern ergänzte das traditionelle religiöse Feindbild. Der katholische Klerus unterstützte und beförderte die Volkspartei darin nach Kräften. Ihre Wähler rekrutierten sich vornehmlich aus bäuerlichen und kleinbürgerlichen katholischen Gesellschaftsschichten.[12]

11 Robert Büchler, The Jewish Community in Slovakia before World War II, in: The Tragedy of Slovak Jews. Proceedings of the International Symposium Banská Bystrica, 25th–27th March 1992, hrsg. von Dezider Tóth, Banská Bystrica 1992, S. 5–16; Peter Salner, Die Juden in der bürgerlichen Gesellschaft in der Slowakei, in: Elena Mannová (Hrsg.), Bürgertum und bürgerliche Gesellschaft in der Slowakei 1900–1989, Bratislava 1997, S. 155; Rebekah Klein-Pejšová, Mapping Jewish Loyalties in Interwar Slovakia, Bloomington 2015, S. 9 f.

12 Milan Podrimavský, Slovenská ľudová strana, in: Ľubomir Lipták, Politické strany na slovensku 1860–1989, Bratislava 1992, S. 90–93.

Mit der Gründung der Tschechoslowakei 1918 mussten sich die slowakischen Juden in den 227 Gemeinden aus dem ungarischen Kulturkreis lösen und ihren Platz in einer neu zu schaffenden tschechoslowakischen Nation finden. Im Jahr 1921 zählten die jüdischen Gemeinden in der Slowakei 135 918 Mitglieder, von denen sich 70 522 zur jüdischen Nationalität bekannten. 9012 Juden gaben als Nationalität deutsch, 29 290 slowakisch bzw. tschechisch und 21 744 ungarisch an. Bei der Volkszählung 1931 ließen sich 9728 Juden als Ungarn, hingegen 44 009 als Slowaken registrieren.

Anders als die Juden der böhmischen und mährischen Gemeinden waren die slowakischen Juden weniger assimiliert. Versuche, einen Dachverband aller jüdischen Gemeinden des Landes zu gründen, scheiterten am Widerstand der Orthodoxen. Die weiterhin eigenständige Entwicklung des slowakischen Judentums manifestierte sich auch in der Gründung jeweils eigener Verbände: Die orthodoxen Gemeinden organisierten sich in der Zentralkanzlei der jüdischen autonomen orthodoxen Gemeinden der Slowakei, die übrigen schlossen sich 1926 zum Verband der jüdischen religiösen Gemeinden in der Slowakei, Jeshurun, zusammen. In der Zwischenkriegszeit entwickelte sich auch eine kleine zionistische Bewegung in der Slowakei. Die größte zionistische Jugendorganisation war der Haschomer Hazair, dessen Weltkongresse sowohl 1930 als auch 1935 in der Slowakei stattfanden.[13] Slowakische Juden partizipierten in der liberalen Tschechoslowakei in vielfältiger Weise am intellektuellen, sozialen und politischen Leben. Zwar bestanden mit der Jüdischen Partei (Židovská strana) und der Vereinigten Sozialistisch-Zionistischen Arbeiterpartei eigene Interessenvertretungen, die meisten Juden unterstützten jedoch die großen tschechoslowakischen Parteien.

Durch die ökonomischen und politischen Maßnahmen zur Angleichung an den tschechischen Landesteil wurde die slowakische Wirtschaft in den 1920er-Jahren schwer erschüttert; damit einhergehend nahmen antisemitische Ressentiments zu. Viele Juden waren in den freien Berufen oder als Händler, Handwerker oder in der Landwirtschaft tätig und bildeten zu einem größeren Teil die slowakische Mittelschicht; infolge der Weltwirtschaftskrise stieg nach 1929 aber auch der Anteil armer jüdischer Händler und Handwerker. Die Volkspartei, die sich seit 1925 „Hlinkas Slowakische Volkspartei" nannte, verunglimpfte Juden als „Judeobolschewisten", gewann gleichzeitig mit antikapitalistischen Parolen viele Sympathisanten in den armen Schichten, aber auch in bürgerlichen Kreisen, die sich durch die Besetzung von Stellen im öffentlichen Dienst mit Tschechen benachteiligt fühlten. Aufgrund der starken Identifikation der Juden mit dem tschechoslowakischen Staat erhoben die slowakischen Nationalisten den Vorwurf, Juden seien sogenannte Tschechoslowakisten. Es kam zu zahlreichen antijüdischen Vorfällen, so wurden z. B. in den 1920er-Jahren von der Bevölkerung bei Trenčin und in Šalavský Gemer Ritualmordvorwürfe gegen Juden erhoben.

13 Livia Rothkirchen, Slovakia II: 1918–1939, in: The Jews of Czechoslovakia. Historical Studies and Surveys, Bd. 1, Philadelphia 1968, S. 87 f.; VEJ 3, Einleitung, S. 17; Büchler, Community (wie Anm. 11), S. 19–23; Akiva Nir, The Zionist Organization, Youth Movements and Emigration to Palestine in 1918–1945, in: Tóth (Hrsg.), Tragedy (wie Anm. 11), S. 27–34.

Etwa seit Mitte der 1930er-Jahre hatte sich ein „breiterer antisemitischer Konsensus in der Gesellschaft“ herausgebildet.[14] Die Volkspartei griff diese Stimmung auf und hetzte in der Parteizeitung Slovák gegen die Juden. Die Lösung der „jüdischen Frage“ avancierte in der Partei zunehmend zu einem zentralen politischen Ziel.[15]

Die Judenverfolgung im Autonomen Land Slowakei von Oktober 1938 bis März 1939

Nach der von Deutschland betriebenen Gründung des Autonomen Landes Slowakei verkündete die Regierung in ihrem ersten Manifest am 6. Oktober 1938, dass „die neue Slowakei gegen die marxistisch-jüdische Ideologie der Subversion und Gewalt“ kämpfen werde.[16] Die Grundlagen zur Etablierung eines autoritären Regimes wurden bereits in dieser Phase geschaffen. Die während der Sudetenkrise im Sommer 1938 gegründete paramilitärische Organisation der Volkspartei, die Hlinka-Garde, avancierte zu einer führenden Kraft des Landes. Die schon zuvor dominierende Slowakische Volkspartei begann umgehend damit, ein Einparteiensystem unter der Regierung Tiso zu errichten. Die linken und die beiden jüdischen Parteien wurden verboten. Nur die Parteien der ungarischen und deutschen Minderheiten erhielten einen Sonderstatus und durften ihre Tätigkeit fortsetzen. Darin zeichnete sich schon der zukünftige Umgang der Slowakei mit den Minderheiten ab: Während der ungarischen und deutschen Minorität aus außenpolitischen Gründen gewisse Rechte zugestanden wurden, grenzte die Regierung Tschechen und Juden aus. Seit Anfang Oktober 1938 kam es zu zahlreichen Übergriffen auf Tschechen. Mit Prag wurde daraufhin vertraglich geregelt, dass 9000 Tschechen bis zum 1. Januar 1939 die Slowakei verlassen sollten. Nach der Staatsgründung wurden zahlreiche tschechische Beamte, Gendarmen und Lehrer ins Protektorat Böhmen und Mähren ausgewiesen: Insgesamt verließen etwa 50 000 Tschechen das Land. Schließlich konnte die slowakische Landesregierung nach Verabschiedung eines Ermächtigungsgesetzes am 15. Dezember 1938 Verordnungen in Angelegenheiten erlassen, für die bislang der slowakische Landtag zuständig war. Zahlreiche Presseerzeugnisse wurden verboten und Kommunalverwaltungen gleichgeschaltet.[17]

Von Beginn an ließen die slowakischen Politiker keinen Zweifel daran, dass sie gegenüber den noch etwa 90 000 Juden des Landes eine Politik der Entrechtung und Ausgrenzung nach deutschem Vorbild verfolgen würden. Justizminister Ferdinand Ďurčanský

14 Szabó, Von Worten zu Taten (wie Anm. 4), S. 339.

15 Livia Rothkirchen, The Situation of the Jews in Slovakia between 1939–1945, in: Jahrbuch für Antisemitismusforschung, 7 (1998), S. 57; Ladislav Lipscher, Die Juden im Slowakischen Staat 1939–1945, München u. a. 1980, S. 12–14; Martin Schulze-Wessel, Entwürfe und Wirklichkeiten. Die Politik gegenüber den Juden in der Ersten Tschechoslowakischen Republik 1918 bis 1938, in: Dittmar Dahlmann/Anke Hillbrenner (Hrsg.), Zwischen großen Erwartungen und bösem Erwachen. Juden, Politik und Antisemitismus in Ost- und Südosteuropa 1918–1945, Paderborn 2007, S. 121–135; Szabó, Von Worten zu Taten (wie Anm. 4), S. 335–342.

16 Slovák, 7.10.1938, Nr. 228, Manifest slovenského národa, zit. nach: Ivan Kamenec, On the Trail of Tragedy, Bratislava 2007, S. 34.

17 Eduard Nižňanský, Die Machtübernahme von Hlinkas Slowakischer Volkspartei in der Slowakei im Jahre 1938/39 mit einem Vergleich zur nationalsozialistischen Machtergreifung 1933/34 in

kommentierte während eines Gesprächs mit Hermann Göring im Oktober 1938: „Judenproblem wird ähnlich wie in Deutschland gelöst."[18]

Die jüdischen Repräsentanten in der Slowakei versicherten Ministerpräsident Tiso umgehend der Loyalität der jüdischen Bürger und sprachen sich für ein friedliches Zusammenleben aus. Kurz vor ihrem Verbot initiierte die Jüdische Partei im Oktober 1938 die Gründung einer Zentralen Jüdischen Amtsstelle für das Land Slowakei, die als Dachverband die jüdischen Interessen wahrnehmen sollte.[19]

Wie sehr die Geschicke der Slowakei von der deutschen Politik abhingen, zeigte sich Anfang November 1938. Nach dem Münchner Abkommen erzwang Hitler mit dem Ersten Wiener Schiedsspruch vom 2. November die Abtretung großer Teile der Südslowakei an Ungarn, ein Territorium mit ungarischer Bevölkerungsmehrheit, das über 850 000 Einwohner zählte. Unter deutschem Druck begründete Ministerpräsident Tiso einen eigenständigen slowakischen Kleinstaat, der rasch einer der engsten Verbündeten des Deutschen Reichs wurde.

Hitlers Vorgehen führte unmittelbar zum Ausbruch antisemitischer Gewalt in der Slowakei. Die Juden wurden für die Wiener Beschlüsse verantwortlich gemacht und beschuldigt, sich kollektiv zur ungarischen Nationalität zu bekennen. Am 2. November 1938 reiste Adolf Eichmann nach Bratislava, wo er von Tiso empfangen wurde und sich mit slowakischen Politikern traf. Tiso befahl am 4. November allen Kreisämtern, mittellose und ausländische Juden mit ihren Angehörigen sofort über die Grenzen in die an Ungarn abzutretenden Gebiete zu deportieren und den Besitz vermögender Juden sicherzustellen (Dok. 2, 4.11.1938). Zwar wurde die Anordnung bereits am 7. November wieder aufgehoben und die Behörden wurden einen Tag später angewiesen, konfiszierten Besitz zurückzugeben. Allerdings waren schon zahlreiche Juden beraubt worden, und auch die Deportationen endeten nicht sofort.

Aus Berichten der Kreisämter wird deutlich, wie chaotisch, zum Teil pogromartig, die Deportationen abliefen. Die Hlinka-Garde, Mitglieder der karpatendeutschen nationalsozialistischen Deutschen Partei und deren paramilitärische Freiwillige Schutzstaffel taten sich vielerorts mit Übergriffen und Grausamkeiten gegenüber den Juden hervor. Insgesamt wurden in den ersten Novembertagen 1938 mehr als 7600 Juden nach Ungarn deportiert. Zeitgenössische Beobachter sahen hierin eine Analogie zur Vertreibung von 17 000 Juden polnischer Staatsangehörigkeit über die deutsch-polnische Grenze durch das Deutsche Reich Ende Oktober 1938. Obwohl sich die Ursachen für beide Aktionen

Deutschland, in: Monika Glettler/Ľubomír Lipták/Alena Míšková (Hrsg.), Geteilt, besetzt, beherrscht. Die Tschechoslowakei 1938–1945: Reichsgau Sudetenland, Protektorat Böhmen und Mähren, Slowakei, Essen 2004, S. 254–276.

18 Akten zur deutschen auswärtigen Politik 1918–1945 (ADAP), Serie D, Bd. IV: Die Nachwirkungen von München (Oktober 1938–März 1939), Baden-Baden 1951, Dok. 68, S. 76. Die Besprechung fand am 16. oder 17.10.1938 statt.

19 Oskar Neumann, Im Schatten des Todes, Ein Tatsachenbericht vom Schicksalskampf des slowakischen Judentums, Tel Aviv 1956, S. 16; Lipscher, Juden (wie Anm. 15), S. 29 f.; Emanuel Frieder, To Deliver Their Souls. The Struggle of a Young Rabbi During the Holocaust, New York 1987, S. 28 f.; Eduard Nižňanský (Hrsg.), Holokaust na Slovensku, Bd. 1, Obdobie autonómie (6.10.1938–14.3.1939). Dokumenty, Bratislava 2001, Dok. 1, undatiert; Kamenec, Tragedy (wie Anm. 16), S. 37.

unterschieden, so war doch die Schwelle zu offener Gewalt gegen Juden nun auch in der Slowakei überschritten worden.[20]

Da sich die ungarische Regierung weigerte, die aus der Slowakei vertriebenen Juden aufzunehmen, mussten sie im Niemandsland campieren. So entstanden an der neu gezogenen ungarisch-slowakischen Grenze Flüchtlingslager mit Tausenden jüdischen Familien, ähnlich wie sie bereits an der tschechisch-polnischen Grenze, an der Westgrenze Deutschlands und an der deutsch-polnischen Grenze existierten.[21] Die meisten der vertriebenen slowakischen Juden durften nach einem Erlass vom 8. Dezember 1938 wieder in ihre Wohnorte zurückkehren, sofern diese innerhalb der neuen slowakischen Grenzen lagen.[22] Viele jüdische Familien versuchten nun jedoch, das Land zu verlassen und an einem sicheren Ort ein neues Leben zu beginnen, oder siedelten nach Ungarn über. Bis März 1939 konnten vor allem deutsche und österreichische jüdische Flüchtlinge die Slowakei verlassen.

Auch in den folgenden Wochen kam es vielerorts zu weiteren antisemitischen Übergriffen. Zahlreiche jüdische Notare und Lehrer wurden entlassen (Dok. 9, 24.1.1939). Die Regierung beschloss am 23. Januar 1939, eine „Kommission zur Lösung der Judenfrage" zu gründen. Da das Autonome Land Slowakei aber nur kurze Zeit existierte, wurden die von der Kommission entworfenen antijüdischen Gesetze nicht mehr verabschiedet.[23]

Strukturen und Machtverhältnisse im slowakischen Staat

Am 13. März 1939 zwang Hitler den nach Berlin gereisten Tiso zur Ausrufung eines unabhängigen slowakischen Staates. Mit der Einrichtung einer militärischen Schutzzone der Wehrmacht und dem im Januar 1940 unterzeichneten Wehrwirtschaftsvertrag sicherte sich das Reich den Zugriff auf die militärischen und wirtschaftlichen Ressourcen des Landes. Das Auswärtige Amt vertrat bis Ende August 1944 die deutschen Interessen in der Slowakei, als deutscher Gesandter fungierte seit dem 30. Juni 1939 Hans Bernard. Nach der Staatsgründung am 14. März schuf die regierende Volkspartei autoritäre Strukturen, hob die Presse- und Versammlungsfreiheit auf und inhaftierte bis 1944 Tausende politische Gegner im Internierungslager Ilava und in Arbeitslagern. Die slowakische Nation sollte nach dem Willen der Volkspartei entsprechend ihrem Motto „Die Slowakei den Slowaken" gestärkt, Tschechen, Juden und Roma hingegen von vornherein aus der Gesellschaft ausgeschlossen werden. Das Verfassungsgesetz vom 21. Juli 1939 schrieb das Monopol der Volkspartei fest. Die antijüdische Politik verstieß jedoch gegen die Grundsätze der Verfassung, insbesondere gegen den Schutz des Lebens, der Freiheit und des Eigentums,

20 Eduard Nižňanský, Die Deportationen der Juden in der Zeit des Autonomen Landes Slowakei am 4./5.11.1938, in: Bohemia, 39 (1998), S. 37–40, 44–48; ders. (Hrsg.), Holokaust, Bd. 1 (wie Anm. 19), Dok. 110, 111, 113, 118; VEJ 2, Einleitung, S. 52.

21 Bericht von Marie Schmolka von HICEM Prag über ihren Besuch im Lager Mischdorf vom 27.11.1938; VEJ 2, Einleitung, S. 44.

22 Nižňanský, Deportationen (wie Anm. 20), S. 39 f.

23 Nižňanský (Hrsg.), Holokaust, Bd. 1 (wie Anm. 19), Dok. 61; ders., Pogrom v Piesťanoch v roku 1939, in: Edita Ivaničiková (Hrsg.), Z dejín demokratických a totalitných režimov na Slovensku a v Československu v 20. Storoči, Bratislava 2008, S. 77; Peter Sokolovič, Hlinkova Garda, Bratislava 2000, S. 72–78.

der in Paragraph 81 des Regelwerks allen Bürgern ohne Unterschied der Herkunft, Volkszugehörigkeit, Religion und Beschäftigung zugesichert worden war.[24]

Im Jahr 1942 etablierte die Volkspartei das Führerprinzip, wobei ihr Vorsitzender Tiso, seit September 1939 auch Staatspräsident, den Titel „Führer" für sich beanspruchte. Fortan wurde die Innenpolitik und damit auch die antijüdische Politik bis 1943 in erheblichem Maße durch den Machtkampf zwischen den beiden Parteiflügeln geprägt, den Gemäßigten um Tiso und den Radikalen um Vojtech Tuka und Alexander Mach. Tiso war slowakisch-nationalistisch eingestellt, seine Vorstellung eines idealen Staates gründete zwar zunächst in einem katholischen Korporatismus, schloss aber faschistische Methoden nicht aus. Der Katholizismus war essentieller Bestandteil der Ideologie der Volkspartei. Tiso gab auch als Präsident sein Priesteramt nicht auf. Gleichzeitig unterstützten viele katholische Priester und Bischöfe das Regime: Der Zipser Bischof Ján Vojtaššák war z. B. Mitglied des Staatsrats. Für Tukas politisches Handeln hingegen blieben die Vorbilder des italienischen Faschismus und des deutschen Nationalsozialismus bestimmend.[25] In der Frage der Entrechtung der Juden zogen beide Lager indes an einem Strang.

Die deutsche Führung erwartete, dass die Verdrängung der Juden aus dem wirtschaftlichen und sozialen Leben zügig durchgeführt und die Stärkung der deutschen Volksgruppe innerhalb des slowakischen Staatswesens richtungsweisend für den gesamten Donauraum sein werde. Die slowakische Regierung widersetzte sich allerdings der von der deutschen Volksgruppe gewünschten Autonomie. Der Vorsitzende der Deutschen Partei Franz Karmasin wurde Staatssekretär für die Angelegenheiten der deutschen Volksgruppe und unterstand der Volksdeutschen Mittelstelle. Doch durfte das Staatssekretariat lediglich als Beschwerde- und Informationsinstanz fungieren. Die Freiwillige Schutzstaffel diente als Hilfspolizei und durfte ebenso wie die Hlinka-Garde Hausdurchsuchungen und Festnahmen vornehmen.[26]

Die Slowakei beteiligte sich sowohl am Krieg gegen Polen 1939 als auch später gegen die Sowjetunion. Nach dem Sieg über Frankreich, Norwegen und die Beneluxstaaten 1940 verstärkte das Deutsche Reich seine Hegemonialbestrebungen über ganz Ostmitteleuropa und integrierte den Raum stärker als bisher in die deutsche Einflusssphäre. Mit dem Salzburger Diktat vom 28. Juli 1940 bekam dies auch die slowakische Regierung zu spüren: Hitler und Ribbentrop beorderten Tiso, Vojtech Tuka und Alexander Mach nach Salzburg und forderten die Absetzung des auf größere Unabhängigkeit vom Reich

24 Verfassungsgesetz vom 21.9.1939; Ľubomír Lipták, Geopolitische Vorstellungen von der Slowakei während des Zweiten Weltkrieges und deren Einfluß auf das Regime und die Widerstandsbewegung, in: Glettler/Lipták/Mišková (Hrsg.), Geteilt, besetzt, beherrscht (wie Anm. 17), S. 294 f.; Jörg K. Hoensch, Grundzüge und Phasen der deutschen Slowakei-Politik im Zweiten Weltkrieg, in: Detlef Brandes/Václav Kural (Hrsg.), Der Weg in die Katastrophe. Deutsch-tschechoslowakische Beziehungen 1937–1947, Essen 1994, S. 215–238, hier S. 222.

25 Tatjana Tönsmeyer, Von der Schutzfreundschaft zur Okkupationsmacht. Die Wahrnehmung des deutschen Einflusses durch die slowakische Elite, in: Glettler/Lipták/Mišková (Hrsg.), Geteilt, besetzt, beherrscht (wie Anm. 17), S. 319; Lenka Šindelářová, Finale der Vernichtung. Die Einsatzgruppe H in der Slowakei 1944/1945, Darmstadt 2013, S. 35 f.; James Mace Ward, Priest Politician Collaborator. Jozef Tiso and the Making of Fascist Slovakia, Ithaca/NY 2013, S. 162, 170, 196–201, 204–212, 241–245.

26 Johann Kaiser, Die Politik des Dritten Reiches gegenüber der Slowakei 1939–1945, Bochum 1970, S. 165–177.

pochenden Außen- und Innenministers Ferdinand Ďurčanský. Der deutschfreundliche Mach wurde daraufhin zum Ministerpräsidenten und Innenminister, Tuka zum Vize-Ministerpräsidenten und Außenminister ernannt.

Ebenfalls verstärkt wurde die Präsenz deutscher Diplomaten und Berater in der Slowakei: Der ehemalige Marineoffizier und Freikorpsführer Manfred von Killinger löste Bernard als deutscher Gesandter ab; er traf am 29. Juli 1940 in Bratislava ein. Im Januar 1941 wurde Hanns Elard Ludin sein Nachfolger, der bis 1945 amtierte.[27] Außerdem wurden deutsche Berater in die slowakischen Ministerien und Institutionen entsandt. Am 24. November 1940 trat die Slowakei schließlich dem im September 1940 geschlossenen Dreimächtepakt zwischen Deutschland, Italien und Japan bei. Als Verbündete der Achsenmächte erklärte sie im Dezember 1941 Großbritannien und den USA den Krieg.[28]

Mit der Zerschlagung des tschechoslowakischen Staates und der Gründung der Slowakei hatte sich die deutsche Führung noch vor Beginn des Zweiten Weltkriegs einen verlässlichen militärischen Verbündeten geschaffen. Die slowakische Judenpolitik lehnte sich zwar einerseits an die des NS-Staates an, verfolgte aber auch eigene Ziele.

Die Entrechtung, Beraubung und Ausgrenzung der Juden von März 1939 bis Sommer 1940

Das am 18. April 1939 erlassene erste antijüdische Gesetz in der Slowakei definierte den Begriff „Jude" und bildete die Grundlage für die Ausgrenzung der Juden aus der Gesellschaft (Dok. 11, 18.4.1939). Als Kriterien galten das religiöse Bekenntnis zum Judentum sowie die Abstammung bei den sogenannten Mischehen und für Kinder aus diesen Verbindungen. Die Abweichungen von den Nürnberger Rassengesetzen resultierten daraus, dass die in der Slowakei einflussreiche katholische Kirche die Rassenlehre missbilligte. Zudem ließen wirtschaftliche Erwägungen es nicht zu, Juden sofort aus für den Staat wichtigen Positionen zu entlassen. Dennoch wurden gegen Juden im Staatsdienst sowie gegen jüdische Apotheker, Ärzte, Rechtsanwälte, Notare und Redakteure Zulassungsbeschränkungen bzw. Berufsverbote verhängt. Bis Dezember 1939 erließ die Regierung zahlreiche weitere ähnliche Verordnungen. So wurden alle Juden aus dem Militärdienst entlassen und Arbeitsbataillonen zugeteilt. Juden wurden öffentlich gedemütigt, verloren ihre Arbeit, oder ihre Geschäfte wurden geplündert.[29]

Nach Kriegsbeginn gingen die deutsche Volksgruppe und die Hlinka-Garde immer brutaler gegen die Juden vor. Am 4. September 1939 wurde in Bratislava der Rechtsanwalt Gus-

27 ADAP, Serie D, Bd. X: Die Kriegsjahre (23. Juni–30. November 1940), Göttingen 1963, Dok. 5, S. 221 f., Dok. 48, S. 283–285; ADAP, Serie D, Bd. 13, 2: Die Kriegsjahre (15. September–11. Dezember 1941), Göttingen 1970, Dok. 576, S. 816 f.

28 Tatjana Tönsmeyer, Die Bedeutung der Slowakei für das Deutsche Reich, in: Bohemia, 37 (1996), S. 79–95; dies., Schutzfreundschaft (wie Anm. 25), S. 316; Lipták, Geopolitische Vorstellungen (wie Anm. 24), S. 296.

29 Regierungsverordnung 63/1939; Regierungsbeschluss vom 13.6.1939; Rundschreiben des Innenministeriums vom 27.9.1939; Regierungsverordnung 150/1939 Sl. Gbl.; Anton Vašek, Die Lösung der Judenfrage in der Slowakei, Bratislava 1942, S. 115–119; Lipscher, Juden (wie Anm. 15), S. 33–36; Katarína Závacká, The Anti-Jewish Legislation of the Slovak State, in: Tóth (Hrsg.), Tragedy (wie Anm. 11), S. 69–73.

táv Fischer, Bruder der bekannten Zionistin Gizi Fleischmannová, auf offener Straße von Schlägertrupps zu Tode geprügelt. Seine Frau Lili nahm sich daraufhin das Leben.[30] Der aus Deutschland geflüchtete Jude Alex Hochhäuser wurde Augenzeuge einer solchen Verzweiflungstat: „Als der Einmarsch deutscher Truppen in Žilina begann, sah ich zu meinem Schrecken eines Morgens meinen Vermieter von einem Fensterkreuz in der Küche herabhängen. Diese Tragödie war eine von vielen, nachdem mit der Entlassung aus den Betrieben den Menschen die Existenz genommen worden war."[31]
Vorrangiges Ziel der antijüdischen Politik war die vollständige Verdrängung der Juden aus dem Wirtschaftsleben, die ohne Störungen für die slowakische Volkswirtschaft umgesetzt werden sollte. Versprechungen über die Verteilung des Besitzes von Juden heizten die antisemitische Stimmung weiter an. So postulierte Alexander Mach am 5. Februar 1939 in einer Rede: „Wer sich hier Reichtum zusammengestohlen hat, dem wird er abgenommen! Das ist die praktische Lösung der ganzen Judenfrage."[32] Dementsprechend forderten große Teile der Bevölkerung die Enteignung der Juden und „die allmähliche Überführung ihrer Wirtschaftsfunktionen in christliche Hände".[33]
Während die Deutschen von der slowakischen Regierung ein Handeln nach deutschem Vorbild und möglichst radikale Maßnahmen erwarteten, verfolgten die Slowaken durchaus auch eigene Absichten. Tiso hatte bereits im Februar 1939 geäußert, dass „bei der Lösung dieser Frage nicht nach dem Vorbild irgendeiner anderen Nation vorgegangen werden" könne.[34] Die slowakische Regierung wollte die Wirtschaft nicht durch übereilte Enteignungen schwächen und konnte auch auf jüdische Fachleute nicht verzichten. Unzureichende Qualifikation und fehlendes Kapital bei den slowakischen und volksdeutschen Bewerbern für enteignete Firmen blieben aus ihrer Sicht konstante Probleme des gesamten Enteignungsprozesses.
Die Regierung erließ am 29. Februar 1940 das Gesetz über die Bodenreform, das dem Staat das Recht gab, große Grundeigentümer zum Verkauf ihres Bodens zu zwingen, um ihn an Bauern zu veräußern. Es wurde ausschließlich auf jüdische Eigentümer angewendet, obwohl diese nur 6,5 Prozent der unter die Regelung fallenden Flächen besaßen. Mittels des ersten „Arisierungsgesetzes" vom 25. April 1940 verfügte die Regierung die Überprüfung der Gewerbescheine von Juden, um über die Enteignung oder Liquidierung ihrer Betriebe zu entscheiden und vor allem große Firmen, die für die slowakische Volkswirtschaft wichtig waren, zu enteignen. Das Gesetz begrenzte zudem die Zahl jüdischer Beschäftigter in einem Unternehmen; Kündigungsschutz und Pensionsansprüche wurden stark eingeschränkt. Bis zum Sommer 1940 war die wirtschaftliche Position der slowakischen Juden weitgehend zerstört.[35]

30 Katarína Hradská, Gizi Fleischmannová. Návrat nežiaduci, Bratislava 2012, S. 44; Kokorák, Deutsche Minderheit (wie Anm. 8), S. 254.

31 Alex Hochhäuser, Zufällig überlebt. Als deutscher Jude in der Slowakei, Berlin 1992, S. 41.

32 Slovák, 7.2.1939, Nr. 31, S. 4, Na Slovensku nebude viac ani českého ani židovského režimu.

33 Slovák, 21.1.1940, Nr. 17, S. 1, zit. nach: Hana Klamková, Slovakizácia židovského majetku: proces zainteresovania slovenskej otázke, in: Ján Hlavinka/Eduard Nižňanský (Hrsg.), Arizácie, Bratislava 2010, S. 117.

34 Slovák, 22.2.1939, zit. nach: Lipscher, Juden (wie Anm. 15), S. 24; Tönsmeyer, Bedeutung (wie Anm. 28), S. 82.

35 Ebd., S. 70; 46/1940 Sl. Gbl.; 113/1940 Sl. Gbl.; Lipscher, Juden (wie Anm. 15), S. 44; Ľudovit Hallon, Arizácia na Slovensku 1939–1945, in: Acta Oeconomica Pragensia, 15 (2007), H. 7, S. 150–152.

Ausweg Flucht?

Viele Juden hofften noch, dass die gegen sie gerichteten Maßnahmen nur vorübergehend in Kraft blieben und sie am Ende unentbehrlich für die slowakische Volkswirtschaft sein würden. Nachdem jedoch jüdische Flüchtlinge aus dem besetzten Polen seit Herbst 1939 über Gräueltaten der Deutschen berichtet hatten, versuchten auch viele slowakische Juden das Land zu verlassen. Schon im Frühjahr 1939 gingen im britischen Passkontrollbüro in Bratislava täglich etwa 40 Visaanträge ein. Allerdings zeigten weder Großbritannien noch andere Staaten Interesse, Flüchtlinge aufzunehmen. Die jüdischen Verbände organisierten Auswanderungstransporte sowie Umschulungskurse und Hachscharoth-Lager, also landwirtschaftliche Ausbildungszentren, um die Flüchtlinge auf einen Neustart in Palästina oder in anderen Ländern vorzubereiten. Der Zionistische Zentralverband für die Slowakei arbeitete mit den großen zionistischen Hilfsorganisationen HICEM und dem Palästina-Amt sowie mit dem American Jewish Joint Distribution Committee zusammen. Die slowakische Regierung unterstützte zwar prinzipiell die Auswanderung, verbot aber – ähnlich wie das Deutsche Reich – die Ausfuhr der von den Einwanderungsländern geforderten Devisen, weshalb den meisten die Emigration nicht gelang. Aufgrund der rigiden Vergabepolitik für Palästina-Zertifikate war den Bemühungen zur legalen Auswanderung nach Palästina kaum Erfolg beschieden. Der Funktionär der orthodoxen jüdischen Gemeinde Aron Grünhut organisierte 1939 illegale Transporte nach Palästina, durch die 1365 slowakische, tschechische, ungarische und österreichische Juden gerettet wurden. Grünhut kooperierte zudem mit dem britischen Börsenmakler Nicholas Winton, der 669 tschechoslowakische Kinder mit Kindertransporten nach Großbritannien bringen konnte.[36] Auch die Jüdische Amtsstelle intensivierte ihre Anstrengungen, slowakische Juden in die illegalen Einwanderungstransporte nach Palästina aufzunehmen. Überhaupt war Bratislava bis Ende 1940 die „große Drehscheibe der illegalen jüdischen Einwanderung nach Palästina".[37]

Immer weniger Flüchtlinge erreichten jedoch ihr Ziel. So sank beispielsweise das seeuntüchtige Schiff „Pentcho", auf dem sich auch slowakische Juden befanden, am 9. Oktober 1940 bei den Inseln des Dodekanes. Die Schiffbrüchigen der „Pentcho" wurden gerettet und nach Rhodos, später in das Internierungslager Ferramonti di Tarsia gebracht. Im Frühjahr 1941 kam die Fluchtbewegung praktisch zum Erliegen. Selbst Juden mit gültigen Visa für die USA erhielten von deutscher Seite keine Durchreiseerlaubnis durch das Reich (Dok. 32, 9.5.1941). Die Zahl der slowakischen jüdischen Flüchtlinge ist nicht exakt zu bestimmen. Nach Informationen jüdischer Institutionen konnten bis Ende 1941 7116 Juden flüchten. Der Vertreter der Juden im tschechoslowakischen Staatsrat in London, Arnošt Frischer, ging im Juli 1942 von mehr als 10 000 Personen aus, rechnete dabei allerdings die von 1942 an nach Ungarn geflüchteten Juden mit.[38]

36 Hochhäuser, Überlebt (wie Anm. 31), S. 39, 44; Peter Heumos, Die Emigration aus der Tschechoslowakei nach Westeuropa und dem Nahen Osten 1938–1945, München 1989, S. 105–110, 116–140; Aron Grünhut, Katastrophenzeit des slowakischen Judentums. Aufstieg und Niedergang der Juden von Pressburg, Tel Aviv 1972; VEJ 3/243; Barbara Winton, If It's Not Impossible …: The Life of Sir Nicholas Winton, Kibworth Beauchamps 2014.

37 Heumos, Emigration (wie Anm. 36), S. 107.

38 Ben-Zwi Kalischer, Vom Konzentrationslager nach Palästina. Flucht durch die halbe Welt, Tel Aviv 1944; VEJ 3/120; VEJ 14/35; Heumos, Emigration (wie Anm. 36), S. 106.

Die Verschärfung der antisemitischen Maßnahmen bis Ende 1941

Die Verfassungsänderung, die es möglich machte, antijüdische Gesetze auf dem Verordnungsweg zu erlassen, und die Verordnung über die Konfiskation jüdischer Vermögen im Frühsommer 1940 markieren den Beginn der zweiten Phase der Eliminierung der Juden aus dem sozialen und ökonomischen Leben.

Im Sommer 1940 mussten jüdische Männer erstmals einen zweimonatigen Arbeitsdienst ableisten. Alex Hochhäuser wurde im Straßenbau eingesetzt: „Die Arbeit überwachten [Hlinka-]Gardisten, die mit Antreiben und Peitschenhieben für pausenloses Arbeiten sorgten. Für die jungen Leute war die Arbeit erträglich, aber für die Männer um die fünfzig eine harte Erfahrung."[39]

Für die slowakischen Juden bedeutete die engere Anlehnung an Deutschland durch Ministerpräsident Mach infolge des Salzburger Diktats vom Juli 1940 eine tiefe Zäsur, denn auch die antijüdischen Maßnahmen in der Slowakei sollten sich fortan stärker an denen im Reich orientieren. Der Berater für Judenfragen, SS-Hauptsturmführer Dieter Wisliceny, traf im Sommer 1940 in Bratislava ein. Er plante neben der Forcierung der antijüdischen Gesetzgebung auch die Deportation der slowakischen Juden nach Madagaskar, wohin die Deutschen nach dem Sieg über Frankreich die europäischen Juden vertreiben wollten.[40] Da sich dieses Vorhaben aber bald als nicht realisierbar erwies, konzentrierte sich Wisliceny zunächst auf die Enteignung der Juden.[41]

Wislicenys Aktivitäten in Bratislava verdeutlichen, wie stark sich die slowakische Führung in dieser Phase in der antijüdischen Verfolgungspolitik von den deutschen Vorgaben leiten ließ. Die slowakische Regierung schuf im September 1940 zwei von Wisliceny initiierte Institutionen, die die Segregation der Juden massiv beschleunigten: am 16. September das Zentralwirtschaftsamt, dessen Aufgabe es war, die Juden aus dem Wirtschaftsleben zu drängen, und am 26. September 1940 die Judenzentrale als Zwangsorganisation für alle Juden bzw. diejenigen, die die Machthaber als Juden definierten (Dok. 22, 16.9.1940; 23, 26.9.1940). Mit der Gründung der Judenzentrale wurden alle anderen jüdischen Organisationen aufgelöst und ihr Eigentum wurde konfisziert. Sie war dem Zentralwirtschaftsamt unterstellt, das auch den Judenältesten ernannte, der der Judenzentrale vorstand. Der erste Judenälteste Heinrich Schwarz weigerte sich, einige der repressiven Maßnahmen durchzuführen, und wurde im April 1941 verhaftet. Nach seiner Freilassung floh er nach Budapest, wo er 1944 starb. Ihm folgte als Judenältester der einstige Rektor einer Knabenschule, Arpád Sebestyén. Der Obrigkeit ergeben, kooperierte er widerspruchslos mit den Behörden. Nach Sebestyéns Ausscheiden konnten die Juden im Dezember 1943 mit dem zionistischen Schriftsteller Dr. Oskar Neumann erstmals einen Judenältesten wählen, der sich vehement für ihre Interessen einsetzte. Die meisten Funktionäre der Judenzentrale erfüllten ihre Aufgaben, was ihnen und ihren

39 Hochhäuser, Überlebt (wie Anm. 31), S. 43; 130/1940 Sl. Gbl. vom 19.5.1940; 203/1940 Sl. Gbl. vom 2.9.1940; 210/1940 Sl. Gbl. vom 3.9.1940.

40 Magnus Brechtken, „Madagaskar für die Juden". Antisemitische Idee und politische Praxis 1885–1945, München 1997, S. 226–280.

41 PAAA, R 27659, Handakten Luther, E086089–086090; Tönsmeyer, Das Dritte Reich (wie Anm. 4), S. 139–142; Götz Aly, „Endlösung". Völkerverschiebung und der Mord an den europäischen Juden, Frankfurt a. M. 1998, S. 126.

Angehörigen oft, zumindest bis Herbst 1944, das Überleben ermöglichte. Dennoch gab es in der Judenzentrale auch Mitarbeiter, die versuchten, die bedrückende Lage der Juden zu mildern, wie in der permanent überlasteten Sozial- oder der Auswanderungsabteilung unter der Leitung von Gizi Fleischmannová, die zu den führenden Persönlichkeiten der zionistischen Frauenorganisation WIZO gehörte. In der Umschulungsabteilung wurden Kurse in Landwirtschaft und Handwerk organisiert, die den Jugendlichen, die aus ihrer Ausbildung gerissen worden waren, eine Perspektive boten.[42]

Mit der am 30. November 1940 erlassenen Verordnung über die jüdischen Unternehmen, dem zweiten „Arisierungsgesetz", verschärfte und beschleunigte die Regierung die Enteignungen der Juden (Dok. 26, 30.11.1940), was auf breite Zustimmung in Teilen der slowakischen Bevölkerung stieß. Formal durfte der jüdische Eigentümer im Unternehmen verbleiben, wenn der neue Besitzer eine Arbeitserlaubnis für ihn beantragte; allerdings konnte ihm jederzeit gekündigt werden. Und in der Tat wurden die enteigneten Juden wegen mangelnder Fachkenntnisse der neuen Besitzer oft weiterbeschäftigt. So übernahm der Schriftsteller Ľudo Mistrík-Ondrejov die Buchhandlung der Familie Steiner in Bratislava. David S. Steiner erinnert sich: „Er [...] ist einmal oder manchmal zweimal im Monat aufgetaucht, und er hat einen fetten Bissen vom Geschäft genommen, also Geld. Auf der anderen Seite lag die Geschäftsführung weiter in der Familie Steiner."[43] Die meisten Unternehmen wurden aber liquidiert, und die jüdischen Eigentümer einschließlich ihrer Familien verloren ihre Existenzgrundlage.

Die deutsche Volksgruppenführung unter Franz Karmasin rang mit dem Zentralwirtschaftsamt um ihren Anteil an den jüdischen Betrieben. Zahlreiche Volksdeutsche bewarben sich – zumeist erfolglos – um eine Übertragung des Eigentums von Juden. Die slowakische Regierung beabsichtigte nicht, die deutsche Volksgruppe wirtschaftlich zu stärken, denn trotz des Terminus „Arisierung" war im Kern eine „Slowakisierungsaktion" bezweckt (Dok. 17, 15.3.1940), wie Bernard in einem Schreiben an das Auswärtige Amt feststellte. Die Auseinandersetzung mit der deutschen Volksgruppe verdeutlicht, welche Handlungsspielräume die slowakische Regierung besaß, um ihre Interessen gegenüber dem Deutschen Reich durchzusetzen.

Die Enteignungen umfassten auch Immobilien und Wertsachen aller Art, die die Juden in Depots hinterlegen mussten. Außerdem zwang die Regierung sie, ihren gesamten Besitz registrieren zu lassen, und sperrte ihre Bankkonten. Juden durften weder Radios noch Sport- und Kunstgegenstände oder Motorfahrzeuge besitzen bzw. führen. Eine große Anzahl weiterer Verordnungen verstärkte die Rechtlosigkeit der slowakischen Juden und schränkte ihre Bewegungsfreiheit weiter ein. Jüdische Kinder durften seit dem 30. August 1940 nur noch jüdische Volksschulen besuchen, alle höheren Schulen waren ihnen verschlossen. Eine slowakische Jüdin erinnert sich: „Aber der erste grausame Schlag in meinem Leben war – ich war schon in der 5. Klasse und wäre jetzt auf die höhere Schule gegangen – als es nicht mehr möglich war zu lernen, weil wir nur noch getrennt in die jüdische Schule gehen konnten. [...] Da begannen wir die Ausgrenzung

42 Neumann, Im Schatten (wie Anm. 19), S. 72–77.

43 Martin Trančik, Zwischen Alt- und Neuland: die Buchhändlerfamilie Steiner in Preßburg, Bratislava 1996, S. 227; Yehuda Bauer, Gisi Fleischmann, in: Dalia Ofer/Lenore Weitzman, Women in the Holocaust, New Haven 1998, S. 253–264; Katarína Hradská, Úvod, in: dies. (Hrsg.), Holokaust na Slovensku, Bd. 8, Ústredňa Židov (1940–1944). Dokumenty, Bratislava 2008, S. 14–25.

zu spüren."[44] Es folgten bis Ende 1941 generelle Ausgeh- und Versammlungsverbote. Der ostslowakische Verwaltungsbezirk (Gau) Šariš-Zemplin entwickelte sich zu einer Musterregion für antijüdische Maßnahmen, bevor diese im ganzen Land eingeführt wurden, z. B. bei Aufenthaltsbeschränkungen in Parks, auf Märkten und in Restaurants. Schon am 5. April 1941 verfügte der Gauleiter Andrej Dudáš dort die Kennzeichnung aller Juden mit einem gelben Band am linken Arm.[45]

Insgesamt waren Entrechtung und Enteignung von der chaotischen Arbeitsweise des Zentralwirtschaftsamts, der zunehmenden Einflussnahme der Volkspartei, Günstlingswirtschaft, fehlender Kontrolle und persönlicher Bereicherung gekennzeichnet. Zwar äußerte sich Wisliceny in seinem Bericht an Eichmann vom 17. Dezember 1940 weitgehend zufrieden mit den bereits begonnenen Enteignungen,[46] die deutsche Führung drängte aber weiterhin darauf, den minderen Rechtsstatus der slowakischen Juden ähnlich wie in den Nürnberger Gesetzen festzuschreiben. Wisliceny erhob diese Forderungen nochmals in seinem Bericht vom 1. März 1941 (Dok. 31, 1.3.1941).

Das am 9. September 1941 erlassene Gesetz Nr. 198, der sogenannte Judenkodex, definierte die Rechtsstellung der Juden nun auf eindeutig rassistischer Grundlage und schränkte die Rechte der Juden weiter ein (Dok. 38, 9.9.1941). Der Kodex fasste die mittlerweile zahlreichen antijüdischen Verordnungen in einem Gesetzeswerk mit 270 Paragraphen zusammen und legte dabei die gesamte vermögensrechtliche, soziale, arbeitsrechtliche und gesellschaftliche Stellung der Juden fest. Gleichzeitig mit dem Judenkodex trat die Verordnung zur Kennzeichnungspflicht in Kraft: Juden vom sechsten Lebensjahr an mussten vom 22. September 1941 an einen gelben Stern an der Kleidung tragen. Zudem wurden alle Juden zu einer Abgabe in Höhe von 20 Prozent ihres Vermögens verpflichtet, die bis Mai 1942 in fünf Raten zu zahlen war.[47]

Die Mehrheit der slowakischen Bevölkerung hatte sich zuvor nur wenig für das Schicksal der Juden interessiert. Viele hatten die Enteignungen begrüßt oder davon profitiert. Der Judenkodex rief erstmals eine Reaktion der Kirchen hervor, zumal nun auch konvertierte Juden betroffen waren. Der katholische Klerus sprach sich in einem Memorandum gegen die rassistische Ideologie und die Diskriminierung der zum Christentum übergetretenen Juden sowie das Verbot der Ehen zwischen Juden und Christen aus (Dok. 40, 7.10.1941).[48]

44 Interview Frau R. R., in: Monika Vrzgulová (Hrsg.), We Saw the Holocaust, Bratislava 2005, S. 22.

45 Verordnung des Gaus Šariš-Zemplin Nr. 114/1941; Ján Hlavinka, Židovská komunita v okrese Medzilaborce v rokoch 1938–1945, Bratislava 2007, S. 137 f.

46 Hallon, Arizácia (wie Anm. 35), S. 152–156; Hana Kubátová, Popular Responses to the Plunder of Jewish Property in Wartime Slovakia, in: Jewish Studies at the Central European University, 7 (2009/11), S. 123–125; Kokorák, Deutsche Minderheit (wie Anm. 8), S. 264–270; Ľudovit Hallon/Ján Hlavinka/Eduard Nižňanský, Pozícia Ústredného hospodárskeho úradu v politickom, hospodárskom a spoločenskom živote Slovenska v rokoch 1940–1942, in: Hlavinka/Nižňanský (Hrsg.), Arizácie (wie Anm. 33), S. 63.

47 198/1941 Sl. Gbl. vom 9.9.1941; Der slowakische Judenkodex, übersetzt und mit einer Einleitung versehen von Dr. Ludwig Dostal, Preßburg 1941; Verordnung 199/1941 Sl. Gbl.; Verordnung des Innenministeriums 401/1941 Úr. Nov.

48 Juden, die zum Christentum übergetreten waren, werden im Folgenden als Konvertierte bezeichnet. Tatjana Tönsmeyer, Vom Desinteresse zur Hilfsbereitschaft. Solidarität und Hilfe für verfolgte Juden in der Slowakei, in: Wolfgang Benz/Juliane Wetzel (Hrsg.), Solidarität und Hilfe für Juden während der NS-Zeit, Regionalstudien 4: Slowakei, Bulgarien, Serbien, Kroatien mit Bosnien und Herzegowina, Belgien, Italien, Berlin 2004, S. 26.

Mit dem Judenkodex war nun eine rechtliche Handhabe geschaffen, um Juden aus ihren Wohnorten zu vertreiben und ihnen einen neuen Wohnsitz zuzuweisen. Dass Tiso als katholischer Priester ein derartiges Gesetz erlassen hatte, erachtete die deutsche Regierung als „für das übrige Südosteuropa beispielhaft [...] in seiner Konsequenz und Gründlichkeit".[49]

Bis Ende 1941 führten die antijüdischen Maßnahmen der Regierung zur nahezu vollständigen Ausgrenzung und Entrechtung von etwa 64 000 Juden. Schon im Oktober 1941 befahl der Präsident des Zentralwirtschaftsamts, Augustín Morávek, die sogenannte Dislokation, also die Vertreibung der Juden aus Bratislava in andere Städte des Landes. Die Umsiedlung zielte unter anderem darauf ab, Wohn- und Geschäftsräume in der rasch wachsenden Hauptstadt zu gewinnen. Bis März 1942 mussten 6723 der in Bratislava lebenden 15 102 Juden die Stadt verlassen. Sie durften nur das Nötigste mitnehmen; ihr noch vorhandener Besitz wurde beschlagnahmt und später verkauft.[50]

Das erste „Arbeitszentrum" für Juden wurde im April 1941 in Strážske errichtet und am 4. Juli 1941 für alle Juden zwischen 18 und 60 Jahren die Zwangsarbeitspflicht verfügt.[51] Aus diesem Anlass organisierte Wisliceny für Regierungsmitglieder eine Besichtigung verschiedener Zwangsarbeitslager für Juden in Ostoberschlesien (Dok. 34, 2.7.1941). Die Direktion der Reichsautobahnen hatte bei der slowakischen Arbeitseinsatzdienststelle zu dieser Zeit erstmals wegen jüdischer Arbeiter angefragt. Die Delegation besuchte unter anderem das Autobahnarbeitslager Grünheide und weitere Lager der Organisation Schmelt. Izidor Koso, Präsidialchef im Innenministerium, soll nach der Besichtigungstour zu slowakischen Delegationsmitgliedern bemerkt haben, „das System des jüdischen Arbeitseinsatzes wäre in dieser Form unchristlich und inhuman und dass man in der Slowakei eine andere Form werde finden müsse".[52]

Nach der Reise legte Mach im August schließlich die Standorte Sered und Nováky als Arbeitslager für Juden fest, deren Einrichtung bereits im April beschlossen worden war (Dok. 37, 29.8.1941). Zu diesem Zeitpunkt wurde die 14. Abteilung des Innenministeriums als weitere Verfolgungsinstanz gebildet, die neben Aufgaben bei der Verdrängung der Juden aus dem öffentlichen Leben eine weitere Funktion übernahm: Sie war vor allem für die Organisation der Deportationen ab Ende 1941 zuständig. Damit vollzog sich ein „Kompetenzwechsel in der antijüdischen Politik" vom Zentralwirtschaftsamt hin zum Innenministerium.[53]

49 Völkischer Beobachter (Wiener Ausgabe), 16.12.1941, Beispielhaftes Judengesetz.

50 Verordnung des Zentralwirtschaftsamtes Nr. 434/41 Úr. Nov; Kamenec, Tragedy (wie Anm. 16), S. 190–196; Eduard Nižňanský (Hrsg.), Holokaust na Slovensku, Bd. 7: Vzťah slovenskej majority a židovskej minority. Náčrt problému. Dokumenty, Bratislava 2005, S. 97 f.

51 Verordnung Nr. 130/1941 und 153/1941 Sl. Gbl.; Eduard Nižňanský/Igor Baka/Ivan Kamenec (Hrsg.), Holokaust na Slovensku, Bd. 5: Židovské pracovné tábory a strediská na Slovensku 1938–1944, Bratislava 2004, Dok. 41, 50.

52 Eduard Nižňanský (Hrsg.), Holokaust na Slovensku, Bd. 4: Dokumenty nemeckej proveniencie (1939–1945), Bratislava 2003, Dok. 16; Wolf Gruner, Juden bauen die „Straßen des Führers". Zwangsarbeit und Zwangsarbeitslager für nichtdeutsche Juden im Altreich 1940–1943/44, in: ZfG, 44 (1996), S. 789–795; Sybille Steinbacher, „Musterstadt" Auschwitz. Germanisierungspolitik und Judenmord in Ostoberschlesien, München 2000, S. 138–153: Andrea Rudorff, Das Lagersystem der „Organisation Schmelt" in Schlesien, in: Wolfgang Benz/Barbara Distel (Hrsg.), Der Ort des Terrors. Geschichte der nationalsozialistischen Konzentrationslager, Bd. 9, München 2009, S. 155–160.

53 Tönsmeyer, Drittes Reich (wie Anm. 4), S. 143.

Mit dem Besuch der deutschen Arbeitslager für Juden in Ostoberschlesien im Sommer 1941 erhielt die slowakische Regierung Kenntnis über die katastrophalen Lebensbedingungen, unter denen jüdische Zwangsarbeiter eingesetzt wurden. Tiso wusste vermutlich spätestens seit Februar 1942 auch von den Massenmorden an Juden in der besetzten Sowjetunion, da ihm unter anderem Verteidigungsminister General Ferdinand Čatloš von den Massakern in Žitomir Ende 1941 berichtet hatte, dort befand sich ein Hauptquartier der slowakischen Armee.[54]

Als sich Tiso und die slowakische Führung im Herbst 1941 dazu entschlossen, den deutschen Vorschlägen nachzukommen und die slowakischen Juden in das deutsche Herrschaftsgebiet zu deportieren, war den Verantwortlichen bewusst, dass den preisgegebenen Juden der Tod drohte.

Die Deportationen 1942

Im Laufe des Jahres 1941 wurde an unterschiedlichen Orten in Europa deutlich, dass die Deutschen zur systematischen Vernichtung der europäischen Juden übergegangen waren. Seit dem 22. Juni 1941 erschossen die Einsatzgruppen, Polizeibataillone sowie einzelne Wehrmachtseinheiten und einheimische Helfer sowjetische Juden in großer Zahl. Im September 1941 wurden in Auschwitz erstmals Häftlinge mit dem Giftgas Zyklon B ermordet. Von November 1941 an waren in Belzec (Generalgouvernement) mehrere Gaskammern im Bau, und von Mitte Dezember 1941 an setzten die Deutschen im Vernichtungslager Kulmhof (Reichsgau Wartheland) mobile Gaskammern zur Tötung von Juden ein.[55]

Am 20./21. Oktober 1941 weilten Tiso, Čatloš, Mach und Tuka anlässlich eines Staatsbesuchs in Hitlers Hauptquartier. Sie wurden dort auch von Himmler empfangen, der den Gästen die deutschen Pläne schilderte, Juden in einem bestimmten Gebiet Polens zu konzentrieren. Wie Wisliceny 1946 aussagte, wurde dabei auch über die Deportation der slowakischen Juden gesprochen.[56]

Martin Luther, Unterstaatssekretär im Auswärtigen Amt, telegraphierte am 17. November 1941 an die deutsche Gesandtschaft in Bratislava: „Im Zuge der Abschiebung der Juden aus Deutschland sollen auch Juden anderer europäischer Staatsangehörigkeit erfasst werden. Aus Gründen der Courtoisie wird gebeten, der dortigen Regierung anheimzustellen, die Juden ihrer Staatsangehörigkeit in angemessener Frist aus Deutschland abzuberufen oder sie von deutscher Seite in die Ghettos im Osten mit abschieben zu lassen."[57] Die slowakische Regierung gab ihre Staatsbürger ohne weiteres preis, erhob aber Anspruch auf deren Eigentum. Im Protokoll der Wannsee-Konferenz vom 20. Januar 1942 wurde festgehalten: „In der Slowakei und Kroatien ist die Angelegenheit nicht

54 Ebd., S. 157; Ward, Tiso (wie Anm. 25), S. 227.

55 Saul Friedländer, Das Dritte Reich und die Juden, München 2007, S. 584–594, 617 f., 696–700; Dieter Pohl, Die Herrschaft der Wehrmacht: deutsche Militärbesatzung und einheimische Bevölkerung in der Sowjetunion 1941–1944, München 2008, S. 243–248; Sara Berger, Experten der Vernichtung. Das T4-Reinhardt-Netzwerk in den Lagern Belzec, Sobibor und Treblinka, Hamburg 2013, S. 24–28.

56 Ward, Tiso (wie Anm. 25), S. 226 f.

57 Nižňanský (Hrsg.), Holokaust, Bd. 4 (wie Anm. 52), Dok. 25.

allzu schwer, da die wesentlichsten Kernfragen in dieser Hinsicht bereits einer Lösung zugeführt wurden."[58]

Hinsichtlich der Deportationen der Juden herrschte in der slowakischen Führung Konsens. Mittels zahlreicher Verordnungen und organisatorischer Maßnahmen gelang es der Regierung und der 14. Abteilung in Kooperation mit den anderen Ministerien, der Eisenbahnverwaltung und regionalen Behörden in kurzer Zeit, die Deportationen vorzubereiten. Alle arbeitsfähigen unverheirateten Juden im Alter von 16 bis 45 Jahren mussten sich zur Registrierung melden. Als Luther am 16. Februar 1942 anfragen ließ, ob die slowakische Regierung 20 000 Juden zum „Arbeitseinsatz in den Osten" abstellen wolle, war die Zustimmung nur noch eine Formalität (Dok. 48, 16.2.1942). Die Regierung erklärte sich sogar bereit, für jeden deportierten Juden 500 RM – angeblich für Verpflegung, Umschulung und Unterbringung – an das Reich zu zahlen. Tatsächlich wurden etwa 30 Prozent der ursprünglich geplanten Gesamtsumme von über 20 Mio. Reichsmark auf ein eigens hierfür eingerichtetes Clearingkonto eingezahlt.

Bis Mitte März 1942 waren alle Vorbereitungen in enger Zusammenarbeit zwischen deutschen und slowakischen Instanzen abgeschlossen. Tuka setzte die Regierungsmitglieder am 3. März von den geplanten Deportationen offiziell in Kenntnis. Hlinka-Gardisten und Mitglieder der Freiwilligen Schutzstaffel trieben nun die Juden zusammen und brachten sie in die zuvor errichteten primitiven Lager, die offiziell als Konzentrationszentren bezeichnet wurden. Von dort aus wurden sie zum Grenzbahnhof Zwardon gebracht und der deutschen Schutzpolizei übergeben, die die Deportationszüge bis zu den Zielorten bewachte.[59]

Eichmann, der Leiter des Referats IV B 4 des RSHA, das die Deportationen in die Vernichtungslager organisierte, reiste zur Abfertigung der ersten Transporte nach Bratislava. Auch Wisliceny beteiligte sich an der Planung und Realisierung der Deportationen. Außerdem verhandelte er mit Tuka, wie das Vermögen der Juden zwischen dem Reich und der Slowakei aufgeteilt werden sollte, und überwachte persönlich die abgehenden Transporte. Am 26. März 1942 debattierte der Staatsrat über die Deportationen und behandelte den Einwand des Schriftstellers und Vizegouverneurs der slowakischen Nationalbank Ján Balko, der die Deportationen als inhuman bezeichnet und die fehlenden rechtlichen Grundlagen für den Abtransport der slowakischen Staatsbürger benannt hatte. Dennoch stimmte der Staatsrat den Deportationen zu, darunter auch der Zipser Bischof Ján Vojtaššák, der sich lediglich für getrennte Lager für jene Juden aussprach, die getauft waren, deren Konversion gemäß den Bestimmungen im Judenkodex aber nicht anerkannt wurde.[60] Führende Rabbiner hatten Tiso bereits am 6. März 1942 in Bánovce nad Bebravou, wo dieser die Messe las, ein Memorandum übergeben und vergeblich darum gebeten, die Deportationen zu verhindern (Dok. 49, 6.3.1942).

58 ADAP, Serie E, Bd. 1: 12. Dezember 1941–28. Februar 1942, Göttingen 1969, Dok. 150, S. 267–275.

59 Nižňanský (Hrsg.), Holokaust, Bd. 4 (wie Anm. 52), Dok. 31; Ders./Ivan Kamenec (Hrsg.), Holokaust na Slovensku, Bd. 2: Prezident, vláda, Snem SR a Štátna rada o židovskej otázke 1939–1945, Bratislava 2003, Dok. 47; Eduard Nižňanský (Hrsg.), Holokaust na Slovensku, Bd. 6: Déportácie v roku 1942, Bratislava 2005, Dok. 16, 32, 35–36, 40–41; Lipscher, Juden (wie Anm. 15), S. 102–110, 138.

60 Neumann, Im Schatten (wie Anm. 19), S. 96; Nižňanský (Hrsg.), Holokaust, Bd. 4 (wie Anm. 52), Dok. 30; ders. (Hrsg.), Holokaust, Bd. 6 (wie Anm. 59), Dok. 110; Ján Hlavinka/Ivan Kamenec, The Burden of the Past: The Catholic Bishop Ján Vojtaššák and the Regime in Slovakia (1938–1945), Bratislava 2014, S. 40 f.

Am 26. März 1942 erreichte der erste Transport mit 999 jungen Mädchen und Frauen aus Poprad Auschwitz. Gemeinsam mit 999 Frauen aus dem KZ Ravensbrück waren sie die ersten Gefangenen des Frauenlagers in Auschwitz, die Slowakinnen dort überhaupt die ersten jüdischen weiblichen Häftlinge. Mit diesem Transport kam auch die 16-jährige Hilda Friedmannová aus Prešov in Auschwitz an, die noch in derselben Nacht den Tod einer Freundin erleben musste und deren gesamte Familie bis zum 6. Dezember 1942 ermordet wurde. Bis zum 3. April erreichten drei weitere Frauentransporte Auschwitz. Wie Friedmannová gelang es auch einigen anderen slowakischen Jüdinnen, in Auschwitz als sogenannte Funktionshäftlinge zu überleben. Friedmannová und die Medizinstudentin Margita Schwalbová wurden z. B. bis 1945 im Häftlingskrankenbau eingesetzt, wo sie mit etlichen anderen Slowakinnen einer kleinen Widerstandsgruppe angehörten.[61] Der 20-jährige Filip Müller gehörte zu den ersten jüdischen Männern aus der Slowakei, die am 13. April 1942 in Auschwitz eintrafen. Er musste von Mai 1942 an 20 Monate im sogenannten Sonderkommando, das für die Gaskammern und Krematorien zuständig war, arbeiten. Er beteiligte sich an der Revolte der Häftlinge dieses Kommandos am 7. Oktober 1944, und ihm gelang es als einem der wenigen Aufständischen, im Chaos der letzten Wochen von Auschwitz im Herbst 1944 der Ermordung durch die SS zu entgehen. Müller überlebte den Todesmarsch von Auschwitz nach Mauthausen sowie dessen Außenlagern Melk, Gusen I und Gunskirchen, wo er schließlich von amerikanischen Truppen befreit wurde.[62]

Vom 26. März bis zum 5. April 1942 wurden insgesamt 8000 junge jüdische Männer und Frauen aus der Slowakei nach Auschwitz bzw. nach Lublin/Majdanek deportiert.[63] Die slowakische Regierung sprach sich für die „Aussiedlung" ganzer Familien aus, um nicht länger für ihre Versorgung aufkommen zu müssen. Der erste Familientransport in den Distrikt Lublin verließ Trnava am 11. April 1942. Männer, Frauen und Kinder wurden aus ihren Wohnungen geholt und zu den Zügen getrieben, ihre Habe gestohlen oder öffentlich versteigert. Die Hlinka-Gardisten im Sammellager Žilina schikanierten die Juden und raubten ihnen die letzten Habseligkeiten (Dok. 63, 11.5.1942). Alex Hochhäuser, am 13. August 1942 dorthin verschleppt, war auch Zeuge, wie die Menschen in die Deportationszüge gepfercht wurden: „Immer wieder kommen neue Gruppen, die von den Gardisten angetrieben werden. Der Lärm, das Geschrei der Kinder, das Wehklagen der Mütter. [...] Dieser furchtbare Lärm war mindestens einen Kilometer weit im Umkreis zu hören und in der Stadt jedem Bürger bekannt."[64]

Die verfassungsrechtlichen Fragen, die sich aus der Deportation slowakischer Staatsbürger ergaben und Gegenstand der Staatsratsdebatte am 26. Mai 1942 gewesen waren,

61 Yehoshua R. Büchler, First in the Vale of Affliction: Slovakian Jewish Women in Auschwitz 1942, in: Holocaust and Genocide Studies, 10 (1996), S. 305–325; Hilda Hrabovecká, Arm mit Brandmal, Bratislava 2000, S. 11–14; Margita Schwalbová, Žila som životy druhých: Zo spomienok lekáry na Osvienčim, Bratislava 2001.

62 Filip Müller, Sonderbehandlung. Drei Jahre in den Krematorien und Gaskammern von Auschwitz, München 1979; Gideon Greif/Itamar Levin, Aufstand in Auschwitz. Die Revolte des jüdischen „Sonderkommandos" am 7. Oktober 1944, Köln u. a. 2015, S. 219–303.

63 Hradská, Holokaust, Bd. 8 (wie Anm. 43), S. 387, Anlage 3. Mit den Transporten 1 bis 8 wurden jeweils 600 bis 1000 Menschen deportiert; Nižňanský, Holokaust, Bd. 4 (wie Anm. 52), Dok. 37.

64 Hochhäuser, Überlebt (wie Anm. 31), S. 97–99; Tönsmeyer, Drittes Reich (wie Anm. 4), S. 156 f.

wurden bei einem Treffen zwischen Tuka und einem Bevollmächtigten Himmlers – vermutlich Heydrich – am 10. April 1942 angesprochen (Dok. 57, 10.4.1942). Schließlich verabschiedete der Landtag am 15. Mai 1942 das Verfassungsgesetz 68 über die Aussiedlung der Juden, das den Deportationen einen legalen Anstrich gab und festlegte, dass die Ausgesiedelten ihre Staatsangehörigkeit verlieren und ihr Vermögen an den Staat fallen sollte, was rückwirkend auch für die 38 169 zu diesem Zeitpunkt bereits deportierten Juden galt. Auszunehmen von der Deportation waren dem Gesetz nach folgende Gruppen: die bis zum 14. März 1939 konvertierten, die mit einem Nichtjuden verheirateten und die mit Ausnahmepapieren versehenen sogenannten wirtschaftlich wichtigen Juden.[65] Das Reich sicherte der Slowakei auf ihr Verlangen hin ausdrücklich zu, dass die deportierten Juden nicht wieder zurückkehren würden und dass Deutschland keinen Anspruch auf deren Vermögen erhebe (Dok. 62, 2.5.1942). Hitler äußerte sarkastisch: „Wie so ein katholisches Priesterchen – Tiso – uns die Juden zuschickt!"[66] Tiso selbst rechtfertigte in einer Rede in Holič am 17. August 1942 die Deportationen als notwendig (Dok. 74, 16.8.1942).
Bis Ende Juni 1942 verließen 49 Transporte mit jeweils etwa 1000 Menschen, die in Güterwaggons gepfercht wurden, in dichter Folge das Land, dann verlangsamte sich das Tempo. Der Gesandte Ludin teilte dem Auswärtigen Amt am 26. Juni mit, dass die Deportationen „auf einem toten Punkt" angelangt seien.[67] Am 20. Oktober fuhr ein letzter Transport mit überwiegend alten, kranken bzw. behinderten Menschen nach Auschwitz. Danach wurden die Deportationen eingestellt. Insgesamt wurden 1942 in 57 Transporten 57 628 Juden aus der Slowakei nach Auschwitz oder in die Gettos im Distrikt Lublin (Generalgouvernement) deportiert.
Von den 18 725 nach Auschwitz deportierten Juden waren Ende 1942 noch 500 bis 600 am Leben, die große Mehrheit von ihnen war in den Gaskammern in Auschwitz-Birkenau ermordet worden oder den katastrophalen Bedingungen im Lager zum Opfer gefallen. Die überlieferten Briefe aus den Gettos bei Lublin offenbaren das große Elend der Deportierten, bevor sie schließlich von dort in die Vernichtungslager der „Aktion Reinhardt" transportiert und ermordet wurden. Einige Tausend Arbeitsfähige mussten noch in den Zwangsarbeitslagern des Distrikts unter äußerst miserablen Bedingungen arbeiten; sie wurden beispielsweise im Rahmen landwirtschaftlicher Meliorationsprojekte eingesetzt. Bei dem unter der Tarnbezeichnung „Aktion Erntefest" durchgeführten Massenmord im Distrikt Lublin töteten Polizei und SS am 3. und 4. November 1943 mehr als 40 000 Juden, darunter auch Tausende aus der Slowakei.[68]

65 Verfassungsgesetz 68/1942 Sl. Gbl. über die Aussiedlung von Juden vom 15.5.1942.

66 Adolf Hitler, Monologe im Führerhauptquartier 1941–1944. Die Aufzeichnungen Heinrich Heims, hrsg. von Werner Jochmann, Hamburg 1980, Dok. 190 (30.8.1942), S. 377.

67 Nižňanský (Hrsg.), Holokaust, Bd. 4 (wie Anm. 52), Dok. 59.

68 Arnold Hindls, Einer kehrte zurück, Stuttgart 1965; Yehoshua R. Büchler, The Deportation of Slovakian Jews to the Lublin District of Poland in 1942, in: Holocaust and Genocide Studies, 6 (1991), H. 2, S. 156–163; Robert Kuwałek, Durchgangsghetto Izbiza, in: Theresienstädter Studien 2003, S. 321–342; Dieter Pohl, Von der Judenpolitik zum Judenmord: Der Distrikt Lublin des Generalgouvernements 1939–1944, Frankfurt a. M. 1993, S. 132, 170–175.

Reaktionen auf die Deportationen 1942 und die Haltung der Gesellschaft

Die Judenzentrale reagierte mehr oder weniger hilflos auf die Deportationen. Der Judenälteste Sebestyén war zwar nach deren Bekanntgabe im Februar 1942 tief erschüttert, versicherte aber sofort, die Judenzentrale würde ihre Aufgaben und Pflichten erfüllen. Auch die auf Wislicenys Betreiben Anfang Juni 1941 gegründete „Abteilung für besondere Aufgaben" der Judenzentrale unter der Leitung des Ingenieurs Karol Hochberg war an der Vorbereitung der Deportationen beteiligt. Oskar Neumann charakterisierte Hochberg als „von geradezu pathologischem Geltungstrieb und Machthunger". Hochberg, der Wislicenys Vertrauen genoss, lobte später die Tätigkeit seiner Abteilung, die „die markantesten und schwierigsten Aufgaben im Zusammenhang mit der Lösung der Judenfrage in der Slowakei" erfüllt habe.[69]

Dennoch gab es in der Judenzentrale auch Bemühungen, die Verfolgten zu retten: Die slowakischen Arbeitslager für Juden in Nováky und Sered waren 1942 in zwei voneinander abgegrenzte Bereiche gegliedert: Der eine diente als Sammellager für Juden, die deportiert werden sollten und bis dahin unter sehr harten Bedingungen ausharren mussten. Die inhaftierten Juden im anderen Bereich, der die eigentlichen Arbeitslager umfasste, wurden hingegen nicht deportiert, sondern verrichteten Zwangsarbeit. Dies sicherte ihnen zumindest bis zum Herbst 1944 das Überleben, denn die Arbeitsabteilung der Judenzentrale hatte beim Innenministerium durchsetzen können, den jüdischen Zwangsarbeitern in den Arbeitslagern Staatsaufträge zu erteilen. Auch die Reklamationsabteilung half vielen Bittstellern, die versuchten, ihre Angehörigen vom Transport zu befreien.[70]

Eine illegale Gruppe leitender jüdischer Funktionäre innerhalb der Judenzentrale, die „Arbeitsgruppe", setzte sich mit allen ihr zur Verfügung stehenden Mitteln dafür ein, den noch nicht deportierten Juden zu helfen. Der „Arbeitsgruppe" gehörten Gizi Fleischmannová, die Rabbiner Michael Dov Weissmandel und Armin Frieder, Oskar Neumann und eine Reihe weiterer Persönlichkeiten an. Die Gruppe bestach Politiker, Mitarbeiter der 14. Abteilung sowie die Kommandanten der Arbeitslager, um zu erreichen, dass die Transporte verlangsamt und ausgesetzt wurden. Möglicherweise führte das tatsächlich dazu, dass das Tempo der Deportationen nachließ, was sich aber nicht sicher belegen lässt. Die Arbeitsgruppe setzte sich auch mit Wisliceny in Verbindung und versuchte, ihn durch Bestechung für einen Abbruch der Deportationen zu gewinnen. Die Geldübergabe musste Hochberg anvertraut werden, den die meisten Juden und insbesondere die Mitglieder der Arbeitsgruppe zwar verachteten, der aber als einziger Jude bei Wisliceny ein und aus ging. Wisliceny lieferte freilich das Geld beim Reichssicherheitshauptamt ab, und die Arbeitsgruppe erkannte zu spät, dass er niemals die Absicht gehabt hatte, die Deportationen zu beenden.

69 Schreiben der Abt. für besondere Aufgaben an die 14. Abt., 7.7.1943, zit. nach: Lipscher, Juden (wie Anm. 15), S. 86; Neumann, Im Schatten (wie Anm. 19), S. 73.

70 Hradská, Holokaust, Bd. 8 (wie Anm. 43), Anlage 7, Deportationen aus Sered und Nováky; Ján Hlavinka/Eduard Nižňanský, Pracovný a koncentračny tábor v Seredi 1941–1945, Bratislava 2009, S. 33–35; Neumann, Im Schatten (wie Anm. 19), S. 105.

Mitglieder des Haschomer Hazair schufen an der slowakisch-ungarischen Grenze Kontaktstellen, wodurch die Fluchtwege nach Ungarn sicherer gemacht werden konnten. Außerdem richteten sie einen Kurierdienst ein, um Nachrichten aus den Gettos und Lagern an jüdische Hilfsorganisationen zu übermitteln und die Weltöffentlichkeit zu informieren. Fleischmannová arbeitete insbesondere mit Nathan Schwalb, dem Leiter der Auslandsvertretung der zionistischen Jugendorganisation Hechaluz in Genf, und dem Vertreter des amerikanischen Joint Distribution Committee in Bern, Saly Mayer, zusammen. Am 22. Juli 1942 versuchte sie erstmals, den Jüdischen Weltkongress in Genf über den Massenmord an den slowakischen Juden im Generalgouvernement zu unterrichten. Ob der Brief allerdings sein Ziel erreichte, ist unklar.[71]

Proteste gegen die Deportationen seitens der slowakischen Bevölkerung blieben weitgehend aus. Die Mehrheit der Slowaken nahm am Schicksal ihrer Nachbarn zu Beginn der Deportationen kaum Anteil, für die Juden war es daher sehr schwer, Hilfe zu finden. Oft mussten sie für Hilfeleistungen bezahlen und waren vor Verrat nicht sicher. Viele versteckten sich und wurden von den Ämtern als „Deserteure" gesucht. Einigen gelang es, sich der Partisanenbewegung anzuschließen, um das Regime aktiv zu bekämpfen. Andere heirateten, um der Deportation zu entgehen, wie die 18-jährige Agnes Hecht aus Trenčin, die mit ihrem Ehemann Imrich schließlich im Lager Nováky interniert wurde. Der Rechtsanwalt Dr. Adolf Süss aus Trenčin bestach den Amtsarzt, damit dieser seinen knapp 17-jährigen Sohn Theodor als arbeitsunfähig vom Transport zurückstellte.[72]

Viele Juden wagten die Flucht nach Ungarn oder bezahlten Fluchthelfer, um wenigstens ihre Kinder zu retten. Dies funktionierte jedoch nicht immer: Die 12-jährige Aliza Barak-Ressler und ihre Schwester Rachel wurden von ihrer Fluchthelferin beraubt, betrogen und in einem Dorf nahe der Grenze zurückgelassen. Ein jüdisches Ehepaar nahm sich schließlich der Kinder an und kümmerte sich um ihre Rückfahrt zu den Eltern. Wurden slowakische Juden an der Grenze gefasst, schickten die Grenzbeamten sie zurück in die Slowakei, viele von ihnen wurden dabei misshandelt.[73] Falls die Geflohenen in Ungarn nicht bei Verwandten Unterschlupf fanden, mussten sie zumeist unter sehr ärmlichen Umständen leben und blieben stets von Auslieferung an die Behörden bedroht. Eduard Kornfeld verhungerte beinahe in Budapest: „Zum Essen gingen wir

71 Neumann, Im Schatten (wie Anm. 19), S. 105–120; Frieder, To Deliver (wie Anm. 19), S. 101; Lipscher, Juden (wie Anm. 15), S. 122–128; Gila Fatran, The Working Group, in: Holocaust and Genocide Studies, 8 (1994), H. 2, S. 166–173; Yehuda Bauer, Freikauf von Juden? Verhandlungen zwischen dem nationalsozialistischen Deutschland und jüdischen Repräsentanten von 1933–1945, Frankfurt a. M. 1996, S. 122–127; ders., „Onkel Saly" – die Verhandlungen des Saly Mayer zur Rettung der Juden 1944/45, in: VfZ, 25 (1977), S. 188–219; Stefánia Lorándová, Meine Kameraden von Bačka Topolya, in: Jiři Kosta/Jaroslava Milotová/Zlatica Zudová-Lešková (Hrsg.), Tschechische und slowakische Juden im Widerstand 1938–1945, Berlin 2008, S. 186–191.

72 Neumann, Im Schatten (wie Anm. 19), S. 91–94; Edith Ernst-Drori, Des Lebensrechts beraubt – Drei Jahre im Untergrund. Jüdische Schicksale in der Slowakei 1942–1945, Konstanz 2000; Koloman Gajan, Der Widerstand in der Ostslowakei, in: Kosta/Milotová/Zudová-Lešková (Hrsg.), Juden im Widerstand (wie Anm. 71), S. 199–206; Nižňanský (Hrsg.), Holokaust, Bd. 7 (wie Anm. 50), S. 102; Jehuda T. Süss, The Süss Family, Raanana 2007, S. 38; Eva Umlauf (mit Stefanie Oswalt), Die Nummer auf deinem Arm ist blau wie deine Augen, Hamburg 2016, S. 40.

73 Z.B. Nižňanský (Hrsg.), Holokaust, Bd. 6 (wie Anm. 59), Dok. 203 vom 21.4.1942; Aliza Barak-Ressler, Weine ruhig. Eine Geschichte vom Überleben, Berlin 2006, S. 37–47; Rudolf Vrba, Ich kann nicht vergeben. Meine Flucht aus Auschwitz, Frankfurt a. M. 2010, S. 56–63.

manchmal in eine jüdische Zuckerbäckerei. Ich leistete mir dort von Zeit zu Zeit eine Bohnensuppe und ein kleines Stückchen Brot oder ein Stück Mohnkuchen. Das war unsere Nahrung."[74]
Eine wichtige Rettungsmöglichkeit war eine Arbeitserlaubnis, die viele der neuen Geschäftsinhaber – meist aufgrund fehlender Fachkenntnisse, teilweise aus echter Hilfsbereitschaft – für die vormaligen jüdischen Eigentümer beantragten. Dass man den früheren jüdischen Eigner der Deportation preisgab, war jedoch nicht selten. So wurde z. B. die bereits erwähnte Familie Steiner im Juni 1942 vom neuen Besitzer ihrer Buchhandlung zur Deportation gemeldet: „Durch deren Festnahme und Abtransport erleiden das Geschäft und der slowakische Staat keine wirtschaftliche Einbuße, da ich in Gestalt des Ariers Viliam Fabry aus Turčansky Svätý Martin Ersatz gefunden habe."[75]
Die Haltung des katholischen Klerus, dem in dem tief religiösen Land eine besondere Rolle zukam, war ambivalent. Der Klerus interessierte sich vor allem für die Konvertierten. Der Apostolische Nuntius Giuseppe Burzio hatte den Vatikan schon am 9. März 1942 über die bevorstehende Deportation unterrichtet (Dok. 50, 9.3.1942). Auch der Nuntius von Budapest, Angelo Rotta, setzte sich am 13. März 1942 beim Papst für die bedrohten slowakischen Juden ein. Diesem Schreiben war ein Bittbrief der jüdischen Gemeinde Bratislava beigefügt.[76] Der Vatikan teilte dazu in einer Verbalnote am 14. März 1942 lediglich mit: „Das Staatssekretariat möchte glauben, dass diese Neuigkeiten nicht wahr sind, denn sie betrachten es als unmöglich, dass ein Staat, der von katholischen Prinzipien geführt wird, solche unglücklichen Maßnahmen mit solchen schmerzhaften Konsequenzen für viele Familien ausführt."[77] Erst am 5. Mai 1943 verurteilte der Vatikan in einer Note an die slowakische Regierung die Deportationen und überhaupt die rassistische Politik. Geistliche aller christlichen Konfessionen hingegen halfen den verfolgten Juden in etlichen Fällen, stellten rückdatierte Taufscheine aus oder tauften ohne große Formalitäten.[78]
Gemäß dem Judenkodex konnte Staatspräsident Tiso einzelne Juden von den diskriminierenden Maßnahmen und der drohenden Deportation ausnehmen, wozu er sich aber nur bei etwa 1000 Juden bereit erklärte. Die Ministerien vergaben darüber hinaus Ausnahmepapiere an mehr als 3800 Personen; da darin die engsten Angehörigen eingeschlossen waren, entgingen so ca. 12 400 Menschen den Deportationen. Dennoch mussten sie den Abtransport ihrer Familienangehörigen miterleben, was der damals 11-jährige Ondrej Filo als den „größten Albtraum meines Lebens" bezeichnete.[79] Am 11. August 1942 war von Tuka eine Revision der Ausnahmen angeordnet worden. Auf Ersuchen der „Arbeitsgruppe" appellierten Bildungsminister Jozef Sivák, der Gouverneur

74 „Wenn der Messias käme, der würde uns hier nie finden." Interview mit Eduard Kornfeld, in: Raphael Gross/Eva Lezzi/Marc R. Richter (Hrsg.), „Eine Welt, die ihre Wirklichkeit verloren hatte". Jüdische Überlebende des Holocaust in der Schweiz, Zürich 1999, S. 161.

75 Trančík, Steiner (wie Anm. 43), S. 228.

76 Actes et Documents du Saint Siège relatifs à la periode de la Seconde Guerre monidale, hrsg. von Pierre Blet u. a., Bd. 8: Janvier 1941–Décembre 1942, Città del Vaticano 1974, Dok. 303.

77 Ebd., Dok. 305.

78 Actes et Documents du Saint Siège relatifs à la periode de la Seconde Guerre monidale, hrsg. von Pierre Blet u. a., Bd. 9: Janvier–Décembre 1943, Città del Vaticano 1975, Dok. 176; Lipscher, Juden (wie Anm. 15), S. 145, 190 f.

79 Ondrej Filo, in: Čo so spomienkami našimi?, Bratislava 2013, S. 55.

der Slowakischen Nationalbank Imrich Karvaš und der Generalsekretär des Zentralverbandes der slowakischen Industrie, Peter Zaťko, an Wirtschaftsminister Medrický, die von seinem Ministerium ausgestellten Ausnahmen keiner Prüfung zu unterziehen. Auch die 1000 jüdischen Männer im VI. Arbeitsbataillon, die dem Verteidigungsministerium unterstanden, wurden nicht deportiert. Der Minister gab vor, sie erst in den letzten Transport einreihen zu wollen. Das Bataillon wurde am 1. Juni 1943 aufgelöst und die Männer wurden in die Arbeitslager überstellt.[80]

Die Gründe für den Deportationsstopp

Zwischen 1938 und 1942 hatte die Slowakei eine aktive Position in ihrer antijüdischen Verfolgungspolitik eingenommen und musste selbst zur Deportation ihrer jüdischen Staatsangehörigen nicht gedrängt werden. Umso überraschender war für die deutsche Führung deren plötzliche Einstellung. Nachdem die slowakische Regierung die Deportationen Ende 1942 beendet hatte, unternahm das Auswärtige Amt wiederholt Anstrengungen, das Land zur Wiederaufnahme der Transporte zu bewegen. Wisliceny wurde zwar Anfang 1943 aus Bratislava abberufen, setzte sich jedoch mehrmals von seinem neuen Einsatzort Saloniki aus bei Tuka für ihre Fortsetzung ein. Am 10. August 1943 gab Mach aber endgültig bekannt, dass es zu keinen weiteren Deportationen kommen werde (Dok. 93, 10.8.1943). Der spätere Reichsbevollmächtigte für Ungarn, Edmund Veesenmayer, sprach auf Wunsch von Reichsaußenminister Ribbentrop in dieser Frage im Juli 1943 bei Tiso vor. Im Dezember 1943 notierte er, dass bis zum 1. April 1944 wieder Tausende Juden deportiert würden (Dok. 96, 22.12.1943). Noch am 8. Januar 1944 teilte Eichmann dem Auswärtigen Amt mit, dass er Wisliceny zur Klärung dieser Fragen wieder nach Bratislava beordern werde. Alle diese Unterredungen und Pläne blieben jedoch ergebnislos.[81]

Mehrere Aspekte waren für den Deportationsstopp ausschlaggebend: Erstens spielte wirtschaftliches Kalkül eine große Rolle. Die Regierung hatte das selbst geschaffene soziale Problem, das die 64 000 verarmten Juden darstellten, die vom Staat hätten versorgt werden müssen, durch die Deportation von fast 58 000 Menschen „gelöst“. Tausende weitere Juden waren in slowakischen Lagern interniert, wo sie für den Staat Zwangsarbeit verrichten mussten. Die noch im Lande lebenden Juden versteckten sich oder verfügten über Ausnahmepapiere. Die zahlreichen Juden mit Ausnahmepapieren waren in der Wirtschaft des Landes unentbehrlich.

Zweitens nahm die slowakische Regierung einen Stimmungswandel in der Bevölkerung wahr. Die Transporte waren, wie der Gesandte Ludin am 26. Juni 1942 berichtete, „in weiten Kreisen des slowakischen Volkes sehr unpopulär“.[82] Die Slowaken erlebten oftmals aus nächster Nähe, wie mit ihren jüdischen Nachbarn umgegangen wurde. Im Umfeld der Deportationszentren wurden sie unmittelbare Zeugen von Übergriffen. Drittens

80 Tönsmeyer, Hilfsbereitschaft (wie Anm. 48), S. 45; Nižňanský/Kamenec (Hrsg.), Holokaust, Bd. 2 (wie Anm. 59), Dok. 86.

81 Tönsmeyer, Drittes Reich (wie Anm. 4), S. 152–154; Nižňanský (Hrsg.), Holokaust, Bd. 4 (wie Anm. 52), Dok. 81, 86.

82 Nižňanský (Hrsg.), Holokaust, Bd. 4 (wie Anm. 52), Dok. 59.

waren slowakische Soldaten 1941 und 1942 an Mordaktionen in der besetzten Sowjetunion beteiligt: Bei einem ersten Großangriff zur Partisanenbekämpfung mit dem Decknamen „Bamberg" fielen den Massakern im Raum südlich von Bobrujsk, die unter anderem vom slowakischen Infanterieregiment 102 verübt wurden, im Frühjahr 1942 etwa 5000 Menschen, darunter 200 Juden, zum Opfer.[83] Offenbar berichteten die slowakischen Soldaten über solche Aktionen nach Hause, was die ablehnende Haltung der Bevölkerung in Bezug auf die Deportationen vermutlich verstärkte. Einige Slowaken hatten auch von den Massenverbrechen in Kamenez-Podolsk erfahren, wo am 26. August 1941 das Polizeibataillon 320 und Mitglieder des Sonderaktionsstabs des Höheren SS- und Polizeiführers Russland-Süd, SS-Obergruppenführer Friedrich Jeckeln, 23 600 Juden erschossen hatten.[84] Einem inhaftierten Juden wurde 1942 von der Politischen Polizei gesagt, er solle froh über seine Verhaftung sein, andernfalls wäre er schon lange vergast worden.[85] Viertens trug die Kriegsentwicklung an der Ostfront zu einem Meinungsumschwung bei. Viele Slowaken standen der Kriegsbeteiligung ihres Staates skeptisch gegenüber, und die sich seit 1943 abzeichnende deutsche Niederlage verstärkte diese Haltung. Fünftens wandten sich auch die Kirchen gegen die Deportationen der Juden: Die evangelische Kirche hatte schon in ihren Hirtenbriefen vom 20. Mai und 3. August 1942 die Deportationen als grausam, unmenschlich und eines christlichen Staates unwürdig verurteilt (Dok. 76, 21.8.1942). Deutlich später verkündete die in der Slowakei viel einflussreichere katholische Kirche in ihrem Hirtenbrief vom 8. März 1943 – also schon lange nach dem Stopp der Transporte –, dass sie die Deportationen ablehne (Dok. 88, 13.4.1943). Zudem hielt Nuntius Monsignore Burzio im April 1943 Tuka in einem persönlichen Gespräch vor, jedermann spräche „davon", d. h. von den Gräueln an den Juden, was Tuka aber als „jüdische Propaganda" abzutun versuchte.[86]

Von großer Bedeutung für das Ende der Deportationen war der Machtkampf zwischen den beiden rivalisierenden Lagern um Tiso einerseits und Tuka andererseits: Der auch gesundheitlich angeschlagene Tuka, wie Mach vehementer Verfechter weiterer Deportationen, verlor an Einfluss. Der „Führer" Tiso hatte sich im innerslowakischen Machtkampf durchgesetzt. Dass die Deportationen nicht wieder aufgenommen wurden, hatte allerdings weniger mit einer grundsätzlichen Meinungsänderung Tisos zu tun, sondern stellte vielmehr angesichts der veränderten politischen Lage eine pragmatische Entscheidung dar. Die Bischöfe Karol Kmeťko und Andrej Škrábik hatten ihn gedrängt, die Deportationen zu beenden. Einzelne Politiker hatten sich schon 1942 entschieden gegen den Abtransport geäußert, vor allem Minister Jozef Sivák und die Landtagsabgeordneten Pavel Čarnogurský und Vojtech Tvrdý. Zudem konnte Tiso als Priester die Einwände des Vatikans gegen die Deportationen sowie den Hirtenbrief der Bischöfe, den er selbst während seiner sonntäglichen Messe in Bánovce verlas, nicht gänzlich ignorieren. Sowohl Tiso als auch Tuka hatten mittlerweile präzise Kenntnis von den Massenmorden an den Juden: Schon im Sommer 1942 war Tiso von einem polnischen

83 SD-Bericht vom April 1942, BArch, R 70 Slowakei/208, Bl. 19; Hochhäuser, Überlebt (wie Anm. 31), S. 98; Pohl, Herrschaft der Wehrmacht (wie Anm. 55), S. 285.

84 VEJ 7/70.

85 Aussage J. S., in: Peter Salner, Prezili holokaust, Bratislava 1997, S. 51.

86 Pohl, Herrschaft der Wehrmacht (wie Anm. 55), S. 285; Tönsmeyer, Hilfsbereitschaft (wie Anm. 48), S. 39; Ward, Tiso (wie Anm. 25), S. 236; Actes, Bd. 9 (wie Anm. 78), Dok. 147.

Priester und einem geflüchteten deportierten Juden darüber informiert worden, behauptete aber, er könne das nicht glauben. Allerdings ersuchte die slowakische Regierung Eichmann, slowakische Juden „im Osten" aufsuchen zu dürfen, was dieser jedoch ausschloss. Lediglich dem Hauptschriftleiter des Grenzboten, Fritz Fiala, wurde gestattet, mit Wisliceny nach Auschwitz zu reisen, und Anfang November 1942 erschienen drei schönfärberische Artikel von ihm aus einem nicht genannten Lager für Juden.[87] Tuka berichtete im Frühjahr 1943 dem deutschen Gesandten, er sei von einem Bischof informiert worden, dass die Juden in der Ukraine erst ihr Grab schaufeln müssten und dann scharenweise erschossen würden, auch Frauen und Kinder. Tuka äußerte den Wunsch, dass eine slowakische Kommission zu propagandistischen Zwecken ein Lager für Juden im Generalgouvernement besichtigen solle (Dok. 88, 13.4.1943). Eichmann lehnte auch dieses Ansinnen ab, denn die meisten slowakischen Juden waren bereits tot. Er schlug stattdessen im Februar 1944 einen Besuch des Gettos Theresienstadt vor, da „eine Besichtigung der im Generalgouvernement gelegenen Judenlager augenblicklich in Anbetracht der allgemeinen Lage wohl nur schwer durchführbar sein" werde.[88]

Die Situation der slowakischen Juden von 1943 bis August 1944

Auf dem Territorium der Slowakei lebten Ende 1942 noch etwa 22 000 Juden unter sehr unterschiedlichen Bedingungen. Noch im Februar 1942 war das kleinste der Arbeitslager für Juden in Vyhne eingerichtet worden. Die Regierung internierte dort slowakische Juden in einer ehemaligen Kurbadanlage, deren jüdische Eigentümer zuvor enteignet worden waren.[89] Nach dem Ende der Deportationen wurden die Lager Sered und Nováky, vor allem Werkstätten und sanitäre Einrichtungen weiter ausgebaut. Im Januar 1943 befanden sich in den Lagern 2573 Juden, darunter viele Kinder unter 14 Jahren; im Sommer 1944 lebten dort etwa 3300 Juden. Jedes Lager unterstand einem Kommandanten und wurde von Hlinka-Gardisten bewacht, die die Insassen schlugen und sie bestahlen. Erst als die Gardisten 1944 gegen Gendarmen ausgetauscht wurden, hörten die Übergriffe auf. Die Juden waren einer Disziplinarordnung unterworfen, die für angebliche Regelverstöße Strafen wie Essensentzug, Arbeitszwang am Sonntag, Schreibverbot oder Arrest vorsah. Die Juden in Nováky, Sered und Vyhne mussten in einer Vielzahl verschiedener Werkstätten Zwangsarbeit leisten, wobei Männer – jedenfalls auf dem Papier – wöchentlich 53, Frauen 48 Stunden zu arbeiten hatten. Im Jahr 1943 wurden in den Lagern Produkte im Wert von über 39 Millionen Kronen für den Staat hergestellt. Hohe Staatsbeamte ließen sich dort für ihren privaten Gebrauch Waren anfertigen. So bestellte zum Beispiel Alexander Mach seine Möbel in Sered. Von 1943 an erhielten die Arbeiter in den Lagern täglich vier Kronen (das entsprach 0,34 Reichsmark), später 7,63 Kronen (= 0,70 RM). Der Ausbau der Kinderbetreuung gewährleistete, dass die

87 Ward, Tiso (wie Anm. 25), S. 234, 238 f.; Grenzbote vom 7.–10.11.1942, hier 9.11.1942, Bei den Juden im Osten. Tatsachenbericht aus einer der neu angelegten Judensiedlungen; Aussage Fiala am 22.9.1965 beim LKA Nordrhein-Westfalen; siehe Tönsmeyer, Drittes Reich (wie Anm. 4), S. 154; Nižňanský (Hrsg.), Holokaust, Bd. 4 (wie Anm. 52), Dok. 80.

88 Nižňanský (Hrsg.), Holokaust, Bd. 4 (wie Anm. 52), Dok. 87.

89 Marian Pavúk, Osud Židov vo Vyhniach, Banská Bystrica 2012, S. 15–17, 29–40.

Mütter ebenfalls in den Werkstätten arbeiten konnten. In den im Januar 1943 eröffneten Schulen wurden Kinder bis zum Alter von 14 Jahren unterrichtet, mussten jedoch täglich zusätzlich einige Stunden arbeiten.

Auch wenn sich 1943 die Zustände in den Lagern langsam verbesserten, so litten die Menschen unter der Haft, wegen des schlechten Essens, der Bedingungen in Gemeinschaftsunterkünften und infolge der langen Arbeitszeiten. Infektionskrankheiten wie Keuchhusten und Typhus traten aufgrund von Hygienemängeln häufig auf. Trotz der widrigen Lebensumstände organisierten die Häftlinge ein reges kulturelles Leben sowie vielerlei sportliche Aktivitäten. In Nováky und in geringerem Maße auch in Sered hatten sich Widerstandsgruppen von Mitgliedern der Haschomer Hazair und jungen Kommunisten gebildet, die mit illegalen Gruppen der Kommunistischen Partei in Verbindung standen.

Neben den Lagern existierten zwischen 1942 und August 1944 auch zahlreiche Arbeitszentren, in denen etwa 650 jüdische Männer interniert waren, die für verschiedene Firmen arbeiten mussten, z. B. bei der Errichtung von Wasserkraftwerken oder beim Straßenbau. Die Standorte dieser Arbeitszentren wechselten entsprechend den Anforderungen der Firmen. Die Tore der Arbeitslager öffneten sich am 30. August 1944 nach dem Beginn des slowakischen Nationalaufstands (Dok. 102, 31.8.1944). Die Juden konnten das Lagergelände nun verlassen, und aus dem Lager Novaký schlossen sich viele den Aufständischen an.[90]

Die „wirtschaftlich wichtigen" Juden, die vor dem 14. März 1939 konvertierten und die mit Christen verheirateten Juden sowie jene mit Ausnahmebescheinigungen des Präsidenten, insgesamt einige Tausend Personen, lebten außerhalb von Lagern in Wohnungen und konnten somit zumindest eine Art von Privatleben führen. Doch war ihre Bewegungsfreiheit eingeschränkt, denn auch sie waren den antijüdischen Gesetzen unterworfen. Die Sorgen um die deportierten Angehörigen, von denen zumeist keine Nachrichten eintrafen, lasteten schwer auf den Zurückgebliebenen. Die Regierung nahm im März 1944 einen Vorschlag des Innenministers an, Juden weiterhin aus dem Wirtschaftsleben zu eliminieren und in die Arbeitslager einzuweisen. Zwei Monate später beschloss die Regierung, die noch in Bratislava lebenden Juden zum Umzug in besondere Häuser zu zwingen, ein Plan, der aber nicht mehr umgesetzt wurde.

Der „Arisierungsprozess" trat in eine neue Phase. Das vom Staat geraubte Eigentum der deportierten und in den Arbeitslagern inhaftierten Juden wurde versteigert oder an verschiedene Institutionen abgegeben; Grund und Immobilien konnten zu sehr niedrig festgesetzten Preisen gekauft werden. Allein aus Versteigerungen verschiedenster Gegenstände nahm der Staat bis Juli 1943 insgesamt 108 Millionen Kronen ein; das entsprach etwa 9,3 Millionen Reichsmark.[91]

Während die Deportation slowakischer Juden bereits 1942 eingestellt wurde, hatten die Transporte aus manchen Ländern in die deutschen Vernichtungslager noch gar nicht begonnen. Als seit dem Frühjahr 1944 Juden aus Ungarn deportiert wurden, bedeutete

90 Nižňanský/Baka/Kamenec (Hrsg.), Holokaust, Bd. 5 (wie Anm. 51), S. 312–328; Igor Baka, Židovský tábor v Novákoch 1941–1944, Bratislava 2001; Hlavinka/Nižňanský, Pracovný (wie Anm. 70); zur Formierung einer Widerstandsbewegung in Nováky siehe Juraj Špitzer, I did Not Want to Be a Jew, Pittsburgh 1997.

91 Nižňanský/Kamenec (Hrsg.), Holokaust, Bd. 2 (wie Anm. 59), Dok. 124, 125, 127; Kamenec, Tragedy (wie Anm. 16), S. 302–307; Hallon, Arizácia (wie Anm. 35), S. 156–158.

dies eine akute Bedrohung auch für die ungefähr 7000 dorthin geflüchteten slowakischen Juden. Der slowakische Gesandte in Budapest, Ján Spišiak, stellte Schutzbriefe und Reisepässe aus, mit denen etwa 3000 Juden offiziell wieder von Ungarn in die Slowakei einreisen konnten. Veesenmayer intervenierte dagegen beim Auswärtigen Amt in Berlin, und Ludin forderte daraufhin von Mach, „sich grundsätzlich an den in Ungarn befindlichen Juden zu desinteressieren".[92] Viele slowakische Juden wurden von Ungarn aus nach Auschwitz deportiert, wie der damals 15-jährige Eduard Kornfeld, den die SS von dort in mehrere Außenlager des KZ Dachau verschleppte. Er überlebte den Todesmarsch und wurde schwerkrank von der US-Armee im KZ Dachau befreit.

Die „Arbeitsgruppe" sammelte alle Informationen über die Deportationen aus Ungarn und leitete sie an den Klerus sowie slowakische Politiker, aber auch über Kuriere in die Schweiz und an die westlichen Alliierten weiter. Hierzu gehörte auch der Bericht der am 10. April 1944 aus Auschwitz geflohenen slowakischen Juden Rudolf Vrba und Alfréd Wetzler, die mit ihren detaillierten Schilderungen aus dem Vernichtungslager den Massenmord an den europäischen Juden belegten. Nach ihrer Flucht nach Žilina diktierten sie diesen Bericht Oskar Neumann und anderen Vertretern der Judenzentrale; sie schilderten detailliert die Zustände in Auschwitz und den Massenmord an den europäischen Juden. Ihr Ziel war es, die bevorstehende Vernichtung der ungarischen Juden zu verhindern, aber die Repräsentanten der ungarischen jüdischen Gemeinden schenkten ihnen keinen Glauben. Vrbas und Wetzlers Bericht wurde kurz darauf ergänzt von dem slowakischen Juden Arnošt Rosin, dem gemeinsam mit Czesław Mordowicz am 27. Mai 1944 die Flucht aus Auschwitz gelungen war.[93]

Die Deportationen nach dem Beginn des slowakischen Nationalaufstands 1944

Schon 1943 hatte der SD über zunehmende Partisanenaktivitäten in der Slowakei berichtet. Diese verstärkten sich im Sommer 1944 und erreichten im August ihren Höhepunkt. Zeitgleich mit dem Vormarsch deutscher Truppen auf slowakisches Territorium rief das slowakische illegale Militärzentrum am 29. August 1944 den Aufstand gegen Deutschland und die slowakische Regierung aus. Für die Juden bedeutete dies zunächst Hoffnung. Etwa 60 000 Soldaten der slowakischen Armee und 18 000 Partisanen, darunter ungefähr 2000 Juden, beteiligten sich an den Kämpfen. Die antijüdische Gesetzgebung war in den durch die Aufständischen befreiten Gebieten vom 1943 illegal gegründeten Nationalrat, dem Zentralorgan des slowakischen Widerstands, für ungültig erklärt worden, und viele Juden versuchten, in das Kerngebiet des Widerstands um Banská Bystrica

92 Nižňanský (Hrsg.), Holokaust, Bd. 4 (wie Anm. 52), Dok. 92.

93 Gila Fatranová, Die Deportationen der Juden aus der Slowakei 1944–1945, in: Bohemia, 44 (2003), S. 99; Interview Kornfeld, in: Gross/Lezzi/Richter (Hrsg.), Welt (wie Anm. 74), S. 164–177; Henryk Świebocki (Hrsg.), London wurde informiert … Berichte von Auschwitz-Flüchtlingen, Óswięcim 1997; Alfred Wetzler, Escape from Hell. The True Story of the Auschwitz-Protocol, New York u. a. 2007; Vrba, Ich kann nicht vergeben (wie Anm. 73), zum Bericht an den Judenältesten Oskar Neumann S. 412–416; Neumann, Im Schatten (wie Anm. 19), S. 178–182; Abraham Fuchs, The Unheeded Cry. The Gripping Story of Rabbi Weissmandl, New York 1984, S. 136–138; Tatsachenbericht der Vernahme, Tagebuch Rabbiner Armin Frieder, YVA, M5/194.

zu gelangen. Tiso stimmte nun der Anwesenheit deutscher Truppen im Lande zu, um den Aufstand niederzuschlagen und den nominell unabhängigen Slowakischen Staat unter seiner Führung aufrechtzuerhalten. Am 5. September 1944 wurde die Regierung neu gebildet, die jetzt ein Cousin Jozef Tisos, Štefan Tiso, führte. Die Eigenstaatlichkeit der Slowakei blieb formal gewahrt.[94]

Mit der Wehrmacht rückte auch die Einsatzgruppe H vor, die Ende August vom Reichssicherheitshauptamt aufgestellt worden war. Sie umfasste die am 31. August 1944 gebildeten Einsatzkommandos 13 und 14, die sich sofort in die Slowakei begaben. Chef der Einsatzgruppe H war SS-Obersturmbannführer Josef Witiska, der bei der Niederschlagung des Aufstands eng mit dem Gesandten Ludin und dem neu ernannten deutschen Befehlshaber in der Slowakei, SS-Obergruppenführer Gottlob Berger, kooperierte. Mitte September wurde Berger durch SS-Obergruppenführer Hermann Höfle ersetzt. Für die „Lösung der Judenfrage" war nun formal das slowakische Verteidigungsministerium verantwortlich, tatsächlich lag sie vollständig in deutscher Hand. Die Einsatzgruppe hatte Befehle erhalten, nicht nur den Aufstand niederzuschlagen, sondern auch die noch lebenden slowakischen Juden zu ermorden. Alle bisher erteilten Ausnahmebescheinigungen wurden für nichtig erklärt. Schon am 3. September machte das Einsatzkommando 14 in Topoľčany Jagd auf versteckte Juden. Am 11. September wurden 54 Juden, darunter elf Kinder, bei Nemčice erschossen und verscharrt. Am 13./14. September führte das Einsatzkommando 13 in Žilina Razzien durch, verhaftete Hunderte Juden und transportierte sie zunächst nach Sered bzw. Ilava, von dort zumeist nach Auschwitz; nur wenige von ihnen überlebten. Die Hlinka-Garde, deren neu geschaffene Bereitschaftsabteilungen (Pohotovostné oddiely Hlinkovej gardy), der volksdeutsche Heimatschutz, aber auch Teile der slowakischen Bevölkerung unterstützten die Einsatzgruppe, wie z. B. bei der Großrazzia gegen Juden in Bratislava am 28. September 1944 (Dok. 109, 29.9.1944).[95]

Die slowakische Regierung ging nun äußerst hart gegen Partisanen und Juden als angebliche Drahtzieher des Aufstands vor. Allerdings plädierte die Regierung dafür, die Juden in Lagern auf slowakischem Territorium zu internieren und die mit Nichtjuden verheirateten Juden sowie Konvertierte nicht zu verfolgen. Himmler bestand dagegen auf einer Fortsetzung der Deportationen, die schon im September 1944 tatsächlich wieder aufgenommen wurden.

Mitte September traf SS-Hauptsturmführer Alois Brunner, der zuvor die Deportationen von Juden aus Österreich, Berlin, Frankreich und Griechenland organisiert hatte, in Bratislava ein und wandelte das Arbeitslager Sered zu einem Konzentrationslager für Juden um. Er löste auch die Judenzentrale auf und ließ ihre führenden Repräsentanten verhaften und deportieren. Gizi Fleischmannová, die ehemalige Leiterin der jüdischen Auswanderungsabteilung und Mitglied der „Arbeitsgruppe", wurde in Auschwitz sofort nach ihrer Ankunft ermordet. Das Konzentrationslager Sered stand zunächst unter der

94 Kaiser, Politik (wie Anm. 4), S. 606; Tatjana Tönsmeyer, Die Einsatzgruppe H in der Slowakei, in: Joachim Hösler/Wolfgang Kessler (Hrsg.), Finis mundi – Endzeiten und Weltenden im östlichen Europa. Festschrift für Hans Lemberg zum 65. Geburtstag, Stuttgart 1998, S. 172; Šindelářová, Finale (wie Anm. 25), S. 43–45.

95 Konrad Kwiet, Der Mord an Juden, Zigeunern und Partisanen. Zum Einsatzkommando 14 der Sicherheitspolizei und des SD in der Slowakei 1944/1945, in: Jahrbuch für Antisemitismusforschung, 7 (1998), S. 71–76; Šindelářová, Finale (wie Anm. 25), S. 46 f., 80–91, 108, 149–158; Sokolovič, Hlinkova Garda (wie Anm. 23), S. 385–446.

Befehlsgewalt des deutschen Heimatschutzes, das heißt der paramilitärischen Organisation der deutschen Minderheit. Mord und Willkür waren dort an der Tagesordnung. Seit Ende September fungierte Brunner als Kommandant des Lagers, in dem die Häftlinge in überfüllten Räumen hausten und bis zu ihrer Deportation Zwangsarbeit leisten mussten. Während der sogenannten Bartholomäusnacht am 24. September 1944 zwangen die Bewacher die 3000 Gefangenen, darunter auch Kinder und Greise, bis drei Uhr morgens unter Schlägen im Kreis zu laufen. Es gab etliche Tote und viele Verletzte. Die Judensammelstelle im Gebäude der aufgelösten Judenzentrale spürte versteckte Juden auf und überführte sie nach Sered. Die berüchtigte Dienststelle, die wahrscheinlich der Einsatzgruppe H zugeordnet war, bestand aus Volksdeutschen des Heimatschutzes unter Führung von SS-Hauptsturmführer Gustav Hauskrecht.[96]

In mindestens elf Transporten wurden zwischen dem 30. September 1944 und 31. März 1945 etwa 12 000 Juden zunächst – bis Anfang November 1944 – nach Auschwitz, später nach Theresienstadt, Sachsenhausen und Ravensbrück deportiert. Die SS tötete in Auschwitz am 18. und 19. Oktober 5000 Juden eines Transports aus Sered in den Gaskammern. Aus späteren Transporten wurden nur einige Juden ins Lager aufgenommen, die anderen ermordet oder weiter in Konzentrationslager im Reich deportiert. Am 2. November stellte die SS die Morde in den Gaskammern in Birkenau ein, so dass der am Tag darauf eintreffende Transport aus Sered ohne Selektion in das Lager aufgenommen wurde.[97] Unter den 990 Juden befanden sich die schwangere Agnes Hecht, ihr Ehemann Imrich und ihre knapp zweijährige Tochter Eva, die im Dezember 1942 im Arbeitslager Nováky geboren worden war. Mutter und Tochter wurden in Auschwitz getrennt und Eva in der Kinderbaracke untergebracht. Beide überlebten schwer krank. Imrich Hecht wurde nach dem Todesmarsch aus Auschwitz im Außenlager Melk des KZ Mauthausen getötet.[98]

Mehr als 2000 Juden, aber auch Roma und Partisanen, wurden von den Einsatzkommandos auf slowakischem Boden ermordet. Die Menschen versuchten sich zu verstecken, um der Jagd der deutschen und slowakischen Häscher zu entkommen. Viele flohen in die Berge der Tatra, wo sie so sehr unter Hunger und Kälte litten, dass etliche die Gefangennahme riskierten und zurück in die Dörfer gingen. Obwohl auf das Verstecken von Juden nun die Todesstrafe stand, halfen 1944/45 mehr Slowaken den Bedrängten als noch 1942. Dies lässt sich vermutlich darauf zurückführen, dass inzwischen viele von der Ermordung der deportierten Juden wussten. Zusätzlich spielte die Tatsache eine Rolle, dass in der Slowakei im Zusammenhang mit der Niederschlagung des Nationalaufstands nun erstmals Kampfhandlungen stattfanden und auch nichtjüdische Slowaken verfolgt und ermordet wurden (Dok. 117, 9.12.1944).[99]

96 Wochenbefehlsblatt 2 der EG H, 16.9.1944, BArch, R 70 Slowakei/304; Ludin an AA, 4.10.1944, PAAA, R 100 887, Inland II Geheim, Bd. 205, Judenfrage Slowakei; Neumann, Im Schatten (wie Anm. 19), S. 226, 242; Hlavinka/Nižňanský, Pracovný (wie Anm. 70), S. 102–133; Hradská, Fleischmannova (wie Anm. 30), S. 166–169; Šindelářová, Finale (wie Anm. 25), S. 93–100.

97 Šindelářová, Finale (wie Anm. 25), S. 100–105; Danuta Czech, Kalendarium der Ereignisse im Konzentrationslager Auschwitz-Birkenau 1939–1945, Reinbek bei Hamburg 1989, S. 869, 883, 904 f., 910 f., 919, 921 f.

98 Umlauf, Die Nummer (wie Anm. 72), S. 72–98.

99 Šindelářová, Finale (wie Anm. 25), S. 60–81, 105–111.

In Bratislava half eine kleine Gruppe junger Juden, angeführt von Arnold Lazar, den Versteckten mit Geld, Lebensmitteln und Kleidung. Der Delegierte des Internationalen Komitees vom Roten Kreuz, Henri Dunand, unterstützte diese Gruppe mit einem größeren Geldbetrag. Häufig wurde Hilfe nur gegen Bezahlung geleistet. So versprach die Mutter eines jüdischen Mädchens ihrem Helfer einen Acker aus ihrem Besitz, wenn er sie nicht verrate. Aber es gab auch selbstlose Hilfe: Eine arme Bauersfamilie versteckte Gideon, den kleinen Sohn von Landesrabbiner Frieder. Die Familie Filo wurde von einem christlichen Freund gerettet, der die Ausweise seiner Familie zur Verfügung stellte. Hingegen verriet eine Bekannte das Versteck der Familie der vierjährigen Eva Bäckerová; im Dezember 1944 wurden alle Familienmitglieder in das Konzentrationslager Ravensbrück verschleppt. Nur Eva und ihre Mutter überlebten bis zur Befreiung in Bergen-Belsen.[100]

Kirchliche Kreise, auch aus dem Ausland, setzten sich ebenfalls für die Juden ein. Bischof Kmeťko bat Höfle um die Freilassung der mit Nichtjuden verheirateten Juden, und der Erzbischof von Uppsala, Ehrling Eidem, ersuchte Tiso, die slowakischen Juden nicht zu deportieren. Der apostolische Nuntius Burzio, das Außenministerium der USA und der Oberrabbiner von Palästina baten im September 1944 den Vatikan, sich bei der slowakischen Regierung für die bedrohten Juden zu verwenden.[101] Der Papst ermächtigte Burzio Ende Oktober 1944, Tiso mitzuteilen, er sei „tief betrübt" über die Qualen der wegen ihrer Nationalität, Religion oder Rasse leidenden Menschen.[102]

Von den in der Slowakei lebenden Juden wurden bis 1945 insgesamt mehr als 70 000 ermordet. Die Staatsführung lieferte die meisten von ihnen 1942 bereitwillig an Deutschland aus. Ein kleinerer Teil fiel den deutschen Verfolgungsmaßnahmen nach dem slowakischen Nationalaufstand 1944 zum Opfer, bis die Rote Armee Anfang 1945 auf slowakisches Gebiet vorrückte. Die Verfolgung und Ermordung der slowakischen Juden verdeutlicht, wie sehr die Judenpolitik nicht nur das Ergebnis deutschen Einflusses war, sondern auch von den Absichten der slowakischen Führung sowie den Machtkämpfen innerhalb der Führungsriege abhing. Zwar verdankte die Slowakei Hitlers Expansionsstrategie ihre staatliche Unabhängigkeit und tendierte schon deshalb dazu, die deutschen Wünsche und Forderungen weitgehend zu erfüllen. Die Beendigung der von slowakischer Seite aktiv betriebenen Deportationen der jüdischen Bevölkerung Mitte bzw. Ende 1942 belegt jedoch die Handlungsspielräume der slowakischen Judenpolitik, die wahrgenommen wurden, wenn es den eigenen Interessen diente.

100 Neumann, Im Schatten (wie Anm. 19), S. 269 f.; Arnold Lazar, Reminiscences from Fascist Slovakia, in: Yad Vashem Bulletin, 18 (1966), S. 17–25; Fatranová, Deportationen (wie Anm. 93), S. 119; Tönsmeyer, Hilfsbereitschaft (wie Anm. 48), S. 52–57; Frieder, To Delver (wie Anm. 19), S. 217 f.; Interview R. R., in: Vrzgulová, We Saw (wie Anm. 44), S. 27; Šindelářová, Finale (wie Anm. 25), S. 105–119; Filo, Čo so spomienkami našimi? (wie Anm. 79), S. 40–46, 50–57. Inzwischen weist die Datenbank für die Gerechten unter den Völkern von Yad Vashem 546 slowakische Retter aus.

101 Fatranová, Deportationen (wie Anm. 93), S. 109–113.

102 Ivan Kamenec/Vilém Prečan/Stanislav Škorvánek (Hrsg.), Vatikán a Slovenská republika 1939–1945. Dokumenty, Bratislava 1992, Dok. 142.

Rumänien

Die Lage der Juden in Rumänien bis 1933

Seit dem Mittelalter lebten auf dem Gebiet des späteren Rumänien Juden, die sich zumeist als Kaufleute entlang der großen Handelsstraßen zwischen dem Orient und Westeuropa betätigten. Vor allem sephardische Juden ließen sich an den Donauhäfen nieder, und als Bukarest nach der Vereinigung der Fürstentümer Moldau und Walachei im Jahr 1859 zum Zentrum der Verwaltung und Politik ausgebaut wurde, zogen viele von ihnen in die neue Hauptstadt. Die Mehrheit der Juden lebte in der im Nordosten gelegenen Region Moldau und waren aus dem Habsburger Reich und Russland zugewanderte jiddischsprachige Ashkenazim.

Die Politik Rumäniens wurde bis zum Ersten Weltkrieg vor allem von Großgrundbesitzern bestimmt, die eine wirtschaftliche Konkurrenz der Juden unterbanden: Sie verankerten in der ersten Verfassung von 1866, dass nur Christen die Staatsbürgerschaft erhalten und nur Rumänen Boden besitzen durften.[103] Deshalb lebte die Mehrheit der Juden von Kleinhandel und Handwerk und stellte gemeinsam mit Griechen und Armeniern die sich in den Städten entwickelnde Mittelschicht.

Rumänien erklärte 1877 während des russisch-osmanischen Krieges seine Unabhängigkeit vom Osmanischen Reich. Die Großmächte beschlossen beim Berliner Kongress 1878, den neuen Staat erst anzuerkennen, wenn dessen Juden die Staatsbürgerschaft erhalten hätten. Während in Bulgarien die gleichlautende Auflage erfüllt wurde, formierten sich in Rumänien starke Gegenkräfte. Dort behielten sich die Abgeordneten das Recht vor, jeden Antrag auf Einbürgerung individuell in beiden Parlamentskammern zu überprüfen. Deshalb wurden bis 1919 nur einige Hundert zumeist wohlhabende Juden sowie einige mit außerordentlichen Verdiensten eingebürgert.[104]

Während Juden in der Walachei nur einen Anteil von 2,25 Prozent an der Bevölkerung ausmachten, wuchs die Zahl der jüdischen Einwanderer in der Region Moldau infolge der Pogrome des Jahres 1881 in Russland rasch an. Auf moldauischem Territorium lebten 1899 bereits 195 000 Juden, was 10,6 Prozent der Bevölkerung entsprach. Die moldauische Universitätsstadt Jassy/Iaşi wurde zum Zentrum der rumänischen Antisemiten: Alexandru C. Cuza, Abgeordneter der konservativen Partei, forderte 1893 den Ausschluss aller „Fremden" aus dem staatlichen Bildungswesen; auch machte er die wenigen jüdischen Großpächter für die wachsende Armut der Bauern verantwortlich. Jüdische Schankwirte förderten angeblich die Trunksucht und zerstörten die traditionellen sozialen Strukturen. Jüdischen Handwerkern lastete er Preisdumping an; sie würden die Herausbildung einer rumänischen Mittelschicht behindern.

103 Mariana Hausleitner, Intervention und Gleichstellung – Rumäniens Juden und die Großmächte 1866–1923, in: Jahrbuch des Simon-Dubnow-Instituts, 1 (2002), S. 475–531; Carol Iancu, Evreii din România de la excludere la emancipare 1866–1919, Bucureşti 1996, S. 72.

104 Carol Iancu, Bleichröder et Crémieux. Le combat pour l'émancipation des Juifs de Roumanie (1878–1880), Montpellier 1987; Fritz Stern, Gold und Eisen. Bismarck und sein Bankier Bleichröder, Reinbek bei Hamburg 1988, S. 490–547; Beate Welter, Die Judenpolitik der rumänischen Regierung 1866–1888, Frankfurt a. M. 1989.

Im Jahr 1902 schrieb die Regierung per Gesetz die Einrichtung von Handwerkerinnungen vor, zu denen staatenlose Juden keinen Zugang erhielten. Mehrere Tausend jüdische Handwerker emigrierten daraufhin. Proteste aus dem Ausland, etwa die der Regierung der USA, blieben wirkungslos.[105] Politisch betätigen konnten sich nur die wenigen Juden, die rumänische Staatsbürger geworden waren. Die 1909 gegründete Union bodenständiger Juden (Uniunea Evreilor Pământeni) trat für die Einbürgerung der Juden ein. Sie rief zu Beginn des Zweiten Balkankriegs 1913 Juden dazu auf, sich als Freiwillige im Krieg gegen Bulgarien die Staatsbürgerschaft zu erkämpfen. Die Gruppe um Alexandru C. Cuza drohte dagegen mit Pogromen, falls die Juden mit ausländischer Unterstützung eingebürgert würden.[106] Zu Beginn des Ersten Weltkriegs waren 96 Prozent der Juden als Staatenlose nur „rumänische Untertanen" (supuşi). Dennoch wurden sie zum Kriegsdienst eingezogen.[107]

Rumänien trat im August 1916 dem Kriegsbündnis Frankreichs, Großbritanniens und Russlands gegen die Mittelmächte bei, vorrangig in der Absicht, zu Österreich-Ungarn gehörende Gebiete zu annektieren. Als nach dem Zusammenbruch der Doppelmonarchie die rumänische Armee Ende 1918 die österreichische Bukowina und das ungarische Siebenbürgen einnahm, wuchs der Druck, die Juden einzubürgern. In diesen Gebieten besaßen die Juden seit 1867 volle Bürgerrechte und waren in allen Berufszweigen vertreten. Das vormals russische Bessarabien, wo eine Viertelmillion Juden lebte, die mit der Februarrevolution 1917 die Gleichberechtigung erlangt hatten, wurde bereits im März 1918 von Rumänien annektiert.[108] In der Bukowina lebten etwa 92 000 Juden und in Siebenbürgen im Jahr 1930 170 000; zusammen mit jenen aus Bessarabien stellten sie über die Hälfte der knapp 730 000 Juden Großrumäniens. Durch den Anschluss der neuen Provinzen besaßen die Minderheiten einen Anteil von 28 Prozent an der rumänischen Gesamtbevölkerung,[109] und ihre Vertreter forderten von der Pariser Friedenskonferenz Garantien für ihre Gleichberechtigung. Erst nach einem Ultimatum der Entente im Dezember 1919 unterzeichnete der Vertreter Großrumäniens den Vertrag zum Minderheitenschutz. Darin verpflichtete sich die Regierung, vor allem das Schulwesen der Minderheiten finanziell zu unterstützen.[110]

Die jüdische Bevölkerung tat sich mit einheitlichen Forderungen schwer. Im rumänischen Altreich sahen es die Juden nach Jahrzehnten der Ausgrenzung als Fortschritt an, dass ihre Kinder nun staatliche rumänische Schulen besuchen durften. Dagegen wollten die Juden in Bessarabien russische oder jiddische Volksschulen und die in der Bukowina

105 William O. Oldson, The American Diplomatic Assessment of the Romanian „Jewish Problem" 1900–1941, in: Ion Stanciu (Hrsg.), The Jews in the Romanian History, Bucharest 1999, S. 171–178.

106 Mariana Hausleitner, Die nationale Frage in der rumänischen Arbeiterbewegung vor 1924, Berlin 1987, S. 237–240. Zur Unterstützung ausländischer Organisationen: Carol Iancu, L'émancipation des Juifs de Roumanie 1913–1919, Montpellier 1992.

107 Cătălin Turliuc, Aspecte legislative privind situaţia minoritarilor evrei, in: Venera Achim/Viorel Achim (Hrsg.), Minorităţile etnice în România în secolul al XIX-lea, Bucureşti 2010, S. 245–265, hier S. 264.

108 Elke Bornemann, Der Frieden von Bukarest 1918, Frankfurt a. M. 1978, S. 213 f.

109 Der Volkszählung von 1930 zufolge waren 71,9 % der Gesamtbevölkerung ethnische Rumänen; Enciclopedia de Istorie a României, Bucureşti 2000, S. 306–329.

110 Carol Iancu, Evreii din România 1919–1938. De la emancipare la marginalizare, Bucureşti 2000, S. 81; Erich Kendi, Minderheitenschutz in Rumänien. Die rechtliche Normierung des Schutzes der ethnischen Minderheiten, München 1992, S. 25–27.

deutsche und jiddische. In Siebenbürgen begriffen sich viele Juden als Teil der ungarischen Nation und lehnten die neue Grenzziehung lange ab. Ein großer Teil der Elite des rumänischen Altreichs sah in den Juden der neu angeschlossenen Gebiete aufgrund ihrer kulturellen Prägungen von Beginn an einen Fremdkörper. Von staatlicher Seite wurde die Loyalität der Juden ebenso wie die der ungarischen und der ukrainischen Minderheit in Frage gestellt. Die Polizei überwachte ihre Organisationen und behinderte ihre kulturelle Entfaltung. Den Sicherheitsbehörden waren vor allem die russischsprachigen Juden Bessarabiens suspekt, denen Sympathien für die benachbarte Sowjetunion unterstellt wurden. Da die Sowjetunion das Gebiet beanspruchte, hatte die Regierung dort den Belagerungszustand verhängt. Übergriffe der Armee auf die einheimische Bevölkerung wurden nicht geahndet. Während sich die Konflikte mit der ungarischen und ukrainischen Minderheit auf Siebenbürgen und die Bukowina beschränkten, dienten die Juden in allen Landesteilen als Feindbild. Antisemiten mobilisierten eine kontinuierlich anwachsende Anhängerschaft, doch vereinigten sich die jüdischen Organisationen nicht zum gemeinsamen Abwehrkampf.[111]

Der Aufstieg antisemitischer Bewegungen in Rumänien bis 1938

Nach dem Ersten Weltkrieg hatte die Ausgrenzung von Juden in Rumänien bereits eine lange Tradition. Die unterschiedliche Entwicklung der einzelnen Landesteile schuf zudem einen idealen Nährboden, auf dem radikale antisemitische Strömungen gediehen und schließlich 1940 die politische Vorherrschaft errangen.

Während der Debatte über die neue Verfassung Großrumäniens im Jahr 1922 formierte sich eine antisemitische Bewegung, die wiederum der Abgeordnete Alexandru C. Cuza anführte. Nachdem die Einbürgerung der Juden in der Verfassung vom 28. März 1923 verankert worden war, behauptete er, dass vor allem Juden die begehrten Staatsstellen bekämen. Da die vormals vom staatlichen Bildungswesen ausgeschlossenen Juden nun in die Gymnasien und Hochschulen drängten, verlangte Cuza, dass die Zahl der Juden an den Universitäten nicht ihren Anteil von vier Prozent an der Gesamtbevölkerung überschreiten dürfe. Diese Forderung hatte erstmals 1922 eine nationalistische Studentenbewegung erhoben, die Cuzas Student Corneliu Zelea Codreanu anführte. Die beiden gründeten im März 1923 die Liga der National-Christlichen Verteidigung, die außer der Rücknahme der Einbürgerung von Juden auch eine besondere Förderung für Rumänen verlangte. 1926 entsandte die Liga zehn Abgeordnete ins Parlament, das damals 387 Sitze hatte.[112] Anders als bei deutschen Antisemiten spielte bei der Liga die antisozialistische Agitation eine geringe Rolle. Die Sozialdemokratie hatte nach dem niedergeschlagenen Generalstreik von 1920 kaum mehr Einfluss. Die Kommunistische

111 Markus Winkler, Jüdische Identitäten im kommunikativen Raum. Presse, Sprache und Theater in Czernowitz bis 1923, Bremen 2007, S. 174–194; Mariana Hausleitner, Deutsche und Juden in Bessarabien 1814–1941. Zur Minderheitenpolitik Russlands und Großrumäniens, München 2005, S. 114–130.

112 Dietmar Müller, Staatsbürger auf Widerruf. Juden und Muslime als Alteritätspartner im rumänischen und serbischen Nationscode. Ethnonationale Staatsbürgerschaftskonzepte 1878–1941, Wiesbaden 2005, S. 284.

Partei war seit 1924 verboten, und die Sicherheitsbehörden verfolgten ihre Anhänger mit großer Brutalität.
Die Regierung der Nationalliberalen entzog unter Hinweis auf die Proteste der Antisemiten im Februar 1924 einem Teil der eingebürgerten Juden wieder die Staatsbürgerschaft. Mehrere Zehntausend jüdische Familien verloren damit die Bürgerrechte. Da die Nationalliberalen einen Teil von Codreanus antisemitischen Forderungen aufgriffen, profilierte sich dieser zunehmend durch terroristische Aktionen. Sein erstes Opfer war der Polizeipräfekt von Jassy, der gegen rechtsextreme Jugendliche vorgegangen war. Codreanu erschoss ihn im Oktober 1924; im Prozess im Jahr darauf sprachen ihn die Geschworenen frei.[113] Da die Gerichte auch in anderen Fällen Verbrechen von Rechtsradikalen nicht ahndeten, nahm die Gewalt weiter zu. In Czernowitz erschoss 1926 ein Mitglied der Liga einen jüdischen Oberschüler. Innenminister Octavian Goga rechtfertigte die Tat als Verteidigung der verletzten Ehre der Rumänen, und auch dieser Attentäter wurde freigesprochen. Der 45-jährige Antisemit Goga war in Rumänien als Poet und Vorkämpfer für die Rechte der Rumänen in Siebenbürgen vor 1918 sehr angesehen. Patriotische Phrasen solcher Politiker prägten die Generation der Studierenden, die dann in den 1940er-Jahren entscheidende Positionen im Staatsapparat einnahmen.[114]
Der mittlerweile 70-jährige Cuza führte die Liga in autoritärem Stil, sein Verhalten wurde von den jugendlichen Anhängern der Bewegung jedoch bald in Frage gestellt. Einige Studenten, junge Lehrer und Geistliche gründeten im Sommer 1927 zusammen mit Codreanu die Legion Erzengel Michael (Legiunea Arhangelul Mihail). Das Gedankengut der Organisation war geprägt durch Antisemitismus, Antikommunismus und eine Bezugnahme auf die orthodoxe Religion. Die Heimat, das Bauerntum sowie persönliche Opfer wurden idealisiert. In Codreanus Weltsicht waren die Juden die zersetzenden Kräfte rumänischer Traditionen. Als infolge der Weltwirtschaftskrise 1929 die Armut stark zunahm, erhielten die Liga und die Legion viele neue Anhänger. Beide Organisationen lasteten den Juden den starken Verfall des Getreidepreises und die wachsende Arbeitslosigkeit an. Codreanu gelang es nun auch, unzufriedene Arbeiter zu gewinnen, weil viele staatliche Betriebe wegen der geringen Steuereinnahmen die Löhne reduzierten und die Belegschaften verkleinerten.[115]
Seit 1930 nannte Codreanu seine Organisation Eiserne Garde, die Anhänger wurden weiterhin als Legionäre bezeichnet. Während des Wahlkampfs im Dezember 1933 kam es zu gewaltsamen Ausschreitungen. Deswegen verbot Ministerpräsident Ion C. Duca am 9. Dezember 1933 die Eiserne Garde und ließ viele ihrer Anführer verhaften. Legionäre erschossen daraufhin am 29. Dezember 1933 Duca und behaupteten, er sei ein Handlanger der Juden gewesen. Diesmal wurden die Attentäter zu lebenslangen

113 Irina Livezeanu, Cultural Politics in Greater Romania. Regionalism, Nation Building and Ethnic Struggle 1918–1930, Ithaca, NY 1995, S. 282–286.

114 Mariana Hausleitner, Die Rumänisierung der Bukowina. Die Durchsetzung des nationalstaatlichen Anspruchs Großrumäniens 1918–1944, München 2001, S. 167, 213–215.

115 Oliver Jens Schmitt, Căpitan Codreanu: Aufstieg und Fall des rumänischen Faschistenführers, Wien 2016; ders., „Zum Kampf, Arbeiter“ – Arbeiterfrage und Arbeiterschaft in der Legionärsbewegung (1919–1938), in: Armin Heinen/Oliver Jens Schmitt (Hrsg.), Inszenierte Gegenmacht von rechts. Die Legion „Erzengel Michael“ in Rumänien 1918–1938, München 2013, S. 277–360.

Haftstrafen verurteilt.[116] Da die Legionäre jedoch im Staatsapparat einflussreiche Unterstützer besaßen, konnten sie von Juni 1935 an unter der neuen Bezeichnung Alles für das Land legal weiterwirken.
Das von Alfred Rosenberg geführte Außenpolitische Amt der NSDAP förderte in Rumänien vor allem Alexandru C. Cuza und Octavian Goga. Das Auswärtige Amt strebte die Vereinigung aller Organisationen der extremen Rechten an, damit diese König Carol II. zu einer noch stärkeren Orientierung am Deutschen Reich drängen sollten. Hitler empfing 1933 Goga, der in mehreren Regierungen Ministerämter bekleidet hatte und seit 1932 die kleine Nationale Agrarpartei leitete. Sie schloss sich im Juli 1935 mit Cuzas Liga zur National-Christlichen Partei zusammen. Unter Gogas Führung wählte sie das Hakenkreuz als Symbol und wurde von Rosenbergs Amt finanziell unterstützt.[117]
Obwohl die von Goga geführte Partei bei den Parlamentswahlen im Dezember 1937 nur 9,1 Prozent der Stimmen erhielt, ernannte ihn der König zum Ministerpräsidenten. Carol II. wollte dadurch die Legionäre schwächen, die mit 15,6 Prozent der Stimmen drittstärkste Kraft geworden waren.[118] Angesichts des zunehmenden Antisemitismus in der Gesellschaft schloss bei den letzten Parlamentswahlen vom Dezember 1937 keine Partei mehr ein Bündnis mit der Union Rumänischer Juden, wie es vorher der Fall gewesen war. Deren Präsident Wilhelm Filderman war ein wohlhabender Anwalt und Geschäftsmann, der vor allem in Altrumänien, also in der Walachei und Moldau, Unterstützer hatte.
Die punktuelle Kooperation der Juden mit den Vertretern der deutschen, ungarischen und ukrainischen Minderheiten scheiterte auch an deren Radikalisierung und dem wachsenden Antisemitismus.[119] Als im Juli 1934 ein Gesetz zur Nutzung des rumänischen Personals den Besitzern privater Betriebe vorschrieb, verstärkt Rumänen statt Angehörige der Minderheiten einzustellen, baten die Vertreter der Deutschen das Auswärtige Amt um Unterstützung für ihre Belange. Die Juden wandten sich an jüdische Organisationen im Ausland und die Ungarn an den Völkerbund. Bis 1937 wurden einige Passagen des Gesetzes zwar geändert, doch nahm die Bevorzugung ethnischer Rumänen in vielen Bereichen weiterhin zu.

Die Marginalisierung der Juden zwischen Januar 1938 und Juni 1940

Der wachsende radikale Nationalismus in Europa wirkte sich zunehmend auch auf die rumänische Politik aus. Die Regierung unter Ministerpräsident Goga profilierte sich seit Dezember 1937 durch scharfe Maßnahmen gegen Juden, darunter Berufsverbote und

116 Hans-Christian Maner, Parlamentarismus in Rumänien (1930–1940). Demokratie im autoritären Umfeld, München 1997, S. 171 f.; Francisco Veiga, Istoria Gărzii de Fier 1919–1941, Bucureşti 1993, S. 196–203.

117 Armin Heinen, Die Legion „Erzengel Michael" in Rumänien, München 1986, S. 322–337; Ioan Scurtu, Istoria României în anii 1918–1940, Bucureşti 1996, S. 118; Leon Volovici, Nationalist Ideology and Anti-Semitism: The Case of Romanian Intellectuals in the 1930's, Oxford 1991.

118 Vladimir Solonari, Purificarea naţiunii. Dislocări forţate de populaţie şi epurări etnice în România lui Antonescu, Iaşi 2015, S. 63.

119 Hildrun Glass, Zerbrochene Nachbarschaft. Das deutsch-jüdische Verhältnis in Rumänien 1918–1938, München 1996.

Eigentumsbeschränkungen. Diese antijüdische Politik trug wesentlich zu einem Wandel im rumänischen Bündnissystem hin zu einer Annäherung an das nationalsozialistische Deutschland bei.
Goga hetzte gegen jüdische Flüchtlinge, die aus dem Deutschen Reich nach Rumänien emigriert waren. Er veranlasste im Januar 1938 eine Revision der Gesetzgebung zur Staatsbürgerschaft der Juden, durch die er eine halbe Million „Vagabundierende“ aus Rumänien vertreiben wollte. Nur wer vor 1919 im rumänischen Altreich eingebürgert worden war, sollte nicht überprüft werden.[120]
Filderman wandte sich mit der Bitte um Unterstützung an den Jüdischen Weltkongress, der die großen jüdischen Organisationen zu Interventionen bei den Regierungen Frankreichs, Großbritanniens und der USA veranlasste. Die Anglo-Jewish Association verwies darauf, dass nur 50 000 jüdische Flüchtlinge seit 1933 von Rumänien aufgenommen worden seien.[121] Der Außenminister Frankreichs verlangte von der rumänischen Regierung die Respektierung des Minderheitenschutzes, andernfalls drohte er damit, Rüstungslieferungen auszusetzen (Dok. 124, 5.2.1938).
König Carol II. betrachtete Goga nur als Übergangslösung, denn sein Ziel war die Schaffung einer autoritären Regierungsform. Schon nach 44 Tagen verlangte er die Demission des Ministerpräsidenten. Der König errichtete am 10. Februar 1938 eine Diktatur und betraute den rumänisch-orthodoxen Patriarchen Miron Cristea mit der Bildung der neuen Regierung. Diese beließ das Staatsbürgergesetz von Januar 1938 nicht nur in Kraft, sondern verfügte im März ein Verbot aller Parteien und konstituierte statt des Parlaments eine korporative Vertretung. Die Verfassung von 1923 wurde durch eine neue ersetzt.[122] Der König strebte eine von ihm geführte politische Einheitsorganisation, die Front der Nationalen Wiedergeburt, an, doch Codreanu verweigerte seine Unterordnung. Nach Waffenfunden in Vereinslokalen der Legionäre verurteilte ein Militärgericht Codreanu im Mai 1938 zu einer zehnjährigen Haftstrafe.[123] Codreanus Anhänger reagierten mit gewaltsamen Übergriffen und Attentaten, mit denen der neue Anführer der Legionäre, Horia Sima, Codreanus Freilassung erzwingen wollte. Nach einem Bombenanschlag auf ein jüdisches Theater in Temeswar und einem weiteren Attentat auf den Rektor der Universität Cluj ordnete der König Codreanus „Ausschaltung“ an. Er sowie 13 weitere Legionäre, die wegen Mordes zu lebenslangen Strafen verurteilt worden waren, wurden daraufhin in der Nacht vom 29. auf den 30. November 1938 bei der Überführung in ein anderes Gefängnis bei einem vorgeblichen Fluchtversuch ermordet. Die von Sima

120 Gheorghe Dumitraş-Biţoaca, Statutul juridic al evreilor şi legislaţia românizării, Bucureşti 1942, S. 18–32.

121 Gerhart M. Riegner, Niemals verzweifeln. Sechzig Jahre für das jüdische Volk und die Menschenrechte, Gerlingen 2001, S. 233–238.

122 Wilhelm Filderman, Memoirs and Diaries, vol. 1, 1900–1940, hrsg. von Jean Ancel, Jerusalem 2004, S. 244 f.; ders., vol. 2, 1940–1952, hrsg. von Jean Ancel [updated and annotated by Leon Volovici and Miriam Caloianu], Jerusalem 2015.

123 Rebecca Haynes, Politica României faţa de Germania între 1936 şi 1940, Iaşi 2003 (engl. Erstausgabe: Romanian Policy towards Germany, 1936–1940, New York 2000), S. 57; Constantin Iordachi, Faschismus, Charisma und Politik: Die Legion „Erzengel Michael“ im Zwischenkriegsrumänien 1927–1941, in: Heinen/Schmitt (Hrsg.), Inszenierte Gegenmacht (wie Anm. 115), S. 62.

geführte Gruppe setzte ihre Anschläge danach fort, mehrere Unternehmen jüdischer Eigentümer wurden niedergebrannt.[124]

Die deutsche Presse griff den König wegen des Mordes an Codreanu heftig an.[125] Ihr galten die Legionäre als Kämpfer für einen Staat ohne korrupte Strukturen, die auf jüdischen Einfluss zurückgeführt wurden.[126] Die Gruppe um Sima drohte auch dem König mit einem Attentat. Carol II. ließ nun sehr viele Legionäre ohne Prozess in allen Landesteilen hinrichten. Sima und andere Anführer konnten ins Deutsche Reich fliehen.[127]

Das Verhältnis der rumänischen Regierung zu Frankreich und Großbritannien verschlechterte sich vor allem wegen der wirtschaftlichen Annäherung Rumäniens an das Deutsche Reich. Zudem hatten der französische und der britische Außenminister wiederholt gegen die Aberkennung der Staatsbürgerschaft rumänischer Juden protestiert. Als die Außenminister der Schutzmächte mit der Verweigerung weiterer Kredite drohten, wurde das Staatsbürgerschaftsgesetz im November 1939 geringfügig verändert. Zu diesem Zeitpunkt hatten bereits 36,5 Prozent der Juden die rumänische Staatsbürgerschaft verloren. Der Justizminister gab die Zahl der staatenlosen Juden vor allem in den 1918 angeschlossenen Gebieten mit 225 222 an.[128] Diese waren nun der Willkür der Behörden preisgegeben. Ein Beamter im Außenministerium stellte zufrieden fest, dass die jüdischen Organisationen im Altreich sich bezüglich der Staatsbürgerschaftsfrage öffentlicher Bekundungen enthalten hätten. Filderman protestierte jedoch vehement gegen den Ausschluss vieler Juden aus den Berufskammern, denn dies traf auch Juden im rumänischen Altreich. Besonders radikal gingen die Berufsvereine der Anwälte und Ärzte vor.[129]

Aufgrund des wachsenden Einflusses des Deutschen Reichs weitete der König den Wirtschaftsaustausch aus. Die Exporte von Erdöl, Holz und landwirtschaftlichen Gütern stiegen beständig, Rumänien erhielt im Gegenzug vor allem Rüstungsgüter. Nach dem Wirtschaftsvertrag von 1939 folgte im Mai 1940 ein weiterer Vertrag, der den Anstoß zur Bildung mehrerer deutsch-rumänischer Firmen gab.[130] Auf Druck der deutschen Unterhändler wurden im März/April 1940 alle Legionäre aus den Haftanstalten entlassen. Ihr Führer Sima, der gerade illegal aus dem Deutschen Reich zurückgekehrt war, wurde am 18. Juni 1940 von Carol II. empfangen. Vier Tage danach entstand die neue Einheitsorganisation Partei der Nation; Sima rief die Legionäre zum Eintritt auf.[131]

124 Zigu Ornea, Anii treizeci. Extrema dreaptă românească, Bucureşti 1995, S. 320; Zvi Yavetz, Viaţa politică şi problema evreiască în timpul domniei regelui Carol al II-lea (1930–1940), Cluj 2006, S. 127.

125 Andrej Angrick, Rumänien, die SS und die Vernichtung der Juden, in: Mariana Hausleitner/Brigitte Mihok/Juliane Wetzel (Hrsg.), Rumänien und der Holocaust, Berlin 2001, S. 113–138.

126 Klaus Charlé, Die Eiserne Garde. Eine Darstellung der völkischen Erneuerungsbewegung in Rumänien, Berlin u. a. 1939, S. 88.

127 Roland Clark, Sfînta tinereţe legionară. Activismul fascist în România interbelică, Iaşi 2015 (engl. Erstausgabe: Holy legionary youth. Fascist activism in interwar Romania, Ithaca, NY 2015), S. 234.

128 Lya Benjamin (Hrsg.), Evreii din România între anii 1940–1944, vol. 1: Legislaţia antievreiască, Bucureşti 1993, S. 35.

129 Jean Ancel, The Economic Destruction of Romanian Jewry, Jerusalem 2007, S. 32, 39.

130 Florian Banu, Asalt asupra economiei României de la Solagra la SOVROM (1936–1956), Bucureşti 2004, S. 29–33.

131 Haynes, Politica (wie Anm. 123), S. 140; Yavetz, Viaţa (wie Anm. 124), S. 131 f.

Gewalt gegen Juden nach den territorialen Verlusten Rumäniens von 1940

Die Annäherung an Hitler führte jedoch nicht dazu, dass sich die Grenzen des rumänischen Staates mit deutscher Unterstützung gegen die Revisionsansprüche der Nachbarstaaten hätten sichern lassen. Die Sowjetunion beanspruchte Bessarabien bereits im geheimen Zusatzprotokoll zum deutsch-sowjetischen Vertrag vom August 1939. Mit dem deutschen Sieg über Frankreich verlor Rumänien schließlich seine wichtigste Garantiemacht. Am 26. Juni 1940 forderte der sowjetische Außenminister Vjačeslav Molotov per Ultimatum den Abzug der rumänischen Verwaltung innerhalb von vier Tagen nicht nur aus Bessarabien, sondern auch aus der Nordbukowina. Wilhelm Fabricius, der deutsche Gesandte in Bukarest, riet der rumänischen Regierung, der sowjetischen Forderung nachzukommen. Aus den abgetrennten Gebieten flüchtete etwa eine Viertelmillion Rumänen in das verkleinerte Land. Dadurch wuchs der Druck auf die jüdische Minderheit erheblich. Während des Rückzugs desertierten viele Soldaten, und der militärische Geheimdienst verbreitete die Behauptung, dass Juden die Armee angegriffen hätten.[132] In dieser aufgeheizten Atmosphäre erschossen rumänische Soldaten in der Hafenstadt Galatz (Galați) etwa 400 Juden, die über die Donau in das inzwischen sowjetische Bessarabien ziehen wollten. In der moldauischen Stadt Dorohoi ermordeten Soldaten mehr als 50 Juden, bis die Armeeführung dagegen einschritt.[133]

Um Hitler dazu zu bewegen, mit Rumänien ein Bündnis einzugehen, berief der König am 4. Juli 1940 eine Regierung unter Führung von Ion Gigurtu, der erstmals drei Legionäre angehörten. Rumänien trat sieben Tage später aus dem Völkerbund aus, und Gigurtu gab Hitler gegenüber sein Einverständnis für eine „Totallösung der jüdischen Frage".[134] Bereits am 25. Juli verfügte seine Regierung die Entlassung aller Juden aus dem Staatsdienst. Sie durften nicht mehr Berufssoldaten sein und wurden aus vielen weiteren Berufen verdrängt.[135] Während die Juden in den 1918 angeschlossenen Gebieten sozial marginalisiert wurden, verblieben die vor 1918 im rumänischen Altreich Eingebürgerten aber noch in einigen Berufssparten. Das am 9. August 1940 publizierte Dekret-Gesetz legte der Definition von Juden nicht nur die Konfessionszugehörigkeit, sondern auch die „Rasse" zugrunde (Dok. 136, 9.8.1940). Getaufte Kinder griechisch-orthodoxer Mütter, die mit Juden verheiratet waren, wurden ebenso wie Juden diskriminiert. Trauungen zwischen Juden und Christen waren fortan verboten.[136]

132 Mariana Hausleitner, Romania in the Second World War. Revisionist out of Necessity, in: Marina Cattaruzza/Stefan Dyroff/Dieter Langewiesche (Hrsg.), Territorial Revisionism and the Allies of Germany in the Second World War, New York u. a. 2013, S. 173–192.

133 Radu Ioanid, The Holocaust in Romania, Chicago 2000, S. 39–43; Mariana Hausleitner, Jewish-Communist Gangs in Czernowitz? The Origin and Impact of a Constructed Enemy Stereotype, in: Simon Geissbühler (Hrsg.), Romania and the Holocaust, Stuttgart 2016, S. 17–40, hier S. 33 ff.

134 Zit. nach Jean Ancel (Hrsg.), Documents Concerning the Fate of Romanian Jewry During the Holocaust, vol. 1, New York 1986, S. 408.

135 Ancel, Economic Destruction (wie Anm. 129), S. 56–58; Filderman, Memoirs, vol. 1 (wie Anm. 122), S. 499.

136 Lya Benjamin, Prigoană şi rezistenţă în istoria evreilor din România 1940–1944, Bucureşti 2001, S. 444–448.

Hitler verlangte als Voraussetzung für Rumäniens Beitritt zum Achsenbündnis Deutschlands, Italiens und Japans, dass der König auf Gebietsforderungen Ungarns und Bulgariens eingehe. Da mit Ungarn jedoch keine Einigung zustande kam, verfügten der deutsche und der italienische Außenminister am 30. August 1940 im Zweiten Wiener Schiedsspruch, dass Rumänien Nordsiebenbürgen an Ungarn abtreten müsse. Zur Sicherung des verbliebenen Territoriums trat Rumänien daraufhin dem Dreimächtepakt bei. Ungarn hatte sich zur Absicherung der neuen Gebiete ebenfalls angeschlossen. Anfang September wurden vertraglich auch die Rückgabe der 1913 eroberten Süddobrudscha an Bulgarien und ein Bevölkerungsaustausch in der Region festgelegt. Trotz der Annäherung an das Deutsche Reich büßte Rumänien in dieser Zeit etwa ein Drittel seines Territoriums ein.

Die wegen der Geschehnisse in weiten Teilen der rumänischen Bevölkerung herrschende Verbitterung sowie die Flüchtlingsbewegung aus den abgetretenen Gebieten führten dazu, dass sich die Lage der Juden weiter verschlechterte. Sie wurden für die territorialen Verluste mit verantwortlich gemacht und in der Folge vollständig an den Rand der Gesellschaft gedrängt. Jüdische Kinder mussten die staatlichen Schulen verlassen. Oberrabbiner Alexandru Şafran bat im Oktober 1940 verzweifelt um Spenden für jüdische Schulen und die Speisung der immer größeren Anzahl von Einkommenslosen.[137] Der Staatssekretär für Rumänisierung übergab rumänischen Flüchtlingen den enteigneten ländlichen Besitz der Juden. Diese Rumänen erhielten auch bevorzugt Stellen als Lehrer und Verwaltungsangestellte – Stellen, aus denen Juden zuvor vertrieben worden waren. Es waren überwiegend Legionäre, die als Kommissare für Rumänisierung Betriebe und Werkstätten von Juden enteigneten. Jüdische Geschäfte, Apotheken und Drogerien wurden von völlig Unqualifizierten übernommen.[138]

Die Legionäre lasteten dem König die territorialen Verluste an und organisierten Proteste in Bukarest. Daraufhin berief der König General Ion Antonescu am 4. September 1940 zum Ministerpräsidenten. Zwei Tage später verlangte dieser den Thronverzicht von Carol II. zugunsten dessen 19-jährigen Sohnes Mihai. Der König verließ Rumänien am 6. September.[139]

Seit dem 4. September 1940 regierte der 58-jährige Antonescu das Land gemeinsam mit jungen Legionären. Nach dem Fronteinsatz im Ersten Weltkrieg war er zunächst Militärattaché in Paris und London gewesen, 1933 Chef des Generalstabs, zwischen Dezember 1937 und März 1938 hatte er als Verteidigungsminister amtiert. Antonescu hatte bereits seit 1938 eine enge Kooperation mit dem Deutschen Reich gefordert und 1940 die kampflose Preisgabe rumänischer Gebiete an die Sowjetunion kritisiert. Bei seinem ersten Besuch am 22. November 1940 in Berlin beeindruckte er Hitler, als er vehement

137 Carol Iancu, Alexandru Şafran şi Şoahul neterminat în România. Culegere de documente 1940–1944, Bucureşti 2010, S. 516.

138 Ion Calafeteanu, Români, la Hitler, Bucureşti 1999, S. 74–77; Filderman, Memoirs, vol. 1 (wie Anm. 122), S. 499.

139 Holly Case, Between States. The Transylvanian Question and the European Idea During World War II, Stanford 2009; Armin Heinen, Rumänien, der Holocaust und die Logik der Gewalt, München 2007, S. 54.

gegen die erzwungene Abtrennung Nordsiebenbürgens protestierte.[140] Erst danach unterzeichnete er Rumäniens Beitritt zum Dreimächtepakt. Seit Oktober sicherte eine deutsche Militärmission Rumäniens Erdölfelder und bildete Soldaten an modernen Waffen aus. Zugleich trafen nun viele deutsche Berater für Wirtschaftsfragen in Rumänien ein, die eine enge Verflechtung der beiden Staaten anstrebten. Hitler war fortan von Antonescu sichtlich angetan und äußerte später, abgesehen vom italienischen Duce mache Antonescu „von allen unseren Verbündeten den stärksten Eindruck".[141]

Die Eiserne Garde war jedoch unzufrieden mit der Aufteilung der Machtbefugnisse. Am 21. Januar 1941 versuchten Sima und seine bewaffneten Anhänger, die Alleinherrschaft zu erlangen. Der Putschversuch war begleitet von Plünderungen im jüdischen Viertel von Bukarest, 120 Juden wurden bei diesem Pogrom ermordet und sehr viele verletzt.[142] General Antonescu wartete ab, bis Hitler ihm grünes Licht für den Einsatz der Armee gab. Da der deutsche Angriff auf die Sowjetunion bereits geplant war, war die nationalsozialistische Führung daran interessiert, dass in Rumänien Ruhe herrschte. Nach dem Scheitern des Putsches flohen Sima und über 500 Legionäre ins Reich. Antonescu verlangte den Abzug von Vertretern der SS und des SD, die Sima zuvor unterstützt hatten.[143]

Einige Juden schöpften neue Hoffnung, als über 1500 Legionäre verhaftet wurden. Jetzt existierte keine faschistische Partei mehr, und die Regierung bestand aus Generälen und Fachleuten. Aufgrund der unangefochtenen Position General Antonescus sowie der bedeutenden Rolle des Militärs innerhalb des nun etablierten Machtgefüges gilt die Zeit zwischen Januar 1941 und August 1944 als Militärdiktatur.[144] Gegenüber den Juden kündigte Antonescu bereits im Februar 1941 ein hartes Vorgehen an, um Rumänien „von dem ganzen Geschmeiß, das die Lebenssäfte des Volkes ausgesaugt" habe, zu befreien.[145] Sein wichtigstes Ziel war es, die Juden in der Wirtschaft schrittweise durch Rumänen zu ersetzen. Im März dekretierte er die Übernahme jüdischer Immobilien in den Städten durch das Nationale Zentrum für Rumänisierung.[146] Als vorrangige Aufgabe des bald danach neu organisierten Staatssekretariats für Rumänisierung und Kolonisierung bezeichnete der stellvertretende Ministerpräsident Mihai Antonescu (ein entfernter Verwandter von Ion Antonescu) im Mai 1941 die „nationale Purifizierung" des Landes. Es sollte nun eine rumänische Mittelschicht geschaffen werden, da nur knapp die Hälfte der Eigentümer von Wirtschafts- und Handelsunternehmen Rumänen waren, jedoch 31 Prozent Juden. Den jüdischen Unternehmern und Kaufleuten sollten Rumänen zum Anlernen an die Seite gestellt werden. Diejenigen Juden, die arbeitslos oder entbehrlich

140 Rebecca Haynes, Germany and the Establishment of Romanian National Legionary State, September 1940, in: The Slavonic and East European Review, vol. 77 (1999), H. 4, S. 714–721; Paul Schmidt, Statist auf diplomatischer Bühne 1923–45, Frankfurt a. M. u. a. 1964, S. 511 f., 574 f.

141 Hitler, Monologe im Führerhauptquartier (wie Anm. 66), Dok. 36 (17.10.1941), S. 89.

142 F. Brunea-Fox, Oraşul măcelului. Jurnalul rebeliunei şi a crimelor legionare, Bucureşti 1997 (1. Aufl. 1944), S. 6; Heinen, Rumänien (wie Anm. 139), S. 106.

143 Gerhard Stelzer, Activitatea mea ca prim-consilier, in: Diplomaţi germani la Bucureşti 1937–1944, Bucureşti 2001, S. 141–144.

144 Mihai Chioveanu, Death Delivered – Death Postponed. Romania and the Continental-Wide Holocaust, Bucureşti 2013, S. 49; Solonari, Purificarea (wie Anm. 118), S. 136.

145 Zit. nach Glass, Deutschland (wie Anm. 9), S. 60.

146 Lya Benjamin (Hrsg.), Evreii din România 1940–1944, vol. 2: Problema evreiască, Bucureşti 1996, S. 450, 458 f.

für die Produktion waren, mussten seit Juni 1941 zwangsweise „Arbeit zu öffentlichem Nutzen" leisten. Bei der Volkszählung im April 1941 wurden 302 090 Juden registriert. Sie stellten nur noch 2,2 Prozent der Bevölkerung, da seit August 1940 ca. 150 000 Juden aus Nordsiebenbürgen in den ungarischen Herrschaftsbereich gelangt waren.[147] Etwa 300 000 Juden waren durch die Besetzung von Bessarabien und der Nordbukowina zu sowjetischen Staatsbürgern geworden.

Die Lage der rumänischen Juden im Kernland war zwar prekär, sie waren entrechtet, weitgehend aus der Gesellschaft und dem Wirtschaftsleben ausgeschlossen, auch hatte es eine Reihe gewaltsamer Übergriffe und antisemitischer Exzesse gegeben. Aber erst der Krieg gegen die Sowjetunion und das Ziel der rumänischen Regierung, eine ethnisch homogene Bevölkerung zu erreichen, bedeuteten für zahlreiche Juden in Altrumänien eine radikale Verfolgung und für jene in den 1941 zurückeroberten Gebieten sowie in einem neuen Besatzungsgebiet Massenverbrechen.

Das Massaker von Jassy Ende Juni 1941 und die Deportationszüge

Hitler informierte Ion Antonescu als ersten Verbündeten am 12. Juni 1941 über den bevorstehenden Angriff auf die Sowjetunion. Der General wollte die rumänische Armee umgehend an der Rückeroberung Bessarabiens und der Nordbukowina beteiligen. Im Juni 1941 wurde er Oberbefehlshaber der Heeresfront Rumänien bzw. der Armeegruppe Antonescu (deutsche 11. Armee, rumänische 3. und 4. Armee).[148] Er verfügte im Aufmarschgebiet der rumänischen und deutschen Einheiten die Identifizierung aller Juden und ließ die als Kommunisten Verdächtigen internieren. Die sogenannte Evakuierung der jüdischen Männer zwischen 18 und 20 Jahren aus den ländlichen Gebieten der Moldau und der Südbukowina ins Hinterland wurde mit angeblicher Sabotagetätigkeit der jüdischen Bevölkerung begründet. Der am 21. Juni begonnene Transport von etwa 60 000 Juden war in logistischer Hinsicht schwierig, denn gleichzeitig wurden viele Soldaten an die Front befördert.[149] Nach dem Angriff rumänischer und deutscher Einheiten verteidigte die Rote Armee mit unerwarteter Hartnäckigkeit die Brückenköpfe am sowjetischen Ufer des Grenzflusses Pruth. Während dieser Kämpfe erschossen rumänische Soldaten am 27. Juni 1941 im Grenzort Sculeni 311 jüdische Männer, Frauen und Kinder. In den Tagen danach wurden auch in anderen Orten Bessarabiens Tausende Juden ausgeplündert und ermordet, woran sich in vielen Fällen auch die rumänische Zivilbevölkerung beteiligte.[150]

147 Viorel Achim, Evreii în cadrul recensamântului general al României din 6 aprilie 1941, București 2008, S. 31.

148 Calafeteanu, Români (wie Anm. 138), S. 81–93; Andreas Hillgruber, Staatsmänner und Diplomaten bei Hitler, Bd. 1, Frankfurt a. M. 1970, S. 276–291.

149 Jean Ancel, Prelude to Mass Murder. The Pogrom in Iași, Romania, June 29, 1941 and Thereafter, Jerusalem 2013 (rumän. Erstausgabe Iași 2005), S. 30.

150 Ebd., S. 490–517; Simon Geissbühler, Blutiger Juli. Rumäniens Vernichtungskrieg und der vergessene Massenmord an den Juden 1941, Paderborn 2013, S. 59–71; Solonari, Purificarea (wie Anm. 118), S. 164–178; Diana Dumitru, The State, Antisemitism, and Collaboration in the Holocaust. The Borderlands of Romania and the Soviet Union, Cambridge 2016.

Dies geschah unmittelbar vor dem größten Massenverbrechen auf dem Territorium Altrumäniens, dem 14 850 Menschen zum Opfer fielen. Dem Kommandanten der Garnison Jassy, Constantin Lupu, wurde am 27. Juni 1941 gemeldet, dass bewaffnete Rumänen Juden angriffen. Er ließ sie nicht festnehmen, da sie Ausweise des militärischen Geheimdienstes (Sektion 2 des Großen Generalstabs) vorwiesen und angaben, Saboteure zu suchen. In Jassy, das unweit der sowjetischen Grenze lag, war nach der Bombardierung durch sowjetische Flugzeuge am 26. Juni Panik ausgebrochen, es hatte etwa 600 Opfer gegeben. Die jüdische Familie Zwieback sah Plakate, die zur Ermordung kommunistischer Juden aufriefen. Ein rumänischer Schulfreund warnte den Sohn: „In vielen Vierteln wurden große sichtbare Kreuze auf jene Häuser gemalt, die Rumänen bewohnen. Viele Leute aus den reicheren Vierteln haben die Stadt verlassen. Ganze Straßenzüge sind leer. Furchtbare Dinge werden für die Juden vorbereitet."[151]

General Gheorghe Stavrescu, der Kommandant der durch Jassy zur Front ziehenden Truppen, verfügte die sofortige Erschießung von Personen, bei denen Leuchtmunition gefunden wurde. Es hieß, dass die sowjetischen Bomber Signale erhalten hätten.[152] Nun konnten Soldaten und Polizisten jeden töten, den sie für suspekt hielten. Aufgrund von Meldungen über Sabotage befahl Ion Antonescu am Abend des 27. Juni, alle Juden aus Jassy – etwa 50 000 Personen – in ein Getto einzuschließen.

Dieser Befehl stellte die Kommandobehörden vor Ort vor eine unlösbare Aufgabe. Am Morgen des 29. Juni verhafteten Soldaten und Polizisten viele jüdische Männer als Geiseln, die im Fall von Unruhen erschossen werden sollten. Bei dieser Gelegenheit begannen rumänische Soldaten und Zivilisten zu plündern. Die Juden wurden zur Quästur, dem Hauptquartier der Polizei, gebracht, wo bereits Tausende weiterer Juden auf die Überprüfung ihrer Papiere warteten. Nachdem einige freigelassen worden waren, eröffnete eine Gruppe deutscher Soldaten zusammen mit einigen Rumänen eigenmächtig mit Maschinengewehren das Feuer auf die Verhafteten.[153] Während des Massakers beriet General Stavrescu mit dem Präfekten des Gebiets, wohin die verhafteten Juden transportiert werden könnten. Ein erster Zug mit etwa 5000 Juden sollte in den kleinen Ort Târgu Frumos fahren, doch viele starben bereits unterwegs an den Folgen ihrer Verletzungen. Am Ankunftsort wiederum verhinderte der Befehlshaber einer Wehrmachtseinheit die Unterbringung der Juden. Danach setzten die abgeschlossenen 35 Waggons fünf Tage lang bei glühender Hitze ihre Irrfahrt fort. Unterwegs verdursteten viele, in Călăraşi kamen nur 1011 Juden an.[154] Lediglich am Bahnhof Roman setzte sich eine mutige Rumänin für die Juden ein: Viorica Agarici vom Roten Kreuz konnte die Deportierten notdürftig versorgen.[155] Der zweite Zug fuhr acht Stunden lang bis

151 Zit. nach Adrian Radu-Cernea, Pogromul de la Iaşi, Bucureşti 2002, S. 20 f.

152 Henry L. Eaton, Killed. The Massacre of Yassy 1941, in: Mirjam Korber, Deportiert. Jüdische Überlebensschicksale aus Rumänien 1941–1944, Konstanz 1993, S. 127–157.

153 Ottmar Traşcă, Relaţiile politice şi militare româno-germane septembrie 1940–august 1944, Cluj-Napoca 2013, S. 587.

154 Radu-Cernea, Pogromul (wie Anm. 151), S. 30 f.; Ioanid, The Holocaust (wie Anm. 133), S. 75 f.

155 Jean Ancel, Der Pogrom von Jassy, in: Wolfgang Benz/Brigitte Mihok (Hrsg.), Holocaust an der Peripherie. Judenpolitik und Judenmord in Rumänien und Transnistrien 1940–1944, Berlin 2009, S. 31–44; Eaton, Killed (wie Anm. 152), S. 147–149.

zu dem 15 Kilometer entfernten Ort Podul Iloaiei; bei der Ankunft lebten nur noch etwa 700 Juden.[156]

Während in den Zügen Tausende Juden starben, ging in Jassy das Morden weiter. Da Soldaten ihre Einheiten zum Plündern verließen, drohte General Stavrescu ihnen mit dem Kriegsgericht. Er verkündete, dass die „Säuberung" der Dörfer von Juden nur von speziellen Einheiten durchgeführt werden dürfe (Dok. 158, 30.6.1941). Die Einsatzstaffel von etwa 160 Angehörigen der Armee und der Geheimpolizei leitete Eugen Cristescu.[157] Er war seit November 1940 Direktor des Sicherheitsdienstes SSI und arbeitete eng mit deutschen Institutionen zusammen. Erst am 4. Juli 1941 verbot Ion Antonescu den Soldaten das eigenmächtige Handeln. Die Juden hätten das rumänische Volk „ausgesaugt, diese Plage werde nun beendet", aber die Regierung bestimme Zeitpunkt und Umfang der Maßnahmen (Dok. 159, 4.7.1941).[158]

Fritz Schellhorn, der deutsche Konsul in Jassy, berichtete nach Bukarest über die Erschießungen und Plünderungen. Einige deutsche Soldaten hätten sich am 29. Juni an Verhaftungen von Juden beteiligt.[159] Der Gesandte Manfred von Killinger übernahm Schellhorns Information, wonach es etwa 4000 jüdische Opfer in Jassy gegeben habe (Dok. 167, 1.9.1941). Er wandte sich zugleich gegen Reinhard Heydrich, der Antonescu zuvor „Judenfreundlichkeit" unterstellt hatte, weil dieser die Tätigkeit der SS und des SD im rumänischen Altreich im Januar 1941 verboten hatte.[160]

Auf Befehl des Großen Generalstabs untersuchten hochrangige Militärangehörige am 9. Juli 1941 das Massaker in Jassy, gaben aber sehr niedrige Opferzahlen an.[161] Sie benannten einen Legionär als Initiator der Ausschreitungen, doch General Antonescu befahl, dass „Diebe und Kommunisten" als Verursacher verurteilt werden sollten (Dok. 161, 12.7.1941). Eugen Cristescu verlangte vom Polizeichef von Jassy, die Verbreitung von Fotos der vielen jüdischen Opfer mit allen Mitteln zu verhindern.[162] Die Diplomaten in Bukarest erfuhren sofort, dass die offizielle Meldung, wonach „500 jüdische Saboteure" erschossen worden seien, nicht stimmte. Der Schweizer Gesandte René de Weck berichtete nach Bern über die Todeszüge, in denen etwa 1200 Juden aus Jassy abtransportiert worden seien.[163]

156 Ancel, Prelude (wie Anm. 149), S. 405 f., 413–415; International Commission on the Holocaust in Romania, Final Report, Iaşi 2005, S. 126.

157 Ancel, Prelude (wie Anm. 149), S. 44–46, 70 f.; Ioanid, The Holocaust (wie Anm. 133), S. 62–90.

158 Ottmar Traşcă (Hrsg.), „Chestiunea evreiască" în documente militare române 1941–1944, Bucureşti 2010, Dok. 24, S. 148 f.

159 Ottmar Traşcă/Dennis Deletant (Hrsg.), Al III-lea Reich şi Holocaustul din România 1940–1944. Documente din arhivele germane, Bucureşti 2007, Dok. 14, S. 185.

160 Glass, Deutschland (wie Anm. 9), S. 32.

161 2004 hielt die Kommission der Historiker zum Holocaust fest, dass nur in den beiden Zügen etwa 4000 Juden unterwegs starben; International Commission, Final Report (wie Anm. 156), S. 126.

162 Traşcă (Hrsg.), „Chestiunea evreiască" (wie Anm. 158), Dok. 113, S. 276.

163 Dumitru Hîncu (Hrsg.), Confidenţial! Bucureşti-Berna. Rapoartele diplomatice ale lui René de Weck, Bucureşti 2002, S. 99.

Die Deportationen der Juden aus Bessarabien und der Bukowina 1941/1942

Nach dem deutschen Angriff auf die Sowjetunion und dem schnellen Vorstoß deutscher und rumänischer Truppen gelang es im Juni 1941 nur einigen Zehntausend Juden aus den Städten Bessarabiens und der Nordbukowina, in unbesetzte Teile der Sowjetunion zu flüchten. Die überwiegende Mehrheit der Juden fiel jedoch den Deutschen und Rumänen in die Hände, denn deutsche Flieger bombardierten die Flüchtlingszüge, und die schnell vordringenden rumänischen und deutschen Truppen holten viele Flüchtlingskonvois ein.[164] Rumänische Militärangehörige erschossen mehrere Zehntausend Juden gemeinsam mit Kommandos der Einsatzgruppe D, die Otto Ohlendorf befehligte.[165] Die Deutschen hielten ihre Verbrechen detailliert in Berichten fest.[166] Einige einheimische Ukrainer in der Bukowina unterstützten sie aus eigener Initiative beim Morden.[167] Die rumänischen Gendarmen hatten einen Freibrief zur „Säuberung des Terrains". In der südöstlich von Czernowitz gelegenen Stadt Herţa halfen rumänische Nachbarn bei der Identifizierung der jüdischen Familien, wie Liviu Beriş bezeugte: „Sie kamen und zeigten auf jene [Juden] auf der Namensliste, damit sich niemand verstecken konnte. Dabei hatte dies niemand versucht, weil man nicht ahnte, was bevorstand ... Und ohne eine Untersuchung, ohne Probleme, wurden sie an zwei Orten erschossen ..."[168] In vielen Fällen nutzten Nachbarn die prekäre Lage der Juden unverzüglich zum Plündern. Aus Czernowitz berichtete Josef Noe: „In zehn Minuten ist von unserem Haus nichts geblieben – leere vier Wände. Alle unsere Nachbarn. Ich habe es aus dem Kellerfenster gesehen, was jeder mitgenommen hat."[169]

General Antonescu beauftragte eine rumänische Sonderstaffel damit, jene Juden festzunehmen, die seit 1940 mit den sowjetischen Behörden kooperiert hätten. Sein Stellvertreter Mihai Antonescu formulierte die Aufgabe der Sonderstaffel im Ministerrat am 8. Juli 1941 noch radikaler: „Nutzen wir also diesen historischen Moment und reinigen wir den rumänischen Boden und unsere Nation von all dem Unrat, der sich über Jahrhunderte auf diesen Boden ergossen hat, auf dem wir nicht unser eigener Herr sein konnten."[170] Solche Aufrufe sollten die Ermordung ganzer jüdischer Gemeinden legitimieren. Die deutsche Einsatzgruppe D beteiligte sich an den Massenmorden

164 Lilja Trachtenbreut, Wir beneideten Katzen, Hunde, Vögel, in: Jewgenija Finkel/Markus Winkler, Juden aus Czernowitz. Ghetto, Deportation, Vernichtung 1941–1944. Überlebende berichten, hrsg. von Erhard Roy Wiehn, Konstanz 2004, S. 97.

165 Die Massenmorde in Bessarabien und der Bukowina werden in VEJ 7 ausführlich dargestellt; siehe die dortige Einleitung, S. 64–66; Andrej Angrick, Besatzungspolitik und Massenmord. Die Einsatzgruppe D in der südlichen Sowjetunion 1941–1943, Hamburg 2003, S. 91–113.

166 Yitzhak Arad/Shmuel Krakowski/Shmuel Spector (Hrsg.), The Einsatzgruppen Reports, New York 1989.

167 Angrick, Besatzungspolitik (wie Anm. 165), S. 148–157; Simon Geissbühler, „He spoke Yiddish like a Jew": Neighbor's Contribution to the Mass Killing of Jews in Northern Bukovina and Bessarabia, July 1941, in: Holocaust and Genocide Studies, 28 (2014), 3, S. 430–449.

168 Zit. nach Interviu cu Liviu Beriş, in: Holocaustul evreilor români. Din mărturiile supravieţuitorilor, Iaşi 2005, S. 97.

169 Zit. nach Gaby Coldewey u. a., Zwischen Pruth und Jordan. Lebenserinnerungen Czernowitzer Juden, Köln 2003, S. 41.

170 VEJ 7/284.

bessarabischer Juden insbesondere in der Großstadt Kischinev (Chişinău). Im Juli/August vertrieben Gendarmen Zehntausende Juden Bessarabiens und der Bukowina aus ihren Wohnorten, unterwegs wurden viele erschossen. Die Übrigen sperrten sie in provisorische Sammellager entlang des Dnjestr. Dort starben zwischen 45 000 und 60 000 Juden an Mangelkrankheiten und Unterernährung.[171]
Obwohl die rumänische Presse hierüber nur unklare Nachrichten publizierte, waren jüdische Intellektuelle in Bukarest über die Verbrechen informiert. Der Arzt Emil Dorian erfuhr durch Freunde von den Massenverbrechen.[172] Der Schriftsteller Mihail Sebastian notierte in seinem Tagebuch über ein Pressefoto: „Eine lange Reihe armselig aussehender Frauen, die Kleider in Fetzen, mit kleinen, ebenfalls armselig aussehenden Kindern. Nicht ein Mann darunter. Im Untertitel des Fotos hieß es, dies seien in den Nordprovinzen von der Armee gefangene ‚Judeo-Kommunisten', die nun für ihre Untaten büßen müssten."[173] Einige Diplomaten berichteten aus Bukarest über die Morde in ihre Heimatländer.[174]
Es gibt keinen Beleg dafür, dass General Antonescu bei seinem Treffen mit Hitler am 11./12. Juni 1941 die Vertreibung der Juden aus Bessarabien und der Bukowina thematisierte.[175] Doch schlug Hitler die Schaffung eines rumänischen Besatzungsgebiets in der Südukraine vor. Als im August 1941 rumänische Gendarmen die ersten Kolonnen von Tausenden Juden über den Dnjestr trieben, das heißt in das Gebiet Transnistrien zwischen Dnjestr und Südlichem Bug, protestierten dort eingesetzte Wehrmachtsdienststellen, weil die Juden wichtige Verbindungsstraßen verstopften und die nicht beerdigten Toten eine Seuchengefahr darstellten. Die meisten deutschen Einheiten wurden bald aus Transnistrien abgezogen. Die Aufgabenteilung im neuen rumänischen Besatzungsgebiet vereinbarten Vertreter des Oberkommandos des deutschen Heeres und des Großen Generalstabs der rumänischen Armee am 30. August 1941 im Vertrag von Tighina.[176] Die in Transnistrien lebenden etwa 250 000 Juden sollten zu einem späteren Zeitpunkt in das angrenzende deutsche Besatzungsgebiet östlich des Bugs vertrieben werden: „Abschub der Juden über den Bug ist zur Zeit nicht möglich. Sie müssen daher in Konzentrationslager zusammengefasst und zur Arbeit eingesetzt werden, bis nach Abschluss der Operationen ein Abschub nach Osten möglich ist."[177] Die Formulierung „über den Bug", das heißt in das deutsch besetzte Reichskommissariat Ukraine, bedeutete für die betroffenen Juden, dass sie in den sicheren Tod gingen.
Mit Transnistrien bekam Antonescu ein Gebiet in die Hand, das ihm die Abschiebung unerwünschter Minderheiten, insbesondere der Juden und Roma, ermöglichte. Ohne Ab-

171 Paul A. Shapiro, The Jews of Chişinău (Kishinev): Romanian Reoccupation, Ghettoization, Deportation, in: Randolph L. Braham (Hrsg.), The Destruction of Romanian and Ukrainian Jews During the Antonescu Era, Boulder 1997, S. 135–193; ders.: Ghetoul din Chişinău 1941–1942, Bucureşti 2016; International Commission, Final Report (wie Anm. 156), S. 382.

172 Emil Dorian, Jurnal din vremuri de prigoană, hrsg. von Marguerite Dorian, Bucureşti 1996, S. 176.

173 Zit. nach Mihail Sebastian, „Voller Entsetzen, aber nicht verzweifelt". Tagebücher 1935–44, Berlin 1998, S. 512.

174 Carol Iancu, La Shoah en Roumanie, Montpellier 2000, S. 144 f.

175 Traşcă/Deletant (Hrsg.), Al III-lea Reich (wie Anm. 159), Dok. 39, S. 264 f.

176 Siehe VEJ 7, Einleitung, S. 65.

177 Zit. nach Ekkehard Völkl, Transnistrien und Odessa, Regensburg 1996, S. 113.

sprache mit dem C der Wehrmacht befahl der General am 4. Oktober 1941, alle Juden aus Bessarabien und der Bukowina innerhalb von zehn Tagen nach Transnistrien zu deportieren. Filderman bat den Staatsführer, die Vertreibung von Hunderttausenden Unschuldiger doch zu unterlassen, da er sie auf diese Weise in den Tod schicken würde (Dok. 169, 9.10.1941). Ion Antonescu, seit August 1941 Marschall,[178] rechtfertigte die Deportationen in einem in der rumänischen Presse abgedruckten offenen Brief damit, dass Juden im Sommer 1940 rumänische Soldaten beim Rückzug aus Bessarabien und der Nordbukowina angegriffen und gedemütigt hätten (Dok. 170, 19.10.1941).[179] Der 29-jährige SS-Hauptsturmführer Gustav Richter vom Reichssicherheitshauptamt, der seit April 1941 Berater für Judenfragen in Bukarest war, lobte am 17. Oktober Antonescus Entschlossenheit. Er habe erfahren, dass bereits 110 000 Juden aus der Bukowina und Bessarabien zur „Liquidierung" deportiert worden seien.[180]

Marschall Antonescu wollte Großrumänien in einen ethnisch homogenen Staat verwandeln und dabei die Judenfrage „lösen". Zur Umsetzung dieses Ziels legte ihm Sabin Manuilă, der Direktor des Statistischen Zentralamts, am 15. Oktober 1941 einen Stufenplan vor. Bei Juden und Roma sprach Manuilă zynisch von „einseitigem Transfer", wohingegen andere Minderheiten gegen auswärtige Rumänen ausgetauscht werden sollten.[181] Für 1943 war die Vertreibung von fast einer Million Slawen vorgesehen, an deren Stelle Rumänen aus dem Reichskommissariat Ukraine angesiedelt werden sollten.[182] Rumänen lebten dort seit dem 18. Jahrhundert, einige wurden 1943 nach Rumänien transferiert. Manuilă hatte mit der Volkszählung vom April 1941 die Voraussetzungen für die Pläne der ethnischen Homogenisierung geschaffen, wobei er eng mit deutschen Bevölkerungsplanern zusammenarbeitete. Friedrich Burgdörfer beispielsweise, der Präsident des Bayerischen Statistischen Landesamts, reiste während der Zählung zwölf Tage durch Rumänien und sprach mit General Antonescu über die jüdische Bevölkerung.[183] Unmittelbar vor den Massendeportationen der Juden wurde die Bevölkerung in den zurückeroberten Gebieten Bessarabien und Nordbukowina im September 1941 gezählt.[184] Zuvor war schon Wilfried Krallert, von 1939 an beim Amt IV des Reichssicherheitshauptamts und seit 1940 auch für das Rasse- und Siedlungshauptamt tätig, zu Beratungen in Rumänien gewesen.[185]

178 Zur Beförderung durch einen königlichen Erlass; siehe Harald Laeuen, Marschall Antonescu, Essen 1943, S. 144.

179 Antonescus Brief wurde auch in der deutschen Presse aufgegriffen; „Jüdische Kriegshetzer besiegeln Judas Schicksal", in: Völkischer Beobachter (Norddeutsche Ausgabe), Nr. 300 vom 27.10.1941, S. 1 f.

180 Trașcă/Deletant (Hrsg.), Al III-lea Reich (wie Anm. 159), Dok. 58, S. 339.

181 Viorel Achim, The Romanian Population Exchange Project, in: Annali dell'Istituto storico italo-germanico, XXVII (2001), S. 593–617.

182 Anton Rațiu, Românii de la est de Bug, București 1994.

183 Friedrich Burgdörfer, Die rumänische Volkszählung, in: Allgemeines Statistisches Archiv, 30 (1941/1942), S. 302–322. Zum Treffen mit Ion Antonescu; Achim, Evreii (wie Anm. 147), S. 17.

184 Laut Wilhelm Filderman kam Burgdörfer im Herbst 1941 erneut nach Rumänien, um die Deportationen vorzubereiten; Glass, Deutschland (wie Anm. 9), S. 4.

185 Viorel Achim, Romanian-German Collaboration in Ethnopolitics. The Case of Sabin Manuilă, in: Ingo Haar/Michael Fahlbusch (Hrsg.), German Scholars and Ethnic Cleansing 1919–1945, New York u. a. 2005, S. 139–145.

Seit dem Kriegseintritt Rumäniens hatte sich die Lage der Juden im Land weiter verschlechtert. Dies betraf das rumänische Altreich ebenso wie Südsiebenbürgen, aber schlimmer noch war die Situation in den zurückeroberten Ostprovinzen. Am 16. Dezember 1941 wurde die von Filderman geführte Föderation Jüdischer Gemeinden verboten. Am 30. Januar 1942 entstand die Judenzentrale, deren Tätigkeit der staatliche Kommissar Radu Lecca, ein ehemaliger Mitarbeiter des Völkischen Beobachters, kontrollierte. Als erste Aktion registrierte sie das Eigentum der Juden, um ein Abgabensystem einzuführen. Offiziell sollte damit ein breites Netz von jüdischen Schulen, Werkstätten und sozialen Einrichtungen für Arme finanziert werden. Tatsächlich wurde ein großer Teil der Abgaben an rumänische Wohltätigkeitsprojekte verteilt.[186]

Etwa 61 Prozent der 12 683 Juden, die Zwangsarbeit leisteten, wurden in von Soldaten bewachten Lagern untergebracht. Zumeist arbeiteten sie im Straßenbau, und infolge ihrer schlechten Ausstattung waren Arbeitsunfälle an der Tagesordnung.[187] Einige Juden, die nicht bei der zugewiesenen Zwangsarbeit angetroffen wurden, mussten im September 1942 samt Familien nach Transnistrien ziehen. Einige Hundert dieser insgesamt 2216 Personen wurden ermordet, nachdem die Rumänen sie in einen von Volksdeutschen besiedelten Bezirk getrieben hatten.[188]

Insgesamt gab es wenig Widerstand in Rumänien, auch weil die meisten Kommunisten, Sozialdemokraten und ihre Unterstützer bereits im Juni 1941 in Lagern interniert worden waren. Alle politisch links stehenden jüdischen Häftlinge und Internierten wurden 1942 in das Lager Vapnjarka in Transnistrien deportiert, in dem sie eine Erbsenart zu essen bekamen, die bei vielen lebenslange Lähmungen verursachte.[189] Einige jüdische Jugendliche organisierten Proteste gegen die Politik des Regimes: So wurden Schüler in Bukarest verhaftet, weil sie „Nieder mit dem Krieg!" auf Geldscheine gestempelt hatten. Im Juni 1942 wurden drei Initiatoren erschossen, die übrigen Schüler verurteilte das Militärgericht zu zehn bis 15 Jahren Gefängnis.[190] Von den etwa 100 zwischen 1941 und 1944 zum Tode Verurteilten waren 70 Juden, darunter auch solche, die illegal aus Transnistrien zurückgekehrt waren.[191] Ebenfalls sehr hart bestraft wurden Juden, die zum Christentum übertraten. So hatte ein reformierter Pfarrer 39 Juden trotz Verbots getauft. Sie wurden ebenfalls nach Transnistrien deportiert (Dok. 180, 13.7.1942).

Aus den zurückeroberten Gebieten Bessarabien und der Bukowina waren bis Oktober 1941 fast alle Juden nach Transnistrien vertrieben worden. Nur in Czernowitz, der Hauptstadt der Bukowina, blieben aufgrund von Interventionen des deutschen Konsuls

186 Activitatea Centralei evreilor din România, Bucureşti 1998 (1. Aufl.: Bucureşti 1944).

187 László Csösz/Attila Gidó: Excluşi şi exploataţi. Munca obligatorie a evreilor din România şi Ungaria, Cluj-Napoca 2013, S. 12; Iaacov Geller, Rezistenţa spirituală a evreilor români, Bucureşti 2004, S. 99.

188 Glass, Deutschland (wie Anm. 9), S. 219. Bericht einer Überlebenden aus Bukarest: Sonja Palty, Jüdische Deportationsschicksale aus Bukarest in Transnistrien 1942–1943, Konstanz 1995.

189 Geza Kornis, Überlebt durch Solidarität, Konstanz 2004; Nathan Simon, „...auf allen Vieren werdet ihr hinaus kriechen!" Ein Zeugenbericht aus dem KZ Wapniarka, Berlin 1994.

190 Alexandru Elias, Un grup de liceeni evrei la curtea marţiala, in: Buletinul centrului, muzeului şi arhivei istorice a evreilor din România (2001), S. 47–53; Bernard Politzer, O tinereţe în România, Bucureşti 2004, S. 103.

191 Lya Benjamin, Supravieţuirea ca rezistenţa, in: Carol Iancu (Hrsg.), Permanenţe şi rupture în istoria evreilor din România, Bucureşti 2006, S. 249.

Fritz Schellhorn und des rumänischen Bürgermeisters Traian Popovici 20 000 Juden zurück, die für die Kriegswirtschaft als vorerst unentbehrlich eingestuft worden waren. 23 000 Juden wurden aber auch aus Czernowitz nach Transnistrien deportiert.[192] Die Juden aus Bessarabien waren zumeist auf lange Fußmärsche geschickt und unterwegs ihrer wenigen Habseligkeiten beraubt worden. Von ihnen kamen etwa 75 Prozent in Transnistrien um. Dagegen gelangten die im Oktober aus der Bukowina deportierten Juden mit der Bahn bis zur Grenze nach Transnistrien. Sie besaßen daher noch einige Güter, die sie bei den Einheimischen gegen Lebensmittel eintauschen konnten. Bis zum Frühjahr 1942 fanden nur sehr wenige Juden Verdienstmöglichkeiten, daher starben Zehntausende von ihnen an Unterernährung, Mangelkrankheiten und Erfrierungen.[193] Nachdem die Einsatzgruppe D beim Durchzug durch Transnistrien Juden ermordet hatte, setzten rumänische Gendarmen die Massaker fort, denen etwa 80 Prozent der dort lebenden Juden zum Opfer fielen.[194] Für Odessa ordnete Ion Antonescu ausdrücklich Massenmorde an. Nachdem dort am 22. Oktober 1941 eine vom sowjetischen Geheimdienst zurückgelassene Bombe im Hauptquartier der Besatzungskräfte über 80 rumänische und deutsche Militärangehörige in den Tod gerissen hatte, verfügte er eine Vergeltungsaktion. Hierbei starben mindestens 25 000 Juden.[195] Die Überlebenden wurden in den Norden Transnistriens vertrieben, wo sie ohne Verpflegung in den Lagern Achmetčetka, Bogdanovka und Domanevka zusammengepfercht wurden. Als in den drei Lagern eine Typhusepidemie ausbrach, erschossen rumänische Soldaten und ukrainische Hilfspolizisten im Dezember mehrere Zehntausend Juden. Da einige Juden in ein von Volksdeutschen bewohntes Gebiet getrieben wurden, ermordeten dort Einheiten des paramilitärischen deutschen Selbstschutzes unter Anleitung des Sonderkommandos R der Volksdeutschen Mittelstelle etwa 28 000 Juden. Die genaue Anzahl der Todesopfer in den drei Lagern ist nicht bekannt, weil die Leichen sofort verbrannt wurden. 1944 schätzte eine sowjetische Kommission die Zahl der Toten auf 52 000–54 000.[196]

Bis Ende 1941 hatte sich Rumänien unter Antonescu nicht nur als wichtiger militärischer Verbündeter und als verlässlicher Rohstofflieferant für das Deutsche Reich erwiesen, sondern folgte auch in der Judenpolitik von der Entrechtung bis zum Massenmord den Vorstellungen bzw. Forderungen aus dem Reich und verband diese mit den eigenen politischen und territorialen Interessen.

192 Mariana Hausleitner, Rettungsaktionen für verfolgte Juden unter besonderer Berücksichtigung der Bukowina 1941–1944, in: Benz/Mihok (Hrsg.), Holocaust (wie Anm. 155), S. 113–128; Hartwig Cremers, Generalkonsul Dr. Dr. Fritz Gebhard Schellhorn, in: Halbjahresschrift für südosteuropäische Geschichte, Literatur und Politik, 23 (2011), H. 1–2, S. 129–141.

193 Tagebuch des deportierten Wolf Rosenstock: Die Chronik von Dschurin, in: Dachauer Hefte, 5 (1994), S. 40–86.

194 Dalia Ofer, Life in the Ghettos of Transnistria, in: Yad Vashem Studies, XXV (1996), S. 229–274, hier S. 232, 246.

195 International Commission, Final Report (wie Anm. 156), S. 150–152; VEJ 7, Einleitung, S. 67 f.

196 Angrick, Besatzungspolitik (wie Anm. 165), S. 284–287; Herwig Baum, Varianten des Terrors. Ein Vergleich zwischen der deutschen und rumänischen Besatzungsverwaltung in der Sowjetunion 1941–1944, Berlin 2011, S. 348–351; der Bericht eines Überlebenden: D. Z. Starodinskij, Odesskoe Getto, Odessa 1991; Eric C. Steinhart, The Holocaust and the Germanization of Ukraine, Cambridge 2015, S. 122–130; Klaus Popa, Das Sonderkommando „R“ der „Volksdeutschen Mittelstelle“ der SS in Transnistrien 1941–1944, in: Halbjahresschrift für südosteuropäische Geschichte, Literatur und Politik, 28 (2016), H. 1–2, S. 92–119.

Deutsch-rumänischer Dissens aufgrund der deutschen Deportationspläne 1942

Hitler empfahl Marschall Antonescu beim Treffen am 27. November 1941, Transnistrien mit Rumänen zu besiedeln.[197] Dies entsprach dessen Plan, einen „Schutzwall gegen die Slawen" zu errichten und rumänische Bauern aus dem Reichskommissariat Ukraine nach Rumänien zu bringen, um langfristig einen ethnisch homogenen Staat zu schaffen. Zuvor jedoch sollten die im Herbst 1941 provisorisch untergebrachten etwa 100 000 Juden deportiert werden. Im Vertrag mit dem OKW war der „Abschub der Juden" für die Zeit nach Abschluss der Militäroperationen vereinbart worden, und seit Anfang 1942 trieben rumänische Gendarmen viele Juden aus Transnistrien über den Südlichen Bug ins Reichskommissariat Ukraine.[198] Da trotz deutscher Proteste die „regellose und unkontrollierbare Abschiebung" weiterging, beschwerte sich im April SS-Obersturmbannführer Adolf Eichmann im Namen des Reichssicherheitshauptamts beim Auswärtigen Amt.[199] Zur selben Zeit rekrutierten die Deutschen aus dem Kreis der im Sommer 1942 aus Czernowitz deportierten Juden Zwangsarbeiter für den Bau der strategisch wichtigen Durchgangsstraße IV, die Ostpolen mit der Südukraine verbinden sollte.[200]
Zur Lösung dieses Konflikts schlug das Reichssicherheitshauptamt vor, die Deportation aller Juden aus Rumänien „nach Osten" zu übernehmen.[201] Eichmann rechnete mit tatkräftiger Unterstützung der Rumänen.[202] Drei Gründe veranlassten ihn dazu: Erstens setzte er weiterhin auf die Entschlossenheit der Rumänen, die bis Anfang 1942 bereits etwa 200 000 Juden in den Tod getrieben bzw. ermordet hatten. Zweitens war es das Ziel der rumänischen Führung, ein ethnisch homogenes Großrumänien ohne Juden zu erschaffen. Der Plan, dies im Wege der Emigration der Juden nach Palästina zu realisieren, war im Februar 1942 nach der Versenkung des Flüchtlingsschiffs „Struma" mit über 770 Menschen im Schwarzen Meer aufgegeben worden.[203] Entscheidend war drittens die Haltung des Außenministers gegenüber rumänischen Juden im Deutschen Reich und in den von der Wehrmacht besetzten Staaten. Mihai Antonescu hatte dem Gesandten Manfred von Killinger bereits im November 1941 mitgeteilt, dass an deren Rückkehr kein Interesse bestehe (Dok. 172, 13.11.1941). Viele rumänische Juden wurden in Vernichtungslager deportiert, nachdem auch Marschall Antonescu zugestimmt hatte, dass sie nicht anders als deutsche Juden zu behandeln seien. Dies betraf im deutschen Reichsgebiet etwa 1600, in Frankreich über 3300 Juden. Die Anzahl rumänischer Juden, die aus Belgien, Böhmen und Mähren sowie den Niederlanden deportiert wurden, ist nicht be-

197 Raoul Bossy, Jurnal, București 2001, S. 92.

198 Solonari, Purificarea (wie Anm. 118), S. 295; Völkl, Transnistrien (wie Anm. 177), S. 113.

199 Zit. nach Trașcă/Deletant (Hrsg.), Al III-lea Reich (wie Anm. 159), Dok. 77, S. 410 f.

200 SS-Einheiten erschossen die meisten der an den Bug vertriebenen Juden beim Rückzug im Dezember 1943; Deborah Schultz/Edward Timms (Hrsg.), Arnold Daghani's Memories of Mihailowka, London 2009, S. 221–223.

201 Im Protokoll der Wannsee-Konferenz wurden für Rumänien 342 000 Juden angegeben, obwohl seit Okt. 1941 nur noch etwa 280 000 dort lebten; Mark Roseman, Die Wannsee-Konferenz, Berlin 2002, S. 175.

202 David Cesarani, Adolf Eichmann. Bürokrat und Massenmörder, Berlin 2004, S. 217.

203 Dalia Ofer, Escaping the Holocaust. Illegal Immigration to the Land of Israel 1939–1944, Oxford 1990, S. 166.

kannt.[204] Vertreter Rumäniens beanspruchten das Eigentum der rumänischen Juden aus dem Deutschen Reich und Frankreich, worüber im Juli 1942 der Leiter der Politischen Abteilung des Auswärtigen Amtes, Ernst Woermann, mit dem Gesandten Rumäniens verhandelte (Dok. 181, 24.7.1942).

Am 22. Juli 1942 unterzeichnete Mihai Antonescu für den Judenberater Gustav Richter ein Schreiben an das Reichssicherheitshauptamt, in dem er sein Einverständnis mit der geplanten Massendeportation von Juden aus Rumänien bekundete. Der Außenminister verlangte nur, dass die Reichsbahn die Sonderzüge stellen solle.[205] Daraufhin begann das Reichssicherheitshauptamt mit den Vorbereitungen und informierte Unterstaatssekretär Luther im Auswärtigen Amt hierüber am 26. Juli.[206]

Da Ribbentrop das Auswärtige Amt bei der Deportationsplanung durch das Reichssicherheitshauptamt nur unzureichend beteiligt sah, forderte er eine offizielle Vereinbarung über die Teilnahme seiner Behörde. Am 19. August 1942 informierte Ministerialdirigent Emil von Rintelen aus Ribbentrops persönlichem Stab Luther, dass die Juden aus Rumänien bereits im Herbst in den Distrikt Lublin transportiert werden würden. Dort sollten ein Teil zur Arbeit eingesetzt und die anderen der „Sonderbehandlung" unterzogen werden (Dok. 187, 19.8.1942).[207]

Doch in Bukarest traten durch die Bekanntgabe der bevorstehenden Deportation erste Probleme auf. Obwohl in anderen Staaten solche Maßnahmen nicht in der Presse angekündigt wurden, erschien im Bukarester Tageblatt am 8. August 1942 ein Artikel „Rumänien wird judenrein". Darin hieß es, dass Deportationen aus Südsiebenbürgen am 10. September 1942 beginnen und bis 1943 abgeschlossen sein würden (Dok. 183, 8.8.1942).[208] Das Bukarester Tageblatt lasen auch rumänische Juden, so dass diese Meldung die Panik verstärkte, die zuvor bereits bei der Anlegung von Namenslisten durch die Judenzentrale in Südsiebenbürgen entstanden war. Filderman intervenierte bei verschiedenen Politikern. Iuliu Maniu, der Vorkämpfer für den Anschluss Siebenbürgens an Rumänien 1918, warnte Marschall Antonescu bei einem Treffen am 23. August 1942, dass sich die deutsche Minderheit nach der Deportation der Juden deren Eigentum aneignen würde. Dadurch sei die angestrebte Rumänisierung gefährdet. Und tatsächlich meldeten im September Vertreter der deutschen Volksgruppe Anspruch auf eine stärkere Beteiligung an der Verteilung jüdischen Eigentums beim Auswärtigen Amt an.[209]

Juden aus dem Banat setzten im August und September 1942 alle Hebel in Bewegung, um die Deportationen zu verhindern. So übergab der konvertierte Jude Franz von Neumann, dessen Textilfabriken die Armee belieferten, eine große Spende für verwundete Soldaten.[210] Danach äußerten mehrere hochrangige Politiker Bedenken gegen den

204 Dennis Deletant, Aliatul uitat a lui Hitler. Ion Antonescu şi regimul său 1940–1944, Bucureşti 2008, S. 245; Ioanid, The Holocaust (wie Anm. 133), S. 264–266.

205 Dieses Dokument ist nicht erhalten, doch Killinger zitiert es in einem Schreiben vom 12.8.1942; siehe Traşcă/Deletant (Hrsg.), Al III-lea Reich (wie Anm. 159), Dok. 98, S. 469.

206 Ebd., Dok. 93, S. 456.

207 Ebd., Dok. 102, S. 476.

208 Glass, Deutschland (wie Anm. 9), S. 219, 227.

209 Mariana Hausleitner, Die Donauschwaben 1868–1948. Ihre Rolle im rumänischen und serbischen Banat, Stuttgart 2014, S. 239.

210 Raul Hilberg, Die Vernichtung der europäischen Juden, Bd. 2, Frankfurt a. M. 1990, S. 846. Dazu auch Ioanid, The Holocaust (wie Anm. 133), S. 242 f.

deutschen Plan, weil eine sofortige Deportation die rumänische Wirtschaft womöglich schwer schädigen würde, und verlangten einen Aufschub. Konfrontiert mit zahlreichen Interventionen schickte Mihai Antonescu den Judenkommisar Radu Lecca nach Berlin, der dort die zu erwartenden Wirtschaftsprobleme schilderte. Nach seiner Rückkehr verkündete er, dass die von der Wirtschaft noch benötigten jüdischen Fachkräfte im Lande zurückbleiben würden, woraufhin viele Juden umgehend Bescheinigungen beantragten.

Nachdem der deutsche Gesandte am 27. August 1942 vom rumänischen Außenminister eine offizielle Zustimmung zur Deportation angefordert hatte, blieb er lange Zeit ohne Antwort.[211] Zu einer am 26. September in Berlin tagenden Fahrplankonferenz, die über die Bereitstellung der Sonderzüge für Rumänien beriet, erschien kein Vertreter aus Bukarest. Danach erhielt General Teodor Orezeanu, der Chef der rumänischen Eisenbahnen, eine Aufstellung mit dem Fahrplan, wie 280 000 Juden in das Vernichtungslager Belzec gebracht werden sollten. Dazu verlangte er vom Ministerrat am 27. Oktober 1942 Auskunft und erfuhr, dass dieser den deutschen Deportationsplan bereits zwei Wochen zuvor ad acta gelegt hatte (Dok. 197, 27.10.1942).

Wie es zu der Wende in der rumänischen Politik gegenüber den Juden gekommen war, lässt sich nicht vollständig rekonstruieren. Der Staatsführer war im September krank und daher informierte sein Stellvertreter Mihai Antonescu am 30. September 1942 den Ministerrat über den deutschen Deportationsplan. Er beauftragte eine interministerielle Kommission mit der Untersuchung der möglichen Folgen.[212] Am 13. Oktober begründete er den vorläufigen Stopp der Deportationen nach Transnistrien damit, dass jüdische Fachkräfte noch in der Wirtschaft gebraucht würden. Zum Deportationsplan des Reichssicherheitshauptamts meinte er, es dürfe nicht der Eindruck entstehen, dass Rumänien die Weisungen der deutschen Gesandtschaft befolge.[213]

Mihai Antonescu betonte die rumänischen Interessen besonders nach dem Treffen mit Hitler und Ribbentrop am 22. September. Als er dort den erkrankten Marschall Antonescu vertrat, stellte er fest, dass er mit den wichtigsten Anliegen Rumäniens auf taube Ohren stieß. Eine Intervention zugunsten bedrängter Rumänen im ungarischen Nordsiebenbürgen wurde abgelehnt. Die Ausrüstungen für die rumänischen Fronteinheiten waren nur zu einem geringen Teil geliefert worden. Reichswirtschaftsminister Walther Funk forderte zugleich jedoch von Rumänien zusätzliche Lieferungen von Lebensmitteln ins Reich und wollte die Verrechnung der deutschen Schulden für Erdöllieferungen auf die Zeit nach Kriegsende vertagen.[214] Die Rumänen akzeptierten dies nicht. Marschall Antonescu wollte keine weiteren Vertreter der SS ins Land lassen, da diese noch ein Jahr zuvor den Putsch der Legionäre gegen ihn unterstützt hatten. Zur Vorbereitung der Deportationen war im August 1942 der Befehlshaber der Sicherheitspolizei und des SD in Prag, SS-Standartenführer Horst Böhme, als Polizeiattaché nach Bukarest gekom-

211 Trașcă/Deletant (Hrsg.), Al III-lea Reich (wie Anm. 159), Dok. 93, S. 500.

212 Ebd., Dok. 117 vom 12.10.1942, S. 559.

213 Benjamin (Hrsg.), Evreii, vol. 2 (wie Anm. 146), S. 455–462.

214 Jean Ancel, Contribuții la istoria României. Problema evreiască, vol. 2/2, București 2003, S. 223 f.; Cristian Troncotă/Alin Spânu/Florin Pintilie, Documente S.S.I. despre poziția și activitățile politice din România, București 2005, S. 277–280.

men. Das Reichssicherheitshauptamt schickte danach weitere Organisatoren nach Rumänien, doch wurde deren Akkreditierung immer wieder vertagt.[215]
Inzwischen erfolgten neue Interventionen zugunsten der Juden bei Marschall Antonescu, der seit Oktober 1942 wieder arbeitsfähig war – namentlich plädierten für ihren Schutz Königinmutter Elena und der Siebenbürger orthodoxe Metropolit Nicolae Bălan.[216] Ion Antonescu soll von Churchills Rundfunkrede beeinflusst gewesen sein, der darin über seine Absprache mit Roosevelt vom 7. Oktober 1942 informierte, wonach nach Kriegsende die an Massenverbrechen Schuldigen vor Militärtribunale gestellt werden sollten. Auch US-Außenminister Cordell Hull soll bei ihm interveniert haben.[217]
Die Rumänen setzten zunehmend nicht nur die Verfolgung der Juden, sondern auch die der Roma aus. In zwei Phasen waren im Sommer und Herbst 1942 etwa 25 000 Roma nach Transnistrien deportiert worden. Dagegen protestierte Constantin Brătianu, der Führer der suspendierten Nationalliberalen Partei, bei Marschall Antonescu am 16. September. Nach Oktober 1942 wurden nur noch knapp über hundert Roma vertrieben.[218]
Antonescu ließ auch den umfangreichen Plan zur Umsiedlung von fast einer Million Slawen aus Rumänien und zur Ansiedlung von 120 000 Rumänen aus dem Reichskommissariat Ukraine kaum mehr vorantreiben.[219]
Gustav Richter vom Reichssicherheitshauptamt ging im November 1942 zwar noch davon aus, dass die Deportationen in das Vernichtungslager Belzec im Frühjahr 1943 beginnen könnten, doch Marschall Antonescu wich einer Festlegung aus und meinte, sie würden „nur dann begonnen, wenn der günstige Augenblick kommen wird" (Dok. 201, 26.11.1942).

Hilfsaktionen aus Rumänien für Deportierte in Transnistrien 1943/1944

Seit Ende 1942 verschlechterten sich die Beziehungen der rumänischen Führung zu den Deutschen, weil Hitler den Abzug der 3. und 4. rumänischen Armee aus Stalingrad nicht gestattete. Nach der Zerschlagung der rumänischen Verbände in Stalingrad warf Marschall Antonescu Hitler am 15. Januar 1943 vor, keine ausreichende Unterstützung bekommen zu haben. Vor Offiziersschülern nannte er die Zahl von 179 029 gefallenen rumänischen Soldaten.

215 Sebastian Balta, Rumänien und die Großmächte in der Ära Antonescu 1940–1944, Stuttgart 2005, S. 296; Glass, Deutschland (wie Anm. 9), S. 187 f.

216 Der Oberrabbiner betonte die wichtige Rolle des Metropoliten und der Königinmutter; Alexandre Safran, Resisting the Storm. Romania 1940–1947. Memoires, Jerusalem 1987, S. 98–101.

217 Deletant, Aliatul (wie Anm. 204), S. 223, 227; Solonari, Purificarea (wie Anm. 118), S. 272.

218 Viorel Achim, Documente privind deportarea ţiganilor în Transnistria, vol. 2, Bucureşti 2004, Dok. 573, S. 420; Radu Ioanid/Michelle Kelso/Luminiţa Mihai Ciobă (Hrsg.), Tragedia romilor deportaţi în Transnistria 1942–1945, Iaşi 2009, Dok. 38, S. 333 f.

219 Viorel Achim, Proiectul guvernului de la Bucureşti vizind schimbul de populaţie romåna-ruso-ucrainian, in: Revista istorică, 11 (2000), H. 5–6, S. 395–421; Solonari, Purificarea (wie Anm. 118), S. 288–291.

Der Marschall benötigte jetzt umfangreiche Mittel zur Ausrüstung neuer Truppen und forderte vom Reich mit Nachdruck die sofortige Bezahlung des gelieferten Erdöls. Mihai Antonescu verhandelte mit Ribbentrop bis zum 11. Januar 1943. Dann wurde durch ein Abkommen die rumänische Währung stabilisiert, indem die deutschen Schulden mit 30 Tonnen Gold (84 Millionen RM) und 43 Millionen Schweizer Franken beglichen wurden.[220]

Antonescu rechnete nach Stalingrad immer weniger mit einem Sieg der Wehrmacht und ließ daher seit Frühjahr 1943 Außenminister Mihai Antonescu freie Hand, um insgeheim bei den Westalliierten die Bedingungen für einen Waffenstillstand zu eruieren.[221] Im Zuge der Umorientierung begannen auch wichtige Veränderungen in der Judenpolitik. Der Schweizer Gesandte René de Weck, der seit Ende 1941 auch Großbritannien und die USA in Bukarest vertrat, teilte Mihai Antonescu am 1. Dezember 1942 mit, dass die Einstellung der Deportationen in Washington positiv registriert worden sei.[222] Der Gesandte hatte seit September 1942 von Vladimir de Steiger, dem Vertreter des Internationalen Komitees vom Roten Kreuz, einen Einsatz zugunsten der Juden Rumäniens gefordert. Dieser verhandelte im Januar 1943 mit Mihai Antonescu über Hilfe für rumänische Kriegsgefangene in der Sowjetunion und schlug dabei auch materielle Unterstützung für die Deportierten in Transnistrien vor.[223]

Die von der Regierung zur Kontrolle und Repression gegründete Judenzentrale änderte nun schrittweise ihren Charakter. Unter ihrem Dach arbeitete in Bukarest die autonome Hilfskommission, die Lebensmittel und Medikamente für die Deportierten organisierte.[224] Sie initiierte eine namentliche Erfassung der Überlebenden. Dabei wurde festgestellt, dass bereits etwa die Hälfte der Deportierten umgekommen war. Die Überlebenden befanden sich in mehr als 175 Ortschaften in Transnistrien.[225] Besonders schlimm war die Lage der über 5000 Waisenkinder, die nun an einigen Orten zusammengefasst und betreut wurden. Die Hilfssendungen gelangten über das Rumänische Rote Kreuz nach Transnistrien. Fred Şaraga sammelte bei den Juden aus Rumänien große Geldsummen für die Waisenkinder.[226] Die erste Kleidersendung für die Waisen erzielte erhebliche Wirkung, wie die damals 14-jährige Ruth Glasberg beschrieb: „Alle hatten ein neues Aussehen, mit mehr Würde, mit menschlichen Zügen, und einige Mädchen waren sogar

220 Calafeteanu, Români (wie Anm. 138), S. 150; Marcel-Dumitru Ciuca (Hrsg.), Procesul mareşalului Antonescu. Documente, vol. 3, Bucureşti 1998, S. 405.

221 Calafeteanu, Români (wie Anm. 138), S. 173 f.; Alexandru Cretzianu, Ocazia pierdută, Bucureşti 1998, S. 140–142; Radu Ioanid, Lotul Antonescu în ancheta SMERŞ. Moscova 1944–1946, Iaşi 2006, S. 451.

222 René de Weck, Jurnal 1939–1945, Bucureşti 2000, S. 159; Hanna Zweig-Strauss, Saly Mayer (1882–1950). Ein Retter jüdischen Lebens während des Holocaust, Köln 2007, S. 204.

223 Andrei Şiperco (Hrsg.), Acţiunea internaţională de ajutorare a evreilor din România 1943–1945, Bucureşti 2003, S. 33–36.

224 Die autonome Hilfskommission leitete Arnold Schwefelberg, der in den 1960er-Jahren Erinnerungen niederschrieb; Arnold Schwefelberg, Amintirile unui intelectual evreu din România, Bucureşti 2000, S. 124, 132–144; I. C. Butnaru, Waiting for Jerusalem. Surviving the Holocaust in Romania, Westport 1993, S. 13.

225 Brigitte Mihok, Orte der Verfolgung, in: Benz/Mihok (Hrsg.), Holocaust (wie Anm. 155), S. 71.

226 Großspender erhielten Schuldscheine, die nach dem Krieg eingelöst werden sollten: Andrei Şiperco (Hrsg.), Ecouri dintr-o epocă tulbure. Documente elveţiene 1940–1944, Bucureşti 1998, S. 293–295.

hübsch. Wir hatten keine Spiegel, aber so fühlten wir uns im Herzen, und dies spiegelte sich in den Augen unserer Freunde wider."[227]
Für die Waisenkinder setzte sich vor allem der 74-jährige Nuntius Andrea Cassulo ein, der als erster Ausländer im März 1943 ein jüdisches Waisenheim im transnistrischen Mogilev Podolskiy besuchte. Aufgrund seiner Berichte sandte Papst Pius XII. eine Geldspende für die dort lebenden Kinder. Seit November 1942 berieten rumänische Juden mit Vertretern des Internationalen Komitees vom Roten Kreuz über die Ausreise von Deportierten. Die Jewish Agency schickte im März 1943 Einreisevisa nach Palästina für die 5000 Waisenkinder.[228]
Ein weiterer entscheidender Schritt zur Abkehr von der rassistisch orientierten Politik war der Beschluss des Präsidiums des Ministerrats, dass Juden mit besonderen Verdiensten zu Rumänen erklärt werden konnten (Dok. 214, 30.3.1943). Sofort stellten viele Juden entsprechende Anträge, doch zwischen Juli 1943 und Juli 1944 wurden gerade einmal 33 Personen als Rumänen anerkannt. Unter ihnen war auch der konvertierte Jude Nandor Gingold, der Leiter der Judenzentrale.[229]
Durch eine Zählung der Juden in Transnistrien erfuhren auch die Alliierten Anfang 1943 von der Viertelmillion Todesopfer. Da Mihai Antonescu inzwischen mit einem Sieg der Alliierten rechnete, begann er sich als Judenretter zu präsentieren. Er besprach im Mai 1943 mit Éduard Chapuisat, einem Delegierten der Genfer Zentrale des Internationalen Komitees vom Roten Kreuz, die Emigration von Juden per Schiff. Seit April 1943 bemühte sich der Direktor für Konsularfragen im Außenministerium auch um die Repatriierung rumänischer Juden aus dem Westen.[230] Constantin Karadja konnte nur wenige retten, war doch die Mehrheit bereits ermordet worden. Er organisierte aber Ende 1943 die Rückkehr von etwa 600 rumänischen Juden aus Frankreich.[231]
Marschall Antonescu erklärte die Wende in der Judenpolitik im Ministerrat am 20. April 1943 damit, dass im Fall der deutschen Niederlage mit einer „Herrschaft des Judentums" gerechnet werden müsse. Die Rumänen müssten sich absichern, damit zukünftige Generationen keiner Strafe ausgesetzt sein würden.[232]
Die Lage der Juden in Altrumänien und Südsiebenbürgen verbesserte sich im Verlauf des Jahres 1943 wesentlich. Diejenigen, die in der Wirtschaft unentbehrlich waren, konnten durch einen Geldbeitrag bei der Judenzentrale von der Zwangsarbeit freigestellt werden. Aufgrund der erweiterten Mobilisierung wurden qualifizierte Arbeitskräfte gesucht und auch Juden eingestellt. Ilie Şteflea, der Chef des Großen Generalstabs, sah darin die Gefahr einer „Judaisierung der Betriebe".[233] Durch die neuen Bedingungen konnten

227 Zit. nach Ruth Glasberg-Gold, Timpul lacrimilor secate, Bucureşti 2003, S. 179.
228 Şiperco (Hrsg.), Ecouri (wie Anm. 226), S. 310.
229 Ion Şerbănescu (Hrsg.), 1943–1944. Bilanţul tragediei – renaşterea speranţei, Bucureşti 1998, S. 109.
230 Ottmar Traşcă/Stelian Obiziuc, Diplomatul Constantin I. Karadja şi situaţia evreilor cetăţeni români din statele controlate/ocupate de Germania nazistă, in: Anuarul Institutului de Istorie din Cluj-Napoca, XLIX (2010), S. 109–141.
231 In Hinblick auf Frankreich gibt es auch eine höhere Schätzung bis zu 4000 Juden; Ottmar Traşcă/Stelian Obiziuc (Hrsg.), Diplomaţi români în slujba vieţii. Constantin I. Karadja şi salvarea evreilor români din Europa în timpul celui de-al treilea Reich 1932–1944, Cluj-Napoca 2017.
232 Lya Benjamin, Marschall Ion Antonescus Anschauungen über die „Lösung der jüdischen Frage" in Rumänien, in: Südostforschungen, Bd. 59/60, München 2001, S. 455.
233 Traşcă (Hrsg.), „Chestiunea evreiască" (wie Anm. 158), Dok. 410, S. 820.

viele jüdische Betriebsleiter, Verwalter und Facharbeiter weiterbeschäftigt werden. Sie sicherten sich ihre Existenz, und die Rumänen, die dort arbeiteten, profitierten davon. Diese Netzwerke waren eine Form von Resistenz.[234] Doch gleichzeitig waren die Juden willkürlichen Repressionen ausgeliefert. Als sie zur Aufstellung neuer Divisionen eine Sonderabgabe von vier Milliarden Lei zahlen sollten, erklärte Filderman, diese Summe sei wegen der Verarmung der Gemeinden nicht aufzubringen. In einem Wutanfall verfügte Marschall Antonescu daraufhin im Mai 1943 dessen Deportation nach Transnistrien. Doch aufgrund vieler Interventionen kehrte Filderman bereits nach drei Monaten wieder zurück.[235]

Am 8. Juli 1943 befahl Marschall Antonescu, einen Teil der Juden aus Transnistrien zu repatriieren. Ihre Überprüfung zog sich hin, da 1941 alle Identitätspapiere der Deportierten vernichtet worden waren. Die Rückführung wurde besonders dringend, als Hitler im Oktober 1943 Antonescu aufforderte, Transnistrien der Kontrolle des OKW zu überlassen, und mit der Ermordung der Juden gerechnet werden musste. Seit dem 20. Dezember 1943 kehrten etwa 7000 Deportierte heim. Die meisten von ihnen stammten aus Dorohoi. Ihre Deportation wurde nun als Irrtum bezeichnet, weil das Gebiet zum rumänischen Altreich gehörte.[236]

Im Februar 1944 setzte sich das Rumänische Rote Kreuz insbesondere für die Rückführung der gesundheitlich sehr geschwächten Waisenkinder ein.[237] Seit Anfang 1944 stand ein Schiff bereit, das einmal wöchentlich eine Gruppe von Waisenkindern unter dem Schutz des Roten Kreuzes nach Istanbul bringen sollte, von dort war die Reise per Bahn nach Palästina vorbereitet. Der Vertreter des Außenministeriums Karadja erhielt vom Deutschen Hafenkommando Konstantza (Constanța) aber keine Erlaubnis, das Schiff auslaufen zu lassen. Daher wollte Marschall Antonescu keine weiteren Juden aus Transnistrien nach Rumänien zurückkehren lassen. Als der Rückzug der rumänischen Verwaltung aus Transnistrien begann, drängte Charles Kolb vom Internationalen Komitee vom Roten Kreuz den Außenminister zur schnellen Rückführung der Waisenkinder (Dok. 240, 29.2.1944). Die Finanzierung der Rettungsaktion aller Überlebenden aus Transnistrien war inzwischen durch das auf Initiative von US-Präsident Roosevelt im Januar 1944 gegründeten War Refugee Board gesichert. Den Einsatz dieser Mittel beaufsichtigte Ira A. Hirschmann in der Türkei. Dort teilte ihm der rumänische Gesandte Alexandru Cretzianu im März 1944 mit, dass seine Regierung alle 70 000 Juden aus Transnistrien ausreisen lassen wolle.[238] Doch als die Wehrmacht am 18. März 1944 die Kontrolle in Transnistrien übernahm, waren lediglich 1960 Waisenkinder repatriiert worden.

234 Ştefan C. Ionescu, Jewish Resistance to „Romanianization" 1940–44, Basingstoke 2015.

235 Dazu das Tagebuch eines jüdischen Zeitzeugen; B. Brănişteanu, Jurnal, vol. 1, Bucureşti 2003, S. 58–60.

236 Dieses Gebiet war im Oktober 1941 dem Gouverneur der Bukowina unterstellt worden; danach wurden 10 386 Juden deportiert; Solonari, Purificarea (wie Anm. 118), S. 208.

237 Zur Rettungsaktion der jüdischen Hilfskommission und des Rumänischen Roten Kreuzes siehe Mariana Hausleitner, Die Rolle einiger Frauen bei der Rettung von Juden in Rumänien, in: Acta Historica Posoniensia XXXI, Judaica et Holocaustica VII, Bratislava 2016, S. 50–68.

238 Ira A. Hirschmann, Life line to a Promised Land, New York 1946, S. 50–58; Riegner, Niemals verzweifeln (wie Anm. 121), S. 127–130; Andrei Şiperco, Comitetul internaţional al Crucii Roşii şi România 1944–1947, Bucureşti 2009, S. 111.

Marschall Antonescu hatte erst am 13. März 1944 die Rückkehr aller Deportierten genehmigt, daher blieben zwei Drittel von ihnen zurück. Schon im April 1944 nahm die Rote Armee nach Transnistrien auch Bessarabien und die Nordbukowina ein. Der rumänische Generalstab beschloss am 24. Mai 1944 die Errichtung von Gettos in der Region Moldau, doch wurde dieser Befehl nicht mehr umgesetzt.[239]
Aufgrund der noch immer äußerst bedrohlichen Lage wollten viele Juden schnell ausreisen; im März 1944 starteten die ersten völlig überfüllten Schiffe. Insgesamt erreichten zwischen März und August 1944 2798 Juden aus Rumänien Palästina, darunter auch einige wenige der jüdischen Waisenkinder. Das Schiff „Mefküre" sank am 4. August 1944 mitsamt etwa 350 Passagieren nach Beschuss durch ein sowjetisches U-Boot.[240]

Deutsche Reaktionen auf das rumänische Vorgehen 1943/1944

Im Herbst 1942 versuchte Mihai Antonescu gegenüber den Deutschen den Kurswechsel zunächst zu verbergen. So ließ er eine deutsche Broschüre publizieren, in der er alle antisemitischen Maßnahmen Rumäniens auflistete, um die Übereinstimmung Rumäniens mit der deutschen Judenpolitik zu bekräftigen.[241] Doch Adolf Eichmann forderte von der Bukarester Gesandtschaft, die Emigration von Juden nach Palästina mit allen Mitteln zu verhindern (Dok. 211, 3.3.1943). Als der erste Kindertransport aus Rumänien am 14. März 1943 die bulgarisch-türkische Grenze erreichte, verhaftete der deutsche Sicherheitsdienst am Kontrollpunkt Svilingrad drei aus Polen stammende Jugendliche und deportierte sie.[242]
Nach mehreren Anfragen aus Berlin begründete der rumänische Außenminister in einer Denkschrift von Ende März 1943 die Emigration der Juden damit, dass dadurch „unterminierende Elemente" fortgeschafft würden und der Staat einige Milliarden Lei einnehmen könne. Das Geld würde für die Armee dringend benötigt.[243] Der deutsche Gesandte schrieb daraufhin an Ribbentrop: „Im Kampf gegen Rußland und Bolschewismus sind [die] Rumänen hundertprozentig ehrlich, im Kampf gegen England und Amerika sind sie es nicht, und sie versuchen sich diesen beiden Ländern gegenüber abzusichern."[244]
Marschall Antonescu verteidigte im April 1943 gegenüber Hitler den rumänischen Außenminister. Aufgebracht meldete Horst Wagner, der Verbindungsmann des Auswärtigen Amtes zum Reichssicherheitshauptamt, Ribbentrop im Mai, dass die Rumänen nun die Ausreise aller 70 000 Juden aus Transnistrien planten. Marschall Antonescu habe dies bei Hitler angesprochen und der habe eine Prüfung in Aussicht gestellt. Danach teilte Legationsrat Eberhard von Thadden, der Leiter der Abteilung Inland II, der Gesandtschaft in Bukarest mit, dass die Emigration nach Palästina prinzipiell abgelehnt werde. Doch Ribbentrop wolle eine Ausnahme akzeptieren, sofern die Westalliierten deutsche Internierte

239 Wie ein jüdischer Zeitzeuge hervorhob, verhinderte General Constantinescu-Claps die Gettoisierung; S. C. Cristian: Patru ani de urgie. Notele unui evreu din România, Bucureşti 1944, S. 83 f.
240 Ofer, Escaping the Holocaust (wie Anm. 203), S. 264–266, 327.
241 Mihai Antonescu, Die zwei ersten Regierungsjahre Marschall Ion Antonescus, Bucureşti 1942, S. 33 f.
242 Ephraim Ophir, Was the Transnistria Rescue Plan achievable?, in: Holocaust and Genocide Studies, 6 (1991), H. 1, S. 9; Şiperco, Ecouri (wie Anm. 226), S. 311.
243 Zit. nach Traşcă/Deletant (Hrsg.), Al III-lea Reich (wie Anm. 159), Dok. 140, S. 618–623.
244 Zit. nach ebd., Dok. 143, S. 640.

im Austausch gegen Juden aus Transnistrien freiließen. Da in Rumänien die Emigration weiter vorbereitet wurde, ließ Ribbentrop mitteilen, dass die 5000 jüdischen Waisenkinder aus Transnistrien nicht nach Palästina, sondern nach Großbritannien ausreisen sollten. Staatssekretär Gustav Adolf von Steengracht wies den Gesandten in Bukarest an, Marschall Antonescu zu erläutern, dass dies aus Rücksicht auf die arabischen Verbündeten geschehe (Dok. 238, 11.2.1944).

Mit diesen Finten wollte Ribbentrop die Bemühungen des rumänischen Außenministers torpedieren, der mittels der Emigration von Juden den Westalliierten Rumäniens Bereitschaft zu einem Sonderfrieden signalisierte. Drei Monate lang verhinderten die Deutschen die Emigration, indem sie keine Garantie für die Sicherheit der bereitstehenden Schiffe erteilten. In Bukarest initiierte Gustav Richter im Januar 1944 die Verhaftung einer größeren Gruppe von Zionisten.[245] Unter ihnen waren auch die Vertreter der Jewish Agency, welche die Auswanderung nach Palästina vorbereiteten. Marschall Antonescu befürwortete im März 1944 den Transfer möglichst vieler Juden aus Transnistrien nach Palästina, weil er sie nicht in Rumänien aufnehmen wollte. Er befürchtete auch, dass andernfalls die Alliierten Rumänien bei einer zukünftigen Friedenskonferenz eine noch größere Zahl ermordeter Juden anlasten würden. SS-Einheiten hatten beim Rückzug im Dezember 1943 viele jüdische Zwangsarbeiter am Bug erschossen, darunter auch solche, die aus Czernowitz stammten.[246] In Bessarabien, aus dem sich die rumänische Verwaltung im März 1944 zurückzog, ermordete eine SS-Einheit ebenfalls Häftlinge.[247]

Trotz deutscher Drohungen verließen ab März 1944 mehrere Schiffe Rumänien. Avram L. Zissu, der die Organisation der Emigration leitete, ließ auch illegal zugewanderte Juden ausreisen, denn nach der deutschen Besetzung Ungarns flohen immer mehr der von Massendeportationen bedrohten Juden nach Rumänien. Anfang Mai 1944 befahl Marschall Antonescu zwar, dass illegale Grenzübertritte mit dem Tod bestraft werden sollten, doch nach Protesten aus den USA wies Mihai Antonescu die Grenzbehörden an, den Befehl nicht umzusetzen.[248] Während die Züge aus Ungarn nach Auschwitz fuhren, gelangten etwa 1500 ungarische Juden über Rumänien nach Palästina.[249]

Die Folgen des Umsturzes in Rumänien im August 1944

Die Alliierten forderten die bedingungslose Einstellung aller Kampfhandlungen, was angesichts der starken, in Rumänien stationierten Wehrmachtseinheiten sehr riskant war. Die Politiker der suspendierten Parteien (Nationalliberale, Bauernpartei, Sozialde-

245 Ottmar Trașcă, Atașatii de poliție SS din cadrul legației germane din București 1940–1944, in: Anuarul Institutului de Istorie, t. XLVI, Cluj 2007, S. 375 f.

246 Jagendorf's Foundry. A Memoir of the Romanian Holocaust 1941–1944, New York 1991, S. 156–158.

247 Dazu ein Überlebender des Massakers von Răbnița: Matei Gall, Finsternis. Durch Gefängnisse, KZ Wapniarka, Massaker und Kommunismus. Ein Lebenslauf in Rumänien 1920–1940, Konstanz 1999, S. 168–180; Tudor Petcu, Dialog între Tudor Petcu și Matei Gall, Bistrița 2009, S. 82–98.

248 Ofer, Escaping the Holocaust (wie Anm. 203), S. 326 f.; Șerbănescu (Hrsg.), 1943–1944 Bilanțul (wie Anm. 229), S. 456.

249 Randolph L. Braham, Rettungsaktionen: Mythos und Realität, in: Brigitte Mihok (Hrsg.), Ungarn und der Holocaust, Berlin 2005, S. 39; Zoltán Tibori Szabó, Frontiera dintre viață și moarte. Refugiul și salvarea evreilor la granița româno-maghiară 1940–1944, București 2005, S. 194.

mokraten und Kommunisten) besprachen sich insgeheim darüber seit Frühjahr 1944 mit General Constantin Sănătescu, dem militärischen Berater des Königs. US-Bomber erreichten seit April von italienischen Stützpunkten aus Bukarest, unter ihren Angriffen litt auch die Zivilbevölkerung stark. Nachdem die Rote Armee im April Bessarabien und die Nordbukowina besetzt hatte, erklärte der sowjetische Außenminister Molotov sie zu Teilen der Sowjetunion. Nun konnten die Rumänen nur noch darauf hoffen, Nordsiebenbürgen durch einen Frontwechsel zurückzugewinnen. Als die deutsch-rumänische Front in der Region Moldau zusammenbrach, drängte der Nationaldemokratische Block der Parteiführer am 23. August 1944 Ion Antonescu zum sofortigen Waffenstillstand.[250] In einer Audienz beim König lehnte er dies ab und wurde zusammen mit seinem Stellvertreter Mihai Antonescu verhaftet. Die neue von Sănătescu geführte Regierung bot der Wehrmacht freies Geleit an, doch Hitler ließ Bukarest bombardieren. Ende August erreichte die Rote Armee die Hauptstadt. Killinger erschoss sich, viele Angehörige der Gesandtschaft, wie etwa Gustav Richter, gerieten in sowjetische Gefangenschaft.

Die Zwangsarbeitslager für Juden wurden im September 1944 aufgelöst. Die von Filderman geführte Föderation Jüdischer Gemeinden verteilte ausländische Hilfslieferungen an die vielen verarmten Juden. Vom 5. März 1945 an regierte in Rumänien eine prokommunistische Koalitionsregierung, die alle antijüdischen Maßnahmen aufhob.

Beim Prozess gegen Ion Antonescu und Mihai Antonescu im Mai 1946 standen die Massenmorde an den Juden nicht im Mittelpunkt, sondern die von der rumänischen Armee verursachten Zerstörungen in der Sowjetunion. Die beiden Angeklagten wurden hingerichtet, während Kommissar Radu Lecca und Eugen Cristescu, der Chef des Geheimdienstes, zu lebenslänglicher Haft begnadigt wurden. Im Falle des Massakers in Jassy hatten die rumänischen Behörden noch während des Krieges die Spuren der eigenen Verantwortung zu verwischen versucht, indem sie Dokumente fälschten, die Rolle der Einsatzgruppe des Geheimdienstes SSI und des Büros 2 des Generalstabs verschwiegen, eine Rebellion der Juden konstruierten bzw. eine Einheit der Organisation Todt als Initiator der Erschießungen benannten.

Nach 1990 wurde in Rumänien Marschall Antonescu zeitweise als antikommunistischer Märtyrer öffentlich geehrt. Schrittweise setzte jedoch ein Umdenken ein. Hierfür waren auch die Ergebnisse der Arbeit der Internationalen Historikerkommission zum Holocaust in Rumänien maßgeblich, die die Verantwortung Antonescus für zahlreiche Kriegsverbrechen aufzeigten.[251] Das Gremium schätzte, dass bei den Deportationen aus Bessarabien und der Bukowina zwischen 150 000 und 180 000 Juden während des Transports oder in Transnistrien starben. Für diese Opfer war vor allem die rumänische Armee verantwortlich, an den Erschießungen der 115 000 bis 180 000 Juden aus Transnistrien war auch die Einsatzgruppe D beteiligt. Die genauen Zahlen lassen sich nicht ermitteln, weil unbekannt ist, wie viele Juden im Juni 1941 ins Innere der Sowjetunion fliehen konnten.

250 Dinu C. Giurescu, România în al doilea război mondial, București 1993, S. 224–228; Jurnalul Generalului Sănătescu, București 1993, S. 160–165.

251 Mariana Hausleitner, Die Auseinandersetzung mit dem Holocaust in Rumänien, in: Micha Brumlik/Karol Sauerland (Hrsg.), Umdeuten, verschweigen, erinnern. Die späte Aufarbeitung in Osteuropa, Frankfurt a. M. 2010, S. 71–89.

Auf dem Gebiet Altrumäniens starben bis Juni 1941 etwa 570 Juden bei den Pogromen von Dorohoi, Galatz und Bukarest. Ende Juni 1941 wurden in Jassy 14 850 Juden ermordet, und von den Deportierten aus Dorohoi, Bukarest und anderen Gegenden starben in Transnistrien mindestens 2000 Juden. Von den 25 000 aus dem rumänischen Altreich deportierten Roma kamen in Transnistrien etwa 11 000 um.[252] In der kommunistischen Ära wurde die Ermordung von 280 000 bis 380 000 Juden beschwiegen. Bessarabien und die Nordbukowina wurden nach dem Zweiten Weltkrieg Teile der Sowjetunion, seit 1991 der Moldaurepublik und der Ukraine. Einem wesentlich größeren Publikum bekannt war dagegen die Vernichtung der 132 000 Juden aus dem von Ungarn zwischen 1940 und 1945 besetzten Nordsiebenbürgen, weil Staatschef Ceauşescu im Zuge der Spannungen mit Ungarn über diese Verbrechen publizieren ließ.

Bulgarien

Jüdisches Leben in Bulgarien bis 1940

Die bulgarischen Juden waren mehrheitlich Nachkommen der iberischen Sephardim, die das Osmanische Reich nach ihrer Vertreibung aus Spanien und Portugal 1492/97 aufgenommen hatte. Während des Russisch-Türkischen Krieges 1877/78 kam es in einigen bulgarischen Städten im Zuge der Vertreibung der muslimischen Bevölkerung auch zu Ausschreitungen gegen Juden. Im Vorfrieden von San Stefano (1878) war weder eine Garantie für die bürgerlichen und politischen Rechte von Juden und anderen Minderheiten noch für ihre Glaubensfreiheit vereinbart worden. Erst durch den Berliner Vertrag (1878) verpflichteten die Großmächte die Balkanstaaten einschließlich Bulgariens zur Verankerung der rechtlichen Gleichstellung und des Schutzes von Minderheiten in ihren Verfassungen. 1880 wurden die Juden als Kultusgemeinschaft mit beschränkter Autonomie in religiösen, zivilrechtlichen und finanziellen Angelegenheiten anerkannt. Von 1920 an fungierte ein Zentralkonsistorium der Juden in Bulgarien, das sich aus Laien zusammensetzte, als offizielle Vertretung der jüdischen Gemeinschaft gegenüber dem bulgarischen Staat. Den eingeforderten Status einer nationalen Minderheit bekamen die Juden nicht zugesprochen.[253]

Im Jahr 1910 lebten knapp 40 200 Juden in Bulgarien, sie machten 0,92 Prozent der Gesamtbevölkerung aus. Als überwiegend städtische Bevölkerung hatten sie kaum Landbesitz. Sie bauten sich vor allem als kleine Ladenbesitzer und Handwerker eine bescheidene Existenz auf, einige gehörten als fliegende Händler zur sozialen Unterschicht. Die schmale jüdische Oberschicht setzte sich aus wenigen Kaufleuten, in der Zwischenkriegszeit zunehmend auch aus Akademikern in den freien Berufen und wenigen Industriellen zusam-

252 International Commission, Final Report (wie Anm. 156), S. 382.

253 Nathan Gelber, Jewish Life in Bulgaria, in: Jewish Social Studies, 8 (1946), S. 103–126; Vitka Toškova, Fragmenti ot istorijata na evreite v Bălgarija, Sofia 1995; Žoržeta Nazărska, Bălgarskata dăržava i nejnite malcinstva (1879–1885), Sofia 1999; Esther Benbassa/Aron Rodrigue, Die Geschichte der sephardischen Juden. Von Toledo bis Saloniki, Bochum 2005 (engl. Originalausgabe: The Jews of the Balkans. The Judeo-Spanish Community, 15th to 20th Centuries, Oxford 1995); David Koen, Evreite v Bălgarija: 1878–1949. Studii, Sofia 2008.

men. Trotz der zunehmenden sprachlichen Akkulturation traten Juden als Folge einer verdeckten Diskriminierung selten in der Politik und in bulgarischen Parteien hervor; nur wenige konnten hohe Posten in der Armee oder der Verwaltung besetzen. Ehen zwischen Juden und christlichen Bulgaren sowie Übertritte von Juden zum orthodoxen Christentum waren selten. Als Reaktion auf den weitgehenden Ausschluss aus dem öffentlichen Leben einerseits und auf der Suche nach einem Zusammenhalt zwischen sephardischer Mehrheit und aschkenasischer Minderheit andererseits verschrieb sich der überwiegende Teil der bulgarischen Juden bereits sehr früh dem Zionismus. Nach dem Ersten Weltkrieg übernahmen Zionisten die Führung zahlreicher Gemeinden und blieben bis 1940 die dominierende politische Kraft im jüdischen Leben.[254]

Anders als in Ostmitteleuropa kam dem Antisemitismus aber eine weniger zentrale Bedeutung bei der Nationsbildung zu. Vielmehr richteten sich die fremdenfeindlichen Ressentiments christlicher Bulgaren angesichts der Präsenz größerer Minderheiten wie der Türken und Griechen nicht primär gegen die Juden.[255] Dennoch gab es in der Geschichte des bulgarischen Nationalstaats vor 1940 durchaus Perioden intensiver Judenfeindschaft, auch wenn keine staatliche Politik dahinterstand.[256] Nach den Balkankriegen 1912/13 und dem Ersten Weltkrieg bildeten die Verbitterung über die militärischen Niederlagen, die wachsende Frustration über die bürgerlichen Parteien sowie die schwierige wirtschaftliche und soziale Situation einen idealen Nährboden für extremistische Gruppierungen unterschiedlicher Couleur, darunter auch zahlreiche rechtsextreme Splittergruppen. Auf ihr Konto ging seit den frühen 1930er-Jahren eine Reihe von Gewalttaten gegen Juden – von Entführungen bis hin zu Terrorakten gegen Synagogen. Trotz eindringlicher Appelle jüdischer Vertreter verhielten sich die Behörden eher indifferent, denn die Rechtsextremen besaßen Rückhalt im Verwaltungsapparat und genossen darüber hinaus die Unterstützung deutscher Stellen in Bulgarien.[257]

Schon bald machte die Regierung sich die Forderungen der Rechtsnationalen nach einer restriktiven Fremdenpolitik zu eigen, um sich stärkeren Rückhalt in nationalistischen Kreisen zu sichern. Im April 1939 wurde die Ein- und Durchreise von Juden aus anderen europäischen Staaten erschwert und die Ausweisung von ausländischen Staatsbürgern, die ihren ständigen Wohnsitz in Bulgarien hatten, eingeleitet (Dok. 276, 22.8.1939). Diese Maßnahmen, die keine Rechtsgrundlage besaßen, betrafen

254 Buko Piti, Istinana za položenieto na evreite v Bălgarija. Cifri i danni, Sofia 1938; Vicky Tamir, Bulgaria and Her Jews. The History of Dubious Symbiosis, New York 1979; Stefan Troebst, Antisemitismus im „Land ohne Antisemitismus“: Staat, Titularnation und jüdische Minderheit in Bulgarien 1878–1993, in: Südosteuropa Mitteilungen, 4 (1994), S. 187–201.

255 Zur Verfolgung der griechischen Minderheit siehe Avramov, Anchialo (wie Anm. 5).

256 Veselina Kulenska, „Die blödeste und kraftloseste Doktrin“: Die Antwort der bulgarischen Juden auf den Antisemitismus am Ende des 19. und Anfang des 20. Jahrhunderts, in: Ulrich Wyrwa (Hrsg.), Einspruch und Abwehr. Die Reaktion des europäischen Judentums auf die Entstehung des Antisemitismus (1879–1914), Frankfurt a. M. 2010, S. 281–295; Nikolaj Poppetrov, Bulgaria. A Country Devoid of Antisemitism? Historical Perspectives, in: Nadège Ragaru (Hrsg.), La Shoah en Europe Du Sud-Est: les Juifs en Bulgarie et dans les terres sous administration bulgare (1941–1944), Paris 2014, S. 52–63.

257 Bombings in Bulgaria: Attacks on Property Owned by Jews Are on the Increase, The New York Times vom 30.6.1937, S. 17; „Eine neue nationale Bewegung in Bulgarien“, in: Völkischer Beobachter vom 19.5.1938; Kommuniqué des Deutschen Nachrichtenbüros in Sofia „Wachsender Antisemitismus in Bulgarien“ vom 31.12.1938, BArch, R 4902/5664.

bis zu 4000 der rund 49 000 Juden, die in Bulgarien lebten.[258] Darin zeigte sich noch vor dem Bündnis mit dem Deutschen Reich eine sich schrittweise zum Schlechteren verändernde Einstellung gegenüber der jüdischen Minderheit.

Erst unter dem Eindruck des Attentats auf den rumänischen Ministerpräsidenten Armand Călinescu durch Mitglieder der Eisernen Garde erließ die bulgarische Regierung im September 1939 ein Verbot einheimischer rechtsextremer Gruppierungen.[259] Nur wenige Tage zuvor hatten Rechtsextremisten gewalttätige Ausschreitungen in Sofia und Plovdiv organisiert, bei denen zahlreiche jüdische Geschäfte verwüstet und mehrere Personen verletzt worden waren (Dok. 277, 19.9.1939). Doch schon im darauffolgenden Monat berief Ministerpräsident Georgi Kjoseivanov neben einer Reihe deutschfreundlicher Persönlichkeiten auch den Rechtsanwalt Petăr Gabrovski, ein frühes Gründungsmitglied der rechtsextremen und antisemitisch ausgerichteten Ratnici, in seinem neuen Kabinett zum Eisenbahnminister. Dieser Schritt, der einen klaren Rechtsruck bedeutete, sollte offenbar Wohlwollen gegenüber dem Deutschen Reich signalisieren.

Die Reaktionen der Juden auf den wachsenden Antisemitismus waren unterschiedlich. Die bulgarischen Zionisten unter der Führung von Albert Romano, einem Rechtsanwalt aus Plovdiv, hatten lange eine massenhafte Emigration nach Palästina abgelehnt, vor allem aufgrund der noch geringen Aufnahmekapazität des Territoriums und der nicht besonders starken Gefährdung des bulgarischen Judentums. Nun suchten sie nach Wegen, mehr Einwanderungsgenehmigungen, sogenannte Palästina-Zertifikate, für bulgarische Juden zu erwirken. Dagegen herrschte im Zentralkonsistorium, an dessen Spitze von 1935 an der Sofioter Kaufmann Josif Geron stand, die Meinung vor, dass die Auswanderung den antijüdischen Maßnahmen nur Vorschub leiste und Panik unter den Juden hervorrufen könne. Währenddessen versuchten jüdische Persönlichkeiten wie beispielsweise der Augenarzt Baruch Konfino, Schiffe für die illegale Einwanderung, die sogenannte Alija Bet, nach Palästina zu organisieren. Diesen privaten Unternehmungen standen Konsistorium und Zionistische Organisation zunächst skeptisch gegenüber, da die Schiffe alt und die Fahrt gefährlich war; außerdem lehnte die Jewish Agency die illegale Überfahrt ab (Dok. 281, 30.8.1940).[260]

Entrechtung, Ausgrenzung und Ausbeutung

Der sich seit 1939 abzeichnende Ausschluss der jüdischen Minderheit aus der bulgarischen Gesellschaft fand seine Fortsetzung in der Vorlage eines ersten antisemitischen Gesetzes im Herbst 1940. Der Entwurf des Gesetzes zum Schutz der Nation war im Som-

258 Die Angaben über die Anzahl der betroffenen Juden differieren. Bei Frederick B. Chary, The Bulgarian Jews and the Final Solution, 1940–1944, Pittsburgh 1972, S. 35, findet sich die Zahl von 4000 ausgewiesenen Juden. In einer Statistik der Polizeidirektion vom Januar 1939 werden nur 2164 ausländische Juden angeführt; CDA, 370K/6/928.

259 „Bulgaria Bans Nazi Parties", The New York Times vom 28.9.1939, S. 1.

260 Dalia Ofer, Escaping the Holocaust (wie Anm. 203); Shlomo Shealtiel, The Policy of the Jewish Community Leadership in Face of Bulgaria's Changing Reality, 1939–1941, in: Minna Rozen (Hrsg.), The Last Ottoman Century and Beyond: The Jews in the Balkans 1808–1945, Bd. 2, Tel Aviv 2002, S. 219–238; [Šlomo Šealtiel], Ot Rodina kăm Otečestvo. Emigracija i ilegalna imigracija ot i prez Bălgaria v perioda 1939–1949, Sofia 2008.

mer 1940 im Innenministerium gefertigt worden. Der seit Februar 1940 amtierende Ministerpräsident Bogdan Filov, der Georgi Kjoseivanov abgelöst hatte, ernannte den rechtsnationalen Petăr Gabrovski zum Innenminister. Dieser holte den Antisemiten Aleksandăr Belev, einen Rechtsanwalt aus der führenden Riege der antisemitischen Ratnici, ins Ministerium und beauftragte ihn mit der Ausarbeitung eines antijüdischen Gesetzes. Eine direkte Einflussnahme des Deutschen Reichs lässt sich hierbei nicht nachweisen. Es handelte sich vielmehr um politisches und ökonomisches Kalkül, denn nach der Niederlage Frankreichs im Juni 1940 und angesichts der deutschen Hegemonie auf dem Kontinent setzte die bulgarische Führung auf deutsche Unterstützung für die Steigerung des Außenhandels, aber auch für ihre Expansionspläne – eine Politik, die bereits im September 1940 erste Erfolge erzielte, als Rumänien die Süddobrudscha an Bulgarien abtreten musste. Die weitgehende Entrechtung der jüdischen Minderheit und die damit einhergehende Kritik aus dem Ausland sowie innere Widerstände nahm die bulgarische Führung dabei in Kauf.[261]

Tatsächlich gelang es jüdischen Vertretern, vor allem innerhalb regimekritischer Kreise und im Klerus erheblichen Protest gegen die Verabschiedung des Gesetzes zu mobilisieren.[262] Für das Gros der Betroffenen war das indes kein Trost. Bis zur Verabschiedung des Gesetzes Ende Dezember 1940 ließen sich zahlreiche Juden taufen, in der Hoffnung, den diskriminierenden Maßnahmen dadurch zu entkommen (Dok. 284, 23.11.1940). Das Bulletin des Zentralkonsistoriums mahnte: „Menschen, die sich in diesen für das Judentum so tragischen Tagen von ihren Brüdern lossagen, werden das Herz der wahren Christen kaum für sich einnehmen."[263] Auch die Auswanderungsbemühungen stiegen dramatisch an. Internationaler Protest gegen das geplante Gesetz regte sich, als am 12. Dezember 1940 ein seeuntaugliches Segelboot bei einem Sturm im Marmarameer unterging und an die 200 jüdische Flüchtlinge aus Bulgarien ertranken (Dok. 285, 23.12.1940).[264]

Noch im Januar 1941 trat das von der Nationalversammlung abgestimmte und von Zar Boris abgesegnete Gesetz zum Schutz der Nation in Kraft (Dok. 286, 23.1.1941), mithin zu einer Zeit, als Bulgarien noch nicht dem Dreimächtepakt beigetreten war. Zu den wichtigsten Bestimmungen des Gesetzes gehörten neben dem Verbot, Ehen mit

261 Larisa Dubova/Georgij Černjavskij, Opyt bedy i vyživenija: Sud'ba evreev Bolgarii v gody Vtoroj mirovoj vojny, Sofia 2007; Jens Hoppe, Juden als Feinde Bulgariens? Zur Politik gegenüber den bulgarischen Juden in der Zwischenkriegszeit, in: Dittmar Dahlmann/Anke Hilbrenner (Hrsg.), Zwischen großen Erwartungen und bösem Erwachen. Juden, Politik und Antisemitismus in Ost- und Südosteuropa 1918–1945, Paderborn 2007, S. 217–251.

262 Hans-Joachim Hoppe, Bulgarien, in: Wolfgang Benz (Hrsg.), Dimension des Völkermords. Die Zahl der jüdischen Opfer des Nationalsozialismus, München 1996, S. 274–310; Jan Rychlík, Zweierlei Politik gegenüber der Minderheit: Verfolgung und Rettung bulgarischer Juden 1940–1944, in: Wolfgang Benz/Juliane Wetzel (Hrsg.), Solidarität und Hilfe für Juden während der NS-Zeit, Bd. 7, Berlin 2004, S. 61–98; David Koen/Todor Dobrijanov/Rajna Manafova (Hrsg.), Borbata na bălgarskija narod za zaštita i spasjavane na evreite v Bălgarija prez Vtorata svetovna vojna, Sofia 1978; David Koen (Hrsg.), Oceljavaneto. Sbornik ot dokumenti 1940–1944, Sofia 1995; Vitka Toškova/Marija Koleva/David Koen (Hrsg.), Obrečeni i spaseni. Bălgarija v antisemitskata politika na Tretija Rajch, Sofia 2007.

263 B[ernard] R[ozenfeld], Na pogrešen păt, in: Bjuletin na Centralnata konsistorija na evreite v Bălgarija, Nr. 18 vom 10.1.1941, S. 1 f.

264 „200 Refugees Die in Wreck in Gale", The New York Times vom 13.12.1940, S. 4.

nichtjüdischen Bulgaren einzugehen, der Ausschluss aus bestimmten Wirtschaftszweigen und dem öffentlichen Dienst, eine Reduzierung des jüdischen Anteils an den freien und unternehmerischen Berufen, ein allgemeines Reiseverbot sowie die Möglichkeit, Juden einen neuen Wohnsitz zuzuweisen. Konvertierte wurden nur dann von den diskriminierenden Maßnahmen ausgenommen, wenn sie mit einem christlichen Bulgaren verheiratet bzw. noch vor dem Bekanntwerden des Gesetzes getauft worden waren. Kriegsfreiwilligen, Veteranen mit Auszeichnung sowie Kriegsversehrten und -waisen wurden gewisse Erleichterungen gewährt. Das Gesetz zum Schutz der Nation bildete die Grundlage für alle weiteren Maßnahmen gegen die Juden. Planung und Durchführung lagen beim Innenministerium, wo eine entsprechende Abteilung eingerichtet wurde.

Im Jahr 1941 verhängten die bulgarischen Behörden eine Reihe weiterer Maßnahmen, die auf die soziale Isolation sowie auf die wirtschaftliche Ausbeutung der jüdischen Bevölkerung zielten und nach dem deutschen Überfall auf die Sowjetunion intensiviert wurden (Dok. 288, 26.6.1941). Bereits im Juli 1941 belegte ein neues Gesetz Juden mit einer außerordentlichen Abgabe, die 20 bis 25 Prozent ihres Vermögens umfasste (Dok. 289, 7.7.1941).[265] Für die Mehrheit der jüdischen Bevölkerung, die arm war oder in bescheidenem Wohlstand lebte, bedeutete die Abgabe den wirtschaftlichen Ruin. Die staatlichen Einnahmen aus der Steuer betrugen im Jahr 1941 insgesamt 574,8 Mio. Lewa, was 6,6 Prozent der gesamten Steuereinnahmen ausmachte. Ziel der Maßnahmen war es, die jüdischen Unternehmer in den Bankrott zu treiben, um den Verkauf ihrer Betriebe weit unter Wert zu erzwingen.[266] Im Februar 1942 erfolgte mit dem sogenannten Gesetz gegen die Spekulation mit Immobilien die Enteignung jüdischen Eigentums, das nicht unmittelbaren Wohn- und Geschäftszwecken diente.[267] Ähnlich wie andere ost- und südosteuropäische Verbündete des Deutschen Reiches konnte Bulgarien in bestimmten Bereichen jedoch nicht auf jüdische Spezialisten verzichten. Dazu zählten Ärzte, Apotheker, Ingenieure sowie Inhaber von Unternehmen, die das Militär mit kriegswichtigen Gütern wie Kautschuk belieferten. Für Letztere erwirkte das Kriegsministerium im März 1941 eine Ausnahmeregelung, die die Liquidierung solcher Firmen bzw. ihren Übergang in die Hand nichtjüdischer Bulgaren verhinderte.[268]

Mit der Ausplünderung des jüdischen Vermögens ging die Ausbeutung der jüdischen Arbeitskraft einher. Dem Gesetz zum Schutz der Nation zufolge durften jüdische Männer keinen Wehr- oder Reservedienst in den Streitkräften mehr leisten, sondern sollten in Arbeitstrupps zusammengefasst und zu Bauarbeiten herangezogen werden (Dok. 287, 5.3.1941). Diese Maßnahme galt auch für Angehörige anderer Minderheiten, beispielsweise für Türken. Da Bulgarien im November 1940 ein Abkommen mit der Organisation Todt über den Ausbau der Hauptverbindungsstraßen geschlossen hatte, erhielt das Reich die Möglichkeit, auf die Gestaltung des jüdischen Arbeitsdienstes einzuwirken.[269] Der vorma-

265 Dăržaven vestnik, Nr. 151 vom 14.7.1941; Nr. 157 vom 21.7.1941; Nr. 142 vom 2.7.1942. Mit diesem Gesetz wurden alle antijüdischen Maßnahmen mit sofortiger Wirkung auch auf die etwa 13 000 Juden in den besetzten Gebieten ausgeweitet.

266 Rumen Avramov, „Spasenie“ i padenie. Mikroikonomika na dăržavnija antisemitizăm v Bălgarija 1940–1944 g., Sofia 2012.

267 Dăržaven vestnik, Nr. 32 vom 13.2.1942. Die betroffenen Immobilien wurden unter staatliche Kontrolle gestellt und zu einem festgesetzten Preis zwangsveräußert.

268 Bericht der Direktion für zivile Mobilmachung vom April 1941, DVIA, 42V/1/12, Bl. 76 f.

269 Hoppe, Juden (wie Anm. 261), S. 235 f.

lige Polizeipräsident von Frankfurt am Main und neue deutsche Gesandte in Sofia, Adolf-Heinz Beckerle, übermittelte im Juli 1941 dem bulgarischen Außenministerium eine Protestnote des Reichsarbeitsdienstes, woraufhin das Regime der jüdischen Arbeitskolonnen deutlich verschärft wurde (Dok. 291, 31.7.1941). Nun sollten jüdische Männer unter der Aufsicht des Ministeriums für Städtebau zu besonders schweren Arbeiten wie dem Bau von Straßen, Eisenbahnstrecken und Brücken sowie der Trockenlegung von Sümpfen herangezogen oder in Steinbrüchen und Gruben eingesetzt werden. Sie durften fortan keine Dienstuniform mehr tragen und sollten besonders gekennzeichnet werden, was die Betroffenen als schwere Demütigung empfanden.[270] Die teils mobilen Arbeitslager für jüdische Zwangsarbeiter bestanden bis zur Abschaffung der antijüdischen Gesetze im September 1944. In diesen Lagern wurden bis zu 12 000 jüdische Männer im Alter von 20 bis 47 Jahren eingesperrt, die vom Frühling bis zum Winteranbruch harte körperliche Arbeit leisten mussten und dadurch für ihre Familien als Ernährer ausfielen. „Ich habe wie ein Sklave geschuftet […]. Ohne jegliches Gerät mussten wir Straßen bauen. Man stellte uns keine Ausrüstung zur Verfügung, obwohl sie eigentlich vorhanden gewesen wäre", erinnerte sich später der Zwangsarbeiter Isidor Toliko.[271] Die Lebensbedingungen in den Lagern waren hart, obwohl die Sterblichkeit insgesamt niedrig blieb und die meisten Todesfälle durch Arbeitsunfälle verursacht wurden. Vielfach entschieden persönliche Einstellung und Willkür der Lagervorgesetzten über die Geschicke der Zwangsarbeiter. Sie wurden in Zelten und Baracken untergebracht, Sanitäreinrichtungen und medizinische Versorgung fehlten zumeist, die Ernährung war dürftig. In den meisten Lagern gehörten Krankheiten, Schikanen, Drohungen, Prügel und harte Strafen zum Alltag.[272]

Nach dem Beitritt Bulgariens zum Dreimächtepakt im März 1941 und dem darauffolgenden Beginn einer Expansionspolitik, die vor allem auf die Annexion griechischer und jugoslawischer Gebiete abzielte, übten nur noch wenige oppositionelle Abgeordnete und Teile des höheren Klerus offen Kritik an den Maßnahmen gegen die Juden. Stellvertretend für sie mahnte der oppositionelle Politiker Nikola Mušanov, ein Vertreter des alten bürgerlich-demokratischen Lagers: „Hauptmotiv dieser Maßnahmen ist der Hass gegen die jüdische Rasse. Ich glaube nicht, dass diese Gesetzesmaßnahmen, die sich nicht aus dem Prinzip der Gerechtigkeit herleiten, Bestand für die Zukunft haben. […] Beständig sind dagegen Gerechtigkeit, Toleranz und Menschlichkeit, und sie werden obsiegen."[273] Die Bulgarisch-Orthodoxe Kirche kritisierte wiederum ebenso den rassistischen Charakter des Gesetzes wie das Verbot der Taufe von Juden und der „Mischehen".[274] Viele Bulgaren standen aber entweder hinter der Politik der

270 Protestbrief von Avram Tadžer an den Generalstabschef vom 1.10.1942, DVIA, 23/1/706, Bl. 739.

271 Zit. nach Dubova/Černjavskij, Opyt (wie Anm. 261), S. 149.

272 Jens Hoppe, Zwangsarbeit von Juden in Bulgarien während des Zweiten Weltkriegs. Die jüdischen Arbeitsbataillone 1941–1944, in: Südost-Forschungen, 63/64 (2004/2005), S. 311–338; Ana Luleva, Die Zwangsarbeit in Bulgarien 1941–1944. Auf den Spuren der Erinnerung, in: Alexander von Plato/Almut Leh/Christoph Thonfeld (Hrsg.), Hitlers Sklaven. Lebensgeschichtliche Analysen zur Zwangsarbeit im internationalen Vergleich, Wien u. a. 2008, S. 171–183; Ana Luleva/Evgenia Troeva/Petar Petrov, Zwangsarbeit in Bulgarien (1941–1962). Erinnerungen von Zeitzeugen, Sofia 2012, S. 39–54.

273 Zit. nach Toškova/Koleva/Koen (Hrsg.), Obrečeni (wie Anm. 262), S. 255.

274 Albena Taneva/Ivanka Gezenko (Hrsg.), The Power of Civil Society in a Time of Genocide: Proceedings of the Holy Synod of the Bulgarian Orthodox Church on the Rescue of the Jews in Bulgaria 1940–1944, Sofia 2005.

Regierung, die durch ihre Anlehnung an das Deutsche Reich die ersehnte territoriale Expansion herbeigeführt hatte, oder blieben angesichts der weiteren Entrechtung der Juden eher gleichgültig. Auch eröffnete das Versprechen einer Verteilung des jüdischen Vermögens an Christen Möglichkeiten, sich der jüdischen Konkurrenz zu entledigen oder sich zu bereichern. Es gab zwar durchaus Fälle von Solidarität, etwa wenn Bulgaren einem jüdischen Geschäftspartner durch einen Scheinkauf zum Erhalt der Firma verhalfen.[275] Entschlossener Protest gegen die Verfolgung der Juden, wie er sich bei der Verkündung des Gesetzes zum Schutz der Nation teilweise angekündigt hatte oder der sich in konkreten Aktionen geäußert hätte, blieb jedoch aus.

Die jüdische Bevölkerung war nun weitgehend auf sich allein gestellt. Das Zentralkonsistorium setzte unter seinem langjährigen Vorsitzenden Josif Geron seine bisherige Politik der Kooperation mit den bulgarischen Behörden in der Hoffnung fort, dadurch Ruhe und Ordnung zu erhalten und Erleichterungen für die jüdische Gemeinschaft zu erwirken. Die Behörden ihrerseits machten die Vertreter der Juden für die Umsetzung der Anordnungen verantwortlich. Zu Protesten von dieser Seite kam es nur, wenn die Maßnahmen das durch das Gesetz vorgesehene Maß überschritten (Dok. 290, 10.7.1941). Nach innen war das Konsistorium bemüht, der wachsenden Armut und Arbeitslosigkeit zu begegnen, indem es die Wohltätigkeit der jüdischen Gemeinden bündelte, Bedürftige unter ihnen finanziell unterstützte, Umschulungskurse organisierte und Armenküchen initiierte.[276] Auch bemühten sich die jüdischen Vertreter darum, die Jugend davon abzuhalten, sich dem kommunistischen Untergrund anzuschließen, um die Behörden nicht weiter zu provozieren. Wenngleich die jüdische Jugend noch nicht massenhaft Widerstandsgruppen beigetreten war, gab es doch einzelne Juden, die diesen Weg schon früh einschlugen. Eine der ersten Widerstandsaktionen in Bulgarien war der Anschlag des jüdischen Kommunisten Leon Tadžer, der im Oktober 1941 in Ruse ein von den Deutschen bewachtes Erdöllager in Brand steckte und dabei einen Wachposten erstach (Dok. 292, 15.11.1941).[277] Nach März 1941 war eine Auswanderung nach Palästina nur auf dem Landweg über die Türkei möglich und den Inhabern eines Palästina-Zertifikats vorbehalten. Da die Anzahl der Zertifikate begrenzt blieb und über ihre Verteilung Konflikte zwischen den zionistischen Gruppierungen entbrannten, stand dieser Rettungsweg in der Praxis nur wenigen bulgarischen Juden offen.[278]

275 Avramov, „Spasenie" (wie Anm. 266), S. 107; Bernard Rozenberg, Iztrăgnati i posadeni. Bălgarija – Izrael: život na četiri pokolenija (1875–1948), Sofia 1997, S. 73, 79; siehe auch Iva Arakchiyska, Kann ein Mensch dabei untätig bleiben? Hilfe für verfolgte Juden in Bulgarien 1940–1944, Berlin 2016.

276 Rundbriefe des Zentralkonsistoriums der Juden in Bulgarien, 1938–1942, CDA, 1498K/1/2; zu den Bemühungen um die Juden in den besetzten Gebieten siehe Nadja Danova/Rumen Avramov (Hrsg.), Deportiraneto na evreite ot Vardarska Makedonija, Belomorska Trakija i Pirot, mart 1943 g., Bd. 1, Sofia 2013, Dok. 4, 8, 11, S. 131, 138 f., 144 f.

277 Jüdischen Zeitzeugen zufolge forderten deutsche Stellen eine Vergeltungsaktion nach dem Attentat; Haim Keshales, Tkufat ha-mishtar ha-fashisti 1940–1944, Encyclopedia of the Jewish Diaspora, Bd. 10, Jerusalem/Tel Aviv 1967, S. 769–890, hier S. 807 f.; siehe auch Tagebuch Beckerle, Eintrag vom 3.11.1941; PAAA, Nachlass Beckerle, Bd. 1. Allgemein zum Widerstand siehe Nikolaj Poppetrov, Bulgarien: Die Widerstandsbewegung 1941–1944, in: Gerd R. Ueberschär (Hrsg.), Handbuch zum Widerstand gegen Nationalsozialismus und Faschismus in Europa 1933/39 bis 1945, Berlin 2011, S. 51–58.

278 Šealtiel, Ot Rodina (wie Anm. 260), S. 216–224.

Seit Winter 1941/42 zeigte sich in der antijüdischen Regierungspolitik eine stärkere Orientierung an deutschen Verhältnissen. Bei einem Treffen mit Ribbentrop im Dezember 1941 beklagte der bulgarische Außenminister Ivan Popov Schwierigkeiten bei der Durchführung der antijüdischen Maßnahmen gegenüber fremden Juden und fragte nach einem Weg, die antisemitische Gesetzgebung zwischen den Verbündeten zu vereinheitlichen.[279] Zeitgleich schickte Innenminister Gabrovski seinen Mitarbeiter Belev nach Berlin, um sich mit der deutschen Judengesetzgebung vertraut zu machen und Anregungen zu sammeln.[280]

Die Radikalisierung der Politik machte sich gegenüber anderen Gruppen ebenfalls bemerkbar. So erweiterte das Innenministerium die Verfolgung auch auf andere Minderheiten, namentlich auf die Roma, und initiierte eine gewaltsame Assimilierungskampagne gegen die Pomaken, eine in dem Balkanstaat ansässige Ethnie bulgarischsprachiger Muslime. Im thrazischen Xanthi prüften die bulgarischen Polizeibehörden die Möglichkeit, ein Lager für politische Häftlinge in ein Konzentrationslager mit Krematorium nach deutschem Vorbild umzuwandeln.[281] Widerstand von Griechen in der Gegend von Drama schlugen die bulgarischen Besatzungsbehörden gewaltsam nieder, was einige Tausend zivile Opfer kostete. In dieser Zeit erreichten die ersten Nachrichten über Massenmorde an sowjetischen Kriegsgefangenen und Juden die bulgarische Öffentlichkeit. In einem Vortrag vor Abgeordneten der Regierungsmehrheit im November 1941 erzählte der Journalist und Abgeordnete Todor Kožucharov, ein Vertreter des rechten Lagers, der auf deutsche Einladung hin mit einer Pressedelegation das Generalgouvernement und Weißrussland bereist hatte, von „Massenmorden an Juden" und hielt sogar ihre „vollständige Vernichtung" in der Sowjetunion im Laufe des Kriegs für sehr wahrscheinlich.[282]

Von der Verfolgung zur Deportation

Die Wannsee-Konferenz am 20. Januar 1942 sah im Hinblick auf Bulgarien die Deportation von 48 000 Juden vor.[283] Sonst fand Bulgarien im Gegensatz zu Kroatien, Rumänien, der Slowakei und Ungarn keine Erwähnung im Protokoll. Offenbar rechneten Heydrich und Eichmann mit keinen besonderen Schwierigkeiten in Sofia. In der Tat erfolgte die Initiative zur Verschärfung der antijüdischen Maßnahmen zunächst von bulgarischer Seite. Der entscheidende Wendepunkt in der Verfolgung vollzog sich im Frühsommer 1942, als bulgarische Stellen erste Pläne für die Deportation der jüdischen Bevölkerung entwickelten. Nur wenige Tage nachdem der Ministerrat Juden in den besetzten Gebieten

279 Aufzeichnung des Gesandten von Rintelen vom 27.11.1941, in: ADAP, Serie D (wie Anm. 18), Bd. 13, 2, Dok. 504, S. 686–689.

280 Dubova/Černjavskij, Opyt (wie Anm. 261), S. 163.

281 Siehe bulgarische Übersetzung eines Berichts von SS-Untersturmführer Landau vom 27.9.1941 an das SS-Hauptamt Haushalt und Bauten; AMVR, 2K/1/2206, Bl. 95–97; zu den Maßnahmen, die das Innenministerium gegenüber den Roma und anderen Minderheiten plante; siehe CDA, 190K/3/114.

282 Vasil Mitakov, Dnevnik na pravosădnija ministăr v pravitelstvata na Georgi Kjoseivanovi Bogdan Filov, bearb. von Penčo Dalev/Stojan Aršinkov, Sofia 2001, S. 553–555.

283 Diese Zahl berücksichtigte die etwa 13 000 Juden in den bulgarisch besetzten Gebieten nicht. Tatsächlich waren diese Juden auch in den für Serbien und Griechenland vorgesehenen Zahlen nicht inbegriffen.

die Möglichkeit entzogen hatte, bulgarische Staatsbürger zu werden (Dok. 294, 11.6.1942),[284] legte er den Entwurf eines sogenannten Bevollmächtigungsgesetzes vor. Das Gesetz ermächtigte das Kabinett, antijüdische Maßnahmen künftig unter Umgehung des Parlaments zu verfügen (Dok. 296, 26.6.1942). Nach außen bereitete eine Pressekampagne die öffentliche Meinung auf die Verschärfung der Judenpolitik vor. Wie ein Bericht von Aleksandăr Belev an Innenminister Gabrovski belegt, dachte die bulgarische Führung konkret an eine „radikale Lösung der Judenfrage" durch „Aussiedlung der Juden und gleichzeitige Konfiszierung ihres Vermögens". Die Möglichkeit einer „Aussiedlung" würde laut Belev entweder nach dem Krieg gegeben sein oder, wenn Deutschland die bulgarischen Juden in das Generalgouvernement oder in die besetzten Gebiete der Sowjetunion aufnehmen würde (Dok. 298, Sommer 1942). Der Bericht enthielt umfassende Vorschläge, wie die jüdische Minderheit für die Deportation vorbereitet werden sollte. Sie flossen in eine neue Verordnung ein, die das Kabinett am 26. August 1942 auf der Grundlage des Bevollmächtigungsgesetzes beschloss.[285] Die Definition, wer als Jude im Sinne des Gesetzes zu gelten hatte, wurde durch die Abschaffung der Ausnahmen für Konvertierte verschärft. Auch führte die Verordnung eine Kennzeichnungspflicht für Personen, Wohnungen, Unternehmen und ihre Erzeugnisse ein. Damit wurden die Grundlagen für einen kompletten Ausschluss der Juden aus der Wirtschaft ebenso geschaffen wie für ihre mögliche Einweisung in bestimmte Wohnviertel und die „Aussiedlung" der jüdischen Bevölkerung Sofias „in die Provinz oder außerhalb des Königreichs". Die Verordnung sah die Gründung eines dem Innenministerium angegliederten Kommissariats für Judenfragen mit weitgehenden Vollmachten vor, das künftig sämtliche Maßnahmen gegen Juden durchführen sollte. Das Zentralkonsistorium und die ihm unterstehenden jüdischen Gemeinden wurden der unmittelbaren Kontrolle des Kommissariats unterworfen. Das Budget der Behörde setzte sich zusammen aus einer Zwangsabgabe von jüdischen Sperrkonten und aus Gebühren, die die jüdischen Gemeinden für kultische Handlungen erhoben. Am 3. September 1942 ernannte das Kabinett Aleksandăr Belev zum Judenkommissar.

Nun griffen auch deutsche Stellen aktiv in die Verfolgung der bulgarischen Juden ein. Im Juni 1942 ließ Unterstaatssekretär Martin Luther anfragen, ob Sofia der Deportation der im Deutschen Reich und im Protektorat lebenden bulgarischen Juden zustimmen würde. Schon wenig später kam es zu einem entsprechenden Notenaustausch mit dem bulgarischen Außenministerium (Dok. 297, 6.7.1942). Die Folge war, dass allein aus Frankreich mindestens 140 bulgarische Juden nach Auschwitz deportiert und dort ermordet wurden.[286] Das Reichssicherheitshauptamt hielt nun den Augenblick für günstig, auch die Deportation der bulgarischen Juden aus dem Land anzusprechen, und in-

284 Björn Opfer, Im Schatten des Krieges. Besatzung oder Anschluss, Befreiung oder Unterdrückung? Eine komparative Untersuchung über die bulgarische Herrschaft in Vardar-Makedonien 1915–1918 und 1941–1944, Münster 2005, S. 260–283.

285 Dăržaven vestnik, Nr. 192 vom 29.8.1942; deutsche Fassung in: „Der Wortlaut der bulgarischen Judengesetze und -verordnungen", in: Nachrichten für den Außenhandel vom 27.10.1942.

286 Schnellbrief des Reichsinnenministers an die Staatspolizeistellen in Wien, Prag, Metz, Straßburg, Veldes, Marburg und Luxemburg vom 4.9.1942, PAAA, R 100 863, Bl. 66. Die Gesamtzahl der daraufhin von deutschen Stellen deportierten bulgarischen Juden ist nicht bekannt. Zu Frankreich siehe Schreiben des bulgarischen Gesandtschaftsrats in Paris an das bulgarische Außenministerium vom 25.9.1942; CDA, 176K/8/1151, Bl. 31; Juliane Wetzel, Frankreich und Belgien, in: Benz (Hrsg.), Dimension (wie Anm. 262), S. 105–135, hier S. 134.

tervenierte deshalb beim Auswärtigen Amt. Für Ribbentrop hatte Bulgarien jedoch keine Priorität, und er riet im September 1942 dazu, noch abzuwarten.[287] Doch bereits einen Monat später änderte er seine Haltung und ließ die deutsche Bereitschaft übermitteln, die bulgarischen Juden zusammen mit den rumänischen gegen eine Zahlung von 250 Reichsmark pro Kopf „übernehmen" zu wollen. Nun formulierte auch Kommissar Belev in einem Memorandum an Innenminister Gabrovski die „etappenweise Deportation" als nächsten notwendigen Schritt der „Judenpolitik": Zuerst müssten die Juden aus den von Bulgarien besetzten Gebieten deportiert werden, dann aus Sofia und Plovdiv und schließlich alle anderen bulgarischen Juden (Dok. 302, 30.10.1942). Am 12. November 1942 stimmte das bulgarische Außenministerium nach Diskussionen im Ministerrat dem deutschen Angebot zu, behielt sich jedoch vor, Juden, die für die Wirtschaft wichtig waren oder als billige Arbeitskräfte eingesetzt werden konnten, im Land zu belassen. (Dok. 303, 10.11.1942). Ministerpräsident Filov forderte zudem – auf ausdrücklichen Wunsch des Deutschen Reiches – die Entsendung eines deutschen Beraters für die Vorbereitung und Durchführung der Deportation.[288]

Parallel zu den diplomatischen Verhandlungen setzte das Kommissariat für Judenfragen die neuen Maßnahmen mit Nachdruck durch. Ein Schwerpunkt seiner Tätigkeit lag auf der „Bulgarisierung"[289] bzw. Schließung jüdischer Unternehmen, ein anderer auf der Registrierung der jüdischen Bevölkerung und ihres Vermögens. Die Juden durften fortan nur über eine minimale monatliche Summe frei verfügen, alle Gelder und Wertgegenstände mussten sie auf Sperrkonten deponieren. Konnten sich jüdische Unternehmer bisher unter bestimmten Bedingungen für die „freiwillige Bulgarisierung" entscheiden, bei der sie ihren Betrieb einem Anwärter zu einem festgesetzten Kaufpreis überschrieben, so wurde ihnen jetzt durch die Einführung verpflichtender Zwangsversteigerungen selbst diese Möglichkeit genommen. Bis zur endgültigen Abwicklung übertrug das Kommissariat die Führung des Unternehmens einem eigens eingesetzten Treuhänder. Ab einer bestimmten Betriebsgröße behielt sich der Ministerrat das Recht vor, die abschließende Entscheidung darüber zu treffen, ob das Unternehmen verstaatlicht, einem privaten Anwärter übertragen oder aufgelöst werden sollte.[290] Weitere Maßnahmen dienten der sozialen Ausgrenzung der Juden. In Sofia wurde die jüdische Bevölkerung zunehmend im Armenviertel Juč Bunar konzentriert. Arbeitslose Juden mussten die Hauptstadt verlassen und in die Provinz umziehen. In vielen Orten wurden Juden durch die Einführung einer Polizeistunde, restriktive Einkaufszeiten und das Verbot, bestimmte Plätze und Lokale zu besuchen, weitgehend aus dem öffentlichen Raum verdrängt.[291]

Rechtsextreme Kreise, die das Regime aufgrund von ideologischen Differenzen zunehmend auf Distanz hielt, warfen der Regierung und dem Monarchen allerdings vor, die neuen Maßnahmen nicht konsequent umzusetzen und den Juden Erleichterungen zu

287 Luther an Ribbentrop am 11.9.1942 sowie Luther an Rademacher am 15.9.1942, PAAA, R100 863, Bl. 63–65, 67.

288 Beckerle an AA am 16.12.1942, PAAA, R 100 863, Bl. 80.

289 Als Synonym hierfür war auch der der deutschen Praxis entlehnte Begriff der „Arisierung" in Gebrauch.

290 Dabei sicherte sich der bulgarische Staat einen bedeutenden Anteil an den „Bulgarisierungen"; Avramov, „Spasenie" (wie Anm. 266), S. 104, 143–149.

291 Chary, Jews (wie Anm. 258), S. 58–61; Hoppe, Bulgarien (wie Anm. 262), S. 282; Rychlík, Politik (wie Anm. 262), S. 78.

verschaffen. Dies wiederum führte zu einer Intervention des Reichssicherheitshauptamts, dem ein Bericht über die vermeintlich lasche Handhabung der Kennzeichnung der Juden aus bulgarischer Feder vorlag.[292] Angeblich hielten sich viele Juden nicht an die Anordnung oder trugen angesichts von Sympathiebekundungen aus der Bevölkerung das Kennzeichen mit Stolz und zusammen mit Bildern der Zarenfamilie. Dieses „arrogante Verhalten" führte der Informant auf die indifferente Haltung der Bulgaren und vermeintliche Beziehungen der Juden zum Zarenhof zurück. Davon, dass einige Bulgaren der jüdischen Bevölkerung angesichts der Kennzeichnung Sympathie entgegenbrachten, berichtete in ihren Erinnerungen auch die deutsche Jüdin Marie Jalowicz, die im Herbst 1942 mehrere Wochen in Bulgarien verbrachte. Tatsächlich sorgte die Kennzeichnung für einige Proteste. Die führenden Bischöfe der Bulgarisch-Orthodoxen Kirche, jüdische Kriegsveteranen und 20 Bulgarinnen, die mit Juden verheiratet waren, intervenierten beim Zaren und der Regierung wiederholt dagegen, konnten aber keine Erleichterungen erwirken. Auch die Gesandtschaften von Italien, Ungarn und Rumänien erhoben Einspruch gegen die Kennzeichnung von Juden, die ihre Staatsbürger waren.[293]

Dennoch konnte das Kommissariat für Judenfragen die Kennzeichnung bis Ende 1942 weitgehend durchsetzen.[294] Auch der deutsche Gesandte Beckerle, der in den Verhandlungen zwischen dem bulgarischen Außenministerium und dem Auswärtigen Amt vermittelte, suchte die Zweifel des Reichssicherheitshauptamts zu zerstreuen, indem er die Kritik an der bulgarischen Führung als unglaubwürdig zurückwies und zugleich die scheinbar widersprüchliche Haltung der Bulgaren erklärte. Bei der Umsetzung der Bestimmungen, so Beckerle, hätten die bulgarischen Behörden insbesondere die Ausschaltung der Juden aus der Wirtschaft mit aller Härte und auch sehr effektiv durchgeführt. Anderen Maßnahmen gegenüber verhielten sich viele Bulgaren eher zurückhaltend, schienen sie ihnen doch angesichts der marginalen Rolle der Juden im öffentlichen Leben des Landes unverständlich. Tatsächlich weckten gerade der Ausschluss der Juden aus der Wirtschaft und die Plünderung ihres Vermögens Begehrlichkeiten. Viele Bulgaren bewarben sich um jüdische Firmenanteile und Wohnungen oder um Posten als Treuhänder; einige strebten – angelockt von den hohen Gehältern und der Möglichkeit zu illegalen Einnahmen – eine Anstellung im Kommissariat für Judenfragen an. Es gab auch Denunziationen gegen jüdische Konkurrenten oder Nachbarn.[295]

292 Anlass dafür waren verstärkte polizeiliche Maßnahmen gegen Mitglieder rechtsextremer Organisationen, insbesondere der sogenannten Nationallegionen, die auf eine aktive Kriegsbeteiligung bulgarischer Truppen an der Ostfront drängten; siehe Walter Schellenberg an Luther am 9.11.1942; PAAA, R 100 863, Bl. 95–101.

293 Marie Jalowicz Simon, Untergetaucht. Eine junge Frau überlebt in Berlin 1940–1945. Bearb. von Irene Stratenwerth und Hermann Simon, Frankfurt a. M. 2014, S. 145 f. Zu den Protesten gegen die Kennzeichnung siehe Toškova/Koleva/Koen (Hrsg.), Obrečeni (wie Anm. 262), Dok. 75, S. 329 f. sowie CDA, 264K/7/237, Bl. 5 f. Es gab aber auch Denunziationen, wenn jemand den vorgeschriebenen Stern nicht trug: Beschwerde von Reserveoffizieren aus Ruse an den Innenminister vom 7.12.1942; CDA, 1568K/1/67, Bl. 41.

294 Chary, Jews (wie Anm. 258), S. 131; Hoppe, Bulgarien (wie Anm. 262), S. 299.

295 Beckerle an Luther am 14.12.1942, PAAA, R 100 863, Bl. 117 f. Zu den Profiteuren der wirtschaftlichen Verdrängung siehe Chary, Jews (wie Anm. 258), S. 67 f.; Avramov, „Spasenie" (wie Anm. 266), S. 33–97, 212–226; auch Gesuch des Stellv. Vorsitzenden der Heiligen Synode der Bulg.-Orthodoxen Kirche an Kommissar Belev um Überlassung einer Wohnung für seinen Neffen vom 14.2.1943; CDA, 190K/3/133, Bl. 84, dort auch weitere Beispiele.

Bereits im Oktober 1942 alarmierten bulgarische Juden in Palästina die Jewish Agency wegen der drohenden Lebensgefahr für die jüdische Bevölkerung in Bulgarien und baten eindringlich, auf eine Massenauswanderung hinzuarbeiten (Dok. 299, 9.10.1942). Auch das amerikanische Generalkonsulat in Istanbul registrierte entsprechende Signale. Konsul Berry gab Außenminister Hull den Bericht eines bulgarischen Informanten weiter, der mit einer baldigen Deportation oder gar Erschießung der Juden rechnete.[296] Im Dezember 1942 schrieb ein Sofioter Jude nach Istanbul, dass er die Deportation nach Polen erwarte (Dok. 306, 27.12.1942). Wie aus dem Brief zweier jüdischer Emigranten aus Bulgarien an die Jewish Agency ersichtlich ist (Dok. 305, 16.12.1942), waren sich die bulgarischen Juden darüber im Klaren, dass dies den sicheren Tod bedeutete. Nachdem die Alliierten am 18. Dezember 1942 in der sogenannten Interalliierten Erklärung zur Vernichtung der Juden erstmals den planmäßigen Massenmord an den europäischen Juden öffentlich verurteilt hatten, schlugen auch oppositionelle bulgarische Sender im Ausland Alarm. Radio London, ein Sender, der von Oktober 1940 an mehrmals wöchentlich Programme in bulgarischer Sprache über die Frequenzen der BBC ausstrahlte, berichtete über Hitlers Befehl, „alle Juden Europas zu ermorden“, und gemahnte seine Hörer zugleich, die Wut der Nationalsozialisten könne bald auch die osteuropäischen und die Balkanvölker ereilen.[297] Tatsächlich stimmte die britische Regierung nach langen internen Verhandlungen im Dezember 1942 der Einreise von 4500 jüdischen Kindern und 500 Erwachsenen aus Bulgarien nach Palästina zu (Dok. 304, 8.12.1942). Zugleich drängte das britische Foreign Office die Schweizer Regierung, die das Angebot übermitteln sollte, zum schnellen Handeln, weil man mit der unmittelbar bevorstehenden Deportation rechnete. Am 5. Januar 1943 übergab der Schweizer Gesandte in Bulgarien, Charles Redard, dem Staatssekretär im Außenministerium, Dimităr Šišmanov, das britische Angebot. Dieser leitete es umgehend an Innenminister Gabrovski weiter, der sich zunächst positiv äußerte, zugleich aber eine Erhöhung der Quote für die Erwachsenen verlangte.[298]

Ende Januar 1943 traf SS-Hauptsturmführer Theodor Dannecker, ein Mitarbeiter des Judenreferats des Reichssicherheitshauptamts, der zuvor die Deportationen aus Frankreich organisiert hatte, als Judenberater in Sofia ein. Gemeinsam mit Innenminister Gabrovski, Judenkommissar Belev und dem deutschen Gesandten Beckerle verhandelte er über die Deportation. Von Anfang an beteuerte die bulgarische Führung ihre Bereitschaft zur zwangsweisen Aussiedlung aller Juden aus den besetzten Gebieten. In der Frage der Einbeziehung von Juden aus dem Gebiet innerhalb der alten Landesgrenzen zeigte sie sich dagegen zögerlich (Dok. 308, 8.2.1943). Die Gründe hierfür lagen vermutlich in der Einsicht, dass die aktuelle Kriegslage für die Achsenmächte kritisch war, in den ausländischen Interventionen zugunsten der Juden, aber auch in der Sorge hinsichtlich eventuellen Widerstands. Wohl aus diesem Grund lehnte Gabrovski zunächst eine

296 Berry an State Department am 6.10.1942, NARA, RG 59, M1207, Decimal File 874.00/718.

297 Sendung von Radio London am 21.12.1942, zit. nach: Borislav Dičev (Hrsg.), Govori London. Predavanija na BiBiSi za Bălgarija prez Vtorata svetovna Vojna, Sofia 2004, S. 447; siehe auch Sendung von Radio Moskva am 20.12.1942, in: Koen/Dobrijanov/Manafova (Hrsg.), Borbata (wie Anm. 262), Dok. 92, S. 149–151.

298 Šišmanov an Filov am 6.1.1943, CDA, 264K/7/251; Foreign Office an Bern am 29.12.1942, NA Kew, FO 371/32698.

verstärkte antijüdische Kampagne in der Presse ab (Dok. 307, 22.1.1943). Doch trotz etwaiger Bedenken stimmte die Regierung am 12. Februar 1943 einem von Belev vorgelegten und von Dannecker angestoßenen Plan zur Aussiedlung von 20 000 Juden aus den „neuen Gebieten" einschließlich der „unerwünschten Juden" aus dem Kernland zu. Den Vorschlag Belevs, auch Griechen aus Thrazien in die Deportation einzuschließen, nahm das Kabinett hingegen offenbar nicht an. Juden, die noch bulgarische Staatsangehörige waren, sollten ihre Staatsbürgerschaft mit Verlassen des Landes einbüßen. Auf deutschen Wunsch hin schob Sofia gleichzeitig das britische Angebot zur Aufnahme jüdischer Kinder in Palästina aus „technischen Gründen" auf.[299] Nach der Unterzeichnung des Belev-Dannecker-Abkommens „über die Aussiedlung von zunächst 20 000 Juden in die deutschen Ostgebiete" am 22. Februar 1943 begannen im Kommissariat für Judenfragen die konkreten Vorbereitungen zur Deportation (Dok. 311, 22.2.1943).

Scheitern der Deportation aus Gebieten innerhalb der Vorkriegsgrenzen

Aus Territorien, die innerhalb der alten Landesgrenzen lagen, sollten 6000 bis 8000 Juden deportiert werden. Aus vier Städten entlang der Deportationsstrecke – Dupnica, Gorna Džumaja (heute Blagoevgrad), Kjustendil und Samokov – war eine vollständige Deportation sämtlicher ortsansässiger Juden vorgesehen. Für andere Orte wurden Kontingente festgelegt, und Belev persönlich wählte die zu deportierenden Personen aus Listen, die ihm seine Delegierten vorlegten, aus. Die etwa 20 000 betroffenen Juden aus Alt-Bulgarien und den besetzten Gebieten sollten in vier noch zu errichtenden Sammellagern konzentriert werden (Dok. 311, 22.2.1943).[300]
Bereits Ende Februar erfuhren bulgarische Juden trotz strenger Geheimhaltung, dass ihre Deportation unmittelbar bevorstand. Die Nachricht erreichte auch die Familie der Schriftstellerin Angelika Schrobsdorff, damals noch ein junges Mädchen, deren konvertierte Mutter 1939 mit ihren zwei Töchtern aus dem Deutschen Reich nach Bulgarien geflohen war. Zwar waren die drei Frauen durch die Ehe der Mutter mit einem christlichen Bulgaren geschützt; um jedoch jedes Risiko auszuschließen, drängte Else Kirschner Anfang März 1943 ihre ältere Tochter Bettina, den bulgarischen Freund nach orthodoxem Ritus zu heiraten.[301] In Sofia versuchten einige Juden über Kontakte mit oppositionellen Politikern und der türkischen Botschaft Einreisevisa für die Türkei zu bekommen (Dok. 312, 7.-10.3.1943).[302] Erfolgreicher waren die Juden in Kjustendil, einer Kleinstadt im Westen Bulgariens. Sie schafften es, eine Delegation nichtjüdischer Bulgaren zu organisieren, der der Rechtsanwalt Ivan Momčilov, der Abgeordnete Petăr Michalev, der

299 Dannecker an RSHA am 16.2.1943, PAAA, R 100 863, Bl. 135 f.; Belev an Gabrovski am 4.2.1943 sowie die bulgarischen Regierungserlasse vom 2.3.1943, in: Danova/Avramov (Hrsg.), Deportiraneto (wie Anm. 276), Bd. 1, Dok. 251, S. 492–497, sowie Dok. 255, S. 503–506.

300 Natan Grinberg, Dokumenti, Sofia 1945, S. 170–184; Danova/Avramov (Hrsg.), Deportiraneto (wie Anm. 276), Bd. 1, Dok. 262–271, S. 522–540; Chary, Jews (wie Anm. 258), S. 86 f.; Rychlík, Politik (wie Anm. 262), S. 85.

301 Angelika Schrobsdorff, „Du bist nicht so wie andere Mütter." Die Geschichte einer leidenschaftlichen Frau, München 2006, S. 421–423.

302 Tatsächlich gelang einigen Dutzend Personen der rettende Ausweg in die Türkei; siehe J. Goldin an Jewish Agency am 16.3.1943; CZA, S26/1265/110 f.

Kaufmann Asen Suičmezov und der Lehrer Vladimir Kurtev angehörten. Sie reisten nach Sofia und gewannen den stellvertretenden Vorsitzenden der Nationalversammlung, den Abgeordneten aus Kjustendil Dimităr Pešev, dafür, sich ihrem Protest anzuschließen.[303] Pešev, der als Abgeordneter der Regierungsmehrheit bisher alle antijüdischen Maßnahmen mitgetragen hatte, erklärte rückblickend in seinen Erinnerungen, nicht ohne Selbststilisierung: „Mein menschliches Gewissen und mein Verständnis für die schweren Folgen, sowohl für die Betroffenen als auch für die Politik des Landes [...] erlaubten mir nicht, tatenlos zu bleiben. [...] Ich beschloss, alles in meiner Kraft Stehende zu tun, um die Tat zu verhindern, die Bulgarien vor aller Welt beschämt hätte.“[304] Am 9. März 1943 konfrontierte Pešev zusammen mit einigen anderen Vertretern der Regierungsmehrheit Innenminister Gabrovski mit der Frage der Auslieferung der Juden ohne Zustimmung der Nationalversammlung. In die Enge getrieben und wohl nach Absprache mit Ministerpräsident Filov und dem Zaren verfügte Gabrovski die Einstellung der Aktion im Kernland (Dok. 319, Ende März 1943).

Dass die bulgarische Führung die Deportationen jedoch nur vorläufig aussetzte, wird aus Äußerungen von Ministerpräsident Filov gegenüber dem Schweizer Gesandten Redard deutlich (Dok. 313, 11.3.1943). Auch Zar Boris, so Filov weiter in seinem Tagebuch, befürwortete ein „hartes Durchgreifen“ gegen die Juden. Auf die Nachfrage des türkischen Gesandten, ob die Regierung die Deportation aus den besetzten Gebieten aus Angst vor Kriegshandlungen durchführe, erwiderte Staatssekretär Šišmanov, die Deportationen seien allein aus Gründen der „inneren Sicherheit“ beschlossen worden – ein deutlicher Hinweis darauf, dass die bulgarische Führung die eigene Verantwortung für die Aktion noch nicht in Frage stellte. Der Radiosender „Vereinigtes Bulgarien“, der von der Direktion für nationale Propaganda betrieben wurde, verkündete noch am Abend des 10. März 1943: „Es ist höchste Zeit, dass der Staat noch entschlossener und umfassender gegen die Juden vorgeht, um das Judentum ein und für alle Mal zu vernichten.“[305]

Die geplanten Deportationen lösten jedoch in Teilen der bulgarischen Bevölkerung und der Elite zunehmend Empörung und Anteilnahme für die Opfer aus. So verurteilte die Heilige Synode, das höchste Organ der Bulgarisch-Orthodoxen Kirche, zum ersten Mal einstimmig die Verfolgung auch ungetaufter Juden (Dok. 317, 22.3.1943). Aus Plovdiv, der zweitgrößten Stadt im Kernland, wo die Polizei die zur Deportation bestimmten Juden in der Nacht zum 10. März 1943 in einem Schulgebäude zusammengetrieben hatte, vermeldete der Bezirksdirektor: „Es gab [bei der Aktion] zwar keine besonderen Zwischenfälle, doch hinterließ das Ganze bei den Bürgern dennoch einen bedrückenden Eindruck, konnten sie bei dem Anblick von Kranken, Alten,

303 Über den genauen Hergang der Ereignisse gibt es verschiedene Versionen; siehe Keshales, Tkufat (wie Anm. 277), S. 823–830; Michael Bar-Zoar, Beyond Hitler's Grasp. The Heroic Rescue of Bulgaria's Jews, Holbrook 1998, S. 145–157; Dubova/Černjavskij, Opyt (wie Anm. 261), S. 273–277 sowie die einschlägigen Erinnerungsberichte in: Koen/Dobrijanov/Manafova (Hrsg.), Borbata (wie Anm. 262), Dok. 191 f., S. 308–313; Koen (Hrsg.), Oceljavaneto (wie Anm. 262), Dok. 141–144, S. 286–303.

304 Dimităr Pešev, Spomeni, hrsg. von Nikolaj Poppetrov, Sofia 2004, S. 205–255, hier S. 228.

305 Bogdan Filov, Dnevnik, hrsg. von Ilčo Dimitrov, Sofia 1992, Eintrag vom 15.3.1943; Aktennotiz Šišmanov vom 9.3.1943, CDA, 176K/1š/499, Bl. 7 f.; Bulletin Nr. 363 über die am 10.3.1943 abgehörten Radiosender, CDA, 178K/5/335, Bl. 276.

schwangeren Frauen und Kleinkindern doch nur Mitleid empfinden."[306] Unter der Überschrift „Verzweifelter Hilferuf an das bulgarische Volk" wandten sich Juden an die „Vertreter des gesellschaftlichen Gewissens Bulgariens", mit dem Ergebnis, dass einige regimekritische Intellektuelle beim Zaren und beim Ministerpräsidenten gegen die Deportationen intervenierten.[307] Inzwischen gelang es Pešev, in der Nationalversammlung ein Drittel aller Abgeordneten der Regierungsmehrheit für eine Petition an den Zaren zu gewinnen. Darin äußerten sich die Volksvertreter kritisch über die aktuellen Maßnahmen der Regierung gegen die Juden, die dem Land den „Vorwurf des Massenmords" einbringen könnten (Dok. 315, 17.3.1943). Zwar erwirkte Filov in Absprache mit Zar Boris daraufhin, dass Pešev abgesetzt und ein Großteil der Unterzeichner seiner Petition ihre Unterstützung zurückzogen; die Aktion erzielte jedoch innenpolitisch wie international große Resonanz.[308]

Währenddessen schlossen die bulgarischen Behörden die Deportationen aus den besetzten Gebieten mit der Übergabe von 11 343 mazedonischen und thrazischen Juden an die Deutschen in Skopje bzw. Wien ab (22. bis 29. März 1943) (Dok. 321, 5.4.1943). Ziel der Transporte der thrazischen und mazedonischen Juden war das Vernichtungslager Treblinka, in dem alle von ihnen ermordet wurden.[309] Dies geschah zu einem Zeitpunkt, als die anderen Verbündeten Deutschlands die Deportationen bereits ausgesetzt hatten. Dass sich die bulgarische Führung dessen durchaus bewusst war, verdeutlicht ein von Ministerpräsident Filov bei Staatssekretär Šišmanov in Auftrag gegebener Bericht an Innenminister Gabrovski vom 22. März 1943. Darin stellt Šišmanov fest, dass von allen Achsenstaaten nur Kroatien weiterhin an Deportationsplänen arbeite, wohingegen Italien und Ungarn Deportationen immer noch ablehnten, während die Slowakei und Rumänien ihre Politik in dieser Hinsicht bereits 1942 revidiert hätten und inzwischen auch fremde Juden auf ihrem Territorium unbehelligt ließen. Dennoch zog die bulgarische Führung eine Beendigung der Deportationen aus den besetzten Gebieten offenbar nie in Erwägung. Im Gegenteil: Das Kommissariat für Judenfragen und die bulgarischen Behörden in den besetzten Gebieten führten diesen Teil der Abmachung mit dem Deutschen Reich mit großer Effizienz zu Ende. Auch ein Mitarbeiter Danneckers, Polizeiattaché Hoffmann, bezeichnete das Ergebnis als „zufriedenstellend", schließlich war die vereinbarte Quote damit zu über 50 Prozent erfüllt worden (Dok. 321, 5.4.1943). Die Motive für die Kooperation lagen auf der Hand. Zum einen untermauerte die bulgarische Führung dadurch ihre Ansprüche auf die besetzten Gebiete gegenüber dem Deutschen Reich, zum anderen kamen die Deportationen dort den bulgarischen Homogenisierungs- und Kolonisierungsbestrebungen zugute. Umgehend konfiszierte das Kommissariat für Judenfragen das gesamte Eigentum der deportierten Juden und begann seine

306 Bericht an den Innenminister, o.D., CDA, 2123K/1/4096-II, Bl. 70 f.

307 Stojan Kosturkov, ehemaliger Bildungsminister, an Zar Boris am 20.3.1943, in: Koen/Dobrijanov/Manafova (Hrsg.), Oceljavaneto (wie Anm. 262), Dok. 94, S. 222 f.

308 Filov, Dnevnik (wie Anm. 305), Einträge 19.3. bis 26.3.1943, S. 561–564; Pešev, Spomeni (wie Anm. 304), S. 242–247 sowie „Bulgarian Official Forced Out by Axis", The New York Times vom 28.3.1943, S. 5.

309 Die Verfolgung der Juden in den bulgarisch besetzten Gebieten in Griechenland (Thrazien) und Jugoslawien (Mazedonien und Pirot) sowie ihre Auslieferung an das Reich durch Bulgarien wird in VEJ 14 ausführlich behandelt.

„Liquidierung“ durch Verkauf oder Übergabe an Bulgaren bzw. bulgarische Institutionen in den besetzten Gebieten.[310]
Im Kernland wiederum, wo diese Motive fehlten, war die bulgarische Führung offenbar zunehmend geneigt, den inneren Widerständen gegen die Deportation nachzugeben. Ausschlaggebend hierfür waren wohl weniger humanitäre Gründe als die wachsende Sorge um die Konsequenzen im Falle einer deutschen Kriegsniederlage, die immer wahrscheinlicher erschien.[311] Nun signalisierte Bulgarien dem deutschen Verbündeten seine Zurückhaltung. Anfang April 1943 erklärte Zar Boris gegenüber Ribbentrop, er beabsichtige, lediglich eine gewisse Anzahl kommunistisch gesinnter Juden zu deportieren und die übrigen in Lagern internieren zu lassen (Dok. 320, 4.4.1943). Gegenüber seinem Ministerpräsidenten ließ er durchblicken, es sei besser, die Deportation durch das verstärkte Heranziehen der Juden zur Zwangsarbeit zu ersetzen. Gleichzeitig startete die bulgarische Führung eine Entlastungskampagne, um ihr außenpolitisches Image zu verbessern. So berichtete der amerikanische Generalkonsul in Istanbul, Burton Berry, von gezielt verbreiteten Gerüchten, die den bulgarischen Zaren von seiner Mitverantwortung für die Auslieferung der Juden freisprachen (Dok. 318, 22.3.1943). In Bern teilte der bulgarische Gesandte Kjoseivanov dem Schweizer Außenminister Marcel Pilet-Golaz mit, für die Deportationen sei allein Kommissar Belev verantwortlich. Die amerikanische Regierung, die im März 1943 gemeinsam mit dem britischen Kabinett eine Rettungsaktion für bulgarische Juden plante, sah schließlich von Drohungen an die Adresse Bulgariens oder einer entsprechenden öffentlichen Erklärung ab.[312] Auf der anderen Seite waren der deutsche Gesandte Beckerle und Judenberater Dannecker zuversichtlich, dass die bulgarische Regierung in einem innen- und außenpolitisch günstigeren Augenblick die Deportationspläne erneut aktivieren würde.[313]

Die Lage der Juden nach Ende der Deportationen im Sommer 1943

Der allmähliche Kurswechsel brachte noch keine Erleichterung für die Juden im bulgarischen Kernland. Die Behörden setzten die Deportationsandrohung fortan als Mittel der Einschüchterung ein, und im Frühsommer 1943 wurde die prekäre Lage der jüdischen Minderheit nochmals deutlich, als Zar Boris ihre Aussiedlung aus Sofia beschloss. Als Vorwand diente die angebliche Beteiligung von Juden an Sabotageakten. Zuvor hatte Belev einen Plan vorgelegt, der die sofortige Deportation aller Juden, beginnend mit der Aussiedlung derjenigen aus der Hauptstadt, vorsah (Dok. 328, Mai 1943). Diese Maßnahme deuteten deutsche Stellen, aber auch die Betroffenen und

310 Danova/Avramov (Hrsg.), Deportiraneto (wie Anm. 276), Bd. 1, Dok. 205–209, S. 425–430; Bd. 2, Dok. 394–566, S. 289–549.

311 Zur Beurteilung des letzten Faktors siehe Nissan Oren, The Bulgarian Exception: A Reassessment of the Salvation of the Jewish Community, in: Yad Vashem Studies, 8 (1968), S. 83–106.

312 Filov, Dnevnik (wie Anm. 305), Eintrag vom 13.4.1943, S. 568 f.; US-Botschaft in Bern an State Department vom 11.4.1943, in: Koen (Hrsg.), Oceljavaneto (wie Anm. 262), Dok. 106, S. 238; Chary, Jews (wie Anm. 258), S. 135–138; Hoppe, Bulgarien (wie Anm. 262), S. 300; Dubova/Černjavskij, Opyt (wie Anm. 261), S. 330 f.

313 Beckerle an AA am 7.6.1943 und 18.8.1943, in: ADAP, Serie E (wie Anm. 58), Bd. 6, Dok. 88, S. 151 f.; Dok. 266, S. 459–461.

ausländische Beobachter, als Vorstufe zur Deportation (Dok. 325, 17.5.1943). Bereits am 13. Mai 1943 hatte Dannecker Belev mitgeteilt, dass „zur Durchführung von Judentransporten aus Bulgarien in die deutschen Ostgebiete" vier Dampfer der Donau-Dampfschiffahrts-Gesellschaft zur Verfügung stünden, mit denen monatlich bis zu 10 000 Juden abtransportiert werden könnten.[314]

Der Aussiedlungsbefehl vom 21. Mai 1943 bewirkte eine neue Protestwelle. Erneut nahmen Vertreter der Juden Kontakt zu einflussreichen Personen auf, darunter dem Bischof von Sofia Stefan, die ihnen Hilfe zusicherten. Zugleich rief die Sofioter Organisation der Arbeiterpartei zum Widerstand gegen die Aussiedlung auf (Dok. 326, 23.5.1943). Tatsächlich versammelten sich im jüdischen Viertel Juč Bunar am 24. Mai 1943, dem Tag des Heiligen Kyrill und Metod und Feiertag des bulgarischen Schrifttums, Juden zu einer Demonstration, die die Polizei und Beamte des Kommissariats für Judenfragen gewaltsam auflösten. Zuvor hatten sich das Konsistorium und zionistische Organisationen einer offenen Konfrontation widersetzt, weil sie Zusammenstöße mit Nationalisten und Vergeltungsaktionen befürchteten.[315]

Die Motive der bulgarischen Führung für den Beschluss zur Aussiedlung aus Sofia sind undurchsichtig. Einiges deutet darauf hin, dass die Aktion als Ausgangspunkt für eine Deportation geplant war. Allerdings vollzogen das Kabinett und der Zar den entscheidenden Schritt hierzu nicht mehr. Vielmehr verfolgten sie fortan eine Hinhaltetaktik gegenüber dem deutschen Drängen und begründeten dies mit der Furcht vor Vergeltungsangriffen der Alliierten (Dok. 332, 24.6.1943). Am 18. August 1943, nur zehn Tage vor dem plötzlichen Tod von Zar Boris, erklärte Beckerle, dass er jeglichen Druck auf die bulgarische Regierung für verfehlt halte und eine Wiederaufnahme der Deportationspläne erst als Folge deutscher Kriegserfolge erwarte (Dok. 335, 18.8.1943). Im September 1943 verließ Dannecker Bulgarien; im Oktober 1943 wurde der Staatsanwalt des Sofioter Appellationsgerichts, Christo Stomanjakov, zum neuen „Judenkommissar" ernannt. Im Dezember 1943 erklärte Innenminister Dočo Christov, dass eine „Aussiedlung" der Juden nicht mehr angestrebt werde. Man wolle ihnen vielmehr die freiwillige Auswanderung gestatten (Dok. 339, 14.12.1943), nachdem die bulgarische Regierung zuvor aus eigenem Antrieb oder aufgrund deutschen Drängens diverse vom Ausland angestoßene Rettungsaktionen vereitelt hatte.[316]

Die jüdische Bevölkerung von Sofia wurde trotz der Proteste bis Ende Juni in 20 Provinzstädte umgesiedelt.[317] Seit Ende Juni 1943 initiierte das bulgarische Militär auch eine Zwangsumsiedlung der Juden aus mehreren Städten in Zentral- und Südbulgarien – Kazanlăk, Stara Zagora, Sliven – und teilweise aus den Hafenstädten Burgas und Varna.[318] Als Anlass für die Aktion diente ein erwarteter Vorstoß der Alliierten auf den griechischen

314 Dannecker an Belev am 13.5.1943, CDA, 2123K/1/4096, Bd. II, Bl. 130; Anton Mohrmann an AA vom 17.5.1943, PAAA, R 100 863, Bl. 195–197.

315 Keshales, Tkufat (wie Anm. 277), S. 867–874; Chary, Jews (wie Anm. 258), S. 145 f.; Dubova/Černjavskij, Opyt (wie Anm. 261), S. 314–321; Šealtiel, Ot Rodina (wie Anm. 260), S. 183–185.

316 Oren, Exception (wie Anm. 311), S. 100; Šealtiel, Ot Rodina (wie Anm. 260), S. 229–235; siehe auch Ofer, Escaping the Holocaust (wie Anm. 203), S. 218–235.

317 Bericht des KEV über seine Tätigkeit vom 1. April bis 30. Juni 1943, YVA, P.37–154, Bl. 94.

318 Schreiben des Generalstabs an das Innenministerium vom 22.6.1943, CDA, 190K/1/8607, Bl. 2.

Peloponnes. Überall mussten die zwangsweise Umgesiedelten ihr bewegliches Vermögen innerhalb kürzester Zeit verkaufen oder einen Treuhänder damit beauftragen, ihre Wohnungen zu versiegeln und die Schlüssel dem Kommissariat für Judenfragen zu übergeben. Wie schon in den besetzten Gebieten folgte der Aussiedlung eine Flut von Gesuchen um Überlassung jüdischer Wohnungen und jüdischen Eigentums.[319] In den Zielorten wurden die vertriebenen Juden zunächst in Schulgebäuden oder Tabaklagern einquartiert, wo sowohl die Ernährung als auch die hygienischen Einrichtungen ungenügend waren. Vielerorts war es ihnen untersagt, eine Unterkunft bei christlichen Bulgaren zu beziehen, zu arbeiten, sich zu versammeln oder auszugehen. Jüdische Kinder durften keine Schulen mehr besuchen; die meisten Juden ernährten sich in notdürftig organisierten Armenküchen (Dok. 331, 17.6.1943; 337, 30.8.1943). Seit dem Winter 1943/44 mussten sie vielerorts Feldarbeit verrichten oder Bombenschäden räumen. Als die nichtjüdische Bevölkerung aus Sofia aufs Land evakuiert wurde, gestalteten sich die Verhältnisse in der Provinz noch beengter. Es kam gelegentlich zu Übergriffen auf Juden, auch forderten Teile der bulgarischen Bevölkerung, die Vertriebenen wieder aus den Ortschaften zu entfernen.[320] In einigen Orten, z. B. in Dupnica, ernannte der Vertreter des Kommissariats für Judenfragen jüdisches Aufsichtspersonal, das für Verstöße der Juden gegen die Verordnungen haftete. Solche Verstöße wurden in zahlreichen Fällen mit Lagerhaft der dafür verantwortlich gemachten Personen geahndet. In zunehmendem Maße wurden auch Angehörige von Juden, die sich Partisaneneinheiten angeschlossen hatten, inhaftiert.

Über die Beteiligung von Juden am Widerstand gibt es bislang nur wenige Erkenntnisse. Einige Daten lassen darauf schließen, dass sie spätestens seit 1943 erheblich war. Die 1942 gegründete Vaterländische Front rief Juden wiederholt dazu auf, sich Partisaneneinheiten anzuschließen. Etwa 250 Personen folgten diesen Aufrufen, die Hälfte von ihnen fiel bis Kriegsende bei Gefechten mit bulgarischen Militäreinheiten. Auch waren an die 450 Juden aus politischen Gründen inhaftiert; 30 von ihnen wurden zum Tode verurteilt, 17 hingerichtet. Jüdische Widerstandskämpfer, darunter auch Frauen, waren an einigen der spektakulärsten Aktionen beteiligt, beispielsweise am Attentat auf General Christo Lukov im Februar 1943, einem der Anführer der rechtsextremen Legionärsbewegung.[321] Juden, die linker Anschauungen verdächtigt wurden, mussten mit Inhaftierung in einem „Lager der Staatssicherheit" rechnen.

Spätestens seit März 1944 arbeitete das amerikanische War Refugee Board an Plänen, die bulgarischen Juden über die Türkei nach Palästina zu bringen. Präsident Roosevelt ließ der bulgarischen Führung übermitteln, er begrüße eine Verbesserung der Situation

319 Siehe Gesuch von Pl. K. Čarov um Überlassung des Geschäfts von I. Hananel vom 25.5.1943 sowie Fürsprache von Aleksandăr Balabanov zugunsten der Vergabe einer ehemals jüdischen Wohnung an Boris Arnaudov vom 9.6.1943; CDA, 190K/3/133, Bl. 87 f., 99, dort auch andere Beispiele; zu den öffentlichen Versteigerungen und der Beschlagnahme von jüdischem Eigentum siehe Avramov, „Spasenie" (wie Anm. 266), S. 83–85.

320 Gesuch von Richtern und Angestellten des Sofioter Appellationsgerichts um Aussiedlung der Juden aus Kjustendil vom 13.6.1944, YVA, P.37–162, S. 28 f. Zu den Lebensbedingungen in den Aussiedlungsorten siehe Leontina Arditti, An meinem Ende steht mein Anfang. Ein jüdisches Leben in Bulgarien, Wien 2002, sowie die Erinnerungen in: Daniela Koleva (Hrsg.), Bălgarija – Izrael. Razkazi za dve epochi, Sofia 2017.

321 Evrei zaginali v antifašistkata borba, Sofia 1958; Oren, Exception (wie Anm. 311), S. 92; Hoppe, Bulgarien (wie Anm. 262), S. 275; Luleva/Troeva/Petrov, Zwangsarbeit (wie Anm. 272), S. 15 f. und 147 f.

der Juden im Land und erwarte Erleichterungen bei der Auswanderung (Dok. 340, 9.4.1944).[322] Doch erst im August 1944 kündigte der seit Juni amtierende Ministerpräsident Ivan Bagrjanov zeitgleich mit der Vorbereitung des bulgarischen Ausscheidens aus dem Krieg auch eine neue Politik gegenüber der jüdischen Minderheit an. Offenbar hoffte die bulgarische Führung, hierdurch eine bessere Ausgangssituation für die Verhandlungen mit den Alliierten zu schaffen. Das Kabinett setzte am 31. August 1944 einzelne Paragraphen des Gesetzes zum Schutz der Nation außer Kraft, ohne jedoch alle antijüdischen Maßnahmen aufzuheben.[323] Am 2. September 1944 wurde eine westlich orientierte Regierung unter Konstantin Muraviev eingesetzt, die den Juden volle Amnestie für Verstöße gegen die antijüdischen Gesetze gewährte. Als am 9. September 1944 die Rote Armee in Bulgarien einmarschierte, übernahm die Vaterländische Front die Macht und erklärte dem Deutschen Reich den Krieg. Im Oktober 1944 annullierte die von den Kommunisten dominierte neue Regierung sämtliche antijüdischen Maßnahmen.[324]

Etwa 49 000 Juden überlebten im bulgarischen Kernland. Die große Mehrheit von ihnen wanderte nach 1948 nach Israel aus. Zu den Opfern müssen neben den 11 300 Juden in den bulgarisch besetzten Gebieten auch jene rund 200 – die meisten von ihnen aus Frankreich – hinzugezählt werden, die die bulgarische Regierung im Deutschen Reich und in den besetzten Gebieten im Sommer 1942 zur Deportation freigab und von denen vermutlich keiner überlebte. Dazu kommt eine nicht genau ermittelte Anzahl von Juden, die infolge von Unfällen oder Misshandlungen in den Arbeits- und Internierungslagern starben.

Im Rahmen des Volksgerichts beschäftigte sich im März und April 1945 ein eigener Prozess – der erste weltweit – mit den Verbrechen gegen die Juden.[325] Allerdings nutzte die Regierung der Vaterländischen Front diesen auch für propagandistische Zwecke. Er sollte das Bild verbreiten, dass die Juden im Kernland ihr Überleben dem entschlossenen Kampf des demokratisch gesinnten und toleranten bulgarischen Volkes verdankten, und brachte damit erste Rechtfertigungstendenzen zum Ausdruck. Nach der Auswanderung von 39 000 bulgarischen Juden nach Palästina/Israel zwischen 1948 und 1951 avancierte diese These in der unter kommunistischer Regie betriebenen bulgarischen Historiographie zum Mythos einer Nation der Retter. Eine umfassende, kritische Auseinandersetzung mit der Verfolgung der bulgarischen Juden blieb deshalb aus. Im öffentlichen Diskurs wirkte diese Lesart in abgewandelter Form auch nach dem politischen Umbruch von 1989/90 weiter. Erst in den letzten Jahren versuchen einige kritische Arbeiten und neue Quelleneditionen, die Defizite der Vergangenheit auszugleichen und das Geschehen neu zu beurteilen, auch hinsichtlich der bulgarischen Verantwortung für die Initiierung und Umsetzung der Verfolgungsmaßnahmen sowie die Deportationen aus den besetzten Gebieten.

322 Oren, Exception (wie Anm. 311), S. 100. Dies geschah allerdings zu einem Zeitpunkt, als die Möglichkeiten, das Land zu verlassen, aufgrund der militärischen Entwicklungen allmählich schwanden; Šealtiel, Ot Rodina (wie Anm. 260), S. 260 f.

323 Koen (Hrsg.), Oceljavaneto (wie Anm. 262), Dok. 136, S. 275 f.

324 Dăržaven vestnik, Nr. 227 vom 16.10.1944.

325 Steven Sage, VII săstav na Narodnija săd v Sofija, mart-april 1945 g.: Părvijat v sveta Holokost proces v sobstvenija i v našija kontest, in: Kostadin Grozev/Rumjana Marinova-Hristidi (Hrsg.), Evreite v Iztočna Evropa i Săvetskija Săjuz v godinite na Vtorata svetovna vojna i Studentata vojna (1939–1989), Sofia 2013, S. 159–170.

Zusammenfassung

Die Slowakei, Rumänien und Bulgarien waren während des Zweiten Weltkriegs Verbündete des Deutschen Reichs. So unterschiedlich die Vorgeschichte, die Absichten und gemeinsamen Interessen dieser Bündnispolitik auch waren, so hatten diese für die Juden in den drei Ländern doch verheerende Folgen. Auch wenn die Verfolgungsdynamik sich anders entwickelte als in den deutsch besetzten Ländern Europas, in denen die nationalsozialistischen Okkupationsbehörden die Entrechtung, Verfolgung und schließlich die Deportation der jüdischen Bevölkerung direkt organisierten, so erzeugten in der Slowakei, in Rumänien und in Bulgarien die deutschen Judenberater sowie Vertreter des Auswärtigen Amtes und des Reichssicherheitshauptamtes in Zusammenarbeit mit den Behörden vor Ort erheblichen Verfolgungsdruck und trieben bis in die letzte Kriegsphase hinein den Massenmord voran.

Alle drei Länder beschleunigten die Judenverfolgung entsprechend den jeweils eigenen politischen Zielen, modifizierten die Maßnahmen und setzten sie schließlich ganz aus. Die Slowakei ist hierbei das einzige der drei Länder, in dem eine nennenswerte jüdische Widerstandsbewegung entstand. Hier und in Bulgarien stellten sich zudem die christlichen Kirchen – allerdings sehr spät – gegen die Kooperation bei der nationalsozialistischen Judenverfolgung. Demgegenüber waren es in Rumänien und in Bulgarien ab 1943 in erster Linie der Kriegsverlauf und die darauf beruhende Erwartung des Siegs der Alliierten, die das Bündnis mit dem Deutschen Reich immer weniger attraktiv erscheinen ließen.

Bulgarien hatte mit deutscher Hilfe während des Zweiten Weltkriegs einen Großteil seiner Expansionsziele erreichen können, die es nach dem Ersten Weltkrieg gegenüber seinen Nachbarn gehegt hatte. Auch ohne einen traditionellen Antisemitismus hatte die bulgarische Regierung die jüdische Bevölkerung als eine Art Verhandlungsmasse benutzt, den deutschen Erwartungen in der Judenpolitik entgegenzukommen und im Gegenzug Unterstützung bei den eigenen Gebietsansprüchen zu erhalten. Zwar war Bulgarien sogar noch nach der deutschen (und rumänischen) Niederlage in Stalingrad bereit, Juden aus den bulgarisch besetzten Gebieten an die Deutschen auszuliefern, aber seit Herbst 1943 bemühte sich die bulgarische Regierung, Kontakt mit den Alliierten aufzunehmen, um möglichst einen Separatfrieden zu schließen. Die antijüdischen Maßnahmen wurden hierfür zurückgenommen, doch dieser Schritt entsprang ebenso einem opportunistischen Kalkül wie zuvor die Einführung antijüdischer Gesetze, um sich Hitler als Verbündetem zu empfehlen. Lange Zeit dominierte in der bulgarischen Öffentlichkeit sowie in der Forschung die Einschätzung, wonach Bulgarien sich erfolgreich der Forderung widersetzt habe, die Juden an das Deutsche Reich auszuliefern. Tatsächlich überlebten 49 000 Juden aus dem bulgarischen Kernland. Demgegenüber überstellte Bulgarien jedoch 11 300 Juden aus den bulgarisch besetzten Gebieten an das Deutsche Reich, von denen keiner überlebte.

Die rumänische Regierung hatte nach dem Deutschen Reich die größte Anzahl jüdischer Opfer zu verantworten. Die jüngere Forschung schätzt, dass ca. 280 000 bis 380 000 Juden von rumänischen Tätern ermordet wurden. Zudem kamen von den etwa 25 000 nach Transnistrien deportierten Roma 11 000 um, die Hälfte von ihnen waren Kinder. Diese Zahlen sind nur Schätzungen, weil intensivere Untersuchungen erst nach 2003 – mit der Berufung einer internationalen Historikerkommission zur Erforschung des Holocaust in Rumänien – einsetzten und die rumänischen Täter anders als die deutschen nur wenige schriftliche Aufzeichnungen über ihre Morde anfertigten. Schließlich fälschten rumänische Politiker vor dem Umsturz im August 1944 gezielt Akten, um den rumänischen Anteil an den Verbrechen zu verschleiern.

Von allen drei hier dokumentierten Ländern besaß Rumänien die längste Tradition in der Unterdrückung der Juden. Ihnen waren schon vor dem Ersten Weltkrieg systematisch die Staatsbürgerschaft und Gleichberechtigung verweigert worden, und trotz der rumänischen Zusagen 1919 setzte sich diese Tradition der Entrechtung bzw. verhinderten Gleichberechtigung in der Zwischenkriegszeit fort. Als in der zweiten Hälfte der 1930er-Jahre das Regime in Bukarest zunehmend autoritär wurde, war die deutsch-rumänische Übereinstimmung in der Judenpolitik unübersehbar und machte Rumänien neben seinem ökonomischen Potential zu einem idealen Verbündeten in Hitlers Strategie.

Auch wenn die Verfolgungs- und Vernichtungspolitik gegenüber den Juden in Rumänien sich deutlich von derjenigen in Bulgarien unterschied, so trifft für beide Länder zu, dass die Juden im Kernland tendenziell weniger betroffen waren als in den besetzten bzw. annektierten Gebieten, aus denen die Juden entweder – so in Bulgarien – deportiert oder wo sie – wie in Rumänien – vor Ort umgebracht wurden. Aber auch in Rumänien führte die sich abzeichnende deutsche Niederlage zu einem mehr oder minder kalkulierten Wandel, zu dem sicherlich auch beitrug, dass sich die Regierung in Bukarest zunehmend eher als Vasall Hitlers denn als Verbündeter behandelt fühlte.

Während aus Ungarn noch 1944 Juden in die deutschen Vernichtungslager deportiert wurden, organisierte man in Rumänien bereits ihre Massenemigration, obwohl sich die deutschen Vertreter bis 1944 vehement für die Deportation rumänischer Juden in die Vernichtungslager und für die Verhinderung jeder einzelnen Flucht einsetzten. Die rumänische Führung strebte zwar noch immer einen ethnisch homogenen Staat an, doch suchte sie einen Ausweg in einer stärkeren Annäherung an die USA. Indem Antonescu seit Herbst 1942 den deutschen Plänen zum Massenmord nicht mehr folgte, überlebte die Hälfte der Juden Rumäniens. Ein grundlegender Wandel gegenüber der jüdischen Bevölkerung war dies jedoch nicht, vielmehr politisches Kalkül: Die wichtigsten Ziele auf einer zu erwartenden Friedenskonferenz waren nun die Sicherung des territorialen Bestands Rumäniens und die Rückgabe des an Ungarn abgetretenen Nordsiebenbürgen.

Auch wenn die Slowakei ihre Eigenstaatlichkeit lediglich dem Willen Hitlers verdankte und deshalb von einem unabhängigen slowakischen Staat nur mit Einschränkungen gesprochen werden kann, war sie doch mehr als ein reiner Vasallenstaat. Spätestens mit Beginn der deutschen Planungen zu einem Überfall auf Polen war Hitler an einem verlässlichen Verbündeten in dieser Region interessiert. Zwar hatte bereits der Erste Wiener Schiedsspruch Anfang November 1938 der slowakischen Führung die starke Abhängigkeit von Deutschland verdeutlicht, aber insbesondere bei der Verfolgung der Juden stimmten slowakische und deutsche Interessen auf verhängnisvolle Weise überein. Insofern spiegelt die Bereitschaft der Slowakei, 1942 knapp 58 000 Juden an die Deutschen auszuliefern, die Absichten und Handlungsspielräume der Regierung wider. Verfolgung, Deportation und Ermordung der slowakischen Juden entwickelten eine eigene Dynamik und waren von innenpolitischen slowakischen Machtkämpfen und Interessenslagen sowie vom Kriegsverlauf bestimmt, bis die slowakische Führung die Transporte im Oktober 1942 beendete.

Die Slowakei beendete im Oktober 1942 gleichzeitig mit der rumänischen Regierung die Kooperation mit dem nationalsozialistischen Deutschland in der Judenpolitik. Anders als in Bulgarien und Rumänien spielten die römisch-katholische Kirche sowie der Einfluss des Vatikans eine gewisse Rolle, weniger das Kalkül betreffend die voraussichtliche Niederlage der Achsenmächte im Krieg. Knapp zwei Jahre später hatte sich die Situation erneut gewandelt: Infolge des Nationalaufstands und der Besetzung der Slowakei durch die Wehrmacht im Sommer 1944 wurden noch einmal ca. 12 000 Juden in Konzentrations- und Vernichtungslager deportiert, da die Deutschen neben der Niederschlagung des Aufstands unverzüglich auch die Deportation der slowakischen Juden wieder aufzunehmen versuchten, bis die Rote Armee von Januar 1945 an nach und nach das slowakische Territorium eroberte.

Die Integration der drei Länder in das deutsch-italienische Bündnissystem während des Zweiten Weltkriegs hatte fatale Auswirkungen für die jüdische Bevölkerung. Bulgarien, Rumänien und die Slowakei begannen bereits vor dem Krieg, eine eigenständige Politik der Entrechtung gegenüber der jüdischen Minderheit umzusetzen. Während des Krieges waren sie dann dazu bereit, diese Menschen der Vernichtung preiszugeben. Die Modifikationen, Taktiken und Hinhaltemanöver, die die Führungen in Bratislava, Sofia und Bukarest dabei vornahmen, belegen die Handlungsspielräume, die für die Staaten bestanden, sich einzelnen deutschen Forderungen entgegenzustellen. Dass dies nicht oder erst sehr spät, das heißt mit der sich abzeichnenden Kriegsniederlage der Achsenmächte, erfolgte, belegt den weitgehenden Konsens, mit dem der NS-Staat bei der Verfolgungs- und Vernichtungspolitik in Ostmittel- und Südosteuropa rechnen konnte und dem in den hier dokumentierten Ländern ingesamt etwa 450 000 Juden zum Opfer fielen.

Dokumentenverzeichnis

Slowakei

Rumänien

167 Der deutsche Gesandte unterstreicht am 1. September 1941 die Judenfeindschaft der rumänischen Regierung

168 Der Geheimdienstchef verlangt am 9. Oktober 1941 die Beschlagnahme von Fotos der jüdischen Massengräber in Jassy

169 Wilhelm Filderman bittet Marschall Antonescu am 9. Oktober 1941, die Deportationen der Juden einzustellen

170 Marschall Antonescu rechtfertigt am 19. Oktober 1941 die Deportationen in einem offenen Brief an Filderman

171 Marschall Antonescu fordert am 5. November 1941, Behördenmitarbeiter zu bestrafen, die unbefugt die Befreiung von Juden aus Lagern und Gettos ermöglichen

172 Der deutsche Gesandte meldet am 13. November 1941 das Desinteresse von Mihai Antonescu an der Rückkehr rumänischer Juden aus deutschen Gebieten

173 Emil Dorian schildert im November 1941 die von Juden erzwungenen Abgaben und die Erfassung aller Juden

174 Der deutsche Berater für Judenfragen meldet Eichmann am 16. Januar 1942 die Errichtung der staatlich kontrollierten Judenzentrale Rumäniens

175 Der deutsche Judenberater Richter berichtet Eichmann am 23. Januar 1942 über die Einstellung der Emigration aus Rumänien

176 Der wegen einer Protestaktion zum Tod verurteilte jüdische Jugendliche Adolf Mihailovici verfasst im März 1942 einen Abschiedsbrief an Freunde und Verwandte

177 Marschall Antonescu fordert am 7. Mai 1942 vom Großen Generalstab einen gezielten Zwangsarbeitseinsatz von Juden

178 Der Bukarester Jurist Sigmund Bibring bedankt sich am 24. Mai 1942 bei Ingenieur Jägendorf für die erfolgreiche Suche nach seiner deportierten Nichte in Transnistrien

179 Emil Dorian vermerkt am 17. Juni 1942 die erste Aktion der Hilfskommission für jüdische Waisenkinder in Transnistrien

180 Marschall Antonescu verfügt am 13. Juli 1942 die Deportation getaufter Juden nach Transnistrien

181 Das Auswärtige Amt vermerkt am 24. Juli 1942 Vorbehalte des rumänischen Gesandten in Berlin bezüglich rumänischer Juden im deutschen Einflussbereich

182 Das Reichssicherheitshauptamt kündigt am 26. Juli 1942 dem Auswärtigen Amt Deportationen von Juden aus Rumänien „nach dem Osten“ an

183 Bukarester Tageblatt: Der deutsche Plan zur Deportation der Juden aus Rumänien wird am 8. August 1942 publiziert

184 Der Generalsekretär des Außenministeriums beansprucht am 10. August 1942 die Besitzrechte rumänischer Juden nach deren Deportation aus deutschen Gebieten

185 Unterstaatssekretär Luther berichtet Außenminister Ribbentrop am 17. August 1942 über die Deportation rumänischer Juden aus Gebieten unter deutscher Kontrolle

186 Der Schweizer Gesandte informiert am 18. August 1942 über die bevorstehende Deportation der Juden aus dem rumänischen Banat

Bulgarien

DOKUMENTE

Slowakei

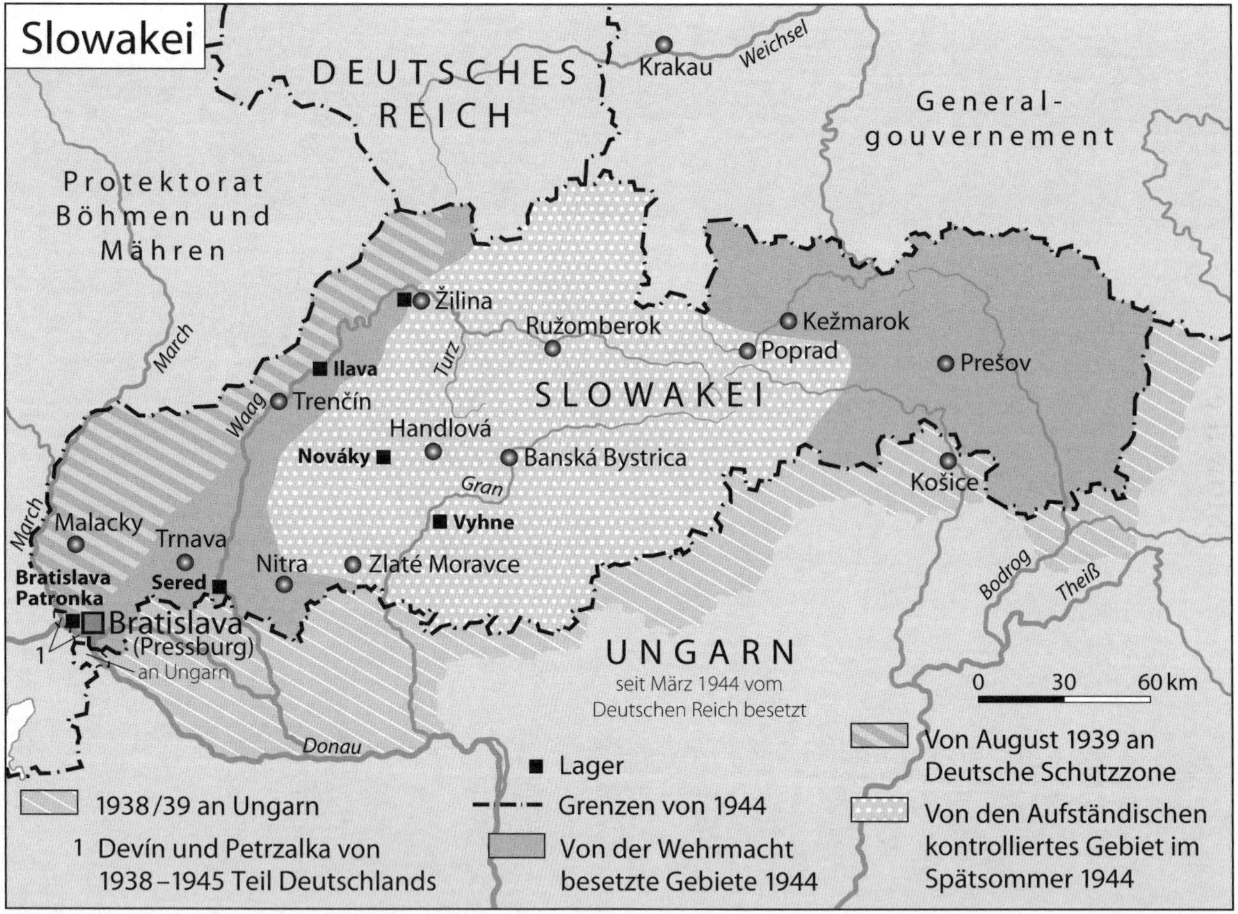
Slowakei
DEUTSCHES REICH
Krakau
Weichsel
General-gouvernement
Protektorat Böhmen und Mähren
Žilina
Ružomberok
Kežmarok
Poprad
Prešov
March
Turz
Ilava
Trenčín
Waag
SLOWAKEI
Handlová
Nováky
Banská Bystrica
Košice
Gran
Vyhne
Malacky
Trnava
Nitra
Zlaté Moravce
Bratislava Patronka
Sered
Bratislava (Pressburg)
1
an Ungarn
UNGARN
seit März 1944 vom Deutschen Reich besetzt
Bodrog
Theiß
Donau
0 30 60 km
1938/39 an Ungarn
1 Devín und Petrzalka von 1938–1945 Teil Deutschlands
Lager
Grenzen von 1944
Von der Wehrmacht besetzte Gebiete 1944
Von August 1939 an Deutsche Schutzzone
Von den Aufständischen kontrolliertes Gebiet im Spätsommer 1944

DOK. 1

Ein Informant des SD diffamiert am 3. November 1938 slowakische Juden und berichtet von antijüdischen Ausschreitungen in Bratislava[1]

Bericht, ungez., vom 3.11.1938

Die Jugend, erbittert durch das Vorgehen des jüdischen Elementes, das noch zu Allerheiligen für den Anschluß Bratislavas an Ungarn zu demonstrieren wagte, schlug an jüdischen Häusern zahlreiche Fenster sowie bei jüdischen Geschäftsleuten, vor allem in der Schondorfergasse, Auslagsscheiben ein. Der Polizei gelang es noch in der Nacht, die Demonstranten zu zerstreuen, ohne jedoch die Schäden verhindern zu können. Die Erbitterung der slowakischen Jugend ist verständlich, wenn wir bedenken, daß das nichtarische Element einer der Haupturheber der neuesten Verstümmelung des slowakischen Gebietes war. Donnerstag früh zogen durch die Straßen Bratislavas kleinere Gruppen von Juden, die Auslagsfenster deutscher Geschäftsleute zertrümmerten, worüber auf deutscher […],[2] aber auch auf slowakischer Seite große Erbitterung entstand, weil einzelne Juden damit den Verdacht auf die slowakische Jugend abwälzen wollten, daß sie es war, die die Auslagsscheiben der deutschen Mitbürger zertrümmerte. Wie wir erfahren, sprach der Vertreter der Bratislavaer Deutschen in dieser Sache beim Minister Dr. Ďurchansky[3] vor, welcher versprach, daß sich ähnliche Dinge nicht mehr wiederholen werden. Die nichtjüdischen Geschäfte dürften schon in den nächsten Tagen durch entsprechende Aufschriften oder Fähnchen kenntlich gemacht sein, um auf diese Weise zwischen nichtjüdischen und jüdischen Firmen unterscheiden zu können.

1 BArch, R 70/37, Bl. 2.
2 Zwei Wörter durchgestrichen, unleserlich.
3 Dr. Ferdinand Ďurčanský (1906–1974), Jurist, Journalist und Politiker; von März 1939 an Außenminister, von Nov. 1939 bis Juli 1940 Innenminister, danach ohne Ämter; 1945 Flucht nach Rom, 1947 in der ČSR in Abwesenheit zum Tod verurteilt, Flucht nach Argentinien, von 1952 an in München, Vorsitzender des Slowak. Befreiungskomitees, des Hauptorgans der Exilslowaken.

DOK. 2

Ministerpräsident Jozef Tiso erlässt am 4. November 1938 den Befehl, mittellose Juden in die an Ungarn abzutretenden Gebiete zu deportieren[1]

Telefonogramm (Nr. 1527/938) des Kreisamts in Trnava, übermittelt vom techn. Beamten Čišmár, angenommen akt. Sekretär J. Urban, vom 4.11.1938 (Abschrift)[2]

Das Bezirksamt in Trnava übermittelte am 4. November 1938 um 15 Uhr folgendes Telefonogramm:
Auf Befehl des Herrn Ministerpräsidenten Dr. Tiso[3] wird Folgendes angeordnet:
Betr.: Umsiedlung von besitzlosen Juden aus den jüdischen Zentren in die abgetretenen Gebiete[4]
Bis spätestens 5. November 1938 müssen folgende Maßnahmen ergriffen werden:[5]
1. Auf der Grundlage der Anordnung des Innenministeriums müssen bis spätestens 12 Uhr am 4. November 1938 alle Kreisämter und Gendarmeriestationen sowie die Führer der Hlinka-Garden der Südslowakei unterrichtet werden, dass sie die in ihren Gebieten wohnhaften besitzlosen Juden festnehmen und sie mitsamt ihren Familienangehörigen in Massentransporten auf LKWs spätestens bis zum 4. November 24 Uhr über die neuen Grenzen abschieben.
2. Juden sollen nur ein angemessenes Essensgeld von 50 Kč pro Person behalten dürfen.
3. Wo es die örtlichen Verhältnisse erlauben, sollen die Juden einige Kilometer weit ins Innere der abgetretenen Gebiete transportiert werden.
4. Mit Hilfe von Staatsorganen sollen die Wohnungen und Geschäftsräume der abgeschobenen Juden abgesperrt und versiegelt werden. Auf ähnliche Weise sollen die Staatsorgane noch vor der Abschiebung die vermögensrechtlichen Verhältnisse sichern, wenn es solche überhaupt gibt, wobei auf Sparbücher bei Sparkassen und Banken Wert gelegt werden soll, die sich zur Zeit des Einsatzes im Besitz der betreffenden Person befinden.
5. Die amtlichen Dienststellen sollen der Zentrale zur Lösung der Judenfrage in der Slowakei,[6] dem Polizeidirektor in Bratislava Herrn Dr. Falat,[7] ein genaues Verzeichnis aller abgeschobenen Juden mit ihren Personendaten sowie eine Liste aller verschlossenen Wohnungen, Geschäfte und des sichergestellten Materials vorlegen.
5. Der Termin für die Abgabe ist der 6. November 1938.

1 ŠABpM, Juden, Karton 40. Abdruck in slowak. Sprache in: Ladislav Hubenák (Hrsg.), Riešenie židovskej otázky na Slovensku (1939–1945), Teil 1, Bratislava 1994, Dok. 2. Das Dokument wurde aus dem Slowakischen übersetzt.
2 Siehe Einleitung, S. 21.
3 Dr. Jozef Tiso (1887–1947), Priester, Politiker; von 1927 an Abgeordneter der SĽS im tschechoslowak. Parlament, 1927–1929 Sport- und Gesundheitsminister, von 1930 an stellv. Vorsitzender, vom 30.9.1939 an Vorsitzender der HSĽS, von Okt. 1938 bis März 1939 Ministerpräsident und Innenminister, danach de facto, vom 26.10.1939 an gewählter Staatspräsident; April 1945 Flucht nach Altötting, Auslieferung durch die Alliierten an die ČSR, im April 1947 zum Tode verurteilt und hingerichtet.
4 Zum Ersten Wiener Schiedsspruch siehe Einleitung, S. 21.
5 Im Folgenden im Original inkonsistente Nummerierung.
6 Centrála pre riešenie židovského problemu na Slovensku: Die Zentrale zur Lösung der Judenfrage in der Slowakei bestand im Nov. 1938 nur wenige Tage und wurde von Dr. Jozef Faláth geleitet.
7 Richtig: Dr. Jozef Faláth (1908–1978).

6. Das sichergestellte Material verbleibt bei den zuständigen Dienststellen bis zur nächsten Anordnung.

II.

Alle in der Slowakei lebenden vermögenden Juden, die im Besitz von mehr als 500 000 Kč sind, sollen bis spätestens 4. November 1938 24 Uhr vorübergehend festgenommen werden, damit sie ihr Vermögen nicht beiseiteschaffen können.

Nach Feststellung der vermögensrechtlichen Angelegenheiten sollen die amtlichen Dienststellen einen genauen Bericht an die Zentrale zur Lösung des jüdischen Problems in der Slowakei (Polizeidirektion in Bratislava) über jeden einzelnen Fall erstatten.

Von der Freilassung dieser vorübergehend Festgenommenen soll abgesehen werden. Weitere Richtlinien werden von der Zentrale zur Lösung des jüdischen Problems in Bratislava erteilt.

III.

Die Anordnungen unter I. und II. beziehen sich nicht auf Juden fremder [Staats-]Angehörigkeit (eine Ausnahme bilden nur die Juden polnischer, deutscher, ungarischer und rumänischer Landesangehörigkeit).

DOK. 3

Das Kreisamt von Banská Štiavnica meldet dem Landesamt in Bratislava am 8. November 1938, dass die mittellosen Juden deportiert wurden[1]

Meldung des Kreisamts von Banská Štiavnica (Nr. 1221/1938 Präs.), der Kreisvorsteher, Unterschrift unleserlich, an das Präsidium des Landesamts, Bratislava, vom 8.11.1938 (zu Nr. 70 081/1938 Präs.)

Das Judenproblem in der Slowakei, die Umsiedlung von lästigen Juden und die Sicherstellung des Besitzes von reichen Juden

Anlagen: 2[2]

I. Nach dem Telefonogramm vom 4.11.1938[3] hat das Kreisamt in Zusammenarbeit mit den Gendarmeriestationen und den Hlinka-Garden die Mehrheit der hier ansässigen lästigen Juden samt Familienangehörigen sowie diejenigen, die keine Aufenthaltserlaubnis im hiesigen Kreis haben, und schließlich auch diejenigen, die eine fremde Staatsbürgerschaft haben und obdachlos sind, aus dem Bereich des Verwaltungskreises umgesiedelt. Insgesamt wurden 52 Juden in die südlichen Bezirke der Slowakei, die an Ungarn abgetreten werden, umgesiedelt. Die Namensliste dieser Juden ist beigelegt. Ihre Wohnungen, Geschäfte und Werkstätten wurden verschlossen und versiegelt. Kleinere Geldbeträge und Sparbücher, die bei diesen armen und lästigen Juden gefunden wurden, wurden sichergestellt. Insgesamt wurden eine Barschaft von 4299,15 Kč sowie zwei Sparbücher mit einer Einlage von 3962,80 Kč sichergestellt.

1 SNA, KÚ, Karton 309. Abdruck in slowak. Sprache in: Eduard Nižňanský (Hrsg.), Holokaust na Slovensku, Bd. 1, Obdobie autonómie (6.10.1938–14.3.1939). Dokumenty, Bratislava 2001, Dok. 136. Das Dokument wurde aus dem Slowakischen übersetzt.

2 Anlagen nicht in der Akte.

3 Siehe Dok. 2 vom 4.11.1938.

II. Reiche Juden, deren Eigentum der öffentlichen Meinung nach 500 000 Kč übersteigt, wurden am 4.11.1938 um 22 Uhr in die Sicherungsverwahrung in die bewachten Räumlichkeiten des hiesigen Bürgerzirkels genommen. Insgesamt wurden 16 Juden in Sicherheitsverwahrung genommen. Ihr Besitz, d.h. Sparbücher, Wertpapiere und Bargeld, wurde festgestellt und aufgeschrieben. Nach der Feststellung der eigentumsrechtlichen Verhältnisse wurden die Juden am 7.11.1938 freigelassen. Die Liste dieser wohlhabenden Juden mit der Auflistung ihres Eigentums lege ich bei. Dieses strenge und energische Vorgehen gegen die Juden hat in den jüdischen Kreisen große Aufregung und Verunsicherung ausgelöst. Das Kreisamt befürchtet, dass die antijüdischen Maßnahmen auf den Handel und auf die Industrie, auf den Kapitalumsatz in Unternehmen und auf die Belebung des Arbeitsmarkts einen sehr ungünstigen Einfluss haben werden.
Die armen und lästigen Juden – fremde Staatsangehörige – wurden mit ihren Familien in den Abend- und Nachtstunden festgenommen und nachts in drei Lastkraftwagen gemäß dem erteilten Befehl an die ungarische Grenze auf das zu besetzende Gebiet[4] umgesiedelt. Dieses Vorgehen und diese Lösung hielten allgemein auch die christlichen Kreise für inhuman und grausam, umso mehr, da es gerade in der Nacht vom 4. auf den 5.11.1938 kalt war und stark regnete und da einige Mitglieder der Hlinka-Garden trotz des ausdrücklichen Verbots des Kreisamts brutal und unchristlich gegen die Juden vorgingen. Abgesehen von der Tatsache, dass der telefonisch erteilte Befehl nicht genau formuliert war und dass er fast in jedem Kreis anders durchgeführt wurde, ist das Kreisamt der Ansicht, dass die jüdische Frage gesetzlich und allmählich nach genauen schriftlichen Direktiven gelöst werden sollte. Schließlich merke ich an, dass von den zwangsweise umgesiedelten Juden ein Teil auf Weisung unserer Ämter und der Sicherheitsorgane im Grenzgebiet an ihre früheren Wohnsitze zurückgekehrt ist.

DOK. 4

Ibolya Hoffmann hält am 9. November 1938 die politischen Ereignisse der vorangegangenen Wochen und die Ausweisung von Juden aus der Slowakei fest[1]

Handschriftl. Tagebuch von Ibolya Hoffmann,[2] Eintrag vom 9.11.1938[3]

Mittwoch, 9. November 1938
Leider hat sich nichts gebessert. Gar nichts. Es waren furchtbare Zeiten, die wir bis jetzt durchlebten. Monatelange Unsicherheit, bis sich dann die Ereignisse überstürzten. Mobilisierung des tschechoslowakischen Staates, Panik, furchtbare Aufregung, Angst um das Leben, den Verdienst. Flucht Tausender Menschen aus den Städten, hauptsächlich aus

4 Zum Ersten Wiener Schiedsspruch siehe Einleitung, S. 21.

1 YVA, O.33/5629, Bl. 170 f.
2 Ibolya Hoffmann-Haynal, später Beatrice Iby Kay (1923–2012), Schneiderin; 1942 Scheinehe, um der Deportation zu entgehen, 1943 Scheidung, lebte mit falschen Papieren in Bratislava, in der Widerstandsbewegung aktiv, im Nov. 1944 von der Hlinka-Garde gefasst und in das Arbeitslager Sered, im Febr. 1945 nach Theresienstadt deportiert; 1964 Auswanderung nach Israel.
3 Grammatik- und Rechtschreibfehler wurden behutsam korrigiert, sprachliche Eigenheiten beibehalten.

Preßburg, wo doch das Angriffsfeld sein sollte. Es war schrecklich. Und da erst erkannte der Mensch, daß trotz aller Mühen und Plagen, Kummer und Ärgernisse das Leben wert ist, gelebt zu werden. Und wenn man auch glaubt, sagt, *was liegt mir am Leben*, wenn es dazu kommt – da hängt man mit allen Fasern am Leben. Nur leben! – Zum Krieg kam es nicht. Das Sudeten-Gebiet wurde an Deutschland abgetreten. Die Slowaken bekommen die Autonomie. Die Ungarn einen Teil der Slowakei, wie auch die Polen.[4] Viele Menschen wurden ausgewiesen ins Gebiet, wohin sie zuständig waren und Staatenlose auf die Grenze.[5] Das Leben aber geht weiter seinen gewohnten Gang – …… –
Hoffen wir! Vertrauen wir auf G-tt! Er wird uns Hilfen schicken.

DOK. 5
Die Zentrale Jüdische Amtsstelle gibt dem Landesamt am 28. November 1938 ihre Gründung bekannt und ruft alle Juden zur Einheit auf[1]

Schreiben der Zentralen Jüdischen Amtsstelle für das Land Slowakei[2] in Bratislava, gez. Dr. Otto Löbl,[3] Dr. Oskar Neumann,[4] Eugen Winterstein,[5] an das Landesamt der Slowakei (Eing. 29.11.1938), Bratislava, vom 28.11.1938[6]

Hohes Landesamt:
Die Unterzeichner: Dr. Otto Löbl, Rechtsanwalt in Bratislava, Hurban Platz Nr. 10, Dr. Oskar Neumann, Schriftsteller, Bratislava, Štefánikova 23, und Eugen Winterstein, Zahntechniker, Bratislava, Poštová Nr. 4, teilen Folgendes mit:
Aufgrund des mündlich gegebenen Einverständnisses des Herrn Vorstehers der Abteilung IV des Landesamts in Bratislava hat die *Zentrale Jüdische Amtsstelle für das Land Slowakei* mit Sitz in Bratislava, Ventúrska Nr. 3, die Tätigkeit aufgenommen.
Ferner teilen wir mit, dass wir das beigelegte Flugblatt aufgrund des mündlichen Einverständnisses an die jüdische Bevölkerung versandt haben.
Wir ersuchen ergebenst, dass die Einrichtung der *Zentralen Jüdischen Amtsstelle für das Land Slowakei* mit Sitz in Bratislava, Ventúrska 3, zur Kenntnis genommen wird und dass wir Unterzeichner zu Hd. von Dr. Otto Löbl darüber benachrichtigt werden.

4 Zur Sudetenkrise, zum Münchener Abkommen und dem Ersten Wiener Schiedsspruch siehe Einleitung, S. 20 f.
5 Zur Ausweisung von Juden aus der Slowakei vgl. Dok. 2 vom 4.11.1938; Einleitung, S. 21 f.

1 SNA, Krajínský úrad-Prezidium, Karton 309; Abdruck in slowak. Sprache in: Nižňanský (Hrsg.), Holokaust, Bd. 1 (wie Dok. 3, Anm. 1), Dok. 7. Das Dokument wurde aus dem Slowakischen übersetzt.
2 Židovská Ústredná Úradovňa Pre Krajinu Slovenskú; siehe Einleitung, S. 21.
3 Dr. Otto Löbl (1903–1970), Rechtsanwalt; 1939 nach Palästina ausgewandert.
4 Dr. Oskar Neumann (1894–1981), Schriftsteller, Journalist; 1928 Schriftleiter der Zeitung Jüdische Volkszeitung in Pressburg; Mitglied der Jüdischen Partei der ČSR, Arbeit für die tschechoslowak. Sektion des Jüdischen Nationalfonds, von 1941 an Mitglied der Leitung der Judenzentrale, Umschulungsabt. und der Arbeitsgruppe, von 1943 an Judenältester; 1944 Deportation in das Arbeitslager Sered und nach Theresienstadt; 1946 nach Palästina ausgewandert.
5 Eugen Winterstein (1903–1970), Zahntechniker; Führungskader der zionistischen Bewegung; 1939 nach Palästina ausgewandert.
6 Anlage: Memorandum der Zentralen Jüdischen Amtsstelle für das Land Slowakei vom 28.11.1938.

Zentrale Jüdische Amtsstelle für das Land Slowakei/Bratislava, Ventúrska 3
JUDEN!
Nach der Unabhängigkeit des Slowakischen Landes bekundete das Judentum bei den zuständigen Amtsträgern seinen Willen und sein Bestreben, beim Aufbau des slowakischen Staates aufrichtig mitzuarbeiten und bei der gerechten Lösung aller Probleme behilflich zu sein. Wir stellen unsere materiellen und geistigen Kräfte in den Dienst des Slowakischen Landes und Staates, weil wir uns seine erfolgreiche Entwicklung und sein Vorankommen wünschen. Wir gliedern uns als Ganzes und als Einzelne ein; wir wollen uns deshalb innerlich stärken und uns für die schweren Aufgaben, die auf uns warten, vereinen. Um unsere Entscheidung so wirksam wie möglich umzusetzen und unsere Arbeit erfolgreich zu gestalten, haben wir kraft der Entscheidungen der führenden Organisationen der Juden in der Slowakei und mit dem Einverständnis der zuständigen Amtsträger die *Zentrale Jüdische Amtsstelle für das Land Slowakei* gegründet, die in dieser Zeit berufen ist, das Judentum einheitlich zu führen.
Genügen wir in erster Reihe den Bürgerpflichten in allen Konsequenzen und tragen wir damit zur erfolgreichen Entwicklung des Slowakischen Landes bei. Jeder Jude hält an seinem Platz stand und verfällt nicht der Panik. Wir müssen baldmöglichst die umfassende Umschichtung des Judentums beginnen, Berufsberatungsstellen und Jugendfürsorgestellen einrichten. Es ist nötig, eine zielgerichtete und zentral organisierte Auswanderung durchzuführen. Die Erfüllung dieser Aufgaben ist nur auf der Basis der religiösnationalen Kräfte der ganzen jüdischen Bevölkerung möglich. Wir werden mit den zuständigen Amtsträgern verhandeln, um mit tatkräftiger und planmäßiger Arbeit die Wirtschaft zu beleben und den Wohlstand zu vermehren, damit alle unterschiedslos hier ihre wahre Heimat finden, in der menschliche Gerechtigkeit herrscht.
Juden! Wir rufen Euch auf, Eure Bürgerpflichten zu erfüllen, damit Euch alle ihre materiellen und moralischen Kräfte zum wirtschaftlichen Aufbau des Slowakischen Landes zur Verfügung stellen. Einheit, Disziplin, religiöses und nationales Selbstbewusstsein sind die großen schöpferischen Kräfte, die wir brauchen. Wir rufen Euch alle zu der schweren und verantwortungsvollen Arbeit auf.
Zentrale Jüdische Amtsstelle für das Slowakische Land.

DOK. 6
Ein Bericht aus Košice vom 28. November 1938 schildert das Schicksal der aus der Slowakei deportierten Juden[1]

Bericht, ungez., aus Košice an das Jewish Joint Distribution Committee, vom 28.11.1938

Opfer des Schicksals
Vertreibung von Juden aus der Slowakei
Die Gewährung einer Autonomie für die Slowakei im Oktober kam fast zur gleichen Zeit wie die Amputation, die das Land als Ergebnis des Wiener Schiedsspruchs aufgrund der ungarischen Ansprüche erlitt. In Zusammenhang damit musste die Slowakei Ungarn

1 JDC, AR3344, Count 21 00787_1. Das Dokument wurde aus dem Englischen übersetzt.

einen großen Teil ihres Territoriums überlassen und ungefähr auf die Linie von Bratislava bis Presov zurückweichen. Der Verlust der Hauptstadt der Ostslowakei, Kosice, war ein besonders harter Schlag. Neben der ungarischen Mehrheit leben in der Stadt etwa 15 000 Juden. Diese außenpolitischen Ereignisse führten zur Vertreibung von Juden aus der inneren Slowakei. Die Garden der Hlinka-Partei, die in der Regierung vertreten sind, griffen die jüdischen Bürger, die zumeist aus den abgetretenen Grenzgebieten stammten, auf, setzten sie in Lastwagen, die für diesen Zweck requiriert worden waren, und brachten sie nachts über die neue Grenze, wo sie auf offenem Feld oder in Wäldern abgeladen wurden. Keinem dieser zwangsweise deportierten Menschen war es erlaubt, mehr als 50 Kronen mitzunehmen. Alles, was über diese Summe hinausging, wurde beschlagnahmt. Diese schrecklichen Fahrten begannen sofort, als die Bedingungen des Schiedsspruchs bekannt wurden, und betrafen nicht weniger als 8000 bis 10 000 Personen, unter ihnen eine Reihe von Nichtjuden.[2]
Der Wiener Schiedsspruch gab sechs Tage vor, um die abgetretenen Gebiete freizumachen. In dieser Zeit brachen Zehntausende Tschechoslowaken ins Landesinnere auf. So sieht Kosice, eine Stadt mit 80 000 Einwohnern, in diesen Tagen aus wie eine Evakuierungszone im Krieg. Die Geschäfte sind fast zum Erliegen gekommen. Die ankommenden jüdischen Flüchtlinge, die von der örtlichen jüdischen Gemeinde empfangen wurden, bringen ein düsteres Bild in diese Szenerie. Als berichtet wurde, dass die Hlinka-Garden vor der ungarischen Okkupation kommen, verbarrikadierten die jüdischen Geschäftsleute ihre Läden und stellten Wachen vor die Synagogen, um die Thorarollen bei prominenten Familien in Sicherheit zu bringen. Am Sonntag vor der Evakuierung von Kosice überbrachten slowakische Autofahrer die Nachricht, dass ältere jüdische Männer und Frauen auf dem christlichen Friedhof außerhalb der Stadt zusammengebrochen seien und dass sich Gruppen mit jüdischen Familien in den Wäldern aufhielten, wohin sie von Hlinka-Garden aus dem Landesinnern gebracht worden waren. Mit Hilfe des ungarischen Nationalrats machte die jüdische Gemeinde in Kosice etwa 15 Autofahrten in die nahe Umgebung der Stadt und las die Flüchtlinge auf, etwa 700 an der Zahl, und brachte sie zurück in die Stadt. Diese Autos unternahmen mehrere Fahrten und kehrten jedes Mal mit einer Fuhre Flüchtlinge zurück. In Kosice erhielten die erschöpften Menschen zu essen, und sie wurden provisorisch untergebracht. Sie erzählten alle das Gleiche: Plötzlich, ohne die notwendigsten persönlichen Dinge mitnehmen zu können, wurden sie aus ihren Häusern geholt oder auf den Straßen festgenommen. Alte Paare von 90 Jahren wurden abgeholt und auch stillende Mütter nicht verschont. Eine Frau gebar in dem Lastwagen, der sie hierher transportierte, Zwillinge.
Die reichen Leute wurden von den Hlinka-Garden unter Arrest gestellt, bis sie eine Geldsumme zahlten, die in jedem einzelnen Fall festgelegt wurde. Der Millionär Spitzka-Novaves, ein tschechoslowakischer Bürger, wollte sechs Millionen Kronen statt der geforderten 14 Millionen Kronen zahlen und übertrug, als dies abgelehnt wurde, sein gesamtes Vermögen dem ungarischen Nationalrat. Ärmere Juden und auch einige arische Familien sowie die wenigen Zigeuner unter den Vertriebenen durften 50 Kronen pro Kopf behalten, der Rest ihres Bargelds wurde beschlagnahmt. In Bratislava und anderen

2 Als Reaktion auf den Wiener Schiedsspruch vom 2.11.1938 und die umfassenden Gebietsverluste ordnete Präsident Tiso die Deportation Tausender Juden in die abzutretenden Gebiete an; siehe Einleitung, S. 21 f.; Dok. 2 vom 4.11.1938.

Orten stellten Hlinka-Gardisten sicher, dass nicht mehr als 50 Kronen mitgenommen wurden. Zwischen Samstag, dem 5. November, und Dienstag, dem 8. November, wurden rund 10 000 Juden aus der Slowakei deportiert. An den Kreuzungen außerhalb von Kosice versuchten Männer des ungarischen Nationalrats die Hlinka-Lastwagen zu stoppen, um die Flüchtlinge wenigstens in der Stadt zu halten. Erst nach einem Handgemenge mit den Bewachern des Konvois war es möglich, den Transport zu übernehmen.
Am Samstagabend berichteten Autofahrer in Kosice, dass in Krencpusco, 15 km entfernt, etwa 60 Flüchtlinge abgeladen worden waren, ohne Essen und Geld. Als die Hilfsexpedition aus Kosice ankam, erfuhren sie, dass tschechische Truppen, die zufällig vorbeigekommen waren, ihr Frühstück mit den Unglücklichen geteilt hatten, während die slowakischen Soldaten ihnen später das Essen weggenommen hatten. Die slowakischen Truppen verhafteten die Hilfsexpedition, und ein Leutnant brachte Maschinengewehre in Stellung, ließ die Juden und ihre Retter umstellen und verbot ihnen zurückzukehren. Erst am Sonntag, als General Mezl in Kosice informiert worden war, erhielten die Flüchtlinge die Erlaubnis, die Stadt zu betreten.
Die jüdische Gemeinde in Kosice übernahm umgehend die Fürsorge für die Flüchtlinge, einschließlich der rund 30 Arier. Stroh wurde im Schulgebäude aufgeschüttet. Um die kleinen Kinder kümmerte sich das JDC, das sie untersuchte und versorgte. Das Krankenhaus war schnell überfüllt. Viele Familien in der Stadt nahmen zwei oder drei Flüchtlinge auf. Ärzte und Krankenschwestern stellten sich zur Verfügung, und eine Suppenküche wurde eingerichtet, denn selbst ehemals sehr wohlhabende Leute hatten keinerlei Mittel, um das Lebensnotwendige einzukaufen. In Kosice konnte man jung verheiratete Paare sehen, große Familien, alte Menschen und kleine Kinder, alle auf Stroh liegend, die Spuren ihres grausamen Schicksals in ihren Gesichtern – Menschen, die von Urgewalten hinweggefegt wurden, die außerhalb ihrer Kontrolle liegen.
Als die Deportationen von Juden auf das gesamte Territorium der Slowakei ausgedehnt wurden und die Lastwagen die kürzeste Straße zur Grenze nutzten, wurden die Flüchtlinge über ein weites Territorium verstreut vor dem ungarischen Besetzungsgebiet abgeladen – Lucenec, Plesiwec, Rosniave, Tornalia.
Später rückte die slowakische Regierung von den radikalen Methoden der Hlinka-Garden ab. Die Beschlagnahme des Geldes an den Bahnhöfen und die Deportationen wurden beendet.[3] Es wird berichtet, dass einige der Deportierten zurückbeordert wurden, weil sie keine Pässe hatten oder, unter dem Druck der Ungarn, ihre Zuflucht verloren. Wahrlich, Opfer des Schicksals.

3 Die Regierung hatte den Deportationsbefehl am 7.11.1938 zurückgenommen; siehe Einleitung, S. 21.

DOK. 7
Die orthodoxe jüdische Gemeinde in der Slowakei bittet Ministerpräsident Tiso am 29. November 1938, die deportierten Juden wieder zurückkehren zu lassen[1]

Brief der orthodoxen jüdischen Gemeinde (Nr. 3735/938), ungez., an Ministerpräsident Jozef Tiso vom 29.11.1938 (Abschrift)

Situation der abgeschobenen Juden, die sich zurzeit im Grenzgebiet in der Nähe von Mischdorf und bei Nitra (Veľký Kýr) befinden

Sehr verehrter Herr Ministerpräsident!

Der Gegenstand unserer ergeben vorgetragenen Bitte ist die Situation der Personen, die bis Anfang November 1938 in der Slowakei wohnhaft waren und die in das an Ungarn und die ungarischen Behörden abgetretene Gebiet verbracht und vor zwei Wochen über unsere Grenze abgeschoben wurden, wo sie sich in hinlänglich bekannter, unbeschreiblich verzweifelter Lage befinden. Viele sind infolge von Kälte und Not schwer erkrankt. Unserem Wissen nach befinden sich bei Mischdorf 302 Personen, davon 120 männlich, 77 weiblich und 105 Kinder verschiedenen Alters. Unter ihnen gibt es einige Säuglinge. Von ihnen sind etwa 17 Bürger der Slowakei, 30 stammen aus der Karpatoukraine,[2] 28 aus dem abgetretenen Gebiet, 22 Personen aus Polen, 38 Personen wurden aus Deutschland abgeschoben, 167 sind ohne Staatsbürgerschaft, die allerdings schon seit vielen Jahren, zum Teil seit Jahrzehnten in der Slowakei wohnhaft waren. In Veľký Kýr bei Nitra befinden sich 344 Personen, davon 132 männlich, 73 weiblich und 139 Kinder. Diesen konnten wir keine Staatsangehörigkeit zuordnen. Es ist möglich, dass sich ähnliche Lager an anderen Orten an der slowakisch-ungarischen Grenze befinden, worüber die slowakische Regierung hoffentlich eine amtliche Mitteilung erhalten hat.

Was den Aufenthaltsort der oben erwähnten Bedürftigen betrifft, deren Lage man kaum in Worte fassen kann, gestatten wir uns, folgende Vorschläge zu unterbreiten, und verpflichten uns hiermit verbindlich, dass wir jetzt und künftig allen Verpflichtungen nachkommen werden, die aus diesen Vorschlägen resultieren. Weiterhin verpflichten wir uns, für alle Ausgaben aufzukommen, so dass mit dem Verbleiben der oben angeführten Personen auf slowakischem Gebiet für die jeweiligen Gemeinden keine Kosten entstehen. Um das Problem zu lösen, schlagen wir vor, das Verbleiben aller oben angeführten Bedürftigen auf dem Gebiet der Slowakei zu erlauben, und wir verpflichten uns im Gegenzug, bis zum Erlass weiterer Maßnahmen, diese unter strenger polizeilicher Aufsicht in Gebäuden gemäß den unterbreiteten Vorschlägen unterzubringen. Wir verpflichten uns, die Unterkunft, Verpflegung und ärztliche Behandlung für alle zu übernehmen.

Den Personen, die einer slowakischen Gemeinde angehörig sind, möchten wir Sie ergebenst bitten, die Rückkehr an ihre Wohnsitze zu ermöglichen. Wir verpflichten uns, die den karpatoukrainischen Gemeinden zugehörigen Personen mit Reisegeld zu versorgen,

1 SNA, KÚ-Prezidium, Karton 309. Abdruck in slowak. Sprache in: Nižňanský (Hrsg.), Holokaust, Bd. 1 (wie Dok. 3, Anm. 1), Dok. 125. Das Dokument wurde aus dem Slowakischen übersetzt.

2 Die Karpatoukraine war bis 1920 Teil Ungarns, dann bis Nov. 1938 Teil der Tschechoslowakei, anschließend autonom innerhalb der Tschechoslowakei, gehörte von März 1939 bis 1944 zu Ungarn, bis 1946 wieder in die Tschechoslowakei eingegliedert, von 1946 an Teil der Ukrainischen Sowjetrepublik, seit 1991 zur Ukraine gehörig.

so dass sie das slowakische Gebiet verlassen und in ihre Heimatgemeinden bzw. Wohnorte zurückkehren können, sobald sie reisefähig sind. Allen anderen Personen bitten wir, die Rückkehr in ihre Wohnorte zu ermöglichen. Nachdem die Behörden der Slowakei fallweise beschlossen haben, dass Einzelne nicht auf slowakischem Gebiet verbleiben dürfen, möchten wir um eine angemessene Frist bitten, damit diese Personen ihre Angelegenheiten regeln und dann das Gebiet der Slowakei verlassen können. Den Betroffenen werden wir in jeder Hinsicht behilflich sein, so dass sie der Öffentlichkeit nicht zur Last fallen und dass es ihnen mit Hilfe von ausländischen Behörden und ausländischen Wohlfahrtsorganisationen ermöglicht wird, in andere Staaten auszuwandern.
Als Unterkunft für Kranke und für Personen, die man nicht ihren bisherigen Wohnorten oder Verwandten mit slowakischer Staatsbürgerschaft zuweisen konnte, steht uns das alte jüdische Krankenhaus in Bratislava zur Verfügung, das wir zu diesem Zwecke leerräumen lassen könnten. Je nach Bedarf verpflichten wir uns, auch weitere Gebäude freizumachen.
Wir möchten anmerken, dass ein überwiegender Teil der Abgeschobenen in der Slowakei über ausreichendes Vermögen und Wohnungen verfügt, oder auch bisher bei den nächsten Verwandten untergebracht war, zum Beispiel bei Eltern oder Geschwistern.
Wir möchten den verehrten Herrn Ministerpräsidenten mit der Beschreibung der allgemein bekannten, verzweifelten Lage dieser Bedauernswerten nicht belästigen und appellieren daher an die bekannte Menschlichkeit des verehrten Herrn Ministerpräsidenten und der gesamten slowakischen Regierung und bitten ergebenst um baldige Erfüllung unserer Eingaben, die darauf gerichtet sind, das Leben und die Gesundheit der Unschuldigen zu erhalten, da das Leben und die Gesundheit von diesen, die seit beinahe drei Wochen unbeschreiblich leiden, mit jedem weiteren Tag stärker bedroht sind.
Wir empfehlen uns Ihrem Wohlwollen und verbleiben in tiefer Hochachtung

DOK. 8

Die Regierung des slowakischen Landes bildet am 23. Januar 1939 eine Kommission zur Vorbereitung antisemitischer Maßnahmen[1]

Mitteilung des Präsidiums der Slowakischen Regierung (Nr. 747/39), Unterschrift unleserlich, Bratislava, an alle Ministerien (Eing. 30.1.1939, Landesamt Bratislava) vom 26.1.1939[2]

Kommission zur Lösung der jüdischen Frage in der Slowakei
Die Regierung des Slowakischen Landes hat in der Sitzung am 23. Januar 1939 eine Kommission zur Lösung der jüdischen Frage eingerichtet und zu ihren Mitgliedern be-

1 SNA, ÚPV, Karton 35, 747/39. Abdruck in slowak. Sprache in: Hubenák (Hrsg.), Riešenie, Teil I (wie Dok. 2, Anm. 1), Dok. 9; Eduard Nižňanský/Ivan Kamenec (Hrsg.), Holokaust na Slovensku, Bd. 2: Prezident, vláda, Snem SR a Štátna rada o židovskej otázke 1939–1945, Bratislava 2003, Dok. 2. Das Dokument wurde aus dem Slowakischen übersetzt.
2 Im Original Ablagestempel und handschriftl. Bearbeitungsvermerke.

stimmt: den Staatsminister Karol Sidor,[3] den Finanzminister des Slowakischen Landes Pavel Teplanský,[4] den Wirtschaftsminister des Slowakischen Landes Dr. Mikuláš Pružinský,[5] den Minister für Verkehr und öffentliche Arbeiten des Slowakischen Landes Dr. Ferdinand Ďurčanský und Dr. Julius Virsík,[6] Rechtsanwalt in Bratislava. Die Kommissionsmitglieder werden zu den Sitzungen vom Staatsminister Karol Sidor eingeladen.

DOK. 9
Vertreter der jüdischen Gemeinden in Trnava bitten Ministerpräsident Tiso am 24. Januar 1939 um Hilfe, da die Juden der Stadt permanenten Übergriffen ausgesetzt sind[1]

Schreiben der Israelitischen Glaubensgemeinschaft statusquo[2] und der autonomen orthodoxen Glaubensgemeinschaft,[3] Trnava, Unterschriften unleserlich, an Ministerpräsident Dr. Jozef Tiso, Bratislava, vom 24.1.1939[4]

Gesuch

Verehrter Herr Ministerpräsident,

die unterzeichnenden Vorstände der isr. Glaubensgemeinde statusquo und der aut. Orth. isr. Glaubensgemeinde in Trnava bitten Sie ehrerbietig um Hilfe in folgender Angelegenheit:

In den letzten Tagen ist es wiederholt zu Ausschreitungen gegen die hiesige Bevölkerung jüdischen Glaubens gekommen, die Tag für Tag grundlos überfallen und zusammengeschlagen wird. Einzelnen Personen werden Fenster eingeschlagen. Heute sind Gruppen von drei bis vier Personen in jedes jüdische Geschäft gekommen und haben die Ladenbesitzer unter Drohungen gezwungen, für zehn Kč Schilder mit der Aufschrift *jüdisches Geschäft* zu kaufen und sofort im Schaufenster anzubringen. Wir haben uns deshalb an

3 Karol Sidor (1901–1953), Journalist; Großneffe Andrej Hlinkas; von 1920 an Redakteur des Slovák; Dez. 1938 bis März 1939 Staatsminister und Vizevorsitzender der Zentralregierung in Prag, Okt. 1938 bis März 1939 Oberbefehlshaber der Hlinka-Garde, April 1939 bis 1945 Gesandter im Vatikan; Exil in Kanada.

4 Pavel Teplanský (1886–1969), Politiker; 1938 tschechoslowak. Finanz- und Wirtschaftsminister, Okt. 1938 bis 10.3.1939 Finanzminister im Autonomen Land der Slowakei.

5 Dr. Mikuláš Pružinský (1886–1953), Jurist; 1923–1929, 1936 Abgeordneter im tschechoslowak. Parlament, Jan. bis März 1939 Wirtschaftsminister im Autonomen Land der Slowakei, vom 14.3.1939 an slowak. Finanzminister, Mitglied des Präsidiums der HSĽS; im Nov. 1947 zu sieben Jahren Haft verurteilt.

6 Dr. Julius Virsík (1907–1993), Rechtsanwalt; bis März 1939 in der Kanzlei von Ferdinand Ďurčanský, von März 1939 an Rechtsberater kath. Bischöfe; bis 1949 Rechtsanwalt in Bratislava, danach Justitiar in verschiedenen Zementwerken.

1 SNA, ÚPV, Karton 35, Abdruck in slowak. Sprache in: Nižňanský (Hrsg.), Holokaust, Bd. 1 (wie Dok. 3, Anm. 1), Dok. 103. Das Dokument wurde aus dem Slowakischen übersetzt.

2 Izraelitská cirkevná obec statusquo.

3 Autonómna ortodoxná obec.

4 Im Original Stempel der beiden Glaubensgemeinden.

das hiesige Kreisamt gewandt, das jedoch aus uns unbekannten Gründen nicht einschreiten will und uns an die Stadtpolizei verwiesen hat, die aber nichts unternimmt.[5]
Verehrter Herr Ministerpräsident, es ist unmöglich, mit Worten die tiefe Niedergeschlagenheit zu beschreiben, in der die jüdische Bevölkerung von Trnava unter dem Eindruck dieser Ereignisse lebt. Unsere Lage ist schier unerträglich, weil wir sehen, dass alle unsere Klagen und Interventionen um Abhilfe ohne Wirkung bleiben und daher auch keinen Erfolg haben. Unsere Existenz wird zunichtegemacht.
Verehrter Herr Ministerpräsident, in Kenntnis Ihrer Absichten sind wir der Überzeugung und haben die Hoffnung, dass Sie entsprechende Maßnahmen ergreifen werden, damit unserer jüdischen Bevölkerung in Trnava wirksam geholfen wird.
Hochachtungsvoll

DOK. 10

Oskar Freimann schildert am 28. Februar 1939 der Familie Grünberger in den USA die Bemühungen der Familie, aus der Slowakei zu flüchten[1]

Brief von Oskar Freimann,[2] Moravský Svätý Ján an Familie Grünberger,[3] New York/USA, vom 28.2.1939

Meine Lieben.
Vor einer Woche haben wir Euere heiß ersehnte Verständigung über unser Affidavit[4] erhalten, und obzwar die Sache noch viele Monate dauern wird, vielleicht sogar über ein Jahr, freuen wir uns schon jetzt alle auf die Reise, und um endlich im Schatten Eurer Liberty frei atmen zu können. Eure Informationen sind insofern richtig, als politisch eine gewisse Windstille bei uns eingetreten ist, nichtsdestoweniger ist es der herrschenden Klasse in der kurzen Zeit gelungen, einen Teil der Juden aus dem Wirtschaftsleben auszuschalten. Dies bezieht sich hauptsächlich auf uns Ärzte, Juristen und einen Teil der Beamtenschaft.[5] Wie ich Euch bereits berichtet habe, bin ich aus den Krankenkassen der Staatsangestellten und Beamten gestrichen worden, und aus der Privatpraxis kann man, wie ich es bereits ersehe, nicht auskommen, so daß ich auch schon mein Auto verkauft habe und mir ein billiges Motorrad angeschafft habe, dessen Erhaltungskosten ganz geringe sind. Ich verhandle soeben wegen Verkauf unseres Hauses, Käufer wären

5 Eine Anordnung zur Kennzeichnung jüdischer Geschäfte und Betriebe (11.511/1939 prez.) wurde erst am 3.9.1939 vom Landesamt in Bratislava an alle untergeordneten Ämter und Behörden erlassen. Die hier geschilderte Maßnahme ging auf Initiativen lokaler Akteure zurück.

1 USHMM, ACC 2009.80.1, Documents Grünberger and Freimann.
2 Dr. Oskar Freimann (*1902), Arzt; er wurde zusammen mit seiner Frau Marie Freimann (*1906), Hausfrau, und den Kindern Eva Freimann (*1931) und Peter Freimann (*1934) im Juni 1942 von Žilina in das Vernichtungslager Sobibor deportiert. Niemand von ihnen überlebte.
3 Wahrscheinlich Milton Grünberger; Schwager von Oskar Freimann.
4 Eidesstattliche Versicherung eines Bürgers eines Aufnahmelands, sämtliche Kosten für einen potentiellen Einwanderer zu übernehmen.
5 Ohne gesetzliche Handhabe wurden insbesondere Ärzte, Journalisten, Richter, Notare, Lehrer und Apotheker aus ihren Berufen gedrängt. Oft wurden Juden auch die Gewerbescheine entzogen.

genug, alle möchten es aber umsonst haben wollen, und ich werde auch gezwungen sein, mit Rücksicht auf die Verhältnisse, es tief unter dem Effektivwert zu veräußern.
In Kišovce ist nichts Neues, wir stehen mit Armin[6] in reger Korrespondenz, er ist andauernd optimistisch gestimmt, vorläufig hat er auch allen Grund, es zu sein, es ist ihm noch nichts genommen worden, er ist der Meinung, daß, falls man ihm das Geschäft auch nehmen würde, möchte ihm seine Landwirtschaft zum Leben genügen. Ich bin damit eigentlich auch einverstanden, da hat die lb. Mama wenigstens wo zu bleiben. Aus Kassa kommen schlechtere Nachrichten, mir haben sie zwar nicht geschrieben, aber im allgemeinen kommen aus Ungarn sehr schlechte Nachrichten, die Häuser sind dort ganz wertlos geworden. Meitner Laci erkundigt sich auch nach Miksas Adresse, möchte auswandern, könnte ihm seine Familie nicht auch einen Affidavit schicken? Ecuador ist übrigens jetzt modern geworden, eigentlich noch der einzige Staat in der Welt, wohin man bedingungslos auswandern kann. Ich habe mich auch dorthin anmelden lassen, sollten wir auf das amerikanische Visum sehr lange warten müssen und dürften wir die Quote auch im Ausland abwarten, möchten wir, falls notwendig, auch inzwischen nach Ecuador fahren. Sicher ist sicher.
Unsere Kinder bauen inzwischen Schiffe und hohe Häuser und fragen ständig, wo wir am Schiff schlafen und in welchem Stock wir wohnen werden, sie freuen sich schon sehr auf die Abenteuer und auf ihre neuen Spielkameraden, nur wissen sie nicht, wie sie dort sprechen werden. In der Beilage senden wir den Kindern[7] ein Bild vom letzten Sommer, inzwischen sind sie ein wenig gewachsen.
Liebe Ethel,[8] berichte uns auch gelegentlich über die jetzigen wirtschaftlichen Verhältnisse bei Euch, kann man überhaupt daran denken, zu irgendeinem Verdienst zu kommen? Was könnte die lb. Mitzi[9] dort anfangen? Falls wir beide beschäftigt wären, könnte man die Kinder in einem Kinderheim unterbringen? Und was kostet das pro Kind und Monat? Was kostet eine 1–2 Zimmerwohnung? Sind die Wohnungen eingerichtet, oder muss man eigene Möbel haben? Soll man Teppiche mitnehmen? Und überhaupt, was soll man mitnehmen? Was ist der Mindestbedarf einer Familie in Amerika? Berichte uns eingehend über alle Fragen, damit man wenigstens halbwegs informiert ist, bis man herauskommt.
Zwei Schwestern von der lb. Mitzi haben jetzt geheiratet, nebich beide junge Ärzte, da sie sich hier nicht niederlassen können, wandern sie aus, der eine nach Panama, der andere nach Ecuador. Wir haben uns auch alle einen anderen Beruf wählen können, leider ist es heute zu spät. Ich bitte Euch nochmals, unsere Affidavits, soweit es geht, zu beschleunigen, damit wir endlich von hier weg sind. Wir grüßen Euch alle vielmals[10]

6 Armin Freimann; Bruder von Oskar Freimann.
7 So im Original. Gemeint ist „von den Kindern".
8 Wahrscheinlich Ethel Grünberger, geb. Freimann; Schwester von Oskar Freimann.
9 Spitzname von Marie Freimann, geb. Grünberger.
10 Der Brief enthält den handschriftl. Nachtrag: „Was machen die Kinder, wie geht es der kleinen Bernice, hoffentlich ist sie schon gesund. Liebe Ethel, suche mir eine Stellung als Köchin; oder so was ähnliches. Wir wären schon gerne von hier fort. Viele Grüße und Küsse Mitzi, Evi, Peti."

DOK. 11

In einer Regierungsverordnung vom 18. April 1939 werden der Begriff Jude und die Einführung eines Numerus Clausus in einigen freien Berufen bestimmt[1]

63. Regierungsverordnung vom 18. April 1939 über die Definition des Begriffs Jude und die Regulierung der Zahl von Juden in einigen freien Berufen

Die Regierung des Slowakischen Staates ordnet gemäß § 4 des Gesetzes vom 14. März 1939 Nr. 1[2] des Slowakischen Gesetzblatts über den selbständigen Slowakischen Staat an:
Abschnitt 1
Definition des Begriffs Jude
§ 1
(1) Als Jude wird ungeachtet des Geschlechts und der Staatsangehörigkeit angesehen:
1. wer israelitischer Religion ist oder war, auch wenn er nach dem 30. Oktober 1918 zu einem christlichen Glauben übergetreten ist,
2. wer konfessionslos ist oder war und mindestens von einem Elternteil israelitischer Religion abstammt,
3. wer von einer unter Punkt 1 oder 2 angeführten Person abstammt (ausgenommen Nachfahren, die selbst vor dem 30. Oktober 1918 zu einer christlichen Konfession übergetreten sind),
4. wer nach dem Tag des Inkrafttretens dieser Verordnung eine Ehe mit einer Person geschlossen hat, die unter Punkt 1 bis 3 angeführt ist, für die Dauer dieser Ehe,
5. wer nach dem Tag des Inkrafttretens dieser Verordnung mit einer Person, die unter Punkt 1 bis 3 aufgeführt ist, in einer außerehelichen Gemeinschaft lebt sowie die Nachfahren, die in einer derartigen Gemeinschaft gezeugt wurden.
(2) Über Ausnahmen in besonderen Fällen entscheidet die Regierung.
§ 2
(1) In Fällen, in denen es strittig ist, ob es sich um eine Person handelt, die im Sinne dieser Verordnung als Jude angesehen wird, entscheidet die Kreisverwaltung, in deren Bereich diese Person ihren Wohnsitz (Aufenthaltsort) hat.
(2) Eine solche Entscheidung kann sowohl die Person beantragen, bei der es strittig ist, ob sie als Jude gilt, als auch eine andere (physische oder rechtliche) Person, wenn sie nachweisen kann, dass sie ein Rechtsinteresse hat zu wissen, ob die entsprechende andere Person als Jude angesehen wird oder nicht. Die Entscheidung kann auch auf Initiative einer Behörde oder eines Gerichts erfolgen.
(3) Gegen die Entscheidung der Kreisverwaltung ist ein Einspruch beim Innenministerium innerhalb von 15 Tagen vom Tag der Ausstellung des Bescheides an zulässig (Abs. 2, § 72 der Regierungsverordnung vom 13. Januar 1928, Nr. 8/28 der Gesetzes- und Verordnungssammlung über das Appellationsverfahren). Der Einspruch muss bei der Kreis-

1 Slovenský zákonník (Sl.z.), Bd. 14, Jahrgang 1939, hrsg. am 20.4.1939, Regierungsverordnung 63/1939. Das Dokument wurde aus dem Slowakischen übersetzt.

2 Dieses Gesetz Nr. 1/1939 Sl. Gbl. über den slowak. Staat ermächtigte die Regierung, ohne dass es verfassungsrechtlich verankert war, Verordnungen zu erlassen, die die Interessen des Staates absicherten und alle Lebensbereiche betreffen konnten.

verwaltung eingelegt werden, die über den Fall entschieden hat. Eine Beschwerde beim Obersten Verwaltungsgericht ist nicht zugelassen.

Abschnitt 2

Über die Regulierung der Zahl von Juden in einigen freien Berufen

Teil 1

In der Anwaltschaft

§ 3

Die Zahl jüdischer Rechtsanwälte (Rechtsanwaltsgehilfen) wird auf vier Prozent sämtlicher eingetragener Mitglieder festgelegt.

§ 4

(1) Der Überhang an Rechtsanwälten (Rechtsanwaltsgehilfen) wird aus dem Register der entsprechenden Kammern gelöscht, und zwar durch die Verwaltung.

(2) Es werden vor allem diejenigen gelöscht, die

(3) ihre fälligen Steuern, Abgaben, Gebühren oder andere öffentliche Lasten nicht entrichtet haben,

a) die aufgrund ihrer Besitz- oder Einkommensverhältnisse aus einem anderen Beruf auf diesen Beruf nicht angewiesen sind,

b) nicht wirklich praktizieren,

c) die Staatssprache nicht angemessen beherrschen,

d) in diesem Beruf aufgrund eines anderen wichtigen öffentlichen Interesses nicht erwünscht sind.

§ 5

(1) Aufgrund eines notwendigen Bedarfs oder aufgrund anderer, besonders zu berücksichtigender Gründe kann, solange diese andauern, das Justizministerium mehr jüdische Rechtsanwälte über die nach § 3 zulässige Zahl hinaus in ihrem Beruf belassen.

(2) Die Zahl der so Zugelassenen darf aber zehn Prozent sämtlicher Mitglieder der betreffenden Kammer nicht überschreiten.

§ 6

(1) Die Löschung nach § 4 wird durch einen Ausschuss der jeweiligen Kammer angeordnet.

(2) Gegen den Löschungsbeschluss ist innerhalb von 15 Tagen ein Einspruch beim Justizministerium zulässig. Der Einspruch hat keine aufschiebende Wirkung. Über den Einspruch entscheidet der Justizminister mit endgültiger Wirkung.

§ 7

(1) Ein jüdischer Rechtsanwalt darf nur Juden als Klienten vertreten, außer wenn es im Bereich des Sitzes des Kreisgerichts keinen anderen Rechtsanwalt gibt, der den Klienten vertreten würde.

(2) Diese Bestimmungen beziehen sich auch auf substitutive Vertretungen,[3] und zwar sowohl unter den Rechtsanwälten als auch unter den Rechtsanwaltsgehilfen.

(3) Vereine, jedwede Handels- und Wirtschaftsgesellschaften sowie andere Rechtspersonen – ausgenommen Rechtspersonen, die die Interessen der jüdischen Religion wahrnehmen – fallen nicht unter den Begriff des Klienten, der durch einen jüdischen Rechtsanwalt vertreten werden könnte.

3 Gemeint sind im juristischen Sinn Vertretungen durch Bevollmächtigte und Unterbevollmächtigte.

(4) Der Verstoß gegen diese Bestimmungen hat die gleichen rechtlichen Folgen, als ob der Klient gar keine rechtliche Vertretung hätte. Für diese Folgen trägt der jüdische Rechtsanwalt, der den Auftrag übernommen hat, die materielle und disziplinarische Verantwortung, und sofern es um vermögensrechtliche Haftung geht, gegenüber dem Auftraggeber beziehungsweise gegenüber seinen Erben.

§ 8

Der Justizminister kann genehmigen, dass der öffentliche Notar[4] in seinem Amtssprengel am Kreisgericht einen Klienten vertritt, wenn in dessen Amtsbereich nur ein Rechtsanwalt ansässig ist oder wenn es mehrere Rechtsanwälte gibt, von denen aber niemand den Klienten vertreten kann oder will. Diese Genehmigung kann der Justizminister auf Antrag der betreffenden Kammer jederzeit widerrufen.

Teil 2

Im öffentlichen Notariat

§ 9

Ein Jude kann kein öffentlicher Notar sein.

Teil 3

Im Redakteursberuf

§ 10

Ein Jude kann nur Redakteur einer jüdischen Zeitschrift sein, das heißt einer Zeitschrift, die als solche ausdrücklich bezeichnet ist und die die Interessen der jüdischen Religion und der jüdischen Kultur vertritt.

Teil 4

Gemeinsame Bestimmungen

§ 11

Wenn es aufgrund dieser Regierungsverordnung zur Kündigung des Dienst- bzw. Arbeitsverhältnisses kommt, gelten dafür und für die Abfindung die Bestimmungen der Regierungsverordnung vom 18. April 1939, Nr. 65[5] des Slowakischen Gesetzblatts über die Verkürzung der Kündigungsfrist der Dienstverhältnisse, geregelt nach dem Privatrecht, und über die Abfindung bei Kündigung.

§ 12

Es begeht eine Straftat und wird durch das zuständige Gericht mit Gefängnis, verbunden mit einer Arbeitspflicht bis zu drei Monaten und mit einer Geldstrafe von 1000 Ks bis 5000 Ks bestraft,

a) wer gemäß dieser Regierungsverordnung von der Ausübung seines Berufs ausgeschlossen wurde, in diesem Beruf aber weiter arbeitet,

b) wer in diesem Beruf eine aus diesem Beruf ausgeschlossene Person beschäftigt oder ihre Beschäftigung ermöglicht,

c) wer auf irgendeine Weise, direkt oder indirekt, einer gemäß dieser Verordnung ausgeschlossenen Person ermöglicht, in dem ihr verwehrten Beruf weiter zu arbeiten,

d) wer gegen die Bestimmungen des § 7 verstößt.

(2) Das Mitglied der Rechtsanwaltskammer und der Kammer der öffentlichen Notare, das gegen die Bestimmungen von Punkt a) bis d) verstößt, verliert seine Zulassung und wird aus dem Verzeichnis der zuständigen Kammer gelöscht.

4 Eine vom slowak. Staat bestellte Amtsperson, die vom Justizminister ernannt wird.

5 Gesetz Nr. 65/1939 sieht eine Abfindung in Höhe von drei Gehältern vor.

(3) Ein bedingter Aufschub der Bestrafung, die nach diesem § auferlegt wird, ist ausgeschlossen.

Abschnitt 3

Schlussbestimmungen

§ 13

Diese Regierungsverordnung tritt am Tag der Veröffentlichung in Kraft; sie wird durch den Justizminister in Absprache mit den beteiligten Ministerien umgesetzt.

Dr. Tiso eigenhändig, Dr. Tuka[6] eigenhändig, Dr. Ďurčanský eigenhändig, Dr. Pružinský, Sivák,[7] Dr. Fritz,[8] Medrický,[9] Čatlos,[10] auch für Minister Stano[11]

6 Dr. Vojtech Tuka (1880–1946), Jurist; von 1907–1921 Professuren in Bratislava und Pécs; 1921 SĽS-Eintritt; 1923 Teilnahme am Hitler-Putsch in München; 1923 Gründung der Rodebrana als paramilitärischer Arm der SĽS; März 1939 bis Okt. 1939 stellv. slowak. Ministerpräsident, bis Anfang Sept. 1944 Ministerpräsident, Ende Juli 1940 bis Anfang Sept. 1944 auch Außenminister, 5.9.1944 Rücktritt; Aug. 1946 Todesurteil des Volksgerichtshofs in Bratislava, hingerichtet.

7 Dr. Jozef Sivák (1886–1959), Lehrer, Politiker; als Jugendlicher SĽS-Eintritt; 1920 Chefredakteur des Slovák; Jan. 1939 bis 4.9.1944 slowak. Minister für Bildung und nationale Aufklärung; half in vielfältiger Weise den slowak. Juden, indem er die „Arbeitsgruppe“ unterstützte, Rabbiner Frieder von bevorstehenden Maßnahmen gegen die Juden unterrichtete und Schutzpapiere ausstellte; 1945 zu zwei Jahren Haft verurteilt.

8 Dr. Gejza Fritz (1880–1957), Jurist; von 1920 an Gerichtsrat für den Gerichtsbereich Prešov; Tätigkeit für die SĽS, März 1939 bis Anfang Sept. 1944 slowak. Justizminister, Vorsitzender des Obersten Gerichtshofs; Nov. 1947 Verurteilung zu zwei Jahren Haft.

9 Dr. Gejza Medrický (1901–1989), Politiker; von 1927 an Redakteur des Slovák; von 1935 an im Landesausschuss und der Landesvertretung der HSĽS, März 1939 bis Sept. 1944 slowak. Wirtschaftsminister, 1941 bis März 1942 Generalsekretär der HSĽS; Nov. 1947 Verurteilung zu sieben Jahren Haft.

10 Ferdinand Čatlos (1895–1972), Offizier; Mitglied der SĽS, März 1939 bis Anfang Sept. 1944 slowak. Verteidigungsminister; lief am 2.9.1944 zu den Aufständischen über, Internierung in der Sowjetunion; 1945 Auslieferung an die ČSR, 1947 zu fünf Jahren Haft verurteilt, 1948 Freilassung.

11 Július Stano (1900–1971), Ingenieur; ab 1923 Arbeit für die SĽS, 1930–1938 stellv. Generalsekretär der HSĽS, 1935–1939 Abgeordneter im slowak. Landtag, 1939–1944 slowak. Verkehrsminister und Minister für öffentliche Arbeit; 1945 zu vier Jahren Haft verurteilt.

DOK. 12

Béla Weichherz beschreibt Ende August 1939 die Auswirkungen der antisemitischen Maßnahmen auf seine Familie[1]

Handschriftl. Tagebuch von Béla Weichherz,[2] Einträge nach dem 26.8.1939[3]

Das Schuljahr 1938/39 hat noch, nach schön und ruhig verbrachten Ferien, normal begonnen. Dann kamen aber böse Zeiten, deren Ende noch unabsehbar ist. […][4] Am 6. Oktober wurde die Slowakei in Žilina zu einem autonomen Gebiet erklärt. Dann begannen die Verhandlungen mit Ungarn, welche mit einem Schiedsgerichtsverfahren in Wien endeten und dem zufolge von der Slowakei 1 Million Einwohner an Ungarn abgetreten wurden.[5] Gleichzeitig begannen Judenhetzen aufzutreten. Hauptsächlich dort, wo Deutsche wohnen, also Preßburg, Bösing und Tyrnau. Nach deutschem Muster wurde eine sogenannte *Hlinková Garda.* organisiert, deren oberster Kommandant Karl Sidor war. Die antisemitische Strömung setzte sich alsbald auch in den Schulen durch. Kittys[6] Lehrer machte mich schon im Oktober darauf aufmerksam, daß die jüdischen Kinder aus den Staatsschulen ausgeschlossen würden. Ich war schon fast entschlossen, daß wir uns alle taufen lassen, doch konnte ich es doch nicht fertigbringen. So geschah es, daß Kitty gegen Mitte Februar mit mehreren anderen Kindern aus der Stefanikschule entfernt wurde. Kitty ist mit einem verzweifelten Schluchzen nach Hause gekommen. Sie wurde dann in die Neologenschule[7] eingeschrieben, wo sie das Schuljahr beendete. Das ganze Schuljahr war im Grunde genommen nicht viel wert, denn zufolge der vielen politischen Erschütterungen waren die Schulen oft gesperrt, besonders nach dem 19. März, als die Slowakei zum selbständigen Staat erklärt wurde und Böhmen und Mähren sich demzufolge an Deutschland angeschlossen haben und ein „Protektorat" wurden.[8] Im selbständigen Staat wurden die Maßnahmen gegen die Juden immer schärfer. Abgesehen davon, daß Plünderungen von jüdischen Geschäften und Insultierungen auch am hellichten Tage jetzt schon an der Tagesordnung waren, begann man, die Juden auch

1 USHMM, ACC 2004.39.1 Kitty Weichherz Collection, Bl. 58–62. Abgedruckt in englischer Übersetzung in: Béla Weichherz, In Her Father's Eyes. A Childhood Extinguished by the Holocaust, hrsg. von Daniel H. Magilov, New Brunswick, New Jersey 2008, S. 144–146.

2 Béla Weichherz (*1892), Vertreter bei der Firma Philips; wurde am 6.6.1942 von Žilina nach Lublin/Majdanek deportiert und kam dort um.

3 Das Tagebuch wurde nach dem Krieg von einer unbekannten Person an Béla Weichherz' überlebende Schwester Malvine übergeben. Weichherz hat sein Tagebuch nur unregelmäßig mit Datumsangaben versehen.

4 Auf den folgenden Blättern 59 f. schreibt Weichherz über die politischen Ereignisse des Jahres 1938 sowie die damit verbundenen Reisen der Familie zu Verwandten.

5 Siehe Einleitung, S. 21.

6 Kitty Weichherz (*1929), Schülerin, Tochter von Béla und Estera Weichherz; sie wurde am 6.6.1942 von Žilina in das Vernichtungslager Sobibor deportiert und kam dort um.

7 Gemeint ist die neologische (reformierte) jüdische Schule in Bratislava.

8 Deutsche Truppen hatten bereits am 13.3.1939 Mährisch-Ostrau besetzt, als der tschechoslowak. Ministerpräsident Emil Hácha und Außenminister František Chvalkovský am 14.3.1939 nach Berlin reisten. Hitler erzwang Háchas Unterschrift unter eine Erklärung, dass er das Schicksal der Tschechen in Hitlers Hände lege. Am 15.3.1939 marschierte die Wehrmacht in Prag ein, einen Tag später rief Hitler das Protektorat Böhmen und Mähren aus, das durch diese Annexion bis zum 8.5.1945 Teil des Deutschen Reichs war; siehe VEJ 3, Einleitung, S. 14, 19.

aus ihren Stellungen herauszudrängen. Ich war zwischen den Ersten, die ihren Posten verloren haben. Am 30. März wurden von Philips sämtliche Juden entlassen. Ich habe dann versucht, bei Hudoba in Žilina mich unterzubringen, doch konnte ich mich dort nur 2½ Monate halten. Kitty ist mit Mutti[9] am 15. Juni nach Čadca gefahren. Wir hatten aber auch kein eigenes Heim mehr. Am 1. August kam ich auch nach Čadca. – Bis zur Hälfte des Monats war das Leben hier noch ziemlich ruhig, dann hat sich aber der Zwist zwischen Deutschland und Polen sehr zugespitzt. Die Lage wird von Tag zu Tag ernster. Die Grenzen starren von deutschem Militär. Da man nicht weiß, ob man nicht Čadca evakuieren wird oder ob es nicht zu einer Flucht, im Falle einer Beschießung, kommen wird, haben wir Kitty mit Hella und Bibin nach Mošovce geschickt. Dies geschah am 28. August. Ich habe sie bis nach Mošovce begleitet, und [sie] sind dort glatt angekommen.

DOK. 13
Die Hlinka-Garde und die Deutsche Partei bitten Ministerpräsident Tiso am 25. September 1939 um Unterstützung für einen „Aktionsausschuß zur Lösung der Judenfrage"[1]

Schreiben der Hlinka-Garde und der Deutschen Partei, Preßburg, an Ministerpräsident Jozef Tiso vom 25.9.1939[2]

Aktionsausschuß zur Lösung der Judenfrage.
Sehr verehrter Herr Ministerpräsident!
Wie Ihnen bekannt ist, ist die Bevölkerung in den letzten Tagen des August und in den ersten Septembertagen infolge verschiedener jüdischer Provokationen zur Selbsthilfe geschritten, durch die es zu zahlreichen öffentlichen Ausschreitungen und mehr oder minder schweren Schäden gekommen ist.[3] In der Erkenntnis, daß einerseits diese Selbsthilfe der Bevölkerung weder eine Lösung der Judenfrage herbeiführt, noch vom Standpunkt der staatlichen Interessen erwünscht ist und geduldet werden kann, andererseits aber die Judenfrage unbedingt und ehestens einer konstruktiven Lösung zugeführt werden muss, entschlossen sich die Hlinka-Garde und die Deutsche Partei, eine Beruhigungsaktion vorzunehmen, gleichzeitig aber ein Forum zu schaffen, das geeignet ist, unabhängig von Einzelinteressen die Vorarbeiten für die nötigen Maßnahmen zu treffen.
Es ist Ihnen auch bekannt, sehr verehrter Herr Ministerpräsident, daß am 4. September abends vor dem Theater in Preßburg eine slowakisch-deutsche Kundgebung stattfand, in deren Verlauf die Redner von der Bevölkerung diszipliniertes Verhalten und Vertrauen zur Regierung verlangten, die die Frage legal lösen werde. Bei der Kundgebung wurde eine Entschließung verlesen, die die Grundzüge der Forderungen zur Lösung der Judenfrage beinhaltet. Im Anschluß an diese Kundgebung wurde einige

9 Estera Weichherz (*1899), Hausfrau; Ehefrau von Béla Weichherz, wurde am 6.6.1942 von Žilina in das Vernichtungslager Sobibor deportiert und kam dort um.

1 YVA, M. 5/49.
2 Rechtschreibung und Grammatik wurden behutsam korrigiert, sprachliche Eigenheiten beibehalten.
3 Gemeint sind die antisemitischen Ausschreitungen nach Kriegsbeginn in der Slowakei.

Tage später ein Aktionsausschuß zur Lösung der Judenfrage von Vertretern der Hlinka-Garde und der Deutschen Partei gebildet. Dieser Aktionsausschuß hat die Aufgabe, grundsätzliche Lösungsvorschläge bei den einzelnen Ressortministern und bei den sonstigen Behörden einzubringen. Bei der Entsendung in diesen Ausschuß wurde mit besonderer Genauigkeit darauf geschaut, daß keines der Mitglieder durch irgendwelche wirtschaftliche Beziehungen in seinen Entschlüssen und Vorschlägen privat gehemmt werden könnte. Dies erschien uns umso notwendiger, als wir persönlich oft Gelegenheit hatten festzustellen, daß vielfach Menschen die Lösung der Judenfrage bremsen, die an der Aufrechterhaltung der jetzigen Zustände durch Teilnahme an jüdischen Unternehmungen oder zumindest durch persönliche Verbundenheit den Juden gegenüber interessiert sind. An die Spitze unserer Beratungen wurde gleich bei der ersten Sitzung einhellig die Forderung gestellt, daß bei unseren Vorschlägen ausschließlich das Interesse der gesamten Bevölkerung und des Staates ausschlaggebend sein muß. Es muß eben – unserer Meinung nach – ein Weg gefunden werden, damit die Frage der Juden, die eng verbunden ist mit der Frage der Korruption, einer gründlichen Lösung zugeführt wird, die sich zugunsten des Staates auswirkt.

Von verschiedenen Seiten, unter anderen auch aus Kreisen der Volkswirtschaft, wird nun gegenüber diesen Bestrebungen eingewendet, daß die Lösung der Judenfrage in der heutigen Situation schwere und für den Staat nachteilige Auswirkungen befürchten läßt. Wir müssen aber demgegenüber die Feststellung machen, daß die vorhin gekennzeichneten Argumentationen gegen die Maßnahmen in der Judenfrage jede weitere Arbeit unmöglich oder zumindest problematisch erscheinen läßt. Wir bitten Sie daher, sehr verehrter Herr Ministerpräsident, die notwendige politische Entscheidung zu treffen, ob die Judenfrage auf dem Wege, den wir vorschlagen, gelöst werden soll. Wenn Ihre Entscheidung, wie wir erwarten dürfen, zustimmend sein wird, bitten wir Sie, unsere Arbeit und unsere Vorschläge zu berücksichtigen. Mit dem Ausdrucke unserer Verehrung zeichnen wir mit

Auf der Wacht! Und Heil Hitler!

DOK. 14

Jewish Telegraphic Agency: Artikel vom 17. Oktober 1939 über die Registrierung der slowakischen Juden im Alter von 18 bis 50 Jahren zur Zwangsarbeit[1]

Juden werden in der Slowakei zu Straßenarbeiten zwangsverpflichtet

Paris, 15. Okt. (JTA) Hiesige Zeitungen haben heute eine kürzlich in der Slowakei erlassene Verordnung abgedruckt, nach der alle jüdischen Männer im Alter zwischen 18 und 50 Jahren dazu verpflichtet werden, sich bei den Behörden für den Einsatz in Arbeitslagern

1 Jewish Telegraphic Agency, 17.10.1939: Jews Drafted by Slovakia to be Used for Building Roads. Das Jewish Correspondence Bureau wurde 1919 in Den Haag gegründet; 1919 Umbenennung in Jewish Telegraphic Agency (JTA), Umzug nach London, 1922 nach New York City. Das Dokument wurde aus dem Englischen übersetzt.

registrieren zu lassen.[2] Nur Rabbiner und diejenigen, die *aufgrund ihrer wirtschaftlichen Funktion* als unersetzbar gelten, sind von dieser Verpflichtung ausgenommen. Eine Nichtbefolgung der Registrierungsvorschrift kann mit einer Strafe von bis zu 60 000 Kronen[3] geahndet werden.

Der slowakische Propagandachef Dr. Šano Mach[4] wird mit den Worten zitiert, die Juden würden vor allem im Straßenbau eingesetzt werden. Dr. Mach soll auch bekanntgegeben haben, dass alle jüdischen Unternehmen in der Slowakei in slowakische Hände überführt werden sollen.

Französische Zeitungen machen sich über die Bemühungen der Deutschen lustig, so zu tun, als wolle Kanzler Adolf Hitler einen „jüdischen Staat" in Polen errichten. Die Zeitung *Paris Midi* bezeichnete den genannten Plan als ein *weiteres Beispiel für die inkohärente Politik Hitlers.*

DOK. 15

Der Bezirkshauptmann von Tyrnau verbietet der Hlinka-Garde am 15. Februar 1940 das eigenmächtige Vorgehen gegen Juden[1]

Schreiben des Bezirksamts Tyrnau (Nr. 299/prez. 1940), gez. Bezirkshauptmann N. Beňovský e.h., an den Ortskommandanten der Hlinka-Garde, Tyrnau und Sered, vom 15.2.1940[2]

Auf telefonischen Befehl der Regierung stelle ich mit sofortiger Wirkung die Einrichtung von jüdischen Arbeitslagern und die Durchführung von Arbeiten bis auf weiteres ein.

Die HG[3] ist nirgends ohne ausdrückliche Zustimmung des Bezirksamtes berechtigt, über Juden irgendwie zu verfügen oder sie zur Arbeit zu rekrutieren, wie es die Verordnung des Innenministeriums vom 27.9.1939 Zahl 100-24-218/9-1939[4] vorschreibt.

Die HG wirkt im Verein mit den übrigen, durch Gesetz bestimmten Organen bei der Staatsverteidigung, bei der Erhaltung der öffentlichen Ordnung und Sicherheit im Sinne

2 Rundschreiben des slowak. Innenministeriums Nr. 100–23.484/39 vom 27.9.1939 zur Registrierung jüdischer Männer im Alter von 20 bis 50 Jahren. Mit der Regierungsverordnung 150/1939 vom 21.6.1939 Sl. Gbl. waren Juden bereits gezwungen worden, statt im Militär in Arbeitsformationen anzutreten.

3 Diese Summe wird im Gesetzestext nicht genannt.

4 Dr. Alexander (Šano) Mach (1902–1980), Journalist, Politiker; Mitglied der SĽS; 1926–1938 Redakteur und Chefredakteur des Slovák; von Okt. 1938 an Leiter des Propagandaamts, März 1939 bis Mai 1940 und Juli 1940 bis Sept. 1944 Oberbefehlshaber der Hlinka-Garde, Juli 1940 bis 1945 stellv. slowak. Ministerpräsident und Innenminister; 1947 zu 30 Jahren Haft verurteilt, 1968 entlassen.

1 BArch, R 70/32, Bl. 18. Abdruck in slowak. Sprache in: Eduard Nižňanský/Igor Baka/Ivan Kamenec (Hrsg.), Holokaust na Slovensku, Bd. 5: Židovské pracovné tábory a strediská na Slovensku 1938–1944, Bratislava 2004, Dok. 19.

2 Das hier abgedruckte Dokument ist eine vermutlich zeitgenössische Übersetzung ins Deutsche, obwohl nicht gesondert vermerkt.

3 Hlinka-Garde.

4 Dok. 14 vom 17.10.1939, Anm. 2.

des § 5 Abs. 4 der Regierungsverordnung vom 5.11.1939 Zl. 220/39 d. sl. Ges.buches[5] mit, und das nur auf Aufforderung durch die Obrigkeit. Wenn sie dies ohne Aufforderung tut, macht sie sich damit einer Gesetzübertretung schuldig.
Zur Kenntnisnahme und Danachhaltung.

DOK. 16
Die jüdische Kultusgemeinde Nové Mesto und das Kuratorium der Volksküche Ohel David rufen im Frühjahr 1940 zu Spenden auf[1]

Handzettel mit Beitrittserklärung zu Ohel David[2] in Nové Mesto, gez. Julius Löwinger,[3] Präses der Kultusgemeinde, Oberrabbiner Frieder,[4] Präses des Kuratoriums, o. D.[5]

Wohl dem, der sich des Armen annimmt, den wird der Allmächtige erretten in böser Zeit, Psalm 41[6]
Brüder und Schwestern!
Wir wenden uns wieder an euch opferfreudige Juden unserer altehrwürdigen Kultusgemeinde. Wir haben mit vereinten Kräften trotz unzähliger Schwierigkeiten ein Werk vollführt, das bereits seine segensreiche Tätigkeit vollauf zu entfalten begonnen hat. Unsere *Ohel-David*-Volksküche hat in den ersten vier Wochen ihres Bestehens, also vom 1. Januar bis 1. Februar 1940, eine nicht zu unterschätzende Aktivität an den Tag gelegt, indem sie
2107 Frühstücksmahlzeiten
2583 Mittagsmahlzeiten
2372 Nachtmahlszeiten
gratis ohne jede Unterstützung an Hungrige verteilte. *7062 Mahlzeiten wurden also ohne Jointhilfe, ohne Sammelaktion in den ersten vier Wochen gratis verteilt!* Das Kuratorium will, dass alle hier lebenden Juden an diesem gottgefälligen Werke beteiligt sein sollen und entschloss sich daher zur *Ohel-David*-Volksküche auch einen *Ohel-David-Volks-*

5 Regierungsverordnung des Innenministeriums Nr. 220/1939 über die Einsetzung von Regierungskommissaren für jüdische Ärzte. In Holokaust, Bd. 5, Dok. 19, ist das Datum der Verordnung mit dem 5.9.1939 angegeben.

1 YVA, M.5, Tagebuch Oberrabbiner Armin Frieder, Bd. 1939, F 192, Bl. 5. Das Dokument wurde aus dem Slowakischen übersetzt.
2 Die Gründung der Ohel-David-Volksküche und des gleichnamigen Heims für Bedürftige und Alte ging auf Rabbiner Frieder zurück. Finanziert wurde der Bau durch Stiftungen und Spenden; die Küche wurde an Chanukka 1939 eröffnet. Der Bericht zum einjährigen Bestehen weist 82 619 gespendete Mahlzeiten aus.
3 Dr. Julius Löwinger (1868–1944); Präses der Jüdischen Gemeinde in Nové Mesto n.V.; er war durch ein Ausnahmepapier vor den Deportationen 1942 geschützt; er hat nicht überlebt.
4 Dr. Armin Frieder (1911–1946), Rabbiner in Nové Mesto n.V., Zionist; Mitglied der Widerstandsorganisation „Arbeitsgruppe" (siehe Einleitung, S. 35); von 1945 an Oberrabbiner der Slowakei.
5 Dem Flugblatt ist im unteren Teil eine Beitrittserklärung angefügt: „Tit[el] Kuratorium der Baiersdorf'schen Stiftung Nové Mesto nad Váhom. Unterfertigter verpflichtet sich, monatlich Ks .... als Mitglied des *Ohel David* Volksküchenvereines zu zahlen. Diese Beitrittserklärung lautet auf ein Jahr. Leserliche Unterschrift."
6 Der Psalm ist in deutscher und hebr. Sprache auf dem Handzettel gedruckt.

küchenverein zu gründen, der diese heilige Institution, die nur eine einzige Mission hat, *Menschenelend* zu lindern, erhalten soll. Treten Sie diesem Vereine bei und besteuern Sie sich freiwillig nach Ihrem edlen Herzensdrange mit einem Betrag, den wir von Ihnen monatlich einkassieren werden. Sie bringen dadurch in würdigster Weise Ihr bewährtes jüdisches Solidaritätsgefühl zum Ausdruck. Wir danken Ihnen schon auf diesem Wege und hoffen, dass wir, die wir von der Vorsehung auserwählt wurden, um Gotteskinder vor dem brutalen Hungertod zu retten und ihnen ihr Heim teilweise zu ersetzen, mit vereinten Kräften und in wechselseitiger Harmonie noch so manches Bedürfnis der Darbenden und Schmachtenden lindern und so zur Heiligung des Allmächtigen beitragen werden.
Für das Kuratorium

DOK. 17
Der Gesandte Hans Bernard äußert sich am 15. März 1940 unzufrieden über die mangelnde Berücksichtigung deutscher Interessen bei der Enteignung der slowakischen Juden[1]

Anschreiben und Bericht der Deutschen Gesandtschaft, Preßburg, Gesandter Hans Bernard[2] (Az. Pol 4 Nr. 2 Nr. 1163), gez. Bernard, an das Auswärtige Amt, Berlin, vom 15.3.1940 (Konzept, Durchdruck)[3]

Judenfrage in der Slowakei
In der Anlage beehre ich mich, einen Bericht über die Judenfrage und den Stand der Arisierung in der Slowakei zur gefälligen Kenntnisnahme zu übermitteln.
Sosehr die slowakische Regierung die gesamte Entjudungsaktion allein als *Slowakisierungsaktion* aufgezogen wissen will, wird das Reich darauf bestehen müssen, daß bei Durchführung der Aktion deutsche Interessen sowohl in weltanschaulicher wie auch in wirtschaftlicher Hinsicht mehr als bisher gewahrt werden und daß vor allem *Deutsche* in einer der Bedeutung der deutschen Wirtschaft in der Slowakei entsprechenden Zahl an der Arisierung beteiligt werden.
Ich hielte es für zweckmäßig, die slowakische Regierung einzuladen, in Verbindung mit der Gesandtschaft eine kleine Studienkommission zur Untersuchung der Arisierungsmöglichkeiten in rechtlicher und praktisch wirtschaftlicher Hinsicht nach dem Reich zu entsenden, um bei dieser Gelegenheit den verantwortlichen Vertretern der slowakischen Regierung Klarheit darüber zu verschaffen, daß *Arisierung* auch für die slowakische

1 PAAA, Gesandtschaft Preßburg, Akten betr. Judentum 5.8.1939–30.6.1942. Pol. 4 Nr. 2, E084287–E084302. Abdruck in deutscher und slowakischer Sprache in: Eduard Nižňanský (Hrsg.), Holokaust na Slovensku, Bd. 4: Dokumenty nemeckej proveniencie (1939–1945), Bratislava 2003, Dok. 3.

2 Hans Albert Wilhelm Bernard (1892–1960), Diplomat; 1930 NSDAP-Eintritt; 1920–1934 im AA als Leiter der Passstelle Bydgoszcz, dann dort Vizekonsul, 1936–1938 Konsul in Salzburg, 1938 Konsul in Ljubljana, Juni 1939 bis Juli 1940 Gesandter in der Slowakei, Ende 1940 bis Ende 1941 Generalkonsul in Mailand, bis Ende 1944 in Genua, Anfang 1945 bis Mai 1945 Gesandter des AA beim deutschen Bevollmächtigten in Dänemark.

3 Im Original handschriftl. Bemerkungen.

Wirtschaft *mehr* heißen muß, als Ersatz eines jüdischen Geschäftsinhabers durch einen slowakischen, und daß auch bei den wirtschaftlichen und persönlichen Kräften der Slowakei eine Arisierung durchaus *rascher* und sinngemäßer durchführbar ist als bisher.

Das Judenproblem in der Slowakei[4]

Das Interesse des Reiches an einer befriedigenden Lösung des Judenproblems in der Slowakei liegt nicht allein im Weltanschaulichen, in der Erkenntnis, daß das Schmarotzervolk der Juden vor allem wirtschaftliche Konstruktionen wie die Slowakei in ihrem Aufbaustadium auf das schwerste bedrohen muß, sondern vor allem darin, daß es sich *Deutschland* aus *politischen* und *wirtschaftlichen* Gründen nicht leisten kann, diese Repräsentanten gehässigster Wühlarbeit gegen jede deutsche Lebensregung – namentlich in Kriegszeiten – in massierter Form (in Preßburg und anderen Teilen der Slowakei) an den Grenzen des Reiches tätig zu wissen.

In der Slowakei, die mit dem Deutschen Reich zur Wahrung ihrer Interessen einen Schutzvertrag[5] geschlossen hat, sitzen im Wirtschaftsleben an *allen* maßgebenden Stellen nach wie vor Juden und gehen von da aus *selbstverständlich* die Verbindungen zu den maßgebendsten Stellen der Staatsführung [ein]; da das Reich gewohnt ist, gerade mit der durch einen Schutzvertrag verbundenen Slowakei alle Probleme des politischen Lebens offen zu besprechen, besteht bei der Nähe jüdischer Beobachtungsposten die – namentlich in Kriegszeiten besonders beachtliche – Gefahr, daß Juden über Dinge Erfahrungen sammeln können, die durchaus nicht für diese international-versippte Gesellschaft von Feinden des Reiches bestimmt sein können.

Auch im wirtschaftlichen Sektor sind die Ausstrahlungen der jüdischen Machtposition in der Slowakei auf das Reich und auf unmittelbare Reichsinteressen gefährlich; das Reich hat alles Interesse daran, daß

1.) die Slowakei ihre Wirtschaft nach gesunden Grundsätzen möglichst rasch und von internationalen Einflüssen ungestört aufbauen kann, daß dabei weiterhin

2.) die Wirtschaftsführung die Lebensinteressen der breiten Schichten des Volkes besonders im Auge behält und daß daher *Lebenshaltungskosten* und Löhne einerseits und *Marktbeschickung* und *Marktversorgung* andererseits im Sinne der berechtigten Forderungen der Volksmassen geordnet bleiben; im Zeichen einer zersetzenden, jüdischen Schieber-, Hamsterer- und Preistreiberbewirtschaftung können aber gesunde Lebenshaltungsvoraussetzungen für die breiten Schichten der slowakischen Bevölkerung unter den gegenwärtigen besonders schwierigen Verhältnissen zweifellos nicht gewährleistet werden. Ein jüdisch beeinflusstes oder stark jüdisch geführtes Wirtschaftsleben kann niemals die disziplinierte Haltung einer Bevölkerung gewährleisten, die auch für die Slowakei entscheidend sein wird, um in Zeiten der Warenknappheit Hamsterkäufe und Preistreibereien und auf der anderen Seite eine ungeregelte Preis- und Lohnentwicklung zu verhindern. Diese Gefahr wird besonders groß, wenn bei einer etwas längeren Dauer des Krieges gegebenenfalls an die slowakische Bevölkerung größere Anforderungen gestellt und größere Opfer verlangt werden, die zu bringen erfahrungsgemäß das jüdische

4 In der Akte sind zwei weitere, hier nicht abgedruckte Anlagen enthalten: A: Gesetz über jüdische Unternehmungen und jüdische Angestellte in den Unternehmungen (deutsche Zusammenfassung des Gesetzes Nr. 113/1940, sog. Erstes Arisierungsgesetz); B: Zusammenstellung antijüdischer Maßnahmen.

5 Siehe Einleitung, S. 22.

Element selbst niemals bereit ist, die dann aber in einer weitreichend jüdisch beeinflussten Wirtschaft auch die übrige Bevölkerung nicht zu bringen bereit ist.

3.) Solange große Teile der Produktion und der größte Teil des Großhandels (Einfuhrhandels) und ein erheblicher Teil des Kreditapparates in den Händen der Juden ist, wird eine den deutschen Interessen dienende Berücksichtigung deutscher Lieferanten und deutscher Einzelhändler in der Slowakei niemals möglich sein, man wird weiterhin die Tatsache zu verzeichnen haben, daß jüdische Detailhändler über ungleich reichere Lager verfügen als arische Handelsfirmen, die heute vielfach systematisch nicht beliefert werden.

Nun hat die Regierung schon in der 2. Republik[6] eine Reihe gesetzgeberischer Maßnahmen zur Zurückdrängung des Einflusses des Judentums ergriffen und diese Maßnahmen nach dem 14.3.1939 dadurch fortgesetzt, daß

1.) für eine Reihe von Berufen die Berufsausübung für Juden gesperrt wurde[7] und

2.) soeben ein Gesetz zur Arisierung der Wirtschaft[8] in der Slowakei (siehe Anlage A) erlassen wurde.

Wenn trotz dieser offiziellen Tendenz zur Zurückdrängung des Judentums die Machtposition des Judentums in der Slowakei gerade in den letzten Monaten ungeheuer wiederum gewachsen ist, so liegt das zweifellos daran, daß man das Judenproblem offiziell gar nicht an seiner Wurzel faßte, sondern es als konfessionelles Problem aufzog. Die Verordnung über die Bestimmung, wer als *Jude* anzusehen ist, faßt den Begriff Jude religiös und nicht rassisch; man schiebt allerdings den Zwecktaufen durch die Bestimmung einen Riegel vor, daß jeder als Jude gilt, der nach dem 30. Oktober 1918 getauft wurde. Allerdings wurden Konsequenzen aus diesem Gesetz außer bei öffentlichen Bediensteten und freien Berufen bisher nicht gezogen, wenn man von der letzten Verordnung über den Arbeitsdienst der Juden absieht.

Dagegen lockert *eine* Bestimmung alle ernsthaften Bemühungen zur Erfassung des Judenproblems auf, nämlich die Ermächtigung an die Regierung, aus besonderen Gründen von der Behandlung eines Rassejuden als *Juden* Abstand nehmen zu können. Abgesehen von dieser Einstellung zum Judenproblem liegt aber die Aufrechterhaltung der Machtstellung des Judentums vor allem in der Tatsache der weitreichenden jüdischen Bindungen und Verbindungen, welche es erwirken, daß die Durchführung der Judengesetze größtenteils nur ganz äußerlich nach dem Buchstaben des Gesetzes, nicht aber nach dem Sinne einer Arisierungsgesetzgebung erfolgt.

Am deutlichsten geht die Richtigkeit dieser Tatsache aus der der Regierung nahestehenden Publizistik (im Zusammenhange mit der Einbringung des letzten Judengesetzes) hervor.

Wenn die Arisierung nur nach Maßgabe des slowakischen Potentiales in persönlicher und kapitalmäßiger Einsicht durchgeführt werden soll,

6 Tschecho-Slowakische Republik, die nach dem Münchner Abkommen von Okt. 1938 bis zum 13.3.1939 bestand, in die der slowak. Landesteil als Autonomes Land Slowakei noch eingegliedert war.

7 Vgl. Dok. 11 vom 18.4.1939; zahlreiche Regierungsverordnungen schlossen Juden von freien Berufen aus oder schränkten ihre Zulassung ein, dies galt u. a. für Ärzte, Apotheker, Journalisten, Rechtsanwälte. Mit der Regierungsverordnung Nr. 74 wurden Juden am 24.4.1939 aus dem öffentlichen Dienst ausgeschlossen.

8 Gesetz Nr. 113/1940, das am 1.6.1940 in Kraft trat; siehe Einleitung, S. 25.

wenn das Slowakentum gegenüber anderen Nationen nur gewinnen und nicht verlieren soll,
wenn behauptet wird, daß jede Arisierung mit den Interessen des Staates in Widerspruch stehend ist, welche auf eine nichtslowakische personelle oder kapitalmäßige Hilfe baut und
wenn schließlich behauptet wird, daß man aus verfassungsrechtlichen Gründen nicht an die Konfiskation jüdischen Vermögens schreiten könne, während gleichzeitig das Vermögen von protektoratsangehörigen Nicht-Juden beschlagnahmt wird,
wenn außerdem in der maßgeblichen, der Regierung nahestehenden Publizistik selbst in Fragen der Bodenreform und Rückleitung jüdischer Grund- und Bodenbesitze an arische slowakische Bauern immer wiederum der Gesichtspunkt vertreten wird, daß man selbst diese Befreiung des slowakischen Bodens von jüdischen Interessen nur sehr vorsichtig durchführen könne und daß man *dort* Ausnahmen machen müsse, wo der Jude sein Gut ordentlich bewirtschaftet, Steuern bezahlt und die Interessen der örtlichen Bezirke gewahrt hat und diese Schonung damit begründet, daß man sonst die Volkswirtschaft eines ganzen Gebietes ins Stocken bringen würde;[9]
dann beweist das wohl eindeutig, daß man letzten Endes die Arisierungen in einer den *deutschen Interessen* und *deutschen weltanschaulichen Auffassungen* entsprechenden Form *nicht* durchführen *will*, weil den Slowaken offenkundig der sich zum Slowakentum bekennende *Jude sympathischer* ist als der arische Deutsche, der gegebenenfalls in Arisierungsverfahren an die Stelle eines Juden treten würde.
Von einer vollkommenen Unorientiertheit über die Judenprobleme zeugt zweifellos auch der immer wiederkehrende Versuch, Arisierungen in *der* Form zu begünstigen, daß sich Arier *zum Anlernen* mit jüdischen Firmeninhabern verbinden, da nur auf solche Art der erforderliche Stock *gelernter* Kaufleute geschaffen werden könne; man übersieht dabei, daß durch solche Methoden äußerstenfalls anständige arische Elemente verdorben und zu kaufmännischen Betätigungsformen erzogen werden, die man durch die Beseitigung des Judentums überwinden will. Die Richtigkeit dieser Darstellung könnte durch keine andere Tatsache schlagkräftiger bewiesen werden als durch Gestaltung der personellen Verhältnisse bei der halbamtlichen Ein- und Ausfuhrgesellschaft Dovus;[10] obwohl Gouverneur Dr. Karvas[11] noch im Dezember 1939 die ausdrückliche Erklärung abgab, daß beim Dovus in Preßburg keine Juden beschäftigt werden würden und nur in den im Ausland befindlichen Außenstellen ein paar tüchtige Hausjuden angestellt werden würden, verzeichnet die Personalliste der Dovus zum Ende Januar dieses Jahres 8 prominente Juden als an hervorragender Stelle in diesem halbamtlichen Unternehmen beschäftigt.

9 Gesetz Nr. 40/1940 über die Bodenreform. Aufgrund der großen Bedeutung der Landwirtschaft im Agrarland Slowakei wurden große landwirtschaftliche Güter auch in den folgenden Jahren vom Staatlichen Bodenamt zwar verstaatlicht, blieben aber oft in Verwaltung der ehemaligen jüdischen Besitzer.
10 Slowakische Ein- und Ausfuhrgesellschaft.
11 Dr. Imrich Karvaš (1903–1981), Jurist, Ökonom; 1930–1940 Dozent, Universitätsprofessor, März 1939 bis 1944 Gouverneur der slowak. Nationalbank; unterstützte den Slowak. Nationalaufstand, im Sept. 1944 von der Gestapo verhaftet, Deportation in die KZ Flossenbürg und Dachau, 28.4.1945 Befreiung; 1949 in der ČSR zu zwei Jahren Haft, 1958 zu 17 Jahren Haft verurteilt, 1960 amnestiert, 1969 rehabilitiert.

Gleich wie in diesem Falle die *offizielle* Haltung zum Judenproblem deutlich in Erscheinung tritt, erhellt diese Haltung auch folgender Vorfall: Der Propagandachef Mach ordnete am 18. 2. 1940 an, daß in Hinkunft die Juden in Preßburg nur mehr in 3 Kaffeehäuser gehen dürften, wogegen ihnen alle anderen verschlossen bleiben sollten. Gegen diese Verfügung erhob sich innerhalb der Regierung derartiger Sturm, daß bekannte ernste Regierungsschwierigkeiten erwuchsen und der Innenminister Ďurčansky zwei Tage darauf die auf diese Verfügung bezugnehmenden Anschlagtafeln an den Kaffeehäusern polizeilich entfernen ließ; die ganze Aktion war in 3 Tagen wiederum aufgegeben, ja der Fall dieses scharfen Vorgehens gegen Juden führte weiterhin zu einer Kabinettskrise.[12] Schließlich zeigt auch die Aktion zur Aufstellung eines jüdischen Arbeitsdienstes und die Form ihrer Durchführung, daß man das Problem nicht ernsthaft angehen will, denn letztlich bleiben nur vereinzelte, unorganisierte Maßnahmen gegenüber besitzlosen, armen Juden übrig. Bei dieser grundsätzlichen Einstellung zum Judenproblem spielen an sich einzelne Zahlen keine Rolle, wobei besonders darauf zu verweisen ist, daß wirklich verläßliches Zahlenmaterial kaum zu erlangen ist. Die einzige amtliche Statistik, die überhaupt vorliegt, ist eine Aufstellung über Glaubensjuden und ihre Berufsaufteilung in der Slowakei aus dem Jahre 1930, welche folgendes Bild gibt:

Glaubensjuden und ihre Berufsaufteilung i. d. Slowakei 1930[13]

Berufsgruppe:	in der Berufsgruppe aktiv Tätige:	soziale Gruppe einschl. d. akt. Tätigen:
Landwirtschaft	1.489	8.531
Industrie	6.446	25.944
Handels- u. Bankwesen	14.469	68.453
Öffentl. Dienste, Militär u. freie Berufe	2.451	9.864
Sonstige Berufe	5.645	15.568
Haus- und Dienstpersonal	319	936
Ohne Beruf	-------	7.461
Summe	30.819	136.737

Danach lebten damals rund 70 % aller Glaubensjuden von einer Beschäftigung in Industrie, Handel oder Geldwesen; jedenfalls vermittelt diese Ziffer eine Vorstellung von der damaligen ungeheuren Vormachtstellung der Juden in der slowakischen Wirtschaft, zumal der Großteil als Unternehmer oder leitender Funktionär in größeren Unternehmungen tätig war.

12 Die Hlinka-Garde ließ im Febr. 1940 mit vier Ausnahmen alle Cafés in Bratislava für Juden sperren. Der Innen- und Außenminister Ferdinand Ďurčanský, mit dem Oberkommandierenden der Hlinka-Garde Alexander Mach verfeindet, ließ die Tafeln „Juden unerwünscht" entfernen. Mach reichte daraufhin am 21. 2. 1940 als Führer der Hlinka-Garde seinen Rücktritt ein, den Tiso verweigerte. Ďurčanský wurde bei deutschen Politikern untragbar, da er den deutschen Vormachtbestrebungen über die slowak. Wirtschaft ablehnend gegenüberstand und diese z. B. bei den Verhandlungen um den Wehrwirtschaftsvertrag zu unterlaufen versuchte.

13 Zur Zeit der Slowakischen Republik lebten etwa 89 000 Juden im Land. Abgesehen von der fragwürdigen Aufteilung an sich, bezieht sich die Summe von 136 737 Juden auf eine jüdische Bevölkerung der Slowakei, die die karpatoukrain. Juden mit einschloss.

Für die Zeit seit Gründung des selbständigen Staates liegen Ziffern weder in amtlichen Statistiken vor noch in irgendwelchen Statistiken der Handelskammern oder Handelsgremien und Handelsgenossenschaften; lediglich das Handelsgremium Preßburg gibt monatlich Aufstellungen darüber, wie groß bei Neuanmeldungen von Handelsgewerben in der Stadt Preßburg der jüdische Anteil ist; dabei ergibt sich allerdings, daß bei Neuanmeldungen der Prozentsatz jüdischer Betriebe rückläufig ist. Die Ziffern aus den Handelsgewerben dieser ersten Stadt besagen natürlich, zumal sie nur die Neuanmeldungen betreffen, gar nichts; Tatsache bleibt, daß der überwiegende Teil des maßgebenden Wirtschaftslebens jüdisch orientiert ist und durch die bisher ergangenen Arisierungsmaßnahmen praktisch keine innere Schwächung erfahren hat.
In jenen Fällen, in denen von amtlicher Seite von Arisierung gesprochen wird, handelt es sich darum, daß man jüdischen Geschäftsinhabern – sogar amtlich! – empfiehlt, irgendeinen arischen Slowaken (meist mit politischen Beziehungen) mit 51 % zu beteiligen;[14] der *Erfolg* besteht in den meisten Fällen darin, daß dann der Jude seine Geschäfte in dieser getarnten Form umso unbehinderter fortführt und der mitbeteiligte Arier praktisch nur zum Söldling ohne jede Einflußnahme auf das Geschäft wird. Für *Deutsche* war es naturgemäß ausgeschlossen, auf *solche* Art Positionen auf Kosten der Juden zu erlangen, diese Arisierungsform ist vielmehr bewußt als Weg gewählt, um Deutsche im bisherigen jüdischen Lebensraum auszuschließen.
Zum Teil verständlich wird diese Haltung, wenn man überlegt, daß das *Ziel* der Arisierung von vornherein nicht die Beseitigung der Juden in Staat und Wirtschaft ist, sondern nur die Beschränkung ihrer Zahl in der Wirtschaft; man will gar *nicht* das *jüdische Kapital*, das sich zur Mitarbeit anbietet und anbiedert, ausschließen; daher auch die *Freilassung der jüdischen Industriegründungen* vom Verbot der Neuerrichtung von Unternehmungen, die Belassung sogenannter *wirtschaftlich-wichtiger Juden* in der Wirtschaft, denn *wir wollen durch Arisierung gewinnen und nicht verlieren!*
Zur weiteren Begründung dieser nicht durchgreifenden Haltung der Regierung wird weiterhin darauf verwiesen, daß die gesamte Judengesetzgebung überhaupt nur den Rahmen für die Ausschaltungsmaßnahmen geben könne und daß es nunmehr an der Bevölkerung liege, die gebotenen Möglichkeiten dieser Beseitigung der Juden auszunützen – wobei die Regierung sehr genau weiß, daß die weltanschauliche Festigung und Aufklärung bei weitem noch nicht weit genug ist, um die Bevölkerung aus sich heraus zum Kampfe gegen die geistige und wirtschaftliche Gefahr des Judentums für reif zu halten.
Zusammenfassend muß festgestellt werden, daß die Entwicklung der Judenfrage gleich wie die Haltung der Regierung in der Judenfrage absolut unbefriedigend ist und daß man im Hinblick auf die gewaltigen Interessen, die politisch, wirtschaftlich und moralisch dabei vom Standpunkt des Reiches am Spiele stehen, von Reichs wegen für die Zukunft eine grundlegende Änderung in der slowakischen Regierung und Öffentlichkeit erwarten muß. Wenn im übrigen von slowakischer Seite darauf verwiesen wird, daß es bei der starken Durchsetzung der Slowakei mit jüdischen Elementen nicht möglich

14 Zunächst sollten sog. freiwillige Arisierungen realisiert werden, bei denen der jüdische und der nichtjüdische Partner vertraglich vereinbarten, welche Anteile am Unternehmen und welche Beteiligung am Gewinn auf die Parteien übergehen sollten. Gesetz Nr. 113/1940 Sl. Gbl. sah ebenfalls derartige freiwillige Übernahmen vor, wobei der nichtjüdische Teil 51 % des Geschäfts übernehmen sollte; siehe Einleitung, S. 25.

sei, die Sache energisch anzugehen, dann muß darauf verwiesen werden, daß man schließlich auch in einzelnen Städten des Reiches – vor allem für Wien – immer wiederum die Behauptung aufstellte, im Hinblick auf die Massierung des Judentums sei eine Arisierung nicht möglich. In Wirklichkeit ließen sich bei einigem guten Willen weitreichende Fortschritte erzielen, und sie werden auch in der Slowakei möglich sein, sobald die Regierung sich einmal wirklich zu ernsthaften Arisierungsmaßnahmen bekennt. Mit dem bloßen Hinweis auf die Mißerfolge der Arisierungsmaßnahmen in Rumänien darf die Sache nicht abgetan werden, denn schließlich kann ein in seiner taktischen Anlage und Methode der Durchführung durchaus verfehltes Unternehmen in Rumänien nicht entscheidend dafür sein, ob man in der Slowakei überhaupt ernsthaft an eine Arisierung denkt oder es bei Scheinmaßnahmen belassen soll, welche in absolutem Gegensatz zu berechtigten *deutschen* sittlichen und wirtschaftlichen Forderungen stehen.

DOK. 18
Béla Weichherz beschreibt seine verzweifelte Situation und Arbeitssuche im Sommer 1940[1]

Handschriftl. Tagebuch von Béla Weichherz, Eintrag beginnend am 27.1.1941[2]

Vor Ostern 1940[3] erkrankte zu alledem Kitty an Scharlach. Iren und Artur[4] wollten mit aller Gewalt haben, daß sie sie in das Epidemiespital in Sillein überführen. Kitty hat sich verzweifelt dagegen gewehrt. Von den ersten Symptomen der Krankheit (heftiges Erbrechen von 5 Uhr bis nächsten Morgen, begleitet von starken Kopfschmerzen) geschwächt und fiebernd, sagte sie: *Warum haben wir denn kein eigenes Heim, wo uns niemand dreinreden kann?* Wir versuchten sie zu beruhigen und sagten, daß sie es ja hier ebenso gut hätte wie in einem eigenen Heim, doch sie setzte fort, daß sie ja hier nirgends ein eigenes Plätzchen hätte, man jage sie von überall weg und [sie] kann nie etwas nach ihrem eigenen Willen tun. Als 10-jähriges Kind sah sie die Situation bereits klar, doch muß ich leider auch sagen, daß sie sehr viel Anlagen dazu besitzt, sich in derselben Richtung zu entwickeln wie ihr Onkel und Tante Iren.
Die einzige gute Seele im Haus ist Mama.[5] Zu ihrem Benehmen und ihrer ganzen Haltung ist nichts davon zu spüren, daß sie eine Stiefmutter ist. Sie opfert sich im strengsten Sinne des Wortes für die Familie, wo sie doch nach dem Verlust ihres Mannes nichts mehr hat, was ihr einen Lebensinhalt geben würde. Sie ist aber der gute Geist des Hauses geworden und schlichtet und ebnet überall, wo es geht. Sie setzte so auch durch, daß Kitty zu Hause bleiben konnte. Das Zimmer der Mama wurde für die Kranke isoliert

1 USHMM, ACC 2004.39.1 Kitty Weichherz Collection, Bl. 66–74. Abdruck in engl. Übersetzung: Weichherz, In Her Father's Eyes (wie Dok. 12, Anm. 1), S. 150–156.
2 Weichherz datierte seine Tagebucheinträge nur gelegentlich und schrieb überwiegend rückblickend. Sein letzter Eintrag stammt vom Frühjahr 1942; siehe Dok. 66 vom Frühjahr 1942.
3 Weichherz hatte zuvor seine Anstellung verloren und zu Angehörigen seiner Frau nach Čadca ziehen müssen.
4 Gemeint sind die Schwester von Estera Weichherz und deren Ehemann Artur.
5 Mit Mama bezeichnet Weichherz wahrscheinlich eine der Großmütter von Kitty.

und Mutti[6] sperrte sich mit dem Kind für 6 Wochen ein. Kalman sorgte für die Behandlung des Kindes. Die ersten 2 Wochen sind glatt verlaufen.
Am Samstag vor Ostern erzählte Iren beim Mittagessen, daß Dr. Alfred Reich aus Prag kam. Es wurde darüber gesprochen, wie er sich den Lebensunterhalt verdienen wird. (Ich beteiligte mich nicht am Gespräch, denn ich habe es mir schon lange zur Gewohnheit gemacht, bei dieser *Tafelrunde* zu schweigen.) Iren sagte in ihrer kurzangebundenen Art: *Unterhalten lassen wird er sich nicht.* So war klar, daß derjenige, der *ausgehalten* werden muß, ich bin. Ich reagierte nicht drauf; nachdem ich zu Ende gegessen habe, verließ ich das Zimmer und ging in die Kanzlei. Zu mir stellte ich fest, daß meine Arbeit nicht als Arbeit betrachtet wird, die ein Entgelt fordert, und dachte zum wiederholten Male darüber nach, wie ich nur hier wegkommen könnte und mich wieder auf eigene Füße stellen könnte. Ich fand aber keinen Ausweg.
Gegen Abend kam Artur wieder einmal in die Kanzlei, kontrollierte wieder die Kasse und machte Eintragungen ins Kassenbuch, verwechselte die Spalten […][7] und mußte daher Streichungen vornehmen. Ich machte ihm darüber Vorwürfe, auf die er mir entgegnete, daß mich das nichts anginge, und gab mir zu verstehen, daß es von seiner Geduld abhängig sei, wie lange ich hier arbeiten *dürfe*. Ich kam in Wut und nannte ihn einen ungezogenen Lümmel. Er reagierte nicht drauf, sondern verließ die Kanzlei. Vielleicht war es gut so, denn in meiner verzweifelten Wut wäre es sonst bestimmt zu Handgreiflichkeiten gekommen.
Ich blieb in der finsteren Schreibstube allein. Nachdem ich mich ein wenig beruhigte, kam ich zur Einsicht, daß ich auf keinen Fall weiter bleiben kann. Um nachzudenken, ging ich weg. Mein Entfernen bemerkte scheinbar niemand. Draußen regnete es; ein eisiger Vorfrühlingsregen. Ich irrte in den Gassen herum und versuchte mir einen Plan zurechtzulegen. Nach zweistündiger Wanderung ging ich in Helas Wohnung, wo ich seit Kittys Erkrankung allein das Speisezimmer bewohnte, ohne zu einem Resultat gekommen zu sein. Ich entschloß mich bloß, daß ich am Dienstag nach Ostern nach Bratislava fahren werde. Woher ich Geld zur Reise und meinem Aufenthalt nehmen werde, wußte ich nicht. In der Wohnung angelangt – es war noch niemand zu Haus –, legte ich mich sofort ins Bett. Eine Zeitlang dachte ich noch nach, doch mein Gehirn war von den Aufregungen erschöpft, und vom langen Wandern ermüdet, schlief ich ein.
Nächsten Tag sagte ich dem Gabi,[8] daß ich nicht mehr arbeiten werde und nach Bratislava zu fahren gedenke. Er bot mir Geld an, doch lehnte ich es ab. Nachher erfuhr ich, daß ihm Artur diese Weisung gab, und war froh, das Geld nicht angenommen zu haben. Schwer konnte ich mich entschließen, zu Esti zu gehen. Seitdem sie isoliert war, sprachen wir nur noch durchs Fenster miteinander. Kitty war auch schon so weit, daß sie, gut verpackt, zum geschlossenen Fenster kommen durfte. Esti machte mir vorerst Vorwürfe, warum ich mich so lange nicht blicken ließ. Nun mußte ich ihr den Grund bekanntgeben. Vor Kitty beherrschte sie sich, doch als sie zu mir in den leeren Hof kam, übermannte die so Empfindliche die Verzweiflung. Sie versuchte mich zu überreden, daß ich wenigstens so lange noch bleiben solle, bis das Kind wieder frei und gesund wird. So gern ich diesem Wunsche nachgekommen wäre, mußte ich ihr erklären, daß ich nach

6 Gemeint ist Estera Weichherz, die Mutter von Kitty und Ehefrau von Béla Weichherz.
7 Ein Wort unleserlich.
8 Wahrscheinlich Gabriel, der Bruder von Estera Weichherz.

den Geschehnissen nicht mehr im Stande bin, mich mit Artur zu einem Tische zu setzen. Ich mußte auf Durchführung des gefaßten Entschlusses belassen.

Als ich mit der Verpackung meiner Sachen fertig war, ging ich zum letzten Mal ans Fenster des Krankenzimmers. Esti gab mir ihr letztes Geld – ich mußte es nehmen zu ihrer Beruhigung – 800 ks. Josefin gab mir auch 100 ks, *zum Glück*, wie sie sagte. Mit insgesamt 958.– Ks fuhr ich weg. Verabschiedet habe ich mich nur von Mama. Von Esti und dem Kind konnte ich nur aus der Entfernung Abschied nehmen. Dieser Umstand bedrückte mich sehr. Ich wäre vielleicht etwas früher gegangen, wenn ich sie hätte beide ans Herz drücken können. Beide winkten mir vom Fenster nach. So trat ich meine traurigste Reise in eine mehr als ungewisse Zukunft an. In Preßburg war ich die ersten Tage bei Irénke Kavačs, bis ich ein kleines Zimmerchen bei Dr. Rudas mieten konnte. Bei Irénke wohnte ich in einer kleinen Küche auf einem Schiebebett. Das war aber immer noch größer als das Zimmerchen bei Dr. Rudas. Dort konnte man sich überhaupt nicht bewegen. Es war ein Bett, ein Nachtkästchen, beim Fenster ein niederes Tischchen und ein Hockerl dazu. Wenn man die Tür öffnen wollte, mußte das Hockerl unter den Tisch geschoben werden. Ich fühlte mich dort oft wie in einer Arrestzelle. Aber auch die müßte geräumiger sein, denn hier konnte man keinen Schritt tun. Meine Beschäftigung war, alle Bekannten aufzusuchen. Ich ging einer jeden Sache nach, die man mir riet oder andeutete. Anfangs schien das Holzgeschäft die meisten Aussichten zu bieten. Als jedoch Belgien und Holland okkupiert wurden, fielen die Hoffnungen zusammen. Dennoch verdiente ich in diesem Fach das erste Geld. Bis es aber so weit war, habe ich drei und einen halben Monat mit großen Entbehrungen gelebt.

Auch die Nachrichten von zu Hause waren beunruhigend. Esti war den Ereignissen nicht gewachsen und fiel, kurz nachdem ich Čadca verließ, in eine schwere Ohnmacht. Von da an wurde sie immer schwächer. Kitty erholte sich gut und schrieb mir fleißig. Ihre Briefe waren für mich immer ein lichter Moment. Esti und Mama trugen auch viel bei, damit ich die Zeit der Entbehrungen besser trage. Jede zweite Woche bekam ich die gewaschene Wäsche zurück und fand dabei immer Salami, Käse, Gebäck und Konserven; auch kleine Geldbeträge. Mit diesen Sendungen bestritt ich zum Großteil die Nachtmahlzeiten. Es kam aber auch oft vor, daß ich bei Vanek oder im Luxor bloß eine Suppe aß. Wenn die Not groß war, half mir auch Marci aus, der zwar auch keinen Verdienst hatte, aber wenigstens Kredit. Endlich, gegen Ende Juni, hatte ich Glück. Die Firma Ludwig Rosenfeld brauchte einen Reisenden. Auch sie war unter denen, die ich aufsuchte, und der Eigentümer wußte, daß ich beschäftigungslos war. Er kaufte mir die Jahreskarte und gab mir Reisevorschuß. Ich verkaufte also Fahrräder und Bestandteile. Anfangs ging es schwer, und ich verdiente wenig, denn ich arbeite auf Provision. Mit der Zeit habe ich mich eingearbeitet und verdiene nun so viel, daß ich mich selber erhalten kann und auf die Bankschuld die übliche Monatsrate von Ks. 400.– zahlen kann. Meine Familie aber kann ich leider nicht erhalten. Die Fahrkarte bekam ich am 29. Juni, an einem Samstag. Ich weiß nicht, wieso es kam, daß ich der Ansicht war, sofort, nach Erhalt der Karte, wegfahren zu können. Es zog mich stark nach Čadca. Als ich aber die Karte schon in der Hand hatte, kam ich drauf, dass die Gültigkeit erst am 1. Juli beginnt. Diese Einsicht war für mich niederschmetternd und die zwei Tage, welche ich noch in Preßburg verbringen mußte, waren vielleicht die schwärzesten.

Als ich das erste Mal wieder nach Čadca kam, mußte ich als erstes hören, daß Esti wieder einen Ohnmachtsanfall hatte. Sie bildete sich ein, daß es von einem verdorbenen Magen kam, und aß einige Tage nur Tee und Zwieback. Sie verlor dadurch ihren letzten Rest von Kräften und wurde bettlägerig. Der Arzt stellte Gehirnanämie fest, als Folge eines Herzfehlers. Nun hat wieder das Bangen und Sorgen begonnen. Kaum war Kitty wieder hergestellt (sie hatte ein wenig mit dem Herzen, als Folgeerscheinung des Scharlachs, zu tun), mußten wir uns um Mutti sorgen. Sie wurde so schwach, daß sie nicht essen noch schlafen konnte, und selbst die wenigen Schritte zum Zimmer in den Garten waren eine zu große Anstrengung, die sie nur gestützt und mit mehreren Unterbrechungen bewältigen konnte. Fast der ganze Sommer verging, bis sie durch gute ärztliche Behandlung und durch die aufopfernde Pflege der Omama wieder hergestellt war. Omama opferte sich tatsächlich auf, denn kaum war Mutti so weit, daß sie ohne Beschwerden herumgehen und in der Wirtschaft helfen konnte, mußte sich Omama mit einem Lungenspitzenkatharr ins Bett legen. Es war ein Glück, daß der Herbst schön war und sie viel im Freien liegen konnte.

Inzwischen fuhr ich fleißig herum und verdiente soviel, daß ich mich selbst erhalten konnte und auch die Bankschuld weiter abzahlen konnte. Ich wohne im Hotel Reich und esse auch dort, wenn ich in Čadca bin.

Kitty geht in die fünfte Klasse der hiesigen jüdischen Volksschule. Ihr Lehrer, Zoltán Heilbrunn, ist ein sympathischer junger Mann, den die ganze Schule vergöttert. In der Schule scheint sie beliebt zu sein. Sie gehört zu den Vorzugsschülern. Ich muß auch sagen, daß sie gewissenhaft ist. Ihre erste Arbeit ist immer die Aufgabe. Es ist ja wahr, daß ihr die Hausarbeiten niemals Schwierigkeiten bereiten. Das Auswendiglernen schon gar nicht. Übrigens sah ich sie noch niemals *büffeln*. Auf meine diesbezüglichen Fragen sagt sie mir immer, daß sie ein jedes Gedicht und alles, was man im Gedächtnis behalten muß, schon in der Schule beim Vortrag des Lehrers im Kopfe hat; bloß das, was sie mit eigenen Worten wiedergeben muß, liest sie sich noch ein, zweimal durch. Diesbezüglich hätten wir bei ihr keine Sorge, besonders, da im Sinne der jetzigen Judengesetze die jüdischen Kinder nur acht Volksschulklassen absolvieren dürfen.[9] Die ersten fünf Klassen hat Heilbrunn und die drei oberen Klassen Frau Professor Winkler. Sie darf aber nur bis zu Schuljahrende unterrichten, weil sie Mittelschullehrerin ist, und laut dem Gesetz darf an diesen 3 Klassen nur eine Volksschullehrerin unterrichten. Außerdem hat die Schule auch einen Ivrith-Lehrer. Die Kinder nennen ihn hebräisch *Hamoreh* (d. h. der Lehrer). Kitty gibt ihre erworbene Wissenschaft in der hebräischen Sprache jeden Tag an mich weiter. Ich muß aber sagen, daß ich ein nachlässiger Schüler bin. Wohl mache ich die schriftlichen Aufgaben, doch komme ich nie dazu, die Vokabeln zu erlernen. Was Kittys sonstige Eigenschaften betrifft, muß ich sagen, daß sie sich in mancher Hinsicht nicht in wünschenswerter Richtung entwickelt. Wohl sage ich mir, daß diese Eigenschaften gewöhnlich bei klugen Kindern zu finden sind, das ist aber nicht genug Trost. Sie ist vorlaut, was eine Folge dessen ist, daß sie keinen abgesonderten Raum hat, sondern mit den Erwachsenen zusammen ist, alles mithört, was gesprochen wird, und das erweckt natürlich ihre Neugierde oder den Wunsch, ihre Meinung zu äußern. Wäre sie in einem eigenen Heim, könnte man sie absondern und ihr das Dreinsprechen abgewöhnen. Das lange Miteinanderwohnen hat auch eine weitere schlechte

9 VO mit Gesetzeskraft 208/1940 Sl. Gbl. vom 30.8.1940 und VO 255/1940 Sl. Gbl. vom 11.10.1940 über die Regelung gewisser Rechtsverhältnisse der Juden in Angelegenheiten des Schulwesens und der Erziehung; siehe Einleitung, S. 28.

Angewohnheit zur Folge. Sie wird von den Erwachsenen zu viel und oft grundlos getadelt. Es ist ja zu begreifen, daß die Erwachsenen, besonders in den jetzigen Zeiten, nervös sind. Selbst wir Eltern bringen oft die nötige Geduld nicht auf und lassen uns durch unsere Nervosität zu Ungerechtigkeiten verleiten. Hätten wir noch unser eigenes Heim, könnte das alles vermieden werden. So aber hat Kitty keine Ecke im Hause, wo sie tun könnte, was sie will. Sie liest viel und gerne, doch muß sie ständig den Platz wechseln, wo immer sie sein mag, weil den Platz aus irgendeinem Grunde einer der Erwachsenen braucht. Ist es da ein Wunder, wenn sie dann frech wird? […][10]
Am 1. März 1941 wurde den Juden der Ausgang nach 8 Uhr abends verboten. Nur zur und von der Bahn darf man gehen und sonstige dringende Gänge, wie zum Arzt oder zur Apotheke, werden geduldet. Nachdem die Sommerzeit eingeführt wurde, hat man die Sperrstunde auf 9 Uhr verlegt, und am 1. Mai wurde sie um eine weitere Stunde auf 10 Uhr verschoben, um wieder am 15. September auf 9 Uhr verschoben zu werden.[11]
Am 22. Juni 1941 brach der Krieg gegen Rußland aus, nachdem der Krieg am Balkan durch den Eingriff Deutschlands liquidiert wurde. Am selben Tage wurden ungefähr 30 Juden verhaftet und ins Zuchthaus nach Ilava[12] geführt. Ein weiterer Transport wurde 2 Wochen später abgeführt. Insgesamt ungefähr 45, darunter auch 5 Frauen. Sie wurden gegen Ende September wieder freigelassen.

DOK. 19
Israelitisches Wochenblatt für die Schweiz: Meldung vom 12. Juli 1940 über die Enteignung jüdischer Unternehmen und die Zwangsverpflichtung von Juden und Roma zum Arbeitsdienst[1]

Die Slowakei hat für Juden und Zigeuner anstelle des Militärdienstes die Arbeitspflicht[2] eingeführt; sie dauert grundsätzlich zwei Monate im Jahr. Sofern die Unterhaltskosten selbst bezahlt werden, wird sie auf einen Monat reduziert. Die Unterhaltskosten für die einberufenen Arbeiter haben die jüdischen Kultusgemeinden zu tragen, die sie durch Vermögenssteuern einziehen können. Die Familienangehörigen eines Einberufenen haben, wenn es die Verhältnisse erfordern, Anspruch auf einen Ernährungsbeitrag von acht Kronen, in Bratislava von elf Kronen. Die Arisierung sämtlicher jüdischer Unternehmen wurde angeordnet.[3] Wenn Gesellschaften arisiert werden, dürfen die Juden höchstens 49 Prozent des Anteils besitzen; sie können sofort ausbezahlt werden, dürfen

10 Eine halbe Seite auf Bl. 73 wurde gestrichen. Béla Weichherz schreibt darin über Eigenschaften und das schwierige Verhalten von Kitty.
11 VO des Innenministeriums 125/1941 Sl. Gbl. über das Verbot für Juden, sich zwischen 18.00 und 8.00 Uhr außerhalb der Wohnung aufzuhalten.
12 Es ist vermutlich das Lager in Ilava gemeint.

1 Israelitisches Wochenblatt für die Schweiz, Nr. 28 vom 12.7.1940. Wochenzeitschrift, gegründet 1901 in Zürich, hrsg. vom Verlag Weinbaum.
2 Regierungsverordnung mit Gesetzeskraft 130/1940 Sl. Gbl. vom 29.5.1940; vgl. Dok. 14 vom 17.10.1939, Anm. 2.
3 Gesetz 113 vom 25.4.1940 Sl. Gbl. über die jüdischen Unternehmungen und über die jüdischen Angestellten in Unternehmungen; vgl. Dok. 17 vom 15.3.1940, Anm. 8; Einleitung, S. 25.

nicht Prokura besitzen und können in der Geschäftsführung nur mit einem christlichen Teilhaber zusammen handeln. Unternehmen mit weniger als 50 000 Kronen Reingewinn müssen liquidiert oder einem christlichen Bewerber verkauft werden.

DOK. 20

Ladislav Székely erstattet am 1. August 1940 Anzeige gegen unbekannte Täter, die tags zuvor die Schaufenster seines Geschäfts eingeworfen haben[1]

Anzeige von Ladislav Székely,[2] gez. V. Székely Nachf. Buch-, Papier- und Schreibwarengeschäft Ladislav Székely, Prešov, an die Polizeidirektion Prešov vom 1.8.1940 (Abschrift)

Am 31. Juli 1940 wurden abends gegen halb elf die Schaufenster meines Geschäfts in Prešov, Štefánikova Str. 3, durch unbekannte Täter eingeschlagen und zwar insgesamt 3 Schaufenster.
Ich erstatte Strafanzeige gegen unbekannt und bitte die Polizeidirektion freundlich um die Einleitung einer Untersuchung, um die anschließende Eröffnung eines Verfahrens und um die Bestrafung des gefassten Täters oder der Täter im Sinne des Gesetzes.
Der entstandene Schaden beläuft sich auf ca. 300,– Ks.
Hochachtungsvoll

DOK. 21

New York Times: Artikel vom 16. September 1940 über eine Anzahl einschneidender antijüdischer Verordnungen in der Slowakei[1]

Die Slowakei holt zum Schlag gegen die Juden aus. Radios konfisziert, weil sie angeblich britische Sendungen verbreiten

Bratislava, Slowakei, 15. Sept. Heute wurden weitere Maßnahmen ergriffen, um die Rechte der Juden in der Slowakei einzuschränken.
Zwei der Verordnungen verwehren Juden Führerschein und Reisepass.[2] Eine andere verfügt eine erneute Kontrolle der Dokumente derjenigen Juden, die die slowakische Staatsbürgerschaft für sich beanspruchen.[3] Premierminister Vojtetch Tuka richtete außerdem ein ihm direkt unterstelltes *Arisierungsbüro*[4] ein.

1 BArch, R 70/35, Bl. 5. Das Dokument wurde aus dem Slowakischen übersetzt.
2 Ladislav Székely (*1901), Geschäftsinhaber; noch im Juli 1942 auf einer Liste der in Prešov wohnenden Juden verzeichnet; er hatte für sich und seine Familie Ausnahmepapiere des Wirtschaftsministeriums; er hat nicht überlebt.

1 New York Times, 16.9.1940, S. 6, Slovakia Hits At Jews. Das Dokument wurde aus dem Englischen übersetzt. Die Tageszeitung The New York Times erscheint seit 1851.
2 VO Nr. 215 Sl. Gbl. über die Verpflichtung der Juden, ihre Reisepässe abzugeben; VO Nr. 216 Sl. Gbl. über den Ausschluss der Juden von der Berechtigung, slowak. Motorfahrzeuge zu führen.
3 Vermutlich VO 203/1940 Sl. Gbl. über die Anmeldung jüdischen Vermögens, die sowohl das Vermögen nichtjüdischer Ehepartner als auch ausländisches Vermögen umfasste.
4 VO mit Gesetzeskraft 222/1940 Sl. Gbl. über das Zentralwirtschaftsamt; siehe Dok. 22 vom 16.9.1940.

Einer anderen Verfügung zufolge sollen alle sich im Besitz von Juden befindlichen Radiogeräte konfisziert werden, weil die Juden angeblich überall in der Slowakei Inhalte britischer Sender verbreitet hätten.[5]
Eine weitere Verordnung bestimmt, dass Juden künftig alle weiblichen Haushaltsangestellten unter 40 Jahren entlassen müssen.[6]

DOK. 22
Die slowakische Regierung gibt am 16. September 1940 die Gründung des Zentralwirtschaftsamts für die forcierte Enteignung und Entrechtung der Juden bekannt[1]

Verordnung Nr. 222 Sl. Gbl. über das Zentralwirtschaftsamt vom 16.9.1940

Die Regierung der Slowakischen Republik ordnet gemäß § 1 des Gesetzes Nr. 210/1940 des Slowakischen Gesetzblatts[2] an:
§ 1
(1) Das Zentralwirtschaftsamt (ÚHÚ)[3] wird eingerichtet.
(2) Das Zentralwirtschaftsamt ist dem Ministerpräsidenten unterstellt.
(3) Der Ministerpräsident wird bevollmächtigt, alle Maßnahmen zu ergreifen, die für die personelle und sachliche Einrichtung des Zentralwirtschaftsamts und seine Organisation erforderlich sind.
§ 2
(1) Das Zentralwirtschaftsamt hat Sorge zu tragen, dass nach besonderen Vorschriften alles dafür getan wird, damit die Juden aus dem wirtschaftlichen und sozialen Leben ausgeschlossen werden und ihr Eigentum in den Besitz von Christen überführt wird.
(2) Das Zentralwirtschaftsamt wird sowohl mit den Zuständigkeiten der Gaubehörden, des Wirtschaftsministeriums, der Interessenverbände und anderer Institutionen gemäß Gesetz Nr. 113/1940[4] des Slowakischen Gesetzblatts als auch mit der Zuständigkeit nach §§ 1 und 2 der Anordnung mit Gesetzeskraft Nr. 197/1940[5] des Slowakischen Gesetzblatts ausgestattet.
(3) Die Zuständigkeit des Staatlichen Bodenamts bleibt unberührt.

5 Die VO über die Beschlagnahmung der Radios in jüdischen Haushalten wurde Mitte September 1940 erlassen.
6 Mit der VO Nr. 209/1940 Sl. Gbl. wurde es Juden verboten, nichtjüdische weibliche Hausangestellte unter 40 Jahren zu beschäftigen.

1 222/1940 Sl. Gbl. Das Dokument wurde aus dem Slowakischen übersetzt.
2 Verfassungsgesetz 210/1940 vom 3.9.1940. Das Gesetz ermächtigte die Regierung für den Zeitraum eines Jahres, Fragen der Enteignung der Juden auf dem Verfügungsweg zu treffen
3 Ústredný hospodársky úrad.
4 Gesetz zur Enteignung der Juden und ihrer Entfernung aus dem Wirtschaftsleben; vgl. Dok. 17 vom 15.3.1940, Anm. 8.
5 VO mit Gesetzeskraft Nr. 197/1940 Sl. Gbl.; Ergänzung und Änderung der Bestimmungen über die Vertrauenspersonen und zeitweiligen Verwalter in Industrie-, Handels- und Gewerbeunternehmen und anderen Vermögenssubjekten.

§ 3
(1) Das Zentralwirtschaftsamt ist im Rahmen seiner Zuständigkeit berechtigt, Behörden, Interessenverbände und andere Institutionen zu beauftragen, Beschlüsse zu fällen, Maßnahmen zu ergreifen oder einzelne Aufgaben zu erfüllen.
(2) Behörden, Interessenverbände und andere Institutionen sind verpflichtet, die Forderungen des Zentralwirtschaftsamts umgehend zu erfüllen und die ihnen übertragenen Aufgaben zu erledigen.
§ 4
(1) Die Beschlüsse und Maßnahmen des Zentralwirtschaftsamts sind endgültig.
(2) Die Festlegung nach § 17 des Gesetzes 113/1940[6] des Slowakischen Gesetzblatts gilt auch für die Beschlüsse (Maßnahmen) des Zentralwirtschaftsamts gemäß dieser Anordnung.
§ 5
Diese Anordnung wird am Tag der Bekanntmachung wirksam; sie wird durch den Ministerpräsidenten mit den beteiligten Ministern durchgeführt.
Dr. Tuka, Mach, Dr. Pružinský, Sivák, Stano

DOK. 23
Die slowakische Regierung verfügt am 26. September 1940 die Schaffung der Judenzentrale als Zwangsorganisation der Juden[1]

234. Verordnung vom 26. September 1940 über die Judenzentrale

Die Regierung der Slowakischen Republik ordnet gem. § 1 des Gesetzes Nr. 210/1940 des Slowakischen Gesetzblatts[2] an:
§ 1
Für das ganze Gebiet der Slowakischen Republik wird die *Judenzentrale* mit Sitz in Bratislava eingerichtet.
§ 2
(1) Die Judenzentrale ist ein öffentlich-rechtlicher Interessenverband, ihre Pflichtmitglieder sind alle Personen, die nach den geltenden Rechtsvorschriften als Juden zu betrachten sind.
(2) Die Judenzentrale ist die einzige Organisation der in der Slowakischen Republik lebenden Juden, die ausschließlich berufen ist, ihre Interessen zu vertreten.
§ 3
(1) Alle jüdischen Vereine und Organisationen außer den jüdischen Glaubensgemeinden werden aufgelöst.

6 § 17 schließt Einsprüche gegen die Entscheidungen der Behörden per Gesetz aus.

1 234/1940 Sl. Gbl. Abdruck in slowak. Sprache in: Katarína Hradská (Hrsg.), Holokaust na Slovensku, Bd. 8, Ústredňa Židov (1940–1944). Dokumenty, Bratislava 2008, Dok. 1. Das Dokument wurde aus dem Slowakischen übersetzt.
2 Verfassungsgesetz 210/1940 vom 3.9.1940; siehe Dok. 22 vom 16.9.1940, Anm. 2.

(2) Das Eigentum der aufgelösten Vereine und Organisationen geht mit allen Rechten und Pflichten an die Judenzentrale über.
(3) Als jüdische Vereine und Organisationen werden diejenigen betrachtet, von deren Mitgliedern beziehungsweise Angehörigen mindestens die Hälfte Juden sind oder deren Ziel es ist, die Interessen von Juden zu unterstützen.

§ 4

Die Judenzentrale unterliegt nur der Aufsicht des Zentralwirtschaftsamts, seine Aufträge und Direktiven sind für sie verbindlich.

§ 5

Einzelheiten, insbesondere über die interne Organisation, über die Organe der Judenzentrale und über die Rechte und Pflichten ihrer Mitglieder, ebenso auch über die Aufsicht (§ 4) werden vom Zentralwirtschaftsamt festgelegt.

§ 6

Diese Anordnung wird am Tag der Bekanntmachung wirksam, sie wird durch den Ministerpräsidenten mit den beteiligten Ministern verlautbart.
Dr. Tuka eigenhändig, Mach eigenhändig, Sivák eigenhändig, i.V. Minister Dr. Fritz, Stano eigenhändig, i. V. Minister Medrický

DOK. 24

Die Judenzentrale bemüht sich am 31. Oktober 1940 um die Fortsetzung der Auswanderung slowakischer Juden nach Palästina[1]

Schreiben der Judenzentrale (76/1940), der Judenälteste, gez. Schwarz,[2] Bratislava, an das Zentralwirtschaftsamt, Bratislava, vom 31.10.1940[3]

Betr.: Palästina-Amt[4]

Die Judenzentrale erlaubt sich, Ihnen bezüglich der Auswanderung nach Palästina folgenden Ist-Stand darzulegen:
Vom Palästina-Amt in Budapest, das unsere Auswanderungsanträge bearbeitet, wurde uns mitgeteilt, dass es für unsere Bewerber, die nach Palästina auswandern wollen, trotz der jüngsten Ereignisse eine Möglichkeit gibt, das bislang fehlende türkische Transitvisum zu bekommen. Auch technisch sind alle notwendigen Reisevoraussetzungen

1 SNA, ÚHÚ, Karton 21, 11 038/40. Abdruck in slowak. Sprache in: Hradská (Hrsg.), Holokaust, Bd. 8 (wie Dok. 23, Anm. 1), Dok. 5. Das Dokument wurde aus dem Slowakischen übersetzt.

2 Heinrich Schwarz (verst. 1944); Präses der Zentralkanzlei der orthodoxen jüdischen Gemeinden der Slowakei; Sept. 1940 bis April 1941 Judenältester der Judenzentrale; im April 1941 verhaftet; nach seiner Entlassung Flucht nach Budapest, wo er verstarb; siehe Einleitung, S. 27.

3 Im Original handschriftl. Unterstreichungen und folgende Bemerkungen: „Eilt!; Die Akten sind beschlagnahmt! Freigeben?! Bitte um Vorschlag!"

4 1918 als Abt. der Jewish Agency for Israel in Wien gegründet. Ziel war u. a., die Auswanderung nach Palästina mittels der Verteilung von Auswanderungszertifikaten zu organisieren. Seit den 1920er-Jahren gab es ein Büro in Prag. Die Tätigkeit des slowak. Palästina-Amts ging von Sept. 1940 an in der Auswanderungsabt. der Judenzentrale auf.

gegeben, so dass die Reisenden nach Istanbul das griechische Territorium nicht passieren müssen.[5]
Da das Palästina-Amt seine Tätigkeit eingestellt hat, konnten wir die nötigen Vorbereitungen nicht fortsetzen. Von 143 Personen, die die Zertifikate bereits haben, könnten etwa 50 Personen, deren Unterlagen schon so weit vorbereitet sind, dass sie den Antrag auf Erteilung des türkischen Transitvisums stellen könnten, diese Auswanderungsmöglichkeit nutzen. Diese Gruppe kann aber nicht auswandern, wenn das Büro des Palästina-Amts nicht geöffnet wird, um die noch fehlenden formalen und technischen Voraussetzungen zu schaffen.
In diesem Zusammenhang wollen wir die anderen Auswanderungsmöglichkeiten nicht berühren, die uns unter Anwendung weiterer Zertifikate zur Verfügung stehen. Das gilt auch für den Umstand, dass es Ende November d. J. Zertifikate für eine neue Einwanderungsquote geben wird, auf deren Zuteilung wir Anspruch haben.
Aufgrund des allgemeinen Interesses an der Auswanderung und weil auch konkrete Möglichkeiten für diese Aktivitäten des Palästina-Amts gegeben sind, bitten wir das verehrte Zentralwirtschaftsamt, dass es die Herausgabe der in Verwahrung genommenen Akten verfügen, die Büroräume öffnen und das Recht, über die Geldmittel zu verfügen, bewilligen möge, damit das Palästina-Amt in seiner Tätigkeit im Rahmen der Judenzentrale fortfahren kann.[6]

DOK. 25

Ladislav Bakala ersucht am 13. November 1940 das Zentralwirtschaftsamt, ihm mehrere Häuser jüdischer Eigentümer zur Verwaltung zu übergeben[1]

Schreiben von Dr. Ladislav Bakala, gez. Bakala, Ministerium für Verkehr und öffentliche Verwaltung, Ressort Eisenbahnreferat I/4, Bratislava, an das Zentralwirtschaftsamt, Bratislava, vom 13.11.1940[2]

Betrifft: JUDr. Ladislav Bakala, Kom. SŽ,[3] *Antrag auf zeitweilige treuhänderische Verwaltung im Sinne der Verordnung Nr. 257/40 des Slow. Gesetzblatts*[4]
Der unterzeichnende JUDr. Ladislav Bakala, Kommissar der Slowakischen Eisenbahn, bittet um freundliche Erteilung der treuhänderischen Verwaltung dieser jüdischen Häuser:
1) Krížna-Str. 2
2) Trenčianska-Str., Eigentümer Ádler
3) Pavla-Bláhu-Str. 29, Eigentümer Gejza Vidor

5 Am 28.10.1940 überfiel Italien das Königreich Griechenland.
6 Dem letzten Punkt des Gesuchs wurde stattgegeben; Hradská (Hrsg.), Holokaust, Bd. 8, Dok. 5, Anm. 132.

1 SNA, ÚHÚ, Karton 22. Das Dokument wurde aus dem Slowakischen übersetzt.
2 Auf dem Original Ablagestempel „Zur Kenntnis genommen A.A., Bratislava 21.10.1941, gez. Jašik".
3 Slowak.: Slovenská Železnica; Slowakische Eisenbahn.
4 VO Nr. 257/1940 über zeitweilige Verwalter in jüdischen Häusern und über die Kündigung jüdischer Mieter vom 11.10.1940. Die Verwalter übernahmen die Rechte und Pflichten des Eigentümers, der für alle Kosten aufkommen musste, er durfte die Immobilie aber nicht verkaufen. Außerdem konnte der Verwalter dem Besitzer gegenüber Anspruch auf Kostenerstattung und auf Vergütung erheben; deren Höhe legte das Zentralwirtschaftsamt fest. Unter bestimmten Bedingungen konnte der Verwalter sogar Wohnung in dem verwalteten Haus nehmen.

4) Schöndorfská-Str. 65
5) Palisády-Str. 53, Eigentümer Dr. Karol Gláser
6) Dunajská-Str. 1, Eigentümer Dr. Wollner, Artúr
7) Palisády 56
8) Platz Námestie Slobody, Haus von Ing. Fürchgott, bzw. andere, im Sinne der Verordnung Nr. 257/40 des Slowak. Gesetzblatts. Der Antrag wird damit begründet, dass die Eigentumsverhältnisse des Antragstellers infolge seines geringen Einkommens (14.400 Ks im Jahr) so schlecht sind, dass sie ihm nicht gestatten, einen eigenen Hausstand zu gründen. Er möchte eine Ehe schließen, die aber nur deswegen verschoben wird, weil er keine Wohnung findet und weil die evtl. freien Wohnungen so teuer sind, dass ihm seine Eigentumsverhältnisse eine so große Ausgabe ohne Nachteil für seinen persönlichen Lebensunterhalt nicht erlauben. Der Antragsteller merkt an, dass er bislang weder eine Verwaltung noch eine Treuhand ausgeübt noch eine ähnliche Funktion beantragt hat. Der Antragsteller bittet, bei der Entscheidung seines Falls seine sozialen Gründe zu berücksichtigen und seinen Antrag positiv zu bescheiden.
Auf der Wacht!

DOK. 26

Die slowakische Regierung regelt am 30. November 1940 die Liquidation oder Enteignung von Unternehmen jüdischer Eigentümer[1]

303. Verordnung vom 30. November 1940 über jüdische Betriebe

Die Regierung der Slowakischen Republik ordnet gemäß § 1 des Gesetzes Nr. 210/1940 des Slowakischen Gesetzblatts[2] an:
§ 1
(1) Als jüdische Betriebe gelten:
a) Betriebe von Einzelpersonen, wenn diese Juden sind (§ 1 der Regierungsverordnung Nr. 63/1939[3] des Slowakischen Gesetzblatts),
b) Aktiengesellschaften und Genossenschaften, wenn mehr als ein Viertel der Mitglieder des Verwaltungsrats Juden sind oder wenn mindestens die Hälfte des Kapitals Juden gehört,
c) öffentliche Handelsgesellschaften, wenn mindestens die Hälfte der Gesellschafter Juden sind und wenn gleichzeitig mindestens die Hälfte der Beteiligung am Reingewinn der Gesellschaft Juden gehört,
d) Kommanditgesellschaften, wenn mindestens die Hälfte der Kommanditisten und wenigstens die Hälfte der Komplementäre Juden sind oder mindestens die Hälfte der am Gewinn der Gesellschaft Beteiligten Juden sind,
e) Gesellschaften mit beschränkter Haftung, wenn mindestens ein Viertel der Geschäftsträger Juden sind oder wenn mindestens die Hälfte des Stammkapitals Juden gehört,
f) andere juristische Personen (Vereine, Stiftungen, Fonds, Glaubensgemeinden u.ä.), wenn mindestens die Hälfte der Mitglieder Juden sind, außer den juristischen Personen,

1 VO 303/1940 Sl. Gbl. Das Dokument wurde aus dem Slowakischen übersetzt.
2 Verfassungsgesetz 210/1940 vom 3.9.1940; siehe Dok. 22 vom 16.9.1940, Anm. 2.
3 Vgl. Dok. 11 vom 18.4.1939.

deren Einrichtung auf besonderen Vorschriften beruht – und zwar ohne Rücksicht auf die Zusammensetzung der Mitglieder – oder deren Ziel die Förderung jüdischer Interessen ist.
(2) Die Zweigstelle eines jüdischen Betriebs wird als jüdisch betrachtet.
(3) Bei der Bestimmung des jüdischen Charakters des Betriebs werden Verwaltungsmitglieder, die Ausländer sind und deren ständiger Wohnsitz sich im Ausland befindet, nicht berücksichtigt.
(4) Für jüdische Betriebe unter zeitweiliger Verwaltung kann das Zentralwirtschaftsamt durch eine Verordnung, die im Amtsblatt veröffentlicht wird, die für die jüdischen Betriebe geltenden Einschränkungen abmildern.
§ 2
Der jüdische oder nichtjüdische Charakter von Betrieben gemäß dieser Verordnung wird in Zweifelsfällen vom Zentralwirtschaftsamt festgelegt.
§ 3
(1) Die jüdischen Besitzer sind verpflichtet, ihre Betriebe (Betriebsstätten) an gut sichtbaren Stellen mit der Aufschrift „Jüdischer Betrieb“ zu kennzeichnen.
(2) Jüdische Betriebe unter zeitweiliger Verwaltung sind mit der Aufschrift „Betrieb unter Interimsverwaltung“ zu kennzeichnen.
(3) Die vorgeschriebenen Aufschriften gemäß Abs. 1 und 2 werden vom Zentralwirtschaftsamt ausgegeben.
§ 4
(1) Juden und jüdischen Vereinigungen (§ 1) ist es verboten, Industrie-, Handels- oder andere Gewerbebetriebe zu übernehmen oder neu zu gründen, die Beteiligung an solchen Betrieben zu erwerben und Gewerbescheine zu erwerben oder zu übernehmen.
(2) Eine Ausnahme von dem Verbot gemäß Abs. 1 kann aus Gründen des öffentlichen Interesses vom Zentralwirtschaftsamt erteilt werden.
(3) Nichtjüdische Ehemänner (Ehefrauen) von Juden können Rechte nach Abs. 1 nur mit einer vorausgehenden Genehmigung des Wirtschaftsamts erlangen.
(4) Nicht genutzte oder vorübergehend abgemeldete Gewerbescheine sowohl von Juden als auch von jüdischen Vereinigungen verlieren am Tag des Inkrafttretens dieser Verordnung ihre Gültigkeit.
(5) Die Verfügungen des Abs. 4 beziehen sich auf die Gewerbescheine jüdischer Saisonbetriebe nur dann, wenn diese in der letzten Saison nicht tätig waren.
§ 5
Das Zentralwirtschaftsamt kann zum Zwecke des Ausschlusses von Juden und jüdischen Vereinigungen aus dem slowakischen wirtschaftlichen und sozialen Leben anordnen:
a) die Liquidierung eines jüdischen Betriebs,
b) die Übertragung des Betriebs eines Juden oder einer jüdischen Vereinigung an einen Nichtjuden oder an eine nichtjüdische Vereinigung, an der der Jude nicht beteiligt ist, zum Liquidierungswert des Betriebs (§ 6, Abs. 2 und § 7),
c) die Übertragung des Betriebs eines Juden an eine nichtjüdische Vereinigung, an der der Jude-Überträger[4] teilnimmt, zum allgemeinen Wert des Betriebs (§ 6, Abs. 2 und 7),

4 So im Original.

d) die Übertragung der Beteiligung eines Juden oder einer jüdischen Vereinigung an Handelsgesellschaften (Aktien, Stammeinlagen, Kuxe, Betriebs- oder andere Anteile) an einen Nichtjuden oder eine nichtjüdische Vereinigung zum allgemeinen Wert der Beteiligung (§ 6, Abs. 3 und § 7), außer dem unter dem Buchstaben e) angeführten Fall,
e) die Übertragung der Beteiligung eines Juden oder einer jüdischen Vereinigung an öffentlichen Handels- oder Kommanditgesellschaften an einen Nichtjuden, der in die Gesellschaft als ein neuer oder ein weiterer Gesellschafter eingetreten ist, zum allgemeinen Wert der Beteiligung (§ 6, Abs. 4 und § 7).

§ 6

(1) Der Liquidierungswert des jüdischen Unternehmens (§ 5, Buchstabe b) wird vom Zentralwirtschaftsamt unter Berücksichtigung der lokalen Verhältnisse aus dem durch eine Inventur festgestellten Gesamtwert der Waren gemäß den festgesetzten Einkaufspreisen, aus dem realen Wert der Einrichtung bzw. anderer Mobilien sowie aus dem Wert der übernommenen Immobilien und vom Übernehmer anerkannten und übernommenen Forderungen bestimmt. Wenn die Verkaufspreise der Ware niedriger sind als die Einkaufspreise, sind die Verkaufspreise maßgebend, vermindert um den üblichen Gewinn.
(2) Der allgemeine Wert des jüdischen Betriebs (§ 5, Buchstabe c) wird vom Zentralwirtschaftsamt so bestimmt, dass aus dem Liquidierungswert des Betriebs, festgelegt nach Abs. 1, die gemäß § 7 festgestellten Schulden abgezogen werden.
(3) Der allgemeine Wert der Beteiligung von Juden bzw. von jüdischen Vereinigungen an Handelsgesellschaften (§ 5, Buchstabe d) wird vom Zentralwirtschaftsamt oder unter Berücksichtigung des Börsen-, Nominal- oder Verkaufswerts der Beteiligung oder durch einen entsprechenden Bruchteil des allgemeinen Werts des Betriebs, der auf die im Abs. 2 angegebene Weise ermittelt wird, bestimmt.
(4) Der allgemeine Wert der Beteiligung von Juden bzw. von jüdischen Vereinigungen an öffentlichen Handels- oder Kommanditgesellschaften (§ 5, Buchstabe e) wird vom Zentralwirtschaftsamt durch einen entsprechenden Bruchteil des allgemeinen Werts des Betriebs, der auf die im Abs. 2 angegebene Weise ermittelt wird, bestimmt.

§ 7

Zum Zwecke der Feststellung der Besitzverhältnisse eines jüdischen Betriebs kann das Zentralwirtschaftsamt – oder auf seine Anordnung hin der zeitweilige Verwalter – die Gläubiger durch eine Bekanntmachung im Amtsblatt auffordern, innerhalb einer Frist von 15 Tagen ihre Forderungen an den Überträger anzumelden, und zwar in den Fällen der Übertragung nach § 5, Buchstabe c oder e mit der Folge der Tilgung ihrer Befriedung aus der Besitzsubstanz des Betriebs in dem Falle, dass es zur Übertragung tatsächlich kommt.

§ 8

Wenn festgestellt wird, dass die Besitzsubstanz des jüdischen Betriebs entgegen den Grundsätzen des ordentlichen Wirtschaftens vorsätzlich vermindert wurde, kann das Zentralwirtschaftsamt ihre Ergänzung aus einem anderen Besitz des Überträgers bzw. aus dem Besitz der jüdischen Vereinigung anordnen.

§ 9

(1) Bei der Betriebsliquidierung (§ 5, Buchstabe a) bestimmt das Zentralwirtschaftsamt die Bedingungen und die Art der Liquidierung, wobei von den gültigen Vorschriften über das Gerichtsverfahren der Liquidierung abgewichen werden kann. Der Beschluss

über die Liquidierung und ihre Bedingungen wird auf Kosten des Betriebseigentümers im Amtsblatt veröffentlicht.

(2) Nach Ablauf der Liquidierungsfrist erlischt der Gewerbeschein des Juden bzw. der jüdischen Vereinigung.

§ 10

(1) Bei der Übertragung des Betriebs nach § 5, Buchstabe b gehen die Schulden des Überträgers nicht an den Übernehmer über, außer im Falle ihrer Übernahme (§ 11, Abs. 4). Die Gläubiger, denen gegenüber die Schulden nicht übernommen wurden, werden gemäß § 11 aus dem Liquidierungswert befriedigt. Die Verpflichtungen des Überträgers gegenüber den Gläubigern bleiben unberührt.

(2) Bei der Übertragung des Betriebs nach § 5, Buchstabe c:

a) die Schulden des Überträgers gehen an die nichtjüdische Vereinigung nur dann über, wenn sie nach § 7 angemeldet wurden;

b) das Zentralwirtschaftsamt bestimmt den Verhältniswert unter den Gesellschaftern;

c) die Verpflichtungen des Überträgers gegenüber den Gläubigern bleiben unberührt.

(3) Bei der Übertragung der Beteiligung nach § 5, Buchstabe d:

a) das Verhältnis des Übernehmers bzw. der Vereinigung gegenüber den Gläubigern bleibt unverändert;

b) wenn es sich um eine öffentliche Handels- oder Kommanditgesellschaft handelt, bestimmt das Zentralwirtschaftsamt den Verhältniswert unter den Gesellschaftern.

(4) Bei der Übertragung der Beteiligung nach § 5, Buchstabe e:

a) das Verhältnis der Gesellschafter gegenüber den Gläubigern bleibt unverändert, jedoch mit der Einschränkung, dass die Gläubiger nur dann befriedigt werden, wenn sie ihre Forderungen nach § 7 angemeldet haben;

b) das Zentralwirtschaftsamt bestimmt das Verhältnis unter den Gesellschaftern, wobei sich die Stellung der bisherigen nichtjüdischen Gesellschafter nicht verschlechtern darf.

§ 11

(1) Im Falle der Übertragung des Betriebs nach § 5, Buchstabe b ist der Übernehmer verpflichtet, innerhalb von 120 Tagen – von der Zustellung des Bescheids über die Übertragung des Betriebs an – eine Summe, die dem Liquidierungswert des Betriebs entspricht, im Gerichtsdepot des für den Betriebsort zuständigen Kreisgerichts zu hinterlegen.

(2) Das Gericht teilt die Summe (Abs. 1) auf die Gläubiger des Überträgers auf. Zu diesem Zwecke werden die Gläubiger durch eine Bekanntmachung im Zentralen Gerichtsanzeiger nach der Zustellung des Bescheids über die Übertragung des Betriebs umgehend aufgefordert, innerhalb von 15 Tagen ihre Forderungen unter Angabe der Höhe, der Nebenforderungen, der Tatsachen, auf denen sie beruhen, sowie der Nachweise, und zwar bei den nichthypothekarischen Gläubigern mit der Folge der Tilgung ihrer Befriedung aus der aufgeteilten Summe, anzumelden. Wenn über die Forderung ein Gerichtsverfahren eröffnet wurde, müssen das Prozessgericht und die Nummer der Akte angegeben werden.

(3) In der Bekanntmachung bestimmt das Gericht gleichzeitig den Termin für die Aufteilung des Liquidierungswerts. Der Termin soll so gelegt werden, dass das Aufteilungsverfahren spätestens 45 Tage nach der Veröffentlichung der Bekanntmachung stattfinden kann. Die hypothekarischen Forderungen, die durch die zum Betrieb gehörenden Immobilien gesichert sind, werden insbesondere vom Liquidierungswert der übernommenen Immobilien in der Reihenfolge des Grundbuchs und nach Grundsätzen des ex-

ekutiven Gerichtsverfahrens befriedigt. Wenn es unter den Gläubigern, die gegenüber dem Überträger andere als Hypothekenforderungen haben, zu keiner Vereinbarung kommt, werden die Reihenfolge und die Art der Befriedigung vom Gericht nach Grundsätzen des exekutiven Gerichtsverfahrens festgesetzt; wenn die Forderungen nicht zur Gänze aus dem Liquidierungswert befriedigt werden können, verfährt das Gericht nach Grundsätzen des gerichtlichen Konkursverfahrens.
(4) In der unter Abs. 1 genannten Frist muss der Teil der Summe, der zu den durch das Gericht anerkannten Schulden und vom Übernehmer übernommenen Schulden gehört, nicht hinterlegt werden. Der Übernehmer kann bei Hypothekenforderungen von Nichtjuden die Schulden mit dem Einverständnis des Hypothekengläubigers übernehmen, bei Hypothekenforderungen von Juden ist er berechtigt, die Schulden auch ohne ein solches Einverständnis zu übernehmen. Mit Einverständnis des Gläubigers kann der Übernehmer auch andere als Hypothekenschulden des Betriebs übernehmen.
(5) Für die Hinterlegung des Teils der Schuld, die an jüdische Gläubiger fallen würde, kann das Zentralwirtschaftsamt eine Frist von fünf Jahren genehmigen und die Höhe der Raten bestimmen. Die Genehmigung der Ratenzahlung kann das Zentralwirtschaftsamt von der Bereitstellung einer angemessenen Bürgschaft abhängig machen.
(6) Der Hypothekengläubiger muss auch bei der Kündigung des Kredits an den Übernehmer dieselben Bedingungen einhalten, die für den Überträger gelten. Die Übertragung kann nach dieser Anordnung auch dann nicht als Kündigungsgrund für den Kredit gelten, wenn das Gegenteil ausgehandelt worden wäre.
(7) Auf der Grundlage des Beschlusses des Zentralwirtschaftsamts über die Übertragung des Betriebs ist der Überträger verpflichtet, den Betrieb sofort dem Übernehmer auszuhändigen.
(8) Nach der Hinterlegung der Summe, die dem festgelegten Wert der zum Betrieb gehörenden Immobilie entspricht bzw. nach der Übernahme der Schulden, mit denen sie belastet ist, legt das Gericht von Amts wegen das Eigentumsrecht zugunsten des Übernehmers aus, wobei gleichzeitig die nicht übernommenen Lasten gelöscht werden.

§ 12

(1) Im Falle der Übertragung des Betriebs nach § 5, Buchstabe c bestimmt das Zentralwirtschaftsamt die Bedingungen und die Art der Bezahlung des allgemeinen Werts des Betriebs (§ 6, Abs. 2).
(2) Im Falle der Übertragung der Beteiligung an Handelsgesellschaften nach § 5, Buchstabe d und e bestimmt das Zentralwirtschaftsamt Art und Bedingungen der Zahlung des allgemeinen Werts des Anteils.

§ 13

(1) Wenn der Übernehmer keine Befähigung hat, um das Gewerbe nach den geltenden rechtlichen Vorschriften auszuüben, kann das Zentralwirtschaftsamt einen teilweisen oder vollständigen Dispens nach geltenden Vorschriften erteilen, wobei es jedoch an das vorgeschriebene Gerichtsverfahren nicht gebunden ist.
(2) Auf der Grundlage des Beschlusses des Zentralwirtschaftsamts über die Anordnung der Übertragung des Betriebs erteilt das zuständige Gewerbeamt dem Übernehmer nach der Entrichtung der Inkorporationsgebühr den Gewerbeschein ohne ein weiteres Gerichtsverfahren. Der Übernehmer kann bis zur Erteilung des Gewerbescheins das Gewerbe auf der Grundlage des Beschlusses des Zentralwirtschaftsamts über die Anordnung der Übertragung betreiben.

(3) Durch die Anordnung über die Übertragung der Beteiligung wird die Genehmigung nach § 3, Abs. 1 der Regierungsverordnung Nr. 265/1938 der Gesetzes- und Verordnungssammlung im Wortlaut der Regierungsverordnung Nr. 272/1939[5] des Slowakischen Gesetzblatts ersetzt.
(4) Durch die Veröffentlichung des Beschlusses des Zentralwirtschaftsamts über die Anordnung der Übertragung des Betriebs erlischt der Gewerbeschein des Juden bzw. der jüdischen Vereinigung.

§ 14

Die Bestimmungen des Gesetzes Nr. 335/1939 des Slowakischen Gesetzblatts beziehen sich auch auf die Anmietung von Gewerberäumen, die durch das Erlöschen der Gewerbeerlaubnis nach dieser Anordnung leer geworden sind.

§ 15

(1) Sowohl der Übernehmer als auch die nichtjüdische Vereinigung (§ 5) sollen den Betrieb mit der Sorgfalt eines ordentlichen Geschäftsmanns führen.
(2) Solange der Liquidierungs- bzw. der allgemeine Wert des Betriebs bzw. die Beteiligung an Handelsgesellschaften nicht beglichen ist bzw. solange andere Verpflichtungen, die aus der Übertragung folgen, nicht erfüllt sind:
a) darf der Betrieb ohne Genehmigung des Zentralwirtschaftsamts nicht liquidiert werden,
b) unterliegt der Betrieb der Kontrolle des Zentralwirtschaftsamts,
c) kann der Betrieb einer Interimsverwaltung unterstellt werden, wenn bei seiner Führung die Pflichten eines sorgfältigen Geschäftsmanns verletzt würden.
(3) Wenn die Bedingungen bezüglich der Begleichung des Liquidierungs- bzw. des allgemeinen Betriebswerts bzw. der Beteiligung an Handelsgesellschaften nicht rechtzeitig beglichen oder Fakten bekannt würden, aufgrund derer keine Anordnung der Übertragung erfolgt wäre, kann die Übertragung aufgehoben und der Betrieb bzw. die Beteiligung an einen anderen Bewerber übertragen werden, wobei der ursprüngliche Übernehmer für den tatsächlichen Schaden verantwortlich ist und verpflichtet ist, die Verfahrenskosten zu übernehmen.
(4) Die Bestimmungen des Abs. 1 beziehen sich auch auf die Betriebe, die bis zum 6. Oktober 1938 im Sinne des § 1 jüdisch waren und die nach diesem Tag bis zum Inkrafttreten dieser Verordnung durch Übertragung nichtjüdisch wurden. Auf diese Betriebe kann das Zentralwirtschaftsamt auch die Bestimmungen Abs. 2 und 3 anwenden.

§ 16

Wenn es sich um die Immobilie eines Juden oder einer jüdischen Vereinigung handelt, die vollständig oder überwiegend der Produktion dient, wird vom Zentralwirtschaftsamt die Eintragung des Gerichtsverfahrens über die Übertragung des Betriebs in öffentliche Bücher beantragt.

§ 17

Das Zentralwirtschaftsamt kann bei den Gerichten beantragen, Schätzungen durchzuführen, sowie die Parteien (den Übernehmer und den Überträger) und die Zeugen unter analoger Anwendung der für die Gewährung von Rechtshilfe geltenden gerichtlichen Vorschriften zu beeiden.

5 Das bedeutete die Revision in zahlreichen Gewerben und den Entzug von Gewerbescheinen für Juden. In Apotheken, die Juden gehörten, wurden daraufhin Regierungskommissare eingesetzt.

§ 18
Für das Gerichtsverfahren nach dieser Verordnung gelten die Vorschriften über Gerichtsferien nicht.

§ 19
Das Zentralwirtschaftsamt kann Pflichtmeldungen aller Fakten anordnen, die für die Durchführung dieser Anordnung notwendig sind. Die auf diesem Wege erhobenen Angaben können nur für die Zwecke dieser Anordnung verwendet werden.

§ 20
Die Kosten eines Verwaltungs- bzw. Gerichtsverfahrens – außer der Posten der Rechtsvertretung – sind ein vorrangiger Posten in der Aufteilung (§ 11).

§ 21
(1) Grundlage für die Übertragungsgebühr und die Umsatzsteuer ist ein Wert, der vom Zentralen Wirtschaftsamt bestimmt wird.
(2) Sowohl der Eintritt eines neuen oder eines weiteren Gesellschafters (§ 5, Buchstabe e) als auch die Erhöhung der Beteiligung eines bisherigen nichtjüdischen Gesellschafters einer bereits existierenden Handels- oder Kommanditgesellschaft (§ 5, Buchstabe d) wird nicht als ein neuer Gesellschaftervertrag betrachtet, und es werden Gebühren nur für den Wert des übertragenen Anteils erhoben, der vom Zentralwirtschaftsamt festgelegt wird.

§ 22
Die Nichteinhaltung der Weisung sowohl nach § 8 bezüglich der Ergänzung der Besitzsubstanz des jüdischen Betriebs als auch der Bestimmungen § 3, Abs. 1 und 2, § 4, Abs. 1, § 11, Abs. 7, § 15, Abs. 1 und 2, Buchstabe a und schließlich die Nichteinhaltung der Weisung nach § 19 werden als Verstoß vom Staatlichen Polizeiamt mit Schließung von 1 bis 30 Tagen und einer Geldstrafe von 10 000 bis 50 000 Ks bestraft. Eine nicht eintreibbare Geldstrafe soll in Freiheitsstrafe von 1 bis 30 Tagen umgewandelt werden.

§ 23
(1) Wer bewusst unwahre Angaben macht oder solche Angaben zum Erschleichen einer Genehmigung oder eines Beschlusses nach dieser Anordnung verwendet, wird – wenn es keine schwerere Straftat ist – vom Bezirksgericht zu einer Gefängnisstrafe bis zu 1 Jahr und einer Geldstrafe bis zu 200 000 Ks verurteilt. Eine nicht eintreibbare Geldstrafe soll in Gefängnisstrafe bis zu 6 Monaten umgewandelt werden.
(2) Der Versuch ist strafbar.

§ 24
(1) Die Verfahren nach Gesetz Nr. 113/1940[6] des Slowakischen Gesetzblatts, in denen bis zum Tage des Inkrafttretens dieser Anordnung Beschlüsse über Arisierung gefällt oder Genehmigungen nach § 2 des genannten Gesetzes über die Übertragung des Wirtschaftsbetriebs erteilt wurden, werden vom Zentralwirtschaftsamt nach den Vorschriften dieser Anordnung zu Ende geführt, Gerichtsverfahren jedoch nach den Bestimmungen des Gesetzes Nr. 113/1940 des Slowakischen Gesetzblatts.
(2) Die Bestimmungen nach § 13, Abs. 2 bis 4 gelten auch für die Genehmigungen der Übertragungen der Wirtschaftsbetriebe und für die Beschlüsse über die Arisierung, die

6 Siehe Einleitung, S. 25.

nach §§ 2 und 4, Abs. 2 des Gesetzes Nr. 113/1940 des Slowakischen Gesetzblatts veröffentlicht wurden.

(3) Amtshandlungen, die in Sachen des Gesetzes Nr. 113/1940 des Slowakischen Gesetzblatts ausgeführt wurden, in denen jedoch bis zum Tag des Inkrafttretens dieser Anordnung noch kein Beschluss über die Arisierung gefällt oder in denen noch keine Genehmigung nach § 2 des Gesetzes Nr. 113/1940 des Slowakischen Gesetzblatts bezüglich der Übertragung eines Wirtschaftsbetriebs erteilt wurde, sind für das Zentralwirtschaftsamt nicht bindend.

§ 25

(1) Die bisher geltenden Bestimmungen des Gesetzes Nr. 113/1940 des Slowakischen Gesetzblatts werden mit Ausnahme dessen, was in § 24 angeführt ist, aufgehoben.

(2) Dort, wo sich geltende Vorschriften auf das Gesetz Nr. 113/1940 des Slowakischen Gesetzblatts berufen, sind analoge Vorschriften dieser Anordnung zu verstehen.

§ 26

Gegenüber den Beschlüssen (Maßnahmen) des Zentralwirtschaftsamts gemäß dieser Anordnung werden der Schutz des Verwaltungsgerichtswesens (§ 5, Buchstabe f) des Gesetzes Nr. 120/1940[7] des Slowakischen Gesetzblatts und die Wiedergutmachung vor den staatlichen Gerichten (§ 66, Abs. 4 der Verfassung) ausgeschlossen.

§ 27

Diese Anordnung tritt in Kraft am Tag der Bekanntmachung; sie wird vom Ministerpräsidenten mit den beteiligten Ministern bekanntgemacht.

Dr. Tuka eigenhändig, Mach eigenhändig, Dr. Pružinský eigenhändig, Sivák eigenhändig, auch i.V. von Minister Dr. Fritz, Stano eigenhändig, auch i.V. von Minister Dr. Medrický

7 Das Gesetz über das Oberste Gericht vom 7.5.1940; § 5 regelte die Angelegenheiten, die grundsätzlich von der Geltung des Obersten Gerichts ausgeschlossen waren.

DOK. 27
Das deutsche Staatssekretariat beschwert sich am 11. Dezember 1940 über die ungenügende Berücksichtigung Deutscher bei der Enteignung der Juden[1]

Brief des Staatssekretariats für die Belange der deutschen Volksgruppe in der Slowakei[2] (5178/40-Dr. D./St.), gez. W. Donath,[3] Preßburg, an das Zentralwirtschaftsamt, Preßburg, Augustín Morávek,[4] vom 11.12.1940[5]

Betrifft: Zentralwirtschaftsamt, Mißstände.
Ich erlaube mir, Sie, sehr geehrter Herr Amtsvorstand, um eine grundsätzliche Stellungnahme zu bitten.
Wie bekannt, erfolgte früher die Arisierung bei den Gauämtern u.zw. nicht nach volkswirtschaftlichen Gesichtspunkten, sondern auf der Grundlage von Nepotismus und anderen zweifelhaften Beziehungen. Die deutsche Volksgruppe hat es daher außerordentlich begrüßt, als die Arisierungsagenda den Gauämtern abgenommen und dem Zentralwirtschaftsamte allein zugeteilt wurde. Das Zentralwirtschaftsamt hat als Zentralbehörde im Sinne des Regierungsbeschlusses vom 21. Juni 1939[6] (Úr.Nov.[7] 39/39, Zahl 144) über das Deutsche Staatssekretariat mit dem Staatssekretariate in allen grundsätzlichen Angelegenheiten, die die deutsche Volksgruppe oder ihre Angehörigen betreffen, zusammenzuarbeiten. Das Deutsche Staatssekretariat hat die Wünsche, Anregungen und Beschwerden deutscher Volkszugehöriger den Zentralbehörden zur Kenntnis zu bringen und sie vor diesen Behörden zu vertreten. Diese Rechtsbestimmung wird Ihnen, Herr Amtsvorstand, ja sicher bekannt sein. Ich muß jedoch zu meinem großen Bedauern feststellen, *daß von Ihrer Seite aus leider nicht der geringste Wille zu einer Zusammenarbeit mit dem hiesigen Amte bekundet wurde.*
Oder soll ich vielleicht als Zusammenarbeit die Tatsache bezeichnen, daß auf nahezu 200 vom hiesigen Amte Ihnen schriftlich überreichten Befürwortungen deutscher Arisierungsbewerber Ihr Amt bisher überhaupt nicht geantwortet hat? Oder vielleicht die Tatsache, daß Sie auf unsere grundsätzliche Anfrage, die Stellung der zeitweiligen Verwalter[8] betreffend, vom 22. November 1940, Zahl 5178/40, nicht geantwortet haben?

1 YVA, M.5/13, Bl. 20–23.
2 Das Staatssekretariat war eine nationalsozialistische, im März 1939 durch Regierungsverordnung bestätigte Institution in der Slowakei, die von Volksgruppenführer Franz Karmasin geführt wurde und der Volksdeutschen Mittelstelle unterstand; siehe Einleitung, S. 23.
3 Walter Donath (verst. 1943); erster Landesführer der Freiwilligen Schutzstaffel; Mitarbeiter des SD.
4 Augustín Morávek (*1901); Jan. bis Sept. 1940 Leiter der Wirtschaftlichen Amtsstelle des Regierungspräsidiums, Sept. 1940 bis Juli 1942 Präsident des Zentralwirtschaftsamts; von 1942 an untersuchte eine Regierungskommission seine Amtspraxis, Rücktritt, Flucht nach Ungarn; in Abwesenheit zu 30 Jahren Haft verurteilt.
5 Das Original enthält folgende handschriftl. Vermerke: 1. „Ultimatum nicht verhandelt" (im Original slowak.), 2. „Ich bin gern bereit der dort erwehnte Beschwerde zu besprechen, aber bei mir und ersuche, daß in dieser Sache bei mir in korrekter Form bereden" (im Original teils deutsch, teils slowak., Rechtschreibung wie im Original), 3. „Ultimatum nicht verhandelt" (im Original slowak.), 4. unleserlich.
6 Siehe Einleitung, S. 22.
7 Slowak.: Úradné noviny; Amtsblatt.
8 VO Nr. 257/1940, siehe Dok. 25 vom 13.11.1940, Anm. 4.

Sie werden vielleicht den Einwand vorbringen, daß das Zentralwirtschaftsamt bisher keine Arisierungen sowie keine anderen Einzelmaßnahmen durchgeführt hat und daß es so erst jetzt nach Erlaß der Regierungsverordnung 303/40 Sl. Gbl.[9] aufzunehmen gedenkt.
Dem muß ich jedoch widersprechen!
Das dortige Amt hat bisher auch in Einzelfällen eine Tätigkeit entwickelt mit der Spitze gegen die deutsche Volksgruppe und unter gröbster Mißachtung der oben erwähnten Rechtsnorm über die Zusammenarbeit mit dem hiesigen Amte.
Wie anders soll ich mir den Fall erklären, daß das dortige Amt bei den Firmen Samuel Fürst, Trentschin, Kubišek & Co, Trentschin, J. Schlesinger, Tur. Sv. Martin,[10] J. Braun & Co, Preßburg und Max Kohn, Bösing statt der vom hiesigen Amt beantragten deutschen Bewerber bereits andersnationale Verwalter/Arisatoren eingesetzt hat. In diesen Rahmen fällt auch die vom Zentralwirtschaftsamt vorgenommene Ernennung von Zwangsverwaltern über jüdischen Hausbesitz. Aus der Liste der vom hiesigen Amte vorgelegten Judenhäuser wurden nur ganz wenige mit Zwangsverwaltern deutscher Volkszugehörigkeit belegt, während eine ganze Reihe dieser Häuser andersnationalen Zwangsverwaltern zugewiesen wurde. Das Verzeichnis dieser Verstöße kann ich Ihnen vorlegen. Auch die Außerachtlassung des vom hiesigen Amte befürworteten deutschen Bewerbers für das Zuckerwarengeschäft Grünhut, Preßburg, und die Bestellung eines andersnationalen Arisators ist gleichfalls als absoluter Verstoß zu betrachten. Diese Verstöße sind umso schwerwiegender, als die Bildung einer gemischten Kommission[11] beschlossen wurde, die über Arisierungsangelegenheiten entscheiden sollte. Bevor diese Kommission überhaupt zusammengetreten ist, haben Sie, Herr Amtsvorstand, *gegen* diese Abmachung und gegen die oben erwähnte zwingende Norm (Regierungsbeschluß vom 21.VI.1939) eine Reihe von die Belange der deutschen Volksgruppe schwer schädigenden Maßnahmen eigenmächtig getroffen. Im Auftrage des Herrn Staatssekretärs erlaube ich mir – wenn von Ihrer Seite auf eine Zusammenarbeit mit der deutschen Volksgruppe überhaupt Wert gelegt werden sollte –, Sie um Stellungnahme zu folgenden Fragen zu bitten:
1.) ob Sie geneigt sind, *von nun ab* alle die deutsche Volksgruppe und ihre Angehörigen betreffenden Maßnahmen im Einvernehmen mit dem hiesigen Amte zu treffen (Regierungsbeschluss vom 21. Juni 1939),
2.) ob Sie bereit sind, die bisher ergangenen rechts- und verabredungswidrigen Maßnahmen unverzüglich zu widerrufen.

9 VO Nr. 303/1940 über die jüdischen Betriebe, siehe Dok. 26 vom 30.11.1940.
10 Turčansky Svätý Martin.
11 Die deutsch-slowak. Kommission sollte die zahlreichen Auseinandersetzungen zwischen der deutschen Volksgruppe und dem Zentralwirtschaftsamt bezüglich des deutschen Anteils am enteigneten Besitz der slowak. Juden klären. Sie trat erstmals am 28.2.1941 zusammen und wurde von Volksgruppenführer Franz Karmasin und dem Hauptkommandanten der Hlinka-Garde, František Galan, geleitet. Als Schiedsrichter fungierte der Leiter des Zentralwirtschaftsamts, Augustín Morávek.

Ich darf Sie bitten, mir eine erschöpfende Stellungnahme zu diesen beiden Fragen noch heute (8–14, 16–18 Uhr) zukommen zu lassen, da ich dann dem Herrn Staatssekretär über den Stand der Angelegenheit referieren muss.
Sollten Sie es vorziehen, Herr Amtsvorstand, uns auch diesmal keiner Antwort zu würdigen, dann erlaube ich mir, geeignete Maßnahmen in Aussicht zu stellen.[12]

DOK. 28

Die Schülerin Helli schreibt am 12. Januar 1941 ihrer Urgroßmutter in Palästina, dass die Familie in Bratislava ihre Wohnung verlassen musste[1]

Handschriftl. Brief von Helli,[2] Bratislava, an unbekannte Empfängerin, Palästina, vom 12.1.1941[3]

Liebste Urgrossmutti!
Ich möchte so gerne das du post schreibst und das es auch ankomt. Ich habe so eine Freude wan ich dir schreiben kann oder wan ich höre das die Post ankommt. Wir sind gekündigt geworden und tam[4] müssen binenn 2 Tage hinaus aus der Wohnung aber man hat nicht amal 1 Wohnung bekommen dan ham wir müssen zu Grossmutti gehen, Miezkewizgasse[5] n. 10 wohnen wir jetzt. Und ich hab es sehr weit zur schulle, die lange Schöndorfergasse u. lange Zochgasse erst dan bin ich in der schulle u. so kalt ist immer. Was machst du? Wie geht es dir? Was macht die Ebi u. Tante Ema u. Onkel Willi? Viele Pussi u. grüsse

12 Karmasin beschwerte sich auch direkt bei Himmler über die angeblich ungenügende Berücksichtigung der karpathendeutschen Minderheit bei den Enteignungen der Juden. Schließlich wurde im Febr. 1941 eine deutsch-slowak. Regierungskommission beim Zentralwirtschaftsamt gegründet, um die Differenzen zu beseitigen, was aber letztlich fehlschlug; siehe Dok. 31 vom 1.3.1941.

1 YVA, O.75/488.
2 Der Brief gibt keine Hinweise zur Verfasserin. Der noch ungelenken Schrift nach handelt es sich bei Helli um ein etwa acht- bis zehnjähriges Mädchen.
3 Grammatik und Rechtschreibung wie im Original.
4 Slowak.: dort.
5 Richtig: Mickiewicz-Straße in Bratislava.

DOK. 29
Anna Wallaschek aus Bratislava bemüht sich am 5. Februar 1941 um die Übernahme der Parfümerie von Eduard Friedmann[1]

Brief von Anna Wallaschek, Preßburg, Landlergasse 2, an die Deutsche Gesandtschaft, Handelsattaché Dr. Gebert,[2] Preßburg, vom 5.2.1941

Sehr geehrter Herr Attaché!
Auf Ihr Geehrtes[3] vom 23. v.M., Aktenz.: W.J. Nr. 1, betr.: Arisierung eines Geschäftslokals beehre ich mich mitzuteilen, daß ich für die Arisierung der jüdischen Firma
Eduard Friedmann,[4] Parfümerie, Preßburg,
bereits im November v.J. seitens des Staatssekretariats[5] in Vormerkung genommen wurde und für die Führung dieses Geschäftes großes Interesse haben würde. Ich selbst habe durch mehrere Jahre hindurch in einer Apotheke gearbeitet und dadurch Kenntnisse im Verkauf von Toiletten- und Parfümerieartikeln genügend erworben, um in der Lage sein zu können, selbständig eine Parfümerie zu führen.[6]
Ich bitte die Deutsche Gesandtschaft um wohlwollende Unterstützung meines Ansuchens und zeichne, im voraus hierfür bestens dankend, mit
Heil Hitler!

DOK. 30
Ibolya Hoffmann sorgt sich am 10. Februar 1941 um ihren Verlobten, der nach gescheiterter Flucht nach Palästina auf Mauritius interniert wurde[1]

Handschriftl. Tagebuch von Ibolya Hoffmann, Eintrag vom 10.2.1941

Montag, 10. Feber, 1941
Drei Wochen sind es, daß ich das letzte Mal schrieb, und wie viel hat sich inzwischen ereignet. Ich erfuhr, daß G.[2] in Mauritius sich befindet. Seine Eltern sind verzweifelt,

1 PAAA, Gesandtschaft Preßburg, WJ Nr. 1. Arisierungsmaßnahmen in der Slowakei, Eduard Friedmann/Anna Wallaschek, Karton 221.
2 Dr. Erich Gebert (1895–1978), Jurist, Volkswirt; 1920–1938 Hauptgeschäftsführer der IHK, zuständig für Handelsbeziehungen mit Südosteuropa; 1933 NSDAP- und SS-Eintritt; 1938–1939 Finanz- und Wirtschaftsreferent der Gauleitung Salzburg, 1939–1945 Wirtschaftsberater in der Slowakei.
3 So im Original.
4 Eduard Friedmann (*1899), Drogist; seine Drogerie wurde zugunsten von Anna Kubovitsová enteignet; von mindestens Jan. 1944 an war er im Arbeitslager für Juden in Sered interniert.
5 Gemeint ist das Staatssekretariat für die Belange der deutschen Volksgruppe, vgl. Dok. 27 vom 11.12.1940.
6 Anna Wallaschek erhielt nicht die Parfümerie von Eduard Friedmann, eignete sich aber jene von Vojtech Radó (*1896) an, der im Aug. 1942 nach Auschwitz deportiert wurde und dort umkam.

1 YVA, O.33/5629, Bl. 257–261.
2 Gustav Spatzier (1921–1945), Verlobter von Ibolya Hoffmann-Hajnal, reiste am 3.9.1940 an Bord der Helios von Bratislava aus nach Palästina, von Haifa aus brachten die brit. Mandatsbehörden die Auswanderer auf die Insel Mauritius; später kämpfte er in der Unabhängigen Tschechoslowakischen Brigade der brit. Armee; er nahm sich im April 1945 das Leben.

und ich war es auch. Aber helfen kann man sich nicht. Und vielleicht ist es für G. momentan besser, daß er dort ist, nur ist es so furchtbar weit! Ich habe durchs Rote Kreuz 24 Worte geschrieben, dann durch […],[3] außerdem durch Anny und Julius. Ich versuche, ob etwas ankommt, ist natürlich sehr fraglich. Aber ich tue es dennoch, schon um das Bewußtsein zu haben, etwas unternommen [zu haben] und nicht untätig [zu] warten. Man weiß gar, gar nichts. Die Leute tauschen bloß Vermutungen aus, aber keiner weiß etwas Positives. Ich bin so einsam. Poldi ist sehr nett zu mir, aber … lieben kann ich keinen anderen Mann außer G. Gestern war ich bei Poldi. Er hat sich korrekt zu mir benommen. Auch habe ich es nicht anders erwartet, sonst wäre ich nicht zu ihm gegangen. Er bewirtete mich mit Tee u. Keks. Als die Dämmerung anbrach, spielte er auf der Violine und ich sang dazu. Um 7 h gingen wir ins Kino. Es war ein stiller Nachmittag, wo ich mich gut fühlte und an welchem es nicht so wüst zuging, als in unserer Ko.[4] Es sind Menschen, welche nun den Augenblick leben. Natürlich sind auch Ausnahmen, sie werden aber mit in den Kreis gezogen. Einmal in der Woche haben wir mit Perez Sichah,[5] die anständig ist. Heute habe ich den ganzen Tag unterrichtet, was bei den Kačkes[6] nicht zu leicht ist, trotzdem sie herzig sind. Besonders Avi M. u. Hermu M. Abends um 7 h ging ich wie gewöhnlich – Montag und Donnerstag – zur Magda F. lernen. Ich gehe sehr gerne. Morgen möchte ich s.G.w.[7] ins Theater gehen. Man spielt „Eva" von Foerster. Mit Poldi und […][8] Garde dame, wegen den „Leuten", Bubi.[9] Von Imre habe ich schon seit ungefähr 5 Wochen keine Post. Zwar habe ich ihn auch wochenlang auf eine Nachricht von mir warten lassen, aber …. ich bin neugierig, was er mir schreiben wird. Es ist jetzt schon – wenigstens von meiner Seite – schrecklich u. gezwungen, denn mein ganzes Gefühl konzentriert sich auf G. und seine Eltern, seine Mutter. Ich habe aus Prag ein Buch aus G. Jugendbibliothek bekommen, für Bubi. Natürlich gebe ich es nicht [aus] der Hand, noch dazu weil sein Name drinsteht, ist es mir teuer, trotzdem es ein wissenschaftliches Werk ist u. ich nicht viel davon verstehe. Sie sind so aufmerksam. Wenn G. das wüsste!

3 Drei Buchstaben unleserlich.
4 So im Original.
5 Hebr.: Gespräch, Konversation.
6 Katschkes (jidd.): Enten, hier synonym für kleine Kinder gebraucht.
7 So Gott will.
8 Ein Wort unleserlich.
9 Zygmunt Hoffmann (1925–1942?), Bruder von Ibolya Hoffmann-Haynal; er wurde am 27.3.1942 nach Lublin-Majdanek deportiert und kam dort um.

DOK. 31

Der Judenberater Dieter Wisliceny berichtet am 1. März 1941 an das Reichssicherheitshauptamt über die Enteignungen der Juden und Pläne für eine neue antijüdische Gesetzgebung[1]

Bericht von Dieter Wisliceny,[2] SS-Hauptsturmführer, Preßburg, an das RSHA, Abt. III,[3] SS-Standartenführer Otto Ohlendorf,[4] Berlin, vom 1.3.1941 (Durchschlag)[5]

Betrifft: Beratertätigkeit
In der Anlage überreiche ich Durchschrift eines Tätigkeitsberichtes des Beraters für Judenfragen, SS-Hauptsturmführer Wisliceny.[6]
Beraterbericht.
Die Tätigkeit des Zentralwirtschaftsamtes erstreckte sich in den letzten Wochen im wesentlichen auf die Liquidierung jüdischer Unternehmungen und die Einsetzung von Zwangsverwaltern in Unternehmungen und Hausbesitz. Allein im Monat Februar wurden 3000 jüdische Unternehmen zur Liquidation gebracht. Es handelt sich dabei um kleinere jüdische Betriebe, deren Existenz volkswirtschaftlich nicht gerechtfertigt ist. Die Vorschläge für die zu liquidierenden Objekte wurden auf Aufforderung des Zentralwirtschaftsamtes von den Gewerbegenossenschaften gemacht. Eine Sonderaktion war die Liquidierung des jüdischen Lebens- und Genußmittelhandels in der Ostslowakei. In Anbetracht der ungeheuren Verjudung des Wirtschaftslebens in der Ostslowakei wurden sämtliche jüdischen Gemischtwarenhandlungen geschlossen. Die vorhandenen Warenbestände sollten von den arischen Geschäften zum Einkaufspreis übernommen werden. Dabei ist es nach Mitteilung des Präsidenten Moravek zu großen Unzuträglichkeiten gekommen. Der Warenbestand ist zum großen Teil unter Einkaufspreis an Privatleute verschleudert worden. Nach Ansicht von Moravek hat die Hlinka-Partei diese Vorgänge geduldet und gefördert, da sie sich durch die Abgabe billiger Lebensmittel Popularität unter der primitiven Bevölkerung verschaffen wollte. Der entstandene volkswirtschaftliche Schaden lässt sich nicht abschätzen, dürfte aber mehrere Millionen Ks betragen.
Auf gesetzgeberischem Gebiet befindet sich ein Gesetzentwurf über die Ehe zwischen Juden und Nichtjuden in der Beratung des legislativen Ausschusses. Da dieser Gesetzes-

1 BArch, R 70 Slowakei/157, Bl. 23–26. Abdruck in slowak. und deutscher Sprache in: Nižňanský, Holokaust, Bd. 4 (wie Dok. 17, Anm. 1), Dok. 11.
2 Dieter Wisliceny (1911–1948); 1931 NSDAP- und SA-, 1934 SS-Eintritt, 1933–1934 SA-Stabswache Göring; 1934 Aufnahme in den SD, hauptamtl. Mitarbeiter des RSHA, ab 1937 Referatsleiter II-112; Leiter der Außenstelle Gnesen des Amts für die Umsiedlung von Polen und Juden, ab Aug. 1940 Judenberater in der Slowakei, 1943–1944 verantwortlich für die Deportation der Juden aus Saloniki, 1944 im Stab Eichmann in Ungarn; 1948 in Bratislava verurteilt und hingerichtet.
3 Richtig: Amt III; zuständig für deutsche Lebensgebiete – SD-Inland.
4 Otto Ohlendorf (1907–1951), Jurist; 1925 NSDAP- und SS-, 1926 SA-Eintritt; ab 1936 Wirtschaftsreferent des SD, 1939–1945 Leiter des Amtes III des RSHA, von 1941 an auch Leiter der Einsatzgruppe D, Ende 1943 stellv. StS im RWM; 1948 im Einsatzgruppenprozess zum Tode verurteilt, 1951 in Landsberg am Lech hingerichtet.
5 Im Original handschriftl. Bearbeitungsvermerke.
6 Anschreiben 151/41, ohne Ort, Unterschrift unleserlich, vom 1.3.1941.

entwurf für die Eheschließung den Nürnberger Judenbegriff[7] einführt, daneben aber die Judendefinition des Gesetzes 63[8] für die wirtschaftlichen Judenfragen Geltung behalten sollte, ist vom Zentralwirtschaftsamt auf meine Veranlassung ein Gegenvorschlag dem legislativen Ausschuß übergeben worden. In diesem Vorschlag wird der Judenbegriff ein für allemal auf die Nürnberger Formulierung festgelegt und neben dem Verbot der Eheschließung auch die soziale und rechtliche Stellung der Mischlinge umrissen. Der legislative Ausschuß hat es gegenüber dem Vertreter des Zentralwirtschaftsamtes, Landgerichtsrat Ziman,[9] abgelehnt, sich vorläufig mit diesem Gegenvorschlag zu befassen. Eine neue Sitzung über den Gesetzentwurf hat noch nicht stattgefunden. In Vorbereitung beim Zentralwirtschaftsamt ist zur Zeit eine Regierungsverordnung über die Einführung der jüdischen Arbeitsdienstpflicht. Dieses Problem wird in der nächsten Zeit sehr dringend werden, da viele Juden, die durch die Liquidierung ihrer Unternehmen oder Entlassung als Angestellte aus dem Wirtschaftsleben ausgeschaltet sind, einen illegalen Hausierhandel zu eröffnen beginnen. Die jüdische Arbeitspflicht soll nach den entsprechenden Vorbildern des Generalgouvernements gesetzlich geregelt werden.
Um den Anteil der Deutschen Volksgruppe bei der Arisierung endgültig sicherzustellen, ist eine gemischte deutsch-slowakische Kommission, die aus Vertretern der Hlinka-Partei und der Deutschen Partei besteht, auf meine Veranlassung gegründet worden. Die erste Sitzung dieser Kommission, in der konkrete Einzelfälle besprochen wurden, hat am 28.2. im Zentralwirtschaftsamt stattgefunden.[10] Es handelte sich dabei um Fälle, wo auf jüdische Geschäfte deutsche und slowakische Bewerber vorhanden sind. In allen besprochenen Fällen wurde der deutsche Standpunkt von den Slowaken angenommen. An der Sitzung haben außer dem Präsidenten Moravek und mir der Abgeordnete Germuška,[11] Dr. Kosorin[12] und als deutscher Vertreter Blodek[13] teilgenommen.
Die Tätigkeit der Judenzentrale hat sich in den letzten Wochen erheblich gesteigert, nachdem diese Organisation eingehende Richtlinien vom Zentralwirtschaftsamt bekommen hat. Die Judenzentrale beschäftigt schon jetzt 150 hauptamtliche Angestellte. Das jüdische Mitteilungsblatt[14] wird Anfang März zum ersten Mal erscheinen. Einen besonderen Raum in der Tätigkeit der Judenzentrale nimmt die Vorbereitung für die jüdische Umschulung ein. Um den Juden die Möglichkeit zu geben, handwerkliche Berufe zu erlernen, werden einige jüdische Betriebe, vor allen Dingen des Baugewerbes,

7 In der am 14.11.1935 erlassenen 1. VO zum Reichsbürgergesetz war festgelegt, wer als Jude galt; RGBl., 1935 I, S. 1333 f., VEJ 1/210.
8 Dok. 11 vom 18.4.1939.
9 Dr. Ladislav Ziman, Jurist, Landesgerichtsrat; Leiter der Legislativabt. des Zentralwirtschaftsamts; Mitarbeit an den Gesetzen zur Enteignung der Juden in der Slowakei.
10 Vgl. Dok. 27 vom 11.12.1940.
11 Andrej Germuška; bis Aug. 1940 Regierungskommissar in Prešov, dort Ortsgruppenführer der HSĽS, Sept. 1941 bis März 1943 stellv. Generalsekretär, Sept. 1941 bis März 1943 Vorsteher des Grangaues; nach dem Krieg zu 15 Jahren Haft verurteilt, 1960 entlassen.
12 Dr. Jozef Kosorin; Generalsekretär des bodenwirtschaftlichen Verbandes der Slowakischen Arbeitergemeinschaft.
13 Karl Bloudek (Blondel); von Nov. 1940 an Leiter der Abt. Arisierung des Wirtschaftsamts der Deutschen Partei.
14 Vestnik; Wochenblatt der Judenzentrale, erschien erstmals am 7.3.1941.

von der Arisierung zurückgestellt und zu jüdischen Umschulungsbetrieben erklärt werden. Die Judenzentrale bereitet ein Bauprogramm vor zur Errichtung von Einfamilienhäusern, das sie mit jüdischen Arbeitern durchführen will. Die Häuser sollen später von der Stadtgemeinde Preßburg nach der endgültigen Lösung der Judenfrage übernommen werden. Daneben wird in Ilava in den Gebäuden der Zwangserziehungsanstalt ein jüdisches Umschulungslager errichtet werden.[15] Dieses Lager hat eine Aufnahmefähigkeit von 1000 Personen, die in den dortigen Lehrwerkstätten arbeiten können bzw. beim Bau des Wasserkraftwerkes Einsatz finden können. Das Justizministerium hat die Gebäude dem Zentralwirtschaftsamt angeboten. Dieses Projekt befindet sich zurzeit noch in einer eingehenden Nachprüfung.

Zur politischen Haltung der leitenden Beamten des Zentralwirtschaftsamtes ist festzustellen, daß sich in der letzten Zeit der Einfluss der Hlinka-Partei auf diese Dienststelle verstärkt hat. Während zu Zeiten von Galan[16] das Generalsekretariat der Partei sich um das Zentralwirtschaftsamt überhaupt nicht kümmerte, übt jetzt Germuška einen erheblichen Druck auf das Amt aus. Auch Präsident Tiso hat sich in der letzten Zeit entweder persönlich oder über das Generalsekretariat im Zentralwirtschaftsamt eingeschaltet, um die Entscheidungen von Moravek zugunsten ihm nahestehender Persönlichkeiten zu beeinflussen. Dies hat zum Teil zu einer wachsenden Entschlußlosigkeit der einzelnen Referenten geführt, die seinerzeit als besondere Vertrauensleute von Tuka und Mach zum Zentralwirtschaftsamt abkommandiert worden waren. Die arbeitsmäßigen Leistungen der Beamten sind nach wie vor äußerst schlecht und entsprechen nicht den Anforderungen. Eine Ausnahme machen hiervon lediglich der Volksdeutsche Dr. Hammer,[17] Landsgerichtsrat Ziman, Dr. Harmann[18] und die Sekretäre Horvath[19] und Krsiak.[20]

15 In Ilava wurde das erste Internierungslager für politische Gegner, aber auch für Roma und Juden, errichtet. Erstmals wurden diese Pläne am 25.11.1938 veröffentlicht. Die wichtigsten Zwangsarbeitslager für Juden befanden sich aber von Ende 1941 an in Nováky, Sered und Vyhne; siehe Dok. 37 vom 29.8.1941; Dok. 90 vom 10.5.1943; Dok. 100 vom 1.6.1944; Einleitung, S. 40 f.

16 Dr. František Galan (1908–1945), Jurist; Mai 1940 bis Juli 1940 Oberbefehlshaber, später Inspekteur der Hlinka-Garde; 1945 wegen Begünstigung des Slowak. Nationalaufstands im KZ Mauthausen hingerichtet.

17 Dr. Oskar Hammer, Jurist; Mitglied der DP; von Sept. 1940 an Leiter der Abt. Textil im Zentralwirtschaftsamt; arbeitete an den Gesetzen zur Enteignung der Juden in der Slowakei mit.

18 Dr. Viktor Harmann, Jurist in der Legislativabt. des Zentralwirtschaftsamts.

19 Jozef Horváth; Führer der Hlinka-Garde; von Sept. 1940 an Leiter der Presseabt. des Zentralwirtschaftsamts.

20 Vendelín Kršiak; von Sept. 1940 an persönlicher Sekretär von Morávek.

DOK. 32

Adolf Eichmann teilt dem Auswärtigen Amt am 9. Mai 1941 mit, dass die Ausreise von Juden aus der Slowakei zu verhindern sei[1]

Mitteilung des Chefs der Sicherheitspolizei und des SD, Referat IV B4 (IV B 4b (Rz) (neu) 513/41), gez. i.A. Eichmann,[2] Berlin, an das Auswärtige Amt, Berlin, vom 9.5.1941 (Abschrift D III 4015)

Betrifft: Judenauswanderung aus der Slowakei nach USA.
Bezug: Dort. Schnellbrief vom 26.3.1941[3] – D III 2608
Auf das dortige Schreiben vom 26.3.1941 teile ich mit, daß ich seiner Zeit dem Sonderbeauftragten des Reichsführers SS beim deutschen Gesandten in Preßburg[4] gegenüber der Auswanderung von 105 Juden, größtenteils amerikanischer Staatsangehörigkeit, zugestimmt habe.
In dem vorliegenden Schreiben des Beraters für Judenfragen – SS-H'Stuf. Wisliceny, Preßburg, handelt es sich um die Ausreise dieser 105 Juden.
Im Hinblick auf die zweifellos kommende Endlösung der Judenfrage und die ohnedies geringen Ausreisemöglichkeiten für Juden aus dem Reichsgebiet ist jedoch eine allgemeine Judenauswanderung aus der Slowakei und eine Durchreise durch das Reichsgebiet nach Tunlichkeit zu verhindern.

1 PAAA, Gesandtschaft Preßburg, Karton 184, Akten betreffend Judentum vom 5.8.1939–30.6.1942, Bd. 1, Pol 4 Nr. 2.

2 Adolf Karl Eichmann (1906–1962), Vertreter; 1932 NSDAP- und SS-Eintritt; 1934–1938 im SD-Hauptamt, von Sommer 1938 an Leiter der Zentralstelle für jüdische Auswanderung in Wien und ab 1939 der in Prag, vom Dez. 1939 an Sonderreferent des RSHA für die Räumung der annektierten Ostprovinzen, dann Leiter des RSHA-Referats IV D 4, später IV B 4 (Judenangelegenheiten, Räumungsangelegenheiten); 1945–1946 Inhaftierung, 1946 Flucht, 1950–1960 in Argentinien untergetaucht; 1960 nach Israel entführt, dort 1961 zum Tode verurteilt, hingerichtet.

3 Nicht ermittelt.

4 Ludwig Hermann Karl Hahn (1908–1986), Jurist; 1930 NSDAP-, 1933 SS-Eintritt, bis 1944 Beförderung zum Standartenführer; 1939 Führer des Einsatzkommandos 1 der Einsatzgruppe I, 1940 KdS Krakau, Juli 1940 bis Juli 1941 Sonderbeauftragter des Reichsführers SS beim deutschen Gesandten in Preßburg, dann bis Aug. 1944 KdS Warschau; 1975 zu lebenslanger Haft verurteilt, 1983 entlassen.

DOK. 33

Maxi Widder aus Prešov beschwert sich am 23. Mai 1941 darüber, dass die jüdischen Mitarbeiter ein gelbes Band tragen müssen[1]

Brief von Maxi Widder,[2] Prešov, an unbekannten Empfänger vom 23.5.1941[3]

Sehr geehrter Herr Doktor!
Vereinbarungsgemäß erlaube ich mir, Ihnen die Abschrift der Beschwerde an das Oberste Verwaltungsgericht einzusenden,[4] mit der Bitte um eine Intervention bezüglich Abänderung der Strafe. Das Gauamt, wie auch die Polizeidirektion hier, erhielten Ihre Zuschrift, doch nahm das erstgenannte Amt noch keine Stellung hierzu, während die Polizei mit der Eintreibung bis zur Erledigung abwartet. Ich bin ein Optimist und hoffe das Beste.
Heute wurden Razzien in den Geschäften durch Polizeiorgane durchgeführt und sämtliche jüdische Angestellte bestraft, die nicht das gelbe Band auch im Geschäft am Ärmel angenäht hatten.[5] Das ist ein Novum, immerhin habe ich es als Nachteil für das Geschäft befunden, von unseren 12 Angestellten 6 mit dem gelben Band zu dekorieren, und lehnte dies energisch ab, mit dem Hinweis, daß arische Kunden unser Geschäft, das ja heute nicht mehr Eigentum der Juden, sondern Staatseigentum ist, boykottieren würden. Gerade diese 6 Angestellten sind 15–20 Jahre bei der Firma, für die ich gleich keinen arischen Ersatz finde, nach dem ich schon Umschau gehalten und Okresný úrad[6] gebeten habe, mir event. frei werdende Kräfte zu melden. Der Chef des hiesigen Polizeiamtes, Dr. Pongrác,[7] hat keine Einwendung gesehen und vorläufig verfügt, unser Geschäft nicht zu behelligen, immerhin kann er mir nichts Verbindliches zusichern. Ich muß berücksichtigen, daß der jüdische Verkäufer, der im Geschäft mit einem gelben Band bedienen soll, ein Minderwertigkeitsgefühl einem arischen Kunden gegenüber hätte, worunter nur der Umsatz leiden würde. Da wir die größte Firma in der Ost-Slowakei sind, deren Geschäftsgang ja mit vieler Mühe aufrechterhalten wird, nehme ich an, daß man bei uns eine Ausnahme machen könnte, allerdings würde man dies vornehmen nur auf Grund Befürwortung durch das Zentralwirtschaftsamt. Herr Dr. Kolb,[8] den ich ebenfalls um Rat befragt habe, billigte meine Absicht, Ihnen dies zu melden und Sie um Ihre gefl. Fürsprache und eine kurze diesbezügliche Meldung an das hiesige Polizeiamt zu bitten.

1 YVA, M.5/52, Bl. 25 f.
2 Maximiliana Widder aus Prešov hatte das enteignete Konfektionsgeschäft von Alexander Gerö (*1904) übernommen. Gerö lebte 1942 noch mit einer Ausnahmegenehmigung des Wirtschaftsministeriums in Prešov. Er hat nicht überlebt.
3 Im Original handschriftl. Bearbeitungsvermerke und Unterstreichungen.
4 Liegt nicht in der Akte.
5 VO des Gaus Šariš-Zemplin Nr. 114/1941, nach der Juden ein Kennzeichen tragen mussten. Erste Vorschläge dafür wurden schon am 11.1.1941 bei einer Beratung im Gauamt in Prešov angenommen. Der Gau war somit der erste, der eine Kennzeichnungspflicht für Juden einführte.
6 Slowak.: Bezirksamt.
7 Dr. Gustáv Pongrácz; bis Nov. 1938 Polizeidirektor in Košice, von 1939 bis Mitte 1942 in gleicher Funktion in Prešov, von Juli 1942 an Chef des Kriminalamts in Bratislava.
8 Dr. Bruno Kolb, Jurist; Führer der Ortsgruppe Prešov der DP; Justizrat, im dortigen deutschen Konsulat.

Falls ich ein offizielles Gesuch an das Zentralwirtschaftsamt in dieser Angelegenheit einbringen sollte, würde ich dies umgehend tun und bitte Sie nur, mich gefl. zu verständigen.
Indem ich Ihnen vielmals für all Ihre Bemühungen bestens danke, verbleibe ich mit
Heil Hitler!

DOK. 34

Der deutsche Gesandte Hanns Ludin informiert am 2. Juli 1941 das Auswärtige Amt in Berlin über den geplanten Besuch deutscher Arbeitslager für Juden in Oberschlesien[1]

Telegramm der Deutschen Gesandtschaft (lfd. Nr. 18, befördert 2.7.1941, 12.40 Uhr), gez. Ludin,[2] Preßburg, an das Auswärtige Amt, Abt. Protokoll, Berlin, vom 2.7.1941 (Durchdruck)[3]

Cito Nr. 681. Auf Einladung des Gauleiters von Oberschlesien[4] beabsichtigen am 8. und 9.VIII. die Berater für Sozialpolitik, Kreisleiter Smagon,[5] und für Judenfragen, Hauptsturmführer Wysliceny, die Judenarbeitslager in Ostoberschlesien zu besuchen. Sie werden von folgenden slowakischen Herren begleitet:
1.) Ministerialrat Dr. Koso[6] vom slowakischen Innenministerium,
2.) Präsident Moravek, Leiter des Zentralwirtschaftsamts,
3.) Präsident Kassowitz[7] und
4.) einem bis jetzt namentlich nicht feststehenden Vertreter der HG.[8] Der Besuch wird von Seiten der Gesandtschaft sehr befürwortet, da ähnliche Einrichtungen in der Slowakei geschaffen werden sollen. Die Reise soll mit Kraftwagen erfolgen. Annehme Einwilligung, wenn bis 6.7. keine andere Weisung eingetroffen.

1 PAAA, Gesandtschaft Preßburg, Karton 172, Akten betreffend Judentum vom 5.3.1939–30.6.1942, Bd. 1, Pol 4 Nr. 2. Abdruck in slowak. und deutscher Sprache in: Nižňanský, Bd. 4 (wie Dok. 17, Anm. 1), Dok. 14.

2 Hanns Elard Ludin (1905–1947); 1924 Eintritt in die Reichswehr, 1930 im Ulmer Reichswehrprozess zu 18 Monaten Festungshaft verurteilt, nach acht Monaten begnadigt, Ausschluss aus der Reichswehr; 1930 NSDAP-, 1931 SA-Eintritt; 1933 kommissarischer Polizeipräsident in Karlsruhe, Sept. 1939 bis 1940 in der Wehrmacht; Jan. 1941 bis April 1945 deutscher Gesandter in der Slowakei; April 1945 Festnahme in Österreich, im Dez. 1947 in Bratislava zum Tode verurteilt, hingerichtet.

3 Im Original handschriftl. Bearbeitungsvermerke. Zum Kontext siehe Einleitung, S. 30.

4 Gauleiter von Oberschlesien war von 1941 an Fritz Bracht (1899–1945).

5 Albert Smagon (*1897), Bergbaubeamter; Sept. 1940 bis 1945 Berater für soziale Fragen in der Slowakei; nach 1950 Mitglied des völkischen sudetendeutschen Witikobunds.

6 Dr. Izidor Koso (1896–1978); 1938 bis Jan. 1944 Präsidialchef des Innenministeriums, 1944–1945 Vorsitzender der Präsidialabt. des Amts des Regierungspräsidiums; 1948 zu 18 Jahren Haft verurteilt.

7 Ján Kaššovič (1902–1990). Neben den genannten Personen nahmen an der Reise der Gaukommandant der Hlinka-Garde und Befehlshaber des Straflagers Ilava, Pavel Krchňák, und der Regierungskommissar für die Vorbereitung der jüdischen Arbeitslager, Július Pečúch, teil. Kaššovič gehörte der Delegation nicht an.

8 Hlinková Garda.

DOK. 35
Belá Weichherz beschreibt seine ersten Erfahrungen beim Arbeitsdienst im Juli 1941[1]

Handschriftl. Tagebuch von Belá Weichherz, Eintrag beginnend am 27.1.1941

Am 21. Juli 1941 wurden sämtliche jüdischen Männer von 18 bis 50 Jahren zum Arbeitsdienst gemustert.[2] Mit ganz wenigen Ausnahmen waren wir alle tauglich und begannen unsere Arbeit – ohne Lohn – sofort am drauffolgenden Tage im Tal Riska. Die Arbeit beginnt täglich um 7 Uhr, und Feierabend ist um 16 Uhr. Inzwischen ist eine Stunde Mittagspause. Anfangs brachten wir das Essen selbst mit, da die Arbeitsstätte eine halbe Stunde vom Ort entfernt ist. Nach einigen Tagen hat die Kultusgemeinde für uns eine Küche aufgestellt, und wir bekamen warmes Mittagessen. Unsere Arbeit besteht aus dem Ausgraben eines neuen Bettes für die Riska, und neben demselben wird eine neue Straße gebaut. Wir haben 2 Aufseher: einen Fachmann, der die Arbeit leitet, namens Slaninák, und ein Gardist names Prláček. Die Werkzeuge beschaffte die U.Ž. (Ústredňa Židov) Hacke, Schaufel und Schiebkarren. Die erste Woche war schwer. Erstens ermüdeten wir rasch bei der ungewohnten Arbeit, außerdem war auch das Terrain sumpfig und deshalb schwer zu bearbeiten. In der zweiten Woche ging es schon besser. Wir haben uns Praxis erworben und arbeiteten größtenteils trocken. In der fünften Woche brach sich der Gardist zu Hause, bei einem Sturz, beide Arme. An seine Stelle bekamen wir einen neuen Aufseher namens Procházka. Im allgemeinen war die Behandlung keine schlechte. Ursprünglich waren wir 41 Mann. Später ließen sich viele von einer Firma in Žilina anwerben, wo sie gegen Lohn arbeiteten. Viele sind auch wegen Krankheiten ausgeschieden. Zum Schluß blieben wir nur 12 Mann. Am 1. Dezember 1941 bekam ich Arbeitsbewilligung für die Firma Rudolf Vaculík, Trnava, wodurch ich auch vom Arbeitsdienst befreit wurde.

DOK. 36
Die Judenzentrale meldet am 17. Juli 1941 dem Zentralwirtschaftsamt die Errichtung von ersten Arbeitszentren für Juden[1]

Schreiben der Judenzentrale (Nr. 256/41-prez-Dr. G/JK), Judenältester, Unterschrift unleserlich, Bratislava, an das Zentralwirtschaftsamt, Abt. IV, Bratislava, vom 17.7.1941 (drei Anlagen)[2]

Arbeitszentren, Meldung
Als Anlagen lege ich vor:
1. Die Meldung über die Arbeitszentren, die im Sinne der im Amtsblatt Nr. 137 veröffentlichten Bekanntmachung des Innenministeriums vom 2.4.1941 Nr. 100/7381/VI-22/1941[3] eingerichtet wurden,

1 USHMM, ACC 2004.39.1 Kitty Weichherz Collection, Bl. 74 f. Abdruck in engl. Übersetzung: Weichherz, In Her Father's Eyes (wie Dok. 12, Anm. 1), S. 156.
2 Die Musterung war im Gesetz Sl. Gbl. 130/1940 vom 19.5.1940 über die vorläufige Regelung der Arbeitspflicht von Juden und Zigeunern vorgesehen.

1 SNA, ÚHÚ, Karton 144. Abdruck in slowak. Sprache in: Hradská (Hrsg.), Holokaust, Bd. 8 (wie Dok. 23, Anm. 1), Dok. 35. Das Dokument wurde aus dem Slowakischen übersetzt.
2 Liegen nicht in der Akte.

2. Liste der in die Arbeitszentren eingegliederten Arbeiter,
3. Liste der Arbeitszentren.

Die Originale dieser Anlagen habe ich heute mit einer Sondermeldung dem Innenministerium, Zentrales Arbeitsamt, vorgelegt.

Vorstand der Judenzentrale

Anlage zur internen Nummer 237/41 – Arbeitsabteilung

Meldung über die Arbeitszentren, die bis zum 13. Juli 1941 im Sinne der Bekanntmachung des Innenministeriums vom 2.4.1941 eingerichtet wurden.

Die Arbeitsabteilung der Judenzentrale hat ihre Tätigkeit im Zusammenhang mit der Einrichtung von jüdischen Arbeitszentren gleich nach der Veröffentlichung der Bekanntmachung des Innenministeriums *Nr. 100/7381/VI-22/1941 vom 2.4.1941 im Amtsblatt Nr. 137* aufgenommen, die schlechterdings die Rechtsgrundlage für die Einrichtung der Arbeitszentren bildet. Das erste Ergebnis der Vorbereitungsarbeiten, die mit größter Energie und im ständigen Kontakt mit den behördlichen Stellen durchgeführt wurden, war die Einrichtung des jüdischen Arbeitszentrums in Strážske, das Ende April d. J. seine Tätigkeit aufgenommen hat und bis heute in Betrieb ist. Wir wollen die Zahl der dort beschäftigten Arbeiter von ursprünglich 50 sogar auf 100 erhöhen.

Nach der Gründung des ersten Arbeitszentrums als Probezentrum hatten wir noch lange mit Schwierigkeiten zu kämpfen, die nicht nur vom Überschuss an Arbeitskräften herrühren, sondern auch von der Tatsache, dass die Institution der Arbeitszentren noch nicht eingeführt war. Die Unternehmer weigerten sich, Juden zu beschäftigen, selbst wenn keine arischen Arbeiter zur Verfügung standen, und zwar aus Angst vor der öffentlichen Meinung und vor den Behörden. Selbst die nachgeordneten Verwaltungsstellen verstanden die Intention des Innenministeriums nicht schnell genug und stellten uns in vielen Fällen verschiedene Hindernisse in den Weg. Um sie zu beseitigen, mussten wir uns an die zentralen Behörden wenden, namentlich an das Zentrale Arbeitsamt, was natürlich mit einem bedeutenden Zeitverlust verbunden war. In einigen Fällen führte die Verzögerung direkt zum Verlust der Arbeitsgelegenheit, weil der Arbeitgeber, der grundsätzlich bereit war, Juden einzustellen, nicht warten konnte, bis das Arbeitszentrum eingerichtet war, und andere Arbeitskräfte eingestellt hat. Außerdem wurde unsere Tätigkeit erheblich durch den Mangel an Arbeit behindert, weil die großen öffentlichen Aufträge erst im Sommer begannen, so dass wir uns mit bescheidenen Arbeitsmöglichkeiten bei Gewerbetreibenden, kleineren Unternehmen, in der Landwirtschaft und Ähnlichem begnügen mussten.

Zu Beginn des Sommers kam es zu einer jähen Wende, hervorgerufen sowohl durch die Vergabe von umfangreichen öffentlichen Arbeiten als auch durch den Einfluss der Kriegsverhältnisse. Wie sehr das Tempo bei der Gründung von Arbeitszentren und der Eingliederung von jüdischen Arbeitskräften in den Arbeitsprozess in der letzten Zeit zugenommen hat, machen folgende Zahlen deutlich:

Laut Meldung an das Zentrale Arbeitsamt vom 19.6.1941 hatten wir bis zu diesem Tag insgesamt 19 Judenarbeitszentren für 516 aus dem wirtschaftlichen und sozialen Leben ausgesonderte Juden eingerichtet, und es liefen Genehmigungsverfahren für zwei Arbeitszentren für insgesamt 400 jüdische Arbeiter. Laut Meldung an das Zentrale

3 VO Nr. 137/1941 des Innenministeriums, in deren Folge im Einvernehmen mit dem Ministerium für Nationale Verteidigung Arbeitszentren und Arbeitsformationen errichtet wurden.

Arbeitsamt vom 1.7.1941 hatten wir bereits 26 genehmigte Arbeitszentren für 932 Arbeiter sowie Anträge für fünf Arbeitszentren mit 109 Arbeitern.
Zum 13.7. sieht der Stand wie folgt aus:
Es gibt *36 genehmigte* jüdische Arbeitszentren für insgesamt *1613* Arbeiter. Da aber einige von ihnen erst vor kurzem eingerichtet wurden, es aufgrund der ungewöhnlich schnell wachsenden Nachfrage manchmal einen Mangel an Arbeitslosen gibt und einige Unternehmen – vor allem diejenigen, bei denen größere Arbeitszentren bestehen – das bewilligte Maximum an Arbeitskräften nur schrittweise einstellen, konnte von der angegebenen Zahl bislang nur ein Teil die Arbeit aufnehmen (siehe beigelegte Listen, die jedoch nicht vollständig sind, weil eine ganze Reihe unserer Vertrauensleute aufgrund der Kürze der Zeit uns noch keine Namenslisten zugesandt haben, obwohl die Arbeiter faktisch schon eingestellt sind und arbeiten); der Rest folgt allmählich, so dass in Kürze der Stand erreicht wird. Nicht zuletzt wird die Arbeitsaufnahme durch den Mangel an Unterkünften behindert, der ein großes Hindernis besonders dort bildet, wo wir gezwungen sind, fehlende Arbeitskräfte durch Arbeitslose aus fremden Kreisen zu ergänzen.
Die Tendenz hält an und steigt noch weiter. Das belegt der Umstand, dass sich momentan nicht weniger als *59* Anträge auf Einrichtung von Arbeitszentren für weitere *1351* Personen im Genehmigungsverfahren befinden. Diese Anträge liegen beim Zentralen Arbeitsamt, da ihre Genehmigung aus technischen Gründen für einige Tage ausgesetzt wurde.
Nach ihrer Genehmigung wird die Zahl der Arbeitszentren *95* und die der in diese Zentren eingegliederten Personen *2964* betragen.
Diese Zahlen erfassen aber bei weitem nicht den wirklichen Stand und geben nicht einmal in Ansätzen das ganze Bild der Teilnahme der jüdischen Arbeiter am Arbeitsprozess wieder:
1. Einige Arbeitszentren wurden – wie schon oben erwähnt – erst vor ganz kurzer Zeit eingerichtet, so dass unsere Vertrauensleute uns die Listen der eingegliederten Arbeiter noch nicht zugeschickt haben.
2. Viele jüdische Arbeiter arbeiten mit Genehmigung der lokalen Arbeitsämter in formal noch einzurichtenden Arbeitszentren, d. h. für die an das Zentrale Arbeitsamt Einrichtungsanträge gestellt wurden, die sich aber noch im Genehmigungsverfahren befinden (siehe oben).
3. Angesichts außerordentlicher Umstände und des akuten Mangels an Arbeitskräften bei Arbeiten, die nicht zurückgestellt werden können, setzen lokale Arbeitsämter jüdische Arbeiter ohne Einhaltung der ansonsten erforderlichen Formalitäten ein. Sobald wir davon erfahren, führen wir in jedem solchen Fall ein zusätzliches Verfahren durch, das für die Einrichtung von Arbeitszentren vorgeschrieben ist. Aber wir können natürlich nicht mit der Entwicklung Schritt halten, zumal uns nicht alle Fälle bekannt werden.
In allen Fällen, die unter die drei Kategorien fallen, vermissen wir entsprechende Listen der eingegliederten Arbeiter, so dass die beigefügten Verzeichnisse (Namenslisten) der in den schon eingerichteten Arbeitszentren eingeteilten jüdischen Arbeiter bei weitem nicht vollständig sind, das heißt zahlenmäßig nicht dem tatsächlichen Stand entsprechen.
Im Vorbereitungsstadium befindet sich eine ganze Reihe weiterer großer Arbeitszentren, wo teilweise auch schon gearbeitet wird, zum Beispiel in Ivánka pri Dunaji, Čeklís, Šúr, bei Regulierungsarbeiten der Niedermarch-Wassergenossenschaft, in Štrba bei Eisen-

bahnarbeiten für das Eisenbahnressort des Ministeriums für Verkehr und öffentliche Arbeiten, in der Bauverwaltung Spišská Nová Ves und in weiteren.
Was die Art der Rekrutierung von Arbeitskräften angeht, so beruhte sie bis zuletzt auf dem Grundsatz der Freiwilligkeit. Es muss betont werden, dass die Zahl der eingegangenen freiwilligen Anmeldungen zur Arbeit befriedigend war, und dass auch zu dem Zeitpunkt, als bekannt wurde, dass unsere Arbeiter in den meisten Fällen für einen wesentlich niedrigeren Lohn arbeiten müssen, als er vom kollektiven Vertrag festgelegt ist; in einigen Fällen verdienten sie sogar nur 40 Prozent dessen, was für die gleiche Leistung arischen Arbeitern gezahlt wurde. Fälle von nachweisbarer Vermeidung körperlicher Arbeit konnten wir bislang nicht feststellen.
Dennoch, als die Anträge auf Zuteilung von jüdischen Arbeitern geradezu sintflutartig anstiegen, haben wir erkannt, dass wir den gegenwärtigen außerordentlichen Verhältnissen mit den bisherigen Maßnahmen nicht gerecht werden. Wir haben deshalb unsere Kreiszweigstellen angewiesen, eine Bestandsaufnahme von arbeitslosen Juden im Alter von 18 bis 50 Jahren vorzunehmen. Die Ergebnisse werden uns schon in den nächsten Tagen vorliegen. Ziel ist es, menschliches Material für weitere Arbeitszentren zu gewinnen.

DOK. 37
Gardista: Artikel vom 29. August 1941 über eine Reise von Minister Mach zur Auswahl der Orte für Arbeitslager für Juden bei Sered und Nováky[1]

Mach – Lagerbesuch. Innenpolitische Übersicht. Die Juden müssen slowakische Städte verlassen. Minister Mach unterwegs in der Slowakei.

Bratislava, den 28. August.
In den vergangenen zwei Wochen hat Innenminister Mach mit seinen Experten alle Regionen der Slowakei bereist, um die geeignetsten Orte für jüdische Konzentrationslager zu finden. Der Innenminister hat den Juden eine Frist für das Verlassen einiger Städte gesetzt. Laut unseren Informationen müssen die Juden zuerst Bratislava verlassen,[2] dann Städte, in denen es wichtige Behörden oder Garnisonen gibt, und Städte mit wichtigen Schulen usw. Die Juden wurden angewiesen, sich auf die Aussiedlung aus allen Ortschaften mit weniger als 5000 Einwohnern vorzubereiten.[3] Nachdem der Innenminister geeignete Plätze für die Konzentration der Juden ausgewählt hatte, beauftragte er die zuständigen Fachleute mit dem Bau der Baracken. Solche Lager werden an den

1 Gardista, 29.8.1941: Mach – náv števa t áborov. Vn útropolitick ý preh ľad. Ž idia sa musia vys ť ahova ť zo slovensk ý ch miest. Sustre ď ovanie Ž idov v ž idovsk ý ch t á boroch. Minister Mach na cest á ch po Slovensku. Tageszeitung der Hlinka-Garde, erschien von 1939 bis April 1945 in einer Auflage von 15 000–20 000 Exemplaren. Abdruck in: Nižňanský/Baka/Kamenec (Hrsg.), Holokaust, Bd. 5 (wie Dok. 15, Anm. 1), Dok. 54. Das Dokument wurde aus dem Slowakischen übersetzt.
2 Vgl. Dok. 39 vom 4.10.1941.
3 Vgl. Dok. 38 vom 9.9.1941; Gesetz Nr. 198/1941 Sl. Gbl. (Judenkodex) schuf in § 79 die rechtlichen Voraussetzungen für die angekündigten Maßnahmen. Demnach konnte das Zentralwirtschaftsamt gemeinsam mit dem Innenministerium Juden aus Städten und Gemeinden vertreiben, sie in bestimmten Teilen von Gemeinden konzentrieren und Orte festlegen, in denen Juden nicht wohnen durften.

Orten errichtet, wo gewährleistet ist, dass es für Juden Arbeit gibt, die unter normalen Bedingungen vorerst nicht geleistet werden könnte und die zugleich für die Allgemeinheit und den Staat nützlich ist, wie Straßenbau, Regulierungs- und Kanalisationsarbeiten. Den vorliegenden Informationen zufolge werden schon Barackenlager für etwa 16 000 Juden vorbereitet.[4]

Minister Mach in Sereď

Wir haben einen unerwarteten Anruf aus Sereď erhalten, dass gestern der Oberbefehlshaber der HG, Minister Mach, angekommen ist. Der Innenminister hat in der Umgebung von Sereď die vorbereitenden Arbeiten für das Barackenlager besichtigt, in dem mehr als 3000 Juden untergebracht werden sollen. Als die Einwohner von Sereď erfahren haben, dass Minister Mach in der Stadt ist, sind sie zahlreich zu seiner Begrüßung erschienen. Die Einwohner haben ihm für seine Anordnung gedankt, nach der demnächst alle Juden ohne Ausnahme die Stadt verlassen und in gesonderte Lager umziehen müssen. Sie dankten ihm vor allem dafür, dass er befohlen hat, die Zahlung der unverhältnismäßig hohen Löhne an Juden in der Zuckerfabrik zu stoppen.[5] Diese hatten in der Bevölkerung für Empörung gesorgt. Der Jude Löwi[6] bekam einen Lohn von über 80 000 Ks ohne Naturalien, der Jude Donáth[7] hatte ein Jahreseinkommen von 120 000 Ks plus 35 000 Ks als Zusatzleistungen und eine Wohnung, Zucker usw. Der Jude Brandspiegel und andere Juden hatten ein Jahreseinkommen von 70–80 000 Ks. Löwi und Donáth sind beide ledig, und auch die anderen Juden sind meistens kinderlos. Es wurde befohlen, sie zur Zwangsarbeit heranzuziehen. Nachdem eingewendet worden war, dass die Zuckerfabrik ohne Fachleute nicht arbeiten könne, wurden sie zur Zwangsarbeit in der Fabrik eingeteilt. Sie erhalten nun den gleichen Lohn wie die anderen Juden in den Lagern, d. h. ein paar Kronen pro Tag. Die vielen Tausende von Kronen aus ihren Löhnen werden in einen Fonds eingezahlt, aus welchem die von den Juden in den Lagern verrichteten Arbeiten finanziert werden. Diese Ankündigung von Innenminister Mach wurde mit großer Zufriedenheit aufgenommen.

Jüdisches Lager bei Nováky

Heute hat der Innenminister Mach Nováky und andere Ortschaften um Prievidza besucht, begleitet von Stabschef Kubala,[8] Ministerrat Dr. Koso, ppl. Bodicky[9] und dem Bezirksbefehlhaber der HG Nesselmann. Innenminister Mach hat Orte ausgesucht, wo 4000 Juden konzentriert werden können. Die Juden werden in bereits vorhandenen Baracken wohnen, die gleich nach der Abreise von Minister Mach in Holzhäuser umgebaut werden. Als Minister Mach während seines Besuchs durch Nováky spazierte, erwartete

4 Diese Pläne wurden so nicht ausgeführt. Insgesamt befanden sich 1944 in den Lagern Sered, Nováky und dem 1942 gegründeten Vyhne etwa 3300 Juden.

5 Ein V-Mann des SD hatte am 14.11.1940 über die angeblich unhaltbaren Zustände in der Zuckerfabrik von Sered berichtet, wo noch Juden, Ungarn und Tschechen beschäftigt waren; BArch, R 70 Slowakei/48.

6 Richtig: Eduard Löwy, Verwalter der Zuckerfabrik.

7 Dr. Paul Donáth, jüdischer Angestellter mit ungar. Staatsbürgerschaft.

8 Otomar Kubala (1906–1946), Lehrer; 1938 Eintritt in die Hlinka-Garde, Juli 1940 Vertreter des Oberkommandierenden der Hlinka-Garde, dann bis Mai 1942 Stabschef im Hauptquartier der Garde, Sept. 1944 bis 1945 Oberbefehl über die Hlinka-Garde und Chef der Staatssicherheitsbehörde; nach dem Krieg zum Tod verurteilt, hingerichtet.

9 Ladislav Bodický (1895–1973), Oberst; Befehlshaber des Arbeitskorps des Ministeriums für Nationale Verteidigung, von Herbst 1944 an Befehlshaber der Garnison in Liptovský Mikulaš.

ihn die gesamte Einwohnerschaft. Der Ort hatte sich wie an Feiertagen herausgeputzt, auf den Häusern wehten Fahnen; HM,[10] HG, Parteiführer und Amtsvorsteher waren angetreten. Gleich nach seinem Empfang hat Minister Mach sich herzlich mit den Bauern und Arbeitern unterhalten und sie nach ihren Wünschen gefragt. Nach dem herzlichen Gespräch reiste er weiter Richtung Prievidza.

Neue Bauten in der Slowakei

Außerdem haben Innenminister Mach und Verteidigungsminister General Čatloš in diesen Tagen auch noch Liptovský Svätý Mikuláš, Liptovský Hrádok, Spišská Nová Ves besucht, ebenso wie andere Ortschaften in der Region, wo jüdische Zentren errichtet werden sollen. Bei dem Besuch von Vavrišova und Svätý Petr haben sich beide Minister über die dortigen Arbeiten informiert und einen Plan für Straßenbau- und andere Bauarbeiten erörtert, die die Juden ausführen sollen.

DOK. 38

Am 9. September 1941 wird die rechtliche Stellung der Juden im Judenkodex auf rassistischer Grundlage geregelt[1]

198. Verordnung (Judenkodex) vom 9. 9. 1941[2]

Die Regierung der Slowakischen Republik ordnet nach § 1 des Gesetzes Zahl 210/1040 Sl. Ges. Bl.[3] an:

Allgemeine Bestimmungen

Begriffsbestimmung

§ 1.

(1) Als Jude nach dieser Verordnung wird ohne Rücksicht auf das Geschlecht betrachtet:

a) wer von mindestens drei der Rasse nach jüdischen Großeltern abstammt;

b) ein von zwei der Rasse nach jüdischen Großeltern (§ 2, lit.a) abstammender jüdischer Mischling, der

1. am 20. April 1939[4] Angehöriger des jüdischen (israelitischen) Glaubens war oder es nach diesem Tage wurde,
2. nach dem 20. April 1939 einen Juden geheiratet hat (lit. a),
3. aus einer Ehe mit einem Juden (lit. a), die nach dem 20. April 1939 geschlossen wurde, stammt,
4. aus dem unehelichen Verkehr mit einem Juden stammt (lit. a) und als uneheliches Kind nach dem 20. April 1940 geboren wurde.

10 Hlinková Mládež (slowak.): Hlinka-Jugend, Jugendorganisation der HSĽS.

1 198/1941 Sl. Gbl.; Abdruck in deutscher Sprache: Ludwig A. Dostal (übersetzt und mit einer Einleitung versehen), Der slowak. Judenkodex, Sonderdruck der DPS, Deutsche Pressebriefe aus der Slowakei, Preßburg 1941.

2 Der Judenkodex umfasst 270 Paragraphen und in der vorliegenden Fassung 85 Seiten.

3 Gesetz 210/1940 Sl. Gbl.: Verfassungsgesetz, das die Regierung ermächtigte, in Fragen der Enteignung von Juden Verordnungen mit Gesetzeskraft zu erlassen, statt Gesetze zu verabschieden. Es wurde zum Ausgangspunkt antijüdischer Maßnahmen zur Ausgrenzung der Juden aus dem öffentlichen und wirtschaftlichen Leben.

4 Vgl. Dok. 11 vom 18.4.1939.

(2) Als jüdischer Großelternteil der Rasse nach im Sinne der Bestimmungen dieser Verordnung ist anzusehen, wer dem jüdischen (israelitischen) Glauben angehört.

§ 2.

Als jüdischer Mischling nach dieser Verordnung wird betrachtet:

a) wer von zwei der Rasse nach jüdischen Großeltern (§ 1, Abs. 2) abstammt, falls er nicht nach § 1, lit. b als Jude betrachtet wird;

b) wer von einem der Rasse nach jüdischen Elternteil (§ 1, Abs. 2) abstammt.

§ 3.

(1) Die ein Verfahren durchführenden bzw. für ein Verfahren zuständigen Ämter, Gerichte und Organe öffentlich-rechtlicher Korporationen und Institutionen haben in Fällen, in denen dies für ihre Entscheidung (Maßnahme u. dgl.) unausweichlich notwendig ist, von der Partei die Bestätigung darüber, daß sie nicht Jude bezw. jüdischer Mischling ist, zu verlangen.

(2) Die Ämter, Gerichte und Organe (Abs. 1) haben im Falle, daß ihnen aus den vorgelegten Belegen oder sonstwie bekannt ist, daß die Partei nicht Jude bezw. nicht jüdischer Mischling ist, eine Bestätigung nach Abs. 1 nicht zu verlangen.

(3) Bestätigungen nach Abs. 1 stellen die nach dem Wohnort zuständigen Gemeinde-(Kreis)-Notariatsämter – in Preßburg das Staatliche Matrikelamt – aus.

(4) Für Personen, die auf dem Gebiet der Slowakischen Republik keinen Wohnsitz haben, stellt die Bestätigung (Abs. 1) das Staatliche Matrikelamt in Preßburg aus.

(5) In Zweifelsfällen, ob jemand Jude bezw. jüdischer Mischling ist oder nicht, entscheidet das Innenministerium. Um Entscheidung kann sowohl die Partei als auch das Amt, Gericht oder Organ einer öffentlich-rechtlichen Körperschaft bezw. Institution ansuchen.

(6) Die für die Ausfertigung einer Bestätigung nach Abs. 1 nötigen, ausdrücklich zu diesem Zweck ausgestellten und als solche bezeichneten Matrikelauszüge sind weder stempel- noch gebührenpflichtig. Die Höhe der Gebühr, die kirchliche Matrikelführer für diese Auszüge zu fordern berechtigt sind, bestimmt der Innenminister durch Kundmachung.

§ 4.

Als jüdische Vereinigungen nach dieser Verordnung sind zu betrachten:

a) eine offene Handelsgesellschaft, wenn mindestens die Hälfte der Gesellschafter Juden (jüdische Vereinigungen) sind und gleichzeitig wenigstens die Hälfte der Beteiligung am Gewinn der Gesellschaft Juden (jüdischen Vereinigungen) gehört;

b) bei einer Kommanditgesellschaft, wenn mindestens die Hälfte der Kommanditisten und wenigstens die Hälfte der offenen Gesellschafter Juden (jüdische Vereinigungen) sind oder wenigstens die Hälfte der Beteiligung am Gewinn der Gesellschaft Juden (jüdischen Vereinigungen) gehört;

c) eine Aktiengesellschaft oder Genossenschaft, wenn mehr als ein Viertel der Mitglieder des Verwaltungsrates Juden sind oder wenigstens die Hälfte des Grundkapitals Juden (jüdischen Vereinigungen) gehört; hierbei wird auf Mitglieder des Verwaltungsrates, die Ausländer sind und ihren ständigen Wohnsitz im Auslande haben, nicht Rücksicht genommen;

d) eine Gesellschaft mit beschränkter Haftung, wenn mindestens ein Viertel der Geschäftsführer Juden sind oder wenigstens die Hälfte des Stammkapitals Juden (jüdischen Vereinigungen) gehört;

e) Gewerkschaften, wenn ein Viertel der Mitglieder der Verwaltung Juden sind oder wenigstens die Hälfte der Kuxe Juden (jüdischen Vereinigungen) gehört;

f) eine Rechtsperson (Verein, Stiftung, Fond u.ä.) oder eine andere Zusammenfassung von Personen oder Vermögen, deren Ziel die Förderung jüdischer Interessen ist, oder deren Mitglieder wenigstens zur Hälfte Juden (jüdische Vereinigungen) sind, falls es sich nicht um nach besonderen Rechtsvorschriften errichtete Gebilde handelt.
§ 5.
Den jüdischen oder nichtjüdischen Charakter einer Vereinigung (§ 4) bestimmt in Zweifelsfällen das Zentralwirtschaftsamt. […][5]
II. Hauptstück
Bezeichnung
§ 8.
(1) Juden sind verpflichtet, die jüdische Bezeichnung[6] zu tragen. Einzelheiten über die Form der Bezeichnung und die Art des Tragens wie auch allgemeine Ausnahmen bestimmt im Einvernehmen mit dem Ressortministerium der Innenminister durch Kundmachung im Amtsblatte.
(2) Andere Bezeichnungen im Zusammenhang mit dem Namen (Familiennamen) oder der Firma eines Juden (einer jüdischen Vereinigung) kann der zuständige Ressortminister bestimmen.
(3) Wer die Bezeichnung nach Abs. 1 oder 2 nicht trägt bzw. nicht benützt, wird wegen Übertretung vom Bezirks- (staatlichen Polizei-) Amt mit einer Geldstrafe von 100,– bis 10 000,– Ks bestraft, die im Falle der Uneinbringlichkeit in Arrest von 1 bis 15 Tagen umgewandelt wird.
III. Hauptstück
Einschränkungen hinsichtlich der Ehe und des außerehelichen Geschlechtsverkehrs
§ 9.
(1) Die Eheschließung zwischen Juden (Jüdinnen) und Nichtjüdinnen (Nichtjuden) und zwischen Juden (Jüdinnen) und jüdischen Mischlingen (§ 2) wird verboten.
(2) Wer wissentlich eine Ehe gegen das im Abs. 1 ausgesprochene Verbot schließt, wird wegen Vergehens mit Gefängnis bis zu 3 Jahren und Verlust des Amtes und des Wahlrechts bestraft.
§ 10.
Der wissentliche außereheliche Geschlechtsverkehr zwischen einem Juden (einer Jüdin) und einer Nichtjüdin (einem Nichtjuden) wird als Vergehen mit Gefängnis bis zu 5 Jahren bestraft.
§ 11.
Das Strafverfahren wegen Straftaten nach § 11 und 12[7] gehört in den Wirkungskreis der Kreisgerichte. […][8]

5 Die §§ 6 und 7 bestimmen, dass die Bezirks- und Notariatsämter die Evidenz und Meldepflicht der Juden auszuführen haben. Das Innenministerium sollte eine Zentralevidenz anlegen. Juden wurden verpflichtet, alle relevanten Daten zu melden.
6 Kennzeichnung durch einen gelben Stern auf der Kleidung.
7 Schreibfehler in der Übersetzung: Es muss gemäß Sl. z. 198/1941 heißen: nach §§ 9 und 10.
8 Die folgenden Paragraphen schlossen Juden vom aktiven und passiven Wahlrecht aus. Sie konnten nicht Mitglied der Volkspartei und ihrer Gliederungen werden und nicht zum Vormund, Sachverständigen, Laienrichter oder Konkursverwalter bestimmt werden. Juden durften nicht als öffentlicher Notar, Rechtsanwalt, Arzt, Tierarzt, Apotheker und Zivilingenieur tätig sein. Verstöße wurden bestraft.

VII. Hauptstück
Arbeitspflicht und Einschränkung der persönlichen und häuslichen Freiheit sowie des Briefgeheimnisses
[…][9]
Vierter Teil
Einschränkung hinsichtlich des Wohnsitzes
§ 28.[10]
(1) Das Zentralwirtschaftsamt kann im Einvernehmen mit dem Innenministerium den Juden die Pflicht auferlegen, aus einer bestimmten Gemeinde (Stadt) auszusiedeln, wobei es gleichzeitig die Pflicht auferlegen kann, in eine bestimmte Gemeinde (Stadt) zu ziehen.
(2) Das Zentralwirtschaftsamt kann im Einvernehmen mit dem Innenministerium den Bereich der Bezirksämter, allenfalls einzelne Gemeinden (Städte) bestimmen, in die die Juden nicht einziehen dürfen.
(3) Das Zentralwirtschaftsamt kann den Juden die Pflicht auferlegen, aus einem bestimmten Teil einer Gemeinde (Stadt) auszusiedeln, wobei es gleichzeitig die Pflicht auferlegen kann, in einen bestimmten Teil derselben zu ziehen, und dies allgemein oder auch in Einzelfällen.
[…][11]
Fünfter Teil
Fonds für die Unterstützung der jüdischen Auswanderung[12]
§ 215.
Beim Zentralwirtschaftsamt wird ein Fonds für die Unterstützung der Auswanderung der Juden – im weiteren Text mit *Fonds* bezeichnet – errichtet. Die Verwaltung des

9 Die ersten drei Teile von Punkt VII regelten, dass Juden im Alter von 16 bis 60 Jahren der Arbeitspflicht unterlagen. Bei Juden und jüdischen Vereinigungen konnten staatliche Sicherheitsorgane jederzeit Personen- und Hausdurchsuchungen durchführen. Postsendungen von Juden mussten mit einem „Judenstern" gekennzeichnet werden.

10 § 28 des Judenkodex bildet die Grundlage für die Vertreibung der Juden aus Bratislava, die sog. Dislokation, von Okt. 1941 an sowie für die Deportationen der Juden aus der Slowakei von März 1942 an.

11 Nach § 29 konnten Gemeinden Juden verbieten, bestimmte Plätze und Straßen, aber auch Einrichtungen wie Parks, Bäder, Restaurants zu betreten. Die §§ 30 bis 33 legten die Judenzentrale, die nur dem Zentralwirtschaftsamt unterstellt war, als einzige jüdische Organisation der slowak. Juden fest. Juden unterlagen einem generellen Versammlungsverbot. Laut §§ 34 und 37 durften Juden weder Herausgeber noch Redakteur oder Korrespondent sein, außer bei einer von der Judenzentrale hrsg. Zeitschrift. Synagogen durften nicht als solche von außen erkennbar sein. Rituelle Schlachtungen wurden verboten. Die §§ 38 bis 40 verboten Juden den Besuch jeglicher Bildungseinrichtungen mit Ausnahme der jüdischen Volksschule und Umschulungskursen der Judenzentrale. Weitere Paragraphen reglementierten Beschäftigungsverhältnisse und die Erteilung bzw. den Entzug von Arbeitserlaubnissen sowie die Verbote, Waffen und Radios zu besitzen, zu fischen, zu reisen und einen Pass zu führen. Die §§ 94 bis 100 bestimmten über vermögensrechtliche Fragen, d. h. den Entzug des Vermögens, Sperrkonten, massive Reduzierung der Rentenansprüche sowie Witwen- und Waisenrenten. Der Ausschluss von Zivilingenieursberechtigungen und das Löschen von Apothekerlizenzen ist in den §§ 101 bis 109 festgelegt. Die §§ 110 bis 214 beziehen sich auf die Enteignung und Überführung jeglichen Besitzes von Juden.

12 Der Fonds wurde vor dem Hintergrund des vermeintlichen Ziels, dass alle Juden auswandern sollten, gegründet. Er diente aber vor allem dazu, die Personal- und Sachkosten des Zentralwirtschaftsamts zu decken. Dazu sollten 50 % der Einlagen, die Juden noch bei Banken hatten, an den Fonds über-

Fonds regelt ein Statut, welches binnen 30 Tagen vom Inkrafttreten dieser Verordnung das Zentralwirtschaftsamt der Regierung zur Genehmigung vorlegt. […][13]
Neunter Teil
Gemeinsame Bestimmungen
[…][14]
§ 254.
(1) Die Abgabe von Amtshandlungen (§ 1 des Gesetzes Zahl 340/1940[15] Sl. Ges.Bl.) wird in den Fällen der Befreiung nach § 255 mit folgenden Sätzen eingehoben:
a) Für die Erteilung der Befreiung von der Bestimmung des § 1 in der Summe von 1000,– bis 500 000,– Ks;
b) Für die Erteilung der Befreiung von den Bestimmungen des § 2 in der Summe 500,– bis 100 000,– Ks;
c) Für die Erteilung der Befreiung von einzelnen oder mehreren Bestimmungen dieser Verordnung in der Summe von 10,– bis 300 000,– Ks;
d) Für eine nach § 3 ausgefertigte Bestätigung wird eine Gebühr von 10,– Ks (Regierungsverordnung Zahl 260/1940 Sl. Ges.Bl., Teil A, post 2) eingehoben.
(2) Ansonsten gelten die Bestimmungen des Gesetzes Zahl 340 d. J. 1940 und der Regierungsverordnung Zahl 360/1940[16] Sl. Ges. Bl.
Zehnter Teil
Befreiung und Ausnahmen
§ 255.
(1) Der Präsident der Republik kann von den Bestimmungen dieser Verordnung befreien.
(2) Die Befreiung kann eine vollkommene oder teilweise und an Bedingungen geknüpft sein.[17]

gehen; die Banken überwiesen aber nur ca. 60 % dieser Summe. Die Einnahmen des Fonds betrugen im Sept. 1944 etwa 62 Mio. Ks., siehe Ladislav Lipscher, Die Juden im Slowakischen Staat 1939–1945, München u.a. 1980, S. 77.

13 Die §§ 216 bis 221 ermöglichten es dem Zentralwirtschaftsamt, den Hausbesitz von Juden und jüdischen Vereinigungen an Verwalter zu übergeben. Die Verwalter hatten alle Rechte des jüdischen Besitzers außer dem Verkaufsrecht und konnten sich alle Auslagen von diesem erstatten lassen sowie Entlohnung von ihm fordern. Das Zentralwirtschaftsamt konnte Verwalter jederzeit entlassen und neu bestimmen. Die §§ 222 bis 232 reglementierten die Zwangsverwaltungen der Industrie-, Handels- und Handwerksunternehmen von Juden durch „Vertrauensleute", die vom Zentralwirtschaftsamt ein- oder abgesetzt wurden. Der jüdische Eigentümer musste für alle offenen Verpflichtungen aufkommen. Gemäß §§ 233 bis 235 war der jüdische Eigentümer für alle Kosten im Zuge der Enteignung bzw. Liquidation des Unternehmens und die Spesen für Revision und Kontrolle verantwortlich und musste diese tragen. Die §§ 236 bis 249 legten Steuer-, Gebühren und Strafzahlungen fest.

14 Die §§ 250 bis 253 legten fest, dass Juden gegen die ab § 216 genannten Einschränkungen nicht gerichtlich vorgehen konnten.

15 Gesetz 340/1940 Sl. Gbl. vom 20.12.1940 legte fest, dass Juden für amtliche Bescheinigungen u.ä. Gebühren zu zahlen hatten gemäß einer Gebührenordnung, die nach Ministerien und Angelegenheiten aufgeteilt wurde.

16 Regierungsverordnung 360/1940 Sl. Gbl. über die Bestimmung von Tarifen für die Durchführung von Leistungen vom 21.12.1940.

17 Präsident Tiso hat etwa 1000 solcher Befreiungen erteilt.

(3) Die Befreiung kann jederzeit widerrufen werden. […][18]

Zwölfter Teil

Schlußbestimmungen

[…]

§ 270.

Diese Verordnung erlangt mit dem Tage der Verkündung Rechtswirksamkeit; es führen sie alle Regierungsmitglieder durch.

Dr. Tuka eigenhändig, Sivák eigenhändig, Mach eigenhändig, Pružinský eigenhändig, Dr. Fritz eigenhändig, Dr. Medrický eigenhändig, Stano eigenhändig, Čatlos eigenhändig.

DOK. 39

Pester Lloyd: Artikel vom 4. Oktober 1941, dass die Juden aus Bratislava bis zum Jahresende die Stadt verlassen müssen[1]

Slowakei. Die Pozsonyer[2] Juden werden in Dörfer ausgesiedelt

Pozsony, 3. Oktober

(DNB) Wie im Amtsblatt bekanntgegeben wird, tritt nunmehr die Verordnung in Kraft, nach der die Pozsonyer Juden unverzüglich die slowakische Hauptstadt zu verlassen haben, um in die ihnen angewiesenen Gemeinden zu ziehen.[3] Die Aussiedlung muß bis zum Ende des Jahres 1941 durchgeführt sein. Ausnahmen, die im Gesetz vorgesehen sind, sollen zu einem späteren Zeitpunkt angesiedelt werden. Die von der Aussiedlungspflicht betroffenen Juden haben sich innerhalb von 8 Tagen zur Konskription zu melden. Man hofft, durch diese Maßnahme ungefähr die Hälfte der noch in Poszony ansässigen 14 000[4] Juden entfernen zu können. (MTI)

18 Die §§ 257 bis 269 trafen Regelungen zu den Übergangsbestimmungen bis zum Inkrafttreten des Judenkodex, z. B. für die Beschäftigung von Hausgehilfinnen oder den Besitz bestimmter Gegenstände sowie bei der Behandlung von Firmen. Außerdem wurden die Gesetze aufgelistet, die mit Inkrafttreten des Judenkodex ihre Gültigkeit verloren. Kürzung um elften Teil zu Sonderfristen zu Sperrkonten und Aufkauf von Liegenschaften, Fristen, Juden zu beschäftigen, Sonderbestimmungen zu Staatsangestellten und Vermögenskonskription, vorübergehende Bestimmungen zur Bodenreform.

1 Pester Lloyd (Morgenblatt), 4.10.1941. Im Dez. 1853 wurde die Tageszeitung von der Pester Lloyd Gesellschaft unter Vorsitz von Dr. Aurel Egry und Franz Szekely gegründet. Die erste Ausgabe erschien im Jan. 1854 in Budapest, die Auflage betrug etwa 25 000.

2 Ung.: Bratislaver.

3 VO des Zentralwirtschaftsamts Nr. 434/41 Úr. nov. über die Verpflichtung für Juden, aus der Hauptstadt Bratislava auszusiedeln.

4 In Bratislava lebten ca. 15 100 Juden; siehe Einleitung, S. 30.

DOK. 40
Der slowakische Episkopat übergibt Staatspräsident Tiso und Ministerpräsident Tuka am 7. Oktober 1941 ein Memorandum zugunsten getaufter slowakischer Juden[1]

Memorandum des slowakischen Episkopats an Präsident Jozef Tiso und Ministerpräsident Tuka vom 7.10.1941

Euer Exzellenz!
Hochverehrter Herr Ministerpräsident!
Seit dem freudigen Augenblick der Proklamation des unabhängigen Slowakischen Staates vernahm der slowakische katholische Episkopat mit größter Genugtuung die fortwährenden Verlautbarungen der höchsten Repräsentanten des Staates, dass der Aufbau unseres staatlichen Lebens im Geiste der slowakischen und der christlichen Tradition, auf den Prinzipien des Naturrechts, nach Grundsätzen des Evangeliums gemäß der christlichen Lehre und der christlichen Moral geschehen wird. Mit dem ganzen Gewicht ihrer Stellung und dem heilbringenden Einfluss seiner Geistlichkeit legten der slowakische Episkopat und der katholische Klerus ihre unterstützende und fleißige Hand an das Aufbauwerk unseren neuen Staates, ja mit Freude kamen sie der Staatsverwaltung in so schweren und für das nationale sowie kirchliche Leben so lebenswichtigen Fragen entgegen, wie es beispielsweise die neue gesetzliche Regelung des Volksschulwesens war.
Im Geiste dieser aufrichtigen Zusammenarbeit, im Respekt vor den Rechten beider in den auf gegenseitige Hilfe für das zeitliche und ewige Heil der Menschen angewiesenen Gesellschaften will das Kollegium der slowakischen Bischöfe auch in Zukunft all jene Fragen lösen, die unmittelbar oder nur mittelbar die Sendung und das Aufblühen der Kirche, ihre Arbeit und Fürsorge zum Heil der Gläubigen berühren.
Vom Geist der gegenseitigen Zusammenarbeit und des Verständnisses geleitet, erheben die slowakischen Bischöfe ihre Stimme im Namen jener katholischen Familien und Personen, die von den Vorschriften der Verordnung vom 9. September 1941, Nr. 198/1941, Slowakische Gesetzessammlung,[2] betroffen sind. Wir betonen, dass wir uns mit dieser Verordnung nur vom kirchlichen Standpunkt aus befassen, insofern sie auch mehrere Tausend unserer Gläubigen betrifft, und dass wir dadurch unserer Pflicht folgen, weil wir unsere Stimme zum Nutzen des religiösen, sittlichen und sozialen Lebens der uns anvertrauten Gläubigen erheben, die von den Bestimmungen der zitierten Verordnung Nr. 198/1941, Slowakische Gesetzessammlung, betroffen sind.
Der Ernst der Frage und unsere Verantwortung zwangen uns, die erwähnte Regierungsverordnung auch durch Autoritäten der katholischen Dogmatik, der Morallehre, des Rechts und der Soziologie prüfen zu lassen. Wenn wir also die Verordnung im Licht der Prinzipien der Lehre der Kirche betrachten, so finden wir in ihr diese schweren und gefährlichen Fehler:

1 SNA, MV, Karton 702. Abdruck in slowak. Sprache in: Ivan Kamenc/Vilém Prečan/Stanislav Škorvánek (Hrsg.), Vatikán a Slovenska Republika (1939–1945). Dokumenty, Bratislava 1992, Dok. 435; Abdruck in deutscher Übersetzung in: Walter Brandmüller, Holocaust in der Slowakei und die katholische Kirche, Neustadt an der Aisch 2003, Anhang Nr. 3. Das Dokument wurde neu aus dem Slowakischen übersetzt.

2 Siehe Dok. 38 vom 9.9.1941.

I. Der Aufmerksamkeit eines gründlichen Prüfers kann nicht entgehen, dass die Weltanschauung, nach welcher diese Verordnung entworfen wurde, die *Ideologie* des sogenannten *Rassismus* ist. Dieser Auffassung zufolge ist die Rasse der wichtigste körperliche, aber auch geistige, kulturelle, juristische, philosophische, ja auch religiöse Faktor. Wir wollen hier nicht alle *gefährlichen Irrwege* aufzählen, die diese Lehre in sich birgt; letztlich hat auf sie bereits die Heilige Seminarkongregation im Schreiben vom 15. April 1938[3] hingewiesen. Wir wollen nur daran erinnern, dass die materialistische Theorie des Rassismus in direktem Gegensatz zu der Lehre der katholischen Kirche vom gemeinsamen Ursprung aller Menschen von einem Schöpfer und Vater steht, von der, namentlich vom Apostel der Völker betonten, wesenhaften Gleichheit aller Menschen vor Gott, von der gemeinsamen übernatürlichen Bestimmung des Menschen, die sich aus dem allumfassenden Heilswillen Gottes und dem allumfassenden Erlöserwerk Christi ergibt.
Wenn wir dies anführen, so behaupten wir keineswegs, dass der sogenannte slowakische Judenkodex geradewegs Irrlehren verkünden würde, ist doch die zitierte Verordnung nicht von lehrmäßiger (theoretischer), sondern von praktischer Natur. Doch gerade deshalb, weil hinter der ganzen Verordnung der materialistische Standpunkt der Rassenlehre offensichtlich ist, treffen seine praktischen Folgen auf ungerechte Weise völlig unschuldige Menschen, die die Kirche als ihre vollberechtigten Mitglieder ansieht.
Christ zu sein, ist nicht das Privileg einer Rasse oder einer Volksgruppe. Wenn jemand Christ wird, hält ihn die *Kirche*, ohne Rücksicht darauf, welcher Rasse er entstammt, für ihr mit anderen Gläubigen gleichberechtigtes Mitglied.
Und es ist gerade *die Taufe*, die einen Menschen in der Kirche zur Person mit allen Rechten und Pflichten macht (can. 87[4]). Nach der katholischen Dogmatik ergießen sich bereits bei der Taufe göttliche und sittliche Tugenden in die Seele, welche ihn zu einem neuen moralischen Leben anspornen. In einem noch höheren Maße empfängt der Getaufte diese stärkende Gnade vor allem mit den Sakramenten der Firmung, der Beichte und der Eucharistie – und zwar ohne Unterschied der Rasse und Volksgruppe. Dem kann zugeschrieben werden, dass getaufte Heiden und viele Juden nach der Taufe ein beispielhafteres sittliches Leben führen als Arier, die diese Gnadenmittel nicht nutzen.
Diese Verordnung widerspricht indirekt der kirchlichen Lehre, weil sie die geistliche Erneuerung eines Juden-Christen für unmöglich hält.
Wahr ist, dass manche Juden, die aus Berechnung in die Kirche eingetreten sind, ihre vormalige Natur nicht ändern werden. Doch dieser nehmen wir uns nicht an, sondern jener, die wahrhaftig nach den Geboten ihres neuen Glaubens leben. In Anbetracht dieser Tatsache ist es klar, dass es zwischen der zitierten Verordnung und der Auffassung des Kirchenrechts in der Definition des Begriffs *Judentum* und dessen Folgen einen unüberbrückbaren Gegensatz gibt. Der sogenannte Judenkodex schaut auf die Rasse und erklärt daher auch den zum Juden, der getauft und nicht selten vom ersten Augenblick des Lebens an nur in einer christlichen Umgebung erzogen worden ist und die Grund-

3 Nicht aufgefunden.
4 Canon Iuris Canonici (CIC), das kanonische Recht, hier CIC von 1917. Can. 87: „Es wird festgesetzt, dass ein Mensch durch die Taufe eine Person mit allen Rechten und Pflichten der Christen ist, wenn nicht, was die Rechte angeht, ein Hindernis entgegensteht, das das Band der kirchlichen Gemeinschaft hindert oder von der kirchlichen Zensur eingebracht worden ist."

sätze der christlichen Religion befolgt. Auf diese Menschen beziehen sich die Bestimmungen der zitierten Verordnung ebenso wie auf ungetaufte Juden.
Wer einmal gültig getauft wurde, dem kann unter regulären Umständen ohne Verletzung der Gerechtigkeit das Recht nicht nur auf die Sakramente und Sakramentalien, sondern auch auf das materielle Eigentum, die persönliche Freiheit und die sonstigen Rechte, wie sie andere Menschen genießen, nicht verweigert werden.
II. Die zitierte Verordnung verletzt die Vorschriften des Kirchenrechts, wenn sie zwei Katholiken an der Eheschließung hindert. § 9 verbietet es nämlich, zwischen einem *Juden* der Rasse nach ohne Rücksicht auf die Religion und einem Nichtjuden die Ehe zu schließen. Sie verbietet also in einigen Fällen auch zwei Katholiken, von denen einer der Rasse nach Jude ist, die Ehe zu schließen. Sie verbietet auch die Eheschließung von einem getauften jüdischen *Mischling* mit einem getauften Juden. Auch wenn eine solche Ehe vor dem Staat nicht ungültig ist, wird sie doch für ein Vergehen gehalten, das mit einer schweren Strafe geahndet wird, so dass sie moralisch unmöglich ist.
Das staatliche Gesetz zwingt in manchen Fällen die dem Judentum entstammenden Katholiken geradezu, gegen die kirchlichen Vorschriften mit einem jüdischen Partner die Ehe zu schließen, und hindert sie daran, die einzig mögliche sakramentale Ehe im Sinne des can. 1012, § 2[5] einzugehen. Die Kirche kennt keine rassischen Ehehindernisse. Wenn der Staat solche Ehehindernisse festschreibt, greift er tief in die ausschließliche Kompetenz der Kirche ein, die im Sinne des can. 1016[6] die Ehe der Getauften regelt, wobei sie das Recht des Staates in Bezug auf die zivilen Folgen des Ehebündnisses respektiert.
III. Die zitierte Verordnung ist darin unklar, ob ein *Judenkatholik* an öffentlichen religiösen Versammlungen und Prozessionen teilnehmen darf, da im § 33[7] der zitierten Verordnung die Beteiligung von *Juden* an öffentlichen Versammlungen verboten wird.
Im Falle einer strikten Interpretation wären hier Gläubige der Kirche in ihren Rechten, an öffentlichen religiösen Handlungen teilzunehmen, behindert (can. 1261, § 1).[8]
IV. Obgleich wir auch anerkennend feststellen, dass die Bestimmung des § 39[9] der zitierten Verordnung den Angehörigen der staatlich anerkannten Kirchen ermöglicht, wenigstens die Volksschulen zu besuchen, können wir uns in Anbetracht unserer Pflicht, für die religiöse Erziehung unserer Gläubigen Sorge zu tragen, mit dieser Ausnahme nicht zufriedengeben.
Es ist das natürliche Recht eines jeden Menschen, seine von Gott gegebenen Fähigkeiten und Gaben zu entfalten. Das geschieht in der Regel in den Schulen. Die Kirche hat das Recht, Schulen jeder Art einzurichten, und vor allem katholische Christen haben das Recht, diese Schulen zu besuchen; ja das ist ihre Pflicht. Da bei uns auch kirchliche

5 „Christus erhebt allein den Ehebund zwischen Getauften zum heiligen (würdigen) Sakrament."
6 Nach can. 1016/CIC 1917 ist die Ehe von Getauften durch göttliches und kanonisches Recht bestimmt, der Staat jedoch besitzt die Kompetenz, die bürgerlichen Folgen der Ehe zu regeln.
7 Nach § 33 des Judenkodex durften Juden keine öffentlichen Versammlungen oder Umzüge veranstalten und nicht an öffentlichen Versammlungen teilnehmen.
8 Die örtlichen Ordinarien mögen darüber wachen, dass sorgsam die Anordnungen des heiligen Kanons über den göttlichen Kult angehalten werden, namentlich dass sich in den göttlichen Kult – ob im öffentlichen, privaten oder im täglichen Leben – keine abergläubischen Gewohnheiten einschleichen oder dass nicht etwas akzeptiert wird, was vom Glauben ablenkt, im Gegensatz zur kirchlichen Lehre steht oder den Anschein schändlicher Gewinnsucht hervorruft.
9 § 39 des Judenkodex erlaubte jüdischen Kindern nur den Besuch jüdischer Volksschulen.

Mittelschulen bestehen, können wir keine Gründe finden, weshalb wir Kinder unserer Kirche von ihnen ausschließen sollten, von denen viele seit frühester Jugend nur im christlichen Geiste erzogen wurden und niemals auch nur die leiseste Ahnung davon hatten, dass sie aus einer ihnen völlig unverständlichen Ursache von jener Bildung und religiösen Erziehung, die andere, ihnen gleiche Kinder bekommen, ausgeschlossen werden.

V. Es kann keinen Zweifel daran geben, dass die staatliche Autorität, die für das Allgemeinwohl zu sorgen hat, das Recht besitzt, wirksame Mittel zur Erreichung dieses Ziels einzubringen. Doch auch die staatliche Autorität hat hierbei die Pflicht, die natürlichen und positiv göttlichen Gesetze anzuerkennen. Der Auffassung der Autoritäten der katholischen Morallehre gemäß greift der sogenannte slowakische Judenkodex in das natürliche Recht und die individuelle Freiheit des Gewissens ein. Die persönlichen Rechte von *Judenchristen* werden unmittelbar betroffen durch §§ 9,[10] 13–16, 18, 55, 56, 84, 85, 87 der zitierten Verordnung,[11] die, wenn sie mit ganzer Strenge durchgeführt werden, die Getauften nicht nur schwer und ungerecht treffen, sondern für sie auch demütigend und entehrend sind. Die getauften *Juden*, ihrer bisherigen Rechte beraubt, können leicht wieder ins Judentum fallen, denn das Gesetz zwingt sie dorthin, woher sie sich seinerzeit durch eigene Anstrengung unter Mitwirkung von Gottes Hilfe befreit hatten, und dies oft um den Preis großer Opfer. Wenn man getaufte Juden in ein Lager mit den nichtgetauften Juden einliefert, so werden diese sie für Renegaten halten und dementsprechend behandeln.[12]

Der Gesetzgeber verbietet zwar den Judenkatholiken nicht ausdrücklich, an Gottesdiensten teilzunehmen und religiöse Pflichten zu erfüllen, doch für die getauften Juden, vor allem für die Judenkatholiken, die schon von Kindheit an in der katholischen Religion erzogen wurden, schafft er praktisch eine solche soziale und gesellschaftliche Ausnahmestellung, dass all diese Menschen christliche Tugenden in wahrhaft *heroischem Grade* besitzen müssten, um diese schweren Prüfungen, ihre religiösen Pflichten zu erfüllen, zu bestehen, an denen sie nur insofern *schuld* sind, dass einer ihrer Großeltern, den sie vielleicht nicht einmal gekannt haben, anderer Religion war. Denn die Rassenzugehörigkeit in dieser Verordnung wird hauptsächlich nach der Religion bestimmt (§ 2, Absatz 1).[13] Werden denn diese schuldlosen Unglücklichen nicht verleitet werden, ihre Eltern zu beschuldigen und zu verfluchen? Wird sich denn jemand von der christlichen Gesellschaft darüber empören können, dass die durch diese Verordnung ohne Schuld betroffenen christlichen Gläubigen nicht so viel Kraft haben werden, um zu verhindern, dass ihr Herz mit Bitterkeit und Hass erfüllt wird? Wem werden sie ihr Unglück zuschreiben? Christlichen Ministern, den Abgeordneten, Parteifunktionären und vor allem den Priestern, die sie, die Schuldlosen, nicht zu schützen vermochten. Das größte

10 Vgl. Dok. 38 vom 9.9.1941.

11 Nach den §§ 13–16 des Judenkodex durften Juden nicht Mitglieder der HSĽS und der ihnen angeschlossenen Formationen sowie der Volksgruppen sein; sie durften weder als Sachverständige, Dolmetscher, Schätzer und Vormund tätig sein, noch in staatlichen oder öffentlich-rechtlichen Institutionen sowie als Notare, Rechtsanwälte oder Zivilingenieure arbeiten. Diese Maßnahmen betrafen auch nichtjüdische Ehegatten; § 18 verbot Juden, eine Arzt- oder Tierarztpraxis zu führen, und drohte ihnen bei Verstoß mit einer Strafe von 100 bis 50 000 Ks oder 5 bis 60 Tagen Haft; §§ 55, 56: Verbot, Radios zu besitzen; Reisepässe mussten vom Innenministerium bzw. der Staatssicherheitszentrale bewilligt werden und hatten eine maximale Laufzeit von 1 Jahr, davon waren auch nichtjüdische Ehegatten betroffen; §§ 84–87 regelten die Ausschlussfristen gem. §§ 13–15.

12 Zur Inhaftierung von Juden in Lagern siehe Dok. 37 vom 29.8.1941.

13 Vgl. Dok. 38 vom 9.9.1941.

Gebot des Christentums, das Gebot der Liebe, wird in ihren Augen illusorisch, ja Gegenstand von Hohn und Verachtung.
Man kann ja nicht einmal aufzählen, welche praktischen gefährlichen Folgen für das moralische und religiöse Leben die zitierte Verordnung in sich birgt. Kann man denn weiter bei uns wirksam lehren, dass wir vor Gott alle gleich sind, kann man denn nach dem Gebot des Heilands *Gehet und lehret alle Völker* darauf bestehen, dass jeder sich taufen lassen und der Kirche beitreten soll? Wird es den katholischen Geistlichen möglich sein, Gläubige jüdischer Nationalität im Leid zu trösten? Können sie ohne Widerspruch das Gebot Christi verkündigen: *Was ihr nicht wollt, dass die Menschen euch antun, das tuet auch ihr nicht ihnen.*
Und in Befolgung des unerschütterlichen Grundsatzes, dass auch der staatliche Gesetzgeber sich bei der Verabschiedung von Gesetzen an das natürliche und positive göttliche Recht zu halten hat, *fordern wir:*
I. dass die Verordnung Nr. 198/41, Slowakische Gesetzessammlung, nach den Grundsätzen der katholischen Lehre geändert wird, und besonders, dass der staatliche Gesetzgeber alle Getauften von den Folgen des sogenannten Judenkodex ausnimmt.
II. dass der Herr Präsident der Republik schon bis dahin im Sinne des § 255[14] allen Angehörigen der katholischen Kirche, die uns vor allem anvertraut sind, die volle Befreiung von den Folgen der zitierten Verordnung gewähren möge. Mit Freude und Anerkennung nehmen wir zur Kenntnis, dass die Durchführungsverordnung des Innenministeriums die Judenchristen nicht verpflichtet, das jüdische Kennzeichen zu tragen.
III. Da es nach der zitierten Verordnung den Nichtjuden unter schweren Strafen verboten ist, im Interesse von getauften Juden zu intervenieren, so möge es den bischöflichen Ordinariaten und Pfarrämtern gestattet sein, dem Herrn Präsidenten zumindest Informationen über jene gläubigen Judenchristen, die nach dem Glauben der katholischen Kirche ihre religiösen und bürgerlichen Pflichten beispielhaft erfüllen, zu geben.
IV. dass in der Zukunft bei der Gestaltung der Rechtsordnung bei uns auch den Vertretern der Kirche Einfluss auf die Verabschiedung von Gesetzen und Verordnungen, die in das kirchliche Leben eingreifen, gewährt wird. Der Staat legt auch anderen Interessengruppierungen jene Gesetzesentwürfe zur vorläufigen Beurteilung vor, die sie betreffen.
Auf der Wacht
Gez. Dr. Karol Kmetko[15] (Bischof von Nitra), Jan Vojtaššák[16] (Bischof von Špiš), Pavel Gojdič[17] (Bischof von Prešov), Dr. Pavel Jantausch[18] (Bischof, Apostolischer

14 Vgl. Dok. 38 vom 9.9.1941.
15 Dr. Karol Kmeťko (1875–1948), röm.-kath. Priester; 1918–1920 Abgeordneter im tschechoslowak. Parlament für die HSĽS; von 1921 an Bischof von Nitra, von Mai 1944 an Erzbischof.
16 Jan Vojtaššák (1877–1965), röm.-kath. Priester; vor dem Ersten Weltkrieg SĽS-Mitglied; von 1920 an Bischof von Spiš; 1940–1945 Mitglied des Staatsrats der Slowakei; Mai bis Sept. 1945 erste Festnahme, 1950 erneute Verhaftung, 1951 in Prag zu 24 Jahren Haft verurteilt, 1963 amnestiert, 1990 rehabilitiert.
17 Pavel Peter Gojdič (1888–1960), griech.-kath. Theologe; 1926 Apostolischer Administrator in Prešov, von 1940 an Bischof von Prešov, protestierte als einziger Bischof öffentlich gegen die Verfolgung und Deportation der Juden und taufte Hunderte Juden; 1951 zu lebenslanger Haft verurteilt, 1990 rehabilitiert, 2001 Seligsprechung, 2008 Ehrung als Gerechter unter den Völkern in Yad Vashem.
18 Dr. Pavel Jantausch (1870–1947), röm.-kath. Priester; 1922 Apostolischer Administrator von Trnava, 1925 Titularbischof von Priene, 1938 Gründer des Priesterseminars in Trnava, setzte sich 1942 bei Tiso für die slowak. Juden ein.

Administrator von Trnava), Jozef Čársky[19] (Bischof, Apostolischer Administrator von Prešov), Dr. Andrej Škrábik[20] (Koadjutor von Banská Bystrica), Dr. Michal Buzalka[21] (Weihbischof, Vikar der Wehrmacht)

DOK. 41

Familie Strelinger aus Banská Bystrica schreibt am 3. November 1941, dass sie wöchentlich nur noch 150 Kronen von ihrem Konto abheben darf[1]

Brief von Familie Ladislav Strelinger,[2] Banská Bystrica, an Familie Béla Strelinger,[3] Rhodos, vom 3.11.1941[4]

Meine Lieben!
Wir sind schon die zweite Woche in unserer neuen Wohnung Dolná ul. 9. Sie ist im Hause der Fleischhacker-Brüder Lanik. Wir haben ein großes Gassen-Zimmer und Küche, kochen aber nicht mehr zu Hause, sondern in der Mittelstandsküche, die jetzt unter meiner Leitung steht. Auch die Köchin haben wir weggeschickt, nur eine Bedienerin kommt in der Früh zu helfen.
Ruthika ist nun ein Spitzbub geworden, Margit behauptet, sie wäre jetzt schlimmer als Žuže.
Habt Ihr die Überweisung von Ledo schon erhalten? Es ist mir endlich gelungen für Euch Ks. 500.– überweisen zu können und bei der U.Z.[5] ist auch eben jetzt eine Transferaktion im Gange, wo wir uns ebenfalls beteiligt haben. Hoffentlich werdet Ihr diese bald zur Hand bekommen. Bei der U.Z. geht ein Drittel zu Gunsten der Gemeinschaft. Wir denken immer an Euch und wenn sich eine Gelegenheit bietet um Euch helfen zu können, nützen wir diese bald aus. Leider sind jetzt auch unsere Möglichkeiten sehr beschränkt, denn wir können jetzt wöchentlich nur Ks. 150.– herausnehmen und dies

19 Dr. Jozef Čársky (1886–1962), röm.-kath. Priester; 1925 Apostolischer Administrator von Rožňava, 1925–1962 Weihbischof von Košice, 1938–1945 Administrator des slowak. Teils der Diözese Košice, Rožňava und Prešov.

20 Dr. Andrej Škrábik (1882–1950), Theologe, Professor; 1929 Generalvikar des Bischofssitzes Nitra, 1939 Bischofsweihe, 1941 bischöflicher Koadjutor; versteckte während des Slowak. Nationalaufstands von den Deutschen gesuchte Aufständische.

21 Dr. Michal Buzalka (1885–1961), röm.-kath. Theologe; 1922 Professor für Pastoral- und Moraltheologie in Trnava, von 1931 an Rektor der Katholisch-Theologischen Hochschule in Trnava-Zavar, 1938 Weihbischof von Trnava, 1940 Militärgeneralvikar; 1950 verhaftet, 1951 zu lebenslanger Haft verurteilt.

1 YVA, O.75/100, Bl. 77.

2 Ladislav Strelinger (1907–1968), Ingenieur; war mit Edith Strelinger (*1913) verheiratet, sie hatten eine Tochter, Ruth Strelinger (*1939). Die Familie konnte 1942 der Deportation entgehen, lebte 1944 noch in Banská Bystrica und wurde wahrscheinlich 1944 deportiert; nur Ladislav Strelinger hat überlebt.

3 Béla Strelinger und seine Familie befanden sich 1940 auf dem havarierten Auswandererschiff Pencho; sie wurden im Okt. 1940 von der italien. Regierung nach Rhodos und im Sept. 1942 nach Ferramonti di Tarsia verbracht; siehe Einleitung, S. 26.

4 Im Original handschriftl. Bearbeitungsvermerke. Das Original enthält Grammatik- und Rechtschreibfehler, die behutsam korrigiert wurden. Sprachliche Eigenheiten wurden beibehalten.

5 Ústredňa Zidov (Judenzentrale).

einzuteilen ist sehr schwer. Wir trachten nur gesund zu bleiben und alle Unannehmlichkeiten überwinden zu können. Finanziell sind wir stark berührt worden seitens einer Steuerrevision und seitens der Vermögensabgabe.[6]
Einmal habe ich einen Ratschlag gehört, daß, wenn jemand unglücklich ist, soll er je mehr die Gesellschaft noch Unglücklicher aufsuchen, und dann wird er sich eher trösten. Wir sehen um uns um so viel jüdisches Elend, daß wir uns noch in unserer Situation zu glücklich fühlen müssen. Wir haben doch noch unser Heim, was zu essen, hie und da Zerstreuung (Kartenpartie etc.) und auf die täglichen und immer neuen Unannehmlichkeiten gewöhnen wir uns schon kaltblütig zu reagieren. Heut ist eben die Verordnung gekommen, die Gasse, wo Feri wohnt, judenfrei zu machen. Die l. Mama wird über dies wahrscheinlich näheres schreiben.
Ich bin in der Volks- und Mittelstandsküche sehr beschäftigt. Die Gemeinde hat auch Arbeitsbewilligung für mich verlangt, ob ich selbe bekommen werde, ist noch fraglich.
Schreibet bald wieder, wir küssen Euch alle vielmals

DOK. 42
Kardinal Luigi Maglione teilt dem slowakischen Gesandten im Vatikan am 12. November 1941 die Bedenken des Vatikans gegen den Judenkodex mit[1]

Schreiben des Vatikans (A.E.S. 8355/41, Protokoll), Kardinal-Staatssekretär Luigi Maglione,[2] an den slowakischen Gesandten im Vatikan, Karol Sidor, vom 12.11.1941

Der unterzeichnende Kardinalstaatssekretär hat die Ehre, Seiner Exzellenz dem Herrn Minister der Slowakei Folgendes mitzuteilen:
Mit tiefem Schmerz hat der Heilige Stuhl zur Kenntnis genommen, dass am 9. September nun auch in der Slowakei, wo es sich fast die gesamte Bevölkerung als Ehre anrechnet, der besten katholischen Tradition anzugehören, eine *Regierungsverordnung*[3] verkündet wurde, die eine spezifische *Rassengesetzgebung* beinhaltet. Die darin formulierten Maßnahmen stehen teilweise in offenem Widerspruch zu katholischen Glaubensgrundsätzen.

6 Sl. Gbl. 198/41 (Judenkodex), §§ 63, 236–249. Juden mussten Wertpapiere und Wertgegenstände sowie Bargeld, das 3000 Kronen überstieg, in Zwangsdepots hinterlegen. Zunächst durften Juden noch 1000 Kronen wöchentlich von ihren Einlagen und Bankkonten entnehmen, sukzessive wurde die Summe auf 150 Ks. wöchentlich herabgesetzt; Sl. Gbl. Nr. 199/41 über die außerordentliche Vermögensabgabe; siehe Einleitung, S. 28.

1 Actes et Documents du Saint Siège relatifs à la periode de la Seconde Guerre monidale, hrsg. von Pierre Blet u. a., Bd. 8: Janvier 1941–Décembre 1942, Città del Vaticano 1974, Dok. 199 in italien. Sprache; Abdruck in slowak. Sprache in: Ivan Kamenec/Vilém Prečan/Stanislav Škorvánek (Hrsg.), Vatikán a Slovenská republika 1939–1945. Dokumenty, Bratislava 1992, Dok. 46. Das Dokument wurde aus dem Italienischen übersetzt.
2 Dr. Luigi Maglione (1877–1944), vatikanischer Diplomat; 1920 Bischofsweihe, 1935 Kardinal-Priester; 1908 Übernahme in den diplomatischen Dienst des Vatikans, 1918 vorläufiger Repräsentant des Vatikans beim Völkerbund, Apostolischer Nuntius zunächst in der Schweiz, 1926–1935 in Frankreich, 1938 Präfekt der Konzilskongregation, von 1939 an Kardinalsstaatssekretär.
3 Siehe Dok. 38 vom 9.9.1941 und Dok. 40 vom 7.10.1941.

So wie die von Gott begründete und nach seinem Willen universelle Kirche alle Menschen jedweder Herkunft in ihren Schoß aufnimmt, so begleitet sie die gesamte Menschheit mit mütterlicher Fürsorge. Unter allen Menschen sollen Gefühle der Brüderlichkeit und der Liebe erweckt und entwickelt werden, wie es das Evangelium klar und unmissverständlich lehrt.

Diesem universellen Auftrag der Kirche und ihrer Lehre widerspricht Artikel 9 der erwähnten Verordnung, in dem Eheschließungen zwischen Juden und Nichtjuden wie auch zwischen Juden und jüdischen Mischlingen verboten werden.

Die Haltung der Kirche und die daraus resultierende kirchliche Praxis zu dieser wichtigen Frage sind bekannt. Die Kirche untersagt die Eheschließung zwischen Katholiken und Nichtkatholiken, um ihre Kinder davor zu bewahren, das unschätzbare Geschenk des Glaubens zu verlieren. Sie behält es sich jedoch auch vor, von diesem Verbot abzuweichen, wenn dies aus zwingenden Gewissensgründen erforderlich ist. In der Praxis bewilligt die Kirche derartige Eheschließungen nur in sehr seltenen Fällen und aus schwerwiegenden Gründen, unter klar definierten Bedingungen und mit hinreichenden Garantien.

Handelt es sich allerdings um zwei Katholiken unterschiedlicher Abstammung, bei denen keine kanonischen Hindernisse vorliegen, könnte sich die Kirche einer Heirat nicht widersetzen. Sie würde sonst ihrer heiligen Mission nicht gerecht werden und höhere göttliche Gesetze verletzen, auch wenn sie angesichts der Schäden für die Nachkommen von entsprechenden Eheschließungen zwischen Personen mit zu unterschiedlicher Herkunft abrät.

In Anbetracht des oben Ausgeführten ist der genannte Artikel 9 mit der katholischen Lehre zweifellos nicht vereinbar, da er Eheschließungen zwischen Juden und Nichtjuden bzw. zwischen Juden und jüdischen Mischlingen generell und ausnahmslos verbietet.

Nach Artikel 38 der Regierungsverordnung werden außerdem Jugendliche jüdischer Herkunft, die aber katholisch[4] sind, von allen Bildungseinrichtungen ausgeschlossen, ausgenommen der Grundschulen und speziell für sie organisierter Angebote. Die Kirche wird damit weitgehend an der Ausübung eines ihrer wichtigsten und heiligsten Rechte – der katholischen Erziehung der Jugend – gehindert und ihre apostolische Arbeit dadurch erschwert. Zudem muss eine solche Maßnahme für die Kirche auch deswegen ein Grund zu großer Besorgnis sein, weil sie viele ihrer Gläubigen der Gefahr aussetzt, ihren aufrichtigen Glauben zu verlieren und ihren Verpflichtungen vor Gott nicht nachkommen zu können.

Auch kann der Heilige Stuhl angesichts der aus den oben genannten Bestimmungen erwachsenden schmerzlichen Lage vieler Gläubiger jüdischer Herkunft nicht gleichgültig bleiben. Sie werden vieler Rechte beraubt, von der übrigen Bevölkerung abgesondert und moralisch, gesellschaftlich und wirtschaftlich abgewertet. Um ihrer Kirche treu zu bleiben, würden viele von ihnen praktisch zu Heldentaten gezwungen und in extreme Bedrängnis gebracht. Der Heilige Stuhl geht indessen davon aus, dass die Bestimmungen in Artikel 33 über die Teilnahme der Juden an öffentlichen Versammlungen es den Katholiken jüdischer Herkunft nicht verbieten, an religiösen Veranstaltungen teilzunehmen. Andernfalls bedürfte es einer entsprechenden offiziellen beruhigenden Erklärung.

4 Kardinal Maglione notierte am Rande des Protokolls, dass dieser Punkt gut überprüft werden solle, auch wenn die Juden kath. seien, „katholisch“ wurde daraufhin korrigiert in „getauft“.

Mit der unangenehmen Pflicht beauftragt, dem Minister der Slowakei die obigen Erwägungen auseinanderzusetzen, vertraut der unterzeichnende Kardinalstaatssekretär darauf, dass die slowakische Regierung die Verordnung so abändern wird, dass sie mit katholischen Grundsätzen vereinbar ist.
In diesem Zusammenhang wurde mit Genugtuung festgestellt, dass in Artikel 255[5] bereits Regelungen deutlich werden, die die Absicht der slowakischen Regierung erkennen lassen, die Härte der erlassenen Maßnahmen zu mildern, wenn dies die Befürchtungen des Heiligen Stuhls auch längst nicht zerstreut. Deshalb vertraut der Heilige Stuhl darauf, dass die slowakische Regierung bis zur Aufhebung oder Abänderung der Verordnung diese so interpretieren und anwenden wird, dass sie die Forderungen des katholischen Gewissens möglichst wenig verletzen.[6]

DOK. 43

Die Judenzentrale informiert das Zentralwirtschaftsamt am 19. November 1941 über die Anzahl der bisher liquidierten Firmen jüdischer Eigentümer[1]

Bericht der Judenzentrale (Nr. 3772/41 prez. Dr. St./Dr. G), gez. Sebestyen,[2] Bratislava, an das Zentralwirtschaftsamt (Eing. 20.11.1941, Nr. 66 448), Bratislava, vom 19.11.1941 (zwei Anlagen)[3]

Betrifft: Statistik der liquidierten jüdischen Firmen
Auf Anordnung des Herrn Sekretär Bulla hat die Statistikabteilung des Matrikelreferats der Judenzentrale eine statistische Übersicht über die Zahl der bisher liquidierten jüdischen Firmen (Geschäfte, Gewerbe, Handwerker) nach Gauen erstellt. In der Anlage legen wir Ihnen die Tabelle in doppelter Ausfertigung bei. Die Übersicht weist die Zahl der durch amtliche Maßnahmen entzogenen (liquidierten) Gewerbescheine aus, und zwar im Zeitraum
1.) vom 1. Februar 1938 bis zum 12. Dezember 1940
2.) vom 1. Februar 1941 bis zum 25. Oktober 1941.
Den Berechnungen unter Punkt 1. wurden die Daten von statistischen Fragebögen der Judenzentrale zugrunde gelegt, die von Juden am 12. Dezember 1940 ausgefüllt wurden. Für die Berechnung unter Punkt 2. dienten uns die Bekanntmachungen über Liquidierungen im Amtsblatt. Wir haben kein Quellenmaterial für die Feststellung der Zahl der liquidierten Firmen im Zeitraum vom 12. Dezember 1940 bis zum 1. Februar 1941.
Vorstand der Judenzentrale

5 Vgl. Dok. 38 vom 9.9.1941.
6 Sidor beantwortete das Schreiben erst am 23.5.1942 und verteidigte die antijüdische Gesetzgebung der Slowakei.

1 SNA, ÚHÚ, Karton 145. Abdruck in slowak. Sprache in: Hradská (Hrsg.), Holokaust, Bd. 8 (wie Dok. 23, Anm. 1), Dok. 54. Das Dokument wurde aus dem Slowakischen übersetzt.
2 Arpád Sebestyén (1892–1944), Lehrer; Schuldirektor an einer orthodoxen Schule für Knaben in Bratislava; im Sept. 1941 vom Zentralwirtschaftsamt zum Judenältesten der Judenzentrale ernannt, im Dez. 1943 Rücktritt aus gesundheitlichen Gründen.
3 Im Original handschriftl. Bearbeitungsvermerke.

Übersicht über die liquidierten jüdischen Firmen
(Geschäfte und Handwerksbetriebe nach Gauen, Stand 25.10.1941)

Lfd. Nr.	Gauen:	liquidiert 1.II.1938 bis 12.XII.1940	1.II.1941 bis 25.X.1941	Gesamt
1	2	3	4	5
1.	Bratislava	244	1.943	2.187
2.	Nitra	168	1.145	1.313
3.	Trenčín	192	1.563	1.755
4.	Tatry	247	1.270	1.517
5.	Šariš-Zemplín	600	3.071	3.671
6.	Hron	213	616	829
	Gesamt	1.664	9.608	11.272

DOK. 44
Familie Freimann schreibt am 20. November 1941 an Familie Grünberger in New York, dass sie eine Auswanderung nicht mehr bezahlen kann[1]

Brief von Familie Freimann, Moravský Svätý Ján, an Familie Grünberger, New York/USA, vom 20.11.1941[2]

Unsere Lieben.
Es ist bereits fast ein Jahr vergangen, daß wir von Euch Nachricht erhalten haben, ich weiß nicht, warum Ihr uns so selten schreibt, wir haben bereits wiederholt versucht, mit Euch die Verbindung aufzunehmen, es war aber immer vergebens. Jetzt schreibt uns der lb. Armin in seinem letzten Brief, daß Ihr Euch über uns erkundigt habet, er schreibt, daß wir Euch verständigen sollen über unsere Absichten bezüglich der Auswanderung. Bereits vor einigen Monaten, gleich nach Verlautbarung des neuen Einwanderungsgesetzes,[3] habe ich Euch ersucht, beim Staatsdepartement[4] in Washington die notwendigen Schritte zu unternehmen, inzwischen hat sich so manches geändert und unsere Aussichten auf die Auswanderung sind auf den Nullpunkt gesunken, unsere Begeisterung für eine Emigration hat zwar nicht abgenommen, wir sind aber durch die Verhältnisse zur Resignation gezwungen. Wie beneide ich die Leute, die heute noch in der glücklichen Lage sind abzufahren und eine neue Heimat finden zu können, und wir scheinbar sind dazu verurteilt hier bleiben zu müssen. Denn ich muß aufrichtig sein und gestehen, daß wir heute vollkommen mittellos dastehen, ich bin nicht in der Lage, vorausgesetzt, daß Ihr uns liebenswürdigerweise die Schiffskarten zur Verfügung stellt, auch nur die

1 USHMM, ACC. 2009.80.1, Documents Grunberger and Freimann.
2 Grammatik wie im Original, Rechtschreibung wurde behutsam korrigiert.
3 Möglicherweise meint Dr. Freimann den 1940 vom US-amerik. Kongress erlassenen Alien Registration Act, der eine Registrierung aller in die USA eingereisten Ausländer vom 14. Lebensjahr an vorsah. Eine Flucht aus der Slowakei in die USA war praktisch auch unmöglich geworden, weil das Deutsche Reich keinen Transit für Juden mehr gestattete, vgl. Dok. 32 vom 9.5.1941.
4 Gemeint ist das US-Außenministerium, United States Department of State.

Kosten bis zur Küste zu bestreiten und bekanntlich können diese Mittel nur hier erlegt werden. Unsere Behörden behandeln die Sache ziemlich benevolent, das amerikanische Konsulat in Budapest[5] macht jedoch Schwierigkeiten, man wird wiederholt dorthin vorgeladen, ganz überflüssigerweise und dies alles ist mit großen Kosten verbunden. Nichtsdestoweniger ersuchen wir Euch nochmals, alles und womöglichst baldigst in Washington zu unternehmen, damit wir je früher im Besitz der Einwanderungsbewilligung sind. Diese kann uns eventuell sehr nützlich sein. Sonst sind wir gottlob gesund, die lb. Micka ist mit dem Haushalt beschäftigt, die Kinder sind schon der dauernden Ferien müde und möchten wieder gerne in die Schule gehen,[6] ich mache jetzt in der Wintersaison den Hauslehrer, sie sind aber mit mir nicht zufrieden. Im Sommer war ich beim Bau eines Sportstadions beschäftigt, zwar unentgeltlich, aber doch.[7] Der lb. Armin schreibt, daß die lb. Mama rheumatische Schmerzen im Fuß hat und möchte ins Bad fahren, ich habe aber eine Bäderbehandlung jetzt im Winter abgeraten, es wird schon besser sein die Sache zu verschieben, bis es wärmer wird. Wie geht es Euch gesundheitlich und sonst: Was machen die Kinder? Der lb. Arthur muss schon unberufen ein großer Bursche sein, was lernt er? Vom lb. Miksa hören wir auch nichts, sein letzter Brief ist im Sommer 1940 datiert, damals hat er uns eine Einreisebewilligung nach Ecuador versprochen, seither schweigt er jedoch. Habet Ihr Nachricht von ihm? Schreibet uns bald und ausführlich, auch über den Stand unserer Angelegenheit in Washington, ob wir uns überhaupt Hoffnungen machen können, wir wären schon sehr, sehr gerne bei Euch. Vielleicht fahren in absehbarer Zeit Bekannte von uns nach Amerika, sie werden Euch besuchen und mündlich ausführlicher berichten. Wir grüßen und küssen Euch alle vielmals aufs herzlichste.

P.S. Anbei gebe ich Euch nochmals unsere Daten, die beim Staatsdepart. notwendig sind, bekannt.

1. Dr. Oskar Freimann, 6.II.1901, Kišovce/ 2. Marie Freimann, 23.III.1906, Zbrabaslavice, Böhmen/ 3. Eva Freimann, 1.XI.1931, Prag/ 4. Peter Freimann, 26.VII.1934, Mor. Sv Ján

Staatsangehörigkeit: ursprünglich tschechoslowakisch, jetzt staatenlos.

Die Namen und Adressen der wo immer in der Welt sich befindenden Blutsverwandten, wißt Ihr besser wie ich.

Bildung: Hochschule/Mittelschule/Volksschule

Beschäftigung seit dem Jahre 1930: praktischer Arzt.

Politisch: nie politisch tätig oder organisiert gewesen/nie wegen politischen oder anderen Vergehen bestraft gewesen/mit keinen politischen Organisationen in Verbindung gestanden.

Ziel und Zweck der Einwanderung: Schaffung einer neuen Existenz in einer neuen Heimat.

5 Die USA hatten keine diplomatische Vertretung in der Slowakei, so dass slowak. Juden zur Regelung ihrer Ausreiseabsichten in die USA zur US-Botschaft nach Budapest fahren mussten.

6 Vgl. Dok. 18 vom Sommer 1941, Anm. 8. Nach dem Judenkodex, §§ 38–40, durften Juden nur jüdische Volksschulen besuchen. Eine solche hatte die Judenzentrale jedoch in dem kleinen Ort offenbar nicht eingerichtet.

7 Wahrscheinlich war Dr. Freimann zum Arbeitsdienst eingezogen worden; siehe Dok. 35 vom Sommer 1941, Anm. 13; Einleitung, S. 27.

DOK. 45

Der Gesandte Ludin gibt am 4. Dezember 1941 dem Auswärtigen Amt bekannt, dass die slowakische Regierung mit der Deportation der im Reich lebenden slowakischen Juden einverstanden ist[1]

Fernschreiben der Deutschen Gesandtschaft (Nr. 30 4/12 11.30), gez. Ludin, Preßburg, an das Auswärtige Amt (befördert 4.12., 12.45 Uhr), Berlin, vom 4.12.1941[2]

138 704 auf Drahterlaß vom 17. November Nr. 1280[3]
Slowakische Regierung hat auf Anfrage geantwortet, sie sei mit Abschiebung der Juden slowakischer Staatsangehörigkeit in die östlichen Ghettos grundsätzlich einverstanden, müsse jedoch großen Wert darauf legen, daß slowakische berechtigte Ansprüche auf bewegliche und unbewegliche Vermögen dieser Juden durch Abschiebung in den Osten nicht gefährdet würden. Nach slowakischer Darstellung handelt es sich fast durchweg um Juden, die nach den Ereignissen des Oktober 1938 aus der autonomen Slowakei ins heutige Protektoratsgebiet übersiedelt sind und ihre Vermögen rechtswidrig mitgenommen haben. Slowakische Regierung anfragt, ob seinerzeit auch die Vermögenswerte der Juden slowakischer Staatsangehörigkeit im Reich im einzelnen registriert worden sind, sodaß für künftige Verhandlungen über Rückführung dieser Vermögenswerte nach Abtransport für Juden Grundlagen vorhanden wären; ferner fragt sie an, ob deutscherseits Bereitwilligkeit besteht, auf Grund dieser Unterlagen die Rückführung der jüdischen Vermögenswerte bzw. ihre Nutzbarmachung im slowakischen volkswirtschaftlichen Interesse zu gestatten und über die Durchführung im einzelnen zu verhandeln. Habe bereits erklärt, daß berechtigte slowakische Interessen an jüdischen Vermögenswerten deutscherseits sicher im Rahmen des Möglichen gewahrt würden. Erbitte Weisung, wie slowakische Anfrage im einzelnen beantwortet werden kann.

DOK. 46

Ein unbekannter Mitarbeiter der Umschulungsabteilung der Judenzentrale schildert am 8. Dezember 1941 seine Arbeit mit Kindern und Jugendlichen[1]

Brief eines Unbekannten, Unterschrift unleserlich, Bratislava, an Nathan vom 8.12.1941

Lieber Nathan,
sei nicht böse, daß ich Dir bis zum heutigen Tage nicht geschrieben habe. Der l. Eli übermittelte mir erst heute Deine Grüße und gab mir zugleich Deinen Brief zum Lesen

1 PAAA, Gesandtschaft Preßburg, Karton 172, Akten betreffend Judentum vom 5.8.1939–30.6.1942, Bd. 1, Pol 4 Nr. 2. Abdruck in slowak. und deutscher Sprache in: Nižňanský (Hrsg.), Holokaust, Bd. 4 (wie Dok. 17, Anm. 1), Dok. 27.

2 Im Original handschriftl. Bearbeitungsvermerke.

3 Fernschreiben AA, gez. Luther, an Deutsche Gesandtschaft Preßburg, über die Anfrage an die slowak. Regierung, ob sie ihre jüdischen Staatsangehörigen im Reich in die Slowakei zurückholen oder von Deutschland deportieren lassen möchte; wie Anm. 1.

1 JDC, SM 39/50/25.

wie auch Deine Adresse. So kam ich erst heute in die angenehme Lage, Dich und Josl Burg über mein Wohlsein zu informieren. Wie mir Eli erzählt, bist Du ja mit ihm in stetem Briefwechsel, so daß Du über unser Tun und Lassen recht gut Bescheid wissen mußt. Ich arbeite mit Eli zusammen in der Umschichtungsabteilung[2] der Judenzentrale. Unsere Arbeit befriedigt uns im Allgemeinen, wenn auch unsere Tätigkeit nicht in dem Maße honoriert wird, wie es einst der Fall war. Aber die Zeiten sind ja jetzt anders u. man muß sich schon mit dem zufriedengeben, was man besitzt. Unser Abteilungschef ist Dr. Oskar Neumann, den Du doch kennst. Er ist der beste Chef, den wir uns vorstellen können, wenn auch heute sehr nervös und leicht aufregbar. Er tut für seine Angestellten alles, was er kann, seine Möglichkeiten sind aber sehr beschränkt und der Einfluß, den er auf die Dinge besitzt, zu klein, um[3] daß er für uns etwas Großes erreichen könnte. Er ist der einzige, den Du von den Mitgliedern der Leitung der Judenzentrale kennst, und er selbst besitzt unter diesen keine Freunde.
Meine Arbeit besteht z. B. darin, daß ich im Laufe des Sommers Umschulungsgruppen und ein Jugendinternat, in welchem cca. 200 Personen zusammengefaßt waren, zu betreuen hatte. Also eine ziemlich schöne und dankbare Aufgabe. Die Umschulungsgruppen sind auf dem Lande bei Landwirten placiert.[4] Ich habe im Laufe meiner Arbeit oft Gelegenheit, diese Gruppen zu besuchen, und es ist für mich immer eine Freude, diese abgeschlossenen, weit von der Stadt liegenden Meierhöfe zu sehen, wo die Jugend fast wie auf einer Insel, umgeben vom stürmenden Strome, welcher sie nur selten berührt, arbeiten und leben. Sie, ebenso wie die Bauern des Ortes, werden nicht direkt von den Ereignissen der Zeit mitgerissen, und dadurch ist ihr Gemüt all der Nervosität bar, welche uns in den Städten so oft heimsucht und unter welcher wir fast krankhaft leiden. Ich pflege so z. B. auf Samstag in die nächstliegende Gruppe zu fahren (Fajdal[5] bei Modra), was auch den Vorteil mit sich bringt, daß die Kost dort, im Verhältnis zu der unsrigen, eine viel reichere ist. (Du weißt doch, was das für mich bedeutet!) Ein Teil dieser Gruppen, 5 an der Zahl, bleibt über den Winter auf ihren Plätzen. Die übrigen werden in ein Machné (Novak) konzentriert,[6] wo sie Gelegenheit haben, sich in Bauernarbeiten umzuschichten. Sie arbeiten nämlich am Bau der Baracken, wo konzentriert die Juden unseres Landes wohnen werden. Sehr stolz bin ich auf das Jugendinternat in Nitra. Es ist dort eine Gärtnerei[7] von 10 Joch,[8] welche von den [...][9] selbst bearbeitet wird. Die Kinder lernen sehr schön (40 an der Zahl) und [...] arbeiten sie einen halben Tag und die zweite Hälfte des Tages wird mit theoretischem Unterricht verbracht.

2 Gemeint ist die Umschulungsabt.
3 So im Original.
4 Dr. Neumann sammelte in seiner Abt. junge Zionisten aller politischen Ausrichtungen und versuchte sie unter dem Deckmantel der Umschulung zu einer gemeinsamen Hachschara-Bewegung zusammenzuschließen. Zu Anzahl und Orten der Umschulungszentren, die oft auf Gütern einstiger jüdischer Besitzer geführt wurden, siehe auch Nižňanský/Baka/Kamenec (Hrsg.), Holokaust, Bd. 5 (wie Dok. 15, Anm. 1), Dok. 48.
5 Richtig: Pusta Fejdal; Gut bei Modra.
6 Machana (hebr.): Lager. Gemeint ist das Arbeitslager Nováky.
7 In der Gärtnerei in Nitra beschäftigte die Umschulungsabt. im Sommer 1941 76 Personen von 14 bis 17 Jahren.
8 Flächenmaß, das regional unterschiedlich zwischen 0,3 und 0,6 ha umfasst.
9 Hier und im Folgenden, wenn nicht anders vermerkt, jeweils 1–2 Wörter unleserlich.

Mein Bruder Akiba arbeitet in der Kulturabteilung. Seine Stellung […] nicht einmal so bedeutend wie die Deinige. Doch verdient er sich etwas und nachdem er doch jünger ist, helfe ich ihm und so […] dennoch ein Existenzminimum für unsere Familie zu sichern. Er arbeitet im Ressort zur Vorbereitung zur Umschichtung, welche nach vielen […] erweitert wurde. Vor dem arbeitete er im […] für Sprachkurse. Nachdem diese verboten wurden, gelang es mir nur mit Hilfe einer Protektion, diese neue Placierung durchzusetzen. Gesundheitlich geht es mir ganz gut, […] G-ttlob ist auch meine ganze Familie wohlauf. Im Sommerlager war ich diesmal nicht, da solche nicht veranstaltet wurden. Nur nahm ich an einem Seminar für Ausbildung von Umschulungsgruppenführern teil, der […] dauerte. Ich hatte mich dort sehr gut[10] und war doch ein […] im Freien.[11] Das Seminar fand nämlich in Gymeš[12] auf dem Lande statt. […][13] und nächstens schreibe ich Dir wieder. […] Josl Burg […].[14] Er könnte mir schon wirklich mal schreiben, […] nicht was er und seine Familie tut und wie es […][15] Elis auch ihn gerichtet ist, teile ihm mit, […] ich habe nicht die Geduld, all die Dinge nochmals zu wiederholen. Ich erwarte […] bald ein ausführliches Schreiben von ihm. Schreibe mir an die Adresse Alis. Erwarte Deine baldige Antwort, grüße Dich vielmals Dein

DOK. 47

Karol Hochberg von der Judenzentrale berichtet am 12. Januar 1942 über seine erfolgreichen Bemühungen, 6206 Juden aus Bratislava auszusiedeln[1]

Bericht für den Monat Dezember 1941 der Judenzentrale, Abt. für besondere Aufgaben (Zahl 140/42-ZÚ/330/ing Hg/Ke), gez. Hochberg,[2] Bratislava, an den Beauftragten des Zentralwirtschaftsamts, Ľadnica, Bratislava, vom 12.1.1942

I.

Bezüglich der Organisation und der Arbeitsordnung der Abteilung für besondere Aufgaben lege ich als Anlage die entsprechende Abhandlung des Berichts für den November 1941 vor.

10 So im Original.

11 Dr. Neumann veranstaltete gemeinsam mit der Schul- und Kulturabt. solche Seminare und Sommer- bzw. Winterlager, um Kontakte in der ganzen Slowakei zu pflegen und aufzubauen.

12 Möglicherweise ist die Gegend bei der Burgruine Gýmeš nahe Jelenec bei Nitra gemeint.

13 Drei Wörter unleserlich.

14 Drei Wörter unleserlich.

15 Fünf Wörter unleserlich.

1 YVA, M.5/72, Bl. 161–174, SNA, ÚHÚ, Karton 146, 685/42. Auszugsweiser Abdruck in slowak. Sprache in: Hradská (Hrsg.), Holokaust, Bd. 8 (wie Dok. 23, Anm. 1), Dok. 68. Das Dokument wurde aus dem Slowakischen übersetzt.

2 Karol Hochberg (1911–1944), Ingenieur; 1941–1943 Leiter der Abt. für besondere Aufgaben in der Judenzentrale; 1943 verhaftet und in Ilava inhaftiert; nach Beginn des Slowak. Nationalaufstands wegen Kollaboration bei den Deportationen 1942 von einem Revolutionstribunal in Banská Bystrica zum Tode verurteilt und erschossen.

II.

Über die Haupttätigkeit der einzelnen Unterabteilungen meiner Abteilung für die Zeit vom 22. Oktober 1941, d. h. vom Beginn der Dislokationsaktion, bis zum 31. Dezember 1941 erstatte ich diese Meldung:

1. Die Unterabteilung zur Vorbereitung:

a. ordnete den einzelnen Dislokationszentren 13 166 Personen u. […][3]

2. Die administrative Unterabteilung:

a. erstellte zum 31. Dezember 1941 insgesamt 5080 Dislokationsbescheide I für insgesamt 12 242 Personen, nummerierte, protokollierte und leitete sie zum Zwecke der Versendung an die Unterabteilung der Organisationsgruppe weiter.

b. erstattete dem Städtischen Notariatsamt Meldung über insgesamt 587 Wohnungen, die infolge der Dislokation leer geworden sind,

c. führte Evidenz über alle dazugehörigen Arbeiten,

d. erstattete dem Abteilungsleiter tägliche Meldungen.

3. Die Unterabteilung der Organisationsgruppe:

a. erhielt von der administrativen Unterabteilung insgesamt 5080 Dislokationsbescheide I für 12 242 Personen. Von diesen Bescheiden waren etwa 7 % nicht zustellbar,

b. versandte insgesamt an 4152 Personen den Dislokationsbescheid II,[4]

c. von den 4152 eingestellten Personen sind 519 Personen weder im Massentransport noch außerhalb des Massentransports gefahren. Die Unterabteilung der Organisationsgruppe hat eine Fahndung nach diesen nicht ausgereisten Personen durchgeführt und erstattet folgende Meldung:

Aus Existenz- oder ähnlichen Gründen wurde ein Terminaufschub gewährt: 171 Personen

Auf Grund der Festlegungen Punkt II, Buchstabe a–h der Dislokationsanordnung wurden nachträglich von der Dislokationspflicht vorübergehend befreit: 48 Personen

In den Arbeitszentren befanden sich: 35 Personen

An die Staatspolizei wurden mit dem Ziel weiterer Fahndung übergeben: 79 Personen

In ärztlicher Behandlung außerhalb von Bratislava befinden sich: 3 Personen

Die Fahndung ist noch nicht abgeschlossen: 183 Personen

d. erstattete dem Abteilungsvorsteher und durch seine Vermittlung der Polizeidirektion in Bratislava erforderliche Meldungen.

4. Die Rechts- und Informationsunterabteilung:

a. fertigte zum 31. Dezember 1941 10 383 Parteien ab,

b. erledigte positiv oder negativ 3442 Reklamationen,

c. führte die entsprechenden Evidenzen und Einträge über Personen, die das Dokument erhalten haben, bzw. über solche Personen, die aus Gesundheitsgründen in ein bestimmtes

3 Die folgenden 20 Zeilen enthalten Informationen über Evidenz- und statistische Arbeiten.

4 Mit dem Dislokationsbescheid I wurden die jüdischen Familien bzw. Personen benachrichtigt, wann sie spätestens an ihren zugewiesenen neuen Wohnort abzufahren hätten. Der Dislokationsbescheid II enthielt die Mitteilung über die Möbel und Gegenstände, die sie mitnehmen durften, sowie die zu entrichtende Gebühr für den Personen- und gegebenenfalls Gütertransport sowie die Gebühr zur Einlagerung von Möbeln. Bei Nichtbefolgen drohten Strafen von 100 bis 10 000 Kronen oder Haft von einem bis zu 15 Tagen.

Dislokationszentrum disloziert werden sollen (mit Krankenhaus, Altenheim usw.), ferner die Zentralevidenz über die zugestellten Dislokationsbescheide I,
d. übernahm insgesamt 412 von den dislozierten Parteien nicht abgemeldete Bezugsausweise und erledigte die damit zusammenhängende Agenda,
e. übernahm von der Organisationsgruppe insgesamt 3167 Dislokationsbescheide I für insgesamt 8218 Personen, die den Parteien zugestellt wurden.
Von der Gesamtzahl der Dislokationsbescheide I (die nicht auf Personen, sondern auf Familien bzw. gemeinsame Haushalte lauten) wurden 2980 reklamiert, wobei die Reklamation in 1247 Fällen zurückgewiesen wurde,
f. stattete dem Leiter der Abteilung tägliche Meldungen ab.
5. Die Transportunterabteilung:
a. hat in Massentransporten insgesamt 2744 Personen transportiert,
b. hat in 177 Waggons insgesamt 15 346 Stück (Zoll) Umzugsmobilien für 2237 Personen transportiert,
c. hat im Depot in Vydrica Nr. 44 den bei den Dislozierten gepfändeten beweglichen Besitz im Gesamtwert von Ks 265 000,– gelagert,
d. besorgte ferner die Agenda verbunden mit der Ausgabe der bei verschiedenen Speditionsfirmen in Bratislava sichergestellten jüdischen Möbel (Mobilien). Die Freigabe dieses beweglichen Besitzes geschieht im Wesentlichen folgendermaßen: Der Antragsteller legt der jeweiligen Speditionsfirma eine beglaubigte Konsignation über jedes sichergestellte Möbelstück vor, worauf die Partei eine Benachrichtigung darüber erhält, welche Mobilien freigegeben wurden und welche in das Sammeldepot der Judenzentrale überführt werden müssen. Die Parteien sind selbstverständlich verpflichtet, alle Ausgaben zu begleichen, also auch die Transportkosten. Die genaue Einhaltung des Bescheids, der vom Herrn Beauftragten des Zentralwirtschaftsamts genehmigt werden muss, wird bei der Ausgabe durch einen dafür besonders bestimmten Beamten kontrolliert. Die Ausgabe der Kisten geschieht unter persönlicher Kontrolle des Herrn Beauftragten des Zentralwirtschaftsamts. Die Partei ist indessen auch hinsichtlich der freigegebenen Möbel verpflichtet, eine verbindliche Erklärung zu unterschreiben, dass sie sie ohne das Einverständnis des Herrn Beauftragten des Zentralwirtschaftsamts weder verkauft, noch versteckt, noch verschenkt (siehe Anlagen 1–3).
Die Versteigerung der sichergestellten Mobilien beginnt in etwa zwei Wochen, wobei die folgende Regelung des Zentralwirtschaftsamts eingehalten werden soll:
Gemäß § 31, Abs. 3 Verordnung Nr. 198/41 der Slowakischen Gesetzessammlung[5] *erteile ich Ihnen folgenden Befehl:*
1. Die Wohnungseinrichtung der Juden, die Bratislava verlassen müssen, und die Gegenstände, die bei den Spediteuren und Besitzern von Lagerräumen in Bratislava bereits sichergestellt sind und auch dort verbleiben, soll die Judenzentrale sofort auf eigene Kosten auf einem Sammelplatz einlagern (Ausstellungshalle), registrieren und konservieren.
[...][6]

5 Demnach war die Judenzentrale die einzige zugelassene Organisation für Juden in der Slowakei und dem Zentralwirtschaftsamt unterstellt.

6 In den folgenden 22 Zeilen wird dargelegt, dass gemäß Judenkodex öffentliche Versteigerungen der Möbel durchgeführt werden sollten, die durch das städtische Notarsamt ausgeschrieben wurden. Der Erlös floss der Judenzentrale zu und diente zur Kostendeckung der Dislokation der Juden aus Bratislava.

6. Die Unterabteilung der Hilfsämter:
Hinsichtlich dieser Unterabteilung statte ich eine Meldung über ihre vier wichtigsten Referate ab:
A. Referat für die Kontaktpflege zu den Dislokationszentren:
Die Tätigkeit dieses Referats betrifft zwei Hauptaufgaben:
1. Evidenz der Möglichkeiten der Unterbringung der dislozierten Personen in den einzelnen Dislokationszentren,
2. soziale Tätigkeit [...]
I. Die Evidenznachweise zeigen, dass in den einzelnen Dislokationszentren, und zwar in Humenné 128, in Michalovce 171, in Nové Mesto nad Váhom 101, in Nitra 21, in Stropkov 230, in Spišská Nová Ves 41, in Žilina 184, also insgesamt noch 1419 Personen untergebracht werden können. Demgegenüber hat sich gezeigt, dass die Zahl der ursprünglich geplanten Zahl der Dislozierten in Bardejov um 128, in Liptovský Svätý Mikuláš um 55, in Prešov um 252, in Trnava um 277 und in Topoľčany um 32 Personen, also insgesamt um 744 überschritten wurde.
II. Die soziale Tätigkeit: Über das Sozialprogramm für die Dislozierten, das in Absprache mit dem Herrn Beauftragten des Zentralwirtschaftsamts festgelegt wurde, habe ich bereits eine Meldung in meinem Bericht für den Monat November 1941 gemacht. Demnach werden die Dislozierten in drei soziale Kategorien eingeteilt und zwar die Kategorien A, B, C. Die Kategorien A und B sind von jeder Art der Unterstützung ausgeschlossen. Die Kategorie C bekommt hingegen für die Dauer von höchstens 30 Tagen beginnend mit der Ankunft im Dislokationszentrum eine Tagesunterstützung von Ks 4.–, aber nicht individuell, d. h. diese Unterstützung wird nicht direkt an den Dislozierten ausgezahlt, sondern an die Zweigstelle der Judenzentrale des jeweiligen Dislokationszentrums, das verpflichtet ist, dem betreffenden Dislozierten im Rahmen der Möglichkeit die Tagesverpflegung zu gewähren. Zu diesem Zweck erhielten alle 14 Dislokationszentren bis jetzt insgesamt Ks 943 000.–, wovon Ks 200 000.– für die Eröffnung von Volksküchen genehmigt wurden. Von den restlichen Ks 743 000.– wurden gemäß der o. g. Richtlinien Ks 404 000.– aufgewendet, während Ks 338 724.– noch zur Verfügung stehen.
und zwar:
in Bardejov Ks 45 664.--
in Humenné Ks 20 880.--
in Michalovce Ks 35 072.--
in Stropkov Ks 12 940.--
in Prešov Ks 34 388.--
in Nové Mesto nad Váhom Ks 18 568.--
in Liptovský Svätý Mikuláš Ks 24 676.--
in Nitra Ks 17 560.--
in Topoľčany Ks 29 352.--
in Vrbové Ks 19 372.--
in Spišska Nová Ves Ks 14 520.--
in Zvolen Ks 19 752.--
in Žilina Ks 14 960.--
in Trnava Ks 31 020.--
Unter den bisher in den Massentransporten Dislozierten gehörten 1868 Personen, also 53 %, der Kategorie C an. Da die Unterstützung auf maximal 30 Tage begrenzt war, verloren

den Anspruch auf die Unterstützung von 1868 Personen der Kategorie *C* bereits 1526 Personen, d. h. 80 % aller Unterstützungsberechtigten.
B. Ärztekommission:
Die Tätigkeit der Ärztekommission besteht in der Überprüfung der ärztlichen Atteste, die die Parteien bei den Reklamationen als Nachweis vorgelegt haben. Diese Kommission hat sich ferner mit der Arbeit befasst, die sich aus der Untersuchung der in die Transporte eingegliederten Auszusiedelnden am Hauptbahnhof ergeben hat. Bis zum 5. Januar 1941 wurden der Ärztekommission 1740 ärztliche Atteste vorgelegt. […][7]
Übereinstimmend mit meiner Meldung für den Monat November 1941 erlaube ich mir auch jetzt, anhand der vorgetragenen Tatsachen auf den Bedarf der Genehmigung von geeigneten Häusern in den Dislokationszentren selbst oder in ihrer Nähe hinzuweisen, und ich verweise auf meinen letzten konkreten Vorschlag, der hinsichtlich des Bades Bardejov unterbreitet wurde. Solche Fälle, die die ärztliche Kommission anhand des ärztlichen Attests als dislokationsfähig anerkannt hat, wurden an den Herrn Chefarzt der Polizeidirektion verwiesen. Bis zum heutigen Tag wurden an den o. g. Herrn Arzt zum Zwecke der Untersuchung 159 Fälle weitergeleitet. Die Analyse dieser Fälle ist folgende:
1. dislokationsunfähig: 2 Fälle
2. zeitlicher Aufschub der Dislokation: 85 Fälle
3. dislokationsfähig: 72 Fälle
Der Herr Chefarzt der Polizeidirektion ordnete gleichzeitig an, dass von 72 dislokationsfähigen Fällen 26 Personen in einem solchen Dislokationszentrum untergebracht werden sollen, wo es ein Krankenhaus gibt, 18 Personen dort, wo es ein entsprechendes Altenheim gibt, und 20 Personen dort, wo es ein entsprechendes Heim gibt.
C. Finanzreferat:
Der Herr Vorsitzende des Zentralwirtschaftsamts hat bislang für die Dislokationszwecke von den Sperrkonten der Judenzentrale Ks 2 600 000.– freigegeben. Der Herr Vorsitzende hat am Anfang der Dislokation festgelegt, dass die von der Judenzentrale zu tragenden Auslagen pro Person Ks 1000.– nicht überscheiten dürfen. Diese Regelung wurde am 5. November 1941 verändert und die Höchstgrenze pro Person auf die Summe von Ks 500.– festgelegt. Bis zum 5. November, also bis zu der Zeit, als noch die Höchstgrenze der Unterstützung von pro Person Ks 1000.– genehmigt war, wurden in den Massentransporten 1104 Personen disloziert, und es wurde eine Summe von Ks 802 000.– aufgewendet, was bedeutet, dass für eine Person durchschnittlich Ks 725.– bezahlt wurden, also nur 72 % der genehmigten Höchstsumme. Seit der Verringerung der Höchstgrenze von Ks 1000.– auf Ks 500.– pro Person, d. h. vom 6. November 1941 bis zum 31. Dezember 1941, haben die Hauptstadt mit dem Bescheid II 2529 Personen verlassen, und das unter der Aufwendung der Summe von Ks 746 000.–. Das bedeutet eine durchschnittliche Ausgabe von Ks 293.– pro Person, bzw. Ks 452.– wenn wir berücksichtigen, dass von 2529 Fällen 889 Personen zwar den Bescheid II entgegengenommen haben, aber in die entsprechenden Dislokationszentren außerhalb des Massentransports umgezogen sind. In jedem Fall waren 59 % bzw. 90 % der durch den Herrn Vorsitzenden des Zentralwirt-

7 Im Folgenden werden die medizinischen Gründe für eine Rückstellung vom Transport aufgelistet.

schaftsamts genehmigten Höchstgrenze von Ks 500.– aufgewendet. Ich lege die einzelnen Kostenposten gemäß dem Stand vom 31. Dezember 1941 vor: […][8]
Wie in meinem Bericht für den Monat November erlaube ich mir auch jetzt zu betonen, dass wir uns bemüht haben, auch von der finanziellen Seite her die bestmögliche Leistung zu erreichen. Gemäß der Verordnung des Herrn Vorsitzenden des Zentralwirtschaftsamts sollen alle mit der Dislokation verbundenen Auslagen aus dem Ertrag der sichergestellten Mobilien der Dislozierten bzw. aus anderen Einnahmen auf die Weise gedeckt werden, dass die von den Sperrkonten der Judenzentrale freigegebene Summe von Ks. 26 000 000.– der Judenzentrale zurückerstattet wird. Ich erlaube mir, dazu noch anzumerken, dass gemäß der Kalkulation der übergeordneten Behörden am Anfang der Dislokationsaktion einerseits mit einer Summe von Dislokationsauslagen von Ks 6–8 000 000.– gerechnet wurde und andererseits mit einem Ertrag der zu pfändenden jüdischen Mobilien in derselben Höhe.
Ich habe mir von Anfang an erlaubt, die Meinung zu vertreten, dass der Versteigerungsertrag der Mobilien der Dislozierenden die angegebene Höhe bei weitem nicht erreichen wird. Demgegenüber werden die Dislokationsauslagen auch nicht höher sein als etwa die Hälfte der präliminierten Summe. Nach dem heutigen Stand der Dinge scheint es, dass die Durchführung der ganzen Dislokationsaktion noch zusätzlich Ks 800 000.– erfordern wird, d. h. insgesamt nicht mehr als Ks 3 400 000.–. Trotzdem ist der für die Dislokationszwecke nötige Aufwand eine schwere Belastung für die geringe finanzielle Kapazität der Judenzentrale, und das umso mehr, weil diese Summe durch den Versteigerungsertrag der gepfändeten und der zu pfändenden jüdischen Mobilien bzw. aus anderen Einnahmen der Abteilung für Sonderaufgaben nicht ersetzt werden kann. Deshalb bitte ich an dieser Stelle:
dass die für die Dislokationszwecke bis jetzt freigegebene Summe von Ks 2 600 000.– aus dem zur Verfügung stehenden Aussiedlungsfonds des Zentralwirtschaftsamts der Judenzentrale zurückerstattet wird. Diesen Antrag begründe ich zuallererst hiermit:
1. Die Dislokation bedeutet, wenn auch in einem weiteren Sinne des Wortes, den Auszug,
2. Die für die Dislokationszwecke freigestellte Summe ist eine Ausgabe, die für eine Aktion genutzt werden soll, die nicht in den normalen Wirkungsbereich der Judenzentrale fällt.
Demgegenüber schlage ich vor, dass der Versteigerungsertrag der gepfändeten und der zu pfändenden jüdischen Mobilien zusammen mit den anderen mit der Dislokation verbundenen Einnahmen an den Aussiedlungsfonds übertragen wird. In diesem Zusammenhang erlaube ich mir, einen weiteren Vorschlag zu unterbreiten: Zum Zwecke der Erreichung eines größeren finanziellen Effekts bei den Dislokationen gedenken wir, die sozial noch gut situierten Personen zu einer viel höheren Abgabe für die Transportkosten zu veranlagen, als die tatsächlichen Transportkosten betragen. Den bisherigen Tatsachen entsprechend wurde jedoch festgestellt, dass die finanziell gut gestellten Personen über größere Summen nicht mehr frei disponieren können. Deshalb bitte ich, solchen Personen, die zu einer höheren Dislokationsabgabe als Ks 500.– veranlagt werden, zu ermöglichen, dass der Rest für den Titel Dislokationsabgabe von ihrem gesperrten Konto überwiesen wird. Bezüglich der Personen, die gemäß der Festlegung Punkt II

8 Die detaillierte Kostenaufstellung für die Dislokation ist hier nicht abgedruckt, weiter unten im Text werden die Endsummen genannt.

Buchstaben a–h der Dislokationsverordnung vorübergehend in Bratislava bleiben dürfen, erlaube ich mir im Zusammenhang mit der Ausstellung der Legitimationen den Vorschlag zu unterbreiten, dass die ursprünglich vorgeschlagene Abgabe von Ks 1.– bis Ks 100.– auf Ks 1.– bis Ks 2000.- pro Person erhöht wird. Da es den betreffenden Personen aber nicht möglich ist, Beträge, die Ks 500.– übersteigen, direkt zu bezahlen, schlage ich parallel zu meinem obigen Vorschlag vor:
dass solchen Personen, die zu einem Ks 500.– übersteigenden Betrag veranlagt werden, ermöglicht wird, dass der Rest bis zur Höhe von Ks 2000.– pro Person und für den Titel Abgabe für die Legitimation von ihrem gesperrten Konto überwiesen wird. Im Falle der Genehmigung meiner Vorschläge rechne ich auf diesem Wege mit einem Ertrag von etwa Ks 600 000.–.
D. Evidenzreferat:
1. führt Evidenzbögen über alle Personen, denen der Bescheid I zugestellt wurde. Aufgrund dieser zentralen Kartothek (Evidenz) werden die betreffenden Personen in Gruppen eingeteilt und zwar:
Personen, die den Bescheid I entgegengenommen haben
Personen, die den Bescheid II entgegengenommen haben
a.) die sich zum Transport eingefunden haben
b.) die sich zum Transport nicht eingefunden haben
Personen, nach denen gefahndet wird,
wie auch Personen, die nach der Festlegung der Dislokationsverordnung einen Aufschub der Dislokation erhalten haben.
2. Das Referat für die Kontaktpflege mit den Dislokationszentren übernahm am 20. Dezember 1941 eine weitere wichtige Aufgabe, und zwar die Evidenz- und statistische Feststellung aller jüdischen Personen, die Bratislava beginnend mit dem 1. September verlassen haben, ohne Rücksicht darauf, wie der Wegzug vonstatten ging. Diese Personen haben wir in 4 Kategorien eingeteilt:
Kategorie I: Personen, die Bratislava außerhalb der Massentransporte und ohne die Bescheide I und II verlassen haben
Kategorie II: Personen, die Bratislava außerhalb des Massentransports, aber nach der Entgegennahme des Bescheids I verlassen haben
Kategorie III: Personen, die die Hauptstadt außerhalb des Massentransports, aber nach der Entgegennahme des Bescheids II verlassen haben
Kategorie IV: Personen, die in Massentransporten nach der Entgegennahme des Bescheids II aufs Land gezogen sind.
Im Rahmen der Gruppen I–III unterscheiden wir drei Stichtage:
1. Stichtag: 10. Oktober 1941. Die Juden, die die Hauptstadt vor diesem Stichtag verlassen und sich bei der Polizei ordnungsgemäß abgemeldet haben, sollen in Abstimmung mit dem Herrn Beauftragten des Zentralwirtschaftsamts bis zur endgültigen Lösung der Frage der Ansiedlung der Juden in ihrem jetzigen Wohnort verbleiben.
2. Stichtag: 10. November 1941. Die Juden, die Bratislava in der Zeit vom 11. Oktober bis zum 10. November 1941 verlassen haben und in eine Stadt gezogen sind, die laut der Dislokationsanordnung nicht das für sie bestimmte Zentrum ist, werden nachträglich in das für sie bestimmte Zentrum verlegt.
3. Stichtag: 11. November 1941. Den Juden, die Bratislava in der Zeit nach dem 11. November, d. h. nach der Einführung des Reiseverbots, verlassen haben, soll eine angemessene

Geldstrafe auferlegt werden, die wenigstens teilweise dem Sozialbudget der Abteilung für Sonderaufgaben zugeführt werden soll. Außerdem soll mit diesen Personen bezüglich ihres Wohnorts gemäß Punkt 2 *Stichtag 10. November 1941* verfahren werden. Das Ziel der Durchführung dieser Arbeiten war es, die entsprechenden Evidenzbögen nicht nur an die Dislokationszentren zu versenden, sondern auch an alle Zweigstellen der Judenzentrale laut der Anlage 4.[9] Obgleich die Aktion noch nicht abgeschlossen ist, sind bis zum 6. Januar 1942 bereits 1942 Meldungen über insgesamt 4250 Personen eingegangen.

III.

1. Mit dem Ziel einer wirksameren Kontrolle der in Bratislava wohnenden Juden und
2. mit dem Ziel der Beseitigung von bestimmten, wenn auch nur unbedeutenden Missständen

habe ich dem Beauftragten des Zentralwirtschaftsamts am 10. bzw. am 29. Dezember 1941 den Vorschlag unterbreitet, für diejenigen jüdischen Personen, die gemäß der Festlegung Nr. 55 884/III/5/41 der Dislokationspflicht vorübergehend nicht unterliegen,[10] entsprechende Bescheinigungen auszustellen. Mein Vorschlag wurde angenommen und ein entsprechendes Formular zur Legitimation gemäß der Anlage 5[11] genehmigt. Mit der Ausstellung der Bescheinigungen habe ich die Unterabteilung zur Vorbereitung beauftragt, die gemeinsam mit den zuständigen Referaten die eingegangenen Anträge bearbeiten soll.

[...][12]

Die mit der Ausstellung der Bescheinigung verbundenen Arbeiten werden zum 30. Januar 1942 so abgeschlossen, dass die Polizei beginnend mit dem 31. Januar 1942 – wie es mit den entsprechenden Amtsträgern vereinbart wurde – Razzien durchführen kann, damit die Personen, die die vorgeschriebene Legitimation nicht haben, festgestellt und dem Dislokationsverfahren unterzogen werden können.

IV.

Wie ich im Bericht für den Monat November 1941 meldete, wurden im Zuge der durch die Abteilung für besondere Aufgaben durchgeführten statistischen Zählung der Juden zum 28. November 1941 9828 Personen gegenüber dem ursprünglichen Stand von 15 102 Juden festgestellt. Daraus folgt, dass seit dem 1. September 1941 bis zum 28. November 1941 5274 Juden Bratislava verlassen haben. Da der Abteilung für besondere Aufgaben die Zahl der dislozierten Personen bekannt ist, ist offensichtlich, dass 2573 Personen aufs Land gezogen sind, ohne den Dislokationsbescheid abzuwarten.

Die Zahl der *schwarz* weggezogenen Personen ist infolge des Reiseverbots unverändert geblieben. Ihre zahlenmäßige Feststellung war erforderlich, damit sie im Gesamtergebnis ausgewiesen werden können.

9 Nicht in der Akte.

10 Juden, die im öffentlichen oder Staatsdienst arbeiteten, Pensionen aus öffentlichen oder staatlichen Mitteln bezogen, Juden in freien Berufen, Personen in sog. Mischehen und Personen, die als unabkömmlich galten, unterlagen nicht der Dislokationspflicht.

11 Liegt nicht in der Akte.

12 Im Folgenden legt Hochberg die bürokratischen Abläufe fest, u. a. welche Abt., Unterabt. und welche Referate Dislokationsbescheinigungen zu bearbeiten hatten und wie positiv bzw. negativ beschiedene Anträge zu kennzeichnen und abzulegen waren.

Zum Stand vom 31. Dezember 1941 mache ich folgende Meldung:
1. Durch die Abteilung für besondere Aufgaben wurden in Massentransporten oder außerhalb 3633 Personen disloziert;
2. schwarz haben Bratislava 2573 Personen verlassen;
insgesamt haben 6206 Personen Bratislava verlassen.

V.

Die Zahl der Juden in Bratislava gemäß Stand zum 1.9.1941: 15 102
Es wurden disloziert oder es reisten freiwillig ab: 6206 Personen
Die Zahl der Juden in Bratislava zum 31.12.1941: 8896
Das bedeutet, dass sich die Zahl der Juden in Bratislava zum 31. Dezember 1941 um 42 % verringert hat.

VI.

[…][13]

VII.

Aus Zeitmangel und aus technischen Gründen ist es nicht möglich, jede einzelne Arbeitsphase ausführlicher darzustellen, und einige Punkte wurden nur stichwortartig angeführt. Dennoch kann aus diesem Bericht und dem Bericht des Vormonats eine korrekte Übersicht über die wesentliche Tätigkeit der Abteilung und ebenso über die Vielseitigkeit der Arbeit, die, glaube ich, gut organisiert und erfasst ist, gewonnen werden. Die uns anvertrauten Aufgaben haben wir trotz aller Hindernisse erledigt, wobei wir uns bemüht haben, große Schwierigkeiten zu bewältigen, die in dem vorangegangenen Abschnitt angeführt sind und mit denen wir auch in Zukunft rechnen müssen. In diesem Zusammenhang erlaube ich mir, auf den folgenden Satz aus meinem Bericht vom 18. November 1941 hinzuweisen:
Meinem bis zum heutigen Tag gewonnenen Überblick nach scheint es unmöglich, die vom Zentralen Wirtschaftsamt bis zum 31. Dezember 1941 geplante Personenzahl zu dislozieren, weil die Zahl der in Anordnung Nr. 55 684/III/5/41 vom 23.9.1941 gemäß Punkt II, Buchstaben a–h angeführten Fälle, die der Dislokation auch vorübergehend nicht unterliegen, so beträchtlich ist, dass sich infolge dessen die Zahl der zu dislozierenden Personen wesentlich vermindert. Infolgedessen konnte die vom Zentralen Wirtschaftsamt geplante Zahl bis zum 31. Dezember 1941 nicht erreicht werden. Das wird nur dann möglich sein, wenn die mit den zitierten Ausnahmen zusammenhängenden Fragen entsprechend gelöst werden und die beim Zentralen Wirtschaftsamt eingereichten Anträge auf Arbeitserlaubnisse vollständig bearbeitet werden.

13 Im Folgenden wird aufgeführt, welche Personengruppen von der Zwangsumsiedlung vorerst ausgenommen waren: Staatsbeamte, Staatspensionäre, „Mischehenpartner“, Freiberufler, Inhaber von Gewerbescheinen und Arbeitsgenehmigungen, Kranke, Beamte der jüdischen Glaubensgemeinde und der Judenzentrale, Arbeiter in Arbeitszentren und Umschulungszentren.

DOK. 48

Das Auswärtige Amt fordert am 16. Februar 1942 die Deutsche Gesandtschaft in Pressburg auf, die slowakische Regierung um ihr Einverständnis zur Deportation von 20 000 Juden zu bitten[1]

Fernschreiben des Auswärtigen Amts (Nr. 128, aufgenommen 16.30 Uhr), UStS Martin Luther,[2] gez. Luther, Berlin, an Deutsche Gesandtschaft (Eing. 16.2.1942), Preßburg, vom 16.2.1942[3]

228 =[4]

Im Zuge der Maßnahmen zur Endlösung der europäischen Judenfrage ist deutsche Regierung bereit, sofort 20 000 junge kräftige slowakische Juden abzunehmen und nach dem Osten zu verbringen, wo Arbeitseinsatzbedarf besteht. Bitte, dortige Regierung hiervon zu verständigen. Sobald grundsätzliches Einverständnis der slowakischen Regierung vorliegt, würden Einzelheiten durch den Berater für Judenfragen mündlich erörtert werden.[5]

DOK. 49

Slowakische Rabbiner verfassen am 6. März 1942 ein Memorandum für Staatschef Jozef Tiso, in dem sie um Erbarmen für die slowakischen Juden bitten[1]

Memorandum slowak. Rabbiner, gez. Frieder, für die Rabbiner der Slowakei, an Staatspräsident Jozef Tiso vom 6.3.1942

In unserer größten Not wenden wir, die unterzeichnenden Rabbiner der jüdischen Glaubensgemeinden in der Slowakei, uns an Sie, Herr Präsident, als den Priester und Diener Gottes, an Sie, Herr Präsident, als den höchsten Richter und Gesetzgeber in diesem Staat. Wir haben die schreckliche Nachricht vernommen – obwohl amtlich noch nicht bestätigt –, dass die zuständigen Behörden beabsichtigen, die Juden aus der Slowakei – und zwar Männer und Frauen gesondert – in östliche Länder auszuweisen. Diese Maßnahme kann im Gesetz beliebig bezeichnet und durch beliebige Beweggründe begründet werden – Tatsache bleibt, dass sie unter den gegebenen Umständen

1 PAAA, Gesandtschaft Preßburg, Karton 172, Akten betreffend Judentum vom 5.8.1939–30.6.1942, Bd. 1, Pol 4 Nr. 2. Abdruck in slowak. und deutscher Sprache in: Nižňanský (Hrsg.), Holokaust, Bd. 4 (wie Dok. 17, Anm. 1), Dok. 28.

2 Martin Luther (1895–1945), Außenhandelskaufmann; 1932 NSDAP-, 1938 SA-Eintritt; 1936–1938 Leiter der Dienststelle Ribbentrop, 1938–1943 Mitarbeiter des AA, 1940–1943 Leiter der Abt. D (Deutschland), Teilnehmer der Wannseekonferenz; 1943–1945 Inhaftierung im KZ Sachsenhausen wegen des Versuchs, RAM Ribbentrop zu stürzen; bei Kriegsende in sowjet. Haft, starb in einem Berliner Krankenhaus.

3 Im Original handschriftl. Bearbeitungsvermerke.

4 So im Original.

5 Der Gesandte Ludin informierte das AA am 20.2.1942: „Slowakische Regierung Vorschlag mit Eifer aufgegriffen. Vorarbeiten können eingeleitet werden!“; wie Anm. 1.

1 YVA, M.5, Tagebuch von Oberrabbiner Armin Frieder, F 193, Bd. 3, Bl. 15 f. Das Dokument wurde aus dem Slowakischen übersetzt.

eine physische Vernichtung der Juden in der Slowakei bedeutet. In unserer Verzweiflung rufen wir Sie an, Herr Präsident der Republik, als den höchsten Richter im Staat, in voller Überzeugung, dass Sie einen noch höheren Richter über sich anerkennen. Als Diener Gottes bitten wir Sie demütig und in tiefster Not, hören Sie auf die Stimme Gottes, und helfen Sie uns in unserem größten Unglück. Wir sind doch alle von einem Gott erschaffen worden und werden uns vor einem Gott einmal verantworten. Erbarmen Sie sich unser und unserer Familien, Frauen und Männer, Greise und Kinder, die in der Not und mit Tränen in den Augen zu Gott im Himmel gemeinsam um Hilfe beten und in der Hoffnung auf seine Gnade ihr Schicksal in Ihre Hände legen.
Seit langen Jahren schon ereilt uns – unserer Meinung nach unschuldig – die immer grausamere Kraft des Gesetzes. Demütig vor Gott – wir haben diese Demut in den zweitausend Jahre währenden Qualen gelernt – ertragen wir diese Eingriffe in unsere Gesundheit und in unser Leben, in unsere Ehre und in unseren Besitz, schweigend, ohne Aufschrei. Aber eine solche Maßnahme, so grausam und ungerecht, so viel Todesangst auf einmal – das hat uns noch nicht in unserer tausendjährigen Geschichte voller Elend und Weinen ereilt. Herr Präsident! Tausende unter uns wollen nichts anderes als im Schweiße ihres Angesichts ihr trocken Brot verdienen. Sie möchten arbeiten und hier im Staate auch die schwersten Arbeiten verrichten, die ihnen befohlen werden, aber lassen Sie, Herr Präsident, diese Unglückseligen in ihren Familien, wo sie bisher gelebt haben.
Bestrafe uns, o Gott, gerecht, aber nicht im Zorn, weil wir umkommen,[2] so rufen wir mit dem Propheten zu Gott. Herr Präsident, als Priester und Diener Gottes bitten wir Sie inständig, erhören Sie diese Stimme, die Stimme von achtzigtausend Unglückseligen, die um ihr Leben und das Leben ihrer Liebsten zittern.
Hochachtungsvoll

DOK. 50

Der Apostolische Nuntius Guiseppe Burzio unterrichtet am 9. März 1942 Kardinal Luigi Maglione, dass 80 000 Juden aus der Slowakei deportiert werden sollen[1]

Telegramm Nr. 19 des Apostolischen Nuntius, Msgr. Guiseppe Burzio,[2] Preßburg, an Kardinal Luigi Maglione (Eing. 9.3.1942, 20.00 Uhr), Vatikan, vom 9.3.1942, 10.40 Uhr

Es ist durchgesickert, dass eine Massendeportation aller slowakischen Juden nach Galizien und den Distrikt Lublin stattfinden soll, ungeachtet ihres Alters, Geschlechts und ihrer Konfession. Die Aktion soll nach Männern, Frauen, Kindern getrennt erfolgen. Das erste Kontingent soll bereits im kommenden Monat abreisen (?).[3]

2 Es handelt sich um einen veränderten Vers aus Jeremia 10,24: „Züchtige mich, Du, doch in Gerechtigkeit, nimmer in deinem Zorn, sonst lässest du zu wenig mich werden."

1 ASV, AES 2141. Das Original konnte nicht eingesehen werden. Abdruck in: Actes et Documents du Saint Siège, Bd. 8 (wie Dok. 42, Anm. 1), Dok. 298 in italien. Sprache; Abdruck in slowak. Sprache in: Kamenec/Prečan/Škorvánek (Hrsg.), Vatikán, (wie Dok. 42, Anm. 1), Dok. 46. Das Dokument wurde aus dem Italienischen übersetzt.

2 Guiseppe Burzio (1901–1966), Erzbischof, vatikanischer Diplomat; 1935–1938 Apostolischer Nuntius in der ČSR, danach bis Mitte 1940 Chargé d'affaires in Litauen, Juni 1940 bis 1945 Apostolischer Nuntius in der Slowakei; 1946 Bischofsweihe, 1946–1950 Apostolischer Nuntius in Bolivien, 1950–1955 in Kuba.

Mir wird bestätigt, dass dieser entsetzliche Plan auf das Werk von Herrn Tuka, Präsident des Ministerrats, im Einvernehmen mit dem Innenministerium, zurückgeht, ohne dass Deutschland Druck ausgeübt hätte, es verlangt vielmehr von der Slowakei für jeden Deportierten 500 Mark und Verpflegung für zwei Wochen.
Ich war am Samstag beim Ministerratspräsidenten, der diese Nachricht bestätigte. Er verteidigte die Maßnahme mit Vehemenz als legitim und wagte auszusprechen (er, der seinen Katholizismus so sehr zur Schau trägt), darin nichts Unmenschliches oder Antichristliches sehen zu können.
Die Deportation von 80 000 Menschen nach Polen, wo sie den Deutschen ausgeliefert sein werden, bedeutet für die meisten von ihnen das sichere Todesurteil.[4]

DOK. 51
Das slowakische Innenministerium gibt am 13. März 1942 dem Verkehrsministerium einen ersten Plan zur Deportation der Juden bekannt[1]

Anweisungen (geheim) des Präsidiums des Innenministeriums (14-D4-660-1/1942), Unterschrift unleserlich, Bratislava, an das Ministerium für Verkehr und öffentliche Arbeit, Eisenbahnressort, z.Hd. Hauptinspektor Smolko persönlich, Bratislava, Kempelenova Straße, vom 13.3.1942[2]

Betr.: Konzentration und Transport von arbeitsverpflichteten Juden nach § 22 der Verordnung Nr. 198/1941 des Slowakischen Gesetzblatts[3]
Zurück an den Referenten: Pečuch![4]
Für den Transport von arbeitsverpflichteten Juden nach § 22 Verordnung Nr. 198/1941 des Slowakischen Gesetzblatts und ihre Evakuierung außerhalb der Staatsgrenzen der Slowakischen Republik hat das Präsidium des Innenministeriums Abt. 14 folgendes Transportprogramm zusammengestellt:

3 So in Actes et Documents du Saint Siège; wie Anm. 1.
4 Kardinal Maglione schrieb am 27.3.1942 an Burzio, dass er den slowak. Gesandten im Vatikan aufgefordert habe, seine Regierung um Verhinderung der Deportationen zu ersuchen. Burzio solle deswegen bei Präsident Tiso vorsprechen. Am 24.3.1942 hatte Burzio dem Vatikan mitgeteilt, dass die Regierung nach einem Eingreifen des Vatikans die Deportationen stoppen würde, Frauen und Mädchen aber aus ihren Familien gerissen worden seien. Am 27.3.1942 schrieb Burzio, dass die Regierung die Deportationen durchführe; Actes et Documents du Saint Siège (wie Anm. 1), Dok. 324, 326.

1 SNA, MV, Karton 207. Abdruck in slowak. Sprache in: Eduard Nižňanský (Hrsg.), Holokaust na Slovensku, Bd. 6: Députácie v roku 1942, Bratislava 2005, Dok. 39. Das Dokument wurde aus dem Slowakischen übersetzt.
2 Im Original handschriftl. Bearbeitungsvermerke; je eine Ausfertigung der VO haben erhalten: 1. unleserliche Unterschrift, für das Innenministerium: notarieller Sekretär gez. Pečúch, gez. Hauptkommissar Lalka, für das Ministerium für Verkehr: gez. Hauptinspekteur Smolko.
3 VO 198/1941 Sl. Gbl. (Judenkodex) bestimmte in § 22, dass Juden im Alter von 16 bis 60 Jahren Arbeiten verrichten mussten, die ihnen das Innenministerium zuteilte. Arbeitsbedingungen und -gelegenheiten wurden ebenfalls durch das Innenministerium festgelegt.
4 Július Pečúch war von 1942 bis 1944 Hauptkommissar der Arbeitslager für Juden in der 14. Abt. des Innenministeriums.

Die gemäß der o.a. Verordnung arbeitsverpflichteten Juden werden aus dem gesamten Staatsgebiet in diesen Sammelzentren konzentriert:
1./ Bratislava-Patronka, Bahnhof Lamač mit Unterbringungskapazität für 1000 Personen
2./ Arbeitslager für Juden in Sereď, Bahnhof Sereď nad Váhom mit Unterbringungskapazität für 3000 Personen
3./ Nováky, Judenlager, Bahnhof Nováky mit Unterbringungskapazität für 4000 Personen
4./ Poprad, Bahnhof Poprad für 1500 Juden
5./ Žilina, Bahnhof Žilina für 2500 Personen
Die in die angegebenen Sammelzentren konzentrierten Juden werden gemäß dem Abkommen mit dem Ministerium für Transport und öffentliche Angelegenheiten, Eisenbahnressort, in das Generalgouvernement mit den dafür bestimmten Sonderzugfolgen nach diesem Programm transportiert:
Am 25.III. 1942 fährt der Transport Nr. 1. Zugfolge Nr. I von Poprad nach Auschwitz
Am 26.III.1942 fährt der Transport Nr. 2. Zugfolge Nr. II von Žilina nach Lublin[5]
Am 27.III.1942 fährt der Transport Nr. 3. Zugfolge Nr. III von Patronka nach Auschwitz[6]
Am 28.III.1942[7]
Am 29.III.1942 fährt der Transport Nr. 4. Zugfolge Nr. IV von Sereď nach Lublin[8]
Am 30.III.1942 fährt der Transport Nr. 5. Zugfolge Nr. V von Nováky nach Lublin[9]
Am 31.III.1942[10]
Am 1.IV.1942 fährt der Transport Nr. 6. Zugfolge Nr. VI von Patronka nach Auschwitz[11]
Am 2.IV.1942 fährt der Transport Nr. 7. Zugfolge Nr. I von Poprad nach Auschwitz[12]
Am 3.IV.1942[13]
Am 4.IV.1942 fährt der Transport Nr. 8. Zugfolge Nr. II von Žilina nach Lublin[14]
Am 5.IV.1942[15]
Am 6.IV.1942 fährt der Transport Nr. 9. Zugfolge Nr. III von Nováky nach Lublin
Am 7.IV.1942 fährt der Transport Nr. 10. Zugfolge Nr. IV von Poprad nach Auschwitz
Am 8.IV.1942 fährt der Transport Nr. 11. Zugfolge Nr. V von Sereď nach Lublin
Am 9.IV.1942 ----[16]
Am 10.IV.1942 fährt der Transport Nr. 12. Zugfolge Nr. VI von Žilina nach Lublin
Am 11.IV.1942 fährt der Transport Nr. 13. Zugfolge Nr. I von Patronka nach Auschwitz[17]
Am 12.IV.1942[18]

5 An diesem Tag ging der erste Transport von Poprad nach Auschwitz.
6 Der Zug fuhr nach Lublin.
7 Deportation von Patrónka nach Auschwitz. Hier und im Folgenden unvollständige Angaben zu den Transporten wie im Original.
8 Es fand kein Transport statt.
9 Deportation von Sered nach Lublin.
10 Deportationszug von Nováky/Prievidza nach Lublin.
11 Es fand kein Transport statt.
12 Deportation von Patrónka nach Auschwitz.
13 Deportation von Poprad nach Auschwitz.
14 Es fand kein Transport statt.
15 Deportation von Žilina nach Lublin.
16 Die für den 6.–9.4.1942 geplanten Transporte fanden nicht statt.
17 Es fand kein Transport statt.
18 Deportation von Trnava; die Frauen wurden nach Lubartov, die Männer nach Lublin deportiert.

Am 13.IV.1942 fährt der Transport Nr. 14. Zugfolge Nr. II von Poprad nach Auschwitz[19]
Am 14.IV.1942 fährt der Transport Nr. 15. Zugfolge Nr. III von Sereď nach Lublin[20]
Am 15.IV.1942[21]
Am 16.IV.1942 fährt der Transport Nr. 16. Zugfolge Nr. IV von Nováky nach Lublin[22]
Am 17.IV.1942 fährt der Transport Nr. 17. Zugfolge Nr. V von Poprad nach Auschwitz[23]
Am 18.IV.1942 fährt der Transport Nr. 18. Zugfolge Nr. VI von Patronka nach Auschwitz[24]
Am 19.IV.1942[25]
Am 20.IV.1942 fährt der Transport Nr. 19. Zugfolge Nr. I von Poprad nach Auschwitz[26]
Am 21.IV.1942 fährt der Transport Nr. 20. Zugfolge Nr. II von Nováky nach Lublin[27]
Das Innenministerium behält sich eventuelle Änderungen vor, die dem Ministerium für Verkehr und öffentliche Angelegenheiten (Eisenbahnressort) vor der Rückkehr der Züge aus dem hoheitlichen Reichsgebiet auf das Gebiet des Slowakischen Staates rechtzeitig telefonisch mitgeteilt werden. Die Züge werden dem Innenministerium zu Transportzwecken so lange zur Verfügung gestellt, bis die festgelegte Personenzahl, die Ihnen in den Besprechungen des Innenministeriums mündlich mitgeteilt wurde, abtransportiert wurde.
Auf der Wacht!

19 Deportation von Sered nach Auschwitz.
20 Deportation von Nitra aus, die Frauen wurden nach Lubartov, die Männer nach Lublin deportiert.
21 Es fand kein Transport statt.
22 Deportation von Nitra aus, die Frauen wurden nach Lubartov, die Männer nach Lublin deportiert.
23 Deportation von Žilina über Trnava nach Auschwitz.
24 Es fand kein Transport statt.
25 Deportation von Žilina nach Auschwitz.
26 Deportation von Nitra nach Rejowiec.
27 Es fand kein Transport statt.

DOK. 52

Rozália Bergidová aus Snina ersucht das Innenministerium am 25. März 1942, ihre Tochter Františka Bergidová nicht zu deportieren[1]

Gesuch von Rozália Bergidová,[2] gez. Witwe Rozália Bergidová, Snina, an die 14. Abt. des Ministeriums des Inneren der Slowakei, Rat Dr. Konka,[3] Bratislava, Gebäude HVHS,[4] vom 25.3.1942[5]

Zwei Anlagen[6] *Betr.: Jude.*[7] *Verw. Rozália Bergidová, Snina. Antrag auf Entlassung von Františka Bergidová*[8] *aus dem Arbeitszentrum*[9]
Ich, die unterzeichnende verw. Rozália Bergidová, geb. Lebovičová, wohnhaft in Snina, bitte ergebenst, meine Tochter Františka Bergidová aus Snina aus dem Arbeitszentrum aus folgenden Gründen zu entlassen: Gemäß der beiliegenden Bescheinigung der Gemeinde Snina Nr. 1645/1942 vom 23. März 1942 besitze ich in Snina landwirtschaftliche Flächen, auf denen ich persönlich entsprechende Arbeiten verrichte. Die o.g. Tochter ist die einzige Arbeitskraft, die zur Verrichtung dieser Arbeiten fähig ist, weil ich laut beiliegendem ärztlichen Attest arbeitsunfähig bin. Durch den Einsatz meiner Tochter im Arbeitszentrum bin ich ohne weibliche Arbeitskraft, was für mich eine katastrophale Lage bedeutet. Infolge der angeführten Umstände bitte ich ergebenst, dass an die Leitung des betreffenden Arbeitszentrums so schnell wie möglich die Weisung erteilt wird, meine Tochter aus dem Arbeitszentrum unverzüglich zu entlassen.
Hochachtungsvoll

1 SNA, MV, Karton 215, Bl. 574. Das Dokument wurde aus dem Slowakischen übersetzt.

2 Rozália Bergidová (1879–1958), Hausfrau; sie konnte sich mit Ausnahmepapieren vor der Deportation 1942 retten, wurde aber im Mai 1944 von Snina nach Liptovský Sväty Mikuláš deportiert, lebte von Herbst 1944 bis 1945 in Verstecken; nach dem Krieg lebte sie in Košice.

3 Gejza Konka (1898–1959); Sommer 1941 bis Ende März 1942 Leiter der 14. Abt. des Innenministeriums, Okt. 1942 bis 1945 Bezirksvorsteher in Piešťany, verantwortlich für die Deportation der örtlichen Roma in das Lager in Dubnica.

4 Richtig: HV HSĽS: Hlavné Veliteľstvo HSĽS: Hauptquartier HSĽS.

5 Im Original handschriftl. Anmerkung: „Keine weitere Veranlassung nötig", Unterschrift unleserlich, 25.3.1942. Dem Schreiben lagen ein ärztliches Attest und eine Bescheinigung der Gemeinde Snina bei, die hier nicht abgedruckt werden.

6 Nicht abgedruckt.

7 Das Gesuch ist, wie vorgeschrieben, mit dem Vermerk „betr. Juden" und einem handschriftl. Davidstern gekennzeichnet. Dieser befindet sich zusätzlich noch einmal neben der Unterschrift.

8 Františka Bergidová (1921–2012), Hausfrau; wurde mit dem ersten Frauentransport von Poprad aus am 25./26. März 1942 nach Auschwitz deportiert; wanderte nach dem Krieg nach Australien aus. Dem Gesuch wurde also nicht stattgegeben.

9 Richtig: Konzentrationszentrum; die jüdischen Frauen und Mädchen aus der Ostslowakei wurden ab dem 21.3.1942 in das Konzentrationszentrum in Poprad verschleppt und dann nach Auschwitz deportiert.

DOK. 53

Ein Abteilungsleiter im slowakischen Innenministerium notiert am 26. März 1942, dass nach dem 4. April 1942 auch jüdische Familien deportiert werden können[1]

Amtsnotiz des Innenministeriums der Slowakei, gez. Vorsteher der 14. Abt. Dr. Konka, Bratislava, vom 26.3.1942[2]

Amtsnotiz.

Über die Beratung, abgehalten in der Abteilung 14 des Innenministeriums zwischen dem Abteilungsleiter Dr. Konka und dem Vertreter der deutschen Botschaft, Obersturmbannführer Visliczeni,[3] über den Transport der arbeitsverpflichteten Juden:

Obersturmbannführer Visliczeni teilt mit, dass er aus Berlin den Befehl erhalten hat, dass nach dem 4. April d. J. die programmierten und gelisteten Transporte aus Familienmitgliedern zusammengestellt werden sollen, das heißt nicht nur aus arbeitsfähigen Juden, sondern auch aus ihren Angehörigen.

Die Reihenfolge der Transporte und ihr Fahrplan wurden von Berlin nur einschließlich des 4. April bestätigt und andere Transporte sind noch nicht bestätigt. Deshalb wird verlangt, dass nach dem 4. April bis zum 10. April eine Pause eingelegt wird und der für den 6. April bestimmte Transport Nr. 9 auf den 11. April verschoben wird. Danach sollen die nächsten Transporte in der bereits vereinbarten und in der nächsten Verhandlung zu bestimmenden Reihenfolge folgen.[4]

Auf der Wacht!

1 SNA, MV, Karton 215, Bl. 357. Das Dokument wurde aus dem Slowakischen übersetzt.

2 Im Original handschriftl. Bearbeitungsvermerke, Stempel und folgender Nachtrag: „Berichtet an Herrn Innenminister und durch ihn genehmigt. Berichtet an den Herrn Präsidialchef Koso und durch ihn genehmigt. Hauptinspekteur Smolko durch telefonischen Phonograph verständigt, mit dem Zusatz, dass er sofort telegrafisch oder telefonisch den Vertreter der slowak. Regierung in Passau verständigen soll, damit er in der Verhandlung in Passau die Verschiebung des Transports Nr. 9 vom 6. April auf den 11. April 1942 nach dem bereits vereinbarten Fahrplan veranlasst. Der Einrückungstermin der Transporte Nr. 9–12 wurde sofort verschoben und die Kreisvorsteher wurden telegrafisch verständigt. Die Leiter der Sammelzentren wurden telefonisch verständigt, um 16 Uhr. Auf der Wacht! Leiter der Abteilung 14, gez. Dr. Konka."

3 Richtig: Wisliceny.

4 Vgl. Dok. 51 vom 13.3.1942.

DOK. 54

Julius Timföld bittet am 29. März 1942 seinen ehemaligen Schulkameraden, den jetzigen Minister Izidor Koso, seinen Sohn freizulassen[1]

Gesuch von Julius Timföld,[2] aus dem Jüdischen Krankenhaus, Bratislava, an den Präsidialchef des Innenministers, Izidor Koso, Bratislava, vom 29.3.1942

Sehr geehrter Herr Regierungsrat Dr. Izidor Kosso,[3] hier[4]
Als Ihr ehemaliger Mitschüler am Gymnasium in Skalica erlaube ich mir, sehr geehrter Herr Regierungsrat, Sie um Ihre freundliche Hilfe in der unten genannten Angelegenheit zu bitten:
Am Samstagmorgen musste mein Sohn Peter Timföld,[5] geboren am 15.10.1926, ins Arbeitszentrum einrücken und befindet sich wahrscheinlich im Trnavaer Zentrum oder in Sereď. Da der Arbeitspflicht nur Personen vom 16. bis zum 45. Lebensjahr unterliegen und mein Sohn erst 15 Jahre und 5 Monate alt ist und außerdem in der rein arischen Firma Jozef Machálek, Buchdruckerei in Skalica, mit Arbeitserlaubnis beschäftigt ist, bitte ich Sie ganz ehrfurchtsvoll, Herr Regierungsrat, indem ich an Ihr Gefühl der Kollegialität gegenüber einem ehemaligen Mitschüler appelliere, dass Sie geruhen zu verfügen, dass mein Sohn Peter Timföld aus dem Arbeitszentrum freigelassen wird. Sehr gern wäre ich zu Ihnen persönlich gekommen, um für meinen Sohn Peter Timföld in dieser Angelegenheit vorzusprechen, aber ich liege leider im hiesigen Jüdischen Krankenhaus wegen der Phlegmone am linken Bein und kann nicht aufstehen.
Ich danke Ihnen im Voraus für Ihre liebenswürdige wohlwollende Erfüllung meiner ehrfurchtsvollen Bitte und ich empfehle mich Ihnen
in vollkommener Ehrerbietung:

1 SNA, MV, Karton 214. Das Dokument wurde aus dem Slowakischen übersetzt.
2 Julius (Gyula) Timföld (1896–1968), Landwirt; im Sept. 1942 als Arbeiter in einer Baugenossenschaft beschäftigt; lebte nach dem Krieg in Bratislava.
3 Richtig: Koso.
4 In Bratislava.
5 Peter Timföld (1926–1942), Schüler; er wurde am 18.3.1942 in das Lager Sered und von dort am 18.6.1942 nach Auschwitz deportiert, wo er umkam.

DOK. 55

Die Ärztekammer der Slowakei kann am 31. März 1942 vorübergehend keine geraubten medizinischen Geräte von Juden mehr annehmen, da ihre Lagerräume überfüllt sind[1]

Schreiben (Nr. 1146/42/7) der Ärztekammer des Slowakischen Staates, Bratislava, Štúrova ulica 9/b, Unterschrift unleserlich, an das Bezirksamt Modra, vom 31.3.1942

Medizinische Instrumente von Juden.
Wir beziehen uns auf das Rundschreiben Nr. 60 372/VI/1941[2] des Zentralwirtschaftsamtes und auf das Schreiben des Innenministeriums vom 20. März 1941[3] in der Angelegenheit der Konzentration jüdischer medizinischer Instrumente und beantragen ergeben, dass Sie (falls Sie mit dem Aufladen noch nicht begonnen haben) das Verpacken und Versenden dieser Instrumente bis zum Zeitpunkt um den 10. April 1942 verschieben. Unseren Antrag begründen wir damit, dass der Lagerraum, in dem sich die medizinischen Instrumente der Bratislavaer jüdischen Ärzte befinden, bereits überfüllt ist und die Bereitstellung eines zweiten Lagerraums noch einige Tage in Anspruch nimmt.
Wir danken Ihnen im Voraus für Ihr Entgegenkommen und verbleiben mit dem Gruß
Auf der Wacht!

DOK. 56

Der Gesandte Ludin teilt dem Auswärtigen Amt am 6. April 1942 mit, dass sich die slowakische Regierung zur Deportation aller Juden bereit erklärt habe[1]

Fernschreiben der Deutschen Gesandtschaft, gez. Ludin, Preßburg, an das Auswärtige Amt vom 6.4.1942 (Durchdruck)

Zu Erlaß D III 1625 vom 23.3.42
Die Slow. Regierung hat sich mit Abtransport aller Juden aus der Slowakei ohne jeden deutschen Druck einverstanden erklärt. Auch der Staatspräsident persönlich hat dem Abtransport zugestimmt, trotz Schrittes Slow. Episkopats.[2] Der Abtransport bezieht sich auf alle Juden, die im Slow. Judenkodex[3] als solche festgelegt sind. Außerhalb des Judenkodex stehende Juden, das sind Rassejuden, die vor dem Jahre 1938 getauft wurden und deren Zahl 2000 betragen dürfte, sollen nach Mitteilung des Staatspräsidenten an mich in Lagern im Lande konzentriert werden. Der Abtransport der Juden geht inzwischen laufend ohne besondere Zwischenfälle vor sich. Im Übrigen verweise ich auf die bereits in dieser Sache abgegangenen Berichte.

1 ŠABpM, Bestand Juden, Karton 120; Kopie: USHMM 2 009 231, State Regional Archive Modra 1938–1945, Bestand Juden. Das Dokument wurde aus dem Slowakischen übersetzt
2 VO über den zwangsweisen Verkauf ärztlicher und zahnärztlicher Instrumente, Vorrichtungen, Einrichtungen und Behelfe von Juden.
3 Nicht ermittelt.

1 PAAA, Gesandtschaft Preßburg, Karton 172, Akten betreffend Judentum vom 5.8.1939–30.6.1942, Bd. 1, Pol 4 Nr. 2. Abdruck in slowak. und deutscher Sprache in: Nižňanský (Hrsg.), Holokaust, Bd. 4 (wie Dok. 17, Anm. 1), Dok. 40.
2 Siehe Dok. 59 vom 24.4.1942.
3 Siehe Dok. 38 vom 9.9.1941.

DOK. 57

Der Bevollmächtigte Himmlers sichert Ministerpräsident Tuka am 10. April 1942 zu, dass die deportierten slowakischen Juden human behandelt werden[1]

Vermerk, ungez., Preßburg, vom 10.4.1942

Amtsvermerk

Herr Ministerpräsident Dr. Vojtech Tuka verhandelte heute mit dem Beauftragten des Reichsführers-SS und des Chefs der Deutschen Polizei Heinrich Himmler als dem Beauftragten des Reichsmarschalls Göring, der vom Reichskanzler und Führer Adolf Hitler den direkten Befehl bekommen hat, die Frage der europäischen Juden zu lösen.[2] In der Verhandlung wurde konstatiert, dass die Aussiedlung der slowakischen Juden nur ein Teil des Programms sei. Jetzt wird die Aussiedlung einer halben Million europäischer Juden aus Europa in den Osten durchgeführt. Die Slowakei ist der erste Staat, dessen Juden das Deutsche Reich zu übernehmen bereit war. Gleichzeitig wird auch die Aussiedlung von Juden aus Frankreich (besetztes Gebiet), aus den Niederlanden, aus Belgien, aus dem Protektorat und aus dem Reichsgebiet durchgeführt.[3] Die Juden aus der Slowakei werden an einigen Orten in der Umgebung von Lublin (Distrikt Lublin) untergebracht, wo sie dauerhaft bleiben werden. Die Familien bleiben zusammen. Völkerrechtlich und staatsrechtlich werden die Juden die Stellung von Schutzbefohlenen des Deutschen Reiches haben. Die getauften Juden werden getrennt abtransportiert und auf einem besonderen Gebiet angesiedelt. (Unter getauften Juden werden die Juden verstanden, die durch den Judenkodex als getaufte qualifiziert und vor dem 10. September 1941 getauft sind. Die unlängst getauften Juden fallen nicht unter diesen Begriff, weil sie sich aus konjunkturellen Gründen haben taufen lassen.)

Die deutsche Regierung wird sich um die Juden so human wie nur möglich kümmern. (im August 1941 hat der Regierungsrat Dr. Izidor Koso gesehen, wie eine Judenstadt aussieht, die Selbstverwaltung, Ältestenrat und Polizei hat.)[4]

1 YVA, M. 5/49. Abdruck in slowak. Sprache in: Nižňanský/Kamenec (Hrsg.), Holokaust, Bd. 2 (wie Dok. 8, Anm. 1), Dok. 61. Das Dokument wurde aus dem Slowakischen übersetzt.

2 Mit großer Wahrscheinlichkeit handelt es sich bei dem Bevollmächtigten Himmlers bei diesem Treffen um Reinhard Heydrich. Der Name Heydrich ist in der Aktennotiz nicht genannt, aber das Treffen ist auf einem Foto festgehalten; Tragédia slovenskyych Židov, fotografie a dokumenty, Bratislava 1949, o. S.

3 Zur Deportation der niederländ. und franz. Juden siehe VEJ 5/145, 316, 327.

4 Siehe Dok. 34 vom 2.7.1941; Einleitung, S. 30.

DOK. 58

Robert Ollárek aus Čadca verlangt am 19. April 1942 vom Innenministerium die Deportation von Eduard Ehrenthál und seiner Frau bis Monatsende[1]

Schreiben von Robert Ollárek, Mivion Seifenherstellung Čadca, Čadca, an die 14. Abt. des Innenministeriums (Eing. 22.4.1942), Bratislava, vom 19.4.1942[2]

Ich, der unterzeichnende Robert Ollárek, Seifenhersteller in Čadca, habe als Seifenfachmann und Chemiker den Juden Eduard Ehrenthál[3] in Čadca, Palárikova ul. 81 beschäftigt. Da ich mir die notwendigen Kenntnisse für das Sieden und für die chemische Zusammensetzung der Seife usw. bereits angeeignet habe und das Unternehmen nun selbständig führen kann, brauche ich diesen Juden nicht mehr. Ich möchte Sie deshalb höflich bitten, den genannten Juden und eventuell auch seine Ehefrau Melani Ehrenthálová[4] Ende dieses Monats April ins Konzentrationslager für Juden einzuliefern, weil ich ihn entbehren kann und weil es mir auch nicht möglich ist, 1000 Ks für die Arbeitsgenehmigung und zudem noch den Lohn zu zahlen.
Die Rohstoffzuteilung von Mäsokomerc ist so klein, dass ich sie allein verarbeiten kann. Der genannte Jude hat zwar eine Arbeitsgenehmigung (Nr. 14-D2-1190/1–1942) bis zum 30. Juni 1942. Er war auch schon im Konzentrationslager für Juden in Žilina. Jetzt will er, dass die deutsche Seite für ihn interveniert, das heißt unsere Abnehmer, damit er als Seifensieder weiter in der Slowakei bleiben und seine Abreise aus der Slowakei hinausschieben kann.
Ich bitte Sie noch einmal liebenswürdig, dass Sie ihn so bald wie möglich mitnehmen, damit die Slowakei einen von den vielen verschlagenen und raffinierten Juden los wird. Für die Erledigung danke ich Ihnen im Voraus vielmals herzlich und empfehle mich Ihnen mit dem slowakischen Gruß
Auf der Wacht!

1 SNA, MV Karton 235/406-520-08. Das Dokument wurde aus dem Slowakischen übersetzt.

2 Im Original handschriftl. Anmerkungen: „An das Kreisamt Čadca: Abtransportieren! Bratislava, 18. Mai 1942; am 30. Mai 1942 um 15.30 Uhr wurde das Kreisamt in Čadca angewiesen, den auf der ersten Seite angegebenen Befehl des Herrn Vorstehers sofort auszuführen. (Am Telefon Offiziant Urland) Vermerkt: Aktuar Líška."

3 Eduard Ehrenthál (*1890), Kaufmann; bereits am 31.3.1942 in das Konzentrationszentrum Žilina deportiert, aber aufgrund seiner Arbeitserlaubnis entlassen, am 6.6.1942 wurde er von Žilina nach Lublin-Majdanek deportiert und ist umgekommen.

4 Richtig: Melania Ehrenthálová (*1900), Hausfrau; am 6.6.1942 von Žilina in das Vernichtungslager Sobibor deportiert; sie hat nicht überlebt.

DOK. 59

Der Gesandte Ludin übermittelt dem Auswärtigen Amt am 24. April 1942 den in der Slowakei veröffentlichten Hirtenbrief der katholischen Bischöfe zu den Deportationen der Juden[1]

Schreiben der Deutschen Gesandtschaft (Pol 4 Nr. 2/Nr. 2424), gez. Ludin, Preßburg, an das Auswärtige Amt vom 24.4.1942[2]

Betr.: Stellungnahme des „Katholischen Pressbüros" zur Judenfrage.
2 Durchdrucke
1 Anlage
In der Anlage lege ich eine Presseübersetzung vor. Es handelt sich um die Stellungnahme des „Katholischen Pressbüros" zu dem augenblicklichen Stand der Judenfrage in der Slowakei. Im Hinblick auf die grundsätzliche Bedeutung der Angelegenheit bitte ich davon Kenntnis zu nehmen.
Gez. Ludin
Presseübersetzung.
Die „Actio Catholica", der Pressedienst des Katholischen Pressebüros, veröffentlicht in ihrer Nr. 73 vom 22. April ds. J. folgende Erklärung:
An die katholische Öffentlichkeit.
Das Katholische Pressebüro veröffentlicht diesen Artikel im Auftrage kompetenter kirchlicher Kreise.
In letzter Zeit wird im Zusammenhange mit den antijüdischen Maßnahmen in der Slowakei in den Zeitungen, im Rundfunk und überhaupt in der Öffentlichkeit öfters die Stellungnahme der katholischen kirchlichen Obrigkeit zu dieser Frage erwähnt. Es wurden Angriffe gegen kirchliche Funktionäre unternommen, daß sie Juden massenhaft zur Taufe zulassen und daß sie zu Gunsten der Juden bei der Regierung intervenierten. Von anderer Seite wurde wiederum verlautbart, daß die kirchlichen Kreise sich mit dem Vorgehen der Regierung in der Frage der Beseitigung der Juden aus dem öffentlichen Leben und ihrer Auswanderung aus der Slowakei identisch erklären. Als die Regierung mit dem Abtransporte der Juden begann und darüber verschiedene unglaubliche Nachrichten verbreitet wurden, wurden wiederum Stimmen laut, wieso denn die Bischöfe und Priester, ohne ein Wort dagegen zu sagen, solche Unmenschlichkeiten zulassen könnten.
Diese verschiedenen gegensätzlichen Gerüchte nötigen die kompetenten kirchlichen Funktionäre, zur Befriedigung der katholischen Öffentlichkeit folgende Erklärung zu geben:
1.) Massentaufen von Juden fanden durch katholische Geistliche überhaupt nicht statt. Einige Juden meldeten zwar unter dem Drucke der Verhältnisse ihren Eintritt in die Kirche an, traten jedoch, nachdem ihnen die Bedingungen der Aufnahme erläutert und festgesetzt wurden, wieder zurück.

1 PAAA, Gesandtschaft Preßburg, Karton 172, Akten betreffend Judentum vom 5.8.1939–30.6.1942, Bd. 1, Pol 4 Nr. 2. Abdruck in slowak. Sprache aus Katolícke noviny vom 26.4.1942 in: Nižňanský (Hrsg.), Holokaust, Bd. 6 (wie Dok. 51, Anm. 1), Dok. 210.
2 Im Original handschriftl. Bearbeitungsvermerke.

Die Kirche kann grundsätzlich niemanden ablehnen, wenn er aufrichtig um die Taufe ersucht, weil ja Christus der Herr seine Kirche für alle Völker und alle Menschen gründete. Die Kirche Christi ist katholisch und allgemein und deshalb ist es ihre Pflicht, die Wahrheit Christi allen zu verkünden. Freilich kann sie das Sakrament der Taufe nur denjenigen erteilen, die mit aufrichtigen, reinen Absichten und aus innerer Überzeugung heraus ihre Mitglieder werden wollen. Damit sich die Kirche davon überzeugen kann, schreibt sie allen, die sich zur Taufe melden, eine längere Vorbereitungszeit, das sog. Katechumenat vor, das im Sinne einer Verordnung, je nach der Intelligenz und Frömmigkeit der Einzelnen Katechumen mehrere (3–10) Monate dauern muß. Erst nach dieser Vorbereitung kann der Geistliche den Betreffenden taufen, doch auch dies nur mit besonderer Bewilligung des bischöflichen Ordinariates. Die Bischöfe ermahnen die Geistlichen, die um Bewilligung ansuchen, einen Juden taufen zu dürfen, stets daran zu denken, daß sie auch vor Gott dafür verantwortlich sind, daß der betreffende Jude vollkommen vorbereitet ist, daß er eine rein religiöse Absicht hat und daß er auch nicht von der Hoffnung geleitet wird, zeitliche, politische oder materielle Vorteile zu erringen. Wir müssen betonen, daß allein die Kirche dazu berufen ist, zu beurteilen, wem sie das Sakrament der Taufe erteilen und wen sie ablehnen soll. Dieses ausschließliche Recht verteidigte die Kirche auch unter den schwersten Umständen in der Vergangenheit und wird sich in diesem Rechte auch in der Zukunft nicht einschränken lassen. Wenn die katholische Kirche schon jemanden in ihren Schoß aufnimmt, dann setzt sie für ihn nicht nur alle Pflichten eines Christen und Katholiken fest, sondern sie sichert ihm auch alle Rechte, die die übrigen Mitglieder der Kirche genießen, gleichzeitig fordert sie auch, daß jedermann diese Rechte anerkenne.

2.) Dadurch ist unser Standpunkt zu den Judentaufen festgelegt. Einige Juden ließen sich noch damals taufen, als ihnen dadurch keinerlei Vorteile, sondern im Gegenteil Verfolgung von Seiten der übrigen Juden und oft auch Fluch und Enterbung erwuchsen. Ein solcher Jude zerriss durch die Taufe alle Bindungen einer mehrtausendjährigen Tradition und wollte sich aufrichtig in die christliche Gemeinschaft eingliedern. Es gibt unter ihnen auch solche, die christliche Eltern besitzen und mit dem Judentum bereits nichts Gemeinsames mehr haben. Sie leben christlich und erfüllen ihre religiösen Pflichten. *Diese Juden betrachten wir als unsere Gläubigen, genau so wie die übrigen, und es ist unsere Pflicht, sie zu verteidigen.* Im Interesse dieser getauften und ihre religiösen Pflichten erfüllenden Juden sind wir eingeschritten.

3.) Unseren Standpunkt den übrigen Juden, bezw. den Maßnahmen gegenüber, die jetzt gegen diese durchgeführt werden, fassen wir in folgenden Grundsätzen zusammen:

Die Tragödie des jüdischen Volkes liegt darin, daß es den Erlöser nicht anerkannte und ihm den schrecklichen und schimpflichen Tod am Kreuze bereitete. Der Erlöser selbst vergoß Tränen über die Verstocktheit des jüdischen Volkes und sagte ihm auch die Strafe dafür, die Zerstreuung über den ganzen Erdball, voraus. Und tatsächlich wurden die Juden nach dem Falle Jerusalems über die ganze Erde zerstreut. Schon fast 2000 Jahre lang leben sie in kleineren oder größeren Gruppen unter den übrigen Völkern der Welt. Während dieser langen Zeit verschmolzen sie niemals und nirgends mit einem anderen Volke, sondern sie blieben verwaist, als fremdes Element. Ihre feindliche Gesinnung gegenüber dem Christentum änderten sie niemals und auch in der neuesten Zeit spielten die Juden bei den blutigen Christenverfolgungen in Rußland und Spanien eine bedeutende Rolle. Dem läßt es sich auch zuschreiben, daß die Völker öfters auch auf eine übertrieben strenge und grausame, der christlichen Moral widersprechende Weise ihrem Unwillen und ihrer Erbitterung gegen die Juden Ausdruck gaben. Auch bei uns war der Einfluß des Judentums schädlich. Während kurzer Zeit bemächtigten sie sich zum Schaden unseres Volkes fast unseres ganzen finanziellen und Wirtschaftslebens. Sie wirkten auf das Volk nicht nur wirtschaftlich, sondern auch kulturell und moralisch schädlich. Die Kirche kann also nichts dagegen haben, *wenn die staatliche Macht derartige gesetzliche Maßnahmen durchführt, durch welche dieser schädliche Einfluß der Juden unmöglich gemacht wird.*

Im gewesenen Ungarn wurde im Jahre 1894–96 bei der Besprechung der kirchlichen politischen Gesetze auch ein Gesetz über die Reception der Juden angenommen.[3] Die kirchlichen Funktionäre stellten sich damals gegen dieses Gesetz, weil sie den schädlichen Einfluß der Juden auf das öffentliche Leben befürchteten. Die damaligen Regierungskreise und ein großer Teil der Öffentlichkeit griffen die Kirche mit dem Argument an, daß sie rückständig sei. Die Erfahrung gab jedoch der Kirche recht. Bei der Lösung dieser schweren Frage darf jedoch nicht vergessen werden, daß auch die Juden Menschen sind, und deshalb soll mit ihnen menschlich verfahren werden. Besonders muß dafür Sorge getragen werden, *daß nicht die gültige Rechtsordnung und die natürlichen und göttlichen Gesetze verletzt werden.*

Es ist das natürliche Recht eines jeden Menschen, durch ehrenhafte Arbeit ein Privatvermögen zu erwerben und dieses auch nach den Grundsätzen der kirchlichen Sittenlehre zu verwenden. Es ist ebenso ein natürliches Recht eines jeden Menschen, eine Familie zu gründen. Wenn er sich schon für das Familienleben entschieden hat, soll er nicht nur die Pflichten des Familienlebens erfüllen, sondern auch von seinen Rechten nach den christlichen Grundsätzen Gebrauch machen. Wir haben es für notwendig gehalten, dies zu erklären, damit die katholische Öffentlichkeit den Standpunkt der kirchlichen Kreise kennenlerne und damit unsere Gläubigen bei verschiedenen, oft nicht gerade gutgesinnten Gerüchten über die Stellung der kirchlichen Funktionäre zur Judenfrage eine klare Ansicht besitzen.

DOK. 60

Das slowakische Innenministerium legt am 25. April 1942 detaillierte Pläne für die im Mai beginnenden Deportationen aus der Ostslowakei vor[1]

Anweisung des Innenministeriums (vertraulich), 14. Abt. (Nr. 14-D4-4206/42,), gez. i.V. des Ministers, Bratislava, vom 25.4.1942 (Entwurf)[2]

Betr.: Konzentration von Juden, Transporte aus der Ostslowakei

Im Mai 1942 werden Transporte von Juden aus der Ostslowakei abgefertigt. Damit die Aktion reibungslos abläuft, werden dafür eingearbeitete Leute gebraucht. Deshalb fahren die bisherigen Kommandanten der Transporte, die Hauptoffiziersvertreter Ján Bu-

3 Gleichstellung der jüdischen Religion mit der christlichen; siehe Einleitung, S. 18.

1 SNA, MV, Karton 243, 4206/42. Abdruck in slowak. Sprache in: Nižňanský (Hrsg.), Holokaust, Bd. 6 (wie Dok. 51, Anm. 1), Dok. 209. Das Dokument wurde aus dem Slowakischen übersetzt.

2 Im Original viele handschriftl. Korrekturen und Abkürzungen.

zássy aus Bratislava, František Jarzmik aus Žilina, Juraj Ország aus Sereď und Štefan Franta aus Poprad, in die Ostslowakei. Außerdem fahren 60 Gardisten aus dem Zentrum Nováky in den Osten, und zwar 40 nach Prešov und 20 nach Michalovce. Die Kommandanten und Gardisten sollen bereits am 3. Mai 1942 an ihren Bestimmungsorten ankommen. Für die Reise werden besondere Bescheinigungen ausgegeben. Die Unterkunft und Verpflegung der Gardisten wird vom Oberkommando der Hlinka-Garde organisiert. Die Transportkommandanten und ihre Stellvertreter werden nach Möglichkeit bei den lokalen Gendarmerie-Einheiten untergebracht.

Die Stellvertreter der Transportkommandanten werden vom Oberkommando der Gendarmerie unter den Gendarmen aus dem Osten ausgewählt, und zwar möglichst solche, die Deutsch können. Die Stellvertreter sollen sich bei den Kommandanten am 4. Mai 1942 um 8 Uhr in Trebišov, in Humenné und zwei in Michalovce melden. Sie verbleiben bei den Kommandanten bis zur Beendigung der Aktion beziehungsweise bis zu ihrer Abberufung. Die Namen der Stellvertreter sollen dem Innenministerium, Abt. 14 gemeldet werden.

Die Transporte der Verwaltungskreise Medzilaborce, Humenné, Michalovce, Trebišov und Vranov nad Topľou müssen ungarisches Gebiet passieren. Laut dem Péage-Vertrag[3] dürfen in den Péage-Zügen nur Angehörige der Sicherheitsorgane mit einem Gewehr bewaffnet sein, und zwar in Personenzügen zwei pro Waggon, in Güterzügen einer im Gepäckwaggon und einer auf je 40 Achsen. Wenn man die Zahl der Achsen in den Judentransporten berücksichtigt, darf der Zug über das ungarische Gebiet von zwei Gendarmen begleitet werden und eventuell, wie üblich, von einem Zollbeamten, der jedoch zurückfährt.

Die Transportkommandanten fahren mit den Transporten von den o.g. Verwaltungskreisen vom Verladebahnhof bis zum Übergabebahnhof mit, d. h. auch über das ungarische Gebiet. Die Gardisten aus Michalovce begleiten die Transporte nur bis Slanec und kehren dort um. Gardisten aus Prešov fahren mit den Transporten von Kysak bis zum Übergabebahnhof. Nach der Beendigung der Aktion in den fünf östlichsten Verwaltungskreisen werden die Gardisten aus Prešov auch die Transporte aus den anderen Teilen der Ostslowakei begleiten, aber bereits vom Verladebahnhof an. Den Gardisten in Michalovce werden weitere Weisungen nachträglich erteilt.

Da die Transporte über das ungarische Gebiet nur von zwei Gendarmen begleitet werden, beantragt das Innenministerium bei der Eisenbahnverwaltung, dass beim Transit der Züge über ungarisches Gebiet alle aus Sicherheitsgründen erforderlichen Maßnahmen ergriffen werden, dass z. B. die ganze Zeit über die Türen verriegelt sind, der Zug möglichst nicht hält u.ä.

Der Ablaufplan der Transporte:

I. Am 4. Mai um 20.19 Uhr von Trebišov. Kommandant Hauptoffiziersvertreter Štefan Franta mit Stellvertreter. Bis Slanec 10 Gardisten aus Michalovce. Von Kysak die erste Gruppe von 10 Gardisten aus Prešov.[4]

3 Vertrag über Streckennutzungsrechte.

4 Der Transport ging am 5.5.1942 ab, die Männer wurden nach Lublin, die Frauen nach Lubartów deportiert.

II. Am 5. Mai 1942 um 19.19 Uhr von Michalovce. Kommandant Hauptoffiziersvertreter František Jarzmik mit Stellvertreter. Bis Slanec die zweite Gruppe von 10 Gardisten aus Michalovce. Von Kysak die zweite Gruppe von 10 Gardisten aus Prešov.[5]

III. Am 6. Mai 1942 um 19.19 Uhr von Michalovce. Kommandant Hauptoffiziersvertreter Juraj Ország mit Stellvertreter. Bis Slanec die Gardisten vom Transport I. Von Kysak die dritte Gruppe von 10 Gardisten aus Prešov.[6]

IV. Am 7. Mai 1942 um 18.30 Uhr von Humenné, Michalovce.[7] Kommandant Hauptoffiziersvertreter Ján Buzássy mit Stellvertreter. Bis Slanec die Gardisten vom Transport II. Von Kysak die vierte Gruppe von 10 Gardisten aus Prešov.

V. Am 10. Mai 1942 um 15.49 Uhr von Medzilaborce, Humenné.[8] Kommandant Hauptoffiziersvertreter Štefan Franta mit Stellvertreter. Bis Slanec die Gardisten vom Transport I. Von Kysak die Gardisten vom Transport I, Medzilaborce, Humenné.

VI. Am 11. Mai 1942 um 18 Uhr von Vranov nad Topľou, Humenné.[9] Kommandant Hauptoffiziersvertreter František Jarzmik mit Stellvertreter. Bis Slanec die Gardisten vom Transport II. Von Kysak die Gardisten vom Transport II.

VII. Am 12. Mai 1942 um 23.36 Uhr von Prešov.[10] Kommandant Hauptoffiziersvertreter Juraj Ország mit Stellvertreter. Für die ganze Fahrt die Gardisten vom Transport III.

VIII. Am 13. Mai 1942 um 23.36 Uhr von Prešov.[11] Kommandant Hauptoffiziersvertreter Ján Buzássy mit Stellvertreter. Für die ganze Fahrt die Gardisten vom Transport IV.

IX. Am 16. Mai 1942 um 20.55 Uhr von Bardejov. Kommandant Hauptoffiziersvertreter Štefan Franta mit Stellvertreter. Für die ganze Fahrt die Gardisten aus Prešov vom Transport V.[12]

X. Am 17. Mai 1942 um 19.40 Uhr von Bardejov. Kommandant Hauptoffiziersvertreter František Jarzmik mit Stellvertreter. Die Wache für die ganze Fahrt vom Transport VI.

XI. Am 18. Mai 1942 um 15.49 Uhr von Vranov.[13] Kommandant Hauptoffiziersvertreter Juraj Ország mit Stellvertreter. Bis Slanec Gardisten vom Transport V. Von Kysak Gardisten vom Transport VII. Medzilaborce, Humenné, Michalovce.

XII. Am 19. Mai 1942 um 23.36 Uhr von Medzilaborce.[14] Kommandant Hauptoffiziersvertreter Ján Buzássy mit Stellvertreter. Wache für die ganze Fahrt vom Transport VIII, Giraltovce, Stropkov.

XIII. Am 22. Mai 1942 um 15.49 Uhr von Prešov (Giraltovce, Stropkov). Kommandant Hauptoffiziersvertreter Štefan Franta mit seinem Stellvertreter. Bis Slanec die Gardisten vom Transport II. Von Kysak die Gardisten vom Transport IX, Humenné, Michalovce, Vranov, Trebišov.[15]

5 Dieser Transport fuhr am 6.5.1942 nach Łuków.
6 Der Transport ging am 7.5.1942 nach Łuków.
7 Deportationsort war Niederzyrzec.
8 Die Deportation ging am 11.5.1942 nach Chełm.
9 Deportationsort war Chełm.
10 Dieser Transport fuhr von Žilina nach Chełm.
11 Deportationsort war Dęblin.
12 Der Deportationszug fuhr am 17.5.1942 nach Puławy.
13 Die Deportation erfolgte schließlich von Bardejov nach Lublin und Nałęczów.
14 An diesem Tag wurden Juden von Vranov n.T. nach Lublin und Nałęczów deportiert.
15 Am 22.5.1942 fuhr kein Deportationszug.

XIV. 23. Mai 1942 um 19.40 Uhr aus Prešov (Giraltovce, Stropkov).[16] Kommandant Hauptoffiziersvertreter František Jarzmik mit Stellvertreter. Wache vom Transport XI, Bardejov, Giraltovce, Stropkov.[17]

Weitere Transporte aus dem Osten werden nachträglich festgelegt. Weitere Hinweise an die Kommandanten der Transporte und an die gesamte Wachmannschaft werden ebenfalls nachträglich erteilt. Die Transportkommandanten melden sich immer, außer in dem in Absatz 2 dieses Erlasses angeführten Fall, am Tag der Abfahrt des Transports um 8 Uhr beim Kreisamt, wo der Transport abfährt.

Die Transporte aus dem Osten fahren immer über Kysak gegen 1 Uhr nachts.

Die Stellvertreter der Transportkommandanten, die bis jetzt für einzelne Zentren bestimmt waren, werden zum 2. Mai 1942 abberufen. Im Bedarfsfall werden sie aber rechtzeitig wieder einberufen. Die Gardisten bleiben auch weiterhin in den Zentren, außer denjenigen, die in den Osten fahren.

Ich mache alle ausdrücklich darauf aufmerksam, daß der Inhalt dieses Erlasses streng vertraulich ist.

Auf der Wacht!

Weitere Transporte fahren am 24., 25., 28., 29., 30. Mai und am 1. Juni 1942.[18]

16 Weitere nicht zuzuordnende handschriftl. Abkürzungen.

17 Der Deportationszug fuhr von Prešov, Giraltovce und Sabinov über Lipiani nach Rejowiec.

18 Die Anweisung ging an das Oberkommando der Gendarmerie zur Kenntnis, Bestimmung der neuen Stellv. und Abberufung der alten auch mit dem Kommandanten für das Zentrum Nováky; das Oberkommando der Hlinka-Garde, damit sie sich um die Unterkunft und Verpflegung der Gardisten in Prešov und Michalovce kümmern, die Kommandanten für beide Gruppen bestimmen und den Transport der Gardisten von Prešov nach Michalovce organisieren sollte; die im Schriftstück genannten Transportkommandanten zur Durchführung; an das Konzentrationszentrum in Nováky zur Kenntnis; je ein Exemplar an jeden Gruppenkommandanten; alle Referenten der Abt. 14.
Handschriftl. Nachtrag: „An den genannten Tagen fuhren folgende Deportationzüge: 24.5.1942 von Bardejov und Stropkov nach Rejowiec; 25.5.1942 von Poprad nach Rejowiec; 28.5.1942 keine Deportation; 29.5.1942 von Spišska Nová Ves, Männer nach Lublin, Frauen nach Izbica; 30.5.1942 von Poprad, Männer nach Lublin, Frauen nach Izbica; 1.6.1942 von Poprad, Männer nach Lublin, Frauen nach Sobibór.“

DOK. 61
Der Uhrengroßhändler Tuchmann in Stropkov meldet am 27. April 1942 seinem Schweizer Geschäftspartner die Deportation seines Sohnes und bittet um Hilfe bei dessen Freilassung[1]

Schreiben von M. Tuchmann,[2] Stropkov, an Langendorfer Watch Co. Uhrenfabrik, Langendorf, Schweiz, vom 27.4.1942 (Abschrift)

Wir sind im Besitze Ihrer Faktura vom 2/IV und Ihres Briefes vom 17.IV.d.J. Leider müssen wir Ihnen mitteilen, daß unser Werkführer Herr Ferdinand Tuchmann[3] (den Sie auch wahrscheinlich persönlich kennen werden) mit unserem Vertreter Herr Nathan Lövy,[4] welche zufällig auf einer Geschäftsreise in Bardiov[5] Slowakei waren, mit dem dortigen Transport ins Arbeitslager mitgenommen wurden am 7/IV 1942 nach Poprad,[6] Slowakei, von dort wurden selbe am 22. April weitertransportiert, so daß wir bis nun keine Spur haben, wo die sich befinden. Selbstverständlich seit dieser Zeit ist unser Werk gänzlich auf einmal stehen geblieben. Wir haben leider keinen Ersatz in unserem Werke, daß etwas in Bewegung gesetzt oder unternommen werden kann. Unser Herr Ferdinand Tuchmann, geb. am 25.VII.1911 in Stropkov, Herr Nathan Lövy, geb. am 5.XII.1912 in Vys. Orlich,[7] Slowakei. Wir wenden uns hiermit an Sie mit Bezug auf unsere alte Verbindung mit der heißen Bitte, Ihr Möglichstes zu tun, daß sie zurückgebracht werden könnten. Es liegt im Interesse aller unserer Kunden in der Slowakei und hoffentlich auch in Ihrem Interesse, abgesehen davon, daß wir Ihnen sehr, sehr heiß verbunden wären, wenn es Ihnen möglich wäre, auf eine Art und Weise uns dazu zu verhelfen, daß unsere Geschäftsleiter an Ort und Stelle zurückgebracht werden können. Sie mögen alles anwenden, wir sind Ihnen dafür verbunden und kommen Ihnen für alle Kosten auf und überweisen Ihnen mit Dank den für uns ausgelegten Betrag durch unsere Bankverbindung. Es wäre gut, wenn Sie durch das schweizerische Außenamt, das schweizerische Konsulat in Bratislava versuchen könnten, in dieser Angelegenheit bei der zuständigen Bratislavaer Amtsstelle zu intervenieren und uns von den unternommenen Schritten Mitteilung zu machen. Ihre gefl. sofortige günstige Erledigung erwartend empfehle ich mich Ihnen bestens mit vielem Dank im Voraus und vorzüglicher Hochachtung:

1 BAR, E 2001D#1000#1552#2787, Tuchmann Ferdinand Stropkov.
2 Moric Tuchmann (1877–1942), Uhrmacher; Vater von Ferdinand Tuchmann; im Juli 1942 nach Auschwitz deportiert, wo er umkam.
3 Ferdinand Naftali Tuchmann (1911–1942), Uhrmacher, Geschäftsinhaber; am 23.4.1942 Deportation nach Auschwitz; er hat nicht überlebt.
4 Nathan Löwy (1912–1942), Vertreter; Schwager von Ferdinand Tuchmann; wurde am 23.4.1942 nach Auschwitz deportiert, wo er umkam.
5 Richtig: Bardejov.
6 Gemeint ist das Transitlager Poprad.
7 Richtig: Vyšní Orlík.

N. B. Wir bitten Sie, sich in dieser Angelegenheit mit den tieferstehenden Firmen in Verbindung zu setzen: Gunzinger Frères, Welschenrohr, J. Lapanose, Bubendorf, Liga S.A., Solothurn, Union Albert Studer.[8]

DOK. 62

Das Auswärtige Amt ersucht den Gesandten Ludin am 2. Mai 1942, der slowakischen Regierung mitzuteilen, dass die deportierten Juden nicht in die Slowakei zurückkehren werden[1]

Fernschreiben des Auswärtigen Amts (lfd. Nr. 12), gez. Luther, Berlin, an die Deutsche Gesandtschaft (Eing. 2.5.1942, 0.20 Uhr), Preßburg, vom 2.5.1942[2]

Nr. 640 = Im Anschluss an Drahterlass vom 11. April D. JS. – Nr. 533[3]
Bitte slowakischer Regierung Folgendes mitzuteilen:
Reichsregierung übernimmt Garantie dafür, daß die im Zuge der Entjudung der Slowakei abgenommenen Juden endgültig in Ostgebieten verbleiben und keine Möglichkeit zur Rückwanderung nach der Slowakei erhalten. Auf das in der Slowakei befindliche Vermögen dieser Juden slowakischer Staatsangehörigkeit wird außer der Forderung auf Zahlung eines Betrages von RM 500 für jeden abgenommenen Juden von deutscher Seite kein Anspruch erhoben.[4] Reichsregierung ist bereit, im Laufe des Monats Mai d.Js. weitere 20 000 arbeitsfähige Juden aus der Slowakei abzunehmen und nach dem Osten zu verbringen. Einzelheiten werden wie bisher geregelt.

8 Sowohl die Uhrenfabrik Union als auch die Firma Langendorf Watch Co. wandten sich mit Schreiben an das Eidgenössische Politische Departement, Eingangsstempel jeweils 7.5.1942, und baten um Nachfrage bei den slowak. Behörden. Sie begründeten ihr Anliegen damit, dass bereits große Lieferungen für die Firma Tuchmann vorlägen. Am 18.5.1942 wurde ein nur in Kopie vorliegender Brief, wahrscheinlich vom Eidgenössischen Politischen Departement, an das Schweizerische Generalkonsulat in Bratislava gesandt, mit der Bitte, in der Angelegenheit bei slowak. Stellen vorzusprechen. Eine Kopie des Schreibens ging an das Eidgenössische Volkswirtschaftsdepartement. Carl Stucki vom Eidgenössischen Politischen Departement teilte dem Generalkonsul in Bratislava am 4.12.1942 mit, dass die Schweizer Uhrenfirmen ihre Bestellungen anderweitig unterbringen konnten und kein weiterer Handlungsbedarf bestünde; BAR, E 2001D#1000#1552#2787, Tuchmann Ferdinand Stropkov.

1 PAAA, Gesandtschaft Preßburg, Karton 172, Akten betreffend Judentum vom 5.8.1939–30.6.1942, Bd. 1, Pol 4 Nr. 2. Abdruck in slowak. und deutscher Sprache in: Nižňanský (Hrsg.), Holokaust, Bd. 4 (wie Dok. 17, Anm. 1), Dok. 48.

2 Im Original handschriftl. Bearbeitungsvermerke.

3 Fernschreiben Luthers an die Deutsche Gesandtschaft Preßburg vom 11.4.1942 mit der Bitte, eine Stellungnahme der slowak. Regierung einzuholen, ob sie bereit ist, 500 RM für jeden deportierten Juden zu zahlen; wie Anm. 1; Abdruck in slowak. und deutscher Sprache in: Nižňanský, Holokaust, Bd. 4, Dok. 42.

4 Siehe Einleitung, S. 32.

DOK. 63
Ein anonymer Verfasser schildert Präsident Tiso am 11. Mai 1942 die grausamen Verhältnisse in den slowakischen Deportationszentren[1]

Anonymer Brief an Staatspräsident Jozef Tiso vom 11.5.1942[2]

Sehr geehrter Herr Präsident!
Gegen das Schicksal kann man nichts ausrichten, aber gegen die Ungerechtigkeit findet sich vielleicht auch auf dieser Welt Abhilfe, und deswegen wende ich mich an Sie mit der ehrfurchtsvoll vorgetragenen Bitte, dass Sie als Führer der Nation, Präsident der Republik und katholischer Priester keine weitere Barbarei zulassen und die bisherige beenden, soweit es noch in Ihrer Macht steht.
Ich muss nicht weiter erklären, was es bedeutet, wenn 16–17-jährige Mädchen oder halbwüchsige Jungen von ihren Eltern weggerissen, nach Polen verschleppt und zu schwerer Arbeit eingespannt werden, ohne ausreichende Ernährung und ohne zu wissen, was mit ihren Eltern ist usw. Es handelt sich aber hierbei immerhin um junge Menschen, die größtenteils arbeiten können, insbesondere wenn sie entsprechende Nahrung bekommen. Warum aber werden Menschen verschleppt, die nicht arbeitsfähig sind? So wurde zum Beispiel aus Trebišov eine Witwe deportiert, eine Mutter von sieben oder neun Kindern, die im achten Monat schwanger ist. Alle Kinder waren noch nicht arbeitsfähig, und eine Mutter hat ohnehin mit ihrem Kind genug Arbeit. Es handelt sich um die junge Witwe eines Metzgers. Oder zu welcher Arbeit kann man einen 95 Jahre alten ehemaligen Postmeister gebrauchen, der in Trebišov gewohnt hat, oder den 84 Jahre alten, völlig senilen Vater eines Metzgers oder eine Frau aus Michalovce, die noch im Konzentrationslager in Michalovce ein Kind geboren hat? In Žilina wurde der ehemalige Bankdirektor Szél samt seiner Mutter mitgenommen, obwohl er sich schon 1918 hat taufen lassen.
Die Judenzentrale gibt Anweisungen, was und wie viel jeder Mensch mitnehmen kann. Diese Anweisungen werden aufgrund der Befehle übergeordneter Behörden erlassen. Was passiert, wenn die Juden die Sachen mitnehmen, die sie mitnehmen dürfen? Ein Beispiel: Im Konzentrationslager[3] Žilina nehmen die Gardisten den Juden alle Schlafanzüge, Damenunterwäsche aus Seide, jede bessere Zudecke, gute Schuhe oder Schnürschuhe und bessere Mäntel ab und geben ihnen dafür bestenfalls alte zerschlissene Schuhe, gegebenenfalls mit Holzsohlen, und einen alten geflickten Soldatenmantel. Sämtliche Kinderwäsche und Kindersachen nimmt man ihnen ab, und wenn jemand drei bis vier Kisten Lebensmittel dabeihat, wird ihm mindestens eine davon weggenommen. Wenn bei einem Juden oder einer Jüdin Kakao oder Schokolade gefunden wird, werden sie

1 SNA, MV, Karton 243, 92.68/42, Bl. 327 f., Abdruck in slowak. Sprache in: Nižňanský (Hrsg.), Holokaust, Bd. 6 (wie Dok. 51, Anm. 1), Dok. 244. Das Dokument wurde aus dem Slowakischen übersetzt.
2 Handschriftl. Vermerk: „Innenministerium. Dazu ein Brief der Kanzlei des Präsidenten der Republik vom 12.6.1942 an das Innenministerium: übersandt zu weiteren Maßnahmen." Der Brief trägt den Stempel: „Hinsichtlich der Bestimmung des Verfassungsgesetzes Nr. 68/1942 keine weitere Bearbeitung des Gesuchs, ad acta 21.10.1942", Unterschrift unleserlich.
3 Richtig: Konzentrationszentrum.

geschlagen. Obendrein wurde einer Jüdin der Kakao ins Gesicht geschleudert, den man bei ihr gefunden hatte. Fast jeder Frau wird Kleidung aus warmem Stoff weggenommen. Deshalb ist es verständlich, dass die Juden, die die Slowakei vor vier Wochen verlassen haben, schreiben, dass man ihnen Kleidung, Wäsche, Lebensmittel und Geld schicken möge. Wenn der Jude wie ein Sklave ins Lager des Feindes geschickt wird und ganz arm ist, soll man ihm doch wenigstens den letzten Rucksack lassen, der ihm vom Ministerium zur Mitnahme erlaubt wurde! Es ist schrecklich, wenn diese Menschen dort, wo sie ohne einen einzigen Heller in der Tasche ankommen, schwere, ungewohnte Arbeit verrichten müssen, schlechtes und unzureichendes Essen bekommen, in zerschlissenen Schuhen und Mänteln gehen müssen und sich nicht umziehen können, weil ihnen die Wäsche weggenommen wurde, und außerdem nachts auch noch frieren, weil sie nicht einmal mehr eine Zudecke haben.

Bereits in den Konzentrationslagern in der Slowakei werden die Juden geschlagen, schuldlos und ohne Grund. Selbst der Älteste unter ihnen wird vom jüngsten Gardisten, der sein Enkel sein könnte, geduzt, ohne den geringsten Grund geohrfeigt und mit dem Schlagstock verprügelt.

Das Geld wird jedem abgenommen, aber es wird nur ein Viertel oder ein Fünftel bei der *Präsentation*[4] zu Protokoll gegeben, den Rest behalten die Gardisten selbst. Wenn man aber so einen präsentierten Juden zufällig nach Reklamation von außerhalb aus dem Lager freilässt, muss er unterschreiben, dass er alles zurückbekommen hat. In Wirklichkeit bekommt er aber nichts zurück und muss froh sein, dass er nach Hause gehen darf.

Ich bitte Sie, Herr Präsident, überprüfen Sie meine Angaben und überzeugen Sie sich, dass ich nichts hinzugefügt habe. Im Gegenteil, ich habe nur einen kleinen Teil der furchtbaren Ungerechtigkeit angeführt. Bitte beheben Sie sie, und die unglücklichen Juden werden Sie dafür segnen. Es ist allerdings dringlich, weil täglich an die 1000 Menschen ausgeplündert die Slowakei verlassen, wo sie und ihre Vorfahren gelebt und gearbeitet haben.

Da sich einige Transporte mehrere Wochen lang in den Konzentrationslagern in der Slowakei aufhalten müssen und jeder höchstens 350 g Lebensmittel täglich bekommt, fahren die Menschen schon von dort in ausgehungertem und geschwächtem Zustand ab. Ein richtiger Mann kann ja allein zum Morgenkaffee gut 350 g Brot essen, auch wenn er Butter auf dem Brot hat, aber 350 g insgesamt, für den ganzen Tag, ist nur gerade so viel, dass man nicht Hungers stirbt, aber an Kraft verliert.

Ich bitte um Entschuldigung, dass ich nicht unterschreibe, aber ich müsste im nächsten Transport wegfahren, wenn ich unterschriebe.

In Trebišov und Sečovce hat der deutsche Leiter des ehemaligen Konzentrationslagers in Poprad alle Juden eingesammelt, ohne Rücksicht darauf, ob sie die gelben Legitimationen[5] hatten, die sie vom Konzentrationslager befreiten. Bitte untersagen Sie das.

Für eine schnelle Abhilfe wird Sie der Herrgott segnen

4 Durchsuchung und Einlieferungsprozedur.

5 Ausnahmepapiere, die vor der Deportation schützten; siehe Einleitung, S. 34, 37.

DOK. 64

Richard Lichtheim, zionistischer Funktionär in Genf, übermittelt am 13. Mai 1942 Leo Lauterbach in Jerusalem Informationen über das Schicksal der slowakischen Juden[1]

Brief (Np 710/via Istanbul) von Richard Lichtheim,[2] Genf, an Dr. L. Lauterbach,[3] Jerusalem, vom 13.5.1942[4]

Betrifft Situation in der Slowakei.

Ich hatte Besuch eines Herrn aus Budapest, der auf dem Wege nach Südamerika ist. Er wurde von den Mitgliedern der Gemeinde in Budapest ersucht, mir folgende Details mitzuteilen.

Von den 90 000 Juden in der Slowakei wurden bereits 20 000 nach Polen verschickt. Im Gegensatz zu den Erklärungen des Ministers des Innern Mr. Mach werden die Juden in der Slowakei nicht in Arbeitslager in der Slowakei geschickt (mein Brief Nr. 666 mit Brief an den Nuntius in Bern vom 8. April mit Anlage),[5] sondern werden nach Polen verschickt. In vielen Fällen wurden die Männer von ihren Frauen und Kindern getrennt. Was in Polen vorgeht, wenn die Transporte ankommen, weiß man nicht. Es wird von guten Autoritäten behauptet, dass eine große Anzahl von Mädchen im Alter von 16 bis 36 in Soldatenbordells gesteckt wurden, die an der polnischen Grenze errichtet wurden.[6] Viele hundert Juden (Männer, Frauen und Kinder) sind nach Ungarn geflohen und die Zahl solcher Flüchtlinge ist in stetem Anwachsen begriffen. Die ungarischen Juden sind beunruhigt, dass die ungarischen Behörden nicht erlauben, dass diese Flüchtlinge dort verbleiben und dieselben zurückschicken wollen. Grauenhafte Ereignisse haben sich bereits an der Grenze abgespielt: so zum Beispiel war es einer Gruppe von 52 Juden, Frauen und Kinder inbegriffen, gegen Zahlung von enormen Summen [...][7] die Grenze im Autocar zu erreichen. Man hatte ihnen versprochen, dass sie die Grenze überqueren können, aber im letzten Augenblick gab jemand das Signal, und sie mussten umkehren und wurden der slowakischen Grenzpolizei übergeben, die alle 52 Leute auf der Stelle nieder-

1 PAAA, Gesandtschaft Preßburg, Karton 172, Akten betr. Judentum 5.8.1939–30.6.1942, Bd. 1, Pol 4 Nr. 2.

2 Richard Lichtheim (1885–1963), Ökonom, Journalist, Politiker; 1911–1913 Chefredakteur des zionistischen Zentralorgans Die Welt, 1913–1916 Vertreter der WZO in Konstantinopel, 1917–1920 Präsident der Zionistischen Vereinigung für Deutschland; 1934 emigrierte er nach Palästina; 1938–1946 Leiter des Büros der WZO in Genf; lebte später in Israel; Autor von „Die Geschichte des deutschen Zionismus" (1954).

3 Dr. Aryeh, auch Leo Lauterbach (1886–1968); Jurist und zionistischer Funktionär; 1904–1910 Studium in Wien und Lemberg; von 1919 an in der WZO aktiv, von 1921 an als Leiter der Organisationsabt., seit 1935 als Geschäftsführender Sekretär; 1936 Emigration nach Palästina.

4 Abschrift AA, zu D III 3386, Übersetzung aus dem Englischen. Im Original die Bemerkung: „für die Richtigkeit Willicus-2406."

5 Der Apostolische Nuntius in Bern, Filippo Bernardini, hatte am 17.3.1942 Gerhart Riegner vom Büro des WJC in Bern und Richard Lichtheim empfangen. Die beiden Herren überreichten ihm eine Denkschrift, die die bis dato bekannten Informationen über das Schicksal der europäischen Juden enthielt. Bernardini erwähnte die Schrift in einem Brief vom 19.3.1942 an Kardinalstaatssekretär Maglione.

6 Dies lässt sich nicht belegen.

7 Ein Wort fehlt.

machte. Trotz dieser Vorkommnisse versuchen immer mehr und mehr Juden aus der Slowakei nach Ungarn zu gelangen.[8] Die jüdischen Vertreter in Budapest wissen nun nicht, was sie mit diesen anfangen sollen, und sind wegen der möglichen Folgen beunruhigt. Mein Besucher hier macht allerlei Vorschläge, die aber unglücklicherweise von geringem praktischen Wert sind. Er sprach auch von einer Intervention des Vatikans – was ja, wie Sie wissen, bereits geschehen ist, jedoch hatten die Vorstellungen beim Vatikan[9] keinerlei Erfolg gezeitigt. Man sagt, dass als ein Ergebnis dieser Vorstellungen das slowakische Staatsoberhaupt, Vater Tiso, sich weigerte, die Ausweisungsdekrete zu unterschreiben, und aus diesem Grunde seinem Amte zehn Tage lang fernblieb;[10] in der Zwischenzeit hat der Minister des Innern Mach den Auftrag zu weiteren Ausweisungen und Transporten nach Polen gegeben. Ich habe bereits in meinen früheren Berichten erwähnt, dass man diesen schrecklichen Verfolgungen viel mehr Raum in der amerikanischen und englischen Presse sowie im Radio geben sollte, aber bis heute ist in dieser Hinsicht wenig geschehen. Ich bin immer noch der Meinung, dass doch einige der Anhänger Deutschlands durch solche öffentlichen Warnungen beeinflusst würden und dass man sie für solche Vorfälle verantwortlich machen wird, und selbst jetzt müssten die jüdischen Organisationen bemüht sein, dass solche Fälle von Verfolgungen und Metzeleien in der Slowakei, in Kroatien und Rumänien viel öfter und deutlicher in der Presse und von den Sprechern der Demokratien erwähnt werden.

DOK. 65

Jewish Telegraphic Agency: Artikel vom 19. Mai 1942 über das Verfassungsgesetz zu den Deportationen[1]

Das slowakische Parlament erlässt Gesetz zur Bestätigung der Deportation von Juden

London, 18. Mai (Jewish Telegraphic Agency). Entsprechend den Informationen, die uns aus hiesigen tschechoslowakischen Kreisen erreichten, wurde vom slowakischen Parlament am 16. Mai ein Gesetz[2] erlassen, das die Vertreibung aller Juden aus der Slowakei vorsieht. Das Gesetz bietet die formale Grundlage für die Ausweisung der Juden, die durch die Regierung während der letzten zwei Monate durchgeführt wurde. Nach ihrer Ausweisung verlieren die Juden ihre slowakische Staatsbürgerschaft[3] und ihr Eigentum

8 Etwa 7000 slowak. Juden konnten nach Ungarn flüchten.

9 Am 10.3.1942 wandte sich der Apostolische Nuntius in Bern, Mgr. Filippo Bernardini, an Kardinal Maglione und unterrichtete ihn über die bevorstehenden Deportationen, Actes et Documents, Bd. 8 (wie Dok. 42, Anm. 1), Dok. 300. Der Apostolische Nuntius in Budapest, Erzbischof Angelo Rotta, übermittelte dem Vatikan am 13.3.1942 ein Schreiben slowak. Rabbiner (nicht gezeichnet, ohne Datum), in dem der Papst angefleht wird, auf Präsident Tiso einzuwirken und die Deportationen nicht zuzulassen, ebd., Dok. 303. Zur Antwort des Vatikan, siehe Einleitung, S. 37.

10 Dafür gibt es keinen Beleg.

1 JTA, 19.5.1942: Slovakian Diet Passes Law Confirming Deportation of Jews. Das Dokument wurde aus dem Englischen übersetzt.

2 Gemeint ist das Verfassungsgesetz 68 vom 15.5.1942, Sl. Gbl. Es trat am 18.5.1942 in Kraft.

3 Das Gesetz „legalisierte" die Deportationen der Juden und galt auch rückwirkend; siehe Einleitung, S. 34.

verfällt zugunsten des Staates. Juden, die vor dem 14. März 1939 getauft wurden, sind vom Deportationsgesetz ausgenommen, werden aber vom Rest der Bevölkerung abgesondert, um *in christlicher Moral erzogen* zu werden.[4] Diese Maßnahme ist das Ergebnis eines Kompromisses mit der Kirche, die offen gegen die Verfolgung der Juden und die Deportationen protestiert hatte. Bis jetzt wurden 32 000 Juden[5] nach Polen und Weißrussland[6] deportiert und mehr als 30 000 harren in Konzentrationslagern der Deportation.[7]

DOK. 66

Béla Weichherz schildert im Frühjahr 1942 in seinem letzten Tagebucheintrag die Abgabe von Pelz- und Wollkleidung, die Deportationen und die Angst seiner Familie[1]

Handschriftl. Tagebuch von Béla Weichherz, undatierter Eintrag (Frühjahr 1942)

Ende Januar 1942 mußten wir unsere Pelze abgeben. Am 1. März 1942 gaben wir alle Wollsachen ab sowie Anzüge und Mäntel. Der Jude darf nur 3 Anzüge, 1 Winter- und einen Sommermantel haben. Ferner alle Bettwäsche und Paplandecken[2] über 3 Garnituren per Person. […][3]
Seitdem ich aus Bratislava zurückgekehrt bin, werde ich bald das vierte Mal übersiedeln. Wie ich bereits erwähnte, habe ich zuerst im Hotel Reich gewohnt. Am 1. April[4] habe ich meine Stellung bei Rosenfeld verloren, weil sein Bruder sein Geschäft liquidieren mußte, und er nahm ihn statt mir als Reisenden. Ich fand sofort eine neue Anstellung, doch nicht so gut wie die erste. Da ich nun das Hotelzimmer nicht mehr bezahlen konnte, übersiedelte ich zu Gabi ins Mansardenzimmer. Zum 15. November 1941 wurde denn Gabi die Wohnung gekündigt. Da zog ich zu Jozefin um. Hier hatte ich es sogar besser wie bei Gabi. Nun muß ich aber auch von hier weg, denn auch hier wurde die Wohnung zum 1. April 1942 gekündigt. Wer weiß es, wo wir noch landen werden! […][5]
Seit dem 15. März 1942 wohne ich bei Kalman – wieder in einem Mansardenzimmer. Es ist sehr klein, aber das Allernotwendigste habe ich. Wir alle haben schon verlernt, Ansprüche zu haben. Heute sind wir froh, daß wir noch 4 Wände und ein Dach über uns haben. Die Judenverfolgung geht weiter: Der bisherige Stern, den wir tragen muß-

4 Dies ist nicht Inhalt des Gesetzes.
5 Bis zum 15.5.1942 waren 38 169 slowak. Juden deportiert worden.
6 Zu den Deportationsorten siehe Dok. 51 vom 13.3.1942 und Dok. 60 vom 25.4.1942.
7 Die Zahl ist überhöht.

1 USHMM, ACC 2004.39.1 Kitty Weichherz Collection, Bl. 76–79. Abdruck in engl. Sprache in: Weichherz, In Her Father's Eyes (wie Dok. 12, Anm. 1), S. 156–161.
2 Ungar.: Steppdecke.
3 Auf den folgenden anderthalb Seiten schreibt Weichherz über die Entwicklung seiner Tochter Kitty.
4 Gemeint ist der 1.4.1941.
5 Weichherz notiert im Folgenden ein selbstverfasstes Gedicht zum 90. Geburtstag von Kittys Urgroßmutter und berichtet über deren Tod ein knappes Jahr später.

ten, war nicht groß genug, da wurden neue, 10 cm große, grellgelbe herausgegeben.[6] Das wäre aber alles zu ertragen, doch hat auch schon die Deportation begonnen. Zuerst wurden Männer von 16 bis 45 Jahren eingezogen und in einem Barackenlager in Žilina interniert.[7] Dann nahm man diejenigen, welche in Ilava eingesperrt waren, dann alle gestrichenen Ärzte, schließlich eine wahllos zusammengesetzte Liste auch solcher Leute, die Arbeitsbewilligung hatten, über 45 Jahre alt sind, und auch Untaugliche.[8] Unter diesen war auch Artur, doch bekam er einen Nierenanfall und kann zu Hause bleiben, bis er sich erholt. Inzwischen werden auch Frauen zwischen 16 und 35 Jahren genommen.[9] Hauptsächlich Mädchen und kinderlose Frauen. Einige Transporte wurden auch schon abgeschoben. Es sind über den Deportationsort verschiedene Versionen im Umlauf. Eines ist sicher, daß alle Transporte gegen Polen die Grenze verlassen haben. Offiziell wurde bekannt gegeben, daß die bisher eingezogenen Männer und Frauen als Pioniere hinausgehen, um die Umsiedlung der gesamten jüdischen Bevölkerung der Slowakei vorzubereiten. Alle Juden, welche die Slowakei verlassen, verlieren ihre Staatszugehörigkeit.[10] Da ich Arbeitsbewilligung habe und heuer 50 Jahre alt werde, komme ich voraussichtlich nicht in Frage. Da aber Leute oft willkürlich genommen wurden, muß ich ständig in Reisebereitschaft sein. Auch Irenka hat schon alles gepackt, doch ging sie beim ersten Transport nicht mit. Ich wünsche nur eines: daß wir mit Mutti und Kitty gemeinsam gehen können. Esti ist schwach und furchtsam. Sie könnte sich allein nicht helfen. Und Kitty ist zwar für ihr Alter genug kräftig, aber man will doch seinem Kinde in dieser schweren Lage zur Seite stehen.

6 VO des Innenministeriums Nr. 103/1942 Úr. nov. vom 7.3.1942.

7 VO des Innenministeriums vom 21.2.1942, Registrierung der unverheirateten, geschiedenen, verwitweten Männer ohne zu versorgende Kinder im Alter von 16 bis 45 Jahren.

8 Nach den Deportationen der jungen Männer und Frauen begannen ab dem 11.4.1942 die Familientransporte; siehe Dok. 56 vom 6.4.1942.

9 Laut VO des Innenministeriums vom 21.2.1942 wurden unverheiratete, geschiedene und verwitwete Frauen ohne zu versorgende Kinder mit eigenem Einkommen im Alter von 16 bis 45 Jahren deportiert.

10 Dies war im Verfassungsgesetz Nr. 68/1942 vom 15.5.1942, § 3, festgelegt.

DOK. 67

Samuel Berger aus Žilina berichtet am 2. Juni 1942 Familie Elbert, deren Söhne und Schwiegertochter am Bahnhof vor ihrer Deportation gesehen zu haben[1]

Karte von Familie Berger,[2] Žilina, an Gejza und Melania Elbert,[3] Nemecká Lupča, vom 2.6.1942[4]

Liebe Tante und Onkel Elbert,
wir sind gerade vom Zug gekommen, wo wir über eine Stunde mit Alizka, Hogo und Šaňo gesprochen haben.[5] Ich muss dazu sagen, dass das ein großer Zufall war, weil wir eigentlich zum Zug gegangen sind, um dort entfernte Verwandtschaft aus Mikuláš zu treffen, aber dass dort auch Eure Angehörigen sein könnten, darauf wäre ich nicht im Traum gekommen. Unnötig zu sagen, wie überrascht wir waren. Wir freuen uns maßlos, dass es uns vergönnt war, sie noch einmal zu sehen. Ich kann Euch auch mitteilen, dass die Genannten in sehr guter Verfassung waren, besonders Šaňo war toll, und es war eine Freude zu sehen, wie heldenhaft er alles ertragen und mit seinem gesunden Humor die ganze Gesellschaft unterhalten hat. – Sie waren gut versorgt, und sie wollten nichts annehmen, was ihnen hier angeboten wurde.
Mittags kam die [m.][6] Frau Weignerová, und ich hatte das Glück, auch mit ihr sprechen zu können. Jetzt warte ich auf ihren Bescheid, was sie erreicht hat. Was die Kleine[7] angeht, so erlauben wir uns, Euch zu raten, die Adoption so schnell wie möglich durchführen zu lassen, denn man weiß nie. Ich glaube, das ist eine gute Lösung. Zum Trost nur noch – wir werden alle an die Reihe kommen, und wir haben Eure Angehörigen gebeten, für uns dort einen guten Platz vorzubereiten. Küss die Hand vielmals und herzliche Grüße von Haus zu Haus

1 USHMM, 1997.A.0377, Denise Kopecky. Das Dokument wurde aus dem Slowakischen übersetzt.
2 Samuel Berger (1885–1944), Fabrikbesitzer; im Nov. 1944 bei Kremnica ermordet.
3 Gejza Elbert (1887–1942), Geschäftsinhaber; im Mai 1942 verstorben. Seine Ehefrau Melania Elbert (1887–1971) floh mit der Enkelin Denise in die Berge, später kehrten sie nach Nemecká Ľupča zurück, 1944 wurden sie nach Theresienstadt deportiert und dort 1945 befreit; sie lebte später in Ružomberok.
4 Die Karte trägt den Geschäftsaufdruck Firma Eletko S. Berger und Sohn Fabrik für Fischkonserven und Senf Import von Südfrüchten, Großhandel mit Mineralwasser Žilina.
5 Alice Elbert (*1918), Klavierlehrerin; sie wurde am 2.6.1942 mit ihrem Ehemann Hugo Elbert (*1913), Kaufmann, in den Distrikt Lublin deportiert, dann in die Lager Luta und Sobibor, wo sie ermordet wurde. Hugo Elbert und sein auch am 2.6.1942 deportierter Bruder Alexander (Šaňo) Elbert (*1914), Kaufmann, haben ebenfalls nicht überlebt.
6 Nicht ermittelt.
7 Denise Elbert, später Kopecky (*1941), Ärztin; Tochter von Hugo und Alice Elbert; sie hat durch die Christin Maria Bela eine neue Geburtsurkunde und einen Taufschein erhalten, 1942 war sie mit der Großmutter in den Bergen versteckt; 1944 nach Theresienstadt deportiert, 1945 befreit; Rückkehr in die ČSR, 1968 nach Israel, von 1971 an in den USA.

DOK. 68

Die Arbeiter eines Holzbetriebs in Podolínec ersuchen am 5. Juni 1942 um die vorläufige Freilassung von Šimon Herškovits aus dem Transitlager Poprad[1]

Schreiben der Firma Tatranský Drevopriemysl (Didp./Ka.-2-), Unterschrift unleserlich, Podolínec, an das Innenministerium der Slowakei (Eing. 25.5.1942), 14. Abt., Bratislava, vom 5.6.1942[2]

Gemeinde: Jakubjany
Liste der Einwohner, die in der Firma Tatra Holzindustrie AG Podolínec als Arbeiter und Fuhrleute in Jakubjany beschäftigt sind und bitten, dass der Forstwirt Šimon Herškovits,[3] Jude, seinen Beruf weiter ausüben darf.[4]
Hohes Innenministerium, Abteilung 14, Bratislava.
Wir erlauben uns, das Hohe Innenministerium ergebenst zu bitten, unserem Antrag auf Freistellung unseres jüdischen Angestellten Šimon Herškovits, der die ganze Forstmanipulation[5] auf einer Fläche von 1000 Katastermorgen in Jakubjany geleitet hat, stattzugeben, und begründen unseren Antrag wie folgt:
1. Der o.G. hat nur einen Familienangehörigen – Terezia Herškovits, seine Ehefrau – und hat in Jakubjany gewohnt, wo kein Jude mehr übrig geblieben ist. Die Gemeinde selbst hat eine Bescheinigung darüber ausgestellt, dass sie für die geschäftliche Verbindung und für die Einarbeitung eines arischen Holzeinkäufers um Freistellung dieses Angestellten bittet.
2. Der o.G. hat eine Arbeitserlaubnis Nr. D2-14-335/1–1942, deren Abschrift wir Ihnen in der Anlage beilegen und eine gelbe Legitimation,[6] die er aufgrund der Feststellung bekommen hat, dass er als wirtschaftlich wichtig anerkannt ist.
3. Unser jüdischer Angestellter leitete die Manipulation in Jakubjany, indem er die Vorschüsse an die Arbeitergruppen auszahlte, denn in diesen Manipulationen gibt es ca. 80 bis 100 Arbeiter, und sie bilden die Versorgungsbasis mit Rohstoffen für unser Sägewerk in Stará Ľubovňa. In diesen Manipulationen, denn der Wald gehört uns, es sind ca. 80 000 m^3 Holz, wurden – wie das Hohe Innenministerium zu wissen beliebt – durch den Orkan große Schäden verursacht und sind Bäume umgestürzt. Vom Forstaufsichtsdienst des Wirtschaftsministeriums wurde angeordnet, die umgestürzten Bäume beschleunigt zu verarbeiten, um einen Schädlingsbefall im Baumbestand zu vermeiden. Die Manipulation und der Waldschutz wurden bis jetzt von unserem jüdischen Angestellten Šimon Herškovits geleitet, der das ganze Terrain, die Transportwege und die

1 SNA, MV, Karton 243, Bl. 522–525. Das Dokument wurde aus dem Slowakischen übersetzt.
2 Das Gesuch ist auf Briefbögen der Firma Tatra Holzindustrie AG Dampfsägewerk, Kraftwerk und Mühle Podolínec (Slowakei) geschrieben. Im Dokument folgende Anmerkungen: Handschriftl. 14-D4-9555-1/42; Vermerk: „Gemäß Verfassungsgesetz Nr. 68/1942 keine weitere Übermittlung erforderlich, 19.10.1942, ad acta.“, Unterschrift unleserlich; Anlagen: Abschrift der Arbeitserlaubnis, Ausnahmebescheinigung.
3 Šimon Herškovits (1900–1945), Forstwirt; wurde im Mai 1942 im Konzentrationszentrum Žilina inhaftiert, sein Name findet sich im Jan. 1944 auf einer Liste der zum Christentum konvertierten Juden von Stará Ľubovňa, er ist im Febr. 1945 im Außenlager Gusen des KZ Mauthausen umgekommen.
4 Liste mit 54 eigenhändigen Unterschriften der Belegschaftsangehörigen.
5 Österr.: Forstbezirk oder -revier.
6 Siehe Dok. 63 vom 11.5.1942, Anm. 5.

praktische Nutzung dank seiner langjährigen Praxis auf unserem Forstgut kennt. Es liegt in unserem Interesse, dass unser Betrieb, der etwa 300 Angestellte beschäftigt und der im ganzen Landkreis der größte ist, gesicherte Arbeitsabläufe hat. Wir haben vier Sägewerke und ca. 40 Forstmanipulationen, und wir sind das Einkaufszentrum für die als Militärbetrieb registrierte Firma Slowakische Papierwerke AG in Ružomberok. Es ist unser Ziel, in einigen Gruppen arische Angestellte als Einkäufer und Manipulanten[7] einzuarbeiten, was uns auch schon gelungen ist, so dass wir folgende jüdische Manipulanten entlassen haben: von der Manipulation in Nedeca Ign. Stern, vom Einkauf in Jakubjany L. Bergmann, vom Einkauf in Granastov Šal. Amsel, vom Einkauf in Kežmarok A. Holczer, vom Einkauf in Podolínec Š. Rothmann, vom Einkauf in Bardejov Žig. Amsel usw. Das Hohe Innenministerium möchte daraus schließen, dass wir bei der Einarbeitung von arischen Angestellten systematisch vorgehen, und zwar auf eine, sicher auch Ihrer Ansicht nach geeignete Weise, indem wir die Einarbeitung so durchführen, dass der Betriebsablauf weiterhin verbessert wird und dass sich unsere arischen Angestellten in ihre Funktion vertiefen können.
Deshalb bitten wir das Hohe Innenministerium, Šimon Herškovits, der sich derzeit im Konzentrationslager in Poprad befindet, bis zur Stellenneubesetzung und Einarbeitung in diese verantwortungsvolle Arbeit bzw. bis zur Aufarbeitung bzw. Beseitigung der Zerstörungsgefahr für die Wälder freizustellen. Wir versprechen Ihnen hiermit, dass es unser Ziel ist, so bald wie möglich einen fähigen Angestellten für diesen Dienst einzuarbeiten. Wir erlauben uns gleichzeitig, Sie ergebenst zu bitten, uns nicht übel zu nehmen, wenn wir Sie bitten, auf unsere Kosten dem o.g. Konzentrationslager telefonisch eine Anordnung zu geben, den o.g. Juden Šimon Herškovits freizustellen, da er Arbeitervorschüsse ausgezahlt hat, die nicht eingebucht wurden, und ebenfalls wurden auch die bisherigen Holzfällerarbeiten nicht kontrolliert und eingebucht.
Wir danken Ihnen für Ihr freundliches Verständnis und wohlwollende Erledigung und empfehlen uns mit dem slowakischen Gruß
Auf der Wacht!

DOK. 69

Imrich Geyduschek wendet sich am 6. Juni 1942 an Präsident Tiso, um die Freilassung seiner deportierten Mutter Eugenia Geyduscheková zu erwirken[1]

Schreiben von Imrich Geyduschek,[2] Bratislava, an Staatspräsident Jozef Tiso, vom 6.6.1942 (Abschrift)

Sehr geehrter Herr Präsident!
Ich, der unterzeichnende Ing. Architekt Imrich Geyduschek, technischer Angestellter des Eisenbahnressorts im Ministerium für Verkehr und öffentliche Arbeiten, Eisen-

7 Österr.: Amtshelfer.

1 PAAA, Gesandtschaft Preßburg, Karton 172, Judentum 1942–1943, Bd. 2, Pol 4 Nr. 2, Mappe Ing. Imrich Geyduschek. Das Dokument wurde aus dem Slowakischen übersetzt.

2 Imrich Geyduschek (1898–1944), Architekt; Studium in Wien, von 1926 an in Prag; in den 1930er-Jahren Planung und Bau mehrerer Gebäude in Bratislava; in Auschwitz ermordet.

bahnressort, in Bratislava, bitte ergebenst, dass meine mit mir in der gemeinsamen Wohnung lebende Mutter, die verwitwete Eugenia Geyduscheková,[3] geboren am 9.6.1875 in Eisenstadt, für deren Lebensunterhalt ich aufkomme und die am 3. dieses Monats irrtümlich verhaftet und am 5. dieses Monats nach Polen als Jüdin ausgesiedelt wurde, nach Bratislava zurückgebracht wird.
Ich erlaube mir, meine demütige Bitte wie folgt zu begründen:
Am 3. dieses Monats, als die Verhaftungskommission in meine Wohnung kam und verlangte, ich solle die gelbe Legitimation[4] vorzeigen, hatte ich nur eine Kopie zur Hand. Das Original hatte ich dem beim Innenministerium eingereichten Antrag beigelegt, um meine Schwester nachträglich eintragen zu lassen. In der Originallegitimation mit der Nr. 1665 war auch meine Mutter, verwitwete Eugenie Geyduscheková (Nr. 1537), eingetragen. Die Kommission hat diese nicht beglaubigte Kopie der Legitimation nicht anerkannt, hat meine Mutter verhaftet und abgeführt.
Ich bin Ingenieur, Architekt im Eisenbahnressort des Ministeriums für Verkehr und öffentliche Arbeiten in Bratislava, wo ich wichtige Konstrukteursarbeit für die slowakische Eisenbahn zur vollsten Zufriedenheit meiner Vorgesetzten leiste. Als Jude habe ich eine Ausnahme von Herrn Minister für Verkehr und öffentliche Arbeiten gemäß der staatlichen Anordnung Nr. 74–1939,[5] deren Gültigkeit gemäß § 256 der staatlichen Anordnung Nr. 198/1941[6] der Slowakischen Gesetzessammlung verlängert wurde. Ich wurde bereits am 1.9.1940 vom Slowakischen Staat angestellt, dem ich all mein Wissen und meine Kraft widme, und nehme aktiv am Aufbau und der Konsolidierung der Slowakei teil.
Sehr geehrter Herr Präsident! Es geht mir um meine Mutter, es geht mir um alles. Ich habe seitdem keinen ruhigen Augenblick mehr, ich bin nicht imstande, mich zu konzentrieren, was ich so sehr bei meiner Arbeit als Eisenbahnbauer zum Wohle des Slowakischen Staates brauche. Haben Sie bitte die Gnade, die zuständige Stelle anzuweisen, dass meine Mutter aus Polen zurückgeschickt wird. Sie ist schon 67 Jahre alt, krank und schwach und würde es dort nicht lange durchstehen. Ich selbst bin ein Frontkämpfer, habe dreieinhalb Jahre an der Front verbracht und bin Träger von sieben Auszeichnungen; ich bin getauft.
Für Ihre Güte danke ich Ihnen im Voraus und bitte Sie nochmals, sehr geehrter Herr Präsident, um die Rückkehr meiner Mutter.
Ich verbleibe als Ihnen Ergebener
Hochachtungsvoll
1 Anlage[7]

3 Eugenia Geyduscheková (1875–1942), Hausfrau; Deportation im Juni 1942 nach Žilina, von dort in das Vernichtungslager Sobibor, wo sie ermordet wurde.
4 Diese nach ihrer Farbe gelbe Legitimation genannten Schreiben bestätigten die Ausnahmeregelung.
5 Regierungsverordnung 74/1939 Sl. Gbl. über die Ausschließung der Juden aus den öffentlichen Diensten.
6 Siehe Dok. 38 vom 9.9.1941.
7 Die Anlage liegt nicht in der Akte.

DOK. 70
Der Schweizer Generalkonsul kündigt am 19. Juni 1942 an, die Deportationen der slowakischen Juden bei den Wirtschaftsverhandlungen anzusprechen[1]

Notiz (C.21.21. Slov.1-EN., Abschrift), gez. Lacher,[2] vom 19.6.1942[3]

Wirtschaftsverhandlungen mit der Slowakei Juni 1942. Interne Vorbesprechung vom 19. Juni. Sogenannte Vertreterfrage.
Herr Generalkonsul Dr. Grässli[4] informiert die Anwesenden über diese Angelegenheit. Die in der Slowakei zunehmenden Deportationen von Juden stellen in dem Sinne eine Gefährdung der Wirtschaftsbeziehungen dar, als verschiedene Vertreter schweizerischer Produkte Juden sind. Besonders kritisch ist die Situation für Branchen, deren Vertretung gewisse Fachkenntnisse vom betreffenden Vertreter erfordert (Pharmazeutica, Textilien). Den Bemühungen der Schweizerischen Zentrale für Handelsförderung in Bratislava ist es bisher gelungen, eine ganze Reihe jüdischer Vertreter von Schweizerprodukten vor der Deportation zu bewahren. Eine Behandlung der Angelegenheit vor dem Plenum kommt deshalb nicht in Betracht, weil es sich um eine Frage innerpolitischer Natur handelt, die von den Slowaken auch durchaus als eine solche gewertet wird. Herr Grässli nimmt sich jedoch vor, die Angelegenheit beiläufig und in offiziellem Rahmen zur Sprache zu bringen.
Nach Ansicht des Politischen Departements befragt, antworte ich weisungsgemäß, dass gegen eine derartige inoffizielle Behandlung dann keine Bedenken bestünden, wenn der Schein vermieden werde, dass es sich dabei unsererseits um eine Einmischung in innere slowakische Verhältnisse handele.

1 BAR, E 2001D#1000#1552#7364, Wirtschaftsverhandlungen mit der Slowakei.
2 Dr. Hans Lacher (1912–2003), Jurist, Diplomat; von 1941 an im Eidgenössischen Politischen Departement; 1948–1974 im Auswärtigen Dienst der Schweiz, u. a. in Washington, Berlin, auf den Philippinen und in New York.
3 Im Original handschriftl. Bearbeitungsvermerke.
4 Dr. Max Grässli (1902–1982), Jurist, Diplomat; 1936–1941 Legationsrat in der Schweizer Gesandtschaft in Berlin, 1942–1944 Generalkonsul in Bratislava; 1945 Legationsrat in Washington, diplomatische Missionen in Japan, Moskau, Ungarn, Indien, Thailand; 1957 Botschafter, 1960–1964 UNO-Missionen in Togo, Senegal und Gambia.

DOK. 71

Edith Strelinger aus Banská Bystrica schildert in einem Brief vom 20. Juni 1942 die Deportation vieler Angehöriger und Bekannter[1]

Handschriftl. Brief von Edith Strelinger, Banská Bystrica, an Familie Béla Strelinger, Ferramonti di Tarsia, vom 20.6.1942[2]

Meine Lieben!
Wieder muß ich schreiben, weil Laci[3] ist für Privatbriefe nicht geeignet, er hat nicht Geduld zu schreiben, er sagt, daß von ihm geschriebener Brief sieht so aus wie ein geschäftlicher Brief. Mir geht aber das Schreiben in deutscher Sprache so schwer, daß ich mich schwer zum Schreiben entschließen kann. Aber Mama[4] sollte Euch öfter schreiben, sie kann sich gut ausdrücken, so geht ihr das leichter. Die Mama wohnt auch weiter bei Margit,[5] aber sie ist hier sicher, weil Frido schützt sie. Ferdi und Laci dürfen noch arbeiten, aber wir wissen nicht, wie lange noch. Arbeitsbewilligung dauert nicht lange, und neue kommt nicht in jedem Fall. Wir sind also alle für die große Reise vorbereitet.[6] Den Vestnik bekommt ihr schon nicht mehr? Frido ist geschützt, weil das gemischte Ehe ist. Bitte saget den Hönigischen Burschen, daß die Mutter und Schwester von Hruštin, wie auch Weinsteinische, und Aladar, Erna Neu mit Gyussko schon weg sind. Blaufeders sind noch zu Hause. Erna hat mich gebeten, soll ich das schreiben, sie hat schon keine Zeit gehabt, sie müssten in 3–4 Stunden weg. Wo sie sind, weiß ich nicht, sie haben noch von dem Ort nicht geschrieben, nur vor den Reise und damals wußten sie noch selber nicht. Gesund sind wir Gott sei Dank, jetzt haben wir Reisebewilligung bekommen zu meinem Bruder Gyussi auf zwei Wochen, nächste Woche gehen wir nach Hause, weil die Bewilligung endet. Die Magda ist schon seitdem sicher zurück, wird sie sich langsam erholen, die Arme. Wäsche und Kleider habet ihr schon auch sicher bekommen, so werdet ihr nur Geld brauchen, daß die Anesi[7] wieder etwas zunimmt. Hoffentlich wird es in kurzer Zeit gelingen, Euch etwas schicken zu können, jedenfalls werden wir nicht die Gelegenheit unausgenützt lassen. Béla freut sich, daß er am Feld arbeiten kann, nicht wahr. Was Ihr eingesetzt habet, bleibt euch, oder verkaufet Ihr?
Die Nerven der hier gebliebenen Leuten sind derart zerstört, daß viele nervenkrank sind und in Spital gehen, und die Frau […][8] Dr. Karvas hat Selbstmord versucht, es waren vordem schon auch einige ähnliche Fälle. Wenn wir das Kind nicht hätten, so möchten wir uns von der ganzen Sache nicht vieles machen. So aber haben wir viele Sorgen. Ich habe Euch ausführlich geschrieben. Ihr werdet zufrieden sein.
Wir küssen Euch viel-vielmals

1 YVA, O.75/100, Bl. 175–177.
2 Das Original enthält Grammatik- und Rechtschreibfehler, die behutsam korrigiert wurden. Sprachliche Eigenheiten wurden beibehalten. Im Original Bearbeitungsvermerke.
3 Gemeint ist Ladislav Strelinger.
4 Gemeint ist die Mutter von Ladislav Strelinger, Ernestine Strelinger (1870–1944).
5 Margit (Margareta) Strelinger war die Ehefrau von Ladislav Strelingers Bruder Alfred; beide wurden im Herbst 1944 in Kremnica ermordet.
6 Gemeint ist die drohende Deportation.
7 Gemeint ist die Ehefrau von Béla Strelinger.
8 Unleserlich.

DOK. 72

SS-Hauptsturmführer Wisliceny fasst am 30. Juni 1942 den bisherigen Verlauf der Deportationen zusammen[1]

Notiz, ungez., Bratislava, vom 30.6.1942 (Abschrift)

Bei Herrn Ministerpräsidenten Tuka wurde am 25.VI.42 in Anwesenheit des Herrn Gesandten E. Ludin im Ministerpräsidium beraten.
Der Berater für Judenfragen Wisliceny führte aus:
Die Judenaktion befindet sich im Stadium des Abschlusses. 52 000[2] Juden wurden ausgeführt, 35 000 verblieben vorläufig. Die Letzteren befinden sich durchwegs im Besitze von Schutzbriefen, die nunmehr einer Revision zu unterziehen sind. Dies soll in der Weise geschehen, daß der Arbeitgeber vorgeladen und über die Unentbehrlichkeit der Juden vernommen wird. Ein gewisser Teil wird auch weiterhin unentbehrlich bleiben: etwa 4000 Juden sind durch das Gesetz vom 15. Mai[3] geschützt. Bei Letzteren handelt es sich um den gefährlichsten Teil.
Die 14. Abteilung des Innenministeriums hat sehr gut gearbeitet (abgesehen vom Leiter[4]), ebenso das Verkehrsministerium.
Ministerpräsident Tuka:
Im gestrigen Ministerrat wurde beschlossen, daß jeder Minister von erteilten Schutzbriefen den Innenminister zu verständigen hat, der die Revision durchführt. Im übrigen wird weder er noch Minister Mach nachlassen, bis die wichtige Pflicht und Arbeit erledigt ist.
Wisliceny:
Setzt sich für ein weiteres Verbleiben Moraveks in der Arbeit ein, der sauber und kompromißlos ist. Dr. Vasek charakterisierte er auf die Frage von Tuka als Kompromißler, der mit allen Seiten paktiert, sodaß er nun überallhin gebunden ist und daher keine Revision erteilter Schutzbriefe vornehmen kann.
Gesandter *Ludin* rät zu einer 100%igen Lösung der Judenfrage.

1 PAAA, R 99 437, Inland II A/B, E 402 519.

2 Bis Ende Juni 1942 waren in 49 Transporten etwa 49 000 Juden deportiert worden; Nižňanský (Hrsg.), Holokaust, Bd. 4 (wie Dok. 17, Anm. 1), Dok. 72.

3 Gemeint ist das Verfassungsgesetz Nr. 68/1942 Sl. Gbl.; siehe Dok. 65 vom 19.4.1942, Anm. 2; Einleitung, S. 34.

4 Dr. Anton Vašek (1905–1946), Jurist; 1939–1942 Leiter des Kontroll- und Revisionsamts der Stadt Bratislava; April 1942 bis Ende Aug. 1944 Leiter der 14. Abt. des Innenministeriums; Verfasser von „Die Lösung der Judenfrage in der Slowakei" (1942); Sept. 1944 bis 1945 Notarsamt von Bratislava; 1945 festgenommen, 1946 zum Tode verurteilt und hingerichtet.

DOK. 73

Der Generalbischof der Evangelischen Kirche des Augsburgischen Bekenntnisses in der Slowakei bittet am 14. Juli 1942, deportierten „Nichtariern" ein christliches Leben zu ermöglichen[1]

Schreiben vom Bischofsamt der evangelischen A. B.[2] in der Slowakei (Nr. 8528/1942), Generalbischof, gez. V. P. Čobrda,[3] Bratislava, an das Innenministerium (Eing. 17.7.1942, 14-D4-9447-4), Bratislava, vom 14.7.1942[4]

Betr: Geistliche Seelsorge der deportierten getauften Juden
Wir wurden auf den traurigen geistlich-religiösen Zustand der deportierten getauften Juden aufmerksam gemacht. Deswegen wenden wir uns im Namen der Slowakischen evangelischen Kirche (A.B.) an das Innenministerium mit dem Antrag, sich gütig um die geistliche Seelsorge der Juden zu kümmern, die nach dem 15. März 1939 getauft und zur Arbeit ausgehoben wurden. Wir berufen uns dabei auf die Worte des Herrn Innenministers, der in einer seiner Rundfunkansprachen erklärte, dass für solche Juden gesorgt sein wird, dass sie ein angemessenes geistliches, christlich-religiöses Leben führen können.
Wir weisen ausdrücklich darauf hin, dass das Innenministerium auf das größte Entgegenkommen und die Mitwirkung seitens unserer Kirche zählen kann.
Hochachtungsvoll

DOK. 74

Grenzbote: Rede von Präsident Tiso vom 16. August 1942 in Holič, in der er die Deportationen der Juden rechtfertigt[1]

Wir werden Ordnung machen[2]

Der Staatspräsident hat zum Judenproblem (die Rede selbst haben wir schon in unserer Montagsausgabe veröffentlicht) wörtlich folgendes gesagt:
Ich möchte noch eine Frage berühren, die erwähnt wird, und zwar die Judenfrage. Man fragt, ob das, was hierbei getan wird, christlich und menschlich ist, ob das kein Raubzug sei. Ich frage diese Leute selbst: Ist es christlich, wenn sich die slowakische Nation ihres ewigen Feindes, des Juden, entledigen will? Ist das christlich? *Die Liebe zu sich selbst ist göttliches Gebot und diese Liebe gebietet mir, daß ich von mir alles entferne und beseitige,*

1 SNA, MV, Karton 243, Bl. 448. Das Dokument wurde aus dem Slowakischen übersetzt.
2 Evangelische Kirche Augsburgischen Bekenntnisses.
3 Vladimir Pavel Čobrda (1880–1967); evang. Pfarrer des Augsburgischen Bekenntnisses, 1920 Pfarrer in Ružomberok, April 1930 bis 1953 Regionalbischof in der Ostslowakei, 1934–1951 Generalbischof.
4 Im Original handschriftl. Bearbeitungsvermerke.

1 Grenzbote. Deutsches Tagblatt für die Karpatenländer, 72. Jahrgang, Folge 219, 18.8.1942. Der Grenzbote erschien von 1869–1945 in Preßburg. Auszugsweiser Abdruck in slowak. Übersetzung in: Nižňanský/Kamenec (Hrsg.), Holokaust, Bd. 2 (wie Dok. 8, Anm. 1), Dok. 87.
2 Die Rede hielt Tiso anlässlich des Erntedankfests in Holič.

was mir schadet und was mein Leben bedroht. Und daß das jüdische Element das Leben der Slowaken bedroht, davon, glaube ich, muß niemand erst überzeugt werden.
Unlängst haben unsere Herren ein altes Buch in die Hände bekommen, in dem die ungarischen und oberungarischen Städte beschrieben waren. Daraus war ersichtlich, wie viele Juden im Jahr 1840 in den slowakischen Städten lebten. In den großen Städten, wie Sillein, Neutra u. a. gab es damals 30–40 Juden. In nur 100 Jahren hat sich das verzehnfacht. Sie wurden immer mehr, und welche Juden waren das! Sie arbeiteten nicht auf den Feldern, sondern die Juden saßen in den Ämtern, Banken und in verschiedenen hohen Ämtern. Sie zapften das Erträgnis der slowakischen Erde, der slowakischen Arbeit für sich ab. Wir haben festgestellt, daß sich 38 v. H.[3] des nationalen Einkommens in den Händen der Juden befanden. Damals, als 3 Millionen 62 v. H. des slowakischen Einkommens hatten, besaßen die 5 Prozent Juden 38 v. H. desselben!
Dieses Verhältnis zwischen der Nation und dem Judentum hat sich ständig erweitert, und es wäre noch schlimmer geworden, wenn wir uns nicht rechtzeitig besonnen und uns nicht von den Juden gereinigt hätten. Wir handelten nach dem Gebot: *Slowake, entledige dich deines Schädlings! In diesem Sinne machen wir und werden wir auch weiterhin Ordnung machen.*

DOK. 75
Ibolya Hoffmann beschreibt am 19. August 1942 ihre Verzweiflung angesichts der Deportation ihrer Eltern[1]

Handschriftl. Tagebuch von Ibolya Hoffmann, Eintrag vom 19.8.1942

19. VIII (42)
Mir ist es weh ums Herz. Ohne Eltern,[2] ohne jemanden da zu haben, den man liebt. Ich bin so einsam u. kann dennoch nicht weinen, weil ich nicht alleine bin. In meinem Inneren ist so eine Leere. Ich denke u. denke nicht. Um mich herum ist alles weiß, weiß, traurig, öde … Also ganz alleine. Was wird, wohin, wann was und warum, warum? Wenn ich schreien könnte, wäre es leichter, aber ich habe keine Energie dazu. Hilf mir, Du Macht, die über uns steht, an die ich glaube. Du musst doch helfen! Es muss doch wieder gut werden; wenn man sich nur halten könnte. Die Nerven u. alles übrige. Hilf mir!

3 Von Hundert.

1 YVA, O.33/5629, Bl. 270 f.
2 Filip Hoffmann (1890–1942) und Rosa Hoffmann, geb. Wagner (1886–1942), wurden im Juli 1942 nach Auschwitz deportiert und ermordet.

DOK. 76

SS-Untersturmführer Urbantke vom SD zitiert am 21. August 1942 den Hirtenbrief der slowakischen evangelischen Bischöfe, der Voraussetzungen zur Taufe von Juden nennt[1]

Schreiben von SS-Untersturmführer Urbantke[2] (Ur/Tl), Wien, an SD-Leitabschnitt Wien, Abt. III B, SS-Hauptsturmführer Herrmann,[3] vom 21.8.1942

Betr.: Hirtenbrief der slow. evangelischen Bischöfe zur Judenfrage. Vorg.: Ohne.

Am 3.8.42 fand eine Sitzung der slow. evangelischen Bischöfe statt, die sich mit der Judenfrage beschäftigte. Auf dieser Konferenz wurde ein Hirtenbrief erlassen, der ungefähr folgendes besagte:

„Die Slowakei wird immer wieder als kirchlicher Staat bezeichnet, obzwar sie in Wirklichkeit alles andere als ein kirchlicher Staat ist, wie aus der Behandlung der Juden hervorgehe. Das Schicksal der Juden sei nicht nur für Gott, sondern auch für die Welt über alle Maßen betrüblich. Die slow. evang. Bischöfe haben seinerzeit gegen den Judenkodex protestiert, doch sei dieser weder gemildert noch aufgehoben, im Gegenteil, er sei noch verschärft worden. Die slow. evang. Bischöfe haben sich daher in voller Verantwortung ihres religiösen Bewußtseins, das ihnen vorschreibt, nicht das Blut oder die Rasse, sondern den Glauben als das Maß der Dinge anzusehen, sich beraten und erteilen ihren Priestern folgende Vorschriften für die Aufnahme der Juden in die slow. evang. Kirche. Bei dieser Aufnahme sei folgendes zu fordern:

1.) slow. Muttersprache und Bekenntnis zur slow. Kultur und Nation.

2.) Kenntnis der christlichen Glaubensgrundsätze.

3.) Der aufrichtige hinterhaltslose Wille des Täuflings, die Konfirmation als Zeichen des Übertrittes zum christlichen Bekenntnis zu empfangen.

4.) Ein ordentlicher moralischer Lebenswandel nach den Grundsätzen des evangelischen Christentums.

5.) Bereitschaft zur Unterstützung des slow. evang. Glaubens, nicht nur durch ideelle, sondern auch durch materielle Opfer.

Wenn diese Forderungen alle erfüllt werden, dann haben die slow. evang. Pfarrer, von denen wir genau wissen, daß sie wegen Judentaufen sogar von den Behörden verfolgt werden, obzwar sie nur ihre religiöse Pflicht tun, die Konfirmation vorzunehmen."

Dieser Hirtenbrief, der in den evang. Kirchenblättern veröffentlicht werden sollte, verfiel der Konfiskation. Daraufhin wurde er vom Londoner Sender in der slowakischen Sendung verlesen. Es sei darauf verwiesen, daß die Taufen seitens der slow. evang. Kirche weiterhin in sehr großen Massen vorgenommen werden, u.zw. ohne daß die im Hirtenbrief angeführten Forderungen erfüllt würden, mit Ausnahme vielleicht der Forderung des Punktes 5 nach materieller Unterstützung.

1 BArch, R 70/208, Bl. 44 f.

2 Wilhelm Urbantke (1908–1945), Kaufmann; 1932 NSDAP-, 1933 SS-Eintritt; von Mai 1937 an Berichterstatter des SD-Leitabschnitts Wien, von Juni 1940 an im RSHA, Amt III, rückte 1943 zur Waffen-SS ein; 1951 vom Landgericht Wien mit Wirkung zum 8.5.1945 für tot erklärt.

3 Emil Herrmann (1907–1944); von Herbst 1941 an Leiter des Slowakei-Referats des SD-Leitabschnitts Wien, von April 1944 an Kommandeur einer SS-Division.

DOK. 77

Štefan Schwarz schickt am 13. Oktober 1942 seiner Schwester Vera einen Brief in das KZ Auschwitz-Birkenau[1]

Handschriftl. Brief von Štefan Schwarz,[2] Bratislava, ul. Kuzmányho 12, an Vera Weiner,[3] Lager Birkenau bei Neu-Berun,[4] vom 13.10.1942[5]

Unsere teure Veruška,
wir glauben, Deine Adresse gerade genauer erfahren zu haben. Darum schreibe ich Dir auch direkt. Wir sind gesund und hoffen, auch von Dir eine gute Nachricht zu bekommen. Wir hoffen, daß Du unsere Karten bekommst, wenn Du auch nicht antwortest; hauptsächlich in der letzten Zeit habe ich Dir mehrere Karten geschickt. Von Fričko[6] hören wir öfter indirekt – wenn er auch selbst schon lange nicht geschrieben hat. Ich arbeite wie früher; dasselbe gilt über Robert und Heinrich. Ich fahre jede Woche zu Mama, Apa[7] nach Nove Mesto. Um sie habe [ich] keine Sorgen. Wir küssen Dich warmst.
Dein immer an Dich denkender Bruder

DOK. 78

Das Genfer Büro des Central Zionist Office trägt am 20. Oktober 1942 Informationen über die getöteten und verhungernden slowakischen Juden im Getto Piaski zusammen[1]

Notiz vom Central Zionist Office London, Büro Genf, ungez., vom 20.10.1942

Mitteilung die Deportierten aus der Slowakei betreffend
Von den im neu geschaffenen Staat Slowakei ansässigen 90 000 Juden sind nicht weniger als 70 000 bereits nach Polen deportiert worden, und der Rest wird nach Angaben von amtlichen Regierungssprechern bald folgen.[2]

1 Privatarchiv.
2 Dr. Štefan (Pista) Schwarz (1914–1996), Mathematiker; im Nov. 1944 in die Außenlager Heinkelwerke und Haselhorst des KZ Sachsenhausen deportiert, Jan. 1945 Deportation in das Außenlager Ohrdruf, April 1945 Befreiung im KZ Buchenwald; Präsident der Akademie der Wissenschaften der Slowakei, Vizepräsident der tschechoslowak. Akademie der Wissenschaft.
3 Vera Weiner, geb. Schwarz (*1921), Schwester von Štefan Schwarz; am 18.4.1942 nach Auschwitz-Birkenau deportiert; sie hat nicht überlebt.
4 So lautete die vorgeschriebene Postadresse für das KZ Auschwitz-Birkenau.
5 Kuvert des Briefes mit dem Vermerk: „Konz. Lager verweigert die Annahme an Abs. zurück 22. Okt. 1942."
6 Friederik (Bedřich) Weiner (*1909), Ehemann von Vera Weiner; im März 1942 in den Distrikt Lublin deportiert und von dort nach Majdanek, wo er 1942 Erster Lagerführer war; er wurde ermordet; siehe VEJ 9/88.
7 Ungar.: Vater.

1 CZA, Z.4 313 092. Das Dokument wurde aus dem Englischen übersetzt.
2 Bis zum 20.10.1942 waren 57 628 Juden aus der Slowakei deportiert worden; siehe Einleitung, S. 34.

Auf Wunsch von Repräsentanten der Jewish Agency for Palestine und des World Jewish Congress hat der Päpstliche Nuntius in Bern, Monsignore Bernardini,[3] im März 1942 einen Bericht über die Misshandlungen und Deportation der slowakischen Juden an den Vatikan weitergeleitet. Am 2. April 1942 wurde die Jewish Agency in Genf vom Päpstlichen Nuntius darüber unterrichtet, dass einer Information Kardinal Magliones zufolge der Heilige Stuhl eine Demarche an die slowakischen Behörden mit der Bitte um Rücknahme der Ausweisungsbefehle richtete. Diese Intervention erwies sich jedoch als vergeblich, und die Deportationen wurden fortgesetzt. Das weitere Schicksal der Deportierten ist nicht bekannt, nur eine kleine Minderheit von ihnen hatte Gelegenheit, Freunde oder Verwandte in der Slowakei über ihren Aufenthaltsort in Polen zu unterrichten. Aber ihr Schicksal kann den folgenden Auszügen aus Briefen entnommen werden, die von einem der Deportierten aus Piaski,[4] einer Kleinstadt im Distrikt Lublin (Polen), wo einige Hundert von ihnen leben, geschrieben wurden.

Die Briefe bestätigen, was wir bereits aus vielen Berichten über die Behandlung und das Los Hunderttausender von Deportierten aus Deutschland, Österreich, der Tschechoslowakei, der Niederlande, Belgien, Frankreich etc. kennen, sowie das, was wir von den polnischen Juden, die man in den Gettos konzentriert oder von dort aus an unbekannte Zielorte verbracht hat, wissen.

Es ist mehr oder minder immer die gleiche Geschichte: Die Menschen werden all ihres Besitzes beraubt und in Viehwaggons zusammengepfercht, und viele sind, wenn sie am Reiseziel ankommen, krank oder bereits tot. Danach werden sie in Gettos in Polen getrieben, oder es wird irgendwo ein neues errichtet, wo man sie, völlig abgeschnitten von der Außenwelt, verhungern lässt und sie nur zufällig, auf legalem oder illegalem Weg, etwas Unterstützung erhalten. Ein kleiner Teil dieser Menschen, noch arbeitsfähige Männer etwa, wird zu Sklavenarbeiten herangezogen, solange sie diese verrichten können. Aber wenn sie krank werden oder zu schwach sind, erschießt man sie. (Das geht aus verschiedenen Berichten hervor, darunter auch aus der Geschichte eines Flüchtlings, der, nachdem man ihn aus Belgien nach Russland deportiert hatte und er von dort fliehen konnte, vor kurzem in der Schweiz gelandet ist.)

Viele alte Menschen, Familienangehörige, die nicht arbeiten können, und zahlreiche Kinder sind unlängst an diesen *unbekannten Bestimmungsort* transportiert worden, was Tod durch Erschießen oder durch Gift bedeutet, während die noch im Getto Verbliebenen wahrscheinlich demnächst dieses Schicksal teilen oder aufgrund der unzumutbaren Lebensbedingungen und des Nahrungsmangels dort sterben werden.

Die Briefe sind auf Deutsch geschrieben und wurden vom Büro der Jewish Agency for Palestine in Genf ins Englische übersetzt. Die Originalbriefe gelangten über

3 Filippo Bernardini (1884–1954); Geistlicher, Diplomat; 1933 Bischofsweihe, 1933–1935 Apostolischer Delegat in Australien, 1935–1953 Apostolischer Nuntius in der Schweiz, 1953–1954 Sekretär der Kongregation für die Evangelisierung der Völker.

4 Am 26.3. und 11.4.1942 wurden insgesamt 5000 poln. Juden aus dem Getto Piaski in das Vernichtungslager Belzec deportiert und danach slowak. und deutsche Juden in das Getto gebracht. Neben diesen lebten dort noch 6000 poln. Juden. Aufgrund von Überfüllung, Hunger, Krankheiten und Morden der Besatzer war die Sterblichkeit sehr hoch. Von Juli bis Nov. 1942 wurden die Gettoinsassen in das Vernichtungslager Sobibor deportiert und zudem am 2.11.1942 ca. 1000 kranke Juden auf dem jüdischen Friedhof erschossen. Die übrigen Juden wurden im Vernichtungslager Treblinka ermordet.

nichtjüdische Mittelspersonen an den Oberrabbiner[5] der Slowakei in Bratislava, und Kopien davon wurden von Kurieren aus der Slowakei in die Schweiz gebracht. Im ersten Brief beschreibt der Autor die Lebensbedingungen in Piaski und beschwört den Oberrabbiner, ihnen Hilfe zukommen zu lassen. Im zweiten Brief bestätigt er den Erhalt einer Nachricht des Oberrabbiners, die ihm zusammen mit etwas Geld und einigen Lebensmitteln für sich und einige andere Familien zugegangen ist. Der dritte Brief wurde von einem anderen Deportierten verfasst.

Auszug aus dem Brief vom 4. September 1942

Seit meinem letzten Schreiben an Sie habe ich die meisten „Galgozer“ (Anmerkung: ungarische Bezeichnung für die Bewohner der Kleinstadt Hlohovec in der Slowakei)[6] besucht und mich nach dem Verbleib der Übrigen erkundigt. Wir kamen nach einer dreitätigen Reise in Viehwaggons an einem Ort an, von dem aus wir 36 Kilometer zu Fuß und ohne Pause laufen mussten und ständig geschlagen und angetrieben wurden. Die Alten und Kinder transportierte man auf Bauernkarren. Unterwegs verschwand Frau Lipot Rottenstein, die man wahrscheinlich erschossen hat und die deshalb nicht in Piaski ankam.

Hier verstorben sind: Henrik Rottenstein, Adolf Rottenstein, Adolf Löwy (aus Berlin), Sidonia Wellisz, Irma Wellisz, Mor Wollitzer (aus Dvorníky) und Frau Neumann, die Mutter von Frau Ronay.

Von hier aus wurden folgende Personen an unbekannte Orte transportiert: Adolf Berenyi, Clara Brener, Igor Brener, die Witwe Weiss, Leopold Rottenstein, Herr Neumann (aus Zabrana), Alexander Hecht, Rosalie Hecht, Klapholz Jonas, Margit Klapholz und deren fünf Kinder, Josephine Knapo, Katharina Knapo, Werner Goldberger, Ignatz Goldberger und dessen Frau, Fanny Breuer, Leopold Weiss und dessen vier Kinder (aus Báb), Theresie Beck und weitere zwei Personen, Rosalie Herz, Kati Bauer und eine weitere Person, Frau Bachrach, Nanette Weiss (aus dem Altersheim), Herr David (aus Hlohovec). Zusammen also 35 Personen, die wahrscheinlich nicht mehr am Leben sind, da diese Transporte „Vernichtungstransporte“ genannt werden.

In der Umgebung arbeiten in Lagern: Eugen Scheer, Moritz Back, Eugen Wollitzer, Adolf Stern, Rudolf Gruenwald, Leo Klapholz, Simon Arloff, Mano Endler, Emil Gross, Leopold Weiss, Jacob Schlesinger, Bela Wollitzer (aus Dvorník), Adolf Pretzelmayer, Heinrich Neufeld, Bela Weiss, Fin Sklay (aus Nemeskutz).

Die restlichen 139 Personen leben hier und verhungern. Vor zwei Wochen verschwanden Martha Ronak und ihre Tochter und vor vier Tagen Frau Heller mit ihren zwei Kindern. Sie haben wahrscheinlich versucht, die Grenze zu erreichen. Ich bedaure, dass ich nichts von ihren Absichten wusste, ansonsten hätte ich sie darum gebeten, mich zu informieren, falls sie Erfolg haben sollten. Es gibt viele hier, die ihrem Beispiel gern folgen würden, da wir sehr, sehr verzweifelt sind und uns alles hoffnungslos erscheint. Aber direkt in die Arme des Todes zu laufen – das machen wir erst in einem Monat, wenn sich unsere Lage bis dahin nicht gebessert hat. Die Situation der Schwachen und Kranken ist aussichtslos. In der Zwischenzeit wurde ein Zaun um das Getto errichtet, was es sehr erschwert, etwas zu organisieren. Auch die Suppenküche musste schließen. Frau Rosalie, Frau Rottenstein,

5 Möglicherweise ist Oberrabbiner Armin Frieder gemeint, der als Mitglied der Arbeitsgruppe zahlreiche Berichte von Flüchtlingen und Briefen aus den Gettos und KZ sammelte und weiterleitete; siehe Einleitung, S. 35.

6 So im Original.

Hermine Weiss, Cornelia Lustig, Frau Diamant und deren Kinder, Ludwig Schwarz und dessen Frau, die Vajdas, Emilie Schwarz, die Familie Ivanovsky, David Weiss aus Zlkovec, Heinrich Schwarz und Familie Herrmann Schwarz (aus Dvorníky) quälen sich besonders und sind völlig ausgehungert, aber die anderen sind ebenfalls am Verhungern. Einige verfügen noch über bessere Kleidungsstücke, so dass sie es vielleicht noch zwei weitere Wochen aushalten werden. Aber wir sind alle in großer Not und bedürfen sofortiger Hilfe. Einige kämpfen heldenhaft um ihr Leben und insbesondere um das ihrer Kinder. Jeden Tag riskieren sie es hundertfach an den Mauern und außerhalb der Gettomauern, indem sie versuchen, etwas zu tauschen und zumindest ein Stück Brot zu ergattern.
Die hier ansässigen Juden sind unfreundlich, als ob wir für ihr Elend verantwortlich wären. Wir können keine Unterstützung von ihnen erwarten, denn unter den 1200 jüdischen Bewohnern sind nur um die 100, die Steuern bezahlen. Und in den letzten drei Jahren hat der Judenrat alles aus ihnen herausgepresst. Von dem so beschafften Geld haben die Juden aber so gut wie nichts gehabt und die slowakischen Juden überhaupt nichts, weil das Geld für den Unterhalt der Gendarmerie, der Polizei und der Sondereinheiten etc. ausgegeben wird und niemals genug ist.
Die Preise für Lebensmittel sind:
1 kg Zucker: 40–50 Zloty; 1 kg Brot: 10–12 Zloty; 1 kg Mehl: 25 Zloty
1 kg Bohnen: 20 Zloty; 1 kg Holz: 1 Zloty. Kartoffeln sind am billigsten und daher unser wichtigstes Nahrungsmittel; sie kosten 5 Zloty das Kilogramm. Fett zu bekommen ist unmöglich, und das minderwertigste Öl und die schlechteste Butter kosten 100–120 Zloty das Kilogramm. Wenn man bedenkt, dass wir für 500 Ks (slowakische Kronen) lediglich 80 Zloty bekommen, können Sie sich vorstellen, wie teuer alles ist und wie schwierig es ist zu überleben.
Für die meisten Menschen bestehen die Mahlzeiten am Morgen aus schwarzem Kaffee, manchmal mit etwas Sacharin, am Mittag aus Kartoffeln ohne Beilage und am Abend wiederum aus Kaffee und vielleicht einem kleinen Stück Brot, das aus Kleie und Spreu gebacken und schwarz und meistens verschimmelt ist. Ich kenne viele Familien, die erst um 11 Uhr aufstehen, um das Frühstück zu sparen. Sie kochen ihre Kartoffeln auf einem Ofen, 3 größere oder 4 kleinere pro Kopf. Das ist die tägliche Essensration. Die Menschen vermeiden es, sich zu bewegen, damit sie weniger Nahrung brauchen, aber das hilft nichts, wir haben ständig Hunger. Da es kein Fett und auch keinen Zucker gibt, sind viele krank, haben geschwollene Beine und Typhus. Paratyphus und Fleckfieber fordern ebenfalls ihren Tribut. Alle werden vom Verzehr des Brots krank, was die kraftlosen Körper noch weiter schwächt. Abgesehen von den Krankheiten leben wir in ständiger Furcht. Jeden Tag wird jemand geschlagen oder in eines der Arbeitslager verschleppt. Schüsse sind so häufig, dass wir sie gar nicht mehr hören.
Die Situation in den Arbeitslagern ist sogar noch schlimmer, denn wenn sich jemand arbeitsunfähig oder krank meldet, wird das als Sabotage betrachtet. Viele sind bereits erschossen worden. Das Schlimmste ist, dass wir keine Nachrichten aus der Heimat erhalten. Wir schreiben, aber es scheint keine Aussichten auf Antwort zu geben. Sollten wir auch den Winter hier bleiben müssen, dann kann sich jeder von uns schon einmal sein eigenes Grab ausheben. Die Lebensbedingungen sind unbeschreiblich. Die meisten Menschen schlafen auf dem Boden in Holzhäusern, die voller Läuse und Ungeziefer sind, 15 bis 20 in einem Raum. Die Dächer sind so kaputt, dass wir vollkommen durchnässt werden, wenn es regnet. Im Sommer ist es nicht so schlimm, aber wie wird die

Situation im Herbst und im Winter sein? Frauen und Kinder tragen Holzpantoffeln, weil viele von ihnen ihre Schuhe verkauft haben. Ich frage noch einmal: Was soll im Winter werden? Ich und meine Familie sind unter denjenigen, die keine Winterkleidung besitzen. Wir haben weder warme Unterwäsche noch Pullover. Daher sollte die jüdische Gemeinde etwas unternehmen, damit wir zumindest gebrauchte Kleidung erhalten. Ich bitte Sie, sorgen Sie dafür, dass allen, die hier leben, insbesondere den Armen, geholfen wird. Vielleicht kann die Unterstützung an einzelne Familienmitglieder gehen, wenn es nicht möglich sein sollte, sie an eine Anschrift zu schicken.

Aus einem Brief von demselben Autor, datiert vom 8. September 1942

Mit größter Freude und größtem Dank bestätige ich hiermit Ihre Nachricht und den Erhalt der Dinge, die Sie mir gesandt haben. Ich muss diesen Brief bis 5 Uhr morgens übergeben. Daher kann ich nur die Empfangsbestätigung von Familie Braun, die bei uns wohnt, beifügen. Bitte unterrichten Sie die Angehörigen der hier lebenden Menschen, dass alles, was sie geschickt haben, morgen verteilt werden wird. Was für die gesamte Gemeinschaft gedacht ist, werde ich so gerecht wie möglich verteilen.

Viele „Galgozer“ (Menschen aus Hlohovec) haben Geld bei Ariern, aber da die Herren (anscheinend sind die Nichtjuden gemeint, die das Geld und die Pakete aus der Slowakei brachten und mit der Nachricht des Schreibers zurückkehren)[7] so schnell abreisen müssen, kann ich die nötigen Informationen nicht beschaffen. Es ist Nacht, und uns ist unter Androhung der Todesstrafe untersagt, auf die Straße zu gehen, so dass ich die Leute nicht kontaktieren kann. Aber das Wichtigste ist, dass das Experiment erfolgreich war und wir mit weiteren Hilfslieferungen rechnen können.

Ich konnte verbotenerweise mit den Männern des ersten Transports Kontakt aufnehmen. Sie sind in der Nähe von Lublin, und insgesamt sind die Auskünfte positiv. Wir haben Nachricht von Bela David, Josef Eisenberg, Tulek Gruenwald, Niki Schwarz, Maci Hass, Pali Pollak, Hamo Katz, darüber hinaus von Männern aus Zajčice, die im Wasserwerk arbeiten, beispielsweise von Salgo Loewy, Horetzky, Jellinek und Ernö Bauer. Ich werde das Geld, das für diejenigen, die nicht hier leben, geschickt worden ist, weiterleiten.

Wir haben keine Möglichkeit, von hier aus Telegramme zu versenden, und können auf Ihr Telegramm nur antworten, wenn die Antwort bereits im Voraus bezahlt wurde.

Aus einem anderen Brief, ebenfalls aus Piaski, ohne Datumsangabe

Wir brauchen Essen, Schmuli und ich haben jeweils bestimmt schon 20 kg abgenommen. Schmuli arbeitet als Schreiner. Von dem wenigen, was er verdient, kauft er am Schabbat etwas von seinem […],[8] ansonsten überleben wir wie durch ein Wunder. Josy arbeitet als Wasserträger und verdient 2–5 Zloty und ein kleines Stück Brot am Tag. Daher haben wir mittags genug für eine Suppe und für drei in Salzwasser gekochte Kartoffeln am Abend. Brot ist sehr teuer. Für den Schabbat kaufe ich 50 g Butter und etwas mehr Brot. Das Brot besteht aus Kleie, Sand und Spreu. Unsere Leute sind nur noch ein Schatten ihrer selbst, auf den Straßen liegen die Leichen der Verhungerten. Dies ist ein alltäglicher Vorgang, und grundsätzlich bedeutet ein Menschenleben überhaupt nichts mehr. In den Arbeitslagern behält man die Kranken nicht länger als 15 Tage. Dann werden sie erschossen. Ich bitte Sie, sorgen Sie dafür, dass wir etwas Unterstützung über Ungarn erhalten, damit wir mit Gottes Hilfe überleben.

7 So im Original.
8 Ein Wort unleserlich.

DOK. 79

Ein Unbekannter beschreibt im Herbst 1942 die Lebensumstände der Juden in der Slowakei und deren Angst vor den Deportationen[1]

Brief von Chaim, Empfänger unbekannt, undatiert (Kopie)[2]

Meine Lieben,
seit vier Jahren sehne ich mich danach, ein richtiges Gespräch mit Euch zu führen. Wir sollten uns nicht einbilden, dass wir unsere Gedanken in unseren Briefen zum Ausdruck bringen können. Wenn überhaupt, können wir beim Schreiben diese nur knapp umreißen. Ich befürchte, dass ich mich nicht längere Zeit aufs Schreiben konzentrieren kann, wir haben uns so daran gewöhnt, unsere Entscheidungen selbst treffen zu müssen, aber vielleicht könnte ich mich zumindest mündlich äußern. Sicher wisst Ihr, wie es inzwischen hier um uns bestellt ist. Zuerst hat man uns unsere Geschäfte weggenommen, dann unser Geld, unser Gold, unsere Häuser, unsere Radioapparate, Schreibmaschinen, alle Sportgeräte, Pelze, Kleider, Möbel etc., und nun sind sie dazu übergangen, auch die Menschen, mit lediglich zwei Kleidern und drei Garnituren Unterwäsche zum Wechseln fortzubringen. Alles andere muss zurückgelassen werden. Die Leute müssen innerhalb von zwei Stunden packen und für die Abreise bereitstehen. Und das alles unter den hinderlichen und spöttischen Bemerkungen der Schaulustigen. Und die Übrigen, werden sie gehen? Gott allein weiß, was uns bevorsteht. Wann unser Haus an der Reihe sein wird, wissen wir nicht. Jede Minute spüren wir den Terror, unsere Nerven und Körper sind so angespannt, dass wir uns selbst nicht wiedererkennen. Wir sind hier alle in einem solchen Zustand. Es bricht uns das Herz, wenn wir in die Gesichter der Mütter blicken, denen man die Töchter weggerissen hat. Das ist wie ein Angriff auf ihr eigenes Leben. Es gibt bislang noch keine Nachricht von ihnen. Sollte jemals ein Brief kommen, werden die Eltern bereits deportiert sein. Die jungen Leute wurden an den Seder-Abenden[3] weggeholt. Die Dörfer sind fast alle menschenleer, mit wenigen Ausnahmen, die bleiben dürfen. Weder die Rabbiner noch die Alten oder Kranken wurden verschont, Frauen werden aus dem Kindbett gerissen, alles ist sehr unmenschlich. Es ist, als wären wir unter die Wilden gefallen. Viele versuchen, die Grenze zu überqueren, aber das ist mit großen Gefahren verbunden. Leuten wie uns werden keine Pässe oder ähnliche Dokumente mehr ausgestellt. Wir sitzen in der Mausefalle, mehr oder minder völlig hilflos. Meine Kinder denken, es wäre besser, im Himmel zu sein als hier. David ist sich vollständig klar darüber, dass er seine Eltern wahrscheinlich nicht wiedersehen wird, wenn er wegginge, und doch möchte er zu Euch kommen. Er hält das, was hier passiert, nicht länger aus. Ich danke Euch sehr für Eure guten Absichten. Vielleicht wäre es vor einigen Monaten noch möglich gewesen, eine Ausreisegenehmigung für das Kind zu erhalten, heute sind uns die Hände gebunden, sollte keine Hilfe von außen kommen, können wir gar nichts tun. Gott muss sich unser annehmen. Man könnte die Kinder außer Landes

1 JDC, 1933/44 # 536. Das Dokument wurde aus dem Englischen übersetzt.
2 Der Brief ist offensichtlich während der Deportationen zwischen Mitte April und Herbst 1942 geschrieben worden.
3 Vorabend des Pessachfestes, an dem an den Auszug der Israeliten aus Ägypten gedacht wird, Ex. 1–15. Seder (hebr.): Ordnung.

bringen. Ich weiß nicht wie, vielleicht mit Unterstützung eines Nichtjuden, es wäre den Versuch wert, schließlich geht es um die Rettung unserer Kinder. Aber wir sollten uns auch nichts vormachen: Wie kann ein Kind all dieses Leid ertragen, wie kann es sich des Hungers erwehren? Denn ohne Geld und ohne irgendetwas, völlig blank, bekommt man überhaupt nichts. Und Polen ist ein Kriegsschauplatz, hier wird gekämpft, und so viele Menschen drängen sich auf engem Raum zusammen. Dies sind unsere Ängste. Die jungen Leute, sagen sie, arbeiten in der Fabrik, aber alle anderen sind nur überflüssige Esser. Jetzt, wo alle die frische Luft genießen, dürfen wir, die wir schon immer große Naturfreunde waren, nur zwischen 8 Uhr morgens und 6 Uhr abends (Sommerzeit, eigentlich 5 Uhr nachmittags) ins Freie. Nicht in Parks, Gärten oder Freiflächen, uns bleibt nur die Straße. Ich selbst war seit 39 nicht mehr draußen. Es scheint mir einfach nicht angemessen, dieses Privileg zu nutzen, wenn alle meine Brüder noch viel Schlimmeres ertragen müssen. Nun, meine lieben Kinder, kann ich nichts mehr schreiben, aber es brennt, es brennt.[4] Helft und rettet uns, wenn Ihr könnt, schreibt mehr an unsere Freunde, vielleicht sind sie schlauer als wir, schreit es in die Welt hinaus, schreit nach Hilfe, betet zu Gott. Vielleicht wird Er Euch eher erhören als uns, alle in Eretz[5] Israel sollen für uns beten. Irgendwann muss der Vater ein Einsehen haben. Es geht doch um Seine Kinder. Er kann Seine Kinder doch unmöglich durch solches Leid gehen lassen, Er kann doch unmöglich warten, bis der Letzte fortgeschafft wurde. Tut, was immer Euch möglich ist.
Voller Liebe

DOK. 80
Vertreter der Slowakischen Eisenbahn und der Reichsbahn besprechen am 10. November 1942 in Bratislava den Fahrplan für weitere Deportationen[1]

Vermerk (vertraulich) über die Besprechung der Vertreter der Slowakischen Eisenbahn und der Reichsbahn, ungez., Bratislava, vom 10.11.1942

Vermerk über die Besprechung über weitere Da Züge[2] in Bratislava am 10. November 1942[3]
Im Herbst 1942 werden höchstens noch 2 Da Züge geführt. Weitere Da Züge erst im Frühjahr 1943. Für die GEDOB[4] wäre es mit Rücksicht auf die Witterungsverhältnisse und viele andere Umstände günstiger, die Da Züge noch im Herbst, das ist bis spätestens 15. Dezember 1942, zu führen. Insgesamt kommt noch eine Aussiedlung von 10 000 Personen in Betracht. Die Sonderzüge werden auch weiterhin mit 1000 Personen geführt. Die Leerzüge werden geschlossen zurückgeführt. Die Züge werden der RBD[5] Oppeln

4 Eventuell Anspielung auf das 1938 in Krakau verfasste jidd. Lied „S' brennt, Brider, s' brennt!" von Mordechai Gebirtig (1877–1942).
5 Eretz (hebr.): Land.

1 SNA, NS, Tnľud Dr. A. Vašek 1746–65. Abdruck: Raul Hilberg, Sonderzüge nach Auschwitz, Frankfurt a.M. 1987, Anlage 42, S. 203.
2 Reichsbahninterne Kennzeichnung eines Zuges zur Deportation von Juden, der außerhalb Polens zusammengestellt wurde.
3 Diese geplanten Deportationen wurden nicht durchgeführt; siehe Einleitung, S. 38 f.
4 Generaldirektion der Ostbahn mit Sitz in Krakau.
5 Reichsbahndirektion.

und GEDOB Krakau seitens der SŽ[6] 4 Tage vor der Abfahrt vorgemeldet. Der Wagenzug besteht auch weiterhin aus 1 C,[7] 25 gedeckten Wagen[8] für die Aussiedler und 4 Wagen für Lebensmittel und Gepäck. Mit Rücksicht auf die Witterungsverhältnisse können weitere Da Züge nur bis 15. Dezember 1942 fahren.

Es wurden folgende Pläne vereinbart:

A.
I. Tag Sered ab 13.05 90 940[9]
Leopoldov 13.35 – 14.00 92 238
Žilina prednádražie[10] 19.03 – 21.00 91 353
Čadca 22.08 – 22.40 94 531
II. Tag Zwardoň 23.59 – 2.17
Auschwitz an 5.51
III. Tag Lublin an 7.55

B.
Nováky ab 12.55 91 854
Prievidza-Boj. 13.17 – 14.08 4302/II
Hor. Stubňa[11] 15.45 – 16.50 90 536
Vrútky 18.06 – 19.26 92 253
Žilina 20.04 – 21.00, weiter wie im Plan A

C. Leerzug
Auschwitz ab 8.32
Zwardoň 15.12 – 16.32 94 522
Čadca 17.36 – 18.30 91 344
Žilina an 19.23

Zugnummerierung nach Auschwitz beginnend mit Da 325, nach Lublin beginnend mit Da 124. Leerzüge um 1000 höher.

Anwesenheitsliste

Besprechung über weitere Da Züge in Bratislava am 10. November 1942

Name	Dienstgrad	für
Richter[12]	Reichsbahnrat	GEDOB Krakau
Stier[13]	Reichsbahnoberinspektor	GEDOB Krakau
Bornhoff	Reichsbahnoberinspektor	RBD Oppeln
Smolko	Oberinspektor der S.Ž.	S.Ž. Bratislava

6 Slovenská Železnica (slowak.): Slowakische Eisenbahn.

7 C: Ein Wagen dritter Klasse für die begleitende Wachmannschaft.

8 Gedeckte Wagen steht für Güterwaggons.

9 Die Bedeutung dieser und der folgenden Nummern konnte nicht ermittelt werden.

10 Slowak.: Vorrang.

11 Richtig: Horná Stubňa.

12 Erich Richter (1909–2007); von 1941 an bei der GEDOB Krakau Referat 31/33 Betrieb, dann beim Reichsbahn-Betriebsamt Neu-Sandez; 1959 Beförderung zum Bundesbahnoberrat, 1969 zum Bundesbahndirektor, 1962–1975 Dezernent für Betriebswissenschaft bei der Bundesbahn Nürnberg.

13 Walter Stier (1906–1985); 1940–1945 Oberinspektor und Fahrplansachbearbeiter bei der GEDOB Krakau; 1949–1972 in der Hauptverwaltung der Bundesbahn, Reisestelle, Regierungssonderzugverkehr, 1969 Beförderung zum Bundesbahnoberrat.

Paška	Oberinspektor der S.Ž.	S.Ž. Bratislava
Pazdernik	Inspektor der S.Ž.	S.Ž. Bratislava
Rezníček	Oberadjunkt der S.Ž.	S.Ž. Bratislava
Karol Zábrecký	Sekretär	Min. des Innern Abt. 14
Dr. Mala	Oberkommissär	Min. des Innern Abt. 14

DOK. 81

Zwei Rabbiner aus der Slowakei bitten am 4. Dezember 1942 um Geld, um weitere Deportationen durch Bestechung zu verhindern und Gefangene in den Lagern zu unterstützen[1]

Brief, ungez., an einen unbekannten Empfänger vom 4.12.1942 (Auszug)[2]

Auszüge aus einem Brief von zwei nicht namentlich genannten Rabbinern[3] *vom 4. Dezember 1942 aus der Slowakei*
Übersetzung aus dem Hebräischen[4]
Mit Gottes Hilfe Friede und Segen sei mit Euch.
Bezugnehmend auf unseren ersten Brief und Ihre Antwort möchten wir Ihnen noch einmal einen knappen Bericht geben, wie die Dinge nun stehen.
Die Verhandlungen haben bewirkt, dass die Deportationen mit Gottes Hilfe ausgesetzt wurden, das heißt, man machte das Zugeständnis, die Deportationen vor dem Frühjahr nicht wieder aufzunehmen. Sollte es uns in der verbleibenden Zeit gelingen, die Ihnen bekannten Probleme hinsichtlich der Arbeitslager zu lösen und unseren besonderen Verbindlichkeiten, von denen Sie ebenfalls wissen, nachkommen zu können, besteht Hoffnung, dass er[5] die Unterbrechung [der Deportationen] bis zum Kriegsende verlängern wird. Sollte uns das eine oder andere allerdings nicht möglich sein, dann ist zu befürchten, dass sie, was Gott verhindern möge, *noch vor Jahresende* die Geißel der Deportationen wieder einsetzen werden. Wir haben Sie bereits darüber informiert, dass die andere Seite ihren Verpflichtungen nachgekommen ist, während wir hingegen nicht in der Lage sind, die unseren zu erfüllen.
Bis heute haben wir in mehreren Etappen insgesamt 62 000 in US-Währung und 301 000 in unserer eigenen Währung gezahlt. Am 15. November hätten wir weitere 25 000 US-Dollar und 700 000 in unserer Währung zahlen müssen. Wir sind jedoch mittellos. *Deshalb lassen Sie Gnade walten und haben Sie Mitleid mit uns, angesichts des Ausmaßes*

1 CZA, C.2 4110. Das Dokument wurde aus dem Englischen übersetzt.
2 Dem Brief liegen Auszüge eines Briefs von Silberstein an Arieh Tartakower vom Jan. 1943 in engl. Sprache bei, die auf das Schreiben der Rabbiner vom 4.12.1942 verweisen. Das Anschreiben wird hier abgedruckt.
3 Einer der Briefschreiber ist wahrscheinlich der Rabbiner von Nitra, Michael Dov Weissmandl.
4 Im Original kein Übersetzer angegeben.
5 Gemeint ist Dieter Wisliceny, der allerdings nur scheinbar auf die Bestechungsversuche durch die Widerstandsgruppe innerhalb der Judenzentrale, die sog. Arbeitsgruppe, eingegangen war. Das Ziel der Arbeitsgruppe war die Einstellung der Deportationen; siehe Einleitung, S. 35.

der uns drohenden Gefahr. Was passieren wird, wenn wir unseren Auflagen […][6] nicht nachkommen, ist jenseits allen Vorstellungsvermögens.

Was wir zu den besonderen Verpflichtungen bezüglich der Bestechungsgelder geschrieben haben, gilt auch für alle anderen Auflagen wie die Hilfe […][7] für die Arbeitslager. Leider geht aus Ihrer Antwort eindeutig hervor, dass Ihrer Weigerung, unserer Bitte nachzukommen, ein Motiv zugrunde liegt, nämlich, dass es unrecht von Ihnen oder vielmehr von uns ist, es zu versuchen und die Staatskasse dieses niederträchtigen Mannes[8] zu füllen, zumal in Anbetracht der kürzlich von der US-Regierung abgegebenen wohlbekannten Stellungnahme.[9]

Daher möchten wir Sie wissen lassen, dass wir Ihren Vorschlag, den Geldtransfer in der von Ihnen gewünschten Form abzuwickeln, weitgehend akzeptieren, allerdings unter der Bedingung, dass erstens das Geld in Ihrem und nicht in einem kriegführenden Land hinterlegt wird und dass das Geld zweitens einem Treuhänder übergeben wird, der von den hiesigen Adressaten des Transfers bestimmt wird …

Es ist erforderlich, zwischen Bestechungsgeld […][10] und den Mitteln für das Arbeitslager[11] zu unterscheiden. Das Erstere geht an einzelne Personen, die es in ihre eigene Tasche stecken werden, so dass es *keinesfalls* in die Staatskasse dieses niederträchtigen Mannes fließt. Insofern ist das Verbot, kein Geld an einen feindlichen Staat zu überweisen, auf diesen Fall nicht anzuwenden. Außerdem könnte man auch dieses Geld wie oben beschrieben transferieren …

Um Ihnen eine Vorstellung davon zu vermitteln, wie dringlich die Angelegenheit ist, wiederholen wir noch einmal, dass bis dato 60 000 Menschen deportiert worden sind und nun verstreut im Bezirk Lublin leben. Inzwischen liegt uns die gesicherte Rückmeldung darüber vor, dass diese Unglückseligen, die schon hier unter den grausamsten Umständen leben mussten, in wörtlichem Sinne heimgesucht wurden von Schwert, Seuchen und Hunger, auf Befehl dieses niederträchtigen Mannes erneut deportiert worden sind. Und dieses Mal – uns fehlen die Worte, es zu formulieren – zu dem einzigen Zweck, abgeschlachtet zu werden, so dass von den 60 000, die man aus unserem Land deportiert hat, nur noch sehr wenige am Leben sind …

Wir beschwören Sie, bitte behandeln Sie die Angelegenheit mit der angemessenen Dringlichkeit. Was auf dem Spiel steht, ist das Leben von Tausenden und Abertausenden. Und denken Sie daran, dass derjenige, der nur eine einzige Person vor der Deportation rettet, ihn oder sie vor dem sicheren Tod und einer grausamen Hinrichtung bewahrt. Gottes Gnade sei in diesem Falle mit uns. Es gibt eine Möglichkeit, diese Menschen zu retten, und zwar mit Geld. Gibt es irgendjemanden, der nicht verstünde, dass Geld im Vergleich dazu gar nichts ist? …

6 Ein Wort durchgestrichen.
7 Ein Wort durchgestrichen.
8 Die Verfasser meinen wahrscheinlich Hitler.
9 Die USA verboten nach ihrem Kriegseintritt 1941, Devisen nach Deutschland, in die von Deutschland besetzten Gebiete oder mit Deutschland verbündeten Staaten zu schicken.
10 Drei Wörter durchgestrichen.
11 Gemeint sind die Arbeitslager in der Slowakei in Nováky, Sered und Vyhne.

Suchen Sie nicht nach Gründen, warum Sie *nichts* geben können, sondern konzentrieren Sie all Ihre Bemühungen darauf, Wege und Möglichkeiten zu finden, wie Sie wenigstens einen einzigen Menschen aus dieser Hölle befreien können.
Und sollten Sie Zuflucht bei dem Gedanken suchen, dass der Krieg sich seinem Ende nähert, betrifft das – wenn Sie damit denn richtig lägen – das Wohl der ganzen Gemeinschaft. Aber in solchen Dingen ist es angebracht, auch das Gegenteil einzukalkulieren, dass der Krieg, was Gott verhindern möge, nämlich noch lange dauern könnte. Lassen Sie daher die Politik beiseite und schicken Sie uns das Geld …
Im Verhältnis zur gesamten Gemeinde
Nun kommen wir zu dem Punkt, den wir zuvor schon angedeutet haben:
a) Es gibt eine Möglichkeit, die uns bedrohenden Deportationen in ganz Europa, von Polen über Frankreich bis hin nach Rumänien und Griechenland, außer Kraft zu setzen und zu beenden oder zumindest abzumildern und einzuschränken.[12]
b) Es gibt eine Möglichkeit, die Geißel des Hungers in Polen zu mildern.
Und zwar deshalb, weil der Mann, der unter der Fuchtel des niederträchtigen Mannes für die Judenfrage im Reich zuständig ist, worauf wir bereits in unserem ersten Brief hingewiesen haben, *durchaus bereit dazu wäre.*[13]

DOK. 82
Dem SD-Leitabschnitt Wien wird am 11. Dezember 1942 gemeldet, dass der Priester Simkovič verhaftet wurde, weil er Juden Taufscheine mit gefälschtem Datum ausgestellt hat[1]

Schreiben (Hr./Zi.), ungez., Bratislava, an SD-LA Wien III B, SS-Hauptsturmführer Herrmann,[2] vom 11.12.1942

Betr.: Gefälschte Taufscheine von Juden. Vorg.: Ohne.
Nunmehr ist es gelungen, den Nachweis zu erbringen, daß die Gerüchte und auch Meldungen über gefälschte Taufscheine der Juden auf Tatsachen beruhen.
Am 20.11.42 nahm die UŠB[3] den röm. kath. Pfarrer *Šimkovič* Vinzenz[4] aus Lutyša[5] (vorher Dona Tizina) fest. Er wurde nach Preßburg gebracht. Aufgrund seiner Aussagen wurden am 28.11. in Sillein folgende Personen festgenommen:
1.) Stefan *Uhliarik*, Sekretär der Bezirkshauptmannschaft in Sillein,
2.) Josef *Einhorn*, Jude, Kaufmann in Sillein,

12 Die Verfasser beziehen sich auf die Idee des Europaplans der Arbeitsgruppe. Durch hohe Bestechungsgelder sollte Deutschland dazu bewegt werden, die Deportationen generell zu beenden.
13 Gemeint ist wahrscheinlich Adolf Eichmann.

1 BArch, R 70/38, Bl. 15 f.
2 Emil Hermann.
3 Ústredňa štátna bezpečnosť (slowak.): Staatssicherheitszentrale.
4 Richtig: Vincent Šimkovič; kath. Priester; 1932–1937 Priester in Divina, dann in Lutiše, Unterstützer des Slowak. Nationalaufstands.
5 Richtig: Lutiše.

3.) Alois *Hrabovec*, Arier, Vertreter der Fa. Apollo-Naphta in Sillein, verheiratet mit einer Jüdin,
4.) Eugen *Durinik*, Drechsler in Sillein, alter Hlinkaparteiler und HG-Mitglied.
Soweit festgestellt werden konnte, hat dieser Personenkreis unter Führung des Pfarrers Simkovits[6] und des Drechslers Eugen Durinik den Juden Pate gestanden. Simkovits hat die Taufscheine für die Juden umschreiben lassen, um es diesen nachträglich zu bescheinigen, daß sie vor dem 14.3.39 getauft worden sind.
Zu den einzelnen Personen ist noch Folgendes zu sagen:
Uhliarik war als deutschfreundlich bekannt und glaubte auch, im Gegensatz zu seinen Amtsgenossen, an einen Sieg der deutschen Waffen. Als er am 28.11.42 festgenommen wurde und mit dem übrigen Personenkreis nach Preßburg abgeliefert war, erzählte der bekannte Tschechoslowak Dr. Robert *Kubiš*,[7] Advokat in Sillein, den gesamten Vorgang bereits am 29.11.42. Nach seiner Behauptung will er dem stellvertretenden Leiter der ÚSB geschrieben und um die Freilassung des Uhliarik gebeten haben. Es wird der Verdacht ausgesprochen, daß Uhliarik sich ebenfalls von Kubiš zu Schiebereien benutzen ließ und Kubiš nun versucht, bevor Aussagen über ihn vorliegen, Uhliarik freizubekommen. Die Möglichkeit der Beteiligung des U. an der Fälschung der Taufscheine ist nur darin zu sehen, daß U. bestochen worden ist. Einhorn ist Jude. Hrabovec steht unter dem Einfluß seiner jüdischen Frau, seine Kinder werden auch jüdisch erzogen, er wurde auch von jüdischen Kreisen aufgrund seiner arischen Abstammung als Tarnung benutzt.

DOK. 83

Hermann Herskovič schildert am 13. Dezember 1942 während seiner Vernehmung, wie er sich während der Deportationen verstecken und in die Schweiz flüchten konnte[1]

Protokoll der Kantonspolizei St. Gallen, Polizeiposten Buchs 3 (Rapport Nr. 331), gez. Hermann Herskovič,[2] unleserlich, an das Territorialkommando Kreis Sargans vom 13.12.1942

Einvernahme gegen: Herskovic Hermann. Betreffend: illegale Einreise
Der gestern Abend auf dem Bahnhofsareal Buchs arretierte jüdische Flüchtling: *Herskovic* Hermann, illeg.[3] der Fanny Herskovic, geboren am 19.8.1914 in Cabalovec-Sterkovce,[4] Slowakei, von Sterkovce, Landwirt, Israelit, ledig, wohnhaft gewesen in Sterkovce, wird wegen illegaler Einreise polizeilich einvernommen.

6 Šimkovič.
7 Dr. Robert Kubiš (1889–1953), Jurist; 1925 Abgeordneter im tschechoslowak. Parlament für die SĽS, Gegner Tukas; 1944 Mitglied des illegalen Gebietsausschusses für die Nordwestslowakei, der im Slowak. Nationalaufstand eine bedeutende Rolle spielte.

1 BAR, E 4264#1985/196#07456.
2 Richtig: Hermann Herskovič-Harris (1914–2012), Landwirt; Dez. 1942 Flucht in die Schweiz, Internierung in den Lagern Schönengrund und Birmendorf, Arbeit in der Landwirtschaft; nach 1945 Übersiedlung in die USA.
3 Illegitim.
4 Richtig: Čabalovce-Sterkovce.

Nach Bekanntmachung der erlassenen Weisungen vom 14.10.1942 betr. Art. 2 des BRB[5] vom 4.8.1942 macht der Genannte auf Vorhalt nachstehende Aussagen:
Ich bin in Sterkovce geboren und aufgewachsen. Da zu meiner Jugendzeit in dieser Ortschaft noch keine Schule existierte, besuchte ich diese in der Nachbargemeinde Medzilaborce. Neben der Volksschule, in welcher ich 5 Klassen absolvierte, besuchte ich auch noch 8 Jahre die jüdische Schule. In Letztere trat ich schon mit 5 Jahren ein und ging in diese neben der Volksschule. Nach Beendigung der Schulzeit arbeitete ich auf dem Hof meines Vaters, der neben diesem noch eine Wirtschaft und Laden betrieb. Ich möchte noch bemerken, daß meine Eltern nur rituell getraut wurden und ich aus diesem Grunde als illegitim gelte. Mein Vater hieß *Bene Bobker*. Vor 4 Jahren starb meine Mutter und am 2. August 1940 der Vater. Schon am Sterbetag des Vaters wurde die Bewilligung zur Führung der Wirtschaft und des Ladens uns entzogen. Mit der noch ledigen Schwester, die andere ist mit einem [Mann namens] Reich in Medzilaborce verheiratet, führte ich den Hof weiter. Am 15. April 1942 erhielt ich von befreundeter Seite die Mitteilung, daß alle Juden nach Medzilaborce kämen und von dort in Sammeltransporten deportiert würden, wohin sagte man nicht. Wie ich weiter in Erfahrung bringen konnte, sollten wir nach Polen verschickt werden. Um diesem Los zu entgehen, floh ich mit meiner Schwester in die Wälder, wo wir uns 14 Tage versteckt hielten. Nachher begaben wir uns heimlich zu der in Medzilaborce wohnenden Schwester. Diese teilte uns mit, daß die Behörde den Hof mit allem lebenden und toten Inventar an die Bauern am 17. April 1942 versteigert habe. Durch diese Gewaltmaßnahme wurden wir bettelarm und habe ich heute nur noch, was ich auf mir trage. Während meine Schwester sich bei andern Verwandten versteckte, verblieb ich bei Reichs in einem Versteck. Dieses befand sich zwischen der Zimmerdecke und Dachboden und hatte eine Höhe von ca. 60 cm. In diesem konnte ich mich nur liegend aufhalten und verblieb in diesem bis zu meiner Flucht nach der Schweiz. Da in der Woche mehrmals Hausdurchsuchung gemacht wurde, getraute ich mich nie aus demselben heraus. Die Notdurft verrichtete ich in einem Kessel, den die Verwandten am Abend jeweils leerten.
Ende Oktober ca. kam der Verwandte Schwartz[6] auch in das Versteck. Dieser musste sich auch verborgen halten, da er sonst deportiert worden wäre. Da von Deportierten, die aus Polen geflohen waren, berichtet wurde, daß fast 80 % der Juden dort gestorben seien, beschlossen wir, um diesem Schicksal zu entgehen, nach der Schweiz zu fliehen. Es war für uns noch das einzige Land, wo wir gerettet werden konnten. Unser Beschluß wurde darin bestärkt, da mein Schwestersohn Reich Hugo[7] von einem christl. Bauern vernommen hatte, daß schon Glaubensgenossen nach der Schweiz gelangt seien. Am 4. Dezember ca. schien die Gelegenheit günstig. Hugo arbeitete am Bahnhof, wo er mit

5 Bundesratsbericht; Art. 2 des BRB vom 4.8.1942 basiert auf dem Bundesratsbeschluss vom 17.10.1939, demzufolge die Schweiz von nun an zwischen anerkannten politischen Flüchtlingen und Emigranten, die das Land wieder zu verlassen hatten, unterschied. Mit Bezug auf diesen Bundesratsbericht wurde auf Initiative des Chefs der Fremdenpolizei, Dr. Heinrich Rothmund, eine Grenzsperre für nichtpolitische Flüchtlinge erlassen.

6 Leopold Schwartz (*1917), Religionslehrer; floh im Dez. 1942 in die Schweiz, bis 1944 interniert, Dez. 1944 Ausreise nach Frankreich, Eintritt in die Alliierten Armeen; emigrierte nach Kriegsende in die USA.

7 Hugo Reich (*1923), Arbeiter; floh im Dez. 1942 in die Schweiz, war dort bis 1944 interniert, Dez. 1944 Ausreise nach Frankreich, Eintritt in die Alliierten Armeen; von 1945 an in Frankreich.

noch andern einen Eisenbahnwagen mit Holzkohle beladen musste. An der Aufschrift am Wagen ersah er, dass dieser nach Buchs, Transit Schweiz kam.
Während Hugo schon gegen den Abend mittelst eines Wagens das Gepäck in die Nähe des Eisenbahnwagens brachte, begaben Schwartz und ich uns erst bei Beginn der Dunkelheit nach dem Bahnhof, wo wir von Hugo erwartet wurden. Wie wir konstatieren konnten, war der Wagen bereits abgewogen und harrte dieser nur noch der Plombierung. Da keine fremde Person anwesend war, stiegen wir durch die Türe in den Wagen hinein. Die Türe wurde sofort, um vor einer Entdeckung sicher zu sein, vom jüngeren Bruder des Hugos und noch einem Glaubensgenossen geschlossen. Den größten Teil des Gepäckes nahmen wir zum Fenster hinein. Schon kurze Zeit darauf wurde der Wagen plombiert. Ziemlich später erschien Grünfeld.[8] Diesen zogen wir zum Fenster hinein. Erst am Morgen des 5. Dezember ca. 06.30 fuhr der Zug mit uns ab. Dieser hielt bis zur Grenze an vielen Orten an. Doch ist es mir nicht möglich, die Route zu beschreiben und welche Ortschaften dies waren, da wir uns nicht getrauten hinauszuschauen. Auf der letzten Station wollte jemand eine Kontrolle machen, da wir aber die Kohlen gegen die Türen gedrückt hatten, konnten diese nur ganz wenig geöffnet werden. Dadurch war es nicht möglich, uns zu erblicken. An dieser Kontrolle merkten wir, daß wir an der Grenze waren. Wie wir in Buchs anlangten, dies geschah am 12.12.42, gegen den Mittag, getrauten wir uns noch nicht aus dem Wagen. Erst gegen 14.00 kletterte Schwartz, um sich zu orientieren, aus diesem heraus. Da er nicht mehr erschien, begab sich gegen Abend Grünfeld hinaus. Auch dieser kam nicht wieder. Erst als in der Nacht jemand rief, Kameraden kommt heraus, ihr seid in der Schweiz, verließen wir unser Versteck. Wir wurden sofort von der Polizei in Gewahrsam genommen. Während der Flucht verpflegten wir uns mit Brot, Zucker, Marmelade, Käse, Äpfeln, Zitronen und Schnaps. Die Flucht erfolgte, weil ich einer Deportation entgehen wollte. Sollte ich zurückgestellt werden, wäre mein Leben verwirkt. Ich bitte Sie deshalb, mich in der Schweiz zu belassen, und werde ich mich in jeder Beziehung an die Vorschriften halten. *Barmittel habe ich keine. Neben einem Überzieher nur, was ich auf mir trage. An Ausweispapieren habe ich eine Legitimationskarte.*
Ich nehme nochmals Kenntnis von den erlassenen Weisungen. Meine Angaben entsprechen genau der Wahrheit.
Vorgelesen und bestätigt

8 Eugen Grünfeld (*1926), Schlosser; lebte von Febr. 1943 bis Dez. 1944 in den Schweizer Internierungslagern Bonstetten, Chaluet und Beatenberg; 1947 in die USA emigriert.

DOK. 84
Fritz Weiner bittet seine Mutter Ende 1942, ihm keine Päckchen mehr in das KZ Lublin-Majdanek zu schicken[1]

Brief von Fritz Weiner, KZ Lublin-Majdanek,[2] an seine Mutter,[3] Nové Mesto nad Váhom, undatiert[4]

Meine liebe und teure Mutti!
In meinem letzten Schreiben habe Dir und Euch Vorwürfe gemacht, daß Du mir nichts schreibst. Ich schreibe nicht, daß ich von Dir oder Euch jetzt ein Schreiben erhalten habe, aber das kleine Päckchen, was mir durch einen Zufall in die Hand geriet, habe ich eine Freude erlebt, was Ihr Euch nicht vorstellen könnet.[5] Mutti, bitte in der Zukunft schicke mir keine Päckchen, denn ich betone Dir, l. Mutti noch einmal, daß ich nur durch Zufall zu dem Päckchen gekommen bin. Heute schreibe ich noch an Pista,[6] wo ich ihn bitte, daß er sich etwas verschaffen soll und mit dem meiner lieben Frau zu helfen. Mutti, es freut mich, dass Du, l. Mutti, Rôpi u. Heinrich gesund seid. Mit Janka war ich eine Zeit in brieflichem Kontakt, d. i. im Herbst hat sie mir zuletzt geschrieben. Lengyel schrieb mir vor einem Monat, u. in seinem Brief schreibt er, daß Janka mit den Schwiegereltern u. Erna fortgefahren sind, wohin, weiß er nicht, u. ich mache Schritte um zu erfahren, wo Janka u. übrige jetzt wohnen. Bitte mir zu schreiben, was Elsa, Sary und Erwinko machen. Richte aus der Margit Kohn, daß ihr Mann nach Auschwitz versetzt wurde noch im Mai 1942 mit Dr. Winter, Gmeyner, Neufeld und vielen anderen. Der Anika Rohaček richte aus, daß ich die Briefe an Maria und Oskar erhalten habe, u. teile ihnen mit, daß beide in der Čachtická ul.[7] wohnen. Mutti, ohne mich zu überschätzen oder ohne zu phantasieren, kann ich Dir, l. Mutti, nur so viel mitteilen, daß ich mich erhalten habe, daß wir noch immer die stärkste Gruppe sind. Bitte viele Grüße u. Küsse an Schwiegereltern, Rôpi, Heinrich, Nelly und Robert zu übergeben. Mutti, weine nicht, Dein Fritzchen kommt und küsst Dich noch, küsst Dich, teuere Mutti tausendmal.

1 Privatarchiv.
2 Handschriftl. von Dr. Štefan Schwarz im Brief vermerkt. Fritz Weiner war mit Schwarz' Schwester Vera verheiratet.
3 Berta Weiner (*1879), Hausfrau; sie hat nicht überlebt.
4 Im Original weitere handschriftl. Vermerke von Dr. Štefan Schwarz: „Berta Weiner, N.M. n.V; Fritz Weiner, Lublin-Majdanek, geb. 16.12.1909 Nové Mesto nad Váhom. Das ist der letzte Brief von Frico an seine Mutter." Fritz Weiner hat 1943 noch zwei Karten aus Majdanek an Dr. Štefan Schwarz geschickt. Das Original enthält Grammatik- und Rechtschreibfehler, die hier behutsam korrigiert wurden. Sprachliche Eigenheiten wurden beibehalten.
5 So im Original.
6 Pista, Kosename von Štefan Schwarz.
7 Dort befand sich der Alte Jüdische Friedhof von Nové Mesto nad Váhom, der einen kath. und seit den 1830er-Jahren einen jüdischen Teil hatte. Dieser lag an der Čatická-Straße. In den 1960er-Jahren wurde der gesamte Friedhof beseitigt und zu einem Park umgestaltet; nur noch der Grabstein des Rabbiners David Deutsch ist dort zu sehen.

DOK. 85
Gisi Fleischmannová bittet am 12. Februar 1943 um Hilfsgelder für die bedrohten slowakischen Juden[1]

Brief von Gisi Fleischmannová,[2] gez. Gisi, kein Adressat genannt, vom 12.2.1943[3]

12. Feber 1943.
Die Tragödie, die dank unserer Arbeit eine Unterbrechung erfahren hat, soll nun Fortsetzung finden. Es erübrigen sich ja weitere Kommentare. Sie ersehen ja alles aus dem beigelegten Zeitungsartikel.[4] Naturgemäß hat eine ungeheure Panik eingesetzt, denn es ist jedem klar, daß die Fortsetzung der Aktion gleichbedeutend mit dem Tode ist.[5] Unabhängig der Struktur und Ideologie dieses Staates müssen wir objektiv feststellen, daß unsererseits die Versprechen nicht eingehalten wurden. Wir haben es kommen gesehen, und nun sind alle dem Tode geweiht.[6]
Eine kurze Galgenfrist ist uns noch beschieden und selbstverständlich wurden die Abwehrmaßnahmen auf der ganzen Front ergriffen, damit wir durch richtig durchgeführte Interventionen die maßgebenden Persönlichkeiten entsprechend bearbeiten. Sie sind ja bereits informiert, welche Voraussetzungen hierzu notwendig sind, u. zw. müssen wir vor allem die monatlichen Fälligkeiten liquideren umso mehr, da wir bestimmte Verpflichtungen an für uns lebenswichtige Personen infolge der Passivität unserer Freunde jenseits der Grenzen nicht eingehalten haben. Darüber hinaus müssen wir unter allen Umständen für die Machnoth[7] einen Betrag, wenn auch in zwei Raten, in der Ihnen bekannten Form zur Verfügung stellen, damit wir wenigstens eine Geste des guten Willens zeigen. Dies bezieht sich aber lediglich auf die Vergangenheit. Zur Abwehr der akuten Gefahr müssen wir unbedingt mit größeren Opfern rechnen, wie es die Praxis aus der Vergangenheit zeigte.[8]
Sie werden nun begreifen, daß wir mit der von Ihnen uns zur Verfügung gestellten Hilfe nicht auskommen können und ersuchen wir Sie eingedenk, in welcher Todesgefahr wir uns befinden, sich zu Höchstleistungen anzuspornen.

1 YVA, M.20/93, Bl. 46 f.
2 Gizela (Gisi, Gizi) Fleischmannová, geb. Fischer (1892–1944); in den 1920er-Jahren in der WIZO aktiv, slowak. WIZO-Präsidentin, Repräsentantin des Jüdischen Weltkongresses für die Slowakei, von Sept. 1940 an in der Judenzentrale, Auswanderungsabt.; im Widerstand aktiv, am 15.10.1944 verhaftet und in das Arbeitslager Sered deportiert, dann nach Auschwitz, am 19.10.1944 dort erschossen.
3 Der Brief ist aus Sicherheitsgründen codiert verfasst, wie alle Schreiben innerhalb des Informationsnetzwerks.
4 Liegt nicht in der Akte.
5 Gemeint sind die Deportationen und deren Stopp sowie die Angst vor deren Fortsetzung; Dok. 81 vom 4.12.1942.
6 Da aus den USA und anderen alliierten Staaten keine Gelder an NS-Deutschland gezahlt werden durften, hatte der slowak. Widerstand die Bestechungsgelder an Wisliceny nicht bezahlen können, für die dieser im Gegenzug den Stopp der Deportationen zugesagt hatte.
7 Hebr.: Lager, hier im Sinne von Zwangsarbeitslager verwendet.
8 Diese und die folgenden Passagen beziehen sich auf den Plan, durch Bestechung von Politikern, insbesondere von Dieter Wisliceny, die Deportationen beenden zu können.

Wir sind noch immer nicht im Klaren, ob die Ihrerseits zur Verfügung gestellten Esrim Alafim Kol Chodesch[9] von Sallys[10] Heimat oder von Troper[11] stammen, aber auch für den Fall, daß diese Hilfe nicht von Troper ist, werden Sie einsehen, dass dies für Sallys Freunde[12] ein zu geringfügiger Betrag ist, wenn es darum geht, Chaim[13] zu retten.[14]
Wir möchten Sie auf einen Umstand aufmerksam machen, daß anläßlich der letzten Konferenz, die vor der Milchamah[15] bei Miklos[16] stattfand, in Gegenwart von Troper, Dr. Schwarz,[17] Jakobson,[18] wie auch 4 Mitglieder unseres Komitees, seitens Tropers die feierliche Erklärung abgegeben wurde, daß das damals unverbrauchte Saldo unserer Subventionsquote aufrechterhalten bleibt, was auch immer geschehen mag. Alle obengenannten 7 Teilnehmer dieser Konferenz sind am Leben, können daher für die Richtigkeit dieser Angabe Zeugenschaft ablegen. Bezugnehmend auf diesen Umstand, bitten wir Sie, dahin zu wirken, daß, wenn keine weiteren Möglichkeiten der Hilfe von Troper sich ergeben, diese unausgenützte Subventionsquote für uns zu erwirken. In Betracht ziehend die Schwierigkeiten, die Troper nun hat, nehmen wir Bezug auf Ihre Schreiben vom 7. November v.J.,[19] und sind wir bereit, die Dispositionen diesen Vorschriften entsprechend durchzuführen. Dies bezieht sich auch auf unseren Antrag, welchen wir in beigelegten Schreiben vom 14.I.43 anführen u. zw. auf den Vorschlag des Chawers[20] aus Miklos Heimat.
In diesem Zusammenhang erbitten wir nunmehr Ihre definitive Mitteilung, über welche Beträge wir auf diese Weise verfügen können, es sei aus unserer unausgenützten Quote, oder aber der neuen Subvention, die uns in einem Ihrer Briefe aus dem Vorjahr von Troper fix zugesagt wurde. (Ihr Brief 7. Nov. v.J.)
Analog unseres Schreibens vom 17. Jänner d.J. bitten wir Sie die für Februar d.J. zugesagten Esrim Alafim gleichfalls auf Konto Check 10 421 bei dem bekannten Institut zu erlegen, wobei alle unsere am 14. Jänner d.J. eingegangenen Verpflichtungen auch für diesen Fall gelten.

9 20000. Wohl Hinweis auf die bereits erfolgte Zahlung von 20 000 US-Dollar an Dieter Wisliceny; siehe Einleitung, S. 35.
10 Sally (Saly) Mayer (1882–1950), Schweizer Textilfabrikant, Politiker; von 1940 an Vertreter des Joint in der Schweiz.
11 Maurice (auch Morris) Troper (1892–1962), Jurist; Tätigkeit als Anwalt und Wirtschaftsprüfer in New York, von 1920 an für den Joint tätig, 1938–1942 Vorsitzender des European Executive Council des Joint, 1942–1948 Offizier in der US-Armee.
12 Gemeint sind Sally Meyers deutsche Verhandlungspartner.
13 Hebr.: Leben.
14 Der in der Schweiz lebende Sally Mayer warb von den dortigen Juden Spenden ein, um Hilfsgelder auch in die deutsch besetzten Gebiete zu schicken, während die Joint-Zentrale in den USA, für die hier Troper steht, sich weitgehend an die Direktive des State Department hielt, wonach die Überweisung von Devisen nach Deutschland und in die deutsch besetzten Gebiete verboten war.
15 Hebr.: Krieg.
16 Codewort für Ungarn.
17 Wahrscheinlich Dr. Joseph J. Schwartz; 1942–1951 Generaldirektor des Joint.
18 S. Bertram Jakobson; bis Nov. 1941 Direktor des Joint in Ungarn.
19 Nicht ermittelt.
20 Hebr.: Freund, Kamerad.

„Betrifft Zewiah“[21]
Leider werden die Nachrichten von dort immer spärlicher. Es ist, wie wenn die unter einem Hause Verschütteten sukzessive jedes Lebenszeichen einstellen. Auch die Arbeit der Schlichim[22] wird immer erfolgloser, wir müssen es ertragen, daß unsere Menschen als verloren zu betrachten sind. Selbstverständlich sind wir trotz alledem bemüht, um Spuren nachzugehen, doch durch die Nachrichten, die durchsickern, ersehen wir das große Sterben.
Wie Sie aus meinem Schreiben an Nathan ersehen, ist Willy[23] nicht mehr bei uns. In diesem Zusammenhange komme ich auch auf den großen Plan[24] und nehme Bezug auf die beigelegten Iwrit-Schreiben.[25]
Ich schließe nun in der Hoffnung, daß wir noch in der Lage sein werden, daß anläßlich des nächsten Besuches unseres Schelisch[26] bei Ihnen, wir den Kontakt mit Ihnen noch aufrechterhalten können, daß dies möglich wäre, hängt in großem Ausmaße von Ihnen ab.

DOK. 86
Ein unbekannter slowakischer Jude schreibt am 3. März 1943 über die Ermordung seiner Familie im Distrikt Lublin und über das Vernichtungslager Belzec[1]

Brief aus Kónskowola,[2] Rejowiec/Distrikt Lublin,[3] an Misi, vom 3.3.1943[4]

Lieber Misi:
Ich lebe noch, warum, weiß ich selbst nicht, wenn man das Leben nennen kann. Meine teure Margit und mein süßes kleines Mäderl, die Sarika, wurden am 9. August 1942[5] unter 1200 anderen bei dem großen Pogrom erschlagen, erschossen, zertreten, nebich.[6]

21 Codewort für Polen.
22 Schelich, Schlichim (Pl.) (hebr.): Bote, Boten; diese Kuriere überbrachten Nachrichten, Korrespondenzen und Geld.
23 Codewort für Dieter Wisliceny.
24 Europaplan der Arbeitsgruppe; siehe Einleitung, S. 35.
25 Liegen nicht in der Akte.
26 Vgl. Anm. 22.

1 AJA, BJC Series C, Subseries 3, Box C161, File 01.
2 Dorf nahe Lublin; 1942 mussten die slowak. Juden in das eingerichtete Getto ziehen, viele Juden aus Kónskowola wurden im Mai 1942 im Vernichtungslager Sobibor ermordet, im Okt. 1942 tötete das III. Bataillon des Polizei-Regiments 25 (ehemals Reserve-Polizei-Bataillon 101) die letzten 1000 Juden.
3 Ortschaft bei Chełm nahe Lublin; 1941 wurde dort ein Getto eingerichtet, in das auch 1300 Juden aus Krakau und Lublin deportiert wurden; am 7.4.1942 wurden die meisten im Vernichtungslager Sobibor ermordet, Alte und Kranke erschoss die SS im Getto. Mitte April 1942 Deportation von mehr als 2000 slowak., deutschen und tschech. Juden in das Getto, Anfang Mai 1942 wurden 2700 Juden in Sobibor ermordet, ehe Ende Mai 1942 3650 slowak. Juden ankamen. Etwa 2400 slowak. Juden wurden im Okt. 1942 in Majdanek und Sobibor getötet. Danach wurde das Getto ein Zwangsarbeitslager. Am 7.4. und 2.7.1943 deportierte die SS Hunderte Juden nach Majdanek, 16 Juden blieben als Zwangsarbeiter für die Gestapo am Ort und wurden im Juli 1944 ermordet.
4 Das Original trägt den Vermerk: „Abschrift eines Briefes, den wir hier in Bratislava erhalten haben.“
5 Siehe Dok. 94 vom 17.8.1943.
6 Jidd. Ausdruck tiefen Schmerzes.

Das teure Kind hatte gerade am 9. August seinen 4. Geburtstag. Meine Schwester, Schwager und Kinder wurden *ausgesiedelt*, d. h. 120 bis 150 Menschen wurden in einen Waggon, auf dessen Boden 15 cm dick Chlorkalk ungelöscht aufgegossen ist, hineingedrängt und verschickt. So wurden von hier ca. 3000 verschickt. Wir haben gehofft, vielleicht doch in ein Lager, vielleicht doch zum Leben, aber inzwischen haben wir Nachrichten, sie sind nach Belzec gekommen in die *Vernichtungsanstalt*. Von dort kommt niemand mehr zurück. Du kannst also ganz ruhig Deiner Schwester Herta, die doch in Ungarn ist, mitteilen, daß ihr armer Mann gestorben ist. Er ist nämlich auch mit diesem Vernichtungstransport gegangen und das heißt gestorben. Sie ist doch ein ganz junges Geschöpf, vielleicht will sie heiraten. Wir sind ca. 40 übrig geblieben von ca. 4500 und leben hier versteckt. Ich bitte Dich, ich bin abgerissen, hungrig, aber nicht um Geld für Essen bitte ich Dich, schicke mir wenigstens 10 000 Zloty, daß ich flüchten kann. Mein Bruder in Budapest wird es gerne geben und Du, lieber Misi, vertraue nicht auf Deine Mischehe und Vynimka (Ausnahme),[7] flüchte, flüchte nach Ungarn, denn Du flüchtest vor der fürchterlichsten Mordgefahr und diese heißt Deportation. Ich danke Dir für die goldene Uhr, die Du mir geschickt hast, ich habe davon 2 Monate lang gelebt. Überbringer dieses ist wirklich ein goldener Mensch.
Grüße an alle, die noch dort sind, Dein treuer[8]

DOK. 87
Das slowakische Regierungspräsidium kündigt am 9. April 1943 den Ministern weitere Repressionen gegen Juden an[1]

Anordnung (vertraulich) des Regierungspräsidiums (Nr. 700/I. res. 1943), in Vertretung des Ministerpräsidenten, Unterschrift unleserlich, an alle Minister und den Vorsitzenden des Obersten Versorgungsamts persönlich (Eing. 12.4.1943), Bratislava, vom 9.4.1943

Gesetz über die Aussiedlung von Juden – Durchführung
Die Regierung hat in ihrer Sitzung vom 8. April 1943 über die jüdische Frage beraten; zum weiteren Vorgehen wurden folgende Richtlinien festgelegt:
1. Die einzelnen Ministerien überprüfen auf der Grundlage von § 2 Absatz 2 des Verfassungsgesetzes Nr. 68/1942[2] des Slowakischen Gesetzesblatts bis zum 2. Mai 1943 die von ihnen ausgestellten Bescheide und annullieren sie bei denjenigen Juden, die schon entbehrlich sind. In Arbeitsverhältnissen sind nur diejenigen Juden zu behalten, die wirklich unentbehrlich sind.

7 So im Original.
8 Es folgen die Namen Gusti, Oskar, Gisi, Mor.

1 SNA, MH, Karton 23, P-dôv. /910/29/43. Abdruck in: Nižňanský/Kamenec (Hrsg.), Holokaust, Bd. 2 (wie Dok. 8, Anm. 1), Dok. 108. Das Dokument wurde aus dem Slowakischen übersetzt.
2 Verfassungsgesetz Nr. 68/1942 Sl. Gbl., § 2, Abs. 2 besagt, dass Personen, die eine Ausnahme des Präsidenten gem. § 255 des Judenkodex haben, sowie Ärzte, Tierärzte, Apotheker, Ingenieure und andere Personen, die für das öffentliche, technische und wirtschaftliche Leben der Slowakei notwendig sind, von der Deportation befreit sind, solange der Ausnahmebescheid gültig ist.

2. Die ungetauften und aus dem wirtschaftlichen Leben ausgeschlossenen Juden, insofern auf sie die Bestimmungen von § 2 des Verfassungsgesetzes Nr. 68/1942 des Slowakischen Gesetzesblatts nicht zutreffen, können deportiert werden.
3. Die getauften Juden, insofern sie aus dem öffentlichen oder wirtschaftlichen Leben ausgeschlossen sind, sollen in Arbeitslagern konzentriert werden. Der Taufschein soll nur dann als ein gültiger Beweis für die Taufe betrachtet werden, wenn er durch den Bescheid des städtischen bzw. Bezirksnotariats über den Austritt gem. § 23 des Gesetzesartikels XLIII aus dem Jahr 1895 oder gem. § 6 des Gesetzes Nr. 96 aus dem Jahr 1925 der Gesetzes- und Verordnungssammlung gesichert ist.
4. Die Personen, bei denen festgestellt wird, dass sie gefälschte Dokumente (eine Ausnahme des Herrn Präsidenten der Republik gem. § 255, Anordnung Nr. 198/1941 des Slowakischen Gesetzesblatts,[3] Taufscheine oder Ministerialbescheide gem. § 2 Absatz 2 des Verfassungsgesetzes Nr. 68/1942 des Slowakischen Gesetzesblatts) besitzen, sollen vom Territorium der Slowakischen Republik ausgesiedelt werden, unabhängig davon, ob sie wirtschaftlich wichtig sind oder nicht.
Ich informiere die Herren Minister und den Herrn Vorsitzenden des Obersten Amtes für Versorgung hierüber, damit sie über die Annullierung der ausgestellten Bescheide gem. § 2 Absatz 2 des Verfassungsgesetzes Nr. 68/1942 des Slowakischen Gesetzesblatts die 14. Abteilung des Innenministeriums verständigen.
Auf der Wacht!

DOK. 88

Der Gesandte Ludin informiert am 13. April 1943 das Auswärtige Amt über den Hirtenbrief der katholischen Bischöfe der Slowakei und über Gespräche, die Morde an Juden betreffend[1]

Schreiben (geheim) der Deutschen Gesandtschaft Preßburg (Nr. 212 g), gez. Ludin, an das Auswärtige Amt, Berlin, vom 13.4.1943[2]

Betrifft: Hirtenbriefe der slowakischen Bischöfe gegen die staatlichen antijüdischen Maßnahmen
Es wurde durch die slowakischen Bischöfe den katholischen Geistlichen ein Hirtenbrief zugestellt mit der Auflage, ihn am 21. März in allen Kirchen zu verlesen. Der Text liegt als Anlage in Übersetzung bei.
Soweit heute zu übersehen ist, hat die Verlesung in der Öffentlichkeit eine sehr verschiedene, vielfach aber eine solche Aufnahme gefunden, wie sie nicht beabsichtigt war. Während angeblich an einzelnen Orten die Geistlichen sich weigerten, die Verlesung durchzuführen, sollen in anderen Kirchen in der Predigt Kommentare mit der offenkundigen Absicht, die Bevölkerung zu beruhigen bezw. die Wirkung des Hirtenbriefes abzuschwächen, gegeben worden sein. Im allgemeinen kann festgestellt werden, daß sowohl in

3 Siehe Dok. 38 vom 9.9.1941.

1 PAAA, Inland II g, R 100 887, Akten betr. Judenfrage in der Slowakei von 1941 bis 1945, K213011 (477191)–K213018 (47718). Teilabdruck in slowak. und deutscher Sprache in: Nižňanský (Hrsg.), Holokaust, Bd. 4 (wie Dok. 17, Anm. 1), Dok. 79.
2 Im Original handschriftl. Bearbeitungsvermerke und Stempel.

politischen wie in kirchlichen Kreisen eine weitgehend negative Wirkung festgestellt werden kann. Die aus Erfahrung grundsätzlich antisemitische Einstellung des slowakischen Volkes sowie die in den letzten Jahren konsequent durchgeführte und von uns gesteuerte antisemitische Propaganda hat doch einen Boden geschaffen, der für derartige oberhirtliche Auslassungen nicht mehr geeignet scheint. Wie mir von zuverlässiger Seite bekannt geworden ist, sind diese Erwägungen bereits bei der Abfassung des Briefes lebhaft angestellt worden. Der Text habe bei einigen Bischöfen Widerspruch ausgelöst, und die Widerstände seien so stark gewesen, daß man sich schließlich geeinigt hätte, ihm den hochoffiziellen Charakter zu nehmen. So wurde er dann nicht, wie bisher immer üblich, in der bischöflichen Druckerei, sondern in der katholischen Pressekanzlei gedruckt. Es fehlten Siegel, Unterschrift und amtliche Nummer. Von jenem Teil des Klerus, der die Verlesung in der Kirche ablehnte, wurden diese Umstände dahin gedeutet, daß ihm die amtlichen Merkmale fehlten und daß er lediglich als ein Rundschreiben anzusehen sei, dessen Verlesung nicht als verpflichtend betrachtet werden könnte.

Aus katholischen Kreisen wird mir weiter vertrauenswürdig mitgeteilt, daß die Verlesung des Briefes nicht etwa kirchlich-dogmatische, sondern ausgesprochen politische Absichten verfolgt hätte. Er sei von dem Slowakischen Gesandten beim Vatikan, Sidor, mit gewissen vatikanisch-politischen Kreisen in der Slowakei vorbereitet worden. Eine Bestätigung dieser Vermutung liegt jedoch *nicht* vor.

Ministerpräsident Dr. Tuka ließ mich wissen, daß er durch seinen Ministerialrat Dr. Koso einen Bischof auf diesen Hirtenbrief habe ansprechen lassen. Der betreffende Bischof habe erklärt, es seien den slowakischen Bischöfen folgende, von den Deutschen begangene Greuel gemeldet worden:

In der Ukraine wurden Juden massenhaft niedergeschossen, und zwar nicht nur Männer, sondern auch Frauen und Kinder. Vor der Hinrichtung mußten sie ihr Grab selbst ausheben. Aus denjenigen Juden, welche nicht verscharrt wurden, habe man Seife gekocht. In einem Fall sei eine Mutter erschossen oder erstochen, und ihr Säugling sei lebendig ins Grab geworfen worden. Weiter ließ mich Ministerpräsident Dr. Tuka wissen, daß die *slowakischen naiven Geistlichen* derartige Greuelmärchen glauben würden, und er wäre sehr dankbar, um diesen Greuelmärchen entgegentreten zu können, von deutscher Seite eine Beschreibung der Verhältnisse in den Judenlagern zu erhalten. Weiters würde er es für besonders propagandistisch wertvoll halten, wenn eine slowakische Abordnung, die zweckmäßigerweise aus einem Abgeordneten, einem Journalisten und vielleicht auch aus einem katholischen Geistlichen zusammengesetzt sein sollte, ein deutsches Judenlager besuchen könnte. Wenn sich eine derartige Besichtigung organisatorisch ermöglichen ließe, würde ich die Durchführung durchaus begrüßen.[3]

An der grundsätzlichen Einstellung der Slowakischen Regierung zur Judenfrage bezw. an der grundsätzlichen Entschlossenheit gewisser Regierungskreise zur Aussiedlung der Juden hat sich nach meinen Beobachtungen durch den Hirtenbrief nichts geändert. Es kann im Gegenteil festgestellt werden, daß auch bei Persönlichkeiten, die bisher der Judenaussiedlung gegenüber sehr zurückhaltend waren, größere Bereitschaft zur Fortführung der Aktion besteht. So wurde mir von vertrauenswürdiger Seite mitgeteilt, daß

3 Eine solche Besichtigung wurde von deutscher Seite abgelehnt; Schreiben Eichmann an AA, Legationsrat von Thadden, vom 7.2.1944, wie Anm. 1, Abdruck in: Nižňanský (Hrsg.), Holokaust, Bd. 4, Dok. 87.

beim letzten Ministerrat, der nach der Verlesung des Hirtenbriefes stattfand, sich General Čatloš und insbesondere Minister Medricky für verschärfte Fortführung der Judenaussiedlung ausgesprochen hätten.

Vor kurzem erzählte mir Ministerpräsident Dr. Tuka, daß der päpstliche Pronuntius[4] Msgr. Burzio bei ihm erschienen sei, um mündlich im Auftrage des Heiligen Stuhls gegen die Fortführung der Judenaussiedlungen zu protestieren. Er habe jedoch den Protest gar nicht entgegengenommen, sondern sofort auf die rein politische Natur dieser Angelegenheit hingewiesen, die die Interessen des Heiligen Stuhles nicht berühre. Der Pronuntius habe daraufhin davon Abstand genommen, den Protest vorzutragen, habe jedoch an das katholisch-christliche Gewissen des Ministerpräsidenten appelliert. Dr. Tuka hat darauf erwidert, daß es in dieser Hinsicht für ihn eine höhere Instanz gebe als den Papst, nämlich seinen, Tukas, Beichtvater. Dieser habe ihn gefragt, ob er die Judenaussiedlung als im Interesse seiner Nation liegend vor seinem Gewissen verantworten könne. Als Herr Tuka diese Frage bejahte, soll der Beichtvater keinen Einwand gegen die Maßnahmen erhoben haben.[5]

Ich habe unsere Propagandastellen angewiesen, die antisemitische Propaganda konsequent fortzusetzen, zum Hirtenbrief jedoch sowie zur Frage der Judenaussiedlung keine Stellung zu nehmen. Gleichermaßen vermied ich es auch weiterhin, in Fragen der Judenaussiedlung irgendwelchen Druck auf die Slowakische Regierung auszuüben. Diese meine Haltung hat sich bisher als richtig erwiesen, denn die Ausübung eines Druckes wäre den Maßnahmen der Slowakischen Regierung auf diesem Gebiete eher hinderlich als förderlich gewesen. Grundsätzlich stehe ich natürlich auf dem Standpunkt, daß die möglichst schnelle und vollständige Aussiedlung der Juden aus der Slowakei dringend erwünscht ist.

Ludin

Anlage (Abschrift)

Liebe Gläubige in Christo!

Unter den Problemen des Tages hört die Judenfrage nicht auf zu interessieren und viele Gläubige zu beunruhigen, obwohl wir den amtlichen kirchlichen Standpunkt in den Katolické noviny vom 26. April 1942[6] klar dargelegt haben. Die einen glauben, daß man mit dem Judentum bei uns grausam umgehe, andere sind wieder der Ansicht, daß das Vorgehen gegen sie viel zu duldsam, ja sogar schwach wäre.

Damit Ihr Gläubigen in Christo dies aktuelle und brennende Problem richtig beurteilen könnt und Euch nicht irreführen lasst durch falsche Ansichten, halten wir es für notwendig, Euch diese grundsätzlichen Richtlinien zu geben.

1. Das richtige Vorgehen bei der Regelung der Judenfrage ist das, welches durch das natürliche und geoffenbarte Recht Gottes ausgerichtet ist. Das natürliche Recht eines jeden, der Nation und des Staates ist es, sich gegen die zu wehren, die sein Leben bedrohen und seine Entwicklung behindern. Ebenso ist es das natürliche Recht eines jeden einzelnen ohne Rücksicht auf seine nationale Zugehörigkeit, daß man niemanden ohne genügende

4 Richtig: Apostolischer Nuntius.

5 Gespräch von Msgr. Burzio mit Ministerpräsident Tuka am 7.4.1943; siehe Schreiben von Msgr. Burzio an Kardinal Maglione vom 10.4.1943, Actes et Documents du Saint Siège relatifs à la periode de la Seconde Guerre monidale, hrsg. von Pierre Blet u. a., Bd. 9: Janvier–Décembre 1943, Città del Vaticano 1975, Dok. 147.

6 Dok. 59 vom 24.4.1942.

Ursache verfolgen und strafen kann, die in jedem einzelnen Fall nach den geltenden gesetzlichen Normen zu beweisen ist. Wenn sich ein oder mehrere Glieder eines Volkes, bzw. einer Volksgruppe oder Minderheit schuldig machen, so folgt daraus noch nicht, daß man das ganze Volk, bzw. die Volksgruppe oder Minderheit beschuldigt. Der naturrechtliche Grundsatz fordert in jedem einzelnen Fall, das Vorgehen und Verbrechen zu überprüfen und danach auch zu bestrafen. Nach außen hin diese natürlichen Rechtsnormen zu schützen, diese Pflicht hat auch die Staatsmacht, und auch sie muß sich nach ihnen richten. Mit Freude heben wir hervor, daß auch unser Verfassungsgesetz, auf dem unsere gesamte Gesetzgebung ruhen und aus dem sie entspringen soll, völlig dieses Naturgesetz berücksichtigt, wenn es sagt: *„Niemand darf wegen Verhaltens bestraft werden, welches keine geltenden Strafnormen verletzte und dessen Strafbarkeit nicht von vornherein durch ein Gesetz oder gesetzliche Normen festgesetzt wurde.“* (§ 82, Punkt 2, Verf. Ges. Nr. 185/1939, S1. Ges.Buch; § 81, Verf.Ges. 185/1939, Sl. Ges. Buch).
Dies Naturgesetz wird auch durch unseren Heiland geschützt und geheiligt. Das ewig schöne Gleichnis des göttlichen Meisters vom barmherzigen Samariter hat nicht nur die Grundlage für alle caritative Betätigung, Wohltätigkeit und Samariterdienste abgegeben, sondern umfaßte auch die tiefe Wahrheit, daß unsere Stellung zum Menschen nicht durch ihre sprachliche, staatliche, nationale oder rassische Zugehörigkeit beeinflußt werden darf. Denn wenn der verhaßte Samariter den verhaßten Juden in seinem Unglück gerettet hat, so wäre er bestimmt nicht berechtigt gewesen, ihm Unbill anzutun, nur deswegen, weil es ein Jude war. Und der göttliche Meister gab das Gebot, das alle Menschen bindet, besonders aber alle Christen: Gehe hin und tue desgleichen (Luk. 10,37). Diesen natürlichen Grundsatz fühlten und anerkannten auch die alten klassischen Völker, denn von ihnen geht das Symbol der Gerechtigkeit, die weibliche Figur mit der Waage und den verbundenen Augen, aus. Damit war der Grundsatz ausgesprochen, daß Recht, Belohnung und Strafe zugesprochen werden sollen ohne Rücksicht auf die Person, ob sie uns angenehm ist, ob sie mit uns verwandt ist, Freund ist, Volksgenosse oder Fremdling.
Daraus folgert, daß man die angeführten naturrechtlichen Normen niemals verletzen darf, denn die Übertretung eines jeden natürlichen Gesetzes bringt früher oder später die Verderbnis der gesellschaftlichen Ordnung und des gemeinsamen Wohles mit sich. Aber auch die geltende Rechtsordnung darf man nicht eigenmächtig verletzen, denn wer so handelt, untergräbt nicht nur die Wurzeln der staatlichen und nationalen Existenz, sondern er sät Rechtlosigkeit und verbreitet Unsicherheit.
Eingedenk unserer Verantwortung vor Gott und eingedenk unserer Pflicht, die natürlichen und geoffenbarten Normen Gottes zu schützen, müssen wir unsere entschiedene und warnende Stimme erheben gegen Maßnahmen, durch die massenweise, ohne gehörige Feststellung der Schuld jedes einzelnen, unsere Mitgläubigen und andere unserer Mitbürger in ihrer persönlichen, familiären und materiellen Freiheit betroffen werden. Für jeden Bürger, aber besonders für jeden Inhaber und Ausübenden der öffentlichen Gewalt, gilt die klare und unzweideutige Verfügung unserer Staatsverfassung. *„Alle Bürger ohne Unterschied der Herkunft, Nationalität, Religion und Beruf genießen den Schutz des Lebens, der Freiheit und des Eigentums.“* (§ 81, Verf. Ges. 185/939, Sl. Ges.Buch).
Seien wir eingedenk der Worte der hl. Schrift „Was Ihr nicht wollt, das Euch die Menschen tun, das tut auch ihnen nicht.“[7]

7 Matthäus 7,12.

2. In der erwähnten Erklärung, veröffentlicht in den Katolické noviny, haben wir klar unseren Standpunkt zur Frage der Judentaufen dargelegt. Wir haben die Taufe und wir werden sie auch in Zukunft einem jeden bewilligen, von dem der zuständige Geistliche ein Zeugnis ablegt, daß der Betreffende aufrichtig ein richtiger Christ werden will, auf sich alle sittlichen und religiösen Verpflichtungen nimmt, die die Kirche ihren Gläubigen auferlegt. Es kam vor, daß die Taufe des einen oder anderen Juden bei manchen Gläubigen Unwillen hervorrief, u.zw. gewöhnlich wegen einer berechtigten Kritik an dem Vorleben des betreffenden Neu-Christen. Hier müssen wir auf die unendliche Barmherzigkeit Gottes hinweisen, der die Verfehlungen der sündigen Magdalena verzieh, die den Himmel für den büßenden Schächer öffnete, den Zöllner Mathias als Apostel aufnahm, die bereit ist, jedem seine Sünden zu verzeihen, wenn er sich bessern und ein neues sittliches Leben führen will. Gerade der ehemalige Zöllner Mathias hat uns die lehrreichen Worte des Herrn überliefert: „Richtet nicht, auf daß Ihr nicht gerichtet werdet, und mit dem Maße, mit dem ihr messen werdet, mit dem wird euch zugemessen werden, und was siehst du den Splitter im Auge deines Nächsten, wenn du den Balken in deinem Auge nicht siehst?" (Math. 7,1–3). Das rufen wir all denen zu, die sich da ausließen, daß sie nicht in die Kirche gehen werden, wenn dort dieser oder jener sein wird, die die Bekehrten von sich stoßen, anstatt daß sie sie mit Liebe aufnähmen, sie im Glauben und den christlichen Sitten durch Wort und Beispiel festigten. Und wie wir die Anerkennung der bürgerlichen Rechte und den Schutz der staatlichen Gewalt für jeden Bürger ohne Unterschied der Herkunft und Nationalität fordern, solange seine persönliche Schuld nicht bewiesen ist, in umso erhöhterem Maße fordern wir die Anerkennung aller christlichen Rechte für jeden, der die hl. Taufe nahm. Erst dann darf man jemandem die christlichen und bürgerlichen Rechte absprechen, wenn er durch sein Verhalten diese Strafe verdient hat.
Dies sind Grundsätze, die wir mündlich und schriftlich ungezählte Male verkündet und vertreten haben. Wir müssen diesen Grundsatz jetzt aufs Neue betonen, da die Öffentlichkeit von vorbereitenden Maßnahmen erfährt, die diesem Grundsatz zuwiderlaufen.
3. Jede Zeit hat ihre Probleme. Das Schicksal der Völker hängt davon ab, wie sie sie lösen. Auch heute warten auf ihre Lösung schwere nationale, soziale und religiöse Probleme. Wenn diese Probleme nicht nach den Grundsätzen der Gerechtigkeit und der Liebe Christi geregelt werden, geraten die Völker in den Krieg. Vom Anbeginn dieses Krieges klingt aus der Tiefe unserer Herzen das inbrünstige Gebet: von Pest, Hunger und Krieg, erlöse uns Herr! Von seinem Anfang an haben wir nicht aufgehört, Euch, liebe Gläubigen, zu mahnen, zum himmlischen Vater um einen gerechten Frieden zu rufen. Wir sind überzeugt, daß der hl. Vater, Papst Pius XII., sowie im ersten Weltkrieg Papst Benedikt XV., mit diesen unseren Gebeten verbunden ist, denn sein Wahlspruch ist: Der Friede ist das Werk der Gerechtigkeit, und daß er mit seiner ganzen geistlichen Autorität bei allen Machthabern der Welt am Werk des Friedens arbeitet. Unterstützen wir seine Bemühungen mit ständigen Gebeten für den Weltfrieden, für eine gerechte Lösung aller menschlichen Probleme. Fördern wir sie aber auch durch ein tugendhaftes Leben, durch getreue Befolgungen der göttlichen Gebote. Bemühen wir uns, durch die Erfüllung der Gesetze der Gerechtigkeit und Liebe die Befreiung von der schrecklichen Geißel des Krieges und einen dauerhaften Weltfrieden zu verdienen. Wenn Gerechtigkeit in der Welt herrschen wird, dann wird auch ihre Frucht reifen: der von der ganzen Welt erwartete Friede. Mit der Bitte, daß die Göttliche Vorsehung Euch in diesen schweren Zeiten

mit dem Überfluß ihrer Gaben stärken möge, erteilen wir Euch unseren oberhirtlichen Segen.
Gegeben am 8.III.1943
Dr. Karol Kmetko, Bischof von Nitra, Jan Vojtaššák, Bischof der Zips, Pavel Gujdič,[8] Bischof von Preschau, Dr. Pavel Jantausch, Bischof, apostolischer Administrator von Tyrnau, Jozef Čársky, Bischof, apostolischer Administrator von Kaschau, Rosenau und Sathmar, Dr. Andrej Škrábik, Koadjutor-Bischof von Neusohl, Dr. Michal Buzalka, Weihbischof von Tyrnau, Vikar der Wehrmacht
Dieses Rundschreiben ist den Gläubigen bei allen Gottesdiensten am 2. Karsonntag / 21.III.1943/ vorzulesen.

DOK. 89

Lily Reiss aus Prešov bedauert am 6. Mai 1943, dass die Post an ihre Schwester Lenke Hertzka in Auschwitz nicht angekommen ist[1]

Handschriftl. Postkarte von Lily Reiss,[2] Prešov Levočska ul. 31 (Wohnungsbaugenossenschaft), an Lenke Hertzka,[3] Arbeitslager Stabsgebäude 7849 KL Birkenau Deutschland,[4] vom 6.5.1943

Liebe Lenke!
Deine Karte 4.IV. haben wir heute erst bekommen. Wir schrieben Dir *alle* abwechselnd – jede Woche, Eltern – Milan. Glaube mir, es ist uns ein Herzweh, wenn wir wissen, daß Du nicht nur das Geld, Käse und Post – nicht bekommen hast. Wir haben Deine Jänner-Karte auch nicht bekommen. Mama schrieb Dir öfters durch UŽ. Ich habe Dir auch durch Maschas Berliner Schwester schreiben lassen. Sie wird Dir auch etwas schicken. Leider ist alles erschwert und unsicher. Wäsche und Strümpfe werde ich durch sie.[5] – Wir sind gesund, *nur* die große Sorge um Tete macht uns das Leben bitter. Sonst wäre alles gut. Elsa hat Dir auch geschrieben und geschickt, auch Blanka, durch Uli Jogeli. Schreibe ausführlicher – wir wissen nichts über Dich. Magda! Nusi! Pipapo – Küssen Dich innigst[6]

8 Richtig: Gojdič.

1 YVA, O.75/770, Bl. 21.
2 Lily Reiss, geb. Hertzka (1910–1945); Schwester von Lenke Hertzka; lebte bis 1944 in Prešov, 1944 oder Anfang 1945 deportiert, im KZ Ravensbrück ermordet.
3 Lenke Hertzka-Belan (1910–2010); im Juni 1942 aus der Slowakei nach Auschwitz deportiert, dort als Schreiberin in der Politischen Abt.; nach Kriegsende Rückkehr nach Prešov.
4 Siehe Dok. 77, Anm. 4.
5 So im Original.
6 Die Postkarte ist unterschrieben „Lily, Vili, Milan."

DOK. 90
Die Zustände in den Arbeitslagern für Juden sind am 10. Mai 1943 Thema einer Konferenz der Sozialreferenten[1]

Protokoll der Konferenz der Sozialreferenten der Arbeitslager für Juden und der Zentralkanzlei für jüdische Arbeitslager im Büro der Abt. für Soziales der Judenzentrale in Bratislava, gez. Holländer[2] Protokollführer, Dr. Ernest Fischer[3] Vorsitzender, vom 10.5.1943

Protokoll
geführt über die Sitzung der Sozialreferenten der jüdischen Arbeitslager, der Vertreter des Sozialreferats der ÚŽ[4] und des Zentralbüros für jüdische Arbeitslager in den Räumen des Sozialreferats der ÚŽ, Bratislava, Lenardova 29/I am 10. Mai 1943.
Anwesende: Dr. Ernest Fischer, Vorsteher des Sozialreferats der ÚŽ als Vorsitzender, Alexander Pressburger[5] als Vertreter des Arbeitslagers Sereď, Dr. Jakub Herzog[6] als Vertreter des Arbeitslagers Sereď, Emanuel Fürst[7] als Vertreter des Arbeitslagers Nováky, Dr. Jakub Spira[8] als Vertreter des Arbeitslagers Nováky, Aladár Rakovsky[9] als Vertreter des Arbeitslagers Nováky, Ing. Áron Smorgonsky[10] als Vertreter des Arbeitslagers Vyhne,[11] Max Graff[12] als Vertreter des Arbeitslagers Vyhne, Dr. Oskar Neumann als Vertreter des ÚK,[13] Július Fleischhacker[14] als Vertreter des ÚK, Dr. Jozef Frisch[15] als Vertreter

1 YVA, M.5/81. Abdruck in slowak. Sprache in: Nižňanský/Baka/Kamenec (Hrsg.), Holokaust, Bd. 5 (wie Dok. 15, Anm. 1), Dok. 109. Das Dokument wurde aus dem Slowakischen übersetzt.
2 Alexander Holländer (1909–1944), Drucker; er wurde wahrscheinlich 1944 nach Auschwitz deportiert und kam in einem KZ-Außenlager bei Berlin um.
3 Dr. Ernest Fischer; Mitglied des Vorstands der Judenzentrale, Vorstand des Sozialreferats, gab im Juni 1943 die Arbeit im Vorstand der Judenzentrale auf.
4 Ústredňa Židov (slowak.): Judenzentrale.
5 Alexander Pressburger (1894–1976), Kaufmann; von 1942 an im Arbeitslager Sered, von 1943 an Leiter des dortigen Selbstverwaltungsorgans Jüdischer Rat, lebte von Sept. 1944 bis 1945 im Versteck; nach Kriegsende Auswanderung nach Israel.
6 Dr. Jakub Herzog, Arzt; von 1943 an verantwortlich für die Abt. Gesundheit im Jüdischen Rat in Sered.
7 Emanuel Fürst; von 1943 an im Arbeitslager Nováky im Jüdischen Rat für Sozialfragen verantwortlich.
8 Dr. Jakub Spira; von 1943 an im Arbeitslager Nováky im Jüdischen Rat für Gesundheitsfragen verantwortlich.
9 Aladár Rakovsky (*1905); Mitarbeiter der Judenzentrale, bis Jan. 1942 in der Abt. für besondere Aufgaben; 1944 oder 1945 ermordet.
10 Áron Smorgonsky (1912–1944), Ingenieur; Mitarbeiter der Sozialabt. im Lager Vyhne; 1944 bei Kremnica ermordet.
11 Vyhne wurde am 5.2.1942 zu einem weiteren Arbeitslager bestimmt. Das Lager Vyhne bestand schon seit Jan. 1940. Die Zentrale Jüdische Amtsstelle hatte damals beim Innenministerium erreicht, dass 275 Juden aus Sosnowiec, die während des 7. Transports nach Nisko dort festsaßen, in der Slowakei aufgenommen wurden. Sie wurden 1942 deportiert; siehe Einleitung, S. 40 f.
12 Max Graff (1912–1983), poln. Arzt; von Febr. 1940 an im Lager Vyhne, 1943–1944 Lagerarzt in Vyhne; 1949 Auswanderung nach Israel.
13 Ústredná Kancelária pre židovské pracovné tábory (slowak.): Zentralkanzlei für jüdische Arbeitslager.
14 Július Fleischhacker (*1907); von Mai 1941 an Mitarbeiter der Judenzentrale.
15 Dr. Jozef Frisch (*1904), Arzt; von Nov. 1942 an Mitarbeiter der Gesundheitsabt. des Sozialreferats der Judenzentrale, 1945 nach Theresienstadt deportiert; nach Kriegsende nach Palästina ausgewandert.

des Sozialreferats der ÚŽ, Dr. František Stern[16] als Vertreter des Sozialreferats der ÚŽ, Mg. Ph. Wiltschek, Ľudovít[17] als Vertreter des Sozialreferats der ÚŽ, Alexander Molnár[18] als Vertreter des Sozialreferats der ÚŽ, Alexander Holländer als Protokollführer.

Tagesordnung:

1. Eröffnung und Einführungsreferat: Dr. Ernest Fischer, Vorsteher des Sozialreferats.
2. Situation und Probleme der Sozialarbeit in den Arbeitslagern: Koreferate der Sozialreferenten der Lager.
3. Debatte über diese Referate und Vorschläge für die Verbesserung und Steuerung der Sozialarbeit.
4. Kleidungsaktion: Alexander Molnár.
5. Bericht des Gesundheitsreferenten des Sozialreferats der ÚŽ: Dr. František Stern.
6. Probleme des Gesundheitsdienstes in den Arbeitslagern: Koreferate der Gesundheitsreferenten der Lager.
7. Debatte über diese Referate und Vorschläge für die Verbesserung und Steuerung des Gesundheitsdienstes.
8. Versorgung der Arbeitslager mit Medikamenten: Mg. Ph. Ľudovít Wiltschek.
9. Sonstiges.

Der Vorsitzende eröffnet um 1/4 10 mit einer kurzen Ansprache, in der er den Zweck der heutigen Beratung erklärt, alle Maßnahmen sozialen und hygienischen Charakters zu erörtern, die in den Arbeitslagern zur Verbesserung der sozialen Lage ihrer Angehörigen zu ergreifen sind. Von schwer arbeitenden Menschen kann eine angemessene Arbeitsleistung nur dann erwartet werden, wenn sie nicht nur in geeigneten Arbeitsräumen arbeiten, sondern auch, was die Unterbringung, Verpflegung und Gesundheitsfürsorge betrifft, unter solchen Verhältnissen leben, die in ihnen das Bewusstsein eines arbeitenden, produktiven Menschen wecken. Die Anwesenden erörtern alle Fragen bezüglich dieses Problems und fällen den notwendigen Beschluss. Anschließend übergibt er das Wort an Dr. O. Neumann.

Dr. Neumann führt aus, dass diese Sitzung infolge eines Gesprächs der Vertreter des ÚK und des Herrn Regierungskommissars stattfindet und dass sie zur Aufgabe hat, die sozialen und hygienischen Verhältnisse in allen drei Lagern auf ein einheitliches Niveau zu bringen. Von wirtschaftlicher Seite aus sind die Lager mustergültig und die Bewohner machen sich jetzt aus eigenem Antrieb daran, auch die soziale Lage zu verbessern. Diese Aufgabe wollen sie mit Hilfe der ÚŽ und der jüdischen Öffentlichkeit durchführen. Es ist also festzuhalten:

a) welche Sozialeinrichtungen müssen geschaffen bzw. aufgebaut werden,
b) welche Mittel werden dafür benötigt.

Die ÚŽ wird versuchen, die nötigen Mittel zu besorgen.

Anschließend statten die Sozialreferenten der Lager ihre Berichte ab:

16 Dr. František Stern (*1911), Arzt; Mitarbeiter der Gesundheitsabt. der Judenzentrale; 1944 deportiert und umgekommen.

17 Ľudovít Wiltschek (1888–1944), Apotheker; Mitarbeiter des Sozialreferats der Judenzentrale; 1944 nach Auschwitz deportiert und ermordet.

18 Alexander Molnár (*1891); von Nov. 1941 an Mitarbeiter der Präsidialabt. der Judenzentrale, später im Sozialreferat; im Herbst 1944 oder 1945 in Auschwitz umgekommen.

Für Sereď:
A. Pressburger: In Sereď gibt es folgende Sozialeinrichtungen: Kinderkrippe, Kinderbetreuung, Schule. Für Alte gibt es keine gesonderten Einrichtungen, weil der größere Teil der Alten, insbesondere diejenigen, die dem Lager zur Last fielen, ins Altenheim in Nové Mesto nad Váhom verbracht wurden. Die im Lager verbliebenen alten Personen sind teilweise in den Arbeitsprozess integriert, und teilweise handelt es sich um Familienangehörige der arbeitenden Insassen.
Als dringend bezeichnet er diese Probleme:
1. Kleidung, insbesondere Schuhe, weiter Strohmatratzen und Zudecken,
2. Wasserversorgung, weil es in Sereď kein sauberes Trinkwasser gibt,
3. Erweiterung der Unterkünfte und ihre Säuberung von Ungeziefer.
Aus dem Kassenbericht geht hervor, dass die Sozialausgaben im April Ks 113 000,- ausmachten. Die ÚŽ trug dazu mit der Summe von Ks 33 000,- bei, so dass der Fehlbestand Ks 80 000,- ausmacht.
Für Nováky:
E. Fürst: In Nováky gibt es ebenfalls Schulen und eine Kinderbetreuung. Für die Alten gibt es keine gesonderte Einrichtung. Als dringend zu lösende Probleme bezeichnet er:
1. Erweiterung und Verbesserung der Unterkünfte sowie ihre Säuberung von Ungeziefer.
2. Kleidung. Es geht insbesondere um die Kleidung der Insassen, die ohne jegliche Ausstattung ins Lager eingeliefert wurden.
3. Die Verpflegung ist für schwer arbeitende Menschen nicht ausreichend, und die Kinder bekommen auch nicht genug Nährstoffe.
Der Kassenbericht wird vom Lager in einigen Tagen verschickt. Er merkt nur an, dass die von der Judenzentrale zur Verfügung gestellte Subvention ausschließlich für die Aufbesserung der Verpflegung genutzt wurde.
Für Vyhne:
Ing. Smorgonsky: Der Sozialreferent wird momentan an der Ausübung seiner Funktion gehindert, so dass er kein ausführliches Referat halten kann, weil er die Agenda erst vor 2 Tagen erhalten hat. Im Allgemeinen gibt es in Vyhne dieselben Probleme wie in den anderen Lagern, mit dem Unterschied, dass die Unterkünfte in Vyhne den jetzigen Anforderungen entsprechen.
Nach den Referaten folgt die Debatte. Zuerst wird die Frage der Kleidung behandelt. A. Molnár referiert über die Kleidersammlung, die von der ÚŽ durchgeführt wird. Aus 23 Gemeinden ist Kleidung gekommen, die in Bratislava sortiert, aufgebessert und in die Arbeitslager geschickt wurde. Insgesamt haben wir verteilt: 449 Anzüge, 318 Paar Schuhe, 895 Hemden, ferner Unterwäsche, Pullover u.ä. Die Aktion ist zum großen Teil beendet und die Aussichten, dass weitere Sendungen eintreffen, sind sehr gering. In Zukunft kann die ÚŽ den Lagern in einem ganz begrenzten Maß Kleidung zur Verfügung stellen. Aus der anschließenden Debatte wird klar, dass es mit der im Rahmen dieser Aktion gesammelten Kleidung zwar möglich sei, einen Teil der Bedürfnisse zu befriedigen, aber die Sendungen bei weitem nicht ausreichen. Insbesondere der Mangel an Schuhen bereitet den Sozialreferenten große Sorgen. Weiter gibt es einen großen Mangel an Arbeitskleidung. Die Lagerinsassen, die größtenteils schon länger als ein Jahr in den Lagern arbeiten und die mitgebrachte Kleidung schon verschlissen haben, müssen unbedingt mit neuer Arbeitskleidung ausgestattet werden, damit sie weiter ihrer Arbeitspflicht nachkommen können. Schließlich bedeutet die Ausstattung der neuen

Insassen ein Problem, weil die meisten ohne jegliche Utensilien ins Lager eingeliefert wurden, und es müssen ihnen Zudecken, Unterwäsche, Kleidung u.ä. zur Verfügung gestellt werden.
Der Vorsitzende stellt anhand der Debatte fest, dass dieses Problem nicht mit Sammlungen gelöst werden kann, und er schlägt vor, dass die Lager einen Fonds für Bekleidungszwecke gründen und für seine Dotierung eine angemessene Summe pro Kopf kalkulieren sollen. E. Fürst schlägt vor: Den Personen, die ihre Kleidung in den Lagern verschlissen haben, soll die Lagerleitung neue Kleidung gewähren, während die neuen Insassen von der ÚŽ versorgt werden. Dr. Neumann spricht sich gegen diesen Vorschlag aus, weil es nicht statthaft sei, Unterschiede zu machen, und er schlägt vor: Die Kleidung soll grundsätzlich vom Lager gestellt werden. In Nováky wurde für diesen Zweck bereits eine bestimmte Summe pro Kopf kalkuliert. (A. Pressburger merkt dazu an, dass man auch in Sereď eine bestimmte Summe für diese Zwecke reserviert hat.) Der Fehlbetrag, den man nicht aus den Mitteln des Lagers decken kann, soll von der ÚŽ besorgt werden. Zu diesem Zweck ist es nötig, genaue Kalkulationen vorzulegen, damit wir uns an die Spender, besonders an die ausländischen Glaubensgenossen, mit einem zahlenmäßig unterlegten Material wenden können.
Auf Vorschlag von Dr. Neumann wird dieser Beschluss gefällt:
Jedes Lager erstellt eine Kalkulation, in der der gesamte Bedarf genau aufgeführt wird, Posten für Posten. Gesondert sollen Beträge aufgelistet werden, die das Lager monatlich braucht, wobei es nötig ist, den zu erwartenden Zuwachs angemessen einzukalkulieren, und gesondert die einmaligen Ausgaben. In der Kalkulation soll auch angegeben werden, wie viel das Lager aus eigenen Mitteln besorgen kann. Die ÚŽ wird sich dann aufgrund dieser Kalkulationen bemühen, die nötigen Beträge zu beschaffen.
Die Sozialarbeit soll in allen drei Arbeitslagern auf dasselbe Niveau gebracht werden, und deshalb ist es nötig, in allen Arbeitslagern dieselben Maßnahmen zur Verbesserung der sozialen Lage der Angehörigen zu ergreifen.
Dann wird die Frage der Unterkünfte behandelt. Es wird festgestellt, dass die Unterkünfte in Nováky nicht den hygienischen Erfordernissen entsprechen. Die Unterkünfte zu erweitern bzw. neue Baracken zu errichten, ist momentan aus technischen und anderen Gründen nicht möglich, umso mehr, als die gerade jetzt erbauten Baracken für die neuen Insassen benötigt werden. Deswegen muss die Aufmerksamkeit der Inneneinrichtung der Wohnräume gewidmet werden. Mit ihrem Ausbau wird eine bessere und hygienischere Unterbringung der Insassen ermöglicht. Der Vorsitzende moniert, dass die Lagerinsassen keine Schränke zur Verfügung haben, in denen sie ihre Gegenstände unterbringen könnten, so dass diese einfach herumliegen. E. Fürst teilt mit, dass die dringend notwendige Aufstellung von Trennwänden in den Baracken in Nováky nicht durchführbar ist, weil die Werkstätten völlig ausgelastet sind und weil es für Arbeiten für die Lagereinrichtung keine Zeit gibt. So wurde zum Beispiel vor kurzem eine Baracke fertiggestellt, in die man nicht einziehen kann, weil es für die Anfertigung von nötigen Gegenständen keine Arbeiter gibt. Ing. Smorgonsky schlägt vor, dieses Problem so zu lösen, dass die Arbeiter die für das Lager benötigten Gegenstände in den Überstunden anfertigen und für die Überstunden eine besondere Prämie bekommen. Dr. Neumann schließt sich dem Vorschlag an und verspricht im Namen der ÚŽ, dass die ÚŽ die für die Bezahlung der Überstunden nötigen Mittel bereitstellt.

Die Anwesenden beschließen aufgrund dieser Vorschläge: Die Lager Sereď und Nováky treffen unverzüglich alle Vorbereitungen zur Anfertigung der nötigen Zahl von Schränkchen zur Aufbewahrung der Effekten der Insassen. Für Nováky müssen außerdem auch die nötigen Trennwände und die für die Einrichtung der neuen Baracke benötigten Gegenstände angefertigt werden. Diese Einrichtungsgegenstände müssen in den Überstunden produziert werden. Die Lager sollen der ÚŽ eine genaue Kalkulation zuschicken, auf deren Grundlage sich die ÚŽ bemühen wird, die nötigen Mittel zu besorgen.

Dr. Stern referiert über die Eindrücke, die er beim Besuch der Lager sowohl von den hygienischen und sanitären Einrichtungen als auch vom gesundheitlichen Zustand der Insassen gewonnen hat.

Sereď: Die Ambulanz ist nicht eingerichtet und entbehrt die nötigsten Instrumente, so dass die Patienten bei jeder Kleinigkeit ins Krankenhaus überwiesen werden müssen. Auch was den Raum betrifft, ist die Ambulanz zu klein und hat zu wenig Betten und Bettwäsche. Im Lager gibt es insgesamt zehn Ärzte, davon arbeiten vier in der Sanitätsstelle. Wenn wir die verhältnismäßig ungesunde Umgebung und die geringe Bewegungsmöglichkeit in Betracht ziehen, ist der Gesundheitszustand der Insassen befriedigend. Die Unterkünfte und die Küche sind sauber. Die Verpflegung ist angemessen. Die Versorgung mit Milch ist ungenügend. Die Frage des Badens wurde bis zur Fertigstellung des Lagerbades provisorisch gelöst, so dass den Lagerangehörigen vorübergehend das Duschbad des jüdischen Krankenhauses zugänglich gemacht wurde.

Nováky: Die Kranken werden in der Zentralambulanz behandelt, die zumindest mit den nötigsten Instrumenten ausgestattet ist. Außerdem gibt es in den beiden anderen Objekten Behelfssanitätsräume, die ungenügend ausgestattet sind. Das Lagerkrankenhaus ist zu klein, und es gibt nicht genug Betten und Bettwäsche. Der Gesundheitsdienst funktioniert tadellos. Da das nächste Krankenhaus ziemlich weit entfernt ist, ist es nötig, die Ambulanz mit mehr Geräten auszustatten. Die Wohnbaracken sind überfüllt, die Einrichtung ist unhygienisch, und sie entspricht nicht einmal den minimalsten Anfordernissen. Insbesondere ist der Mangel an Toiletten auffällig. Die Lösung dieser Frage ist dringend. Die Wasserleitung funktioniert, aber sie reicht nicht aus. An der Kanalisation wird jetzt gearbeitet. Wegen eines Defekts in der Wasserversorgung kann man das Bad nicht in Betrieb setzen. Deshalb funktioniert die Wäscherei auch nicht und infolgedessen sind besonders die Frauen mit Haushaltsarbeit überbelastet. Der Gesundheitszustand der Lagerinsassen ist verhältnismäßig gut. Die Küche ist sauber, die Verpflegung schmackhaft, quantitativ reicht sie aber für die schwer Arbeitenden nicht aus. Die Versorgung mit Milch ist ungenügend. Bei den Personen, die bereits mit einer Schilddrüsenerkrankung ins Lager gekommen sind, hat sich diese Krankheit verschlimmert.

Vyhne: Der Gesundheitsdienst funktioniert tadellos. Die Ambulanz ist nicht komplett eingerichtet. Unter hygienischem Gesichtspunkt sind die Unterkünfte angemessen, aber die Räume sind feucht, so dass rheumatische Erkrankungen öfter vorkommen. Die Toiletten sind in einem vernachlässigten Zustand, aber sie werden jetzt in Ordnung gebracht. Die Verpflegung ist quantitativ angemessen. Die Versorgung mit Milch ist ausreichend. Die Lagerinsassen in Vyhne haben die Möglichkeit, einmal wöchentlich zu baden.

Dr. Frisch referiert danach speziell über das Gesundheitswesen in Sereď: Beim Besuch in Sereď stellte er fest, dass die Ambulanz primitiv eingerichtet ist und nicht den Erfordernissen entspricht. Von den eingegangenen Anträgen können auffällig oft auftretende

Lungenentzündungen mit Komplikationen festgestellt werden. Ferner gibt es einen auffälligen Unterschied zwischen den Diagnosen der Ambulanz und des Krankenhauses. Ins Krankenhaus wurden Patienten in einem besonders vernachlässigten Zustand eingeliefert. Bagatellfälle wurden ohne Einverständnis der Gesundheitsabteilung in die Klinik verlegt. Unter den Lagerärzten gibt es von Beginn an Spannung und Dissonanz.

Zum Referat von Dr. Stern über das Gesundheitswesen in Nováky teilt er mit, dass die Ursachen der Erkrankung der Schilddrüse in diesem Lager untersucht werden. Der Lagerarzt in Vyhne wird aufgefordert, einen umfangreichen Bericht über die dortigen Tbc-Erkrankungen zu erstatten. Um eine Übersicht für die Lagerärzte und für die Gesundheitsabteilung der ÚZ zu gewinnen, werden sog. Gesundheitskärtchen eingeführt. Auf ihnen werden eingetragen: Personalien, persönliche und Familienanamnese, Zustand bei der ersten Untersuchung und Eintragungen über eventuelle Erkrankungen. Aus diesem Material kann dann jederzeit eine Statistik erarbeitet werden. Dann fordert er die Ärzte auf, ständig Präventionsmaßnahmen zu ergreifen und wenn möglich alle Ursachen zu eliminieren, die im Lager Krankheiten hervorrufen können. Es müssen periodische Untersuchungen von scheinbar gesunden Lagerinsassen eingeführt und Kinder gegen Blasengrind und Diphtherie geimpft werden. Die Gesundheitsabteilung der ÚŽ wird die Lagerärzte mit allen möglichen Mitteln, die ihr zur Verfügung stehen, unterstützen.

Vor der weiteren Erörterung dieses Themas wird auf Vorschlag des Vorsitzenden Punkt 8 der Tagesordnung verhandelt: die Versorgung der Lager mit Medikamenten.

Mg. Ph. Wiltschek stellt nach seiner Reise durch die Lager Mängel in der Versorgung der Lager mit Medikamenten fest und zu ihrer Behebung schlägt er vor, folgende Maßnahmen zu beschließen:

a) Die Gesundheitsabteilung der ÚŽ verfasst Richtlinien für das Verschreiben, Einkaufen, Lagern und die Ausgabe von Medikamenten, damit ein sparsames Wirtschaften mit Medikamenten gesichert ist.

b) Verschiedene Medikamente und Verbandsmaterial werden von der ÚŽ zentral eingekauft und an die einzelnen Lager verteilt.

c) Für verschiedene Medikamente, wie z. B. Desinfektionsmittel, Spiritus, Benzin usw., soll eine Zuteilung bei der NÚZ[19] beantragt werden.

d) In jedem Lager soll eine Handapotheke eingerichtet werden und mit ihrer Leitung eine geeignete Person beauftragt werden, die für das ganze Wirtschaften mit den Medikamenten verantwortlich ist. Die Lagerärzte sollen zum Zwecke der Bestimmung so einer Person unverzüglich mit dem Lagerkommissar Kontakt aufnehmen und über den Erfolg ihrer Bemühung einen Bericht an die Gesundheitsabteilung der ÚŽ abstatten.[20]

Die Anwesenden nehmen den Vorschlag an. Mg. Ph. Wiltschek wird gleichzeitig bevollmächtigt, seine Vorschläge umzusetzen.

Dr. Herzog beschreibt den Ablauf des Gesundheitsdienstes und die Präventivmaßnahmen, die die Lagerärzte ständig ergreifen. Sein Bericht deckt sich im Wesentlichen mit dem Referat von Herrn Dr. Stern. Es muss noch erwähnt werden, dass in den Lagern gelegentlich geimpft wird. Aus dem Bericht von Dr. Herzog geht hervor, dass Abhilfe unter diesen Gesichtspunkten geschaffen werden muss:

19 Najvyšši úrad pre zásobovanie (slowak.): Oberstes Versorgungsamt.
20 Handschriftl. hinzugefügt: „Die Richtlinien sind in der Anlage".

a) Die Ambulanz und das Lagerkrankenhaus müssen entsprechend ausgestattet sein,
b) für infektiös Kranke muss eine Isolierstation eingerichtet werden,
c) für die Säuberung von Ungeziefer ist ein Desinfektor nötig,
d) bessere Belüftung von Werkstätten,
e) für Schulkinder Ferien außerhalb der Lager,
f) Verbesserung der Verpflegung.

Dr. Spira referiert über den Gesundheitsdienst in Nováky. Sein Bericht deckt sich im Wesentlichen mit dem Bericht von Dr. Stern. Aufgrund seiner Ausführungen schlägt er vor:
a) Ergänzung der Ambulanz und des zahnärztlichen Behandlungsraums mit den notwendigen Instrumenten,
b) Erweiterung und Ausstattung des Lagerkrankenhauses,
c) Verbesserung der Wohnverhältnisse mit beschleunigtem Bau von Familienbaracken, der Fertigstellung der Kanalisation, der Wasserleitung, des Bades und der Toiletten,
d) Einführung von Urlaub für arbeitende Frauen im Lager,
e) Verkürzung der Arbeitszeit für verheiratete Frauen mit Familie, für Alte und Kranke.

M. Graff referiert über den Gesundheitsdienst in Vyhne. Seinen Ausführungen kann entnommen werden, dass der Gesundheitsdienst – den Umständen entsprechend – tadellos funktioniert. In Vyhne gibt es einige Fälle von Tbc, die ihm besondere Sorgen bereiten. Drei Lungenkranke sind momentan in Heilanstalten untergebracht. Im Übrigen decken sich seine Ausführungen mit dem Bericht von Dr. Stern.

Nach der Mittagspause wird die Sitzung mit der Debatte über die Referate der Lagerärzte fortgesetzt. Zuerst wird die Frage der Ausstattung der Lagerambulanzen erörtert. Dr. Frisch referiert, dass der Herr Regierungskommissar bereits genehmigt hat, vom Finanzministerium 3 Behandlungsräume und eine zahnärztliche Ambulanz zu kaufen. Nach den nötigen Formalitäten kauft die ÚŽ diese Instrumente ab, die Gesundheitsabteilung übernimmt sie, lässt die nötigen Reparaturen durchführen und teilt sie auf die einzelnen Lager auf. Dr. Neumann merkt an, dass sich die ÚŽ bemühen wird, weitere Instrumente ausfindig zu machen und zu kaufen. Ferner ist es sehr wichtig, die Lagerkrankenhäuser zu erweitern und auszustatten und einen Raum für ansteckend Kranke einzurichten.

Nach einer umfangreichen Debatte wird dieser Beschluss gefasst: Aus Sparsamkeitsgründen ist es nötig, die Ambulanz in jedem Lager zu erweitern und auszustatten. Ferner ist es nötig, in jedem Lager ein den Anfordernissen entsprechendes Lagerkrankenhaus aufzubauen und einen Raum für ansteckend Kranke einzurichten. Wenn die Lager nicht in der Lage sind, die für den Beschluss nötige Summe zur Verfügung zu stellen, sollen sie der ÚŽ Kalkulationen zusenden. Infektionsräume sollen in jedem Lager sofort eingerichtet werden und darüber soll bis in acht Tagen ein Bericht an die ÚŽ erstattet werden.

Dr. Spira referiert über Urlaub für verheiratete Frauen. Seinen Vorschlag begründet er damit, dass diese Frauen außer ihrer normalen Arbeit auch die Hausarbeiten leisten müssen und deshalb unbedingt ein paar freie Tage brauchen, damit sie ihre Gesundheit erhalten. Dr. Neumann merkt an, dass der entsprechende Vorschlag dem Herrn Regierungskommissar vorgelegt wurde. Die Erledigung wird angemahnt. Die Sitzung nimmt den Vorschlag von Herrn Dr. Spira auf Verkürzung der Arbeitszeit für Frauen und Kinder sowie für Alte und Kranke an. Dr. Neumann fordert, einen konkreten Vorschlag auszuarbeiten, der dem Herrn Regierungskommissar vorgelegt wird. Es wird die Frage der Säuberung der Baracken von Ungeziefer erörtert. Aus der Debatte geht hervor, dass

für Sereď und Nováky ein gebrauchter Desinfektor gekauft werden muss. Das Lager Vyhne leiht sich nach Bedarf den Desinfektor aus Nováky oder aus Sereď. Der im Lager Sereď befindliche Fachmann für Desinfektion wird dem Lager in Nováky für die Durchführung der Desinfektion zur Verfügung gestellt. In der Angelegenheit der Toiletten beschließt die Sitzung, dass das Lager die Toiletten in Überstunden anfertigen lassen soll, während das Material von der staatlichen Verwaltung zur Verfügung gestellt wird.
Es wird noch die Frage des Trinkwassers in Sereď behandelt. Den Referaten der Gesundheitsreferenten kann man entnehmen, dass das Trinkwasser in Sereď nicht sauber ist. Dr. Herzog berichtet über die in dieser Angelegenheit bisher unternommenen Schritte. Es wird wieder ein Fachmann angefordert, der das Problem des Trinkwassers lösen soll.
Dr. Neumann spricht dann über verschiedene Verwaltungsfragen. Er fordert die Sozialreferenten auf, die Monatsberichte gewissenhaft zu erstellen, regelmäßig zuzusenden und die Abrechnungen rechtzeitig vorzulegen. Die Sammlungen sind schon gut organisiert, und es wird an der Verbesserung der Ergebnisse gearbeitet. Von dem gesammelten Geld bekommt eine entsprechende Subvention auch das Altenheim in Nové Mesto nad Váhom, weil dort einige Lagerinsassen untergebracht sind. Ferner fordert er die Sozialreferenten auf, damit auch sie mit Berichten und Aufnahmen aus den Lagern Propaganda für diese Sammlungen machen und immer Vorschläge zur Verbesserung der Sozialeinrichtungen einsenden. Alle Vorschläge müssen mit Kalkulationen unterlegt werden.
Der Vorsitzende wirft die Frage der Bezahlung der Therapiekosten für Krankenhausbehandlung auf. Nach der Anhörung einiger Teilnehmer beschließen die Anwesenden Folgendes: Jedem Lager soll monatlich mitgeteilt werden, in welchem Rahmen die Gesundheitsabteilung der ÚŽ Geld für die Bezahlung von Krankenhauskosten zur Verfügung stellen kann. Aus diesem Topf werden alle Krankenhauskosten bezahlt.
Dann erwähnt er die Lebensmittelpäckchen, die den Lagerinsassen geschickt werden. Die Sozialreferenten teilen mit, dass an einzelne Lagerinsassen adressierte Päckchen tadellos ausgeliefert werden. Den Personen, die in der Slowakei keine Verwandten haben bzw. denen niemand etwas schickt, schickt die ÚŽ im Rahmen ihrer Möglichkeiten gelegentlich ein Päckchen. Die Sozialreferenten stellen die nötigen Namenslisten zusammen und schicken sie der Zweigstelle der ÚŽ in Bratislava.
Der Vorsitzende beschließt die Sitzung nach dem Abhandeln der Tagesordnung um 1/2 17 Uhr. In der Schlussansprache merkt er an, dass die heutige Sitzung die Notwendigkeit der gemeinsamen Beratung unterstrichen hat, und deshalb wird eine solche Konferenz von jetzt an öfter einberufen. Er hofft, dass die gemeinsame Bemühung zur Verbesserung der sozialen Lage der Lagerinsassen beitragen wird.

DOK. 91

Max Sonnenschein aus Piešťany bittet am 12. Mai 1943 Sidonie Weiss, sich nach seiner deportierten Tochter zu erkundigen[1]

Handschriftl. Karte von Max Sonnenschein,[2] Piešťany, Hlinková ul. 140, an Sidonie Weiss[3] in Birkenau, vom 12.5.1943[4]

Liebe gute Frau Weiss
Wenn wir uns an Sie wenden als Eltern eines Kindes, von dem wir schon über einem Jahre kein Lebenszeichen haben, werden Sie es ja begreifen können, daß wir nichts unversucht lassen wollen. Unsere Tochter Ilse Sonnenschein[5] aus Piešťany ist am 27. März 1942 aus Patronka abgegangen. Wir würden Sie allerhöfl. bitten, möglichst direkt oder durch Ihre Angehörigen zu berichten, ob Sie nicht etwa in der Nähe mit diesem Kinde sind, falls ja, veranlassen Sie, daß diese schreibt. Wir danken Ihnen aufs herzlichste und berichten Sie, daß wir hier wohl sind.
Mit Gruß
Ihre Eltern haben Ihren Brief erhalten, alle sind am alten S[...].[6]

DOK. 92

Der Reichsaußenminister lässt am 21. Juli 1943 dem Gesandten Ludin mitteilen, dass sich SS-Oberführer Veesenmayer bei Tiso für die Wiederaufnahme der Deportationen aussprechen wird[1]

Schreiben (geheime Reichssache) des Auswärtigen Amts (Inl. II 331g. Rs.), gez. Wagner,[2] im Auftrag des Reichsaußenministers, Berlin, an den Gesandten Ludin, Preßburg, vom 21.7.1943

Sehr verehrter Herr Gesandter!
Der Herr Reichsaußenminister[3] hat mich beauftragt, Ihnen folgende Mitteilung zu machen:

1 YVA, O.75/518.
2 Max Sonnenschein (*1886); wahrscheinlich 1944 oder 1945 umgekommen.
3 Sidonie Weiss, geb. Spiegel (*1918); wurde im April 1942 vom Konzentrationszentrum Patrónka nach Auschwitz deportiert, im Nov. 1944 im Außenlager Lenzing des KZ Mauthausen; sie hat wahrscheinlich nicht überlebt.
4 Ein Wort in der Adresse unleserlich. Im Original Stempel.
5 Ilse Sonnenschein (*1922); am 27. März 1942 vom Konzentrationszentrum Patrónka nach Auschwitz deportiert; sie hat nicht überlebt.
6 Ein Wort unleserlich.

1 PAAA, Inland II g, R100887, K209046 (E024714). Abdruck in slowak. und deutscher Sprache in: Nižňanský (Hrsg.), Holokaust, Bd. 4 (wie Dok. 17, Anm. 1), Dok. 82.
2 Horst Wagner (1906–1977), Sportjournalist; von 1936 an in der Dienststelle Ribbentrop, zunächst als Sportattaché; 1936 SS-, 1937 NSDAP-Eintritt; von 1938 an im AA, 1939 im Persönlichen Stab des RAM, 1943 Leiter der Gruppe Inland II im AA und Verbindungsführer zur SS; Internierungshaft; 1948 nach Argentinien geflohen, 1952 nach Deutschland zurückgekehrt.
3 Joachim von Ribbentrop (1893–1946).

Es wird im Augenblick nicht erwogen, die slowakische Regierung wegen der restlichen Bereinigung der slowakischen Judenfrage anzugehen. Daher soll auch seitens der Gesandtschaft bis auf weiteres kein offizieller Schritt unternommen werden.
Andererseits wird es aber für notwendig gehalten, den Staatspräsidenten unser fortbestehendes Interesse an der Bereinigung der Judenfrage in der Slowakei auf inoffiziellem Wege erkennen zu lassen. Der Herr Reichsaußenminister hat deshalb angeordnet, daß, sofern SS-Oberführer Dr. Veesenmayer[4] in nächster Zeit den Staatspräsidenten Dr. Tiso aufsucht, er gelegentlich der Unterhaltung die Sprache auch auf diese Frage bringen soll. Hierbei ist SS-Oberführer Veesenmayer ermächtigt worden, sich bei dieser Gelegenheit auf die Zustimmung des Herrn Reichsaußenministers zu berufen. SS-Oberführer Veesenmayer teilte hier mit, daß er in etwa 2 Wochen wieder nach Preßburg kommen wird; nähere Nachrichten wird er Ihnen jedoch selbst zukommen lassen.
Mit herzlichem Gruß und *Heil Hitler!*

DOK. 93
Minister Alexander Mach gibt in der Regierungssitzung vom 10. August 1943 bekannt, dass die Deportationen nicht fortgesetzt werden[1]

Protokoll der Regierungssitzung II/119, Unterschrift unleserlich, vom 10.8.1943 (Teilabschrift)

Protokoll
Geschrieben am 10. August 1943 über die Sitzung II/119 des Ministerrats
Anwesend:
Als Vertreter des Ministerpräsidenten der Innenminister Alexander Mach sowie die Minister Jozef Sivák, Dr. Gejza Fritz, Gen. Ferdinand Čatloš und der Vorsitzende des Obersten Versorgungsamtes Prof. Dr. Imrich Karvaš.
25. *Auf die Nachfrage hinsichtlich der jüdischen Frage erklärte der Vertreter des Ministerpräsidenten, dass es keine Judendeportationen geben wird, aber dass das unaufgeräumte*[2] *jüdische Element in den jüdischen Konzentrationslagern*[3] *untergebracht wird.*
Für die Richtigkeit der Abschrift:

4 Dr. Edmund Veesenmayer (1904–1977), Staatswissenschaftler, Diplomat; 1932 NSDAP-, 1934 SS-Eintritt; 1938–1945 Gesandter im AA, 1941/42 in Serbien und Kroatien Berater der deutschen Gesandtschaften, von März 1944 an Bevollmächtigter des Deutschen Reiches in Ungarn, mitverantwortlich für die Deportation der ungar. Juden; 1949 zu 20 Jahren Haft verurteilt, im Dez. 1951 entlassen.

1 SNA, NS, Dr. Gejza Fritz, Tnľud, 74/45-30–65. Abdruck in slowak. Sprache in: Nižňanský/Kamenec (Hrsg.), Holokaust, Bd. 2 (wie Dok. 8, Anm. 1), Dok. 115. Das Dokument wurde aus dem Slowakischen übersetzt.
2 Im slowak. Original wörtlich: niespratný.
3 Gemeint sind die Arbeitslager für Juden in Sered, Nováky und Vyhne.

DOK. 94
Ein slowakischer Jude verfasst am 17. August 1943 einen Bericht über seine Deportation in den Distrikt Lublin und die Massenmorde in Sobibor und in den Gettos[1]

Bericht, ungez., vom 17.8.1943[2]

Tatsachenbericht eines aus der Slowakei deportierten und zurückgekehrten Juden

Am 21. Mai 1942 ist unser Transport, bestehend aus ca. 1000 aus Sabinov über Zilina Cadca direkt nach Polen gesandt worden.[3] An der Grenze wurden wir vom deutschen Sicherheitsdienst (SD) bloß zahlenmäßig in der Weise übernommen, daß die Männer am Bahnhof angetreten [sind], während die Frauen in den Waggons gezählt wurden. Die Fahrt ging dann weiter, bis wir nach einer Reise von 2–3 Tagen in Rejowiec-Lubelski[4] (Distrikt Lublin) auswaggoniert wurden. Während der gesamten Reise litten wir unter starkem Wassermangel, da wir während der ganzen Zeit nur zweimal Wasser bekamen. Lebensmittel bekamen wir überhaupt nicht mit, wir hatten aber reichlich Proviant mit. In Rejowiec wurden wir von dem Inspektor der Wasserwirtschaft in Cholm,[5] Ing. Holzheimer,[6] und dem SA-Kreishauptmann empfangen, weiter waren bei unserem Empfang 9 Mitglieder des jüdischen Ordnungsdienstes (OD)[7] in Rejowiec unter der Leitung des Judenältesten und Kommandanten des OD Kessler (aus Brünn) anwesend, die uns behilflich waren.

Am nächsten Tag, den 27. Mai, traf bei uns ein zahlenmäßig gleichgroßer Transport aus Stropkov und einen Tag später ein ebensolcher aus Humenne ein. Wir waren somit insgesamt 3000 Juden aus der Slowakei. Die Rejowiecer Juden wurden noch am Chol Hamoed Pessach[8] aus Rejowiec umgesiedelt, so daß wir von der ursprünglich jüdischen Bevölkerung nur ungefähr 500 Seelen im Ghetto antrafen. Hierzu kamen noch eine

1 AJA, BJC Series C, Subseries 3, Box C161, File 01; Kopie: CZA, C.2 1920.

2 Der Bericht wurde auf Briefpapier der Weltzentrale des Hechaluz, Büro Genf, niedergeschrieben und als Anlage zur vertraulichen Mitteilung von WJC, Dr. Tartakower, an Dr. Wise, Dr. Goldmann, Rabbi Miller, Zuckerman am 17.12.1943 übersandt.

3 In den Akten der Staatssicherheitszentrale der Slowakei ist diese Deportation auf den 23.5.1942 datiert; SNA, fond 209, Karton 864-1.

4 Es handelt sich um den Transport, mit dem am 23.5.1942 1000 Juden über Prešov/Sabinov, Giraltovce und Lipiani nach Rejowiec deportiert wurden; siehe Hradská, Holokaust, Bd. 8 (wie Dok. 23, Anm. 1), S. 388.

5 Richtig: Chełm, poln. Stadt; im Okt. 1940 waren Hunderte Juden ermordet worden. Vom Juli 1941 an mussten in einem Zwangsarbeitslager der Wasserwirtschaftsinspektion 1440 Juden arbeiten. Dazu wurden Juden aus Krakau und 1942 2000 slowak. Juden in das Getto deportiert; viele wurden zwischen Mai und Nov. 1942 im Vernichtungslager Sobibor ermordet, etwa 3300 am 27./28.10.1942 nach Włodawa deportiert bzw. auf dem Weg getötet. Am 9.11.1942 wurde das Getto aufgelöst und fast alle Juden getötet.

6 Richtig: Franz Holtzheimer (*1908), Ingenieur; von Juli 1940 bis Sept. 1943 Wasserwirtschaftsinspekteur im Distrikt Lublin mit Sitz in Chełm (seit Frühjahr 1941); lebte nach dem Krieg in West-Berlin.

7 Auf Befehl der Deutschen in den Gettos gebildet.

8 Die Zwischentage vom dritten bis zum vorletzten Tag des Pessachfestes gelten als Halbfeiertage. Diese fielen 1942 auf den 4.–7. April (17.–20. Nissan 5702).

kleine Anzahl, ca. 60, von Juden aus dem Protektorat und einige Frauen aus Nitra (Slowakei), deren Transporte inzwischen aus Rejowiec ausgesiedelt wurden.
Als Wohnung wurde ein Teil der gewesenen jüdischen Häuser angewiesen. Es stand sehr wenig Raum zur Verfügung, so daß ein Zimmer von 3 x 6 20 bis 25 Personen aufnehmen mußte. Acht Tage hindurch kümmerte sich um uns niemand. Wir waren ohne jedwede Aufsicht, es war eine unbeschreibliche Unordnung. Für Verpflegung war auch nicht gesorgt. Der Proviant, der uns in Zilina seitens der UZ mitgegeben wurde, wurde nach Entnahme der wertvollen Lebensmittel (hauptsächlich Gewürze) seitens des SA-Kreishauptmannes uns abgenommen und in der Schule eingelagert. Erst nach 15 Tagen wurde er uns wieder ausgefolgt, in bereits ungenießbarem Zustand. Schließlich kam an die 3000 slowakischen Juden die Aufforderung, sich zu Entsumpfungsarbeiten zu melden. Zur Arbeit wurden nur kräftigere jüngere Männer zugelassen, Familienväter mit über drei Kindern wurden abgewiesen. Insgesamt wurden 450 Männer zur Arbeit gebracht. Diese wurden dann auch verköstigt. Sie erhielten täglich 25 dk[9] Brot, zu Mittag eine dünne Gerstensuppe und zum Nachtmahl schwarzen Kaffee. Weitere 5–600 jüngere Leute wurden ohne Rücksicht auf die Familie nach umliegenden Lagern, wie z. B. Sawin,[10] Rejowiec und Cholm (in das letzte zum SA Schwadron) abkommandiert. Die Auswahl dieser Männer geschah durch den bereits ernannten jüd. OD, der sich durch Annahme verschiedener Gegenstände korrumpieren ließ. Es soll hier noch erwähnt werden, daß sich der bereits bestehende Judenrat aus verschiedenen Elementen zusammensetzte, hervorzuheben ist die aufopfernde Hilfsbereitschaft der Frau Gen. Dir. Forbath und der Frau Femes aus Nitra. Dasselbe kann über eine gewisse Frau Singer und Kaufmann (angeblich Geschwister) aus dem Nitraer Transport nicht gesagt werden. Um die auf diese Art zurückgebliebenen ca. 2000 slowakischen Juden hat sich auch weiterhin niemand gekümmert, sie standen da ohne jedwede Nahrung. Endlich hat der Judenrat Cholm nach 3–4 Wochen eine Volksküche, die gegen Bezahlung von 50 Groschen ein Mittagessen aus einer Suppe ausfolgte, eingerichtet. Der Judenrat Cholm stand damals unter der Leitung eines sehr braven, angesehenen Juden namens Fränkel; er wurde später samt seiner ganzen Familie erschossen. Zufolge der mangelhaften Nahrung und der unmöglichen sanitären Bedingungen sind sehr viele Leute an Flecktyphus, Ruhr und anderen Krankheiten erkrankt. Viele ältere Leute sind gestorben.
Eines Abends kam ein betrunkener polnischer Polizist in die Wohnung des Arztes Dr. Grossmann (Sabinov), der soeben von einen Krankenbesuch kam, und forderte ihn auf, ihm seine Armbanduhr zu überlassen. Dr. Grossmann weigerte sich, dem Polizisten seine Uhr zu geben, woraus zwischen den beiden ein Wortwechsel entstand. Schließlich bedrohte der Polizist Dr. Grossmann mit der Waffe. Dr. Grossmann wehrte sich, es entstand eine Schlägerei. Der Jüdische OD und Juden aus den benachbarten Häusern wurden zur Hilfe gerufen. Dem Polizisten wurde sein Gewehr zurückgegeben, worauf er drei Alarmsalven in die Luft schoß. Sofort kam polnische Polizei, verhaftete die Einwoh-

9 Dekagramm, entspricht 10 Gramm.
10 Sawin war Teil des Zwangsarbeitslagerkomplexes bei Sobibór. 1941 deportierte die SS Juden aus dem Getto von Warschau nach Sawin, die dort bei Meliorationsarbeiten eingesetzt wurden. Viele Juden wurden im benachbarten Vernichtungslager Sobibor ermordet. Im Sommer und Herbst 1943 mussten die letzten noch lebenden Juden von Sawin zu Fuß in das Vernichtungslager gehen, wo sie getötet wurden.

ner des Hauses Dr. Grossmann und 24 Männer aus den benachbarten Häusern, darunter 5 Mitglieder des OD, Dr. Grossmann selbst versuchte zu flüchten, wurde aber verletzt und dann sofort erschossen. Die verhafteten 24 Personen wurden sofort am nächsten Tag wegen *kommunistischen* Aufstandes hingerichtet. Unter diesen befanden sich: Perlstein und Frau (Sabinov), Frau Dr. Grossmann u. Tochter (Sabinov), Rosin (Humenne), Moskowitz (gewesener Bankbeamter aus Humenne), Berliner aus Humenne, Klein u. Sohn (Michalany), Appel Siegmund (Sabinov, taubstumm), 5 Mitglieder des OD aus Brünn, darunter: Reiss, Kessler.

Am 9. August kam plötzlich der Befehl der Gendarmerie zum Antritt. Die ganze jüdische Bevölkerung, sowohl das Ghetto wie auch das Arbeitslager (insgesamt ca. 2700 Personen), mußte am Hauptplatz mit Gepäck antreten. Alle Personen, die wegen Krankheit oder Schwäche diesem Befehl nicht Folge leisten konnten, wurden in den Wohnungen erschossen. Dasselbe Schicksal erfuhren auch die Kranken, die im *jüdischen Spital* untergebracht waren, u. a. Dr. Seböck aus Sabinov, der Typhus hatte. Gegen 10 Uhr werden die älteren Leute, die zufolge Ermüdung ihr Gepäck auf die Erde stellten und sich darauf setzten, von SS-Leuten von hinten durch Genickschuß getötet. Es fielen so ca. 30–40 Menschen. Es wurde dann der Befehl zum Abmarsch gegeben. Voran gingen die Frauen, hinterher die Männer. Der Arzt Dr. Borkenfeld ging als letzter. Ich habe ihn aufgefordert vor zu gehen, denn es war gefährlich, am Ende des Zuges zu verbleiben. Er antwortete: *Es ist meine Pflicht, ich bin Arzt.* Kaum hatten wir 30–40 m. gemacht, bekamen wir eine Salve aus Gewehren und Maschinenpistolen von der linken Seite. Unsere Reihen wurden stark gelichtet. Es fielen u. a.:

Dr. Borkenfeld, Abraham, Sabinov
Dr. Deutsch, Josef
Ing. Bernstein
Frau Nagel
Horowitz u. Frau
Frl. Hollander

Später wurde mir von einem gewesenen Mitglied des Judenrates in Rejowiec, einem polnischen Juden namens Holzblatt, der sich damals irgendwie retten konnte, in Krychov[11] mitgeteilt, daß bei diesem Gemetzel 700 Juden ihr Leben verloren haben.

In Rejowiec verblieb nur eine kleine Anzahl von Arbeitern in der benachbarten Zuckerfabrik, die später, wie ich erfahren habe, nach Travnicki[12] zu Torfgewinnungsarbeiten gebracht wurde. Darunter:

Landsmann, Bela, Sabinov
Dr. Schoen, Dezider
10 Männer aus Stropkov

11 In Krychów bestand seit 1940 das größte Zwangsarbeitslager des Lagerkomplexes nahe Sobibór. Ende 1940 wurden Juden aus Warschau, aber auch poln. und ukrain. Zwangsarbeiter dorthin deportiert, die an der Entwässerung und der Regulierung von Flüssen arbeiten mussten. Im Sommer 1943 wurden die meisten Juden in Sobibor ermordet.

12 Das Arbeitslager Trawniki befand sich unmittelbar neben dem Ausbildungslager der SS und existierte von Juni 1942 bis Sept. 1943. Häftlinge mussten die Hinterlassenschaften ermordeter Juden sortieren. Im Lager waren deutsche, slowak., tschech. und österr. Juden inhaftiert. Von Sept. 1943 an war Trawniki ein Außenlager von Majdanek. Am 3.11.1943 ermordeten SS und Polizei mindestens 6000 Juden bei der Aktion Erntefest; siehe Einleitung, S. 34.

Am Bahnhof von Rejowiec angelangt, haben uns die sogenannten *schwarzen Ukrainer*[13] in Empfang genommen. Man hat uns in bereits bereitstehende Viehwaggons zu 120–150 Personen pro Waggon hineingepreßt, ohne jede Evidenz. Die Türen wurden geschlossen. –

Wir standen dann bis 8 Uhr abends auf der Station, 35 Männer wurden herausgeholt, um die weggeworfenen Gepäckstücke einzusammeln und einzuwaggonieren, die wurden bei dieser Gelegenheit von den schwarzen Ukrainern mißhandelt und schikaniert. Im Waggon herrschte eine unerträgliche Hitze, es war August, und wir hatten weder Wasser noch Luft. Die Frauen hatten die Kleider vom Leib gerissen, wir mußten wie Heringe nebeneinanderstehen, weil zu der kleinsten Bewegung kein Platz war. 150 Personen fanden da den Erstickungstod, in meinem Waggon allein 20, darunter auch kräftige junge Leute, wie:

Riemer Robert, 15 Jahre alt, sehr kräftig, Grün Samuel, gewesener Fleischer.

Gegen ½ 1 Uhr nachts kamen wir in Sobibor an. Hier wurden wir durch die SS mit Nagaikas[14] empfangen. Endlich bekamen wir etwas Wasser, zu essen nichts. Wir wurden sodann zu einer Fichtenallee gebracht. Die Frauen wurden auf die rechte, wir auf die linke Seite dirigiert. 25 Mann wurden von uns gewählt, um die Leichen und Pakete aus den Waggons zu räumen. Wir haben diese dann nicht mehr gesehen. Am nächsten Morgen sahen wir, daß sich der größte Teil der Frauen in Viererreihen in einen weiterliegenden Hof begab. Um 8 Uhr kam zu uns der Leutnant der SS und forderte uns auf, daß sich jene Leute, die sich bei den Entsumpfungsarbeiten betätigt haben, melden sollen. Es meldeten sich ca. 100 Männer, hierzu kamen noch ca. 50 Frauen. Es entstand dadurch eine Gruppe von 155 Personen. Der Leutnant äußerte sich gegenüber dieser Gruppe: *Ihr seid neugeboren.* Aus der zurückgebliebenen Gruppe wurden sodann die Mechaniker, Schlosser und Uhrmacher ausgeschieden, der Rest teilte das Los der Mehrzahl der Frauen, und sie gingen in den weiterliegenden Hof.

Die 155 Arbeiterkandidaten wurden dann nach Ossawa[15] gebracht, wo wir eine Nacht verbrachten. Die dortige jüdische Leitung hat uns sehr gut aufgenommen, wir bekamen gut zu essen. In Ossawa fanden wir ca. 500 deutsche und tschechische Juden. Die jüdische Polizei begleitete uns dann nach Krychow, auf dem Wege passierten wir das Gut Hansk, wo wir ca. 100 jüdische Mädchen trafen, die beim Dutsch[16] arbeiteten. Verhältnismäßig ging es ihnen gut.

Krychow ist ein von der früheren polnischen Regierung errichtetes Starlager im Sumpfgebiet. Die Umgebung ist heute bereits von Juden ziemlich entwässert. Bei unserer Ankunft zählte der Stand ca. 1200 Personen, darunter ca. 400 Tschechen, 200 Slowaken, der Rest Polen. Die Wohnverhältnisse waren unbeschreiblich schlecht. Wir wurden in gemauerten Baracken von 60 mal 4 m pro 200 Personen untergebracht. Es gab weder Stroh noch Decken, gar keine Waschgelegenheit, unerhörter Schmutz und Ungeziefer. Wir waren derart verlaust, daß die Läuse buchstäblich unseren Körper verdeckten. Es war dagegen keine Hilfe. Die Kost bestand aus: 15 dk Brot, eine Suppe aus Krautblättern, ohne Fett, ohne Salz, schwarzer Kaffee. Aus Erfahrung wußten wir, daß diese Kost nur

13 Ukrain. SS-Gefolge aus dem Ausbildungslager Trawniki.

14 Lederpeitsche.

15 Richtig: Osowa: Teil des Zwangsarbeitslagerkomplexes für Juden bei Sobibór.

16 Nicht ermittelt.

zu einem Hungertode innerhalb 6 Wochen ausreicht. Nach einiger Zeit bekamen die meisten vor Hunger geschwollene Füße und Gesichter. Außerdem wütete Flecktyphus und Ruhr. Wenigstens Typhus hatte ein jeder von uns. Täglich hatten wir wenigstens 12 Todesfälle zu verzeichnen. Von den 155 Personen, die mit mir mitkamen, sind 60 infolge dieser Zustände gestorben.

Die Arbeit an und für sich war keine schwere. Wir konnten sie jedoch nicht leisten, weil wir körperlich ganz geschwächt waren. Dem Arzt wurde das Recht auf Anerkennung einer Krankheit aberkannt. Mit einem Fieber von 39 Grad mußte man zur Arbeit. Wenn man aber in das Spital kam, so bestand die Behandlung aus „dort liegen lassen". Es wurden keine Medikamente oder besondere Nahrung verabreicht. Wer es so überstanden hat, hat es wohl überstanden, wenn nicht, dann eben nicht. Für viel Geld konnte man allerdings Medikamente bekommen, Geld hatten wir aber meist nicht.

Am 16. Oktober wurde uns mitgeteilt, daß ein Teil der Arbeiter nach der „Judenstadt" Wlodawa[17] am Bug (25 km von Krychow) gebracht wird. Für diese Ansiedlung wurden ältere und kränkliche Leute, die die Arbeit nicht gut vertrugen, ferner die Kinder ausgewählt. Auch das Spital wurde geräumt und mit nach Wlodawa geschickt. Die Leute wurden ohne Gepäck und ohne Fußbekleidung, weil die Gummistiefel bei der Arbeit benutzt wurden, die Eigentum des Lagers waren, die eigenen Schuhe zu holen war nicht erlaubt, weggeschickt. Vier Tage nach ihrer Ankunft in Wlodawa wurden die Lager Ujazdow[18] und Hansk[19] zur Überwinterung auch zu uns gebracht. Hierdurch waren die Wohnverhältnisse noch ärger geworden, es war nicht mehr zu ertragen. Am 9. Dezember wurde uns plötzlich mitgeteilt, daß eine allgemeine Umsiedlung stattfinden wird. 100 Personen wurden ausgewählt, zu denen dann noch weitere 10 zukamen, welche zurückbleiben durften. Alle anderen wurden weggeführt. Zurückgeblieben sind einige Frauen bezw. Mädel aus Nitra, darunter:

Taussig Piroska, Nitra
Fürst, Josza, Nitra
Fürst, Eva, Nitra
Gärtner, Edith, Nitra
? Miriam, Nitra

Wertheimer, Hanka Cesch, Teschen-Nitra (Chaluzah), Weiss, Jolan, Ruzomberok, Steiner, Malvin und Sohn, Nitra, ferner einige deutsche und tschechische Frauen und Mädchen. Von den Männern aus der Slowakei blieb ich allein, und weitere zwei Männer aus Böhmen: Singer Fritz, Prag, Rhein Kurt, Teplitz-Schönau-Prag. Die restlichen waren polnische Juden. Die Gruppe hat viel der Piroska Taussig aus Nitra zu verdanken, die sich bei der Verwaltung eine Ausnahmestellung verschafft hat und überall wo möglich half. Der Umstand, daß es gelungen ist, so viele Mädchen zurückzuhalten, ist ihr zu verdanken.

17 Włodawa lag nur wenige Kilometer vom Vernichtungslager Sobibor entfernt. Am 17.1.1941 mussten die Juden der Region in ein Getto ziehen, viele starben infolge Gewalt, Hunger und Krankheiten. Anfang 1942 mussten Juden am Aufbau des Vernichtungslagers Sobibor mitarbeiten. Am 23.4.1942 ermordeten SS und deutsche Polizei viele Juden im Getto und 1300 Juden in Sobibor. Am 24./25.10. und 7.11.1942 wurden weitere 5400 Juden in Sobibor getötet. Danach lebten noch etwa 500 Juden im Lager, die Ende 1943 fast alle ermordet wurden.

18 Dorf nahe Włodawa; Teil des Zwangsarbeitslagerkomplexes für Juden im Distrikt Lublin.

19 Poln. Stadt, 1942–1943 Teil des Zwangsarbeitslagerkomplexes bei Sobibór.

Im Frühjahr 1943 wurde das Lager durch weitere polnische Juden vergrößert. Im Juni 1943 wurden die Lager Ossawa, Sawin, Sajczyne[20] und Luta[21] liquidiert, der Rest kam zu uns, so daß sich unsere Zahl auf 533 erhöhte. Außerdem befanden sich in Hansk 100–110 Frauen und 5 Männer. Aus Sawin sind u. a. folgende Personen zu uns gekommen:
Geschwister Maria und Bözsi, Nitra, Fam.name unbekannt
Frau Maca
Nally, Schneiderin, Nitra
Dr. Dukes, Piestany, Dr. Sinai und Frau, Stropkov, Dym, Staatsbeamter Vel-Kapusany,[22]
Bruder, Snina, Dr. Szilard, Arzt, Stropkov, Frau Edith Rauchwereger, Sp.-Nova-Ves[23]
Ferner befanden sich unter ihnen:
Frau Nowak mit Töchtern Ruth und Mimi Brand, Prag
Roubitschek Vera, Prag
„Alice"
Kaffkova Hanka, Pilsen
ein Verwandter des Herrn Julius Basler aus Sabinov.
Seit 1943 haben sich die Verhältnisse in Krychow wesentlich gebessert. Nach dem 9.12.1942 erhielten wir eine Brotration von 40–50 dk pro Tag, ferner eine dichte Kartoffelsuppe zu Mittag. Wir bekamen gute Eisenbetten, auch die hygienischen Verhältnisse haben sich gebessert, wir hatten Waschmöglichkeit. Der Gesundheitszustand war viel besser geworden, wir hatten nachher nur 3 Todesfälle von den 110 ursprünglich Zurückgebliebenen:
Büchler, Bratislava-Nitra, gew. Kaffetier, Wien, verwandt mit Staatsanwalt Fodor, Nitra (an Krebs gestorben), Donath Prievidza, 55 Jahre alt, Frau Hand, Wien, die Tochter 18 Jahre alt in Krychow. Drei weitere Kranke wurden von dem Vertreter des Lagerkommandanten, der sich auf Urlaub befand, erschossen.
Hopkowitz oder Heimowitz aus Stropkov, gew. Angestellter der Firma Kulik, 2 polnische Juden.
Im März nach der Vergrößerung des Lagers hat sich die Verpflegung wieder verschlechtert. Die Brotration sank auf 15 dk pro Tag, mittags wurde nur eine Gemüsesuppe ohne Fettgehalt gegeben. Im April 1943 wurde bei uns davon gesprochen, daß holländische und belgische Juden zu uns kommen werden, dies wurde auch seitens der Lagerleitung bestätigt. Sie kamen aber nicht. Ich habe über das Los dieser Juden von einem Eisenbahnarbeiter folgendes erfahren: Die Transporte aus Holland und Belgien kamen in sehr gutem Zustande an. Sie wurden im Gegensatz zu unseren Transporten sogar in Waggons 2. Klasse geführt, bekamen bei den größeren Stationen Nahrung und Weißbrot. Man brachte sie aber alle nach Sobibor. Einige ältere und schwächere Menschen wurden nach Holland bezw. Belgien zurückgeschickt, mit der Begründung, daß man nur gute Arbeitskräfte gebrauchen kann. Es sollte damit erreicht werden, den Widerstand der holländischen und belgischen Bevölkerung gegen die Deportierung mit der Begründung zu

20 Vermutlich Staw-Sajczyce, wo sich ein Lager des Zwangsarbeiterkomplexes bei Sobibór befand.
21 Poln. Dorf; in Luta befand sich ein Lager des Zwangsarbeiterkomplexes bei Sobibór, das vermutlich bis Okt. 1943 bestand. Nach dem Aufstand der Häftlinge in Sobibor wurde das Lager aufgelöst und die Gefangenen in Sobibor ermordet.
22 Richtig: Veľké Kapušany.
23 Richtig: Spišská Nová Ves.

brechen, daß die Juden ja nur für die „Arbeit" verwendet werden. Ursprünglich hieß es, daß ein Teil ebenso wie die Juden anderer Länder auch zur Arbeit dirigiert wird, die SD gab aber keinen Einzigen frei, alle wurden in Sobibor vernichtet. In der Umgebung von Sobibor ist in der Nacht immer Feuer zu beobachten, und im weiteren Umkreis war ein Gestank von verbranntem Haar wahrzunehmen. Verschiedene Anzeichen lassen darauf schließen (die Bevölkerung behauptet es jedenfalls), daß die Leichen, welche vordem durch Elektrizität oder Gas hingerichtet wurden und später begraben wurden, jetzt exhumiert und verbrannt werden, um keine Spuren zu hinterlassen.

Im Jahre 1942 wurden Desertationen mit schwersten Repressalien bestraft. Meistens flüchteten polnische Juden, die mit [den] Ortsverhältnissen bekannt waren, sie verzogen sich in den Wald und rotteten sich zu Banden zusammen, sie lebten von Raub. In der letzten Zeit wird eine Desertation nur an dem Deserteur, falls man ihn erwischt, geahndet. Aus Sawin, als dieses Lager noch existierte, desertierte Dr. Sobel aus Pecovska Nova Ves, ferner Feinerl. Beide wurden ertappt und Sobel wurde hingerichtet. Feiner wurde nach Sawin zurückgebracht, floh abermals von dort und seither ist von ihm keine Nachricht mehr gewesen. Weiter desertierte Klein Lajos aus Michalovce, sein Schicksal ist unbekannt. Nach meiner Information arbeiten in Majdanek ungefähr 8000 Juden bei Wasserleitungs-, Kanalisation- und Bauarbeiten. Wie mir mitgeteilt wurde, hatten diese Menschen Sträflingskleider an. Von Armin Goldstein, Sabinov, wurde mir mitgeteilt, daß Mano Goldberg in Majdanek gestorben sei.

Folgende Funktionäre der SS haben sich bei den Erschießungen von Juden besonders hervorgetan: SS Scharführer Raschendorf, Cholm, SA Johann Löffler, Krychow, stammt aus der Chemnitzer Geg., SA Hilvert, Ossowa, SA Bayco, Ossowa, 26 Jahre alt, SA Ondyk, gew. Fleischer, Sawin.

Insbesondere für die Geschehnisse verantwortlich:

Ing. Holzheimer, Chef der Wasserwirtschaft, Cholm

DOK. 95
Franz Ring erbittet von Hitler am 27. September 1943 die Freilassung seiner 1942 deportierten Tochter Anna[1]

Gnadengesuch von Dr. Franz Ring,[2] aus Žilina Moyzesová 27, an Reichskanzlei Berlin, Adolf Hitler, vom 27.9.1943 (Abschrift)[3]

Gnadengesuch!
Unterfertigter bittet untertänigst um die Freigabe seines minderjährigen, 16jährigen Kindes, der Arbeiterin Anna Ring,[4] geboren am 5.XI.1925, welches am 2.IV.1942 mit dem II. Transport Nr. 533[5] durch Poprad aus der Slowakei ausgesiedelt wurde und sich derzeit im Lager Auschwitz/Oswienčin/Ober-Schlesien befindet. Mit erg. Bitte unterstütze ich mit Nachfolgendem:
Am 16.III.1939, als die deutsche Wehrmacht zuerst in die Slowakei kam, ereignete sich in Turzovka - wo ich als Arzt tätig war - ein Unglück. *Ein Auto der Wehrmacht stürzte von der eisbedeckten Landstraße ab und vergrub 6 deutsche Soldaten unter sich.* Diese gehörten der Autokolonne aus Neutitschein an. Es war eine finstere, rauhe Nacht, es wechselte Regen, Frost und Schneegewitter. Ich erschien sofort an der Unfallstelle und betätigte mich gleichzeitig mit der Hlinka-Garde und Gendarmerie an den Bergungsarbeiten. Ein Soldat war schon tot, fünf andere schwer verletzt, mit gebrochenen Gliedern, Gehirnerschütterungen, Quetsch- und Rißwunden. Ich verband die klaffenden Wunden und ordnete die sofortige Überführung ins Krankenhaus nach Žilina an. Ich selbst begleitete die Schwerverletzten dorthin. *Durch mein rasches Eingreifen habe ich diese deutschen Soldaten dem sicheren Erfrierungstod entrissen!*
Im Monat August 1939, als der Feldzug gegen Polen vorbereitet wurde, war der Kommandant der Wehrmacht, Gruppenführer Oberst von Heckhaus, bei mir einquartiert, trotzdem ich sogleich meine jüdische Abstammung bekanntgab. Die kühle Witterung, die Strapazen ließen beim Herrn Oberst den alten Ischias aufflackern. Heftige Schmerzen hielten mehrere Tage an und zwangen ihn, das Bett zu hüten. Sein Arzt, Herr Oberstabsarzt von Bula, erwähnte mir, daß zur Behandlung dringend benötigte Medikamente in der Apotheke in Turzovka nicht erhältlich wären. Gerne überließ ich aus meinen Vorräten 3 Injektions-Ampullen, die sofort ihre gute Wirkung zeigten. *Der Herr Oberst konnte daraufhin den Feldzug gegen Polen gesund mitmachen.*

1 PAAA, R 99 438, Inland II A/B 68/3 von 1943 bis 1944, Bd. 4.
2 Dr. Franz (František) Ring (*1893), Arzt; er wurde im Dez. 1944 in das Arbeitslager Sered deportiert und ist umgekommen.
3 Die Adresszeile enthält die Bemerkung: „M. U. Dr. Franz Ring, Arzt, Žilina, Moyzesová 27 rettete am 16.III.1939 in Turzovka 5 deutschen Soldaten das Leben. Bittet um Freigabe seines Kindes, der 16jährigen Anna Ring aus Auschwitz/Deutschland." Dr. Ring hatte mehrfach Auskunft über das Schicksal seiner Tochter gefordert. Die slowak. Gesandtschaft in Berlin übergab am 11.8.1944 dem AA eine diesbezügliche Verbalnote. Das AA antwortete ebenfalls mit einer Verbalnote und teilte mit, dass die damit befasste „innere Behörde [...] nochmals um beschleunigte Erledigung dieser Angelegenheit gebeten worden" ist; wie Anm. 1.
4 Anna Ring (*5.11.1925); sie wurde am 2.4.1942 nach Auschwitz deportiert, wo sie umkam.
5 Anna Ring hatte auf der Transportliste die Nummer 533.

Exzellenz! Volle fünf Monate habe ich kein Lebenszeichen von meinem Kinde. *Ich flehe um Gnade für mein einziges Kind und dessen Rückgabe!!*
Deutsche Soldaten habe ich vom sicheren Tode entrissen, Leid und Schmerz deutscher Männer gelindert! Laut Erlaß des Innenministeriums des Slowakischen Staates Nummer 51-38-2/1942 wurde ich laut § 2 des Aussiedlungsgesetzes 68/1942[6] von der Aussiedlung enthoben und nach Turzovka als Arzt wieder eingeteilt. In Erwartung einer baldigen und günstigen Erledigung meines Gnadengesuches verbleibe ich mit vielem Dank.

DOK. 96

Edmund Veesenmayer protokolliert am 22. Dezember 1943 seine Unterredung mit Staatspräsident Tiso über die Wiederaufnahme der Deportationen slowakischer Juden[1]

Niederschrift des SS-Obersturmführers Edmund Veesenmayer, Berlin, vom 22.12.1943

Betr.: Slowakei
Meine Verhandlung mit Staatspräsident Tiso führte zu folgendem Ergebnis:
1) Die nach dem Abschluß der Judenaussiedlung im September 1942 in der Slowakei verbliebenen rund 16–18 000 Juden werden innerhalb der nächsten Monate in Judenlager verbracht.
2) Der Gesandte Ludin wird sich in den nächsten Tagen mit Tiso zwecks Durchführung der gesamten Aktion abstimmen.
3) Tiso konnte im Augenblick keinen verbindlichen festen Termin sagen, woraufhin ich den Vorschlag machte, die Aktion bis spätestens 1. April 1944 zu Ende zu führen. Daraufhin gab Tiso die Zusicherung, daß er sich persönlich dafür starkmache, diesen Termin im wesentlichen einzuhalten.
4) Auf meinen Hinweis einer möglichen Verschleppungstaktik seitens ministerieller und sonstiger bürokratischer Stellen brachte Tiso mit Nachdruck zum Ausdruck, daß er nicht gewillt sei, eine solche zu dulden, und daß ich dem Herrn Reichsaußenminister melden könne, daß er persönlich die Gewähr biete, daß die Aktion so rasch wie möglich zur Durchführung und zum Abschluß gebracht werde.
5) Die Frage der in den letzten drei Jahren auf etwa 10 000 angewachsenen Zahl von getauften Juden wurde von mir aus Zweckmäßigkeitsgründen noch zurückgestellt. Jedoch erklärte mir in einer späteren Aussprache Ministerpräsident Tuka, daß auch diese Frage jetzt schon in Angriff genommen würde. Er knüpfte daran lediglich die Bedingung, daß die getauften Juden in besondere Lager verbracht würden, damit Schwierigkeiten mit der Kirche vermieden würden.
6) Ministerpräsident Tuka, den ich vom positiven Ergebnis meiner Besprechung mit Staatspräsident Tiso unterrichtete, versprach von sich aus die vollste Unterstützung.

6 Verfassungsgesetz Nr. 68/1942 Sl. Gbl.; siehe Dok. 65 vom 19.5.1942.

1 PAAA, Inland II A/B 68/3, R 99 438, von 1943 bis 1944, Bd. 4, E 402 531–E 402 532. Abdruck in slowak. und deutscher Sprache in: Nižňanský (Hrsg.), Holokaust, Bd. 4 (wie Dok. 17, Anm. 1), Dok. 85.

Der Verlauf und der Tenor beider Besprechungen geben meiner Ansicht nach die volle Gewähr, daß die gegebenen Zusicherungen eingehalten werden und termingemäß auch weitgehend zur Durchführung kommen.
7) Den Gesandten Ludin habe ich mündlich und schriftlich unterrichtet.

DOK. 97
Emanuel Frieder ruft am 26. Januar 1944 dazu auf, zum Purimfest Süßigkeiten und Obst für die Kinder in den Arbeitslagern Nováky und Sered zu beschaffen[1]

Aufruf der Direktion der jüdischen Volksschule in Nové Mesto (Nr. 20/44), der Schuldirektor, gez. Emanuel Frieder,[2] vom 26.1.1944

Betr. Wohltätigkeitsveranstaltung 15. Schwat[3] und Purim zugunsten der Lagerkinder in der Slowakei.
Es nahen zwei jüdische Gedenktage, Chamischa Asar Bischwat[4] und Purim,[5] und damit auch die Freude der Kinder in jeder jüdischen Familie. In dieser Zeit kommt sicher jedem jüdischen Lehrer der Gedanke, die Bedeutung dieser Tage auch erzieherisch so wirksam wie möglich zu nutzen. Viele motivieren ihre Schüler, aus Anlaß dieser an die Liebe zur Natur und zum Nächsten gemahnenden Feiertage, ihren armen und notleidenden Freunden – den Schülern der Lagerschulen in der Slowakei – zu helfen. Letztes Jahr hat es das Direktorat der hiesigen Schule auch so gehalten. Auf seine Anregung hin verkauften die Schüler ausgeschnittenes Obst (nach beiliegender Vorlage) und erzielten in Zusammenarbeit mit dem Lehrerkollegium eine Summe, von der das Schuldirektorat 190 kg verschiedenes Obst kaufte und zum 15. Schwat in die Lagerschulen Sereď-Nováky und zu Purim 395 Pakete mit der Adresse jedes Kindes in alle drei Lager mit reichhaltigem Inhalt (1 Orange, 1 Mandarine, 3–4 Äpfel, 12 Stück verschiedenes Gebäck und 100 g Bonbons) sandte. Die Dankesschreiben der Selbstverwaltung und der Direktorate der Lager zeugen von der unermeßlichen Freude der jüdischen Kinder.
Sehr geehrte Herren Kollegen!
Auch dieses Jahr haben wir eine ähnliche Aktion in Angriff genommen. Unsere Glaubensgemeinde ist jedoch durch ihre allseits bekannte caritative Tätigkeit dermaßen belastet, daß unsere Schule bei der heutigen Teuerung und der erhöhten Zahl der Lagerschulen und -kinder diese wunderschöne Aktion ohne Hilfe unserer Schwesterschulen nicht durchführen könnte. Deswegen wende ich mich an Sie mit einer Bitte: Folgen Sie unserem Beispiel in Ihrer Kehila[6] und schicken Sie an die Adresse der

1 YVA, M.5, Tagebuch Oberrabbiner Armin Frieder, F 194, Bl. 27.
2 Emanuel Frieder (1913–2000), Lehrer, Kantor; bis 1944 Direktor der jüdischen Volksschule in Nové Mesto n.V.; überlebte in Verstecken; nach 1945 Emigration in die USA; gab die Tagebücher seines Bruders, des Oberrabbiners Armin Frieder, unter dem Titel „To Deliver Their Souls" (1987) heraus.
3 Jüdischer Feiertag, Neujahrsfest der Bäume, das am 15. Tag des jüdischen Monats Schwat (Jan./Febr.) gefeiert wird.
4 Langname für den 15. Schwat.
5 Jüdischer Feiertag im Monat Adar (Febr./März), überliefert im Buch Esther; zum Gedenken an die Rettung des jüdischen Volkes durch Königin Esther im persischen Exil.
6 Hebr.: Gemeinde.

Jüdischen Volksschule in Nové Mesto nad Váhom den Reinerlös der gemeinsamen Aktion der jüdischen Schulen „15. Schwat und Purim – für die Lagerkinder". Jede Schule bekommt von uns eine Abrechnung und ein Paketmuster.
Die Form der Aktion: Wettbewerb der Schüler jüdischer Schulen in der Slowakei. Belohnen Sie den Schüler, der das meiste Papierobst verkauft, bzw. das meiste Geld eingesammelt hat, mit einem lokalen Preis! Die drei Schüler aller Schulen, die das meiste Geld eingesammelt haben, bekommen die drei Hauptpreise (Chumasch,[7] Tintenkuli, Buch).
Sehr geehrte Herren Kollegen!
Du sollst deinem notleidenden und armen Bruder, der in deinem Land lebt, deine Hand öffnen! Deut 15/11.[8] So befiehlt es uns die Thora und Aharon Halevi[9] – Chinuch[10] kommentiert, *es ist die Pflicht eines jeden, den Segen bereitwillig und freudig mit den Notleidenden zu teilen,* denn nach dem Talmud sind dem Herrn gute Taten lieber als selbst der Korban[11] (Suka 49 a). Deshalb bitte ich Sie, betrachten Sie diese Angelegenheit einzig unter diesem Kriterium und helfen Sie, solange Sie es noch können!
Mit brüderlichem Gruß

DOK. 98
Ozvena: Artikel vom 8. März 1944 über die kulturellen Aktivitäten während des vergangenen Winters sowie Gedichte und Geschichten von Kindern[1]

Wo es keinen Menschen gibt, bemühe dich, ein Mensch zu sein![2]

Wo es keinen Menschen gibt, bemühe dich …
Heutzutage erzählt der Mensch, dass er dies oder jenes machen kann, dass er schon so viel gemacht hat – was bedeutet: mehr als ein anderer. Er spricht davon, was er wie eine Maschine gemacht hat, aber nicht davon, was er wie ein Mensch hätte machen sollen. Der Mensch als das vollkommenste Wesen hat auch andere Funktionen, als nur das zu machen, was ihm befohlen wird. Es ist ziemlich bequem, sich hinzustellen und auf den Befehl zu warten: Tu dies! Wie eine Maschine. Springt langsam an und läuft schließlich in richtigen Bahnen. Aber nur wie eine Maschine. Ob er schon einmal darüber nachgedacht hat, dass er, außer etwas auf Befehl zu machen, auch nachdenken sollte? Ob er

7 Hebr.: eine als Buch gedruckte Thora, der fünf Bücher Mose. Traditionell wird die Thora als Schriftrolle von Hand geschrieben.
8 Der Satz aus Deut 15,11 ist im Original in hebr. Sprache geschrieben.
9 Aharon Halevi (1235–1290), Rabbiner; talmudischer Gelehrter, der vielleicht der Verfasser des Sefer ha-Chinuch war.
10 Richtig: Sefer ha-Chinuch (hebr.): Buch der Erziehung; diskutiert die 613 Gebote der Thora.
11 Hebr.: Opfer; geht auf die Thora und den Ritus, Tieropfer im Tempel zu erbringen, zurück. Nur die jüdischen Priester durften die Tieropferzeremonie vollziehen. Seit der Zerstörung des zweiten Tempels in Jerusalem durch die Römer im Jahre 70 werden keine Opfer mehr vollzogen.

1 Ozvena, Heft 1, 8. März 1944: Kde niet č loveka, sna ž sa ty by ť č lovekom. Ozvena war die wöchentlich erscheinende Zeitung der Lagerschule in Nováky. Das Dokument wurde aus dem Slowakischen übersetzt.
2 Alle Beiträge wurden von Kindern verfasst. Sprachliche Eigenheiten und kindliche Ausdrucksformen wurden beibehalten.

umsonst mit so vielen Fähigkeiten ausgestattet wurde? Der Mensch kann denken und handeln, wie es ihm sein Verstand sagt. Wenn man sich umschaut, sieht man so viel Widersinn und Taten, die dem gesunden Menschenverstand widersprechen, dass man zuletzt fragt: Das sollen Menschen sein? Gehöre ich auch dazu? Bemühe dich, ein Mensch zu sein! Bis jetzt war die Rede davon, wie ein böser Mensch aussieht; ich habe noch nicht davon gesprochen, wie ich mir einen Menschen vorstelle, der dieses Namens würdig ist. Ich würde es an einem Beispiel verdeutlichen, aber heute sind Worte viel zu schwach, um das Gute und Schöne auszudrücken. Aus seiner Höhe ist das Wort in den Schmutz und Dreck gefallen und es ist zu einem bloßen Werkzeug verkommen, neben Flinte und Maschinengewehr. Diese traurige Wirklichkeit hat uns vor die Frage des Lebens gestellt, die beantwortet werden muss. Beantwortet nicht mit leeren Worten und nicht mit schönem Schein, sondern mit der Religion der Taten. Und wenn hinter diesen Taten ein Mensch stehen wird, der sich inmitten der Unmenschlichkeit seine menschliche Würde bewahrt, wird aus der Menschheit der Träger der ewigen menschlichen Wahrheit werden.

Deshalb soll zum Echo der heutigen Zeiten der Leitspruch der Propheten werden: Wo es keinen Menschen gibt, bemühe dich, ein *Mensch* zu sein!

Mensch, wisse …

Mensch, wisse, dass du nur ein Mensch bist,/ wenn du Herr deines Willens bist/ und dich nicht auf Abwege führen lässt.

Mensch, wisse, dass das Leben wie eine Welle ist,/ du bist mal oben, mal unten,/ mal Enttäuschung, mal Freude/ begleiten deine Wege.

Wenn dich im Leben die Enttäuschung trifft,/ lässt du den Kopf nicht gleich hängen./ Mit Hoffnung im Herzen leidest du mannhaft./ Lass aber nicht erkennen, dass du leidest.

Und beurteile den Menschen nicht nach seiner Kleidung,/ sondern höre zu, was er sagt./ Sei kein Knabe, der immer gelogen/ und nur einmal die Wahrheit gesagt hat./Aber da war es schon zu spät.

Mensch, wisse, dass du dich beeilen musst,/ damit du rechtzeitig ankommst.

Zwei Geschichten

I.

Eines schönen Tages bin ich mit meinen Eltern spazieren gegangen. Die Sonne lachte, und überall herrschte Fröhlichkeit. Wir sind zum Marktplatz gekommen und haben dort eine Menschenansammlung gesehen, die fröhlich lachte. Die Neugier zog uns dort hin. Als wir ankamen, sahen wir einen Hund, der von einem Auto überfahren worden war und nicht aufstehen konnte. Niemand konnte dem armen Tier helfen. Darüber haben die Leute also gelacht. Über das arme, wehrlose Tier. Ich wollte dem Hund irgendwie helfen und die gefühllosen Menschen schelten. Aber da ist mir eingefallen, dass ich gegen die Leute nichts ausrichten kann. Mit Tränen in den Augen bin ich weggegangen. Die Sonne verschwand, und die Welt schien wüst, finster und leer.

Ein Traum

Als ich in die Schule kam, fiel mir das Lernen sehr schwer, und meine Eltern waren sehr bekümmert. Sie ermahnten mich immer, fleißig zu sein. Aber ich strengte mich nicht besonders an. Am Ende des Halbjahres brachte ich ein schlechtes Zeugnis nach Hause. Ich war traurig, und mit schlechtem Gewissen legte ich mich schlafen. Ich hatte einen sonderbaren Traum. Ich träumte, dass ich in der Schule aufgerufen wurde und eine Eins bekommen habe. Als ich aufwachte, hatte ich ein gutes Gefühl. Ich dachte darüber nach,

wie schön es in der Wirklichkeit sein könnte, wenn ich bis zum Ende des Schuljahrs lauter Einsen hätte. Wenn es im Traum so schön ist, muss es in der Wirklichkeit noch schöner sein. Ich habe gleich die Rechenaufgabe gemacht. In der Schule habe ich mich gemeldet und habe für die Aufgabe eine Eins bekommen. Ich habe mich darüber sehr gefreut und meine Eltern mit.
Rachel Adlerová

Lass dein Herz emporsteigen/ Verzweifle nicht, wenn das Schicksal zu dir grausam/ ist und dich das Glück nicht kosten lässt,/ obwohl du wie ein Bettler mit ausgestreckten Händen/ in die Welt dein Wehe hinausschreist.

Verzweifle nicht, wenn das Schicksal zu dir grausam/ ist und dich auf einem Kreuzweg stehen lässt,/ ohne einen Freund, und du dich zurückgezogen hast./ Und der Rabe prophezeit dir den Glauben der Schmerzen.

Verzweifle nicht, wenn das Schicksal zu dir grausam/ ist und dir keine Zuflucht und Hilfe gewährt./ Wenn dein Herz in der Tiefe ist, lass es/ in Hoffnung an die Oberfläche emporsteigen.

V.

Literarische Neuigkeiten

Den ganzen Winter über wimmelte es im hiesigen Lager nur so von verschiedenen mehr oder weniger kulturellen Veranstaltungen. Unsere Schule hatte daran besonderen Anteil, und wir können unbescheiden sagen, dass wir mit unserer Teilnahme das Niveau dieser Unternehmungen ziemlich erhöht haben. Die Schule begann ihre Aktivität auf diesem Gebiet mit der Aufführung des dramatisierten Märchens Labakan. Das Werk ist inhaltlich recht schwach, die Akte sind monoton und wenig aufregend. Die schauspielerische Leistung war mittelmäßig, doch wurde die schwache Leistung der Nebendarsteller durch die starke der Hauptdarsteller wettgemacht. Die Ausstattung war geradezu prächtig. Die technischen Probleme wurden nicht ausreichend gelöst, die Pausen waren zu lang.

Ein anderer Beitrag der Schule zu dieser Aktion war die Aufführung einer Programmfolge aus der jüdischen Geschichte. Etwas Ähnliches hat es im Lager bisher noch nicht gegeben. Auch unsere Kleinen haben sich als gute Schauspieler bewährt. Die Leistung war einmalig. Die Ausstattung war auch sehr schön, und sie hat die inhaltliche Seite der Handlung vortrefflich ergänzt. Die Handlung richtete sich an einem gerade in der heutigen Zeit sehr aktuellen Leitspruch aus: Wo es keinen Menschen gibt, bemühe dich, ein Mensch zu sein! Ein Leitspruch, dessen Verwirklichung sich unsere Schule zum Ziel gesetzt hat.

Wir müssen noch die Musiknachmittage der Lagerkapelle erwähnen, die im Laufe der Zeit zu einem einheitlichen Orchesterensemble geworden ist. Es wäre sehr lobenswert, wenn die Lagerkapelle neben Unterhaltungsmusik auch klassische Konzerte geben würde. Das wäre vielleicht auch bei den Theateraufführungen machbar. Anstelle der ständigen Komödien würden sicher auch ernstere Theaterstücke auf Verständnis stoßen.
baba

Ein Ausflug nach Amerika

(Frei bearbeitet nach Kellermanns Tunnel) Lilo.

Eines Tages beschloss ich, einen kleinen Ausflug nach Amerika zu unternehmen. Ich habe meine Freundin Boža überredet mitzukommen, und als wir die Erlaubnis der Eltern und die notwendigen Reiseutensilien hatten, machten wir uns auf den Weg. Wir fuhren nach Finisterre in Spanien. Als wir dort ankamen, sahen wir eine wunderschöne

Stadt, prächtige Hotels, wunderschöne Schwimmbäder und prächtige Villen. An der Meeresküste sahen wir einen besonders schönen Palast, und große Aufschriften über dem Eingang verkündeten, dass wir am Bahnhof eines Untersee-Express' angekommen waren, der uns bis nach Mac City in Amerika bringt. Wir gingen in den Palast hinein. Am Eingang sahen wir wunderschöne Hallen, von denen lange Korridore abgingen. Ein Pförtner in einer eleganten Livree brachte uns in einen von den langen Korridoren, wo er uns auf unser Ersuchen das Büro zeigte, wo wir Fahrkarten für den Express nach Amerika lösen konnten. Ein weiterer Angestellter brachte uns zum Fahrstuhl, mit dem wir blitzschnell 9 Stockwerke tief unter die Erde gelangten. Dann kamen wir zum eigentlichen Bahnsteig. Vor uns lagen 10 cm dicke und 20 cm hohe Gleise, auf denen eine riesige Lokomotive mit sechs modernen Wagen stand. Wir stiegen ein. Der Wagen war 16 m lang. Es gab darin 20 Abteile, auf jeder Seite 10.
Fortsetzung folgt.

DOK. 99

Die Außenstelle der Judenzentrale in Prešov meldet am 13. Mai 1944 die Anzahl der aus dem Gau Šariš-Zemplín in andere Landesteile deportierten Juden[1]

Schreiben der Judenzentrale, Kreiszweigstelle Prešov, gez. Amtsbeauftragter der Judenzentrale, Unterschrift unleserlich, Prešov, an die 14. Abt. des Innenministeriums, Bratislava, vom 13.5.1944

Betr.: Abschiebung der Juden aus dem Gau Šariš-Zemplín[2]
Auf Anweisung des Herrn Hauptkommissars der Öffentlichen Verwaltung des Innern, Dr. P. Maľa, erstatte ich über die Durchführung der Abschiebung der Juden aus dem Gau Šariš-Zemplín folgende Meldung:

	ausgestellt am	Abschiebungsbescheide	gesamt
Prešov	8.V.	169	
	9.V	83	
	10.V.	302	
	11.V.	67	
	12.V.	93	714
Prešov-Landkreis	10.V.	49	
	11.V.	20	
	12.V.	20	89
Giraltovce	11.V.	150	150
Humenné	8.V.	50	
	9.V.	90	
	10.V.	120	
	11.V.	113	
	12.V.	128	501

1 SNA, MV, Karton 579/406-562–12. Das Dokument wurde aus dem Slowakischen übersetzt.
2 Die noch im Gau Šariš-Zemplín lebenden Juden wurden nach der Besetzung Ungarns durch deutsche Truppen im März 1944 gemäß Regierungsbeschluss vom 26.4.1944 in andere slowak. Landesteile deportiert.

II.

	ausgestellt am	Abschiebungsbescheide	gesamt
Vranov	8.V.	25	
	9.V.	14	
	10.V.	12	
	11.V.	43	
	12.V.	75	169
Sabinov	9.V.	80	80
Michalovce	8.V.	48	
	9.V.	124	
	10.V.	155	
	11.V.	200	
	12.V.	173	700
Bardejov	9.V.	120	
	10.V.	130	
	11.V.	79	329
Sečovce	8.V.	40	
	9.V.	15	
	10.V.	50	
	11.V.	73	178
Ganzer Gau gesamt			2.910

Ich erlaube mir anzumerken, dass die einzelnen Zahlen nicht mit der Zahl der Juden des jeweiligen Kreises identisch sind, insofern in einigen Kreisen Abschiebungsbefehle auch für Einwohner anderer Kreise ausgestellt wurden. Die Gesamtzahl von 2910 ist mindestens um 300 höher als die tatsächliche Zahl, da a) einige Juden in mehreren Kreisen gemeldet waren, b) einige in einem Kreis doppelt gemeldet waren, c) einige Rechenfehler unterlaufen sind.
Die endgültige Zahl wird erst nach vollständiger Bearbeitung des ganzen Materials festgestellt werden können. Ich erlaube mir noch anzumerken, dass aufgrund technischer Ursachen (Mangel an Eisenbahnwaggons, begrenzte Zahl der Züge) die Abschiebung einiger Personen um 1 bis 2 Tage verschoben wurde.

DOK. 100
Die Gesundheitsabteilung der Judenzentrale berichtet am 1. Juni 1944 über die hygienischen Verhältnisse in den Arbeitslagern[1]

Schreiben der Zentralkanzlei für die Arbeitslager für Juden (4823/44-Dr. Gy/RH), Edlova Str. 6 in Bratislava, Unterschrift unleserlich, an das Präsidium des Innenministeriums (Eing. 13.6.1944, 143-13/6–13 /44 D 1392–1), Bratislava, vom 1.6.1944 (3 Anlagen)[2]

Betr.: Gesundheitskontrollen in den Arbeitslagern der Juden.
Wir erlauben uns, Ihnen in der Anlage die Meldung des Vorstands der Gesundheitsabteilung der Judenzentrale über die Kontrolle der Gesundheits- und Hygieneeinrichtung des Arbeitslagers der Juden in Nováky, Sereď und Vyhne vorzulegen.
gez. Zentralamt für Arbeitslager der Juden.
Meldung
Am 19. und 20. d. Monats habe ich die Gesundheits- und Hygieneeinrichtung und den Ablauf des Gesundheitsdienstes des Arbeitslagers der Juden in Nováky überprüft. Es ist das Lager mit den größten Ausmaßen, und es hat auch die meisten Insassen. Das Lager hat 3 voneinander getrennte Objekte. Im zweiten Objekt ist die zentrale Ambulanz in Verbindung mit dem Lagerkrankenhaus. Das I. und das II. Objekt haben auch eine kleinere Ambulanz zur Verfügung. Unter der vorbildlichen Leitung des Lagerchefarztes Dr. Špira arbeiten hier weitere 4 Ärzte und ein Zahntechniker mit dem entsprechenden Pflegepersonal. Zwei von den erwähnten Ärzten sind Fachleute: namentlich Dr. Mandler – Laryngologe,[3] Dr. Braun – Zahnarzt. Die zentrale Sanitätsstelle ist ein helles, geräumiges Zimmer, gut eingerichtet, und sie entspricht in jeder Hinsicht den hygienischen Anforderungen.
Das Lagerkrankenhaus hat 3 Zimmer mit 17 Betten. In einem Zimmer für weibliche Patientinnen sind keine Patientinnen mit eiternden Krankheiten untergebracht, damit das Zimmer für die Geburtshilfe verwendet werden kann.
Das Lager hat auch eine zahnärztliche Ambulanz und eine völlig abgetrennte Quarantänestation mit 3 Betten für den Fall einer Infektionskrankheit.
Jedes Objekt hat seinen Arzt, der dort selbständig Dienst leistet.
Unterbringung: Die Insassen sind in getrennten Zimmern (Familien) untergebracht, ein Teil der Familien ist auch noch in den sog. Zellen untergebracht, die ähnlich eingerichtet sind wie die Zellen in den Ledigenwohnheimen, nur dass die Familienzellen etwas größer sind. Sowohl in den Wohnungen als auch in den Familienboxen und in den Ledigenheimen herrscht Sauberkeit von Seiten der Bewohner, obwohl es in den meisten Gebäuden Wanzen gibt, und es wird nötig sein, so bald wie möglich eine Zyanisierung[4] durchzuführen. Im Vergleich mit dem Lager in Sereď hat Nováky den Vorteil, dass man

1 SNA, MV, Karton 580. Das Dokument wurde aus dem Slowakischen übersetzt.
2 Die drei Anlagen enthalten jeweils die Meldungen über die Gesundheits- und Hygienezustände in den Arbeitslagern für Juden in Sered, Nováky und Vyhne. Im Original Stempel. Zu den Arbeitslagern siehe auch Einleitung, S. 40 f.
3 Facharzt für Kehlkopfleiden.
4 Ungezieferbekämpfung.

in den Ledigenheimen nicht in einem gemeinsamen Raum wohnt, sondern zu viert in den Boxen untergebracht ist.
Hygienische Einrichtung: Die hygienischen Verhältnisse werden in der letzten Zeit immer besser. Am besten sind sie im II. Objekt, teilweise im I. Objekt, aber noch am schlechtesten im III. Objekt. Im II. und im I. Objekt wurden bereits Kanalisation und Wasserleitung gelegt, im II. Objekt wurden die Latrinen völlig beseitigt und englische Toiletten gebaut, die saubergehalten werden. Im I. Objekt ist diese Arbeit noch nicht ganz beendet, aber sie läuft, demgegenüber sind die Toilettenverhältnisse im III. Objekt ärmlich. Das Trinkwasser ist im I. und II. Objekt gut (artesischer Brunnen), im III. Objekt gibt es 2 Brunnen, aber nach bakteriologischer Untersuchung ist auch dieses Wasser verwendbar.
Hygienische Einrichtung in den Werkstätten: Die Werkstätten sind geräumig, luftig, gut, die Beleuchtung ist natürlich, und sie sind nicht allzu sehr mit Arbeitern überfüllt. In den Werkstätten gibt es meistens Ventilatoren, aber es stellt sich die Frage, ob im Sommer die Ventilatoren in der Größe und in der Anbringung ausreichen. In einigen Werkstätten habe ich keine Ventilatoren gefunden. An Mängeln gäbe es: Es wurde bei Tageslicht bei leuchtenden Glühbirnen gearbeitet, was sehr schädlich für die Augen ist. Zur Beseitigung dieses Mangels empfehle ich die Verwendung von Papierschirmen, ähnlich wie in den Baťa-Werken, die von der Werkstatt für Kartonage einfach herzustellen wären. In der Polsterwerkstatt, wo im Staub gearbeitet wird, gibt es keinen Ventilator, und es wirkt sich schädlich aus, dass die Krämpel[5] in einem geschlossenen Raum aufgestellt ist. Ich empfehle, dass diese Maschine in einem anderen Raum, außerhalb der Werkstatt, aufgestellt wird.
In der Mechanikwerkstatt, die ein ziemlich kleiner Raum ist, arbeiten 17 Arbeiter, und es wird Karbid verwendet, das mit seinem Geruch nicht nur unangenehm, sondern auch schädlich ist. Ich empfehle, auch diesen Mangel zu beseitigen, was nach der dort gewonnenen Information machbar ist.
Andere hygienische Einrichtungen: Bad und Wannenbäder (5), rituelles Bad und 24 Duschen mit warmem und kaltem Wasser. Ähnliche Duschen habe ich auch in den Gemeinschaftsunterkünften gesehen. Im Freien befindet sich ein großes Schwimmbecken. Das Schwimmbecken ist mit einem kleineren Bad verbunden – einem Bassin für Kinder. Die Insassen haben im Rahmen des Lagers die Möglichkeit, Sport zu treiben. Z.Zt. wird an der Fertigstellung des Fußballplatzes gearbeitet. Den Insassen steht ein geeigneter Raum für den Friseur zur Verfügung, gut eingerichtet und hygienisch. In der letzten Zeit wurden neben der Baracke Holzstege angefertigt, was vor allem hinsichtlich der Sauberkeit sehr vorteilhaft ist, es wird damit das Hineintragen von Schlamm in die Wohnbaracken eingeschränkt. Die Lattenstege liegen noch nicht überall, aber es wird daran gearbeitet, dass es solche Stege überall gibt.
Verpflegung: Das Mittagessen ist gut, Frühstück und Abendessen kärglich. Für Kranke gibt es Diätnahrung. Milch bekommen nur Kinder. Allgemein ist aber die Nahrung, was die Menge angeht, ausreichend. Es wäre wünschenswert, dass auch Erwachsene einmal am Tag Milch bekommen.

5 Maschine zum Auflockern von Faserbüscheln.

Der allgemeine Gesundheitszustand der Insassen: Außer den schon bekannten Fällen von Kropf- und Magenerkrankungen werden Zeichen von Erschöpfung sichtbar, besonders bei jungen Männern. Der Gesundheitsdienst untersucht die Ursache dieser Erscheinung. Infektionskrankheiten sind im Lager sehr selten, und bei dem wirklich mustergültig geführten Gesundheitsdienst kamen bisher keine Epidemien vor.
Vorschläge:
I. Durchführung der Zyanisierung der Objekte.
II. Zur Beseitigung der schädlichen Wirkung vom doppelten Licht in den Werkstätten Einführung von Schirmen für die Arbeiter in der Produktion, die von der Kartonagewerkstatt hergestellt werden.
III. Verbesserung der Ernährung der Insassen.
IV. Urlaub für Insassen, bei denen Zeichen von Erschöpfung feststellbar sind.
V. Installation von Kanalisation und Wasserleitung im III. Objekt in Verbindung mit der Beseitigung von Latrinen und Aufbau von englischen Toiletten.
VI. Einführung von Heilbädern wie z. B. aus Melasse und Nadelextrakt im Rahmen des vorhandenen Bades.
VII. Montage von Ventilatoren in den Werkstätten, wo es noch keine Ventilatoren gibt.
VIII. Beseitigung von Karbid in der Mechanikwerkstatt.
IX. Beseitigung der Krämpel aus der Polsterwerkstatt.
X. Einführung von Entlüftung, wo mit Farben und giftigen Gasen gearbeitet wird (Kartonagewerkstatt).
Meldung[6]
Am 21. und 22. des Monats habe ich im Zusammenhang mit der Erkrankung von einigen Lagerinsassen an Bauchtyphus eine Dienstreise ins Arbeitslager der Juden in Sereď gemacht.
Bauchtyphus: Ich habe festgestellt, dass sich die Infektionsquelle mit größter Wahrscheinlichkeit nicht im Lager befindet, sondern dass das Infektionsmaterial ins Lager eingeschleppt wurde. Im konkreten Fall haben Angehörige (Mitglieder einer Familie) ein Paket bekommen, und sie haben sich wahrscheinlich auch außerhalb des Lagers Lebensmittel gekauft. Sereď und Umgebung sind zwar eine Region, wo Bauchtyphus sporadisch vorkommt, im gegebenen Fall kann aber nicht von einer Epidemie gesprochen werden. Es muss angemerkt werden, dass der Verlauf der Infektion bei allen Patienten außerordentlich schwer ist (tödlicher Verlauf), was auf eine massive Infektion hinweist. Die Gesundheitsabteilung hat angeordnet, sofort eine Impfung gegen Typhus durchzuführen, womit am 22. d. Monats begonnen wurde. Ich habe die Lagerärzte darauf aufmerksam gemacht, dass sie verschärft darauf achten sollen, dass Lebensmittel zweifelhaften Ursprungs nicht ins Lager gelangen, weiter, dass verstärkte hygienische Maßnahmen ergriffen werden, vor allem was Lebensmittel, Laktovegetabilia auch in der Lagerkantine (Milch, Butter, kalte, nicht erhitzte, mit Ei zubereitete Speisen, Salate, Obst usw.) angeht. Aus dem o.G. ergibt sich, dass es keine Garantie gibt, dass künftig kein Bauchtyphus im Lager vorkommt. Die einzig mögliche in Betracht kommende Prophylaxe ist die wiederholte Impfung (alle 6–8 Monate) und eine verschärfte Überwachung der Lebensmittel.

6 Unterschrift unleserlich, vermutlich vom Arzt der Gesundheitsabt. Dr. Frant. Stern, vom 23.4.1944.

Wasser: Im Lager wurde begonnen, Brunnen zu bohren. Z.Zt. ist man in der Tiefe von etwa 130 m, aber man ist noch nicht auf eine ausreichend ergiebige Quelle gestoßen, bzw. das aus kleineren Quellen fließende Wasser ist nicht ausreichend. Deshalb will man die weitere Arbeit abbrechen. Ich habe festgestellt, dass entgegen meinem Vorschlag, Fachleute von der Wasserwirtschaftlichen Abteilung des Wirtschaftsministeriums hinzuzuziehen und auf diese Weise den für das Brunnenbohren geeigneten Ort festzulegen, die Arbeit ohne diese Fachleute begonnen wurde, und deshalb bin ich der Meinung, dass noch vor dem Abbruch der Arbeit Fachleute hinzugezogen werden sollen und ihre fachliche Meinung angehört wird, weil man die Arbeit vielleicht noch retten kann, die mit hohen Kosten verbunden war, andererseits garantiert das Wasser aus einem tiefen Brunnen die Reinheit und Tadellosigkeit aus gesundheitlicher Sicht.
Ambulanz: Die Räumlichkeiten der Ambulanz, obwohl sie in der letzten Zeit erweitert wurden, reichen nicht aus. Die Ärzte werden bei der Arbeit behindert. Es ist deshalb nötig, dass die Ambulanz im Interesse eines korrekten Ablaufs des Gesundheitsdienstes um 2 weitere Räume vergrößert wird.
Allgemeine hygienische Einrichtungen: Mit Rücksicht auf die Gegebenheiten sind die hygienischen Einrichtungen des Lagers relativ genügend (Bäder, Toiletten usw.), und sie wurden in den früheren Meldungen beschrieben. Nicht ausreichend ist jedoch die Lüftung in einigen Werkstätten, besonders dort, wo mit Materialien gearbeitet wird, die Rauch, Geruch und flüchtige Substanzen abgeben (Azetongas in der Färberei) usw. Ich habe festgestellt, dass die Arbeiter die vorhandenen Entlüftungen nicht benutzen, weil sie dadurch angeblich bei der Arbeit behindert werden. Es ist erforderlich, dass der Werkstattleiter die Arbeiter auf die Folgen solcher Unterlassungen aufmerksam macht.
Gesundheitlicher Zustand der Insassen: Im Allgemeinen ist der gesundheitliche Zustand genügend, besonders bei den Kindern und in der letzten Zeit auch bei den Frauen infolge der Schichtverkürzung durch den Einschub eines freien halben Tages in der Woche. Ähnlich wie im Arbeitslager in Nováky werden auch hier Zeichen von Erschöpfung sichtbar, und auch Fälle von Vergrößerung der Schilddrüse, hauptsächlich bei jüngeren Personen und Frauen. Die Ursache dieser Beschwerden besteht darin, dass die Insassen nervlich sehr erschöpft sind. Der ganze Komplex von Struma[7] ist sowohl in Nováky als auch in Sereď weder durch mangelhaftes Wasser noch durch eine andere exogene Ursache bedingt, sondern wie die bisherigen Untersuchungen gezeigt haben, ist er endogenen Ursprungs, d. h. für die Entstehung sind eine ständige seelische Depression, verschiedene Aufregungen, die das Leben im Lager mit sich bringt, und auch die Nahrung, in der Vitaminbestandteile fehlen (die durch das lange Kochen zerstört werden) verantwortlich. Eine Abhilfe wäre dadurch möglich, dass die betroffenen Insassen entweder einen Gesundheitsurlaub bekommen würden, oder sie könnten gruppenweise durch Insassen anderer Lager (Vyhne) ausgetauscht werden; weiter muss darauf geachtet werden, dass das Küchenpersonal belehrt wird, die Lebensmittelartikel nicht übermäßig lange zu kochen und zur Nahrung frisches Gemüse hinzuzufügen, besonders im Frühling.

7 Eine krankhafte Vergrößerung der Schilddrüse, die häufig durch Jodmangel ausgelöst wird.

Meldung[8]

Vom 5. bis 8. Mai habe ich die gesundheitliche und hygienische Einrichtung und den Ablauf des Gesundheitsdienstes im Arbeitslager der Juden in Vyhne[9] besichtigt.

Das Lager gehört zu den kleinsten Lagern und hat 350 Insassen, mehrheitlich Männer. Das Lager verfügt über 3 Objekte. Unter der vorbildlichen Führung des Lagerchefarztes Dr. Wild arbeiten noch 2 Absolventen der Medizin, namentlich MUC.[10] Graff und MUC. Liban. Beide Mediziner sind ärztlich gut ausgebildet. Das Lager hat im zweiten Objekt eine Zentralambulanz, die aus drei Räumen besteht: Behandlungszimmer, Laboratorium, Physiotherapie. Die Ambulanz ist vorbildlich eingerichtet, und sie entspricht allen hygienischen Anforderungen. Das Lager hat auch eine Zahnarztambulanz unter der Leitung eines Zahntechnikers.

Unterkünfte: Die Insassen sind in getrennten Zimmern untergebracht. Jede größere Familie hat ihr eigenes Zimmer. Die Zimmer sind vorbildlich sauber und nach Möglichkeit geschmackvoll eingerichtet. Die ledigen Insassen sind zu dritt bis zu fünft in einem Zimmer. Die Wohnungen sind teilweise gut beleuchtet, aber die meisten sind feucht.

Hygienische Einrichtung: Die hygienischen Verhältnisse sind ziemlich gut, aber ein besonders wichtiger Mangel ist, dass es im dritten Objekt noch keine Toiletten gibt. Den Insassen steht eine Latrine auf dem Hügel hinter dem Gebäude zur Verfügung. Im ersten und zweiten Objekt und im Hell-Haus gibt es englische Toiletten. Bei der Kontrolle ist mir aufgefallen, dass die Insassen, die ihre Zimmer vorbildlich sauberhalten, die Toiletten vernachlässigen. Ich habe eine auffällige Verunreinigung der Toiletten bemerkt. Den Insassen steht ein Schwimmbecken zur Verfügung, das Männer und Frauen abwechselnd jeden zweiten Tag benutzen können. Vor dem Bad ist es obligatorisch zu duschen. Es gibt auch Wannenbäder, die aber wegen der großen Vernachlässigung nicht benutzbar sind. Das Bad hat auch den Vorteil, dass das Wasser mineralisch ist, und eine Heilwirkung vor allem bei Frauenkrankheiten und Blutarmut hat.

Hygienische Einrichtung in den Werkstätten: Die Werkstätten sind ziemlich geräumig und luftig, aber der größte Teil wird nicht natürlich beleuchtet, so dass man bei der Arbeit elektrisches Licht benutzen muss, was für die Augen nicht gut ist. Besonders in der Konfektionswerkstatt, wo die Frauen schon 18 Monate arbeiten, ist zu merken, dass die Mehrheit an Augenkrankheiten bzw. an Augenbeschwerden leidet, und der Fortgang der Augenuntersuchungen gestaltet sich sehr langsam. In den Werkstätten gibt es keine Ventilatoren. In der Täschnereiwerkstatt ist die Ventilation besonders schwierig, weil die Fenster nicht geöffnet werden können. Die Insassen haben innerhalb des Lagers die Möglichkeit, in der Freizeit im Park spazieren zu gehen und Sport zu treiben (Volleyball und Pingpong).

Verpflegung: Die Mittagessen sind ziemlich gut, Frühstück und Abendessen kärglich. Eine bestimmte Anzahl der Insassen ernährt sich in der Diätküche. Milch bekommen nur die Kinder. Der Kalorienwert der Nahrung beträgt 1800 für die Schwachen, und besonders für die Tuberkulosekranken wird eine verbesserte Nahrung gereicht, d. h. plus 800 Kalorien in Form von Butter und Eiern, Speck usw. Allgemein ist aber die Nahrung,

8 Die Meldung ist unterzeichnet vom Vorsteher der Gesundheitsabt. der Judenzentrale in Bratislava, Unterschrift unleserlich, ohne Datum.

9 Das Lager in Vyhne war zuvor ein Kurbad, das der jüdischen Familie Ungar gehörte. Sie wurde einteignet, und einige Mitglieder der Familie Ungar waren im Lager interniert.

10 Lat.: Medicinae universae candidatus, Medizinstudenten.

was die Menge betrifft, für Schwerarbeitende nicht ausreichend. Es wäre wünschenswert, dass auch die Erwachsenen einmal am Tag Milch bekommen.
Allgemeiner Gesundheitszustand der Insassen: Außer den bekannten Tuberkulosefällen gibt es auch Kropf, Magenkrankheiten, Gelenkrheumatismus und Augenkrankheiten. Die Ursache der Rheumaerkrankungen sind die feuchten Unterkünfte. Infektionskrankheiten sind im Lager sehr selten, und es kamen bisher keine Epidemien vor.
Vorschläge
I. Durchführung der Ungezieferbekämpfung in den Wohnungen, wo es Wanzen gibt.
II. Zur Beseitigung der schädlichen Wirkung in den Werkstätten. Einführung von Schirmen für die Arbeiter in der Produktion, die in der Kartonagewerkstatt hergestellt werden.
III. Verbesserung der Ernährung der Insassen. Nach Möglichkeit zum Frühstück Milchkaffee.
IV. Massenuntersuchung durch einen Augenarzt auf folgende Weise. Für die Dauer von 1 Woche sollte die Augenärztin aus dem Lager in Sereď, Frau Dr. Kornfeldová, eingeladen werden, und die Fälle der von Astigmatismus Betroffenen sollten in einer größeren Zahl nach Banská Štiavnica geschickt werden.
V. Eine beschleunigte Durchführung des Toilettenbaus im III. Objekt.
VI. Einführung von Heilbädern für Rheumatiker innerhalb des Lagers, mit Melasse oder Schwefel (Schwefelleber).
VII. Installation von Ventilation, besonders in der Täschnereiwerkstatt.
VIII. Einrichtung eines Lagerkrankenhauses.

DOK. 101

Rabbiner Michael Dov Weissmandl fordert am 23. Juni 1944 die Alliierten und den Papst auf, die in die Vernichtungslager führenden Bahngleise zu bombardieren[1]

Handschriftl. Brief von Rabbiner Michael Dov Weissmandl,[2] ohne Unterschrift, mit Bitte um Weiterleitung an die Alliierten und den Papst, vom 23.6.1944[3]

Bitte um Übermittlung dieses Briefs an die Herrscher der drei großen Königreiche[4] und an den Papst[5]
Könige und Staatsoberhäupter, erhören Sie uns!
Der Feind der Welt begann mit der Zerstörung der Erde durch seinen gegen uns gerichteten Krieg. An uns lehrte er sein Volk Mord und Grausamkeit. Und mit Grausamkeit verübten sie Untaten an Euch und an allen Bewohnern der Erde. Aus dem Volk Israel

1 GFHA 8224_25964. Das Dokument wurde aus dem Hebräischen übersetzt.
2 Michael (Ber) Dov Weissmandl (1903–1957), orthodoxer Rabbiner; von 1931 an in der Jeshiva von Rabbiner Shmuel Dovid Ungar in Nitra, Rabbiner in Nitra, Funktionär von Agudath Israel; 1942–1944 aktiv in der Widerstandsgruppe Arbeitsgruppe; 1944 flüchtete er aus dem Zug nach Auschwitz und lebte versteckt in Bratislava; mit Hilfe Rudolf Kasztners an Pessach 1945 Flucht in die Schweiz; 1946 in die USA, Neugründung der Jeshiva von Nitra.
3 Im Original religiöse Datumsangabe „2. Tammus 5704"; vierter Monat des religiösen jüdischen Kalenders, fällt meist in den Juni oder Juli. Das Jahr 5704 entspricht dem Jahr 1944.
4 Der Schreiber richtet den Brief an die Staatsoberhäupter der Alliierten, Winston Churchill, Franklin D. Roosevelt und Josef Stalin.
5 Papst Pius XII.

tötete er durch Gas und andere Grausamkeiten bislang circa sechs Millionen[6] Seelen in den Vernichtungsstätten von Belzec, Sobibor, Treblinka und Birkenau (Auschwitz).
Es steht in Ihrer Macht und Sie verfügen über die Fähigkeit, ihn durch die Bombardierung der Gleise, die zu den Todesstätten führen, aufzuhalten. Es wurde das Blut von Millionen[7] vergossen. Das Blut der Millionen, das noch vergossen werden könnte, fleht Sie von dieser verfluchten Erde an: Ist nicht schon genug Blut vergossen worden? Verschwenden Sie keine Zeit mit Überlegungen oder mit Zögern. Tun Sie, was in Ihrer Macht steht, und der Herr der Welt wird es unseren Feinden vergelten und diejenigen, die uns lieben, belohnen.
Einer aus dem Volk, der das Leid seiner Landsleute wahrnimmt.

DOK. 102
Der Innenminister wird am 31. August 1944 über die Flucht der Juden aus den Arbeitslagern in Sered, Nováky und Vyhne informiert[1]

Mitteilung des Vorstands der 14. Abteilung im Innenministerium (143-31/8-1/44 D1472–1), gez. Dr. A. Vašek eigenhändig, Bratislava, an den Innenminister, Bratislava, vom 31.8.1944

Betr.: Sicherheitslage in den Arbeitslagern (-zentren) der Juden
Sehr geehrter Herr Minister,
über die Sicherheitslage in den Arbeitslagern (-zentren) der Juden melde ich Ihnen, sehr geehrter Herr Minister, Folgendes:
Heute früh, d. h. am 31. August 1944 um 8.15 Uhr, meldete der Hauptbuchhalter Sekretär Koloman Sekula, staatlicher Buchhalter im Arbeitslager der Juden in Sereď, telefonisch, dass die Gendarmerie, das heißt die Wachabteilung der Gendarmerie des Gendarmeriepostens des Arbeitslagers in Sereď, gemeinsam mit dem Kommandanten das Arbeitslager verlassen hat und eigenmächtig den Sicherheitsdienst in diesem Lager beendete. Sie nahm die ganze persönliche und dienstliche Ausstattung und Ausrüstung mit und setzte sich in die Umgebung ab. Nach dieser Tat brach im Lager große Panik aus, und die Lagerinsassen flüchteten massenhaft. Im Lager sind nur 15 Juden geblieben. Ich habe gestern im Ministerium für Nationale Verteidigung bei Herrn Oberst Krnača beantragt, eine Hilfseinheit in dieses Lager zu senden und sich um den Schutz des staatlichen Eigentums zu kümmern, das von großem Wert ist. Das Ministerium für Nationale Verteidigung kam diesem meinem Antrag nach und entsandte in das Lager in Sereď 15 Soldaten als Hilfseinheit, die von einem Offizier befehligt wird. Heute früh beantragte ich wieder beim Ministerium für Nationale Verteidigung, diese Hilfseinheit zu vergrößern und einen Offizier zu bestimmen, der sie direkt befehligen wird. Das Ministerium für Nationale Verteidigung versicherte mir telefonisch, d. h. Herr Kapitän Bučko vom Sekretariat des Ministeriums für Nationale Verteidigung, dass weitere 25 Soldaten ins Lager

6 Im Original wörtlich: „sechs Mal tausendtausende".
7 Hier und im Folgenden im Original: „tausendtausenden".

1 SNA, MV, Karton 581. Das Dokument wurde aus dem Slowakischen übersetzt.

entsandt würden, weil ich ihm mitgeteilt habe, dass die Zivilbevölkerung aus der Gemeinde Sereď ins Lager eingedrungen ist und schwere Diebstähle begeht.
Das Innenministerium konnte mit dem Arbeitslager der Juden in Nováky keine telefonische Verbindung herstellen. Nach Auskunft der Telefonzentrale in Bratislava ist derzeit keine telegrafische und telefonische Verbindung in die Umgebung von Nováky und Prievidza möglich.
Im Arbeitslager der Juden in Vyhne flüchteten in der Nacht von gestern auf heute sechs Eingelieferte. Ansonsten verrichten die Lagerinsassen in diesem Lager die ihnen auferlegte Arbeit.
Vom Arbeitslager in Ilava wurde gemeldet, dass vier Eingelieferte geflüchtet sind und die anderen die ihnen auferlegte Arbeit verrichten. Aus dem Arbeitslager der Juden in Dubnica[2] sind 30 Männer desertiert. Der Hauptbuchhalter Sekretär Koloman Sekula teilte des Weiteren mit, dass auch die örtliche Gendarmerie von der Gendarmeriestation in Sereď die Gendarmeriestation eigenmächtig verlassen hat und keinen Sicherheitsdienst mehr leistet. Nach Angabe von Hauptbuchhalter Sekretär Koloman Sekula hat die Gendarmerie durch ihre Tat im Arbeitslager der Juden in Sereď die massenhafte Flucht von Juden und damit auch die eigenmächtige Entledigung von der ihnen auferlegten Arbeitspflicht ermöglicht.
Auch bei diesem Anlass drücke ich Ihnen, sehr geehrter Herr Minister, meine tiefe Ehrerbietung aus.
Auf der Wacht!

2 In Dubnica befand sich seit 1942 ein Lager für politisch Verfolgte, ab 1944 für Roma.

DOK. 103
Nach Beginn des Slowakischen Nationalaufstands und dem deutschen Einmarsch kündigt der Chef der Einsatzgruppe H am 1. September 1944 die Wiederaufnahme der Deportationen an[1]

Fernschreiben (geheim, dringend, sofort vorlegen) des Chefs der Einsatzgruppe H, gez. SS-Obersturmbannführer Dr. Witiska,[2] Unterschrift unleserlich, Preßburg, an das Reichssicherheitshauptamt z. Hd. Amtschef I, II, III, Befehlshaber der Sipo und SD in Krakau, Budapest, Prag, Staatspolizeistellen Wien und Brünn, vom 1.9.1944[3]

Betrifft: Einsatzgruppe H, z. Zt. Preßburg
Vorgang: Bekannt.
Die Einsatzkommandos 13 und 14 der Einsatzgruppe H[4] sind heute im Laufe des Tages von Brünn in der Slowakei eingerückt. Kommando 13[5] hat Aufgabe, über Tyrnau nach Neutra vorzustoßen, dort Lage zu klären und im Waag-Tal bis Sillein Stützpunkt zu errichten. Kommando 14[6] besetzt den mittelslowakischen Raum um Rosenberg, Turč. Sv. Martin,[7] Neusohl, Kremnitz, Altsohl und Schemnitz. Derzeitige Lage Waag-Tal zwischen Sillein und Tyrnau im wesentlichen in unserer Hand. Zentrum der Aufstandsbewegung die Niedere Tatra mit Neusohl. Slowakische Armee unzuverlässig. Bei schnellen deutschen Gegenmaßnahmen Möglichkeit gegeben, daß Großteil von Bandenangehörigen nach Hause zurückkehrt. Gegen Abend verdichten sich Nachrichten, daß seitens Armee heute Nacht Aufstand geplant wird. Die Entwaffnung der Preßburger Garnison wird vorbereitet. SS-Obergruppenführer *Berger*[8] wurden folgende Vorschläge zur Bereinigung der Lage gemacht. Es wird ein Staatssekretariat für das Sicherheitswesen unter dem Gardisten *Kubala* geschaffen, das für volle Reformierung des gesamten Exekutiv-

1 BArch, R 70 Slowakei/194, Bl. 11 f.
2 Dr. Josef Witiska (1894–1946), Jurist; von 1920 an bei der Polizei Graz, März 1938 Gestapo; 1938 NSDAP- und SS-Eintritt; von Juni 1941 an stellv. Leiter Gestapoleitstelle Prag, von März 1943 an KdS Galizien im Generalgouvernement, von Okt. 1944 an Leiter der Einsatzgruppe H in der Slowakei, Nov. 1944 BdS Slowakei; 1945 Festnahme, nahm sich vor der Auslieferung an die Tschechoslowakei das Leben.
3 Im Original Bearbeitungsvermerke.
4 Die Einsatzgruppe H wurde nach Beginn des Slowak. Nationalaufstands aufgestellt und sofort in die Slowakei entsandt. Sie bestand aus sechs Einsatz-, Sonder- und z.b.V.-Kommandos; siehe Einleitung, S. 43.
5 Das Einsatzkommando 13 wurde am 31.8.1944 gebildet und in die Slowakei geschickt. Kommandoführer waren SS-Hauptsturmführer Otto Koslowski, SS-Sturmbannführer Jakulski und SS-Sturmbannführer Karl Schmitz. Der Stab befand sich in Trenčin, Stützpunkte wurden bis Febr. 1945 in 13 slowak. Orten aufgestellt; siehe Einleitung, S. 43.
6 Das Einsatzkommando 14 wurde am 31.8.1944 gebildet und sofort in die Slowakei entsandt, wo es zunächst als mobiles Kommando an zahlreichen Stützpunkten agierte, bis es im Okt. 1944 nach Banská Bystrica vorstieß. Bis Mitte Febr. 1945 operierte es in der Mittelslowakei. Es wurde von SS-Hauptsturmführer Georg Heuser geführt; siehe Einleitung, S. 43.
7 Richtig: Turčiansky Svätý Martin.
8 Gottlob Christian Berger (1896–1975), Lehrer; 1923 NSDAP-, 1930 SA-, 1936 SS-Eintritt; von Okt. 1937 an im Stab RFSS, April 1940 bis 1943 Chef des SS-Hauptamts, April 1943 bis Sept. 1944 Verbindungsoffizier RFSS im RMfbO, Anfang Sept. bis Mitte Sept. 1944 Deutscher Befehlshaber in der Slowakei; April 1945 Verhaftung, 1949 zu 25 Jahren Haft verurteilt, 1951 entlassen.

körpers sorgen soll. Voraussetzung für Verläßlichkeit ist bessere Stellung der Beamten durch Zuerkennung von Leistungszulagen. Mit *Kubala* Einzelheiten besprochen, der zur Übernahme des Auftrags bereit ist. Unbedingt notwendige Personalveränderungen in der Führung der Exekutive zum Teil festgelegt. Staatspräsident hat dringenden Wunsch ausgesprochen, Garnison Preßburg zu entwaffnen. Entwaffnung erfolgt durch SS-Regiment Schill.[9] Mannschaft soll zunächst in den Kasernen verbleiben, um später zu einem Arbeitsbataillon zusammengefaßt und außerhalb der Slowakei verwendet zu werden. Zuverlässige Soldaten sollen im Polizeisektor und Garde verwendet werden. Freilassung der Soldaten unmöglich, da Überlaufen zu Banden[10] oder Zwangsrekrutierung durch Banden zu befürchten ist. Hlinka-Garde wird aufgeboten. Aus 300 Angehörigen wird Garde-Bataillon für *Tiso* aufgestellt. Als Argument für *Tiso*, daß Bataillon Kristallisationspunkt neuer slowakischer Wehrmacht sein soll. Löhnung und Versorgung wird an deutsche Vorbilder angeglichen. Judenfrage muß radikal gelöst werden durch Festnahme und Verbringung in Arbeitslager. Zur Verfolgung von Hoch- und Landesverrat ist Herausgabe einer Verordnung notwendig, wonach Unterstützung, Beherbergung von staatsfeindlich tätigen Personen sowie Unterlassung einer Anzeige über eine solche Tätigkeit mit Zuchthaus oder Tod bestraft wird. Angehörige der Widerstandsbewegung müssen nach Möglichkeit in einem ordentlichen Gerichtsverfahren abgeurteilt werden, um den Eindruck einer absolut gerechten Behandlung zu erwirken. Urteil kann nur von slowakischem Gericht gefällt werden. Das Gesetz vom 11.5.1944[11] über den Schutz der persönlichen Freiheit ist in seinen entscheidenden Punkten für die Dauer der besonderen Verhältnisse außer Kraft zu setzen. Einreise in die Slowakei im Großen Reiseverkehr muß weitgehendst unterbunden werden. Für Ausnahmefälle sind besondere Grenzübergänge festzulegen. Der gesamte Zivilkraftwagenverkehr wird weitgehendst eingeschränkt. Die Beachtung der ergangenen Verordnungen über Einsparung des Kraftwagenverkehrs wird durch strenge Straßenkontrollen überprüft. Rigorose Überholung der Betriebsstoffverteilungsstellen. Ich habe z. Zt. noch keine feste Unterkunft, bin jedoch über Polizeiattaché Preßburg – über Grenzpolizeiposten *Engerau* – zu erreichen. Berichterstattung wird in Hinkunft regelmäßig zweimal am Tage erfolgen.

9 Die Kampfgruppe Schill wurde im Sept. 1944 im Protektorat Böhmen und Mähren für die Partisanenbekämpfung aufgestellt. Sie hatte eine Stärke von 2000 Mann und setzte sich aus Waffen-SS und Wehrmachtsangehörigen zusammen.

10 Partisanen und Aufständische wurden in reichsdeutschen Dokumenten abwertend als „Banden" oder „Banditen" bezeichnet.

11 Gesetz Nr. 50/1944 Sl. Gbl. vom 11.5.1944 über den Schutz der persönlichen Freiheit und des Hausfriedens, ihre zeitweise Beeinträchtigung und über die zeitweise Beeinträchtigung anderer Rechte und Freiheiten.

DOK. 104
SS-Hauptsturmführer Jentsch vom Einsatzkommando 14 empfiehlt am 6. September 1944 die Deportation der Juden in Konzentrationslager[1]

Meldung des Einsatzkommandos 14 der Sicherheitspolizei und des SD, Topoľčany, SD-Sachbearbeiter, Berichterstatter SS-Hauptsturmführer Jentsch,[2] Unterschrift unleserlich, an den Führer der Einsatzgruppe H der Sicherheitspolizei und des SD, Preßburg, SS-Obersturmbannführer Josef Witiska, vom 6.9.1944 (Abschrift)

Betr.: Übersicht über die Problemlage im Operationsgebiet
pp.
5. *Judenfrage.*
Die Judenfrage hat eine grundsätzliche Bedeutung im gegenwärtigen Stadium. Das Land ist außerordentlich stark verjudet. Allein in Neutra befinden sich 6000 Juden und in Topolcany[3] sollen sie ebenfalls an die 30 % der Bevölkerung ausmachen. Die Juden sind zum größten Teil bei der Bevölkerung verhaßt. Dennoch würde man hier für Willkürmaßnahmen gegen Juden kaum Verständnis haben. Aus Erfahrungen, die in Neutra gemacht wurden, ergibt sich eindeutig, daß man entweder die Juden ganz los sein will oder, wenn das nicht möglich ist, so doch nach dem Grad ihrer Gefährlichkeit ausgeschaltet sehen möchte. Verhaftungen nur deshalb, weil der betreffende Jude eine Villa sein Eigen nennt, werden abgelehnt. Die *Ehren-Arier*, die durch eine Zahlung von K 50 000 an den Staatspräsidenten[4] ernannt wurden und die in einer Zahl von etwa 10 000[5] vorhanden sein sollen, werden auch von der Bevölkerung nicht als Arier anerkannt. Die Diskussion der Judenfrage seit dem Einmarsch der deutschen Truppen hat besonders in Neutra zu einer Flucht zahlreicher Juden geführt, von denen angenommen werden kann, daß sie sich auf die Seite der Partisanen begeben. Um dieser Entwicklung Einhalt zu gebieten, empfiehlt sich dringendst eine radikale Lösung der Judenfrage mit Verbringung in ein KZ außerhalb der Slowakei. Allerdings müßte eine solche Aktion schlagartig durchgeführt werden.

1 BArch, R70 Slowakei/194, Bl. 14 f.
2 Ernst Robert Georg Jentsch (1908–1968), Brauereibesitzer; 1931 NSDAP- und SS-Eintritt; von 1943 an im RSHA, vom 31.8.1944 an Einsatzkommando 14 in der Slowakei; nach 1945 bis 1952 unter falschem Namen in Westdeutschland, 1961 bei einem Besuch in Ost-Berlin verhaftet, nach fünf Monaten nach Westdeutschland entlassen.
3 In Topoľčany und Trenčin hatten die Einsatzkommandos 13 und 14 zunächst ihre Stäbe errichtet und dort Anfang Sept. große Razzien gegen Juden durchgeführt. Das Einsatzkommando 14 nahm zu dieser Zeit im Bezirk Topoľčany Massenverhaftungen von Juden vor, die im Bezirksgericht von Topoľčany festgehalten und dann in das Arbeitslager Sered transportiert wurden.
4 Siehe Dok. 38 vom 9.9.1941.
5 Tiso hat nicht mehr als etwa 1000 Juden diese Ausnahme erteilt.

DOK. 105

Monsignore Burzio unterrichtet den Vatikan am 15. September 1944 über die Gewalt gegen Juden und bittet den Papst, sich für deren Rettung einzusetzen[1]

Telegramm des Apostolischen Nuntius in Bratislava (Nr. 98), Msgr. Guiseppe Burzio, an den StS im Vatikan vom 15.9.1944

Ich möchte Folgendes mitteilen: Nach Ankunft der Besatzungstruppen hat die Gestapo vor allem in den von den Partisanen eroberten Ortschaften mit der Massenverhaftung von Juden begonnen. Hier in Bratislava hat es bisher noch keine Razzien gegeben, aber es wird befürchtet, dass dies in den nächsten Tagen geschehen könnte. In dieser Situation scheint mir ein Zeichen des Heiligen Stuhls gegenüber der Regierung zur Rettung der Juden aus der heutigen großen Gefahr nützlich … und wirkungsvoll.[2]
Notiz von Monsignore Montini:[3]
Ex Aud. SS.mi,[4] 17-9-44. Etwas tun.
Anhang
Tardini[5] an Burzio, (Telegr. Nr. 91), vom 19. September 1944
Sofort nach Erhalt des Telegramms Nr. 98 verfasste das Ministerium eine Sondernote. Euer Hochwürden möge klären, ob nicht im Namen des Heiligen Stuhls bei der Regierung und eventuell beim Präsidenten der Republik eingeschritten werden sollte, etwa indem darauf hingewiesen wird, dass selbiger Heiliger Stuhl von slowakischen Behörden Verhalten konform mit katholischen Prinzipien und Gefühlen Volk Slowakei erwartet.[6]
Außerdem wäre ein gemeinsames Vorgehen des Episkopats nützlich.

1 ASV, A.E.S. 5881/44. Abdruck in: Actes et documents du Saint Siège relatifs à la Seconde Guerre Mondial, Bd. X, Le Saint Siège et les victimes der guerre. Janvier 1944–Juillet 1945, Città del Vaticano 1980, Dok. 324. Das Dokument wurde aus dem Italienischen übersetzt.

2 Am 15.9.1944 übermittelte der Nuntius in Bern dem Vatikan ein Telegramm von Roncalli, dem Gesandten des Vatikans in der Türkei, in dem dieser um das Einschreiten des Papstes zugunsten der vom Tod bedrohten slowak. Juden ersucht. Man antwortete ihm am 19. Sept und versicherte, dass der Heilige Stuhl bereits Schritte unternommen habe und diese Bemühungen wiederholen werde.

3 Giovanni Battista Enrico Antonio Maria Montini (1897–1978), Priester und Diplomat; 1922–1954 im diplomatischen Dienst des Vatikans, von 1937 an enger Mitarbeiter des späteren Papstes Pius XII.; 1954 Erzbischof, 1958 Kardinal, 1963 Wahl zum Papst, Pontifikat als Papst Paul VI.

4 Nach Audienz bei Seiner Heiligkeit.

5 Domenico Tardini (1888–1961), Priester und Diplomat; von 1920 an in der Abt. für Außerordentliche Kirchliche Angelegenheiten des Vatikans, seit 1937 Sekretär der Abt., von 1935 an zudem im Vatikanischen Staatssekretariat, 1958 Kardinalstaatssekretär.

6 So im Original.

DOK. 106

Der Chef der Einsatzgruppe H teilt dem Reichssicherheitshauptamt am 21. September 1944 mit, dass bereits 2650 Juden verhaftet worden seien[1]

Blitzfernschreiben des Chefs der Einsatzgruppe H (FS Nr. 152, befördert 24.00 Uhr), gez. SS-Obersturmbannführer, Unterschrift unleserlich,[2] an das Reichssicherheitshauptamt z. Hd. Amtschef I, II, III, IV, VI und Mil. Amt Abteilung C, Befehlshaber der Sipo und SD in Krakau, Budapest, Prag, Staatspolizeistellen Wien und Brünn, vom 21.9.1944 (Entwurf)[3]

Betrifft: Slowakei
Vorgang: Laufend
Ostslowakei. Verstärktes Bandenauftreten zwischen Libiany–Lubotin. Erhalten Zuzug aus westlicher Richtung. Banden im Raume Medzilaborze erhalten verstärkten Luftnachschub. Zentrale der sowjetischen Bandengruppen dürfte auf befestigter Höhe Cergo liegen. Stärke 40–60 Mann unter Führung eines sowjetischen Generals. Verlegung ist nach Lipt. Sv. Ján[4] beabsichtigt. Stärkere Fallschirmjägergruppen wurden im Dreieck Prešov–Kaschau–Margecany festgestellt, die sich in südlicher Richtung bewegen. Luftnachschub hat sich im Laufe der letzten Woche in Ostslowakei verstärkt. Mittelslowakei. Die Nordgruppe ist angetreten und hat die Höhenrücken bei Turč. Sv. Martin[5] genommen. Fliegerunterstützung nicht möglich gewesen. Hat Aufgabe, nach Süden durchzustoßen. Südgruppe ist über Deutsch-Proben hinausgestoßen. Die neue Straße zwischen Prievidza und Handlova ist stark vermint, an einer Stelle 20 m unterbrochen und für Kraftfahrzeuge kaum passierbar. Bei Südgruppe nehmen 2 Kommandos des EK 14 der Sipo und des SD[6] teil. Bei Angriff der Division Tatra um Turč. Sv. Martin ist das Einsatzkommando 13 der Sipo und des SD eingesetzt. Lt. V-Mann-Meldungen aus diesem Raume nehmen starke Bandenzusammenziehungen in den Räumen Trentschin, Soblahov, Minchova, Lehota, Jastrabie und südlich Trentschin zu. […] Westlich Hrudno schanzt Zivilbevölkerung.
Bisher wurden festgenommen 311 slowakische Soldaten als Überläufer, 2650 Juden, 75 wegen Bandenbegünstigung, 25 Tschechen wegen Zughörigkeit zur Widerstandsbewegung, 106 Juden ausgesiedelt, 121 wegen Widerstand bei Festnahme erschossen. Lt. Entscheidung [des] Deutschen Befehlshabers werden die 4 Bataillone des neu aufzustellenden Staatsschutzkorps/Domobrana[7] vorerst lediglich mit leichten Infanteriewaffen bis einschließlich SMG[8] ausgerüstet. Erst nach Bewährung im Einsatz gegen Banden […] erhalten sie als Auszeichnung Granatwerfer und evtl. sogar Geschütze. Die 2 Kompanien

1 BArch, R 70 Slowakei/194, Bl. 174 f.
2 SS-Obersturmbannführer Einsatzgruppe H war Witiska.
3 Im Original handschriftl. Einträge und folgender Verteiler: SS-Obergruppenführer Berger, Polizeiattaché Goltz.
4 Liptovský Svätý Ján.
5 Turčiansky Svätý Martin.
6 Einsatzkommando 14 der Sicherheitspolizei und des SD; siehe Dok. 103 vom 1.9.1944, Anm. 6.
7 Die neu geschaffene Heimwehr nach der Entwaffnung der slowak. Armee wurde vor allem gegen Partisanen eingesetzt und war Minister Štefan Haššik unterstellt. Sie rekrutierte sich aus regimetreuen Kämpfern und Gardisten.
8 Schweres Maschinengewehr.

in Neutra sollen als erste eingesetzt werden. Zur Niederkämpfung der Hochburg der Banditen in Banská Bystrica wird die Brigade Kaminsky mit etwa 5000 Bewaffneten eingesetzt. Ebenso sollen 2 Bataillone der 14. galizischen SS-Division eingesetzt werden, um die im Bandengebiet eingeschlossenen Flüchtlinge zu befreien. Die Verlagerung der vorgefundenen großen Lager ins Reichsgebiet wird mit Intensivität betrieben. [...] Gestriger Luftangriff auf Preßburg hat stimmungsmäßig keine nachteiligen Auswirkungen. Slowakische Bevölkerung z. Zt. sehr am ungarischen Problem interessiert.[9] Verteidigungsminister Haššik[10] hat mit Datum vom 16.9. Befehl an alle Standortkommandanten erlassen, wonach Offiziere und Mannschaften auf Verbot staatsfeindlicher Tätigkeit und darauf stehende Todesstrafe erneut hingewiesen wurden. Kenntnisnahme mußte handschriftlich erfolgen. Wegen geplanten, jedoch nicht zur Ausführung gelangten Attentatsversuch auf Mach wurde durch die slowakische Sicherheitspolizei der slow. Student Meč verhaftet. Meč war Deserteur der slow. Wehrmacht und hat das Attentatsvorhaben mit bolschewistischen Agenten des Bandesgebietes abgesprochen.

DOK. 107
US-Außenminister Cordell Hull schlägt am 23. September 1944 dem War Refugee Board vor, dass der Papst zugunsten der slowakischen Juden intervenieren möge[1]

Telegramm (geheim) des Außenministers der USA Cordell Hull,[2] gez. Hull, an War Refugee Board,[3] Ackermann,[4] vom 23.9.1944

McClelland[5] hat gegenüber dem Komitee seine Mitteilung # 71 vom 15. September, was die slowakische Situation betrifft, wiederholt. McClellands Vorschlag wird hier zugestimmt. Wir schreiben an den Apostolischen Beauftragten in Washington und legen ihm nahe, dass der Heilige Stuhl es angebracht finden möge, Dr. Tiso und seinen Kollegen durch Sidor oder anderweitig erneut mitzuteilen, dass die Regierung dies als höchst schwerwiegend ansieht und in Zukunft jegliche Rolle, die Dr. Tiso und seine Kollegen

9 Seit Ende Sept. 1944 rückte die Rote Armee in Ungarn vor und besetzte das Land.
10 Štefan Haššik (1898–1985); Nov. 1938 bis Ende 1938 Beauftragter der Autonomieregierung in Zemplín, Jan. bis Okt. 1940 Gespan in Prešov, dann in Nitra, Mitglied des Staatsrats, Anfang Sept. 1944 bis Mai 1945 Minister für Nationale Verteidigung und Leitung der Staatssicherheit; nach Kriegsende in den USA, 1947 in der Tschechoslowakei in Abwesenheit zum Tode verurteilt.

1 NARA, Abraham G. Duker/Irwing Dwork Papers, RG 200, Box 10, folder 92. Das Dokument wurde aus dem Englischen übersetzt.
2 Cordell Hull (1871–1955), Jurist, Politiker; 1907–1931 Abgeordneter im US-Kongress, März 1933 bis Okt. 1944 Außenminister; maßgeblich an den Planungen zur Gründung der UNO beteiligt; 1945 Friedensnobelpreis.
3 Gegründet im Jan. 1944 auf Veranlassung von US-Präsident Franklin D. Roosevelt zur Rettung und Unterstützung der Überlebenden des NS-Regimes; durch die Aktionen des WRB wurden etwa 200 000 Juden gerettet. Direktoren waren John W. Pehle und General William O'Dwyer.
4 Leonard E. Ackermann, Mitarbeiter des WRB.
5 Roswell Dunlop McClelland (1914–1995); 1940–1944 Leiter des Quäker-Hilfswerks American Friends Committee in Genf, von 1944 an Vertreter des WRB in der Schweiz.

bei der Deportation und den Verfolgungen der Juden in der Slowakei spielen mögen, berücksichtigt wird.
Bitte informieren Sie das Komitee umgehend über die Ergebnisse Ihrer Gespräche mit Herrn Taylor. [6]

DOK. 108
Christinnen aus Trnava ersuchen am 27. September 1944 die Hlinka-Garde, ihre getauften Ehemänner aus dem Lager zu entlassen[1]

Schreiben von Ehefrauen, gez. Eva Kleinová,[2] Maria Blümová,[3] Malvina Grünsteinová geb. Bratynková, und noch viele andere unglückliche Mütter, Trnava, an den Führer der Hlinka-Garde, Bratislava, vom 27.9.1944[4]

Exzellenz
Sehr geehrter Herr Führer der slowakischen Hlinka-Garde!
Die unterzeichnenden arischen, christlichen Ehefrauen unserer getauften Ehemänner bitten ergebenst, dass diese aus dem Judenlager in Sereď entlassen werden.
Der Grund unseres Antrags ist, dass wir alle besitzlos sind und größtenteils von unserer Ehemänner Hände Arbeit leben. Selbst in Deutschland leben Mischehen in Freiheit, damit sie arbeiten und ihre christlichen Kinder erziehen können. Unsere Ehemänner mussten viele seelische Qualen und die Verfolgung seitens der Juden erdulden, als sie zum christlichen Glauben übergetreten sind, und deshalb ist es sehr ungerecht, dass sie jetzt in ein Lager mit den Juden gesteckt werden. Unsere Ehemänner haben sich nie in die Politik eingemischt, weil sie für den Slowakischen Staat sind. Wenn sie nicht entlassen werden, können wir christlichen Mütter nicht für unseren Lebensunterhalt und den unserer Kinder sorgen und werden gezwungen sein, betteln zu gehen, weil wir keinen Besitz haben. Für unsere christlichen und slowakischen Kinder ist es ein großes Unheil und Unglück, dass sie ihre Ernährer verlieren. Deswegen bitten wir Sie ergebenst, an kompetenter Stelle vorzusprechen, damit unsere Ehemänner aus den Lagern entlassen werden, weil sie fast alle die Ausnahme vom Herrn Präsidenten haben.
Wir danken Ihnen für Ihr Wohlwollen und empfehlen uns mit dem slowakischen Gruß
Auf der Wacht!

6 Myron Taylor (1874–1959), Industrieller, Diplomat; 1939–1950 Persönlicher Beauftragter des US-Präsidenten bei Papst Pius XII.; Taylor teilte dem Vatikanischen Staatssekretariat am 15.11.1944 mit, dass US-Bürger von der Slowakei aus wahrscheinlich nach Auschwitz deportiert würden. Der Papst wurde zudem ersucht, die Apostolische Nuntiatur zu ermächtigen, diese Informationen an die slowak. Regierung zu geben und menschliche Behandlung durch die Deutschen zu erwirken; Actes et Documents, Bd. X (wie Dok. 105, Anm. 1), Dok. 396.

1 YVA, M.48/840. Das Dokument wurde aus dem Slowakischen übersetzt.
2 Die Unterschrift hat den Zusatz: „Ehefrau von Alexander Klein."
3 Die Unterschrift hat den Zusatz: „Ehefrau von Vojtech Blüm."
4 Im Original handschriftl. Anmerkung: „Kam. Slivka! Ich leite an dich das Schreiben weiter. Wie Du siehst, wurde es vervielfältigt und sicher auch an höchste Stellen versandt. Ich glaube, es wäre gut, die im Schreiben erwähnten Juden so bald wie möglich über die Grenze zu schicken, damit jede Intervention gegenstandslos ist. Auf der Wacht! […] X.1944 Juro Klocháň."

DOK. 109

Am 29. September 1944 beteiligen sich Hlinka-Gardisten und der deutsche Heimatschutz an der Großrazzia gegen Juden in Bratislava[1]

Meldung zum Lagebericht (IV L), gez. SS-Hauptsturmführer Lehmann,[2] Unterschrift unleserlich, Preßburg, vom 29.9.1944

Zum Lagebericht:
In der Nacht zum 29.9.1944 wurde in Preßburg eine größere Judenaktion durchgeführt. Mangels eigener exekutiver Kräfte stellte die Hlinkagarde und der deutsche Heimatschutz 600 uniformierte Männer. Eine Kompanie der Luftwaffe übernahm die Straßensicherung. Die Durchkämmung des Judenviertels ergab über 1000 Festnahmen. Durch Einzelaktionen wurden gleichzeitig prominente, aber auch viele getaufte Juden festgenommen. Der Transport von insgesamt 1600 Juden rollte heute in das KL Sered, von wo aus anschließend die Überführung in das KL Auschwitz erfolgt.
Die Aktion verlief ohne Zwischenfälle. Sie wurde auch deshalb in großen Kreisen der Bevölkerung Preßburgs mit Genugtuung aufgenommen, weil an ihr ausschließlich slowakische Staatsangehörige beteiligt waren.

DOK. 110

Auf einer Regierungssitzung wird am 2. Oktober 1944 beschlossen, den deutschen Behörden mitzuteilen, dass die Juden nur auf dem Staatsgebiet der Slowakei konzentriert würden[1]

Protokoll der Sitzung III/12 der Regierung der Slowakischen Republik, Unterschrift unleserlich, vom 2.10.1944 (Auszug)

„Für das Präsidium Dr. Štefan Tiso[2]
2. Die Regierung verhandelte über die Konzentration der Juden und beschloss, sich an die entsprechenden deutschen Stellen mit der Forderung zu wenden, dass die Juden gemäß Übereinkunft von General Berger mit dem Vertreter der slowakischen Regierung nur auf dem Gebiet der Slowakischen Republik konzentriert und zur Arbeit eingesetzt werden. Diese Haltung der Regierung soll den deutschen Stellen in Form einer Verbalnote mitgeteilt werden."

1 BArch, R 70 Slowakei/197, Bl. 8.
2 Dr. Robert Lehmann (1910–1973), Lehrer; 1937 Umzug von der ČSR nach Deutschland; 1938 NSDAP- und SS-Eintritt; ab 1939 im RSHA, Gruppe I B, Sept. 1944 Stellv. Chef der Einsatzgruppe H in der Slowakei, Dez. 1944 auch Führer des z.b.V.-Kommandos 29; nach dem Krieg in Deutschland, Besitzer einer chemischen Fabrik in Osnabrück.

1 SNA, NS, Štefan Tiso, Tnľud 10/46–3. Abdruck in slowak. Sprache in: Nižňanský/Kamenec (Hrsg.), Holokaust, Bd. 2 (wie Dok. 8, Anm. 1), Dok. 133. Das Dokument wurde aus dem Slowakischen übersetzt.
2 Dr. Štefan Tiso (1897–1959), Jurist; Mitglied der SĽS; bis 1938 Richter am Kreisgericht Trenčin, von 1939 an Präsident des Obersten Gerichts der Slowakei, 5.9.1944–8.5.1945 Ministerpräsident der Slowakei; 1947 zu 20 Jahren Haft verurteilt, in der Haft verstorben.

DOK. 111

Der Gesandte Ludin berichtet am 4. Oktober 1944, er habe Staatspräsident Tiso wissen lassen, dass gegenüber den slowakischen Juden eine „radikale Lösung“ durchgesetzt werde[1]

Telegramm der Deutschen Gesandtschaft (Nr. 1519), gez. Ludin, Preßburg, an das Auswärtige Amt (Eingang 4.10.1944 19.00 Uhr), Berlin, vom 4.10.1944[2]

Ministerpräsident Tiso sprach mich heute auf Lösung der Judenfrage in der Slowakei an. Er berief sich dabei auf eine Mitteilung, die ich ihm vor einiger Zeit und nach Rücksprache mit dem Befehlshaber der Sicherheitspolizei Dr. Witiska diesbezüglich gemacht habe, daß wir mit einer Konzentrierung und scharfen Bewachung sämtlicher Juden auf slowakischem Gebiet einverstanden seien. Nun habe er gehört, daß man, ohne die slowakische Regierung zu verständigen, daran ginge, die Juden aus der Slowakei abzutransportieren. Daraus würden sich zweifellos diplomatische Schwierigkeiten ergeben, da Proteste seitens des päpstlichen Geschäftsträgers und wohl auch seitens der Schweiz zu erwarten seien. Ich habe dem Ministerpräsidenten bedeutet, daß m.E. die Judenfrage jetzt auf alle Fälle radikal gelöst werden müsse und er im Falle auswärtiger Proteste einfach darauf hinweisen solle, daß das Reich vom slowakischen Staat eine radikale Lösung verlange. Wir seien in diesem Fall bereit, für die hier getroffenen Judenmaßnahmen die Verantwortung zu übernehmen.
Erbitte Einverständnis zu dieser Sprachregelung.

DOK. 112

Der Schweizerische Generalkonsul in Bratislava unterrichtet am 26. Oktober 1944 den Minister für Auswärtiges in Bern über sein Gespräch mit Minister Polyak bezüglich der Deportationen[1]

Brief des Schweizerischen Generalkonsulats (130.01/Gr/Ma), gez. Grässli, Bratislava, an die Auswärtige Abt. des Eidgenössischen Politischen Departements, Bern, vom 26.10.1944[2]

Herr Minister,[3]
Mit Ihrem Telegramm vom 22. d. Mts.[4] wiesen Sie mich an zu prüfen, ob nicht ein Schritt beim slowakischen Außenministerium in Bezug auf das Schicksal der hiesigen jüdischen Bevölkerung angezeigt sei. Hierzu beehre ich mich, Ihnen zur Kenntnis zu bringen, dass ich schon seit geraumer Zeit jede Gelegenheit benützt habe, um maßgebende

1 PAAA, Inland II g, R 100 887, Akten betr. Judenfrage in der Slowakei von 1941 bis 1945, K212980. Abdruck in slowak. und deutscher Sprache in: Nižňanský (Hrsg.), Holokaust, Bd. 4 (wie Dok. 17, Anm. 1), Dok. 100.
2 Im Dokument ist folgender Verteiler angegeben: AA Inland II, RAM, weitere.

1 BAR, E 2001D#1000#1553#4011, Rassefragen in der Slowakei.
2 Im Original handschriftl. Bearbeitungsvermerke und Unterstreichungen.
3 Außenminister der Schweiz war 1940–1944 Marcel Pilet-Golaz (1889–1958).
4 Nicht ermittelt.

Persönlichkeiten auf die Rückwirkungen, die die slowakischen Judenmaßnahmen allfällig in der schweizerischen Öffentlichkeit nach sich ziehen könnten, aufmerksam zu machen. In dieser Schicksalsfrage für die jüdische Bevölkerung war ich auch ständig in Verbindung mit Monsignore Burzio, dem Geschäftsträger des Heiligen Stuhles. Er hat mehrmals sogar beim Präsidenten der slowakischen Republik vorgesprochen, jedoch ohne jeden Erfolg.
Ihr Telegramm veranlasste mich jedoch, auch meinerseits einen offiziellen Schritt beim slowakischen Außenministerium zu unternehmen, wo mich am 24. Oktober Herr Minister Polyak[5] empfing. Ich machte ihn darauf aufmerksam, dass der schweizerische Bundesrat, getragen von der Sorge, eine schwere Belastung der gegenseitigen Beziehungen zu vermeiden, dem Wunsche Ausdruck gibt, die slowakische Regierung möge zumindest die Deportation der Juden verhindern und erlauben, dass die Lager durch neutrale Vertreter oder durch Delegierte des Internationalen Komitees vom Roten Kreuz betreut werden können. Ich überließ Herrn Minister Polyak ein Aide Mémoire, von dem ich anbei zwei Durchschläge übermittle. Die Stellungnahme des slowakischen Außenministeriums, wie sie mir Herr Minister Polyak mündlich umriss, lautet ungefähr so:
Die slowakische Regierung ist hinsichtlich der gegen die Juden ergriffenen Maßnahmen vollkommen machtlos und auch nicht daran beteiligt, da diese durch deutsche Organe (S.S. und Gestapo) durchgeführt werden. Sie sei selbst bei der deutschen Gesandtschaft in Preßburg vorstellig geworden und er, Polyak, werde beantragen, dass das Außenministerium mir den Wortlaut der s.Zt. überreichten Note, auf die bisher keine Antwort erfolgt ist, bekanntgebe. Über diesen Vorgang habe ich Sie überdies bereits in einem politischen Bericht verständigt.
Ich machte meinen Gesprächspartner allen Ernstes darauf aufmerksam, dass die schweizerische Öffentlichkeit natürlich nicht danach fragt, von wem die neuen Judenverfolgungen in die Wege geleitet worden sind, sondern sie wird lediglich feststellen, dass dies in der Slowakei geschieht und dass die zuständigen Instanzen diese Maßnahmen zumindest dulden. Auf seinen Einwand, dass übrigens in Ungarn genau dasselbe geschehe, mußte ich ihm zu bedenken geben, dass dies noch lange kein Grund sei, die Deportation einer Minderheit zuzulassen. Ähnlich lauteten die Argumente und Gegenargumente in den Gesprächen zwischen Monsignore Burzio und dem Staatspräsidenten. Der Vertreter des Heiligen Stuhls teilte mir überdies mit, dass seine Auseinandersetzungen mit Herrn Tiso sehr unerfreulich gewesen seien.[6]
Sowohl Monsignore Burzio als auch ich sind der Auffassung, dass sämtliche Schritte in der unglückseligen Judenfrage bei der slowakischen Regierung, die nur noch ein Schattendasein führt, vollkommen nutzlos sind. Wir erachten damit allerdings unsere Menschenpflicht noch nicht als erschöpft. Ich bin der Auffassung, dass nur noch Vorstellungen in Berlin diese Unglücklichen vor völliger Vernichtung bewahren können. Ich möchte nicht unterlassen noch beizufügen, dass der größte Teil der von den deutschen

5 Dr. Štefan Polyák (1882–1946 oder 1947), Großgrundbesitzer; seit 1925 Abgeordneter der SĽS, 1939–1945 Mitglied des slowak. Staatsrates, StS im Außenministerium; von Sept. 1945 an Vertreter Tukas als Außenminister.

6 Burzio hatte am 6.10.1944 an den Vatikan über sein Gespräch mit Tiso geschrieben, dass Tiso kein Wort des Bedauerns gefunden habe. Er sehe in den Juden alles Schlechte und verteidige die Maßnahmen der Deutschen gegen die Juden als oberste Kriegsinteressen; Actes et Documents, Bd. X (wie Dok. 105, Anm. 1), Dok. 341.

Organen in Gewahrsam genommenen Juden bereits nach einem unbekannten Ziel deportiert worden sind. Es dürfte sich um einige Tausend handeln. Im Lager Sered z. B. befinden sich nur noch ein Teil derjenigen Juden, die in sogenannten Mischehen gelebt haben, während im Lager Marianka[7] sich nur noch drei befinden, welche im Besitze gültiger USA-Papiere sind.
Genehmigen Sie, Herr Minister, die Versicherung meiner ausgezeichneten Hochachtung.
2 Anlagen[8]

DOK. 113
Der Partisan Egon Roth schreibt Ende Oktober 1944 einen letzten Brief an seine Kameraden in Palästina[1]

Handschriftl. Brief von Egon Roth[2] an Kameraden vom 30. oder 31.10.1944

Liebe Kameraden,
ich vergieße Tränen … Glückstränen … die mit Gefühlen verbunden sind […][3] heute vergossen.
Wer weiß, ob wir je das Ufer unserer Heimat[4] erreichen werden. Deshalb möchte ich die Gelegenheit nutzen, Euch wissen zu lassen, dass unsere Hoffnung noch nicht verloren ist. Vielleicht wird das Echo unserer Heimat noch einmal an unser Ohr dringen. Sollte uns dieses Glück verwehrt werden, unsere Brüder in der Heimat umarmen zu können, bitte ich allen auszurichten, dass wir bis zum letzten Moment all derer gedenken werden, die uns geholfen haben, das Joch des schwarzen und bitteren Exils zu tragen. Wir erleben ein hartes Schicksal – und Ihr habt uns ein neues Leben geschenkt.
Möge es uns gelingen, zu Euch zu gelangen und Euch sagen zu können, dass wir die Bitternis begraben haben und Ihr uns dabei geholfen habt, wiedergeboren und zu neuen Menschen und fröhlichen Juden zu werden. Wir haben Euch nie vergessen und Ihr habt uns stets im Gedächtnis bewahrt. Den heutigen Tag leben wir für unsere gesamte Familie.
Seid stark und mutig,[5]

7 Im Lager Marianka waren nach Aufstandsbeginn von der slowak. Staatssicherheit in Zusammenarbeit mit dem Verteidigungsministerium Juden mit US- und südamerik. Staatsangehörigkeit interniert worden. Grässli hatte sich ohne Erfolg dafür eingesetzt, diese Menschen vor der Deportation zu bewahren.

8 Die Anlagen sind nicht abgedruckt.

1 Moreshet Archives, D.1.577.24; MGFHA 8336. Das Dokument wurde aus dem Hebräischen übersetzt.

2 Egon Roth (1918–1944); 1940 im VI. Arbeitsbataillon für Juden in der slowak. Armee; Untergrundarbeit für Haschomer Hazair in Michalovce, von März 1942 an Rettung von Juden nach Ungarn, 1943 Untergrundarbeit für Haschomer Hazair in Prešov, von Aug. 1944 an Partisan im Bataillon des sowjet. Fallschirmjägers Belov, dann beim Radiosender der Aufständischen in Banská Bystrica, in Pohronský Bukovec von den Deutschen erschossen.

3 Unleserlich.

4 Unter Heimat versteht Egon Roth im zionistischen Sinn Palästina.

5 Grußform unter den Mitgliedern von Haschomer Hazair.

DOK. 114
Ein Nachbar denunziert am 2. November 1944 drei Juden, die in seiner Straße in Bratislava wohnen[1]

Anzeige, gez. Depp, an die Deutsche Partei, Bratislava, vom 2.11.1944[2]

Habe Kenntnis davon, daß im Hause auf der Gasse Marin Barton biss heute Juden wohnen und sich dort verstecken. Da biss jetzt die Juden nicht wegtransportiert waren, schaut es so aus, daß sie jemanden dafür gut bezahlt haben. Es handelt sich um 3 jüdische Personen und eine jüdische Wohnung, die auch biss jetzt nicht beschlagnamt wurde. Hoffe, daß es Ihnen gelungen wird die genannten Juden von diesem Haus hinauszubekommen, wofür mehrere Bewohner der Gasse dankbar werden.
Heil Hitler
Ein Bewohner der Gasse

DOK. 115
Der Jüdische Weltkongress in Genf protokolliert am 30. November 1944 Augenzeugenberichte über die Deportationen der slowakischen Juden und die Lage in den Arbeitslagern[1]

Bericht (streng vertraulich), ohne Unterschrift, eingegangen im Büro WJC London via WJC Genf, vom 30.11.1944

Die Lage in der Slowakei.
Nach einem soeben hier in der Schweiz eingetroffenen Bericht zweier Augenzeugen wurde in der zweiten Septemberhälfte und der ersten Oktoberhälfte die Liquidierung der Juden in der Slowakei vollendet. Sämtliche Juden, die sich noch legal in der Slowakei aufhielten, wurden in der Zeit aus ihren Häusern geholt und nach den drei in der Slowakei befindlichen Judenlagern Sered, Marianka und einem neuerrichteten Judenlager im Walde bei Topolčany gebracht. Die letzten Deportationen der Juden spielten sich folgendermaßen ab:
Angeblich fanden Mitte September während einigen Tagen andauernd Verhandlungen mit Brunner,[2] dem SS-Oberscharführer und dem derzeitigen Leiter der mitteleuropäischen Judenaktion, sowie den Vertretern der ÚŽ statt. Bei diesen Verhandlungen verlangten die Deutschen von den Vertretern der ÚŽ sowohl Maschinen, Lastwagen wie

1 BArch, R 70 Slowakei/207, Bl. 147.
2 Rechtschreibung und Grammatik wie im Original. Das Original trägt in der Adressrubrik die Abkürzung P.T.

1 Kopie: Moreshet Archives, D.1.5370.
2 Alois Brunner (1912–2001), Kaufmann; 1931 NSDAP-, SA-, 1938 SS-Eintritt; von 1938 an Mitarbeiter des SD und der Zentralstelle für jüdische Auswanderung in Wien, seit 1941 deren Leiter, 1939 und 1941/42 Organisation der Deportationen der Juden aus Österreich, bis 1945 Organisation der Deportationen von Berliner, griech., franz. und slowak. Juden; lebte 1947–1954 unter falschem Namen bei Essen, 1954 in Paris in Abwesenheit zum Tode verurteilt, Flucht nach Syrien.

auch Devisen, damit so den Juden, ähnlich wie den ungarischen Juden, die Möglichkeit geboten werde, weiter in der Slowakei zu verbleiben, oder aber legal ausreisen zu können.[3] Am sechsten Tage dieser Verhandlungen wurden diese gegen Abend abgebrochen, und noch bevor die Vertreter der ÚŽ in ihre Wohnungen anlangten, begannen die Razzien. Man führte überall Hausdurchsuchungen durch und schleppte vor allem die Juden aus Bratislava zu einem großen Sammelplatz, von wo man kurz darauf 4000 Juden in das bereits früher bestehende Lager Sered brachte. Dieses Lager beherbergte früher bis höchstens 1200 Juden und war ein Arbeitslager, das bei dem Aufstand der čs. Widerstandsbewegung mit als erstes befreit wurde. Die Juden dieses Lagers unterstanden von diesem Augenblick an der čs. Widerstandsbewegung.[4] Ein Jude namens Stern gehörte dem čs. Nationalrat an, der außerordentlich geachtet bei der Widerstandsbewegung ist und sich auch in den Kämpfen sehr tapfer verhielt. Leider begab sich eine große Anzahl, vor allem Frauen und Kinder, wiederum zurück in das Lager, da sie die schwierigen Verhältnisse im Maquis nicht ertragen konnten und da sie physisch zufolge des jahrelangen Lagerlebens geschwächt waren. Die Verhältnisse in dem Lager Sered waren in dem Augenblick, in dem die 4000 Juden eingeliefert worden waren, unbeschreiblich, zumal ja für höchstens 1200 Personen Platz war, war schon die Raumfrage äußerst schwierig. Das Lager unterstand nunmehr den Deutschen, wie auch die ganze Aktion, nach dem Bericht der Augenzeugen, von den Deutschen durchgeführt wurde. Leider kamen auch sehr viele Juden, die sich meist zwei Jahre hindurch vor den Deportationen versteckt retten konnten, aus ihren Schlupfwinkeln während der Zeit der Verhandlungen und rechneten, da es den Anschein hatte, daß die Verhandlungen mit den Deutschen günstig verlaufen, auf baldige Ausreise. Alle diese Juden, die sich die ganze Zeit hindurch verborgen halten konnten, wurden mitdeportiert. Auch die Inhaber von ausländischen Pässen wurden von der Deportationswelle erfasst und kamen angeblich in das Lager Marianka. Juden, die sich weigerten, den Anforderungen Folge zu leisten, oder aber zu fliehen versuchten, wurden erschossen. Die Insassen des Lagers Sered haben bald darauf, bis auf 300 Personen, dieses Lager verlassen und fuhren in einem Deportationszug, der 3000 Personen umfasste, nach Norden, Richtung Polen. Man nimmt an nach Auschwitz. Allerdings kann es auch möglich sein, daß dieser Zug nach Mähren geleitet wurde.[5] In dem Lager Marianka waren, wie schon erwähnt, vor allem die Juden mit ausländischen Papieren, die angeblich nach Österreich weitergebracht werden sollten.[6] Es muß noch bemerkt werden, daß in der diesmaligen Judenaktion alle Juden der Slowakei, auch die sogenannten nicht arischen *B* Juden inbegriffen waren und nur die jüdischen Frauen von Christen in Bratislava gelassen sein sollen. Nur wenigen – man nimmt an 20 % – der bis Ende August in Bratislava verbliebenen Juden dürfte es gelungen sein, sich in

3 Der Leiter des jüdischen Komitees für Hilfe und Rettung in Budapest, Dr. Reszö Kasztner, verhandelte seit dem Frühjahr 1944 mit Hilfe des Schweizer Repräsentanten des Joint, Sally Mayer, mit der SS und Himmler, um mittels Geld und der Lieferung von Lastwagen an das Reich die ungar. Juden zu retten. Anfang Sept. reiste er nach Bratislava mit dem Ziel, die slowak. Juden in den Rettungsplan zu integrieren. SS-Hauptsturmführer Max Grüson nahm als Vertreter der SS an den Gesprächen teil, die letztlich scheiterten.

4 Die Tore des Arbeitslagers für Juden in Sered wurden am 30.8.1944 von Gendarmen geöffnet. Die große Mehrheit der Insassen verließ das Lager. Viele flohen in die Wälder nördlich von Nitra.

5 Siehe Einleitung, S. 41.

6 Siehe Dok. 112 vom 26.10.1944.

Höhlen oder Kellern versteckt zu halten. Auch in der Mittel- und Ostslowakei wurde die Razzia nach den Juden durchgeführt und von der Waffe Gebrauch gemacht bei jeder Weigerung. Es wurde ein drittes neues Lager im Walde in der Nähe von Topolčany errichtet. Nach diesem Lager sollen die übrigen Juden der Slowakei aus den verschiedenen Orten, wo sie aufgefunden wurden oder wo sie noch legal wohnen durften, gebracht worden sein. Dieses Lager ist streng bewacht und in einem Umkreise von 4 km von der übrigen Welt abgesperrt. Nähere Einzelheiten über dieses Lager sind dem Augenzeugen nicht bekannt. Es wird dringend ersucht, für die Versteckten und in den Lagern Sereč und Marianka befindlichen Juden Schutzpapiere neutraler Staaten zu beschaffen, damit diese doch noch in letzter Stunde gerettet werden können. Nach den Berichten der Augenzeugen sind auch die Leiter der ÚŽ mitdeportiert worden. Nur Frau Gizi Fleischmann[7] soll es gelungen sein, sich irgendwo versteckt zu halten, dagegen fehlt jeder Bericht von Dr. Oskar Neumann,[8] dem Leiter der Selbstverwaltungsstelle. Unserem Augenzeugen ist noch ein weiterer Name eines Mitgliedes der ÚŽ, dessen Versteck er selbst [...].[9] Von diesem Mitglied der ÚŽ kommt die Bitte nach Schutzpapieren, die vor allem dem Schweizer Konsul zur Verfügung gestellt werden sollen. Angeblich bestünde ein Dienst, der die Verbindung mit einigen von den Versteckten aufrechterhält und sie mit dringendsten Nahrungsmitteln versorgt.[10]

DOK. 116

Erzbischof Karol Kmeťko und ein Weihbischof bitten am 1. Dezember 1944 SS-Obergruppenführer Höfle um die Freilassung der mit Christen verheirateten Juden aus Nitra[1]

Schreiben des Bischöflichen Amts (Nr. [...][2] 35/1944), gez. Dr. Karl Kmeťko, Erzbischof von Nitra, und Weihbischof, Unterschrift unleserlich, Nitra, an SS-Obergruppenführer und General [Höfle][3] (Eing. 8.12.1944) vom 1.12.1944[4]

Ew. Exzellenz! Sehr geehrter Herr SS-Obergruppenführer und General!
Nehmen es uns Ew. Exzellenz nicht übel, daß wir Ew. Exzellenz mit folgender Bitte belästigen: Im Laufe von verschiedenen Sicherheitsmaßnahmen wurden jetzt in der Stadt

7 Gizi Fleischmannová war nach Auschwitz deportiert und dort sofort erschossen worden.
8 Dr. Oskar Neumann wurde Anfang Okt. 1944 in das Arbeitslager Sered und am 31.3.1945 nach Theresienstadt deportiert.
9 Ein Wort unleserlich.
10 Siehe Einleitung, S. 45.

1 BArch, R 70/Slowakei /207, Bl. 169.
2 Ein Zeichen unleserlich.
3 Hermann Höfle (1898–1947), Offizier; 1937 NSDAP-, 1943 SS-Eintritt; 1934–1937 Führung des NSKK, von 1937 bis Juli 1943 Leiter NSKK-Brigaden Ostmark, Nieder- und Oberschlesien; Sept. 1943 Höherer SS- und Polizeiführer Mitte, Sept. 1944 bis Mai 1945 SS-Obergruppenführer und General der Waffen-SS und der Polizei in der Slowakei; maßgeblich für die blutige Niederschlagung des Slowak. Nationalaufstands verantwortlich; 1947 in Bratislava zum Tode verurteilt und hingerichtet.
4 Im Original handschriftl. Bearbeitungsvermerke.

Nitra auch jene nichtarischen Personen konzentriert, die in einer Mischehe mit Ariern leben. Es handelt sich hier um einige Familien, die sich der christlichen Umgebung angepaßt haben, ihre Kinder christlich erziehen und mit dem Judentum kaum etwas Gemeinsames haben. Da durch diese Verordnung christliche Familien und christliche Kinder hart getroffen sind, geht unsere innige Bitte dahin, wenn Ew. Exzellenz von dieser Maßnahme gütig Abstand nehmen möchten und mit jenen Nichtariern, die in einer Mischehe mit arischer Person leben, eine Ausnahme machen möchten. Wir erlauben uns diese Bitte vorzulegen, da solche Ausnahme, wie wir informiert sind, auch im Reiche genehmigt wurde.
Empfangen Ew. Exzellenz den Ausdruck unserer aufrichtigen Verehrung. Ergebenste

DOK. 117

Der Befehlshaber der Sicherheitspolizei und des SD meldet am 9. Dezember 1944, dass bisher 9653 Juden festgenommen wurden[1]

Meldung (geheime Reichssache) des Befehlshabers der Sicherheitspolizei und des SD[2] (IV L), gez. SL,[3] aus Preßburg, vom 9.12.1944 (beglaubigte Abschrift)[4]

1. Die Sicherung des slowakischen Raumes wird durch 5 Einsatz- bzw. Sonderkommandos[5] in Preßburg, Rosenberg, Trentschin, Neusohl und Nitra mit z. Zt. 24 Stützpunkten und Nebenstellen gewährleistet.
2. Festgenommen wurden bisher insgesamt: *18 937* davon
Juden 9653
Banden 3409
Überläufer 2186
Widerständler 714
Zigeuner 172
Sonstige 546
Sonderbehandelt[6] 2257
Überführt in deutsche KL
Juden 8975
Sonstige 530

1 SNA, Bestand NS, Tnl'ud Ludin, 5646–26; Abdruck in slowak. und deutscher Sprache in: Nižňanský (Hrsg.), Holokaust, Bd. 4 (wie Dok. 17, Anm. 1), Dok. 106.

2 Die Einsatzgruppe H wurde ab Mitte Nov. 1944 in eine BdS-Dienststelle umgewandelt, die Bezeichnung lautete nun „Befehlshaber der Sicherheitspolizei und des SD“ unter der Leitung von Witiska. Struktur und Aufgaben blieben unverändert.

3 Nicht ermittelt.

4 Im Original Bearbeitungshinweise.

5 Neben den Einsatzkommandos 13 und 14 waren das Sonderkommando 7a und die z.b.V.-Kommandos 15, 27 und 29 in der Slowakei aktiv.

6 Diese Tarnbezeichnung für die Ermordung von Menschen benutzte der Chef der Sicherheitspolizei und des SD Reinhard Heydrich in einem Rundschreiben an alle Staatspolizeistellen schon im Sept. 1939.

3. Beim RSHA wurden folgende aufständische Führer überstellt:
General Viest[7] / General Golian[8] / Oberstlt. Scuhrada[9] / Major Krutky[10] / Oberlt. Varady.[11]
Als führender Aufständischer wurde weiterhin festgenommen Pauliny-Tot,[12] der noch dem RSHA überstellt wird.
4. Von prominenten Geistlichen wurden die evangl. Bischöfe in der Slowakei
Dr. Prof. Osudky[13] / Dr. Cobrda[14] festgenommen.
5. 15 Juden amerikanischer Staatsangehörigkeit wurden nach dem Reich zwecks Austausch überführt.
6. Bei Streifen und Kontrollen in Gastwirtschaften wurden 14 062 Personen überprüft und 122 festgenommen, außerdem wurden 485 Kraftfahrzeuge kontrolliert.
7. Zugkontrollen wurden laufend nach Reisenden ohne Fahrtberechtigungsausweis durchgeführt.
8. Zur Sicherung des Grenzverkehrs wurden die slowakischen Grenzposten in Strelenka, Vlarapass, Cadca, Brücke Preßburg-Engerau, Thebert-Neudorf[15] und Kúty durch SD-Sonderkommandos verstärkt.
9. Zur Zeit läuft in Preßburg eine Aktion gegen Personen, die aus den Aufstandsgebieten zurückgekehrt sind.

7 Rudolf Viest (1890–1945), General; Mitglied der tschechoslowak. Exilregierung in London; Anfang Okt. 1944 in die Slowakei als Oberbefehlshaber nach Banská Bystrica entsandt, am 3.11.1944 gefangen genommen und nach Berlin verbracht; 1945 im KZ Flossenbürg ermordet.

8 Ján Golian (1906–1945), General; einer der Hauptorganisatoren des Slowak. Nationalaufstands, bis Anfang Okt. 1944 dessen Oberbefehlshaber, am 3.11.1944 gefangen genommen; 1945 im KZ Flossenbürg ermordet.

9 Richtig: Oberstleutnant Hynek Souhrada (1900–1945), Offizier; 1940 Flucht nach Großbritannien, Dienst in der tschechoslowak. Division; ab Okt. 1944 im Auftrag der tschechoslowak. Exilregierung Teilnahme am Slowak. Nationalaufstand; am 3.11.1944 gefangen genommen und umgekommen.

10 Richtig: Hauptmann Jaroslav Krtáký-Zdena (1911–1945), tschech. Offizier; im Juni 1939 Flucht, von Juni 1940 an in Großbritannien, Dienst in der tschechoslowak. Division; März 1944 in die Slowakei als Vertreter der tschechoslowak. Exilregierung, am Slowak. Nationalaufstand beteiligt; am 3.11.1944 gefangen genommen, im Febr. 1945 im KZ Flossenbürg umgekommen.

11 Richtig: Oberleutnant Alexander Várady-Vajnorský (1907–1979), ungar. Offizier; Kriegseinsatz gegen die Sowjetunion, in sowjet. Gefangenschaft, 1943 in die tschechoslowak. Division der Roten Armee eingetreten, Kampf im Slowak. Nationalaufstand; lebte nach 1945 als Rechtsanwalt in Bratislava.

12 Richtig: Villiam Paulíny (1877–1945), Bankier; Aug. bis Okt. 1938 Bürgermeister in Banská Bystrica, von Herbst 1944 an Mitglied des Revolutionären Volksausschusses, Teilnahme am Slowak. Nationalaufstand; im Nov. 1944 gefangen genommen, nach Berlin deportiert und umgekommen.

13 Richtig: Dr. Samuel Osuský (1888–1975), Theologe, Hochschullehrer; bis 1919 Pfarrer der Evangelischen Kirchen des Augsburger Bekenntnisses, 1919–1950 Professor und Dekan für Philosophie und Theologie der Comenius-Universität Bratislava, 1933–1947 Bischof des Westlichen Distrikts.

14 Richtig: Čobrda.

15 Richtig: Theben-Neudorf.

DOK. 118

Das Internationale Komitee vom Roten Kreuz unterrichtet Gerhart Riegner vom Jüdischen Weltkongress am 11. Januar 1945 über die Zustände im Arbeitslager Sered[1]

Brief des Comité International De La Croix-Rouge, Agence Centrale Des Prisonniers De Guerre (G 59/7; G 59/2/118; ER/GG, vertraulich), Division d'Assistence Speciale, gez. Dr. Schwarzenberg,[2] Genf, an Dr. Riegner,[3] Congrès Juif Mondial (Eing. 12.1.1945), 37 Quai Wilson, Genf, vom 11.1.1945

Betreff: Situation der Juden in der Slowakei.

Sehr geehrter Herr Riegner,

wir haben die Ehre, Ihnen hiermit einen Bericht bezüglich der Situation der Israeliten in der Slowakei zukommen zu lassen. Wir leiten Ihnen diese Informationen zu Ihrer persönlichen Kenntnisnahme weiter und erlauben uns darauf hinzuweisen, dass diese nicht veröffentlicht werden dürfen.

Hochachtungsvoll,

Dr. Schwarzenberg

Abteilung für Sonderhilfe

Vertraulich

Bericht über die Situation der Juden in der Slowakei

Das Internationale Komitee vom Roten Kreuz übernimmt keine Verantwortung für die Richtigkeit der aus unterschiedlichen Quellen stammenden Auskünfte.

1. Zusammenfassung der Ereignisse kurz vor der Ankunft des Delegierten des Internationalen Komitees vom Roten Kreuz in Bratislava

Bis zum Aufstand Ende August 1944 konnten ungefähr 15 000 der in der Slowakei verbliebenen Juden frei und ungestört leben. Weitere 2700 Juden waren in den Konzentrationslagern von *Sered, Novaky* und *Vyhne* zusammengefasst worden. Die Lebensbedingungen in diesen Lagern waren als sehr gut zu bezeichnen, sowohl im Hinblick auf Unterkunft und Ernährung als auch hinsichtlich der Löhne, die die Internierten für ihre Tätigkeit in den Betrieben erhielten. Was die Haltung der slowakischen Behörden gegenüber den Israeliten betrifft, scheint es keinerlei Anlass zu Klagen gegeben zu haben. Einige slowakische Beamte sollen sogar bewusst Statistiken manipuliert haben, um die auf ihrem Gebiet lebenden Israeliten zu schützen.

Während des Aufstands sind alle internierten Israeliten geflohen; einige von ihnen sind in ihre Wohnungen zurückgekehrt, die Mehrheit ist jedoch in den Untergrund gegangen und hat sich den Aufständischen angeschlossen. Die bewaffnete Revolte der Israeliten ist das Hauptargument der slowakischen Behörden, um zu erklären, warum sie sich

1 CZA, C.3 414. Das Dokument wurde aus dem Französischen übersetzt.

2 Jean-Étienne von Schwarzenberg, geb. als Johann von Nepumuk Erkinger Schwarzenberg (1903–1978), Botschafter; 1938 nach Genf geflohen; 1940–1945 Direktor und Delegierter des IKRK, von März 1944 an Leiter der Division d'Assistance spéciale, die zivile Häftlinge in deutschen Lagern und Zwangsarbeiter unterstützte; nach dem Krieg österreich. Botschafter.

3 Dr. Gerhart M. Riegner (1911–2001), Jurist; 1933 als Referendar am Amtsgericht Wedding suspendiert, 1934–1936 Fortsetzung des Studiums in Paris, Den Haag und Genf, seit 1936 erst Sekretär, dann 1939–1948 Leiter der Genfer Geschäftsstelle des Jüdischen Weltkongresses, 1948–1965 Mitglied des Exekutivausschusses des Jüdischen Weltkongresses und 1965–1983 dessen Generalsekretär.

inzwischen an den von den deutschen Behörden gegen die Israeliten ergriffenen und im Folgenden ausgeführten Maßnahmen beteiligten.

2. *Konzentration und Deportation der Israeliten*

Bereits seit September 1944 haben die deutschen Behörden massive Verhaftungen slowakischer Israeliten, ihre Zusammenlegung in Lagern sowie den Transport nach Deutschland organisiert. Dies richtete sich nicht nur gegen jene Gruppen von Israeliten, die bereits vom slowakischen Gesetz vom 15. Mai 1942 betroffen und auf dessen Grundlage – so scheint es – 60 000 Juden deportiert worden waren, sondern auch gegen Israeliten mit arischen Ehepartnern, mitunter sogar gegen deren Kinder, und gegen solche Juden, die eine vom Staatspräsidenten ausgestellte Ausnahmegenehmigung besaßen. Unmittelbar nach ihrer Verhaftung wurden die Israeliten in das Lager von *Sered* gebracht, das als Transitlager für die Transporte nach Deutschland dient. Nicht bestätigten Angaben zufolge scheint in letzter Zeit wöchentlich ein Zug mit ungefähr 1000 Personen *Sered* in Richtung Reich zu verlassen. Sofort nach seiner Ankunft in der Slowakei sprach sich der Delegierte des Internationalen Komitees vom Roten Kreuz bei den slowakischen Behörden nachdrücklich gegen die gegen die Juden ergriffenen Maßnahmen aus. Im Rahmen der Gespräche, die er mit den slowakischen Ministern führte, erklärten die Verantwortlichen ihm, es sei ihnen unmöglich, zugunsten dieser Personen zu intervenieren, da die slowakischen Behörden unter scharfer Beobachtung stünden und ein solches Vorgehen den höheren Interessen des slowakischen Staates entgegenstehe. Die slowakischen Behörden wiesen den Delegierten darauf hin, dass die Juden sehr gut behandelt worden seien, solange die Judenfrage eine rein slowakische Angelegenheit gewesen sei. Auch nach dem deutschen Eingreifen hatte sich die slowakische Regierung noch in einer Mitteilung an die deutschen Behörden für eine humane Lösung eingesetzt und auf die Einhaltung der slowakischen Gesetze gedrungen. Dem wurde jedoch eine Absage erteilt. Seit dem 15. November scheint sich die Haltung der slowakischen Behörden indes geändert zu haben. Am 16. November veröffentlichte der Vorsitzende der Städtischen Verwaltung von Bratislava (eine rein slowakische Behörde) eine Verordnung, der zufolge alle Juden am 20. November im Rathaus von Bratislava vorstellig werden sollten, um in *Sered* interniert zu werden. Mit der Verordnung wurden alle durch das Gesetz von 1942 oder durch Entscheidung des Präsidenten vorgesehenen Ausnahmen abgeschafft. Als der Delegierte des Internationalen Komitees sich am 20. November zum Rathaus begab, konnte er feststellen, dass lediglich rund fünfzig Juden dem Aufruf gefolgt waren; im Allgemeinen, und wie die slowakischen Behörden es vorausgesehen hatten, hielten sich die Juden versteckt und waren nicht erschienen.

Aufgrund dieser Verordnung hat der Delegierte sowohl mündlich als auch schriftlich mit den slowakischen Behörden Kontakt aufgenommen. Herr Polyak, der stellvertretende Außenminister, erklärte, der Städtische Notar sei von einer „höheren Dienststelle" angewiesen worden, die Verordnung vom 16. November zu veröffentlichen. Ein hoher Beamter des Innenministeriums versicherte, dass die Juden, die kraft dieser Verordnung zusammengefasst worden seien, in Bratislava im Hinblick auf Unterkunft und Verpflegung anständig behandelt würden. Nachdem er die Liste angefertigt habe, würde er den ausdrücklichen Befehl des Ratspräsidenten abwarten, um sie den Deutschen zu überstellen.

Am 23. November gelang es unserem Delegierten, eine Unterredung mit Herrn Kubala zu führen, dem Oberbefehlshaber der Hlinka-Garde, der kürzlich zum Chef der gesamten slowakischen Polizei ernannt worden ist; nach seiner Darstellung war die

Verordnung vom 16. November nach der Erfahrung des Aufstands Ende August unumgänglich geworden. Hinsichtlich der Verhaftungen der in einer Liste des slowakischen Roten Kreuzes aufgeführten ungefähr 150 Nichtjuden hat der Delegierte des Internationalen Komitees bei Herrn Kubala und einem weiteren Beamten der deutschen Polizei noch einmal besonders interveniert. Ihm wurde mündlich zugesichert, dass
1. die Israeliten die Slowakei nicht verlassen werden, solange es die militärische Situation nicht verlangt;
2. sie ihren Verwandten schreiben können;
3. sie Päckchen erhalten können;
4. ihren Familien die obigen Verfügungen offiziell mitgeteilt werden können.
Weiterhin haben die Herren sich bereit erklärt, die drei folgenden Punkte zu untersuchen:
a) Kann der arische Ehepartner freigelassen werden, wenn es sich um eine Frau handelt, sowie deren Kinder?
b) Ist es möglich, Eltern von Kindern unter 18 Jahren freizulassen?
c) Ist es möglich, bedürftigen Israeliten einen Lohn für die im Lager verrichtete Arbeit zu zahlen?
Nachdem die Verhaftungen und Deportationen eingestellt wurden, sind derzeit nur noch zwei- bis dreitausend Israeliten in der Slowakei verblieben. Um ihnen einen gewissen Schutz zuzusichern, hat sich das Internationale Komitee vom Roten Kreuz mit einem Brief an die slowakische Gesandtschaft in der Schweiz gewandt mit der Bitte, entweder direkt einzugreifen oder dem Internationalen Komitee eine kompetente Instanz zu nennen, bei der eine Intervention Erfolg haben könnte. Dieser Brief ist bis heute jedoch unbeantwortet geblieben.
3. *Besichtigung der Lager.*
Der Delegierte des Internationalen Komitees hat sich seit seiner Ankunft in der Slowakei darum bemüht, eine Erlaubnis zur Besichtigung der Lager zu erhalten, in denen die Juden zusammengelegt wurden, insbesondere das in *Sered*. Die deutschen Behörden haben ihn über das slowakische Rote Kreuz wissen lassen, dass Letzteres als militärisches Lager eingestuft werde und nur das Oberkommando der Wehrmacht eine Besichtigungserlaubnis ausstellen könne. Das Internationale Komitee hat sich daraufhin umgehend an seine Delegation in Berlin gewandt, damit diese die notwendigen Schritte bei den Militärbehörden unternimmt. Wir haben bisher noch keine Antwort erhalten.
Unser Vertreter konnte sich allerdings zweimal, am 4. und am 14. November, im Lager von *Marianka* umsehen. Dieses Lager war auf Antrag von Herrn Milton H. Hoar, einem US-amerikanischen Staatsbürger mit Wohnsitz in Bratislava, eingerichtet worden, der darum gebeten hatte, die aus Feindesländern stammenden Israeliten zu ihrem Schutz zu internieren. Das Außenministerium stimmte dem Vorschlag zu, und 164 Personen, die eine Staatsbürgerschaft aus den USA oder den südamerikanischen Ländern vorweisen konnten, wurden auf dem Landgut von *Marianka* versammelt. Die deutschen Behörden befanden, dass ein Großteil der vorgelegten Ausweise gefälscht sei, und überstellten 161[4] der Internierten nach *Sered*. So erklärt sich, dass sich während der ersten

4 Laut SD-Bericht (d46 SE/Fl.) vom 13.10.1944 wurden 171 Juden von Marianka nach Sered unter dem Kommando von SS-Hauptsturmführer Alois Brunner deportiert. Nur eine in den USA geborene Familie wurde zurückgelassen; BArch, R 70 Slowakei/30, Bl. 69 f.

Besichtigung unseres Delegierten auf dem Landgut von *Marianka* nur noch neun Insassen befanden. Durch eine flüchtige Untersuchung vor Ort konnte unser Abgesandter feststellen, dass die ehemaligen Gefangenen und inzwischen Internierten in *Marianka* gewisse Privilegien genossen; vor allem hatten sie ihr Mobiliar ins Lager mitnehmen können, und sie lebten dort aus eigenen Mitteln. Sie hatten außerdem die Erlaubnis, sich innerhalb der Dorfgrenzen frei zu bewegen, und ihren Vertrauensmännern war es gestattet, von Zeit zu Zeit nach Bratislava zu reisen. Nachdem er erfuhr, dass vier nach *Sered* verlegte Amerikaner wieder zurück nach *Marianka* gebracht worden waren, begab sich unser Delegierter ein zweites Mal in das Lager, um sie zu befragen. Sie gaben an, dass keinerlei Gewalt gegen sie angewendet worden war, weder während des Transports noch in Sered selbst. Die Verpflegung sei annehmbar gewesen. Die vier Personen konnten jedoch keinerlei Auskünfte über die Juden geben, die außer Landes gebracht werden sollten, denn sie waren von diesen isoliert. Da die Neuankömmlinge rein gar nichts besaßen, überwies der Vertreter des Internationalen Komitees ihnen einen gewissen Betrag, damit sie Brennholz und Lebensmittel kaufen konnten.[5] Den letzten Auskünften unserer Delegation in Bratislava zufolge wurden die Personen, die sich als Letzte in *Marianka* befanden, d. h. 13 amerikanische Israeliten, trotz der Einsprüche unseres Delegierten beim slowakischen Außenministerium, ins Lager *Bergen-Belsen* in Deutschland verlegt.

4. Schutzpapiere.

Das slowakische Außenministerium hat sich grundsätzlich bereit erklärt, in der Slowakei lebenden Israeliten mit einem gültigen ausländischen Pass Schutz zu gewähren. Diese Entscheidung veranlasste unseren Delegierten, sich am 15. November mit einem Brief an Herrn Mracna,[6] Außenminister der Slowakei, zu wenden, in dem er darum bittet, Israeliten, die in Besitz eines ausländischen Passes sind, den gleichen Schutz zu gewähren, der Zivilisten aus feindlichen Staaten zusteht. Offenbar, so legt es die Verhaftung der 161 Gefangenen von *Marianka* nahe, betrachten die deutschen Behörden in der Slowakei die Mehrzahl dieser vorgelegten ausländischen Ausweispapiere jedoch als ungültig. In der Tat scheint eine große Anzahl dieser Dokumente fragwürdig zu sein, insbesondere bestimmte Reisepässe aus San Salvador.[7] Was die Einreisevisa in die USA betrifft, die das US-Außenministerium 13 israelitischen Familien aus der Slowakei ausgestellt hat, hat unser Delegierter am 20. November erneut interveniert und darum gebeten, dass die betroffenen Personen über die Bewilligung der Visa informiert werden, um ihnen möglicherweise einen gewissen Schutz zu gewähren.

5 Laut SD-Bericht wurde sämtlicher Besitz der deportierten Juden aus Marianka geraubt und der Volkswohlfahrt der Deutschen Partei übergeben; wie Anm. 4.

6 Richtig: Jozef Mračna, Gesandter, Präsidialchef des Außenministeriums der Slowakei.

7 Der Konsul von El Salvador in Genf von 1940–1945, Arturo Castellanos, bescheinigte etwa 40 000 Juden eine Staatsbürgerschaft seines Landes und stellte sie somit unter den Schutz des Internationalen Roten Kreuzes. Er wurde von Israel 2010 als Gerechter unter den Völkern geehrt.

DOK. 119

SS-Standartenführer Josef Witiska berichtet am 7. Februar 1945, dass die Sicherheitspolizei 12 000 Juden aus der Slowakei in KZ deportiert und 4000 Juden ermordet hat[1]

Funkspruch (1c) von Josef Witiska, gez. Dr. Witiska, SS-Standartenführer, an Hornisse II[2] Preßburg, vom 7.2.1945

Betr.: Lage Slowakei.
A) Demnächst Bezug Wisentstellung.[3] Armee-Führungsstab 1. Panzerarmee verzieht nach Friedberg und verlagert seine stoßkräftigen Divisionen weiter nach Komdo. Erweiterung ihres Einsatzbereiches durch Zug 59. und 11. AK bis zur Oder. Schwerpunkt nunmehr alles außerhalb Slowakei.
B) In frontnahen Gebieten Neigung zu Deutschfeindlichkeit, Gerüchte […][4] im Donaubecken bei Wien […],[5] Großoffensive über Ungarn, Rumänien und Sowjetunion einzuleiten, stimmungshebend.
C) Unverändert.
D) Bei deutscher Truppe gut. Bei ungarischen Einheiten Hoffnungslosigkeit wegen Schicksal Ungarns sowohl bei Offizieren als auch Mannschaften. Propagandistische und führungsmäßige Beeinflussung über Ver[…][6] für ungarische Grundb[…][7] nlass.
E) Verkehrsverhältnis annähernd normal. Züge Verspätung, angeblich Mangel an Bedienungspersonal. Eingreifen vom Verkehrsministerium veranlasst.
F) Verknappung hält an. Preise von Lebensmitteln und Textilwaren steigen an. Wirtschaftsbevollmächtigter wird eingeschaltet.
G) Durch Sipo 12 000 Juden in KZ verbracht. 4000 SB[8] zugeführt. Aus Waffenwerk Dubnica[9] 180 Jungfranzosen[10] unter Führung französischen Oberleutnants desertiert. Rest wird bewacht.
Am 7.2. vereinzelt Absetzung von Fallschirmagenten in Raum Tyrnau. Bombennotwurf in Preßburg.

1 BArch, R 70 Slowakei/351, Bl. 32.
2 Nicht ermittelt.
3 Nicht ermittelt.
4 Vier Wörter unleserlich.
5 Zwei Wörter unleserlich.
6 Mehrere Buchstaben unleserlich.
7 Mehrere Buchstaben unleserlich.
8 Sonderbehandlung, vgl. Dok. 117, Anm. 6.
9 Die Waffenwerke Dubnica nad Váhom waren 1937 als Teil des Škoda-Konzern entstanden, während des Zweiten Weltkriegs waren sie Teil der Reichswerke AG „Hermann Göring"; 1944 Verlagerung des Zweigbetriebs Flugmotoren Ostmark von Wiener-Neudorf nach Dubnica, wo Zwangsarbeiter in der Bunkeranlage u. a. für die V2-Waffen-Produktion eingesetzt wurden; bei Luftangriffen wurde das Werk 1944 schwer zerstört, nach Aufstandsbeginn wurde die Produktion z.T. in das Außenlager des KZ Natzweiler in Obrigheim am Neckar verlagert.
10 Franz. Zwangsarbeiter.

DOK. 120

Jewish Telegraphic Agency: Artikel vom 12. März 1945 über slowakische Juden, die im befreiten Teil des Landes ihre Verstecke verlassen oder aus Auschwitz zurückkehren[1]

Juden in der Slowakei tauchen aus Verstecken auf. Einige kehren aus Auschwitz zurück

London, 11. März (JTA) Eine wachsende Zahl von Juden taucht aus ihren Verstecken in der Slowakei auf, und einige slowakische Juden sind aus dem berühmt-berüchtigten Lager Auschwitz in den befreiten Teil des Landes zurückgekehrt, berichtete heute der Nationalrat der Juden in der Tschechoslowakei auf der Grundlage verlässlicher Informationen, die dem Büro der Organisation vorliegen.

Der Bundespräsident der Schweizer Eidgenossenschaft, Eduard Steiger,[2] hat H. A. Goodman,[3] den Vorsitzenden von Agudas Israel[4] in London, der gerade die Schweiz besucht, empfangen. Er deutete an, dass die Schweiz trotz wirtschaftlicher Schwierigkeiten weitere Transporte mit jüdischen Flüchtlingen aus dem Reich gestatten wird, hieß es heute aus dem Hauptsitz von Agudas. Die Schweizer Behörden erlaubten Herrn Goodman, einige Flüchtlingslager im Land aufzusuchen.

1 JTA, 12.3.1945: Jews in Slovákia Emerge from Hiding Places; Some Return from Oswiecim Camp. Das Dokument wurde aus dem Englischen übersetzt.

2 Richtig: Eduard von Steiger (1881–1962), schweizer. Jurist und Politiker; 1941–1951 Vorsteher des Justiz- und Polizeidepartements, er befürwortete 1942 die Grenzschließung gegenüber Flüchtlingen; 1945 und 1951 Bundespräsident der Schweiz.

3 Henry Aharon Goodman (1898–1961); 1921 zum brit. Sekretär der World Agudath Israel gewählt; Herausgeber der Jewish Weekly.

4 Agudas Jisroel (hebr.), auch Agudath Israel: Vereinigung Israels; 1912 in Kattowitz von orthodoxen Juden gegründete nicht zionistische, konservative Partei.

DOK. 121
Die Familie von Leopold Lichtenstein informiert am 26. März 1945 Eugen Lichtenstein, dass sie sich versteckt hatte und nun befreit ist[1]

Mitteilung von Leopold, Maurice und Marianne Lichtenstein,[2] Hnušta, Lukovištia-Straße, an Eugen Lichtenstein,[3] Ramat Gan, Jabotinsky-Straße Shumueli-Haus, Palästina c/o Jerusalem Postfach 1085, vom 26.3.1945[4]

Mitteilung (Nicht über 25 Worte, nur persönliche Familiennachrichten)
Seit Ende August haben wir uns mit unseren Eltern vor den Deutschen und den Gardisten in den Wäldern und in diesem Dorf versteckt gehalten. Seit Ende Januar sind wir außer Gefahr. Adalbert und Emmerich[5] verstecken sich seit Ende Oktober in Diviaky. Bis jetzt wissen wir, dass Polak und Braun aus Štubteplice[6] leben.

1 USHMM, RG 10-10.478 Bl. 803. Das Dokument wurde aus dem Französischen übersetzt.
2 Leopold Lichtenstein (1872–1950), Holzhändler; er entging 1942 mit seiner Frau Bertha (1878–1947), Sohn Moritz (1901–1973), dessen Frau Dr. Marianne (1901–1985), Sohn Adalbert (1909–1968) sowie den Enkelkindern mit Ausnahmepapieren der Deportation; von Herbst 1944 bis Anfang 1945 versteckten sie sich an verschiedenen Orten.
3 Eugen (Jenö) Lichtenstein (1905–1997), Geschäftsmann; Sohn von Leopold und Bertha Lichtenstein; mit Frau und Töchtern 1940 nach Palästina ausgewandert; 1963 Übersiedlung in die USA.
4 Mitteilungsformular des Internationalen Komitees vom Roten Kreuz, Palais du Conseil Général Genf, Schweiz, Slowak. Rotes Kreuz Bratislava; Stempel „Amtliches Auskunftsbüro des Slowakischen Roten Kreuzes, Stempel 11. Okt. 1945.“
5 Emmerich Kohn und seine Familie wurden Ende 1944 bei Kremnica erschossen.
6 Richtig: Štubnianske Teplice.

Rumänien

Rumänien 1940–1943
SLOWAKEI
Generalgouvernement
UdSSR
Mogilev-Podolskij
Tul'čin
Vapnjarka
TRANSNISTRIEN
1941 von Rumänien besetzt
Südl. Bug
Cernăuţi (Czernowitz)
BUKOWINA
Dorohoi
Suceava
BESSARABIEN
Dnjestr
Iaşi (Jassy)
Chişinău
Odessa
Roman
von Juni 1940 bis Juni 1941 von der Sowjetunion besetzt
Theiß
NÖRDLICHES SIEBENBÜRGEN
von 1940 an von Ungarn besetzt
Budapest
Oradea
Cluj (Klausenburg)
UNGARN
Marosch
Sereth
Pruth
Arad
Galaţi (Galatz)
Timişoara (Temeswar)
Sibiu (Hermannstadt)
Braşov (Kronstadt)
BATSCHKA
Brăila
Tulcea
RUMÄNIEN
Ploieşti
Donau
Alt
Bukarest
Constanţa
Schwarzes Meer
Belgrad
Craiova
1940 von Bulgarien besetzt
SERBIEN
BULGARIEN
0 50 100 km
■ Lager
1 Unabhängiger Staat Kroatien
Grenze Rumäniens von 1940

DOK. 122

Daily Herald: Interview mit dem Ministerpräsidenten Rumäniens am 6. Januar 1938 über die geplante Vertreibung von einer halben Million Juden[1]

500 000 Juden müssen gehen[2]

Wenige Stunden nachdem Großbritannien und Frankreich Rumänien an seine vertraglichen Verpflichtungen gegenüber den Juden erinnert hatten,[3] erklärte der neue Premierminister Octavian Goga,[4] er wolle 500 000 Juden ausweisen lassen.
Diese Absicht ließ er in einem Exklusivinterview mit unserem Sonderkorrespondenten verlauten, das wir im Folgenden dokumentieren.
Bukarest, Mittwoch
- Ich wurde heute von Rumäniens neuem Premierminister Herrn Goga empfangen, dessen vermeintlich faschistische Bestrebungen weltweit Besorgnis hervorgerufen haben. Der 56 Jahre alte Dichter, Dramatiker und nun auch Premierminister ist ein kleiner, nervöser Mann mit weißen Haaren und blauen Augen. Er bat mich, das lange Gespräch mit mir nicht in Form eines Interviews, sondern eher als „Diskussion“ darzustellen.
Er beschrieb jedoch erstmals detailliert seine unmittelbaren Pläne und sein Regierungsprogramm. Er beabsichtigt
- das Parlament aufzulösen, bevor es am 17. Februar wieder ordnungsgemäß zusammentritt, und Neuwahlen durchzuführen,
- 500 000 Juden die Staatsbürgerschaft zu entziehen und zu versuchen, sie des Landes zu verweisen,
- eine Verfassungsänderung mit dem Ziel, das Wahlsystem zu ändern, das Parlament zu verkleinern und einen „Senat auf ständischer Grundlage“ einzuführen.
Er erwähnte, dass im Ministerrat, der am Morgen getagt hat und heute Nacht erneut zusammentreten wird, gerade geklärt werde, welche Maßnahmen hierfür erforderlich sind.

1 Daily Herald, Nr. 6831, 6.1.1938, S. 1: 500 000 Jews Must Go. Das Dokument wurde aus dem Englischen übersetzt. Die Londoner Tageszeitung war das Organ der Labour Party, erschien seit 1912 mit Unterbrechungen und besaß nach 1933 mit einer Auflage von zwei Millionen Exemplaren eine weltweit führende Position.

2 Den Artikel verfasste Alexander L. Easterman (1890–1983), Jurist; seit 1934 Leiter des außenpolitischen Ressorts des Daily Herald, gleichzeitig politischer Direktor der brit. Sektion des Jüdischen Weltkongresses; 1946 Vertreter des Jüdischen Weltkongresses bei der Vorbereitung der Nürnberger Prozesse.

3 Nach antisemitischen Äußerungen von Ministerpräsident Goga hatte der brit. Botschafter in Rumänien am 3.1.1938 auf die Verletzung des Vertrags zum Minderheitenschutz hingewiesen, den Rumänien im Dez. 1919 unterzeichnet hatte. Der franz. Außenminister schloss sich dem brit. Protest erst Anfang Febr. 1938 an (siehe Dok. 124 vom 5.2.1938). Woher Goga die Zahl von 500 000 Juden nahm, die seit 1919 angeblich nach Rumänien gelangt sein sollten, ist unbekannt.

4 Octavian Goga (1881–1938), rumän. Schriftsteller und Journalist; Dez. 1919 bis März 1920 Kultus- und Erziehungsminister, 1926 Innenminister, 1935 Zusammenschluss der von ihm geführten Nationalen Agrarpartei mit der Liga zur National-Christlichen Verteidigung von Alexandru C. Cuza zur National-Christlichen Partei, Dez. 1937 bis Febr. 1938 Ministerpräsident.

Im Folgenden wird die Diskussion im Wortlaut wiedergegeben:
Handelt es sich bei Ihrer Regierung der Form und ihren Zielen nach bereits um eine Diktatur?
Meine Regierung beruht auf der rumänischen Verfassung, und wir respektieren alle verfassungsrechtlichen Bestimmungen. Ich beabsichtige, das Parlament aufzulösen und Neuwahlen anzusetzen.
Wann beabsichtigen Sie dies zu tun?
Der nächste Sitzungstermin des Parlaments ist der 17. Februar. Zuvor werde ich jedoch seine Auflösung veranlassen. Das Ergebnis der Neuwahlen wird die zukünftige rumänische Politik bestimmen.
Tolerant, aber –
Gehen Sie davon aus, dass Sie die Neuwahlen gewinnen werden?
Wir sind fest davon überzeugt, da meine Regierung zwei grundlegende politische Ziele verfolgt – die Durchsetzung aller berechtigten nationalen Interessen und die Verbesserung der wirtschaftlichen Lage des Volkes.
Können Sie das näher erläutern?
Rumänien ist tolerant gegenüber seinen Minderheiten, aber nach dem Krieg gab es eine starke Einwanderungswelle von Juden, von Revolutionsflüchtlingen aus Russland und von Menschen, die nach der Niederschlagung der Revolution Bela Kuns[5] und vor dem Regime Admiral Horthys[6] aus Ungarn geflohen sind; andere kamen nach dem Russisch-Polnischen Krieg, aus Deutschland, und schließlich kamen auch noch Juden auf eigene Faust nach Rumänien, in das „neue Kalifornien".
Im Land leben nun 500 000 vagabundierende Menschen, die wir nicht als rumänische Staatsbürger anerkennen können.[7] Meine erste Regierungsmaßnahme wird darin bestehen zu erklären, dass wir uns nicht in der Verantwortung sehen, diese Menschen in unseren Staat zu integrieren. Wir werden uns damit auch an den Völkerbund wenden.[8]
Presseagitation
Abgesehen von den Juden, welche Pläne haben Sie generell für Rumänien?
Ich werde verfügen, die Preise für landwirtschaftliche Industriegüter zu senken. Ich will ein Gleichgewicht zwischen landwirtschaftlichen und industriellen Produkten herstellen. Ich bedaure, dass die Propaganda in der Presse, die auf vielen Phantasmen beruht, im Ausland eine so feindselige Atmosphäre erzeugt hat. Nehmen Sie beispielsweise unsere Außenpolitik. Wir haben erklärt, dass es hier keine Veränderungen geben wird und wir unsere alten Bündnisse aufrechterhalten werden.

5 Nach der Niederschlagung der von Béla Kun (1886–1939) geführten ungar. Räterepublik flohen einige Juden nach Rumänien, viele andere kamen wegen des Bürgerkriegs aus Russland, Polen und der Ukraine.

6 Miklós Horthy (1868–1957), 1918 Konteradmiral und Oberbefehlshaber der österr.-ungar. Flotte; 1920 bis Okt. 1944 Reichsverweser, danach bis 1.5.1945 in Deutschland interniert; 1945–1957 Exil in der Schweiz, dann in Portugal.

7 König Carol II. meinte gegenüber einem Publizisten, dass die Anzahl der mit Transitvisa seit 1919 eingereisten Juden übertrieben werde und er schätze, dass eine Viertelmillion widerrechtlich in Rumänien zurückgeblieben sei.

8 Im Völkerbund wurde hierüber nicht mehr verhandelt, da die Regierung Goga bereits nach 44 Tagen von König Carol II. zur Demission gezwungen wurde. Der Vertreter Rumäniens beim Völkerbund versprach danach Änderungen im erlassenen Gesetz zur Staatsbürgerschaft und forderte eine internationale Konferenz, die eine beschleunigte Emigration von Juden aus Europa regeln sollte.

Beruhen Ihre antijüdischen und andere geplante Maßnahmen nicht auf der Ideologie von Faschismus und Nationalsozialismus?
Es handelt sich lediglich um lokal verankerte Vorstellungen, aber ich halte sie für einen notwendigen Schritt in der menschlichen Entwicklung. Wir werden anhand der konkreten Praxis sehen, was ihre Umsetzung in Rumänien bewirkt.
Werden die antijüdischen Maßnahmen nicht zum Verlust von Arbeitsplätzen für Nichtjuden führen?
Es wird nur zu einer geringfügigen Störung des wirtschaftlichen Lebens kommen.
Haben Sie selbst nicht auch Sympathien für die deutsche Politik zum Ausdruck gebracht?
Ich habe den Nazis zwei Besuche abgestattet, um die traditionell guten Beziehungen zwischen Deutschland und Rumänien zu bekräftigen. Ich will den Handel zwischen den beiden Ländern ausweiten, um unsere Außenpolitik zu normalisieren.
Mit dem Nationalsozialismus haben wir nichts zu schaffen, weil Rumänen keine sozialistischen Absichten verfolgen. Wir sind ein bäuerliches Volk.
Wie werden Sie mit den Oppositionsparteien umgehen?
Bei den Wahlen können sie ihre eigenen Programme präsentieren.
Und nach den Wahlen, nehmen wir an, Sie scheitern?
Zukünftige Maßnahmen hängen von den Wahlergebnissen ab.
Werden Sie sich mit anderen Parteien zusammenschließen, ziehen Sie zum Beispiel ein Bündnis mit der Eisernen Garde in Betracht?
Ich werde keinerlei Bündnis eingehen. Ich werde mich allein zur Wahl stellen.
Recht zufrieden
Sind Sie derzeit zuversichtlich im Hinblick auf Ihre Position?
Ich bin recht zufrieden. Die Reaktionen in der Öffentlichkeit auf uns waren bislang positiv.
Was werden Sie den Menschen versprechen, wenn es zu Neuwahlen kommt?
Ich werde ein umfassendes Programm ankündigen, das auf unseren zentralen politischen Orientierungen – Christentum, Monarchie und nationalen Interessen – beruht. Ich werde einige gerade in Arbeit befindliche Gesetze einführen, mit denen wir die Verfassung und das Wahlgesetz so ändern können, dass wir weniger Parlamentsabgeordnete haben werden und einen „ständischen Senat“, der nicht gewählt wird, sondern dessen Mitglieder die Korporationen bestimmen.
Großbritannien und Frankreich handeln
Von unserem Auslandskorrespondenten
Die britische und französische Regierung haben zusammen Maßnahmen ergriffen, um die Juden in Rumänien zu schützen.
Sir Reginald Hoare,[9] britischer Botschafter in Bukarest, und sein französischer Kollege[10] haben beide die neue rumänische Regierung daran erinnert, dass sie sowohl rechtlich als auch moralisch an den Minderheitenvertrag von 1919 gebunden sei. Dieser garantiert den Minderheiten den Schutz ihres Lebens, ihrer Freiheit und die Gleichbehandlung vor dem Gesetz.

9 Sir Reginald Harvey Hoare (1882–1954), Berufsdiplomat; 1935–1941 brit. Botschafter in Rumänien.
10 Adrien Thierry (1881–1961), Diplomat; Gesandter, von Mai 1936 bis April 1939 franz. Botschafter in Rumänien.

Es wäre außerordentlich zu bedauern, sollte sich die öffentliche Meinung in Großbritannien über Rumänien ins Negative verkehren, gerade auch im Hinblick auf den geplanten Staatsbesuch von König Carol,[11] der im März in London erwartet wird.

DOK. 123
Berliner Börsen-Zeitung: Im Interview fordert Minister Cuza am 18. Januar 1938 die Vertreibung aller Juden aus Rumänien[1]

Eindrücke in Bukarest. Ein Gespräch mit Professor Cuza[2]

Drahtbericht unseres Korrespondenten. Bukarest, 17. Januar
Der Antritt der christlich-nationalen Regierung Goga[3] in Rumänien lässt sich nicht als Umbruch im absolut revolutionären Sinne bezeichnen. Das ist der bestimmende Eindruck, den man nach mehrtägigem Aufenthalt in der rumänischen Hauptstadt gewinnt. Ebenso falsch wäre es aber auch, lediglich von einem Kurswechsel zu sprechen. Denn dazu sind die Veränderungen im öffentlichen Leben zu groß und entscheidend. Der Sieg des Hakenkreuzes[4] bedeutet vielmehr den Durchbruch des völkischen Gedankens in diesem Lande und die Inangriffnahme eines nationalen Programms, in dessen Mittelpunkt die Lösung der Judenfrage steht. Diese Frage ist angesichts der zahlenmäßigen Stärke des Judentums und seiner parasitären Lebensformen in Rumänien so wichtig geworden, daß sich an ihr auch weltanschaulich die Geister scheiden. Deshalb steht die neue rumänische Regierung rechts, deshalb hat sie nichts mit dem Liberalismus gemein und verfolgt ein nationales Erneuerungsprogramm. Ausgangspunkt dieser Erneuerung ist aber die Aufrollung der Judenfrage durch die Regierungsmaßnahmen, die in mustergültiger Ordnung und Disziplin durchgeführt werden. Keinem Juden ist bisher auch nur ein Haar gekrümmt worden, keiner wurde verprügelt oder misshandelt. Das Leben in Bukarest geht so weiter wie bisher. Das Gesicht der Stadt hat sich nicht verändert, nur daß man fast gar keine Juden mehr in den Restaurants und Kaffeehäusern zu sehen bekommt. Sie meiden die öffentlichen Lokale und auch die Straße, denn sie wissen nun, daß es ernst wird, nachdem selbst der König[5] in einer Erklärung, die eine englische Zeitung dieser Tage veröffentlichte, das Bestehen der Judenfrage in seinem Lande zugegeben und antisemitische Abwehrmaßnahmen der neuen Regierung als notwendig und

11 Carol II. von Hohenzollern-Sigmaringen (1893–1953), König seit 1930; erzwungene Abdankung am 6.9.1940 zugunsten seines Sohnes; starb im Exil in Portugal.

1 Berliner Börsen-Zeitung, Nr. 27, 18.1.1938, S. 2 f. Unter diesem Titel erschien die Zeitung zwischen 1934 und 1944 in einer Auflage von über 25 000 Exemplaren.
2 Alexandru C. Cuza (1857–1947), Ökonom; Hochschullehrer in Jassy; gründete 1923 die Liga der National-Christlichen Verteidigung, ab 1935 stellv. Vorsitzender der National-Christlichen Partei, Dez. 1937 bis Febr. 1938 Minister ohne Amtsbereich in der Regierung Goga; im April 1945 verhaftet.
3 Die Regierung Goga amtierte von Dez. 1937 bis Febr. 1938.
4 Die Wahlzeitungen der National-Christlichen Partei trugen zumeist ein Hakenkreuz im Titelblatt.
5 Carol II.

berechtigt bezeichnet hatte.[6] Viele Leute tragen das Hakenkreuz in einfacher Form oder als Abzeichen der Christlich-Nationalen Partei. Die Diener in den Ministerien treten mit erhobener Rechten an,[7] und vor dem Gebäude der von der Regierung als erstes verbotenen Zeitung „Adevarul"[8] steht ein Militärposten Wache. Nur die große Lichtreklame dieses nicht mehr erscheinenden jüdisch-liberalen Blattes leuchtet auch jetzt noch aus riesigen roten Neon-Röhren in die schimmernde Großstadtnacht zur Erinnerung an das, was war und nicht mehr wiederkommen wird.

Die entscheidende Frage lautet nun, was die Regierung Goga weiter zur Lösung der Judenfrage zu unternehmen gedenkt und wie sie überhaupt grundsätzlich zu dieser Frage steht. Es gibt derzeit niemanden, der berufener ist, auf diese Frage Antwort zu erteilen als der greise Nestor des rumänischen Antisemitismus, Universitätsprofessor Alexander Cuza, der als Minister ohne Portefeuille der Regierung Goga angehört und mit der Aufgabe betraut ist, die Tätigkeit der Regierung unter einzelnen Ministerien nach ihrer weltanschaulichen Seite hin zu überprüfen und den Grundsatz „Rumänien den Rumänen" zu verfechten. Minister Cuza, der zugleich Ehrenpräsident der Christlich-Nationalen Partei ist, empfängt uns im Palais Cantacuzino auf der Calea Victoriei, wo auch das Ministerpräsidium untergebracht ist, mit einer für sein Alter erstaunlichen Frische und Lebendigkeit. Professor Cuza spricht ausgezeichnet deutsch. Wir fragen ihn zunächst nach dem ideologischen Programm der Regierung. Minister Cuza betont, daß er nicht im Namen der Regierung sprechen wolle, sondern als eines ihrer Mitglieder, das 50 Jahre ununterbrochen für die Verwirklichung jenes Programms gekämpft habe, das die Regierung Goga heute in die Praxis umsetzen wolle. „Die Regierung Goga hat sich auf der Basis einer Doktrin gebildet", führt Cuza dann fort, „die auf dem natürlichen Gesetz der Nationalitäten beruht. Jede Nationalität hat das Recht, als solche auf einem Gebiet zu wirken, das es unter eigenen Führern und mit eigenen Kräften bearbeitet, ohne daß völkisch Fremde dieses Gebiet besetzen und die Nationalität in ihrer Entwicklung hemmen dürfen. Die Juden haben sich aber auf unserem Territorium systematisch eingenistet, beuten heute die rumänische Bevölkerung aus. Deshalb ist die Lösung der Judenfrage der wichtigste Programmpunkt der neuen Regierung." Auf unsere Zwischenfrage, ob er die Juden gleichfalls zu den Nationalitäten rechne, erwiderte der Minister, daß die Juden zweifellos ein Volk darstellen, daß sie aber in ihrem Charakter und ihrer Erscheinungsform parasitär seien und daher andere Völker in ihrer Entwicklung behindern. Sie unterscheiden sich auch in Rumänien grundsätzlich von den christlichen Minderheiten, wie z. B. von den Siebenbürger Sachsen, die seit vielen Jahrhunderten auf dem heutigen rumänischen Gebiet siedeln und mit denen die Regierung und das rumänische Volk eine freundschaftliche Zusammenarbeit wünschen.

„Können Sie uns, Herr Minister, sagen, was an den Nachrichten Wahres ist, daß die Regierung Goga die Genfer Liga[9] mit der Judenfrage befassen will?" – Diese Nachricht

6 Vermutlich ist eine Erklärung von Carol II. vom 13.1.1938 gemeint, in der er von der illegalen Einreise von angeblich einer Viertelmillion Juden sprach; Comisia internațională pentru studierea holocaustului în România (Hrsg.), Documente, Iași 2005, S. 55.

7 Seit 1938 wurde offiziell mit dem gestreckten rechten Arm gegrüßt.

8 Die auflagenstarke Tageszeitung Adevărul (Die Wahrheit) wurde Ende Dez. 1937 unter Hinweis auf ihren jüdischen Eigentümer verboten. Im Jan. 1938 folgten weitere Verbote liberaler Zeitungen.

9 Gemeint ist der seit Jan. 1920 in Genf tätige Völkerbund.

ist unsinnig. Der Genfer Bund ist doch heute eine sterbende Einrichtung, aus der entscheidende Großmächte ausgetreten sind.[10] Dagegen gibt es heute bereits eine neue Gesellschaft der Nationen, gibt es heute Deutschland, Italien, Polen, Jugoslawien, Portugal, Spanien und die Türkei. Zur Frage der Judengesetzgebung wirft Professor Cuza ein: „Oder will man, daß sich die Bevölkerung selbst auf blutige Art ihr Recht sucht, wie es z. B. der rumänische Bauernaufstand im Jahre 1907 gezeigt hat? Daß diese Frage geregelt wird, und zwar endgültig, liegt deshalb auch im Interesse der Juden selbst."

„Wie wollen Sie, Herr Minister, und die Regierung die Judenfrage praktisch lösen?" Unser Programm ist mit einem einzigen Wort gekennzeichnet und dieses Wort lautet: ausscheiden. Wir wollen die Juden aus Rumänien entfernen und unser Volk von ihnen befreien. Ein Beispiel: Wir haben dieser Tage im Arbeitsministerium 200 jüdische Beamte vorgefunden. Wir werfen sie hinaus und ersetzen sie durch Rumänen.[11] Und wenn sie mich fragen, was mit diesen aus den Ämtern entfernten Juden geschehen soll, so antworte ich mit der Gegenfrage „Was ist bisher mit den Rumänen geschehen?" Abschließend erzählt Minister Cuza noch von seinem bewegten Leben im Dienste des Antisemitismus, der ihn übrigens frühzeitig mit dem Wiener Bürgermeister Lueger[12] zusammenbrachte. Cuza besuchte von 1871 bis 1877 in Dresden das Gymnasium und wohnte dort am Bismarckplatz. In Paris studierte er weiter, und in Brüssel machte er seinen Doktor. Als er aus dem Ausland in die rumänische Heimat zurückkehrte, erkannte er die schicksalhafte Bedeutung der Judenfrage und schrieb bereits im Jahre 1889 seine erste Kampfschrift gegen die falschen Humanitätsideale und den Liberalismus, die die Ausbreitung des Judentums förderten.

Unser Gespräch ist damit beendet. Minister Cuza erhebt die Hand zum deutschen Gruß, der nun auch der Gruß des erwachenden rumänischen Volkes geworden ist, und sagt zum Abschied: „Grüßen Sie das neue Deutschland."

Die Verordnung über die Revision der Staatsbürgerrechte wird noch in dieser Woche in Kraft gesetzt.[13] Die rumänischen Behörden sollen angewiesen werden, alle Personen, die sich in den nach dem Friedensabschluss an Rumänien angegliederten Gebietsteilen seit dem Jahr 1913 angesiedelt haben, aufzufordern, ihre Ausweispapiere den vom Ministerpräsidenten bestimmten Kontrollbeamten vorzulegen.

10 Japan trat im März 1933, das Deutsche Reich im Okt. 1933 und Italien im Dez. 1937 aus dem Völkerbund aus.

11 Arbeitsminister war Cuzas Sohn Gheorghe A. Cuza (1896–1950), Jurist; 1931 Universitätsprofessor in Jassy; 1937–1938 Arbeitsminister; 1947 verhaftet, starb im Gefängnis.

12 Dr. Karl Lueger (1844–1910), Jurist; 1874–1896 Rechtsanwalt in Wien; 1891 Gründer der populistischen Christlich-Sozialen Partei; 1897–1910 Bürgermeister von Wien.

13 Das Dekret-Gesetz Nr. 169 zur Revision der Staatsbürgerschaft wurde am 21.1.1938 vom König, dem Ministerpräsidenten Goga sowie Justizminister V. Rădulescu-Mehedinți unterzeichnet und am nächsten Tag im Amtsblatt Monitorul Oficial, Nr. 21, S. 612–614, publiziert; siehe Einleitung, S. 51.

DOK. 124

Frankreichs Außenminister appelliert an den rumänischen Ministerpräsidenten und den König am 5. Februar 1938, das Minderheitenschutzgesetz zu befolgen[1]

Telegramm (Nr. 92, geheim) von Yvon Delbos,[2] franz. Außenminister, Paris, an den Gesandten Adrien Thierry, Bukarest, vom 5.2.1938

Ich habe Sie bereits über die vorläufigen Vorkehrungen in Kenntnis gesetzt, die der Generalsekretär des Völkerbunds im Einverständnis mit Herrn Eden[3] und mir hinsichtlich der Petitionen zur jüdischen Minderheit in Rumänien durch den Rat getroffen hat.
Im Laufe der Gespräche hat uns Herr Micescu[4] von der Absicht seiner Regierung in Kenntnis gesetzt, von den vertraglichen Verpflichtungen gegenüber den Minderheiten zurückzutreten und, dem Beispiel Polens folgend, den Vertrag von 1919 aufzukündigen.[5]
Wir haben den rumänischen Außenminister sehr deutlich vor den daraus resultierenden Konsequenzen gewarnt und ihn darauf hingewiesen, dass ein Vorstoß in diese Richtung die Beziehungen unserer beider Länder ernsthaft beeinträchtigen könnte. Es ginge dann tatsächlich nicht um Antisemitismus, sondern auch um den Bruch mit einer Politik der Vertragstreue, die Rumänien bisher unermüdlich verteidigt und für die es unsererseits unbeschränkte Unterstützung erhalten hat. Wir haben außerdem auf die Folgen hingewiesen, die die Aufkündigung auf die territorialen Klauseln der Verträge hätte, für deren Garantie die rumänische Regierung im Gegenzug Verpflichtungen gegenüber den Minderheiten übernommen hat. Rumäniens neue Strategie, nach dem Vorbild der totalitären Mächte Verträge einseitig aufzukündigen, ist eine Reaktion auf Verlautbarungen des Ministerpräsidenten und von Regierungsmitgliedern, in denen sie ihrer Sympathie für diese Mächte Ausdruck geben. Diesen Erklärungen würde deshalb eine außergewöhnliche Bedeutung beigemessen, nämlich, dass sie als ein Wandel in der rumänischen Außenpolitik zu verstehen sind.
Die französische Regierung würde sich somit die berechtigte Frage stellen, ob die französisch-rumänische Zusammenarbeit, die entsprechend der Verträge von 1926 zum Ziel hatte, das aus den Friedensverträgen hervorgegangene System in Mitteleuropa zu erhalten, vereinbar ist mit den in Bukarest inzwischen vorherrschenden politischen Tendenzen.

1 MAE, Archives Diplomatiques, Fonds Société des Nations, 522, Bl. 170 f. Abdruck in: Carol Iancu (Hrsg.), Les Juifs de Roumanie et la solidarité internationale (1919–1939), Montpellier 2006, Dok. 108, S. 259–261. Das Dokument wurde aus dem Französischen übersetzt.

2 Yvon Delbos (1885–1956), Journalist; Juni 1936 bis März 1938 franz. Außenminister in der Regierung Léon Blum; von Juni 1940 an vorübergehend in Nordafrika, danach Rückkehr nach Frankreich; im April 1943 verhaftet und im KZ Sachsenhausen inhaftiert.

3 Sir Anthony Eden (1897–1977), brit. Politiker der Konservativen; 1935–1938 Außenminister, 1940 Kriegsminister, 1940–1945 erneut Außenminister; 1951–1957 Premierminister.

4 Dr. Istrate Micescu (1881–1951), Jurist, Hochschullehrer; 1931 Abgeordneter der Nationalliberalen Partei, Dez. 1938 bis Febr. 1939 Außenminister, Nov. 1939 bis Mai 1940 Justizminister; 1948 verurteilt zu 20 Jahren Haft, starb im Gefängnis.

5 Im Art. 7 des Vertrags zum Schutz der Minderheiten legte die Pariser Friedenskonferenz die Anerkennung der Juden als gleichberechtigte Staatsbürger fest. Ein Vertreter Rumäniens unterzeichnete den Vertrag am 19.12.1919. Die Regierung Rumäniens akzeptierte am 25.9.1920 alle Juden als Staatsbürger ohne Einzelfall-Prüfung, am 24.2.1924 wurden durch das Gesetz über die Staatsbürgerschaft jedoch Prüfungskriterien eingeführt; siehe Einleitung, S. 49.

Dies war offenbar auch Gegenstand des Gesprächs mit Herrn Micescu, über das Sie in Ihrem Telegramm Nr. 139[6] und folgenden berichten. Sie haben der Situation entsprechend reagiert. Bitte wiederholen Sie gegenüber Herrn Goga diese Warnung; er wird von Ihrem Kollegen aus England ähnlich unterrichtet werden. Es scheint mir darüber hinaus notwendig, dass Sie sowie Sir Reginald Hoare ein vertrauliches Gespräch mit dem König führen. Bei der Bildung der neuen Regierung wurden wir darüber in Kenntnis gesetzt, dass der Souverän sich die Führung der Außenpolitik vorbehalten wolle, und Herr Micescu hat mir dies bestätigt. Es ist also nur natürlich, dass die französische Regierung in einem so ernsten Augenblick wünscht, über eine Situation informiert zu werden, die nicht mehr in den Rahmen der Innenpolitik fällt und die Grundlagen der Außenpolitik des Königreichs in Frage stellen könnte.
Sie werden König Carol darlegen, dass die französische Regierung die französisch-rumänische Freundschaft und die praktische Zusammenarbeit, der der Souverän selbst solche Wirkkraft verliehen hat, weiterhin aufrechterhalten möchte. Wir zweifeln nicht an seiner aufrichtigen Freundschaft zu Frankreich und sind auf Grundlage dieses Vertrauens gehalten, ihn über unsere Beunruhigung hinsichtlich der Äußerungen einiger seiner Minister zu informieren – eine Beunruhigung, die auch durch die späten und halbherzigen Dementi nicht zerstreut werden konnte – und vor den Konsequenzen, die Rumäniens Missachtung seiner internationalen Verpflichtungen nach sich zöge.
Ebenso wie andere Länder, deren Gebiet sich infolge des Krieges erweitert hat oder die neu entstanden sind, muss auch Rumänien dem Prinzip der Vertragstreue folgen. Es kann von seinen Nachbarn dessen Einhaltung nur fordern, wenn es sich ihm selbst beugt. Da die französische Regierung keine Zweifel hegt, mit der gesamten rumänischen Regierung in dieser Hinsicht bisher konform gegangen zu sein, und weil sie auch weiterhin auf die rumänischen Sympathien setzt, hat sie diese Politik der vertrauensvollen Zusammenarbeit unterstützt, für die die Kooperation in Rüstungsfragen mit Rumänien der beste Beweis ist.
Wenn Rumänien seine Verpflichtungen gegenüber den Minderheiten aufkündigt und an entsprechenden Verlautbarungen, an denen die französische Öffentlichkeit ebenso Anstoß genommen hat wie die französische Regierung, festhält, wird dies folgenschwere Auswirkungen auf das gesamte politische System haben, in das Rumänien ebenso eingebunden ist wie wir. Auf internationaler Ebene wird dies die Entfremdung von wichtigen Unterstützern zur Folge haben und als grundsätzliches Einverständnis mit den Prinzipien totalitärer Politik gedeutet werden.
Frankreich beabsichtigt keineswegs, sich in die innenpolitischen Angelegenheiten Rumäniens einzumischen, und stellt in keiner Weise dessen Recht in Frage, die Ausrichtung seiner Außenpolitik zu bestimmen. Frankreich ist sich der großen Probleme, die sich der rumänischen Regierung stellen, durchaus bewusst, hofft aber dennoch, dass diese unter Einhaltung der beiderseitigen internationalen Verpflichtungen gelöst werden können. In diesem Sinne erlaubt sich die französische Regierung, an einen Souverän zu appellieren, der sein Verantwortungsgefühl gegenüber seinem Land, seine Klarsicht bezüglich der Erfordernisse der rumänischen Außenpolitik und seine freundschaftliche Verbundenheit mit Frankreich wiederholt unter Beweis gestellt hat.

6 Nicht ermittelt.

Davon ausgehend bittet die französische Regierung ihn, jegliche Situation zu vermeiden, die die weitere Zusammenarbeit der beiden Länder gefährdet. In Genf hatten die Vertreter Frankreichs und Englands keine Mühen gescheut, Herrn Micescu zu entlasten und ihm seine Aufgabe zu erleichtern. Wir bereuen diese Anstrengungen nicht und sind bereit, sie unter der Bedingung fortzusetzen, dass sie von Seiten Rumäniens nicht torpediert werden. Dies wäre allerdings der Fall, wenn die von Herrn Micescu angekündigte Entscheidung darauf schließen lässt, dass Rumänien, entgegen aller vorangegangenen Versicherungen, die Prinzipien internationaler Politik, an der Frankreich und England ihrerseits festhalten, aufkündigt.

DOK. 125
Der jüdische Arzt und Publizist Emil Dorian äußert am 11. Februar 1938 seine Besorgnis über die jüngsten antisemitischen Maßnahmen[1]

Tagebuch von Emil Dorian,[2] Bukarest, Eintrag vom 11.2.1938

Über Nacht ist der Gang der Geschichte durch eine große Tragödie erschüttert worden: Alle Menschen verspürten mit großem Schaudern die Nähe zum ureigenen Wesen der Ereignisse. Die Regierung Goga ist überraschend zurückgetreten, unmittelbar nach der aufhetzenden Ironie einer Ansprache, in der der große Dichter trotz des Kahals,[3] des amerikanischen Ahasvar[4] und der ohne Freifahrtscheine auf der Rumänischen Eisenbahn verbliebenen jüdischen Journalisten[5] eine zehnjährige Regierungszeit erträumte! Niemand kann erklären, welchen Sinn dieser 44-tägige schreckliche Abschnitt mit all diesen unnötigen Beleidigungen, lächerlichen Beunruhigungen, Unstimmigkeiten und dem grobem Unverstand machte, der zu Anarchie und ökonomischem Desaster geführt hat. Zu den Ursachen seiner Absetzung, ohne die Regierung zu informieren, zirkulieren sehr seltsame Gerüchte. In der Öffentlichkeit hört man allerhand Daten und Fakten, darunter einige für unser Land überhaupt nicht erfreuliche, die von der ausländischen Presse hervorgehoben werden. Der Zeitpunkt war so einschneidend, dass ein Vorgehen erforderlich war wie bei großen Geschichtszäsuren, wenn angesichts der Gefahr der Herrscher alle Weisen zwecks Rat und Hilfe versammelte. Es wurde also eine Regierung von Weisen gebildet, um die Fehler zu beheben, wie der König selbst bestätigte. Das

1 Familienarchiv von Marguerite Dorian. Das Original konnte nicht eingesehen werden. Abdruck in: Emil Dorian, Jurnal din vremuri de prigoană, București 1996, S. 26 f. Abdruck in engl. Übersetzung: Emil Dorian, The Quality of Witness. A Romanian Diary 1937–44, Philadelphia 1982, S. 21 f. Das Dokument wurde aus dem Rumänischen übersetzt.

2 Dr. Emil Dorian, geb. als Isidor Lustig (1892–1956), Arzt, Schriftsteller und Übersetzer deutscher Literatur; führte von 1937 an bis zu seinem Tod ein Tagebuch; 1945–1948 Generalsekretär der Jüdischen Gemeinde Bukarest.

3 Kahal oder kehillah (hebr.): Gemeinde, wurde in antisemitischen Verschwörungstheorien zum Machtzentrum der Juden erklärt.

4 Ahasver bezeichnet die Figur eines Juden, der zum ewigen Wandern verdammt ist, und war in europäischen Volksbüchern seit dem 17. Jahrhundert verbreitet.

5 Alle Journalisten durften die Bahn kostenlos benutzen, von 1938 an mussten jüdische Journalisten dafür bezahlen.

erklärt, warum der Patriarch[6] nun der Führer von wichtigen und erfahrenen Ministern ist. Die Juden sind zum guten Teil optimistisch, aber wahrscheinlich ist ihr Optimismus die Reaktion auf die zwingend notwendig gewordene Beruhigung. Das Theater geht weiter. Die Schauspieler wurden ausgewechselt und der Ton verändert. Das ist alles. Der aggressive Cuzist[7] vom Arbeitsministerium wurde durch einen aggressiven Vaidisten[8] ersetzt, und Goga durch seinen Onkel, den höchsten Kirchenführer, der in seinen Erklärungen von vor sechs Monaten von Juden sprach als von „Parasiten, die die armen Rumänen bis auf das Mark aussaugen und dem Volk und den Christen die Lebenskraft nehmen, indem sie sie zwingen, Haus und Hof der Eltern zu verlassen und ohne ihre Habseligkeiten in die Welt zu ziehen!“ Der „Primat der nationalen Arbeit“:[9] Die jüdische Frage und die Überprüfung der Staatsbürgerschaften wurden – bis auf weiteres ohne jedwedes Korrektiv – aus dem Repertoire der vorherigen Regierung übernommen. Alle bis heute ergriffenen Maßnahmen waren endgültig. Außerdem wird gleichzeitig mit der Aufhebung des Parlaments eine Verfassungsänderung angekündigt. Schauen wir, welche Anregungen in der Frage des Ethnizitätsbegriffs auftauchen werden. Es ist eine Gelegenheit, die genutzt werden müsste. Und vielleicht werden wir es erleben. Wie lange die neue Mannschaft führen wird, weiß man nicht. Ihre Zusammensetzung lässt auf Kurzlebigkeit schließen. Die Wogen der Außenpolitik schlagen jetzt hoch. Alles hängt von der Situation in Deutschland ab. Wenn Hitler – wie es gerüchteweise heißt, genauer gesagt: *erhofft wird* – seine letzte, vielleicht verhängnisvolle Karte ausspielt, indem er die Wehrmacht angegriffen hat, wird Europa (unser Land inbegriffen) gerettet werden.[10]

6 Miron Cristea (1868–1939), Theologe; seit 1925 Patriarch der griech.-orthodoxen Kirche; durch Königsdekret vom 11.2.1938 wurde die erste von ihm geführte Regierung gebildet.

7 Gemeint sind die Anhänger von Alexandru C. Cuza, deren antisemitische National-Christliche Partei bei den letzten rumän. Parlamentswahlen im Dez. 1937 9,15 % der Wählerstimmen errang.

8 Der Arbeitsminister Gheorghe A. Cuza wurde nach 44 Tagen im Amt durch Voicu Nițescu (1889–1954) ersetzt, der ein Anhänger des rechten Politikers Alexandru Vaida-Voevod war.

9 Gemeint ist die seit 1937 bestehende Vorschrift, dass Unternehmen bevorzugt rumän. Mitarbeiter einstellen mussten. Die Vorschrift wurde wegen wiederholter Proteste im Ausland mehrmals umformuliert; siehe Einleitung, S. 50.

10 Dorian nimmt Bezug darauf, dass Hitler Ende Jan. 1938 den Kriegsminister Werner von Blomberg und am 3.2.1938 den Oberbefehlshaber des Heeres, General Werner Freiherr von Fritsch, abgesetzt und die Führung der Wehrmacht selbst übernommen hatte. Beide hatten zuvor Kritik an Hitlers Expansionsplänen geäußert.

DOK. 126

Curierul Israelit: Die neue Regierung kündigt am 13. Februar 1938 an, dass die Überprüfung der Einbürgerungspapiere der Juden fortgeführt werde[1]

Das Regierungsprogramm des Patriarchen Miron Cristea
Rumänien wird mit anderen Staaten zusammenarbeiten, die ebenfalls einen zu hohen Anteil jüdischer Bevölkerung aufweisen, und jener Bevölkerung helfen, ihre nach eigenen Aussagen ersehnte Heimat zu finden.[2]

Durch das große Vertrauen Seiner Majestät des Königs habe ich die Hürden der Regierungsbildung genommen:
Über die Parteigrenzen, über die dem politischen Leben innewohnenden, mitunter übertriebenen und sehr verlustbringenden Unruhen und Agitationen hinweg haben wir uns, ungeachtet all dessen, was uns bisher trennte, aus patriotischem Ansporn als gute Rumänen brüderlich die Hände gereicht. Und so folgen wir heute allein dem Ruf des Königs und dem Gebot der Stunde, das Land notwendigerweise durch eine nationale Einheitsregierung zu führen.
Mit einem neuen Aufruf geben wir das ausführlichere Programm bekannt, zu dessen Umsetzung wir berufen sind.
Dieses Programm basiert auf Folgendem:
Die Umsetzung der Verfassungsreformen, die die zeitgemäße Entwicklung des Staates gemäß den Erneuerungsbestrebungen des rumänischen Volkes und die Erhebung des gesamten öffentlichen Lebens auf ein höheres ethisches Niveau einleiten soll.
Die Förderung der nationalen Idee wird alle Bereiche des Staatslebens beherrschen und so unter Berücksichtigung des Gerechtigkeitsprinzips dem rumänischen Volk, das unter großen Opfern das Rumänien der Vergangenheit und Gegenwart geschaffen hat, seinen ihm gebührenden rechtmäßigen Platz sichern.
Die Wiedergutmachung des am dominierenden rumänischen Element begangenen historischen Unrechts auf allen Gebieten, ohne unrecht zu handeln gegenüber den alten Minderheiten, die seit Jahrhunderten in den Grenzen des heutigen Rumänien unter den alteingesessenen Rumänen leben.[3]
Die Überprüfung der nach dem Krieg vorgenommenen Einbürgerungen und die Annullierung all jener Einbürgerungen, die auf betrügerische Art und zum Nachteil lebenswichtiger Interessen der Rumänen erfolgt sind.

1 Curierul Israelit, 18.2.1938, S. 1: Manifestul-program al guvernului Patriarhului Miron Cristea. Abdruck in: Lya Benjamin (Hrsg.), Problema evreiască în stenogramele Consiliului de Miniştri, Bucureşti 1996, S. 31. Das Dokument wurde aus dem Rumänischen übersetzt. Die Zeitung Curierul Israelit (Jüdischer Kurier) erschien in Bukarest 1906–1940, von 1919 an als Organ der Union Rumänischer Juden.

2 Der Artikel ist eine wörtliche Wiedergabe der die Juden betreffenden Absätze aus der Regierungserklärung.

3 In dem Gesetz zur Überprüfung der Staatsbürgerschaft wurde zwischen Juden, die vor 1918 eingebürgert worden waren, und jenen, die danach durch die Gebietsanschlüsse oder Einwanderung hinzukamen, unterschieden. Es betraf keine anderen Minderheiten; Monitorul Oficial, Nr. 21 vom 21.1.1938, S. 612–614.

Diese aufmerksame Überprüfung der nach dem Krieg vorgenommenen Einbürgerungen wird den Rumänen auch ein vielfältigeres Wirtschaftsleben gestatten.
Die Organisation der Ausreise jener fremden Elemente aus unserem Land, die erst vor kurzem hier ansässig geworden sind und die ethnische Wesensart der Rumänen beschädigen und schwächen, die sich im eigenen Haus immer notleidender fühlen und gerade daher in allen Bereichen eine sorgenvolle Unzufriedenheit zeigen. Rumänien wird auf der Grundlage internationaler Vereinbarungen mit anderen Staaten, die ebenfalls einen zu hohen Anteil an jüdischer Bevölkerung haben, zusammenarbeiten und dieser Bevölkerung helfen, ihr nach eigenen Aussagen ersehntes Vaterland zu finden.

DOK. 127
Ein Klausenburger Hochschullehrer beschwert sich am 11. November 1938 über Angriffe auf jüdische Studierende[1]

Schreiben von Alexandru Pop[2] (Nr. 683/1938), Cluj, an den Dekan der Medizinischen Fakultät, Cluj,[3] vom 11.11.1938

Herr Dekan,
als ich heute um 12.05 Uhr den Hörsaal für meine Vorlesung über chirurgische Semiologie betrat, kamen mir etwa 20 jüdische Studenten entgegen, die mir berichteten, dass sie von ihren Kommilitonen aus der Lehrveranstaltung geworfen worden waren. Einige von ihnen, darunter zwei Studentinnen, seien sogar geschlagen worden, um sie dazu zu bewegen, den Hörssaal zu verlassen. Um einen Skandal zu vermeiden und dem vorliegenden Bericht nicht vorzugreifen, habe ich die jüdischen Studenten gebeten, nicht an der Vorlesung teilzunehmen.
Herr Dekan, ich bitte Sie, von diesen Dingen Kenntnis zu nehmen und die von Ihnen für erforderlich gehaltenen Maßnahmen zu ergreifen.[4]
Nehmen Sie, Herr Dekan, die Versicherung meiner besonderen Hochachtung entgegen.

1 Arhivele Naţionale, Cluj, Institutul de medicină şi farmacie din Cluj, Fond 650, pachet 24, d. 102, Dok. 3532. Abdruck in: Lucian Nastasă (Hrsg.), Antisemitismul universitar în România (1919–1939). Mărturii documentare, Cluj-Napoca 2011, Dok. 362, S. 606. Das Dokument wurde aus dem Rumänischen übersetzt.
2 Alexandru Pop (gest. 1954), Chirurg; lehrte seit 1928 an der Medizinischen Fakultät der Universität in Klausenburg/Cluj; 1948 schloss ihn die kommunistische Verwaltung von der Lehre aus.
3 In Cluj befand sich 1938 eine der vier Universitäten des Landes. Besonders die Medizinische Fakultät besaß einen hohen Anteil jüdischer Studierender.
4 Die Übergriffe konnten an allen vier Universitäten nicht unterbunden werden. Einige jüdische Studierende aus wohlhabenden Familien wechselten daraufhin an Fakultäten im Ausland.

DOK. 128

Jüdische Intellektuelle protestieren im Januar 1939 gegen das Verbot des Jiddischen in der Öffentlichkeit[1]

Petition einer Gruppe jüdischer Schriftsteller und Publizisten, gez. M. Altman,[2] Luca Axelrad,[3] Ury Benador,[4] S. Bickel,[5] Liviu Deleanu,[6] I. Groper,[7] Alexandru Lăzăreanu,[8] Barbu Lăzăreanu,[9] Marius Mircu,[10] I. Peltz,[11] S. Podoleanu,[12] M. Lax,[13] A. Toma,[14] an den rumän. Innenminister,[15] Bukarest, vom Januar 1939

Herr Minister

Wir, die unterzeichnenden Schriftsteller und Publizisten, die wir Kenntnis genommen haben von den in Bălţi und anderen Orten Bessarabiens ergriffenen Maßnahmen gegen den Gebrauch der jiddischen Volkssprache, bitten um Aufhebung dieses Verbots.[16]

1 Das Original ist verschollen. Als Faksimile abgedruckt in: Jean Ancel (Hrsg.), Documents Concerning the Fate of Romanian Jewry During the Holocaust, vol. 1, New York 1986, Dok. 31, S. 249. Das Dokument wurde aus dem Rumänischen übersetzt.

2 Mosche Altman (1890–1981), jidd. Schriftsteller; Juni 1941 Flucht aus Bessarabien; 1943–1944 Dramaturg am Moskauer Jüdischen Theater; 1949–1955 in einem Arbeitslager in Sibirien; Autor des Romans Medrish Pinkes (1936).

3 Luca (Avram) Axelrad (1879–1963), Dichter und Journalist; 1942–1944 publizierte er in der Gazeta Evreiască, von 1945 an in Curierul Israelit.

4 Ury Benador, Pseudonym von Simon Moise Grinberg (1895–1971), Schriftsteller aus der Bukowina; unterstützte die illegale Kommunistische Partei; 1945 leitend im Demokratischen Jüdischen Komitee; 1950–1955 Direktor des Jüdischen Theaters in Bukarest.

5 Shlomo Bickel (1896–1969), Journalist aus Galizien; 1939 Emigration in die USA; Autor der literaturwiss. Studie „Mame Yiddish“ (1949).

6 Liviu Deleanu, geb. als Lipa Cligman (1911–1967), Dichter und Dramaturg; zog im Sommer 1940 in das sowjet. Bessarabien; lebte nach 1945 in Chişinău.

7 Iacob Groper (1891–1967), Schriftsteller und Übersetzer deutscher Literatur.

8 Alexandru Lăzăreanu (1913–1991), Journalist und Diplomat; 1933–1946 Journalist; 1946–1948 Kulturattaché in Washington, 1951–1953 Botschafter in Paris, 1953–1961 stellv. Außenminister, danach Botschafter in verschiedenen Staaten.

9 Barbu Lăzăreanu, geb. als Avram Leizerovici (1881–1957), Schriftsteller; Hrsg. der seit 1938 verbotenen Tageszeitungen Adevărul und Dimineaţa; 1942 verhaftet, aufgrund von Interventionen nicht deportiert; von 1945 an Dozent an der Parteischule, 1957 Mitglied der Rumän. Akademie.

10 Marius Mircu, geb. als Israel Marcus (1909–2008), Journalist; 1944–1987 Leiter des Archivs der Jüdischen Gemeinde in Bukarest, 1987 Emigration nach Israel.

11 Isac Peltz (1899–1980), Schriftsteller; 1941 auf der Liste potentieller Geiseln in Bukarest; 1951–1954 in Haft, starb in Bukarest; Autor des Romans „Calea Văcăreşti“ (1933).

12 Solomon Podoleanu, Publizist; 1935 Hrsg. einer Anthologie von 60 jüdischen Schriftstellern, 1938 Buch zur Geschichte der Presse in Rumänien von 1857 bis 1900.

13 Moses Lax, auch Moische Laks, Journalist; setzte sich ab 1939 für die Sammlung jidd. Folklore ein; 1945 am Jüdischen Theater in Bukarest, 1946 im Vorstand des Jiddischen Kulturverbandes; publizierte in IKUF-Bletter.

14 Alexandru Toma, geb. als Solomon Leib Moscovici (1875–1954), Dichter und Übersetzer; Nov. 1941 auf der Liste der jüdischen Geiseln in Bukarest.

15 Armand Călinescu (1893–1939), Jurist; Dez. 1937 bis Sept. 1939 Innenminister, März bis Sept. 1939 Ministerpräsident; wurde am 21.9.1939 von Mitgliedern der Eisernen Garde ermordet.

16 Das Verbot hatten die Regionalverwaltungen in Bessarabien und in der Bukowina im Dez. 1938 verfügt; siehe für die Bukowina ANIC, Ministerul Justiţiei, 81/1939, S. 136–141.

In der jiddischen Sprache, die laut der letzten offiziellen Statistik von einigen Hunderttausend Juden im Land gesprochen wird, entwickelt sich die über Presse, Verlage, Theater, Bibliotheken, kulturelle Zirkel usw. auf friedliche Weise verbreitete Kultur der jüdischen Massen, in vollständiger Harmonie mit der Sprache und Kultur des rumänischen Volkes, die von der jüdischen Bevölkerung in allen Provinzen geliebt und gepflegt wird. Das Verbot der jiddischen Sprache wäre ein Akt der Intoleranz und eine Beeinträchtigung der Rechte der jüdischen Bevölkerung.
Seien Sie unserer Hochachtung versichert.

DOK. 129
Der Sekretär des Völkerbundsrats kritisiert am 23. Januar 1939 die Verletzung der Minderheitenrechte in Rumänien[1]

Brief von R. B. Skylstad[2] vom Generalsekretariat des Völkerbundsrats, Genf, an Radu Crutzescu,[3] den Vertreter Rumäniens beim Völkerbund in Genf, vom 17.2.1939 (Kopie)[4]

Herr Minister,
unter Bezugnahme auf unsere vorangegangenen Gespräche darf ich Ihnen versichern, dass ich dem Ratskomitee, das mit den Gesuchen zur Situation der jüdischen Minderheit in Rumänien befasst ist, alle Informationen übermittelt habe, die Sie mir freundlicherweise in dieser Angelegenheit gegeben hatten.
Das Komitee hat diese Mitteilungen mit großem Interesse zur Kenntnis genommen und die Bemühungen der rumänischen Regierung um eine gerechte Lösung der in den Gesuchen angesprochenen Probleme als zufriedenstellend beurteilt. Alle Mitglieder des Komitees teilen die Hoffnung, dass die königliche Regierung in ihren diesbezüglichen Anstrengungen nicht nachlassen werde.
Nichtsdestotrotz müssen die Mitglieder des Komitees aufgrund der ihnen vorliegenden Informationen annehmen, dass sich seit ihrer letzten Sitzung die Situation der jüdischen Bevölkerung in Rumänien in mancher Hinsicht verschlechtert hat. Das Komitee sorgt sich insbesondere um jene Juden, denen die rumänische Staatsangehörigkeit aberkannt wurde. Sie gelten nun als Ausländer, sind von den Gesetzen zum Schutz der nationalen Arbeit betroffen und können oftmals ihren Lebensunterhalt nicht mehr bestreiten. Das Komitee ist zuversichtlich, dass sich die rumänische Regierung nach eingehender Beschäftigung mit diesem schwerwiegenden Problem von ihrem bekannten Wohlwollen

1 MAE, Société des Nations, Secrétariat général, vol. 523, Bl. 125–127. Abdruck in: Iancu (Hrsg.), Les Juifs de Roumanie (wie Dok. 124, Anm. 1), Dok. 141, S. 368 f. Das Dokument wurde aus dem Französischen übersetzt.
2 Rasmus Ingvald Berentson Skylstad (1893–1972), Berufsdiplomat; 1924–1927 norweg. Außenminister, von 1937 an im Generalsekretariat des Völkerbunds und Direktor der Sektion Minderheiten, 1945 Botschafter in der Schweiz und beteiligt an der Auflösung des Völkerbunds; 1948–1958 StS im norweg. Außenministerium.
3 Radu Crutzescu (1892–1947), Jurist, Berufsdiplomat; seit 1918 tätig in rumän. Gesandtschaften in Paris, Brüssel und Prag, 1936–1938 in Sofia, 1938–1939 Gesandter in Prag, 1939–1940 Militärattaché in Berlin, 1940–1941 Gesandter in der Türkei, 1943–1944 in Dänemark.
4 Übermittelt vom franz. Außenministerium an Adrien Thierry, den Gesandten in Bukarest.

und Verständnis leiten lassen wird. Weiterhin ist das Komitee besorgt angesichts der allgemeinen Beschäftigungssituation der Juden in Industrie- und Handelsunternehmen und hat seiner Überzeugung Ausdruck verliehen, dass die rumänische Regierung der jüdischen Bevölkerung ermöglichen wird, ungehindert ihren normalen Tätigkeiten nachzugehen.
Andererseits ist aus den zusammengetragenen Informationen ersichtlich, dass Juden bei der Ausübung einiger freier Berufe behindert werden, selbst wenn sie als rumänische Staatsbürger anerkannt sind. Dies scheint vor allem bei Rechtsanwälten (z. B. durch die Entscheidung mancher Anwaltskammern, jüdische Anwälte aus ihren Listen zu streichen, und durch das Urteil des Kassationsgerichts gegen den Einspruch der Anwälte von Galatz) und Ärzten der Fall zu sein, die offenbar ihre Lizenzen verlieren und neuen Prüfungen unterzogen werden sollen. Das Komitee hofft, dass die rumänische Regierung die notwendigen Schritte unternehmen wird, um etwaigem Missbrauch durch die Berufsorganisationen zu begegnen.
Das Komitee hat außerdem auf die an die Juden in Suczawa ergangene Anweisung hingewiesen, ihre Geschäfte samstags und an jüdischen Feiertagen zu öffnen und sich keiner anderen Sprache als der rumänischen zu bedienen. Das Komitee hofft, dass die königliche Regierung die Umstände untersuchen wird, die zu dieser von den lokalen Behörden zu verantwortenden Maßnahme geführt haben könnten.
Abschließend hat mich das Komitee beauftragt, Sie zu bitten, die laufende Überprüfung der Staatsbürgerschaft der Juden in Rumänien aufzuheben.
Seien Sie, Herr Minister, meiner vorzüglichen Hochachtung versichert.

DOK. 130
Ein Anwalt bittet den König am 16. März 1939 um Aufhebung des Berufsverbots[1]

Schreiben von N. Silvianu,[2] Galați, an Seine Majestät König Carol II. von Rumänien, Bukarest, vom 16.3.1939[3]

Majestät,
Ich, der Unterzeichner N. Silvianu, Rechtsanwalt aus Galați, Aleea Mavromol Nr. 8, erlaube mir, mit dem tiefsten Respekt, auf meinen – hier in Kopie beigelegten – Antrag[4] zurückzukommen, den ich an Seine Königliche Majestät aus folgenden Gründen gerichtet habe:

1 ANIC, Ministerul Justiției, 19/1938, vol. II, Bl. 299–299R. Das Dokument wurde aus dem Rumänischen übersetzt.
2 Vermutlich Nicu Silvianu, Rechtsanwalt; wurde 1939 aus einem betrieblichen Verwaltungsrat in Galatz ausgeschlossen.
3 Im Original handschriftl. Notiz: „Gesehen; Direktor des Privatsekretariats Seiner Majestät Eugeniu Buhmann"; Stempelaufdruck oben rechts: „Durch höchste Anordnung 299 wird dem Justizministerium eingereicht unter Nr. 3333 am 16.3.1939, um gemäß Anweisungen zu verfügen", gez. unleserlich.
4 Liegt nicht in der Akte.

Ich, der Unterzeichner, obwohl als rumänischer Staatsbürger geboren, Sohn eines Veteranen,[5] der ich selbst als Offizier im Krieg für die Vereinigung der Nation[6] kämpfte, habe nicht die Erlaubnis, meinen Beruf des Rechtsanwalts auszuüben, und bin willkürlich aus der Rechtsanwaltskammer von Covurlui allein aus dem Grunde ausgeschlossen worden, dass ich Angehöriger der mosaischen Religion bin.
In dieser Situation befinde ich mich seit dem 6. Februar 1938, und weil ich – auf allen legalen Wegen – keine Genugtuung von Seiten der Rechtsorgane erhalten konnte, die auf alle meine Anträge geflissentlich keine Lösungsmöglichkeiten boten, wage ich, in demütigster Weise meine Beschwerde vor Seiner Königlichen Majestät vorzutragen in dem vollen Vertrauen, dass mir nur Gerechtigkeit widerfahren wird, wenn ich an die Gnade Seiner Majestät appelliere und so wieder in der Lage sein werde, das Brot für mich und meine Familie durch Arbeit zu verdienen.
Meine an Seine Majestät adressierten Petitionen wurden dem Herrn Dekan der Rechtsanwaltskammer von Covurlui eingereicht, wie aus dem hier in Kopie beigelegten Schreiben des Ehrenwerten Justizministers[7] Nr. 97 971/938 festzustellen ist.[8]
Der Herr Dekan der Rechtsanwaltskammer von Covurlui hat es jedoch für richtig befunden, auch nach Empfang dieser Anträge keinerlei Maßnahmen hinsichtlich der Beseitigung der Ungerechtigkeit zu ergreifen und das Ersuchen, das ich an Seine Majestät gerichtet habe, in keiner Weise erledigt.
Als Unterzeichner bin ich der Überzeugung, dass es die Absicht Seiner Majestät war – damals, als er die Güte hatte zu verfügen, dass meine Petitionen dem Dekan der Rechtsanwaltskammer von Covurlui vorgebracht werden –, dass dieser meine Ersuchen erledige oder wenigstens Seiner Majestät berichte und sie nicht schlicht und einfach zu den Akten legen würde – und so gestatte ich mir, mit dem tiefsten Respekt, erneut eine Kopie dieser Petition einzureichen. Ich bitte um die Gnade Seiner Majestät, meine demütige und verzweifelte Bitte zu erhören und mir Recht zu verschaffen.
Mit dem tiefsten Respekt, Sire, der gehorsamste untertänigste Diener Seiner Majestät.

5 Der Vater gehörte vermutlich zu jenen 884 Juden, die nach der freiwilligen Teilnahme am Krieg gegen die Osmanen 1877 eingebürgert wurden.

6 Als Krieg zur Vereinigung der Nation wurde Rumäniens Kriegseintritt 1916 auf der Seite der Entente verstanden, weil das Ziel der Anschluss Siebenbürgens und der Bukowina war.

7 Victor Iamandi (1891–1940), Jurist; 1936–1938 Minister für Kultus und Kultur, 1938–1939 Justizminister, seit Nov. 1939 Königlicher Rat; wurde am 26.11.40 von Angehörigen der Eisernen Garde ermordet.

8 Liegt nicht in der Akte.

DOK. 131

Der französische Gesandte meldet am 27. November 1939 nach Paris, dass in Rumänien über einer Viertelmillion Juden die Staatsbürgerschaft entzogen wurde[1]

Brief von Adrien Thierry, Ständige Auslandsvertretung der Französischen Republik in Rumänien, Bukarest, an Édouard Daladier,[2] Ministerpräsident und Außenminister, Paris, vom 27.11.1939

An Seine Exzellenz Herrn Édouard Daladier,
die Überprüfung der „rumänischen Staatsbürgerschaft", der sich, wie ich in meinen letzten Schreiben (zuletzt in Nr. 501 vom 6. August 1939) angekündigt habe,[3] alle Israeliten in Rumänien unterziehen mussten, ist abgeschlossen, und ihre Ergebnisse wurden im Amtsblatt veröffentlicht.[4] Daraus ist ersichtlich, dass 203 423 Überprüfungsanträge vom Familienvorstand beantragt wurden (27 % von Juden aus dem Altreich[5] und 73 % von Juden aus Siebenbürgen, Bessarabien und der Bukowina). 126 283 Anträge wurden angenommen (63,3 %).
Wenn man zu diesen Zahlen die der vorangegangenen Überprüfungen hinzuzählt, ergibt sich eine Gesamtzahl von 617 396 Personen, deren rumänische „Staatsbürgerschaft" überprüft worden ist. Da die israelitische Bevölkerung den Statistiken von 1930 zufolge 730 000 Seelen umfasst, sind 84 % der Juden in Rumänien der Überprüfung unterzogen worden. Davon haben 392 174 Personen (63,5 %) die rumänische Staatsbürgerschaft behalten, 255 222 (36,55 %) wurde sie entzogen.

DOK. 132

Emil Dorian zeigt sich im Juni 1940 bestürzt über die Aufnahme von Führern der Eisernen Garde in die Regierung[1]

Tagebuch von Emil Dorian, Bukarest, Einträge vom 28. und 30.6.1940

Die großen historischen Umwälzungen erreichen langsam auch uns. Jede Woche wird eine neue dramatische Seite aufgeschlagen. Wie ein Blitz schlug gestern Abend die

1 MAE, Société des Nations, Secrétariat général, vol. 523, Bl. 143 f. Abdruck in: Iancu (Hrsg.), Les Juifs de Roumanie (wie Dok. 124, Anm. 1), Dok. 150, S. 340. Das Dokument wurde aus dem Französischen übersetzt.

2 Édouard Daladier (1884–1970), Politiker; 1919–1958 Abgeordneter der franz. Nationalversammlung, 1927–1931 und 1936–1938 Vorsitzender der Radikalsozialistischen Partei, 1924–1932 verschiedene Ministerposten, Jan. bis Okt. 1933, Jan./Febr. 1934 und April 1938 bis März 1940 Ministerpräsident; 1940 von der Regierung Pétain vor Gericht gestellt, 1943–1945 in Deutschland interniert; 1946–1958 Abgeordneter, 1957–1958 Präsident der Radikalsozialistischen Partei.

3 Liegt nicht in der Akte.

4 Monitorul Oficial, Nr. 273, S. 6864 f.

5 Der ursprüngliche Kern des rumän. Königreichs, das 1859 aus der Vereinigung der Fürstentümer Moldau und Walachei hervorging.

1 Familienarchiv von Marguerite Dorian. Das Original konnte nicht eingesehen werden. Abdruck in: Dorian, Jurnal (wie Dok. 125, Anm. 1), S. 110. Das Dokument wurde aus dem Rumänischen übersetzt.

Nachricht vom sowjetischen Ultimatum ein,[2] das Bessarabien und die Nordbukowina von uns fordert. Offenbar haben die im Totalitarismus vereinten Deutschen und Italiener jegliche Hilfe verweigert, und der Kronrat hat die Forderungen Russlands innerhalb der gewährten 24-Stunden-Frist angenommen. In der ganzen Stadt herrschen großer Jammer und Unruhe. Die Regierung ist umgebildet worden. Der Chef der neuen *Partei der Nation*, Marschall Urdăreanu,[3] wurde abgesetzt. Im Gegenzug traten gegen Mittag zwei Legionäre[4] als Unterstaatssekretäre an. Überall kursieren Gerüchte. Man spricht von bulgarischen und ungarischen Ansprüchen und von einer militärischen Intervention unsererseits. Die öffentlichen Verlautbarungen sind einsilbig. Anspannung, Bedrückung, Schlaflosigkeit …

30. Juni
Das Erwartete ist eingetreten: Die Ressentiments gegenüber den Juden steigern sich aufgrund der Art, wie die Juden aus der Bukowina und aus Bessarabien angeblich die Russen begrüßt hätten. Der Radiosender Rom verbreitet kaltblütig die phantastischsten Niederträchtigkeiten, die von den Zeitungen reißerisch kolportiert werden. Nachdem bestätigt wurde, dass 3000 Juden vor der Sowjetischen Botschaft gegen die Partei der Nation[5] demonstriert haben, was die Russen wiederum veranlasst hat, Bessarabien (!?) zu fordern, wird nun die Nachricht lanciert, dass die aus der Bukowina stammenden Juden die sich zurückziehenden rumänischen Soldaten mit Steinen beworfen hätten. Die aufgeputschte Stimmung sucht nach einem Sündenbock. Peinlich auch der Umstand, dass alle Juden aus Czernowitz und Bessarabien sofort nach Hause zurückgekehrt sind. Niemand äußert sich zur Gründung der Partei der Nation vor einer Woche, die gleich zu Beginn die Juden zu Parias erklärte; dennoch hielten es alle für angemessen, deren Flucht in ihre Heimatprovinzen zu kritisieren, nachdem sie durch Gesetze und brutale Übergriffe tief beleidigt worden waren. Ihr Verbrechen besteht darin, zwischen deutscher, polnischer und rumänischer Zuwendung auf der einen und russischer Fürsorge auf der anderen Seite geschwankt zu haben! Bei uns beginnt mit der für morgen angekündigten offiziellen Gründung der Partei der Nation eine finstere Ära. Heute haben die jüdischen Medizinstudenten sogar ihre Prüfungen versäumt, weil ihnen der Zutritt zur Fakultät verwehrt wurde.

2 Siehe Einleitung, S. 53.

3 Ernest Urdăreanu (1897–1985), Offizier; von 1933 an Privatsekretär von Carol II., 1936 Vize-Marschall des Königspalastes, Juni/Juli 1940 Führer der Partei der Nation und StS; floh im Sept. 1940; starb in Portugal.

4 Einer der beiden war Horia Sima, der Führer der Eisernen Garde.

5 Die Partei der Nation ersetzte die Front der Nationalen Wiedergeburt. Der Protest richtete sich gegen eine Verordnung des Innenministers vom 13.7.1940, wonach nur noch Mitglieder der Nationspartei staatliche Stellen bekleiden durften. So konnten alle Juden aus staatlichen Stellen entfernt werden.

DOK. 133
Der Staatsanwalt Filaret Săhleanu berichtet Anfang Juli 1940 über ein Pogrom mit zahlreichen Todesopfern in Dorohoi[1]

Bericht (vertraulich) von Staatsanwalt Filaret Săhleanu, gez. Filaret Săhleanu[2] und Sekretär Constantin Grigorescu, an den Generalstaatsanwalt in Suczawa von Anfang Juli 1940

Herr Generalstaatsanwalt,
im Hinblick auf Ihren Befehl Nr. 93 von 1940 erlaube ich mir, Ihnen Folgendes über die Vorfälle vom 1. Juli 1940 zu berichten.
Die von mir persönlich angestellten Ermittlungen sowie die Informationen seitens der Garnison und aus den Standesamtsregistern haben ergeben, dass am 1. Juli 1940 52 Juden erschossen wurden.
Die Begleitumstände waren wie folgt:
Am 1. Juli 1940 fand auf dem christlichen Friedhof die Bestattung der sterblichen Überreste von Hauptmann Boroş[3] statt, während sich die Juden auf ihrem Friedhof zusammenfanden, um einen jüdischen Soldaten zu beerdigen.[4]
Nach einer Weile hörte man einen Schuss, gefolgt von einer Gewehrsalve. Angesichts der Beerdigung eines Offiziers gingen die Anwesenden davon aus, es handele sich um den Ehrensalut für einen in treuer Pflichterfüllung Gefallenen; dann jedoch fielen immer mehr Schüsse, bis man des Irrtums gewahr wurde. Daraufhin brach eine unbeschreibliche Panik aus, weil die Leute glaubten, die Russen würden vorrücken.
Da weder die Offiziere noch die Zivilbevölkerung die Ursache des Geschehens erkannten, eröffneten Erstere, verstört von den ersten Schüssen, das Feuer in der Annahme, die Russen damit einzuschüchtern.
Die Anwesenden rannten auseinander und ließen den Sarg mitten auf dem Friedhof stehen. Später stellte man fest, dass das Feuer von Soldaten der 3. Grenzschutztruppe und des 8. Artillerieregiments eröffnet worden war. Sie befanden sich auf dem Rückzug aus dem Gebiet um Herţa, waren von den dortigen Juden gedemütigt und verhöhnt worden und hatten aus Rache auf die sich auf dem jüdischen Friedhof befindlichen Juden zu schießen begonnen. Es bestand offenbar ein gewisses Einverständnis unter den Soldaten, da sich das Feuer umgehend auf die nordwestlichen Randbezirke der Stadt ausbreitete, die Soldaten in jüdische Häuser eindrangen und alle Anwesenden erschossen.
Bezeichnend ist, dass in den Fenstern einiger Häuser von Christen Ikonen standen oder verschiedenfarbige Kreuze an die Wände gemalt waren, als Hinweis, dass hier Christen wohnten, die es zu verschonen galt. Möglicherweise waren zuvor ein paar Soldaten vorbeigekommen, um das Bevorstehende anzukündigen. Über genauere Angaben zu den

1 Original nicht auffindbar. Abdruck in: Marius Mircu, Pogromurile din Bucovina şi Dorohoi, Bucureşti 1945, S. 133–135. Das Dokument wurde aus dem Rumänischen übersetzt.
2 Filaret Săhleanu (*1908), Jurist; 1938 Beamter in Czernowitz, von Juli 1940 an Oberstaatsanwalt in Suczawa; nach 1945 häufig von der Staatssicherheit verhört.
3 Ioan Boroş (1906–1940), Hauptmann; wurde am 29.6.1940 von einer sowjet. Einheit nach einem Konflikt im Grenzgebiet zusammen mit einem Juden und einem anderen Rumänen erschossen.
4 Iancu Solomon (1918–1940).

näheren Umständen verfügen wir nicht, da die ersten Ermittlungen vom Militärkommandeur vorgenommen wurden, vertreten durch den Vorsitzenden des Kriegsgerichts, der dabei nur von Staatsanwalt Alexandru Scripcă und den Einsatzkräften der Polizei begleitet wurde.
Da die Nachforschungen ergaben, dass es sich bei den Beschuldigten um Angehörige der Streitkräfte handelte, blieben die Militärbehörden für die weiteren Ermittlungen zuständig.
Die Kommission identifizierte etwa 47 Tote und einige Verletzte.
Etwa 15 Leichen wurden auf dem jüdischen Friedhof aufgefunden, oberhalb des Friedhofs in Richtung Bahnschranke fünf jüdische Soldaten, die Übrigen in Häusern und auf den Straßen.
Die Bestattung der Toten erfolgte am 3. Juli d. J.
Der Standesbeamte hat die Anzahl der Toten vermerkt, darunter sechs nicht identifizierte Soldaten.
Die entsprechenden Bescheinigungen wurden von den Militärbehörden ausgestellt.
Ich erlaube mir hiermit, Sie von den oben genannten Geschehnissen in Kenntnis zu setzen, und bitte, entsprechende rechtliche Schritte einzuleiten.

DOK. 134
Der deutsche Konsul in Galatz schildert am 4. Juli 1940 den Rückzug der rumänischen Armee aus Bessarabien und die Massenerschießung von Juden[1]

Bericht von Alfred Lörner (Tgb. Nr. 503/40),[2] Deutsches Konsulat Galatz, an StS Freiherrn von Weizsäcker,[3] Auswärtiges Amt, Berlin (Pol. IV 2267, Eing. 10.7.1940), vom 4.7.1940

In der Anlage überreiche ich ergebenst die Berichte über die Räumung Bessarabiens und die Kommunistenunruhen in Galatz. Ich beehre mich dabei darauf hinzuweisen, daß Herr Gesandter Dr. Martius,[4] für welchen einer der drei Berichte in seiner Eigenschaft als Vorsitzender der Europäischen Donaukommission bestimmt ist, auf Grund seiner öfteren Anwesenheit in Galatz sicher in der Lage ist, notwendige Erläuterungen zu geben.

1 PAAA, R 103 611, Pol. IV Politische Beziehungen zwischen Rumänien und Russland, E 387 868–387879 (Bl. 021–031); Deutsches Konsulat Galatz; Paket 3, H. 1, Berichterstattung Bessarabien 1939–1942, keine Seitenzahlen. Abdruck in: Ottmar Trașcă/Dennis Deletant (Hrsg.), Al III-lea Reich și Holocaustul din România 1940–1944. Documente din arhivele germane, București 2007, Dok. 1, S. 131–136.

2 Alfred Lörner (1899–1970), Diplomat; 1934–1938 beim Geheimdienst der Wehrmacht (Abwehr) in Bremen, seit 1938 Konsul in Galatz, 1942–1944 Generalkonsul; von Sept. 1944 bis März 1956 in sowjet. Kriegsgefangenschaft.

3 Ernst Freiherr von Weizsäcker (1882–1951), Diplomat; von 1920 an im Auswärtigen Dienst; 1933–1936 Gesandter in der Schweiz, 1936–1938 Leiter der Politischen Abt. im AA; 1938 NSDAP-Mitglied; 1938–1943 StS im AA, 1943–1945 Botschafter im Vatikan; 1949 wegen Mitschuld an der Deportation von Juden aus Frankreich zu sieben Jahren Gefängnis verurteilt, 1950 begnadigt.

4 Dr. Georg Martius (1884–1951), Jurist; 1920–1922 Legationsrat in Paris, 1923–1932 in der Rechtsabt. des AA zuständig für Seeschifffahrt, 1932–1934 Gesandter in Riga, 1934–1937 Leiter des Referats Seeschifffahrt im AA, 1937 Gesandter in Montevideo, 1938–1945 in der Handelspolitischen Abt. im AA.

Betrifft: Die Entwicklung der Lage in meinem bisherigen Amtsbezirk
In der Voraussicht, daß die Ereignisse, die sich seit einer Woche in meinem Amtsbezirk abspielen, eine außerordentliche Belastung für meinen relativ kleinen Apparat bedeuten würden, habe ich von Beginn des Bessarabienkonflikts an die Gesandtschaft gebeten, mir die Aufgabe abzunehmen, das hier gesammelte und sorgfältig auf seinen Wert geprüfte Nachrichtenmaterial an das Auswärtige Amt auf dem schnellsten Wege weiterzugeben. Nunmehr beehre ich mich, die wichtigsten Ereignisse in einem kurzen Bericht zusammenzufassen.

In der Nacht vom Donnerstag zum Freitag (27./28. Juni) traf die Gauleitung[5] für Bessarabien zu einer vorläufig letzten Besprechung bei mir ein und verließ um 3 Uhr morgens Galatz im Wagen. Starke Regengüsse haben die Rückfahrt der Gauleitung sehr erschwert, so daß sie nach mir vorliegenden Nachrichten am Freitag um 15 Uhr noch nicht in Tarutino eingetroffen war.

Mit dem letzten normalen Zug, der aus Bessarabien ankam, traf am 29. Juni ein Reichsdeutscher mit seiner Frau ein, der von mir sofort wegen seiner guten russischen Kenntnisse als Dolmetscher eingestellt wurde und auch für die voraussichtlich nötige Kontrolle angeblicher Volksdeutscher, die später eintreffen mußten. Von den übrigen 80 erwachsenen Reichsdeutschen, die an den verschiedensten Plätzen Bessarabiens wohnen, liegt keinerlei Nachricht vor. Von einigen ist mir bekannt geworden, daß sie ihre Wohnungen verlassen haben. Sie sind jedoch weder in Galatz noch bei der Gesandtschaft Bukarest als eingetroffen gemeldet. Es muß daher befürchtet werden, daß einige Reichsdeutsche, die nicht am Platze geblieben sind, auf der etwa 120 km langen Strecke zwischen Siedlungsgebiet und Galatz von der gagausischen[6] und bulgarischen Bevölkerung zurückgehalten und unter Umständen ums Leben gekommen sind.[7]

Am Sonnabend wurden die ersten Nachrichten bekannt, daß Juden, Bulgaren und Gagausen das auf dem Rückmarsch befindliche rumänische Heer zu entwaffnen versuchten. In diesem Vorhaben wurden sie unterstützt durch russische Fallschirm(ab)springer, die durch ihre Anwesenheit die Bevölkerung ermutigten, Übergriffe zu machen. Einem späteren Bericht darf ich es vorbehalten, Einzelheiten über die verschiedenen Phasen zu geben. Tatsache ist, daß sich verschiedene rumänische Truppeneinheiten entwaffnen ließen, teilweise von der Zivilbevölkerung umgebracht wurden, in den meisten Fällen nur ihrer Kleidungsstücke und Schuhe beraubt wurden. Der rumänische General Pantazi,[8] der mich gestern besuchte, gab mir die Versicherung, daß es sich dabei nicht um reguläre russische Truppen handeln konnte, die mit dem Fallschirm abgesprungen sind, sondern um Organe, die die Aufgabe hatten, die Bevölkerung zum Terror zu ermutigen.

Am Sonntag zeigte sich schon eine starke Bewegung von in Galatz wohnenden bessarabischen Juden, die nach Bessarabien zurückkehren wollten. Auf Grund der Vorkommnisse jenseits des Pruth wurden sie jedoch an ihrer Abreise gehindert und auf einen

5 Gemeint ist hier Otto Broneske, der Führer der Deutschen in Bessarabien.

6 Die Gagausen sind ein griech.-orthodoxes Turkvolk. 1930 hatten die Gagausen in Bessarabien einen Bevölkerungsanteil von 2,2 %, die bulgar. Minderheit von 3,4 %.

7 Über getötete Deutsche wurde später nicht berichtet.

8 Constantin Pantazi (1888–1958), Berufsoffizier; 1937–1940 als General Kommandant der 3. Division Kavallerie, 1940 UStS für Nationale Verteidigung, 1942–1944 Kriegsminister; von Sept. 1944 an in der Sowjetunion in Haft, im Mai 1946 durch ein Volkstribunal in Bukarest zum Tode verurteilt, Umwandlung der Strafe in lebenslängliche Haft, starb im Gefängnis.

eingezäunten freien Platz unmittelbar am Bahnhof von Galatz eingeliefert und mit Maschinengewehren umstellt. Bis Sonntag um 15 Uhr waren in dieses Lager 3000 Männer, Frauen und Halbwüchsige eingeliefert. Es handelt sich dabei um etwa 90 % Juden, der Rest Russen und Bulgaren. Unter diesen befand sich auch eine größere Anzahl von Einwohnern aus der Stadt Reni und Juden aus Galatz, die bereits in Reni angelangt waren und die man am Sonnabend hatte abziehen lassen. Bei ihrem Eintreffen in Reni haben sie sich sofort mit der dortigen Zivilbevölkerung auf die zurückmarschierenden Truppen gestürzt, sie aus allernächster Nähe beschossen und mit heißem Wasser begossen. Daraufhin sind in der Nacht vom Sonnabend zum Sonntag in Reni Truppen aus Galatz einmarschiert, haben den größten Teil dieser Marodeure eingefangen und in dieses Lager eingeliefert. Die Tatsache, daß ein solches Lager unmittelbar vor dem Stadtkern lag, war an sich schon besorgniserregend, zumal nur etwa 20–30 Soldaten innerhalb und außerhalb der Umzäunung die M.G.s bedienten und die Wache stellten. Ich bin um 12 Uhr und um 15 Uhr an diesem Lager gewesen, um mich davon zu überzeugen, daß keine Volksdeutschen dort eingeliefert wurden. Da aber nach der Beobachtung nur jüdische Gesichter festzustellen waren, habe ich keine Lageruntersuchung veranlaßt. Es sind jedoch tatsächlich einige Volksdeutsche dabei gewesen, die aber nach Versicherung der Polizei, die bereit war, mir die Totenlisten vorzulegen, sämtlich freigelassen worden sind. Einer von diesen Leuten berichtet mir folgendes: Die in der Umzäunung eingeschlossenen Leute sollten auf ihre Personalien und auch auf ihre Beteiligung an den Angriffen gegen rumänische Truppen geprüft werden. Man hatte erlaubt, die Eingeschlossenen durch Verwandte zu verpflegen. Auf diese Art sind Lebensmittelpakete gebracht worden, mit denen Waffen eingeschmuggelt wurden. Gegen 16 Uhr wurden 5 Juden eingebracht, die sofort aufrührerische Reden in russischer Sprache hielten. Sie forderten zum Durchbruch auf, was geschah. Militär und Gendarmen forderten die Fliehenden auf, sich sofort hinzulegen oder mit erhobenen Händen stehen zu bleiben. Nur wenige kamen dieser Aufforderung nach, darunter auch der oben genannte Volksdeutsche, der mir als Augenzeuge diesen Vorfall geschildert hat. Die 5 Juden, die aufrührerische Reden hielten, wurden nach seiner Aussage sofort im Weglaufen erschossen, außerdem mit M.G. etwa 300 Personen, die auf dem Platz gefallen sind.

Die Ausgebrochenen flüchteten in das Stadtinnere, und zwar in das Viertel, in dem vorwiegend Ausländer wohnen. Bei der Verfolgung wurden z. B. am Abhang des Gartens der Europäischen Donaukommission 10 Flüchtlinge erschossen, ebenso andere vor Häusern und in Gärten verschiedener Reichsdeutscher. Die nicht aus der Umzäunung Geflohenen sowie die wieder Eingefangenen wurden abends 11 Uhr an eine andere Stelle gebracht, die Toten am Montagmorgen weggeschafft. Die Verfolgung und rücksichtslose Niederschießung von in Häusern und Gärten versteckten noch fehlenden 3–400 Flüchtigen geschah die ganze Nacht hindurch. Ich gab Weisung, daß die Reichsdeutschen in ihren Häusern zu bleiben haben und nicht auf die Straße gehen sollten. Vom Hofe der Donaukommission aus überzeugte ich mich noch vor Dunkelwerden von den Vorkommnissen, da von dort aus das Lager gut einzusehen ist. Während der sich dann entwickelnden Verfolgung, die sich auch in den Straßen meiner beiden Konsulatsgebäude abspielte, suchten auch Schweizer Staatsangehörige, darunter auch der Schweizer Konsul[9] in Galatz, Zuflucht in meinem Hause.[10]

9 Arnold Siebenmann (*1896); 1939–1941 Honorarkonsul der Schweiz in Galatz.

Am Montagvormittag wurde auf Grund der Ereignisse eine Razzia gemacht, wobei auch zahlreiche Volksdeutsche Gefahr liefen, eingefangen und als Bessarabier entweder erschossen oder zwangsweise nach Bessarabien abgeschoben zu werden. Eine sofortige Rücksprache mit dem Residenten[11] brachte mir die Vollmacht, allen uns bekannten in Galatz befindlichen Volksdeutschen aus Bessarabien einen Sicherungsausweis durch das Deutsche Konsulat auszustellen, der von den rumänischen Behörden anerkannt wurde.
Die Revolte am Bahnhof ist nicht die einzige gewesen. Schon am Sonntag Vormittag wurden in der oberen Stadt 10 Kommunisten erschossen, weil sie eine Demonstration organisierten; ebenso wiederum am Nachmittag. Gleichzeitig mit dem Ausbruch der am Bahnhof Eingeschlossenen fielen sowohl in der oberen Stadt wie im Hafenviertel und im Bahnhof selbst Schüsse, da Kommunisten überall versuchten, Telephon- und Telegraphenleitungen zu durchschneiden. Auf Grund dieser Lage und in Verbindung mit beunruhigenden Nachrichten über Vorkommnisse im deutschen Siedlungsgebiet, für dessen Schutz ich schon am Sonnabend auf die dringende Notwendigkeit einer Einreise nach Bessarabien bei der Gesandtschaft hinwies, traf am Montagabend mit einem Militärflugzeug Herr Gesandter Neubacher mit drei Herren in Galatz ein.[12]
Im Laufe des Montagmorgens konnte ich schon feststellen, daß die in Galatz liegenden Regimenter völlig demoralisiert, die Offiziere nicht mehr auf der Straße zu sehen waren und die Gefahr bestand, daß bei einem überraschenden Angriff der Russen diese Truppen die Stadt kampflos übergeben würden. Auf Grund dieser Lage, auf die ich den Kgl. Residenten aufmerksam machte, hat die Rumänische Regierung völlig frische Truppen in Galatz eingesetzt, zunächst ein Infanterieregiment aus Brăila, ferner Panzertruppen und 2 Tage später eine völlig frische, komplette Division. Die neu eingetroffenen Truppen übernahmen, über die ganze Stadt verteilt, den Schutz gegen Fallschirmangriffe, und das Militärkommando erschoß zahlreiche Juden standrechtlich.
Nach Eintreffen von Herrn Gesandten Neubacher begab ich mich sofort mit ihm zur Kgl. Residentur zu einer ersten Rücksprache mit dem Residenten und dem General Glatz,[13] den Kommandanten der Truppen in Galatz. General Glatz erklärte, daß die Stadt gegen jede Überraschung gesichert sei und sich gegen einen Einfall schützen könnte. Der Resident, der auf Grund der bisherigen Erfahrungen kein so großes Vertrauen zu seinen Truppen hatte, sah die Bedrohung von Galatz als außerordentlich stark an und bat mich, Herrn Gesandten Neubacher zu sagen, daß er es für besser hielte, wenn deutsche Truppen kämen.

10 In einem Bericht an René de Weck, den Schweizer Gesandten in Bukarest, schätzte Siebenmann die Zahl der Erschossenen von Reni und Galatz auf etwa 1000; siehe Andrei Şiperco (Hrsg.), Ecouri dintr-o epocă tulbure. Documente elveţiene 1940–1944, Bucureşti 1998, S. 78.

11 Paul D. Goma (*1888), Jurist; rumän. Verwaltungsbeamter, 1919–1921 Präfekt in Satu Mare, 1933 Generalinspektor; 1938–1940 Königlicher Resident des Kreises Untere Donau.

12 Dr. Hermann Neubacher (1893–1960), Ökonom; 1938–1939 Bürgermeister von Wien, 1940–1943 Sonderbotschafter für Petroleumverträge in Rumänien, 1941 Sonderbotschafter in Südosteuropa, 1943–1944 Berater beim Oberbefehlshaber der Wehrmacht in Serbien; Juni 1946 Auslieferung an Jugoslawien, 1951 zu 20 Jahren Haft verurteilt, 1952 nach Österreich entlassen.

13 Alexandru Glatz (1882–1953), Berufsoffizier; 1920–1922 Militärattaché in der Türkei; 1933–1938 Generalsekretär im Verteidigungsministerium, 1938–1939 UStS im Kriegsministerium, 1940 Kommandant des 3. Armeekorps, von Juli 1940 an in der Reserve; 1950 verhaftet, starb in Haft.

Am Dienstag Morgen benützte Herr Gesandter Neubacher seine Anwesenheit in Galatz zu einer demonstrativen Besichtigung der Stadt. Sie begann am Bahnhof, wo geplünderte Truppen präsentiert wurden, die ohne Waffen, zum Teil ohne Schuhe und teilweise mit fehlenden Uniformstücken aufgestellt waren. Dort verbreitete sich schon die Nachricht der zurückkehrenden Truppen, daß die volksdeutsche Bevölkerung Bessarabiens die einzige gewesen sei, die den rumänischen Truppen hilfreich zur Seite gestanden hätte und sie mit dem Notwendigen versorgte. Im Gegensatz dazu sei die Truppe von der Zivilbevölkerung, vorwiegend Juden, im Schutze russischer Flugzeuge und Tanks angegriffen und teilweise entwaffnet worden.
Auf der weiteren Rundfahrt besichtigte Herr Gesandter Neubacher die Marinewerft, die die deutsche Reichskriegsflagge zur Begrüßung gehißt hatte. Eine Ehrenwache war auch aufgestellt. Daran anschließend fand eine Besichtigung der am Donaukai ankommenden Russen statt, die nach Bessarabien zurückgebracht werden sollten. Deren Zahl betrug am Montag 3000 und ist inzwischen bis heute auf 15 000 angestiegen.[14]
Bei der sehr deprimierten Haltung der obersten Behörden in Galatz ist es mir schwer geworden, bei den verschiedenen Panik- und Fluchtwellen aus der Stadt bei dem Entschluß zu bleiben, die reichsdeutsche Kolonie nicht zur Abreise aufzufordern, umsomehr als sie bis heute eine großartige Disziplin gehalten hat. Auf Grund des moralischen Versagens der Truppen in Bessarabien und seiner Befürchtungen für den Bestand von Galatz legte mir der Resident am Montagvormittag nahe, auch die deutsche Kolonie in Sicherheit zu bringen, zumal der größte Teil der Galatzer Bürgerschicht, die Offiziersfrauen usw., Galatz verlassen hatten. Auf meinen Hinweis, daß die Abreise der Deutschen zu einer Massenflucht der 10 000 Griechen, 7000 Italiener und anderen Ausländern führen würde, sagte er nur: „Dann muß uns Deutschland helfen!"
Der Besuch vom Gesandten Neubacher, der mit Windeseile in der Stadt bekannt wurde, hat tatsächlich zu einer Beruhigung und Ermutigung der maßgebenden Verwaltungsstellen in Galatz entscheidend beigetragen. Die Anwesenheit des Herrn Gesandten Neubacher konnte ich benützen, um ihn über die technischen Notwendigkeiten zu unterrichten, die für die Reise nach Bessarabien bestehen. Darüber bleibt späterer Bericht vorbehalten.
Der kommandierende General Glatz und Seine Exzellenz Herr Resident Goma ließen es sich nicht nehmen, Herrn Gesandten Neubacher am Flugzeug zu verabschieden. Der Resident erklärte mir darauf, es sei ihm jetzt ein Stein vom Herzen gefallen, und er habe jetzt wieder Hoffnung.
Zu den vom Herrn Gesandten Neubacher hier getroffenen Maßnahmen gehörte die Bereitstellung von Schlepps[15] zum Abtransport der im Hafen auf ihre Heimkehr wartenden Russen. Herr Gesandter Neubacher kam damit einem Wunsch der rumänischen Behörden nach, die nicht genügend Schlepps zur Verfügung hatten und auch befürchteten, daß ihre Fahrzeuge bei Ankunft in Reni von den Russen beschlagnahmt würden, unter der Voraussetzung, daß auch die russische Seite diese technische Hilfeleistung als gute Dienste annehmen werde.

14 Allen in Bessarabien Geborenen war die Rückkehr in ihre Heimatorte gestattet worden. Dies nutzten vor allem rumän. Soldaten und Juden, die in Rumänien ihre Stellen in staatlichen Institutionen verloren hatten. In Bessarabien stellten Russen 26,6 % (1930) und Ukrainer 5,2 % der Bevölkerung.
15 Schiff mit starkem Motor, das andere Schiffe schleppt.

Zur Durchführung dieser Angelegenheit hatte ich am Dienstagabend eine Besprechung in der Admiralität zur Heranholung der deutschen Schiffe und auch zur Festlegung des Wortlauts der Verständigung an die Russen durch die Rumänen. Als ich um Mitternacht von der Besprechung heimkehrte, unterrichtete mich der Resident von der Tatsache, daß um ½ 7 Uhr abends die beiden Brücken über den Pruth bei Reni (Fußgänger und Eisenbahnbrücke) von den rumänischen Truppen gesprengt worden seien.
General Pantazi, der diese Sprengung hat vornehmen lassen, erklärte mir am nächsten Vormittag bei einem unaufgeforderten Besuch in meinem Hause das Folgende:
Nach der zweiten Konvention über die Räumung Bessarabiens sollten die russischen Truppen erst am 3. Juli um 14 Uhr an der Brücke in Reni eintreffen. Diese seien jedoch tatsächlich 24 Stunden früher dagewesen und hätten die Räumung des Brückenkopfes auf russischer Seite verlangt. Als die Rumänen sich weigerten, gingen die Russen mit 25 Tanks zum Angriff vor, um, wie General Pantazi sagte, über die Brücke durchzubrechen. Er hat sofort das Feuer eröffnen lassen und den Angriff abgeschlagen. Kurz darauf hat er die beiden Brücken auf rumänischer Seite durch Sprengung in den Fluß gesetzt, wobei die Fußgängerbrücke auch auf der russischen Seite in das Wasser gefallen ist, während die Eisenbahnbrücke schräg im Wasser liegt.
Obwohl Herr Gesandter Neubacher dem Generalstaatsanwalt des hiesigen Militärgerichts, den er in meinem Hause kennenlernte, nahelegte, möglichst bald auch äußerlich sichtbar die Ruhe wiederherzustellen, gehen die Exekutionen und Säuberungsaktionen in den Straßenzügen weiter. Die Ursache liegt in wiederholten Angriffen mit der Waffe von Juden und Kommunisten auf Militär. Kurz vor Eintreffen des Herrn Gesandten Neubacher am Montag war ein Offizier auf der Straße erschossen worden. In der Nacht vom Dienstag auf Mittwoch wurden wiederum 3 Soldaten erschossen, zwei bei der Kontrolle von Papieren durch Zivilisten, ein dritter durch einen Unbekannten, der hinter Passanten hervorschoß und dann floh.
Gestern schien es zunächst etwas ruhiger zu sein, obwohl in der Stadt immer noch Schüsse fielen. Als ich gestern zum ersten Mal wieder meinen gewohnten Spaziergang nach dem Stadtgarten vornahm, drang aus dem unteren Stadtteil „Badalan“ der Schall zahlreicher Schüsse herauf, die von Exekutionen herrührten. Auch gestern Abend gegen 11 Uhr wurden die Schüsse wieder lebhafter und heute Morgen um ½ 4 Uhr fanden wiederum zahlreiche Exekutionen in Badalan statt, einem Viertel, das in der Richtung nach Reni liegt und als Elendsviertel bekannt ist. Es wurden dorthin auch einige Straßenbahnwagen voll Verhafteter aus der oberen Stadt gebracht, die ebenfalls heute Morgen um ½ 4 Uhr dort hingerichtet wurden.
Zum Schutze der deutschen Kolonie hatte die Gesandtschaft rechtzeitig und vorsorglich einen Seedampfer aus Brăila zur Verfügung gestellt, der ständig fahrbereit im Hafen liegt. Der Kommandant der Stadt Galatz hat die Zusage gegeben, daß im Falle eines russischen Angriffs auf Galatz mir rechtzeitig Nachricht gegeben und auch militärischer Schutz für den Transport der Reichsdeutschen zum Dampfer zur Verfügung gestellt wird. Unter diesen Voraussetzungen ist mit Ausnahme eines besonders gefährdeten Reichsdeutschen, der auf der GPU-Liste[16] steht, in Übereinstimmung mit dem Hoheitsträger noch kein Reichsdeutscher von Galatz weggefahren. Der Bereitschaftsdienst der

16 Die GPU war die Vorläuferorganisation des sowjet. Geheimdienstes NKVD. Der Begriff wurde auch später verallgemeinernd für den sowjet. Geheimdienst gebraucht.

Kolonie wird, falls notwendig, dafür sorgen, daß die Reichsdeutschen sich in einer kurzen Frist auf dem Dampfer einfinden. Die Konsuln anderer kleiner Nationen haben bei uns um Schutz nachgesucht und gebeten, im Ernstfall mit ihren Kolonien mitgenommen zu werden, was ich ohne Obligo zugesagt habe. Die Berufskonsulate in Galatz stehen unter ausreichendem militärischen Schutz.
Die Deutsche Gesandtschaft Bukarest erhält Durchschlag dieses Berichts.

DOK. 135
Der rumänische Außenminister begründet am 30. Juli 1940 das enge Bündnis mit dem Deutschen Reich und plädiert für eine ethnische Homogenisierung des Landes[1]

Bericht von Mihail Manoilescu[2] im Ministerrat, Bukarest, vom 30.7.1940[3]

Erklärung des Herrn Ministers für Auswärtige Angelegenheiten, Prof. M. Manoilescu: Der Premierminister[4] und ich wurden sowohl in Deutschland als auch in Italien nicht nur formvollendet und mit aller Herzlichkeit und Aufmerksamkeit empfangen, vielmehr stießen wir dort auch auf großes Verständnis für unser Land, seine gegenwärtige Lage und die geistige Situation in diesen schweren Zeiten.
Ich habe festgestellt, dass die beiden politischen Führer der Achse[5] mit der gegenwärtigen Ausrichtung Rumäniens zufrieden sind. Der Führer und der Duce nahmen mit offensichtlicher Sympathie Anteil an allen Fragen unseres nationalen Lebens.
Für uns ist dieses Interesse besonders wertvoll, weil es die Basis bildet für alle zukünftigen politischen Maßnahmen im östlichen Europa, um ein friedliches und blühendes Rumänien zu sichern.
Aufgrund vieler abwegiger und interessegeleiteter Gerüchte halte ich die Erklärung für wesentlich, dass wir weiterhin vollständig über unser Schicksal bestimmen können. Im neuen südosteuropäischen System werden wir politisch und ökonomisch uneingeschränkt souverän bleiben.
Dieser Respekt der Achsenmächte vor der Unabhängigkeit der Völker im Osten Europas lässt sich daran ermessen, dass uns sowohl in Berchtesgaden als auch in Rom ein Konzept vorgestellt wurde, nach dem sich Rumänien in allen Wirtschaftsbereichen mit sei-

1 ANIC, Fond Preşidenţia Consiliului de Miniştri (PCM), d. 327/1940, S. 31–33. Das Dokument wurde aus dem Rumänischen übersetzt.
2 Mihail Manoilescu (1891–1950), Wirtschaftswissenschaftler; seit 1930 als Vertrauensmann von Carol II. auf diversen Ministerposten, 1931 Direktor der Nationalbank; Juli bis Sept. 1940 Außenminister in der Regierung Gigurtu; unterzeichnete am 30.8.1940 das Abkommen über die Abtrennung von Nordsiebenbürgen; von Aug. 1944 an in Haft, starb im Gefängnis.
3 Auf dem Original Siegelabdruck: Präsidium des Ministerrates. Der Chef des Kabinetts.
4 Ion Gigurtu (1886–1959), Ingenieur; Direktor eines Bergbauunternehmens; Dez. 1937 bis Febr. 1938 Minister für Industrie und Handel, Nov. 1939 bis Juli 1940 Minister für öffentliche Arbeiten und Kommunikation, Juni 1940 Außenminister, Juli bis Sept. 1940 Ministerpräsident; von 1950 an im Gefängnis.
5 Manoilescu und Gigurtu als Vertreter Rumäniens hatten am 26.7.1940 ein Gespräch mit Hitler in Anwesenheit des deutschen Außenministers. Anschließend fand ein Treffen mit Benito Mussolini in Rom statt.

nem eigenen Kapital und seinen Arbeitskräften organisiert und dies die Grundvoraussetzung für seine erfolgreiche nationale Entwicklung darstellt.
Im Gegensatz zu Gerüchten über unsere ökonomische Unterwerfung und unseren Ausverkauf, die voreilige Hellseher verbreiten, beabsichtigen die Achsenmächte lediglich, zu unseren besten Kunden und gefragtesten Lieferanten zu werden. Selbst wenn wir uns in bestimmten Bereichen, in denen wir Nachholbedarf haben, Ingenieure und andere Spezialisten als Unterstützung wünschten – was nachvollziehbar und selbstverständlich wäre –, würden uns diese nur ausnahmsweise und mit großer Anstrengung zur Verfügung gestellt werden können, weil diese Hilfe für die prosperierenden Länder ein enormes Opfer darstellt.
Andererseits besteht die hauptsächliche Sorge der Achsenmächte darin, den Frieden auf dem Balkan zu wahren, und dabei arbeiten die beiden großen Staaten, die heute an vorderster Front der Menschheit stehen, mit uns Hand in Hand. Wir wollen Frieden, aber ein Frieden in Gerechtigkeit für Rumänen. Wir möchten nach innen, aber insbesondere nach außen signalisieren, dass Ereignisse, wie Rumänien sie in letzter Zeit erlebt hat, einzigartigen und besonderen Umständen geschuldet sind und sich niemals wiederholen werden.[6]
Die Rumänen beugen sich notfalls den Erfordernissen des Friedens, wenn allerdings bestimmte Grenzen überschritten werden, wissen sie sich zu helfen.
Was das Problem einer allgemeinen Entspannung im Osten Europas und insbesondere zwischen uns und unseren Nachbarn, den Ungarn und Bulgaren, anbelangt, wie es in letzter Zeit beharrlich von einer gewissen ausländischen Presse über die Maßen verzerrt dargestellt wird, glaubt die Regierung in frühzeitiger Abstimmung mit den Achsenmächten und aus eigener Initiative, dass es jetzt an der Zeit ist, einmal mehr den Beweis ihrer guten Absichten hinsichtlich eines friedlichen und freundschaftlichen Zusammenlebens zu erbringen.
Nachdem Rumänien 20 Jahre lang die umfassendste Minderheitenpolitik betrieben hat, wäre es im Sinne der Regierung, mittels neuer Maßnahmen und Methoden eine radikale und endgültige Lösung für jene Minderheiten anzustreben, die gleichen Blutes wie die Nachbarvölker sind. Die besten Ergebnisse weist dabei in allen Ländern der Bevölkerungsaustausch auf, weil er Minderheiten generell verringert, innere und äußere Spannungen beseitigt, die ethnische Homogenisierung erhöht und im Rahmen der Landesgrenzen eine weitgehend nationale Einheit herstellt.
Indem in jedem Land ein bestimmter Grad ethnischer Reinheit realisiert werden kann, der durch historische Ereignisse niemals hervorgebracht werden könnte, wird das Nationalprinzip nicht geschwächt, sondern gestärkt. Auf diese Weise wird bewahrt und gestärkt, was für ein Volk kostbar ist, seine ethnische Substanz und das fruchtbare Plasma, aus dem es wächst und seine überlegenen und spezifischen Lebensformen herausbildet. Alle Rumänen aus dem Süden und Westen jenseits der Grenzen in unseren Staat zu holen, keinen draußen zu lassen und die Zahl der zu einer Minderheit gehörigen Personen möglichst zu verringern, sind zwei anzustrebende Maßnahmen, für deren Realisierung jede Mühsal und jedes Mittel recht ist.

6 Anspielung auf die Abtretung von Bessarabien und der Nordbukowina an die Sowjetunion Ende Juni 1940.

Andererseits muss ganz deutlich gemacht werden, dass Rumänien nur homogen werden kann und die Rumänen sich hier wie zu Hause fühlen können, wenn das jüdische Problem zu einer Entscheidung gebracht wird.
In diesem Sinne sind wir entschlossen, ernsthaft und mit einem gut geprüften Maßnahmenkatalog anzutreten und diesen mit aller für unsere Regierung charakteristischen Entschlossenheit durchzusetzen.
Auf diesem Wege werden wir uns mehr denn je der alten Losung des rumänischen Nationalismus nähern: Rumänien den Rumänen und nur den Rumänen.

DOK. 136
Das neue Rassengesetz regelt am 9. August 1940 die Diskriminierung der Juden[1]

Dekret-Gesetz,[2] vom 8.8.1940

Carol II., durch die Gnade Gottes und den nationalen Willen König von Rumänien, wünscht allen Gesundheit. Nach dem Studium des Berichts des Präsidenten unseres Ministerrats und unseres Staatssekretärs vom Justizministerium Nr. 108 670/1940; nach Konsultation des Protokolls des Ministerrats Nr. 1953/1940; des Vorschlags des Legislativen Rats Nr. 283/1940;[3] und auf der Grundlage von Art. 46 der Verfassung haben wir beschlossen:
Dekret-Gesetz betreffend die juristische Lage der jüdischen Einwohner Rumäniens
Art. 1 – Die Rechtsstellung der Juden wird durch die Verfügungen dieses Dekrets mit Gesetzeskraft festgelegt.
Art. 2 – Als Juden gelten im Sinne dieses Dekrets mit Gesetzeskraft:
a) Personen mosaischer Konfession;
b) Personen mit Eltern mosaischer Konfession;
c) Christen, geboren von ungetauften mosaischen Eltern;
d) Christen, geboren von einer christlichen Mutter und einem ungetauften Vater mosaischer Konfession;
e) Die außerehelich von einer Mutter mosaischer Konfession Geborenen;
f) Frauen der vorangegangenen Kategorien, die mit Christen verheiratet sind, wenn sie mindestens ein Jahr vor Gründung der Partei der Nation zum Christentum übergetreten sind.[4]
Atheisten mit jüdischem Blut werden als Juden im Sinne dieses Dekret-Gesetzes behandelt.
Übertritte zum Christentum von Personen mosaischer Konfession nach der Verkündung dieses Dekrets verändern nicht die Geltung des Dekrets bei diesen Juden. Diejeni-

1 Monitorul Oficial, Bucureşti, Nr. 183 vom 9.8.1940, S. 4079 f. Das Amtsblatt Monitorul Oficial erschien in einer Auflage von ca. 50 000 Exemplaren. Das Dokument wurde aus dem Rumänischen übersetzt.
2 Gleichzeitig erschien im Amtsblatt das Dekret-Gesetz, das Heiraten zwischen Christen und Juden verbot; wie Anm. 1, S. 4086 f.
3 Diese Dokumente wurden nicht ermittelt.
4 Diese Partei wurde am 22. Juni 1940 gegründet, ihr mussten alle Staatsangestellten beitreten.

gen, die der jüdischen Gemeinde angehören, gelten als Angehörige der mosaischen Konfession.
Art. 3 – Die Juden werden gemäß ihrer Rechtsstellung in drei Kategorien eingeteilt. Sie lauten in diesem Dekret-Gesetz: 1. Kategorie, 2. Kategorie und 3. Kategorie.
Art. 4 – Die 1. Kategorie sind Juden, die nach dem 30. Dezember 1918 nach Rumänien gekommen sind.
Art. 5. – Die 2. Kategorie im Sinne dieses Dekret-Gesetzes besteht aus folgenden Gruppen:
a) Diejenigen, die durch ein individuelles Gesetz bis zum 30. Dezember 1918 naturalisiert wurden;
b) Diejenigen, die kollektiv naturalisiert wurden aufgrund Art. 7, Teil 2, Buchstabe c der Verfassung von 1879, weil sie in der Zeit des Krieges für die Unabhängigkeit in der Armee dienten;[5] die in der Dobrudscha Lebenden, die naturalisiert wurden aufgrund des zusätzlichen Art. 133 der Verfassung von 1879, Art. 4 des Gesetzes vom 9. März 1880, aufgrund des Gesetzes vom 19. April 1909, vom 14. April 1910 und vom 3. März 1912;
c) Diejenigen, die in den Kriegen Rumäniens an der Front für Rumänien gekämpft haben mit Ausnahme jener, die individuell in Gefangenschaft gerieten, vermisst wurden oder in das besetzte Gebiet überwechselten;[6]
d) Diejenigen, die verwundet, ausgezeichnet oder in einem Tagesbefehl für ihre Heldentaten genannt wurden;
e) Die Nachkommen jener, die für Rumänien gefallen sind oder Nachkommen der zuvor genannten Gruppen sind.
f) Die Nachfahren der für Rumänien in Kriegen Gefallenen und die Nachfahren der im vorausgegangenen Teil Benannten.
Art. 6 – Die 3. Kategorie besteht aus Juden, die nicht zu den Kategorien 1 und 2 gehören.
Art. 7 – Die Juden aus der 1. und der 3. Kategorie können folgende Berufe nicht mehr ausüben:
a) Staatliche Angestellte jeder Art, mit und ohne Gehalt, oder direkte Mitarbeiter von öffentlichen Einrichtungen;
b) Angehörige von Berufen, die durch ihre Natur eine direkte Verbindung mit staatlichen Behörden haben wie Notare, Anwälte und ähnliche Berufe;
c) Mitglieder in Verwaltungsräten von privaten und öffentlichen Unternehmen;
d) Händler in Landgemeinden;
e) Händler für alkoholische Getränke und Inhaber von Monopolen jeglicher Art;
f) Tutoren oder Vormünder von behinderten Personen christlicher Konfession;
g) Militärangehörige;
h) Besitzer oder Pächter von Kinos, Verlagen für rumänische Bücher, Zeitungen und Zeitschriften, Verteiler von rumänischen Druckerzeugnissen und Eigentümer jeglicher Mittel rumänischer nationaler Propaganda;
i) Leiter, Mitglieder oder Spieler in den nationalen Sportmannschaften;
j) Angestellte in öffentlichen Institutionen.

5 Rumänien errang 1877 an der Seite Russlands die Unabhängigkeit vom Osmanischen Reich.
6 Rumänien trat im Aug. 1916 auf der Seite der Entente in den Krieg ein, drei Monate später besetzten deutsche Truppen die Walachei und damit etwa die Hälfte des Staatsgebiets.

Art. 8 – Die Juden der 1. Kategorie behalten Beschäftigungen und freie Berufe gemäß der Bestimmungen, die der Ministerrat verfügen wird. Diese können weder kandidieren für Leitungsorgane und Beiräte der freien Berufe, die durch Gesetzesauftrag bestehen, noch in diese gewählt werden.

Die Juden der 3. Kategorie können allen Beschäftigungen, Berufen und Aktivitäten nachgehen, außer jenen, die dieses Dekret-Gesetz ausschließt in Art. 7, 10, 11 und 13.

Art. 9 – Die gesetzlich erworbenen Rechte der Juden aus der 2. Kategorie bleiben erhalten mit den Ausnahmebedingungen der Art. 11 und 13. Diejenigen, die zum Zeitpunkt der Publikation des Dekrets staatliche Angestellte sind, können in Zukunft keine staatliche Stelle mehr einnehmen.

Art. 10 – Die Pflicht zum Militärdienst ist Ehrensache und wird mittels dieses Dekret-Gesetzes für die Juden der 1. und 3. Kategorie aus Rumänien in ein System von Sonderpflichten verwandelt. Gemäß den Einkommensverhältnissen jedes Juden und unter Berücksichtigung der Frage, ob er den Militärdienst geleistet hat, wird diese Pflicht in Zwangsarbeit zugunsten der Erfordernisse des Staates und öffentlicher Einrichtungen transformiert, bei Arbeiten von öffentlichem Bedarf gemäß den Fähigkeiten und der Lage der Einzelnen.

Juden der 2. Kategorie können nicht Berufssoldaten sein.

Das Ministerium für Nationale Verteidigung ist durch eine allgemeine Verwaltungsbestimmung befugt, Normen für diese öffentlichen Aufgaben zu entwickeln und die Bedingungen zu ihrer Umsetzung zu schaffen. Das Finanzministerium wird durch ein Gesetz die Bedingungen zur Umsetzung der finanziellen Pflichten festlegen.

Art. 11 – Juden aller Kategorien dürfen keinen landwirtschaftlichen Grundbesitz erwerben. Das Agrarministerium ist gemäß Art. 16 und 27, 4. Abschnitt befugt, mit dem verfassungsmäßigen Recht der geltenden Rechtsnormen und den allgemeinen Verwaltungsbestimmungen Enteignungen landwirtschaftlichen Grundbesitzes zugunsten öffentlicher Anforderungen jeder Art und zugunsten des nationalen Interesses vorzunehmen. Juden aller Kategorien können ihre ländlichen Besitztümer bei einem Vorkaufsrecht des Agrarministeriums an Blutsrumänen verkaufen.

Juden aller Kategorien können in Zukunft keine Industriebetriebe in Landgemeinden kaufen.

Diese Ausschlussbedingungen sind von absoluter Bedeutung für die öffentliche Ordnung und können vom Ministerium eingefordert werden. Das Agrarministerium kann die enteigneten oder geschenkten Güter verkaufen und dem Verkäufer den Preis zahlen, den die Justiz festlegt, oder den Verkaufspreis, wenn dieser unter dem tatsächlichen Wert liegt.

Wenn die ländliche Immobilie auf testamentarischem Weg erworben wird, muss der Erwerbende sie innerhalb von sechs Monaten ab Antritt der Erbschaft liquidieren, ansonsten geschieht dies durch richterliche Anordnung. Die Verwaltung des Besitzes liegt bei der Justiz.

Art. 12 – Die Bestimmungen des Art. 7 Punkt h können erweitert werden durch eine öffentliche Verwaltungsbestimmung der zuständigen Ministerien.

Art. 13 – Es kann die elterliche Verfügungsgewalt eines jüdischen Vaters über sein christliches Kind aufgehoben werden, wenn auf gerichtlichem Weg festgestellt wird, dass er seinem christlichen Kind eine Erziehung gegen die konfessionellen und nationalen Prinzipien erteilt. Die Entscheidung veranlasst das zuständige Ministerium.

Art. 14 – Juden aller Kategorien können keine rumänischen Namen erhalten. Alle Unterlagen, die gegen diese Bestimmung gerichtet sind, haben keinen Bestand. Diejenigen, die versuchen, rumänische Namen zu erlangen, werden nach den Bestimmungen dieses Dekret-Gesetzes bestraft.
Art. 15 – Spezielle gesetzliche Verfügungen werden das Volksschulwesen sowie den sekundären Bereich, die Berufs- und Oberschulen der Juden in Rumänien im Rahmen der Art. 10 und 21 des Verfassungsgesetzes vom 27. Februar 1938 reglementieren. Das mosaische Kultuswesen bleibt unter dem Schutz der Verfassungsnormen und der bestehenden Gesetze.
Art. 16 – Die Verfügungen dieses Dekret-Gesetzes werden angewandt und außer bei entgegenstehenden Gesetzesnormen folgendermaßen umgesetzt:
a) Die Behörden und öffentlichen Institutionen werden jene ausschließen, die entgegen diesen Bestimmungen öffentliche Ämter bekleiden, und zwar innerhalb einer Frist von drei Monaten seit der Publizierung des Dekret-Gesetzes;
b) Diejenigen, die zum Zeitpunkt der Publizierung des Dekret-Gesetzes Aktivitäten ausüben, die von diesem Dekret betroffen sind, müssen innerhalb von sechs Monaten ihre Arbeiten abschließen und die Rechte abtreten; es werden die Verträge berücksichtigt, die gerade abgeschlossen wurden;
c) Diejenigen, die ökonomische und soziale Aktivitäten ausüben, die von diesem Dekret untersagt sind, werden innerhalb von sechs Monaten ab der Publizierung des Dekret-Gesetzes entlassen werden. Diese Frist kann für den Fall, dass dies im allgemeinen wirtschaftlichen und nationalen Interesse dringend erforderlich ist, durch einen Beschluss des Ministerrats verlängert werden.
Art. 17 – Die rechtmäßig erworbenen Ansprüche an die Firmenleiter werden respektiert. Die von in öffentlichen oder privaten Unternehmen tätigen Angestellten rechtmäßig erworbenen Ansprüche wie Pensionen sowie die ihnen zustehenden, in Arbeitsverträgen oder Sonderregelungen festgesetzten Entschädigungen jedweder Art werden anerkannt.
Art. 18 – Die Umsetzung der Bestimmungen des Art. 16 Punkt a, b, c wird von den Behörden durchgeführt, denen der Betroffene untersteht, deren Tätigkeit er ausübt oder deren Rechte er innehat.
Art. 19 – Diejenigen, bei denen über die jüdische Herkunft im Sinne des Dekrets und über die Kategorie, der sie angehören, Unklarheiten bestehen, können in dem Bezirk, in dem sie wohnen, und mit einer Frist von drei Monaten seit der Veröffentlichung dieses Dekret-Gesetzes einen Antrag zur Klärung an das Verwaltungsgericht stellen.
Der Rechtsweg und die Modalitäten des Widerspruchs folgen aus dem allgemeinen Gesetz der Verwaltungsgerichte. Die Verwaltungsgerichte können gegen alle Parteien Einspruch erheben sowie gegen die mit der Anklage beauftragten Personen gemäß Art. 4 und 12 des Dekrets Nr. 2573 vom 31. Juli 1940.[7]
Die Gegenmaßnahmen hindern die Leiter von Unternehmen oder Institutionen aller Art nicht, innerhalb der Frist des Art. 14, die Bestimmungen dieses Dekret-Gesetzes umzusetzen.
Art. 20 – Diejenigen, deren Rechte durch die Anwendung dieses Dekrets durch Behörden oder deren Mitarbeiter beeinträchtigt wurden, haben die Möglichkeit zum

7 Nicht ermittelt.

Widerspruch bei den zuständigen Verwaltungsinstanzen gemäß dem Sondergesetz oder vor Sondergerichtsinstanzen.

Art. 21 – Mit Zuchthaus werden bestraft:

a) Mit Strafen von ein bis sechs Monaten diejenigen, die ihre Herkunft verschweigen und in den genannten Institutionen beschäftigt sind;

b) mit sechs bis zwölf Monaten oder Geldstrafen von 5000–20 000 Lei diejenigen, welche die Bestimmungen in Art. 13 missachten;

c) von sechs Monaten bis zu zwei Jahren diejenigen, welche die Bestimmungen in Art. 8 Punkt b, c, d, e, f, g, h, i und j sowie die in Art. 16 Punkt b und c und in Art. 14 nicht befolgen;

d) mit sechs Monaten bis zu zwei Jahren Personen, die vom Gesetz zum Handeln verpflichtet sind und dieses Dekret nicht umsetzen, indem sie seine Bestimmungen umgehen und nicht die vorgeschriebenen Maßnahmen ergreifen;

e) mit sechs Monaten bis zu zwei Jahren Personen, die sich daran beteiligen oder ihren Namen dafür hergeben, dass dieses Gesetz nicht angewendet wird;

f) mit sechs Monaten bis zu zwei Jahren diejenigen, die in irgendeiner Form die Bestimmungen aus diesem Gesetz missachten.

Art. 22 – Das für die Angeklagten zuständige Gericht ist berechtigt, die Strafen aus diesem Dekret-Gesetz zu veranlassen, sei es auf Anordnung des Ministeriums für öffentliche Ordnung oder aufgrund direkter Forderungen von Gebietsorganisationen der Partei der Nation gemäß den Normen und den bestehenden Verfahrensformen.

Die Beschlüsse des Gerichts werden mit Widerspruchsrecht verkündet, und der Einspruch erfolgt gemäß dem Strafgesetz, das Carol II. verfügte.

Art. 23 – Das Justizministerium ist berechtigt, einen Verfahrenskodex für die allgemeine Verwaltung zu erstellen, um die Umsetzung dieses Dekret-Gesetzes zu ermöglichen.

Carol II., Ministerpräsident Ion Gigurtu und Justizminister Ion V. Gruia[8]

Verabschiedet am 8. August 1940.

8 Dr. Ion V. Gruia (1895–1952), Jurist; Professor in Bukarest; Juli bis Sept. 1940 Justizminister; 1949 verhaftet, starb im Gefängnis.

DOK. 137

Ein Informant berichtet der Polizei am 14. September 1940 über Reaktionen auf das Treffen von Ion Antonescu mit zwei Vertretern der Juden[1]

Bericht eines Informanten, gez. Seriöse Quelle,[2] Bukarest, an die Polizeidirektion in Bukarest vom 14.9.1940 (Abschrift)

Juden

In jüdischen Kreisen heißt es, Dr. Filderman[3] und Dr. Şafran,[4] mosaischer Religionsführer, seien von Herrn General Ion Antonescu[5] herzlich empfangen worden, und dieser habe ihnen versprochen, sich „persönlich um die Beschwerden der Juden und insbesondere um die Frage der Religion zu kümmern".[6]

Als Folge dieser Audienz haben Dr. Filderman und der Oberrabbiner Al. Şafran entschieden, die Synagogen bis zum Eintreffen weiterer Verfügungen zu schließen.

Horia Carp[7] und Davidsohn[8] von der Leitung der alten Zionistischen Organisation appellierten an die Juden, die bisherige Politik aufzugeben und an der Seite von Iuliu Maniu[9] massenhaft am gerechten Kampf teilzunehmen und zu protestieren. Zu diesem Zweck wird am 22. September d. J. in den Sälen „Baraşeum" und des „Neuen Theaters" eine Versammlung stattfinden, um die Zustimmung der Juden einzuholen.[10] Danach

1 ANIC, Direcţia Generală a Poliţiei 156/1940, Bl. 20–22. Das Dokument wurde aus dem Rumänischen übersetzt.

2 Aufgrund der Genauigkeit des Berichts dürfte der Informant zur Verwaltung der Judenzentrale gehört haben.

3 Dr. Wilhelm Filderman (1882–1963), Jurist, Politiker; 1922–1947 Vorsitzender der Union der rumän. Juden, leitete 1939–1941 zusätzlich die Union der jüdischen Gemeinden, 1941–1944 Vertreter des Joint in Rumänien; 1945–1947 Präsident der Föderation Jüdischer Gemeinden in Rumänien; er floh im März 1948 nach Paris.

4 Dr. Alexandru Şafran (1910–2006), Rabbiner-Ausbildung in Wien, Okt. 1940 zum Oberrabbiner gewählt; einziger Vertreter der Juden im Senat; Ende 1946 bei der Pariser Friedenskonferenz Delegierter der Sektion Rumänien des Jüdischen Weltkongresses; von 1948 an Oberrabbiner in Genf.

5 Ion Antonescu (1882–1946), Berufsoffizier; 1916–1918 im Generalstab, seit 1933 Chef des Generalstabs; Dez. 1937 bis März 1938 Minister für Verteidigung, Sept. 1940 Ministerpräsident, zwang Carol II. ins Exil; am 23.8.1944 verhaftet; 1945 in der Sowjetunion inhaftiert, Mai 1946 Prozess des Volkstribunals in Bukarest, hingerichtet.

6 Nach dieser Audienz bei General Antonescu hieß es, dass er den Juden aus dem Altreich Schutz versprochen habe, sich aber sehr negativ über die Juden in Bessarabien und der Nordbukowina geäußert habe; Matatias Carp, Cartea neagră. Suferinţele evreilor din România 1940–1944, vol. 1, Bucureşti 1996, S. 90.

7 Dr. Horia Carp (1869–1943), Arzt und Publizist; 1906–1940 Herausgeber der Zeitung Curierul Israelit; 1927–1928 und 1929–1931 Senator; Jan. 1941 während des Putschversuchs der Garde verhaftet; Auswanderung nach Palästina.

8 Davidsohn, aktiv in Bukarest bei den von Horia Carp geleiteten Zionisten.

9 Iuliu Maniu (1873–1953), Jurist; seit 1906 Abgeordneter im Parlament Ungarns, im Dez. 1918 führend beim Anschluss Siebenbürgens an Rumänien, 1928–1930 und 1933 Ministerpräsident; einflussreicher Führer der seit 1938 suspendierten Nationalen Bauernpartei; im Sept. 1940 protestierte er gegen Ungarns Anspruch auf Nordsiebenbürgen; 1944 am Sturz von Ion Antonescu beteiligt; im Juli 1947 verhaftet, starb im Gefängnis.

10 Die Versammlung im Jüdischen Theater Baraşeum verurteilte am 26.8.1940 die Forderung des deutschen Außenministers, dass Rumänien auf die territorialen Ansprüche Ungarns eingehen müsse; siehe Einleitung, S. 54.

wird eine Delegation zionistischer Juden mit S. Zalman[11] und S. Birman[12] an der Spitze um eine Audienz bei Herrn Iuliu Maniu bitten, um ihn von der Entscheidung in Kenntnis zu setzen.[13]
Gemäß den Verfügungen der Zionistischen Exekutive Rumäniens haben sich die Mitglieder der alten Zionistischen Organisation täglich an deren Sitz einzufinden, um Anordnungen in Empfang zu nehmen.
Folgendes wird bekannt gegeben:
- Jeder Jude muss einen personenbezogenen Fragebogen zum gesamten „Curriculum Vitae" sowie zu seinem Vermögen ausfüllen und diesen hinterlegen.
- Außerdem hat er eine Erklärung abzugeben, aus der hervorgeht, ob er entschlossen ist, Rumänien zu verlassen.
- Die Mitglieder der Organisation müssen angesichts der sich intensivierenden kulturellen Tätigkeit einen höheren Beitrag entrichten.
- Die Beitragszahlungen für den „Keren Kayemeth Leisrael"-Fond sind zu reduzieren.
- Die Juden werden unter allen Umständen und überall gegen die Legionäre kämpfen.
- Die Juden werden Großbritannien und seine Armee durch Nachrichten und Gespräche unterstützen.
- Juden dürfen nur noch die vom britischen Radiosender „Daventry"[14] ausgestrahlten Nachrichten hören und sollen diese so schnell wie möglich unter ihren Glaubensgenossen verbreiten.
Bestätigt wird, dass die Gesandtschaft der UdSSR der jüdischen Gemeinde von Bukarest ein Angebot unterbreitet hat, demzufolge die dortige Regierung „die Situation der rumänischen Juden versteht und 1500 jüdische Intellektuelle und Techniker einlädt, sich in der Jüdischen Autonomen Republik Birobidschan[15] anzusiedeln".

11 Dr. Solomon Zalman (*1893), Arzt; 1940–1942 und 1945–1948 Leitungsmitglied der Zionistischen Exekutive und Vertreter der Jewish Agency; 1949 für die Gesandtschaft Israels in Bukarest tätig.
12 Sigmund Birman, Unternehmer und Philanthrop; bis 1940 Direktor der Rumänisch-Französischen Textilgesellschaft, 1933–1941 Präsident der Jüdischen Gemeinde Bukarest.
13 Da der Protest sich gegen die Forderung Ungarns zur Abtretung von Nordsiebenbürgen richtete, sollte die Delegation Maniu, dem bekanntesten Führer der dortigen Rumänen, die Resolution überbringen.
14 Aus der Stadt Daventry wurde seit 1925 der BBC World Service ausgestrahlt.
15 Autonomes Gebiet im sowjet. Fernen Osten, in dem Jiddisch neben Russisch Amtssprache war.

DOK. 138

Emil Dorian vermerkt am 30. September 1940 den Ausschluss vieler Juden aus der Bukarester Ärztekammer[1]

Tagebuch von Emil Dorian, Bukarest, Eintrag vom 30.9.1940

Gestern ist nun eingetreten, was ich bereits voraussah: In einer Vollversammlung hat die Ärztekammer den Ausschluss aller jüdischen Ärzte gefordert.[2] Sie dürfen nur noch Juden versorgen, während die christlichen Ärzte berechtigt sind, auch weiterhin Juden zu betreuen, „weil das Legionärsprinzip" – so fügte der Antragsteller Dr. Popovici-Lupa[3] hinzu – besage, „dass man Geld vom Itzig nehmen, ihm aber keins geben soll". Die Entscheidung über den Ausschluss wurde in einer unerträglich angespannten Atmosphäre getroffen. Zu Beginn der Sitzung wurde gegen „die Itzigs" protestiert, „die die Impertinenz haben, hierher zu kommen und das Haus der Ärzte zu infizieren", woraufhin alle Juden genötigt wurden, auf der Stelle den Saal zu verlassen. Ich bin trotzdem bis zum Schluss geblieben, um zuzuhören und zu verfolgen, was passiert. Die Versammlung wurde von den Legionären beherrscht. Gomoiu[4] hat versucht, sich zu Beginn noch zu widersetzen, dann ist er ihnen um den Hals gefallen. Aber das wird ihm überhaupt nichts nützen, das derzeitige Komitee der Ärztekammer wird wahrscheinlich aufgelöst. Heute frage ich mich, wie ich in dieser Versammlung überhaupt ausharren konnte, während der völlig unkontrolliert Verleumdungen, Lügen, schwerwiegende Unterstellungen und schwarze Wolken des Hasses durch den Raum schwirrten. Den Aussagen und dem Pathos der Redner nach konnte ein Fremder den Eindruck gewinnen, es gebe keinen einzigen jüdischen Arzt, der seiner Pflicht als Arzt und beim Militär nachgekommen sei, dass alle jüdischen Mediziner gefälschte Diplome besäßen und Gauner seien, die den Ruf des Arztberufs in Rumänien zerstörten. Mir ist nicht klar, wie ich mit hochrotem Kopf, heißer Stirn und mit zusammengebissenen Zähnen durchhalten konnte. […][5] Und wenn ich bedenke, dass ich in der Annahme, die Dinge würden in anständiger Weise eine Wende nehmen, drauf und dran war, mich zu Wort zu melden, um etwas richtigzustellen, weil ich die Probleme der Mediziner und der Medizin kenne.

1 Familienarchiv von Marguerite Dorian. Das Original konnte nicht eingesehen werden. Abdruck in: Dorian, Jurnal (wie Dok. 125, Anm. 1), S. 131 f. Das Dokument wurde aus dem Rumänischen übersetzt.

2 Danach wurden über 2000 Ärzte ausgeschlossen. Das Verbot, Christen zu behandeln, führte nachfolgend zu erheblichen Problemen bei der Versorgung der nichtjüdischen Bevölkerung.

3 Dr. Popovici-Lupa, Arzt; 1940 aktiv in der Eisernen Garde.

4 Dr. Victor Gomoiu (1882–1960), Chirurg und Hochschullehrer; leitete im Sept. 1940 das Ministerium für Gesundheit und Soziales, 1940–1942 auch Präsident der Ärztekammer; von 1950 an in Haft, starb im Gefängnis.

5 Die sehr ausführliche Eintragung aus dem Tagebuch wurde in der Buchausgabe gekürzt.

DOK. 139

Das Dekret-Gesetz vom 4. Oktober 1940 verfügt die Verstaatlichung des ländlichen Besitzes der Juden[1]

Dekret Nr. 3347, vom 4.10.1940

Aufgrund des Berichts des Staatssekretärs beim Ministerium für Nationale Wirtschaft Nr. 78 017 vom 4.10.1940 und den Bestimmungen der Dekrete Nr. 3052 vom 5.9. und Nr. 3072 vom 7.9.1940[2] wird verfügt:
Enteignung jüdischen Grundbesitzes
Art. 1: Juden dürfen in Rumänien weder Grundbesitz erwerben noch solchen besitzen, weder als Besitzer, Nutznießer, Teilhaber noch als Verwalter usw.
Art. 2: Als Juden gelten im Sinne des Gesetzes alle mit einem oder zwei jüdischen Elternteilen, unabhängig davon, ob sie oder ihre Eltern einer anderen als der mosaischen Religion angehören, rumänische Staatsbürger sind oder in Rumänien ihren Wohnsitz haben oder nicht.
Art. 3: Als Grundbesitz im Sinne des Dekrets gelten Ackerböden, Heuwiesen, Gemeindeweiden, Ödland, Seen, Teiche, Weinberge, Landhäuser, Parks, Obstgärten, Baumschulen, Tier- und Vogelzüchtereien, Imkereien, gewerbliche Gemüse- und Blumengärten, unabhängig davon, ob diese Güter sich im Umkreis von Kreisstädten, Städten, Vorstädten oder Dörfern befinden.
Unter die Bestimmungen fallen auch Wohnungen nebst Nebengebäuden, die sich auf oben genannten Besitztümern befinden.
Art. 4: Kraft dieses Gesetzes und mit seiner Veröffentlichung im Amtlichen Gesetzblatt gehen alle aufgeführten, Juden gehörigen Besitztümer samt aller Nutzungsrechte in Staatseigentum über.
Dasselbe gilt auch für das gesamte, sich auf dem Besitz befindliche und bewirtschaftete lebende und tote Inventar sowie Getreide- und Futtermittelvorräte.
Art. 5: Nicht unter die Bestimmungen des Gesetzes fallen
a) die in Art. 3 genannten Güter, soweit sie für die Aufrechterhaltung und den Betrieb jüdischer Industrieunternehmen unbedingt notwendig sind. Die Feststellung als jüdisches Unternehmen ist Hoheitsaufgabe des Ministeriums für Nationale Wirtschaft;
b) Gelände mit jüdischen Wohnungen im Zentrum von Dörfern und Städten, sofern es nicht größer als 2000 m^2 ist;
c) zu städtischen Immobilien von Juden gehörige Gärten sowie unbebautes städtisches Gelände;
d) Möbel und Hausrat, die sich in den in Art. 3, Abs. 2 genannten Wohnungen befinden;
e) das vertraglich und entsprechend notariell beglaubigte erworbene Getreide beziehungsweise Futtermittel, die zum Weiterverkauf bestimmt sind, unabhängig von ihrem Standort.
Art. 6: Innerhalb von 30 Tagen nach Veröffentlichung des vorliegenden Dekrets haben alle Juden, die Eigentümer oder Besitzer von Gütern sind und unter die Bestimmungen

1 Monitorul Oficial, Nr. 233 vom 5.10.1940, S. 5703. Das Dokument wurde aus dem Rumänischen übersetzt.
2 Diese Dokumente wurden nicht ermittelt.

des vorliegenden Gesetzes fallen, die Verpflichtung, dem Ministerium für Nationale Wirtschaft alle Besitz- bzw. Eigentumsurkunden einzureichen sowie eine folgende Angaben enthaltende Deklaration abzugeben:
a) Name, Vorname und Wohnort des Erklärenden;
b) eine genaue Beschreibung der Güter, die unter die Bestimmungen dieses Dekrets fallen, mit Angaben zur Fläche, zu Grundstücksgrenzen, angrenzenden Grundstücken und der Lage der unbeweglichen Güter; den Aufbewahrungsort der beweglichen Güter, die unter die Bestimmungen des vorliegenden Dekrets fallen.
Die Nichtabgabe der Erklärung innerhalb der gesetzten Frist wird als Preisgabe der genannten Güter betrachtet, die dann entschädigungslos in Staatseigentum übergehen.
Falsche Angaben ziehen den Verlust des Rechts auf Entschädigung nach sich.
Art. 7: Die Übernahme der auf Grundlage des vorliegenden Dekrets in Staatseigentum übergehenden Besitztümer und Güter wird von speziellen Beauftragten durchgeführt, die durch Beschluss des Ministeriums für Nationale Wirtschaft oder im Auftrag des Ministeriums für Nationale Wirtschaft durch die Kreispräfekten ernannt werden.
Die Beauftragten haben Inventarprotokolle für alle verkauften Güter einschließlich einer Dokumentation des aktuellen Zustands in dreifacher Ausführung anzufertigen.
Ein Exemplar geht an das Ministerium für Nationale Wirtschaft, das zweite verbleibt beim Beauftragten, das dritte wird dem Besitzer ausgehändigt.
Die Protokolle müssen vom Beauftragten, dem örtlichen Bürgermeister sowie dem [bisherigen] Besitzer unterschrieben werden.
Art. 8: Die auf Grundlage des vorliegenden Gesetzes in Staatseigentum übergehenden Güter werden durch Wechsel entschädigt, die zu einem Zinssatz von 3 % ausgegeben und sofort nach Emission gesperrt werden.[3]
Die Entschädigung wird von einer zentralen Kommission beim Ministerium für Nationale Wirtschaft festgesetzt.
Die Entschädigung für das unbewegliche Eigentum bemisst sich nach dem Bruttosteuerertrag. Die Entschädigung für bewegliche Güter bemisst sich nach den marktüblichen Preisen.
Dieselbe Kommission wird auch über alle Anfechtungen und Streitfragen befinden, die durch die Anwendung des vorliegenden Gesetzes sowohl zwischen den Parteien als auch gegenüber Dritten entstehen könnten; sie wird auch hinsichtlich von Hypotheken, Pfand, Nießbrauch usw. auf die unter das vorliegende Gesetz fallenden Güter entscheiden.
Die Entscheidungen der zentralen Kommission sind endgültig und können nicht angefochten werden.
Art. 9: Die mit Wirkung des vorliegenden Gesetzes in Staatseigentum überführten Güter werden dem staatlichen Untersekretariat für Kolonisierung zum Zwecke der Ansiedlung der aus den abgetretenen Territorien evakuierten Bevölkerung rumänischen Ursprungs zur Verfügung gestellt.[4]
Sollten die Güter für rumänische Flüchtlinge keine Verwendung finden, kann das Untersekretariat sie auch einer anderweitigen Nutzung zuführen.

3 Die Wechsel konnten auf diese Weise nicht mehr als Kreditmittel eingesetzt werden.
4 Obwohl 1940 Hunderttausende Rumänen fluchtartig und ungeordnet Bessarabien, die Nordbukowina und Nordsiebenbürgen verlassen hatten, sprach man offiziell von Evakuierung. Nur ein Teil der Flüchtlinge wurde registriert und staatlich versorgt.

Art. 10: Alle Pacht-, Genossenschafts- und Verwaltungsverträge, die zwischen nichtjüdischen Eigentümern und jüdischen Pächtern, Gesellschaftern oder Verwaltern geschlossen wurden, werden mit der amtlichen Veröffentlichung des Dekrets im Gesetzblatt für nichtig erklärt, wobei die gegenseitigen Ansprüche der Parteien gemeinrechtlich geklärt werden.
General Ion Antonescu, Staatsführer und Präsident des Ministerrats
G. Leon,[5] *Minister der Nationalen Wirtschaft, vom 4.10.1940*

DOK. 140
Marcu Rosenberg bittet am 7. Oktober 1940 General Antonescu darum, dass seine Söhne weiterhin eine rumänische Schule besuchen dürfen[1]

Brief von Marcu Rosenberg,[2] Bukarest, Senatului, Str. Nr. 14, an den rumänischen Staatsführer Ion Antonescu, Bukarest (Eing. Nr. 9615, 8.10.1940), vom 7.10.1940

Herr General,
ich, der Unterzeichner Marcu Rosenberg, Offizier der Reserve, 46 Jahre alt, geboren und aufgewachsen in Rumänien als Sohn von ebenfalls in Rumänien geborenen und aufgewachsenen Eltern mit gleichfalls rumänischen Großeltern, habe während des gesamten Krieges im 4. Jägerregiment gedient und wurde für besondere Tapferkeit mit dem Orden für Tapferkeit und Glauben mit Degen ausgezeichnet. Ich bin seit dem 1. September 1939 mobilisiert, und in dieser Zeit habe ich ebenso wie meine christlichen Kameraden alle meine Verpflichtungen gegenüber dem Vaterland abgeleistet und von meinen Vorgesetzten glänzende Zeugnisse für tapferes Verhalten bekommen. Ich habe die Bestände meiner Einheit gerettet, die in Gefahr waren, bei Herţa in die Hände der Russen zu fallen.[3] Dort wurde ich gefangen genommen und später von meinen Kommandanten, den Herren Oberst Gh. Carp und Gh. Sigmireanu, von denen ich die oben erwähnten Urkunden erhalten habe, zu meiner Tat beglückwünscht. Außerdem wurde ich als Kassenwart der Einheit durch die Intendantur des 10. Armeekorps für die ehrenhafte rumänische Art, in der ich meine Aufgabe erfüllt habe, schriftlich belobigt. Zeit meines Lebens habe ich mich sowohl im Zivil- als auch im Militärleben stets bemüht, meinen Pflichten als Staatsbürger und Angehöriger des Militärs nachzukommen, damit ich meinen Kindern einen guten Namen hinterlasse. Niemals habe ich mir auf mein Verhalten etwas eingebildet, denn es schien mir für einen Menschen, der in diesem Land geboren wurde und die Möglichkeit erhalten hat, hier sein Auskommen zu finden, völlig normal, sich so zu verhalten.

5 Dr. Gheorghe N. Leon (1888–1949), Ökonom; Professor in Bukarest; bis 1938 Abgeordneter der Nationalliberalen, von Okt. 1934 bis Aug. 1936 UStS im Wirtschaftsministerium, Juli bis Okt. 1940 Finanzminister, gleichzeitig auch Wirtschafts- und Justizminister; 1946 verhaftet, starb im Gefängnis.

1 ANIC, F. Ministerul Justiţiei, 104/1940, vol. 2, Bl. 314. Das Dokument wurde aus dem Rumänischen übersetzt.
2 Marcu Rosenberg (*1894).
3 Vermutlich Ende Juni 1940, als eine Einheit der Roten Armee überraschend auf das Gebiet um Herţa vordrang.

Nun, wo mir so große Ungerechtigkeit widerfährt, sehe ich mich gezwungen, mich an den Führer des Landes zu wenden, von dem ich Gerechtigkeit erwarte. Meine Söhne wurden von der Schule ausgeschlossen, obwohl ihre Mutter Christin ist und sie sie in ihrem Glauben erzogen hat und obwohl ich im Krieg ausgezeichnet wurde und ich ihnen eine echte rumänische Erziehung angedeihen lasse und sie nicht in eine jüdische Schule schicken will.
Ich habe noch niemals einen Vorteil erbeten, zumal nicht von der Obrigkeit, aber jetzt bin ich gezwungen, Ihre wertvolle Zeit in Anspruch zu nehmen durch meine Bitte, so freundlich zu sein und Order zu erlassen, die mir Gerechtigkeit widerfahren lässt. Ich möchte, dass meine Kinder in einer rumänischen Schule lernen. Es ist der einzige Wunsch, den ich noch habe.
Ich bitte Sie, Herr General, mir meine Kühnheit zu verzeihen und die Versicherung meiner ganzen Wertschätzung und guten Wünsche hinsichtlich Ihrer Gesundheit anzunehmen.
Hochachtungsvoll

DOK. 141

Şeina Huna Avram ersucht Staatsführer Antonescu am 10. Oktober 1940 darum, dass sie ihr Bauernhaus nicht verlassen muss[1]

Brief von Şeina Huna Avram aus dem Dorf Corbasca, Bezirk Tecuci, an den rumänischen Staatsführer Ion Antonescu, Bukarest (Eing. Nr. 9926, 10.10.1940), vom 10.10.1940[2]

Herr General,
im Vertrauen auf die Gerechtigkeit und Menschlichkeit, die Seine Hoheit beim Wiederaufbau des Landes bewiesen hat, werden folgende Beschwerden mit der Bitte um Klärung vorgetragen:
Ich bin die Tochter eines Veteranen des Unabhängigkeitskriegs 1877/78, Tochter von Major Lupu Vaisbuch aus dem 1. Stellungsregiment, der 1879 durch Dekret Nr. 2526 vom 6. November unter der Nr. 459 eingebürgert worden ist.
Ich bin Kriegswitwe mit drei Waisen, alleinstehend mit Rentenanspruch Nr. 093 791.
Auch mein Ehemann war Sohn eines Veteranen, und zwar von Sergeant Iosif Avram aus dem 4. Infanterieregiment, eingebürgert 1879 durch Dekret Nr. 2529 vom 6. November 1879 und mit Auszeichnungen geehrt.
Obwohl mein Sohn sich als Ernährer der Familie vom Militärdienst hätte befreien lassen können, hat auch er wie seine Großväter und sein Vater seinen Militärdienst abgeleistet.
Mir wurde ein Besitz von drei Hektar Land in Corbasca, Bezirk Tecuci zugeteilt, und ich habe im Tausch gegen 1,5 Hektar auf dem Gebiet des Dorfes auch ein Haus erhalten, in dem ich wohne.

1 ANIC, F. Ministriul Justiţiei, 104/1940, vol. 2, Bl. 288. Das Dokument wurde aus dem Rumänischen übersetzt.

2 Im Original handschriftl. Vermerke: an den Justizminister, Eingangsstempel des Justizministeriums Nr. 181 160 am 14.10.1940; handschriftl. An- und Unterstreichung.

Heute sehe ich mich angesichts der Verfügung bezüglich jüdischen Landbesitzes davon bedroht, im Alter ohne jegliche Versorgung dazustehen.[3]
Da mir der Boden zugeteilt wurde als Ausgleich für das von meinem Vater, meinem Ehemann und meinem Schwiegervater vergossene Blut bei der Gründung und Errichtung Rumäniens, das ich immer als mein einziges Vaterland betrachtet habe, bitte ich Seine Hoheit voller Respekt, dass mir meine Rechte, das einzige Erbe meines Ehemannes und die Sicherung meiner Existenz, nicht entzogen werden.
Hochachtungsvoll

DOK. 142
Der Präsident der Föderation Jüdischer Gemeinden setzt sich am 19. Oktober 1940 für die Rentenansprüche der Entlassenen ein[1]

Brief des Präsidenten der Jüdischen Gemeinden Rumäniens, gez. Dr. W. Filderman und Dr. I. Brucăr,[2] Bukarest, Burghelea, Str. Nr. 3, an den Justizminister,[3] Bukarest (Eing. Nr. 3263, 5.11.1940), vom 19.10.1940[4]

Herr Minister,
darüber in Kenntnis gesetzt, dass einige in den Unternehmen ernannte Kommissare die Entlassung der jüdischen Angestellten verlangen, es aber ablehnen, die Dienstherren zu ermächtigen, die den Entlassenen zustehenden Vergütungen zu zahlen, erlauben wir uns, Ihnen folgenden Vorschlag zu unterbreiten:
Gemäß Art. 17 des Erlasses über die rechtliche Lage der Juden „sind die von in öffentlichen oder privaten Unternehmen tätigen Angestellten rechtmäßig erworbenen Ansprüche wie Pensionen sowie die ihnen zustehenden, in Arbeitsverträgen oder Sonderregelungen festgesetzten Entschädigungen jedweder Art anzuerkennen".[5]
Diese Verfügung betrifft alle Juden, die durch die Anwendung des Dekrets aus dem Dienst entfernt worden sind.
Da in der Zwischenzeit durch verschiedene Sondergesetze das Recht von Juden, einen Beruf auszuüben, eingeschränkt worden ist, treten wir mit der Bitte an Sie heran, für die Fälle, in denen die Tätigkeit durch Wirkung eines solchen Gesetzes beendet wurde, gütigst mittels einer allgemeinen Verfügung Folgendes anzuordnen:

3 Gemeint ist das Dekret-Gesetz zur Verstaatlichung von jüdischem Grundbesitz; siehe Dok. 139 vom 4.10.1940.

1 ANIC, Min. Justiţiei, 104/1940, vol. 2, Bl. 233. Das Dokument wurde aus dem Rumänischen übersetzt.
2 Iosif Brucăr, geb. als Josef Bruker (1888–1960), Rechtsanwalt; bis Nov. 1940 Generalsekretär der Föderation Jüdischer Gemeinden in Bukarest, 1942 Direktor des Jüdischen Lyzeums in Bukarest.
3 Dr. Mihai Antonescu (1904–1946), Jurist; Professor in Bukarest; vor 1938 Politiker der Liberalen Partei von Gheorghe Brătianu, ab Sept. 1940 Justizminister, ab Juni 1941 stellv. Ministerpräsident und Außenminister; am 23.8.1944 verhaftet, 1945 Verhöre in Moskau; im Mai 1946 in Bukarest zum Tod verurteilt, hingerichtet.
4 Im Original handschriftl. Vermerk im Briefkopf: 19.10.1940 zur Kenntnisnahme des Ministers gez. unleserl.
5 Gesetz vom 9. Aug. 1940, Art. 17 (Dok. 136 vom 9.8.1940).

a) Angestellte von Privatbetrieben müssen vom Dienstherrn oder von der Institution, bei der sie gearbeitet haben, entsprechend den Arbeitsgesetzen oder den entsprechenden Vorschriften der Sondergesetze Entschädigungen erhalten;
b) Angestellte des öffentlichen Dienstes können ihren Pensionsanspruch *unmittelbar nach der Entlassung* geltend machen und nicht erst, wenn sie das Pensionsalter erreicht haben, denn Menschen, die ohne eigenes Verschulden vorzeitig außer Dienst gestellt werden, dürfen nicht benachteiligt und ihres berechtigten Anspruchs beraubt werden. Dies aber wäre der Fall, wenn die Pension erst mit Eintritt des Rentenalters gewährt würde, zumal die Betroffenen ohne Zahlung nicht bis zum Pensionsalter durchhalten könnten.
Da die Regierung in all ihren Handlungen von der Idee geleitet scheint, die Rechte der schwachen Mehrheit zu schützen, nehmen wir nicht an, die Regierung habe den Dienstherren gegenüber den Juden den Vorzug geben wollen, indem sie diese von der Erfüllung ihrer gesetzlichen Verpflichtungen befreit.
Wir bitten Sie, Herr Minister, die Versicherung unserer besonderen Hochachtung anzunehmen.

DOK. 143

Der Vertreter der rumänischen Juden Wilhelm Filderman bittet am 26. November 1940 wegen zahlreicher Übergriffe auf Juden um eine Audienz bei Staatsführer Ion Antonescu[1]

Brief (Nr. 503) der Föderation Jüdischer Gemeinden Rumäniens, gez. W. Filderman und M. Carp,[2] Bukarest, an General Ion Antonescu, Staatsführer und Vorsitzender des Ministerrats, Bukarest (Eing. 26.11.1940), vom 26.11.1940

Herr General,
in unserem Lande ereignen sich außergewöhnlich schwerwiegende Dinge: Menschen werden misshandelt, einige sterben sogar unter nicht geklärten Umständen. Vermögen wird konfisziert, Händler werden um ihre Waren und Verkaufseinrichtungen gebracht, Familien aus ihren Wohnungen und aus den Städten vertrieben, Gotteshäuser zerstört und heilige Gegenstände geschändet, friedliebende Bürger über Tage oder Wochen ohne Anklage inhaftiert, Frauen und Kinder ab elf Jahren, Händler, Professoren und Ärzte aus ihren Häusern geholt und an entfernte Orte gebracht, wo sie schwere Arbeiten verrichten müssen usw.
Wir haben dem Herrn Generaldirektor der Staatssicherheit[3] diese Fälle ausführlich angezeigt, halten es aber für erforderlich, diese auch Ihnen zur Kenntnis zu bringen, damit wirksame Maßnahmen zur Verbesserung ergriffen werden können.

1 ANIC, Ministerul Afacerilor Interne, 2/1940, Bl. 35. Das Dokument wurde aus dem Rumänischen übersetzt.
2 Matatias Carp (1904–1952), Jurist; 1938 aus der Anwaltskammer ausgeschlossen, von 1941 an Generalsekretär der Föderation Jüdischer Gemeinden; 1951 Ausreise nach Israel; Hrsg. der Dokumentation Schwarzbuch. Die Leiden der Juden in Rumänien 1940–1944, 2 Bde. (1946/47).
3 Eugen Cristescu war am 12.11.1940 zum Generaldirektor der Staatssicherheit ernannt worden.

Wir bitten Sie, uns freundlicherweise so schnell wie möglich eine Audienz zu gewähren und uns den Tag und die Uhrzeit an unsere Adresse Dr. Burghelea Str. Nr. 3, Telefon 5.13.42 mitzuteilen.[4]

DOK. 144
Jüdische Gemeindevertreter aus der Region Moldau ersuchen nach der Enteignung ihrer Gebäude am 8. Dezember 1940 um Hilfe aus Bukarest[1]

Brief (Nr. 123) der Föderation Jüdischer Gemeinden Târgu Neamţ, gez. Präsident Leon Stern,[2] Apotheker, ehemaliger Oberstleutnant der Reserve, gez. Sekretärin M. Braunstein, an den Präsidenten der Föderation Jüdischer Gemeinden des Altreichs,[3] Bukarest, Burghelea Str. Nr. 3 (Eing. 15.12.1940), vom 8.12.1940

Herr Präsident,
im Anschluss an die von Rechtsanwalt Muşat[4] übergebene Erklärung unseres Vorsitzenden über die abscheulichen Vorfälle, die sich in den Tagen des 20. und 21. November dieses Jahres in Târgu Neamţ zugetragen haben, bitten wir Sie gütigst, den Unterlagen über den in den genannten Tagen erzwungenen Immobilienverkauf seitens unserer Gemeinde und des hier ansässigen Herrn Bernhard Froim[5] besondere Aufmerksamkeit zu schenken.
Wir bitten dringend um die Einleitung einer Ermittlung. Nur ein schneller Annullierungserlass könnte dieser traurigen Angelegenheit ein rasches Ende setzen. In der gegenwärtigen Situation können wir solche Annullierungen bei Gericht nicht beantragen. Auf jeden Fall bitten wir Sie, so freundlich zu sein, uns Ihre Entscheidung ebenfalls mitzuteilen.
Seien Sie bitte unserer großen Hochachtung versichert

4 Im Original handschriftl. Notiz von Ion Antonescu vom 29.11.: „Herr Filderman soll konkret werden, ich bitte ihn um eine Auflistung aller Fälle mit Namen, Adressen und erlittenen Schäden. Danach werde ich entscheiden.“ Zweite handschriftl. Eintragung von Antonescus persönlichem Adjutanten: „10.45 Uhr – Anweisung telefonisch Herrn Gruber, Sekretär von Herrn Filderman mitgeteilt“, gez. M. E(lefteresu). Filderman wurde von General Antonescu oftmals in Audienz empfangen; sie hatten das gleiche Gymnasium besucht.

1 ANIC, Centrala Evreilor, 3/1940, Bl. 48. Das Dokument wurde aus dem Rumänischen übersetzt.
2 Leon Stern wurde am 20.11.1940 von Angehörigen der Eisernen Garde verhaftet und gefoltert.
3 Wilhelm Filderman.
4 Der rumän. Anwalt Constantin Muşat fuhr im Auftrag der Bukarester Führung der Föderation Jüdischer Gemeinden auch in andere Städte, doch es gelang ihm selten, die Lage der Juden zu verbessern.
5 Bernhard Froim, ehemaliger Bankdirektor; im Nov. 1940 von der Eisernen Garde verhaftet und gefoltert, um sein Haus weit unter Wert zu verkaufen.

DOK. 145

Die Jüdische Gemeinde in Galatz schildert am 12. Dezember 1940 ihre Probleme mit Juden, die ins sowjetische Bessarabien auswandern wollen[1]

Bericht (Nr. 912) der Jüdischen Gemeinde Galatz, gez. Präsident Dr. I. Bizamcer,[2] gez. Generalsekretär S. Mendelsohn,[3] an den Präsidenten der Föderation Jüdischer Gemeinden,[4] Bukarest, Burghelea Str. Nr. 3 (Eing. 15.12.1940), vom 12.12.1940

Herr Präsident,
da sich eine große Anzahl von Glaubensbrüdern aus dem ganzen Land in unserer Stadt befindet, um nach Bessarabien zu emigrieren,[5] und wir nicht über die nötigen Ressourcen für deren Unterbringung und Verpflegung verfügen, bitten wir Sie mit aller Wertschätzung um die Güte, mittels eines Rundschreibens an alle Gemeinden den Aufbruch so lange aufzuhalten, bis sich die Zahl der hier zum Aufenthalt Gezwungenen verringert hat.
Wir möchten Ihnen außerdem mitteilen, dass wöchentlich höchstens zwei Schleppkähne von hier abgehen, die nur 700 bis 800 Personen transportieren können; wir haben hier aber über 3000 Menschen, die nach Bessarabien auswandern wollen.
Seien Sie unserer Wertschätzung versichert.
P.S. Wenn alle oben genannten Personen abgereist sind, werden wir dies telegraphisch mitteilen.
Gleichzeitig möchten wir Ihre Aufmerksamkeit darauf lenken, dass unsere Ressourcen vollständig erschöpft sind und wir die Gemeinden, die die Menschen zu uns schicken, darauf aufmerksam machen müssen, dass sie für den Unterhalt der Mittellosen, die wir beherbergen und ernähren, auch aufkommen müssen – die Ausgaben erreichen häufig 25 000–30 000 Lei am Tag.

1 ANIC, Centrala Evreilor, 10/1940, Bl. 21. Das Dokument wurde aus dem Rumänischen übersetzt.
2 Dr. Iancu Bizamcer (*1881), Arzt; 1937–1941 Präsident der Jüdischen Gemeinde in Galați.
3 Samuel Mendelsohn-Mocanu, Rechtsanwalt, Sekretär der Jüdischen Gemeinde Galați.
4 Wilhelm Filderman.
5 Von Juni 1940 an reisten über 100 000 Juden in das an die Sowjetunion abgetretene Bessarabien aus. Emigrationsgründe waren vor allem die Berufsverbote und Enteignungen.

DOK. 146

Der deutsche Gesandte verzichtet am 20. Dezember 1940 auf die prozentuale Beteiligung der Volksdeutschen an dem verstaatlichten jüdischen Besitz[1]

Telegramm (Nr. 2345, geheim, Ausg. 18.00 Uhr) der Deutschen Gesandtschaft Bukarest, gez. von Wilhelm Fabricius[2] und Hermann Neubacher, Bukarest, an das Auswärtige Amt, Berlin (Eing. 21.12.1940, 9.55 Uhr), vom 20.12.1940

1.) Habe Horia Sima,[3] Cancicov[4] und Justizminister[5] in Frage Arisierung Rumäniens erklärt, daß wir auf Festlegung Beteiligungsquote bei rumänischer Arisierung verzichten. Übernahme jüdischer Geschäfte und Betriebe sei für uns primär rumänische Angelegenheit. Bezüglich Arisierung großer Betriebe, für die Rumänen deutsche Hilfe wünschen, ablehnen wir Festlegung bestimmten Prozentsatzes deutscher Beteiligung. Jeder einzelne Fall bedarf individueller Behandlung, und ich erklärte, daß in solchen Fällen Minderheitenbeteiligung praktisch nicht in Frage komme.
2.) Stellung Cancicovs befestigt sich.
Auch Zusammenarbeit mit Sima, der zu Cancicov Vertrauen hat, befriedigend.
3.) Habe Sima nachdrücklich darauf aufmerksam gemacht, daß Beruhigung der Wirtschaft notwendig, wozu auch gesetzliche Durchführung Arisierung gehört.[6]

1 PAAA, R 105 991, Handelspolitische Abt., Handakten Carl Clodius, Bd. 7, Dez. 1940–März 1941, unpaginiert. Abdruck in: Trașcă/Deletant, Al III-lea Reich (wie Dok. 134, Anm. 1), Dok. 4, S. 154.

2 Wilhelm Fabricius (1882–1964), Jurist; von 1910 an im diplomatischen Dienst, 1912–1914 Vizekonsul in Kairo, 1914–1918 in Konstantinopel, 1918–1920 in Zürich, 1921–1925 Konsul in Saloniki, 1925–1931 in Konstantinopel, Gesandtschaftsrat in Ankara 1932–1936, Gesandter in Bukarest April 1936 bis Jan. 1941, danach unbedeutende Positionen im AA.

3 Horia Sima (1907–1993), Lehrer; im März 1938 wegen seiner Tätigkeit bei der Eisernen Garde vom Schuldienst suspendiert, seit 1938 ihr wichtigster Führer; 1938/39 im Deutschen Reich, im Mai 1940 Rückkehr nach Rumänien; Juli bis Sept. 1940 Minister für Kultus, Sept. 1940 bis Jan. 1941 stellv. Ministerpräsident; floh nach gescheitertem Putschversuch ins Reich; Sept. 1944 bis Febr. 1945 Chef der von Hitler eingesetzten rumän. Exilregierung in Wien; lebte nach 1945 in Spanien.

4 Dr. Mircea Cancicov (1884–1959), Anwalt, Professor in Bukarest; Abgeordneter der Nationalliberalen Partei; Aug. 1936 bis Dez. 1937, erneut Febr. 1938 bis Jan. 1939 Finanzminister, Nov. 1940 bis Jan. 1941 Wirtschaftsminister; im Okt. 1946 zu 20 Jahren Gefängnis verurteilt, starb in Haft.

5 Justizminister war Dr. Mihai Antonescu.

6 Von deutscher Seite wurde auf eine „Arisierung“ gedrängt und kritisiert, dass bei der „Rumänisierung“ sich zumeist unqualifizierte Legionäre die Betriebe aneigneten.

DOK. 147
Isidor Pressner von der Jüdischen Gemeinde Radautz setzt sich am 29. Dezember 1940 für vom Land vertriebene Juden ein[1]

Brief (Nr. 1170/1940) des Präsidenten der Jüdischen Gemeinde Radautz, Bukowina, gez. Isidor Pressner,[2] an den Präfekten[3] des Bezirks Radautz vom 29.12.1940

Herr Präfekt,
ich, der Unterzeichner Isidor Pressner, Präsident der Jüdischen Gemeinde Radautz, lege Ihnen mit tiefem Respekt folgende Erklärung mit der Bitte vor, diese wohlwollend entgegenzunehmen:
Im Dezember dieses Jahres hat die örtliche Polizei die aus den Landgemeinden der Bezirke Câmpulung und Suceava stammenden und infolge der Ereignisse nach Radautz evakuierten Juden aufgefordert, umgehend die Stadt zu verlassen. Ich habe von dieser Maßnahme Kenntnis genommen und die Betroffenen gebeten, sich daran zu halten. Tatsächlich ist ein Teil abgereist, etwa 70 Familien sind allerdings hier geblieben. Es handelt sich um ehemals wohlhabende Personen, die aufgrund der Evakuierung ihr Heim verlassen mussten und jetzt über keinerlei Besitz mehr verfügen. Sie haben sich in Radautz niedergelassen, weil die meisten hier Verwandte, gute Bekannte und alte Verbindungen haben. Mit Mühe haben sie sich in ihren ziemlich bescheidenen Behausungen mit dem notwendigsten Mobiliar versorgt. Sie fallen niemandem zur Last, nur einige wenige Mittellose werden direkt von der Gemeinde unterstützt, so dass der Allgemeinheit keine Belastungen erwachsen.
Angesichts der erbärmlichen Situation der Evakuierten habe ich in meiner Eigenschaft als Gemeindevorsteher sowohl direkt bei Ihnen als auch durch Vermittlung des Verbandes Jüdischer Gemeinden Bukarest bei den zentralen Behörden in der Hauptstadt interveniert, um den Aufenthalt der Evakuierten in Radautz genehmigen zu lassen, insbesondere für die Winterzeit, während der eine Reise für mittellose Menschen sehr mühselig ist. Hinzuzufügen ist, dass die Betroffenen nicht wissen, wohin sie aufbrechen sollten, denn die örtlichen Behörden ihrer Herkunftsbezirke verweigern ihre Aufnahme, was ebenfalls ein wesentlicher Grund war, sich in Radautz niederzulassen.
Ich appelliere an Sie, unter Berücksichtigung all dieser Gründe gütigst zu genehmigen, dass die Betroffenen weiterhin hier bleiben können.
Mit dem größten Respekt

1 ANIC, Ministerul de Interne, 2/1940, Bl. 398. Das Dokument wurde aus dem Rumänischen übersetzt.

2 Dr. Isidor (Eisig) Pressner (1892–1945), Lehrer, später Geschäftsmann; 1940 Präsident der Jüdischen Gemeinde Radautz, im Okt. 1941 nach Transnistrien deportiert, von Nov. 1941 an Vertreter der Deportierten aus Radautz im Jüdischen Rat, seit 1942 Aufbau einer Suppenküche für die Armen, 1943 im Lager Vapnjarka.

3 Präfekt war von Sept. 1940 bis Jan. 1941 Nicolae Salcinan aus den Reihen der Legionäre. Er hatte die geflüchteten Juden zum sofortigen Verlassen der Stadt aufgefordert.

DOK. 148

Emil Dorian berichtet am 24. Januar 1941 über Gewalttaten und die antisemitische Hetze in Bukarest während des Putschversuchs der Eisernen Garde[1]

Tagebuch von Emil Dorian, Bukarest, Eintrag vom 24.1.1941

Erst heute bin ich wieder zu mir gekommen. Es war der Beginn eines Bürgerkriegs. Die von General Antonescu selbst verbreiteten Informationen erklären, was sich ereignet hat. Die Legionärsbewegung wollte ihn ermorden und die Macht ergreifen. Antonescu spricht offen über seine „Kinder", derentwegen er seine Karriere gefährdet habe, ungebildete Menschen, denen jede Humanität abgehe, deren Fehler und Sünden er viereinhalb Jahre gedeckt habe und die mit Unterstützung des Innenministers, General Petrovicescu,[2] ein Komplott geschmiedet hätten, indem sie in den Kasernen der kommunalen Polizei Kanonen und Maschinengewehre in Stellung gebracht und von dort aus das gegenüberliegende Ratspräsidium beschossen hätten. Im Radio werden die Legionäre offiziell als Räuber dargestellt und Horia Sima als Gauner! Es werden sogar schon Diebstähle und Räubereien mit genauer Adresse der Legionäre angezeigt. […][3] Diese Veränderung hat sich in nur drei Tagen vollzogen. Im Laufe ein und desselben Morgens erfahren wir von den Kämpfen bei der Präfektur, bei der Telefongesellschaft und im Viertel um die Rom-Straße und, was ich mir nicht hatte vorstellen können, von dem Unheil im jüdischen Viertel, wo zwei Nächte und zwei Tage lang ein grauenhafter Pogrom stattgefunden hat.

Es lässt sich nicht beschreiben, was sich in Văcăreşti, Dudeşti und in den von Juden bewohnten Nachbarvierteln ereignet hat. […][4] Es ist auch nicht notwendig, es genügt, die bestialischen Verbrechen aufzuzählen, die Zerstörungen und Diebstähle. Aber nicht einmal das ist möglich, weil jeden Tag neue Einzelheiten bekannt werden. Obwohl man alles beobachten konnte – auch auf Fotos, da die Deutschen und andere Ausländer im richtigen Augenblick auf den Auslöser gedrückt haben –, ist das ganze Ausmaß noch nicht abzusehen. Man weiß von vielen Toten und Verschwundenen, aber ihre genaue Zahl lässt sich nicht bestimmen, und niemals wird man etwas über die wahnsinnig machenden Einzelheiten ihres schrecklichen Endes erfahren. Die Furie der Zerstörer hat nichts und niemanden verschont … Laden für Laden mit herausgerissenen Fensterläden, eingeschlagenen Scheiben, brandgeschwärzten Wänden, leergefegt, nicht mehr erkennbar, welche Waren es dort einmal gab. Der Verstand kann nicht begreifen, wie und mit welchen Mitteln vorgegangen wurde und wie viel Zeit es benötigte, um ein so vollkommenes Zerstörungswerk zu vollbringen: Apotheken ohne jede Spur von den üblichen Fläschchen, Friseurläden ohne einen einzigen Spiegelrest, in einem ein einziger noch intakter Stuhl, trauriges Überbleibsel; in einem anderen Friseurladen, einem deut-

1 Familienarchiv von Marguerite Dorian. Das Original konnte nicht eingesehen werden. Abdruck in: Dorian, Jurnal (wie Dok. 125, Anm. 1), S. 145–147. Das Dokument wurde aus dem Rumänischen übersetzt.

2 Constantin Petrovicescu (1882–1949), Berufsoffizier; 1934–1938 Königl. Kommissar am Militärgericht Bukarest, Sept. 1940 bis Jan. 1941 Innenminister; 1941 Gefängnisstrafe wegen Unterstützung des Putschversuchs der Garde, im Aug. 1944 freigelassen; im Mai 1946 zu lebenslanger Haftstrafe verurteilt, starb im Gefängnis.

3 Kürzung in der Buchvorlage.

4 Kürzung in der Buchvorlage.

schen, auf der zerbrochenen Vitrine ein Blatt Papier, worauf steht: „Aus Versehen zerschlagen, es wird Entschädigung gewährt. Führer der Legionäre Bocşa".
Hier der Laden eines Uhrmachers, völlig zertrümmert; daneben ein kleines Kurzwarengeschäft, in dem weinend eine alte Frau sitzt; dort ein ausgebranntes Kino, ein Fotoatelier, ein Restaurant, ein Lampengeschäft, ein Schuhladen und immer weitere, ausgeraubt bis auf das letzte Stück, geschwärzt vom Feuer, das sich ins Mauerwerk gefressen hat. Mitten auf der Straße ein Automobil, in dem ein vergessener Tales[5] liegt. Ein Stück weiter brennt ein Benzinkanister – einer der Kanister, mit denen die heldenhaften Banditen, nachdem sie sich an den Tankstellen ihrer bemächtigt hatten, durch das jüdische Viertel gezogen sind, um Feuer zu legen. Aus Unvorsichtigkeit geriet der Kanister in Brand, und die bleckende Feuerzunge verbreitete Entsetzen unter den Nachbarn, die hinter den zugesperrten Türen ihren Tod erwarteten. Diese fürchterliche Zerstörung und das Verbrechen haben auch die Privathäuser erfasst. Nachdem die Legionäre die Bewohner geschlagen und teilweise getötet hatten, wurde alles Auffindbare gestohlen. Ein dreistöckiges Haus wurde in Brand gesetzt, erzählte man mir, nachdem ein rumänischer Offizier, der sich um ein auf die Straße gezerrtes, am Kopf verletztes Mädchen kümmerte, drei Legionäre erschossen hatte. Das Haus wurde an allen vier Ecken angezündet, und während es abbrannte, tanzten die Brandstifter wie die Teufel um die Flammen. Unzählige Juden wurden von bewaffneten Legionärsgruppen aus ihren Häusern gezerrt und an verschiedene Orte der Stadt geschafft, wo sie umgebracht wurden. Entlang der Chaussee nach Jilava wurden Dutzende Leichen und zahllose verstreute Personalausweise gefunden. Einem Händler wurden zuerst die Nase eingeschlagen und die Arme gebrochen, um ihn schließlich zu erschießen; die beiden Söhne eines alten Rabbiners wurden in seinen Armen ermordet,[6] einem anderen wurden die Zunge herausgeschnitten und die Augen ausgestochen. Im Schlachthaus hängen Juden an den Haken für das Schlachtvieh, einige wurden in den Kanal geworfen, ein Teil unterwegs entsorgt – einer meiner Patienten erkannte in zwei Leichen Leute aus seiner Gegend wieder, eine der Leichen war von Hunden verstümmelt worden. In Băneasa weitere Leichen. Wie Schafe lagen sie bis heute bei Schneefall aufgereiht im Hof des Leichenhauses. Die Identifizierung ist noch nicht abgeschlossen. Der Quai gegenüber dem Leichenhaus ist schwarz vor Menschen. Wer sich auf der Straße begegnet, erzählt sich von neuen Verbrechen und Plünderungen. Was die Folterungen und tätlichen Übergriffe betrifft, ist die Liste schier endlos und beinhaltet die ganze Palette an Gräueln – Juden, denen Benzin mit Bittersalz versetzt zu trinken gegeben wurde, denen ein Kreuz in den Rücken geritzt und mit Salz bestreut wurde, Schläge und Tötungen, ausgeführt sogar von Frauen, und vieles mehr.
All dies hat Ilie Rădulescu[7] nicht daran gehindert, in der ersten Nummer der nach dem dreitägigen Blutbad erschienenen *Porunca Vremii*[8] klarzustellen, dass es „die Juden

5 Hebr.: Gebetsschal.

6 Nach einem Gespräch mit dem Rabbiner Zwi Guttman beschrieb ein damals bekannter jüdischer Journalist die Erschießung von Guttmans Söhnen Iancu (Jakov) und Iosef; Filip Brunea-Fox, Oraşul măcelului, Bucureşti 1997 (1. Auflage 1944), S. 93–103.

7 Ilie Rădulescu (*1899), Journalist; seit 1932 Direktor des antisemitischen Blatts Porunca Vremii (Das Gebot der Zeit); im Juni 1945 wegen Kriegshetze zu lebenslanger Zwangsarbeit verurteilt, 1956 durch Amnestie freigelassen, 1957–1964 erneut in Haft.

8 Rechtsradikale Zeitung, erschien 1932 bis Aug. 1944, erhielt Unterstützung aus dem Deutschen Reich.

waren, die auf die Armee geschossen haben!“ Trotz aller offiziellen Verlautbarungen im Radio, trotz der kategorischen Erklärungen General Antonescus! Nach und nach bastelt man an Erklärungen für Taten, die nicht erklärt werden können. Die Presse wird sie schon finden … Und *Porunca Vremii*, die durch unzählige Artikel und Kommentare den Pogrom unmittelbar angestachelt hat, ist pflichteifrig dabei, sich in dieser Hinsicht hervorzutun.

DOK. 149
Der Schriftsteller Mihail Sebastian beschreibt am 29. Januar 1941 den Pogrom in Bukarest[1]

Tagebuch von Mihail Sebastian,[2] Bukarest, Eintrag vom 29.1.1941

Mittwoch, 29. Januar
Heute wurden die offiziellen Zahlen der toten Zivilisten bekannt gegeben. Es sind etwas mehr als 300, ohne dass man erfährt, wie viele davon Legionäre, wie viele Juden sind. Die Zahl kommt mir zu niedrig vor. Man spricht immer noch von über 6000 toten Juden.[3] Vielleicht lässt sich die genaue Zahl gar nicht feststellen, vielleicht werden wir sie nie kennen. Eine große Zahl von Juden wurde im Wald von Băneasa ermordet und dort nackt liegen gelassen. Andere wiederum wurden, wie es aussieht, im Schlachthaus von Străuleşti hingerichtet. Die einen wie die anderen müssen schrecklich zugerichtet worden sein, bevor sie starben. Den Bruder von Jacques Costin[4] erkannten seine Verwandten im Leichenschauhaus kaum noch wieder. Allein im Kopf hatte er vier klaffende Wunden. Anwalt Beiler[5] war von Kugeln geradezu durchlöchert und hatte überdies die Kehle durchschnitten.
Es gibt Fälle wundersamer Rettung. (Aderca[6] etwa, der mit einer fast komischen Arglosigkeit in ein Legionärsnest in der Burghelea-Straße[7] geraten war, an dessen Tür er als friedlicher, um Auskunft bittender Bürger geklopft hatte! Er wurde am Abend befreit,

1 Familienarchiv Mihail Sebastian. Das Original konnte nicht eingesehen werden. Abdruck in deutscher Übersetzung: Mihail Sebastian, „Voller Entsetzen, aber nicht verzweifelt“. Tagebücher 1935–44, hrsg. von Edward Kanterian, Berlin 2005, S. 427–429. Das Dokument wurde aus dem Rumänischen übersetzt.

2 Mihail Sebastian, geb. als Josef Hechter (1907–1945), Jurist, Publizist, Schriftsteller; bis 1934 mit führenden Ideologen der Eisernen Garde in der Redaktion Cuvântul (Das Wort), 1935 Abkehr von der Eisernen Garde; seit 1940 als Lehrer am Jüdischen Gymnasium in Bukarest, 1941 auf der Liste potentieller Geiseln; starb bei einem Autounfall.

3 Die Tageszeitung Universul nannte am 12.2.1941 die Zahl von 116 jüdischen Opfern für Bukarest sowie 117 Toten in der Provinz. In Bukarest kamen daneben auch 74 Soldaten und Offiziere um.

4 Jacques G. Costin, geb. als Jacques Goldschläger (1895–1971), avantgardistischer Schriftsteller, Übersetzer aus dem Französischen; Bruder von Mişu Goldschläger-Costin.

5 Millo Beiler, bekannter Rechtsanwalt in Bukarest.

6 Felix Aderca, geb. als Zeliu Froim Aderca (1891–1962), Journalist und Schriftsteller; Angestellter beim Arbeitsministerium, 1940 Lehrer an einer jüdischen Privatschule und Direktor des Jüdischen Theaters Baraşeum in Bukarest; 1944–1948 Angestellter im Ministerium für Künste; Autor des Romans „Die Unterwasserstädte“ (1936).

7 Die Legionäre hatten das zentrale Büro der Bukarester Jüdischen Gemeinde besetzt und den Sekretär Matatias Carp verhaftet und geschlagen.

verprügelt zwar, doch am Leben! Wo andere ja am gleichen Ort und am selben Tag ermordet worden waren.) Der unglaublichste Fall, von dem ich gehört habe, ist der eines Anwalts, Mircea Beiner. Er wurde auf der Straße aufgelesen und nach Băneasa gebracht, wo man ihm in den Nacken schoss und ihn „tot" mitten in der Nacht im Schnee liegen ließ, bis er gegen Morgen in der Kälte erwachte, zwischen Hunderten von Leichen. Nur er und drei andere waren nicht „richtig" hingerichtet worden. Einfach unfassbar!
Biberi[8] aus Turnu Severin zurückgekehrt. Erzählt, die Rebellionstage seien dort so ruhig verlaufen, dass diejenigen, die kein Radio hatten, überhaupt nicht merkten, dass im Land etwas Besonderes vor sich ging. Die dortigen Legionäre ergaben sich sofort, wie zahme Lämmer.
Haig[9] gestern verhaftet. Heute Abend große Hausdurchsuchung bei ihm (wie mir Camil[10] erzählt). Aber ich denke, weder Haig noch Marietta[11] wird etwas geschehen. Revoluzzern ihres Schlages geschieht nie etwas. Ich traf gestern auf der Straße Cioculescu[12] und Streinu.[13] Sie waren mit den Ereignissen sehr zufrieden und ganz ohne Sorge über den weiteren Gang der Dinge. Das kann ich von mir nicht sagen. Ich habe allerlei Zweifel und Vorbehalte. Ich meine, dass es ein Zögern und Zaudern gibt, während die Parteien über die Formel der Versöhnung und die „Erklärung" verhandeln. Der Unterschied zwischen Cioculescu und mir ist, dass er sich ein „wertfreies" Urteil leisten kann, während für mich mein eigenes Leben auf dem Spiel steht. Ich meine allmählich, dass die „Wertfreiheit" in großen Krisensituationen nicht die beste Perspektive für das Verständnis der Dinge bietet.

8 Ion Biberi (1904–1990), Chirurg und Schriftsteller; schrieb seit den 1930er-Jahren Novellen, Romane und Lyrik.
9 Haig Acterian (1904–1943), Publizist und Theaterproduzent armen. Herkunft; 1926–1934 zusammen mit Sebastian in der Diskussionsgruppe „Criterion", Okt. 1940 Direktor des Nationaltheaters, Jan. 1941 Aufrufe zum Putsch der Eisernen Garde, danach zu zwölf Jahren Gefängnis verurteilt, 1943 zur Bewährung an die Ostfront geschickt und gefallen.
10 Camil Petrescu (1894–1952), Schriftsteller und Dramaturg; Autor von „Letzte Nacht der Liebe, erste Nacht des Krieges" (1930); 1947 Mitglied der Rumänischen Akademie.
11 Marietta Sadova (1897–1981), Schauspielerin; 1933 als Ehefrau von Acterian im Criterion-Kreis, seit 1940 engagiert für die Eiserne Garde, März bis Juli 1941 wegen Unterstützung des Putschversuchs in Haft, danach wieder auf der Bühne; 1959 verhaftet wegen Verbreitung ausländischer Literatur, lehrte dann an der Schauspielschule.
12 Şerban Coiculescu (1902–1988), Literaturkritiker; 1924–1946 Gymnasiallehrer.
13 Vladimir Streinu (1902–1970), Schriftsteller und Literaturkritiker; 1926–1934 mit Sebastian in der Criterion-Gruppe; 1947 Dozent in Jassy, 1955 Gefängnisstrafe, 1962 amnestiert, 1969 rehabilitiert.

DOK. 150

Wilhelm Filderman bittet den Justizminister am 3. Februar 1941 darum, dass Juden in bestimmten Berufen länger verbleiben dürfen, da ihnen sonst der Hungertod drohe[1]

Brief (Nr. 83) der Föderation Jüdischer Gemeinden Rumäniens, Bukarest, Burghelea Str. Nr. 3, gez. Präsident Dr. W. Filderman und Generalsekretär M. Carp, an den Justizminister[2] (Eing. Nr. 035 462, 8.2.1941) vom 3.2.1941[3]

Herr Minister,
das Dekret-Gesetz zur Rechtsstellung der jüdischen Einwohner Rumäniens vom 9. August 1940[4] legt mit den Verfügungen in Art. 7 fest, dass die unter Kategorie I und III erfassten Juden nicht sein können:
Abs. c. Mitglieder in Verwaltungsräten von privaten und öffentlichen Unternehmen.
Abs. d. *Händler in Landgemeinden.*
Abs. e. Händler für alkoholische Getränke und Monopolinhaber jeglicher Art.
Abs. h. Besitzer oder Pächter von Kinos, Verlagen für rumänische Bücher, Zeitungen und Zeitschriften, Verteiler von rumänischen Druckerzeugnissen und Eigentümer jedweder Mittel rumänischer nationaler Propaganda.
Art. 16 sieht eine Frist von sechs Monaten für die Schließung oder Aufgabe der im Dekret festgelegten Einrichtungen oder Tätigkeiten vor.
Die Frist von 6 Monaten läuft am 9. Februar 1941 ab, sie kann aber gemäß Art. 16, Abs. c verlängert werden im Falle offensichtlich im Interesse der nationalen Wirtschaft liegender Erfordernisse.
Da mit dem Gesetz vom 9. August 1940 mittels verschiedener Ausführungsbestimmungen und Verwaltungsmaßnahmen jüdische Lehrlinge, Arbeiter und Angestellte bis zum Ende des Jahres beurlaubt worden sind oder werden;
da im ganzen Land, wie sich aus den von uns eingereichten Gesuchen ersehen lässt, viele Händler um ihr Hab und Gut gebracht worden sind;
da gemäß der Enteignungsgesetze Landbesitz, Mühlen, Wälder, Schiffe usw. ebenfalls konfisziert wurden;
da infolge der Zerstörungen und Plünderungen zwischen dem 21. und 23. Januar dieses Jahres[5] der nationalen Wirtschaft Schäden in Höhe von Hunderten Millionen Lei entstanden sind, lässt sich schlussfolgern, dass voraussichtlich 90 % der jüdischen Bevölkerung verhungern werden, so dass sich die allgemeine wirtschaftliche Situation durch die Liquidierung des Handels in den Dörfern noch weiter verschlechtern wird.

1 ANIC, Ministerul Justiţiei, 114/1941, Bd. 1, Bl. 240 f. Das Dokument wurde aus dem Rumänischen übersetzt.
2 Gheorghe P. Docan (*1892), Jurist; 1915 am Appellationsgericht; 1940 Kassationshof, von Juli 1940 bis Febr. 1941 Justizminister; 1946 in Abwesenheit verurteilt.
3 Im Original handschriftl. Unterstreichungen und Siegelstempel der Union: „geht zur Juristischen Abt.", dort Eingangsstempel 30.5.1941.
4 Siehe Dok. 136 vom 9.8.1940.
5 Siehe Dok. 148 vom 24.1.1941 und Dok. 149 vom 29.1.1941.

Daher bitten wir Sie gütigst, dem Ministerrat einen Antrag auf Verlängerung der Frist von sechs Monaten gemäß der Verfügung Art. 16, letzter Absatz des Dekret-Gesetzes zur Annahme zu unterbreiten.
Nehmen Sie, Herr Minister, die Versicherung unserer besonderen Wertschätzung entgegen.

DOK. 151
Der Ministerrat erlaubt seit dem 8. Februar 1941 die Weiterbeschäftigung von Juden in verschiedenen Berufen nur in Ausnahmefällen[1]

Schreiben des Ministers für Nationale Wirtschaft (Nr. 38), gez. General G. Potopeanu,[2] Bukarest, an das Justizministerium, Bukarest, vom 8.2.1941 (Abschrift)

Herr General,[3]
auf der gestrigen Sitzung des Kabinettsrats beauftragten Sie mich nach dem Vortrag des Herrn Justizministers[4] zu berichten, in welchem Stadium sich die Umsetzung des Dekret-Gesetzes vom 9. August 1940[5] hinsichtlich der juristischen Lage der jüdischen Bewohner Rumäniens befindet.
In Art. 7 wird es Juden der Kategorie 1 und 3 verboten, bestimmte Ämter in der Öffentlichkeit, Wirtschaft und Gesellschaft auszuüben, und in Art. 16 wird eine Frist von sechs Monaten verfügt, innerhalb derer eine derartige Beschäftigung beendet werden muss; diese läuft heute ab. Verlängert werden kann sie nur durch Niederschrift des Ministerrats, und zwar „für den Fall, dass dies im allgemeinen wirtschaftlichen und nationalen Interesse dringend erforderlich ist".
Nach Befragung aller Ministerien, welche Maßnahmen ergriffen worden sind und wie das Dekret bisher umgesetzt worden ist, lässt sich Folgendes feststellen:
a) Alle Juden der Kategorie 1 und 3 sind aus ihren Positionen als Beamte oder Mitarbeiter in öffentlichen Ämtern (Provisionsverkäufer, offizielle Agenten und Makler und Sachverständige an der Börse) entfernt worden.
b) Juden mit entsprechendem Qualifikationsnachweis als Notar, Rechtsanwalt usw. sind aus den Berufsverbänden ausgeschlossen worden; für diejenigen, die dieser Maßnahme bislang entgangen sind, erwächst aus einer Verlängerung kein Nutzen, weil diese nur erteilt wird, „wenn dies im allgemeinen wirtschaftlichen und nationalen Interesse dringend erforderlich ist", was für diese Kategorie nicht der Fall ist.

1 ANIC, Ministerul Justiției, d. 114/1941, vol. 1, Bl. 257–259. Das Dokument wurde aus dem Rumänischen übersetzt.
2 Gheorghe Potopeanu (1889–1966), Berufsoffizier; 1937–1939 Militärattaché in Paris, Jan. 1941 Wirtschaftsminister, Juni 1941 bis 1944 Befehlshaber der 1. Frontdivision, danach 2. Armee-Korps, Jan. bis März 1944 Gouverneur von Transnistrien, Aug. bis Nov. 1944 Minister für Volkswirtschaft, zeitweise auch Finanzminister; 1948–1953 und 1957–1963 in Haft.
3 Ion Antonescu.
4 Gheorghe P. Docan.
5 Siehe Dok. 136 vom 9.8.1940.

c) Hinsichtlich der Juden, die Mitglied in den Verwaltungsräten von Unternehmen sind, wurden folgende Maßnahmen ergriffen:
1. Das Ministerium für nationale Wirtschaft hat den Handelskammern bzw. dem Handelsregisteramt zur Kenntnis gebracht, die juristische Situation jedes einzelnen Juden, der ein Amt in einem Verwaltungsrat bekleidet, zu überprüfen und am 9. Februar dieses Jahres Juden der Kategorie 1 und 3 aus den Registern zu streichen.
So sind von den 4500 Handelsgesellschaften im Einzugsbereich der Handelskammer Bukarest noch 250 Gesellschaften verblieben, die Juden unter ihren Verwaltern haben. Es wurden Maßnahmen ergriffen, um die Juden der Kategorie 1 und 3 zu entfernen, mit am 9. Februar dieses Jahres beginnenden Fristen.
2. Das Registeramt hat hinsichtlich der Verwalterwahl Maßnahmen ergriffen, damit ab dem 9. August 1940 keine Juden der Kategorie 1 und 3 mehr zugelassen werden können; folglich sind von diesem Zeitpunkt an auch keine Juden mehr in die Verwaltungsräte aufgenommen worden.
3. Die Handelsgesellschaften haben Juden selbständig aus den Verwaltungsräten ausgeschlossen, nachdem das Finanzministerium restriktive Maßnahmen ergriffen hat bezüglich der Vergütung von Lieferungen an jüdische Gesellschaften.
4. Das Ministerium für Nationale Wirtschaft hat bis heute über die Handelskammern weder direkt noch indirekt Anträge auf Verlängerung der gesetzlich festgelegten Frist erhalten.
d) Für jüdische Händler in den Landgemeinden hat das Ministerium für Nationale Wirtschaft dieselben Maßnahmen wie unter c) beschlossen. Hinsichtlich dieser Gruppe hat das Ministerium für Nationale Wirtschaft im September Fälle aus einer oder zwei Handelskammern der Region Moldau vorgelegt bekommen, die zeigen, dass durch die Anwendung des Gesetzes einige Dörfer ohne Läden geblieben wären. Daher hat das Unterstaatssekretariat für Ansiedlung Flüchtlinge aus Cadrilater[6] in die Region Moldau geschickt; 150 wurden benannt, den jüdischen Handel zu übernehmen.
e) Das Finanzministerium hat auf administrativem Wege durch die Selbständige Kasse der Staatsmonopole mit der Annullierung der schon seit 1938 bestehenden jüdischen Konzessionen begonnen. Nach dem 9. August 1940 wurden ausnahmslos alle Debitkonzessionen,[7] die Juden aus der Kategorie 1 und 3 gehören, annulliert. Durch das Dekret-Gesetz vom 10. November 1940,[8] veröffentlicht im Amtsblatt Nr. 264, wurden auch die von Juden der Kategorie 2 gehaltenen Verkaufskonzessionen annulliert. Somit ist deren Liquidierung abgeschlossen.
Die Juden direkt oder indirekt eingeräumten Schankrechte für den Verkauf alkoholischer Getränke sind vom Finanzministerium durch die Direktion des Alkoholmonopols mit dem 31. Dezember 1940 annulliert worden. Das Innenministerium hat durch die Direktion für Kommunale Bewirtschaftung alle von Juden gehaltenen Konzessionen für die Bewirtschaftung kommunaler Dienste überprüft und auf der Grundlage des Dekret-Gesetzes vom 21. Oktober 1940[9] ungeeignete Verträge aufgehoben.

6 Bezeichnung für die Süddobrudscha, die von Rumänien im Sept. 1940 an Bulgarien abgetreten worden war.
7 Genehmigungen zum Verkauf von Tabakwaren und manchmal Alkohol, meist in kleinen Läden.
8 Von der Bearbeiterin nicht ermittelt.
9 Nicht ermittelt.

f) Jüdische Vormund- oder Pflegschaften von Behinderten, die dem christlichen Glauben angehören, können nicht in die Fristverlängerung einbezogen werden, weil sie nur das Privatrecht betreffen und keinen Bezug zu den allgemeinen wirtschaftlichen und nationalen Interessen Rumäniens haben.
g) Jüdische Soldaten sind frühzeitig vom Nationalen Verteidigungsministerium überprüft worden.
h) Juden, die Lichtspielhäuser betreiben, fallen unter die Anordnung des Dekret-Gesetzes zur Rumänisierung der Filmhäuser und Kinosäle vom 19. November 1940,[10] durch die Juden die Betreibererlaubnis entzogen wurde.
Bezüglich der Verlagshäuser, die als Wirtschaftsbetriebe zu betrachten sind, hat das Nationale Wirtschaftsministerium die weiter oben unter c) und d) genannten Maßnahmen ergriffen.
Das Untersekretariat für Propaganda hat die notwendigen Vorkehrungen getroffen, um Juden als Eigentümer nationaler rumänischer Propagandamittel auszuschließen. Zu diesem Zweck hat das Nationale Wirtschaftsministerium unter Mitwirkung der Handelskammer Bukarest eine Fachschule für Öffentlichkeitsarbeit gegründet, um Rumänen auszubilden, welche die aus diesen Berufsfeldern entfernten Juden ersetzen sollen.
i) Jüdische Leiter, Mitglieder und Schiedsrichter in nationalen Sportvereinigungen wurden ausgeschlossen;
j) Jüdische Bedienstete sind aus öffentlichen Einrichtungen entfernt worden.
Wie aus den obigen Ausführungen zu ersehen ist, haben alle Behörden frühzeitig die für die Umsetzung des Dekret-Gesetzes vom 9. August 1940 erforderlichen Maßnahmen ergriffen, eine vom Gesetz festgelegte Fristverlängerung um sechs Monate ist durch keinerlei die allgemeinen und nationalen Wirtschaftsinteressen betreffenden Umstände erforderlich.
Seien Sie bitte, Herr General, meiner höchsten Wertschätzung versichert.

10 Nicht ermittelt.

DOK. 152

Neun Rumäninnen bitten am 3. März 1941 den Patriarchen um Unterstützung für ihre christlich getauften Ehemänner und Kinder[1]

Bittbrief von neun Frauen aus Bukarest, gez. Julieta Lupaşcu-Blazian,[2] Aglaia Friedman-Gheorghiu, Maria Popescu-Petroni, Victoria Blasbalg-Rădulescu, Vasilichia Nisipeanu-Ghimpă, Maria Zaharescu-Bramm, Olga Chapier-Carpuzi, Tatiana Blassion-Ştiuca, Maria Friedman-Nuţu, an den Patriarchen von Rumänien Nicodim,[3] Bukarest (Eing. 3.3.1941), vom 3.3.1941[4]

Ein unmenschliches und antichristliches Gesetz, das sowohl die persönlichen Verdienste, die nachweislich patriotische Haltung als auch die Religion unserer christlichen Ehemänner (ausgezeichnete Kriegshelden, angesehen in ihren Berufen, ehemalige Teilnehmer oder Söhne ehemaliger Teilnehmer am letzten Krieg oder am Krieg von 1877 und vor dem Dezember 1918 eingebürgert) missachtet, treibt auch uns, rumänischstämmige Bürgerinnen, und unsere christlich erzogenen Kinder in eine Gemeinde, der wir nie angehört haben und der weder wir noch unsere Ehemänner und Kinder angehören können.

Dasselbe Gesetz vom 9. August 1940,[5] das eine erst vor einem Jahr mosaisch Getaufte zur ethnischen Rumänin erklärt, wenn sie mit einem Rumänen verheiratet ist, bezeichnet unsere Ehemänner, die vor vielen Jahren christlich getauft wurden, mit Rumäninnen verheiratet sind und christlich erzogene Kinder haben, als Juden.

Das ist nicht nur eine unmoralische und antichristliche, sondern auch antibiologische Auffassung, eingedenk der Tatsache, dass nicht der Mann, sondern die Frau den spezifischen Rassecharakter prägt, da sie das Kind im Leibe trägt und es an ihrer Brust nährt; die Frau ist die Bewahrerin der nationalen Bräuche und Traditionen; sie schafft die häusliche Atmosphäre und gestaltet die Erziehung der Nachfahren.

Durch einen bedauerlichen Irrtum hoffnungslos in moralisches und materielles Elend gestürzt, wenden wir uns heute mit unverrückbarem Glauben an Seine erhabene Geistlichkeit und erflehen den Schutz, den nur die Kirche uns noch gewähren kann gegen die schreiende Ungerechtigkeit, deren Opfer wir schuldlos geworden sind.

Kein Gesetz hielt uns – vor so vielen Jahren – davon ab, Christen dieses Landes zu heiraten.

Kein Gesetz forderte die Nachforschung nach ethnischer Herkunft. Kein Gesetz brandmarkte die heilige Vereinigung durch die Kirche unter Gleichgläubigen. Will diese Kirche heute zulassen, dass Christen, die vor 15–20 Jahren in tiefster Überzeugung getauft worden sind, aus ihrem Schoß vertrieben werden? Kann die Kirche die Vertreibung von

1 ANIC, Ministerul Justiţiei, 114/1941, vol. 2, Bl. 53. Das Dokument wurde aus dem Rumänischen übersetzt.

2 Doppelnamen waren damals in Rumänien nicht üblich, die Frauen betonten auf diese Weise ihre nichtjüdische Herkunft.

3 Nicodim, geb. als Nicolae Munteanu (1864–1948), griech.-orthodoxer Theologe; 1912 Bischof von Huşi, 1918/19 Erzbischof in Bessarabien, 1935 Erzbischof der Region Moldau, von März 1939 an Patriarch der griech.-orthodoxen Kirche Rumäniens.

4 Im Original handschriftl. Notizen von Gr. C. Nicoveanu: 1. „Schlage vor, Herrn General Antonescu zur Beantwortung zu senden"; 2. „Einverstanden", gez. Nicodim, 4.3.1941, Stempel vom Justizministerium Allgemeine Registratur vom 31.3.1941.

5 Siehe Dok. 136 vom 9.8.1940.

ethnischen Rumäninnen und deren christlich erzogenen Kindern aus der rumänischen Gemeinschaft hinnehmen? Kann die Kirche ein im Geist und in seinen Folgen heidnisches Gesetz akzeptieren?
An Seine hohe Geistlichkeit richten wir die demütige Bitte, der erlauchten Regierung den Standpunkt der Christlich-Orthodoxen Kirche darzulegen hinsichtlich einer gerechten, humanen und christlichen Erlösung aus der verzweifelten Situation, in der wir uns befinden.
Wir wissen sehr gut, dass hierfür die Konsultation der Heiligen Synode notwendig wäre, – da das Problem jedoch außergewöhnlich dringlich ist, weil sich der Staat dieser Tage endgültig seine Rechtsgrundlage gibt, bitten wir Sie, Ihre hohe Geistlichkeit, unseren Fall der Ständigen Synode, deren großzügiges Verständnis wir erbitten, zu unterbreiten.
Mit tiefstem Respekt und unerschütterlicher Ergebenheit bleiben wir untertänig und Seiner hohen Geistlichkeit treu ergeben.

DOK. 153
General Antonescu rechtfertigt am 27. März 1941 die Enteignung städtischer Immobilien, die Juden gehören[1]

Erklärung zum Dekret von General Ion Antonescu, Bukarest, vom 27.3.1941

Anlässlich der Veröffentlichung des Dekret-Gesetzes gab General Antonescu folgende Erklärungen über die Enteignung jüdisch-städtischen Eigentums ab:
1. Beim Dekret zum Übergang jüdischen Eigentums in Staatseigentum handelt es sich um eine Maßnahme zur Wiederherstellung historischer Rechte der Rumänischen Nation und zur Rückkehr zu unserer nationalen und christlichen Tradition in der Eigentumsfrage.
2. Bei diesem Dekret handelt es sich um einen Akt zur Wiederherstellung der rumänischen Gesellschaft. Es basiert auf der Ehrfurcht vor der Arbeit und dem Recht der Rumänen, über ihre immobilen Vermögenswerte zu verfügen.
3. Dieses Dekret ist gleichzeitig der Beweis für die Einbeziehung des rumänischen Volkes in die ganz Europa durchdringende nationalistische Geisteshaltung, die die zukünftige gesunde Lebensgrundlage aller Nationen bildet. Dabei passt sich das rumänische Volk an diese neue Welt nicht oberflächlich an, sondern entdeckt damit ehrfurchtsvoll seine ureigene rumänische Vergangenheit wieder.
4. Die Reform, die wir hiermit einleiten, wird schrittweise realisiert werden, um ökonomischen oder gesellschaftlichen Problemen vorzubeugen.

1 ANIC, MP, Interne Presse, d. 56/1941, Bl. 10. Abdruck in: Lya Benjamin (Hrsg.), Evreii din România între anii 1940–1944, vol. 1: Legislația antievreiască, București 1993, Dok. 36, S. 132 f. Das Dokument wurde aus dem Rumänischen übersetzt.

DOK. 154

General Antonescu lässt am 19. Juni 1941 in der Region Moldau Juden identifizieren und eine kollektive Vergeltungsaktion in Bessarabien und der Bukowina vorbereiten[1]

Schreiben (Nr. 62 783, geheim) des Präsidiums des Ministerrats, Zentrum für Informationen, Bukarest, gez. General Şteflea,[2] an die Leitung des Propagandaministeriums[3] und des Innenministeriums vom 19. 6. 1941 (Kopie)

Ich habe die Ehre, Ihnen die folgende informelle Note über die geheime Tätigkeit der Missionare[4] vom Ministerium für Nationale Propaganda zu schicken, die Herr General Antonescu, der Staatsführer, als Befehl verfügt hat:
„Ausführung aller Befehle. Es sollen alle kommunistischen Cafés von Juden in der Moldau geschlossen werden.
Es sollen nach Regionen alle Jidden,[5] kommunistische Agenten und Sympathisanten identifiziert werden.
Das Innenministerium muss ihnen die freie Bewegung verbieten und bereit sein, mit ihnen das zu tun, was ich befehle, wenn der richtige Zeitpunkt gekommen ist.
Es muss [die Gründung] eine[r] Dienststelle vorbereitet werden, die in Bessarabien und der Bukowina alle Verbrechen aufzeichnet, die an der Bevölkerung während der bolschewistischen Herrschaft verübt wurden, damit diese sofort für die Propaganda auf dem Land, in Fabriken, Kinos und Schulen verwendet werden können.
Seine Exellenz hat ebenfalls alle Vorschläge des Ministeriums für Propaganda gebilligt, welche in der Stellungnahme Nr. 83/M vom 31. Mai 1941[6] und in dieser Note festgehalten wurden.“ Sie werden gebeten, die Befehle umzusetzen und dem Ministerrat/Zentrales Zentrum für Information das Ergebnis der getroffenen Maßnahmen bis zum 10. Juli 1941 zu berichten.

1 CNSAS, fond Penal, d. P 639 (Radu Dinulescu şi aţii), vol. 1, Bl. 11. Abdruck in: Ottmar Traşcă (Hrsg.), „Chestiunea evreiască“ în documente militare române 1941–1944, Bucureşti 2010, Dok. 4, S. 119 f. Das Dokument wurde aus dem Rumänischen übersetzt.

2 Ilie Şteflea (1887–1946), Berufsoffizier; seit 1909 in der Armee, 1937–1939 Direktor der Höheren Kriegsschule, ab Juni 1939 Stellv. Chef des Generalstabs, April 1940 bis Jan. 1941 Generalsekretär im Verteidigungsministerium, Febr. 1941 bis Jan. 1942 Kommandant der 3. Division Infanterie, Jan. 1942 bis Aug. 1944 Chef des Großen Generalstabs; im Okt. 1944 verhaftet; 1945 entlassen.

3 Minister für Propaganda war seit April 1941 Mihai Antonescu.

4 Tarnbegriff für Agenten, die seit April 1941 für diese Tätigkeit ausgebildet wurden und danach in Bessarabien und der Bukowina für den Großen Generalstab, Abt. 2, tätig waren.

5 Antonescu verwendet hier den bei Antisemiten üblichen pejorativen Begriff „jidanii“.

6 Nicht ermittelt.

DOK. 155
General Antonescu befiehlt am 21. Juni 1941 die Evakuierung aller Juden aus den Dörfern der Region Moldau und der Bukowina[1]

Verfügung (Nr. 4147, sehr dringend, vertraulich) des Innenministeriums, Büro des Generalsekretärs, gez. UStS Divisionsgeneral I. Popescu,[2] gez. Kabinettschef Hptm. P. Băbeanu,[3] Bukarest, an den Obersten Generalstab, Generalinspektion der Gendarmerie, Generaldirektion der Polizei und an alle Präfekturen vom 21.6.1941[4]

Der rumänische Staatsführer, General Antonescu, befiehlt:
1. Alle arbeitsfähigen Juden zwischen 18 und 60 Jahren aus den Dörfern zwischen Sereth und Pruth werden in das Lager in Tîrgu Jiu evakuiert bzw. in die umliegenden Dörfer der Stadt. Die Abfahrt der ersten Züge beginnt mit dem heutigen Tag, dem 21. Juni d. J.
Die übrigen jüdischen Familien aus den Dörfern zwischen Sereth und Pruth sowie die aus anderen Dörfern der Region Moldau werden, mit dem Lebensnotwendigen versehen, evakuiert und unter Federführung der Präfekten in die Gemeinden der betreffenden Landkreise verbracht.
Die Evakuierung der Familien aus den Moldau-Dörfern hat binnen 48 Stunden nach Erhalt des Befehls zu erfolgen.
2. Alle jüdischen Familien, die sich in den Dörfern des restlichen Landes befinden, werden mit allem Lebensnotwendigen ausgestattet, ebenfalls evakuiert und unter Federführung der jeweiligen Präfekten in die Gemeinden der betreffenden Landkreise verbracht, und zwar innerhalb von vier Tagen nach Erhalt dieses Befehls.
Von allen Evakuierten werden Listen erstellt, die den betreffenden Polizeiorganen zu übergeben sind, um diesen einen Überblick zu geben und die mögliche Überstellung an andere Orte zu erleichtern.
Den evakuierten Familien ist es nicht erlaubt, in ihre Herkunftsgemeinden zurückzukehren.
Die Wohnungen der Evakuierten sowie alle zurückgebliebene Habe werden den lokalen Verwaltungsbehörden überantwortet.
Wer im Rahmen der Evakuierungen beim Plündern und Zerstören von Gütern oder bei der Aneignung der Ernte gefasst wird, ist vor ein Militärgericht zu stellen und mit dem Tode zu bestrafen.
In gleicher Weise werden auch diejenigen strengstens bestraft, die sich während der Evakuierungen nicht korrekt verhalten. Zur Abschreckung werden ihre Namen durch Aushang und mittels öffentlichen Austrommelns bekannt gegeben.

1 AMR, ord 5416-Marele Stat Major, Secția I-a, Organizare-Mobilizare, d. nr. 2410, Bl. 270 f. Abdruck in: Trașcă (Hrsg.), „Chestiunea evreiască" (wie Dok. 154, Anm. 1), Dok. 5, S. 120 f. Das Dokument wurde aus dem Rumänischen übersetzt.

2 Ioan St. Popescu (1885–1942), Berufsoffizier; Sept. 1939 bis Febr. 1941 Kommandant der 6. Infanteriedivision als Divisionsgeneral, Dez. 1941 bis Jan. 1942 UStS im Innenministerium, zuständig für Polizei und den Sicherheitsdienst Siguranța.

3 Paul T. Băbeanu (*1911), Berufsoffizier; 1941 Chef des Kabinetts im Innenministerium, zuständig für Polizei und den Sicherheitsdienst Siguranța.

4 Die Evakuierung erfolgte aus jenen Grenzgebieten, in denen der Überfall auf die Sowjetunion vorbereitet wurde.

Den nach Tg. Jiu evakuierten Personen wird empfohlen, Wäsche, Geschirr und Geld mitzunehmen.
Die Kreispräfekten haben Maßnahmen zu ergreifen, um die Versorgung der Evakuierten sicherzustellen und den ordentlichen Ablauf der Maßnahmen zu überwachen.
Für den Transport mit der rumänischen Staatsbahn wird seitens der Präfekturen bei den Garnisonen um Fahrerlaubnis nachgesucht. Das Verteidigungsministerium hat bereits die Genehmigung erteilt.
Über die erfolgreiche Durchführung der Evakuierungen ist Bericht zu erstatten.[5]

DOK. 156

Der Polizeidirektor in Jassy berichtet am 27. Juni 1941 über die Entfernung angeblich feindlich gesinnter Juden im Aufmarschgebiet der rumänischen und deutschen Armee[1]

Schreiben (Nr. 77/1941) gez. von Oberstleutnant Chirilovici,[2] Polizeidirektor/Quästur, Jassy (Iaşi) an das Oberkommando der 14. Division, Abt. 2,[3] vom 27.6.1941

Ich erlaube mir, den beiliegenden Bericht über das Ergebnis der am 26. Juni d. J. zwischen 17 und 21 Uhr durchgeführten Razzien und Durchsuchungen vorzulegen.
Ich ersuche Sie höflichst, meine Vorschläge zu überprüfen, und bitte um entsprechende Anweisungen.
Bericht über die am Abend des 26. Juni 1941 durchgeführten Razzien und Durchsuchungen.
Am 26. Juni 1941, zwischen 17 und 21 Uhr, bildeten die Beauftragten der Polizeidirektion Jassy, und zwar 20 Polizeikommissare, 40 Fahndungsbeamte und 80 Wachpolizisten (verstärkt durch Gendarmen des Gendarmerie-Bataillons 4/5, der 14. Kompanie, Polizei und mobile Gendarmerie-Legion, insgesamt fünf Offiziere, acht Unteroffiziere sowie 664 Gendarmen), zusammen 40 Einsatzgruppen mit folgendem Auftrag:
1) Identitätsfeststellung aller Personen anhand gültiger Ausweispapiere (Personalausweis, Eisenbahnkarte, Militärausweis, Ausweise für Angehörige vormilitärischer Jugendeinheiten).

5 Diese Maßnahme betraf laut Wilhelm Filderman etwa 40 000 Männer, Frauen und Kinder. In einem Schreiben an den Vizepräsidenten des Ministerrats vom 24.6.1941 bat er – vergeblich – um Rücknahme des Beschlusses. Abdruck in: Jean Ancel (Hrsg.), Documents Concerning the Fate of Romanian Jewry During the Holocaust, vol. 2, Jerusalem u. a. 1986, S. 419.

1 AMR, Fond 2277-Divizia 14 Infanterie, d. Nr. 1085, Bl. 94–96. Abdruck in: Trașcă (Hrsg.), „Chestiunea evreiască" (wie Dok. 154, Anm. 1), Dok. 11, S. 130 ff. Das Dokument wurde aus dem Rumänischen übersetzt.
2 Constantin Chirilovici (1892–1947), Berufsoffizier; Inspektor der Gendarmerie, Polizeichef (Quästor) in Jassy von Jan. 1941 bis Juli 1941; 1945–1947 in Untersuchungshaft; nahm sich vor der Urteilsverkündung das Leben.
3 Die Abt. 2 des Großen Generalstabs sollte kommunistische Juden und Spione verhaften. Da die meisten politisch linksstehenden Juden bereits interniert worden waren, ging sie willkürlich gegen viele andere vor.

2) Eingehende Leibesvisitationen und Hausdurchsuchungen bei der gesamten jüdischen Bevölkerung, wobei Folgendes beschlagnahmt wurde: elektrische Taschenlampen, staatsgefährdende Briefe, rote Fahnen, Broschüren, Manifeste, Feuerzeuge.
3) Sofortige Verhaftung und Verbringung auf die Polizeidirektion aller Ortsfremden ohne Aufenthaltsnachweis für Jassy sowie von (aus ernsthaften Gründen) Verdächtigten.
4) Überprüfung der Identität auch der Frauen und unter Umständen auch deren Leibesvisitation (unter Zuhilfenahme einer als Zufallszeugin benannten Frau christlichen Glaubens), allerdings in Anwesenheit eines Polizeibeamten, der diese bei der Durchführung der Durchsuchung unterweist, und in Gegenwart von weiteren Zeugen (zwei pro Durchsuchung).
5) Durchsuchung von begründet in Verdacht stehenden Personen und Juden oder Jüdinnen, die mit Christen verheiratet sind.
Es wird empfohlen: höfliches, kultiviertes Verhalten und rumänisches Verantwortungsbewusstsein, gleichwohl Entschlossenheit und Bestimmtheit, jedoch keine Übergriffe, Gewalt, unnötige Beschimpfungen oder Misshandlungen.
Allen Einsatzkräften wird taktvolles Vorgehen, Geduld und Besonnenheit auferlegt.
Die Durchsuchungen sind auch bei Juden durchzuführen, die sich in Gaststätten aufhalten (Feststellung der Identität und des Aufenthaltsgrunds im Lokal zur betreffenden Stunde).
6) Alle festgenommenen Personen sind, nachdem sie in der betreffenden Bezirkswache gesammelt wurden, mitsamt einem vom Einsatzleiter unterzeichneten Begleitschreiben auf die Polizeidirektion zu verbringen.
Aufgrund der Hinweise, nach denen sich unter der jüdischen Bevölkerung viele feindliche Agenten befinden, die Leuchtraketen abschießen und Signale mit Taschenlampen, elektrischen Glühbirnen usw. aussenden, um den Feind zu instruieren, wurden in die jüdischen Viertel Einsatzgruppen kommandiert, um Razzien durchzuführen, mit folgendem Ergebnis:[4]
Es wurden 317 ohne Ausweispapiere aufgefundene Juden zur Polizeidirektion verbracht. Davon wurden 207 Personen zu Ermittlungszwecken festgehalten; sie waren verdächtig, da sie Taschenlampen und zahlreiche andere Gegenstände bei sich trugen (Kleidung und anderes Tuch von roter Farbe, woraus kommunistische Fahnen angefertigt werden könnten). Gegen all diese Personen wird ermittelt, und sie werden auf Vorstrafen überprüft. *Unseres Erachtens sollten sie vorübergehend unter Bewachung in einer Kaserne interniert werden und zu gemeinnützigen Arbeiten herangezogen werden*, um zu verhindern, dass sie die Sicherheit der Armee, die Staatssicherheit sowie die öffentliche Ordnung gefährden. Auf diese Weise würden sie für einige Zeit ihrem Umfeld entzogen werden und durch ihre zwielichtigen Machenschaften nicht mehr dazu beitragen können, *Verbindung zu den vom Feind eingeschleusten Spionen und Spitzeln aufzunehmen.*

4 Im Original handschriftl. Notiz von General Stavrescu: „Wer mit Laternen erwischt wird, soll erschossen werden."

DOK. 157
General Antonescu ordnet am 30. Juni 1941 die Verhaftung jüdischer Geiseln in frontnahen Bezirken an[1]

Befehl (Nr. 4599) des rumän. Innenministeriums, Kabinett, Bukarest, gez. UStS Kabinettschef, Divisionsgeneral I. Popescu, gez. Hauptmann Paul Băbeanu, an die Präfekturen der Moldau, die Präfektur der hauptstädtischen Polizei, den Generalinspektor der Gendarmerie, die Generaldirektion der Polizei und die Präfekturen: Prahova, Buzău, Râmnicul Sărat, Tulcea und Constanța vom 30.6.1941

Auf Befehl General Antonescus wird bekannt gegeben:
Die Sowjets planen Sabotageakte, Unruhestiftung und Übergriffe hinter den Frontlinien. Zu diesem Zweck werden Spione und bewaffnete Agenten aus Flugzeugen abgesetzt, oft verkleidet als Frauen. Die feindlichen Agenten treten in Kontakt mit den im Land befindlichen Spionen und der jüdisch-kommunistischen Bevölkerung und verüben Sabotageakte, Terroranschläge und Gewaltaktionen.
Um diesen Zuständen ein Ende zu setzen, verfügt General Antonescu:
1. In Ihrer Stadt ansässige Juden männlichen Geschlechts zwischen 18 und 60 Jahren sind in den jüdischen Vierteln zu versammeln, vorzugsweise in jüdischen Schulen und größeren Gebäuden, und unter Bewachung zu stellen, um alle Versuche der Unruhestiftung sofort ahnden zu können.
In den Judenvierteln sind strengere Überwachungsmaßnahmen zu ergreifen.
2. Zwischen 20.00 und 7.00 Uhr ist für Juden ein Ausgangsverbot zu verhängen.
3. Aus den Reihen bekannter jüdischer Anführer (Rabbiner, Schächter usw.), Kommunisten und kommunistischer Legionäre sind Geiseln zu nehmen, die in einem gesonderten Gebäude unterzubringen und im Falle eines Aufruhrs oder Terroranschlags zu erschießen sind.
Es sind lokale Verordnungen zur Bekanntgabe der Strafmaßnahmen zu erlassen, die den Geiseln im Fall von Sabotage-, Terror- und Aggressionsakten durch Juden, Kommunisten und kommunistische Legionäre drohen.

1 AMR, F. 5416-Marele Stat Major, Secția I-a, Organizare-Mobilizare, d. nr. 2410, Bl. 372b. Abdruck in: Trașcă (Hrsg.), „Chestiunea evreiască" (wie Dok. 154, Anm. 1), Dok. 14, S. 134 f. Das Dokument wurde aus dem Rumänischen übersetzt.

DOK. 158

Der Befehlshaber der 14. rumänischen Infanteriedivision informiert die Soldaten am 30. Juni 1941, dass nur Sonderkommandos gegen Juden vorgehen dürfen[1]

Befehl (Nr. 24 150), gez. General Gheorghe Stavrescu,[2] Kommandeur der 14. Infanteriedivision, Generalstab, an das Regiment Befestigungsanlagen, Dienststelle Nachschub, vom 30. 6. 1941

Wir haben die Ehre, Folgendes mitzuteilen:
1. – An den Unruhen vom 29. Juni d. J. in Jassy waren auch einige Soldaten beteiligt, die ihre Einheit verlassen und Festnahmen veranlasst, Plünderungen durchgeführt und Massaker unter der jüdischen Bevölkerung verübt haben. Sie wurden an das Kriegsgericht übergeben, um ihnen unverzüglich den Prozess zu machen und sie zu bestrafen.
2. – Um derartige Vergehen künftig zu verhindern und insbesondere um der daraus resultierenden Schwächung der Truppe beim Übertritt nach Bessarabien durch Verhaftungen, Terrorakte und Massaker entgegenzuwirken, verfüge ich Folgendes:
a. Nach Erhalt des vorliegenden Befehls haben alle Kommandeure gegenüber ihren Offizieren, Unteroffizieren und der Mannschaft deutlich zu machen, dass niemand seine Einheit eigenmächtig verlassen darf, sondern solche Aktionen nur im Sonderauftrag eines unmittelbaren Vorgesetzten durchgeführt werden dürfen.
b. Der gesamten Mannschaft ist außerdem zu vermitteln, dass die Durchsuchung und Säuberung von Dörfern von Sondereinsatzkommandos der Division durchgeführt werden, mit genauen Instruktionen, wie sie mit Personen, die der Kooperation mit dem Feind verdächtigt werden, und sich herumtreibenden Soldaten umzugehen haben.
c. Den Mannschaften ist darüber hinaus zu erklären, dass sich ihr Kampfauftrag auf die Vernichtung des vor ihnen stehenden Feindes erstreckt und nicht auf Verwüstungen und Drangsalierungen.
Das Bestreben der Soldaten, Verdächtige im Alleingang zu vernehmen oder zu verhaften, spielt nur dem Feind in die Hände, verzögert unsere Operationen und gibt diesem Gelegenheit, sich zurückzuziehen oder sich zu sammeln und erneut anzugreifen. Jeder Soldat sollte sich auf den vor ihm stehenden Feind konzentrieren. Der in unserem Rücken stehende Feind wird von den Sondereinheiten bekämpft, indem sie die auf unserem Weg liegenden Dörfer und Städte durchkämmen und alle, die im Dienste des Feindes standen oder die rumänische Armee während ihres Rückzugs am 28. Juni 1940 angegriffen haben, auf der Stelle verhaften und bestrafen.
3. – Die Kommandeure von Kompanien (Batterien, Schwadronen), Verbänden und Nachschubeinheiten haben in ihren Einheiten eine interne Polizeigruppe aufzustellen, um seitens der Mannschaften Verwüstungen oder Massaker unter der Zivilbevölkerung, unabhängig von der ethnischen Zugehörigkeit, zu verhindern.

1 AMR, F. 2277-Divizia 14 Infanterie, d. Nr. 1085, Bl. 459. Abdruck in: Trașcă (Hrsg.), „Chestiunea evreiască“ (wie Dok. 154, Anm. 1), Dok. 16, S. 136 f. Das Dokument wurde aus dem Rumänischen übersetzt.

2 Gheorghe Stavrescu (1888–1951), Berufsoffizier; seit 1910 in der rumän. Armee; Kommandant der 14. Inf. Div.; Aug. 1945 in Reserve, 1948 verurteilt für Massenverbrechen in Jassy und Bessarabien, starb im Gefängnis.

Zu diesem Zweck haben die jeweiligen Kommandeure von Kompanien (Batterien, Schwadronen), Verbänden und Nachschubeinheiten alle Truppenzugehörige in Listen zu erfassen; die obige Bekanntgabe hat jedes Mitglied der Mannschaft zur Kenntnisnahme zu unterschreiben.
4. – Falls die jüdische Zivilbevölkerung oder andere Minderheiten dennoch gegen die rumänische Armee vorgehen oder diese beschießen sollten, werden die Schuldigen verhaftet; der genannten Leitstelle – dem Prätorialamt– ist telefonisch oder auf anderem Eilweg Bericht zu erstatten; die Leitstelle hat detaillierte Anweisungen für das Ermittlungsverfahren und die sofortige Bestrafung der Schuldigen.
Innerhalb der Division sollte deutlich werden, dass ausschließlich ich die Befehle erteile und der Soldat sich tapfer und diszipliniert verhalten muss, statt seine Einheit zu verlassen wie ein hirnloser Halunke, um zu plündern.
Im Falle der Missachtung sind mir die Kommandeure, vom Zugführer bis zum Regimentskommandeur, unmittelbar verantwortlich und müssen damit rechnen, dass außer dem beschuldigten Soldaten auch sie wegen Führungsschwäche vor Gericht gestellt werden.
Empfang und Übermittlung des Befehls ist bis zum 2.8.1941 zu bestätigen.

DOK. 159
General Antonescu verbietet am 4. Juli 1941 den Soldaten in Jassy weitere Plünderungen und Morde an Juden[1]

Befehl (Nr. 1876/A, dringend) von General Antonescu, über Oberkommando der 3. Armee, Generalstab, 1. Abt., Büro 1, Feldpostamt, Nr. 30, gez. Gh. Zaharescu,[2] gez. Oberst V. C. Botezatu,[3] Chef der 1. Abt., an die 14. Division vom 4.7.1941

Hiermit übermitteln wir den von Staatsführer General Antonescu erlassenen Befehl Nr. 255 vom 4. Juli 1941 zur sofortigen Ausführung. Der Befehl geht auch an das Oberkommando der Streitkräfte, an alle Divisionen und Brigaden.
Auf Befehl, Chef des Generalstabs, General, gez. Zaharescu
Abschrift des Befehls Nr. 255 vom 4. Juli 1941:
Die Unruhen der vergangenen Tage in Jassy haben die Streitkräfte und die Behörden in ein überaus schlechtes Licht gerückt.

1 AMR, F. 2277-Divizia 14 Infanterie, d. 1072, Bl. 92, Abdruck in: Trașcă (Hrsg.), „Chestiunea evreiască" (wie Dok. 154, Anm. 1), Dok. 24, S. 148 f. Das Dokument wurde aus dem Rumänischen übersetzt.

2 Gheorghe Zaharescu (*1889), Berufsoffizier; seit 1934 Brigadegeneral; Juni bis Nov. 1941 Chef des Generalstabs der 3. Armee, Nov. 1941 bis April 1942 Kommandant der 13. Infanteriedivision, April 1942 bis Aug. 1946 Kommandant der Eliteeinheiten; im Aug. 1946 suspendiert.

3 Vasile C. Botezatu (1894–1972), Berufsoffizier; seit 1916 in der Armee Rumäniens; 1941–1942 Chef der 1. Sektion Organisierung-Mobilisierung in der Führung der 3. Armee, Dez. 1942 bis Jan. 1943 stellv. Kommandant der Division 5 Infanterie, weitere Führungspositionen in Einheiten an der Ostfront bis 1944; im Aug. 1946 suspendiert.

Während der Evakuierung Bessarabiens war es eine wahre Schande für die Armee, sich von Juden und Kommunisten widerstandslos verhöhnen und angreifen zu lassen.[4] Eine noch größere Schande ist es jedoch, wenn einzelne Soldaten eigenmächtig und oft aus reinen Plünderungs- und Misshandlungsabsichten die jüdische Bevölkerung angreifen und wahllos ermorden, wie in Jassy geschehen.
Das jüdische Volk hat das rumänische ausgesaugt, in Armut gestürzt, ausgenützt und es über Jahrhunderte in seiner Entwicklung gehemmt. Es ist unbestreitbar notwendig, sich dieser Geißel zu entledigen, doch nur die Regierung ist berechtigt, die dazu notwendigen Maßnahmen zu ergreifen. Derzeit erfolgen diese Maßnahmen nach von mir festzulegenden Richtlinien und werden entsprechend umgesetzt. Es ist nicht vertretbar, wenn Bürger oder Soldaten die Lösung der Judenfrage durch Plünderung und Massaker in die eigenen Hände nehmen. Durch ein solches Vorgehen offenbaren wir uns der Welt als undiszipliniertes und unkultiviertes Volk und setzen die Autorität und das Ansehen des rumänischen Staates herab.
Ich gebiete deshalb jeglichen eigenmächtigen Unternehmungen entschieden Einhalt und mache die Militär- und Zivilbehörden für die strengste Befolgung dieses Befehls verantwortlich.
Derartige Verbrechen sind ein Schandfleck für das gesamte Volk, deren Folgen nicht von den Tätern, sondern von zukünftigen Generationen bezahlt werden.
Wer obigen Befehl ignoriert, wird vor Gericht gestellt und auf das Strengste bestraft.

DOK. 160

Der Deutsche Konsul in Jassy schildert am 9. Juli 1941 die Entwicklung und Folgen des Massakers seit dem 28. Juni[1]

Bericht (Nr. 425, geheim), gez. Fritz Schellhorn,[2] Deutscher Generalkonsul in Jassy, an die Deutsche Gesandtschaft Bukarest vom 9.7.1941

Betrifft: Ereignisse in Jassy vom 28.VI.–3.VII. d. J.
Während die Stadt Jassy durch die kriegerischen Ereignisse, von einem allerdings sehr heftigen Fliegerangriff abgesehen, nur wenig in Mitleidenschaft gezogen wurde, haben sich in der Nacht vom 28. zum 29. v.M. Dinge ereignet, in deren Folge 3–4000 Juden der Stadt ums Leben gekommen sind. Schon am Abend des 28. fielen an verschiedenen Stellen der Stadt vereinzelte Schüsse; nach Einbruch der Dunkelheit nahm das Feuer zu; bald taten auch Maschinengewehre ihre Tätigkeit. Während der Nacht hallte die ganze

4 Der militärische Geheimdienst hatte 1940 den ungeordneten Rückzug des Militärs auf Überfälle von Juden zurückgeführt. Das Chaos entstand vor allem durch das schnelle Vorrücken der Roten Armee.

1 PAAA, Deutsches Konsulat Czernowitz, Paket 4, Po 1, Bd. 2, unpaginiert. Abdruck in: Trașcă/ Deletant (Hrsg.), Al III-lea Reich (wie Dok. 134, Anm. 1), S. 184–186.

2 Dr. Dr. Fritz Schellhorn (1888–1982), Arzt und Diplomat; 1914–1918 Militärarzt; 1920 Dr. rer. pol.; von 1920 an im Auswärtigen Dienst, Legationssekretär in Brüssel, Reykjavík, Wien und Paris; von März 1934 an Konsul in Czernowitz, Dez. 1940 bis Nov. 1941 Dienstsitz in Jassy, Mai bis Aug. 1944 als Generalkonsul in der Bukarester Gesandtschaft; Sept. 1944 bis Okt. 1955 in sowjet. Gefangenschaft, danach in Westdeutschland.

Stadt wiederholt von regelrechtem Gefechtslärm wider; auch viele Handgranaten wurden geworfen. Gegen Morgen wurde es etwas ruhiger, aber noch bis zum Nachmittag des 29. und in der Nacht zum 30. wurden Tausende von Schüssen abgegeben. Unterdessen waren die Juden in Haufen angegriffen und zusammengeschossen worden; die Leichen, darunter viele Frauen und Kinder, lagen in Massen an vielen Stellen der Stadt. Die Erschießungen dauerten, allmählich weniger werdend, bis zum 2. d. M. an; die Gesamtzahl der auf diese Weise ums Leben Gekommenen dürfte zwischen 500 und 800 liegen; genaue Angaben sind vorläufig nicht erhältlich. Gleichzeitig mit der Erschießung der Juden setzten die Plünderungen ein, die ein ungewöhnliches Maß annahmen und tagelang anhielten. Von planmäßigem Vorgehen war in den ersten Tagen keine Rede; kleine Trupps, meist wahllos zusammengesetzt und häufig von Zivilisten geführt, gingen selbständig vor, erbrachen die Häuser, erschlugen die Juden und raubten die Wohnungen aus. Die dunklen Nächte begünstigten diese Methoden. Im Laufe des 29-sten erließ General Stavrescu den verhängnisvollen Befehl, die jüdische Bevölkerung der Stadt zu evakuieren. Er musste sich bei einiger Überlegung sagen, daß zu einer Zeit vollen Aufmarsches starker deutscher und rumänischer Verbände gegen den Feind die Wegschaffung von etwa 50 000 Menschen in gegenteiliger Richtung vollständig unmöglich war. Der Befehl wurde denn auch anderntags widerrufen, nachdem 2 Züge mit, wie mir angegeben wurde, zusammen 4423 Juden abgefertigt waren. Bei der Verladung und dem Abtransport der Juden ereigneten sich schauerliche Szenen, deren Schilderung im Einzelnen ich mir ersparen darf. Aus dem ersten Zug, in dem 2066 Juden in 20 Waggons zusammengepfercht waren, wurden schon in der 18 km entfernten Station Podul Iloaiei über 1000 Tote ausgeladen, die zunächst in Haufen vor den Waggons liegen blieben und im Laufe der nächsten Tage eingegraben wurden. Bis zum 5. d. M. war die Zahl der Toten auf 1290 gestiegen. 776 waren noch am Leben und bei jüdischen Familien des Ortes untergebracht. Dort wurde ein Blutbad vermutlich nur durch die Anwesenheit einer deutschen Bäckereikolonne verhindert. Der 2. für Târgul Frumos bestimmte Zug mit 37 Waggons und 2357 Juden zählte nach seiner Ankunft dort 656 Tote. Auf der Weiterfahrt nach Roman sind nach Mitteilung des Bürgermeisters von Târgul Frumos noch einige Hunderte zugrundegegangen; sie wurden während der Fahrt ausgeladen und in kleineren Ortschaften begraben. Die Überlebenden gelangten nach 4-tägiger Fahrt nach Roman, wo sie nach Augenzeugenberichten deutscher Offiziere größtenteils nackt im Hofe einer Zuckerfabrik zusammengetrieben wurden – die Kleider waren ihnen bereits gestohlen –, um den Weitertransport nach Călăraşi abzuwarten. Sie hatten angeblich während der ganzen Zeit kaum Wasser und Nahrung erhalten. Die deutschen Offiziere sind überzeugt, daß wohl keiner dieser Menschen mit dem Leben davonkommen wird, schon um die Zeugen dieser Gräßlichkeiten zu beseitigen. Von ärztlicher Seite werden als Todesursache für den kleineren Teil Erstickung, für den größeren schwere innere und äußere Verletzungen angegeben. Übereinstimmend haben die deutschen Offiziere, mit denen ich über die Vorgänge sprach, ihrem Entsetzen über das, was sie sehen mußten, Ausdruck gegeben.[3]

Über die eigentlichen Ursachen der Vorkommnisse ein sicheres Bild zu gewinnen, ist und wird vermutlich auch nie möglich sein. Von amtlicher rumänischer Seite ist mir

3 Über Schellhorns Nachforschungen und Einsatz zugunsten verfolgter Juden berichtete Franz Babinger, der ihn 1941 bei der Untersuchung begleitet hatte, vor einem Münchener Gericht 1956.

immer wieder, zuletzt gestern, den 8. Juli, vom Polizeipräfekten Oberst Pop,[4] erklärt worden, daß bei keiner Hausdurchsuchung Waffen gefunden worden seien. Nach mir gemachten Mitteilungen deutscher Offiziere ist es aber Tatsache, daß Kommunisten, die mit Pistolen, Gewehren und auch Maschinengewehren auf deutsches Militär aus Häusern und auf der Straße Feuer gaben, gestellt und erschossen werden konnten. Von einem regelrechten kommunistischen Aufstand in der Stadt kann indes keine Rede sein; zu eigentlichen Straßenkämpfen ist es nirgends gekommen. Ich habe die Überzeugung und sie wird durch zahlreiche mir gemachte Mitteilungen bestätigt, daß es sich im wesentlichen um Provokationen dunkler Elemente gehandelt hat, die den Pogrom hervorgerufen und gleichzeitig plündern wollten. Gewisse Kreise ziehen eine Parallele zu den Januarereignissen,[5] aber die anständigen Legionäre haben sicher keinen Anteil an den Provokationen, und es sind auch kaum Verhaftungen unter ihnen erfolgt. Viel wahrscheinlicher sind Provokationen von Mitläufern, besonders der Cuzisten oder Elementen, die sich als solche ausgaben.[6] Es ist sehr auffallend, daß einige Tage vor den Ereignissen zweifelhafte Individuen mit Abzeichen gesehen wurden, die den Hoheitszeichen der Partei äußerst ähnlich sahen und die auf Befragen erklärten, es sei dies das Abzeichen der cuzistischen Partei.[7] Der vor einigen Tagen wieder eingetroffene Professor Cuza hat dies kategorisch in Abrede gestellt.
Mit aller Schärfe muß der Versuch zurückgewiesen werden, der deutschen Wehrmacht die Schuld an den Ereignissen in die Schuhe zu schieben, wie dies selbst von amtlicher rumänischer Seite versucht wurde. Der Präfekt Oberst Captaru[8] machte am 30. v.M. gegen 23.50 Uhr mir gegenüber, allerdings wohl auf Grund falscher Unterrichtung, deutsches Militär für die Abfertigung des nach Podul Iloaiei abgegangenen Zuges mit verantwortlich und bat mich in diesem Zusammenhang, dahin zu wirken, daß die Exekutivgewalt wieder ganz in die Hände der Rumänen gelegt werde. Immer wieder höre ich, auch von deutscher militärischer Seite, daß von rumänischen Offizieren und Mannschaften behauptet wird, das Vorgehen gegen die Juden sei vom deutschen Militär gefordert worden. Ich darf auf meinen Bericht J. Nr. 271[9] über die Mißhandlungen der Stenotypistin Schmidt[10] verweisen. Daß sich deutsche Soldaten in der Nacht vom 28. auf den 29. zur Wehr setzten, ist selbstverständlich; die anderntags erfolgte Einteilung der Stadt in einen

4 Valeriu E. Pop (*1896), Berufsoffizier; im Juli 1941 Polizeiquästor, Aug. 1941 bis Sept. 1942 stellv. Inspektor bei der Gendarmerie in Czernowitz, beteiligt an Organisation der Deportationen, Sept. 1942 bis März 1943 Kommandant der Ausbildungsschule für Gendarmen in Focşani, März 1943 bis April 1944 Kommandant bei der Gendarmerie in Bukarest; im Aug. 1946 suspendiert, 1947 in Reserve.
5 Schellhorn nahm Bezug auf den Putschversuch der Legionäre gegen General Antonescu im Jan. 1941; siehe Einleitung, S. 55.
6 Gemeint sind die Anhänger von Alexandru C. Cuza, deren antisemitische National-Christliche Partei bei den letzten rumän. Parlamentswahlen im Dez. 1937 9,15 % der Wählerstimmen errang.
7 Das Abzeichen der National-Christlichen Partei war 1938 ein linksgedrehtes Hakenkreuz.
8 Dumitru Captaru (1894–1964), Berufsoffizier; seit 1939 Oberst, April bis Sept. 1941 Präfekt von Jassy, wurde wegen des Pogroms in Jassy abgesetzt und kam an die Front, von Nov. 1942 bis Juni 1946 in sowjet. Gefangenschaft; 1947 angeklagt wegen der Massenmorde und Deportationen von Jassy, 1948 verurteilt zu lebenslänglicher Zwangsarbeit, 1960 entlassen, starb in der Verbannung in Bărăgan.
9 Nicht gefunden.
10 Elisabeth Schmidt, 1926–1940 Stenotypistin im Konsulat Czernowitz, 1940/1941 in Jassy.

deutschen und einen rumänischen Sektor brachte es mit sich, daß sich deutsches Militär auch an Aushebung und Zuführung der Juden an die Polizeistationen beteiligte, nachdem der Befehl zur Evakuierung einmal gegeben war. Die Abfertigung der Züge lag aber nach Mitteilung des deutschen Bahnhofskommandanten Hauptmann Fischer[11] ausschließlich in Händen der Rumänen. Leider ist es in den kritischen Tagen auch zu Ausschreitungen deutscher Soldaten gekommen. Doch handelt es sich um Einzelfälle, die jedenfalls in keiner Weise berechtigen, die deutsche Wehrmacht für die Vorkommnisse verantwortlich zu machen.

Auf die Wesensart des rumänischen Volkes wirft das, was in diesen Tagen geschehen ist, ein düsteres Bild. An den Plünderungen und blutigen Ausschreitungen haben sich vornehmlich Militär, aber auch Gendarmerie, Polizisten und zahlreiche Zivilisten beteiligt. Die Bestechungsgelder gehen in viele Millionen; bei manchen einfachen Soldaten wurden Tausende von Lei, Schmuck und dergleichen gefunden. Von den wohlhabenderen und intellektuellen Juden, unter denen die eigentlichen Drahtzieher des Kommunismus zu suchen sind, wurden nur ganz wenige in der ersten Wut erschlagen; den meisten gelang es sich loszukaufen. Schon ihre Legitimationskarten enthielten meist die Anzahl Banknoten; manche wurden aber des öfteren verhaftet und erst nach Bezahlung entsprechender Summen wieder freigelassen. So gehören besonders die evakuierten Juden fast ausschließlich den ärmeren Schichten an, die an den Schießereien mit größter Wahrscheinlichkeit nicht beteiligt waren. In seinem Schreiben an den Bürgermeister von Târgul Frumos wegen des dorthin abgefertigten Zuges hatte der Präfekt Captaru auch vermerkt, daß es sich um Evakuierte handle, gegen die nichts Belastendes vorläge.

Wie ich schon drahtlich berichtet habe, konnte ich die Anwesenheit fremder Journalisten in Jassy während der kritischen Tage nicht feststellen. Da indes die Vorgänge in Podul Iloaiei auch von anderer Seite photographiert und die Abzüge hier verbreitet wurden, ist damit zu rechnen, daß sie früher oder später der feindlichen Propaganda in die Hände fallen werden. Die beiden Züge enthielten auch viele Wagen der deutschen Reichsbahn; der deutsche Bahnhofskommandant hat hierzu erklärt, daß die rumänische Eisenbahnverwaltung im Bedarfsfalle auf deutsche Wagen zurückgreifen könne.

Einige Abschriften von Meldungen militärischer Stellen, mit denen ich eng zusammengearbeitet habe, lege ich zur vertraulichen Kenntnisnahme bei, ferner einige Lichtbilder der gleichen Stellen aus Podul Iloaiei.

5 Durchschläge, 2 Anlagen[12]

11 Helmut Fischer (*1915), Hauptmann; Juni/Juli 1941 beim Kommando der 11. Armee der Wehrmacht.

12 Anlagen liegen nicht in der Akte.

DOK. 161

General Antonescu fordert am 12. Juli 1941, dass wegen des Massakers in Jassy keine Legionäre, sondern Kriminelle und Kommunisten verfolgt werden sollen[1]

Protokoll der Militärischen Untersuchungskommission,[2] Jassy, gez. Oberst Captaru,[3] der Präfekt des Landkreises Jassy; General Carlaonţ,[4] Garnisonskommandeur; Giosan,[5] Distriktspolizeiinspektor; Oberstleutnant Valeriu Pop, Polizeidirektor/Quästur Jassy; Major A. Alexandrescu,[6] Kommandeur der Gendarmerielegion, Jassy, vom 12.7.1941 (Abschrift)

Protokoll

Am heutigen 12. Juli 1941 um 10 Uhr nahmen an der Versammlung des Rats für Zusammenarbeit in der Präfektur des Landkreises Jassy unter dem Vorsitz von Oberst D. Captaru, Präfekt des Landkreises Iaşi, folgende Herren teil:
General Carlaonţ, Kommandeur der Garnison Jassy,
Herr Giosan, Inspektor der Distriktpolizei Jassy,
Oberstleutnant Valeriu Pop, Polizeidirektor Jassy, und
Major A. Alexandrescu, Kommandeur der Gendarmerielegion des Landkreises Jassy.
Verhandelt wurde erneut die Weisung des Innenministeriums bezüglich der Evakuierung der Juden im Alter zwischen 18 und 60 Jahren.
Der Präfekt führt aus, dass die Schüsse während des Alarms in der Nacht vom 11. auf den 12. Juli an die Vorkommnisse vom 28.–29. Juni erinnerten, und er äußert den Verdacht, dass es sich um ein erneutes Täuschungsmanöver handeln könnte. General Carlaonţ, Kommandeur der Garnison, teilt mit, General Antonescu habe verfügt, nicht die Legionäre zu verfolgen, sondern Ganoven und Kommunisten.
Er ordnet an, alle Führer der Legionärsbewegung auf einer eigens einberufenen Versammlung darauf hinzuweisen, dass weitere Täuschungsmanöver oder einzeln abgegebene Schüsse mit Internierungslager bestraft werden.
Es wird außerdem beschlossen, Durchsuchungen durchzuführen, um Beweisstücke zu sichern.

1 AMR, F. 1631-Comandamentul 4 Teritorial, d. nr. 1349, Bl. 795. Abdruck in: Traşcă (Hrsg.), „Chestiunea evreiască" (wie Dok. 154, Anm. 1), Dok. 31, S. 159 f. Das Dokument wurde aus dem Rumänischen übersetzt.

2 Die Kommission initiierte der Kriegsminister Iosif Iacobici (1884–1952), Berufsoffizier; von 1941 an Verteidigungsminister, Sept. 1941 Oberbefehlshaber der 4. Armee und Generalstabschef, Jan. 1942 Rücktritt; 1949 zu acht Jahren Haft verurteilt, starb im Gefängnis.

3 Dumitru Captaru.

4 Dumitru Carlaonţ (1888–1970), Berufsoffizier; Mai bis Juni 1941 Kommandant der 4. Infanteriedivision, Juli bis Sept. 1941 militärischer Kommandant der Garnison Jassy, 1941–1944 Kommandant der 8. Infanteriedivision, Sept. bis Okt. 1944 Generalsekretär im Kriegsministerium; Sept. 1944 Anklage wegen des Pogroms in Jassy, entlastet; 1951 wegen Kriegsverbrechen verurteilt, 1955 amnestiert.

5 Emil Giosan (1913–1964); Juni/Juli 1941 Inspektor der Geheimpolizei Siguranţa in Jassy; Mai 1950 bis Juli 1951 in Haft.

6 Aristotel Alexandrescu (*1897), Berufsoffizier; als Major im Juni/Juli 1941 Leitung der Gendarmerie in Jassy.

Der Rat stellt fest, dass aufgrund der Beschlüsse in einer vorangegangenen Ratssitzung bereits alle Juden im Alter zwischen 18 und 60 Jahren nach Podul Iloaiei und Călăraşi-Ialomiţa evakuiert sowie die Geiseln und des Kommunismus Verdächtigen in die Kaserne des 13. Regiments der Dorobantzen verbracht worden seien.
Größere Ansammlungen von Juden in den Stadtvierteln seien nicht zu empfehlen, da sie Opfer von Massakern werden könnten.
Der Rat verfasst ein Schreiben an das Innenministerium, um die in Podul Iloaiei evakuierten jüdischen Frauen und Kinder zusammen mit der Gruppe von 2000 Männern nach Jassy zurückzuführen, da sie nichts zu essen haben.
Zur Beurkundung wurde das vorliegende Protokoll ausgefertigt.

DOK. 162

Curierul Israelit: Die Zeitung ehrt eine rumänische Vertreterin des Roten Kreuzes, die sich im Sommer 1941 für die Juden aus einem Deportationszug einsetzte[1]

Lob für eine großmütige Dame[2]

Viorica Agarici,[3] die Vertreterin des Rumänischen Roten Kreuzes, setzt die Öffnung und Reinigung der Waggons durch.
Ich habe an dieser Stelle viele tragische Episoden aus dem Leben der Juden unter der Diktatur Hitlers dargestellt. Echos, die von überallher erschallen und sich zu einem einzigen traurigen Schmerzensschrei verdichten.
Heute wollen wir in dieser Kette innehalten und über eine mutige Dame vom „Roten Kreuz" berichten. Es ist die Rede von Frau Agarici, der Präsidentin der Niederlassung des Roten Kreuzes in Roman. In den Tagen, als sich der Hitler-Terror mit aller Macht gegen die Juden wandte, zeigte Frau Agarici Mut und half trotz aller Feindseligkeit den Bedrängten. Wir erinnern an den Sommer 1941, als unmittelbar nach Kriegsbeginn gegen Russland die Deutschen[4] das Massaker von Jassy auslösten, bei dem mehrere Tausend in der Hauptstadt der Region Moldau lebende Juden umkamen. Es folgte die Deportation der Überlebenden in die Lager im Bezirk Ialomiţa. Die Juden aus Jassy, ganz zufällig herausgegriffen und verhaftet – Jugendliche, Alte, Frauen, Kinder, Gesunde und Kranke –, wurden in Güterwaggons gepfercht, in denen zuvor große Mengen von Karbid transportiert worden waren. Nachdem man sie in diese Käfige auf Rädern gezwängt hatte, wurden die Türen zugesperrt und plombiert. Der Zug fuhr seinem Ziel entgegen.

1 Curierul Israelit, 34. Jg., Serie 2, Nr. 10 vom 19.11.1944, S. 1: Elogii pentru o nobilă doamă. Die Zeitung war das Organ der Föderation Jüdischer Gemeinden. Der Artikel wurde aus dem Rumänischen übersetzt.

2 Der Artikel ist gez. mit A. Munte, Pseudonym von Artur Bergman (*1895), Journalist; 1928–1937 Mitarbeit bei den auflagenstarken Zeitungen Adevărul und Dimineaţa; 1946 kandidierte er für die unabhängige Sozialdemokratie.

3 Viorica Agarici (1886–1979); von 1927 an Leiterin des Roten Kreuzes in Roman; 1948 nach Hausenteignung verarmt, sie erhielt Unterstützung von der Jüdischen Gemeinde in Roman; 1983 Ehrung in Yad Vashem.

4 Erst bei dem Prozess von 1946 wurden die rumän. Täter benannt.

Tagelang stand er auf kleinen Bahnhöfen herum, abgestellt auf irgendeinem toten Gleis. Zusammengepfercht, hungrig, durstig und ihre Notdurft in den verschlossenen Waggons verrichtend inmitten der von Karbid verpesteten Luft, haben die unschuldigen Juden Stunden der Verzweiflung durchlebt, die jede Beschreibung der Apokalypse übertrifft. Als der Zug in Roman eintraf, befand sich Frau Agarici auf dem Bahnsteig, um Verwundete von der Front, die in Spitäler transportiert werden sollten, mit Tee, Kuchen, Zigaretten, Alkohol und Süßigkeiten zu versorgen. Die Waggons, in denen die Juden eingesperrt waren, wurden nicht geöffnet. Doch es waren Schreie, Weinen, Wimmern und Röcheln zu hören.
- Warum öffnet ihr denn nicht die Türen?, fragte Frau Agarici den Bahnhofsvorsteher.
- Das sind die Waggons mit den Juden aus Jassy.
- Aber sind Juden denn keine Menschen?
- Wir dürfen ihnen nicht helfen.
In der Zwischenzeit hatten sich viele Menschen um die Frau vom Roten Kreuz versammelt: Vertreter der Staatsorgane, deutsche Offiziere, die Polizei und das Aufsichtspersonal des Bahnhofs, auch Reisende. Frau Agarici forderte mit Nachdruck:
- Öffnet die Türen!
- Das geht nicht!
Inzwischen erstarben die Klageschreie aus den Waggons, das Klopfen wurde seltener und schwächer.
- Solange hier Menschenleben gerettet werden können, geht das nicht. Wenn ihr die Türen nicht öffnet, werde ich sie selbst aufbrechen. Ich bin die Präsidentin des Roten Kreuzes und habe meine Pflichten gegenüber allen zu erfüllen. Sie können mich erschießen, aber ich werde diesen Unglücklichen helfen.
Und Frau Agarici näherte sich mit entschiedenen Schritten dem Gleis, auf dem die Waggons standen. Ihr Beharrungsvermögen beeindruckte die Staatsvertreter, sie ließen die Türen der Waggons öffnen.[5]
Aus dem Inneren schlug ihnen ein furchtbarer Gestank entgegen, es bot sich ein grässliches Bild des Leidens. Menschen mit irrem Blick fielen von einem Berg von Leichen und Schmutz. Das berührte selbst die Herzen der anwesenden Bestien. Nachdem die Juden ihre Notdurft verrichtet und sich gewaschen hatten, bekamen sie etwas zu essen und zu trinken. Die Leichen lud man aus den Waggons und übergab sie der Jüdischen Gemeinde von Roman zur Beerdigung. Die Überlebenden brachte man wieder in die inzwischen gereinigten und gelüfteten Waggons, und sie setzten ihren Leidensweg fort. Wie viele von ihnen mögen wohl am Zielort angekommen sein und wie viele heute noch leben?
Frau Agarici wird jedoch mit ihrer großmütigen Haltung als Heldin in Erinnerung bleiben, weil sie sich als Samariterin gegen die Koalition der Bestien gestellt hat.

5 Viorica Agarici hatte den Chef des Generalstabs, General Nicolae Tătăranu (1890–1953), aufgesucht. Er gab ihren Bitten nach, weil sie die Mutter des bekannten Kampffliegers Horia Agarici war.

DOK. 163
Nathan Goldştein schildert einem Untersuchungsrichter, wie er im Juli 1941 das Massaker in Jassy überlebte[1]

Protokoll der Vernehmung von Nathan Goldştein[2] durch den öffentlichen Ankläger Staatsanwalt Mihail Popilian[3] vom 28.3.1945

Ich, der Unterzeichner Goldştein Nathan, 27 Jahre alt, gebürtig in Jassy, letzter Wohnsitz in Bukarest, Brezoianu Str. 6, 1. Stock, erkläre über die Massaker von Jassy vom Juni 1941 Folgendes:
Während der ersten Kriegswoche war spürbar, dass sich für die jüdische Bevölkerung etwas Bedrohliches anbahnte: Leute wurden verhaftet, weil sie sich Schweiß aus dem Gesicht wischten, denn ihnen wurde unterstellt, sie würden sowjetischen Flugzeugen Signale geben, obwohl gar keine Flugzeuge am Himmel zu sehen waren, auch eine Familie, die ihre rote Decke im Hof lüftete, wurde verhaftet. Gleichzeitig wurde eine vormilitärische Jugendeinheit zum jüdischen Friedhof gebracht, wo sie den Auftrag erhielt, große Gruben auszuheben.[4]
Am 29. Juni 1941 hörte ich Schüsse, und gegen 11 Uhr vormittags sah ich einen Konvoi Juden vom Târgul-Cucului-Viertel in Richtung Polizeidirektion gehen. Der Konvoi wurde von dem Polizeibeamten Coman angeführt, vormals beim Sittendezernat der Polizeidirektion Jassy. Am selben Tag gegen 12 Uhr wurde auch ich von einem rumänischen Soldaten festgenommen und zusammen mit meinem Vater[5] und einem meiner Brüder zur Polizeidirektion gebracht. Dort wurden wir in den Hof der Polizeidirektion verschleppt, wo eine Art Aussonderung stattfand, bei der Kommissar Iancu[6] alle Intellektuellen und alle aus Bessarabien Stammenden zurückbehielt. Als sie begannen, mit Maschinengewehren auf uns zu schießen, brach große Panik aus, und viele, die sich im rückwärtigen Teil des Hofs befanden, darunter auch ich, kletterten über die Mauer und flüchteten ins Kino Sidoli. Wir wurden von den deutschen und rumänischen Truppen verfolgt, sie umstellten das Gebäude und schossen, sobald sich einer von uns zeigte. Ein Teil der Überlebenden – die meisten waren erschossen worden – wurde zur Gendarmerie auf dem Dealul Copoului gebracht, wo wir die ganze Zeit – etwa vier Stunden – mit erhobenen Händen stehen mussten und mit Knüppeln geprügelt wurden. Um 19 Uhr wurden wir erneut zur Polizeidirektion gebracht, wo wir bis 21.30 Uhr verblieben. Mit den Ankömmlingen der eintreffenden Konvois wurde nach Gutdünken verfahren, die einen wurden erschossen, andere nicht. Die Erschießung führte ein deutscher Soldat aus, der die Menschen einen nach dem anderen an die Wand stellte, bis keiner mehr übrigblieb. Der vor mir befindliche Konvoi wurde auf diese Weise vernichtet.

1 Original nicht aufgefunden. Abdruck in: Matatias Carp (Hrsg.), Cartea Neagră. Suferinţele evreilor din România 1940–1944, vol. 2, Bucureşti 1996, 1. Auflage Bucureşti 1946, S. 139 ff. Das Dokument wurde aus dem Rumänischen übersetzt.
2 Nathan Goldştein (*1914); am 29.6.1941 in Jassy verhaftet, im Zug nach Târgu Frumos deportiert.
3 Mihail Popilian, Jurist; April 1945 vom König zum Staatsanwalt am neuen Volkstribunal ernannt.
4 Auch andere Zeugen erwähnten die am 26. Juni 1941 ausgehobenen Gräber.
5 Henric Goldştein (1875–1941).
6 Hauptkommissar Dumitru Iancu, Leiter des juristischen Büros der Polizeipräfektur.

Um 20 Uhr ging es zum Bahnhof, wo mehrere von uns ungefähr eine Stunde auf dem Boden liegen bleiben mussten, während die Scheinwerfer der deutschen Panzer uns anstrahlten. Wer es wagte, den Kopf zu heben, sagte man uns, würde auf der Stelle erschossen. Danach wurden wir in Waggons verladen, wer nicht schnell genug aufsteigen konnte – der Waggon war hoch – wurde auf der Stelle umgebracht, meist mit Bajonetten.
Der vollgepferchte Zug ging gegen 2 Uhr morgens in Richtung Târgu Frumos ab, er fuhr auf der Strecke Jassy – Târgu Frumos hin und her, bis zum nächsten Tag, Montag, den 30. Juni 1940 um 23 Uhr. In Târgu Frumos wurde der Zug angehalten, ein Teil von uns aus den Waggons geholt und im Konvoi in das Städtchen geführt. Unterwegs bückten sich viele zu den Pfützen am Straßenrand, um Wasser zu trinken, da wir seit Sonntag nichts gegessen und getrunken hatten. Sie wurden daraufhin von Botez erschossen,[7] einem Polizisten, der früher ebenfalls dem Sittendezernat Jassy angehörte, zu diesem Zeitpunkt aber bei der Polizei von Târgu Frumos war. Man brachte uns in ein Haus mit Lehmfußboden, wir wurden gezwungen, alles, was wir bei uns trugen, abzugeben, Geld und Wertsachen, und man teilte uns mit, dass wir hier bleiben und uns unsere Sachen zurückgegeben werden würden, was aber nie geschah.
Gegen 3 Uhr morgens wurden wir wieder zu den Waggons gebracht, wir mussten einsteigen und blieben bis zum Morgen des 2. Juli 1941 am Ufer des Bahlui stehen. Da wir uns am Wasser befanden und schon am Verdursten waren, konnten die meisten nicht widerstehen und sprangen durch das kleine Fenster aus dem Waggon, um etwas zu trinken. Die meisten wurden von den Soldaten erschossen, und ich war Zeuge davon, wie ein Feldwebel, der Gehilfe des Juristen Triandaf,[8] des Zugkommandanten, ein Kind von elf Jahren hinrichtete: Das Kind war aus dem Zug gesprungen, um Wasser zu trinken, der Feldwebel schoss in seinen Unterschenkel und es fiel hin. Es rief ständig nach Wasser, Wasser!, worauf der Feldwebel es an den Beinen packte und fragte: „Du willst Wasser?“ und „Trink dich satt!“ Er tauchte es kopfüber ins Wasser des Bahlui, bis es ertrank und er es im Fluss versinken ließ.
Am Mittwochmorgen fuhr der Zug nach Roman weiter, wo wir am Donnerstag, den 3. Juli 1941 gegen 18 Uhr ankamen. In Roman wurde uns befohlen auszusteigen; die meisten wurden gezwungen, in einem Badewaggon zu baden. Unsere Kleidung wurde auf einen Haufen geworfen und verbrannt. Wir standen völlig nackt da. Die ganze Nacht bis zum Morgengrauen mussten wir nackt, wie wir waren, im Hof verbringen, bis wir wieder in den Zug einsteigen mussten. Am Sonntag, den 5. Juli 1941 kam er abends gegen 18.30 Uhr in Călăraşi an. Nackt mussten wir aussteigen und zu Fuß zu einem Infanterieregiment am Stadtrand marschieren. Hier versorgte uns nicht nur die örtliche und die Bukarester jüdische Gemeinde, sondern auch die rumänische Bevölkerung mit Kleidung und Lebensmitteln. Und so erholten wir wenigen Überlebenden uns, obwohl es auch in Călăraşi drei Massengräber gibt.
Ich möchte darauf hinweisen, dass im Zug, der nach Podul Iloaiei abfuhr, auch mein damals 66 Jahre alter Vater Henric Goldştein verstarb.

7 Ion Botez, 1941 Polizeichef von Târgu Frumos; 1948 im Prozess zum Pogrom zu lebenslänglicher Haftstrafe verurteilt.

8 Aurel Triandaf (*1900), Jurist am Appellationsgericht Jassy, Reserveoffizier; im Juni 1941 beim 13. Infanterieregiment stationiert; wurde im Febr. 1948 verhaftet und zu lebenslänglicher Zwangsarbeit verurteilt, 1956 amnestiert.

Ich habe in Călăraşi aber auch gutherzige Menschen getroffen, etwa den Lagerkommandanten, Hauptmann Pitiş,[9] den Stadtarzt Dr. Lupaşcu und die Sanitäter, Gehilfen von Dr. Lupaşcu, die die Kranken medizinisch versorgten.
Im dortigen Lager blieben wir bis zum 30. August 1941, bis wir unter militärischer Bewachung mit einem Zug nach Jassy gebracht und freigelassen wurden.
Nach Kenntnisnahme des Protokolls bestätige und unterschreibe ich hiermit meine Aussage.

DOK. 164
Der Schweizer Gesandte berichtet am 13. Juli 1941 über die Lage an der Ostfront, das Massaker von Jassy und ein neues Gesetz zur Zwangsarbeit[1]

Bericht (IV-A-2, vertraulich) der Schweizer Gesandtschaft in Bukarest, gez. René de Weck,[2] an Bundesrat M. Pilet-Golaz,[3] Chef des Eidgenössischen Politischen Departements (Nr. 128), Bern, vom 13.7.1941

Politischer Bericht Nr. 45: Militärische Neuigkeiten – Die Flaggenfrage – Die Pogrome gehen weiter
Sehr geehrter Herr Bundesrat,
die Front stabilisiert sich auf einer Nord-Süd-Achse zwischen Weißem und Schwarzem Meer. Das gefällt den Deutschen nicht, die sich zu Beginn des Feldzugs brüsteten, in nur zwei Wochen Leningrad, Kiew und vor allem Smolensk zu erobern, dessen Einnahme den Weg nach Moskau frei machen würde. Sie räumen große Verluste ein. Das Sanitätswesen auf rumänischer Seite gab die Zahl ihrer Verletzten, die ins Hinterland evakuiert werden mussten, am 8. dieses Monats mit über 5000 an. Ein neutraler Militärattaché schätzt die Stärke der von General Antonescu kommandierten gemischten Truppen auf ungefähr zehn deutsche und 15 rumänische Divisionen. Diese Schätzung bezieht sich selbstverständlich ausschließlich auf die Truppen an der Front. Man kann daraus schließen, dass das Oberkommando der Verbündeten zumindest für den Augenblick keine Großoffensive in der Ukraine plant. Eine strategische Reserve scheint im Donaureich nicht aufgebaut zu werden.[4]

9 Nicolae Pitiş ermöglichte in Călăraşi, dass die örtliche jüdische Gemeinde die Internierten zwei Monate lang verpflegte.

1 CH-BAR, E 2300 Bukarest, Bd. 9. Das Dokument wurde aus dem Französischen übersetzt.
2 René de Weck (1887–1950), Jurist und Schriftsteller; seit 1913 im diplomatischen Dienst der Schweiz; Gesandtschaftsrat in London, 1933–1942 Gesandter in Bukarest, seit Dez. 1941 auch Vertreter der USA, von 1942 an Schweizer Gesandter in Großbritannien, Belgien und Griechenland.
3 Marcel Pilet-Golaz (1889–1958); 1929–1944 Abgeordneter des Schweizer Nationalrats, von 1929 an im Bundesrat, 1934 und 1940 Bundespräsident, 1930–1939 Leiter des Post- und Eisenbahndepartements, 1940–1944 Leiter des Departements des Äußeren, Dez. 1944 Rücktritt.
4 Für die Verteidigung gegenüber Ungarn waren einige Einheiten zurückbehalten worden. Die rumän. Regierung befürchtete, dass ungar. Truppen auch Südsiebenbürgen besetzen wollten, da Ungarn dieses Gebiet vor dem Zweiten Wiener Schiedsspruch 1940 gefordert hatte; siehe Einleitung, S. 54.

Angeblich soll demnächst eine italienische Armee mit ungefähr 80 000 Mann in Rumänien eintreffen. Sie würde Teilen der deutschen Besatzungstruppen eine Teilnahme am Russlandfeldzug ermöglichen. Falls sich die Nachricht als richtig erweist, könnte dies bedeuten, dass Deutschland schon Verstärkung für die Truppen im Kampf gegen die UdSSR benötigt.

Am Abend des 11. [Juli] hat Bukarest den zwölften Luftalarm erlebt. Wahrscheinlich handelte es sich um falschen Alarm, denn wir hörten weder Detonationen noch Flakfeuer.

Wie ich Ihnen schon mitgeteilt hatte, sind die Fahnen, die in den ersten Tagen des Krieges die Hauptstadt schmückten, kurz nach Bekanntgabe des Einmarschs der rumänischen Truppen in Czernowitz verschwunden. Da dieser guten Nachricht andere weniger großartige folgten, konnte man meinen, dass die Einwohner sich aus eigenen Stücken mit ihrem kriegerischen Enthusiasmus etwas zurückhielten. Es gibt aber eine andere Erklärung, die den ersten Grund nicht ausschließt, ihm aber eine unfreiwillig komische Note verleiht. Zunächst waren die Fassaden mit den Nationalfarben geschmückt worden. Dann wurde der Befehl ausgegeben, neben der rumänischen Nationalflagge das Hakenkreuz zu hissen. Dem wurde auch deshalb eiligst Folge geleistet, weil deutsche Fahnen in großer Zahl an die Bevölkerung verteilt worden waren. Wenig später tauchten italienische Flaggen auf. Dann verschwanden sie alle. Was war geschehen? Die Ungarn, die durch den Willen Hitlers und Stalins zu Verbündeten der Rumänen[5] geworden waren, forderten, dass ihrer Flagge die gleiche Ehre zuteil werden sollte. Anstatt ihnen diesen Gefallen zu tun, zog die Regierung es vor, ihrem treuen Volk mitzuteilen, dass das Fest lang genug gedauert habe und es nun an der Zeit sei, die Fahnen wieder einzuholen.

Um die Verbrechen aufzuzählen, die die rumänische Führung zusätzlich zu allen nur denkbaren Demütigungen mit der Legitimation des Antisemitismus verübt, würde es mehrere Bände brauchen.

Ich beschränke mich auf einen einzigen Vorfall. Der Informant, der mir darüber berichtete – ein Landsmann, der sicher kein Judenfreund ist – gibt Folgendes an:

Nach den Pogromen von Jassy sperrte man 1200 Juden – Männer, Frauen und Kinder – in Viehwaggons und versiegelte diese. Zusammengedrängt wie Sardinen wurden sie zweieinhalb Tage quer durch die Region Moldau gefahren. Schließlich stellte man sie auf einem Abstellgleis in der Nähe von Roman ab. Ihre Glaubensbrüder erhielten von den militärischen Befehlshabern die Erlaubnis, ihnen zu essen und zu trinken zu bringen. Als die Waggons geöffnet wurden, waren 47 der Eingeschlossenen tot. Einige waren verrückt geworden. Die Entkräftung vieler war so groß, dass noch weitere 186 starben. Unser Landsmann gibt an, die Zahlen von einem Arzt erhalten zu haben, der die Waggons desinfizieren sollte.[6]

Hochachtungsvoll

5 Infolge des Ultimatums der Sowjetunion verlor Rumänien 1940 Bessarabien und die Nordbukowina, durch den Zweiten Wiener Schiedsspruch dann Nordsiebenbürgen an Ungarn. Zur Sicherung des verbliebenen Territoriums trat Rumänien dem Achsenbündnis Deutschland, Italien und Japan bei. Ungarn war zur Absicherung der neuen Gebiete bereits beigetreten; siehe Einleitung, S. 55.

6 Roman war der einzige Ort, wo die Juden durch den Einsatz von Viorica Agarici, der Leiterin des örtlichen Roten Kreuzes, verpflegt und die Waggons desinfiziert wurden; siehe Dok. 162 vom Sommer 1941.

DOK. 165
Der ehemalige Kommandant der Garnison Jassy will am 25. Juli 1941 von General Antonescu den Grund seiner Absetzung erfahren[1]

Handschriftl. Brief von Constantin Lupu,[2] Kommandant der Garnison Jassy in Reserve, Lascar Catargiu Str. Nr. 11, an den Staatsführer General Antonescu (persönlich) vom 25.7.1941

Abzugeben bei Herrn Oberst Elefterescu[3]
Herr General,
am 27. Juni um 23 Uhr wurde ich in Jassy von Ihnen ans Telefon gerufen. Sie haben mir in meiner Eigenschaft als Garnisonskommandant Folgendes befohlen:
1) *Eine Anordnung* über Vorschriften die Aufrechterhaltung der Ordnung betreffend.
2) *Maßnahmen* zur Evakuierung der jüdischen Bevölkerung aus Jassy.[4]
3) Sie haben meinen Antrag genehmigt, ein weiteres Bataillon zur Verstärkung der Garnisonstruppe zu schicken, worauf der Große Generalstab befahl, das Bataillon zu entsenden.
Ich bewahre die Notizen über die von Ihnen telefonisch erteilten Anordnungen auf.
Seither habe ich meine gesamte Arbeitskraft eingesetzt und mein persönliches Handeln darauf ausgerichtet, Ihre Anordnungen umzusetzen.[5]
Am 2. Juli wurde ich auf Befehl des Großen Generalstabs ersetzt und habe mein Amt an Herrn General Carlaonţ übergeben.
Obwohl ich vom Großen Generalstab nicht einberufen worden bin und mir die Gründe nicht bekannt sind, erteilt der Große Generalstab telegraphisch folgende Befehle:
a) militärischer Befehl an das Munizipium Jassy[6]
b) *und drei Telegramme* des Gebietskommandanten Jassy, nach denen ich mit sofortiger Wirkung vom Dienst suspendiert bin.
Die Tatsache, dass sich der Große Generalstab mit der Suspendierung eines Oberst der Reserve beschäftigt, belegt, dass sich etwas abgespielt haben muss, wovon ich keine Kenntnis habe. Ich habe nur ausgeführt, was zur Erfüllung Ihrer Befehle notwendig war.
Mit tiefstem Respekt
Kommentierte Zusammenfassung des Briefs vom Präsidium des Ministerrats[7]
Inhalt

1 ANIC, Preşidenţia Consiliului de Miniştri, d. 247/1941, Bl. 9–10v. Das Dokument wurde aus dem Rumänischen übersetzt.
2 Constantin A. Lupu (*1884), Berufsoffizier; Juni 1941 Kommandant der Garnison Jassy, von ihm forderte General Hans v. Salmuth (1888–1962) rumän. Begleitschutz für das durchziehende XXX. Armeekorps; 1942 von einem Militärgericht zu einem Monat Gefängnis verurteilt; 1948 zu einer lebenslänglichen Gefängnisstrafe verurteilt.
3 Mircea Elefterescu (1893–1950), Berufsoffizier; von Sept. 1940 an persönlicher Adjutant von Ion Antonescu, Leiter des Militärkabinetts, März bis Aug. 1944 Polizeipräfekt in Bukarest; verhaftet und an die Sowjetunion ausgeliefert; starb in einem rumän. Gefängnis.
4 Dieser Befehl betraf etwa 50 000 Juden, konnte aber nicht umgesetzt werden. Lupu wurde daraufhin entlassen.
5 Ein Befehl vom 30.6.1941 drohte im Fall von Unruhen mit sofortiger Erschießung jüdischer Geiseln; siehe Dok. 157 vom 30.6.1941.
6 Municipiu (rumän.): größere Stadt mit eingemeindeten Vororten.
7 Der folgende Absatz ist mit Schreibmaschine geschrieben; handschriftl. Vermerk: „Zur Akte".

Der Oberst der Reserve Constantin Lupu – ehemaliger Kommandant der Garnison von Jassy – erinnert daran, dass er am 27. Juni um 23 Uhr von Herrn General Antonescu einen telefonischen Befehl bezüglich der Aufrechterhaltung der Ordnung und der Evakuierung der jüdischen Bevölkerung aus Jassy erhalten hat.
Er hat sofort damit begonnen, diese Befehle umzusetzen.
Trotzdem ist er am 2. Juli auf Befehl des Großen Generalstabs durch Herrn General Carlaonţ ersetzt worden; gleichzeitig wurde er vom Dienst suspendiert.
Er führt aus, dass er sich keinerlei Schuld bewusst ist, die die Abberufung hätte verursachen können, und er zeigt sich angesichts der vom Großen Generalstab ergriffenen Maßnahme überrascht.

DOK. 166
Ein Fronturlauber berichtet dem Schriftsteller Mihail Sebastian am 21. August 1941 über Massenerschießungen von Juden im Frontgebiet[1]

Tagebuch von Mihail Sebastian, Bukarest, Eintrag vom 21.8.1941

Donnerstag, 21. August 1941
Im Süden der Ukraine haben die Deutschen Cherson besetzt. Im mittleren Frontabschnitt vermelden sie zudem Kämpfe und Siege südlich von Smolensk, und zwar in Gomel. Den größten Druck scheinen sie jetzt im Norden, Richtung Leningrad, auszuüben, wo Woroschilow[2] nun einen Appell an die Bevölkerung sendet.
Frühstück mit Vicky Hillard bei Alice.[3] Richard Hillard,[4] ein Kavallerieleutnant, ist gestern von der ukrainischen Front zurückgekehrt. Sein allgemeines Urteil über den Krieg ist nicht besonders interessant und unterscheidet sich ohnehin nicht sehr von dem, was man in Bukarest zu hören kriegt, aber die Beschreibung der Einzelheiten ist wertvoll. Erzählte viele Dinge über die Vernichtung der Juden diesseits und jenseits des Dnjestrs. Dutzende, Hunderte, Tausende Juden erschossen. Er, ein einfacher Leutnant, hätte so viele Juden per Befehl oder eigenhändig umbringen können, wie er gewollt hätte. Allein der Chauffeur, der ihn bis nach Jassy fuhr, erschoss vier Juden.
Letzte Nacht: Fliegeralarm gegen ein Uhr.

Freitag, 22. August
Zwei Monate seit dem Beginn des Krieges gegen die Russen. Wenn man von der neuen deutschen Offensive im Norden absieht, die noch im Gange und deren Ausgang offen ist, so beginnt der Kriegsverlauf an Gestalt zu gewinnen. Jedenfalls stellen die beiden bisherigen Monate zwei unterschiedliche Phasen dar. Der erste Monat bewies, dass der

1 Familienarchiv Mihail Sebastian. Das Original konnte nicht eingesehen werden. Abdruck in: Sebastian, „Voller Entsetzen“ (wie Dok. 149, Anm. 1), S. 529 f.
2 Kliment E. Vorošilov (1891–1969); 1926–1957 im Politbüro der KPdSU, 1925–1940 sowjet. Verteidigungsminister, 1935 Marschall, 1941 Verantwortlicher für die Landesverteidigung im sowjet. Nordwesten; 1953–1960 Vorsitz im Präsidium des Obersten Sowjet.
3 Alice Theodorian, seit 1937 mit Sebastian befreundet.
4 Richard Hillard, Publizist; referierte 1933/34 wie Sebastian im Diskussionskreis der Fundaţia Carol I.; nach 1945 Dozent an der Bukarester Handelsakademie.

deutsche Blitzkrieg nicht möglich war. Der zweite Monat bewies, dass auch eine russische Gegenoffensive unmöglich ist. Von entscheidender Bedeutung war es, als die Russen den deutschen Angriff bei Smolensk stoppten, weil hier zum ersten Mal einer deutschen Offensive Einhalt geboten wurde. Dies warf sofort die Frage auf, ob die Russen, nachdem sie dem fürchterlichen Angriff standgehalten hatten, nicht in der Lage wären, selbst die Initiative zu übernehmen. Das führte zu mehr als bloß einer Frage – es führte zu einer bangen Erwartung voller Furcht, Optimismus und Neugierde …

Nun hat sich alles wieder beruhigt. Die Deutschen wiederholten den „fürchterlichen Angriff" nicht im Süden, Richtung Odessa, dafür aber im Norden, Richtung Leningrad. Die Russen vermögen nur zweierlei: zu widerstehen und sich zurückzuziehen. Wenn nichts Unerwartetes geschieht, so könnte der Krieg auf diese Weise bis zum ersten Schneefall weitergehen. Dann wird er „überwintern" oder weiter südlich fortgesetzt.

Die Offensive auf Leningrad sieht ernster aus, als ich zuerst dachte. Erst als ich auf der Karte nachsah, wo Nowgorod liegt, merkte ich, wie weit die Deutschen schon vorgedrungen sind. Es fehlt nicht mehr viel, bis Leningrad von Moskau abgeschnitten ist. Es stimmt zwar, dass Marschall Woroschilow in seiner gestrigen Ansprache sagte, Leningrad sei nie besetzt worden und werde auch nie besetzt, aber etwas Ähnliches sagte Rostopchin im August 1812 über Moskau.

Jetzt, da ich mehr darüber nachdenke, kommt mir die Gelassenheit, mit der Richard Hillard gestern von den Ermordungen, den Massakern an den bessarabischen Juden erzählte, recht seltsam vor. Man denke doch nur an die Geschichte über jenen Hauptmann, der eine junge Jüdin erschoss, weil sie nicht mit ihm schlafen wollte … Erst jetzt fällt mir wieder ein, dass auch Hillard Jude ist, und zwar väterlicherseits. Und er wohnte diesen Gräueltaten bei, ohne den Verstand zu verlieren oder zumindest entsetzt zu sein.

DOK. 167

Der deutsche Gesandte unterstreicht am 1. September 1941 die Judenfeindschaft der rumänischen Regierung[1]

Telegramm (G.-Schreiber, ohne Nr., 22.05 Uhr) von Manfred von Killinger,[2] Bukarest, an das Auswärtige Amt, Berlin, Abt. Deutschland D II 1834 g (Eing. 2.9.1941), vom 1.9.1941

Auf Fernschreiben Nr. 2309 vom 28.8.1941[3]

Ich kann mich der Stellungnahme des SS-Gruppenführers Heydrich[4] nicht anschließen. Gerade das Vorgehen der Rumänen in den neubesetzten Ostgebieten[5] beweist, daß von einer Judenfreundlichkeit keine Rede sein kann. Gegen Judenfreundlichkeit spricht u. a. besonders:

1 PAAA, R 100 883, Inland II Geheim, Bd. 202, Judenfragen in Rumänien 1941–1944, E 478 119–478 120. Abdruck in: Peter Longerich (Hrsg.), Die Ermordung der europäischen Juden. Eine umfassende Dokumentation des Holocaust 1941–1945, München u. a. 1989, Dok. 142, S. 313 f.

2 Manfred Freiherr von Killinger (1886–1944), Marineoffizier; 1920–1923 aktiv in der Organisation Consul, 1923–1928 Führer des Wiking-Bundes; 1928 SA- und NSDAP-Eintritt; 6.5.1933–28.2.1935 Reichskommissar Sachsens, Juni 1937 bis Febr. 1939 Konsul in San Francisco, Mai 1939 bis Juli 1940 Leiter der Personalabt. im AA, Juni 1940 bis Jan. 1941 Gesandter in der Slowakei, 1941–1944 Gesandter in Rumänien; nahm sich im Sept. 1944 das Leben.

1.) Die Anstrengung der rumänischen Regierung, keine Juden aus der Ukraine nach Bessarabien hineinzulassen, da dies antijüdische Politik der Regierung benachteiligen würde.
2.) Wiederholte Versuche des Vizeministerpräsidenten,[6] SS-Hauptsturmführer Richter[7] baldmöglichst nach Rumänien zurückzuholen, da er dessen Tätigkeit hohe Bedeutung beimesse.
3.) Annahme der von dem Berater Richter vorgelegten Gesetzentwürfe durch die rumänische Regierung.
4.) Vergeltungsmaßnahmen der rumänischen Regierung gegen Juden, die der feindlichen Propaganda zur Behauptung verholfen haben, die Juden seien an den Grenzen Rumäniens unerhörter Verfolgung ausgesetzt.
5.) U.a. Erledigung von ca. 4000 Juden in Jassy.
6.) Die amerikanische Gesandtschaft sammelt Material über Vorgehen gegen Juden in Rumänien und gibt es weiter nach Amerika.
7.) Schärfste Erfassung aller Juden im Altreich für Zwangsarbeit in den neubesetzten Ostgebieten. Antonescu ließ hierfür ca. 6000 Juden zum Straßenbau einfangen. Ich habe den Eindruck, daß Heydrich niemanden mehr abstellen will und nach Begründungen sucht. Ich empfehle, sich besonders einmal der Judenfrage in Ungarn anzunehmen, die heute behaupten, daß die Rumänen durch ihre unmenschlichen Akte gegen die Juden bewiesen haben, daß sie kein Recht hätten auf Kulturland, wie es Siebenbürgen sei. Baldige Inmarschsetzung eines tüchtigen Juden- und Arisierungsberaters als Ersatz für Richter erforderlich. Von einer Anforderung dieses Beraters bei der RF der SS[8] bitte ich abzusehen, um weitere Unannehmlichkeiten zu vermeiden.

3 Nicht ermittelt.
4 Heydrich hatte am 23.8.1941 die Forderung nach dem Abzug des Arisierungsberaters aus Bukarest folgendermaßen begründet: „Das Vorgehen der Rumänen in den neu besetzten Ostgebieten läßt erneut eine starke Judenfreundlichkeit erkennen, wie ich sogar bei meinem Fronteinsatz als Jagdflieger in Bessarabien und der Ukraine feststellen konnte"; wie Anm. 1.
5 Darunter wurden Bessarabien, die Nordbukowina und Transnistrien gefasst.
6 Mihai Antonescu.
7 Gustav Richter (1912–1997), Kaufmann; 1933 NSDAP- und SS-Eintritt; von März 1934 an beim SD, seit Aug. 1939 beim SD in Dijon; April bis Mai 1941, erneut von Okt. 1941 an Berater für Judenfragen an der Deutschen Gesandtschaft Bukarest, Jan. bis Aug. 1944 Polizeiattaché; Sept. 1944 bis 1955 in sowjet. Kriegsgefangenschaft; 1982 zu vier Jahren Gefängnis verurteilt.
8 Reichsführer-SS Heinrich Himmler.

DOK. 168

Der Geheimdienstchef verlangt am 9. Oktober 1941 die Beschlagnahme von Fotos der jüdischen Massengräber in Jassy[1]

Schreiben (Nr. 70 920, persönlich, vertraulich) des Chefs des Sonderdienstes für Informationen, Präsidium des Ministerrats, gez. Generaldirektor Eugen Cristescu,[2] an die Generaldirektion der Polizei, Sicherheitsdirektion, General Leoveanu,[3] Bukarest (Eing. 10.10.1941), vom 9.10.1941[4]

Herr General Leoveanu,
Ich erlaube mir, Ihnen zur Kenntnis zu bringen, dass es aufgrund der unzulänglichen Sicherheitsmaßnahmen anlässlich der Exekution der an der Rebellion vom 29.–30. Juni 1941[5] beteiligten Juden auf dem jüdischen Friedhof, wo die Erschossenen beerdigt wurden, möglich gewesen ist zu fotografieren.
Die Fotografien – von denen wir Ihnen fünf Abzüge beilegen – kursieren gegenwärtig unter der jüdischen Bevölkerung. Sie wurden bei einem Chauffeur der Buslinie Bălți-Florești aufgefunden.
Da die Fotografien als dokumentarisches Material von der ausländischen Propaganda gegen uns verwendet werden könnten, bitten wir Sie freundlichst, nach deren Herkunft zu fahnden und gleichzeitig Maßnahmen zu ihrer Konfiszierung und zur Unterbindung ihrer Verbreitung zu ergreifen.
Die Fotografien bitten wir in Ihrem Stahlschrank aufzubewahren.

1 ANIC, F. Direcția Generală a Poliției, d. 156/1940, Bl. 69. Das Dokument wurde aus dem Rumänischen übersetzt.

2 Dr. Eugen Cristescu (1895–1950), Jurist; seit 1923 in der Generaldirektion des Innenministeriums, 1938–1940 stellv. Chef der Sicherheitspolizei Siguranța, seit Nov. 1940 Chef des Sonderdienstes für Informationen beim Präsidium des Ministerrats, von Juni 1941 an organisierte er die Sondertruppe des SSI zur Spionagebekämpfung; im Sept. 1944 verhaftet, im Mai 1946 zum Tode verurteilt, zu lebenslanger Haft begnadigt, starb im Gefängnis.

3 Emanoil Leoveanu (1887–1959), Berufsoffizier; April 1937 Brigadegeneral, Juni 1940 Divisionsgeneral, 1941–1942 Direktor der Generaldirektion der Polizei, danach bis Okt. 1944 Kommandant verschiedener Armee-Einheiten; 1947 angeklagt wegen des Massakers in Jassy, 1956 erneute Anklage und Verurteilung zu zehn Jahren Haft, starb im Gefängnis.

4 Handschriftl. Eintrag 1: „Befehl an die Inspektorate, 2. Fotografien bleiben bei Ihnen"; handschriftl. Eintrag 2: „8.11.1941 im Stahlschrank", Dienststempel, Stempel: „erledigt".

5 Das Massaker in Jassy wurde in der Presse als Aufstandsversuch kommunistischer Juden dargestellt. Siehe Dok. 160 vom 9.7.1941.

DOK. 169

Wilhelm Filderman bittet Marschall Antonescu am 9. Oktober 1941, die Deportationen der Juden einzustellen[1]

Brief (Nr. 1347), gez. Dr. W. Filderman, Präsident der Föderation Jüdischer Gemeinden Rumäniens, Bukarest, Burghelea Str. Nr. 3, an Marschall Antonescu,[2] Staatsführer und Präsident des Ministerrats, vom 9.10.1941

Herr Marschall,
mir wurde mitgeteilt, dass einige Juden aus der Bukowina nach Bessarabien und diejenigen aus Bessarabien in die Ukraine geschickt werden sollen,[3] was unter den gegebenen Umständen den Tod bedeuten würde.
Ich bitte Sie inständig, diesen Exodus, wenn irgend möglich und soweit sich die Betreffenden nichts zuschulden haben kommen lassen, zu stoppen.[4]
Herr Marschall, seien Sie bitte meines tiefen Respekts versichert.
P.S. Die besondere Kennzeichnung ist in der Bukowina noch nicht abgeschafft worden.

DOK. 170

Marschall Antonescu rechtfertigt am 19. Oktober 1941 die Deportationen in einem offenen Brief an Filderman[1]

Brief, gez. Marschall Antonescu, Staatsführer Rumäniens, an Wilhelm Filderman vom 19.10.1941[2]

Herr Filderman,
Sie haben mir in zwei aufeinanderfolgenden Gesuchen von der „erschütternden Tragödie" berichtet und mich in eindrucksvollen Worten „beschworen" und an mein „Gewissen" und meine „Menschlichkeit" appelliert. Dabei betonten Sie, dass Sie „verpflichtet" seien, sich wegen der rumänischen Juden, die in für sie eingerichtete Gettos am Bug verschickt würden, „an mich" und „nur" an mich wenden zu können.
Um Ihrer Intervention die nötige Dramatik zu verleihen, betonen Sie, dass diese Maßnahme „den Tod, den Tod, den unverschuldeten Tod für die bedeutet, deren einzige Schuld darin besteht, Juden zu sein".

1 ANIC, PCM, d. 247/1941, Bl. 38. Das Dokument wurde aus dem Rumänischen übersetzt.
2 Am 21.8.1941 hatte der König Antonescu den Rang des Marschalls verliehen.
3 Aufgrund eines geheimen Befehls sollten ab 6.10.1941 alle Juden Bessarabiens und der Bukowina nach Transnistrien deportiert werden; zum Ablauf und den Folgen siehe VEJ 7, Einleitung, S. 66–69.
4 Die Bukarester Führung der Föderation distanzierte sich von Juden, die mit den sowjet. Behörden kooperiert hatten. Auch der Oberrabbiner wandte sich am 11.10.1941 an Antonescu mit der Bitte, keine „unschuldigen Juden" zu vertreiben.

1 Das Original konnte nicht eingesehen werden. Abdruck in: Jean Ancel, Documents Concerning the Fate of Romanian Jewry During the Holocaust, vol. 3, Jerusalem u. a. 1986, Dok. Nr. 167, S. 259–262. Das Dokument wurde aus dem Rumänischen übersetzt.
2 Ion Antonescu verfügte am 24.10.1941 die Veröffentlichung des Briefs, der am 26.10. in mehreren Zeitungen erschien und auch im Rundfunk verlesen wurde.

Herr Filderman, es gibt niemanden, der empfänglicher für das Leid von Armen und Schutzlosen wäre als ich. Ich verstehe Ihren Schmerz, aber Sie hätten längst auch den meinen nachempfinden müssen, der der Schmerz eines ganzen Volkes war.
Denken Sie oder haben Sie jemals daran gedacht, was im Vorjahr bei der Räumung Bessarabiens in unseren Seelen vorging und was heute geschieht, wo wir Tag um Tag, Stunde um Stunde, mit Blut, sehr viel Blut, den Hass bezahlen, mit dem uns Ihre Glaubensbrüder bei unserem Rückzug aus Bessarabien überzogen, mit dem sie uns bei unserer Rückkehr empfingen, mit dem sie uns vom Dnjestr bis nach Odessa und an die Gestade des Asowschen Meeres verfolgten?
Aber wie üblich versuchen Sie sich auch diesmal vom Angeklagten zum Ankläger aufzuschwingen und vergessen dabei die Ursachen der von Ihnen beklagten Lage. Erlauben Sie mir, Sie und stellvertretend auch alle Ihre Glaubensbrüder, die umso frenetischer applaudierten, je mehr Leid und Schläge uns zugefügt wurden, zu fragen:
Was haben Sie im Vorjahr unternommen, als Sie hörten, wie sich die Juden in Bessarabien und der Bukowina gegenüber den abziehenden rumänischen Truppen verhielten, die bis dahin die Ruhe und den Reichtum genau dieser Juden verteidigt hatten? Ich darf Sie erinnern:
Sogar noch vor dem Anrücken der sowjetischen Truppen haben die Juden, die Sie jetzt in Schutz nehmen, unsere Offiziere bespuckt, ihnen die Schulterstücke abgerissen, ihre Uniformen zerfetzt und, wo sie konnten, unsere Soldaten hinterhältig erschlagen. Dafür haben wir Beweise.[3]
Die gleichen Schurken haben die sowjetischen Truppen mit Blumen empfangen und ihren Einzug überschwänglich gefeiert. Wir haben Beweisfotos.
Während der bolschewistischen Besatzung haben diejenigen, derer Sie sich jetzt erbarmen, anständige Rumänen verraten, sie dem kommunistischen Unheil ausgeliefert und Leid und Trauer in viele rumänische Familien gebracht.
Aus den Kellern Kischinews werden täglich die entsetzlich verstümmelten Leichen unserer Märtyrer geborgen, die so dafür belohnt wurden, dass sie den undankbaren Bestien 20 Jahre lang freundschaftlich die Hand gereicht haben.[4]
Dies sind bekannte Tatsachen, die sicherlich auch Ihnen geläufig sein dürften und über die Sie Näheres erfahren können.
Haben Sie sich jemals gefragt, warum die Juden Bessarabiens ihre Häuser niedergebrannt haben, bevor sie sich zurückzogen? Können Sie erklären, warum wir bei unserem Vormarsch auf 14- bis 15-jährige jüdische Kinder gestoßen sind, die die Taschen voller Handgranaten hatten?
Haben Sie sich gefragt, wie viele der Unsrigen niederträchtig von Ihren Glaubensbrüdern umgebracht wurden, wie viele von ihnen vergraben wurden, noch ehe sie tot waren? Sollten Sie auch hierfür Beweise verlangen, so können Sie sie haben.

3 Der militärische Geheimdienst hatte durch die rumän. Presse 1940 Berichte über vereinzelte Übergriffe verbreiten lassen. Auch seit Juni 1941 wurden die großen Verluste der rumän. Armee wieder „den Juden“ angelastet.

4 Der sowjet. Geheimdienst NKVD hatte Gefangene vor dem Rückzug der Roten Armee erschossen. Im Sept. 1941 wurden in Kischinew 85 Leichen ausgegraben und mit einer großen kirchlichen Trauerfeier beerdigt. Die rumän. Zeitungen lasteten den Juden Bessarabiens die Unterstützung der sowjet. Verwaltung und die Zerstörungen öffentlicher Gebäude bei deren Rückzug an.

Diese Handlungen sind Ausdruck eines bis zum Irrsinn gesteigerten Hasses, den Ihre Juden gegenüber unserem toleranten und gastfreundlichen Volk bekundet haben, das sich heute jedoch seiner Würde und Rechte bewusst ist.
Zum Dank für den Großmut, mit dem wir sie in unserer Mitte aufgenommen und behandelt haben, trieben Ihre zu sowjetischen Kommissaren ernannten Juden, wie uns russische Gefangene bestätigten, die sowjetischen Truppen aus der Region Odessa in einen Terror ohnegleichen, bis zu einem völlig sinnlosen Blutbad, nur um uns erneut Verluste zuzufügen.
In der Region des Asowschen Meeres haben unsere sich zeitweilig zurückziehenden Truppen einige verwundete Offiziere und Soldaten zurücklassen müssen. Als sie ihren Vormarsch fortsetzten, fanden sie ihre Verwundeten grausam verstümmelt vor.
Menschen, die noch zu retten gewesen wären, starben unter entsetzlichen Qualen. Ihnen wurden die Augen ausgestochen, die Zungen herausgeschnitten, Nasen und Ohren abgeschnitten. Können Sie sich dieses Drama vorstellen, Herr Filderman? Entsetzt Dich das? Rührt Dich das?[5]
Fragen Sie sich, woher dieser Hass russischer Juden kommt, mit denen wir nie etwas zu tun hatten? Aber dieser Hass wird von anderen geteilt, es ist Ihr Hass.
Sollten Sie wirklich ein Herz haben, dann lassen Sie sich nicht von Dingen rühren, die es nicht wert sind, sondern haben Sie Mitgefühl mit denen, die es verdienen.
Beweinen Sie die Mütter, die ihre Kinder unter solchen Qualen verloren, und nicht die, die sich selbst und auch Ihnen so viel Böses zugefügt haben.
PS: Ein in Piatra Neamț verwundeter Soldat wurde auf Befehl und unter den Augen der jüdischen sowjetischen Kommissare lebendig begraben, obwohl der Unglückliche darum flehte, verschont zu werden, da er vier Kinder habe.[6]

5 Im vorletzten Absatz wendet sich Antonescu in der Du-Form an Filderman. Sie waren im Gymnasium Schulkameraden gewesen, auch deswegen hatte Antonescu Filderman zuvor in Audienzen empfangen.

6 Auf den Brief von Marschall Antonescu ging der Völkische Beobachter Nr. 300 (Norddeutsche Ausgabe) vom 27.10.1941 unter der Überschrift „Jüdische Kriegshetzer besiegelten Judas Schicksal" ein. Dort wurde auch Hitlers Rede vom 30.1.1939 erwähnt, in der er „prophezeit" hatte, dass ein Weltkrieg die Vernichtung des europäischen Judentums zur Folge haben werde; VEJ 2/248. In einer Rede am 30.1.1941 wiederholte er dies; VEJ 3/142. Am 30.1.1942 erinnerte er erneut daran.

DOK. 171

Marschall Antonescu fordert am 5. November 1941, Behördenmitarbeiter zu bestrafen, die unbefugt die Befreiung von Juden aus Lagern und Gettos ermöglichen[1]

Befehl (Nr. 122, geheim, allgemein gültig) des Verteidigungsministeriums und der Militärjustizbehörde, gez. für den Verteidigungsminister: UStS Divisionsgeneral Constantin Pantazi und der Direktor der Militärjustiz General Ştefan Stroia,[2] vom 5.11.1941

Nachdem auf verschiedenen Wegen, teilweise durch falsche, von diversen Behörden ausgestellte Vorladungen und Vorführungen oder nur aufgrund fernmündlicher Mitteilungen, Juden aus Internierungs- und Arbeitslagern oder aus Gettos fortgeschafft wurden, verfügt Marschall Antonescu sofortige Ermittlungen.
Zur Ausführung des Befehls weisen wir an:
Unverzüglich ist das gesamte Personal der Militärgerichte, insbesondere Gerichtsschreiber und deren Gehilfen, die Vorladungen und Vorführungen erstellen und verschicken, strengstens zu überwachen.
Die Überwachung wird auch auf das Privatleben und das gesellschaftliche Umfeld der genannten Personen ausgeweitet.
Jede festgestellte Übertretung ist unverzüglich, direkt und telegraphisch der Militärgerichtsbehörde zu melden, unter Nennung des Schuldigen und der getroffenen Maßnahmen.
Um keine weitere Gelegenheit zur Ausstellung gefälschter gerichtlicher Ladungen zu geben, ist die Unterzeichnung von Vorladungen und Vorführungen mittels Paraphe strengstens untersagt.
Für nachweisliche Vergehen, die dem Ministerium zur Kenntnis kommen, werden die Vorsitzenden der Kriegsgerichte und der Staatsanwaltschaften zur Verantwortung gezogen und streng bestraft.
Erhalt ist zu bestätigen.

1 AMR, F. 5465, Direcţia Justiţiei Militare, d. nr. 2120, Bl. 181. Abdruck in: Traşcă (Hrsg.), „Chestiunea evreiască" (wie Dok. 154, Anm. 1), Dok. 144, S. 351. Das Dokument wurde aus dem Rumänischen übersetzt.

2 Ştefan Stroia (*1886), Berufsoffizier; von 1909 an in der österr.-ungar. Armee, 1919 zur rumän. Armee; Jan. 1941 bis Aug. 1943 Generalinspektor der Militärjustiz, danach pensioniert.

DOK. 172

Der deutsche Gesandte meldet am 13. November 1941 das Desinteresse von Mihai Antonescu an der Rückkehr rumänischer Juden aus deutschen Gebieten[1]

Telegramm (G-Schreiber – Nr. 3726, 21.35 Uhr) gez. Manfred von Killinger, Bukarest, an das Auswärtige Amt, Berlin (D III 602 g.; über D III 536 g., Eing. 13.11.1941, 23.30 Uhr), vom 13.11.1941

Antw. auf Nr. 3128 +) vom 10.11.1941[2]
Herr Antonescu, den ich vom Inhalt des nebenbezeichneten Erlasses unterrichtete, erklärte mir, daß die rumänische Regierung es der Reichsregierung überlasse, die Juden rumänischer Staatsangehörigkeit gemeinsam mit den deutschen Juden in den Ghettos nach dem Osten abschieben zu lassen.[3] Die rumänische Regierung habe kein Interesse daran, daß die Juden nach Rumänien zurückkehren.

DOK. 173

Emil Dorian schildert im November 1941 die von Juden erzwungenen Abgaben und die Erfassung aller Juden[1]

Tagebuch von Emil Dorian, Bukarest, Eintrag vom 23.11.1941

23. November
Die interne antijüdische Front ist ununterbrochen tätig. Auf der Grundlage einer ministeriellen Verfügung durchforstet man anscheinend die jüdischen Haushalte nach Feuerholz. Es fehlt tatsächlich an Holz.
Über die Gründe sind sich inzwischen sogar die Regierenden klar geworden: Es wurde nur die Hälfte des Holzes herbeigeschafft, das die Bukarester normalerweise verbrauchen. Aber warum die Juden? Sie sind diejenigen, von denen man alles abzieht, woran es den Rumänen fehlt. So werden wir noch weniger heizen können. Zuerst Kleidung, Wäsche, Schuhwerk, Geldanleihen. Und nun Holz und … man wird sehen. Anlässlich der Hausdurchsuchungen nach Holz werden auch die Vorratskammern inspiziert. Dann werden sie die Lebensmittel mitnehmen, denn auch daran mangelt es den Rumänen. Irgendwann wird man feststellen, dass die 280 000 Juden des Landes die Bedürfnisse einer Bevölkerung von 15 000 000 Christen nicht werden abdecken können, doch vorerst wird das Drama noch aufgeschoben.

1 PAAA, R 100 853, Inland Geheim, Bd. 174, Judenfrage: Allgemein (Abschiebung von Juden nach dem Osten u. a.), E 261 453 (Bl. 017); Nürnberger Dok. NG 3990. Abdruck in: Trașcă/Deletant (Hrsg.), Al III-lea Reich (wie Dok. 134, Anm. 1), S. 357.

2 Die deutschen Gesandten in Bukarest und Agram sollten auf eine Anfrage von UStS Luther hin ermitteln, ob die beiden Regierungen ihre jüdischen Staatsbürger „abberufen“ würden oder ob sie von deutscher Seite aus in Gettos abgeschoben werden sollten; siehe Fernschreiben von UStS Martin Luther vom 10.11.1941, wie Anm. 1, E 261 456–261 457.

3 Diese Aussage bestritt der Außenminister 1943, als er den Kontakt mit den Westalliierten suchte.

1 Familienarchiv von Marguerite Dorian. Das Original konnte nicht eingesehen werden. Abdruck in: Dorian, Jurnal (wie Dok. 125, Anm. 1), S. 184 f. Das Dokument wurde aus dem Rumänischen übersetzt.

30. November
Die Übergabe der Kleidung und persönlichen Habe der Juden erfordert eine komplizierte Organisation: Zentren, Unterzentren, verschiedene Dienste.[2] In der Großen Synagoge wird sehr viel gehandelt. Unzählige Menschen, die gekommen sind, um die verschiedenen Gebühren zu entrichten. Die Gemeinde profitiert von der einzigartigen Gelegenheit, alle Juden beisammen zu haben, und drängt darauf, dass sie sich bei der Gemeinde anmelden. Es sitzen fast genauso viele Funktionäre an den Tischen, wie es Anwärter im Saal gibt. Das Verfahren: Mit einem schwergewichtigen Titel werden hinter dem Schreibtisch gemäß dem Einkommen die Buchstaben A, B, C, D usw. gestempelt – ein bürokratischer Akt, auf den die armen jüdischen Anwälte angewiesen sind.[3] Ein sehr buntes Publikum. In einer Ecke widersetzt sich eine Frau, die vielleicht einmal damit geliebäugelt hat, sich zum Christentum bekehren zu lassen, der Bitte, der jüdischen Gemeinde beizutreten. Ein hochgewachsener, stämmiger Mann, sehr elegant, der das jüdische Viertel sicher noch niemals betreten hat, wartet würdevoll und resigniert neben einem Tisch, um mit den jüdischen Organisatoren in Kontakt zu kommen. Die Nötigung zu Geldzahlungen provoziert Auflehnung. Manche Leute verweigern jeden Vorschlag. Ein Herr schreit: „Es sollen die Reichen zahlen, die mit ihren Yachten wegfahren, nicht wir, die Armen, die hier bleiben und es schwer haben!“[4]
Im benachbarten Gebäude, in dem die Habseligkeiten abgegeben werden, schlägt einem in der rauchgeschwängerten Luft der Geruch von altem Stoff und Leinenzeug entgegen. Berge von Kleidung, Wäsche, Schuhen, Bettzeug. Es wird überprüft, Quittungen werden ausgestellt. Es wird behauptet, dass alle diese Habseligkeiten nach Deutschland gehen. Wir sind das einzige alliierte Land, in dem sich die Deutschen aufführen wie bei Besiegten.

2 Die im Sept. 1941 begonnene Sammlung von Kleidung und Bettzeug bei Juden wurde im Okt. fortgesetzt. General Constantin Pantazi und Innenminister General Dumitru Popescu verfügten dies am 20.10.1941 mit der Begründung, dass Juden nicht ihr Leben an der Front riskieren würden. Das Dekret-Gesetz 2903 erschien im Monitorul Oficial am 21.10.1941; siehe Benjamin (Hrsg.), Legislația (wie Dok. 153, Anm. 1), S. 166–169.
3 Bis dahin hatte nur ein geringer Teil der Bukarester Juden die Gemeinde finanziell unterstützt, nun wurde besonders viel Geld für die Schulen gebraucht. Die Anwälte aus der Leitung der Gemeinde sollten die Höhe der Abgaben gemäß den Einkommen festlegen.
4 Einige wohlhabende Juden waren mit Schiffen in Richtung Palästina entkommen.

DOK. 174

Der deutsche Berater für Judenfragen meldet Eichmann am 16. Januar 1942 die Errichtung der staatlich kontrollierten Judenzentrale Rumäniens[1]

Schreiben (Tgb. Nr.: 10 576-30/42 Auswärtiges Amt, Aktz.: B II 8-V 3 D III 462 g.), gez. SS-Hauptsturmführer Gustav Richter, über den deutschen Gesandten an das Auswärtige Amt, Abt. Deutschland, Berlin; zur Weiterleitung an das Reichssicherheitshauptamt, z.Hd. von SS-O'stubaf. Eichmann (Eing. im AA 17.1.1942), vom 16.1.1942

Betrifft: Gesetz über die Auflösung der „Vereinigung der jüdischen Gemeinden in Rumänien" und Errichtung der Judenzentrale in Rumänien.
Vorgang: Hies. Fernschreiben vom 17.12.1941, Anlagen:[2] – 7–4 Doppel
Gesehen: Gez. von Killinger, Gesandter
Beiliegend wird Abschrift der Übersetzung des Gesetzes vom 16.12.41 über die Auflösung der „Vereinigung der jüdischen Gemeinden in Rumänien" und die Errichtung der Judenzentrale in Rumänien mit der Bitte um Kenntnisnahme vorgelegt (Anlg. I).[3]
Die rumänische Presse brachte das Gesetz in großer Aufmachung (Anlg. II–VI).
Noch am Vorabend der Unterzeichnung des Gesetzes behauptete der Präsident der inzwischen aufgelösten „Vereinigung der jüdischen Gemeinden in Rumänien" Dr. Filderman in engerem Kreise, die Auflösung der Förderation sei eine Unmöglichkeit, zumal er die Versicherung von höherer Stelle erhalten habe, daß ihm nichts getan würde und er weiterhin das volle Vertrauen genieße.
Die Veröffentlichung des Gesetzes hat in den Kreisen der reichen Juden eine heftige Reaktion ausgelöst, da gerade sie sich durch dieses Gesetz direkt betroffen fühlten. Die unbemittelten Juden hoffen jedoch, daß die Judenzentrale eine Verbesserung ihrer Lage durch Rationalisierung der den Juden auferlegten Verpflichtungen und Übertragung der Abgaben an die reichen Juden bringen wird. Am Nachmittag des 16. Dezember 1941 wurde durch den Beauftragten Ministerialdirektor Lecca[4] der Jude Henri Stefan Streitman[5] mit der kommissarischen Führung der Judenzentrale beauftragt und eingesetzt.

1 PAAA, R 99 396, Akten Inland II A/B 59/1, Judenzentrale in Rumänien, Bd. 1, 1942–1943. Abdruck in: Trașcă/Deletant (Hrsg.), Al III-lea Reich (wie Dok. 134, Anm. 1), S. 364 f.

2 Die Anlagen liegen nicht in der Akte. Alle Berichte von Gustav Richter wurden über das AA an das RSHA weitergeleitet.

3 Das Dekret-Gesetz Nr. 1090, allein gez. von Ion Antonescu, verfügte die Auflösung der Föderation Jüdischer Gemeinden und die Gründung der Judenzentrale; veröffentlicht im Monitorul Oficial, Nr. 299 vom 17.12.1941, S. 7844.

4 Radu Lecca (1890–1980), Geschäftsmann; 1934 Journalist bei der NS-Zeitung Völkischer Beobachter, 1935 Korrespondent des VB in Bukarest, Dez. 1941 Bevollmächtigter für Judenfragen, Sept. 1943 bis Aug. 1944 Generalkommissar für Judenfragen; Okt. 1944 bis April 1946 Verhöre in der Sowjetunion, 1946 Prozess des Volkstribunals in Bukarest, Todesurteil aufgehoben durch Begnadigung, bis 1963 in Haft.

5 Henric Stefan Streitman (1870–1949), Journalist; überwiegend für jüdische Zeitungen tätig; 1926–1927 Abgeordneter der Volkspartei, 1938 in der Führung der territorialen Zionisten, im Febr. 1942 von Lecca zum Leiter der Judenzentrale ernannt, im Dez. 1942 abgesetzt, nach Aug. 1944 verhaftet.

Auf Veranlassung des Beauftragten Lecca hat die Staatsanwaltschaft das Archiv der aufgelösten „Vereinigung der jüdischen Gemeinden in Rumänien“ sofort versiegelt. Zur Zeit findet eine Überprüfung der Finanzgebarung der aufgelösten Vereinigung statt.
Der neu errichteten Judenzentrale stand der größte Teil der Juden zunächst sehr mißtrauisch gegenüber. Es hieß allgemein, die Judenzentrale bestände aus Agenten der Gestapo, und die Mitglieder des neuernannten Komitees wurden „Hitlerjuden“ und „jüdische Legionäre“ genannt.
Am 28.12.41 fand zwischen den Mitgliedern der Judenzentrale Willmann[6] und Dr. Gingold[7] einerseits und Dr. Filderman andererseits eine Besprechung statt. Dr. Gingold, der in der Judenzentrale für die Stelle des Generalsekretärs ausersehen ist, machte Filderman klar, daß er im Interesse des Judentums und in seinem persönlichen Interesse jede Agitation gegen die neue Führung aufgeben muß. Dr. Filderman gab die Versicherung ab, daß er nichts gegen die Zentrale unternommen habe und auch weiterhin nichts unternehmen wird. Er wies darauf hin, daß er in einem Rundbrief (Anlg. VII)[8] seine Mitarbeiter aufgefordert habe, sich der neuen Führung zur Verfügung zu stellen und die Judenzentrale zu unterstützen.
Nach dem Gesetz über die Errichtung der Judenzentrale werden die Aufgaben und die Tätigkeit der Judenzentrale durch ein Organisationsstatut festgelegt. Das Organisationsstatut ist bereits ausgearbeitet und wird in den nächsten Tagen dem Stv. Ministerpräsidenten Antonescu zur Unterzeichnung vorgelegt.

DOK. 175
Der deutsche Judenberater Richter berichtet Eichmann am 23. Januar 1942 über die Einstellung der Emigration aus Rumänien[1]

Schreiben, gez. Gustav Richter, SS-Hauptsturmführer, über den deutschen Gesandten aus Bukarest, an das Auswärtige Amt, Berlin, Kopie an das RSHA, z.Hd. von SS-O'stubaf. Eichmann, vom 30.1.1942

Aktennotiz
Betr.: Besprechung mit dem Stv. Ministerpräsidenten Mihai Antonescu am 23.1.1942, 16.15 Uhr, im Ministerpräsidium
Gegenstand der Besprechung waren folgende Punkte:

6 Adolf Willman, geb. als Matias Grünberg (*1893), Journalist; 1942–1944 Direktor der Gazeta evreiască, des Mitteilungsblatts der Judenzentrale; im Sept. 1944 verhaftet, 1946 vom Volksgericht zu 20 Jahren Zwangsarbeit verurteilt, 1955 amnestiert.

7 Nandor Gingold (1905–1989), Arzt; 1940 wegen jüdischer Herkunft als Assistent am Institut für Hygiene entlassen; konvertierte im Dez. 1941 zum Katholizismus; Dez. 1941 Sekretär und von Febr. 1942 an Leiter der Judenzentrale, April 1944 Rücktritt; Febr. 1946 wegen Kollaboration zu 25 Jahren Gefängnis verurteilt, 1956 rehabilitiert, wieder als Arzt tätig.

8 Liegt nicht in der Akte.

1 PAAA Berlin, R 99 396, Inland II A/B 59/1, Errichtung der Judenzentrale in Rumänien, Bd. 1 1942–1943, S. 1–3. Abdruck in: Trașcă/Deletant (Hrsg.), Al III-lea Reich (wie Dok. 134, Anm. 1), Dok. 68, S. 370 f.

1.) Organisationsstatut der Judenzentrale
Ich bat den Stv. Ministerpräsidenten, das Organisationsstatut der Judenzentrale, das ihm bereits seit mehreren Tagen ausgearbeitet vorliegt, möglichst bald zu veröffentlichen, um eine Einmischung verschiedener, jedoch für die Judenzentrale nicht zuständiger Behörden zu verhindern. Außerdem sei die baldige Veröffentlichung des Organisationsstatuts auch im Hinblick auf die Durchführung der Zählung aller Einwohner jüdischen Blutes bis zum 20. Februar notwendig. Antonescu erklärte, daß er mit dem Reglement einverstanden sei und es anschließend an die Besprechung dem Marschall zur Unterzeichnung vorlegen werde, es würde dann am Sonntag im „Monitorul Oficial" erscheinen.
2.) Auswanderung der Juden aus Rumänien
Ich kam auf die Besprechung mit dem Stv. Ministerpräsidenten am 12.12.41 zurück, in welcher Antonescu meinem Vorschlag, die Auswanderung der Juden aus Rumänien künftighin zu unterbinden, zustimmte.[2] Ich informierte ihn, daß in der gleichen Angelegenheit der Chef der Sicherheitspolizei und des SD[3] von sich aus den Berater davon in Kenntnis gesetzt hätte, daß die Auswanderung von Juden aus dem Reichsgebiet einschließlich Protektorat Böhmen und Mähren und den besetzten Gebieten im Hinblick auf die kommende Endlösung der europäischen Judenfrage generell eingestellt wurde. Der Chef der Sicherheitspolizei und des SD wünsche nun, daß auch die Auswanderung von Juden aus Rumänien unter allen Umständen unterbunden wird. Antonescu war mit dem Vorschlag des Chefs der Sicherheitspolizei und des SD sofort einverstanden. Er erklärte, daß bisher schon auswandernde Juden die besondere Genehmigung des Ministerpräsidiums einholen mußten. Wenn die Abstoppung der Auswanderung von Juden nicht restlos durchgeführt werden konnte, so lag es daran, daß er durch den Staatsbesuch in Berlin sich um diese Angelegenheit nicht recht kümmern konnte. Er kam bei dieser Gelegenheit auch auf den Fall „Struma"[4] zu sprechen. Die Struma fuhr seinerzeit mit 700 Juden an Bord zunächst nach Istanbul, um von hier aus dann nach Palästina weiterzufahren. Auf die Intervention des Beraters hin verfügte Antonescu damals, daß das Schiff nicht abfahre. Während seiner Abwesenheit (Staatsbesuch in Berlin) hat jedoch der frühere Chef der Siguranta, General Leoveanu, seine Entscheidung sabotiert und die Abfahrt des Schiffes angeordnet. Das Schiff liege nun seit einigen Wochen schon in Istanbul fest, und die türkische Regierung verweigere die Einreise dieser Juden. Das Endergebnis dieser Aktion sei nun, daß die 700 Juden wieder nach Rumänien überstellt werden. Das Verhalten des Generals Leoveanu in dieser Angelegenheit habe ihn daher auch veranlaßt, dem Marschall die Absetzung des Generals Leoveanu vorzuschlagen.

2 1940 waren über rumän. Häfen 8194 zumeist ausländische Juden ausgereist, 1941 schaffte nur ein Schiff die Überfahrt.

3 Reinhard Heydrich (1904–1942), Berufsoffizier; 1922–1931 bei der Marine; 1931 Eintritt in NSDAP und SS; von Juli 1932 an Leitung des SD; Juni 1936 Chef der Sicherheitspolizei und des SD; Sept. 1939 Chef des RSHA; SS-Obergruppenführer und General der Polizei; Juli 1941 von Hermann Göring mit Durchführung der „Endlösung" beauftragt; 20.1.1942 Leitung der Wannsee-Konferenz; seit Sept. 1941 Stellv. Reichsprotektor von Böhmen und Mähren; starb am 4.6.1942 an den Folgen eines Attentats tschech. Widerstandskämpfer.

4 Die „Struma" verließ am 12.12.1941 den rumän. Hafen Constanța und hatte unterwegs einen Motorschaden. In Istanbul ließen die türk. Behörden die 770 Juden nicht von Bord, weil sie keine brit. Visa für Palästina hatten. Die Passagiere warteten zehn Wochen im Hafen von Istanbul. Am 23.2.1942 schleppte die türkische Marine das fahruntüchtige Schiff aufs Meer, wo es von einem sowjet. Torpedo getroffen wurde und sank. Nur ein Mann überlebte.

Der Stv. Ministerpräsident versicherte mir, daß künftighin nicht nur die Einzelauswanderung, sondern auch die kollektive Auswanderung von Juden unterbunden wird. Auf meinem Hinweis, daß die rumänische Presse der Auswanderung der Juden Vorschub leiste, indem sie laufend Anzeigen von privaten Reise- und Schiffahrtsgesellschaften, die Yachten und Schiffe zum Zwecke der Auswanderung anbieten, veröffentliche.[5] Ich legte dem Stv. Ministerpräsidenten eine Reihe solcher Anzeigen vor. Er zeigte sich darüber sehr ungehalten und setzte sich telefonisch sofort mit der Pressezensur im Propagandaministerium in Verbindung, der er mitteilte, daß er die Veröffentlichung derartiger Anzeigen von heute an verbiete.

3.) Ich setzte den Stv. Ministerpräsidenten davon in Kenntnis, daß ich am 21. Januar 42 den Minister Dragoş[6] (Unterstaatssekretär für Romanisierung) aufgesucht und mit ihm eine längere Unterredung gehabt hätte. Als Ergebnis dieser Besprechung mit Dragos sei Übereinstimmung dahingehend erzielt worden, daß Minister Dragoş nach wie vor sich im wesentlichen mit der Ausschaltung des Judentums aus dem wirtschaftlichen Leben Rumäniens beschäftige, während Ministerialdirektor Lecca sich mit rein weltanschaulichen und jüdisch-politischen Fragen befasse und dementsprechende Vorschläge direkt dem Stv. Ministerpräsidenten Mihai Antonescu in Zusammenarbeit mit dem Berater vorlege. Antonescu war über meine Bemerkung, daß z. B. die Zusammenarbeit zwischen Minister Dragos und Ministerialdirektor Lecca nunmehr möglich ist, sichtlich zufrieden.

4.) Fall Jude Clejan[7]

Ich teilte Antonescu mit, daß ich erfahren habe, daß Architekt Clejan (Erbauer der Villa des Marschalls in Predeal) am 21.1.42 mit Marschall Antonescu eine Unterredung hatte. Clejan habe Mitgliedern der Judenzentrale gegenüber erklärt, daß der Marschall ihn habe rufen lassen und er in einer ¾-stündigen Unterredung mit dem Marschall allgemeine Fragen, die sich mit dem Judenproblem in Rumänien befassen, erörtert habe. Ich erklärte Antonescu, daß es bei Clejan sich um jenen Juden handle, der sich bisher, wie er mir selbst zugegeben habe,[8] um die Lösung der Judenfrage in Rumänien nicht gekümmert habe, jetzt aber in der Judenzentrale die Rolle eines jüdischen Führers spielen will. Clejan sei sogar soweit gegangen, in einem Schreiben an den Ministerialdirektor Lecca darauf hinzuweisen, daß er eine solche Funktion nur dann übernehmen könne, wenn er:

a) das Vertrauen, die Unterstützung und die Sympathie der jüdischen Masse besitze

b) die Betreuung des Staatsführers und dessen vollständige Unterstützung erhält

c) die zukünftigen jüdischen Gesetze nichts Aufreizendes enthalten werden und außerdem keine Erkennungszeichen, keine Ghettos und keine Evakuierungen unternommen werden dürfen.

Ich wies den Stv. Ministerpräsidenten darauf hin, daß es heute nicht mehr angängig ist, von Juden sich Bedingungen vorsetzen zu lassen. Der Jude Clejan habe inzwischen auch eingesehen, daß er mit seinem Schreiben an Ministerialdirektor Lecca eine große

5 So im Original.

6 Titus Dragoş (*1902), Jurist; Jan. bis Dez. 1941 Generalsekretär im Finanzministerium, Dez. 1941 bis Nov. 1943 als UStS Leiter des Zentrums für Rumänisierung und Kolonisierung; im Okt. 1944 verhaftet, im Mai 1946 vom Volkstribunal zu 15 Jahren Zuchthaus verurteilt, 1960 entlassen.

7 Herman Clejan (1886–1955), Architekt; 1942 designierter Leiter der Judenzentrale, wandte sich gegen die Kennzeichnung der Juden und setzte sich seit 1941 wiederholt für die Deportierten in Transnistrien ein.

8 So im Original.

Dummheit begangen hat. Unter diesen Gesichtspunkten sei es auch ausgeschlossen, daß der Jude Clejan als Präsident der Judenzentrale tragbar ist. Ich machte ihm den Vorschlag, mit dem Marschall diesen Fall doch zu besprechen und zu klären, was auch Antonescu zusicherte.[9]

DOK. 176
Der wegen einer Protestaktion zum Tod verurteilte jüdische Jugendliche Adolf Mihailovici verfasst im März 1942 einen Abschiedsbrief an Freunde und Verwandte[1]

Handschriftl. Brief von Adolf Dan Mihailovici[2] aus dem Militärgefängnis Jilava vom März 1942

An die Lieben,
ich verbringe die letzten Augenblicke meines Lebens,[3] das zwar kurz, aber recht aufregend war. Ihr habt alles für mich getan, während ich Euch nur Ärger bereitet habe, und am Ende gipfelt es in einer Tragödie für Euch. Ich sterbe allein mit dem Bedauern, dass es mir nicht gelungen ist, den Tag zu erleben, an dem ich auch Euch eine Hilfe hätte sein können, und ich bleibe bei meiner Überzeugung, dass man den Freund nur in der Not erkennt.
Falls irgendjemand meinen Tod als Heroismus auslegen wollte, dann sollt Ihr von mir erfahren: *Wir brauchen keine Helden, sondern nur Gedenken, umso mehr* [...][4]
Es ist merkwürdig, dass ich derjenige bin, der Euch ermutigt, ich tue es dennoch, weil ich Euch gut genug kenne. Es tröstet mich, dass ihr Euch gut um die Eltern kümmern werdet. *Steht ihnen bei! Das ist meine letzte Bitte. Hört auf sie! Es ist das letzte Wort eines Menschen, der bald stirbt!* Als schwacher Trost soll von nun an wenigstens die Not für sie aufhören. Verkauft alles, was mir gehört hat, und schickt es nach Hause, und wenn das nicht möglich ist, behaltet es bei Euch. Ich habe Vertrauen zu Euch, und ich bitte Euch, enttäuscht mich nicht. Nennt Euren Erstgeborenen Dan, wenn es ein Junge sein sollte, und im Falle eines Mädchens Francisca.
Vervielfältigt diesen Text hier und schickt ihn nach Buzău usw. Er ist für alle Cousins, Cousinen, Großeltern usw.

9 Clejan wurde nicht Präsident der Judenzentrale, sondern der zum Christentum konvertierte Nandor Gingold, der zuvor wenig Kontakt mit der jüdischen Gemeinde gehabt hatte.

1 YVA, O.75/469. Das Dokument wurde aus dem Rumänischen übersetzt.
2 Adolf Dan Mihailovici (1921–1942), Schüler am Jüdischen Gymnasium in Bukarest; im Gefängnis Jilava erschossen.
3 Mihailovici hatte zusammen mit 16 anderen Jugendlichen Ende 1941 Geldscheine mit dem Aufdruck „Nieder mit dem Krieg!" versehen. Alle Beteiligten wurden verhaftet und die Ältesten zum Tod verurteilt; siehe Einleitung, S. 62.
4 Eine halbe Zeile im Dokument unleserlich.

DOK. 177
Marschall Antonescu fordert am 7. Mai 1942 vom Großen Generalstab einen gezielten Zwangsarbeitseinsatz von Juden[1]

Befehl (B.I. Nr. 5587/M) von Marschall Antonescu an den Großen Generalstab, weitergeleitet von Oberst R. Davidescu,[2] Chef des Militärkabinetts, vom 7.5.1942

Bezüglich Ihres Berichts Nr. 82 089 vom 30.4.1942 betreffend die Organisation der Arbeit von Juden:
Herr Marschall hat als Resolution folgenden Befehl erlassen:
Die Angelegenheit muss gut studiert und auf den Punkt gebracht werden. Es soll keine Scheinarbeit getan werden. Es muss eine seriöse Organisation erfolgen.
Der Große Generalstab soll dies bis in die letzten Einzelheiten vorbereiten und dann mit der Umsetzung beginnen.[3]
Insbesondere sollen alle Handwerker in besonderen Abteilungen nach Kategorien zusammengefasst werden. Mit ihnen sollen Kasernen, Spitäler, Kirchen, Schulen, Institutionen für das Allgemeinwohl, Gefängnisse etc. etc. repariert werden.

1 ANIC, f. PCM, Cabinet Militar, d. 48/1942, Bl. 403. Abdruck in: Comisia (Hrsg.), Documente (wie Dok. 123, Anm. 6), S. 359. Das Dokument wurde aus dem Rumänischen übersetzt.
2 Radu Davidescu (1896–1960), Berufsoffizier; Dez. 1941 bis Aug. 1944 Direktor des Militärkabinetts; 1944 in Haft.
3 Am 30.5.1942 erweiterte Antonescu diesen Befehl dahingehend, dass Juden, die sich der Zwangsarbeit entzogen, sofort nach Transnistrien geschickt werden sollten.

DOK. 178

Der Bukarester Jurist Sigmund Bibring bedankt sich am 24. Mai 1942 bei Ingenieur Jägendorf für die erfolgreiche Suche nach seiner deportierten Nichte in Transnistrien[1]

Postkarte vom 24. Mai 1942 von Dr. S. Bibring,[2] Vasile Lascar 33, Bucureşti, an Ingenieur S. Jägendorf,[3] Ermana 65, Moghilev, Transnistrien[4]

Lieber Freund,
ich danke Dir innigst für Deine edle Tat und finde nicht die Worte, um Dir zu sagen, wie sehr ich Dir zu Dank verpflichtet bin. Die kleine Trude[5] ist mir das Liebste auf Erden und ich bin glücklich (in meinem Unglück), daß die Arme nunmehr unter Deiner Obhut steht. Indes bemühe ich mich hier, durchzusetzen, daß sie die Bewilligung bekommt, zu ihrem Vater,[6] der sich vor Sehnsucht nach ihr verzehrt, zurückkehren zu können.
Schreibe mir noch bitte etwas über meine Schwester! Ich fürchte, sie lebt nicht mehr …
Herzliche Grüße
Dein Bibring
Liebstes Truderl,
vielen, vielen Dank für Deine lieben Zeilen, die ersten, die ich seit Monaten von Dir erhalten habe. Mit Gottes Hilfe und dank der brüderlichen Fürsorge meines Freundes Ing. Jägendorf wirst Du Dich bald erholen. Tata[7] und ich werden jetzt alles daransetzen, daß Du bald wieder zuhause bist. Schreibe mir sofort, sobald Du wieder Geld brauchst!
Warum berichtest Du mir nichts über Mamas Schicksal?
Schreibe dem Tata und mir öfters! Wir bitten Dich sehr darum. Innige Küsse von Tante Fini[8] und mir Dein Onkel

1 YVA, Privatarchiv Jägendorf, P 9/9.

2 Sigmund Bibring, Jurist, geb. in Suczawa, nach dem Studium in Czernowitz Rechtspraktikant und später Landesgerichtsrat, zog 1940 vor dem Einmarsch der Roten Armee nach Bukarest; wirkte seit 1941 im Hilfswerk für in Czernowitz verbliebene Juden zusammen mit Salo Schmidt; reiste im Nov. 1943 nach Mexiko aus.

3 Siegfried Jägendorf (1885–1970), Ingenieur; bis 1940 Vertreter der Siemens-Werke in der Bukowina; baute nach der Deportation im Okt. 1941 in Moghilev eine Metallfabrik auf und verschaffte dadurch 500 Beschäftigten und ihren Familien einen Lebensunterhalt, 1941–1943 Leiter des Jüdischen Komitees in Transnistrien, das Suppenküchen und Krankenstationen für Deportierte organisierte; siehe Siegfried Jagendorf, Jagendorf's Foundry. Memoir of the Romanian Holocaust 1941–1944, hrsg. v. Aron Hirt-Manheimer, New York 1991. Im Buch ist auch die lange Suche nach Gertrude Pilpel erwähnt und eine Postkarte von Albert Pilpel aus Czernowitz vom 25.4.1942 abgedruckt.

4 Postkarte mit dem Stempelaufdruck „Zensur Bucureşti 380. A-I". Ankunftstempel in Moghilev unleserlich.

5 Gertrude Pilpel (*1924), Tochter von Albert Pilpel; ihre deportierte Mutter starb Anfang 1942 in Transnistrien; sie kehrte nach kurzem Aufenthalt bei der Familie Jägendorf zu ihrem Vater nach Czernowitz heim.

6 Dr. Albert Pilpel, Chemiker; wurde im Okt. 1941 nicht aus der Bukowina deportiert, weil sein Fachwissen in einer Zuckerfabrik benötigt wurde.

7 Rumän.: Vater.

8 Finnie Bibring geb. Weitzner, Ärztin; als Ehefrau von Sigmund Bibring wie dieser in Bukarest 1941–1943 tätig im Hilfswerk für die deportierten Waisenkinder in Transnistrien; siehe auch Dok. 243 vom 28.3.1944.

DOK. 179
Emil Dorian vermerkt am 17. Juni 1942 die erste Aktion der Hilfskommission für jüdische Waisenkinder in Transnistrien[1]

Tagebuch von Emil Dorian, Bukarest, Eintrag vom 17.6.1942

Die Aufregung, die einige Tage lang unter den Juden herrschte, hat sich gelegt. Es heißt, es wären sogar Maßnahmen gegen uns aufgeschoben worden. Für ein paar Tage Erleichterung.

Das Leben ist so düster und hoffnungslos, dass man sich manchmal in den Rinnstein setzen und heulen möchte, bis man stirbt. Die Menschen kommen und gehen, sinn- und ziellos, und fragen einander, was sie glauben, wie lange es wohl noch dauern wird. Die Kräfte liegen brach, ohne irgendwem oder irgendwas zu nutzen. Jeder hat ein wenig Optimismus nötig, weil er die Erinnerung an die Tragödien noch frisch im Gedächtnis trägt, die Hunger und Tod verheißen und den Lebenswillen erlöschen lassen. Der Lebenszweck für unsereins ist schon lange verloren gegangen. Und dennoch halten sich die meisten Menschen noch gut, legen Wert auf ein gepflegtes Erscheinungsbild, auf ihren äußeren Rhythmus. Doch wenn sie sich einen Moment niederlassen oder stehen bleiben, um sich einem zu offenbaren, verschwindet ihre äußerliche Selbstbeherrschung, und es bleibt nur die nackte Angst, ein apathischer Jammer, eine herzzerreißende Verzweiflung.

Eine erneute Tragödie in jüdischen Belangen. In Transnistrien[2] sind 500 Waisen zusammengefasst worden, die durch jüdische Geldsammlungen versorgt werden müssen. Seitdem die Zentrale von diesem Problem unterrichtet wurde, ist die Zahl der Kinder auf 800 gestiegen. Aber wie soll das gehen? Hatte man anfangs mit 3000 Lei monatlich für den Unterhalt eines Kindes gerechnet, sind jetzt 5000 Lei nötig. Dafür kann man ihnen gerade ein halbes Brot pro Tag (ein Brot kostet dort 300 Lei) und eine Graupensuppe geben. Natürlich wäre es die einfachste Lösung, die Kinder auf verschiedene jüdische Familien zu verteilen oder gar in einem Sammellager in der Region Moldau zu konzentrieren, wo sie besser und billiger verpflegt werden könnten. Aber vermutlich muss die Schuld, für die ihre Eltern gestorben sind, gesühnt werden, und in diesem Fall verbleiben auch die Kinder im Sühnekreis. Wie soll man die gigantische Summe von vier Millionen Lei pro Monat aufbringen? Im Fall von Zwangsmaßnahmen könnten natürlich einige vermögende Juden die nötigen Mittel beisteuern. Den Anfang könnte beispielsweise ein bekannter Herr machen, der, wenn er nur seine Rennpferde verkaufte, die zum Hungern verdammten Unglücklichen zumindest ein bis zwei Monate unterhalten könnte. An den Schulen hat man die Initiative ergriffen und alle Eltern der Schüler zusammengerufen. Ich habe auch an einer Schulversammlung teilgenommen. Reiche Damen haben an die Gefühle der anwesenden Mütter appelliert. Eine von ihnen hat einen Fauxpas begangen, indem sie behauptete, dass es sich um Kinder handele, die

1 Familienarchiv von Marguerite Dorian. Das Original konnte nicht eingesehen werden. Abdruck in: Dorian, Jurnal (wie Dok. 125, Anm. 1), S. 221 f. Das Dokument wurde aus dem Rumänischen übersetzt.

2 Im rumän. Besatzungsgebiet waren im Winter 1941/42 sehr viele Deportierte an Hunger und Mangelkrankheiten gestorben. Über 5000 Waisenkinder irrten bettelnd umher.

Überfluss und Komfort gewohnt gewesen seien und den Mangel schlechter ertragen könnten als arme Kinder, die immer schon an Entbehrung und Elend litten. Deshalb müssten die besagten Waisen schnell gerettet werden. Es wurden Briefe der Kinder vorgelesen, die einem das Herz zerreißen. Ich bin ganz krank nach Hause gekommen und musste die ganze Zeit an die armen Kinder denken, die ungehört und anonym sterben müssen, weil diejenigen, die dazu auserkoren sind, satt zu sein, sich lieber retten. Wie lange werden wir so etwas noch hören?

DOK. 180
Marschall Antonescu verfügt am 13. Juli 1942 die Deportation getaufter Juden nach Transnistrien[1]

Handschriftl. Schreiben (Nr. 2072) des Innenministeriums, Kabinett des Generalsekretärs, Flüchtlingsbüro, gez. Minister Staatsuntersekretär Divisionsgeneral C. Z. Vasiliu,[2] an das Präsidium des Ministerrats, Militärkabinett des Staatsführers, Büro 2, vom 13.7.1942[3]

In Bezug auf Ihr Schreiben Nr. 6398 /M/2. Juli 1942;
Ergebenst bringen wir Ihnen Folgendes zur Kenntnis:
Nach vorliegender Information hat der reformierte Geistliche Ludovic Tarnoczyi aus Arad zwischen dem 5. Mai 1940 und dem 8. Juni 1942 39 Juden aus ebendieser Stadt getauft, daraufhin hat Herr Marschall Antonescu entschieden, alle Juden, die sich taufen lassen, an den Bug zu schicken.
Inzwischen wurde vom Sonderdienst für Informationen[4] gemeldet, dass auch in Bukarest Juden zum Christentum konvertieren, was einen neuerlichen Befehl des Marschalls nach sich gezogen hat: Alle entsprechenden Juden werden über den Bug geschafft, ausgenommen diejenigen, die die katholische Religion angenommen haben – eine politischer Opportunität gehorchende Ausnahme.[5]
In Ausführung dieses Befehls hat die Generaldirektion der Polizei Listen mit sämtlichen Juden erstellt, die das erwähnte Verfahren durchlaufen haben. Aus diesen Listen haben wir nur die nach dem 21. März 1941 konvertierten Juden herausgezogen, weil mit diesem Stichtag durch das Dekret-Gesetz Nr. 711, veröffentlicht im Amtsblatt Nr. 68/21. März 1941, der Wechsel vom mosaischen Glauben zu anderen Konfessionen verboten wurde.

1 ANIC, PCM, d. 179/1942–43, Bl. 23 f. Das Dokument wurde aus dem Rumänischen übersetzt.
2 Constantin Zamfir Vasiliu (1882–1946), Berufsoffizier; von 16.9.1940 an Divisionsgeneral, Sept. 1940 bis Aug. 1944 Generalinspektor der Gendarmerie, 1942–1944 UStS im Innenministerium, zuständig für Polizei und den Sicherheitsdienst Siguranța; Sept. 1944 bis April 1946 zum Verhör in der Sowjetunion; im Mai 1946 vom Volkstribunal zum Tode verurteilt, erschossen.
3 Im Original Dienstsiegel; Eingangsstempel 7378 vom 14.7.1942; Unterstreichung des Verfassers sowie unleserliche handschriftl. Notiz und handschriftl. Randbemerkungen: „Akte 55".
4 Gemeint ist der von Eugen Cristescu geführte Geheimdienst, dessen Einsatzgruppen angebliche Systemfeinde auch beim Massaker in Jassy und hinter der Front verfolgten.
5 Im Konkordat war das Recht zur Konversion zugebilligt worden. Nuntius Cassulo hatte 1941 vehement gegen das Konversionsverbot protestiert, ebenso 1942 gegen die Deportation getaufter Juden; siehe Dennis Deletant, Aliatul uitat a lui Hitler. Ion Antonescu și regimul său 1940–1944, București 2008, S. 214–216.

Die erstellten Listen sind der Generaldirektion der Polizei mit der Aufforderung vorgelegt worden, alle Maßnahmen zur Sammlung der betreffenden Juden und ihrer Familien zu ergreifen und sie in die für sie bestimmte Region in Marsch zu setzen.
Für die Deportation der Juden schlug das Inspektorat der Gendarmerie Transnistrien vor: Endgültiger Aufenthalt im Bezirk Golta, Gemeinde Dumanovca. Ihre Konzentration erfolgt in Galați, von wo aus sie unter Bewachung mit dem Zug auf die Strecke Galați-Tighina-Tiraspol-Vradievca gesetzt werden. Am letztgenannten Bahnhof erfolgt die Übergabe mitsamt den Namenslisten an das Inspektorat.
Handschriftl. Schreiben, gez. Marschall Antonescu, vom 2.7.1942
1. Die Ankündigung des Juristischen Rats des Staats ist durch das Außenministerium denjenigen bekannt zu machen, die Juden zu jüdischen oder ungarischen Betrugshandlungen ermutigen.
2. Aus politischen Erwägungen werden Repressalien nicht gegen die Pfarrer, sondern gegen die Konvertiten angewendet.
3. Folglich sind [nur] die zur reformierten oder zur ungarisch-unitarischen Konfession übergetretenen Juden mit ihren Familien umgehend an den Bug zu schicken.[6]
4. Die zum katholischen Glauben Übergetretenen werden aus Gründen politischer Opportunität vorläufig vor Ort belassen. Steigen die Übertritte zum Katholizismus an, gehen wir auch gegen diese Gruppe mit Repressalien vor.
Ich glaube jedoch, dass dies als Warnung verstanden wird.
Dieses Schreiben ist dem Innenministerium und dem Kulturministerium zur Kenntnis zu bringen.

DOK. 181

Das Auswärtige Amt vermerkt am 24. Juli 1942 Vorbehalte des rumänischen Gesandten in Berlin bezüglich rumänischer Juden im deutschen Einflussbereich[1]

Kurzbericht (Nr. 497), notiert in Berlin von UStS Ernst Woermann[2] über ein Gespräch mit Raoul Bossy,[3] an StS Freiherr Ernst v. Weizsäcker für Politische Abt. und an UStS Martin Luther, Dg. Pol., Pol. IV, vom 24.7.1942

Der Rumänische Gesandte erwähnte bei seinem heutigen Besuch den Notenwechsel, der zwischen dem Auswärtigen Amt und der Rumänischen Gesandtschaft in der Frage der Behandlung der Juden in den besetzten Gebieten stattfinde. Die Deutsche Gesandtschaft in Bukarest habe gegenüber der Rumänischen Regierung den Standpunkt vertreten, daß sie berechtigt sei, Angelegenheiten von Juden deutscher Staatsangehörigkeit gegenüber

6 Der Einfluss der Kirchen, denen vor allem Ungarn angehörten, sollte gering gehalten werden. Daher wurde härter gegen sie vorgegangen als gegen kath. Geistliche, die Juden tauften.

1 PAAA, R 29 705, Büro des Staatssekretärs, Rumänien, Bd. 10, E 160 145 f. (Bl. 099 f.). Abdruck in: Trașcă/Deletant (Hrsg.), Al III-lea Reich (wie Dok. 134, Anm. 1), Dok. 92, S. 454.

2 Dr. Ernst Woermann (1888–1979), Jurist; seit 1919 Berufsdiplomat; 1937 NSDAP-, 1938 SS-Eintritt; 1938 Min. Dir. und Leiter der Politischen Abt. im AA; 1942 SS-Oberführer; Juli 1943 bis Mai 1945 Gesandter in Nanking; 1949 in Nürnberg zu sieben Jahren Haft verurteilt, 1950 entlassen.

3 Raoul Bossy (1894–1975), Jurist und Berufsdiplomat; 1920 Kabinettschef des Außenministers; von 1931 an im auswärtigen Dienst Rumäniens in Wien, Helsinki, Budapest, Rom und Bern; März 1941 bis Juni 1943 Gesandter in Berlin; Aug. 1943 bis Jan. 1946 Vertreter Rumäniens beim IKRK in Genf.

der Rumänischen Regierung wahrzunehmen, was insbesondere in vermögensrechtlicher Hinsicht von Bedeutung sei. Die Rumänische Regierung habe diesen Standpunkt angenommen, aber selbstverständlich unter der Voraussetzung der Gegenseitigkeit. Der Annahme des deutschen Standpunkts stünde aber auch eine andere Schwierigkeit entgegen. Während Deutschland die rumänischen Juden z. B. im besetzten Frankreich den französischen und deutschen Juden gleichstelle, gelte dasselbe nicht für italienische und z. B. ungarische Juden. Es sei aber mit Rücksicht auf das ungarisch-rumänische Verhältnis für die Rumänische Regierung abträglich, wenn die Juden ungarischer Staatsangehörigkeit gegenüber denjenigen rumänischer Staatsangehörigkeit privilegiert würden.
Ich habe dem Gesandten gesagt, daß sich aus unserer Mitteilung ja ergebe, daß die rumänischen Juden ebenso wie z. B. die kroatischen mit Einverständnis der betreffenden Regierungen den deutschen Juden gleichgestellt würden. Im Übrigen habe ich dem Gesandten empfohlen, die Angelegenheit mit U.St.S. Luther zu besprechen. Herr Bossy sagte hierzu, daß ja bereits ein Notenwechsel mit der Abt. Deutschland stattfinde, worin die Rumänische Gesandtschaft ihren Standpunkt vertrete. Aus der rumänischen Note ergebe sich auch, daß, wie er durch eine Rückfrage in Bukarest festgestellt habe, die erwähnte rumänische Zusage nicht gegeben worden sei.[4]

DOK. 182

Das Reichssicherheitshauptamt kündigt am 26. Juli 1942 dem Auswärtigen Amt Deportationen von Juden aus Rumänien „nach dem Osten" an[1]

Schreiben (Geheime Reichssache Nr. 370) des Chefs der Sicherheitspolizei und des SD, Berlin, Abt. IV B 4 41/42, gez. i.V.: Heinrich Müller,[2] an das Auswärtige Amt, Berlin, z.Hdn. UStS Luther o.V.i.A., D III 617 g. (Eing. 5.8.1942), vom 26.7.1942

Betrifft: Lösung der Judenfrage. Bezug: Ohne
Es ist vorgesehen, etwa ab 10.9.1942 nunmehr auch Juden aus Rumänien in Sonderzügen nach dem Osten abzubefördern.
Der zu erfassende Personenkreis erstreckt sich zunächst auf arbeitsfähige Juden, soweit sie nicht in Mischehe leben und nicht die Staatsangehörigkeit des Britischen Empire, der USA, von Mexiko, der mittel- und südamerikanischen Feindstaaten sowie der neutralen und verbündeten Staaten besitzen. (Sofern nicht für einige Länder z. B. Slowakei und Kroatien eine Sonderregelung vorgesehen ist.)
Ich bitte um Kenntnisnahme und nehme an, daß auch seitens des Auswärtigen Amtes keine Bedenken gegen diese Maßnahmen bestehen.[3]

4 In seinem Tagebuch verzeichnete Bossy am 24.7.1942 dieses Gespräch, ohne die Verfolgung der Juden zu erwähnen; siehe Dok. 228 vom 27.9.1943, Anm. 1.

1 PAAA, R 100 881, Inland II Geheim, Bd. 200, K 212 594 (Bl. 16). Abdruck in: Trașcă/Deletant (Hrsg.), Al III-lea Reich (wie Dok. 134, Anm. 1), Dok. 93, S. 456.
2 Heinrich Müller (1900–1945), Polizist; 1933 Kriminalinspektor; 1934 SS-, 1938 NSDAP-Eintritt; 1939 bis Mai 1945 Chef der Abt. IV/Gestapo im RSHA; von Nov. 1941 an SS-Gruppenführer und Generalleutnant der Polizei; Jan. 1942 Teilnehmer an der Wannsee-Konferenz; seit April 1945 verschollen.
3 Am 11.8.1942 übermittelte Luther dem RSHA das Einverständnis des AA.

DOK. 183
Bukarester Tageblatt: Der deutsche Plan zur Deportation der Juden aus Rumänien wird am 8. August 1942 publiziert[1]

Rumänien wird judenrein[2]

Wenn man die kurze Zeit berücksichtigt, die dem Rumänien des Marschalls Antonescu bisher zur Verfügung stand, um in der Judenfrage energische Schritte mit dem Ziel auf endgültige Lösung zu unternehmen,[3] so darf man feststellen, daß es gelungen ist, in dieser für die Zukunft Rumäniens und für die Stellung Rumäniens im neuen Europa entscheidenden Frage bereits weit voranzukommen. Rumänien steht auch in der Lösung und Behandlung der jüdischen Frage mit an der Spitze der Staaten des Südostens, und die Wege, die hier beschritten wurden, sind in vieler Beziehung vorbildlich.
Nachdem zunächst im Gefolge der Übernahme der Regierungsgewalt durch den Marschall Antonescu auf den verschiedensten Gebieten in Form von Verordnungen und Gesetzen gegen die Juden und für die Brechung ihres überragenden Einflusses auf das politische, wirtschaftliche und kulturelle Leben eingeschritten wurde, ohne daß es zu durchgreifenden Erfolgen überall kam, hat die rumänische Regierung gegen Ende des Jahres 1941 den entscheidenden Schritt durch die Schaffung der Judenzentrale in Bukarest, deren Machtbefugnis sich über ganz Rumänien erstreckt, getan. Die Aufgabe dieser Judenzentrale war von vornherein, Klarheit in die Vielfältigkeit der antijüdischen Bestimmungen zu bringen, die Juden statistisch zu erfassen, sie einer nutzbringenden Tätigkeit für den rumänischen Staat und das rumänische Volk zuzuführen und schließlich alle Schritte vorzubereiten, um Rumänien endgültig judenrein zu machen.
Nachdem nunmehr durch die Auflösung der jüdischen religiösen Gemeinde – die jüdische zionistische Gemeinde war der Auflösung schon vorher verfallen – auch die letzte in Rumänien noch vorhandene Judengemeinschaft ein Ende gefunden hat, sind alle Juden Rumäniens ausnahmslos durch die Judenzentrale erfaßt und unterstehen ihr und den Weisungen ihrer Leiter. Die Judenzentrale wird von Ministerialrat Lecca beaufsichtigt und erhält Anweisungen durch ihn und seine Ratgeber. Auf die Arbeit dieser Männer, die im Interesse Rumäniens wirklich Vorbildliches in unverhältnismäßig kurzer Zeit geleistet haben, wurde in diesen Spalten bereits wiederholt verwiesen. Jetzt ist wiederum ein Abschnitt erreicht, bei dem es sich verlohnt, auf die Arbeiten der Judenzentrale näher einzugehen.
Jeder Unbefangene wird erstaunt sein zu erfahren, daß die Erfassung aller Juden ergeben hat, dass sich in Rumänien ohne Buchenland[4] und Bessarabien sowie Transnistrien ins-

1 Bukarester Tageblatt, XVI. Jg. Nr. 4700 vom 8.8.1942, S. 1 f. Abdruck in: Jean Ancel, Documents Concerning the Fate of Romanian Jewry During the Holocaust, vol. 4, New York 1985, S. 93 f. Die Zeitung erschien von 1940 bis 1944 im Europa-Verlag und berichtete v.a. über die deutsche Volksgruppe in Rumänien sowie die antisemitische Politik der rumän. Führung; die Auflage konnte nicht ermittelt werden.
2 Der Artikel ist mit Ml gezeichnet für Hans Müller, eigentlich Johannes Carl Ernst Müller (*1901), 1941–1943 Hauptschriftleiter des Bukarester Tageblatts; nach 1945 als Journalist in Bremen tätig.
3 So im Original.
4 Von deutscher Seite benutzter Ausdruck für die Bukowina.

gesamt nur 272 409 Volljuden befinden. Man hatte höhere Ziffern vor Augen und war doch allgemein der Überzeugung, dass Rumänien eines der judenreichsten Länder des Südostens ist. Gern läßt man sich aber durch die Zahl eines Besseren belehren! Das erstaunliche Ergebnis der Judenzählung ist gleichzeitig ein Beweis für die Arbeit, die die Organe der rumänischen Regierung im Stillen ohne viel Aufhebens bereits zur Lösung der Judenfrage in der Zeit vor der Judenzählung geleistet haben. Denn tatsächlich war die Zahl der Juden Rumäniens bis zum Sommer des Jahres 1940 wesentlich höher. Allein in den an Ungarn abgetretenen Gebieten Nordsiebenbürgens lebten zur Zeit der Übergabe rund 200 000 Volljuden. Nach der Eroberung Transnistriens durch die deutschen und rumänischen Truppen wurden nach dort rund 185 000 Juden abgeschoben. Vor allem wurde Bessarabien nach der Rückgliederung gesäubert und auch das Buchenland. Dort sind allerdings noch geringe Reste der ehemals besonders stattlichen jüdischen Gemeinde vorhanden. Insgesamt schätzt man die Juden des Buchenlandes auf 16 000. Zählt man die Juden, die an Ungarn kamen, die nach Transnistrien geschickt wurden und die jetzt erfassten Juden zusammen, so kommt man mit dem noch vorhandenen jüdischen Rest des Buchenlandes auf 700 000 Juden. Das würde auch ungefähr der Zahl entsprechen, die aufgrund der letzten rumänischen Volkszählung im Jahre 1930 als wahrscheinliche Zahl ermittelt wurde.

Der Schwund gegenüber dieser hohen Zahl in der kurzen Zeit seit Sommer 1940 ist außerordentlich beachtlich. Er erklärt die jetzige verhältnismäßig niedrige Zahl, die die statistische Erfassung der Juden ergab. Wenn in der Zahl der 272 409 Juden die getauften Mischlinge nicht mitenthalten sind, so hat sich aufgrund der Überprüfung der Statistiken ergeben, daß es sich hierbei ebenfalls nicht um einen vielleicht erwarteten großen Ausfall handelt, sondern daß tatsächlich nur zwischen 5000 und 6000 Mischlinge in ganz Rumänien davon betroffen werden. Es gibt nämlich kaum 5000 Mischehen. Das ist ein äußerst günstiges Zeichen für den gesunden Sinn des rumänischen Volkes, das es in seiner überwiegenden Mehrheit ablehnte, den Juden eine Einheirat in rumänische Familien zu ermöglichen. Die jüdischen Mischlinge dürften sich in erster Linie in Bukarest befinden. Sie spielen aber in der Gesamtheit keine Rolle. Man darf jedenfalls feststellen, daß die Nürnberger Gesetze bei der Überprüfung und Zählung der Juden in Rumänien angewendet wurden mit der einzigen erwähnten Ausnahme, die getauften Mischlinge außerhalb dieser Gesetze zu lassen. Von entscheidender Wichtigkeit für die rumänische Haltung in der Judenfrage ist aber die Tatsache, daß es im wesentlichen gelang, auch in Rumänien die jüdische Frage als Rassenfrage zu erkennen und eine Behandlung der Juden auf rassischer Grundlage in die Wege zu leiten, die allein dafür Gewähr bietet, der jüdischen Frage endgültig Herr zu werden.

Die vollständige Reinigung Rumäniens von Juden, die zu den weiteren Aufgaben der Judenzentrale gehört, wird nunmehr gleichfalls vorangetrieben, und die ersten Schritte nach dieser Richtung sind bereits getan. Nachdem man in den wiedereroberten Gebieten des Buchenlandes und der Nordmoldau sowie Bessarabiens die dort von den Bolschewisten übernommenen Juden bis auf geringe Reste nach Transnistrien gebracht hat, sind auch im übrigen Rumänien die Juden konzentriert worden. Man hat sie in die Städte gebracht, so daß das flache Land fast ganz judenrein geworden ist. Damit hat man die rumänischen Bauern von einer furchtbaren Plage befreit, denn es ist bekannt, daß gerade die Juden auf den rumänischen Dörfern in unheilvoller Weise gewirkt haben und daß sie einen großen Teil Schuld daran haben, daß der rumänische Bauer vielfach

in dürftigen Verhältnissen dahinleben mußte. Die Konzentrierung der Juden in den Städten ermöglicht naturgemäß eine bessere Überwachung und bietet gleichzeitig die Möglichkeit für eine Abschiebung.
Diese wird nunmehr im großen Umfang in die Wege geleitet. Es ist damit zu rechnen, daß im Laufe des September und Oktober ein erstes Kontingent von Juden, das infolge der Transportschwierigkeiten auf etwa 25 000 begrenzt werden dürfte, nach dem Osten, also noch über Transnistrien hinaus, abgeschoben wird.[5] Weitere Kontingente werden im Laufe des Frühjahrs 1943 folgen, und der Rest der Juden Rumäniens, einschließlich der sich in Transnistrien befindlichen, wird dann bis zum Herbst 1943 Rumänien verlassen haben. Im Laufe des kommenden Jahres wird Rumänien also vollständig judenrein sein. Es wird damit vermutlich der erste Staat des Südostens sein, der die jüdische Frage auf rassischer Grundlage einer Lösung zuführt, die unter Berücksichtigung der besonders schwierigen und mißlichen Verhältnisse kaum übertroffen werden kann.
Für die Zeit bis zur Abschiebung des letzten Juden aus Rumänien bereitet die rumänische Regierung eine neue Lösung der jüdischen Frage vor, die ihren Niederschlag in einem Judenstatut finden wird, das Minister Dragos zur Zeit bearbeitet. Mit dem Erscheinen und der Inkraftsetzung dieses Statuts, in welchem die Ergebnisse der Judenzählung ausgewertet werden, ist bereits in nächster Zeit zu rechnen. Gegenwärtig hat die Judenzentrale alle in Rumänien anwesenden Juden in zwei Kategorien eingeteilt, und zwar in Juden, die wirtschaftlich noch notwendig sind, und in solche, die der jüdischen Arbeitspflicht unter Leitung des Generalstabs unterliegen. Die wirtschaftlich notwendigen Juden bezifferte man auf etwa 17 000. Ihre Ersetzung durch Rumänen ist im vollen Gange und trägt bereits wertvolle Früchte.
Die umfassende Arbeit der Judenzentrale und die rasche Durchführung ihrer Maßnahmen hebt Rumänien, wie bereits eingangs erwähnt, weitgehend aus dem Rahmen der Staaten des Südostens heraus. Die Arbeit der Männer, die für die Judenzentrale verantwortlich sind, wird dem rumänischen Staat in jeder Beziehung direkt zugute kommen. Die Aussicht Rumäniens, aus einem Eldorado der Juden in absehbarer Zeit zu einem Land zu werden, das sich der Juden als eins der ersten im Südosten völlig zu erwehren wußte, gibt dem rumänischen Volk einmal mehr die Gewißheit, daß es sich die Stellung im neuen Europa erringen wird, die ihm aufgrund seiner Leistung für die Befreiung Europas von allen jüdischen Einflüssen zukommt.

5 Die rumän. Pläne sahen seit 1941 die Deportation der noch in Rumänien lebenden Juden in das Reichskommissariat Ukraine vor. Im Sommer 1942 plante das RSHA jedoch die Deportation rumän. Juden in das Vernichtungslager Belzec, wozu es aber nicht kam; siehe Einleitung, S. 65 f.

DOK. 184

Der Generalsekretär des Außenministeriums beansprucht am 10. August 1942 die Besitzrechte rumänischer Juden nach deren Deportation aus deutschen Gebieten[1]

Vermerk des Generalsekretärs des Außenministeriums, gez. G. Davidescu,[2] und Demetrescu,[3] vom 10.8.1942[4]

Herr Richter, der Sonderbeauftragte für jüdische Fragen bei der Gesandtschaft Deutschlands, hat mir[5] in Begleitung von Herrn Radu Lecca einen Besuch abgestattet.
Aus dem Gespräch mit den Herren über die Situation der rumänischen Juden in Deutschland und den deutschen Juden hierzulande halte ich fest, dass es im Verlauf der Audienz, die Herr Marschall Antonescu Herrn von Killinger gewährt hat, tatsächlich zu einer Vereinbarung darüber gekommen ist, dass die rumänischen Juden in Deutschland genauso behandelt werden sollen wie die deutschen Juden.[6]
Auf der anderen Seite muss dem Umstand Rechnung getragen werden, dass Rumänien keinerlei Interesse daran hat, dass die sich im Ausland befindlichen rumänischen Juden zurückkehren.
Unter diesen Umständen würde das Verfahren folgendermaßen aussehen:
I) Die abgelaufenen deutschen Pässe der hier lebenden Juden müssten eingezogen und durch vorläufige Bescheinigungen ersetzt werden. Den Immobilienbesitz müssten die Betroffenen künftig anmelden, um ihn in einer gesonderten Übersicht festhalten zu können.
II) In Bezug auf die rumänischen Juden in Deutschland, im Protektorat, im Generalgouvernement Polen sowie in den besetzten Ländern wird der Gesandtschaft Berlin und den zuständigen Konsulaten mitgeteilt, dass die zu ergreifenden Maßnahmen im Einvernehmen mit der rumänischen Regierung abgestimmt sind. Insbesondere interessieren uns Immobilienvermögen rumänischer Staatsangehöriger im Ausland, die Verfahrensweise sowie etwaige Verfahren der Liquidierung.
Wir bitten die Gesandtschaft Berlin und die untergeordneten Konsulate, ein Verzeichnis des Immobilienbesitzes der oben genannten Personen anzulegen.

1 AMAE, Problema 33, vol. 15/1941–42, Bl. 55. Das Dokument wurde aus dem Rumänischen übersetzt.

2 Gheorghe Davidescu (1892–1973), Jurist und Diplomat; 1921–1925 Legationssekretär in der rumän. Gesandtschaft Budapest, 1927–1933 in Warschau, 1935–1939 Gesandter in Tallinn, 1939–1940 in Moskau, 1941–1944 Generalsekretär im Außenministerium und Sonderbotschafter, Febr. 1945 in der Kommission zur Vorbereitung der Friedenskonferenz; im Juli 1945 abgesetzt.

3 Camil Demetrescu (1913–1992), Jurist und Berufsdiplomat; 1940–1944 Gesandtschaftssekretär im Außenministerium, stellv. Direktor der Abt. Chiffrierdienst; war im Aug. 1944 an geheimen Bemühungen für einen Waffenstillstand beteiligt; im Herbst 1947 verhaftet und zu 15 Jahren Gefängnis verurteilt.

4 Im Original maschinenschriftl. Randbemerkung: „Herr Davidescu wünscht, dass das Projekt der Adresse C. Demetrescu vorgelegt wird.“, gez. Davidescu und Demetrescu.

5 Richter sprach mit Gheorghe Davidescu wegen der Juden mit rumän. Pässen, die sich im Deutschen Reich aufhielten.

6 Im Deutschen Reich befanden sich ca. 1100 Juden mit rumän. Pässen.

DOK. 185

Unterstaatssekretär Luther berichtet Außenminister Ribbentrop am 17. August 1942 über die Deportation rumänischer Juden aus Gebieten unter deutscher Kontrolle[1]

Vortragsnotiz (geheim) von UStS Martin Luther, Auswärtiges Amt Berlin, Politische Abt., über Abt. D III 649, vom 17.8.1942

Mit der Rumänischen Regierung konnte eine weitere Klärung in der Frage der Behandlung der rumänischen Juden herbeigeführt werden.
Rumänischerseits hatte man sich bereits im November vergangenen Jahres mündlich mit der Aussiedlung der rumänischen Juden aus dem Reich einverstanden erklärt. Daraufhin wurden in der letzten Zeit diese Juden in die im Reich und in den besetzten Gebieten gehandhabten Maßnahmen mit einbezogen. Das führte jedoch zu Einsprüchen verschiedener rumänischer Konsulate sowie zu einer Intervention des Rumänischen Gesandten in Berlin, der vorgab, über gegenteilige Weisungen seiner Regierung zu verfügen; er müsse darauf bestehen, daß die rumänischen Juden nicht schlechter behandelt werden als die Juden anderer Länder (Italien, Schweiz, Ungarn). Gesandter von Killinger wurde um Aufklärung gebeten.
Nunmehr ergibt sich auf Grund der letzten Berichte folgendes Bild:
1) Der Generalsekretär im Rumänischen Außenministerium Davidescu[2] hat zugesagt, „daß er die rumänischen Dienststellen nicht nur im Protektorat, sondern noch einmal ganz allgemein davon unterrichten werde, daß die Rumänische Regierung es der Reichsregierung überlasse, die Juden rumänischer Staatsangehörigkeit den deutschen Maßnahmen gegen die Juden zu unterwerfen".
2) Es liegt eine Bestätigung des Stv. Ministerpräsidenten vor,[3] wonach dieser – übereinstimmend mit einem Wunsch des Marschalls Antonescu – einverstanden ist, daß die deutschen Dienststellen die Aussiedlung der Juden aus Rumänien durchführen und sofort mit dem Abtransport aus den Bezirken Arad, Temeswar und Turda beginnen.
3) Der Sachberater der Rumänischen Regierung für Judenfragen, Ministerialdirektor Lecca, hat über die Deutsche Gesandtschaft gebeten, in den nächsten Tagen hierher kommen zu dürfen, um im unmittelbaren Benehmen mit dem Auswärtigen Amt und dem Reichssicherheitshauptamt die Einzelheiten der praktischen Durchführung der Aussiedlung in Rumänien zu besprechen und darüber hinaus die weiteren Fragen der Entjudung Rumäniens zu erörtern.[4]
Hiermit über Herrn Unterstaatssekretär Pol Herrn Staatssekretär[5] dem Herrn Reichsaußenminister[6] mit der Bitte um Kenntnisnahme vorgelegt.

1 PAAA, R 100 881, Inland II Geheim, Bd. 200, Judenfragen in Rumänien 1941–1943, K 212 619–212 621. Abdruck in: ADAP 1918–1945, Serie E: 1941–1945, Bd. 3, Göttingen 1974, Dok. 199, S. 337 f.
2 Gheorghe Davidescu.
3 Dieses Schreiben von Mihai Antonescu konnte nicht ermittelt werden.
4 Lecca traf am 19.8.1942 in Berlin ein.
5 Ernst Freiherr von Weizsäcker.
6 Joachim von Ribbentrop (1893–1946), Kaufmann; 1932 NSDAP- und 1933 SS-Eintritt; von 1934 an außenpolitischer Berater Hitlers (Dienststelle Ribbentrop), 1936–1938 Botschafter in London, von 1938 an Reichsaußenminister; 1945 verhaftet, im Nürnberger Prozess zum Tode verurteilt und hingerichtet.

DOK. 186

Der Schweizer Gesandte informiert am 18. August 1942 über die bevorstehende Deportation der Juden aus dem rumänischen Banat[1]

Bericht (IV-A-2, vertraulich) der Schweizer Gesandtschaft in Bukarest, gez. René de Weck, an den Bundesrat Marcel Pilet-Golaz, Chef des Eidgenössischen Politischen Departements in Bern, vom 18.8.1942

Politischer Bericht Nr. 56: Die Juden – Die Kabinettsumbildung – Plant der König seine Emanzipation? – Die Legionäre – Gheorghe Brătianu[2]
Sehr geehrter Herr Bundesrat,
Radu Lecca, „Spezialist" für Judenfragen in Rumänien, und sein Kollege Richter, der das gleiche Amt in der deutschen Gesandtschaft innehat, sind am 15. August nach Berlin geflogen. Man kann daraus schließen, dass das Reich die sofortige Umsetzung des von diesen Herren formulierten Programms wünscht, von dem ich in meinem letzten Bericht sprach.[3]
Die Juden aus Siebenbürgen und aus dem Banat sind besonders gefährdet. Befehle zu ihrer Deportation nach Transnistrien sollen schon auf den Präfekturen von Arad und Temeswar eingetroffen sein. In der Hoffnung, in politischen Kreisen Unterstützung zu erhalten, schicken die Unglücklichen Delegationen nach Bukarest. Es wird erwartet, dass die Herren Maniu[4] und Dinu Brătianu[5] den König[6] bitten werden, zu intervenieren. Herr Maniu ist mehr denn je davon überzeugt, dass ein Sieg der Achsenmächte zur Bildung eines „autonomen" Siebenbürgen führen würde, was gleichermaßen zum Nachteil von Ungarn und von Rumänien wäre. Dieses „Land" wäre in Wirklichkeit ein Protektorat des Reichs und würde, unter Ausschluss aller anderen Rassen, von den deutschen Personen verwaltet, die sich schon jetzt dort befinden.[7]
Mit Blick auf diese Eventualität besteht Deutschland darauf, dass die Rumänen schon heute alle Provinzen, die wie Böhmen und Mähren zum Dritten Reich gehören sollen, von Juden „säubern". Gleichzeitig lässt dasselbe Deutschland in den Reihen der nach Transnistrien deportierten Unglückseligen nach Spezialisten suchen, nach Ingenieuren

1 CH-BAR, E 2300, Bl. 1–6. Das Dokument wurde aus dem Französischen übersetzt.
2 Dr. Gheorghe I. Brătianu (1898–1953), Historiker, Professor in Bukarest; 1930 Abgeordneter der Nationalliberalen, gründete seine eigene Liberale Partei; 1950 im Gefängnis Sighet, starb dort.
3 Am 15.8.1942 hatte René de Weck auf den Artikel aus dem Bukarester Tageblatt vom 8.8.1942 mit dem Titel „Rumänien wird judenrein" hingewiesen, in dem Deportationen in den Osten angekündigt wurden.
4 Iuliu Maniu.
5 Dinu, eigentlich Constantin I. C. Brătianu (1866–1950), Ingenieur und Berufspolitiker; seit 1895 Abgeordneter der Nationalliberalen Partei, 1933–1947 ihr Vorsitzender; Dez. 1933 bis Jan. 1934 Finanzminister; 1938–1940 Gegner des autoritären Regimes des Königs, von 1943 an Kontakte zu den Alliierten wegen eines möglichen Waffenstillstands, seit März 1944 Vorbereitungen zum Sturz von Ion Antonescu; Aug. 1944 Staatsminister; von 1947 an in Haft, starb 1950 im Gefängnis.
6 Mihai I. (*1921), Sohn von Carol II. und Elena von Griechenland; nach Carols erzwungener Abdankung von Sept. 1940 an König von Rumänien, ernannte im Sept. 1944 die Regierung von General Sănătescu; 30.12.1947 erzwungener Rücktritt, lebte bis 1996 im Schweizer Exil.
7 Die Führung der Deutschen Volksgruppe strebte einen selbstverwalteten Gau an. Das wirtschaftliche Potential der Minderheit war durch die Unterstützung aus dem Reich gewachsen.

und Technikern, für die es im eigenen Gebiet Verwendung hat. Als er davon erfuhr, soll der „Conducator",[8] der sicherlich nicht als philosemitisch gelten kann, ausgerufen haben: „Wenn sie für Hitler taugen, tun sie es für mich ebenso. Warum zum Teufel verlangt er von mir, sie zu verfolgen, um sich dann zu ihrem Retter aufzuschwingen?"

Das neue „Judenstatut" liegt aufgrund der Zusammenarbeit der Herren Lecca und Richter vor. Die für die nächste Zeit angekündigte Bekanntgabe wird eine neue Stufe des Antisemitismus markieren, die unerbittlicher als alles Vorangegangene sein wird. Panik macht sich schon jetzt bei den Kindern Israels breit.

Der Justizminister C. Stoicescu,[9] der schon mehrfach dem Marschall seinen Rücktritt angeboten hat, ist endlich aus der Regierung ausgeschieden. Einer der Gründe für seinen Rückzug scheint in seiner Weigerung zu liegen, die neuen antijüdischen Verordnungen zu unterschreiben. Seine Weigerung gilt außerdem einem Gesetz, das die Todesstrafe bei Delikten wie Wirtschaftssabotage und Spekulation vorsieht und die Möglichkeit enthält, harte Sanktionen nicht nur gegen die Schuldigen, sondern auch gegen deren Familien zu verhängen.

Seine Beteiligung an der Regierung Antonescu war ein Paradox. Wie ich mich selbst bei unseren Gesprächen überzeugen konnte, lehnte er fast auf ganzer Linie die politische Ausrichtung des Kabinetts ab, dem er angehörte. Ein guter Jurist, gewissenhaft und mit den besten Absichten, doch war er zu schwach, um seine Positionen durchzusetzen. Es war seine Ergebenheit dem „Conducator" gegenüber, die ihn auf seinem Posten ausharren ließ, solange Antonescu das von ihm verlangte.

Er wird im Justizministerium von Herrn Marinescu[10] ersetzt. Diese Ernennung könnte allerdings provisorisch sein, da der ehemalige Wirtschaftsminister zwar wie fast alle Politiker in Rumänien als Anwalt gearbeitet, aber in der Wirtschaft und vor allem in der Erdölindustrie Karriere gemacht hat.

Sein Nachfolger ist Herr Finţescu,[11] Professor für Handelsrecht an der Universität von Bukarest. In der Welt der Politik ist er ein Unbekannter und kann außer einer alten Liebe für die deutsche Sprache und einer Freundschaft mit Mihai Antonescu keine Referenzen vorweisen. Falls er Erfolg hat, wird ihm jener vielleicht die Koordination der Aktivitäten verschiedener Wirtschaftsabteilungen anvertrauen, also die Art Diktatur, mit der man jüngst Mircea Cancicov betrauen wollte.

Vor einigen Monaten wurde das lange unbesetzt gebliebene Amt des Hofmarschalls Herrn Rosetti-Solescu[12] zuerkannt. Dem jungen Herrscher missfiel der neue Würdenträger. Er ließ ohne Umschweife verlautbaren, dass er ihn als einen „Spitzel der Regie-

8 Rumän: Führer. Gemeint ist Marschall Antonescu.

9 Dr. Constantin C. Stoicescu (1881–1944), Jurist; Professor, 1936–1938 Rektor der Universität Bukarest; Febr. 1941 bis Aug. 1942 Justizminister; trat im Aug. 1942 zurück, als der Deportationsplan für die Juden aus dem Banat bekannt wurde.

10 Ion C. Marinescu (*1888), Jurist, Wirtschaftsanwalt; 1941/42 Wirtschaftsminister, April 1942 kurzzeitig Finanzminister; 1942 bis Aug. 1944 Justizminister; 1946 zu 20 Jahren Zwangsarbeit verurteilt, starb im Gefängnis.

11 Dr. Ion N. Finţescu (1888–1958), Ökonom; Professor in Bukarest; von Aug. 1942 an Wirtschaftsminister, Febr. 1943 Rücktritt; 1946 wegen Kollaboration mit dem Deutschen Reich zu acht Jahren Haft verurteilt.

12 Teodor Rosetti-Solescu entstammte einer alten adligen Familie, verkehrte mit Ion Antonescu und war fünf Monate lang Marschall des Hofs.

rung" betrachte, und forderte den Präsidenten des Ministerrats auf, an seiner Stelle einen verdienten Diplomaten zu benennen. Er ging so weit, die Namen der Herren Grigorcea,[13] Botschafter im Vatikan, und Bossy, Botschafter in Berlin, zu nennen. Man antwortete ihm, dass diese beiden Geschäftsträger nicht abkömmlich seien. Er entschied daraufhin, selbst seinen Privatsekretär, den Baron von Mocsony-Styrcea[14] (vgl. meinen Bericht Nr. 27 vom 20. April),[15] „für die Funktion eines Hofmarschalls" zu berufen. Die Regierung hat sich den vollendeten Tatsachen gebeugt. Allgemein wird davon ausgegangen, dass dieser königliche Alleingang nicht zur Verbesserung der Beziehungen zwischen Hof und dem Präsidenten des Ministerrats beitragen wird und dass Mihai Antonescu die erste sich bietende Gelegenheit für eine Revanche ergreifen wird.

Seit einigen Tagen hat sich der Marschall nach Predeal zurückgezogen. Sein Gesundheitszustand soll sich erneut verschlechtert haben. Mehr braucht es nicht, um die Zungen zu lösen. Der für den 17. August angekündigte Putsch der Legionäre[16] hat nicht stattgefunden, was nicht weiter verwunderlich ist, da, wie es heißt, die Polizei bei diesem Komplott die Fäden ziehen soll. Eines scheint heute sicher: Nach dem Scheitern der Verhandlungen zwischen dem Präsidenten des Ministerrats und einigen Anführern der Bewegung wurden 18 Mitglieder der Eisernen Garde bei ihrem heimlichen Grenzübertritt ins Königreich festgenommen. Es scheint unwahrscheinlich, dass sie Deutschland verlassen und nach Rumänien einreisen konnten, ohne dabei auf die Unterstützung von Komplizen bei der Polizei beider Länder zurückzugreifen. Nach ihrer Verhaftung haben Nachforschungen im ganzen Land den Beweis erbracht: Trotz der nach den Vorfällen im letzten Januar erlassenen Verordnungen (vgl. meinen Bericht Nr. 5 vom 23. Januar)[17] profitieren die nach dem Aufstand im Januar 1941 verurteilten Legionäre weiterhin in den verschiedenen Gefängnissen von Hafterleichterungen. Dadurch können sie im ganzen Land geheime, die Sicherheit des Landes bedrohende Verbindungen unterhalten. Um diesem Zustand ein Ende zu bereiten, hat die Regierung entschieden, die vormals dem Justizministerium unterstellte Gefängnisverwaltung dem Innenministerium unter der Leitung eines Generals anzugliedern.

Die gegenwärtige Lage lenkt die Aufmerksamkeit wieder auf Gheorghe Brătianu. Vor einigen Monaten erklärte er sich bereit, dem „Conducator" eine Denkschrift der Herren Maniu und Dinu Brătianu zu übergeben, in der sie ein Ende der rumänischen Beteiligung am Russlandfeldzug forderten. Und es sah so aus, als würde sich der Sohn von Ionel Brătianu[18] auf die Seite der Führer der demokratischen Opposition stellen.

13 Vasile Grigorcea (1883–1949), Berufsdiplomat; 1928–1936 Gesandter in Ungarn, 1938–1940 in London, 1940 bis Juni 1942 und Ende 1943 bis Aug. 1944 im Vatikan; lebte von 1945 an in London.

14 Ioan Baron v. Mocsony-Styrcea (1909–1992), seit 1930 persönlicher Sekretär von Mihai I.; 1939 im Führungsrat der Front zur Nationalen Wiedergeburt; von 1942 an Hofmarschall; am 23.8.1944 an der Verhaftung von Ion Antonescu beteiligt; 1947 zu zwei Jahren Gefängnis verurteilt; im April 1954 zu 15 Jahren Haft verurteilt; 1964 amnestiert, lebte seitdem in der Schweiz.

15 Liegt nicht in der Akte.

16 Die Eiserne Garde war nach dem Putschversuch im Jan. 1941 von Ion Antonescu zerschlagen worden. Ihr Führer Horia Sima versuchte von Deutschland aus, die Organisation neu zu beleben.

17 Nicht ermittelt.

18 Ion I.C. Brătianu (1864–1927), von 1909 an für fünf Amtszeiten Ministerpräsident, Führer der Nationalliberalen Partei.

Seit der Gesundheitszustand des Marschalls Anlass zur Sorge bereitet, hat Gheorghe Brătianu seine Haltung geändert. In zwei in der Zeitung Curentul veröffentlichten Artikeln hat er alles getan, um die Fortführung des rumänischen Krieges gegen die UdSSR zu rechtfertigen.[19] Er hat unter anderem die Liberalen davon abgebracht, Herrn Maniu Unterstützung zu gewähren, als dieser die Entsendung von Verstärkung nach Osten zu verhindern suchte. Außerdem hat er darum gebeten, ihn erneut zum Fronteinsatz zu schicken, wofür er letztes Jahr mit einem Eisernen Kreuz ausgezeichnet worden ist. Mit solchen Äußerungen versucht er wohl eher, dem Dritten Reich seine Treue zu beweisen, als sich der Regierung anzunähern. Seine Freunde versichern, dass er sich immer noch der Zusammenarbeit mit Mihai Antonescu verweigert. Sie lassen aber durchblicken, dass Deutschland die Bildung eines Ministeriums unter Gheorghe Brătianu begrüßen würde, falls der Marschall verstirbt oder aufgrund seines Gesundheitszustands auf eine rein repräsentative Funktion beschränkt sein sollte. Viele fragen sich allerdings, ob dieser schüchterne ewige Zweifler die Größe eines Diktators hat, nach dem die Umstände zu verlangen scheinen.
Hochachtungsvoll

DOK. 187

Ministerialdirigent Emil von Rintelen teilt am 19. August 1942 Unterstaatssekretär Luther mit, dass die Deportationen aus Rumänien beginnen können[1]

Telegramm (G-Schreiber, Nr. 954, 23.59 Uhr, Geheime Reichssache) von Emil von Rintelen[2] an das Auswärtige Amt, Ministerialbüro Berlin für UStS Martin Luther (Eing. 20.8.1942, 00.30 Uhr), vom 19.8.1942

Der Bericht des Chefs der Sicherheitspolizei und des Sicherheitsdienstes vom 26. Juli an den Reichsführer SS betreffend Evakuierung von Juden aus Rumänien lautet wie folgt: Die Vorbereitungen in politischer und technischer Hinsicht in Bezug auf die Lösung der Judenfrage in Rumänien sind durch den Beauftragten des Reichssicherheits-Hauptamtes soweit abgeschlossen, daß mit dem Anlaufen der Evakuierungstransporte in Zeitkürze begonnen werden kann. Es ist vorgesehen, die Juden aus Rumänien, beginnend etwa mit dem 10.9.1942, in laufenden Transporten nach dem Distrikt Lublin zu verbringen, wo der arbeitsfähige Teil arbeitseinsatzmäßig angesetzt wird, der Rest der Sonderbehandlung unterzogen werden soll. Es ist Vorsorge getroffen, daß diesen Juden nach Überschreiten der rumänischen Grenze die Staatsangehörigkeit verloren geht.

19 Die Zeitung Curentul war 1942 die zweitgrößte in Rumänien. Gheorghe Brătianu publizierte darin Berichte von seinem Kriegseinsatz auf der Krim.

1 PAAA, R 100 881, Inland II Geheim, Bd. 200, Judenfragen in Rumänien 1941–1943, K 212 614–212 616 (Bl. 23 f.). Abdruck in: Trașcă/Deletant (Hrsg.), Al III-lea Reich (wie Dok. 134, Anm. 1), Dok. 101, S. 472 f.

2 Emil von Rintelen (1897–1981), Jurist, Berufsdiplomat; Febr. 1940 NSDAP-Eintritt; 1932 Gesandtschaftsrat in der Politischen Abt. des AA, 1940–1943 leitender Ministerialdirigent, 1943–1945 Botschafter zur bes. Verwendung; 1946 von der US-Armee interniert; später Leitungstätigkeit bei den Klöckner-Werken.

Die Verhandlungen bezüglich der Regelung in Rumänien sind seit einiger Zeit mit dem Auswärtigen Amt im Gange, ebenso die Besprechungen mit dem Reichsverkehrsministerium zwecks Fahrplanerstellung; die Verhandlungen sind als durchaus günstig anzusprechen.
Auf Weisung des Reichssicherheits-Hauptamtes ließ sich der Berater für Judenfragen in Bukarest, SS-Hauptsturmführer Richter, vom stellvertretenden rumänischen Ministerpräsidenten Mihai Antonescu ein persönliches Schreiben aushändigen, dessen Fotokopie ich diesem Schreiben mit der Bitte um Kenntnisnahme beifüge.[3]
Ich bitte um Genehmigung, die Abschiebungsarbeiten in der vorgetragenen Form durchführen zu können. Schluß des Berichts.

DOK. 188

Der deutsche Gesandte in Bukarest berichtet am 28. August 1942 über seine Forderung an Mihai Antonescu, der Deportation der Juden aus Rumänien zuzustimmen[1]

Telegramm (Tgb. Nr. 1065/42, geheim), gez. von Killinger, Deutsche Gesandtschaft in Bukarest, an das Auswärtige Amt, Abt. Deutschland, Berlin, D III 728 g. (Eing. 31.8.1942), vom 28.8.1942

Unter Bezugnahme auf Ihr Schreiben D III 659 g. vom 17. August[2] habe ich folgendes auszuführen:
1. Die Gesandtschaft versteht nicht, daß das Auswärtige Amt annehmen kann, daß ich derartig wichtige Fragen ausschließlich mit einem SS-Führer (Berater) erledigen werde.
2. Herr Mihai Antonescu kann Briefe schreiben, an wen er will, das ist mir gänzlich gleichgültig.
3. Daß der Judenberater[3] die Vorarbeit auf meinen Befehl gemacht hat, ist eine Selbstverständlichkeit.
4. Von einem Abschluß der Verhandlungen ist gar keine Rede. Hätte Abteilung Deutschland den rumänischen Ministerialdirektor Lecca auch nur kurz empfangen (Lecca sagte mir, daß Herr Unterstaatssekretär Luther besetzt gewesen sei und daß Herr Rademacher[4] anscheinend ostentativ von der Besprechung abberufen worden sei), so würde dies einen ganz anderen Eindruck ergeben haben.
5. Nachdem Herr Lecca (etwas verschnupft) aus Berlin zurückgekommen ist (seine Reise war *auch* eine Vorbereitung der Aktion), habe ich an die rumänische Regierung eine Verbalnote folgenden Inhalts gerichtet:

3 Liegt nicht in der Akte.

1 PAAA, R 100 881, Inland II Geheim, Bd. 200, Judenfrage in Rumänien 1941–1943, K 212 622–212 624 (Bl. 34–36). Abdruck in: ADAP, Serie E, Bd. 3 (wie Dok. 185, Anm. 1), Dok. 244, S. 422 f.
2 Am 17.8.1942 hatte UStS Martin Luther an den Chef der Sipo und des SD z.Hd. von SS-Gruppenführer Müller geschrieben, dass die „Abbeförderung der Juden" vom Stellv. Ministerpräsidenten Rumäniens zugesagt worden sei; wie Anm. 1, K 212 614–212 616.
3 Gustav Richter.
4 Franz Rademacher, leitete die Abt. D III – „Judenangelegenheiten" im AA.

Nr. 1067/42
Verbalnote[5]
An das Königlich Rumänische Ministerium des Äußeren Bukarest.
Die Deutsche Gesandtschaft beehrt sich, dem Königlich Rumänischen Ministerium des Äußeren unter Bezugnahme auf den kürzlichen Schriftwechsel zwischen Herrn Vizeministerpräsident Professor Mihai Antonescu und SS-Hauptsturmführer Richter folgendes mitzuteilen:
Nachdem Herr Ministerialdirektor Lecca aus Berlin nach abschließender Besprechung über die Aussiedlung der Juden aus Rumänien zurückgekehrt ist, hält die Gesandtschaft die Vorverhandlungen für abgeschlossen und bittet um Übermittlung einer alle maßgeblichen Fragen kurz enthaltenden Stellungnahme der Königlich Rumänischen Regierung zum Zwecke der Vorlage bei der Reichsregierung.
6. Ich habe es also *unverzüglich* nachgeholt, nachdem ich den Zeitpunkt für gekommen erachtete.
7. Ich bitte Sie, wenn derart wichtige Persönlichkeiten wie Herr Ministerialdirektor Lecca nach Berlin kommen, dieselben nicht in einer Form abzuspeisen, daß das gute Verhältnis zwischen Deutschland und Rumänien getrübt werden könnte.
8. Bemerken möchte ich noch, daß alle Schreiben an den SS-Obersturmbannführer Eichmann über das Auswärtige Amt gegangen sind, so daß das Auswärtige Amt Kenntnis von den Vorgängen hatte. Daß natürlich Herr Eichmann es nicht für notwendig gefunden hat, mit dem Auswärtigen Amt Verbindung aufzunehmen, ist mir in keiner Weise verwunderlich, da mir ja die Methoden der Herren der SS zur Genüge bekannt sind.
9. Im übrigen möchte ich bemerken, daß alle Dinge, die ich an Abteilung Deutschland berichte, in kürzester Zeit beim SD landen.
Ich habe den Eindruck, daß Herr Dr. Emil Hoffmann[6] im Auswärtigen Amt sehr gute Freunde hat.

DOK. 189
Der Schweizer Gesandte informiert am 1. September 1942 über Deportationen und Massaker sowie wirtschaftliche Maßnahmen[1]

Bericht (IV-A-2, vertraulich) der Schweizer Gesandtschaft in Bukarest, gez. René de Weck, an Bundesrat M. Pilet-Golaz, Chef des Eidgenössischen Politischen Departements, Bern, vom 1.9.1942

Politischer Bericht Nr. 60: Die rumänische Nervosität – Die Juden
Sehr geehrter Herr Bundesrat,
der durch die Kabinettsumbildung entstandene Aufruhr, von dem ich in meinen letzten Berichten sprach, hat sich noch nicht wieder gelegt. Abermals scheint alles in der Schwebe. Eines ist sicher: Sämtliche Wirtschaftsabteilungen befinden sich unter der Leitung

5 AMAE, Problema 33, vol. 17/1940–45, Bl. 101.
6 Dr. Emil Hoffmann (1911–1995), Jurist; Dez. 1936 bis März 1938 vom Reichspropagandaministerium nach Bukarest abgeordnet, Nov. 1939 Referent im Propagandaministerium, von Jan. 1941 an Presseattaché der Deutschen Gesandtschaft Bukarest, Febr. 1942 Kriegskorrespondent bei der Waffen-SS; Mai bis Nov. 1945 in US-Kriegsgefangenschaft.

1 CH-BAR, E 2300, Bukarest, Rolle 10, Bl. 1–5. Das Dokument wurde aus dem Französischen übersetzt.

von Professor Finţescu. Aber noch kann niemand mit Sicherheit sagen, welche Auswirkungen Mihai Antonescus Entscheidung und die gesetzliche Verordnung zur Umbildung des Nationalen Wirtschaftsministeriums haben werden. Die Krise dauert an.
Vorgestern, am Sonntag, machte ein Gerücht über den Tod des Marschalls im ganzen Land die Runde. Die Behörden hatten „aus Gründen der Staatstrauer" die Flaggen auf Halbmast hängen und die Theater und Kinos schließen lassen. Außerdem machte das Radio bezüglich der „Trauer" nur undurchsichtige Andeutungen. Die Rumänen haben ein kurzes Gedächtnis und erinnerten sich zunächst nicht daran, dass der 30. August der zweite Jahrestag des Wiener Schiedsspruchs[2] war, der sie 1940 die Hälfte von Siebenbürgen gekostet hatte. Sie können aber mildernde Umstände geltend machen, weil sowohl die Nachrichtensprecher des staatlichen Senders T.S.F. als auch die mit der Verbreitung von Regierungsanweisungen betrauten Organe ängstlich darauf bedacht waren, sich keinen „Ärger" einzuhandeln. Folglich sprachen sie dermaßen in Rätseln, dass die Zuhörer keinen blassen Schimmer hatten, worum es eigentlich ging. Schließlich erwiesen sich ihre Vorsichtsmaßnahmen als vollkommen überflüssig: Wohl auf Drängen der Deutschen wurde im Laufe des Tages der Befehl, die Flaggen auf Halbmast zu hängen, zurückgenommen. Dieser Vorfall ist charakteristisch sowohl für das Regime selbst als auch für die nervösen Zuckungen, in die es die Öffentlichkeit mit ihrem Verhalten versetzt.
Laut dem Bukarester Tageblatt beträgt die Zahl der in Rumänien ansässigen Juden nur noch 271 000. Falls diese Zahl, die das Ergebnis der diesjährigen Zählung zu sein scheint, zutreffend sein sollte, belegt sie, dass durch die Deportationen und Massaker zwei Drittel bis drei Viertel der Unglücklichen beseitigt wurden. Die Zahl derer, die vor der Zeit der Verfolgung unter relativ guten Bedingungen „emigrieren" konnten, dürfte verschwindend gering sein. Die Rumänen hatten (vor den territorialen Verlusten von 1940) in der Regel die jüdische Bevölkerung mit weit über einer Million angegeben.
Es scheint nötig, abermals auf die Situation derjenigen hinzuweisen, die sich weiterhin innerhalb der Landesgrenzen aufhalten.
Es versteht sich von selbst, dass sie aus der Armee ausgeschlossen sind.
Es folgt die Liste der Berufe, deren Ausübung ihnen ebenfalls verboten ist: Anwalt, Apotheker, Architekt, Ingenieur, Buchhalter, Arzt und Zahnarzt (mit Ausnahme einiger sehr weniger, die ihre Glaubensbrüder behandeln dürfen), Tabakwaren- und Getränkehändler, Auto- und Lastkraftwagenfahrer, Händler auf Großmärkten und Märkten.
Juden dürfen weder neue Industrie- oder Handelsfirmen gründen noch in den Berufen, die ihnen nicht ausdrücklich verboten sind, offene Stellen besetzen.
Bezüglich ihrer tatsächlichen Rechte lässt sich ihre Situation wie folgt zusammenfassen: Ihre Besitzungen auf dem Land (Ländereien zu privater Versorgung oder Ertragszwecken, Höfe, Wälder, Weinberge usw.) wurden alle enteignet. Die Enteignung der städtischen Gebäude ist abgeschlossen, mit Ausnahme einiger weniger Personengruppen, die bis zum heutigen Tag verschont blieben (Kriegsversehrte aus den Jahren 1916 bis 1918, die Witwen der in diesem Krieg Getöteten, ehemalige Soldaten, die an vorderster Front gekämpft oder besondere Dienste geleistet haben). Darüber hinaus wird die „Rumänisierung" aller teilweise oder vollständig in jüdischem Besitz befindlichen Betriebe ohne Unterlass vorangetrieben, indem jüdische Angestellte einer nach dem anderen ohne Abfindung entlassen werden.

2 Siehe Einleitung, S. 54.

Die Ausgestoßenen trifft eine besondere Rationierung der Lebensmittel. Sie können auf den Märkten vor 10 Uhr nichts kaufen. Ihre Zuckerration beträgt nur ein Drittel der Ration der anderen Einwohner. Sie erhalten kein Maismehl. Die billigen Restaurants und Läden bleiben ihnen verschlossen.
Darüber hinaus ist es ihnen verboten, ein Kraftfahrzeug oder ein Radiogerät zu besitzen, Strände und Schwimmbäder zu nutzen, jüdische Hausangestellte zu beschäftigen, in rumänischen Universitäten und Schulen zu studieren oder die Religion zu wechseln.[3]
Andererseits werden ihnen besondere Pflichten auferlegt. Ihre Mieten sind im Allgemeinen mindestens 50 Prozent höher als die christlicher Mieter. Sie sind zu unbezahlter „gemeinnütziger" Arbeit verpflichtet, was sie nicht davon entbindet, für den ungeleisteten Militärdienst 8000 Lei und einen Zuschlag von 20 Prozent auf ihre Steuern zahlen zu müssen, wodurch sie für das gleiche Einkommen vier mal höhere Steuern als die anderen Steuerzahler entrichten. Der Sonderbeitrag der Anleihe zur sogenannten Wiedervereinigung beträgt das Vierfache des Beitrags der Christen.[4] Im letzten Jahr mussten sie unter Androhung einer fünfjährigen Gefängnisstrafe Wäsche und Kleidung der „Winterhilfe" überlassen: Für einen als „reich" erachteten Juden konnte das bedeuten, dass er bis zu zwölf komplette Anzüge oder eine vergleichbare Menge an unterschiedlichen Waren abgeben musste.
Vor kurzem sind weitere Verschlechterungen hinzugekommen: Enteignung von Fahr- und Motorrädern, ein im Vergleich zu Christen doppelter Brotpreis, die Aufforderung, die Wohnungen zu verlassen, die ehemalige Eigentümer in ihren enteigneten Gebäuden bisher noch bewohnen durften und die nun zu weitaus günstigeren Preisen an andere vermietet werden sollen.
Hochachtungsvoll

DOK. 190
Emil Dorian beschreibt im September 1942 die Situation verhafteter Juden und den Besuch des Reichswirtschaftsministers in Bukarest[1]

Tagebuch von Emil Dorian, Bukarest, Einträge vom 5., 12. und 15.9.1942

5. September
Nach einem Monat die nächste Grippe mit sehr hohem Fieber und unerträglichen Kopfschmerzen. Mitten in Fieber und Blutstau erfahre ich von den plötzlichen Verhaftungen unter den Juden der Stadt. Hunderte Menschen, Männer, Frauen und Kinder wurden

3 Anmerkung im Original: „Die katholische Kirche tauft trotzdem weiter Juden, wenn ihr der Wunsch nach Konversion aufrichtig erscheint. Die Betroffenen können keinerlei materiellen Vorteil daraus ziehen. Ganz im Gegenteil, sie setzen sich ebenso wie die Priester der Gefahr ernster Bestrafung aus."

4 Mit der „Anleihe zur Wiedervereinigung" sollte der Aufbau öffentlicher Gebäude, Kirchen und Straßen in Bessarabien und der Nordbukowina finanziert werden, die bei der Rückeroberung zerstört worden waren. Den Juden schrieb der Finanzminister vor, 400 Milliarden Lei dafür bereitzustellen. Wer nicht zahlen konnte, wurde mit Gefängnis bestraft.

1 Familienarchiv von Marguerite Dorian. Das Original konnte nicht eingesehen werden. Abdruck in: Dorian, Jurnal (wie Dok. 125, Anm. 1), S. 233–238. Das Dokument wurde aus dem Rumänischen übersetzt.

in mehrere jüdische Schulen, die sich in erbärmlichem Zustand befinden und nun in Gefängnisse umgewandelt wurden, eingesperrt. Unter den Eingesperrten befinden sich auch der Regisseur Sandu Eliad[2] und der Dichter Alfred Sperber.[3] Sie sollen wegen diverser früherer Vergehen nach Transnistrien verbracht werden: Sie standen auf der Ausreiseliste nach Bessarabien oder haben früher zusammen mit Christen kulturelle Initiativen unterstützt. Wird der Plan zur systematischen Vernichtung der Juden nun tatsächlich umgesetzt?

In der Schule Cultura in der Romulus-Straße und in zwei Schulen in Mămulari und Sf. Ion Nou sitzen die eingesperrten Juden nun massenhaft in den Räumen und Höfen in der Erwartung, überprüft und abtransportiert zu werden. Vor den Zäunen, von den Wachen permanent ferngehalten, stehen Familienangehörige und Freunde. Die Gefangenen wirken ziemlich ruhig. Sie rauchen und schauen aus dem Fenster und über die Zäune auf die sonnenüberflutete Straße in die Freiheit, wobei sie unter den sich auf den Bürgersteigen drängenden Menschen nach den Gesichtern ihrer Lieben suchen. Unbeeindruckt von den Beschäftigungen der Eltern spielen die Kinder heiter mit Brettchen und Scherben. (Es sind Menschen im Alter von drei bis 65 Jahren versammelt.) Der Schopf des hochgewachsenen Sperber überragt – einem in Wolken gehüllten Berggipfel gleich – den Zaun. Er spaziert und raucht unablässig. Die Freunde rennen seinetwegen herum. Der Schriftsteller Ion Pillat[4] hat einen Antrag auf Freilassung gestellt und ist dann aufs Land gefahren … wie jedes Wochenende. Für einige wurden enorme Summen geboten. Es ist wenig wahrscheinlich, dass am Ende jemand gerettet wird. Eine Operettensängerin aus Bessarabien sei dennoch herausgeholt worden, [heißt es]. Die anderen werden aufgezehrt von der stummen Angst des Wartens, unter den Blicken der jenseits des Zauns Stehenden, die das Schauspiel verfolgen, Männer und Frauen auf engstem Raum zusammengepfercht, die sich mit Schrecken fragen, wann sie an der Reihe sind.

Alle Welt sucht nach der Bedeutung dieser plötzlichen Verhaftungen. Der Umstand, irgendwann einmal einen Umsiedlungsantrag für Bessarabien unterschrieben oder auf einer Liste gestanden zu haben, rechtfertigt die Inhaftierung nicht. Die Behörden hatten die Registrierung früher selbst bewilligt, um Unordnung zu vermeiden, und natürlich, nachdem sie deutlich zum Ausdruck gebracht hatten, die Juden mögen das Land verlassen. Es war die unvergessene Zeit der Heimsuchung durch die Legionäre, als in Galatz zwischen Rumänien und Russland eine Ausreisemöglichkeit nach Bessarabien und in die Bukowina organisiert wurde. Man reiste damals nach Amerika, Australien, Palästina (die Reichen) und nach Bessarabien (die Armen) aus, weil es keine Arbeit gab und man die Regierung der Legionäre mit ihren Raub- und Foltermethoden nicht mehr ertragen konnte. Die Menschen, die sich in Galatz drängten – das weiß alle Welt –, waren nicht einmal Kommunisten, sondern junge Menschen, gierig nach Arbeit, nachdem sie um

2 Sandu Eliad (1899–1979), Theaterregisseur; 1933 im Nationalen Antifaschistischen Komitee; 1940 Direktor des jüdischen Theaters Barascheum; im Sept. 1942 verhaftet, auf Intervention von Rumänen nicht deportiert.

3 Alfred Margul-Sperber (1898–1967), Dichter und Journalist; 1921–1924 Redakteur der New Yorker Volkszeitung; 1924 beim Czernowitzer Morgenblatt, 1934–1940 Beamter in Burdujeni, 1940 privater Fremdsprachenlehrer, nach Aug. 1944 beim Rundfunk und als Übersetzer tätig, verfasste acht Gedichtbände.

4 Ion Pillat (1891–1945), Dichter und Publizist; 1919 Sekretär von Alexandru Vaida-Voievod bei der Pariser Friedenskonferenz, Übersetzer von Lyrik aus dem Deutschen und Französischen.

ihre berufliche Tätigkeit gebracht worden waren. Und wenn die, die nicht ausreisen konnten, hier tatsächlich eine Gefahr darstellten, wie kommt es, dass erst jetzt nach zwei Jahren diese Erkenntnis reift? Beginnt etwa hier die Umsetzung des im *Bukarester Tageblatt* angekündigten Plans?[5] Aber wie erklärt sich die vergleichsweise kleine Zahl von 400 [Menschen], mit denen begonnen wurde? Wird man nun wöchentlich weitermachen? Offizielle jüdische Quellen sprechen von 25 000 Menschen im ganzen Land (darunter 7–8000 aus Bukarest), die diesen Herbst verhaftet werden sollen. Die Panik unter den Bukarester Juden ist immens, und welche Erklärungen und Deutungen man auch findet, welche Anstrengungen man macht, um seine Gedanken abzulenken, giftige Unruhe ergießt sich in alle Herzen, die von unendlicher Traurigkeit zermalmt werden.
Am Tag nach der Abreise Doktor Funks,[6] des Reichswirtschaftsministers, erschien der Erlass,[7] in dem verfügt wurde, die Brotration für Juden zu reduzieren: Von fünf Tagen bleibt nun einer brotlos. Es ist wahrscheinlich, dass die Deutschen dadurch eine gewisse Verbrauchsverminderung von Getreide erreicht haben. (Man spricht von 20 % Weizen und einer Lieferung von 40 000 Waggons Mais.) Die Situation des Landes muss tatsächlich sehr schwierig sein. Und wie in anderen Bereichen richtete sich die erste Maßnahme gegen Juden. Ist das aber die Lösung des Problems? Maismehl ist Juden verboten. Aber nun tun sich die Christen genauso schwer – sogar immer schwerer – damit, denn Maismehl gibt es fast gar nicht mehr.
Die in den Schulen eingesperrten Juden sind inzwischen aus Bukarest fortgebracht worden. Die Nachbarn, die bei ihrer Verladung auf Lastkraftwagen dabei waren, sprechen von einem Schauspiel des Grauens. Schreie wie auf dem Schlachthof hallten durch die Straße von einem Ende zum anderen. Passanten blieben stehen und weinten, warfen Zigaretten und Geld in die LKWs. Die Kinder weigerten sich einzusteigen, und diejenigen, die nicht mitfuhren, konnten von den Wachposten nur mit Gewalt von den Lastwagen losgerissen werden. Die Schulen werden nun desinfiziert, und alles ist vergessen. Sperber und einige andere sind für eine erneute Überprüfung hiergeblieben. [....][8]
Auch die Bulgaren haben sich eingereiht: Am 15. des Monats werden 40 000 Juden Geld bei der Bank hinterlegen, die ihnen dann so viel auszahlen wird, wie sie für ihre Ernährung benötigen. Ihre Unternehmen werden konfisziert, sie werden ein Kennzeichen auf der Brust tragen und ihre Häuser markieren müssen usw. usw., so wie es die neue Ordnung der Zivilisation fordert![9]

5 Siehe Dok. 183 vom 8.8.1942.
6 Dr. Walther Funk (1890–1960), Jurist und Ökonom; 1922–1930 Chefredakteur der Berliner Börsen-Zeitung, 1931 NSDAP-Eintritt; 1933 Pressechef der Reichsregierung, Febr. 1938 bis 1945 Reichswirtschaftsminister, Generalbevollmächtigter für die Kriegswirtschaft, von 1938 an auch Präsident der Reichsbank; 1945 verhaftet, 1946 vom Internationalen Militärgerichtshof in Nürnberg zu lebenslanger Haft verurteilt, 1957 entlassen.
7 Funk war vom 2.-6.9.1942 in Rumänien. Die Brotration für Juden wurde durch eine Verfügung des Unterstaatssekretariats für Versorgung vom 6.9.1942 gekürzt; siehe International Commission on the Holocaust in Romania, Final Report, Iaşi 2005, S. 202.
8 Kürzung der Eintragung in der Buchausgabe.
9 Diese Maßnahmen wurden nicht umgesetzt: Ein Kennzeichen trugen nur Zwangsarbeiter in Provinzstädten.

12. September
Alle sprechen über Churchills[10] Rede im Unterhaus, in der er über seinen Besuch in Ägypten und in Moskau berichtet hat. Er hätte dieses Mal zu allen Problemen des Krieges Stellung genommen und zum ersten Mal in seinen Ausführungen einen ungewöhnlich optimistischen, sachlichen Ton angeschlagen, im Gegensatz zu dem üblichen, mit dem er sich sonst an das Volk wendet. Er hat die Neustrukturierung des Generalstabs in Ägypten verkündet, eines Generalstabs, der bislang schwach war, und für die nächsten Monate Zusicherungen bezüglich der afrikanischen Front gemacht. Dann hat er von den Russen gesprochen, über die er sagte, sie kämpften hervorragend; er hat – unter günstigen Bedingungen – die Eröffnung der Westfront angekündigt und mit der jüdischen Frage geendet. Dabei hat er gegen die von den Deutschen begangenen Gräueltaten protestiert und in seinem und Präsident Roosevelts Namen feierlich versichert, dass sofort nach Friedensschluss in Deutschland und allen alliierten und besetzten Ländern Tribunale eingerichtet würden, die über die an Verbrechen, Grausamkeiten und Übergriffen gegen Juden beteiligten Personen richten würden.[11] Dadurch soll über Generationen im Bewusstsein bleiben, dass diejenigen bestraft werden, die die gemeinsten Bestialitäten in der Geschichte verübt oder dabei geholfen hätten, sie zu begehen.
Ein Passant, wahrscheinlich ein Christ, ist auf der Romulus-Straße gegenüber der Schule stehen geblieben, in der sich die zur Deportation internierten Juden befanden. Als er so viele Menschen im Hof zusammengepfercht stehen sah, die verschreckten Gesichter, weinende Kinder und Mütter mit aufgelöstem Haar, die ihre alten Kleidungsstücke und Kissen ordneten, hat er die Wachen am Tor gefragt, was mit ihnen sei. Vom Schicksal Geschlagene, antwortete ihm der Soldat.
Auf der Sf. Ion Nou-Straße, Ecke Mămulari-Straße hat vor einigen Minuten ein Lastwagen mit deutschen Soldaten angehalten, die vermutlich an den verzweifelten Gesichtern derjenigen, die im Hof und in den Räumen herumliefen, die ethnische Herkunft erkannten. Sie haben gelacht und den Soldaten am Tor gefragt, wer sie seien. Ihre Vermutung wurde sofort bestätigt. Der deutsche Soldat neben dem Chauffeur, der dem rumänischen Soldaten gerade geantwortet hatte, legte die Finger der Hand quer an die Gurgel und deutete ein Durchschneiden mit dem Messer an.
Eine alte Frau hat sich im Morgengrauen vor der Verladung auf die Lastwagen erhängt. Und eine Frau hat, nachdem sie losgefahren waren, unterwegs einem Passanten ein kleines Kind in die Arme geworfen. In den Windeln befand sich ein Stück Papier mit Namen und Geburtsdatum.
Doktor D., ein Christ, der mit einer Jüdin verheiratet ist und an einen Grenzposten zwischen den von Deutschen und den von Rumänen verwalteten russischen Gebieten einberufen worden war, erzählte unlängst vom Schicksal der dort lebenden Juden:
Auf der anderen Seite sammeln die Deutschen jede Woche 40, 50 oder 60 Juden, heben Gruben aus und erschießen sie. Während es bei uns, auf unserer Seite, besser sei. So wird nur gelegentlich jemand erschossen, der einen Ring, ein teureres Kleidungsstück oder etwas anderes Wertvolles besitzt …

10 Winston Churchill (1874–1965), Politiker; seit 1900 im Unterhaus; mehrfach Minister, 1940–1945 brit. Premierminister.
11 Churchills Rede vor dem Unterhaus am 8.9.1942 veranlasste Maniu am 12.9.1942, die Deportationen zur international bedeutsamen Angelegenheit zu erklären und vor den Folgen zu warnen.

15. September
Etwas Komisches gehört in der Schlange nach Maismehl:
Mit lauter Stimme kommentierte eine Frau: „Für sowas sterben unsere Kinder an der Front? Damit sie den Juden in Transnistrien eine schöne Heimat schaffen?“

DOK. 191
Der Schweizer Gesandte benennt am 24. September 1942 Rumänen, die sich für verfolgte Juden und Roma einsetzen[1]

Bericht (IV-A-2, vertraulich) der Schweizer Gesandtschaft in Bukarest, gez. René de Weck, an Bundesrat M. Pilet-Golaz, Chef des Eidgenössischen Politischen Departements, Bern, vom 24.9.1942

Politischer Bericht Nr. 70: *Die Verfolgung weitet sich aus: Wer ist der Nächste? Juden, Zigeuner, Armenier usw.*
Sehr geehrter Herr Bundesrat,
in Bukarest gehen die Verhaftungen und Deportationen von Juden weiter, obwohl Marschall Antonescu im letzten Jahr versprochen hatte, die Israeliten des Altreichs nicht nach Transnistrien zu schicken.[2]
Diese „Polizeiaktionen“ haben immer den gleichen Charakter, sie sind eine Mischung aus Brutalität, Willkür und Korruption. Angeblich wird nach bestimmten Auswahlkriterien vorgegangen, aber in Wahrheit gibt es keine anderen als das Gutdünken der Büttel. Die ausgewählten Opfer können mit Geld immer einen Aufschub erwirken, wenigstens so lange, bis ihnen die Mittel ausgehen.
Neu ist, dass sich die öffentliche Meinung zumindest in Bukarest regt. Als die Lastwagen mit den zur Deportation Bestimmten losfuhren, so geben einige glaubwürdige Zeugen an, hätten sich protestierende Menschenmengen gebildet. Es wurden sogar Rufe gehört, die sich gegen die Regierung und Deutschland richteten.
Das Gerücht geht um (und nicht nur in jüdischen Kreisen), dass die „alliierten Nationen“ ernste Warnungen an das Kabinett in Bukarest ausgesprochen hätten. Mal schreibt man die Androhungen Großbritannien zu, mal den Vereinigten Staaten, ganz so, als würde man den genauen Wortlaut kennen. Es vergeht kein Tag, an dem ich nicht gefragt werde, ob ich beauftragt worden sei, Mihai Antonescu eine amerikanische oder britische Note zu übergeben. Selbst die ernsthaftesten unter den politischen Persönlichkeiten nehmen daran teil. Und obwohl ich nicht müde werde zu dementieren, macht das Gerücht immer mehr die Runde. Ich schließe daraus, dass die Wirkung beachtlich wäre, wenn London oder Washington den Schritt unternähmen, den alle zu erwarten scheinen.
Erst heute kamen Adventisten mit der Bitte ins Konsulat, ich solle mich für die mehr oder weniger unterdrückten protestantischen Sekten einsetzen. Sie hätten gehört, dass ich gegenüber der rumänischen Regierung zum Ausdruck gebracht habe, welche Gefühle die antijüdische Verfolgung in den angelsächsischen Ländern hervorrufe. Seit langem schon versucht die orthodoxe Kirche mit allen Mitteln, der Verbreitung von gewissen christlichen Gemeinschaften wie den Baptisten, den Adventisten und den „ernsten Bi-

1 CH-BAR, E 2300 Bukarest, Rolle 10, Bl. 1–5. Das Dokument wurde aus dem Französischen übersetzt.
2 Das Versprechen ist nicht mit einem amtlichen Schreiben belegbar.

belforschern“[3] Einhalt zu gebieten. Bis zum heutigen Tag hatte es die Regierung dabei belassen, diesen Sekten alle möglichen behördlichen Scherereien zu bereiten, die das religiöse Leben der Gruppen mehr oder weniger lahmlegten. Gegen jegliche Art von Missionierung griff sie hart durch. Seit einiger Zeit tut die Verwaltung so, als hielte sie die protestantischen Sekten für kommunistische Kaderschmieden. Es könnte gut sein, dass die Anhänger geächtet werden.

Unterdessen hat die Deportation der Zigeuner[4] nach Transnistrien begonnen. In Piteşti wurden sie bei einer mit äußerster Brutalität durchgeführten „Razzia“ festgenommen und in verplombten Eisenbahnwaggons dorthin transportiert. Wie die Juden in Herrn Maniu einen Fürsprecher gefunden haben, ist es nun Dinu Brătianu, der Vorsitzende der Liberalen Partei, der sich für die Zigeuner einsetzt. In einem an Marschall Antonescu adressierten Brief vom 16. September hebt er hervor, dass diese Unglücklichen rumänische Bürger orthodoxen Glaubens seien, die den Militärdienst leisten und eine wichtige Rolle für die Wirtschaft des Landes spielen würden. „Bei uns“, konstatierte er, „kann man sich kein Volksfest ohne Zigeuner vorstellen, die musizieren.“[5]

Dinu Brătianu fordert den „Conducator“ auf, „die Verfolgung, die uns einige Jahrhunderte zurückwirft, sofort zu beenden“. Sein Fazit ist es wert, zitiert zu werden: „Stellen Sie sich vor, was eines Tages in einem wiederaufgebauten Russland passieren würde, wenn es unserem Beispiel folgt, die Rumänen aus Transnistrien nach Turkestan oder Nordsibirien deportiert und Tausende rumänischer Bürger, die vom gegenwärtigen Regime abgeschoben werden, hierher zurückschickt.“ Dem könnte der Marschall mit makaberem Humor entgegnen, dass das Risiko nicht allzu groß sei, weil das Regime alles dafür tue, dass die Russen, falls sie nach Transnistrien zurückkehren sollten, dort nicht mehr viele Juden vorfinden, die sie nach Rumänien zurückschicken könnten.

Viele Leute behaupten, dass die recht zahlreichen Armenier, die man bisher als assimiliert angesehen hat, die nächsten Opfer der Verfolgung sein werden. Die meisten von ihnen stammen von den Siedlern ab, die unter der Herrschaft von Maria-Theresia nach Siebenbürgen kamen. Da sie katholisch sind, erlaubt das Konkordat dem Papst,[6] sich für sie einzusetzen. Aber mit welcher Aussicht auf Erfolg?

Der Einfluss rassistischer Ideologen in Rumänien ist so groß geworden, dass sich die Tendenz abzeichnet, alle Eingebürgerten und sogar die Kinder von Eingebürgerten als Bürger zweiter Klasse zu behandeln. So wird Offizieren und Beamten griechischer Herkunft das Recht verweigert, Immobilien zu erwerben.

All diese Maßnahmen sind von den Deutschen abgeschaut. Der Beweis dafür ist, dass die „volksdeutsche“ Minderheit weiterhin außergewöhnlich große Privilegien genießt, obwohl sie in der rumänischen Bevölkerung auf Abneigung stößt. Außerdem zeigt das Schweigen der rumänischen Presse bezüglich der im Rassismus gründenden Exzesse,

3 Zeugen Jehovas. Im Juni 1942 hatte Marschall Antonescu die Deportation aller Angehörigen neuprotestantischer Religionsgemeinschaften befohlen, weil ihre Anhänger aus Glaubensgründen den Kriegsdienst mit der Waffe verweigerten. Der Befehl betraf etwa 100 000 Menschen, aber deportiert wurden nur Personen aus Bessarabien und der Bukowina.

4 Die Deportation der 24 000 Roma, die Hälfte von ihnen Kinder, wurde in der Presse mit angeblicher Kriminalität legitimiert.

5 Der Brief blieb im persönlichen Archiv von Filderman erhalten; YVA, Filderman Archiv. Abdruck in: Ancel, Documents, vol. 4 (wie Dok. 128, Anm. 1), Dok. 104, S. 225.

6 Papst Pius XII. (1876–1958).

dass man sich um die Reaktion der Öffentlichkeit sorgt. Wenn die Regierung stolz auf ihre Taten wäre, würde sie in amtlichen Mitteilungen auf die „Fortschritte" hinweisen. Aber sie hält sich bedeckt. Die einzige wichtige Zeitung, in der fast jeden Tag zu einer rassistischen Politik der Gewalt und des Hasses aufgerufen und ermuntert wird, ist das Bukarester Tageblatt.

Die „Siguranța"[7] stellt sich immer mehr in den Dienst der „Gestapo". Diese hat sich gerade in aller Öffentlichkeit und mit unaufgeregtem Zynismus in den Kreis des Diplomatischen Corps eingereiht. Gestern habe ich zusammen mit der Karte Herrn von Killingers auch die eines neuen „Diplomaten" erhalten, der sich „SS-Standartenführer und Oberst der Polizei, Polizeiattaché bei der Deutschen Gesandtschaft in Bukarest" nennt (siehe Anhang).[8]

Hochachtungsvoll

DOK. 192

Das Auswärtige Amt verlangt vom deutschen Gesandten in Bukarest am 29. September 1942, sich trotz der rumänischen Weigerung für die Deportationen einzusetzen[1]

Fernschreiben (G.-Schreiber, Nr. 3157, Aktz.: Nr. D III 826 g.), gez. UStS Martin Luther, Berlin, an die Deutsche Gesandtschaft, Bukarest, vom 29.9.1942

Referent: U.St.S. Luther, GR. Klingenfuß[2]
Betreff: Judenaussiedlung in Rumänien
Rumänische Teilnehmer sind zur vereinbarten Fahrplankonferenz über Judenaussiedlung nicht erschienen. Bitte darauf hinzuwirken, daß, nachdem unsererseits alle Vorbereitungen getroffen, Maßnahmen beschleunigt und vor Eintritt Winterwetters durchgeführt werden können.[3]

7 Rumän. Sicherheitsdienst.

8 Liegt nicht in der Akte. Gemeint ist Horst Böhme (1909–1945), Spediteur; 1930 NSDAP- und SS-Eintritt; 1935 SD-Hauptamt in Berlin, 1939 SD-Chef in Prag; Mai 1941 BdS in Prag; nach dem Attentat auf Heydrich regte er die Auslöschung des Dorfes Lidice an, Sept. 1942 bis April 1943 Polizeiattaché in Rumänien, 1943–1944 Einsatzgruppenchef, 1945 BdS Ostpreußen; verschollen.

1 PAAA, R 100 881, Inland Geheim II, Geheim, Bd. 200, Judenfrage in Rumänien 1941–1943, K 212 644 (Bl. 60). Abdruck in: Trașcă/Deletant (Hrsg.), Al III-lea Reich (wie Dok. 134, Anm. 1), Dok. 107, S. 527.

2 Dr. Karl Otto Klingenfuß (1901–1990), Diplomat; 1933 NSDAP-Eintritt; 1938 Legationssekretär im AA, von 1939 an in verschiedenen Funktionen im diplomatischen Dienst u. a. in Buenos Aires, Montevideo, Bern und Paris, Juni–Nov. 1942 in der Abt. Deutschland, von Sept. 1944 an in der Politischen Abt. des AA; 1948 Anklage wegen Beihilfe zum Mord, Dez. 1949 Flucht nach Argentinien, 1951–1967 Geschäftsführer der Deutsch-Argentinischen Handelskammer.

3 Das AA hatte dem Gesandten in Bukarest bereits am 11.8.1942 mitgeteilt, dass die Sonderzüge für die rumän. Juden bereitstünden.

DOK. 193

Universul: Im Artikel vom 2. Oktober 1942 werden harte Strafen angedroht, wenn Unternehmer die Arbeitsplätze von Juden nicht mit Rumänen besetzen[1]

Neue Vorschriften für die doppelte Besetzung von Arbeitsplätzen jüdischer Lohnempfänger. Amtliche Mitteilung

Nach der Feststellung, dass zahlreiche Gewerbe- und Handelsunternehmen die Vorschriften des Artikels 10 des Dekret-Gesetzes Nr. 3825/940[2] dahingehend missachten, dass sie die Verpflichtung zur tatsächlichen Doppelbesetzung der Stellen jüdischer Lohnempfänger umgehen, indem sie sich mit Genehmigung des Zentralbüros zur Rumänisierung auf Artikel 10, Absatz 3 des Dekret-Gesetzes beziehen, wird den Unternehmen Folgendes bekannt gegeben:
– Eine Doppelbesetzung von Stellen jüdischer Lohnempfänger ist nur mit Zustimmung des Zentralbüros zur Rumänisierung gültig;
– Die Stelle eines im Dienst verbliebenen jüdischen Lohnempfängers kann nicht durch die Mitglieder des Verwaltungsrats doppelt besetzt werden;
– Die Stelle eines jüdischen Lohnempfängers kann innerhalb der Firma nicht durch einen ethnischen Rumänen doppelt besetzt werden, wenn dieser nicht tatsächlich und ständig im Zuständigkeitsbereich des im Dienst verbliebenen Juden arbeitet und solange die Stelle des rumänischen Lohnempfängers, sei er Verwaltungsangestellter, Techniker oder Arbeiter, nicht durch einen anderen ethnischen Rumänen besetzt worden ist; kein Lohnempfänger kann also eine eigene Stelle innehaben und gleichzeitig die Stelle eines Juden mitbesetzen.
– Die Stelle eines jüdischen Lohnempfängers kann nicht durch einen rumänischen Büroangestellten oder Arbeiter mitbesetzt werden, wenn dieser gleichzeitig beim Staat oder bei einem Privatunternehmen angestellt ist.[3]
– Die Stelle eines jüdischen Lohnempfängers kann durch einen ethnischen Rumänen nicht doppelt besetzt werden, wenn dieser keine gleichartige Qualifikation wie der Jude nachweisen kann oder nicht imstande ist, sich diese Kenntnisse in kurzer Zeit anzueignen.
– Die Stelle eines jüdischen Facharbeiters kann nicht durch einen ethnischen Rumänen doppelt besetzt werden, wenn er nicht zumindest elementare Fähigkeiten vorweisen kann, um die Tätigkeit des Juden zu erledigen.

1 Universul, Nr. 269 vom 2.10.1942. Abdruck in: Ion Şerbanescu (Hrsg.), Evreii din România, vol. III/p.2, 1940–1942: Perioada unei mari restrişti, Bucureşti 1997, S. 302 f. Das Dokument wurde aus dem Rumänischen übersetzt. Die Tageszeitung erschien 1884–1916 und 1918–1953 in sehr hoher Auflage. 1942 war sie mit 244 400 Exemplaren die auflagenstärkste Zeitung in Rumänien.

2 Das Dekret-Gesetz Nr. 3825 über die Rumänisierung der Belegschaft in Betrieben sah im Art. 10 vor, dass durch eine doppelte Besetzung von Arbeitsplätzen Juden ihre Kenntnisse nichtjüdischen Rumänen vermitteln sollten. In Absatz 3 wurde für Ausnahmefälle die Frist für die Doppelbesetzung über den Dezember 1940 hinaus verlängert. Das Gesetz erschien im Monitorul Oficial, Nr. 270 vom 16.11.1940, S. 6471 f. Abdruck der gekürzten Fassung in: Benjamin (Hrsg.), Legislaţia (wie Dok. 153, Anm. 1), S. 76–78.

3 Aufgrund der Mobilisierung gab es einen großen Mangel an Fachkräften. Manche Betriebe hatten statt der Doppelbesetzung mit einer jüdischen Fachkraft und einem von dieser anzulernenden Rumänen irgendwelche Personen angegeben, die dort nicht arbeiteten.

– Alle betroffenen Unternehmen werden aufgefordert, die vorliegenden Verfügungen innerhalb eines Monats umzusetzen.
– Zukünftig werden alle Einstellungen von ethnischen Rumänen zwecks Rumänisierung des Personals nur mit Zustimmung des Zentralbüros für Rumänisierung vorgenommen. Dieses wird die Einstellung verweigern, wenn nicht der Beweis erbracht wird, dass der Bewerber die geforderten Bedingungen erfüllt, um als Stellvertreter des jüdischen Lohnempfängers oder als Doppelbesetzung von dessen Stelle zu fungieren.
Allen Unternehmen und Arbeitgebern, die sich diesen Verpflichtungen entziehen, wird das Recht entzogen, weiterhin Juden einzusetzen. Ihnen drohen die für die Sabotage des Rumänisierungsprojekts vorgesehenen Strafen.

DOK. 194
Der deutsche Gesandte in Bukarest informiert am 5. Oktober 1942 über rumänische Interventionen gegen den deutschen Deportationsplan[1]

Bericht (Tgb.-Nr. Be 57/42, Aktz.: B II/8) der Deutschen Gesandtschaft, Bukarest, ungez., an das Auswärtige Amt, Abt. Deutschland, D III 868 g. (Eing. 10.10.1942), vom 5.10.1942

Betr.: Stimmungs- und Lagebericht über die Aussiedlung der Juden aus Rumänien
Bezug: – ohne –, Anlage: 1, 2 Doppel
In der Anlage überreiche ich einen Stimmungs- und Lagebericht über die Aussiedlung der Juden aus Rumänien des Beraters für Judenfragen, SS-Hauptsturmführer Richter.
Heil Hitler! von Killinger
Stimmungs- und Lagebericht über die Aussiedlung der Juden aus Rumänien
Die von dem Regierungsbeauftragten *Lecca* auf der Pressekonferenz der deutschen Presservertreter in Rumänien am 7. August gemachten Ausführungen, wonach die im Rahmen der Judenzentrale geleisteten Arbeiten soweit gediehen sind, daß der Beginn der Aussiedlung der Juden aus Rumänien in nächster Zeit geplant ist, als auch die sich darnach anschließende offizielle Reise des Regierungsbeauftragten *Lecca* nach Berlin haben vor allem in Bukarest ungeheures Aufsehen erregt. Die Vermutungen der Juden, daß eine Evakuierung vorbereitet wird, haben zuerst eine Bestätigung dadurch erfahren, als vor ca. drei Monaten das Innenministerium über die Präfekturen den Bezirksstellen der Judenzentrale in Siebenbürgen und Banat den Befehlt erteilt hat, binnen kürzester Zeit eine listenmäßige Aufstellung aller Juden dieser Provinzen nach Geschlecht, Alter, Beruf usw. fertigzustellen. Schon damals ist es aufgefallen, daß diese Aufstellung nur für diese beiden Provinzen verlangt wurde, und sofort wurde von den Juden das Gerücht verbreitet, daß eine Evakuierung vorgesehen sei. Als ferner die Äußerungen des Regierungsbeauftragten Lecca über die Aussiedlung der Juden aus Rumänien in den Temeschburgern, Hermannstädtern und sonstigen Siebenbürger und Banater Zeitungen in großer Aufmachung wiedergegeben und kommentiert worden sind, gaben sich die Juden dieser Provinzen keinem Zweifel mehr hin, daß sie damit gemeint waren. Die Panik, welche die

1 PAAA, R 100 881, Inland II Geheim, Bd. 200, K 212 645–212 650 (Bl. 61–66). Abdruck in: Trașcă/Deletant (Hrsg.), Al III-lea Reich (wie Dok. 134, Anm. 1), Dok. 114, S. 532–535.

Juden aus Siebenbürgen und dem Banat ergriffen hat, war sehr groß. Sie bewirkte allgemein, daß die Juden begannen, ihr Vermögen wie Möbel, Teppiche, Schmucksachen usw. zu verkaufen.
Bedeutender waren jedoch die Auswirkungen, die sich in politischer Hinsicht nunmehr anzeigten. Die angeschnittene Frage der Aussiedlung der Juden aus Rumänien hat bewirkt, daß führende rumänische Regierungskreise und maßgebende Politiker nun ihre wahre Einstellung zur Judenfrage und ihrer Lösung in Rumänien zu erkennen gaben.
Selbstverständlich setzte von Seiten der Juden aus Siebenbürgen und dem Banat gegen die Aussiedlung eine Reaktion in der Weise ein, daß sie mit den verschiedensten Interventionen begannen. Sie bedienten sich dabei ehemals führender demokratischer und liberaler Politiker, die ihrerseits wieder bei hohen und höchsten rumänischen Regierungsstellen im Interesse der Juden vorsprachen.
Sehr aktiv war und ist noch in dieser Beziehung der getaufte Jude *Baron Neumann*,[2] Hauptaktionär der Textilfabrik „Textile Aradana" in Arad. Es ist ihm gelungen, den Führer der Nationalzaranisten,[3] Juliu Maniu, mit dem er sehr gut befreundet ist, für die jüdischen Interessen einzuspannen. Juliu Maniu erklärte, er sei als Siebenbürger Rumäne entschieden dagegen, daß man die Siebenbürger Juden anders behandele als die Juden im Altreich, und versprach, sich mit allen Mitteln dafür einzusetzen, daß die Evakuierung nicht vorgenommen werde.
Von dem Sekretär des Juden *Neumann*, dem Juden *Beilis*,[4] wurde in Erfahrung gebracht, daß Neumann auch den Metropoliten der orthodoxen Kirche in Siebenbürgen, Balan,[5] dazu bewogen hat, nach Bukarest zu fahren, um dort gegen die geplante Aussiedlung der Juden aus Rumänien bei maßgebenden Politikern und Mitgliedern der rumänischen Regierung zu intervenieren.[6]
Inwieweit dabei der Jude Neumann den Erfolg seiner Interventionen sich etwas kosten ließ, ist im einzelnen nicht bekannt, es wird aber von gut unterrichteten Juden behauptet, daß er einen Aufschub erwirkt hätte, für den er 100 bis 400 Millionen Lei bezahlt habe.[7]
Eine jüdische Delegation aus Temeschburg trat mit Dr. *Fildermann* in Bukarest in Verbindung, der es übernahm, der jüdischen Delegation einen Besuch bei Juliu Maniu und dem liberalen Politiker Dinu *Bratianu* zu vermitteln. Dr. Fildermann verfaßte eine Denkschrift, die Maniu und Dinu Bratianu mit sehr wenigen Änderungen und mit ihrer Unterschrift versehen der rumänischen Regierung einreichten. In dieser Denkschrift

2 Franz Baron von Neumann (1911–1997), Kaufmann; kath. getaufter Jude, Leiter des Großbetriebs „Textila Aradeana", der 1941–1945 auch die Armee belieferte.

3 Bezeichnung für die 1938 suspendierte Nationale Bauernpartei, rumän. Partidul National Ţărănesc.

4 Moritz C. Beiliş (1906–1952); 1942 Sekretär von Baron Neumann; 1948 festgenommen und zu neun Jahren Haft wegen Spionage verurteilt, starb im Gefängnis.

5 Nicolae Bălan (1882–1955), orthodoxer Geistlicher; 1920–1955 Metropolit von Siebenbürgen; 1948 kurz verhaftet, akzeptierte danach die Zwangsvereinigung mit der Griechisch-katholischen (Unierten) Kirche; 1950–1955 im Gefängnis Sighet.

6 Bălan nahm 1942 an einem Essen der Königinmutter Elena mit König Mihai und Marschall Ion Antonescu teil. Dort wurde über die Deportationen gesprochen.

7 Im Aug. 1942 versprach Neumann eine Spende von 10 Millionen Lei für den Palast der Kriegsversehrten, den Antonescus Arzt Dr. Stroenescu bauen ließ.

wird u. a. darauf hingewiesen, daß auf der Friedenskonferenz die *innerpolitischen Vorgänge in Rumänien, wie z. B. die Verfolgung der Juden, viel schwerer wiegen würden als die außenpolitischen Angelegenheiten.*

Auf rumänischer Seite gehen die Widerstände gegen die Aussiedlung vor allem von dem Unterstaatssekretär im Innenministerium, General *Vasiliu,* aus. Nach Äußerungen aus dem Kreis um General Vasiliu hat man sich darüber gewundert, daß nicht einmal die Vertretung der Juden in Rumänien, die Judenzentrale, gegen die Aussiedlung bei der rumänischen Regierung interveniert hat (!). Anläßlich einer Unterhaltung am 1. September 1942 zwischen Unterstaatssekretär *Vasiliu,* dem deutschfreundlichen Minister Dr. *Danulescu*[8] und dem frankophil eingestellten Generalsekretär im Ministerpräsidium *Vladescu*[9] wurde auch die Aussiedlung der Juden aus Rumänien besprochen. General *Vasiliu* vertrat dabei den Standpunkt, daß die Anordnung des Marschalls übertrieben und die Aussiedlung auch aus wirtschaftlichen Gründen nicht vorteilhaft sei. Seiner Ansicht nach dürfte die Aussiedlung in der beabsichtigten Form nicht ausgeführt werden. *Der Generalsekretär im Ministerpräsidium Vladescu war der Meinung, daß Mihai Antonescu schon den richtigen Weg finden werde.* Bemerkenswert ist im Zusammenhang mit den Äußerungen des General *Vasiliu,* daß die Aussiedlung auch aus wirtschaftlichen Gründen nicht vorteilhaft sei, die Tatsache, daß die Handelskammer in Temeschburg einen Bericht an das Wirtschaftsministerium eingereicht hat, in welchem sie darauf hinweist, daß bei einer Aussiedlung der Juden die jüdischen Unternehmen in die Hände der Schwaben und Sachsen fallen würden *und daher die rumänische Wirtschaft des Banates eine Ausbreitung des deutschen Elementes nicht ertragen kann. Wenn eine solche Ausbreitung stattfinden würde, würde sie die wirtschaftliche Rolle der Rumänen gefährden.*

Besonders erwähnenswert ist, daß es den Juden gelang, den Professor der Medizinischen Fakultät in Bukarest, Dr. N. Gh. *Lupu,*[10] für eine Intervention beim Marschall zu gewinnen. Dr. Lupu ist auf Grund dessen, daß er den Marschall schon wiederholt behandelt hat, mit diesem sehr gut befreundet. Einigen Rechtsanwälten, mit denen Dr. Lupu in engen freundschaftlichen Beziehungen steht, erklärte er, daß er den Staatsführer in Predeal besucht hätte und daß dieser ihn auf Drängen verschiedener rumänischer Persönlichkeiten hin empfangen habe. Er hätte versucht, den Marschall davon zu überzeugen, daß die Juden im Grunde an Ort und Stelle bleiben sollen, bis zur Beendigung des Krieges. Erst dann solle die Judenfrage in Rumänien endgültig ihrer Lösung zugeführt werden, und zwar durch Verschickung aller Juden in ein noch zu bestimmendes Gebiet, *über das jedoch Rumänien verfügen können müsse.* „Der Staatsführer“,[11] so erklärte Dr. Lupu, „schenkte mir die größte Aufmerksamkeit und teilte mir mit, daß die vom Innen-

8 Constantin Dănulescu (1897–1953), Arzt; Juli 1941 bis Juni 1943 UStS im Ministerium für Arbeit, Gesundheit und Sozialschutz; lebte von Aug. 1944 an unter falscher Identität in Siebenbürgen; 17.5.1946 in Abwesenheit zu lebenslänglicher Zuchthausstrafe verurteilt, floh 1948 ins Ausland.

9 Dr. Ovidiu A. Vlădescu (*1911); Jurist; Professor; Sept. 1940 bis Nov. 1943 Generalsekretär beim Ministerrat, Nov. 1943 bis Aug. 1944 UStS für Rumänisierung und Kolonisierung; Sept. 1944 verhaftet; 1946 verurteilt zu lebenslänglicher Haftstrafe, 1950 Strafreduzierung auf acht Jahre Gefängnis, 1956 durch Amnestie freigekommen.

10 Dr. Nicolae Gh. Lupu (1876–1946), Arzt, Hochschullehrer und Politiker; 1926 Vizepräsident der Nationalen Bauernpartei; 1927 kurz Arbeitsminister; seit 1941 als behandelnder Arzt sehr häufige Besuche bei Ion Antonescu.

11 Ion Antonescu.

ministerium getroffenen Maßnahmen die gleichen wie in Deutschland seien und daß die Verordnung sich nur auf Juden beziehe, die mit den Kommunisten und Sowjet-Rußland sympathisiert und paktiert hätten, auch nach 1918 nach Rumänien kamen und kriminell vorbelastet seien." Der Marschall soll wörtlich erklärt haben: *„Die im Lande geborenen Juden, über die das Justizministerium und die Sicherheitspolizei keine Klage führen, werden nichts zu leiden haben.*"[12]

Auf die Frage der Siebenbürger Juden eingehend, soll nach den Äußerungen des Dr. Lupu der Marschall geantwortet haben, daß nur diejenigen aus Siebenbürgen ausgesiedelt würden, die ungarnfreundlichen Gefühlen Ausdruck gegeben hätten und die in Listen, die bereits vor mehreren Jahren aufgestellt und die ständig von den Behörden überprüft würden, damit nicht ehrliche und friedliche Juden darunter seien, erfaßt worden wären.

Am 3. bezw. 4. September hatten Dr. *Lupu*, I. *Mihalache*[13] und der frühere Abgeordnete *Leucuta*[14] eine Besprechung in Topoloveni im Hause des Juliu *Maniu*, wo die judenfeindlichen Maßnahmen besprochen wurden. Es wurde beschlossen, neue Interventionen zu Gunsten der Juden zu unternehmen. Um Dr. Lupu, der in schlechten finanziellen Verhältnissen lebt, zu unterstützen, ergriff der Bukarester Jude Achille *Scharaga*,[15] der zu den Anhängern des Nationalzaranisten Maniu gehört, die Initiative, Dr. Lupu ein aus zwei Wohnungen bestehendes Haus anzubieten. Zu diesem Zweck wurden bis jetzt ca. 9 Millionen Lei von einigen bemittelten Juden aus Bukarest, an ihrer Spitze der Jude Baron *Neumann*, zusammengebracht.

Erwähnenswert ist, daß die Frage der Aussiedlung der Juden aus Rumänien unter den Juden selbst Anlaß zu erheblichen Meinungsverschiedenheiten gegeben hat. Die Vertreter der Juden aus Siebenbürgen und dem Banat haben sich an einflußreiche Juden gewandt mit der Bitte, die Juden aus dem Altreich sollten sich dafür einsetzen, *daß die Juden aus Siebenbürgen und dem Banat den Juden des Altreichs gleichgestellt werden.* Tatsache ist, daß die Juden des Altreichs der Auffassung sind, daß mit der Aufopferung der Siebenbürger und Banater Juden sie sich selbst retten können. Obwohl man das Schicksal der „Brüder" aus Siebenbürgen und dem Banat äußerst bedauert, hört man nur zu oft in den führenden jüdischen Kreisen die Meinung: „Ja, die Juden aus Siebenbürgen sind wahrhaftig keine Rumänen, so wie wir es sind. Sie sind doch Ungarn, so daß mit Recht gegen sie solche Maßnahmen getroffen werden." Diese Meinung, die auch von offiziellen rumänischen Kreisen vertreten wird, hat dazu geführt, daß sich die Gemüter der Juden aus dem Altreich, die anfangs in Panik geraten waren, nicht nur beruhigt haben, sondern zu einer Spaltung zwischen den Juden aus dem Altreich und denen aus Siebenbürgen und dem Banat führte. Unter den Siebenbürger und Banater Juden wird

12 Für diese Aussage gibt es keinen Beleg.

13 Ion Mihalache (1882–1963), Lehrer; 1918 Gründer der Bauernpartei; 1919–1920 Minister für Landwirtschaft, 1930/31 und 1932/33 Innenminister, 1933–1937 Präsident der Nationalen Bauernpartei; 1947 zu lebenslanger Haft verurteilt, starb im Gefängnis.

14 Aurel Leucuţiu (1895–1964), Anwalt und Politiker; Präsident der Bauernpartei im Bezirk Timiş-Torontal; Nov. 1944 bis Febr. 1945 Minister für Volkswirtschaft; im Juli 1946 zu acht Jahren Zwangsarbeit verurteilt, nach Amnestie 1955 Verbannung, 1959 erneut verhaftet.

15 Richtig: Achile Şaraga (*1882), Ökonom, Bankier und jüdischer Politiker; enge Beziehungen zur Nationalen Bauernpartei; 1946 Abgeordneter der Bauernpartei von N. Lupu; April 1953 verhaftet, später Verbannung.

ganz offen angesprochen, daß sie von ihren „Brüdern“ aus dem Altreich verraten und den rumänischen bezw. deutschen Behörden ausgeliefert worden sind, um sich selbst zu retten.

DOK. 195
Bukarester Tageblatt: Unterstützer der Juden in Rumänien werden am 11. Oktober 1942 heftig angegriffen[1]

Judenknechte[2]

Vor einigen Wochen erfolgte, wie seinerzeit ausführlich im „Bukarester Tageblatt“ an dieser Stelle wiedergegeben,[3] die Ankündigung, daß die Aussiedlung der Juden aus Rumänien so in Angriff genommen werden soll, daß der letzte Jude Rumänien in der Richtung nach Osten im Jahre 1943 verlassen wird. Diese Judenaussiedlung, die sich planmäßig mit Billigung und mit Genehmigung der rumänischen Regierung vollziehen wird, erfolgt durch die von der rumänischen Regierung eingesetzten Organe. Ihr selbstverständliches Ziel ist die Säuberung Rumäniens von den Juden im Sinne der Verpflichtungen, die die rumänische Regierung gegenüber dem werdenden neuen Europa hat, zu dem sie sich bekennt und für das das rumänische Volk große Opfer an Gut und Blut bringt.
Es war vorauszusehen, daß dieser Aussiedlungsplan im Judenlager in Rumänien so etwas wie einen Sturm hervorrufen würde. Das ist auch geschehen. Die Angst, die lange unverdient innegehabte Position in Rumänien endgültig und unwiederbringlich zu verlieren, hat die Judenschaft in große Erregung gebracht. In der Verzweiflung schauen sich die Juden nach Helfern um. Sie suchen überall und sind zu „Opfern“ nach ihrer Art bereit. Leider haben sie tatsächlich auch Helfer gefunden, die willens sind, sich für die Juden in aussichtsloser Stellung zu schlagen. Die Helfer geben sich damit selbst als das zu erkennen, was sie wirklich sind: als Judenknechte.
Der aktivste Rufer im Streit gegen die Aussiedlung der Juden aus Rumänien ist der Jude Baron Neumann[4] aus Arad. Jud Neumann, der immer noch Hauptaktionär der großen Textilwerke „Textila Aradana“ ist, ließ sich vor Jahren taufen, so daß er jetzt als „römisch-katholischer Christ“ seinen gutgläubigen Mitmenschen eher etwas vormachen kann. Vielleicht glaubt man ihm auch, er habe mit der vor kurzem auf seinem Grundstück sichergestellten Sendeanlage nichts zu tun. Sein Vertrauen in die Beständigkeit der jüdischen Stellung in Rumänien scheint aber seit langem schon nicht mehr sehr groß zu sein, denn er ließ vor nunmehr etwa drei Jahren einen Teil seiner Familie in das gelobte Land des Herrn Roosevelt auswandern, wobei er sich die Einwanderungserlaubnis in die Vereinigten Staaten mit Hilfe der Freundin des damaligen amerikanischen Konsuls in Bukarest „besorgte“. Dieser Jude Neumann hat sich mit dem wieder einmal aus der bereits seit langem erhofften Versenkung aufgetauchten Juden Dr. Fildermann zusammengetan, um alle Minen gegen die Judenaussiedlung springen zu lassen. Er arbeitet

1 Bukarester Tageblatt, XVI, Nr. 4764 vom 11.10.1942, S. 1 f.
2 Der Artikel ist gezeichnet mit Ml, verfasst vom Hauptschriftleiter Hans Müller.
3 Siehe Dok. 183 vom 8.8.1942.
4 Franz v. Neumann.

hauptsächlich mit Denkschriften, die er versendet. Außerdem suchte und fand er Verbindung zu ehemals nationalzaranistischen Kreisen,[5] die sich nicht scheuen, zusammen mit anderen Judenknechten, auf die Jud Neumann ebenfalls durch einen Opfergang Einfluß gewann, die schmutzigen Geschäfte dieser Judenclique gegen die Interessen des rumänischen Volkes und Staates zu besorgen.

Angeregt und beeinflußt durch die Juden Neumann und Fildermann haben sich auch die Juden Siebenbürgens und des Banats zusammengesetzt und durch ihre Vertreter eine Denkschrift ausgearbeitet, in der sie ebenfalls mit bewegten Worten Klage gegen die beabsichtigte Aussiedlung der gesamten rumänischen Judenheit in die östlichen Gefilde führen. Auch für diese jüdische Denkschrift haben sich Judenknechte gefunden, die sich zu ihr bekennen und die für sie eintreten. Diese wenigen Beispiele mögen zeigen, daß die Judenschaft Rumäniens, an der Spitze der Juden Baron Neumann und Dr. Fildermann, auf den Plan gerufen ist. Sie macht ein bißchen viel Geschrei, wie der aufmerksame Beobachter vermerken muß. An sich könnte man über dieses Judenrumoren mit Achselzucken hinweggehen, denn alles Geschrei der Juden in Rumänien wird am Endgeschick der gesamten Judenheit doch nichts ändern. Das Wissen um dieses Endgeschick ist jedem Deutschen und auch jedem Menschen außerhalb Deutschlands, der verständig zu denken versteht und der beobachten kann, durch den Führer Adolf Hitler vermittelt. Der Führer hat mit steigender Schärfe in seinen Reden während des Krieges den Schicksalsweg der Juden aufgezeigt, der Juden, deren Vertreter die Kriegsverbrecher sind und auf deren Wirken und mit deren Willen sich die Völker in dem neuen Weltbrand zerfleischen müssen. Der Führer hat der Judenschaft prophezeit, daß in diesem Krieg nicht die arische Menschheit vernichtet wird, sondern die Juden. Das Kriegsende wird den Beweis dafür erbringen.[6]

Es braucht sich also niemand durch das lächerliche Treiben der Juden und ihrer Knechte beirren zu lassen. Am Ende dieses Krieges steht die Reinigung Europas von den Juden. Trotzdem können natürlich Machenschaften, wie sie jetzt in Rumänien von Juden und Judenknechten durchgeführt werden, Verwirrung anstiften, denn sie sabotieren den in Gang gebrachten Reinigungsprozeß und sabotieren damit gleichzeitig die Zukunft Rumäniens. Hinzu kommt, daß die Juden Rumäniens, wie übrigens in allen Ländern, Träger der Flüsterpropaganda und damit die Agenten der Feindmächte sind, mit denen Rumänien im Kampf auf Leben und Tod steht. Auch auf diesem Gebiete finden sich Judenknechte, die bereitwillig jüdischen Einflüsterungen ihr Ohr leihen und nicht wissen, daß sie die Geschäfte der Feinde besorgen und den kämpfenden rumänischen Soldaten in den Rücken fallen, wenn sie weitertragen, daß „es bei Stalingrad nicht weiter geht", daß „die Front im Osten zum Stehen gekommen ist", daß „die Türken sich bereit machen, gegen die Achse in den Krieg zu treten", kurz, daß die Siege nicht von den Deutschen und Verbündeten erfochten wurden, sondern von den anderen!

Es ist wirklich an der Zeit, einmal ein offenes Wort gegen die jüdischen Anmaßungen auszusprechen. Während die rumänischen Soldaten an der Front tapfer kämpfend ihr

5 Führungsgruppe der 1938 suspendierten Nationalen Bauernpartei, rumän. Partidul National Țărănesc.

6 Hitler hatte in einer Rede am 30.1.1939 „prophezeit", dass ein Weltkrieg die Vernichtung des europäischen Judentums zur Folge haben werde; VEJ 2/248. Später wiederholte er diese Drohung mehrfach, so auch am 30.1.1941; VEJ 3/142.

Leben für die Zukunft Rumäniens im Krieg gegen den jüdischen Bolschewismus einsetzen, wagen es in Rumänien die Juden mit Hilfe ihrer Knechte, den Soldaten in den Rücken zu fallen. Sie wagen es zu versuchen, die Maßnahmen der rumänischen Regierung zu sabotieren, die in kluger Voraussicht die Geschicke Rumäniens an die Achsenmächte gebunden hat und die damit ihren Willen beweist, für das entstehende, neue, judenreine Europa ihren Beitrag zu leisten. Denn eins ist ganz sicher, die Stellung aller Staaten, die sich zum neuen Europa bekennen, wird in diesem neuen Europa wesentlich davon abhängen, wie sie die Judenfrage in ihren Grenzen lösen. Das ist keine Prophezeiung, sondern eine Selbstverständlichkeit. Das Wissen um diese Tatsache ist der rumänischen Regierung zu eigen, denn sonst hätte sie sich nicht bereits so tatkräftig und zielbewußt der jüdischen Frage in Rumänien angenommen. Sie wird diese Frage auch lösen, trotz aller Sabotagemaßnahmen der Juden und ihrer Knechte. Dann wird auch die Zeit kommen, wo jedem Juden und vor allem auch jedem Judenknecht die Rechnung präsentiert werden wird. Dessen sind wir gewiß.

DOK. 196
Die Deutsche Gesandtschaft meldet am 12. Oktober 1942 die Gründung des Generalkommissariats für Judenfragen[1]

Telegramm (Nr. 5017, 19.25 Uhr) der Deutschen Gesandtschaft Bukarest, gez. Stelzer,[2] über das Auswärtige Amt, Abt. Deutschland (Eing. 20.10 Uhr) an den Chef der Sicherheitspolizei und des SD, z.Hd. von Oberstubaf. Eichmann, vom 12.10.1942[3]

Betr. Errichtung eines Generalkommissariats für Judenfragen.
Vorg. ohne
Der am 8. September 42 dem stv. Ministerpräsidenten Mihai Antonescu unterbreitete Vorschlag, zur einheitlichen Erfassung und Bearbeitung aller Angelegenheiten ein Generalkommissariat für Judenfragen zu errichten, war auch Gegenstand der Ministerratssitzung am 30. September 42. Nach inzwischen erhaltenen Informationen hat der stv. Ministerpräsident dem Ministerrat bekanntgegeben, daß er die verschiedenen Kompetenz-Streitigkeiten in der Behandlung jüdischer Fragen und Angelegenheiten nicht mehr länger mit ansehe und ähnlich der organisatorischen Voraussetzung zur Lösung der Judenfrage in Bulgarien ein Generalkommissariat für Judenfragen einrichte.[4] Er forderte die beiden Unterstaatssekretäre im Innenministerium, General Vasiliu und Stri-

1 PAAA, R 100 881, Inland II Geheim, Bd. 200, Judenfrage in Rumänien, K 212 659 f. (Bl. 6033). Abdruck in: Trașcă/Deletant (Hrsg.), Al III-lea Reich (wie Dok. 134, Anm. 1), Dok. 117, S. 559.

2 Dr. Gerhard Stelzer (1896–1965), Jurist; Febr. 1936 NSDAP-Eintritt; seit 1926 im Auswärtigen Dienst; 1930–1935 Gesandtschaftssekretär in Moskau, 1935–1938 Konsulat Posen, 1938–1944 Gesandtschaftsrat in der Politischen Abt. der Deutschen Gesandtschaft Bukarest; 1944–1955 Kriegsgefangenschaft in der Sowjetunion; seit 1960 Generalkonsul in Antwerpen.

3 Im Original handschriftl. Bearbeitungsvermerke und ein teilweise unleserlicher Stempel „Verteiler Nr. 4". Danach ging das Telegramm an den RAM sowie den StS und an verschiedene Abteilungsleiter im AA.

4 Siehe Dok. 298 vom Sommer 1942.

han,[5] auf, ihm Vorschläge einzureichen darüber, wie sie sich die Organisation eines solchen Generalkommissariats vorstellen.
Er gab bekannt, daß die Leitung des Generalkommissariats unter dem bisherigen Beauftragten für Judenfragen, Ministerialdirektor Lecca, steht.
(Richter SS-Hauptsturmbannführer.)

DOK. 197
Der Direktor der Rumänischen Eisenbahn erbittet am 27. Oktober 1942 vom Ministerrat Auskunft zum Plan, 280 000 Juden in das Vernichtungslager Belzec zu deportieren[1]

Schreiben (Nr. 201 371 RA.1942, geheim) der Autonomen Verwaltung der Rumänischen Eisenbahn, gez. Generaldirektor General T. C. Orezeanu[2] und Direktor des Fahrdienstes Tr. Buradescu,[3] Bukarest, an das Präsidium des Ministerrats, Zivilkabinett, Bukarest (Eing. 6.11.1942), vom 27.10.1942[4]

Wir haben die Ehre, Ihnen Folgendes zur Kenntnis zu bringen:
Die Leitung der deutschen Eisenbahn Ost Berlin hat am 26. September 1942 in Berlin eine Konferenz einberufen, um eine Aufstellung der Sonderzüge für die Juden aus dem Generalgouvernement sowie für die Verschickung der Juden aus Rumänien ins Generalgouvernement zu veranlassen.
Da wir keine Kenntnis von dieser Angelegenheit hatten, haben wir beim Innenministerium mit Schreiben Nr. 896/213 vom 22.9.1942[5] nachgefragt, auf das wir die Antwort erhielten, dass das Innenministerium keinerlei Kenntnis davon habe und wir uns an Herrn Radu Lecca, den Regierungsbeauftragten für die Regelung jüdischer Fragen in Rumänien, wenden sollten. Auf unsere Anfrage wurde uns von Herrn Radu Lecca mitgeteilt, auch er habe keine Kenntnis von dieser Angelegenheit.
Unter diesen Umständen haben wir die Deutschen Eisenbahnen um die Vertagung des Treffens gebeten.
Dennoch hat diese Sitzung stattgefunden, und zwar ohne einen Vertreter der Rumänischen Eisenbahngesellschaft. Sie wurde abgeschlossen mit einem Protokoll, das wir als Kopie beifügen.
Aus diesem Protokoll geht hervor, dass für die Evakuierung von 280 000 Juden aus Rumänien in das Generalgouvernement alle zwei Tage ein Sonderzug mit 50 Güterwaggons

5 Petre Strihan (1899–1990), Jurist; Professor in Bukarest; Jan. 1942 bis Aug. 1944 StS für Verwaltungsfragen im Innenministerium; 1946 zu zehn Jahren Haft verurteilt; seit 1958 Lagerarbeiter, von 1961 an als Historiker in der Forschung.

1 ANIC, PCM, d. 342/1942, Bl. 19. Das Dokument wurde aus dem Rumänischen übersetzt.
2 Tudor C. Orezeanu (*1889), Berufsoffizier; Okt. 1939 im Generalstab Leiter der Sektion Transport, 1940–1944 Generaldirektor der staatlichen Eisenbahnbetriebe CFR, seit Anfang 1942 General.
3 Traian Buradescu; Berufsoffizier; General; 1942–1944 Direktor der Eisenbahnbetriebe CFR.
4 Eingangsstempel; mit handschriftl. Vermerk vom 4.11.1942: „Im Ministerrat vom 13. Okt. 1942 haben wir die Deportationen der Juden eingestellt." Gez. Basarabeanu. Grigore A. Basarabeanu (*1911) Jurist; stellv. Direktor im Generalsekretariat des Präsidiums des Ministerrats 1941–1944; 1951–1956 in Haft.
5 Nicht aufgefunden.

und einem Personenwagen (für die Begleiter) für den Transport von 2000 Personen verkehren wird. Der Abfahrtsbahnhof wird Adjud und der Bestimmungsbahnhof Belzec sein, wobei die Züge auf der Strecke Orăşeni–Sniatyn verkehren werden.
Angesichts dieser Situation bitten wir Sie dringlich, uns Ihre Verfügungen mitzuteilen.
Im Anhang befindet sich die rumänische Übersetzung der Beschlüsse der Fahrplankonferenz mit der genauen Aufstellung der Sonderzüge nach Belzec. Für die Übereinstimmung mit dem Original gez. C. Vasiliu.[6]
Protokoll[7]
über die in Berlin am 26. und 28. September 1942 abgehaltene Konferenz, betreffend die Evakuierung der Juden des Generalgouvernements und die Verschickung der Juden Rumäniens in das Generalgouvernement
Man hat zur Debatte gestellt:
1) Die Evakuierung von 600 000 Juden des Generalgouvernements
2) Die Verschickung von zweihunderttausend Juden Rumäniens in das Generalgouvernement.[8]
Evakuierung der polnischen Juden
Zu Punkt 1) Dringende Transporte, vorgeschlagen durch Chef der Sicherheitspolizei und des S.D.,[9] nämlich:
2 Züge pro Tag vom Diskrikt Warschau nach Treblinka;
1 Zug pro Tag vom Distrikt Radom nach Treblinka;
1 Zug pro Tag vom Distrikt Krakau nach Belzec und
1 Zug pro Tag vom Distrikt Lemberg nach Belzec wären durchzuführen mit 200 G-Wagen, die bereits für diesen Zweck von der Direktion Deutscher Eisenbahnen Krakau zur Verfügung gestellt worden sind, soweit dies durchführbar ist.
Nach der Beendigung der Wiedereinsetzung der Linie Lublin–Chelm,[10] wahrscheinlich ab 1. November 1942, werden auch die anderen dringenden Transporte durchgeführt werden können, nämlich:
1 Zug pro Tag vom Distrikt Radom nach Sobibor;
1 Zug pro Tag vom Distrikt Lublin Nord nach Belzec und
1 Zug pro Tag vom Distrikt Lublin Mitte nach Sobibor, soweit dies durchführbar ist und die verlangte Anzahl G-Wagen zur Verfügung steht.
Es ist anzunehmen, dass nach der Verringerung der Kartoffeltransporte der Spezialwagendienst die Möglichkeit haben wird, an die Direktion der Deutschen Eisenbahnen Krakau die Wagen abzutreten, die noch für diese Züge notwendig sind, so daß der Zugverkehr, der nach den Wünschen desjenigen durchgeführt wird, der ihn vorgeschlagen hat, in diesem Jahr beendet sein kann.

6 Basarabeanu hat Orezeanu am 4.11.1942 über die Einstellung der Deportationen informiert.
7 Im Folgenden wird der deutsche Wortlaut angeführt, keine Rückübersetzung aus dem Rumänischen; ANIC, PCM, 342/1942, S. 20 f. Abdruck in: Ancel, Documents Concerning (wie Dok. 128, Anm. 1), vol. 4, Dok. 131, S. 265.
8 Im deutschen Original diese Anzahl in Buchstaben, in der rumän. Version ist sie mit 280 000 höher.
9 Himmler hatte nach dem Attentat auf Heydrich dieses Amt bis Ende Jan. 1943 kommissarisch inne.
10 Dies war die Bahnstrecke in Richtung des Vernichtungslagers Sobibor.

Deportation der Juden Rumäniens
Zu Punkt 2) haben die Rumänischen Eisenbahnen telegrafisch mitgeteilt, daß sie aus dienstlichen Gründen an dieser Konferenz nicht teilnehmen können, und haben gebeten, die Konferenz zu vertagen.
Die Konferenz, die ohne die Vertreter der Rumänischen Eisenbahnen abgehalten wurde, hat das folgende Resultat ergeben.
Die Abfahrtsstation in Rumänien für die Spezialzüge ist Adjud, auf der Linie Ploesti–Cernautzi,[11] die Grenzstation zum Generalgouvernement ist Sniatyn, der Bestimmungsort ist Belzec.
Man hat ins Auge gefaßt, daß alle 2 Tage ein Spezialzug verkehren soll, der aus 50 Güterwagen und einem Personenwagen (für das Begleitpersonal) für den Transport von zweitausend Personen besteht. Um zu vermeiden, daß er unbesetzt verkehrt, wird man deutsche gedeckte Güterwagen benutzen, die sich in Rumänien befinden oder dort ankommen werden.
Der Generalvertreter der Deutschen Eisenbahnen in Bukarest[12] wurde gebeten, zusammen mit den rumänischen Eisenbahnen zu arrangieren, daß die Wagen zur Durchführung der Transporte zur Verfügung gestellt werden, und das wahrscheinlich ein wenig später als beabsichtigt, im Einvernehmen mit T.K.[13] Bukarest und WTL[14] Süd Ost.
Die Übergabe der Spezialzüge durch die C.F.R.[15] wird rechtzeitig an den Verkehrstagen durchgeführt, im Einvernehmen mit der Direktion der Deutschen Eisenbahnen Krakau, so daß sie von Sniatyn in Richtung Lemberg um 1.03 Uhr abgehen können.
Klemm[16]

DOK. 198

Der Schweizer Gesandte nennt am 27. Oktober 1942 Gründe für die Aussetzung der Deportationen aus Rumänien[1]

Bericht (vertraulich) der Schweizer Gesandtschaft in Bukarest, gez. René de Weck, an den Chef des Politischen Departements, Marcel Pilet-Golaz, Bern, vom 27.10.1942

Politischer Bericht Nr. 79: Neue Aspekte des Judenproblems, diverse Nachrichten
Wie ich Ihnen vermutlich schon berichtet habe, erschien die Entscheidung der Regierung, die Deportationen der Juden nach Transnistrien zu stoppen, umso erstaunlicher, als das Bukarester Tageblatt wenige Tage zuvor eine strengere Vorgehensweise verlangt

11 Rumän. Ploieşti, Czernowitz, rumän. Cernăuţi.
12 Nicht ermittelt.
13 Transportkommando.
14 Wehrmachts-Transportleitung.
15 Căile Ferate Române: Rumän. Eisenbahnen.
16 Bruno Klemm; Reichsbahnoberinspektor bei der Generalbetriebsleitung Ost in Berlin; 1945 vermutlich in die Sowjetunion verbracht, 1952 für tot erklärt.
1 CH-BAR, E 2300, Bukarest, Diplomatische Dokumente der Schweiz, Bd. 14, Dokument 254, 60 006 536, S. 837–840. Das Dok. wurde aus dem Französischen übersetzt.

hatte, nicht nur gegen die Kinder Abrahams, sondern gegen alle „Judenknechte“, wie bedeutend ihre gesellschaftliche Stellung auch sein mag.[2]
Die deutschen Journalisten in Bukarest waren nicht wenig überrascht von dieser Kehrtwende. In einer Pressekonferenz, die am 20. Oktober in der Deutschen Gesandtschaft stattfand, fragten sie deswegen in Anwesenheit von „Polizeiattaché“ Böhme beim Sonderberater für jüdische Angelegenheiten, Herrn Richter, nach. Dieser antwortete, dass es der rumänischen Regierung freistehe, das Problem so zu beheben, wie sie es wünsche. Er bestritt, dass führende Reichspolitiker die Deportationen empfohlen, aber auch, dass sie interveniert hätten, um ihre Einstellung zu veranlassen. „Ich habe von Radu Lecca, dem Generalkommissar für Judenfragen, erfahren, dass er selbst die Aussetzung beantragt hat. Er meint, dass man nicht nur bestimmte Kategorien der Juden entfernen, sondern sie in großem Stil deportieren müsse. Eine solch umfangreiche Aktion brauche jedoch Zeit und müsse sorgfältig vorbereitet werden. Da es andererseits möglich ist, dass Transnistrien endgültig an Rumänien[3] angegliedert wird, wünscht die dortige Bevölkerung nicht, dass die Region zu einer hebräischen Kolonie wird. Daher solle untersucht werden, wie die Juden jenseits des Südlichen Bugs[4] gebracht werden könnten.“
Der Sprecher Herrn von Killingers fügte hinzu, das Kabinett in Bukarest habe sich gezwungen gesehen, Ermittlungen wegen zahlreicher Missbrauchsfälle einzuleiten. Von nun an dürfen keinerlei Deportationsmaßnahmen ergriffen werden, ohne die von der Regierung beschlossenen Anweisungen zu befolgen. Er wiederholte, dass Deutschland sich vorbehalte, in rumänische Angelegenheiten einzugreifen. Den Artikel im Bukarester Tageblatt, dessen Verfasser, ein Herr Müller,[5] anwesend war, kennzeichnete er in persönlichen Gesprächen mit verschiedenen anderen Journalisten als „bedauerliche Übereifrigkeit“. Seitdem hat das Naziorgan seinen Antisemitismus anscheinend gemäßigt.
Man könnte also meinen, dass die Juden sich etwas weniger bedroht fühlen müssten. Das ist keineswegs der Fall. Einem vertraulichen Bericht des Mannes zufolge, den die israelitische Gemeinschaft als ihren wahren Anführer[6] ansieht, kann der Generalstab weiterhin selbst kleinste Vergehen, die sich die Juden bei der ihnen auferlegten Zwangsarbeit zuschulden kommen lassen, mit Deportation bestrafen und macht auch von diesem Vorrecht Gebrauch. Des Weiteren befürchten die Betroffenen, die Deutschen könnten erneut Druck auf die rumänische Regierung ausüben, damit diese bald wieder eine, wie Berlin es nennt, „aktive Politik“ betreibt.
Der neue Finanzminister, Herr Neagu,[7] ist davon überzeugt, die Mehrheit seiner Kollegen dazu gebracht zu haben, sich für die – zumindest provisorische – Einstellung der Deportationen auszusprechen. Er hat in seinem engsten Umfeld verlauten lassen, die Entscheidung des Ministerrats sei aus Gründen der inneren Ordnung getroffen worden,

2 Siehe Dok. 195 vom 11.10.1942.
3 Fußnote im Original: „Offiziell bestreitet die rumänische Regierung weiterhin, das Gebiet annektieren zu wollen.“
4 Gemeint ist das Reichskommissariat Ukraine.
5 Hans Müller.
6 Gemeint ist Wilhelm Filderman.
7 Alexandru D. Neagu (1903–1991), Ökonom und Politiker; bis 1938 Mitglied der Nationalliberalen Partei, Sept. 1942 bis März 1944 Finanzminister, ab April 1944 Direktor der Nationalbank; 1946 zu acht Jahren Gefängnis in Abwesenheit verurteilt, lebte unter falschem Namen bis 1956 in Bukarest, 1956 zu 15 Jahren Zwangsarbeit verurteilt, 1964 amnestiert, lebte von 1981 an in der Schweiz.

vor allem um die Öffentlichkeit zu beschwichtigen, die von einigen nicht zu leugnenden Grausamkeiten aufgewühlt war. Er behauptet, dass es keinerlei ausländische Intervention gegeben habe. Die Kreise der Israeliten teilen diese Ansicht nicht, dort glaubt man fest daran, dass Einflüsse von außen bei der von der rumänischen Regierung vollzogenen Kehrtwende eine Rolle gespielt haben. „Es ist möglich", so hört man in diesen Kreisen, „dass der Präsident des Rats davon nichts hat verlauten lassen. Aber die Worte mehrerer Minister zeigen, dass sie sehr empfindlich auf Kritik aus dem Ausland reagieren. Die Sorge um die Zukunft des Landes bringt sie dazu, die Beurteilung ihrer Politik in den neutralen Staaten und vor allem beim Feind ernst zu nehmen."
Zwar sind die Deportationen derzeit ausgesetzt, doch die Lebensbedingungen der Verschleppten sind dadurch nicht weniger grauenvoll. Den im Bukarester Tageblatt veröffentlichten Zahlen zufolge mussten allein in der Bukowina, in Bessarabien und in dem moldauischen Gebiet Dorohoi letztes Jahr 185 000 Juden ihr Zuhause verlassen. Der Großteil von ihnen ist tot, sei es durch Gewalt, sei es durch Krankheit, Kälte oder Hunger.
Kürzlich soll die SS in Transnistrien eine ganze Gruppe Juden aus Bukarest massakriert haben.[8] Diejenigen, die nicht getötet werden, dürfen kein Geld mitnehmen. Sehr häufig wird ihnen ihr Handgepäck gestohlen, mitunter sogar Kleidungsstücke weggenommen, die sie auf dem Körper tragen. Sie haben den harten Winter von 1941/42 in zerstörten Dörfern ohne Öfen, ohne warme Kleidung, ohne Nahrung, manchmal sogar ohne Dach über dem Kopf verbracht. Ihre im Altreich[9] verbliebenen Glaubensbrüder dürfen ihnen keinerlei Hilfe schicken. Diejenigen, die arbeiten, erhalten pro Tag eine Transnistrische Mark, was 36 Lei entspricht. Ein Laib Brot kostet dort jedoch 300 Lei.
Nach Verordnung Nr. 32 des Gouverneurs von Transnistrien[10] werden Juden, die ihre Gettos verlassen, als Spione angesehen und erschossen.[11] Es stimmt zwar, dass die Präfekten den Juden Bewegungsfreiheit gewähren können, aber um eine solche Genehmigung zu erhalten, muss man das Getto verlassen, sich also in Lebensgefahr begeben. Zahlreiche Juden wurden „hingerichtet", weil man sie auf dem Markt antraf, wo sie Sachen verkauften, um sich etwas Brot zu besorgen.
Die Rumänen versuchen sich zu entschuldigen, indem sie den Deutschen die Verantwortung für die widerlichsten Ausschreitungen zuschieben. In diesem Zusammenhang ist es bemerkenswert, dass deutsche Journalisten auf Fragen nach einem kürzlich

8 Am 22.9.1942 wurden 578 aus Bukarest deportierte Juden erschossen, nachdem rumän. Gendarmen sie in das autonome deutsche Gebiet in Transnistrien getrieben hatten. Nur 16 von ihnen überlebten. Die in Rastadt agierende Truppe des volksdeutschen „Selbstschutzes" hatte das von SS-Oberführer Horst Hoffmeyer geführte Sonderkommando R aufgestellt; siehe Glass, Deutschland und die Verfolgung, S. 218.

9 Das Gebiet Rumäniens vor der Gebietserweiterung von 1918.

10 Gheorghe Alexianu (1897–1946), Jurist; 1926–1940 Professor in Czernowitz, 1933 oberster königl. Verwalter des Gebiets Suczawa sowie 1939 des Gebiets Bucegi, Aug. 1941 bis Jan. 1944 Gouverneur von Transnistrien, verbot Juden, das ihnen zugewiesene Getto zu verlassen; Aug. 1944 verhaftet und nach Moskau ausgeliefert; im April 1946 nach Rumänien überstellt, am 1.6.1946 nach Todesurteil erschossen.

11 Vermutlich ist die zentrale VO Nr. 23 vom 11.11.1941 gemeint. Art. 8 lautet: „Jeder Jude, der ohne Erlaubnis der Behörden in einer anderen Ortschaft als der festgelegten angetroffen wird, gilt als Spion und wird nach dem Kriegsrecht sofort bestraft"; siehe Viorel Achim, Munca forţată în Transnistria, Târgovişte 2015, S. 103.

geschehenen Massaker, das der SS zugeschrieben wird, die Fakten nicht leugneten, aber betonten, die Rumänen, ihre Verwaltung, ihre Armee, aber vor allem ihre Gendarmen hätten noch ganz andere Verbrechen begangen.
Mit der Zusammenlegung der rumänischen Streitkräfte an der russischen Front, die Hitler und Ribbentrop Mihai Antonescu am 23. September versprochen haben, wurde noch nicht begonnen. Die Deutschen führen „technische Schwierigkeiten" an, um das Ganze hinauszuzögern.
Die Weigerung von Dinu und Gheorghe Brătianu, in den von Marschall Antonescu vorgeschlagenen Staatsrat einzutreten, hat die Beziehungen zwischen der „liberalen Dynastie" und der gegenwärtigen Regierung aufs Äußerste angespannt.
Dinu Brătianu hatte dem „Conducator"[12] unlängst einen Bericht über die Lage der Armee zukommen lassen, in dem er sich dafür aussprach, den Großteil der Truppen aus Russland zurückzuziehen. Antonescu hatte versprochen, mit ihm darüber zu sprechen. Kurz darauf lehnte der betagte Parteiführer das Angebot eines Sitzes im Staatsrat ab. Der Marschall fühlte sich dadurch gekränkt und ließ ihn wissen, dass das geplante Gespräch nun hinfällig geworden sei. Er habe den Bericht gelesen und könne nur antworten: Er, Antonescu, habe 1941 eine bestens vorbereitete Armee in den Krieg gegen Russland geschickt, wohingegen Ion Brătianu 1916 den Alliierten die Unterstützung einer schwachen und schlecht ausgerüsteten Armee angeboten habe; er brauche sich also von der Familie Brătianu keine Ratschläge erteilen zu lassen. Wutentbrannt rief Dinu Brătianu den Kabinettschef des Marschalls an und sagte ihm Folgendes: „Richten Sie Ihrem Herrn von mir aus, dass die ‚schlechte' Armee von 1916 uns Groß-Rumänien beschert hat. Ich würde mir von der ‚guten' Armee von 1941 gerne ebenso viel erhoffen können."
Was Gheorghe Brătianu betrifft, so erklärt er weiterhin, dass er weder in eine Regierung noch in den Staatsrat eintreten werde, solange Mihai Antonescu seine Ämter ausübe. Schenkt man seinen Freunden Glauben, beschränkt sich der stellvertretende Präsident darauf, zu antworten: „Ich glaubte, diesem Mann, der nie ein Amt in irgendeinem Ministerium innehatte, eine Ehre zu erweisen, indem ich ihn um seine Unterstützung ersuchte. Zwar bin ich jünger als er, doch ich denke, dass ich mehr Erfahrung habe und Positiveres geleistet habe. Von seiner Überheblichkeit lasse ich mich nicht einschüchtern."

12 Rumän.: Führer. Gemeint ist Ion Antonescu.

DOK. 199
Der Präfekt in Timiş-Torontal unterstreicht am 17. November 1942 die Anweisung des Großen Generalstabs zur strengen Bewachung jüdischer Zwangsarbeiter[1]

Brief (Nr. 6821 M. 1942) der Präfektur des Bezirks Timiş-Torontal, Büro für Zwangsarbeit, gez. Präfekt Constantin Deliceanu[2] und der Chef der Abteilung I, gez. Oberst Borcescu, für die Richtigkeit gez. Ilie Ilieşiu,[3] an den Technischen Dienst des Bezirks, Timişoara, vom 17.11.1942[4]

Kopie: Nr. 63 132 vom 13.11.1942 Gebietskreis Timiş-Torontal an die Präfektur des Bezirks Timiş-Torontal.
Wir haben die Ehre, die Kopie beiliegender Anordnung Nr. 916 415 des Großen Generalstabs vom 5. November 1942 von dem Bezirk Timiş-Torontal zusammen mit der Anordnung Nr. 74 013 der Gebietsbehörde 7 vom 9. November 1942 zu übermitteln zwecks Befolgung und strikter Umsetzung.
Sowohl die Kommandanten der Truppenabteilungen als auch die Bezirke haben strengste Maßnahmen zu ergreifen, um zu verhindern, dass die den Außenabteilungen zugeteilten Juden außerhalb der ihnen zugewiesenen Truppenunterkünfte herumvagabundieren, wohl wissend, dass dies strenge Sanktionen einschließlich der Überstellung an Kriegsgerichte nach sich ziehen kann. Organe, die Schwäche zeigen und nicht auf der unbedingten Befolgung dieser Anordnungen bestehen, werden zwecks Untersuchung vor das Kriegsgericht gestellt.
Die Abteilungen haben Namenslisten zu erstellen, in denen jeder Jude unterschreibt, dass er von der vorliegenden Anordnung Kenntnis genommen hat.
Die vorliegende Anordnung muss von Ihnen an alle existierenden Außenabteilungen verteilt werden.
Kommandant des Bezirks Timiş-Torontal, Oberst Eduard Scheer.
Kopie: der Anordnung Großer Generalstab Nr. 916 415 vom 5.11.1942. – Fortsetzung zu Nr. 904 vom 2.10.1942.[5]
Wir haben die Ehre, Ihnen Folgendes bekanntzugeben:
Den auf die Außenarbeitslager verteilten Juden, die außerhalb der den Abteilungen zugewiesenen Truppenunterkünften streunend aufgefunden werden, oder die einer die nationalen Interessen schädigenden Propaganda überführt werden, sind mit Sanktionen

1 ANDT, Prefectura. Timiş-Torontal, 19/1942, S. 386. Das Dokument wurde aus dem Rumänischen übersetzt.
2 Constantin Deliceanu (*1877), Berufsoffizier; als General 1942/43 Präfekt des Bezirks Timiş-Torontal, 1943 Kommandant des 5. Armeekorps; nach Aug. 1944 in Haft.
3 Ilie Ilieşiu, Hauptmann; Chef des Büros für Zwangsarbeit der Juden im Bezirk.
4 Eingangsstempel, handschriftl. Anmerkungen: „Ich habe Kenntnis genommen, 22.11.1942, gez. Juliu Popper, für die jüdischen Arbeiterabt."
5 Die genannten Verfügungen konnten nicht aufgefunden werden. Am 3.11.1942 hatte Oberst Borcescu auf Antonescus Kritik wegen der ungenügenden Bewachung jüdischer Zwangsarbeiter verwiesen. Die Bestimmungen wurden allen regionalen Büros für Zwangsarbeit mit eigenem Anschreiben an die Präfekten zugeschickt. Das an vier Regionen im Nordosten gerichtete Schreiben ist abgedruckt in: Ana Bărbulescu u. a. (Hrsg.), Munca obligatorie a evreilor din România 1940–1944. Documente, Iaşi 2013, S. 306–309.

durch den Großen Generalstab in Form von Deportation in die Gettos von Transnistrien zu belegen.
Die gleiche Maßnahme wird Juden zuteil, die zwischen Juden aus Arbeitskolonnen und Juden im übrigen Land Kontakte herstellen.
Die Bezirke werden dem Großen Generalstab, Abteilung I, unverzüglich über die nach vorheriger amtlicher Untersuchung angezeigten Fälle berichten.
Diese Vorschriften werden den Juden durch die Kommandanten der Außenlager sofort nach Empfang der vorliegenden Anordnung zur Kenntnis gebracht, und den später eingelieferten Juden werden diese Vorschriften schon bei Abfahrt in der Garnison am Wohnort mitgeteilt.
Gleichzeitig sollten den Kommandanten der Arbeitslager die schwerwiegenden Konsequenzen ins Gedächtnis gerufen werden, die ihnen drohen, wenn sie nicht strikt auf der Einhaltung der Anordnung des Großen Generalstabs Nr. 904 466 vom 2. Okt. 1942 bestehen, unter Kenntnisnahme, dass Zuwiderhandlungen naturgemäß vor den Kriegsgerichten der Hauptstadt verhandelt werden.

DOK. 200
Die Führung des Rumänischen Roten Kreuzes bittet die Regierung am 23. November 1942 um Genehmigung, Hilfsleistungen für Juden in Transnistrien zu organisieren[1]

Schreiben (Nr. 17 239) des Präsidenten der Nationalen Gesellschaft des Rumänischen Roten Kreuzes unter dem Hohen Patronat und der Schirmherrschaft I. M. Königinmutter Elena,[2] gez. Dr. Ioana Burileanu,[3] Bukarest, an den Vizepräsidenten des Ministerrats,[4] Bukarest, vom 23.11.1942[5]

Herr Vizepräsident des Ministerrats,
die Nationale Gesellschaft des Roten Kreuzes, Amt für Gefangene, Flüchtlinge und Internierte, übermittelt Ihnen unseren besonderen Dank dafür, dass Sie uns ermächtigt haben, den Juden in den Gettos und Lagern von Transnistrien Geld und Kleidung zu schicken. Dies wird gemäß den in Ihrem Schreiben aufgeführten Kabinettsverfügungen Nr. 1423/1942 vom 20. November 1942 erfolgen.[6]

1 AMAE, Problema 33, vol. 15/1941–1942, Bl. 112. Das Dokument wurde aus dem Rumänischen übersetzt.
2 Elena (1896–1982), Prinzessin von Griechenland; 1921 Heirat mit Carol II., Mutter von König Mihai I., 1928 Scheidung; 1941–1943 gelegentliche Treffen mit Ion Antonescu, bei dem sie sich für Juden einsetzte; im Dez. 1947 zusammen mit Mihai aus Rumänien ausgewiesen, starb in der Schweiz.
3 Dr. Ioana Burileanu, Ärztin; Vizepräsidentin des Rumänischen Roten Kreuzes; wegen der Verpflegung verwundeter Soldaten seit Juni 1941 im ständigen Kontakt mit Marschall Antonescu.
4 Mihai Antonescu.
5 Handschriftl. Vermerke von M. Antonescu: „Bewilligt und Antwort verfügt".
6 Nicht aufgefunden.

Wir ersuchen Sie außerdem um die freundliche Genehmigung, auch *Medikamente* in die Gettos und Lager schicken zu dürfen, was wir nachzusuchen in unserem vorhergehenden Schreiben (Nr. 16 766 vom 17. November 1942)[7] versäumt haben.
Aufgrund der Transportschwierigkeiten bitten wir Sie um die Erlaubnis, diese Dinge durch eine Angehörige des Roten Kreuzes, die beim Amt für Gefangene, Flüchtlinge und Internierte arbeitet, und zwei uns gut bekannte jüdische Damen, beide Vertrauenspersonen, an den Bestimmungsort überbringen zu dürfen.[8]
Nehmen Sie, Herr Vizepräsident, die Versicherung unserer vorzüglichen Hochachtung entgegen.

DOK. 201

Der deutsche Gesandte übermittelt dem Auswärtigen Amt am 26. November 1942 den Bericht des Judenberaters über rumänische Ausflüchte zur Aufschiebung der Deportationen[1]

Schreiben (Tgb. Nr. Be 112/42 Aktz.: B II/8, geheim) von Manfred von Killinger, Deutsche Gesandtschaft in Bukarest, an das AA, Abt. Deutschland D III 1082 g. (Eing. 4.12.1942), vom 26.11.1942

Betr.: Stand der Frage der Aussiedlung der Juden aus Rumänien
Bezug: Drahterlaß vom 11.10.1942, Nr. 3309,[2] 1 Doppel, 3 Anlagen
In der Anlage überreiche ich in dreifacher Ausfertigung einen Lagebericht über den Stand der Judenaussiedlung in Rumänien des Beraters für Judenfragen, SS-Hauptsturmführer Richter
Heil Hitler! gez. von Killinger
An das Auswärtige Amt, Abt. Deutschland, Berlin (geheim)
Stand der Frage der Aussiedlung der Juden aus Rumänien
Die Frage der Aussiedlung der Juden aus Rumänien war in der letzten Zeit wiederholt Gegenstand eingehender Unterredungen mit dem Stv. Ministerpräsidenten Mihai Antonescu.
Am 9. Oktober erklärte Mihai Antonescu Herrn Gesandtschaftsrat Dr. Stelzer, der sich nach dem Stand der Beantwortung der Verbalnote vom 27. August erkundigte, daß er die Beantwortung dieser Verbalnote nicht vergessen habe. Wenn er sich auch über die Art der Beantwortung nicht im klaren sei, so stehe er zu seiner in dieser Angelegenheit dem Berater gegebenen schriftlichen Zusage. Auch die Besprechungen des Regierungsbeauftragten Lecca in Berlin und vor allem seine (Antonescus) eingehenden Unterhaltungen in dieser Frage mit dem Reichsaußenminister anläßlich seines letzten Besuches in dessen Feldquartier hätten sich auf dieser Linie bewegt.[3]

7 Liegt nicht in der Akte.
8 Ab März 1943 konnten regelmäßig Medikamente in die Lager und Gettos geschickt werden.

1 PAAA, R 100 881, Inland II Geheim, Bd. 200, K 212 666–212 669 (Bl. 92–95). Abdruck in: ADAP, Serie E, Bd. 3 (wie Dok. 185, Anm. 1), Dok. 230, S. 410 f.
2 Telegramm an die Gesandtschaft, gez. Luther; PAAA, R 100 881, Inland II Geheim, Bd. 200, K 212 655. Abdruck in: Trașcă/Deletant (Hrsg.), Al III-lea Reich (wie Dok. 134, Anm. 1), Dok. 116, S. 557.
3 Mihai Antonescu traf RAM Ribbentrop und Adolf Hitler am 22./23.9.1942.

Nachdem er somit die grundsätzliche Bereitwilligkeit der rumänischen Regierung deutlich habe erkennen lassen und vor allem mit dem Herrn Reichsaußenminister ein vollständiges Einverständnis erzielt habe, sei es eher an uns, ihm konkrete Vorschläge zu machen.

In der vom Berater daraufhin verlangten Audienz vom 22. Oktober wurde die Frage der Aussiedlung erneut angeschnitten. Der Stv. Ministerpräsident versuchte dabei eine Spitzfindigkeit zu finden, indem er erklärte, er habe auf der einen Seite der Aussiedlung der Juden aus Rumänien zugestimmt und es sei auch in Berlin diesbezüglich verhandelt worden, andererseits wäre aber ein Schritt der Deutschen Gesandtschaft erfolgt, daß die Deportierungen der Juden über den Bug[4] eingestellt werden sollen. Hier sei seiner Ansicht nach ein Widerspruch. Von seiten des Beraters wurde darauf hingewiesen, daß von einem Widerspruch hier nicht die Rede sein könne, denn als Aussiedlungsgebiet sei, wie das in den einschlägigen Besprechungen immer wieder betont worden sei, nicht die Gegend jenseits des Bugs, sondern vorläufig das Generalgouvernement vorgesehen. Wenn deshalb eine Aussiedlung der Juden aus Rumänien stattfinde, dann sei es im Rahmen der Lösung der Judenfrage in Europa nicht im Plan des Deutschen Reichs, die Juden aus Rumänien in ein Gebiet jenseits des Bugs auszusiedeln, sondern die Aussiedlung direkt nach dem vorläufig dafür bestimmten Generalgouvernement durchzuführen. Der Stv. Ministerpräsident schwieg sich nach dieser Richtigstellung vollkommen aus.

Aus seinen Ausführungen gewann man den Eindruck, daß der von ihm aufgezeigte angebliche Widerspruch nur ein Vorwand dafür ist, daß Marschall Antonescu die Aussiedlung der Juden verschoben hat. Diese in Photokopie vorliegende Entscheidung des Marschalls Antonescu lautet folgendermaßen:

„Die Evakuierung aus Siebenbürgen wird *nur* studiert. Die Durchführung wird aufgeschoben. Sie wird nur dann begonnen werden, wenn der günstige Augenblick kommen wird. Bis dahin werden bis in die kleinsten Einzelheiten von dem Innenministerium auf Grund der von Herrn M. Antonescu erteilten Anweisungen, Vorbereitungen getroffen. Marschall Antonescu"

Mihai Antonescu suchte als guter Diener des Marschalls stichhaltige Vorwände. Man merkte aber, daß ihm der Stand der Sache äußerst peinlich ist.

Auf meine Frage, wie er sich den weiteren Verlauf dieser Angelegenheit denke und wie es im Zusammenhang damit mit der Beantwortung der Verbalnote vom 27. August stehe,[5] erklärte der Stv. Ministerpräsident, daß er die dem Berater schriftlich gegebene Erklärung über das Einverständnis der rumänischen Regierung zur Aussiedlung der Juden als genügend betrachte und die Frage der Aussiedlung der Juden aus Rumänien nun durch den eingesetzten Ministerialausschuß für die Judenfrage weiterbehandelt werden soll.

4 Ende Aug. 1941 waren das Oberkommando des Heeres und die rumän. Armeeführung übereingekommen, die Juden in Transnistrien in das deutsche Besatzungsgebiet östlich des Südlichen Bugs, also in das Reichskommissariat Ukraine, zu deportieren; siehe Einleitung, S. 60.

5 Richter bezieht sich auf die Verbalnote vom 27.8.1942, in der er vom rumän. Außenministerium eine Stellungnahme zur Deportation eingefordert hatte; siehe Dok. 188 vom 28.8.1942. Die Verbalnote ist abgedruckt in: ADAP, Serie E, Bd. 3 (wie Dok. 185, Anm. 1), Dok. 244, S. 422 f.

DOK. 202

Emil Dorian notiert am 28. November 1942 den Plan der rumänischen Regierung, Deportierte aus Transnistrien nach Palästina ausreisen zu lassen[1]

Tagebuch von Emil Dorian, Bukarest, Eintrag vom 28.11.1942

Die Situation ist stabil, aber vielleicht nur für kurze Zeit. Von einem Tag auf den anderen können militärische Ereignisse politische Veränderungen beschleunigen. Vorläufig sind die Deutschen, bei aller spürbaren Bedrängnis – die auch im letzten Goebbels-Artikel deutlich wurde,[2] in dem von Leben und Tod geredet wird –, außerhalb Deutschlands nicht von ihrer überlegenen Sicherheit und Frechheit abgerückt. Es ist noch nicht lange her, dass sie bei uns 30 000 Juden forderten, um sie als Geiseln nach Polen zu schicken.[3] Dem Hörensagen nach hat unsere Regierung das in einer Sitzung des Ministerrats verweigert. Aber vor einigen Tagen wurde bekannt gegeben, dass die 1000 Juden aus Norwegen für zahlungsunfähig erklärt wurden. Man hat ihre Besitztümer konfisziert und sie nach Polen geschickt,[4] wo seit Juli – so heißt es, aber es gibt auch Dementis, trotz offiziell bestätigter Nachrichten – einige Tausend Juden pro Tag ermordet werden. Auf jeden Fall ist die bereits bekannte Zahl von 700 000 in Polen ermordeter Juden auf eine Million gestiegen.[5] Die von den Deutschen begangenen Massaker haben bis heute eine grauenhafte Dimension erreicht, wenn wir alle Gräueltaten, die sie in den besetzten sowjetischen Gebieten begangen haben, hinzurechnen. Und die Verbrechen dauern an. Bei uns, so scheint es, lässt sich hinsichtlich antijüdischer Maßnahmen eine gewisse Zurückhaltung konstatieren. Dabei interessiert es einstweilen nicht, ob die laufenden Ereignisse zu dieser veränderten Haltung beigetragen oder das pochende menschliche Gewissen und die Verpflichtungen einer vollständig in die rumänische Gesellschaft integrierten Bevölkerungsgruppe gegenüber zu diesem überraschenden Sinneswandel geführt haben. Seitens der Regierung sind Vertreter der Juden eingeladen, und ihnen ist offiziell die Absicht mitgeteilt worden, den nach Transnistrien deportierten Juden helfen zu wollen. Dort sind von den insgesamt 140 000 Juden noch 70 000 am Leben, obwohl die Zahlen nicht präzise sind, denn seitens der Deutschen wurden höhere Zahlen veröffentlicht. Es wurde unterstrichen, dass nicht die Ereignisse die Regierenden zu dieser Entscheidung veranlasst hätten, sondern rein humanitäre Beweggründe. Den deportierten Juden hat man die Emigration nach Palästina in Aussicht gestellt. Dafür wurde die Summe von drei Milliarden Lei gefordert. Die Vertreter der Juden haben darum gebeten,

1 Familienarchiv von Marguerite Dorian. Das Original konnte nicht eingesehen werden. Abdruck in: Dorian, Jurnal, (wie Dok. 125, Anm. 1), S. 257 f. Das Dokument wurde aus dem Rumänischen übersetzt.

2 Vermutlich bezog sich Dorian auf die Rede des Propagandaministers am 17.11.1942 in Wuppertal, über die ausführlich in der Presse berichtet wurde. Goebbels hatte dort erklärt, dass das Reich die Ölquellen sowie Weizenfelder im Osten nie mehr herausgebe.

3 Die angeforderte Anzahl von 270 000 Juden aus Rumänien war Dorian, der ansonsten gut informiert war, offenkundig nicht bekannt gewesen.

4 Dorian hatte vermutlich aus einer Sendung der BBC erfahren, dass in Norwegen im Okt. 1942 Vermögenswerte von Juden beschlagnahmt und am 26.11. 532 Juden nach Auschwitz deportiert worden waren; siehe VEJ 12/38.

5 Zu diesem Zeitpunkt war die Zahl der ermordeten Juden im besetzten Polen bereits weit höher.

zuerst alle Juden aus Transnistrien in irgendein Lager in der Region Moldau zurückzubringen und von dort aus ihre Ausreise zu organisieren. Bis jetzt hat sich noch nichts getan. Die Humanität folgt eben gewissen Regeln oder hat gewisse Grenzen des Wohlwollens. Und wer weiß schon, welche sonstigen Schwierigkeiten unvermutet eintreten können, wenn die Rede von der Rettung einiger Juden ist.

DOK. 203
Der deutsche Gesandte berichtet am 12. Dezember 1942, dass die rumänische Regierung mehr als 75 000 Juden die Auswanderung nach Palästina gestatten will[1]

Telegramm (Nr. 6353, 15.35 Uhr) von Manfred von Killinger, Deutsche Gesandtschaft Bukarest, an das Auswärtige Amt, Berlin (Eing. 14.25 Uhr), vom 12.12.1942[2]

Der Regierungsbeauftragte für Judenfragen, Lecca, machte die Mitteilung, daß der Marschall Antonescu der Judenzentrale die Weisung erteilt habe, die Auswanderung von 75 bis 80 000 Juden nach Palästina und Syrien zu organisieren und durchzuführen. Auch liege ein Angebot für Aufnahme von Juden im Iran vor.
Dem Projekt des Marschalls habe auch der Vizeministerpräsident Mihai Antonescu zugestimmt und Lecca den Auftrag erteilt, den Befehl des Marschalls durchzuführen. Die einzige Bedingung, die der Marschall den Juden stellt, ist, daß die Juden für jeden Auswandernden 200 000 Lei an den rumänischen Staat abführen müssen. Ich habe den Regierungsbeauftragten Lecca darauf hingewiesen, daß die zuständigen Stellen in Berlin mit diesem Projekt kaum einverstanden sein werden, vor allen Dingen nicht, wenn es sich um wehrfähige Juden handelte. Ferner wies ich darauf hin, daß das Projekt den Besprechungen des Großmufti[3] und des irakischen Ministerpräsidenten[4] in Berlin widerspreche, wenn auch über das Ergebnis der Besprechungen des Großmufti und des irakischen Ministerpräsidenten z. Zt. nichts Genaues veröffentlicht worden sei,[5] so könne man doch annehmen, daß die Besprechungen nicht zugunsten der Juden, sondern

1 PAAA, R 100 881, Inland II Geheim, Bd. 200, K 212 680 f. (Bl. 103 f.). Abdruck in: ADAP 1918–1945, Serie E: 1941–1945, Bd. 4, Göttingen 1974, Dok. 279, S. 492 f.

2 Randbemerkung: „D III, wir müssen die Frage sofort mit Pol. besprechen. Lu[ther], 14.12; Erlaß ist ergangen, z.d.A. v[on] Hahn. 7.1." Dieses Telegramm wurde offen geschickt und musste deshalb nicht dechiffriert werden. Der Zeitpunkt des Eingangs erklärt sich durch die Zeitverschiebung.

3 Mohammed Amin al-Husseini (1895–1974), islamischer Rechtsgelehrter; 1921–1937 Großmufti von Jerusalem, floh 1937 nach fehlgeschlagenem Aufstand aus Palästina in den Irak, 1941 nach Scheitern des antibrit. Putsches im Irak Flucht nach Berlin; von dort aus 1942–1945 prodeutsche Propagandatätigkeit, rekrutierte Muslime für die Waffen-SS in Bosnien; 1945 Flucht nach Ägypten, 1948 Mitbegründer der sog. Arabischen Regierung für ganz Palästina.

4 Rashid Ali al-Gailani (1892–1965), Anwalt; 1924–1925 Justizminister, 1926–1928 Innenminister, 1933 und März 1940 bis Jan. 1941 Ministerpräsident; April 1941 nach gescheitertem Putschversuch mit der Armee Flucht ins Deutsche Reich, 1958 zurück in den Irak; 1959 Todesurteil, wurde in lebenslängliche Haft verändert; starb in Freiheit in Beirut.

5 Der Großmufti und der ehem. irak. Ministerpräsident wollten die Zuwanderung europäischer Juden in arab. besiedelte Gebiete möglichst verhindern; inwieweit sie über die rumän. Pläne informiert waren, ist nicht bekannt.

zugunsten der Araber verlaufen seien. Es liege kaum im allgemeinen Interesse, den Arabern zu den schon zahlreichen Juden in Palästina noch weitere größere Mengen von Juden aus Rumänien zuzuführen. Ob nach den neuesten Ereignissen[6] die Haltung der Araber die gleiche sei, entzieht sich meiner Kenntnis.
Der Regierungsbeauftragte Lecca erklärte, daß er sich diesen politischen Gründen nicht verschließen könne und an die Durchführung des Befehls erst herangehen werde, wenn er die Stellungnahme der deutschen Vertretung kenne. Lecca versicherte, daß zu einer Intervention zunächst kein Anlaß bestehe, da die Durchführung des Planes nach Lage der Dinge noch nicht reif sei, allein schon wegen des fehlenden Schiffsraums. Er wird mich und den Berater für Judenfragen auf dem laufenden halten.
Nach meiner Meinung will Marschall Antonescu 2 Fliegen mit einer Klappe schlagen. Er will einerseits für ihn sehr notwendige 16 Milliarden Lei herausschlagen und andererseits einen großen Teil Juden, die ihm innerpolitische Schwierigkeiten machen, auf bequeme Art loswerden. Eine Radikallösung lehnt er ab gegenüber den Juden, die nicht nachgewiesenermaßen bolschewistisch sind. Ob es ratsam ist, gegen seinen Plan Stellung zu nehmen, kann ich von hier aus nicht beurteilen. Ich bitte daher, mir die Stellungnahme des Auswärtigen Amtes baldigst zu übermitteln.

DOK. 204

Der rumänische Historiker Ioan Hudiţă vermerkt am 17. Dezember 1942, was er über die Massenmorde an Juden in Deutschland und den deutsch besetzten Gebieten gehört hat[1]

Tagebuch von Ioan Hudiţă,[2] Bukarest, Ausschnitt eines Eintrags vom 17.12.1942

Lupu[3] erfuhr aus jüdischen Kreisen der Hauptstadt – insbesondere von Filderman –, dass die Lage der Juden in Deutschland und in den von den Deutschen besetzten Ländern ausweglos sei und dass es sogar Vernichtungszentren gebe, in denen sie massenhaft umgebracht würden. Den Juden unseres Landes geht es vergleichsweise viel besser dank Antonescu[4] und unserer Unterstützung. In dieser Hinsicht hat Lupu das große Verdienst, Antonescu davon überzeugt zu haben, dass er nicht Hitler folgen solle, indem er eine friedliche und unbewaffnete Bevölkerung auf wahnsinnige Weise verfolgt: „Niemals wird die deutsche Nation den Schandfleck dieser grausamen Verfolgung beseitigen

6 Gemeint ist der Rückzug des deutschen Afrikakorps von Feldmarschall Rommel nach der Niederlage von El Alamein im Nov. 1942. Nach der brit. Offensive landeten auch US-Einheiten in Marokko.

1 Familienarchiv Dan Berindei. Das Original konnte nicht eingesehen werden. Abdruck in: Ioan Hudiţă, Jurnal politic, 1 martie 1942–31 ianuarie 1943, Bucureşti 2009, S. 389. Das Dokument wurde aus dem Rumänischen übersetzt.
2 Ioan Hudiţă (1896–1982), Historiker; zählte zu den Führern der 1927 gegründeten Nationalen Bauernpartei, 1944/45 Landwirtschaftsminister; 1947–1955 und 1961/62 inhaftiert; er führte von 1938 bis 1947 Tagebuch.
3 Nicolae Lupu war Ion Antonescus Arzt und stellv. Vorsitzender der von 1938 an aus der Politik ausgeschalteten Nationalen Bauernpartei.
4 Ion Antonescu.

können", sagte Lupu zu Antonescu, als dieser sie zu Zeiten der Legionäre zwingen wollte, auf der Straße den Davidstern zu tragen.[5] In dieser Beziehung muss ich anerkennen, dass Antonescu Menschlichkeit und viel Verständnis gezeigt hat.[6]
Abends Radio gehört. Nichts Wichtiges an allen Fronten.

DOK. 205
Der Vertreter der rumänischen Juden Wilhelm Filderman versucht am 9. Januar 1943, Hilfe für die Rettung der Waisenkinder aus Transnistrien zu organisieren[1]

Notiz von Wilhelm Filderman, Bukarest, vom 9.1.1943

Heute Abend traf ich um 7 Uhr bei Dr. Tester[2] Radu Lecca, den Regierungsbeauftragten für Judenfragen, und Const. Bursan.[3]
Die Waisen aus Transnistrien. – Herr Radu Lecca berichtet mir, dass er meine Note vom 2. Januar mit den Fotos der Waisen Herrn Marschall[4] in Anwesenheit von Mihai Antonescu vorgelegt habe, der ihm die Sache zur Untersuchung anvertraute.
Meine Beschreibung sei exakt.
Es sei auch dem Gouverneur von Transnistrien mitgeteilt worden, dass die Waisen schnell an einem Ort mit mildem Klima zusammengeführt werden sollen oder einem, wo sie unter besseren hygienischen Bedingungen untergebracht werden können.[5] Ihre Rückführung ins Land sei nur in Gruppen möglich, weil man ihnen keine Lebensmittelkarten geben könne und die Versorgung der Einheimischen erschwert würde.
Er habe von der bulgarischen Regierung bereits Transitvisa und hoffe, von der türkischen Regierung Transitvisa und Warteräume zu erhalten.
Ich habe gesagt, dass diese Lösung überflüssig sei angesichts der Lebenshaltungskosten in Transnistrien, denn aufgrund der Tauschrelationen sei es materiell unmöglich, so

5 Im Juli 1941 war für die Juden aus Altrumänien das Tragen des Davidsterns verfügt worden, aber nach Protesten wurde die Verfügung wieder aufgehoben. In den im Juli 1941 zurückeroberten Provinzen Bessarabien und Nordbukowina galt jedoch die Kennzeichnungspflicht.

6 Lupu intervenierte mehrmals zugunsten der Juden, beispielsweise am 8.10.1941, als Ion Antonescu ihm versicherte, dass die Juden aus dem Altreich nicht deportiert würden; siehe VEJ 7/296, Anm. 8.

1 Das Original ist verschollen. Abdruck in: Matatias Carp, Cartea neagră. Suferințele evreilor din România 1940–1944, București 1996, vol. 3, Dok. 221, S. 429. Das Dokument wurde aus dem Rumänischen übersetzt.

2 Dr. Arthur Albert Tester (1895–1944), brit. Geschäftsmann; kam 1940 nach Rumänien und kaufte die Besitztitel jüdischer Firmen; er unterhielt Kontakte zum rumän. Geheimdienst sowie zur deutschen Abwehr.

3 Constantin Bursan (1888–1962), Jurist und Geschäftsmann; 1922–1938 Abgeordneter der Nationalliberalen Partei; 1943 kontaktierte er im Auftrag von Filderman Chaim Barlas von der Jewish Agency in Istanbul und überbrachte Zertifikate für die Waisenkinder; 1950 verhaftet, starb im Gefängnis.

4 Marschall Ion Antonescu. Auf den Fotos waren durch Hunger gezeichnete Waisenkinder zu sehen.

5 Erst nach Einsatz von Dr. Costinescu vom Rumänischen Roten Kreuz beim Gouverneur von Transnistrien wurden die Waisenkinder im Sommer 1943 gemeinsam untergebracht; siehe Şiperco, Ecouri (wie Dok. 134, Anm. 10), S. 139.

umfangreiche Mittel für die notwendige Sonderernährung zu sammeln, außer in dem Fall, dass die Tauschrate von Lei in Mark herabgesetzt werde.[6]
Herr Radu Lecca und Tester antworteten, dass sie einen Weg finden würden, aber es dürfte darüber nichts unter den Juden bekannt werden, weil das sonst nicht umgesetzt werden könne.
Ich habe vorgeschlagen, dass wir Lebensmittel bei Juden einsammeln könnten. Sie antworteten, das sei nicht möglich.
Ich habe darauf hingewiesen, dass unbedingt jemand in die Schweiz fahren müsse, um bei den dortigen jüdischen Organisationen um materielle Hilfe zu bitten und von Seiten der amerikanischen und britischen Regierung um Unterstützung zum Erhalt von Ausreisevisa in alle Länder. Herr Bursan sagte, dass er zwischen dem 15. und 20. nach Istanbul fahren solle; wenn er dies verschieben könne, fahre er zuerst in die Schweiz. Wenn nicht, meinten die Herren Lecca und Tester, solle ich einen – nicht besonders bekannten – Juden finden, der dann in aller Diskretion Ausreisevisa erhalten würde.[7]

DOK. 206
Himmler schlägt Gestapo-Chef Müller am 20. Januar 1943 vor, die Judenberater aus Rumänien zurückzuziehen[1]

Schreiben (Tgb. Nr. 610/42. Ad 5 g./ RF/V, geheim) des Reichsführers-SS, gez. Heinrich Himmler, Feld-Kommandostelle, an SS-Gruppenführer Müller, Berlin; an SS-Obergruppenführer Wolff[2] durchschriftlich mit der Bitte um Kenntnisnahme, vom 20.1.1943

Betr.: Gefährdung der im Rahmen der europäischen Gesamtlösung geplanten Judenendlösungsfragen in Rumänien. Bezug: Dort v. 14.1.1943. IV B4-1657/42 g.[3]
Ihren Bericht vom 14.1.1943 über die Gefährdung der Judenendlösung in Rumänien habe ich gelesen.
In Rumänien ist im Augenblick meines Erachtens gar nichts zu machen. Ich selbst neige zu der Ansicht, daß es besser wäre, wenn wir unseren Juden-Bearbeiter von dort zurückzögen.[4] Teilen Sie mir darüber Ihre Meinung mit. In den nächsten Monaten wird auf

6 In Transnistrien waren im Okt. 1941 Reichskreditkassenscheine mit einem ungünstigen Tauschkurs zum Lei eingeführt worden.
7 Nach Fildermans Brief vom 11.1.1943 an Jacques Salmanowitz, den Vertreter des Jüdischen Weltkongresses, überbrachten Kuriere aus der Schweiz Briefe sowie Geld zur Rettung von 5000 Waisenkindern; siehe Einleitung, S. 68 f.

1 BArch, NS 19/2859, Bl. 50. Abdruck in: Traşcă/Deletant (Hrsg.), Al III-lea Reich (wie Dok. 134, Anm. 1), Dok. 125, S. 586.
2 Karl Wolff (1900–1984), Bankkaufmann; 1931 NSDAP- und SS-Eintritt; von 1933 an persönlicher Adjutant Himmlers, 1936–1943 Chef des Persönlichen Stabs des RFSS; von 1939 an Verbindungsführer bei Hitler im Führerhauptquartier, 1942 SS-Obergruppenführer im RSHA Abt. IV, Sept. 1943 bis Mai 1945 Höchster SS- und Polizeiführer Italien; 1964 vom Münchener Landgericht zu 15 Jahren Gefängnis verurteilt, 1969 aus der Haft entlassen.
3 Nicht aufgefunden.
4 Gustav Richter blieb bis zu Rumäniens Austritt aus dem Kriegsbündnis mit dem Deutschen Reich im August 1944 in Bukarest. Seine Hauptaufgabe war 1943/44 zu verhindern, dass Juden nach Palästina emigrierten.

dem Judengebiet dort bestimmt nichts geschehen. Wenn wir einen Bearbeiter dort haben, kann es nur sein, daß wir mit irgendetwas beschuldigt werden.
Ich ersuche um baldige, vielleicht sogar fernschriftliche Antwort.

DOK. 207
Der rumänische Sicherheitsdienst informiert am 26. Januar 1943 über das Organisieren von Hilfsmaßnahmen für Deportierte in Transnistrien[1]

Bericht (geheim) eines Informanten des Sonderdienstes für Informationen, ungez., Bukarest, an die Polizeidirektion, Bukarest (Nr. 33 703), vom 26.1.1943[2]

Aus jüdischen Kreisen.
1. Von der *Judenzentrale.*
a. Die Judenzentrale Rumäniens hat eine Abordnung von Rechtsanwälten beauftragt, bei den Gerichten Erkundigungen über die Entscheidungen der Kommissionen bezüglich der Freistellung von Zwangsarbeit einzuziehen.
Die Ergebnisse werden durch Aushang bei der Zentrale bekanntgegeben.
b. In Bezug auf die etwa 80 zur Zwangsarbeit requirierten Jüdinnen, die ihre Freistellung bzw. die Verschiebung der Maßnahme beantragt haben – darunter auch einige, die einen Arbeitsplatz haben –, hat der Präsident der Zentrale, Dr. *N. Gingold,* verfügt, Nachforschungen anzustellen und ihm die Gesuche der Bittstellerinnen zu überbringen, um deren Angelegenheiten persönlich zu klären.
2. *Hilfsaktion.*
a. Am 24. Januar dieses Jahres wurde im Choral-Tempel[3] ein Gottesdienst abgehalten, an dem neben anderen führenden Juden auch *Adolf Grossman-Grozea*[4] und *M. Zimmer*[5] vom Leitungskomitee der Judenzentrale teilgenommen haben.
Dabei verlas *Fred Şaraga,*[6] der die Delegation der Judenzentrale nach Transnistrien geleitet hatte und der in Zusammenarbeit mit den örtlichen Behörden das Überleben der Deportierten organisieren soll, seinen Bericht über die Situation der Evakuierten.[7]
Nachdem er ausgeführt hatte, dass etwa 5000 Kinder aufgrund von Epidemien und schrecklichen Lebensbedingungen zu Waisen geworden sind, insistierte er darauf, ihnen Hilfe zukommen zu lassen.

1 ANIC, Direcţia Generală a Poliţiei 122/1943, vol. 1, Bl. 132–134. Das Dokument wurde aus dem Rumänischen übersetzt.
2 Der vorliegende Bericht wurde zur Kenntnisnahme an das Präsidium des Ministerrats, den Großen Generalstab, das Ministerium für Nationale Verteidigung sowie das Innenministerium gesandt.
3 Die Choral-Synagoge in Bukarest war die größte Synagoge in Rumänien.
4 Adolf Grossman-Grozea (*1905), Unternehmer; bis 1940 Besitzer einer Petroleumfirma; Jan. 1942 Leiter der Finanzabt. der Judenzentrale; März bis Juni 1944 Leiter der Judenzentrale; Febr. 1946 zu 15 Jahren Gefängnis verurteilt; im Berufungsprozess freigesprochen.
5 Moses Zimmer, Anwalt und Firmenbesitzer; stammte aus der Bukowina, Jan. 1942 von seinem ehem. Geschäftspartner Mihai Antonescu zur Judenzentrale beordert; 1942 Leiter der autonomen Hilfskommission, organisierte Hilfe für die Deportierten in Transnistrien, 1944 Mitorganisator der Emigration nach Palästina.

Danach ergriff Oberrabbiner *Al. Şafran* das Wort und forderte die Anwesenden auf, möglichst viel dazu beizutragen, um die Situation der Juden in Transnistrien sowie die der Waisen zu verbessern. Unter anderem sagte er: „Von jetzt an müssen wir für die dortigen 5000 Waisen an Eltern statt treten."

Nach Beendigung des Gottesdienstes verteilte man Formulare, auf denen jeder einen sofort zu entrichtenden Betrag und einen monatlichen Beitrag zur Unterstützung der Juden in Transnistrien zeichnen konnte.

b. Die Judenzentrale hat die Grundschulen der Hauptstadt ermächtigt, gegen Quittung Geld zu sammeln und Feiern zur Unterstützung notleidender Kinder zu organisieren. Gleichzeitig hat sie verfügt, dass den völlig Mittellosen durch die Direktionen der betreffenden Schulen kostenlos Bücher zur Verfügung gestellt werden und ihnen Essen ausgegeben wird.

3. *Das Problem der Emigration*

Die Organisatoren [der Emigration] nehmen zur Kenntnis, dass sowohl die Familien deportierter Juden als auch die emigrationswilligen Juden aus der Bukowina zögern, die notwendige Gebühr zu entrichten, um ihre Auswanderung mittels der von der Judenzentrale gemieteten Schiffe nach Palästina durchzuführen. Die Vertreter des Griechen *Panait Cutava*[8] und des Juden *Becker*,[9] die in die Ausstattung der Schiffe „Speranţa" und „Pinguinul" investiert haben, verbreiten das Gerücht, dass etwa 25 000 Juden aus der Hauptstadt nach Polen deportiert werden sollen.

Selbst wenn die Deportation nicht stattfinden sollte, behaupten sie, würde sich die Situation der Juden in Rumänien dennoch verschärfen, weil demnächst eine Reihe von Gettos eingerichtet und Kennzeichen eingeführt würden.

6 Fred (Efraim) Şaraga (1891–1962), Anwalt in Jassy; 1921–1938 für die Jüdische Genossenschaftsbank tätig, 1937 Sektionsleiter in der Gewerbekammer Jassy, Leiter des Hilfskomitees, das in Kooperation mit Filderman nach dem Massaker in Jassy Unterstützung für die Opfer organisierte; Juli 1944 Ausreise nach Palästina, Verwaltungsangestellter.

7 Şaraga reiste mit Iuliu Mumuianu, dem Delegierten des Ministerrats, vom 31.12.1942 an zwei Wochen durch Transnistrien, um die Nöte der örtlichen Hilfsnetze kennenzulernen. Anfang Jan. 1943 erstellten die Gettoleiter eine Personenübersicht, um die Hilfe gerecht verteilen zu können. Dadurch wurde auch bekannt, dass nur 72 214 Deportierte aus Rumänien überlebt hatten.

8 Der griech. Schiffsagent Panait Cutava richtete die Schiffe Pinguinul und Speranţa her. 1943 konnte aber aufgrund der deutschen Küstenüberwachung kein Schiff aus Rumänien abfahren.

9 Z. Becker, Zionist, der als Schiffsagent arbeitete und mit der Jewish Agency kooperierte.

DOK. 208

Der Schweizer Vertreter des Jüdischen Weltkongresses berichtet am 28. Januar 1943 dem Internationalen Roten Kreuz über Hilfstransporte für Juden in Transnistrien[1]

Bericht (II/a 41 010, dringend) des Jüdischen Weltkongresses in Genf, gez. Gerhart M. Riegner, an Jean E. de Schwarzenberg,[2] c/o Comité International de la Croix-Rouge, Genf, vom 28.1.1943[3]

Sehr geehrter Herr von Schwarzenberg,
unter Bezugnahme auf unser gestriges Telefongespräch erlaube ich mir, Ihnen hiermit drei Berichte über die Situation der in die rumänisch besetzten Bezirke von Transnistrien deportierten Juden zu schicken. Wir haben diese Berichte von drei unterschiedlichen Quellen bekommen: 1. vom ehemaligen Vorsitzenden der Union der Rumänischen Juden, Herrn Fildermann, 2. vom Vorsitzenden einer jüdischen Gemeinde im Bezirk Mogilev (Transnistrien), 3. von einer uns seit Langem bekannten jüdischen Persönlichkeit, die in Temeswar wohnhaft ist. Die ersten beiden Berichte wurden uns per diplomatischer Kuriersendung übermittelt, der dritte wurde von einem Eilboten überbracht, der vor kurzem aus Rumänien in die Schweiz kam. Es versteht sich von selbst, dass all diese Berichte streng vertraulich sind.[4]
Die Lage in Transnistrien kann wie folgt zusammengefasst werden: Rund 140 000 Juden sind von Rumänien nach Transnistrien deportiert worden (die offiziellen rumänischen Berichte geben sogar weitaus höhere Zahlen an). Der Großteil der Verschleppten stammt aus den „neuen rumänischen Provinzen“, das heißt aus der Bukowina, aus Bessarabien usw. Zum Zeitpunkt der Evakuierung fanden in Bessarabien Pogrome im großen Maßstab statt,[5] die die jüdische Bevölkerung dieser Region dezimiert haben. Aktuell sind alle Juden aus Bessarabien und der Bukowina deportiert worden. Eine Ausnahme ist die Stadt Czernowitz, wo noch etwa 10–15 000 Juden ansässig sind. Im Gebiet des rumänischen Altreichs gibt es den offiziellen Statistiken zufolge noch etwa 270 000 Juden.
Die Situation der nach Transnistrien deportierten Personen ist besonders schlimm. Ein Großteil der evakuierten Personen hat schon den Transport von ihrem ehemaligen Wohnort zu den neuen Wohnstätten nicht überlebt. In Transnistrien selbst wurden die Juden auf 90 Orte in fünf Verwaltungsbezirken verteilt. Ein Teil dieser Verschleppten lebt in abgeriegelten Gettos, ein Teil ist in Ortschaften untergebracht, in denen Juden über eine gewisse Bewegungsfreiheit verfügen, eine dritte Gruppe befindet sich in Arbeitslagern, in denen sie von der Außenwelt abgeschnitten sind.

1 Archiv des IKRK, Genf, G.59/7–328, Mikrofilm 11, S. 19 f. Das Dokument wurde aus dem Französischen übersetzt.
2 Johannes E., nach 1938 auch Jean-Etienne von Schwarzenberg (1903–1978), Jurist; 1930–1938 als Diplomat für Österreich in Rom, Berlin und Brüssel tätig; von 1938 an beim Internationalen Komitee vom Roten Kreuz in Genf, 1940–1945 Direktor und Delegierter im IKRK, 1940–1942 Leitung des Übersetzungsdienstes, 1942 Abt. für zivile Gefangene und Juden, 1944 Leitung Division d'Assistance spéciale; 1947–1969 Gesandter Österreichs in Rom, London und beim Vatikan.
3 Im Original ein Stempel des Jüdischen Weltkongresses, Genfer Büro.
4 Riegner und die Absender wurden getäuscht, die beiden Schweizer Kuriere übergaben auch Gustav Richter, dem deutschen Judenberater, gegen Geld Kopien der Berichte. Die an das IKRK gerichteten Schreiben sind größtenteils im Genfer Archiv des IKRK erhalten. Die anderen Berichte wurden nicht aufgefunden.
5 Siehe Einleitung, S. 59 f.

Da sie nur einen sehr geringen Teil ihres Gepäcks mitnehmen durften, von dem das meiste auf der Reise verloren ging, verfügen die Verschleppten in Transnistrien über keinerlei Existenzmittel und leiden unter Hunger und Kälte. Sehr viele hausen in Kellern von Häusern, die im Krieg zerstört wurden, oft 20 bis 30 Personen im selben Zimmer, auf dem Boden, ohne irgendwelche Betten oder Möbel. Bedingt durch diese unerträgliche Situation verbreiten sich schwere Krankheiten in der Bevölkerung, vor allem das Fleckfieber ist verheerend. Aus allen Berichten geht hervor, dass ungefähr die Hälfte der Verschleppten, d. h. etwa 60 bis 70 000 Personen, bereits im Laufe des letzten Winters und der letzten Monate umgekommen ist, während die verbleibenden 60 000 Personen ums Überleben kämpfen. Diesen Winter erwartet sie dasselbe Schicksal, sollte ihnen keine rasche und wirksame Hilfe zukommen. Es muss außerdem darauf hingewiesen werden, dass sich unter diesen 70 000 Personen etwa 5000 Waisenkinder befinden, deren Eltern während oder nach der Evakuierung gestorben sind. Die Fotografien, die einem der hier beigefügten Berichte angehängt sind,[6] zeigen auf erschütternde Weise den Zustand einiger Kinder, die sich im Waisenhaus von Mogilev befinden, wo sie als einzige Nahrung schwarzen Kaffee, morgens und abends ein Stück Brot und mittags eine Suppe mit einem Stück Brot erhalten. Es mangelt ihnen an allem, insbesondere an Kleidung, Brennholz usw. Und aus diesem Grund können sie nicht einmal die Betten des Waisenhauses, in dem sie untergebracht sind, verlassen.

Die jüdischen Repräsentanten aus Bukarest haben uns in ihren Briefen um eine sofortige Hilfszahlung von 100 Millionen Lei gebeten, denn die jüdische Bevölkerung des rumänischen Altreichs ist infolge der Enteignungen und des Ausschlusses aus dem Wirtschaftsleben nicht in der Lage, wirksam zu helfen. Wir haben die Anfrage an unsere Zentrale in den Vereinigten Staaten weitergeleitet, bezweifeln aber, dass die Möglichkeit besteht, Geld zu diesem Zweck zu überweisen.[7] Es scheint uns allerdings möglich, eine gewisse Summe aufzubringen, um den Deportierten in Transnistrien Pakete mit Lebensmitteln und Medikamenten zu schicken, nach dem gleichen Verfahren wie den Delegierten in Polen.[8]

Um unserer Zentrale einen solchen Vorschlag zu unterbreiten, bräuchten wir selbstverständlich detailliertere Auskünfte über die Möglichkeit, diese Pakete unter Kontrolle des Roten Kreuzes vor Ort zu verteilen.

Aus diesem Grund erlauben wir uns, das Internationale Komitee vom Roten Kreuz mit Nachdruck darum zu bitten, seinen Vertreter in Bukarest[9] zu beauftragen, in Verhandlungen mit dem rumänischen Roten Kreuz zu treten, damit derartige Hilfspakete über die Vermittlung der zuständigen Abteilungen des Roten Kreuzes in die Evakuierungszentren in Transnistrien gelangen können.

In Erwartung Ihrer Antwort verbleiben wir hochachtungsvoll

6 Fotos der völlig abgemagerten Waisenkinder aus Mogilev befinden sich in YVA, P.9. Abdruck einer Fotografie in: Aron Hirt-Manheimer (Hrsg.), Jaegendorf's Foundry. A Memoir of the Romanian Holocaust, New York 1991, S. 34.

7 Jüdische Organisationen in den USA wollten Juden in Transnistrien unterstützen. Da der Geldtransfer aus den USA und Großbritannien nach Rumänien verboten war, wurde Geld über das IKRK an das Rumänische Rote Kreuz geschickt.

8 In Rumänien waren einige wohlhabene Juden bereit, Geld gegen Schuldscheine zur Verfügung zu stellen, die der Joint nach dem Krieg begleichen sollte. Zuvor hatte der Joint aus Spendengeldern Lebensmittelpakete aus neutralen Ländern an die jüdischen Gemeinden in Polen bzw. später in die Gettos gesandt.

9 Zuständig für Rumänien beim IKRK war Édouard Chapuisat.

DOK. 209

Ein Informant schreibt am 27. Februar 1943, wie die Judenzentrale finanzielle Mittel durch den Freikauf von der Zwangsarbeit erhält[1]

Bericht (geheim) eines Informanten des Sonderdienstes für Informationen,[2] Bukarest, an die Polizeidirektion Bukarest (Nr. 160 082) vom 27.2.1943

Zur Kenntnisnahme an:
Präsidium des Ministerrats, Großer Generalstab, Ministerium für Nationale Verteidigung, Innenministerium
Aus jüdischen Kreisen
1. *Von der Judenzentrale.*
a. Das Führungskomitee der Judenzentrale hat dringend die Vorlage von Listen eingefordert, aus denen der Dienstgrad der betroffenen Juden in der Armee hervorgeht.
In diesem Zusammenhang wird aus den der Zentrale nahestehenden Kreisen bestätigt, dass die Listen im Rahmen der in verschiedenen staatlichen Einrichtungen demnächst anstehenden Verteilung zur Zwangsarbeit angefordert wurden.
b. Die Judenzentrale hat aus jeweils drei Rechtsanwälten bestehende Kommissionen berufen, die die Sondersteuern für Juden überprüfen und die Steuersätze gemäß der von der Zentrale verfügten Anweisungen erhöhen werden.
2. *Ausstellung von Bescheinigungen zur Befreiung von der Zwangsarbeit.*
Die Judenzentrale hat damit begonnen, Bescheinigungen zur Befreiung von der Zwangsarbeit auszustellen, die vom Büro des Regierungsbeauftragten für die Regelung jüdischer Fragen in Rumänien ausgegeben werden.
Die Angestellten der Zentrale sind verpflichtet, beim Empfang der Bescheinigungen eine Sonderabgabe in Höhe eines Drittels des Monatslohns zu entrichten.
Für Privatpersonen ist die Höhe der Sonderabgabe noch nicht festgelegt worden.
3. *Verschiedenes.*
Die jüdische Bevölkerung diskutiert über die letzte Proklamation des Führers[3] und zeigt sich besorgt angesichts der Maßnahmen, die zwecks Umsetzung des Programms zur Vernichtung der Juden in Europa durchgeführt werden und die Hitler in seiner Proklamation bekräftigt hat.

1 ANIC, Ministeriul Afacerilor Interne, Direcţia Generală a Poliţiei, 122/1943, vol. 1, 32 f. Das Dokument wurde aus dem Rumänischen übersetzt.
2 Geheimdienst S.S.I. (Serviciul Special de Informaţii).
3 Im Original deutsch. Gemeint ist Hitlers Ansprache vom 24.2.1943 anlässlich der alljährlichen Parteigründungsfeier, in der er seine „Prophezeiung" vom 30.1.1939 erneut wiederholte; siehe Dok. 195, Anm. 1.

DOK. 210

Das rumänische Außenministerium notiert am 3. März 1943 den Wunsch des Apostolischen Nuntius Cassulo, Juden in Internierungslagern zu besuchen[1]

Vermerk des rumän. Außenministeriums, gez. G. Davidescu, Bukarest, vom 3.3.1943

Gegenstand: Der Apostolische Nuntius Mgr. Cassulo:[2]
1/ Mir wurde heute mitgeteilt, der Heilige Stuhl wünsche den „nichtarischen zivilen Insassen von Internierungslagern", unter denen sich einige sogar am Bug befinden, Unterstützung zukommen zu lassen. Seine Exzellenz geht davon aus, dass er aus Anlass der Osterfeierlichkeiten, während derer er erneut Kriegsgefangene besuchen wird, von unserer Regierung ermächtigt wird, auch „zivile Insassen von Internierungslagern" besuchen zu können, um Hilfsmittel zu verteilen.
Er bittet mich, ihm die diesbezüglichen Verfügungen der rumänischen Regierung mitzuteilen.[3]

DOK. 211

Das Reichssicherheitshauptamt fordert das Auswärtige Amt am 3. März 1943 auf, die Ausreise von 1000 jüdischen Kindern aus Rumänien nach Palästina zu verhindern[1]

Schreiben (IV B 4 b – 3–89/43 g, geheim) des Chefs der Sicherheitspolizei und des SD, i.A. gez. Adolf Eichmann, an das Auswärtige Amt D III 302 g., z.Hd. Legationsrat von Hahn[2] (Eing. 6.3.1943), vom 3.3.1943

Betrifft: Judenaussiedlung vom Balkan nach Palästina
Bezug: Ohne.
Zuverlässigen, geheimzuhaltenden Nachrichten zufolge stehen jüdische Funktionäre in Rumänien über ihre Stellen in Istanbul mit der Türkei in aussichtsreichen Verhandlungen über die Ausstellung von türkischen Durchreisevisa für eine Gruppe von 1000 jüdischen Kindern mit 100 jüdischen Begleitpersonen aus Rumänien, die man in Zusammenarbeit

1 AMAE, F. Problema 33, 15/1941–42, Bl. 126. Das Dokument wurde aus dem Rumänischen übersetzt.
2 Andrea Cassulo (1869–1952), kath. Priester; 1914 Bischof in Matelica (Italien); 1921 Erzbischof; Juni 1936 bis Juni 1947 Apostolischer Nuntius in Rumänien; protestierte im März 1941 gegen das Verbot der Konversion von Juden zum Christentum, 1942–1943 Einsatz für getaufte Juden, die nach Transnistrien deportiert wurden.
3 Nach der Rückkehr aus Mogilev berichtete der Nuntius im April 1943 an Kardinal Maglione, er habe mit dem Oberrabbiner Şafran über das Elend der dortigen etwa 8000 jüdischen Waisenkinder in Transnistrien beraten. Mit Radu Lecca besprach er die vielen ihm mitgegebenen Bittschriften aus Transnistrien. Hilfssendungen sollten nun erleichtert werden.

1 PAAA, R 100 881, Inland II Geheim, K 207 357 (Bl. 38). Abdruck in: Hans-Jürgen Döscher, Das Auswärtige Amt im Dritten Reich. Diplomatie im Schatten der „Endlösung", Berlin 1987, S. 299.
2 Fritz-Gebhardt von Hahn (1911–2003), Jurist und Berufsdiplomat; April 1933 NSDAP-Eintritt; von 1937 an im AA tätig, von 1943 an leitete er das Referat für Judenfragen und Rassepolitik; 1947–1950 in der Privatwirtschaft und bei der IHK Hannover tätig, 1950–1964 Karriere im öffentlichen Dienst; 1968 wegen Beteiligung an Deportationen von Juden aus Griechenland und Mazedonien zu acht Jahren Haft verurteilt.

mit „Wagon-Lits“[3] auf dem Landwege über Bulgarien und die Türkei nach Palästina verbringen will.
Es wird gebeten, die geplante Auswanderung nach Möglichkeit zu unterbinden.[4]

DOK. 212
Ein Informant berichtet dem rumänischen Geheimdienst am 18. März 1943 über einen Kindertransport nach Palästina und die Reise von Ärzten nach Transnistrien[1]

Bericht (Nr. 161 003, geheim) eines Informanten, gez. „Sichere Quelle“, Bukarest, an den Sonderdienst für Informationen, Bukarest, vom 18.3.1943

Aus jüdischen Kreisen.
1. Die Gruppe jüdischer Kinder, die am 14. März dieses Jahres das Land verlassen hat, um nach Palästina auszuwandern, ist bis Giurgiu von zwei barmherzigen Schwestern des Rumänischen Roten Kreuzes begleitet und in Rusciuc von Mitarbeitern des Roten Kreuzes Bulgariens in Empfang genommen worden.[2]
Gemäß den Genehmigungen, die die Regierungen der Transitstaaten erteilt haben, erfolgt die Reise per Eisenbahn auf der Strecke Sofia–Istanbul und von dort aus über Anatolien und Syrien bis nach Palästina.
Nach Abwicklung des Transports wird die Emigration einer weiteren Gruppe von 75 Kindern erfolgen. Damit werden die Auswanderungszertifikate, die durch Vermittlung der Schweizer Gesandtschaft[3] von den britischen Behörden für das Jahr 1942 ausgegeben worden sind, ausgeschöpft sein.
2. Der Judenzentrale nahestehende Kreise bestätigen, dass eine aus 5–6 jüdischen Ärzten bestehende Kommission nach Transnistrien reisen wird, um vor Ort den Gesundheitszustand der geschwächten Kinder zu ermitteln, die in den dortigen Waisenhäusern leben, und Listen derjenigen zu erstellen, die emigrieren wollen und kräftig genug sind, die Reise bis nach Palästina zu überstehen.
Die Ärzte haben die Genehmigung, eine große Menge an Kondensmilch mitzuführen, um den leidenden Waisenkindern erste Nothilfe zu leisten.

3 Schlafwagengesellschaft.
4 Eichmann war so gut informiert, weil die Post aus Rumänien an die Vertreter des Jüdischen Weltkongresses vom Schweizer Journalisten Hans Welti befördert wurde, der auch Kopien für Gustav Richter, den deutschen Judenberater in Bukarest, anfertigte. Da er dafür von der Gestapo zwischen 1942 und 1944 bezahlt wurde, verurteilte ihn ein Schweizer Gericht nach 1945.

1 ANIC, MAI, Direcţia Generală a Poliţiei, 122/1943, vol. 1, Bl. 51 f. Das Dokument wurde aus dem Rumänischen übersetzt.
2 In Rusciuc/Ruse an der Donau befand sich der Grenzübergang nach Bulgarien. Zum weiteren Schicksal der Kinder siehe Dok. 219 vom 30.4.1943.
3 Der Schweizer Gesandte René de Weck vertrat seit 1941 auch die Interessen Großbritanniens. Er unterstützte seit 1942 aktiv die Rettung jüdischer Kinder in Kooperation mit Vladimir de Steiger (1892–1950), dem Schweizer Delegierten des IKRK.

3. Die Anordnung von Zwangsarbeit für Juden[4] wird in den Reihen der jüdischen Intellektuellen lebhaft kommentiert. Es wird behauptet, dass ein Teil von ihnen zu körperlicher Arbeit herangezogen würde, ohne ihre berufliche Ausbildung zu berücksichtigen. Die Tatsache, dass die Leistungsfähigkeit der Dienstverpflichteten in den Abteilungen, die Außenarbeiten verrichten, minimal gewesen sei, habe zu dem Beschluss geführt, die Intellektuellen nun ihrer Qualifikation entsprechend einzusetzen.

Zur Kenntnisnahme an:

Präsidium des Ministerrats, Großer Generalstab, Ministerium für Nationale Verteidigung, Innenministerium

DOK. 213

Der deutsche Gesandte übermittelt dem Auswärtigen Amt am 26. März 1943 eine Denkschrift der rumänischen Regierung zur Auswanderung von Juden[1]

Schreiben (Tgb. Nr.: Be 189/43, Aktenz.: B II 8) der Deutschen Gesandtschaft Bukarest, Abt. Berater, gez. Manfred von Killinger, an das Auswärtige Amt, Abtlg. Deutschland D III 463 g. (Eing. 31.3.1943), vom 26.3.1943

Betr.: Denkschrift der Rumänischen Regierung über die vom rumänischen Staat getroffenen Maßnahmen für die Lösung der Judenfrage in Rumänien
Vorg.: Hies. Telegramm vom 19.3.43. Nr. 1493 D III 410 g.[2]
Anlg.: 1, 2 Doppel

Unter Bezugnahme auf mein Telegramm vom 19. März 1943 übersende ich beiliegend Photokopie der Denkschrift der Rumänischen Regierung über die Judenfrage und ihre Stellungnahme zur Auswanderung.

Die Denkschrift stellt eine chronologische Aufstellung erlassener Judengesetze seit dem Jahre 1938 dar. Sie beschränkt sich zum Schluß (S. 8 und 9) darauf, die Auswanderung der Juden aus Rumänien als einzige Lösung und endgültige Lösung der Judenfrage in Rumänien anzusehen. Die Rumänische Regierung verweist in diesem Zusammenhang darauf, daß die Auswanderung heute möglich sei, da die Regierungen der angelsächsischen Länder das Einwandern der Juden in gewissen Gebieten zulassen würden. Der zum Zwecke der Auswanderung benötigte Schiffsraum stünde zur Verfügung. Zusammenfassend vertritt die Rumänische Regierung in ihrer Denkschrift die Ansicht, daß die Auswanderung für das Land sehr vorteilhaft sei, da
1) die unterminierenden Elemente beseitigt sein und
2) dem Staate beträchtliche Einkünfte aus den Auswanderungsgebühren zukommen würden.

4 Das Dekret-Gesetz Nr. 261, das im Monitorul Oficial, Nr. 28 vom 3.2.1943 publiziert wurde, ermöglichte es, Juden gemäß ihrer Qualifikation bei der Zwangsarbeit einzusetzen. Die Modalitäten der Durchführung erhielt die zuständige Stelle beim Generalstab erst am 11.3.1943.

1 PAAA, R 100 882, Inland II Geheim, Bd. 201, K 212 749–212 753 (Bl. 156 f.). Abdruck in: Traşcă/Deletant (Hrsg.), Al III-lea Reich (wie Dok. 134, Anm. 1), Dok. 140, S. 619–623.

2 PAAA, R 100 878, Inland II Geheim, Bd. 197 a, Judenausreise nach Palästina – 1943, K 207 337.

Denkschrift bezüglich der vom Rumänischen Staat getroffenen Maßnahmen für die Lösung der Judenfrage in Rumänien

Bereits im Jahre 1938 wurden Maßnahmen zwecks einer Einteilung in Kategorien der in Rumänien lebenden Juden getroffen. Man begann mit der Überprüfung aller von den Juden erworbenen Staatsbürgerschaften, ohne Berücksichtigung des Datums oder der Weise, auf welche diese erworben wurden.

Durch diese Maßnahmen wurde hauptsächlich das Entziehen der Staatsbürgerschaft derjenigen Juden bezweckt, welche nach der Vereinigung (1918) und bis zum Erlaß des Gesetzes von 1924[3] in das Land eindrangen.

Am 8. August 1940 erschien das erste Gesetz bezüglich der Rechtslage der Juden, und es wurden mehrere Kategorien, Untersagungen und Rechte festgesetzt, welche dann nachträglich entweder durch gesetzmäßige Verfügungen oder durch Ministerialbeschlüsse ergänzt wurden.[4]

Das Statut vom 8. August 1940 setzte fest, daß die Juden, die nicht zur II.ten Kategorie gehören, nicht mehr öffentliche Beamte bleiben konnten; desgleichen Mitglieder verschiedener Berufe, die eine unmittelbare Beziehung mit den öffentlichen Ämtern haben, Mitglieder der Verwaltungsräte jedweder privaten oder öffentlichen Unternehmungen, Kaufmänner in den ländlichen Gemeinden, Kaufmänner für alkoholische Getränke und Inhaber jedweder Staatsmonopole, Vormunde oder Kuratoren der Unfähigen,[5] Christen, Militärbedienstete, Ausbeuter oder Mieter von Kinos, Herausgeber von Zeitungen und rumänischen Zeitschriften, Verbreiter rumänischer Schriften oder jedweder Mittel rumänischer Propaganda, Leiter, Mitglieder oder Spieler der nationalen Sportverbände und Dienstleute in öffentlichen Ämtern.

Zugleich wurde vorgesehen, daß die Juden aller Kategorien keine ländlichen Besitze und keine ländlichen Industrieunternehmungen erwerben können. Den Juden wurde untersagt, rumänische Namen anzunehmen.

Zugleich mit der Veröffentlichung des Statuts wurde im Wege eines Dekretgesetzes die Verehelichung zwischen Volksrumänen und Juden verboten im ersichtlichen Zwecke, die Rasseneinheit zu wahren und das nationale Wesen zu schützen.

Nach der Einsetzung des neuen nationalistischen Regimes des Staatsführers[6] wurde in raschem Schritt das Nationalisierungswerk auf allen Gebieten vervollständigt.

In erster Linie wurden die im Statut vom 8. August vorgesehenen Bestimmungen betreffs der Juden aller Kategorien durch Dekretgesetze und Ministerialbeschlüsse zur Durchführung gebracht.

Andererseits wurde die methodische und schleunige Beseitigung der Juden aus der Armee und aus der Lehrerschaft vorgenommen, so daß die Juden, sowohl Lehrer als auch Schüler, aus allen Schulen ausgeschlossen wurden. Gleichlautend wurde daher sofort die den jüdischen Studenten im Auslande gewährten Valuten einzogen.

3 Die Bestimmungen aus dem Minderheitenschutzvertrag von 1919 wurden in die rumän. Verfassung von 1923 aufgenommen. Ein Gesetz zur Staatsbürgerschaft von 1924 verlangte, dass die Juden ihre Ansässigkeit in den 1918 angeschlossenen Gebieten Bessarabien, Siebenbürgen und Bukowina nachweisen mussten. Wer keine Belege beibringen konnte, wurde staatenlos.

4 Siehe Dok. 136 vom 9.8.1940.

5 Gemeint sind Personen, die Alte oder Kranke gegenüber den Behörden vertreten.

6 Gemeint ist Marschall Ion Antonescu.

Die Juden wurden größtenteils aus dem Rechtsanwaltsverband ausgeschlossen, und die wenigen, die verblieben, hatten außerordentliche Verdienste im Weltkrieg erworben. Auch diese können jedoch ihren Beruf nur in begrenztem Maße ausüben.
Allmählich wurden die Juden aus den Apotheken und Drogerien beseitigt, so daß heute kein einziger Jude mehr Inhaber oder Pächter von Apotheken ist.
Alle Apothekenlizenzen wurden den Juden entzogen bzw. liquidiert.
Die jüdischen Ärzte wurden gezwungen, nur Juden zu behandeln. Es wurde ihnen gestattet, Bezirksverbände zu gründen, die unter der Kontrolle des rumänischen Ärzteverbandes des betreffenden Bezirkes stehen.
Bereits am 8. September wurde das sämtliche jüdische Personal von den Nationaltheatern, Opern, vom Staate unterstützten oder nicht unterstützten Privattheatern oder jedweder künstlerischen Organisation sofort beseitigt.
Im November 1940 wurde die Entziehung der Genehmigungen für den Betrieb der Filmgesellschaften und Säle verfügt, welche Juden angehörten oder an denen Juden auf irgendeine Weise beteiligt waren. Gleichfalls wurden in 1940 alle Lizenzen für Tabakstrafik entzogen.
Zu Beginn 1941 wurden eine Reihe Verfügungen zwecks Erleichterung der Übertragung des jüdischen Handel-Kapitals in rumänische Hände getroffen, und zwar durch Verminderung der Stempel-Gebühren und außerordentlichen Steuern von 2 %. Dank dieser Maßnahme wurden viele individuelle jüdische Firmen und Gesellschaften mit jüdischem Kapital romanisiert.
Durch das Dekret-Gesetz von Oktober 1941 wurden die Juden gezwungen, im Verhältnis zu ihren Einkünften an der Verschaffung einer Anzahl von Kleidungsstücken von dringender sozialer Notwendigkeit beizutragen. Bei Durchführung dieses Dekretgesetzes gaben die Juden Kleidungsstücke oder Bargeld im Werte von ungefähr 2 Milliarden Lei.
Ferner wurden die Juden aus dem Verband der Ingenieure, Architekten und autorisierten Buchhalter ausgeschlossen sowie aus allen Diensten der Börse und des Zollamtes.
Um die Verbreitung falscher und tendenziöser Gerüchte fremder und hauptsächlich feindlicher Sender zu vermeiden, wurde den Juden der Gebrauch von Radioapparaten verboten. Alle Juden waren gezwungen, ihre Radioapparate bei den Polizeibehörden abzugeben.
Die Gründung des „Centrul Național de Românizare“ (Zentralamt der Romanisierung) stellte den Beginn von weitgehenden Enteignungsoperationen der jüdischen Güter dar.
In erster Reihe traten die ländlichen Güter der Juden in den Besitz des Staates, unter denen Gutsbesitze, Wälder, Mühlen jeder Art, landwirtschaftliche Alkoholfabriken, forstliche Industrien, Getreidelagerungen, auf den jüdischen Landbesitzen vorgefundenes Futter und überhaupt das gesamte den jüdischen ländlichen Gütern angehörende tote oder lebendige Inventar.
Es folgte dann die Übertragung der städtischen jüdischen Liegenschaften in den Besitz des Staates, mit Ausnahme einer geringen Zahl Juden, welche der im Statut vom 8. August 1940 festgesetzten II.ten Kategorie angehörten.
Diese Liegenschaften traten in den Besitz des „Centrul Național de Românizare“ über, welches sie durch verantwortliche Verwalter betreut, denen die Aufsicht des Unterhalts, die Vermietung an öffentliche und private Institutionen zukommt und welches die Miete zugunsten des Staates einkassieren.

Die Güter, die sich in Bessarabien und Nord-Bukowina befinden und am 21. Juni 1940 Juden oder jüdischen Personen öffentlichen Rechtes angehörten, gingen unmittelbar in den Besitz des rumänischen Staates über.
In Fortführung der Enteignungsoperationen der jüdischen Güter traten alle sich unter rumänischer Flagge befindenden Meeres- und Flußfahrzeuge jedweder Art oder Benennung, welche Juden oder jüdischen Gesellschaften gehörten, in den Besitz des Staates.
Nach Vollziehung der ländlichen und städtischen Enteignung wurde die Übertragung zum „Centrul Național de Românizare" der Güter der jüdischen Gemeinschaften aus Rumänien durchgeführt, welche in dem vorhergehenden Dekret-Gesetz ausgenommen waren.
Im Rahmen der Romanisierungsgesetze wurde gleichfalls ein Dekretgesetz verfaßt, gemäß welchem die Juden keine Akten verfassen dürfen, um über irgendeines ihrer Güter, Rechte oder ihren Interessen in Rumänien verfügen zu können, ohne vorhergehende Genehmigung des Wirtschaftsministeriums.
Um die aufrichtige Durchführung der Romanisierung des Handels und der Industrie kontrollieren zu können, wurden durch Dekret-Gesetz Normen eingeführt, welche die Deckung der jüdischen Güter und Sabotage des Romanisierungswerkes bekämpfen. Die Übertreter der Verfügungen dieses Dekret-Gesetzes – Juden wie Rumänen – wurden bestraft.
Das Dekret-Gesetz für Romanisierung des Personals aus den Unternehmungen im November 1940 stellte einen neuen Schritt der Nationalisierung der rumänischen Wirtschaft dar. Während die Ausschließung der Juden aus den öffentlichen Ämtern oder aus den mit den öffentlichen Ämtern verbundenen Berufen leicht und ohne Nachwirkungen hervorzurufen vollzogen werden konnte, mußte jedoch ihre Ausschließung aus der rumänischen Wirtschaft, in der sie zahlreiche Ämter bekleideten, mit Vorsicht vorgenommen werden wegen Mangel einer entsprechenden Zahl ethnischer Fachleute im Bereiche der Wirtschaft, in der Juden manchmal das Monopol besaßen.
Folglich wurde in erster Reihe das jüdische Personal aus den Privatunternehmungen, dessen Gegenwart für die Fortentwicklung der nationalen Wirtschaft nicht unbedingt nötig war, entlassen. Neben den anderen Juden, deren Beibehaltung in ihren Ämtern vom Arbeitsministerium beziehungsweise „Oficiul Central de Românizare", welches gleichfalls vom Arbeitsministerium abhängt, als nützlich betrachtet war, wurden rumänische Elemente eingesetzt.[7]
Dem „Oficiul Central de Românizare" kommt die Aufsicht der Tätigkeit dieser eingesetzten Elemente zu, um im gegebenen Augenblick, das heißt wenn der Jude durch den betreffenden Rumänen ersetzt werden kann, ersteren zu entlassen.
Im Laufe des Jahres 1942 wurde die Überprüfung der auf dem Gebiete der nationalen Arbeit benützten Juden einem Bevollmächtigten anvertraut. Dieses Jahr wurden von Richtern präsidierte Sonderkommissionen eingesetzt, die mit Beihilfe der Vertreter des Wirtschafts- und des Arbeitsministeriums, welche diese Operationen weiterführten, die Aufteilung der Juden aus Rumänien in zwei Kategorien verfolgten: die wirtschaftlich wertvollen Juden und die nicht wertvollen Juden; diese letzte Kategorie besteht aus Ju-

7 So im Original. Gemeint ist die doppelte Besetzung von Stellen, bei der jüdische Stelleninhaber nichtjüdische Rumänen einarbeiten sollten; siehe Dok. 193 vom 2.10.1942.

den, welche völlig wertlos für die rumänische Wirtschaft sind und vorläufig Zwangsarbeitsdienst leisten müssen.
Es muß betont werden, daß der Zwangsarbeitsdienst an Stelle des Militärdienstes, von dem die Juden ausgeschlossen wurden, besteht.
Die von dem Zwangsarbeitsdienst entledigten Juden bezahlen als Gegenwert des Militärdienstes fixe Militär-Taxen im Verhältnis zu ihrem Alter und ihren Einkünften.
Die für die rumänische Wirtschaft als wertvoll betrachteten Juden stellen nicht eine feste Gruppe dar, da neben diesen Juden oder den meisten derselben ethnisch rumänische Elemente eingesetzt werden, die zur gegebenen Zeit die Juden endgültig ersetzen werden, welche dann ihrerseits zu der Kategorie der nichtwertvollen Juden übergehen, das heißt in die Gattung derjenigen, welche Zwangsarbeitsdienst abzulegen haben.
Entscheidender sind die Ergebnisse bezüglich der jüdischen Frage, wenn man die zahlenmäßige Entwicklung der jüdischen Bevölkerung seit 1930 in Betracht zieht.
Die Volkszählung von 1930 ergab in Rumänien eine Zahl von 756 930 Juden. Wenn wir davon die Zahl der heute im von den Ungarn besetzten Gebiete wohnenden Juden abziehen, bleibt für das gegenwärtige Gebiet des Landes die Zahl von 607 911 Juden zurück, welche für das Jahr 1930 gültig ist.
Durch die Volkszählung, welche von der Juden-Stelle aus Rumänien im Mai 1942 vorgenommen wurde, wurden in demselben Gebiet, auf dem sich in 1930 607 911 Juden befanden, nur 295 084 aufgewiesen, was 1,8 % der gesamten Landes-Bevölkerung gegenüber 4 % aus dem Jahre 1930 darstellt. Der Grund dieser merklichen Verminderung der jüdischen Bevölkerung ist der fast totalen Auswanderung der Juden aus Bessarabien und der Bukowina zu verdanken, wo von der Gesamtzahl von beinahe 315 000 Juden heute nur 22 000 zurückblieben. Im übrigen Landesgebiete haben die Zahlen keine großen Unterschiede aufgewiesen, außer der Moldau, wo eine Zahl von zirka 30 000 Juden während der bolschewistischen Besetzung nach Bessarabien gezogen, ausgewandert oder nach Transnistrien fortgeräumt worden ist.
Es ergibt sich gleichfalls aus der Juden-Volkszählung von 1942, daß dank den administrativen Maßnahmen fast alle Juden aus den Dorfgemeinden beseitigt wurden und heute nur noch in den Bezirks-Hauptstädten oder einigen kleineren Städten Juden auszuweisen sind.
Was die Organisation der Juden im Rahmen der neuen Auffassung des Rumänischen Staates betrifft, wurde vor allem die Maßnahme der Abschaffung aller jüdisch-politischen oder anderer schädlichen politisch-geheimen Organisationen getroffen, wie z. B. der Bund der jüdischen Gemeinschaften, die zionistischen und unzionistischen Organisationen und andere, indem als einzig repräsentatives Glied der Juden aus Rumänien nur die Juden-Zentrale in Rumänien gilt. Die Tätigkeit der Juden-Stelle in Rumänien wird vom Bevollmächtigten der Regierung für die Regelung des jüdischen Regimes geleitet, geprüft und beaufsichtigt. Durch Vermittlung der Juden-Stelle in Rumänien wird die jüdische Bevölkerung über die Beschlüsse der Regierung und der Staatsbehörden in Kenntnis gesetzt, und dieselbe leitet und überprüft auch die von der jüdischen Bevölkerung durchzuführenden Anordnungen.
Für die endgültige Lösung des jüdischen Problems in Rumänien gibt es – unserer Meinung nach – nur eine einzige Lösung: die Auswanderung.
Diese Auswanderung ist auch heute möglich, da die Regierungen der angelsächsischen Länder das Einwandern der Juden in gewissen Gebieten zulassen.

Es bestünde demnach nur die Frage der Finanzierung dieser Auswanderungen, welche den Juden aus dem Lande oder den ausländischen jüdischen Organisationen zukommen würde, und die technische Durchführung der Auswanderung, welche entweder zu Lande – mittels Transit durch Bulgarien und der Türkei – stattfinden könnte, oder mittels Seefahrten, indem Schiffe geringer Tonnage benützt werden könnten. Wir verfügen über eine genügend große Zahl solcher Fahrzeuge.
Die Auswanderung der Juden würde für das Land sehr vorteilhaft sein, da in erster Reihe die unterminierenden Elemente beseitigt sein würden, und andererseits dem Staate beträchtliche Einkünfte aus den Auswanderungs-Gebühren zukommen würden, die sich auf einige Milliarden Lei belaufen könnten.

DOK. 214
Der deutsche Gesandte in Bukarest übersendet am 30. März 1943 einen Bericht über neue rechtliche Bestimmungen bezüglich des jüdischen Eigentums[1]

Bericht (Tgb. Nr.: Be 202/43, Aktenz.: B II 8) der Deutschen Gesandtschaft Bukarest, Abt. Berater, gez. von Killinger, an das Auswärtige Amt, Berlin, vom 30.3.1943 (geheim)

Betr. Dekret-Gesetz Nr. 143 vom 10.3.1943 über die Abänderung und Ergänzung einiger Bestimmungen der bisher erlassenen Romanisierungsgesetze.
Vorg.: Ohne.
Anlg: – 3 –,[2] 2 Doppel
Am 10. März 1943 erschien in „Monitorul Oficial" Nr. 58 ein vom Unterstaatssekretär für Romanisierung, Minister Titus Dragoş, ausgearbeitetes und vom Marschall Antonescu und vom Stv. Ministerpräsidenten Mihai Antonescu unterzeichnetes Gesetz über die Abänderung einiger Bestimmungen in den bisher erlassenen Romanisierungsgesetzen (Anlage 1).[3]
Das Gesetz befaßt sich in Kapitel 3 damit, daß der Artikel 6 des Gesetzes vom 28. März 1941, betr. die Enteignung des jüdischen Stadtbesitzes, geändert wird. Artikel 6 des Gesetzes vom 28.3.1941 lautete:
„Juden, die außerordentliche Ergebenheit dem Lande gegenüber bewiesen und die bzw. ihre Vorfahren dem Lande außerordentliche Dienste erwiesen haben, können, jedoch nur durch Dekret-Gesetz, von der Anwendung des vorliegenden Dekret-Gesetzes befreit werden.
Der Vorschlag ist vom Ministerrat auf Grund des Gutachtens der Spruchkammer des Nationalen Romanisierungsamtes zu machen."
Artikel 6 im neuen Gesetz besagt folgendes:

1 PAAA, R 100 882, Inland II Geheim, Bd. 201, K 212 749–212 753 (Bl. 156 f.). Abdruck in: Traşcă/Deletant (Hrsg.), Al III-lea Reich (wie Dok. 134, Anm. 1), Dok. 142, S. 634–636.
2 Anlagen nicht in der Akte.
3 Dekret-Gesetz zur Veränderung einiger gesetzlicher Regelungen v. 9.3.1943, Monitor Oficial, Nr. 625 v. 10.3.1943, S. 2038–2042.

„1.) Juden, welche als Frontkämpfer in den Reihen der rumänischen Armee im Kriege 1916–1919 wegen persönlicher Verdienste durch Hohes Dekret individuell eingebürgert wurden,
2.) Juden, ehemalige Freiwillige in den Kriegen Rumäniens, die aktiv an den Schlachten teilgenommen haben,
3.) *Juden, welche durch ihre Ergebenheit und besondere Taten oder durch verdienstvolle und ständige Tätigkeit oder durch solche ihrer Ahnen sich als der rumänischen Nation treu und wertvoll erwiesen haben, werden ganz oder teilweise durch Dekret des Staatsführers, das auf Grund eines Ministerratsbeschlusses erlassen wird, den Blutsrumänen angeglichen werden können.*"
Es kann jetzt schon vorausgesagt werden, daß die besonders unter Punkt 3 festgelegten Bestimmungen nicht nur die verschiedensten Auslegungen zulassen, sondern der Korruption und der Bestechung Tür und Tor öffnen.
Das neue Gesetz, im besonderen die neuen Bestimmungen des Art. 6 des Gesetzes vom 28. März 1941,[4] haben nicht nur unter den Juden, sondern allgemein eine heftige Diskussion ausgelöst. In deutschfreundlichen Kreisen vertritt man die Ansicht, daß der Marschall nach der Veröffentlichung seiner Unterredung mit dem bekannten rumänischen Schriftsteller Ion Al. Brătescu-Voineşti[5] (Anlage 2)[6] sich mit der Unterzeichnung dieses neuen Gesetzes „selbst ins Gesicht geschlagen hätte". Andererseits äußert man sich dahingehend, daß die neuen Bestimmungen des Art. 6 des Gesetzes vom 28.3.41 einer Provokation der vom Führer erlassenen Proklamation über die Ausrottung des Judentums in Europa gleichkommt. In volksdeutschen Kreisen werden in der Diskussion um das neue Gesetz Stimmen dahingehend laut, daß sie auf Grund des Wiener Schiedsvertrages, der die rechtliche Gleichstellung der Volksdeutschen mit den Rumänen bestimmt, bisher vergeblich um diese Gleichstellung gerungen haben und nun eine gewisse Kategorie von Juden die Möglichkeit hat, die ethnische Gleichstellung mit den Blutsrumänen gesetzlich zugebilligt zu erhalten.
Am 18. März hatte der Berater mit Unterstaatssekretär Dragos eine Unterredung, an welcher auch der Regierungsbeauftragte Lecca teilnahm. In der Unterredung wurde das neue Gesetz vom 10. März 1943 über die Abänderung und Ergänzung einiger Bestimmungen der bisher erlassenen Romanisierungsgesetze behandelt.
Der Berater erklärte Minister Dragoş, daß das neue Gesetz allgemein eine heftige Diskussion ausgelöst und vor allem in deutschen Kreisen eine erhebliche Überraschung hervorgerufen hätte. Seines Erachtens enthalte das neue Gesetz Bestimmungen, die den Juden, die bisher enteignet wurden, wieder zu ihren enteigneten Vermögen verhelfen, darüberhinaus einer gewissen Kategorie von Juden die rassische Gleichstellung mit den Blutsrumänen, falls besondere Verdienste vorliegen, gesetzlich zubillige. Der Deutschen

4 Das am 28. März 1941 publizierte Dekret-Gesetz Nr. 842 betraf die Überführung städtischer Immobilien von Juden in Staatsbesitz; siehe zur Begründung durch General Antonescu Dok. 153 vom 27.3.1941.

5 Ion Alexandru Brătescu-Voineşti (1868–1946), Schriftsteller und Politiker; nach 1892 Richter, 1914–1940 Generalsekretär der Abgeordnetenkammer.

6 Anlage nicht in der Akte. Die Zusammenfassung des Gesprächs erschien in der antisemitischen Zeitung Porunca Vremii am 5.3.1943. Antonescu hatte die Deportation der Juden aus Bessarabien und der Bukowina gerechtfertigt und sein Vertrauen in den Sieg der Achsenmächte über den „Judäo-Bolschewismus" unterstrichen.

Volksgruppe in Rumänien sei im Wiener Schiedsvertrag die rechtliche Gleichstellung mit den Blutsrumänen zugebilligt worden, sie habe aber vergeblich bisher um diese rechtliche Gleichstellung gerungen. Es sei ihm ja selbst bekannt, daß in den bisher erlassenen Romanisierungsgesetzen immer von Blutsrumänen gesprochen worden sei, die an der Romanisierung teilhaben können, während den Volksdeutschen rumänischer Staatsangehörigkeit auf ihre Gesuche hin immer eine abschlägige Antwort und zum Teil mit dem Vermerk, daß die Romanisierung sich nur auf Blutsrumänen erstrecke, erteilt worden sei.
Minister Dragoş erklärte, daß es zutreffe, daß das Gesetz zu den verschiedensten Auslegungen Anlaß gegeben hätte. Er habe aus Gründen der Aufklärung und Richtigstellung die Presse zu sich gebeten und ihr zu dem Gesetz einige aufklärende Erläuterungen gemacht (Anlage 3).[7] Er betonte, daß der § 6 des Gesetzes vom 28.3.41 durch die neuen Bestimmungen angeblich eine wesentliche Verschärfung erfahren hätte, insofern als die Verdienste des betreffenden Juden nicht einmalig sein dürften, sondern ihre Ergebenheit „durch besondere Taten oder durch verdienstvolle und *ständige* Tätigkeit" unter Beweis stellen mußten. Auf die Frage des Beraters, ob trotz seiner Ausführungen er nicht auch der Ansicht sei, daß die neuen Bestimmungen die verschiedensten Auslegungen zulassen und darüber hinaus der Korruption und der Bestechung Tür und Tor öffnen, erklärte Minister Dragoş, daß das die Praxis zeigen müßte. Der Berater hatte jedenfalls den Eindruck, daß ihm die Diskussion über dieses neue Gesetz in keiner Weise angenehm ist. Minister Dragoş ließ dann dem Berater durch Herrn Lecca mitteilen, daß er veranlassen wolle, daß der Begriff „ethnisch" aus dem Gesetz entfernt werde. Minister Dragoş teilte ferner noch mit, daß ein Gesetz in Arbeit sei, das den Begriff „Blutsrumäne" umreißen soll.
Von einem Vertrauensmann im Romanisierungsministerium wurde in Erfahrung gebracht, daß Minister Dragoş am 19. März seinen Generalsekretär Rizescu[8] veranlaßte, an Mihai Antonescu ein Schreiben zu senden, in welchem er Mihai Antonescu davon unterrichtete, daß bei dem Gesetz zur Abänderung der Romanisierungsgesetze angeblich ein Druckfehler unterlaufen sei. Dragos teilte Mihai Antonescu mit, daß das Wort „ethnisch" nicht in das Gesetz gehöre und Mihai Antonescu für die Richtigstellung besorgt sein mochte.
Auf die angestellten Erhebungen, auf wessen Veranlassung das neue Gesetz ausgearbeitet wurde, teilte Lecca am 17. März mit, daß er von Unterstaatssekretär Dragoş erfahren habe, daß der Marschall Minister Dragoş den Befehl erteilt hätte, die Abänderungen der Romanisierungsgesetze auszuarbeiten und *die Ausarbeitung selbst geheimzuhalten.* Auch Mihai Antonescu habe ihm erklärt, daß er von dem Gesetz angeblich nichts gewußt hätte. Ihm sei der Gesetzentwurf zur Mitzeichnung vorgelegt worden, als der Marschall und Dragos bereits unterzeichnet gehabt hatten.
In diesem Zusammenhang ist eine Information, welche der Rumänischen Sicherheitspolizei zugegangen ist, bemerkenswert, wonach die Königin-Mutter Helene ihrem jüdi-

7 Anlage nicht in der Akte.
8 Hariton Rizescu (1894–1975), Rechtsanwalt; 1941–1943 Generalsekretär im Ministerium für Rumänisierung und Kolonisation; 1959 verhaftet und zu zwölf Jahren Zwangsarbeit verurteilt, 1964 amnestiert.

schen Augenarzt Nicolae Blatt,[9] wohnh. Bukarest, Str. Caimatei Nr. 18, versprochen habe, es würden für eine Besserung des Judenregimes in Rumänien Schritte unternommen werden.
Der Regierungsbeauftragte Lecca teilte ferner mit, daß man ihm im Ministerpräsidium angeboten habe, als Mitglied den Sitzungen des Ausschusses, welcher über die Anträge der Juden lt. Art. 6 des neuen Gesetzes entscheidet, beizuwohnen. Er habe dies jedoch abgelehnt, da er nicht unterrichtet wurde und deswegen auch nicht für die Auswirkungen, die dieses Gesetz zwangsläufig mit sich bringt, mitverantwortlich sein möchte.

DOK. 215
Eichmanns Mitarbeiter teilt am 2. April 1943 dem Auswärtigen Amt mit, dass rumänische Juden in Wien im rumänischen Konsulat Schutz vor der Deportation suchen[1]

Schreiben von SS-Hauptsturmführer Otto Hunsche,[2] Abt. IV B 4 des Reichssicherheitshauptamts, an das Auswärtige Amt, Abt. D III, Berlin, vom 2.4.1943

Betrifft: Behandlung von Juden ausländischer Staatsangehörigkeit im Reichsgebiet
Bezug: Runderlaß des RMdI, vom 5.3.43 – Pol. S IV B 4 b -2314/43 g (82)[3]
Die Staatsschutzstelle Wien teilt mir folgendes mit:
Am 25.3.43 hat der Sekretär des rumänischen Generalkonsulats in Wien[4] bei der Staatspolizeileitstelle vorgesprochen und mitgeteilt, daß sich ungefähr 30 Juden rumänischer Staatsangehörigkeit im Gebäude des Generalkonsulats befinden und sich weigern, dieses zu verlassen, da sie befürchten, nach dem Osten abgeschoben zu werden, nachdem bereits eine größere Anzahl von Juden rumänischer Staatsangehörigkeit im Lauf des 24.3. in Wien festgenommen wurde. Der Sekretär des Generalkonsulats hat behauptet, daß er weder von seiner Regierung noch von der rumänischen Gesandtschaft in Berlin von diesen gegen rumänische Juden ergriffenen Maßnahmen Kenntnis erhalten habe.

9 Dr. Nicolae Blatt (1892–1965), Augenarzt aus Siebenbürgen; behandelte in Bukarest auch Mitglieder des Hofes; im Nov. 1943 amtlich zum Rumänen erklärt; 1946 Professor in Temeswar, nach Verlust der Stelle 1964 ausgereist, 1964–1965 Lehre an der Universität Frankfurt a. M.

1 PAAA, R 100 856, Inland II Geheim, Bd. 176, Judenfrage: Allgemeines (Judenrückkehr), K 210 799 f. (Bl. 311). Abdruck in: Trașcă/Deletant (Hrsg.), Al III-lea Reich (wie Dok. 134, Anm. 1), Dok. 144, S. 642.

2 Otto Hunsche (1911–1994), Jurist; 1933 NSDAP- und SA-Eintritt; von 1942 an im RSHA Mitarbeiter von Eichmann, in der Abt. IV B 4b zuständig für Entziehung von Staatsbürgerschaften und Konfiszierung jüdischen Besitzes, 1943–1944 Berater Eichmanns in Prag und Budapest; 1945–1947 interniert, danach zweieinhalb Jahre Gefängnis, 1969 wegen Massendeportationen von Juden aus Ungarn zu zwölf Jahren Gefängnis verurteilt.

3 SS-Obergruppenführer Ernst Kaltenbrunner befahl am 5.3.1943 die Deportation von Juden mit ausländischer Staatsbürgerschaft aus dem Deutschen Reich und den besetzten Gebieten; siehe PAAA, R 100 857, Inland II Geheim, Bd. 177, Akten betr. die Endlösung der Judenfrage, 1939–1943, E 372 196–372 204.

4 Dr. Constantin Mareș (1905–1999), Jurist; seit 1934 im diplomatischen Dienst; 1937–1940 Rumäniens Vertreter im Vatikan, 1940–1941 Legationssekretär im Außenministerium, Okt. 1941 bis März

Er erklärte weiter, er wolle sich sofort an seine Gesandtschaft in Berlin wenden und um weitere Verhaltensmaßregeln bitten.
Gegen die im Konsulatsgebäude befindlichen Juden wurde bisher noch nichts unternommen.
Vorstehenden Sachverhalt teile ich mit der Bitte um Kenntnisnahme mit, zugleich mit dem Hinweis, daß die Evakuierungsmaßnahmen gegen Juden rumänischer Staatsangehörigkeit gemäß dem obenbezeichneten Erlaß, der von dort aus mitgezeichnet wurde, ergriffen worden sind.

DOK. 216
Das rumänische Außenministerium informiert am 6. April 1943 über die Suche nach rumänischen Juden im Generalgouvernement[1]

Schreiben (Nr. 28 179, sehr dringend) des rumän. Außenministeriums, gez. Generalsekretär Gh. Davidescu, Direktor für Konsularfragen Karadja,[2] an den UStS für Rumänisierung und Kolonialisierung,[3] Bukarest, vom 6.4.1943[4]

Herr Minister,
diese Abteilung hat in letzter Zeit mehrere Telegramme und Berichte erhalten, die deutlich machen, dass die Situation der Juden mit rumänischen Pässen in Deutschland, Frankreich (und wahrscheinlich auch in den anderen Ländern unter deutscher Besatzung) sehr kritisch geworden ist. Ihnen wurde seitens der ausländischen Polizeibehörden ein letzter, sehr kurzfristiger Termin gesetzt, um nach Rumänien zurückzukehren oder andernfalls zwangsweise mit unbekanntem Ziel deportiert oder interniert zu werden.
Die Erfahrung zeigt, was das Letztere bedeutet, falls wir nicht intervenieren.
Unser Generalkonsulat in Berlin teilt uns bei dieser Gelegenheit mit, dass eine Anzahl von Juden aus Polen (darunter auch die genannte Roza Robin Robinov mit ihrem Sohn David,[5] die einen von den zuständigen Behörden ausgestellten Pass mit Rückkehrvisum für Rumänien besitzt) vor einiger Zeit tatsächlich festgenommen und interniert worden ist und sich jedwede Spur von den Betroffenen verloren hat.

1943 Leiter des Generalkonsulats in Wien. Sein Nachfolger Radu Flondor (1900–1956) ermöglichte vielen Juden die Rückkehr nach Rumänien. Mareş und Flondor wurden 1948 von den Kommunisten aus dem diplomatischen Dienst entfernt.

1 AMAE, Germania, 1940–1944, vol. 32, Bl. 153. Das Dokument wurde aus dem Rumänischen übersetzt.

2 Fürst Constantin Ioan Karadja (1889–1950), Jurist; Studium in London; seit 1920 für Rumänien als Legationsattaché im Auswärtigen Dienst, 1928–1930 Konsul in Stockholm, Febr. 1932 bis Juni 1941 Konsul in Berlin, Juli 1941 bis Okt. 1944 Leiter der Konsularabt. im rumän. Außenministerium; Sept. 1947 entlassen; 2005 in Yad Vashem geehrt.

3 UStS war Titus Dragoş.

4 Im Original zwei handschriftl. Notizen: 1. Notiz vom 6.4.1943: „Herr Präsident des Ministerrats hat genehmigt, dass die erwähnten Juden ins Land gebracht werden, um dann nach Transnistrien geschickt zu werden. Wurde nach Berlin und Wien telegrafiert." 2. „Die Notiz vom 7.4.1943 wurde unter derselben Nummer mitgeteilt." Unterschrift unleserlich.

5 Karadja hatte in der vertraulichen Mitteilung vom 27.3.1943 eine Klärung verlangt, da Roza Robinov trotz des 1942 ausgestellten rumän. Passes deportiert wurde.

Die Juden mit rumänischen Papieren in Mitteleuropa ersuchen deshalb um umgehende Rückkehrmöglichkeit nach und Duldung in Rumänien, möglicherweise mit vorübergehendem Aufenthalt in Transnistrien, bis ihre endgültige Emigration und Niederlassung andernorts organisiert werden kann.
Um unseren diplomatischen und konsularischen Organen die wirklich dringenden Instruktionen geben zu können, und unter der Voraussetzung, dass diese noch rechtzeitig eintreffen, bitten wir höflich um Ihre Anordnungen, Ihrer Einschätzung folgend, was den Interessen des Staats am ehesten dient.
Mangels Instruktionen können unsere Ämter den betroffenen Juden derzeit keinerlei konsularischen oder diplomatischen Schutz gewähren, das heißt, dass unsere nichtarischen Staatsbürger einer diskriminierenden Behandlung ausgesetzt sind, verglichen mit ungarischen, schwedischen, schweizerischen u. a. Juden.
Uns wurde im Übrigen mitgeteilt, dass es der ungarischen Regierung gelungen ist, einen Aufschub der geplanten Maßnahmen gegen seine jüdischen Staatsbürger zu erwirken.

DOK. 217
Ein Informant berichtet der Polizeipräfektur am 7. April 1943, dass die Repatriierung jüdischer Waisenkinder aus Transnistrien vorbereitet werde[1]

Bericht eines Informanten aus der Judenzentrale, gez. „Sichere Quelle“, Bukarest, an die Polizeipräfektur in Bukarest vom 7.4.1943

Aus jüdischen Kreisen.
In der Judenzentrale werden Vorbereitungen getroffen für die nahende Abreise der jüdischen Kommission nach Transnistrien, die einige Tausend Waisen in die Hauptstadt bringen soll, um sie von hier nach Palästina zu schicken.
Fred Şaraga, der ebenfalls der zu entsendenden Kommission angehört, arbeitet in der Fürsorgeabteilung in der Calea Moşilor Nr. 78 täglich an den erforderlichen Vorbereitungen für die Abreise.
Das Generalsekretariat der Judenzentrale Rumäniens ist zwischen A. Fundoianu[2] und Ioan Massoff[3] aufgeteilt worden.
Der ursprünglich zum Präsidenten ernannte Dr. N. Gingold hat nicht mehr die erforderliche Zeit, auch noch das Sekretariat zu leiten.
A. Fundoianu ist Rechtsanwalt, ehemals Sekretär des jüdischen Rechtsanwalts Schwefelberg. Letzterer ist der Vertraute von Dr. Filderman.
Ioan Massoff war Redakteur bei der Zeitung *Rampa* und Bibliothekar am Nationaltheater der Hauptstadt.

1 ANIC, Ministrul Afacerilor Interne, Direcţia Generală a Poliţiei, d. 122/1943, vol. 1, Bl. 65 f. Das Dokument wurde aus dem Rumänischen übersetzt.
2 A. Fundoianu hatte zuvor als Anwalt gearbeitet, 1942–1944 war er Sekretär der Judenzentrale.
3 Ioan (Joseph) Massoff, Literaturkritiker; bis 1940 Redakteur bei der Zeitung Rampa; Nov. 1941 auf der Liste der Bukarester jüdischen Geiseln; 1942–1944 Schriftleiter der Gazeta Evreiască; 1944 Mitglied der Kommunistischen Partei.

DOK. 218

Der jüdische Arzt Marcu Cajal bittet am 13. April 1943 beim Ministerrat um die Anerkennung als Rumäne[1]

Bittschrift, gez. Dr. Marcu Cajal,[2] Bukarest, Anton Pann Str. Nr. 38b, an das Präsidium des Ministerrats,[3] Bukarest, vom 13.4.1943

Ich bin in Rumänien geboren und habe hier alle Schulen besucht. Ich habe mein gesamtes Leben an der Seite von ethnischen Rumänen verbracht, deren Gewohnheiten und Neigungen ich vollständig übernommen habe.
Einige der ehemaligen und derzeitigen Minister waren meine Mitschüler, und meine an der Seite dieser Berühmtheiten verbrachte Kindheit bereitete das Fundament für meine geistig-seelische Entwicklung. Um meine Behauptungen zu unterstreichen, führe ich im Folgenden Beweise an, die meine außerordentliche Verbundenheit mit meinem Land dokumentieren.
Beweise militärischer Art.
a. Im Krieg 1913 habe ich an der *Bekämpfung der Cholera-Epidemie* im Frontgebiet teilgenommen. Ich füge die Urkunde zur Medaille „Aufschwung des Vaterlands" bei, die mir verliehen wurde, weil ich als *Freiwilliger Arzt im Range eines Feldwebels* gekämpft habe.[4]
b. Am Krieg 1916–1918 habe ich als Arzt im Range eines Leutnants teilgenommen; 1917 war ich Gasangriffen ausgesetzt, als ich als Bataillonsarzt im Infanterieregiment 73/78 tätig war. Als Beweis füge ich verschiedene militärische Unterlagen sowie die Entscheidung des Verwaltungsgerichts bei, gemäß der ich auf Grundlage von Absatz E der Kategorie II zugeordnet worden bin,[5] nachdem nachzuweisen war, dass ich an der Kampflinie *durch Gas verletzt* worden bin.
c. Am Krieg *gegen Ungarn* im Jahre 1919 habe ich als Arzt des Haubitzen-Regiments 42 teilgenommen.
Beweise aus dem Zivilleben.
a. Ich habe viele wissenschaftliche Arbeiten veröffentlicht. Am bedeutendsten ist die Abhandlung, die ich in Zusammenarbeit mit Herrn Professor Manicatide[6] über die *Therapie von Kindern* erstellt habe und die in zwei Auflagen erschienen und inzwischen vergriffen ist; seit vielen Jahren dient sie Studenten des sechsten Studienjahrs an der Medizinischen Fakultät als Unterrichtsmaterial.
b. Am 1. Juli 1929 wurde ich zum geprüften *Dozenten für Kindertherapie* an der Medizinischen Fakultät Bukarest ernannt.
c. Von der Rumänischen Akademie wurde ich für die *Therapie von Kindern* im Jahre 1934 mit dem „Professor-Riegler-Preis" *ausgezeichnet.*

1 ANIC, PCM, d. 702/1943, Bl. 5. Das Dokument wurde aus dem Rumänischen übersetzt.
2 Dr. Marcu Cajal, Arzt; Kinderarzt in Bukarest seit 1912; wurde 1940 als Dozent der Medizinischen Fakultät entlassen, 1942–1944 lehrte er Medizin am privaten jüdischen Kolleg von Ernest Abason.
3 Die Gesuche überprüfte eine Kommission von Delegierten des Justizministeriums, des Obersten Kassationshofs und des Zentrums für Rumänisierung.
4 Anlage in der Akte.
5 Die privilegierte Kategorie II betraf im Gesetz vom 9.8.1940 Juden, die im Ersten Weltkrieg freiwillig in der rumän. Armee gedient hatten; siehe Dok. 136 vom 9.8.1940.
6 Cajal war Mitautor des Buches „Pediatrie" zusammen mit Mihail Manicatide (1867–1954).

d. Ich habe acht Jahre im *Beirat des Lyzeums „Matei Basarab"* mitgewirkt, in der Zeit also, als das Lyzeum umgestaltet, vergrößert und zu dem heutigen schönen Gebäude wurde.
e. Ich praktiziere seit 30 Jahren Kindermedizin und habe Kinder aller Nationalitäten und aus allen Regionen medizinisch versorgt.
Ich habe meinen Beruf als Berufung verstanden, weshalb ich am Ende meiner Laufbahn über keinerlei Vermögen verfüge.
Mein einziger Besitz ist ein Haus, in dem ich seit 30 Jahren wohne und dessen Besitzer ich seit 1913 durch eine *Mitgifturkunde* bin.
Ich hoffe, durch meine ehrenwerte und treue Tätigkeit in diesem Land anerkannt zu werden als jemand, der in Kriegszeiten den Beweis außerordentlicher Aufopferung erbracht und für die Gesellschaft ununterbrochen verdienstvolle Arbeit geleistet hat, und den ethnischen Rumänen gleichgestellt zu werden gemäß Art. 6 des Gesetzes 254 aus dem Jahre 1941, geändert durch Art. 3 des Gesetzes vom 10. März 1943.[7]
Mit tiefstem Respekt

DOK. 219

Der deutsche Gesandte informiert am 30. April 1943 das Auswärtige Amt über die Organisation eines Transports von 1000 jüdischen Kindern aus Rumänien nach Palästina[1]

Bericht (Tgb. Nr.: G 653/43, Aktenz. B II 8, geheim) von der Deutschen Gesandtschaft Bukarest, Abt. Berater, gez. von Killinger, an das Auswärtige Amt, Inl. II 1207 g. (Eing. 8.5.1943), vom 30.4.1943

Betr.: Auswanderung von Juden aus Rumänien
Vorg: Dort Erlaß v. 15.4.43, Nr. Inl. II A 926 g.,[2] *Anlg.:* 2 Doppel[3]
Unter Bezugnahme auf hies. Telegramm vom 9.3.43 Nr. 1283[4] und Nr. 1376 vom 12.3.43[5] wird zusammenfassend folgendes berichtet.

7 Siehe Monitor Oficial, Nr. 625 v. 10.3.1943, S. 2038.

1 PAAA, R 100 878, Inland II Geheim, Bd. 197a, Judenausreise nach Palästina – 1943, K 207 405–207 408 (Bl. 107–110). Abdruck in: Trașcă/Deletant (Hrsg.), Al III-lea Reich (wie Dok. 134, Anm. 1), Dok. 148, S. 651 f.

2 Mit der Verfügung vom 15.4.1943 wies Eberhard von Thadden die Gesandtschaft in Bukarest an, darüber zu berichten, ob der Transport jüdischer Kinder aus Rumänien nach Palästina am 14.4.1943 erfolgt sei; wie Anm. 1, K 207 326.

3 Anlagen nicht in der Akte.

4 PAAA, R 99 255. Inland II aIB, Briefweiterleitungen des Reichsführers-SS von 1942. Abdruck in: Trașcă/Deletant (Hrsg.), Al III-lea Reich (wie Dok. 134, Anm. 1), Dok. 135, S. 607. Gustav Richter hatte Eichmann über die Entlassung von Admiral Pais informiert. Der UStS soll mit einem griech. Reeder die Auswanderung von 2000 Juden nach Palästina gegen eine hohe Geldsumme vorbereitet haben.

5 Wie Anm. 1. Abdruck in Trașcă/Deletant (Hrsg.), Al III-lea Reich (wie Dok. 134, Anm. 1), Dok. 139, S. 616. Killinger hatte mitgeteilt, dass 75 Personen am 14.3.1943 mit Transitvisa nach Bulgarien abgereist seien und dort von der Geheimen Feldpolizei durchsucht werden sollten.

Von einem Mittelsmann wurde von dem Vertrauensmann des Palästina-Amtes in Bukarest, Dr. Enzer,[6] der nach Auflösung des Palästina-Amtes sich illegal mit der Auswanderung jüdischer Kinder aus Rumänien befaßt, in Erfahrung gebracht, daß anfangs März mit der Auswanderung eines Kontingents jüdischer Kinder aus Rumänien begonnen werden soll. Dr. Goldin,[7] der Sekretär des Leiters des Palästina-Amts in Istanbul, hatte Dr. Enzer mitgeteilt, daß vom Palästina-Amt in Istanbul eine weitere Einreise-Quote von etwa 1000 jüdischen Kindern aus Rumänien und Transnistrien in Aussicht gestellt worden sei und daß für diese Zertifikate wahrscheinlich die Türkei die Durchreisevermerke erteilen würde. Von dem Leiter der illegalen jüdischen Jugend in Rumänien, Ghers Tabacinic,[8] wurde durch einen weiteren Mittelsmann in Erfahrung gebracht, daß der erste Kindertransport am 14. März 43 von Bukarest über Bulgarien, Türkei nach Palästina abgehen soll. Der Mittelsmann teilte damals außerdem noch mit, daß sich unter dem Transport ein Vertrauensmann von Tabacinic befinden soll, der die Aufgabe habe, Briefe und Nachrichten für Istanbul und Genf zu befördern. Im Benehmen mit der GFP[9] Gruppe 171 Bukarest wurde auf Grund dieses Sachverhalts veranlaßt, daß der Transport auf bulgarischem Gebiet einer strengen Durchsuchung unterzogen wurde.[10] Bericht der GFP über das Ergebnis der Durchsuchung liegt bei.[11] An der bulgarisch-türkischen Grenze in Svilengrad wurde der Transport nochmals einer Kontrolle unterzogen und bei dieser Gelegenheit wurden 5 jüdische Kinder mit chilenischen Pässen,[12] ausgestellt von der Chilenischen Gesandtschaft in Bukarest, da es sich um polnische Judenkinder handelte, aus dem Zuge herausgeholt. Während man zwei von ihnen, es handelte sich um Mädchen, weiterreisen ließ, wurden 3 Jugendliche (Winter, Gold und Tin)[13] festgehalten und dem SD in Nisch überstellt.[14] In der Zwischenzeit wurden von seiten der Eltern dieser Kinder, von Seiten der Juden und auch von seiten des Präsidenten des Rumänischen Roten Kreuzes, Dr. Costinescu,[15] die

6 Dr. Samuel Enzer (1896–1976), Rechtsanwalt; begründete 1924 in Bukarest die jüdische Organisation Poale-Zion; 1940 Leitung des Palästina-Amts in Rumänien; Aug. 1942 in der Führung der seit 1940 verbotenen Zionistischen Organisation, 1943 setzte er sich für die Emigration von Juden ein; Jan. 1944 auf Richters Initiative verhaftet; April 1944 Ausreise nach Palästina.

7 Dr. Joseph Goldin-Zahavi (1901–1983), 1943/44 Sekretär von Chaim Barlas, des Leiters der Jewish Agency in Istanbul.

8 Gherş Tabacinic (1921–1981), Zionist aus Bessarabien; Leiter der Jugendgruppe Gordonia; unterstützte 1943 die Emigrationsbewegung; Jan. bis Aug. 1944 wegen Fälschung von Papieren für Juden aus Polen und Czernowitz inhaftiert; Ausreise nach Palästina, war später beim Mossad tätig.

9 Geheime Feldpolizei.

10 Bezüglich des nächsten Transports forderte Killinger die Gesandtschaft in Sofia am 4.4.1943 auf, den Begleiter der Kinder, David Tennenbaum (*1921) aus Bel'cy, zu verhaften, der Post für die Genfer Juden übermittelte. Tennenbaum organisierte noch im Sommer 1944 die Emigration von Juden aus Rumänien und Ungarn; siehe Şerbanescu (Hrsg.), 1943–1944. Bilanţul tragediei – renaşterea speranţei, Bucureşti 1998, Dok. 331, S. 368 f.

11 Liegt nicht in der Akte.

12 Das chilen. Konsulat vertrat Polen nach dessen Besetzung. Etwa 300 Juden kamen mit chilen. Pässen aus Czernowitz nach Bukarest.

13 Ob die verhafteten Jugendlichen Winter, Gold und Tin überlebt haben, konnte nicht ermittelt werden. Der Textilfabrikant Markus Gold aus Czernowitz suchte nach seinem verhafteten Sohn.

14 Siehe Dok. 213 vom 18.3.1943.

15 Dr. Ioan Costinescu (1871–1951), Arzt und Geschäftsmann; Juli 1927 bis Dez. 1928 Bürgermeister von Bukarest; 1934–1938 mit Unterbrechungen Minister für Arbeit und Sozialschutz, 1934–1947 Präsident des Rumänischen Roten Kreuzes; organisierte 1941–1944 Hilfe für Deportierte in Transnistrien in Kooperation mit dem IKRK, von 1944 an Einsatz für Emigration von Juden aus Rumänien und Ungarn; 1949 wegen Devisengeschäften zu drei Jahren Gefängnis verurteilt, starb in Haft.

verschiedensten Interventionen zur Freigabe der in Nisch festgesetzten Judenkinder, bis jetzt jedoch ohne Erfolg, unternommen.

Am 2. April erschien der Advokat der Staatlichen Reisegesellschaft *Romania*, Herr Demetriu,[16] Bukarest, Cal. Victoriei Nr. 2, und teilte mit, daß die Reisegesellschaft *Romania* einen Transport von 74 jüdischen Kindern bis zu 16 Jahren samt einen Begleiter für die Auswanderung nach Palästina über Bulgarien und die Türkei übernommen habe. Da bei dem letzten Transport jüdischer Kinder durch Bulgarien nach Palästina in Bulgarien große Schwierigkeiten entstanden seien, hätte ihn die *Romania* beauftragt, bei der Deutschen Gesandtschaft die Genehmigung einzuholen, daß gegen die Durchreise der 74 jüdischen Kinder durch Bulgarien keine Bedenken bestehen.

Herr Demetriu legte ein Schreiben (Anlage 2)[17] der Staatlichen Reisegesellschaft *Romania* vom 30. März 1943, adressiert „an die geehrte Geheimpolizei bei der Feldgendarmerie für Rumänien" vor, in welchem darum gebeten wird, die Liste der auswandernden jüdischen Kinder zu visieren, damit dem Transport in Bulgarien keine Schwierigkeiten mehr entstehen.

Herr Demetriu wurde davon unterrichtet, daß es nicht im politischen Interesse des Reiches liege, daß eine Auswanderung von Juden nicht nur aus Rumänien, sondern aus Europa überhaupt, im Hinblick auf die vom Reich erstrebte Lösung der Judenfrage in Europa, stattfinde. Aus diesen Gründen seien auch bereits dem 1. Transport, der am 14. März in Bukarest abging, Schwierigkeiten entstanden. Inzwischen seien unsererseits Vorkehrungen dahingehend getroffen worden, daß es vollkommen aussichtslos sei, weitere jüdische Kinder über Bulgarien nach Palästina auswandern zu lassen. Unter diesen Umständen könnte die beantragte Visierung der Liste der jüdischen Kinder nicht vorgenommen werden, es sei empfehlenswert, die Staatliche Reisegesellschaft *Romania*, falls sie auf den Transport ihrerseits bestehen würde, auf die sich daraus ergebenden Schwierigkeiten aufmerksam zu machen. Herr Demetriu wurde nicht im Unklaren darüber gelassen, daß damit zu rechnen sei, daß diesmal der Transport, falls er aus Bukarest abgehe, hundertprozentig einen anderen Weg als über Bulgarien nach Palästina nehmen würde.

Am 4. April ging der Gesandtschaft durch einen Mittelsmann die Mitteilung zu, daß ein II. Transport jüdischer Kinder in Stärke von 75 Personen am 6. April von Bukarest über Bulgarien und die Türkei nach Palästina abgehen sollte. Auf Grund einer persönlichen Unterredung des Beraters[18] mit dem Vertreter des Leiters[19] der Abwehrstelle Rumänien, Major von Gregory,[20] wurden von diesem aus in Sofia Vorbereitungen dahingehend getroffen, daß, falls der Transport abgehen sollte, sämtliche männlichen Juden an der Weiterreise verhindert und nach Rumänien zurücktransportiert werden.

Dem Präsidenten der Judenzentrale, Dr. Gingold, wurde durch den Berater offiziell mitgeteilt, daß, falls ein zweiter Transport jüdischer Kinder von Bukarest abgehen sollte,

16 Vermutlich Demetriu Popescu, der 1943 im Namen der Staatlichen Reisegesellschaft „România" mit der Organisation der Emigration nach Palästina befasst war.

17 Schreiben der Reisegesellschaft „România" vom 30.3.1943; wie Anm. 1, K 207 411.

18 Gemeint ist der Judenberater Gustav Richter.

19 Erich Rodler (1884–1948), Offizier; 1938–1940 bei der Abwehr in Innsbruck und Salzburg, 1940–1944 Leiter der Abwehr in Rumänien; 1947 von den sowjet. Behörden verhaftet, in Haft gestorben.

20 Waldemar Freiherr von Gregory (1887–1944), Berufsoffizier; 1940–1943 Major bei der Abwehr in Bukarest, 1944 bei der Abwehr in Italien; starb bei einem Unfall.

dieser auf bulgarischem Gebiet empfindlichen Schwierigkeiten ausgesetzt sei und darüberhinaus damit zu rechnen sei, daß der Transport sein Zielland nicht erreicht. Dr. Gingold unterrichtete hiervon den früheren Leiter der Zionistischen Bewegung in Rumänien, Dr. Benvenisti,[21] der auf Grund seiner Unterredung mit Dr. Gingold sofort die Abfahrt des Transportes abstoppte.

DOK. 220

Legationsrat Wagner setzt Außenminister Ribbentrop am 7. Mai 1943 über die geplante Ausreise von 70 000 Juden aus Rumänien in Kenntnis[1]

Vortragsnotiz (geheim) von Abt. Inland II 1116 g., gez. Horst Wagner, über Herrn UStS Pol[2] und Herrn Staatssekretär[3] zur Vorlage bei dem Herrn Reichsaußenminister, Berlin, vom 7.5.1943

Gesandter v. Killinger hat mit Telegramm Nr. 2370 vom 30.4.[4] um eine endgültige Stellungnahme zur *Ausreise von 70 000 Judenkindern im Alter bis zu 8 Jahren aus Rumänien nach Palästina* gebeten.[5] Marschall Antonescu habe im Führerhauptquartier das grundsätzliche deutsche Einverständnis für die Ausreise erhalten.

Nach Kenntnis der Gruppe Inl. II ist die Ausreise der Judenkinder zwar Gegenstand der Besprechung zwischen dem Herrn RAM und dem Marschall Antonescu gewesen, jedoch hat der Herr RAM lediglich die Prüfung der Frage in Aussicht gestellt, ohne sich auf eine grundsätzliche Zusage festzulegen.

Gruppe Inl. II ist der Auffassung, daß die Erteilung der Ausreisegenehmigung für 70 000 Judenkinder im Widerspruch zu der bisher gradlinig verfolgten Politik, keine Juden mehr aus dem deutschen Machtbereich und dem Bereich seiner Verbündeten in das Gebiet der Feindstaaten herauszulassen, steht. Die Zustimmung würde daher als eine Änderung unserer Grundhaltung aufgefaßt werden.[6] Weiterhin hält es die Pol. Abteilung für bedenklich, im Hinblick auf unsere Araberpolitik der Neuzulassung von 70 000 Judenkindern in Palästina ausdrücklich zuzustimmen.

21 Dr. Mişu (Mosche) Benvenisti (1902–1977), Jurist; 1922 Präsident der zionistischen Jugendorganisation, 1936/37 Vizepräsident der Jüdischen Partei, 1943–1945 Leiter der Zionistischen Exekutive, von Jan. 1944 an drei Monate in Haft wegen Fluchthilfe für Juden; 1946–1947 Leiter der Zionistischen Exekutive; wurde 1950 verhaftet, 1954 zu lebenslanger Haft verurteilt und im April 1956 entlassen; Ausreise nach Israel.

1 PAAA, R 100 854, Inland II Geheim, Bd. 174a, Judenfrage: Allgemeine Feldscher-Aktion (Austausch jüdischer Kinder), K 207 700 f. (Bl. 24 f.). Abdruck in: Traşcă/Deletant (Hrsg.), Al III-lea Reich (wie Dok. 134, Anm. 1), Dok. 149, S. 657.
2 Andor Hencke (1895–1984), Berufsdiplomat; nach zahlreichen Auslandseinsätzen im AA von 19.4.1943 bis 3.5.1945 Leiter der Politischen Abt.
3 Gustav Adolf Baron Steengracht von Moyland.
4 PAAA, R 100 882, Inland II Geheim, Bd. 201, Judenfrage in Rumänien 1943–1945, K 212 746. Abdruck in: Traşcă/Deletant (Hrsg.), Al III-lea Reich (wie Dok. 134, Anm. 1), S. 649.
5 Obwohl nur die Emigration von maximal 5000 jüdischen Kindern zur Debatte stand, argumentierte Horst Wagner, der Verbindungsmann zu Himmler, mit allen 70 000 Überlebenden in Transnistrien, um den Außenminister von einem Zugeständnis abzuhalten.
6 Beim Treffen mit Ribbentrop am 13.4.1943 erwähnte Marschall Antonescu die Probleme der Emigranten beim Transit durch Bulgarien nur kurz. Ribbentrop versprach eine Klärung.

Gruppe Inl. II schlägt daher vor:
1.) Der Herr RAM weist Gesandten v. Killinger an, den Marschall in geeignet erscheinender Form darauf aufmerksam zu machen, daß lediglich die Prüfung der Frage, ob der Ausreise von 70 000 Judenkindern nach Palästina zugestimmt werden könne, in Aussicht gestellt wurde. Eine grundsätzliche Zusage in dieser Frage habe er bei den Besprechungen keineswegs erteilt. Ein entsprechender Telegrammentwurf ist beigefügt.[7]
2.) Gruppe Inl. II weist die Gesandtschaft Bukarest im Anschluß an das Telegramm des Herrn RAM an, dem rumänischen Regierungsbeauftragten Lecca mitzuteilen, die *Prüfung der Frage*, ob deutscherseits der Ausreise von 70 000 Judenkindern zugestimmt werden könne, *sei noch nicht abgeschlossen*. Das in Aussicht genommene Telegramm ist im Entwurf gleichfalls beigefügt.[8]
3.) In der Angelegenheit werden sodann zunächst weitere Schritte der Rumänen abgewartet.

DOK. 221
Das Auswärtige Amt übermittelt am 14. Mai 1943 die Entscheidung des Reichssicherheitshauptamts, die Ausreise von 5000 jüdischen Kindern aus Rumänien abzulehnen[1]

Bericht (geheim) des Auswärtigen Amts Berlin, Abt. Inland II, gez. von Thadden[2] an die Deutsche Gesandtschaft, Bukarest, vom 14.5.1943

Ref.: LR v. Thadden zu Inl. II 1259 g.
SS-Obersturmbannführer Eichmann – Amt IV. Reichssicherheitshauptamt – teilt mit, seine Spitze habe hinsichtlich des alliierten Wunsches, Judenkinder aus Rumänien und den besetzten Ostgebieten herauszuziehen, wie folgt Stellung genommen:
1.) Die Auswanderung von Judenkindern müsse grundsätzlich abgelehnt werden.
2.) Der Ausreise von 5000 Judenkindern aus den besetzten Ostgebieten würde dann zugestimmt werden, wenn hierdurch im Austauschwege internierte Deutsche aus dem Ausland zum Schlüssel 4 : 1, insgesamt 20 000, die Genehmigung zur Rückkehr in das Reich erhielten. Es müsse jedoch darauf Wert gelegt werden, daß es sich nicht um 20 000 alte, sondern um fortpflanzungsfähige Deutsche im Alter unter 40 Jahren handele.
Im übrigen müßten die Verhandlungen jedoch schnell geführt werden, da sich der Zeitpunkt nähere, wo wegen der Durchführung unserer Judenmaßnahmen die Ausreise von 5000 Judenkindern aus den Ostgebieten sich technisch nicht mehr werde bewerkstelligen lasse.

7 Liegt nicht in der Akte.
8 Liegt nicht in der Akte.

1 PAAA, R 100 854, Inland II Geheim, Bd. 174a, Judenfrage: Allgemeine Feldscher-Aktion (Austausch jüdischer Kinder), K 207 719 (Bl. 36). Abdruck in: Traşcă/Deletant (Hrsg.), Al III-lea Reich (wie Dok. 134, Anm. 1), Dok. 152, S. 664.
2 Dr. Eberhard von Thadden (1909–1964), Jurist; 1933 NSDAP- und SA-Eintritt, 1936 SS-Eintritt; 1937 Dienststelle Ribbentrop, 1938 ins AA übernommen, 1942 Kriegsdienst, April 1943 bis Mai 1945 Judenreferent in der Abt. Inland II; 1945–1949 interniert, 1956 Ermittlungsverfahren eingestellt.

3.) Sofern überhaupt der Ausreise von Judenkindern aus Rumänien oder anderen Balkanstaaten trotz Ziffer 1.) zugestimmt werden müsse, so werde Wert darauf gelegt, daß auch dies nicht ohne Gegenleistung, sondern in einem Verfahren entsprechend Ziffer 2.) erfolge.
Meine Frage, ob diese Stellungnahme abschließend und dem Herrn RAM[3] als Stellungnahme des Reichsführers SS vorgelegt werden könne, bejahte Eichmann.
Hiermit Herrn Gruppenleiter Inl. II[4] zur Kenntnis und mit der Bitte um Weisung vorgelegt, ob nunmehr eine abschließende Vorlage über den Gesamtfragenkomplex an den Herrn RAM gemacht werden kann.

DOK. 222
Marschall Antonescu weist am 25. Mai 1943 den Innenminister an, den ehemaligen Präsidenten der jüdischen Gemeinden Filderman zu internieren[1]

Schreiben (Nr. 304 793/S./943, sehr dringend) des Präsidiums des Ministerrats, Sekretariatsabteilung, gez. Generalsekretär Ovidiu Al. Vlădescu, Direktor Petru Bănescu,[2] an den Innenminister,[3] Bukarest, vom 25.5.1943[4]

Herr Minister,
infolge einer Regierungsentscheidung über den Beitrag der Juden als Ausgleich für die Befreiung von der Zwangsarbeit und das Recht zur Berufsausübung, mitgeteilt durch den Regierungsbeauftragten für die Regelung jüdischer Fragen in Rumänien,[5] *hat die Judenzentrale führende Persönlichkeiten des jüdischen Lebens einberufen. Vor ihnen hat* der ehemalige Präsident der jüdischen Gemeinde, *Filderman, erklärt, dass die Verfügung der Regierung weder legal noch umsetzbar sei,*[6] *und darauf aufmerksam gemacht, dass die in anderen Ländern* (Ungarn, Italien und Finnland) *ergriffenen Maßnahmen gegen die Juden erheblich milder seien als in Rumänien.*
Da die Haltung Fildermans, der seine mündlichen Ausführungen anlässlich der Zusammenkunft der Gemeinde auch schriftlich gegenüber dem Vorsitzenden der Jüdischen

3 Reichsaußenminister Joachim von Ribbentrop.
4 Horst Wagner.

1 ANIC, MAI, Direcţia. Generală a Poliţiei, 122/1943, v. 1, Bl. 92. Das Dokument wurde aus dem Rumänischen übersetzt.
2 Petru Bănescu, Mai bis Sept. 1939 leitender Mitarbeiter der Sektion Studien im Ministerium für Minderheiten, 1943 Direktor im Präsidium des Ministerrats.
3 General Dumitru I. Popescu (1883–1970), Berufsoffizier; 1940–1941 Kommandant der Hauptstadt, 27.1.1941–23.8.1944 Innenminister; 1946 zu zehnjähriger Haftstrafe verurteilt.
4 Im Original handschriftl. Unterstreichungen sowie handschriftl. Notiz vom 27.5.1943: „Wird zur Internierung nach Transnistrien geschickt"; Notiz der Polizeipräfektur: „Festnahme zur Verschickung nach Transnistrien".
5 Radu Lecca.
6 Bei dem Treffen in der Judenzentrale wurde eine Sonderabgabe von vier Milliarden Lei gefordert, als Gegenleistung dafür, dass die in wirtschaftlich wichtigen Positionen tätigen Juden von der Zwangsarbeit befreit und sie zur Ausübung ihrer Berufe wieder zugelassen worden waren; siehe

Gemeinde[7] wiederholt hat, *den Art. 26 des Gesetzes Nr. 80 vom 6. Februar 1941 erfüllt,*[8] *bittet der Marschall Sie, Maßnahmen zwecks Internierung Fildermans zu ergreifen.*
Wir versichern Ihnen, Herr Minister, unsere besondere Wertschätzung.

DOK. 223

Außenminister Antonescu notiert am 26. Mai 1943 die Absprachen mit Delegierten des Internationalen Komitees vom Roten Kreuz zur Ausreise von Juden[1]

Gedächtnisprotokoll von M. Antonescu, Außenminister und Vizepräsident des Ministerrats, über seine Gespräche mit Herrn Chapuisat,[2] Vertreter des Roten Kreuzes, und Herrn De Traz,[3] Generalsekretär, am 25.5.1943 vom 26.5.1943[4]

Herr Chapuisat und Herr De Traz haben bei mir angefragt, ob ich zu einer Entscheidung bezüglich der Emigration der hiesigen und bulgarischen Juden, die auf rumänischen Schiffen auswandern wollen, gekommen sei.
Ich habe deutlich gemacht, dass ich durch Herrn von Killinger kürzlich bei der deutschen Regierung interveniert habe, um den Transport bulgarischer Juden mit der „Basarabia" und „Transilvania" zu erleichtern. Die türkische Regierung wäre sehr daran interessiert, die beiden Schiffe zu chartern und zur Verfügung zu stellen, wenn die deutsche Regierung im Gegenzug garantiert, sie im Schwarzen Meer nicht zu torpedieren.
Diese Zusicherung wurde uns von deutscher Seite jedoch nicht gegeben, weil sie Angriffe der Russen fürchtet.
Herr Chapuisat hat mir gegenüber erklärt, dass die Transporte unter der Flagge des Roten Kreuzes durchgeführt werden könnten und er nur zu wissen wünscht, ob wir prinzipiell mit der Emigration der betroffenen Juden einverstanden wären, wenn dieses

Einleitung, S. 69. Zahlungsunwilligen wurde mit der Deportation nach Transnistrien gedroht. Der Brief an Gingold, in dem Lecca die Sonderabgabe fordert, ist abgedruckt bei Jean Ancel, The Economic Destruction of Romanian Jewry, Jerusalem 2007, S. 224.

7 Vorsitzender der Judenzentrale war Nandor Gingold, der die Forderungen schon in der Zeitung der Judenzentrale Gazeta evreiască vom 21.5.1942 bekannt gegeben hatte. Aufgrund von Interventionen kehrte Filderman am 6.8.1943 aus Transnistrien zurück; siehe Einleitung, S. 70.

8 Abdruck in: Monitorul Oficial, Nr. 31, S. 553–555. In Artikel 26 werden Sanktionen benannt für Personen, die falsche Gerüchte verbreiten, welche die öffentliche Ordnung stören. Das Strafmaß reichte von Geldstrafen bis zur Einweisung in ein Zwangsarbeitslager; siehe Benjamin (Hrsg.), Legislația antievreiască (wie Dok. 153, Anm. 1), S. 105–113, hier S. 111.

1 AMAE, Problema 33, vol. 17/1940–45, Bl. 82. Das Dokument wurde aus dem Rumänischen übersetzt.

2 Dr. Édouard Chapuisat (1874–1955), Jurist; Universitätsprofessor; 1913–1952 als Mitglied der Nationaldemokratischen Partei im Großen Rat von Genf; 1918–1938 Herausgeber des Journal de Genève; 1938–1955 beim IKRK; 1943/44 aktiv an der Emigration von Juden nach Palästina beteiligt; 1946/47 Vizepräsident des IKRK.

3 David Constantin de Traz (1916–1977), Jurist; 1943–1944 Sekretär von Chapuisat im IKRK; 1946 Direktor der Abt. Kriegsgefangene und Internierte beim IKRK, 1950–1955 Exekutivdirektor beim IKRK.

4 Im Original Stempelabdruck: „Mir diktiert von Herrn Mihai Antonescu am 26.5.1943".

Einverständnis auch auf internationalem Wege durch die Intervention des Roten Kreuzes in Berlin vorläge und die deutsche Regierung dem Transport zustimmen würde.
Ich habe Herrn Chapuisat die Lage Rumäniens, die hinter uns liegende Krise und die Entwicklung des jüdischen Problems verdeutlicht und erklärt, dass wir angesichts der Umstände zu bestimmten Problemen keine Stellung nehmen können, ohne schwerwiegende Reaktionen zu provozieren. Ich betonte, dass meine ursprüngliche Haltung gegen die Auswanderung wie im Fall „Struma" oder in diesem Fall von meinen Befürchtungen geleitet wird angesichts dessen, was damals geschah und was nun wieder geschehen könnte, eingedenk der Tatsache, dass die Emigranten kein türkisches Visum besitzen.[5]
Die Juden haben jedoch so lange darauf insistiert, dass sie, trotz meiner Bedenken hinsichtlich der fehlenden internationalen Absicherung, die Genehmigung vom Innenministerium erhalten haben.
Ich habe anschließend mit Herrn Chapuisat über die Situation unserer Gefangenen in Russland gesprochen und ihm für die seitens des Roten Kreuzes unternommenen Anstrengungen gedankt.
Herr Chapuisat hat mir versichert, dass sich auch der Vatikan für unsere Gefangenen eingesetzt hat, die Russen jedoch keine genauen Angaben machen, weil die Deutschen jeden Informationsaustausch verweigern.
Ich habe der Abordnung des Roten Kreuzes alle notwendigen Erläuterungen und einen im Archiv des Außenministeriums verbliebenen Bericht zur Lage der russischen Gefangenen in Rumänien samt aussagekräftiger Statistik mitgegeben und Herrn Chapuisat gebeten, sich weiterhin intensiv um Informationen über die Situation unserer Gefangenen zu bemühen und uns entsprechend mitzuteilen.
Herr Chapuisat übermittelte mir einen Brief, in dem er anfragte, ob er Gebrauch von seinem Befund zu den Gefangenenlagern in Rumänien machen dürfe, deren Besuch ich ihm ermöglicht hatte. Er wollte außerdem wissen, inwieweit die rumänische Regierung dem Internationalen Komitee vom Roten Kreuz die Möglichkeit einräumt, die dabei erhobenen Daten und Informationen zu verwenden.
Ich bin mit dem Internationalen Komitee übereingekommen, von den gesammelten Informationen und Daten, Statistiken und anderem nach eigenem Ermessen Gebrauch zu machen, die Namenslisten der Gefangenen aber nur gegen Listen unserer Gefangenen bei den Russen auszutauschen.
Ich habe Herrn Chapuisat die Antwort schriftlich bestätigt.

5 Die 769 jüdischen Flüchtlinge auf der „Struma" durften wegen fehlender Visa in Istanbul nicht an Land; das manövrierunfähige Schiff sank im Febr. 1942.

DOK. 224

Marschall Antonescu ordnet am 4. August 1943 an, dass ein Teil der von Juden erhobenen Zwangsabgaben an die Stiftung Patronaj von Maria Antonescu überwiesen wird[1]

Schreiben (Nr. 306 917/S/WR, vertraulich) ungez., der Sekretariatsabt. Kontroll- und Untersuchungsdienst, Generalsekretär, Direktor, an den Regierungsbeauftragten für jüdische Fragen, Radu Lecca vom 4.8.1943 (Durchschlag)[2]

Wir erlauben uns, Ihnen eine Kopie des Berichts zu übersenden mit dem Ergebnis der bis zum 1. Juli 1943 vorgenommenen Untersuchungen des Fonds, der sich aus den Beiträgen von Juden speist, die sich der nützlichen öffentlichen Arbeit entziehen, sowie des Fonds der Schneeräumung. Bitte nehmen Sie freundlicherweise den nachfolgenden Beschluss des Marschalls und Staatsführers[3] zur Kenntnis:
„Quittungen sind nicht erforderlich. Die Kontrolleure werden überprüfen, ob die an verschiedene Behörden abgeführten Summen richtig verbucht worden sind. Der Dispositionsfonds in Höhe von 8 013 563 Lei soll an die Wohltätigkeitsstiftung Patronaj[4] ausgeschüttet werden."
Bitte verfügen Sie gütigst in Ausführung dieses Beschlusses die Ausschüttung des genannten Dispositionsfonds, in Kenntnis, dass den Kontrolleuren vom Sekretariat des Präsidiums des Ministerrats die Entscheidung über die Summen, die verschiedenen Behörden gewährt wurden, mitgeteilt wird.
Mit der Versicherung unserer Hochachtung

DOK. 225

Marschall Antonescu lässt am 10. August 1943 Juden, die gegen Sondergesetze verstoßen haben, an den Bug deportieren[1]

Schreiben (307015/S.) des Sekretariats des Ministerpräsidenten, gez. Generalsekretär Ovidiu Al. Vlădescu und Direktor Petru Bănescu,[2] an den UStS im Innenministerium, General Vasiliu, vom 10.8.1943 (Abschrift)

Herr Unterstaatssekretär,
wir bitten Sie, folgende Anweisungen des Staatsführers Marschall Antonescu zur Kenntnis zu nehmen:

1 ANIC, PCM, d. 1266/1943, Bl. 201. Das Dokument wurde aus dem Rumänischen übersetzt.
2 Handschriftl. Vermerk unleserlich.
3 Ion Antonescu.
4 Gemeint ist die von Maria Antonescu 1940 gegründete Stiftung Consiliu de Patronaj al Operelor Sociale (Wohlfahrtsausschuss für soziale Werke). Maria Antonescu (1892–1964); von 1927 an in dritter Ehe mit Ion Antonescu verheiratet; 1945 Verhör in Moskau; 1950–1955 in Rumänien im Gefängnis, anschließend Verbannung in einen Provinzort.

1 ANIC, PCM, d. 1266/1943, S. 207. Das Dokument wurde aus dem Rumänischen übersetzt.
2 Petru Bănescu, Direktor des Präsidiums des Ministerrats.

„*General Vasiliu,*
- Die Juden, die in Piatra Neamţ heimlich Fleisch verarbeitet haben, sollen umgehend in die Lager nach Transnistrien an den unteren Bug verschickt werden.
- Dasselbe gilt für die Juden, die sich wegen Sabotage im Schnittholzhandel in Untersuchungshaft befinden, sobald die Untersuchung durch das örtliche Gericht beendet ist.
Marschall Antonescu"
Wir bitten Sie, die Umsetzung dieses Beschlusses zu verfügen und uns den Vollzug mitzuteilen.
Mit der Versicherung unserer besonderen Hochachtung

DOK. 226
Siefert Blumenfeld erbittet am 3. September 1943 vom rumänischen Außenminister Hilfe, um seine in Auschwitz verschollene Mutter zu finden[1]

Schreiben von Siefert Blumenfeld, Bukarest, Calea Naţională Nr. 28, an den Außenminister[2] (Eing. Nr. 77 559) vom 3.9.1943 (Abschrift)

Herr Minister,
voller Respekt möchte ich Ihnen als Sohn von Frau *Gisela Blumenfeld,*[3] geborene Kalischer, geboren am 26. Juni 1878 in Botoşani, Folgendes darlegen.
Meine Mutter hat bis zum 19.5.1943 in Berlin-Charlottenburg in der Dahlmannstraße 5 gewohnt und befand sich anschließend als Nummer 196 auf dem Transport Nr. 37.[4] Dieser sollte sie nach Rumänien bringen. Wie ich erfahren habe, ist sie bis nach Osviechim (Auschwitz) gelangt, ab da ist nichts mehr über sie in Erfahrung zu bringen.
Ich gestatte mir hinzuzufügen, dass sie am 2. April 1943 von ihrem Wohnsitz in ein Auswanderungslager in Berlin, Große Hamburger Straße 26, gebracht worden ist, wo sie bis zum 19. April als Nr. 455 in Zimmer 67 gewohnt hat. Sie ist im Besitz des rumänischen Passes Nr. 278 737, ausgestellt am 17.2.1939 durch das Generalkonsulat in Berlin und gültig bis zum 17.2.1944.
Mit allem Respekt, Herr Minister, bitte ich Sie, die erforderlichen Nachforschungen zu veranlassen, um meine Mutter an ihren Geburtsort Botoşani zu bringen, wobei ich mich bereit erkläre, alle notwendigen Auslagen für Telegramme und Ähnliches zu übernehmen.
Mit der Versicherung meiner besonderen Hochachtung[5]

1 AMAE, Problema 33, vol. 32, Bl. 388. Das Dokument wurde aus dem Rumänischen übersetzt.
2 Mihai Antonescu.
3 Gisela Blumenfeld, geb. Kalischer (1878–1943), Witwe eines Arztes, der die rumän. Militärattachés in Berlin behandelte; am 19.4.1943 nach Auschwitz deportiert und dort umgekommen; wie Anm. 1, Bl. 389, 399.
4 Der „37. Osttransport" mit insgesamt 681 Juden, unter ihnen auch Gisela Blumenfeld, verließ Berlin bereits am 19.4.1943.
5 Constantin Karadja, Leiter der Konsularabt. im Außenministerium, schickte am 23.11.1943 eine Anfrage betr. Gisela Blumenfeld an die Berliner Gesandtschaft. Am 29.1.1944 wurde erneut nach ihr und weiteren Verschwundenen gefragt; Şerbanescu (Hrsg.), 1943–1944. Bilanţul (wie Dok. 219, Anm. 10), Dok. 406, S. 448. Den erheblichen Besitz der ermordeten Gisela Blumenfeld beanspruchte später das rumän. Konsulat; siehe Dok. 242 vom 24.3.1944.

DOK. 227

Der deutsche Gesandte berichtet dem Reichssicherheitshauptamt am 9. September 1943 über das neue Rahmengesetz zur Judenfrage[1]

Telegramm (Nr. 5148, 18 Uhr) der Deutschen Gesandtschaft Bukarest, gez. Gustav Richter und M. von Killinger, an den Chef der Sicherheitspolizei und des SD, z.Hd. SS-OStubaf. Eichmann, Berlin, über das Auswärtige Amt, Inl. II A 7304 g. (Eing. 9.9.1943, 19 Uhr), vom 9.9.1943

Betr.: Errichtung eines Generalkommissariats für Judenfragen.
Vorg. Mein FS-Bericht vom 12.10.42 Nr. 5017. D III 605 g.[2]
Nach einem im rumänischen Amtsblatt vom 7.9.43 veröffentlichten Gesetz ist mit der Schaffung eines Unterstaatssekretariats für Arbeit gleichzeitig auch ein Generalkommissariat für Judenfragen, das dem Unterstaatssekretariat für Arbeit angeschlossen ist, errichtet worden.[3] Das Amt des bisherigen Regierungsbevollmächtigten wird damit aufgelöst. Das Generalkommissariat für Judenfragen erhält folgende Befugnisse:
1.) Es organisiert die Pflichtarbeit der zu solchen Arbeiten verpflichteten Juden im Einvernehmen mit dem Großen Generalstab.
2.) Es überwacht und überprüft die Anwendung der Bestimmungen in Bezug auf die Regelung der Berufsausübung der Juden.
3.) Es übt die in der Durchführungsverordnung über die Organisierung und den Bestand der Judenzentrale in Rumänien vorgesehenen Befugnisse des bisherigen Bevollmächtigten für Judenfragen aus.
4.) Im Einvernehmen mit den Dienststellen des Innenministeriums setzt es Maßnahmen zur Überwachung der Juden vom Standpunkt der öffentlichen Ordnung und Sicherheit des Staates fest. Es regelt und bewilligt auf Grund eines Gutachtens des Innenministeriums zeitweilige oder endgültige Wohnsitzänderungen der Juden.
6.) Es erledigt alle wirtschaftlichen, sozialen und kulturellen Fragen der Juden in Rumänien im Einvernehmen mit den zuständigen Ministerien.
7.) Es schlägt andere Maßnahmen im Zusammenhang mit der Lösung der Judenfrage vor. Zu diesem Rahmengesetz wird demnächst eine Durchführungsverordnung erscheinen. Auf Grund der Bestimmungen des Artikels 18 hat Unterstaatssekretär für Arbeit Enescu[4] den bisherigen Regierungsbeauftragten für die Regelung der Judenfrage, Radu Lecca, zum Generalkommissar für Judenfragen ernannt. Näherer Bericht folgt noch.

1 PAAA, R 99 394, Inland II A/B 58/1, Judentum in Rumänien, Bd. 7, 1942–1944, unpaginiert. Abdruck in: Trașcă/Deletant (Hrsg.), Al III-lea Reich (wie Dok. 134, Anm. 1), Dok. 162, S. 689.
2 Siehe Dok. 196 vom 12.10.1942.
3 Monitorul Oficial, P.I., Nr. 209 vom 7.9.1943, S. 7921.
4 Ion D. Enescu (1884–1973), Architekt und Politiker; 1937–1938 UStS im Finanzministerium, Juli 1943 bis Aug. 1944 UStS im Arbeitsministerium und zuständig für die Zwangsarbeit der Juden; 1946 zu zwölf Jahren Gefängnis verurteilt, 1956 amnestiert.

DOK. 228

Der rumänische Diplomat Raoul Bossy nimmt am 27. September 1943 Kontakt zu Leitern des Internationalen Komitees vom Roten Kreuz auf[1]

Tagebuch von Raoul Bossy, Genf, Eintrag vom 27.9.1943

Ich beginne meinen offiziellen Besuch beim Internationalen Komitee vom Roten Kreuz im Hôtel de la Métropole.[2] Werde sehr herzlich von Jacques Chenevière[3] und Eduard Chapuisat, Ehrenbürger Rumäniens und ehemaliger Direktor des „Journal de Genève", empfangen. Sie sagen mir, dass von allen Gesellschaften des Roten Kreuzes die Gesellschaft aus Rumänien am genauesten und schnellsten arbeitet. So habe das Rumänische Rote Kreuz dem Internationalen Komitee vom Roten Kreuz in Genf mitgeteilt, dass 7000 rumänische Gefangene aus Russland – über die Türkei – Briefe an ihre Familien schicken konnten. Das Internationale Komitee konnte auch einige Informationen über unsere Gefangenen erhalten, besonders über General Brătescu (der in Stalingrad gefangen genommen wurde).[4] Chapuisat sagt mir, dass er bei uns sehr gut aufgenommen wurde und viele schöne Spitäler und sanitäre Organisationen besuchen konnte. Das Institut „Dr. Cantacuzino" hält er für eines der perfektesten der Welt. Er durfte in Odessa auch Lager von internierten Juden besichtigen, obwohl diese nicht direkt in die Kompetenz des IKRK fallen. Er habe festgestellt, dass die Juden nicht grausam behandelt würden, aber ihre Unterkünfte aufgrund der Überbelegung nicht besonders hygienisch waren.[5] Darüber habe er mit Marschall Antonescu gesprochen, und der habe sofort angeordnet, dass einige Villen requiriert werden, damit die Internierten mehr Platz bekämen. Mit Mihai Antonescu habe er über den Schaden für Rumänien gesprochen, den die schlechte Behandlung von Juden bewirke. Der habe die Schuld auf den Marschall und die Deutschen geschoben, aber in einem Fall habe er einen Juden befreit, für den Chapuisat sich eingesetzt habe.[6] Trotzdem müssten diese in unserer Zeit unwürdigen Verfolgungen aufhören. […][7]

1 Familienarchiv Ilinca Bossy, London. Das Original konnte nicht eingesehen werden. Abdruck in: Raul Bossy, Jurnal (2 noiembrie 1940–9 iulie 1969), hrsg. von Ion Mamina, Bucureşti 2001, S. 208. Das Dokument wurde aus dem Rumänischen übersetzt.

2 Bossy wurde Vertreter des Rumänischen Roten Kreuzes, um mit Einverständnis von Mihai Antonescu Kontakt zu brit. Diplomaten aufzunehmen. Am 23.9.1943 sprach er in Bern in der US-Gesandtschaft mit Allen Dulles vom OSS über den angestrebten Waffenstillstand.

3 Jacques Chenèvière, geboren als Alexandre Guérin (1886–1976), Schriftsteller; seit 1919 führendes Mitglied des IKRK für Kriegsgefangene; 1968 Vizepräsidenet des IKRK, danach Ehrenpräsident.

4 Constantin Brătescu (1892–1971), General; 1941 Chef der Abt. Propaganda im Generalstab; 1941/42 Verbindungsmann zur Deutschen Heeresmission, 1942 Kommando der 1. Kavallerie-Division; 1943–1948 in sowjet. Kriegsgefangenschaft.

5 In Odessa wurden nach einem Attentat im Okt. 1941 auf Befehl von Marschall Antonescu etwa 18 000 Juden ermordet. Die Überlebenden wurden im Dez. in den Süden Transnistriens gebracht, wo fast alle von ihnen umkamen. Im Nov. 1943 lebten nur noch 60 Juden in Odessa, die als wirtschaftlich wichtig galten.

6 Gemeint ist Wilhelm Filderman.

7 Im Weiteren beschreibt Bossy, mit welchen Personen er bei dem ihm zu Ehren organisierten Essen sprach.

DOK. 229

Der rumänische Gesandte in Berlin fragt am 18. November 1943 beim Außenminister an, wie er sich bezüglich der von Deutschen deportierten rumänischen Juden verhalten solle[1]

Schreiben (Nr. 69 Conf./P.13, vertraulich) des Gesandten Rumäniens in Berlin, gez. General Ion Gheorghe,[2] an den Vizepräsidenten und Präsidenten des Ministerrats und Außenminister Mihai Antonescu, Bukarest, vom 18.11.1943[3]

Herr Vizeratspräsident,
ich erlaube mir zu berichten, dass ich seitens unseres Außenministeriums in letzter Zeit zahlreiche Eingaben erhalte, in denen darum gebeten wird, bei den deutschen Behörden den Verbleib von Personen mosaischer Religion, vermutlich Rumänen, zu ermitteln, die in verschiedenen Lagern in Deutschland bzw. in den besetzten Gebieten interniert sind, um sie nach Rumänien zurückzuführen.
Selbstverständlich habe ich mich nicht gescheut, in all diesen Fällen auftragsgemäß zu intervenieren.
Das Resultat war gleichbleibend negativ. Die deutschen Behörden haben uns zu allen diesen Fällen mitgeteilt, dass sie sich prinzipiell außerstande sehen, Informationen über internierte Personen zu geben. Offenbar besteht überhaupt keine Möglichkeit, die entsprechenden Personen nach Rumänien oder in die okkupierten Länder, wo sie vor ihrer Internierung wohnten, zurückzuführen.
Nach allen auf unsere Anfragen erhaltenen Antworten sieht es danach aus, als ob die Internierung der Betroffenen zu einem Zeitpunkt erfolgte, zu dem sich die rumänische Regierung mit den von den deutschen Behörden ergriffenen Maßnahmen einverstanden erklärt hatte. Die auf dieser Grundlage vorgenommenen Internierungen sind als endgültig zu betrachten und prinzipiell nicht widerrufbar.
Ich sehe mich verpflichtet, Ihnen mitzuteilen, dass in allen diesbezüglichen Schreiben der deutschen Behörden ein gewisser Vorwurf mitschwingt angesichts der veränderten rumänischen Haltung. Unter diesen Umständen bestehen zwei Möglichkeiten:
1) Die gegenwärtige Situation wird entweder akzeptiert, dann machte es keinen Sinn mehr, weiter nach den internierten Juden zu fahnden, an deren Situation ohnehin nichts zu ändern ist; die deutschen Behörden, die uns unsere Wankelmütigkeit im Hinblick auf das jüdische Problem vorwerfen, würden außerdem nur unnötig irritiert und dürften sich über unsere zahlreichen Interventionen wundern.
2) Oder wir könnten unsererseits auch eine entschiedene Haltung einnehmen und formal erklären, dass wir uns unsere Souveränität in Bezug auf rumänische Staatsbürger gleich welcher Herkunft vorbehalten. Dann können Maßnahmen auch gegen Juden rumänischer Herkunft nur unsererseits und keinesfalls durch Deutschland ergriffen werden.

1 AMAE, Problema 33, vol. 32, Bl. 319 f. Das Dokument wurde aus dem Rumänischen übersetzt.
2 Ion Gheorghe (1893–1957), Berufsoffizier; 1940–1943 Militârattaché in Berlin, dann in Ankara, Juni 1943 bis Aug. 1944 als General Gesandter Rumäniens in Berlin; 1945/46 wurde er von der US-Armee in Deutschland interniert, blieb später im Westen.
3 Handschriftl. Zusatz: „103 130/23. Nov."

Wir haben den Nachweis gefordert, wann und in welcher Form Rumänien die Internierung der Juden mit rumänischen Papieren durch Deutschland akzeptiert hätte. Mir wurde mitgeteilt, dies sei mündlich erfolgt. Davon habe ich keine Kenntnis.
Ist unsere Zustimmung nicht nachweisbar, könnte man die zweite Lösung ins Auge fassen. Hat es jedoch eine Zustimmung gegeben, müssten wir wie unter Punkt 1 verfahren.
Auf jeden Fall ist es notwendig, das gegenwärtige, Spannungen verursachende Prozedere, Interventionen ohne praktische Ergebnisse zu betreiben, möglichst bald zu beenden.
Nehmen Sie, Herr Vizeratspräsident, die Versicherung meiner ganz besonderen Hochachtung entgegen.

DOK. 230
Das Rumänische Rote Kreuz informiert den Ministerpräsidenten am 4. Dezember 1943 über ein Schiff, mit dem Juden ausreisen sollen[1]

Schreiben (Nr. 4038) der Nationalen Gesellschaft des Roten Kreuzes in Rumänien unter dem Hohen Patronat und der Schirmherrschaft von I.M. Königinmutter Elena, gez. Ion Costinescu, Präsident, und General C. Bălăcescu, Generalsekretär, Bukarest, an das Kabinett des Premierministers,[2] Bukarest (Eing. 4.12.1943), vom 4.12.1943

Herr Premierminister,
in Beantwortung Ihres Schreibens Nr. 2434 vom 24. Mai des laufenden Jahres und Nr. 11198 (Kabinett)[3] haben wir die Ehre, Ihnen mitzuteilen, dass es uns gelungen ist, das 90-Tonnen-Dampfschiff Bella Citta aus Varna zu mieten.
Dieses Schiff ist positiv begutachtet worden. Es wird dem Rumänischen Roten Kreuz samt einer bulgarischen Schiffsbesatzung zur Verfügung gestellt und wird unter bulgarischer Flagge fahren, der wir die Flagge des Roten Kreuzes hinzufügen werden. Es wird auf unsere Anordnung hin in Konstantza oder Mangalia einlaufen.
Dort werden 130 bis 150 Kinder und 20 bis 25 erwachsene Begleitpersonen, denen die Emigration genehmigt worden ist, an Bord in Richtung Istanbul gehen.
Von Istanbul aus reisen sie unter dem Schutz des Türkischen Halbmonds nach Palästina.
Da es erforderlich ist, das Schiff auszustatten, bitten wir Sie, uns so schnell wie möglich mitzuteilen, ob die Regierung mit unserem Vorschlag einverstanden ist.

1 AMAE, Problema 33, vol. 17, Bl. 80. Das Dokument wurde aus dem Rumänischen übersetzt.
2 Handschriftl. Zusatz: „14. Dez. 1943 Herr Marschall hat in einer Note zu den Anträgen von Mundus und ORAT verfügt, ‚dass die Operationen der Emigration organisiert werden durch das Kommissariat für Juden in Übereinkunft mit der Judenzentrale und unter der Kontrolle des Untersekretariats für Öffentliche Ordnung. Vorliegendes wird dem Kommissariat und dem Amt für Öffentliche Ordnung mitgeteilt. Mitteilung an die Gesellschaft Rotes Kreuz'", gez. unleserlich. Mundus war ein Reisebüro und ORAT (Oficiu Român de Expediţiuni şi Transporturi) das Rumän. Amt für Reisen und Transporte.
3 Die beiden Schreiben wurden nicht aufgefunden. Da die Vorbereitung der Ausschiffung mit der „Bella Citta" im Frühjahr 1943 vor dem deutschen Judenberater Richter verborgen werden sollte, blieben nur wenige Dokumente erhalten; siehe Dalia Ofer, Escaping the Holocaust. Illegal Immigration to the Land of Israel 1939–1944, Oxford 1990, S. 238–248.

Auf diese Weise wird es uns möglich sein, die Emigration der jüdischen Kinder unverzüglich voranzutreiben.
Nach dem ersten Transport werden wöchentlich weitere Transporte erfolgen.[4]
Seien Sie, Herr Premierminister, unserer ganz besonderen Hochachtung versichert.

DOK. 231
Generalkonsul Karadja fordert am 14. Dezember 1943 vom Außenministerium den Schutz rumänischer Juden im besetzten Frankreich[1]

Bericht (Nr. 283, sehr dringend, vertraulich) des Generalkonsuls im Außenministerium, gez. Karadja, ohne Empfänger (an den Vizepräsidenten des Ministerrats), Bukarest, vom 14.12.1943[2]

In Fortsetzung meines Berichts Nr. 282 vom 13. des laufenden Monats erlaube ich mir, dem Vizepräsidenten des Ministerrats einen Entwurf mit Anweisungen für unsere Gesandtschaft in Ankara vorzulegen mit der Bitte, den Vorschlag des Unterzeichnenden als einen Versuch zu verstehen, für die von der Deportation nach Polen bedrohten rumänischen Juden aus Vichy einen Fluchtort in Palästina oder anderswo bereitzustellen.[3]
Die gegenüber Rumänien feindlich eingestellte Propaganda des englischen Rundfunks hat uns in den letzten Tagen beschuldigt, im Grunde nichts zur Rettung der Juden in den Teilen Europas beizutragen, die dem deutschen Einfluss unterworfen sind. Diese würden, wenn sie fortgehen könnten, selbstverständlich von den Angloamerikanern aufgenommen werden.
Durch die Intervention, die ich die Ehre habe vorzuschlagen, wäre, selbst wenn ihr kein Erfolg beschieden wäre, unserem Gesandten in Ankara[4] Gelegenheit gegeben zu zeigen, wie unbegründet die Beschwerden der Juden sind und wie die Königliche Regierung im Gegenteil von den stärksten humanitären Beweggründen getrieben wird. Die Regierung könnte, wenn der Premierminister[5] entsprechend entschiede, gleichzeitig auf den allgemeinen, unbefristeten und sogar gedruckten Anweisungen bestehen, die es unserer Gesandtschaft erlauben, rumänischen Staatsbürgern, unabhängig von ihrer Religion und Abstammung, ihren ganzen Schutz und Beistand zu gewähren.
Der Herr Vizeratspräsident wird gebeten, freundlichst einzuschätzen, ob uns eine solche rechtzeitig in Ankara vorgetragene und durch Vermittlung der türkischen Regierung unseren englischen und amerikanischen Feinden „zufällig" zur Kenntnis gebrachte

4 Am 2.2.1944 beantragte Constantin Karadja in einem Eilbrief an die deutschen Behörden eine Fahrerlaubnis für dieses Schiff, das wöchentlich 150 Kinder in die Türkei bringen sollte. Die deutsche Marinegruppe Süd kontrollierte das Auslaufen aller Schiffe aus rumän. Häfen.

1 AMAE, Problema 33, vol. 32, Bl. 338 f. Das Dokument wurde aus dem Rumänischen übersetzt.
2 Im Original handschriftl. Vermerke, darunter der des Generalsekretärs des Außenministeriums G. Davidescu „gez. 24.3.1944".
3 Etwa 3000 rumän. Juden wurden aus Frankreich deportiert. Von Dez. 1943 an überprüfte die Rumän. Gesandtschaft Repatriierungsanträge, einige Juden wie beispielsweise Serge Klarsfeld wurden daher nicht deportiert; vgl. Serge Klarsfeld, Le sort des Juifs roumains en France pendant l'Occupation, Bucarest 2007, S. 28.
4 Alexandru G. Cretzianu, seit 15.9.1943 Gesandter in Ankara.
5 Ion Antonescu.

Feststellung zukünftig nicht sogar von Nutzen sein könnte, insbesondere angesichts der gefährlichen Machenschaften der rumänischen Juden in der Schweiz, über die ich schon unter Nr. 269 vom 2. November[6] unmittelbar nach meiner Rückkehr aus Locarno und Zürich die Ehre hatte zu berichten.

DOK. 232
Die für jüdische Zwangsarbeiter zuständige rumänische Militäreinheit leitet dem Großen Generalstab am 10. Januar 1944 eine Zusammenfassung von Beschwerden zu[1]

Schreiben (Nr. 400 058, vertraulich, persönlich) an den Großen Generalstab, Abt. Ia, Büro 10 von Gh. Manoliu,[2] Divisionsgeneral, Zweiter Kommandant C IV A, Bukarest, vom 10.1.1944

Ich schicke Ihnen vier Kopien von Berichten der Territorialeinheiten: Jassy, Roman, Baia und Botoşani, aus denen Folgendes hervorgeht:
In der Kompanie 5/7 Steinbruch Măcin, Bezirk Tulcea, haben sich fast von Beginn der Bildung der Arbeitseinheit an sehr schwere Verstöße durch den Leiter der Kompanie ereignet, und zwar:
Hauptmann Mihail Munteanu[3] eignete sich von den Juden durch Leibesvisitationen eine Summe von etwa einer Million Lei an.
- Er eignete sich alle bessere Kleidung und das Schuhwerk der Juden an.
- Er malträtierte jene Juden, die versuchten, sich zu beschweren.
- Er verpflegte die Juden sehr schlecht, indem er ihnen zu wenig Essen und schlechte Nahrung gab.
- Er ließ keine medizinische Untersuchung der Juden zu, wodurch einer von ihnen starb.[4]
Aufgrund der genannten Fakten bitten wir Sie, eine strenge Überprüfung durch einen Offizier des Generalstabs zu verfügen.
Das Ergebnis der Überprüfung bitten wir, an unsere Abteilung zu schicken.

6 Nicht aufgefunden. Karadja betrachtete den Kontakt der Juden zur US-Botschaft als eine Gefährdung des rumän. Anspruchs auf Nordsiebenbürgen.

1 INSHR, RG-25.003M, Bestände des Ministeriums für Nationale Verteidigung, rola 89, d. 182, Bl. 371. Das Original konnte nicht eingesehen werden. Abdruck in: Ana Bărbulescu u. a. (Hrsg.), Munca obligatorie a evreilor din România. Documente, Iaşi 2013, Dok. 194, S. 454 f. Das Dokument wurde aus dem Rumänischen übersetzt.
2 Gheorghe Manoliu als zur Armee einberufener Richter hatte schon im Sept. 1943 für den Gerichtshof zu prüfen, ob sich unter den vielen Juden, die der Aufforderung zur Zwangsarbeit nicht Folge leisteten, Opfer des Massakers in Jassy befänden.
3 Wegen der Übergriffe von Mihail Munteanu beschwerten sich im Dez. 1943 75 Juden.
4 Ein jüdischer Zwangsarbeiter war zuvor an Malaria gestorben.

DOK. 233

Der Leiter der Jewish Agency in Genf bemüht sich am 12. Januar 1944 um Schiffe zum Transport der aus Transnistrien repatriierten Waisenkinder[1]

Brief (RL/LU/A13) des Genfer Büros der Jewish Agency, gez. Richard Lichtheim,[2] an Ch. Barlas,[3] Istanbul, vom 12.1.1944

Lieber Herr Barlas,

Ich erfahre vom IKRK, dass die Schiffsangelegenheiten folgendermaßen stehen:

1. Ich schrieb Ihnen, dass nach Angabe der Firma Meister in Zürich ein größeres türkisches Schiff „Vatan" mit 4500 Tonnen ab 1. Januar zur Verfügung stehen sollte. Die Firma Meister war durch das Rote Kreuz an mich verwiesen worden, und ich hatte ihr empfohlen, sich durch ihren dortigen Vertreter direkt mit Ihnen in Verbindung zu setzen.

Nun erfahre ich vom IKRK, dass nach Mitteilungen eines Vertreters dieses Schiff doch nicht zur Verfügung stehe. Das IKRK will diese Sache noch weiter aufklären.

2. Damit tritt das andere Projekt wieder in den Vordergrund, und zwar wegen eines kleineren Schiffes „Bella Vista",[4] das unter bulgarischer Flagge fahren soll. Das rumänische Rote Kreuz bemüht sich in dieser Sache wegen der Kindertransporte aus Rumänien, wobei auf jeder Fahrt etwa 150 Kinder mit einer entsprechenden Zahl von Erwachsenen fahren sollen.

Ich nehme an, dass Ihnen diese Sache genau bekannt ist. Ich kann Ihnen dazu mitteilen, dass das IKRK auf Wunsch des Rumänischen Roten Kreuzes freies Geleit für dieses Schiff von der deutschen, britischen und amerikanischen Regierung angefordert hat, während die entsprechenden Verhandlungen mit der bulgarischen und türkischen Regierung direkt durch das Rumänische Rote Kreuz geführt werden sollen bzw. schon geführt worden sind.

Für dieses Schiff, das den Lloyds-Bedingungen[5] nicht entspricht, wird aber das IKRK nicht sein Zeichen geben, höchstens kann arrangiert werden, dass das Rumänische Rote Kreuz neben der bulgarischen Flagge auch eine Rotkreuz-Flagge zeigt, die aber nicht international anerkannt ist.

Es bleibt aber die große Schwierigkeit, die russische freie Geleitserklärung zu beschaffen.[6] Hierzu höre ich, dass der Rote Halbmond gebeten wurde, die russische Erklärung

1 CZA, Jerusalem, Sig. L 2219, Bl. 174 f. Das Dokument wurde aus dem Französischen übersetzt.

2 Richard Lichtheim (1885–1963), Ökonom, Journalist, Politiker; 1911–1913 Chefredakteur des zionistischen Zentralorgans Die Welt, 1913–1916 Repräsentant der WZO in Konstantinopel, 1917–1920 Präsident der Zionistischen Vereinigung für Deutschland; 1934 emigrierte er nach Palästina; lebte später in Israel; Autor von „Die Geschichte des deutschen Zionismus" (1954).

3 Chaim (Charles) Barlas (1898–1982), Geschäftsmann; leitete 1940–1944 für die Jewish Agency in Istanbul das Committee for the Rescue of the Jews in Nazi-occupied Europe, von 1943 an Kooperation mit Angelo Roncalli, dem Apostolischen Nuntius in der Türkei; 1949 Direktor der Sicherheitsabt. im Innenministerium Israels.

4 Gemeint ist das Schiff Bella Citta.

5 Seit den 1890er-Jahren weit verbreitetes System der Klassifikation und Sicherheitsbestimmung von Schiffen, die der Germanische Lloyd überwachte.

6 Durch die veränderte Lage an der Ostfront verzögerten sich die Schiffstransporte nun nicht wegen der fehlenden deutschen Genehmigung, sondern jener der Sowjetunion. Auch die Bombereinsätze Großbritanniens und der USA auf dem Territorium Rumäniens waren eine Gefahr.

zu beschaffen, das aber abgelehnt hat. Das IKRK versucht nun, auf anderem Wege diese Erklärung von Russland zu erhalten. Ob dies erfolgreich sein wird, lässt sich nicht sagen, übrigens stehen die Antworten von Deutschland, England und Amerika auch noch aus. Das ist die Sachlage. Ich vermute, Sie sind informiert, wollte Ihnen aber auf alle Fälle mitteilen, was ich hier vom IKRK darüber gehört habe.
Mit den besten Grüßen

DOK. 234
Nuntius Cassulo bittet den Außenminister am 2. Februar 1944, gefährdete Deportierte aus Transnistrien zu repatriieren, und übersendet deren Hilferuf[1]

Schreiben (Apostolische Nuntiatur Nr. 10 718) der Apostolischen Nuntiatur in Rumänien, gez. Andrea Cassulo, Erzbischof, Bukarest, an den Außenminister und Vizepräsidenten des Ministerrats, Mihai Antonescu (Eing. Nr. 010 368, 10.2.1944), Bukarest, vom 2.2.1944[2]

Sehr geehrter Herr Minister,
Ich bitte Sie, das beigefügte informative Schreiben zu prüfen.
Die Sache ist schwerwiegend und dringend.
Mein Gefühl christlicher Menschenliebe drängt mich dazu, sie Ihrem Wohlwollen zu empfehlen. Es wird, denke ich, den besten Eindruck unter den Nationen machen, wenn Sie diese Unglückseligen vor dem Tode bewahren.
Seien Sie, Herr Minister, sich meiner tiefsten Ergebenheit gewiss.
Hochachtungsvoll
Abschrift des deutschen Briefes im Anhang[3]
Aus den anschließenden Informationen, die aus der Gemeinde Tulcin am Bug stammen, geht klar hervor, dass man in allen Grenzorten, die am Bug liegen und in denen deportierte Juden miserieren,[4] mit der gleichen Vorgangsweise zu rechnen hat.
Im Juni 1942 wurden hierher über 5000 Juden deportiert: Heute sind wir kaum 700 Seelen, darunter über 100 Kinder, die noch auf Erlösung harren.[5] Wir wurden nicht als

1 AMAE, Problema 33, vol. 15/1941–1942, S. 159 f. Das Dokument wurde aus dem Französischen übersetzt.
2 Im Original handschriftl. Notiz auf Rumän.: „Für Vasiliu – Bitte überprüfen und mit mir besprechen. MA“. Außenminister Mihai Antonescu schickte das Schreiben dem Innenminister.
3 Der Brief aus Transnistrien ist in deutscher Sprache geschrieben, die die Muttersprache vieler Juden aus der Bukowina war. Der Verfasser des Briefs war vermutlich Nathan Segal (1884–1944), der im Nov. 1943 nach Tulcin kam. Er gehörte zu den Deportierten aus Czernowitz, die seit Aug. 1942 im Reichskommissariat Ukraine an der Durchgangsstraße IV arbeiteten; siehe Einleitung, S. 64. Mit Unterstützung eines Deutschen gelangte er im Okt. 1943 ins transnistrische Mogilev, um Hilfe zu organisieren. Nach seiner Rückkehr wurde er in Tarasivka am 10.12.1943 zusammen mit etwa 500 anderen Juden von der SS erschossen; siehe Aron Hirt-Manheimer (Hrsg.), Jagendorf's Foundry. A Memoir of the Romanian Holocaust, New York 1991, S. 156–158.
4 Im Elend leben.
5 Ein Teil der aus Rumänien deportierten Juden im Bezirk Tulcin überlebte, da die Rote Armee die letzten deutschen Einheiten Mitte März 1944 vertrieb; siehe VEJ 7/332, S. 836 f.

politisch Verdächtige deportiert, sondern entweder von der Arbeitskammer gestrichen[6] oder an Stelle Versteckter ausgehoben; viele von uns wurden auf der Straße mitgenommen, weil die Waggons nicht ganz gefüllt waren. Unsere Papiere sind in Ordnung. Es sind unter uns viele gewesene Staatsbeamte, ehemalige Frontkämpfer, fremde Staatsbürger, Reserveoffiziere, Pensionisten und Kriegswitwen. Es gibt viele wertvolle und arbeitstüchtige Menschen unter uns. Wir alle aber sind am Ende unserer Kraft.
Nach Abzug der rumänischen Behörden werden wir alle der letzten deutschen Vernichtungstruppe ausgeliefert.[7] Wir kennen genau unsere Todesart. Eingepfercht unter Stacheldraht, selbstgegrabene Massengräber, die Kinder vorerst lebend hineingeworfen, die Erwachsenen unter Kolbenhieben splitternackt ausgezogen und hinein ins Grab, ein paar Kugeln nachgeknallt – es macht nichts, wenn man nicht gleich getroffen wird: Man wird eh von den nächsten Menschenleibern erdrückt. Es gibt kein Entrinnen; stumpf wie das Schlachtvieh lassen wir uns „umlegen". Lange genug bewegt sich die Erde, bis alle erstickt sind. Dann ist endgültig Schluss…
Rettet unsere 700 Seelen! Bringt sie unverzüglich ins Land! Lasset unseren Notschrei nicht unverhallt! Rettet alle! Sollte es unmöglich sein, gleichzeitig 700 Seelen aus dem Inferno dieses Bezirks heimzubringen, so setzt alles daran, dass wir gruppenweise repatriiert werden.
Am 18.11.1943 zur Zahl 15 376 hat die hiesige Präfektur, über Verlangen des Gouvernements und auf Initiative der Presidentia Consiliului de Ministri, eine Liste aller im Bezirk Tulcin noch befindlichen Staatsbeamten, Pensionisten, Kriegswitwen, Invaliden und Dekorierten nach Odessa eingesendet. Wir sind informiert, dass diese Liste, die 91 Seelen umfasst, nach Bukarest (Presidentia Consiliului) weitergeleitet wurde.
Die hiesigen Behörden versichern uns immer wieder, dass unsere Rettung nur noch aus Bukarest kommen kann …
Ein Schrei aus tiefster Todesangst gellt heute zu Euch hinüber – werdet nicht mitschuldig an unserem Tod …[8]

6 Die Arbeitskammer entschied, ob Juden als für die Wirtschaft unentbehrlich von der Deportation zurückgestellt wurden.

7 Am 1.2.1944 war Gheorghe Alexianu, der zivile Gouverneur Transnistriens, abgesetzt worden. Die Militärverwaltung leitete General Gheorghe Potopeanu, der bis zur sowjet. Einnahme des Gebiets im April 1944 amtierte. Faktisch jedoch kontrollierten von Febr. bis März 1944 Einheiten der Wehrmacht und SS das Gebiet.

8 Mit dem Hilferuf aus Tulcin wandte sich Filderman am 27.1.1944 an Marschall Antonescu, der Hilfe jedoch ablehnte. Erst am 14. März, dem Tag des Rückzugs der rumän. Verwaltung, erlaubte er die Rückkehr aller Deportierten, was nur wenigen gelang.

DOK. 235

Der jüdische Architekt Clejan dankt Ion Antonescu am 2. Februar 1944 für die Heimkehr der ersten Deportierten und bittet darum, auch alle anderen Juden zu repatriieren[1]

Brief von Herman Clejan, Bukarest, an Marschall Antonescu, Bukarest, vom 2.2.1944

Herr Marschall,
ich bin glücklich, dass Sie mir die besondere Ehre erwiesen haben, die nachgesuchte Audienz zu gewähren; bitte nehmen Sie zunächst meine tief empfundene Dankbarkeit entgegen.
Ich möchte Ihnen hiermit einige Tatsachen und Umstände mitteilen, die in der gegenwärtigen Situation so schnell wie möglich geklärt werden sollten.
Ich werde versuchen, Ihnen dies alles möglichst kurz darzulegen:
I. Die Situation der Juden in Transnistrien
II. Die Situation der Juden jenseits des Bugs
III. Die Situation der Juden im Altreich und in Siebenbürgen
I.
Nach Informationen des Innenministers[2] vom 10. November 1943 sind von den 110 000 deportierten Juden noch 55 000 am Leben geblieben. Davon sind 6300 aus Dorohoi[3] und 700 aus politischen Gründen Deportierte in ihre Heimat entlassen worden, insgesamt also etwa 7000 repatriiert worden, folglich verbleiben 48 000 Juden.[4]
Nach den von der Transnistrien-Kommission erhobenen Daten sind jedoch 58 000 von der Vernichtung bedroht und warten tagtäglich auf ihre Rettung: Um ihretwillen und um ihr tragisches Schicksal leidet und sorgt sich die gesamte jüdische Gemeinde.
Um ihretwillen wende ich mich heute an Sie: Ich bitte inständig um Gerechtigkeit für die Unschuldigen und um Menschlichkeit und Vergebung für diejenigen, die gefehlt haben. Wenn einige von ihnen deportiert worden sind, weil sie sich schuldig gemacht haben, indem sie in Gedanken oder tatsächlich gegen die Interessen des Staates gearbeitet haben, so hat die Hälfte von ihnen diesen Fehler bereits mit dem Leben bezahlt, und die verschont Gebliebenen haben im Übermaß durch ihr Leiden gebüßt, während viele andere gar keine Schuld tragen und dennoch mit den Schuldigen gesühnt haben durch Tod, Elend und Not.

1 Strochlitz Institute for Holocaust Research, Haifa, guide 4, box 4. Gekürzt abgedruckt in: Carp, Cartea Neagră, vol. 3 (wie Dok. 163, Anm. 1), S. 473 f. Das Dokument wurde aus dem Rumänischen übersetzt.

2 Constantin Z. Vasiliu.

3 Aufgrund von Eingaben hatte Ion Antonescu im Okt. 1941 die Juden dieses Gebiets, das erst 1938 der Bukowina angegliedert worden war, von der Deportation ausnehmen wollen, doch waren sie bereits in Transnistrien. Er erklärte im Ministerrat am 25.11.1943, dass diese Juden irrtümlich deportiert worden seien. Sie kehrten als erste Gruppe zurück.

4 Seit März 1943 wurden die Unterlagen der Deportierten überprüft, die Repatriierung bestimmter Gruppen, die aus Dorohoi und Altrumänien, begann am 20.12.1943. Von den 10 368 Juden überlebten nur 6430.

Ich weiß, dass Ihnen in dieser Sache zahlreiche Beschwerden vorgetragen und einige Maßnahmen in dieser Richtung unternommen worden sind. Beschlossen wurde auch die Repatriierung der Waisenkinder, allerdings nur der Vollwaisen bis zum 15. Lebensjahr.

Bitte genehmigen Sie, dass diese Maßnahme auf alle Minderjährigen bis zum 21. Lebensjahr und auf die Halbwaisen ausgedehnt wird. Es wäre angezeigt, die übrigen nach Transnistrien Deportierten, je nach Transportmöglichkeiten, in Ortschaften zu überstellen, die näher am Dnjestr liegen, damit sie, wenn sich die Ereignisse überstürzen sollten, nicht ihrem Schicksal überlassen bleiben. Von hier aus sollten sie schrittweise in ihre Heimatorte oder in Lager im Altreich überführt werden.

II.

Ins Gebiet jenseits des Bugs wurden für die „Organisation Todt“ und andere Einheiten Juden in Arbeitskommandos abkommandiert. Es ist bekannt, dass sie alle umgebracht worden sind – die letzten 433 am 10. Dezember 1943, so bestätigt es ein Brief aus Tulcin. In diesem Brief wird auch versichert, dass sämtliche Juden aus Oradotca, Crasnopolca und Tarasivca bis zum letzten Mann ums Leben gekommen sind.[5] Angesichts dieser Lage bitte ich Sie inständig, bevollmächtigte Personen an den Bug zu schicken, um vor Ort zu untersuchen, ob es noch deportierte Juden dort gibt, und gegebenenfalls ihre Repatriierung zu veranlassen.

III.

Bezüglich der Situation der Juden im Altreich und in Siebenbürgen trete ich mit der Bitte an Sie heran zu verfügen, sie nicht mit unmäßigen Sonderabgaben für die Arbeitsbefreiung zu belegen; die Mehrheit kämpft mit den Schwierigkeiten des Alltagslebens und hat, neben direkten Zwangsabgaben und Kriegssteuern, den Unterhalt der zur Arbeit Eingezogenen und deren Familien, den Unterhalt der aus den Städten und Dörfern evakuierten Bevölkerung, der Deportierten, außerdem der Krankenhäuser und Schulen usw. zu bestreiten.

Aufgrund ihres Sinns für Gerechtigkeit und Menschlichkeit und dank ihrer Einstellung haben sie alle trotz der auferlegten Restriktionen und Opfer den Glauben nicht verloren und sind bestrebt zu überleben, zu arbeiten und für bessere Zeiten durchzuhalten.

Sie wünschen alle aus tiefstem Herzen den Triumpf der Gerechtigkeit des rumänischen Volkes und sprechen Ihnen durch mich ihre ganze Hingabe und Dankbarkeit aus.

Ihnen zu Diensten, Herr Marschall,

5 Die SS hatte am 10. und 14.12.1943 in den Lagern Mihailovka und Tarasivka aus Rumänien stammende Juden, die 1942 zur Arbeit an der Durchgangsstraße IV rekrutiert worden waren, erschossen. Die SS hatte im Dezember 1943 alle jüdischen Zwangsarbeiter an dem riesigen Bauprojekt beim Rückzug der Wehrmacht ermordet; siehe auch Einleitung, S. 64.

DOK. 236

Die Direktorin des Rumänischen Roten Kreuzes bittet den Ministerrat am 3. Februar 1944, einzelne Gruppen von Juden zu repatriieren[1]

Schreiben (Nr. 1110) der Direktorin der Nationalen Gesellschaft des Rumänischen Roten Kreuzes, gez. Eufrosina Gh. Ioan,[2] Bukarest, an das Präsidium des Ministerrats, Direktion B.B.T.,[3] Bukarest, vom 3.2.1944[4]

Wir haben die Ehre, Ihnen die Liste der mit Orden ausgezeichneten Juden sowie der Kriegswaisen und -witwen zuzusenden, die in den Gettos von Transnistrien interniert sind, und bitten Sie, so gütig zu sein, die Fälle zu untersuchen, für die Freilassung der Berechtigten tätig zu werden und uns das Ergebnis mitzuteilen.
Mit der Versicherung unserer Hochachtung
Anlage
Schreiben von der Verbindungsstelle zu den Ministerien vom 4. Februar 1944[5]
In der Sitzung des Rats für Öffentliche Ordnung vom 12. November 1943 wurde hinsichtlich der Rückholung der nach Transnistrien evakuierten Juden in die Bukowina und nach Bessarabien entschieden, dass diejenigen in ihre Herkunftsbezirke zurückgebracht und an ihrem ehemaligen Wohnsitz oder eventuell in zwei, drei anderen Städten des Bezirks untergebracht werden sollen, die unter folgende Kategorien fallen:
- Vollwaisen unter 18 Jahren;
- Invaliden, Veteranen und in den Kriegen Rumäniens mit Orden Ausgezeichnete;
- die Juden aus dem Altreich, die sich bei der Evakuierung zufällig in Bessarabien und in der Bukowina aufhielten;
- nach Transnistrien evakuierte Familien ohne Familienoberhäupter, die sich damals in Arbeitskommandos befanden;
- Fachleute, Techniker und ausgebildete Handwerker, die von der nationalen Wirtschaft benötigt werden.
Nicht berücksichtigt werden können:
- kommunistische Juden aus dem Lager Grosulova;
- illegal in die Bukowina eingereiste und nach Transnistrien evakuierte polnische Juden;
- zur Strafe oder auf besonderen Befehl deportierte Juden.
Die Nationale Gesellschaft des Rumänischen Roten Kreuzes fügt Tabellen nach Kategorien (mit Orden ausgezeichnete Juden, Kriegswaisen und -witwen) bei, die in den Gettos

1 ANIC, PCM, d. 12/1944, Bl. 24. Das Dokument wurde aus dem Rumänischen übersetzt.
2 Eufrosina Gh. Ioan, Direktorin der Abt. Kriegsgefangene beim Rumänischen Roten Kreuz. Sie begleitete Charles Kolb von 1942 an mehrmals nach Transnistrien und organisierte die Rückführung von deportierten Juden.
3 Sonderverwaltung beim Ministerrat für Bessarabien, die Bukowina und Transnistrien, dessen Büro 2 war für Zwangsarbeiter zuständig.
4 Im Original Eingangsstempel und teilweise unleserliche handschriftl. Randbemerkung: „Notiz mit Aufstellung nach Kategorien".
5 Die Liste wurde einen Tag später von der Behörde erstellt, der die Koordination zwischen den betroffenen Ministerien oblag. Die Registratur des Ministerrats erfasst im Stempel unter Nr. 301 808 beide Schreiben vom 3. wie vom 4.2.1944.

Transnistriens interniert sind, und bittet darum, Nachforschungen und gegebenenfalls deren Freilassung zu veranlassen.
Kriegsausgezeichnete, die aus dem Altreich stammen und sich in Şargorod befinden: – 4 (vier);
evakuierte Kriegswitwen, die sich im Getto Mogilev befinden: – 2 (zwei);
Kriegsinvaliden, die sich in Şargorod (Transnistrien) befinden: – 1 (einer);
im Altreich ansässige und aus der Bukowina nach Şargorod (Transnistrien) evakuierte Personen: – 15 (fünfzehn);
kriegsausgezeichnete Juden, die evakuiert wurden und sich im Getto Mogilev befinden: – 22 (zweiundzwanzig);
jüdische Pensionäre, die evakuiert wurden und sich im Getto Mogilev befinden: – 69 (neunundsechzig).

DOK. 237
Marschall Antonescu lehnt am 4. Februar 1944 gegenüber Herman Clejan weitere Repatriierungen von Juden aus Transnistrien ab[1]

Antwortschreiben (Nr. 255) von Marschall und Staatsführer Rumäniens, gez. Antonescu, Bukarest, an Herman Clejan, Bukarest, vom 4.2.1944

Herr Clejan,
Ihr Brief zur Situation der Juden in Transnistrien, der Juden am Bug und zu den Sonderabgaben für die Befreiung von Zwangsarbeit gibt mir die Gelegenheit, noch einmal auf einige Aspekte des Problems der Juden in Rumänien in der gegenwärtigen, von der Kriegslage und den davorliegenden Ereignissen geprägten Situation einzugehen.
Wie ich Ihnen bereits mündlich dargelegt habe, sah ich mich gezwungen, die Juden aus Bessarabien und der Bukowina zu evakuieren, weil die dortige Bevölkerung aufgrund des schrecklichen Verhaltens der Juden während der russischen Okkupation so aufgebracht gegen sie war, dass es ohne diese Sicherheitsmaßnahme zu den widerwärtigsten Pogromen gekommen wäre.
Obwohl ich also entschieden hatte, alle Juden aus Bessarabien und der Bukowina zu evakuieren, bin ich durch verschiedene Umstände an der Umsetzung dieser Maßnahme gehindert worden. Heute bedaure ich, dies versäumt zu haben, denn es hat sich herausgestellt, dass sich von den verbliebenen Juden überaus viele als Werkzeug der Feinde betätigen. Keine von den Polizeiorganen aufgedeckte terroristische oder kommunistische Organisation, der nicht auch Juden und häufig ausschließlich Juden angehören. Es ist die Tragödie der jüdischen Rasse, dem Land, in dem sie lebt und von dem sie profitiert, nicht dankbar zu sein. Daher mache ich jetzt noch einmal darauf aufmerksam, dass die Juden, wenn sie weiterhin unseren sehr toleranten Staat unterminieren, noch härtere Maßnahmen zu erwarten haben, als sie sie jetzt schon erleiden, weil der Staat

1 ANIC, PCM, Cabinet Militar, d. 166/1940, f. 98 f., verzeichnet unter N. 301 001/R. 944. Abdruck in: Carp, Cartea Neagră, vol. 3 (wie Dok. 163, Anm. 1), S. 474 f. Das Dokument wurde aus dem Rumänischen übersetzt.

diejenigen nicht ungestraft lassen kann, die seine Toleranz missbrauchen und mit krimineller Energie an seiner Zerstörung arbeiten. Außerdem sollte nicht vergessen werden, dass sich in Transnistrien über 200 000 Rumänen[2] befinden und jenseits des Bugs etwa noch einmal so viele, die gerne in das freie Rumänien kommen würden. Ich bin tief bekümmert angesichts des Schicksals dieser Hunderttausender Rumänen, die ich nicht hier im Vaterland aufnehmen kann.
Es versteht sich von selbst, dass es mir unter diesen Bedingungen politisch und moralisch unmöglich ist, die Juden aus Transnistrien zu holen. Damit sollte man nicht rechnen. Ich werde aber anordnen, dass alle aus der unmittelbaren Frontnähe geholt und in den Süden Transnistriens gebracht werden, von dort aus können sie über die Verbindungen, die die jüdische Gemeinde im Ausland unterhält, außer Landes gebracht werden. Von den in Transnistrien befindlichen Juden sind nur diejenigen repatriiert worden, die irrtümlich dorthin deportiert worden waren, also die etwa 7000 Bewohner aus Dorohoi und außerdem 4500 Waisenkinder.
In diesem Krieg, der sich über die gesamte Welt erstreckt, können die Juden nicht verschont bleiben von Schmerz, Härte und Elend, denen fast die gesamte Menschheit unterworfen ist. Wenn aus Mangel an Nahrungsmitteln und aufgrund unzureichender gesundheitlicher Versorgung auch jüdisches Leben vergeht, bedeutet das nur, dass unter den unbezwingbaren Gesetzen des Krieges – den ja nicht wir provoziert haben – auch Juden ihren Blutzoll zu entrichten haben. Die Rumänen, die an vorderster Front kämpfen, sterben tagtäglich zu Tausenden.
Aber als ein in europäischer Tradition gebildeter Mann habe ich niemals Gewalt gegen Menschen toleriert und kann sie auch jetzt nicht tolerieren. Ich habe Maßnahmen ergriffen und werde dies weiterhin tun, dass auch gegen Juden keine Verbrechen verübt werden, gleichgültig, wo sie sich befinden.
Was die Abgaben für die Bescheinigungen zur Befreiung von Zwangsarbeit und zur Berufsausübung anbelangt, ist das eine Angelegenheit, die nicht in meine Zuständigkeit fällt. Ich meine dennoch, dass man keinen Vergleich ziehen kann zwischen dem von einigen Juden geleisteten finanziellen Beitrag, sich von Zwangsarbeit freizukaufen, und dem Blutopfer jener, die im Angesicht des Feindes und mit der Waffe in der Hand das Leben und die Arbeit aller in unserem Vaterland Lebenden, also auch der Juden, verteidigen und sichern. Die Abgaben sind in Abstimmung mit der Judenzentrale erhoben worden, und ein Großteil davon wird für die Aufgaben der Zentrale und die Unterstützung mittelloser jüdischer Familien verwendet.

2 Es handelte sich um die Nachfahren von im 18. Jh. angesiedelten Bauern aus dem Gebiet Rumäniens. Einige waren 1943/44 nach Bessarabien umgesiedelt worden.

DOK. 238

Reichsaußenminister Ribbentrop lässt am 11. Februar 1944 mitteilen, dass die 5000 jüdischen Waisenkinder nach Großbritannien statt nach Palästina ausreisen sollen[1]

Telegramm i.Z. (Aktz.: Nr. Inl. II 262 g., geheim, Ch. V,[2] Citissime[3]), Referent: LR. v. Thadden, Berlin, gez. Steengracht,[4] an den Gesandten Manfred v. Killinger persönlich, Dt. Gesandtschaft Bukarest (Diplogerma Bukarest, Nr. 352), vom 11.2.1944

Betreff: Ausreise von Juden nach Palästina
Herr RAM[5] bittet Sie, Marschall Antonescu aufzusuchen, ihm vertraulich mitzuteilen, daß Reichsregierung britischen Wunsch auf Erteilung Ausreisegenehmigung von Judenkinder am 26. Januar mündlich wie folgt beantwortet hat:
„Obwohl die Anfrage der Britischen Regierung wegen der Ausreisegenehmigung für 5000 Juden nicht erkennen läßt, zu welchen Gegenleistungen man britischerseits bereit wäre, ist die Reichsregierung nicht abgeneigt, den englischen Wunsch in positivem Sinne zu erwägen und in entsprechende Verhandlungen einzutreten. Da jedoch die Reichsregierung ihre Hand nicht dazu bieten kann, daß ein so edles und tapferes Volk wie die Araber durch die Juden aus ihrem Heimatland Palästina verdrängt werden, könnten diese Verhandlungen nur unter der Voraussetzung aufgenommen werden, daß sich die Britische Regierung damit einverstanden erklärt, daß die Juden statt nach Palästina nach Großbritannien überführt werden und daß sie ihnen dort die endgültige Niederlassung garantiert."
Schluß Text.[6]
Bitte Marschall darauf hinzuweisen, daß Ausreise rumänischer Juden nach Palästina uns befreundete Araber stark verstimmen würde.[7] Wir hielten es daher für zweckmäßig, wenn rumänische Regierung zu jüdischen Ausreisewünschen eine der Reichsregierung entsprechende Haltung einnehmen würde. Falls Genehmigung zur Ausreise von Juden bereits erteilt sei, bäten wir, Genehmigung rückgängig zu machen. Drahtbericht.

1 PAAA, R 100 882, Inland II Geheim, Bd. 201, Judenfrage in Rumänien 1943–1945, K 212 833–212 835. Abdruck in: Trașcă/Deletant (Hrsg.), Al III-lea Reich (wie Dok. 134, Anm. 1), Dok. 174, S. 721.
2 Chiffriert Verschlusssache.
3 Aufträge aus Drahtnachrichten des AA, die mit citissime für „sehr dringend" gekennzeichnet waren, sollten sofort umgesetzt werden.
4 Gustav Adolf Baron Steengracht von Moyland (1902–1969), Jurist; 1933 NSDAP- und SA-Eintritt; 1936–1938 für Dienststelle Ribbentrop in London, 1940–1943 im persönlichen Stab des RAM; 1941 Chefadjutant und Gesandter 1. Klasse, 1943–1945 StS im AA; 1945 verhaftet; 1946 Zeuge vor dem Internationalen Militärgerichtshof, 1949 im Wilhelmstraßen-Prozess zu fünf Jahren Gefängnis verurteilt, im Jan. 1950 nach Amnestie freigelassen.
5 Joachim von Ribbentrop.
6 Über den Schweizer Sonderbotschafter Peter Anton Feldscher hatte im Mai 1943 die brit. Regierung angefragt, ob 5000 jüdische Kinder aus dem deutschen Herrschaftsbereich nach Palästina ausreisen könnten. Im Januar 1944 wurde die deutsche Absage durch Steengracht übermittelt. Er wurde vor allem wegen der Verhinderung dieser Rettungsaktion 1949 verurteilt.
7 Großbritannien hatte die Emigration von 5000 jüdischen Kindern nach Palästina am 26.1.1944 genehmigt. Nun versuchte Killinger, die Zusage für freies Geleit zu verhindern; AMAE, Fond Germania, vol. 94, Bl. 47–50.

Zur dortigen Information:
Veröffentlichung und propagandistische Auswertung der England erteilten Antwort ist von Herrn RAM noch nicht freigegeben, aber für Mitte März in Erwägung gezogen. Weisung wegen Freigabe Veröffentlichung folgt ggf. rechtzeitig.

DOK. 239
Die deutsche Gesandtschaft meldet am 18. Februar 1944, dass die Emigration von Juden nach der Verhaftung einiger Organisatoren ins Stocken geraten sei[1]

Schreiben (Tgb. Nr. 1058/44 g., Aktenz.: A XII a, geheim) der Deutschen Gesandtschaft Bukarest, gez. von Killinger, an das Auswärtige Amt, Inl. II A 303 (Eing. 25.2.1944), vom 18.2.1944

Betr.: Auswanderung jüdischer Kinder aus Rumänien
Vorg.: Dort Erlaß v. 27.1.44 Inl. II 303 g.,[2] 2 Doppel
Im Zusammenhang mit der Aufdeckung einer jüdischen Kommunistenorganisation,[3] die sich nach außen hin unter der Tarnung Auswanderung in Bukarest und auch in der Provinz organisiert hatte, wurden zahlreiche Verhaftungen vorgenommen, darunter 3 Juden, die sich ausschließlich und maßgebend mit der Auswanderung befassten. Es handelt sich um die Juden Benvenisti, früherer Zionistenführer, Wilhelm Fischer,[4] Zionist, und Dr. Enzer,[5] der über das staatliche Reisebüro „Romania" in Bukarest mit der Durchführung der Auswanderung von Juden von jüdischen Stellen in Istanbul und Genf betraut war.
Mit der Verhaftung dieser 3 Juden sind die Auswanderungspläne durchkreuzt worden und wie aus einer Unterhaltung mit dem Vertreter des Internationalen Roten Kreuzes in Bukarest, dem Schweizer Staatsangehörigen von Steiger,[6] entnommen werden kann, die Auswanderung vollständig ins Stocken geraten.

1 PAAA, R 100 856, Inland II Geheim, Bd. 176, Judenfrage: Allgemeines (Judenrückkehr) 1943–1944, K 210 514 f. (Bl. 16 f.). Abdruck in: Trașcă/Deletant (Hrsg.), Al III-lea Reich (wie Dok. 134, Anm. 1), Dok. 177, S. 728.

2 Schreiben von Legationsrat Eberhard von Thadden an die Deutschen Gesandtschaften in Bukarest und Sofia vom 27.1.1944; PAAA, R 100 882, Inland II Geheim, Bd. 201, Judenfrage in Rumänien 1943–1945, K 212 828–212 829. Abdruck in: Trașcă/Deletant (Hrsg.), Al III-lea Reich (wie Dok. 134, Anm. 1), S. 710.

3 Unter den Verhafteten befanden sich neben drei älteren Zionisten mehrere Jugendliche aus der Gruppe Gordonia um Gherș Tabacinic. Durch die Schweizer Informanten Charles Gyr (1890–1960) und Hans Welti hatte der deutsche Judenberater Richter deren Briefe an Saly Mayer, den Schweizer Vertreter des Joint, erhalten, in denen sie Geld für Hilfsaktionen für illegal eingewanderte Juden aus Polen und Ungarn forderten. Aufgrund der Interventionen von Charles Kolb bei Mihai Antonescu kamen Benvenisti, Enzer und Fischer im März 1944 frei. Einige Jugendliche erhielten kurze Haftstrafen.

4 Wilhelm Fischer (gest. 1950), Jurist; Anwalt; 1939/40 in Bukarest Vertreter des Jüdischen Weltkongresses, des Joint und des Keren Keyemet; 1942–1944 Hilfstätigkeit für Deportierte in Transnistrien und für jüdische Flüchtlinge aus Polen und Ungarn; Jan. 1944 in Haft, durch Intervention des IKRK nach 31 Tagen entlassen; 1946 Emigration in die Schweiz.

5 Samuel Enzer.

Von Steiger erklärte, daß ohne diese Juden an eine Durchführung der erwähnten Auswanderungs-Projekte augenblicklich nicht zu denken ist.
Über den Verlauf der Angelegenheit wird berichtet.

DOK. 240
Charles Kolb vom Internationalen Komitee vom Roten Kreuz bittet Mihai Antonescu am 29. Februar 1944, die Rückkehr aller 4500 Waisenkinder aus Transnistrien zu ermöglichen[1]

Telegramm des Internationalen Komitees vom Roten Kreuz in Rumänien, gez. Charles Kolb,[2] an den Stellv. Ministerpräsidenten, Mihai Antonescu, Bukarest, vom 29.2.1944

Mitteilung G/489, K/E[3]
Betreff: Mitteilung 391 bezüglich der Rückführung von etwa 4500 jüdischen Waisenkindern aus Transnistrien
Ich wurde darüber informiert, dass eine Kommission nach Transnistrien entsandt wurde, um die rund 1960 Vollwaisen, die nach Transnistrien deportiert worden sind, nach Rumänien zurückzuführen.
Ich erlaube mir, Eurer Exzellenz meinen aufrichtigen Dank für diese humanitäre Aktion auszudrücken.
Da in der Genehmigung durch den Marschall und Conducator die Zahl der zurückzuführenden Waisen auf 4500 Kinder festgelegt ist, bleiben noch 2540 Kinder, die zurückgeführt werden können.
Es scheint, dass eine Erhebung durchgeführt wurde, um die genaue Anzahl zu ermitteln:
1) der Halbwaisen mütterlicherseits
2) der Halbwaisen väterlicherseits
3) der Halb- und Vollwaisen zwischen 15 und 18 Jahren
4) der verschiedenen „Sonderfälle".
Während der letzten Audienz, die Eure Exzellenz so freundlich war mir zu gewähren, hatte ich mir erlaubt, Ihre Aufmerksamkeit auf die durch verwaltungstechnische Maßnahmen verursachten Hindernisse zu lenken. Ich gehe davon aus, dass die oben genannte Erhebung sehr viel Zeit in Anspruch nehmen wird und dass die nach der Abfahrt des ersten Konvois in Transnistrien verbleibenden Waisenkinder weiterhin den bekannten

6 Wladimir von Steiger, auch Vladimir de Steiger (1892–1950), Bankkaufmann; Dez. 1942 bis Juli 1946 im Auftrag des IKRK und der Joint Relief Commission in Rumänien, setzte sich für Hilfslieferungen nach Transnistrien ein; 1947 Bankangestellter in Bukarest, 1949 wegen Devisenvergehen verhaftet, starb in Haft.

1 ANIC, Inspectoratul General al Jandarmeriei, 35/1944, Bl. 283 f. Das Dokument wurde aus dem Französischen übersetzt.
2 Charles Kolb (*1885), Geschäftsmann; 1918 Berater von Ölfirmen in Rumänien; im Okt. 1943 vom IKRK beauftragt, in Bukarest Hilfe für Deportierte in Transnistrien zu organisieren, 1944 Einsatz für Repatriierungen aus Transnistrien und auch für aus Ungarn nach Rumänien geflohene Juden, unterstützte von Aug. 1944 an die Emigration von Juden nach Palästina; lebte von 1954 an in der Schweiz.
3 Im Original handschriftl. unleserliche Notiz auf Rumän.

Gefahren ausgesetzt sein werden. Ich frage mich, ob es nicht möglich wäre, all diese verwaltungstechnischen Prozeduren zu vermeiden und ein für alle Mal die Rückkehr aller nach Transnistrien deportierten Kinder unter 18 Jahren zu veranlassen, ohne jegliche Unterscheidung zwischen Halb- und Vollwaisen.[4]
Ich habe sogar vorgeschlagen, den nach Transnistrien deportierten Eltern zu gestatten, ihre Kinder zurückzuschicken, wenn sie diese vor möglichen Gefahren bewahren wollen.[5]
Ich wäre Eurer Exzellenz äußerst dankbar, wenn Sie die zuständigen Behörden anweisen würden, keine Schwierigkeiten zu bereiten, sondern den humanitären Aktionsplan der Regierung auszuführen, ohne unnötige Hindernisse zu schaffen.
Ich möchte Eurer Exzellenz im voraus meinen aufrichtigen Dank für die wohlwollende Aufnahme meines Vorschlags aussprechen.

DOK. 241
Das Internationale Komitee vom Roten Kreuz meldet am 20. März 1944 die Zahl der aus Rumänien deportierten Juden und die Repatriierung einiger Juden aus Transnistrien[1]

Schreiben (geheim, persönlich) von J. E. Schwarzenberg, Genf, an das Intergovernmental Committee for Refugees, 11 D Regent Street London, z.Hd. von H. G. Kullmann,[2] vom 20.3.1944 (Durchschlag)

Sehr geehrte Herren,
im Anschluss an unsere vorangegangenen Schreiben, in denen wir Sie Ihrem Wunsch entsprechend über unsere Aktivitäten zugunsten der rumänischen Juden informiert haben, erlauben wir uns im Folgenden, die letzten Berichte unseres Delegierten[3] in Bukarest für Sie zusammenzufassen.
Trotz des großen Einflusses derer, die die Rückkehr der deportierten Juden aus Transnistrien nach Rumänien verhindern wollen, hat sich der Vizepräsident des Ministerrats, Mihai Antonescu, persönlich für eine Lösung im Sinne der Vorschläge ausgesprochen, die unsere Delegation formuliert hat. So konnten bis zum heutigen Tag zumindest die 6000 Juden aus Dorohoi zurückkehren. Die rumänischen Behörden sperren sich gegen

4 Da SS-Einheiten beim Rückzug seit Dezember 1943 viele Deportierte aus Rumänien erschossen hatten, versuchte Kolb zumindest möglichst viele Waisenkinder zu retten. Auch der Präsident der Judenzentrale unterstützte ihn dabei; siehe ANIC, Inspectoratul General al Jandarmeriei, 36/1944, Bl. 46.

5 Im März 1944 war Transnistrien Frontgebiet, der Norden wurde am 20. März von der Roten Armee eingenommen. Die jüdische Kommission erreichte Mogilev nicht mehr, brachte aber aus Tiraspol 2538 Deportierte nach Rumänien.

1 Archiv des IKRK, G.59/6–169, Mikrofilm 9, Bl. 662–664. Das Dokument wurde aus dem Französischen übersetzt.

2 Gustave Gérard Kullmann (1894–1961), Jurist; 1929 Mitglied des Sekretariats des Völkerbunds, zuständig für Kriegsflüchtlinge; von Febr. 1939 an stellv. Direktor des Intergovernmental Committee for Refugees in London; setzte sich für eine Neuauflage des Nansen-Passes ein.

3 Gemeint ist Charles Kolb, der dem IKRK regelmäßig Berichte über die Schweizer Gesandtschaft aus Bukarest übersandte.

die Rückkehr der deportierten Juden vor allem deshalb, weil dann den Juden etwas gestattet würde, worauf nicht einmal die rumänische Bevölkerung in Transnistrien Anspruch hat. Um das Los der deportierten Juden dennoch zu erleichtern, hat der stellvertretende Ratspräsident veranlasst, die Verschleppten, die den Kriegsgefahren besonders stark ausgesetzt sind – also die 718, die im Distrikt von Tulcin leben –, nach Odessa zu evakuieren.[4] Unser Delegierter hatte darum gebeten, dass alle gefährdeten Personen, das heißt alle, die östlich der Eisenbahnlinie Odessa–Şmerinca sowie in Şmerinca[5] selbst oder in der Umgebung wohnen, sich in die Ortschaften begeben dürfen, die westlich dieser Linie liegen. Obgleich Herr Antonescu diesen Vorschlag befürwortet hat, hat unser Delegierter noch keine offizielle Bestätigung über eine endgültige Entscheidung in dieser Angelegenheit erhalten.

Wir übersenden Ihnen anbei die Übersetzung eines vertraulichen Berichts der Judenzentrale Rumäniens mit den Zahlen von zwei Volkszählungen, die 1930 bzw. 1942 stattgefunden haben. Des Weiteren finden Sie in diesem Brief Angaben zur jüdischen Bevölkerung nach dem Krieg von 1916/19 und im Jahr 1942.[6] Die jeweiligen Zahlen lauten: 767 340 nach 1919 und 292 149 im Jahr 1942. Zu der letzten Zahl müsste die Zahl der rumänischen Juden hinzugefügt werden, die nach Transnistrien transportiert wurden, wo sich etwa 54 000 befinden. Die Gesamtzahl der Juden in Rumänien ist dementsprechend zwischen 1930 und 1942 um 421 191 Köpfe gesunken.

Die Zahlen aus Siebenbürgen lauten: 181 340 nach 1919 und rund 40 000 im Jahr 1942. Der Unterschied von 141 340 für Siebenbürgen ist auf die Abtrennung der Siebenbürger Gebiete zurückzuführen, die 1940 Ungarn überlassen werden mussten. 1930 gab es in den rumänisch gebliebenen Siebenbürger Gebieten 44 660 Juden und 1942 noch 39 628. Von den fehlenden 5032 sind die meisten ausgewandert. Nur sehr wenige Juden aus Siebenbürgen wurden deportiert.

Schließlich senden wir Ihnen die Übersetzung eines Berichts über die Situation der Juden in der Bukowina und deren finanzielle Beziehungen zur Judenzentrale in Rumänien.[7]

Aus all diesen Informationen geht eindeutig hervor, dass die jüdische Bevölkerung in Rumänien durch die Ereignisse von 1941 dezimiert wurde.

In Bessarabien gibt es nahezu keinen einzigen Juden mehr.

In der Bukowina sind es noch etwa 16 000 Juden.

Im Altreich, das weiterhin dem Gebiet Rumäniens in den Grenzen von 1913 entspricht, ist die Zahl der Juden unverändert geblieben.

Von rumänischer Seite wird behauptet, das Verschwinden der Mehrheit der Juden sei den Russen anzulasten, die Bessarabien und die Bukowina 1940 besetzt und diese Gebiete infolge der militärischen Ereignisse von 1941 evakuiert haben. Unserem Delegierten war es nicht möglich, die genaue Zahl der von den Russen Evakuierten zu ermitteln.

4 Es handelte sich um die Gruppe, für deren Repatriierung sich Nuntius Cassulo am 2.2.1944 eingesetzt hatte; siehe Dok. 234 vom 2.2.1944.

5 Stadt im Norden Transnistriens, nördlich von Tulcin gelegen.

6 Liegt nicht in der Akte.

7 Es ist unklar, welcher Bericht gemeint ist. Zuvor war wiederholt auf die Lage der etwa 16 000 in der Bukowina verbliebenen Juden hingewiesen worden, denen der Gouverneur befohlen hatte, eine Kennzeichnung als Juden zu tragen. Angesichts der von der Front zurückströmenden deutschen Einheiten waren sie gefährdet.

Wir wissen nicht, ob Sie Informationen darüber erhalten können; sollte dies der Fall sein, wären wir Ihnen sehr dankbar, sie uns mitzuteilen, wenn es Ihnen angebracht erscheint.

Auf die Bitte unseres Delegierten hin, seine Anstrengungen zur beschleunigten Rückführung der Juden aus Transnistrien zu unterstützen, hat das Internationale Komitee ein persönliches Schreiben an den rumänischen Regierungschef gerichtet. Es scheint, als ob ein erstes Ergebnis dieses Schreibens die Freilassung der Vorsitzenden der jüdischen Organisationen in Rumänien ist.[8] Diese Personen sind unverzichtbar, wenn wir unsere verschiedenen Hilfs- und Ausreiseaktionen erfolgreich durchführen wollen. Sie waren vor einigen Wochen auf Verlangen der Besatzungsbehörden[9] verhaftet worden.

Zu Ihrer Information fügen wir diesem Brief noch folgende Übersetzungen bei:[10]

1) eine Übersicht über die Vorbereitungsmaßnahmen, die zur Rückführung der Waisen aus Transnistrien getroffen werden, Übersicht vom 6. Februar von Herrn Şaraga, verfasst nach seiner Rückkehr aus Mogilev;

2) eine Mitteilung bezüglich der Verteilung der aus Transnistrien heimgekehrten Waisen vom 5. Februar d. J.;

3) einen Bericht bezüglich einer möglichen Konzentrierung der Juden aus Transnistrien. (Die beiden letzten Dokumente stammen ebenfalls von Herrn Şaraga).

Herr Saraga ist nach Transnistrien aufgebrochen, um dort die 1960 Waisen zusammenzuführen, deren sofortige Rückführung von der rumänischen Regierung genehmigt wurde.

Hochachtungsvoll

P.S. Wir haben soeben erfahren, dass der Präsident des Ministerrats in der Sitzung am Montag, den 13. März beschlossen hat, alle nach Transnistrien deportierten Juden nach Rumänien zurückzubringen.[11]

Wir erlauben uns, Ihnen die in diesem Brief enthaltenen Informationen dennoch zu dokumentarischen Zwecken zu übermitteln.

8 Gemeint ist die Freilassung von Moshe Benvenisti, Wilhelm Fischer und Samuel Enzer, die im Jan. 1944 verhaftet worden waren und zuvor die Emigration mit Schiffen vorbereitet hatten.

9 Der Judenberater Gustav Richter hatte wiederholt Verhaftungen von Juden durch die rumän. Polizei erwirkt; die meisten wurden nach drei Monaten Haft entlassen.

10 Die Anlagen sind hier nicht abgedruckt; Archiv des IKRK Genf, G 59.5.

11 Der Ministerrat ließ seit dem 15.2.1944 Amtspersonen und Militär aus Bessarabien und der Nordbukowina wegen der schnell vorrückenden Roten Armee evakuieren. Die Repatriierung der Deportierten aus Transnistrien wurde erst am 13.3.1944 beschlossen, als sie nur noch in wenigen Gebieten umsetzbar war. In den Rückzugsgebieten besaßen zumeist Einheiten von Wehrmacht und SS die Verfügungsgewalt.

DOK. 242

Der rumänische Generalkonsul in Berlin informiert am 24. März 1944 den Außenminister über die Versteigerung des Eigentums rumänischer Juden[1]

Schreiben vom Rumänischen Generalkonsulat, gez. George Traian Gallin,[2] Berlin, an das Außenministerium, Mihai Antonescu, Bukarest, vom 24.3.1944

Herr Minister,
durch eine mündliche Benachrichtigung von In. II. A.4995 vom 26.6.1943 hatte das Auswärtige Amt unsere Gesandtschaft in Berlin darüber informiert, dass die Behörden die öffentliche Versteigerung des Besitzes von 14 rumänischen Staatsbürgern jüdischer Herkunft, die „aus Berlin evakuiert wurden", zugunsten des rumänischen Staates verfügt hätten.
Aufgrund der Anweisungen von Seiten der Gesandtschaft habe ich Verbindung mit der zuständigen Polizeibehörde (Geheime Staatspolizei) aufgenommen und Folgendes gefordert:
1. Dass man mir die Ortschaft mitteilt, in welche die besagten Juden evakuiert wurden;
2. dass ich eine Gesamtliste der in den Wohnungen der Evakuierten befindlichen Gegenstände bekomme;
3. dass der Besitz der Genannten separat verkauft wird, damit die erzielten Summen den Besitzern oder ihren Erben zur Verfügung gestellt werden können;
4. Als Antwort auf mein Schreiben schickte mir die Geheime Staatspolizei Berlin eine Namensliste[3] von 14 evakuierten Juden, bei denen jeweils die Summe verzeichnet war, die der Verkauf ihrer Möbel bei der öffentlichen Versteigerung erbracht hatte. Aus der Übersicht ergibt sich eine bei dieser Gelegenheit erlangte Gesamtsumme von RM 27 972,05.
Wir übermitteln Ihnen beiliegend die Übersetzung der Übersicht[4] und bitten Sie, uns mitzuteilen, wohin und an wen die obengenannte Summe überwiesen wird, welche das Generalkonsulat von der Geheimen Staatspolizei Berlin anfordern kann.
Ich stelle fest, dass der recht umfangreiche Besitz von Gisela Blumenfeld[5] (Punkt 5) nicht in der Übersicht enthalten ist. Ich habe von der zuständigen Behörde weitere Auskünfte angefordert und werde sie Ihnen nach Erhalt mitteilen.
Ich möchte noch erwähnen, dass meine Nachfragen nach dem Wohnsitz der 14 evakuierten rumänischen Staatsbürger bisher unbeantwortet blieben.

1 AMAE, Problema 33, vol. 32, Bl. 374. Abdruck in: Şerbanescu (Hrsg.), 1943–1944. Bilanţul (wie Dok. 219, Anm. 10), S. 451 f. Das Dokument wurde aus dem Rumänischen übersetzt.
2 George Traian Gallin (1892–1961), Jurist; 1937 Generalkonsul in Hamburg, 1942–1944 Generalkonsul in Berlin; flüchtete im Aug. 1944 in die Schweiz; im Jan. 1948 aus dem diplomatischen Dienst Rumäniens entfernt.
3 Nicht ermittelt.
4 Nicht eingesehen.
5 Am 3.9.1943 hatte Siefert Blumenfeld den Außenminister gebeten, seine aus Berlin nach Auschwitz deportierte Mutter zu finden; siehe Dok. 226 vom 3.9.1943.

DOK. 243

Jüdische Frauen aus Bukarest berichten am 28. März 1944, wie sie die nach Transnistrien deportierten Waisenkinder unterstützt haben[1]

Schreiben von Charles Kolb, Internationales Komitee vom Roten Kreuz, Delegation in Bukarest, an das Internationale Komitee vom Roten Kreuz, Genf, an P. Kuhne,[2] und an die Herren Schwarzenberg und R. Wilhelm,[3] vom 28.3.1944 (Kopie)

Betr. Hilfe für bedürftige Juden
Sehr geehrte Herren,
ich schicke Ihnen einen deutschsprachigen Bericht betreffend die Tätigkeit der Damenkommission für die Waisenkinder von Transnistrien, der Bericht wurde mir gerade von Anny Andermann[4] und Betty Schwefelberg[5] zugestellt.
Das Problem der Waisenkinder in Transnistrien besteht nicht mehr. Ein Teil von ihnen konnte repatriiert werden, der andere fiel unter russische Verwaltung. Diejenigen, die aus Transnistrien zurückkamen, befinden sich in der Region Moldau, und ihre Emigration, zumindest für einige von ihnen, wird vorbereitet.
Ich werde einen Teil der vorbereiteten Finanzfonds für die Deportierten in Transnistrien nun für Hilfsmaßnahmen zugunsten der Heimgekehrten umwidmen, insbesondere für die Waisenkinder, und auf dieser Basis werde ich die Probleme untersuchen, die am Ende des Berichts angesprochen werden.
Bitte nehmen Sie meine große Wertschätzung entgegen.
Anhang: 1 Bericht auf Deutsch
MD/Kopie. Kurzer Bericht über die Tätigkeit der Damenkommission für die Waisenkinder von Transnistrien
Aus früheren Mitteilungen ist bekannt, daß bereits seit Januar 1941 der Verband der Jüdischen Gemeinden in Rumänien (Fédération des Communautés Juifes) unter Präsidentschaft von Herrn Dr. Filderman eine Hilfskommission errichtet hatte, welcher zu jener Zeit die Herren Rechtsanwalt Schwefelberg, Fred Saraga u. a. angehörten.
Diese Hilfskommission hat vor allem den Opfern der Legionaerrebellion vom Januar 1941[6] Hilfe geleistet, und zwar aus Mitteln, die durch öffentliche Sammlungen aufgebracht wurden.

1 Archiv des IKRK, G 59/7–202, Mikrofilm 9. Das Anschreiben von Kolb wurde aus dem Französischen übersetzt.
2 Paul Kuhne, Assistent von Schwarzenberg im Sekretariat des IKRK; organisierte 1944 die Finanzierung der Repatriierung rumän. Juden; von Mai 1945 an für die Repatriierung ehemaliger Häftlinge aus deutschen Lagern zuständig; nach 1950 noch für das IKRK tätig.
3 R. Wilhelm, ordnete 1943–1944 eingehende Post im Genfer Büro des IKRK.
4 Anny Andermann (1894–1972), Ärztin; lebte von 1925 an mit ihrem Ehemann Adolf Andermann in der Bukowina; 1940 in Bukarest für OSE (Oeuvre de secours aux Enfants) tätig, Jan. 1941 Mitbegründerin der „Damenkommission", die jüdischen Opfern half, unterstützte 1942–1944 jüdische Waisenkinder in Transnistrien; 1949 Emigration nach Paris, 1950 in Kanada.
5 Betty Schwefelberg, geb. Grunbaum, Ehefrau des Anwalts Arnold Schwefelberg; Jan. 1941 Mitbegründerin der „Damenkommission" in Bukarest, 1942–1944 Unterstützung jüdischer Waisenkinder in Transnistrien; starb in Rumänien.
6 Gemeint ist der Putschversuch der Eisernen Garde; siehe Einleitung, S. 55.

Bald darauf begannen, noch vor Eintritt Rumäniens in den Krieg, große Evakuierungen von Juden und zwar im Frühjahr 1941 aus den Dörfern in die Distrikt-Residenzstädte und später, nach Ausbruch des Krieges, vom Norden und Osten, nach dem Süden und Westen des Landes. Die Anhäufung der Evakuierten in den ohnehin überfüllten jüdischen Zentren und die Schaffung von ganz unvorbereiteten Konzentrationslagern[7] haben beträchtliche Hilfsfonds beansprucht. Die Hilfsaktion wurde auch diesmal von der Hilfskommission durchgeführt. Dieselbe Kommission hat auch den seit August 1941 geschaffenen jüdischen Arbeitskolonnen (Zwangsarbeit statt Militärdienst) Hilfe geleistet. Im September 1941, nachdem die Front gegen Osten verlegt wurde, ist es gelungen, die in Konzentrationslagern befindlichen Juden wieder in die Ursprungsorte zurückzubringen, aber nur in die Residenzstädte. Die Lage dieser Juden kann man sich leicht vorstellen. Dennoch nahmen sie im beträchtlichen Maße Teil an der Zeichnung der damals emittierten Staatsanleihe.

Im Oktober 1941 wurden die noch in Bessarabien lebenden Juden und beinahe alle aus der Bukowina nach Transnistrien deportiert. Der Verband der Gemeinden erhielt die Bewilligung der Hilfsaktion für Transnistrien erst am 17. Dezember 1941, aber gerade am selben Tag wurde dieser Verband aufgelöst und an seiner Stelle die „Judenzentrale in Rumänien" behördlich errichtet.

Erst im Februar 1942 konnte die Hilfsaktion für Transnistrien faktisch aufgenommen werden und zwar nahm die Judenzentrale die Dienste der Hilfskommission in Anspruch, und zwar diesmal unter Präsident Rechtsanwalt Dr. M. Zimmer aus Czernowitz. Der Hilfskommission traten außer den obengenannten Herren auch noch die Herren M. Benvenisti, Dr. C. Iancu[8] u. a. bei. Die Hilfskommission ist ein autonomes Organ mit eigener Geschäftsführung, wenn sie auch, wie derzeit alle anderen jüdischen Anstalten – laut Gesetz, der Aufsicht der Zentrale unterstellt ist.

Im Februar 1942, nachdem im strengen Winter 1941/42 in Transnistrien ein großer Teil der Deportierten infolge der Entbehrungen, Epidemien und der Unmöglichkeit der Hilfe zu Grunde ging, erfuhr man, dass [es] dort Tausende von Waisenkindern gibt, denen die damals noch sehr primitiven jüdischen Getto-Komitees nicht helfen konnten.

Aus eigenem Antrieb meldete sich zu jenem Zeitpunkt eine kleine Gruppe von Damen, und zwar Anny Andermann, Frau Finnie Dr. Bibring[9] und Frau Schwefelberg, um die Fürsorge für die transnistrischen Waisenkinder zu übernehmen. Im Rahmen des Herren-Hilfskomitees wurde somit die „Damenkommission für die transnistrischen Waisenkinder" geschaffen, die derzeit 26 Frauen umfaßt, von denen wir noch besonders die inzwischen verstorbene Frau Ella Balan,[10] mit dem ihr nahe stehenden Kreis von

7 Gemeint sind Internierungslager. Die dortigen Juden wurden durch die jüdischen Gemeinden verpflegt.

8 Dr. Cornel Iancu (*1898), Jurist; Anwalt und zionistischer Aktivist; bereitete 1942 Jugendliche auf die Emigration nach Palästina vor; 1951–1954 in Haft; 1956 Ausreise nach Israel.

9 Dr. Finnie Bibring, geb. Weitzner, Ärztin; Ehefrau des ehem. Gerichtsrats Dr. Siegmund Bibring aus Czernowitz, der auch im Hilfswerk Bukowiner Juden arbeitete; im Nov. 1943 emigrierten beide nach Mexiko.

10 Ella Bălan, Lehrerin; seit 1937 leitend in der Asociația culturală a femeilor evree, 1940 in der Leitung der Keren Hajessod, 1942–1943 in autonomer Hilfskommission.

Damen, ferner Frau Dr. Mella Iancu,[11] Felicia Fein,[12] Weisselberg,[13] Zissu,[14] Marie Goldstein,[15] Broder, Feldstein,[16] Landau, erwähnen.
Die Damenkommission appellierte ausschließlich an die Frauen, und ihre Bestrebung ging dahin, durch fixe monatliche Beiträge den Waisenkindern das tägliche Brot möglichst zu sichern. Die Tätigkeit erweiterte sich späterhin dadurch, dass die Sammlung in weiteren Kreisen, vor allem in den Schulen, Synagogen u.s.w. durchgeführt wurde. Die seit Beginn der Tätigkeit der Damenkommission aufgebrachten Beiträge belaufen sich auf ca. 41 Millionen Lei, welche aus Beträgen von 200 bis 5000 Lei monatlich resultieren, was unbedingt eine enorme Arbeit beweist. (Diese Beiträge zählen selbstverständlich in dem Gesamtbetrag der Aktion der Hilfskommission.)
Die Damenkommission bewirkte es, dass in allen Städten von Transnistrien Waisenhäuser errichtet wurden, wo möglichst alle Kinder zentralisiert und besser aufgehoben sind. Die Damenkommission führte ausserdem die Kleidersammelaktion durch, die zu ihren Glanzleistungen gehört. Der Wert der [in] 5 Sammelaktionen aufgebrachten Kleider beläuft sich auf viele hunderte Millionen Lei. In Transnistrien hatten diese Kleider aber einen unschätzbaren Wert. Sowohl die Geld- als auch die Kleidersammlung fand auch in der Provinz statt, wo lokale Damenkommissionen geschaffen wurden.
Der mit größter Hingabe, Selbstlosigkeit und bewundernswerter Energie und Tüchtigkeit geführten Aktion der Damenkommmission ist es insbesondere zu verdanken, daß die allgemeine Aufmerksamkeit auf die Frage der Waisenkinder in Transnistrien gelenkt wurde. Das Problem Transnistrien wurde auch durch die eifrige Tätigkeit der Damenkommission nicht nur in jüdischen Kreisen populär, sondern gelang es auch, für die Kategorie der Waisenkinder auch in rumänischen privaten und behördlichen Kreisen Sympathie zu erwecken. Nicht wenig hat dies zum Beginn der Heimkehr der Deportierten beigetragen. Die Erfolge der Arbeiten der Damenkommission waren demgemäß nicht nur materieller, sondern auch sehr wertvoller moralischer Natur.
Auch gegenwärtig steht die Damenkommission bereit, das Budget der Waisenhäuser, in welche die ca. 2000 (aus) Transnistrien heimgekehrten Waisenkinder untergebracht wurden, zu sichern. Ob dies unter den augenblicklichen Umständen möglich sein wird, ist jedoch fraglich.[17]

11 Melamia Iancu (1902–1981), Ärztin; 1940–1944 Leitung des Zentrums zum Schutz von Müttern und Kindern in Bukarest, das auch das Heim für Waisenkinder aus Transnistrien betreute; Kooperation mit Ion Costinescu vom Rumänischen Roten Kreuz; 1954–1955 wegen zionistischer Tätigkeit in Haft, 1956 Emigration nach Israel.

12 Ehefrau des Kaufmanns Isaac Fein, tätig im jüdischen Frauenverband WIZO; versteckte während des Putsches der Legionäre den Oberrabbiner.

13 Rena Weisselberg; 1944 Vertreterin des Kulturverbands jüdischer Frauen.

14 Oberrabbiner Alexandru Şafran erwähnt in seinen Memoiren, dass seine Gattin die Damen von WIZO Broder, Fein, Mirja Goldstein, Weisselberg und Sofia Zissu ansprach.

15 Maria (Mirja) Goldstein, vermutlich Ehefrau von Jacques Goldstein, der von Febr. 1942 an in der Judenzentrale arbeitete.

16 Mirja Feldstein, Ehefrau von Isaac Feldstein, der im Jan. und März 1944 der Hilfskommission große Geldsummen zur Verfügung stellte.

17 Der Bericht ist unterzeichnet von Anny Andermann und Betty Schwefelberg.

DOK. 244

Der rumänische Sicherheitsdienst registriert am 4. April 1944 Aktivitäten der Judenzentrale für evakuierte Juden und die Abfahrt eines Flüchtlingsschiffs[1]

Schreiben des Sonderdienstes für Informationen, ungez., Bukarest, an das Präsidium des Ministerrats, das Verteidigungsministerium, Außenministerium und das Generalkommissariat für jüdische Fragen, Bukarest, vom 4.4.1944

Aus jüdischen Kreisen

1. Seit einiger Zeit lässt sich in den Kreisen wohlhabender Juden in der Hauptstadt ein verstärktes Interesse an der Emigration feststellen, das ausgelöst wurde durch das Heranrücken der Roten Armee und mögliche Maßnahmen ihre physische Lage betreffend.
2. Die jüdische Gemeinde in Bukarest hat in Absprache mit der Judenzentrale die Unterstützung der jüdischen Flüchtlinge aus den evakuierten Gebieten in der Hauptstadt organisiert.[2] Diejenigen, die über keine Mittel verfügen und keine anderen Möglichkeiten der Beherbergung haben, wurden in jüdischen Schulen untergebracht und erhalten Verpflegung in Kantinen.
3. Die Judenzentrale Rumäniens soll durch ein Kommuniqué die Juden, die evakuiert wurden, dazu auffordern, sich sofort bei den Zentren zur Rekrutierung zu melden, damit sie in die Arbeitsabteilungen eingegliedert werden. Diejenigen, die Freistellungspapiere besitzen, müssen diese und ihre Quittungen der an die Judenzentrale gezahlten Abgaben zur Bestätigung vorweisen.
4. Da im Moment die Evakuierung des Zentralen Amts für Statistik ausgesetzt wurde, sollen die Juden, die bei dieser Institution arbeiten, vorerst hier bleiben und sich nicht beim Zentrum für Rekrutierung melden.[3]
5. Juden bis zum Alter von 45 Jahren wurden benachrichtigt, dass sie in die Abteilungen zur passiven Verteidigung integriert werden, auch wenn sie Freistellungsausweise haben.
6. Kürzlich fuhr das Schiff „Bella Citta“ unter dem Schutz des Internationalen Roten Kreuzes mit 120 jüdischen Waisenkindern und 30 Begleitern nach Istanbul ab. Von dort aus werden sie ihre Reise auf dem Festland nach Palästina fortsetzen. Danach sollen noch zwei Transporte folgen, die gerade vorbereitet werden.
7. Die Vertretung des Internationalen Roten Kreuzes in Rumänien hat mehrere Fahrzeuge vorbereitet, welche nach Bârlad und Tecuci fahren werden,[4] um die jüdischen Waisenkinder abzuholen, die mit einem besonderen Schiff am 10. April in Richtung Palästina abfahren sollen.

1 Kopie: USHMM, RG 25 004M, Reel 1, v. 18, SSI f. 627–630 (0795–0798). Abdruck in: Carol Iancu, Alexandru Şafran şi Şoahul neterminat în România. Culegere de documente 1940–1944, Bucureşti 2010, S. 345 f. Das Dokument wurde aus dem Rumänischen übersetzt.

2 Gemeint sind Juden, die vor der heranrückenden Front aus der Nordbukowina und dem östlichen Teil der Region Moldau geflohen waren.

3 Etwa 4000 Juden leisteten im Amt Zwangsarbeit unter etwas besseren Bedingungen. Es waren zumeist Intellektuelle, die für die Befreiung von körperlicher Arbeit der Judenzentrale einen Geldbetrag zahlten.

4 Bârlad liegt ca. 250 km und Tecuci 200 km vom Hafen Constanţa entfernt, von wo das Schiff abfuhr.

8. In jüdischen Kreisen spricht man darüber, dass Dr. I. Costinescu im Namen des Rumänischen Roten Kreuzes von der Judenzentrale aus Rumänien verlangt hat, dass sie 160 Kinder in die Hauptstadt bringt und für sie Vorbereitungen wegen kollektiver Ausreisepapiere trifft. Das Schiff soll mit diesen Kindern aus Constanța nach Istanbul fahren, und von dort soll der Transport mit der türkischen Eisenbahn fortgesetzt werden. In denselben Kreisen wird darüber gesprochen, dass die Emigration der jüdischen Waisenkinder hohe Kosten für das Rote Kreuz bedeutet, die es nicht mehr bezahlen kann. Deswegen wurde die Initiative ergriffen, die Begleiter der Kinder aus wohlhabenden jüdischen Kreisen zu rekrutieren, die bei dieser Gelegenheit große Geldsummen spenden können.
9. Kolb, der zweite Vertreter des Internationalen Roten Kreuzes in Rumänien, hat nach Istanbul gemeldet, dass die Aussicht bestünde, einen Transport von etwa 500 Waisenkindern und 500 Erwachsenen verschiedener Kategorien loszuschicken. Im Fall, dass die 500 ungarischen Emigranten nicht eintreffen würden, werde er die Anzahl um die Hälfte erhöhen. Kolb habe telegrafiert, ob die Beschränkung „kein Mann zwischen 15 und 50 Jahren" aufrechterhalten bliebe und ob eine geringe Anzahl von polnischen Juden eingeschifft werden könne, ohne gegen die Weisung der Zentrale in Genf zu handeln, die er darüber benachrichtigt habe.[5]
10. In jüdischen Kreisen wird behauptet, dass Dr. N. Gingold als Präsident der Judenzentrale zurückgetreten sei und dass an seiner Stelle Grossman,[6] der ehemalige Chef der Finanzabteilung dieser Institution, eingesetzt werde.
11. Bacalu,[7] der Angestellte der Judenzentrale Rumäniens, der von dieser mit der Rückholung der Juden aus Transnistrien beauftragt wurde und von dem behauptet wird, dass er dort verblieben sei, ist in die Hauptstadt zurückgekehrt.

5 Nach der Besetzung Ungarns durch die Wehrmacht im März 1944 flohen über die Grenze in Nordsiebenbürgen viele ungar. Juden sowie Juden aus Polen, die bis dahin in Ungarn gelebt hatten, nach Rumänien und einige weiter nach Palästina.

6 Adolf Grossman leitete bereits 1943 die wichtige Finanzabt. der Judenzentrale und übernahm im April 1944 die Leitung der Zentrale; siehe Dok. 207 vom 26.1.1943.

7 Israel Bacalu (1902–1961), Jurist; arbeitete als Rechtsanwalt; 1942–1944 in der Verwaltung der Judenzentrale; organisierte 1945 das prokommunistische Demokratische Jüdische Komitee; 1948–1960 Leitung der Föderation Jüdischer Gemeinden.

DOK. 245

Legationsrat von Thadden schlägt Außenminister Ribbentrop am 6. April 1944 eine Intervention bei Marschall Antonescu wegen der geplanten Ausreise von Juden vor[1]

Vortragsnotiz (geheim) des Auswärtigen Amts, Inland II 619 g., gez. Eberhard von Thadden, Berlin, über Herrn UStS Pol. Herrn Staatssekretär[2] zur Vorlage beim Reichsaußenminister vom 6.4.1944

Die Rumänische Regierung hat sich vor einiger Zeit bereit erklärt, einer Gruppe von 7000 rumänischen Juden, überwiegend Kindern, die Ausreise aus Rumänien zu gestatten. Die von deutscher Seite hiergegen erhobenen Vorstellungen hatten keine Wirkung. Gesandten von Killinger wurde sodann im Zuge der Feldscher-Angelegenheit[3] die Weisung des Herrn Reichsaußenministers mit anliegend beigefügtem Telegramm übermittelt (Anlage 1),[4] daß er Marschall Antonescu bitten solle, die Ausreise rumänischer Judenkinder zu verbieten und gegebenenfalls die Angelegenheit nach dem Muster der Feldscher-Anfrage zu behandeln.[5] Gesandter von Killinger hat den Marschall nicht selbst erreicht und von Mihai Antonescu einen hinhaltenden Bescheid erhalten (Anlage 2). Auf Erinnerung hat Bukarest sodann berichtet, daß der Marschall offensichtlich sich einer Beantwortung entziehen wolle (Anlage 3).
Aus einem von Mihai Antonescu an den jüdischen Architekten Clejan gerichteten Brief ergibt sich die Stellungnahme des Marschalls dahin, daß er gegen die Ausreise der Juden Bedenken nicht erheben wolle, aber für den Abtransport der Juden keinerlei Transportmittel zu gestellen bereit ist und es dem Weltjudentum zu überlassen beabsichtigt, die Transportfrage zu lösen.
Das Internationale Rote Kreuz hat sich mit der Angelegenheit in letzter Zeit besonders stark befaßt. Die Bereitstellung schwedischen Schiffsraums ist von der Schwedischen Regierung abgelehnt worden. Der Plan, die für die Getreidetransporte eingesetzten schwedischen Rot-Kreuz-Schiffe für Judentransporte auf dem Rückweg zu benutzen, scheint dagegen noch nicht endgültig gescheitert zu sein. Die Bereitstellung dänischen Schiffsraums, der im Ausland festliegt, ist über Kopenhagen versucht worden zu verhindern. Das Internationale Rote Kreuz hat nunmehr doch Freigeleit für den unter bulgarischer Flagge fahrenden Dampfer „Bella Citta“ (Anlage 4), die Türkische Regierung für den türkischen Dampfer „Tari“ beantragt. (Anlage 5).
Die Feststellungen in Bulgarien ergaben, daß die Bulgarische Regierung der Reise von „Bella Citta“ nicht zugestimmt hat (Anlage 6). Die Türkische Regierung hat sich anscheinend nach Nachrichten aus besonderer Quelle erst zur Freigabe des Dampfers „Tari“

1 PAAA, R 100 882, Inland II Geheim, Bd. 201, Judenfrage in Rumänien, K 212 852–212 855 (Bl. 116–119). Abdruck in: Trașcă/Deletant (Hrsg.), Al III-lea Reich (wie Dok. 134, Anm. 1), Dok. 182, S. 742 f.
2 Gustav Adolf Baron Steengracht von Moyland.
3 Nachdem Marschall Ion Antonescu im April 1943 vorgeschlagen hatte, 7000 jüdische Kinder nach Palästina ausreisen zu lassen (siehe Dok. 220 vom 7.5.1943 und 221 vom 14.5.1943), bemühten sich 1943/44 mehrere Staaten bei der deutschen Regierung um die Ausreiseerlaubnis insbesondere für jüdische Kinder. Diese Aktion wurde innerhalb des AA nach dem Schweizer Gesandten in Berlin Peter Anton Feldscher als „Feldscher-Aktion“ oder „Feldscher-Angelegenheit“ bezeichnet.
4 Die Anlagen 1 und 4–6 befinden sich in der Akte; wie Anm. 1.
5 Das AA stellte immer neue, unerfüllbare Bedingungen, die die Ausreise verzögerten.

bereit erklärt, nachdem die Anglo-Amerikaner stärksten Druck auf sie ausgeübt und vielleicht sogar Ersatz-Schiffsraum im Falle des Verlustes der „Tari" zugesagt haben.
Gruppe Inland II ist der Ansicht, daß im Falle einer Genehmigung der Transporte durch Zusagen von Freigeleit das gesamte Problem der Auswanderung rumänischer und bulgarischer Juden nach Palästina in Fluß gebracht würde, denn die Bulgarische Regierung hat der Ausreise bulgarischer Juden an sich bereits zugestimmt, diese aber aus transporttechnischen Gründen bisher immer wieder zu verhindern gewußt. In Rumänien würde sich eine Begrenzung auf die ursprünglich vorgesehenen 7000 Juden bei geeigneter Transportlage keinesfalls aufrechterhalten lassen.
Gruppe Inland II schlägt daher vor, der Türkischen Regierung und dem Internationalen Roten Kreuz durch die Deutsche Botschaft in Ankara bezw. das Deutsche Generalkonsulat in Genf antworten zu lassen, deutscherseits werde Palästina als ein arabisches Land angesehen, eine Unterstützung jüdischer Einwanderung nach Palästina könne daher durch Gewährung von Freigeleit für Judentransporte nicht in Betracht gezogen werden.
Weiterhin schlägt Gruppe Inl. II vor, dem türkischen Außenminister Numan[6] sagen zu lassen, aus Gründen der Spionageabwehr und aus seestrategischen Gründen könne seinem Wunsche nicht entsprochen werden. Gleichzeitig wäre Botschafter v. Papen[7] anheimzustellen, sofern er es für zweckmäßig hält, Numan darauf hinzuweisen, daß der Dampfer „Tari" nach den hier vorliegenden Meldungen nicht nur für einen Transport, sondern für mehrere Transporte zum Abtransport von insgesamt 5000 Juden gechartert sei, und daß gleichzeitig auch von jüdischer Seite noch Verhandlungen wegen Bereitstellung schwedischen und anderen Schiffsraums zum Abtransport von Zehntausenden von Juden geführt würden.
Telegrammentwürfe in diesem Sinne liegen bei.
Sollte der RAM entscheiden, daß aus besonderem Entgegenkommen ein Transport mit Dampfer „Tari" gestattet werden soll, schlägt Gruppe Inland II vor, Numan sagen zu lassen, daß dies ein besonderes Entgegenkommen sei und weitere Wünsche in dieser Richtung nicht erfüllt werden könnten.

6 Numan Menemencioğlu (1891–1958), Jurist; von 1923 an im diplomatischen Dienst der Türkei, 1933 und 1937–1942 Generalsekretär im Außenministerium, 1942–1944 Außenminister der Türkei, 30.11.1944 Botschafter in Paris und 1949 in Lissabon.

7 Franz von Papen (1879–1969), Offizier und Politiker; 1920–1932 Abgeordneter der Zentrumspartei, Juni bis Dez. 1932 Reichskanzler; Jan. 1933 bis Juli 1934 Vizekanzler im Kabinett Hitler, 1934–1938 Botschafter in Wien, 1939–1944 in Ankara; 1939 NSDAP-Eintritt; 1945 verhaftet, 1946 Freispruch im Nürnberger Prozess, 1947 von der Spruchkammer zu acht Jahren Arbeitslager verurteilt, 1949 amnestiert.

DOK. 246
Der rumänische Judenkommissar Lecca meldet am 27. April 1944 die Repatriierung rumänischer Juden aus Belgien und Frankreich[1]

Schreiben (Nr. 6392/R.D.L.) des Generalkommissariats für jüdische Fragen, gez. Radu D. Lecca, Bukarest, an Außenminister Mihai Antonescu (Eing. 29.4.1944), Bukarest, vom 27.4.1944[2]

Herr Minister,
Ich habe die Ehre, Ihnen Folgendes bekannt zu geben:
Mit Gesuch Nr. 9920 vom 11. April 1944[3] legt uns die Judenzentrale Rumäniens dar, dass infolge des deutsch-rumänischen Abkommens von 1943 über die Repatriierung der Juden mit rumänischer Staatsbürgerschaft, die sich in den unter der Kontrolle der Achsenmächte stehenden Ländern befinden, auch eine begrenzte Zahl von Juden aus Frankreich (Nord- und Südzone) und Belgien repatriiert worden ist.[4]
Die Judenzentrale Rumäniens macht uns in ihrem Gesuch darauf aufmerksam, dass sich (gemäß der heute in Besitz der Gesandtschaft von Vichy und des rumänischen Generalkonsulats in Paris befindlichen Listen) außerdem noch rumänische Juden, insbesondere in den Konzentrationslagern in Oberschlesien (z. B. Bleichauer[5] bei Breslau und Auschwitz) und in Frankreich befinden, die darauf warten, repatriiert zu werden.
Unserer Ansicht nach gibt dies Anlass, hinsichtlich der Repatriierung jener Juden zu intervenieren, die *zu keinem Zeitpunkt* die rumänische Staatsangehörigkeit verloren haben und nachweisen können, dass sie sowohl in Frankreich als auch in Rumänien weder aus *politischen noch wirtschaftlichen Gründen* als unerwünscht gelten.
In diesem Sinne bitten wir Sie gütigst, die Rückkehr der Betreffenden in ihre Heimat zu erleichtern – selbstverständlich in Übereinkunft mit den zuständigen deutschen Behörden.
Nehmen Sie, Herr Minister, die Versicherung unserer besonderen Verehrung und Wertschätzung entgegen.

1 AMAE, Problema 33, vol. 30/1900–1944, Bl. 125. Das Dokument wurde aus dem Rumänischen übersetzt.
2 Im Original handschriftl. Unterstreichungen.
3 Nicht aufgefunden. Am 2.5.1944 wurde in der Konsularabt. des rumän. Außenministeriums notiert, dass die deutschen Behörden sich prinzipiell weigern würden, Internierte aus den Lagern zu entlassen; wie Anm. 1, Bl. 146.
4 Aus Frankreich waren über 3300 Juden mit rumän. Pässen deportiert und weniger als 100 gerettet worden; siehe Deletant, Aliatul (wie Dok. 180, Anm. 5), S. 245.
5 Gemeint ist vermutlich das KZ Blechhammer, das im April 1944 für jüdische Zwangsarbeiter eingerichtet worden war. In der Umgebung hatte es schon früher eine Reihe von Außenlagern des KZ Auschwitz gegeben.

DOK. 247

Wilhelm Filderman bittet Mihai Antonescu am 6. Mai 1944, die Errichtung von Gettos im neuen Frontgebiet in der Region Moldau zu verhindern[1]

Schreiben von Dr. Wilhelm Filderman, Bukarest, an Professor Mihail Antonescu, Vizepräsident des Ministerrats, Bukarest, vom 6.5.1944[2]

Herr Ministerpräsident,
ich erlaube mir, beiliegend zwei Anmerkungen zu übergeben, die sich zum einen auf die Gettos, Kennzeichen und Evakuierungen, zum anderen auf die Geiseln[3] beziehen, und bitte Sie, diesen gütigst Ihre Aufmerksamkeit zukommen zu lassen, weil diese Probleme von großer Bedeutung und Dringlichkeit sind.
Was die Einrichtung der Gettos und die Einführung von Kennzeichen anbelangt, bin ich informiert, dass man uns, obwohl die Angelegenheit erledigt schien, nun sehr drängt, diese einzurichten bzw. einzuführen, insbesondere in Bacău.[4]
Was das Recht auf Evakuierung anbelangt, ist es bis heute ungelöst, trotz aller von den obersten Behörden wiederholt vorgebrachten Versprechungen und Versicherungen. Diese Angelegenheit wird wegen der Intensivierung und Ausdehnung der Bombardements mit jedem Tag dringlicher.
Hinsichtlich der Geiseln ist festzustellen, dass sie in mehreren Städten der Region Moldau genommen wurden und werden und ihr Leben in ständiger Gefahr ist.
In der Zuversicht, dass Sie meine Anmerkungen begründet finden und so gütig sein werden, entsprechend zu verfügen, bitte ich Sie, Herr Ministerpräsident, die Versicherung meiner großen Verehrung entgegenzunehmen.

1 AMAE, Problema 33, vol. 15/1941–1942, Bl. 195R. Das Dokument wurde aus dem Rumänischen übersetzt.
2 Handschriftl. Eintrag am Ende des Textes unleserlich.
3 Da im April/Mai 1944 viele deutsche und rumän. Einheiten auf dem Rückzug waren, wurden Listen von jüdischen Geiseln erstellt, die bei eventuellen Angriffen erschossen wurden.
4 Die Verfügung zur Errichtung von Gettos in der Region Moldau vom Großen Generalstab (Büro 10) wurde nicht umgesetzt; siehe Iaacov Geller, Rezistenţa spirituală a evreilor români, Bucureşti 2004, S. 67.

DOK. 248

Gendarmen im rumänischen Teil Siebenbürgens liefern am 10. Mai 1944 aus Ungarn geflohene Juden der deutschen Kommandantur aus[1]

Schreiben (Nr. 36 945), gez. Armeekorpsgeneral C. Z. Vasiliu, General C. Tobescu,[2] für die Richtigkeit gez. Oberst Gh. Corivan,[3] an die Generalinspektion der Gendarmerie, Direktion für Sicherheit und Öffentliche Ordnung, Bukarest, weitergeleitet an das Präsidialamt des Ministerrats, Militärkabinett, vom 10.5.1944

Die Generalinspektion der Gendarmerie wird davon in Kenntnis gesetzt, dass Dr. Balaş,[4] Chef der Sicherheitspolizei Cluj, und ungarische Grenzbeamte aus Cluj Juden aus Ungarn und Rumänien über die Grenze schleusen.
Am 3. Mai d. J. nahm die Leitung der Gendarmerie Turda, gemeinsam mit dem Chef der Ortspolizei, unter Mitwirkung des deutschen Unteroffiziers Josef Urban beim Kontrollpunkt Feleac eine Kontrolle der aus Ungarn kommenden deutschen Lastwagen vor.[5] Dabei fanden sich 14 Juden, die mittels des aus Cluj kommenden deutschen Lastwagens mit dem Kennzeichen WH-1710 unerlaubt über die Grenze nach Rumänien zu gelangen hofften.
Nachdem das deutsche Militärkommando in Cluj benachrichtigt worden war, erschien Leutnant Strushnaider[6] vor Ort, um die Juden zu übernehmen und in dem Fall persönlich zu ermitteln.
Im Namen der deutschen Kommandantur Cluj übermittelte Leutnant Strushnaider der rumänischen Armee seinen Dank.
Bis zum 4. Mai d. J. wurden den deutschen Militärbehörden in Turda 35 Juden übergeben; die Wertsachen, die diese bei sich trugen, wurden beim Zoll hinterlegt.
Zur besseren Grenzabsicherung schlagen wir vor, an jeden Grenzübergang je einen deutschen Unteroffizier zur Kontrolle der deutschen Lastwagen zu postieren.
Wir bitten in dieser Angelegenheit um Weisung.

1 AMAE, Problema 33, vol. 10 bis, Bl. 49. Abdruck in: Traşcă (Hrsg.), „Chestiunea evreiască" (wie Dok. 154, Anm. 1), Dok. 424, S. 842. Das Dokument wurde aus dem Rumänischen übersetzt.

2 Constantin Tobescu (1893–1951), Berufsoffizier; 1913 zur rumän. Armee, seit 1.9.1920 bei der Gendarmerie, Sept. bis Ende Dez. 1940 und Jan. 1941 bis Anfang Juni 1943 leitend im Generalinspektorat der Gendarmerie, Juni 1943 bis Aug. 1944 Direktor des Sicherheitsdienstes Siguranţa; 1951 zu zehn Jahren Haft verurteilt, starb im Gefängnis.

3 Gheorghe Corivan (*1898); 1939–1942 Chef des Büros 2 Versorgung der 4. Armee, 1942–1944 Chef des Büros 2 beim Militärkabinett des Staatsführers, Febr. bis April 1945 Kommandant des Regiments 27 Artillerie.

4 Gemeint ist Dr. Endre Balázs, Mitglied des Judenrats in Cluj, der an der Organisation von Fluchtversuchen beteiligt war. Er war nicht Chef der Sicherheitspolizei Cluj; siehe Zoltan Tibori Szabó, Frontiera dintre viaţă şi moarte, Bucureşti 2001, S. 127.

5 Die beiden Angehörigen der Wehrmacht, die mit dem LKW Juden nach Rumänien schleusen wollten, wurden am 9.5.1944 wegen Kriegsverrats zum Tode verurteilt und erschossen; siehe PAAA, R 99 395, Akten Inland II A/B 58/1, Judenfrage in Rumänien, Bd. 8, 1944, unpaginiert.

6 Dr. Walter Strohschneider (*1908), Jurist und Kriminalrat; 1938 als Sudetendeutscher NSDAP- und SS-Eintritt; April 1944 Vertreter der Gestapo in Klausenburg; organisierte das Getto und die Deportationen nach Auschwitz; siehe Şerbanescu (Hrsg.), 1943–1944. Bilanţul (wie Dok. 219, Anm. 10), S. 466.

DOK. 249
Die Verbindungsstelle des Ministerrats informiert am 12. Mai 1944 über Schiffe für Emigranten, deren Abfahrt Marschall Antonescu genehmigt hat[1]

Information der beim Ministerrat angegliederten Abt. Verbindungsstelle zu den Ministerien, Direktion, ungez., vom 12.5.1944 (Durchschlag)

Drei weitere ausländische Schiffe für die Emigration der Juden
Das Rumänische Amt für Expeditionen und Transportwesen O.R.A.T. hat weitere Transporte jüdischer Emigranten mit drei Schiffen unter fremder (bulgarischer) Flagge beantragt, die von Marschall Antonescu genehmigt worden sind.
Einige dieser Transporte wurden auch unter günstigen Umständen durchgeführt.
Deshalb beantragt O.R.A.T. die Genehmigung für drei weitere Schiffe, *ebenfalls unter fremder Flagge*, und zwar:
- „Smyrni" unter griechischer Flagge;
- „Cazbek" unter türkischer Flagge;
- „Vitta"[2] unter bulgarischer Flagge.

Die Schiffe können aufgrund ihrer leichten Bauweise nicht für Warentransporte eingesetzt werden.
Gegenwärtig ist der Emigrationsdruck besonders stark, und die „Jewish Agency" verfügt über 30 000 Einwanderungszertifikate für Palästina.
Auf den Schiffen werden arme Juden und Kinder, die 70–80 % der Ausreisenden stellen, kostenlos befördert.
Die Schiffe sind mit kleinen Schlafkojen für die Passagiere ausgestattet.

DOK. 250
Wilhelm Filderman protestiert am 17. Mai 1944 gegen neue Formen der Zwangsarbeit für Juden in frontnahen Gebieten[1]

Notiz von Wilhelm Filderman an den Vizepräsidenten des Ministerrats, Kabinettsdirektor im Königlichen Außenministerium, Mihai Antonescu (Eing. 23.5.1944), vom 17.5.1944[2]

Zusammenfassung: Klagen der jüdischen Gemeinde bezüglich der Schaffung von Arbeitskommandos in den Bezirken Roman, Bacău und Vaslui.
Dr. Filderman bringt Ihnen zur Kenntnis, dass in den Bezirken Roman, Bacău und Vaslui (auf Anweisung der örtlichen großen Militärstandorte) Maßnahmen zur Schaffung

1 ANIC, PCM, 12/1944, Bl. 170. Das Dokument wurde aus dem Rumänischen übersetzt.
2 Das Schiff wird in anderen Dokumenten „Bella Citta" genannt.

1 AMAE, Problema 33, vol. 15/1941–1942, S. 276. Das Dokument wurde aus dem Rumänischen übersetzt.
2 Im Original zwei handschriftl. Anmerkungen: 1. vom 22.5.1944 von Mihai Antonescu: „Wer hat diesen Befehl erlassen?", 2. vom 23.5.1944 von C. Z. Vasiliu: „Habe das Notwendige veranlasst, eine Kopie geht an das Kabinett des Herrn Vizepräsidenten des Ministerrats, auf der Prof. M. A. den folgenden Beschluss verzeichnete …"

von Arbeitskommandos – zum Bau von Straßen, Schützengräben und Ähnlichem – ergriffen worden sind.[3]
[Es wird eingewendet, dass] die Verfügungen nicht den gesetzlichen Vorschriften für die Arbeit von Juden entsprechen, weil
1. diese zu einer mit Geschlecht, Alter und Vorbereitung nicht zu vereinbarenden Arbeit geholt würden: Frauen und Männer unter 18 und über 50 Jahren, dekorierte Kriegsveteranen, Untaugliche und Diplomierte;
2. die Befreiungsscheine[4] nicht berücksichtigt würden;
3. den Gemeinden die Kosten für Transport, Ausrüstung, Unterbringung und Verpflegung der Kommandos zur Last gelegt würden.
Dr. Filderman bittet Sie freundlich, die Umsetzung dieser Maßnahmen um wenigstens zehn Tage (zwecks Vorbereitung und Organisation) auszusetzen sowie die Aufhebung von Verfügungen, die den Gesetzen widersprechen, die Festlegung der Arbeitszeit sowie eine rumänische Führung der Kommandos zu verfügen.

DOK. 251
Eine staatliche Kommission ermittelt bis 19. Mai 1944, wie ein junger Jude in Haft starb, nachdem er gefoltert worden war[1]

Bericht der Direktion der Verbindungsstelle zu den Ministerien an das Präsidium des Ministerrats vom 19.5.1944 (Durchschlag)

Nachforschungen zum Tod von Dan Lazarovici.
Im Ausschuss für Innere Ordnung vom 25. Februar d. J. hat der Marschall die Schaffung einer staatlichen Kommission zur Untersuchung der ungewöhnlichen Umstände verfügt, unter denen der Jude Dan Lazarovici zu Tode gekommen ist.
Die vom Justizministerium eingesetzte Kommission bestand aus folgenden Mitgliedern: Henry Zamfirescu, Generalstaatsanwalt des Appellationsgerichts Bukarest, Oberst Magistrat Horia Raica[2] vom Kriegsministerium, Direktion Militärgerichtsbarkeit, und Marcel Eleuterescu, Berater am Appellationsgericht Bukarest.
Nach eingehenden Nachforschungen, die die Prüfung von Schriftproben, die Anhörung von Zeugen, Gegenüberstellungen, Laboranalysen und gerichtsmedizinische Untersuchungen beinhalteten, ist die Kommission zu folgenden Ergebnissen gekommen:

3 Nachdem im März/April 1944 die Rote Armee Bessarabien, die Nordbukowina und den Nordosten der Region Moldau eingenommen hatte, wurde eine Verteidigungslinie von Focşani bis Galaţi aufgebaut, wozu das Militär den Arbeitseinsatz von Juden verfügte. Am 24.5. beschloss der Ministerrat die Einrichtung von Gettos; siehe Şerbănescu (Hrsg.), 1943–1944. Bilanţul (wie Dok. 219, Anm. 10), S. 177 f.
4 Juden, die einen wirtschaftlich relevanten Arbeitsplatz hatten und dafür eine festgelegte Summe an die Judenzentrale zahlten, leisteten zwischen 1942 und April 1944 keine physische Zwangsarbeit. Angesichts des Vordringens der Roten Armee in der Region Moldau wurden aber auch sie für das Anlegen von Schützengräben rekrutiert.

1 ANIC, PCM 12/1944, S. 201. Das Dokument wurde aus dem Rumänischen übersetzt.
2 Horia Raica war während des Kriegs Staatsanwalt am Kriegsgericht.

Der Jude Dan Lazarovici ist am 9. Februar d. J. aufgrund der Anschuldigung, einer kommunistischen Organisation anzugehören, inhaftiert worden.[3]
Er wurde in den Gewahrsam der Kriminalpolizei in der Plevna-Straße genommen und dann in das Büro für Militärstatistik gebracht, wo er von dem Beamten Dumitru Dumitrescu und den beiden Sergeanten Ion Predoaica und Marin Dorobanțu misshandelt wurde, um von ihm Aussagen zu erpressen.
Die eigentlichen Verhöre wurden von Sergeant Stefan Tomşa durchgeführt, der die Gefangenen nach eigenem Ermessen festhielt oder freiließ.
Die führenden Offiziere der Dienststelle kümmerten sich nicht um die Situation der Häftlinge: Hauptmann Iorgu Popescu nahm an, dass sein Auftrag mit der Übergabe des Juden Lazarovici an den Beamten Ştefan Tomşa [erledigt sei], und Oberstleutnant I. Almăjeanu, Direktor des Büros für Militärstatistik, hatte weder Kenntnis vom Ablauf der Aktion noch davon, dass sich in seiner Dienststelle überhaupt Häftlinge befanden.
Die Kommission weist jedoch darauf hin, dass für den Tod Lazarovicis formal auch die beiden Offiziere verantwortlich sind, denen das Schicksal der auf ihren Befehl oder mit ihrer Zustimmung Inhaftierten nicht gleichgültig hätte sein dürfen.
Aufgrund der Tatsache, dass diese sich nicht mehr um die inhaftierten Personen gekümmert haben, ist man zu dem Ergebnis gekommen, dass Dan Lazarovici (ob einer kommunistischen Verschwörung gegen die Interessen des Staates schuldig oder nicht) schwer misshandelt worden und infolge der zugefügten Schläge an einem traumatischen Schock gestorben ist, wie die Ärzte in ihrem Bericht festgestellt haben.
In ihrem Gutachten plädiert die Kommission für die Übergabe der Angelegenheit an die Staatsanwaltschaft des Kriegsgerichtshofs beim Militärkommando der Hauptstadt, die den Schuldigen die strafrechtlich vorgesehenen Strafen auferlegen sollte.
Für Misshandlung mit Todesfolge sind Strafen von 3–10 Jahren Gefängnis und eine Geldstrafe in Höhe von 6000–12 000 Lei (Art. 475 Strafgesetzbuch) vorgesehen.
Der Anstifter Ştefan Tomşa sollte in gleicher Weise wie die eigentlichen Täter gemaßregelt werden (Art. 120 Strafgesetzbuch).

3 In der Bukarester jüdischen Fachschule für Elekromechanik hatten Jugendliche das Regime kritisiert, Lazarovici wurde daraufhin verhaftet. Unter Folter nannte er Namen anderer Gruppenmitglieder, die ebenfalls verhaftet wurden. Da bei ihnen nichts Belastendes gefunden werden konnte, kamen sie im April 1944 frei.

DOK. 252

Der Generalsekretär der Jewish Agency informiert die Leitung des Roten Kreuzes in Genf am 22. Mai 1944 über nicht genehmigte Flüchtlingstransporte nach Palästina[1]

Bericht vom Generalsekretär der Exekutive der Zionistischen Organisation/Jewish Agency for Palestine, M. Kahany,[2] Genf, an Dr. J. Schwarzenberg, Leiter der Hilfsabteilung des Internationalen Komitees vom Roten Kreuz, seinen Stellv. Herrn Füllemann[3] und den bearbeitenden Sekretär P. Kuhne,[4] Genf, vom 22.5.1944 (Kopie)

Sehr geehrter Herr Dr. Schwarzenberg,
ich habe die Ehre, Ihnen den Erhalt Ihres Schreibens vom 12. Mai zu bestätigen, dessen Inhalt wir mit größter Aufmerksamkeit zur Kenntnis genommen haben.[5] Obwohl wir noch über keine vollständigen Informationen bezüglich der Umstände verfügen, möchte ich Sie unter Vorbehalt späterer Berichtigungen bereits jetzt über folgende Fakten in Kenntnis setzen:
1. Wir haben dem Exekutivkomitee der Jewish Agency in Jerusalem und ihrem Vertreter in der Türkei wiederholt erklärt, das Internationale Komitee vom Roten Kreuz könne Schiffen einzig unter der Bedingung erlauben, unter seinem Banner zu fahren, dass alle kriegführenden Parteien im Voraus ihr Einverständnis dazu erteilt haben. Wir haben Ihnen ebenfalls erklärt, dass das IKRK die Transporte jüdischer Flüchtlinge über den Seeweg weder organisieren noch die Verantwortung dafür übernehmen kann. Ich verweise diesbezüglich beispielsweise auf das Telegramm, das am 3. Februar dieses Jahres an unseren Vertreter gesandt wurde, von dem ich eine Kopie an das IKRK geschickt habe (siehe meinen Brief an Herrn Füllemann vom 4. Februar und sein Antwortschreiben vom 9.2.1944).[6]
Unser Vertreter in der Türkei, der in engem Kontakt mit Ihrem Delegierten in Ankara steht, hat vielerlei Anstrengungen unternommen, um ein oder mehrere neutrale Schiffe aufzutreiben, die allen Anforderungen des IKRK entsprechen und dem Flüchtlingstransport dienen könnten. Bedauerlicherweise war es ihm unter den Umständen des letzten Jahres nicht möglich, solche Schiffe zu finden oder im Voraus zu gewährleisten, dass jüdische Flüchtlinge an Bord eines bulgarischen oder rumänischen Schiffes ungehindert in einem türkischen Hafen an Land gehen und von dort nach Palästina gelangen können. Wir wissen ebenfalls, dass das IKRK die Bemühungen der Jewish Agency und

1 Archiv des IKRK, G.59/7–172, Mikrofilm 9, S. 1410-1412b. Das Dokument wurde aus dem Französischen übersetzt.
2 Dr. Mieczysław Kahany, stammte aus Polen, 1943–1945 Generalsekretär der Jewish Agency in Genf.
3 Walter Füllemann, 1943/44 im IKRK in der Abt. Hilfslieferungen in Genf tätig.
4 Paul Kuhne organisierte die Finanzierung der Repatriierung rumän. Juden 1944/45, das Geld stammte vom Jüdischen Weltkongress.
5 Brief von Schwarzenberg an Kahany vom 12.5.1944, in dem er die Benutzung der Fahne des IKRK auf Flüchtlingsschiffen solange ablehnte, wie von den Kriegsparteien keine Erklärung zum freien Geleit der Schiffe vorläge; Archiv des IKRK, G 59/7–172. Abdruck in: Andrei Şiperco (Hrsg.), Acţiunea internaţională de ajutorare a evreilor din România. Documente 1943–1945, Bucureşti 2003, S. 97–99.
6 Kopie des Briefs von Gerhart M. Riegner an Schwarzenberg vom 3.2.1944; Archiv des IKRK, G 59/7–328. Abdruck in: Şiperco (Hrsg.), Acţiunea internaţională (wie Anm. 5), S. 67–70. Der Brief an Füllemann und dessen Antwortschreiben wurden nicht aufgefunden.

ihrer Vertreter, die Auswanderung der Juden aus den Balkanstaaten zu ermöglichen, mit allen Mitteln unterstützt hat. Wir möchten uns dafür ein weiteres Mal sehr herzlich beim IKRK bedanken. Die Schwierigkeiten, die der Verwirklichung dieser Pläne im Wege standen, waren schier unüberwindbar. Niemandem würde es im Traum einfallen, Ihre Organisation oder die unsrige dafür verantwortlich zu machen.

2. Unser Vertreter in der Türkei hat im Übrigen seine Bemühungen fortgeführt und Ihren Delegierten in seinen jüngsten Verhandlungen in Bukarest unterstützt, soweit es ihm möglich war. Er hat insbesondere alle nötigen Vorkehrungen getroffen, um im Voraus den Transit der jüdischen Kinder durch die Türkei und die Ausreise nach Palästina sicherzustellen, die sich auf dem kleinen bulgarischen Motorsegler „Bella Citta“ (130 Kinder unter 15 Jahren und 20 Erwachsene über 50 Jahren) und auf dem türkischen Dampfer „Tari“ (1350 Kinder und 150 Erwachsene) einschiffen sollen, sobald sie die Passagierscheine erhalten haben.

3. Bedauerlicherweise sind die Bemühungen des IKRK, Passagierscheine zu erhalten, erfolglos geblieben, und die Hoffnung, doch noch zu einem Ergebnis zu kommen, schwand sehr rasch. Nach so langem Warten und als sie sahen, wie die Hoffnungen zerstoben und sie dann mit gewissen Angeboten „inoffizieller“ Transporte konfrontiert waren, sahen sich unsere Vertrauensmänner in Rumänien gezwungen, diese in Betracht zu ziehen. Wahrscheinlich mussten sie den flehentlichen Bitten zahlreicher Flüchtlinge nachgeben, deren Leben auf dem Spiel stand und denen jede zusätzliche Stunde, die sie im vom nationalsozialistischen Deutschland besetzten Rumänien[7] verbringen sollten, unendlich gefährlicher erschien – und das leider mit Recht! – als alle Risiken, die eine Überfahrt ohne Passagierschein bergen konnte …

Dieses tragische und grausame Dilemma konnte auch von unserem Vertreter in der Türkei nicht ignoriert werden, der im Übrigen – selbst wenn er es gewollt hätte – die Abfahrt der „Milka“ nicht hätte verhindern können. Er hätte es ganz im Gegenteil versäumt, seinen Pflichten nachzukommen, wenn er nicht seinerseits alles in seiner Macht Stehende unternommen hätte, damit die besagten Flüchtlinge nach ihrer Ankunft in der Türkei an Land gehen und ihre Reise nach Palästina fortsetzen können. Sobald seine Bemühungen in dieser Sache – dank dem Druck der amerikanischen und der britischen Botschaft – Ergebnisse zeitigten, ließ er es unsere Vertrauensmänner in Bukarest wissen, und erst dann lief die „Milka“ aus.

4. Wir haben erfahren, dass Ihr Delegierter[8] in Bukarest es für seine Pflicht hielt, als er Kenntnis von der bevorstehenden Abfahrt der „Milka“ erhielt, bei der rumänischen Regierung dagegen zu protestieren und zu fordern, dass ihr die Erlaubnis zum Verlassen des Hafens entzogen werde sollte. Wir haben volles Verständnis und absoluten Respekt für die Gründe und Bedenken, die Ihren Delegierten zu solchem Handeln veranlasst haben. Seine Befürchtungen waren wohlbegründet und wurden sicherlich von allen Betroffenen geteilt, selbst von den Initiatoren dieser Transporte. Es ist für uns im Übrigen

7 Zwar war Rumänien nicht besetzt, aber auf diesen Schiffen wurden außer rumän. Juden auch viele Juden aus Ungarn nach Palästina gebracht, die zuvor angesichts der Massendeportationen nach Rumänien geflohen waren. Letztere hätten gemäß der Absprachen von Rumänien an die Gestapo ausgeliefert werden können.

8 Offizieller Delegierter war Vladimir de Steiger, den Briefwechsel führte zumeist Charles Kolb. Sie hatten davor gewarnt, dass diese Schiffe unter der Flagge des Roten Kreuzes abfahren.

auch kaum vorstellbar, dass die rumänische Regierung (oder andere) auch nur für einen einzigen Augenblick angenommen hätte, das IKRK oder sein Delegierter in Bukarest hätten die Verantwortung für ein solches Unternehmen übernommen – selbst wenn Ihr Delegierter nicht so radikal vorgegangen wäre. Es scheint uns ebenfalls extrem unwahrscheinlich, dass unsere Vertrauensmänner das IKRK oder seinen Delegierten auf irgendeine Weise in eine Unternehmung hineinziehen konnten oder wollten, an der sich die Jewish Agency nur infolge der drängenden Ereignisse beteiligt hat.

5. Glücklicherweise ist dieses sehr gefährliche Unternehmen erfolgreich verlaufen und wird ebenso erfolgreich fortgeführt. Nacheinander haben die „Milka", die „Maritza" und die „Bella Citta" sicher den Hafen erreicht, und die Flüchtlinge, die sie transportierten, konnten ihre Reise nach Palästina fortsetzen. Die „Milka" und vor einigen Tagen auch die „Maritza" – mit 316 weiteren Passagieren! – konnten sogar schon eine zweite Fahrt antreten. Diese fünf Überfahrten – darunter zwei Hin- und Rückfahrten – verliefen reibungslos und bis zm heutigen Tag wurde insgesamt 1230 Flüchtlingen die Überfahrt ermöglicht. Wir zweifeln nicht daran, dass Ihr Komitee genauso wie Ihr Delegierter in Bukarest sich im Nachhinein ebenso darüber freuen wie wir selbst. Wir sind auch davon überzeugt, dass unsere Vertrauensmänner in Bukarest – in dieser Sache möchten wir namentlich die Herren Enzer und Zissu nennen[9] – Ihrem Delegierten in Bukarest die ganze Situation zwischenzeitlich besser erläutern konnten. Wir sind der Ansicht, dass Ihr Delegierter in Bukarest trotz der formalen Hindernisse, die er in Betracht ziehen muss, uns schon sehr große Dienste erweisen konnte und dies weiterhin tun kann. Es wird mit Sicherheit weitere Gelegenheiten geben, in denen neben offiziellen Interventionen ein diskretes Eingreifen des IKRK und seiner Delegierten von größtem Nutzen sein kann, ohne dass das IKRK insgesamt formal zur Verantwortung gezogen werden könnte.

Ich versichere Ihnen meine tiefste Ergebenheit.

9 Avram Leib Zissu (1888–1956), Rabbiner; 1920–1940 Journalist bei jüdischen Zeitungen; 1931–1936 Ehrenpräsident der Jüdischen Partei; 1940 als Firmenberater tätig und Vertreter der Jewish Agency in Bukarest; im Aug. 1944 reorganisierte er die 1938–1944 illegale Jüdische Partei und gab die Zeitung Mântuirea heraus; 1946 Austritt aus der Jüdischen Partei und der Zionistischen Exekutive; 1951 verhaftet, 1954 zu lebenslanger Haft verurteilt, 1956 entlassen, starb nach der Ankunft in Israel.

DOK. 253
Der Ministerrat diskutiert am 24. Mai 1944 Pläne zur Gettobildung im moldauischen Frontgebiet und zur Kennzeichnung aller Juden[1]

Nachricht an alle Ministerien über die Verbindungsstelle zu den Ministerien, Bukarest, vom 24.5.1944

Betrifft: Isolierung aller Juden aus der Region Moldau in bestimmten Ortschaften oder ihre Internierung in Gettos[2]

Auf der Sitzung des Ministerrats am Sonnabend, den 22. April d. J. hat Marschall Antonescu entschieden, dass der Große Generalstab zusammen mit General C. Z. Vasiliu, Unterstaatssekretär beim Innenministerium, eingehend die Möglichkeit der Isolierung der Juden aus der Region Moldau in bestimmten, von Rumänen geräumten Ortschaften bzw. ihrer Internierung in abgeschlossenen Gettos prüfen solle.

Entsprechend dieser Verfügung hat der Große Generalstab eine Studie mit folgenden Ergebnissen vorgelegt:

Um die Isolierung der Juden durchführen zu können, ist es erforderlich, dass sie von Behörden und Einwohnern des Landes jederzeit als solche zu identifizieren sind. Zu diesem Zweck ist die Einführung eines sichtbaren Kennzeichens erforderlich, das ausnahmslos von allen Juden zu tragen ist.

Für die Durchführung der Isolierung der Juden kommen folgende Lösungen in Betracht:

1. Emigration.
2. Ihre Ansiedlung in einer bestimmten Region, wo sie isoliert werden und ihren Lebensunterhalt selbst bestreiten können.
3. Ihre Isolierung durch Internierung in Gettos innerhalb der Städte, in denen sie sich gegenwärtig aufhalten.

Zu 1. Die Emigration aller Juden ist die einzige und radikalste Lösung, damit das jüdische Problem endgültig gelöst wird. Angesichts der großen Zahl jüdischer Einwohner in Rumänien (etwa 350 000) ist dies nicht in kurzer Zeit zu bewerkstelligen. Gegenwärtig zieht sich die Emigration zu lange hin.

Zu 2. Die Ansiedlung könnte nur als Übergangslösung bis zur Umsetzung der ersteren gutgeheißen werden.

Zu 3. Als einzige Sofortlösung bliebe deshalb die Isolierung der Juden in bestimmten Zonen in den Ortschaften, in denen sie gegenwärtig wohnen (Gettos).

Um dies umzusetzen, müssten besondere Maßnahmen ergriffen werden, um zu verhindern, dass Wirtschaft und Gewerbe in den betroffenen Regionen lahmgelegt werden. Aus diesem Grund sollen Juden, die einen Befreiungsschein haben und folglich in einem Handels- oder Gewerbeunternehmen arbeiten, nicht interniert werden. Alle übrigen Juden werden ohne Ausnahme hinsichtlich Alter und Geschlecht isoliert. In den Isolationszonen muss gesichert sein:

1 ANIC, PCM, 12/1944, Bl. 237–240. Das Dokument wurde aus dem Rumänischen übersetzt.

2 Durch die schnell vorrückende Rote Armee wurde mit der Hauptkampflinie in der Region Moldau seit April 1944 gerechnet. Am 24.5. stimmte der Ministerrat für die Einrichtung von Gettos, was jedoch nicht mehr umgesetzt wurde.

- Unterkunft;
- sanitäre Einrichtungen;
- Wirtschaftstätigkeit;
- kulturelle und religiöse Betätigung.

Die Isolierungszone (Getto) wird überall dort eingerichtet, wo in der Mehrheit Juden wohnen; für Juden aus anderen Stadtteilen müssten Militärbaracken gebaut werden.

Für die Erfüllung der übrigen oben angeführten Erfordernisse wird der Generalkommissar für jüdische Fragen[3] unter den Inhabern von Befreiungsscheinen diejenigen auswählen, die für bestimmte Tätigkeitsbereiche in Frage kommen.

Abschließend schlägt der Große Generalstab zur Umsetzung des durch das Präsidium des Ministerrats übermittelten Befehls Nr. 306 128[4] also Folgendes vor:

I. Die Schaffung eines sichtbaren Kennzeichens, das von allen Juden im ganzen Land ohne Ausnahme hinsichtlich Alter und Geschlecht zu tragen ist (Davidstern).

II. Die Schaffung von mit Stacheldraht bewehrten Isolationszonen (Gettos) in allen Städten der Region Moldau, in denen Juden leben.

Die Gettos werden dort eingerichtet, wo mehrheitlich Juden wohnen; um ihre Konzentration zu gewährleisten, werden Baracken nach Militärart gebaut, in denen die Juden aus dem übrigen Stadtgebiet untergebracht werden. Als erster Schritt wird die Einrichtung solcher Gettos in den Kreisen Fălciu, Vaslui, Roman, Neamţ, Bacău und Covurlui vorgeschlagen.

III. Juden mit Befreiungsscheinen sollen individuell von der Internierung ausgenommen werden.

IV. Die gesamte Operation soll vom Innenministerium (Generalinspektion der Gendarmerie zusammen mit dem Generalkommissariat für jüdische Fragen) umgesetzt werden.

V. Um Wirtschaft, Handel, Kultur, Gesundheit und Religion innerhalb der Gettos zu sichern, wird vom Generalkommissariat für jüdische Fragen der erforderliche Kreis von Juden mit Arbeitsbefreiungsscheinen ausgewählt und entsandt.

VI. Die Bestimmungen zur Durchführung von Zwangsarbeit gelten weiterhin auch für die Juden in den Gettos. Sie werden zukünftig in den Kommandos für Befestigungen, Straßen, Dämme sowie als Handwerker usw. bei den Militärbehörden eingesetzt, da sie dort unentbehrlich sind.

Aus dem Schreiben des Großen Generalstabs geht hervor, dass General C. Z. Vasiliu, Unterstaatssekretär beim Innenministerium, mit den vom Großen Generalstab unterbreiteten Vorschlägen einverstanden ist, mit Ausnahme
- der Kennzeichnung aller Juden in Rumänien;
- der Zuständigkeit; die vorgeschlagenen Vorschriften sollten vielmehr von den Militärbehörden im Operationsgebiet durch das betreffende Amt des Prätors M.U. durchgeführt werden.[5]

3 Radu Lecca.

4 Nicht aufgefunden.

5 UStS Vasiliu verfügte die Umsetzung der Maßnahmen durch die für Zwangsarbeit zuständigen lokalen Organe, die dem Großen Generalstab unterstanden. Nur in wenigen Städten der Region Moldau begann die Errichtung von Gettos.

DOK. 254

Der rumänische Sicherheitsdienst verzeichnet am 29. Mai 1944 die Genugtuung der Deutschen Gesandtschaft über den Schießbefehl an der Grenze zu Ungarn[1]

Bericht eines Informanten an den Sicherheitsdienst SSI, Bukarest, an das Außenministerium, Bukarest, vom 29.5.1944

Die Maßnahmen der rumänischen Regierung zur Verhinderung der Massenflucht von Juden aus Ungarn nach Rumänien aufgrund der antisemitischen Maßnahmen der ungarischen Behörden unter deutscher Kontrolle sind in der Deutschen Gesandtschaft in Bukarest mit Genugtuung aufgenommen worden. Dennoch wird unterstrichen, dass von Seiten der rumänischen Grenzbehörden und von Seiten der rumänischen Bevölkerung in Siebenbürgen die Überschreitung der Grenze zwischen Ungarn und Rumänien bisher stark unterstützt wurde und dass besondere Wachsamkeit nötig sein wird, um die Befehle der Regierung umzusetzen.

Einige radikale Kräfte der Deutschen äußern den Verdacht, dass diese Maßnahme einschließlich des Dekret-Gesetzes im Monitorul Oficial von Montag,[2] das die Todesstrafe für Juden vorsieht, die illegal die Grenze überschreiten, sich in der Praxis als wirkungslos erweisen werde, bis „bestimmte Elemente der Demokratisierer"[3] aus der Regierung ausgeschlossen werden.

Gleichzeitig hat die Gesandtschaft festgestellt, dass viele Juden aus Ungarn direkt nach Bukarest gebracht worden sind mit Unterstützung von deutschen Militärangehörigen und einiger Mitglieder des SSI, die durch große Geldsummen der betroffenen Juden und ihrer Verwandten aus Rumänien bestochen wurden. Richter, der Polizeiattaché der Deutschen Gesandtschaft, hat diesbezüglich Ermittlungen aufgenommen.[4]

1 AMAE, Ungaria (general), Bd. 65, Bl. 140. Abdruck in: Şerbanescu (Hrsg.), 1943–1944. Bilanţul (wie Dok. 219, Anm. 10), Dok. 425, S. 467 f. Das Dokument wurde aus dem Rumänischen übersetzt.

2 Marschall Antonescu hatte bereits am 10.5.1944 ein Gesetz gefordert, wonach Juden bei illegalem Grenzübertritt erschossen werden sollten. Diese Anordnung wurde erst im Dekret-Gesetz Nr. 1096 vom 26.5.1944 zur Abänderung des Art. 1 des Gesetzes Nr. 509 vom 8.8.1943 betreffend die Bestrafung unter Kriegsrecht verankert.

3 Gemeint ist Außenminister Mihai Antonescu, der mit der Ausstellung von Transitvisa für Juden aus Ungarn den Westalliierten Rumäniens Interesse an einem Sonderfrieden signalisieren wollte.

4 Richter hatte bereits im Febr. 1944 die Verhaftung einer großen Gruppe von jüdischen Fluchthelfern veranlasst. Aufgrund von Interventionen wurden viele von ihnen nach zwei Monaten freigelassen. Die geflohenen Juden aus Ungarn konnten bevorzugt ausreisen.

DOK. 255

Der rumänische Außenminister weist am 29. Mai 1944 die Vorwürfe der US-Regierung in Bezug auf die Judenverfolgung zurück[1]

Telegramm (147) von Außenminister Mihai Antonescu, Bukarest, an die rumänischen Gesandten in Ankara, Lissabon und Bern vom 29.5.1944[2]

Ich bin überrascht, ein von der Regierung der Vereinigten Staaten an die ungarische Regierung adressiertes Telegramm zu lesen,[3] das sich auf die harte Behandlung der Juden in Ungarn unter der gegenwärtigen Regierung bezieht und in dem zum Schluss auch eine Drohung an die Adresse Rumäniens gerichtet ist, obwohl im Telegramm nur von den ungarischen Maßnahmen die Rede ist:

1. Die rumänische Regierung hat sich niemals gegen die jüdische Emigration gesperrt, sondern sie im Gegenteil gefördert.
2. Die rumänische Regierung hat die Emigration bis heute mit keiner Sondersteuer belegt, obwohl kriminelle in- und ausländische Agenturen beträchtliche Summen von den emigrationswilligen Juden fordern, unter dem Vorwand von Aufwendungen und Gebühren, die an die rumänischen Bewilligungsbehörden zu zahlen seien.
3. Allein im April und Mai sind über 1000 Juden auf kleinen Schiffen über das Schwarze Meer aufgebrochen.
4. Die rumänische Regierung hat ihr Einverständnis gegeben, um die Emigrationswilligen von Constanța aus auf möglichst großen Schiffen zu befördern.
5. Die Vertreter des Internationalen Komitees vom Roten Kreuz in Rumänien arbeiten in dieser Angelegenheit offiziell mit der Regierung zusammen, und unzählige Juden und jüdische Kinder sind angesichts der veränderten Situation an der Ostfront aus Transnistrien auf rumänisches Gebiet gebracht worden.[4]
6. Abgesehen davon, dass in Rumänien in letzter Zeit überhaupt keine Restriktionsmaßnahmen gegen die Juden ergriffen worden sind, wurde denjenigen, die sich bei den Rettungsarbeiten nach den Bombardements bewährt haben, sogar offiziell Dank ausgesprochen.

1 AMAE, Problema 33, vol. 36/1920–1944, S. 127 f. Das Dokument wurde aus dem Rumänischen übersetzt.

2 Stempel des Außenministeriums: „Nach Diktat von Herrn Prof. Mihai Antonescu". Handschriftl. Vermerk: „10.6. gesehen, gez. Karadja".

3 Auf das nicht erhalten gebliebene Telegramm antwortete Antonescu am 26.5.1944, dass die US-Regierung in den vorangegangenen vier Jahren zur Verfolgung von Rumänen in Ungarn keine Stellung bezogen habe; Antonescus Resolution vom 30.5.1944; AMAE, Ungaria (general), vol. 65, S. 146. Abdruck in: Serbănescu (Hrsg.), 1943–1944. Bilațul (wie Dok. 219, Anm. 10), S. 455.

4 Kurz vor dem Vormarsch der Roten Armee wurden im März/April 1944 einige Juden repatriiert. Danach lag Transnistrien bis Aug. 1944 hinter der Hauptkampflinie. Viele Deportierte kehrten erst im Frühjahr 1945 zurück.

7. Die rumänische Regierung kümmert sich auch heute um die Juden, sie versorgt diejenigen, die sich mit einem rumänischen Pass in Ungarn aufhalten, und erleichtert Rückkehrwilligen den Grenzübertritt.[5]
8. Die rumänische Regierung hat auf alle internationalen Interventionen in Bezug auf die Emigration immer wohlwollend reagiert, allerdings wurde die Auswanderung trotz unzähliger Pläne nicht effektiv organisiert, so dass die Regierung dazu übergegangen ist, selbst Transportmöglichkeiten zu prüfen.
Im genannten Telegramm werden alle hier genannten Fakten mit der barbarischen Behandlung der Juden[6] in Ungarn während der letzten Wochen vermengt, nachdem sich die vorhergehenden ungarischen Regierungen unbegrenzt philosemitisch geriert haben. Ich halte es also für meine Pflicht, Sie zu bitten, die Aufmerksamkeit der entsprechenden Kreise hierauf sowie auf die beleidigenden Drohungen zu lenken, die in Rumänien zu berechtigten Unmutsäußerungen führen könnten.
Bis auf die schwerwiegenden antisemitischen Aktionen in der Zeit von September 1940 bis Januar 1941, deren Ursprung erklärlich ist, hat die rumänische Regierung die Existenz der Juden immer respektiert und in gewissem Maße nur deren ökonomischen Bewegungsradius eingeschränkt, dabei aber immer die Emigration der Juden unterstützt und sich gegen jedwede physische Lösung gewandt.[7]

DOK. 256
Der Generalkommissar für jüdische Fragen schlägt am 30. Mai 1944 die Aufteilung der Einnahmen für emigrierte Juden vor[1]

Bericht des Generalkommissars für jüdische Fragen, gez. Radu D. Lecca, Bukarest, an den Stellv. Ministerpräsidenten Mihai Antonescu, Präsidium des Ministerrats, Bukarest, vom 30.5.1944

1. Die Emigration von Juden auf rumänischen Schiffen ist infolge einer Bekanntmachung des Großen Generalstabs für die Zeit gestoppt worden, während der die interministerielle Kommission für die Lösung jüdischer Fragen unter Vorsitz des Justizministers tätig war.
Die seither mit bulgarischen oder türkischen Schiffen erfolgten Auswanderungen sind zahlenmäßig wenig ins Gewicht gefallen, weil es an Tonnage fehlte und die Qualität der Schiffe keine Sicherheit für die Passagiere bot (die „Struma" und die „Marița" sind gesunken).[2]

5 Zwar verfügte Marschall Antonescu zur Abschreckung von Flüchtlingen am 29.5.1944 einen Schießbefehl an der Grenze zwischen dem ungar. Nordsiebenbürgen und rumän. Südsiebenbürgen, doch das Außenministerium gab dem rumän. Konsulat in Ungarn die Erlaubnis, Visa für Rumänien an ehemalige rumän. Staatsbürger auszustellen. Der Leiter der Konsularabt. im Außenministerium Karadja hatte Mihai Antonescu davon überzeugt, dass so gegenüber den Westalliierten der Anspruch auf Nordsiebenbürgen unterstrichen werden könne.

6 Seit Anfang Mai 1944 wurden die Juden in Gettos zusammengefasst und nach Auschwitz deportiert.

7 Mihai Antonesu unterschlägt hierbei nicht nur die etwa 14 000 jüdischen Opfer des Massakers in Jassy 1941, sondern auch die über 250 000 Opfer aus Bessarabien, der Bukowina und Transnistrien.

1 AMAE, Problema 33, vol. 17, S. 158 f. Das Dokument wurde aus dem Rumänischen übersetzt.

Um die Auswanderung nach Palästina in größerem Stil organisieren zu können, müssten weiterhin rumänische Schiffe zur Verfügung stehen.
2. Die Landung der jüdischen Emigranten würde in Istanbul erfolgen, die von dort aus den Landweg nehmen.
3. Die jüdischen Organisationen im Ausland sind bereit, den Transport der Juden aus Rumänien nach Istanbul zu finanzieren. Ich merke dabei an, dass sie auch die wenigen, mit türkischen und bulgarischen Schiffen durchgeführten Transporte finanziert haben.[3]
4. Das Abkommen zwischen den jüdischen Organisationen und einer rumänischen Schifffahrtsgesellschaft müsste so bald wie möglich abgeschlossen werden.
Vor Ort müssten dabei sein: ein Vertreter der rumänischen Schifffahrtsgesellschaft, ein Vertreter der Emigrationsabteilung der Judenzentrale Rumäniens und der rumänische Vertreter der jüdischen Vereinigungen aus dem Ausland, Herr Zissu.
Bis heute haben die jüdischen Organisationen aus dem Ausland für jeden Emigranten 600 Dollar an die Schifffahrtsunternehmen gezahlt.
5. In erster Linie muss die Ausreise jüdischer Familien mit minderjährigen Kindern sowie von Waisenkindern betrieben werden. Es sollten insbesondere Emigranten aus Siebenbürgen und dem Banat berücksichtigt werden.
Das Emigrationsbüro der Judenzentrale Rumäniens in Bukarest würde in enger Kooperation mit der rumänischen Schifffahrtsgesellschaft die Vormerkung, die Beschaffung der Pässe und den Transport bis zum Einschiffungshafen organisieren.
Es wird eine dreiköpfige Kommission eingesetzt, bestehend aus:
1. einem Repräsentanten der jüdischen Vereinigungen aus dem Ausland, der die Einwanderungsbescheinigungen für Palästina besitzt;
2. einem Vertreter der mosaischen Kultusgruppe Rumäniens;
3. einem Vertreter der jüdischen Gemeinde.
Diese Kommission wird alle Juden von der Emigration ausschließen, denen aus unterschiedlichsten Gründen kein Einreisevisum für Palästina erteilt werden kann. In diesem Fall muss die Entscheidung begründet werden.
Wird innerhalb der Kommission – es gilt nicht das Konsensprinzip – über die Gewährung der Einwanderungsrechte keine Einigkeit erzielt, ist die Angelegenheit dem Generalkommissariat für jüdische Fragen zur Entscheidung vorzulegen.
6. Von zahlungsfähigen Juden werden Emigrationsgebühren erhoben. Diese werden von einer weiteren, aus fünf Juden bestehenden Kommission festgelegt.
Die Kommission arbeitet unter direkter Überwachung des Generalkommissariats für jüdische Fragen, das auch die festgesetzten Steuern genehmigen wird.
Diese Kommission setzt sich zusammen aus:
a) dem Präsidenten der Judenzentrale Rumäniens;
b) dem Repräsentanten der jüdischen Vereinigungen aus dem Ausland, Herrn Zissu;
c) dem Regionalinspektor der Judenzentrale Rumäniens für Siebenbürgen;
d) dem Leiter der Abteilung Emigration der Judenzentrale Rumäniens;
e) einem Vertreter der mosaischen Kultusgruppe.

2 Die „Struma“ sank im Febr. 1942, die „Mefkura“ im Aug. 1944. Die beiden Schiffe „Marița A“ und „Marița B“ brachten im April 1944 244 und im Mai 318 Juden nach Istanbul; siehe Ofer, Escaping the Holocaust (wie Dok. 230, Anm. 3), S. 327.

3 Das Geld stellte von Jan. 1944 an der War Refugee Board der US-Regierung bereit.

7. Die von den wohlhabenderen Juden erhobenen Emigrationsgebühren werden nach Abzug von Aufwendungen bzw. Kosten für die Schifffahrtsgesellschaft zu gleichen Teilen zwischen dem Wohlfahrtsausschuss für soziale Werke[4] und der Hilfskommission der Judenzentrale Rumäniens[5] aufgeteilt.

DOK. 257
Der rumänische Gesandte in Ankara verlangt am 31. Mai 1944 Anweisungen für die Verhandlungen mit dem dortigen US-Botschafter[1]

Bericht (Nr. 303 275/R) von der Direktion der Verbindungsstelle zu den Ministerien an das Präsidium des Ministerrats vom 31.5.1944

Wir erlauben uns, dem Vizepräsidenten[2] des Rats eine Kopie des Berichts des Generalkommissars für jüdische Fragen vorzulegen[3] betreffend der Art und Weise, wie die Emigration der Juden durch die Gesellschaft O.R.A.T.[4] durchgeführt wird.
Aufgrund dieses Berichts
– hat Marschall Antonescu verfügt, dass die Ausreise jüdischer Emigranten bis zur professionellen Organisation der Emigration gestoppt wird;
– sind die Unterstaatssekretäre der Polizei und der Sicherheitsabteilung sowie der Marine und der Generalkommissar für jüdische Fragen eingeladen worden, sich beim Vizepräsidenten einzufinden, um einen gemeinsamen Modus für die Emigration der Juden festzulegen;
– werden die geschaffenen Fonds an den Wohlfahrtsausschuss für soziale Werke[5] ausgeschüttet.
Der Herr Marschall bittet, ihn wöchentlich auf dem Laufenden zu halten.
Anhang
Telegramm Nr. 50/335
An das Außenministerium, Direktion des Kabinetts
Ich beziehe mich auf die obige Mitteilung und bitte Sie freundlichst, mir eine befriedigende Lösung dieses Problems zu ermöglichen, die mich in die Lage versetzt zu antwor-

4 Consiliul de Patronaj al Operelor Sociale, Stiftung unter der Schirmherrschaft von Maria Antonescu, der Ehefrau von Ion Antonescu, die vor allem Kriegsversehrte betreute.
5 Secţie de Asistenţă a Centralei Evreilord in România, autonome Hilfskommission bei der Judenzentrale.

1 AMAE, Problema 33, vol. 17/1940–1945, Bl. 135 und 151. Die Dokumente wurden aus dem Rumänischen übersetzt.
2 Mihai Antonescu.
3 Bericht vom 30.5.1944, gez. Radu Lecca, über die Bezahlung der Schiffstransporte von O.R.A.T. in Istanbul; wie Anm. 1, S. 152 f. Abdruck in: Serbănescu (Hrsg.), 1943–1944. Bilaţul (wie Dok. 219, Anm. 10), S. 396 f.
4 Siehe Dok. 249 vom 12.5.1944.
5 Die von Maria Antonescu geleitete Organisation für Kriegsversehrte Consiliu de Patronaj al Operelor Sociale.

ten, denn es birgt einen besonderen, in Ankara verorteten Aspekt, da der dortige amerikanische Gesandte vollblütiger Jude ist, vielleicht mehr Jude als Amerikaner.[6]
Cretzianu[7]

DOK. 258
Emil Dorian notiert am 24. Juni 1944 empört die Deportationen von Juden aus Ungarn und den Andrang auf drei Flüchtlingsschiffe[1]

Tagebuch von Emil Dorian, Bukarest, Eintrag vom 24.6.1944

Nach den von Gheorghe Brătianu und Alexandrina Cantacuzino[2] übersandten Schreiben schickt auch Patriarch Nicodim einen Brief an den Erzbischof von London,[3] in dem er gegen die Bombardements protestiert. Die Gründe, auf die er sich stützt, sind die gleichen. Wiederum werden „die Güte, die Menschlichkeit, die seelische Stärke und die tiefe Liebe des rumänischen Volkes von Geburt an" betont. Der Patriarch ist sich sicher, dass der britische Bischof „den Geist großer Toleranz, von dem das rumänische Volk erfüllt ist", bemerkt habe, ein Volk, „das in seiner Vergangenheit niemals über jemanden hergefallen ist und auch Angehörige anderen Glaubens oder eines anderen Volkes nie unterdrückt oder verfolgt hat"! Der Brief muss nicht kommentiert, sondern nur vervielfältigt werden, vor allem jene Seiten, in denen der große Würdenträger behauptet, nach den Gesetzen der Humanität dürften in einem Krieg nur jene getötet werden, die an der Front kämpfen, also Soldaten, und nicht Frauen, Alte und Kinder, die unschuldig und schutzlos seien. Der Bischof von Canterbury[4] kennt die Wirklichkeit, auf die sich der Brief bezieht, ja, auch der Patriarch selbst kennt sie in ihrer ganzen, nackten Grausamkeit. Er war Zeuge aller Ungerechtigkeiten und Irrtümer. Er kennt also auch die Antwort, die er erhalten müsste …

Im fünften Kriegsjahr und in der gegenwärtigen Situation, in der die Deutschen überall unterliegen, können sich in Ungarn noch Bestialitäten ereignen wie in den ersten

6 Laurence Steinhardt (1892–1950), Jurist; Mitglied der Federation of American Zionists; 1933 US-Gesandter in Schweden, 1937 in Peru, 1939 in der Sowjetunion, 1942 in der Türkei; 1945 in der Tschechoslowakei, 1948 in Kanada.

7 Alexandru G. Cretzianu (1895–1979), Jurist; von 1918 an im diplomatischen Dienst, 1929–1932 Rumäniens Vertreter beim Völkerbund, 1933–1938 Leiter der Politischen Abt. im Außenministerium, 1939–1940 Generalsekretär im Außenministerium, Mai bis Juli 1940 UStS, von Sept. 1943 an Gesandter in Ankara; lebte von 1947 an in den USA.

1 Familienarchiv von Marguerite Dorian. Das Original konnte nicht eingesehen werden. Abdruck in: Dorian, Jurnal (wie Dok. 125, Anm. 1), S. 345–347. Das Dokument wurde aus dem Rumänischen übersetzt.

2 Alexandrina Cantacuzino (1876–1944); 1899–1930 verheiratet mit Großgrundbesitzer Grigore Gh. Cantacuzino; 1910 Gründerin der Gesellschaft orthodoxer rumän. Frauen, 1929 Gründerin der ersten Fachschule für Sozialarbeiterinnen; 1938 unter Polizeibeobachtung, nachdem ihr Sohn zusammen mit Corneliu Codreanu, dem Führer der Eisernen Garde, erschossen worden war.

3 Bernhard William Griffin (1899–1956), seit 1943 Erzbischof von Westminster.

4 William Temple (1881–1944), 1921–1929 Bischof von Manchester, 1929–1942 Erzbischof von York, 1942–1944 Erzbischof von Canterbury.

Kriegstagen, als die siegesgewisse Raserei in schreckliche und entwürdigende Ausschreitungen mündete.
Nach der Einrichtung der Gettos und der Vergasung einiger Tausend Juden wird angekündigt, dass dieser Tage in Budapest ein von mittelalterlichem Geist inspiriertes Fest stattgefunden hat, bei dem 500 000 Bücher jüdischer Schriftsteller zerstört wurden. Anlässlich dieser kulturellen Kundgebung war die deutsche Gesandtschaft geladen, die mit Hochgenuss den Folgen ihres zivilisatorischen Auftrags beiwohnte. Wenn die Zeit der Abrechnung kommt, werden sich die Ungarn sicher mit der Behauptung entschuldigen, sie seien von den Deutschen zu dieser letzten Scheußlichkeit gezwungen worden, so wie es alle Urheber von Verbrechen und Plünderungen, die im Verlaufe des Kriegs begangen wurden, tun werden.[…][5]
Die Juden gehen nach Palästina. Eine unendlich große Zahl hat sich in Listen eingetragen, die nun aufgrund der Interventionen von außen organisiert worden sind: Es wurde seitens einer Hilfsorganisation viel amerikanisches Geld für die Juden in Europa mobilisiert. Der Grund dafür sind drei Schiffe, die in Constanța warten und für regelmäßige Transporte zur Verfügung stehen. Der Skandal ist mir zu Ohren gekommen, aber ich wollte die Einzelheiten nicht festhalten. Von jeher ist die Emigration nach Palästina mit Schiffen, die entweder ankommen oder eben sinken, Gegenstand wirtschaftlicher Interessen mit schmutzigen Hintergründen gewesen. Und nun, in diesen schweren Zeiten, in denen alle Anstrengungen unternommen werden, um die Waisen aus Transnistrien und die Chaluzim schnell zu verschicken, kaufen Millionäre die Plätze dieser Unglücklichen zu horrenden Preisen, um ihr eigenes kostbares Fleisch zu retten. Die jüdische Bevölkerung hat das Nachsehen, weil wohlhabende Deserteure nicht darüber nachdenken, was nach ihnen kommt oder was dort, wo sie hingehen, passieren könnte, wenn die Welt nach dem Krieg auf eine neue Grundlage gestellt wird … Mit Sicherheit werden sie dann weiterziehen, nach Australien, Amerika usw., und Palästina wird der Anschwemmung dieser aus dem Schoß einer sich auflösenden Gesellschaft entlassenen Elemente entgehen.
Interessant war eine Begebenheit im Waisenhaus der Kinder aus Transnistrien, wo anlässlich des Besuchs des Vorsitzenden der Judenzentrale Claruța[6] hinaustrat, um den Besucher zu bitten, eine Rede zu halten, und mit klarer Stimme sagte: „Ich weiß, warum wir nicht nach Palästina gehen. Weil die Reichen mittels ihres vielen Geldes unsere Plätze kaufen. Aber Sie sollen wissen, dass wir es viel mehr verdienten als jene. Wir haben unsere Gesundheit und unsere Eltern, die an Krankheiten und Hunger gestorben sind, hingegeben!“
Der Vorsitzende,[7] Nachfolger Gingolds, erlebte peinliche Momente, umso mehr, als auch er, vom Schrecken der Verantwortung gepeinigt, sich den Kopf darüber zerbrach, wie er im Gelobten Land, wo er unterzutauchen hofft, den Schleier des Vergessens darüber ausbreiten könnte. Auch Enric Furtună[8] geht weg, ich weiß nicht, warum. Vermutlich, um Pensionär zu werden, seiner letzten Tage und Groschen gewiss. Aber auch Rabinsohn[9] geht. Bei ihm ist es vielleicht am ehesten angezeigt, dort hinzugehen. Als hebräi-

5 Kürzung in der rumän. Buchausgabe.
6 Claruța, Diminutiv von Clara, das Waisenkind aus Transnistrien, das die Familie Dorian 1944 einige Monate bis zur Ausreise nach Palästina beherbergte.
7 Adolf Willman.

scher Dichter und Professor für diese Sprache wird er dort so arbeiten können, wie es sich gehört, obwohl er mir viel mehr mit dem Jiddischen als mit dem Hebräischen verbunden scheint. Er trägt die Poesie in sich wie in einem abgrundtiefen Brunnen. Die letzten Stücke, die er mir zu lesen gegeben hat, waren von großer Schönheit und noch nicht dagewesener Kraft. Er lässt mich mit meiner Anthologie im Ungewissen zurück, aber die letzten Ergänzungen an Material und der Bibliographie erfordern keine sehr großen Anstrengungen mehr.

DOK. 259

Generalkonsul Karadja warnt Mihai Antonescu am 30. Juni 1944 davor, der SS weitere aus Ungarn nach Rumänien geflohene Juden auszuliefern[1]

Bericht (Nr. 399, vertraulich) von Constantin Karadja, Bukarest, an den Herrn Vizepräsidenten des Ministerrats persönlich, Bukarest, vom 30.6.1944[2]

Im Bericht Nr. 391 vom 20. Juni d. J. (dessen Original beim Bombardement vernichtet worden ist) hatte der Herr Vizepräsident des Rats die Güte zu fragen, *wer* die als Vergeltungsmaßnahme befohlene Ausweisung[3] einer Anzahl ungarischer Juden nach Ungarn zu verantworten hat.
Als Antwort habe ich beizufügen die Ehre:[4]
1.) Kopie des Berichts unserer Gesandtschaft in Budapest mit der Nummer 3930 vom 20. April 1944 mit folgender Entschließung des Generalsekretärs Davidescu vom 1. Mai d. J.: „Präsidium des Rats des Innenministeriums Anweisung und *ähnliche Maßnahmen gegenüber Juden mit ungarischen Ausweispapieren*"
2.) Kopie des Schreibens des Innenministeriums Nr. 7279 vom 14. Juni 1944 und
3.) Kopie des vom Unterzeichner verfassten Schreibens Nr. 103 963 vom 16. Juni 1944 an das Innenministerium, mit dem ich weitere Zeit gewinnen wollte, um den Anweisungen zuvorzukommen, die der Herr Vizepräsident des Rats hinsichtlich der eventuellen Ausweisung von 50–60 Juden nach Ungarn ergreifen würde.

8 Enric Furtună, geb. als Henric Peckelman, Poet, Dramaturg und Journalist; publizierte von 1919 an vor allem in dem jüdischen Blatt Lumea evree (Jüdische Welt); 1944–1946 in Palästina, 1946–1958 in Rumänien, emigrierte 1958 nach Brasilien, wo er starb.

9 Zalman (Solomon) Rabinsohn (*1898), Rabbiner; 1918–1940 Gymnasiallehrer, 1941–1944 Hebräischlehrer; verfasste jidd. und hebr. Dichtungen; Mai 1944 nach Palästina; 1949 Rückkehr nach Bukarest, gewann seine Schwester Ana Pauker, die Außenministerin, für Massenemigration von Juden nach Israel; 1952 nach ihrer Absetzung verhaftet, 1953 wegen Spionage zu fünfeinhalb Jahren Gefängnis verurteilt, 1955 Ausreise nach Israel.

1 AMAE, Problema 33, vol. 36/1920–1940, S. 129 f. Das Dokument wurde aus dem Rumänischen übersetzt.

2 Im Original Paraphe M. für Mihai Antonescu und handschriftl. Vermerke.

3 Die Ausweisung dieser aus Ungarn geflüchteten Juden hatte zumeist tödliche Folgen. Von Mai bis Juni 1944 wurden nur aus Nordsiebenbürgen 131 633 Juden nach Auschwitz deportiert. Sie waren vor 1938 rumän. Staatsbürger gewesen und hatte nach Sept. 1940 teilweise die ungar. Staatsbürgerschaft erworben.

4 Die nachfolgend genannten Dokumente befinden sich in AMAE, Problema 33, vol. 16, S. 493–497.

Obwohl ich hier eher ein politisches als ein konsularisches Terrain betrete, halte ich es für meine Aufgabe, voller Respekt darauf hinzuweisen, was dabei abzuwägen wäre:
1.) Der Nutzen für Rumänien, durch die vorgeschlagene Ausweisung zwar eine begrenzte Anzahl unerwünschter Gäste loszuwerden, aber gleichzeitig einen neuen Konfliktpunkt mit der gegenwärtigen ungarischen Regierung zu schaffen.
2.) Die Beeinträchtigungen, die aus einer solchen Maßnahme erwüchsen durch den Umstand, dass es sich eine zukünftige ungarische Regierung nicht versagen würde, die englische und amerikanische Regierung darauf aufmerksam zu machen, dass die Rumänen unglückliche Juden in den sicheren Tod geschickt hätten. Die Juden aus Nordsiebenbürgen sind nicht mehr am Leben, wie mir der Herr Gesandte Filotti mitgeteilt hat.
Ich brauche nicht auf den Standpunkt zu verweisen, den die Schweiz, Schweden und sogar Dänemark und Finnland sowie selbst Ungarn bis vor kurzem gegenüber ähnlichen Problemen eingenommen haben, die sie zu lösen hatten.

DOK. 260

Ira A. Hirschmann vom United States War Refugee Board verlangt am 21. Juli 1944 die Kooperation jüdischer Organisationen bei Flüchtlingstransporten[1]

Brief von Ira A. Hirschmann,[2] Sondergesandter der USA, Türkei, an Avram L. Zissu, Bukarest, vom 21.7.1944 (Durchschlag)

Sehr geehrter Herr Zissu,
ich erlaube mir, mich heute im Namen der Kriegsopfer, die verzweifelt nach einer Fluchtmöglichkeit aus Rumänien suchen, an Sie zu wenden. Nach unseren Informationen bemühen Sie sich aufopferungsvoll, ihnen zu helfen. In dieser Hinsicht teilen wir ein gemeinsames Interesse. Vorab möchte ich mich Ihnen vorstellen: Ich bin der Sonderbeauftragte des War Refugee Board der Vereinigten Staaten von Amerika. Dieses Komitee wurde im Januar 1944 aufgrund eines Dekrets von Präsident Roosevelt ins Leben gerufen und besteht aus Vertretern des Innen-, Kriegs- und Finanzministeriums. Unser Auftrag ist es, Menschen zu unterstützen, die nach einem Zufluchtsort suchen, unabhängig davon, wer sie sind und wo sie sich aufhalten. Aufgrund der mir durch meine Regierung erteilten Vollmachten und durch die Zusammenarbeit mit bestehenden Hilfsorganisationen wie dem United States Joint Distribution Committee, der Palestine Jewish Agency und anderen konnten wir bislang einige Teilerfolge erzielen.
Meinen Informationen zufolge sperrt sich die rumänische Regierung nicht dagegen, Flüchtlinge aus Rumänien ausreisen zu lassen, vielmehr unterstützt sie über ihren Ministerausschuss deren Transport auf dem Seeweg. Nach der ersten erfolgreichen Fahrt der S.S. *Kazbek* warten nun vier weitere Schiffe darauf, Passagiere aufnehmen zu können und auszulaufen. Meine Regierung verfolgt die rasche Abwicklung dieses Vorhabens mit großem Interesse, und ich möchte eindringlich darum bitten, nichts zu unternehmen,

1 CZA, Jerusalem, Sig. L 2219, Bl. 174 f. Das Dokument wurde aus dem Englischen übersetzt.
2 Ira A. Hirschmann (1901–1989), Geschäftsmann; Febr. bis Sept. 1944 für den War Refugee Board und Joint in Istanbul zur Koordination der Ausreisen nach Palästina; von 1946 an Inspektor der Lager für Displaced Persons in Deutschland.

was die sofortige Abfahrt dieser vier Schiffe behindern könnte. Auch bei weiteren Schiffen, ob sie nun unter rumänischer oder irgendeiner anderen Flagge fahren, sollte dafür gesorgt werden, dass sie ohne Verzögerung auf den ausgehandelten Routen passieren können. Ideal wäre es in dieser Situation, eine sogenannte „Seebrücke“ einzurichten, die nicht nur aus rumänischen Schiffen – bei deren Bereitstellung Sie nach unserer Kenntnis behilflich sein könnten –, sondern auch aus anderen Schiffen bestehen würde. So könnte in den kommenden Monaten ein ununterbrochener Transport der Flüchtlinge gewährleistet werden, wobei jeder einzelne Tag für deren uns allen am Herzen liegende Rettung entscheidend ist.

Mir liegen außerdem Informationen vor, wonach Fragen in Bezug auf die Auswahl der zu rettenden Personen aufgetreten sind. Gestatten Sie mir, Ihnen in diesem Zusammenhang mitzuteilen, dass es nicht die Aufgabe meiner Regierung ist, derlei Festlegungen zu treffen oder zu beeinflussen. Die Auswahlkriterien sind uns kein besonderes Anliegen. Unser vordringliches Interesse ist vielmehr zu verhindern, dass solche Fragen mit allen damit verbundenen Problemen der umgehenden Abreise im Wege stehen und zu Verzögerungen führen, und sei es nur um eine einzige Stunde. Sie sind sich zweifelsohne mehr als wir über die Dringlichkeit der Situation und die damit verbundenen Gefahren für diese unschuldigen Menschen im Klaren. Und Sie werden mir deswegen auch sicherlich verzeihen, wenn ich an dieser Stelle noch einmal darauf insistiere, alles zu unternehmen, damit die unmittelbare Abfahrt dieser Schiffe durch nichts, insbesondere nicht durch rechtliche oder technische Probleme, hinausgezögert wird.

Ich bin zuversichtlich, dass es Ihnen im Rahmen Ihrer weitreichenden humanitären Bemühungen (an die man sich noch erinnern wird, wenn diese schwierigen Zeiten längst vorbei sind) gelingen wird, mit Herrn Filderman produktiv und partnerschaftlich in den entsprechenden Gremien zusammenzuarbeiten und auf dessen Effizienz und Fertigkeiten zurückzugreifen. Unter den bedeutendsten Hilfsorganisationen, die im Bereich der Rettung von Flüchtlingen tätig sind, sowie unter den Regierungsvertretern der Vereinigten Staaten genießt Herr Filderman großen Respekt. Es wäre auf jeden Fall bedauerlich, seine Erfahrung, seine Aufrichtigkeit und seinen Einfluss nicht in vollem Umfang zu nutzen.

Ich möchte Ihnen noch einmal unsere Hochachtung versichern für Ihre Anstrengungen, die Sie zum Wohl der Menschen unternehmen, in diesem historischen Augenblick, der entscheidend für die ganze Menschheit ist, aber insbesondere für die Minderheiten und Juden, die so sehr leiden müssen. Hochachtungsvoll.

P.S.: Ich habe gerade eine Abschrift des Briefes gelesen, den Herr E. Kaplan[3] am 17. Juli an Sie geschrieben hat, und ich möchte betonen, dass ich vollständig mit den von ihm vertretenen Ansichten übereinstimme.

3 Eliezer Kaplan (1891–1952), Politiker; 1920 Emigration von Minsk nach Palästina; 1929–1933 Sekretär bei der Gewerkschaft Histadrut, 1933–1948 Direktionsmitglied der Jewish Agency; 1949–1950 Minister für Handel und Industrie, Juni 1952 Stellv. Ministerpräsident Israels.

DOK. 261
Der rumänische Gesandte in Ankara berichtet am 22. Juli 1944 über das Gespräch mit dem US-Delegierten über die Emigration nach Palästina[1]

Telegramm (Nr. 65/1093, streng vertraulich) von Alexandru G. Cretzianu, dem Gesandten Rumäniens in Ankara, an Mihai Antonescu, Vizepräsident des Ministerrats und Außenminister, Bukarest, vom 22.7.1944

Herr Hirschmann, der mich um ein Treffen bat, hat mir seinen Dank ausgedrückt für die Mitteilung, die ich ihm in Bezug auf die Kommission für Emigration übermittelt habe. Weiterhin unterstrich er sehr die Wertschätzung der Vereinigten Staaten bezüglich der außerordentlich kooperativen Haltung, die die rumänische Regierung in der Emigrationsfrage einnimmt. Hirschmann hat auch Kenntnis genommen von folgenden Problemen, von denen das erste von besonderer Bedeutung und Dringlichkeit ist:

1. Die Regierung der Vereinigten Staaten ist vor zwei Tagen informiert worden, dass die ungarische Regierung verfügt habe, die Emigration von Juden zu gestatten. Die Regierung der Vereinigten Staaten werde ihr Möglichstes tun, um die Emigration zu erleichtern und die erforderlichen Schiffe zur Verfügung stellen. Sie fragt an, ob die rumänische Regierung ihrerseits dabei mitwirken wird, indem sie den ungarischen Juden, die sich in unseren Häfen einschiffen, eine Transitgenehmigung erteilt.[2]

2. Hirschmann hat außerdem angefragt, ob wir über Informationen verfügen, warum sich die Abfahrt der drei kleinen türkischen Schiffe und des größeren griechischen Schiffs verzögert, die in Constanţa liegen, um jüdische Emigranten aufzunehmen. Hirschmann weist darauf hin, dass er nicht davon ausgehe, dass die Verzögerung durch die rumänische Regierung verschuldet sei.

1 AMAE, Problema 33, vol. 17, S. 228. Das Dokument wurde aus dem Rumänischen übersetzt.

2 Es ging nicht mehr nur um die 5000 Waisenkinder, sondern auch um über 6000 Juden, die aus Ungarn nach Rumänien geflüchtet waren.

DOK. 262

Nicolae Kovaci von der jüdischen Hilfskommission schildert am 5. August 1944 die Abfahrt dreier Schiffe mit Waisenkindern[1]

Bericht von Nicolae Kovaci,[2] Bukarest, an die Hilfskommission in der Judenzentrale, Bukarest, vom 5.8.1944

Betr. Abfahrt der Schiffe Bulbul, Morino und Mefpur[3]

Ich, der Unterzeichnende Nicolae Kovaci, beauftragt mit der Überbringung der Waisenkinder aus Transnistrien von Buzău nach Constanța und der Einschiffung auf die o.g. Schiffe, erlaube mir, Ihnen Folgendes mitzuteilen:

Am 3. dieses Monats um 15 Uhr bin ich nach einer guten Reise mit dem Kindertransport in Constanța angekommen. Obwohl die Generaldirektion der Rumänischen Eisenbahngesellschaft uns für 203 Kinder nur zwei Waggons zugestanden hatte, ist es uns in Buzău noch gelungen, insgesamt vier Waggons zu bekommen, so dass die Kinder bequem reisen konnten.

Die „Ephorie der Kinder"[4] in Buzău hatte für ausreichend Lebensmittel für unterwegs gesorgt, wir hatten jedoch das Pech, dass es ausgerechnet eine Stunde vor unserer Abfahrt vom Bahnhof stark zu regnen begann und stundenlang nicht aufhörte. Aus diesem Grund und aufgrund ihrer Nervosität haben es die Kinder abgelehnt, noch vor der Abfahrt etwas zu sich zu nehmen. Am Abend und im Verlauf des nächsten Morgens waren deshalb alle Lebensmittelvorräte verzehrt. Ich habe schließlich in Fetești Brot, Käse und anderes besorgt, was sich sonst als Ersatz für das Fehlende fand. Vor der Einschiffung im Hafen gab die Gemeinde noch einmal Milchkaffee, Brötchen und eine große Menge Brot aus, so dass die Kinder sehr zufrieden waren.

Die Zollbehörden, die die Lage der Kinder schon kannten, haben dieses Mal auf die Kontrolle ihres Gepäcks verzichtet und nur einige Stichproben gemacht. Im Hafen angekommen, wurden die Kinder zu den Schiffen gebracht, und man hat mit ihrer sofortigen Identifizierung und Einschiffung begonnen. Dieser Vorgang erwies sich jedoch als sehr zeitraubend, die Polizei ging sehr streng vor, sie hatte auch von jedem Kind eine Fotografie zur Verfügung. Insgesamt dauerte die Prozedur für die Kinder etwa drei Stunden.

Um 19 Uhr waren die Formalitäten erledigt, die Schiffe lichteten um 20 Uhr die Anker und verließen im Abstand von fünf Minuten unter den erhebenden Klängen der *von den Waisenkindern aus Transnistrien gesungenen* „Königshymne" den Hafen.

Aufgrund meiner persönlichen Eindrücke und meiner vor Ort beschafften Informationen möchte ich Ihnen Folgendes zur Kenntnis bringen:

1 ANIC, Centrala Evreilor din România, 147/1944, S. 59 f. Das Dokument wurde aus dem Rumänischen übersetzt.

2 Nicolae Kovaci (Covaci), 1943–1944 Finanzinspektor bei der Judenzentrale in Bukarest.

3 Richtig: Mefküre. Kurz hintereinander starteten die Schiffe Bulbul, Morino und Mefküre. Das türk. Schiff Mefküre mit etwa 320 Passagieren ging nach dem Beschuss durch ein sowjet. U-Boot, weil es für ein deutsches Schiff gehalten worden war, in der Nacht vom 4/5.8.1944 unter. Das Schiff Bulbul konnte nur fünf Passagiere retten; siehe Jürgen Rohwer, Die Versenkung der jüdischen Flüchtlingstransporter Struma und Mefküre im Schwarzen Meer, Frankfurt a. M. 1965, S. 98.

4 Bezeichnung für die Fürsorgeabt. der jüdischen Gemeinde.

1. Die Organisation der Emigration ließ auch dieses Mal wieder sehr zu wünschen übrig. Es wurden sehr viele Erwachsene und Kinder von Bukarest nach Constanța gebracht, vor allem eine bemerkenswert große Anzahl polnischer und ungarischer Flüchtlinge, darunter viele kleine Kinder von vier, fünf oder sechs Jahren, ohne dass die Betroffenen irgendwelche Papiere gehabt hätten. Sie wurden hergebracht in dem Glauben, dass sie sich unter die legalen Emigranten mischen könnten. Das ist ihnen jedoch nicht geglückt. Die Polizei hat jedweden Versuch, sich unbemerkt unterzumischen, verhindert, so dass nach offiziellen Ermittlungen *241 illegale Emigranten nicht eingeschifft wurden und zurückbleiben mussten.*
Im Hafen haben sich deshalb unbeschreibliche Szenen abgespielt. Die Menschen warfen sich den Behördenvertretern vor die Füße und baten darum, entweder erschossen oder eingeschifft zu werden. Sie schrien, weinten und fragten die Vertreter des Emigrationsbüros, warum man sie hierher gebracht habe mit dem Versprechen, fortzukönnen, und warum sie nun nichts unternehmen würden. Außerdem monierten sie, dass Herr Paul Bomlingher, der als Vertreter des Emigrationsbüros ihnen gegenüber eine so unerträgliche Haltung eingenommen und damit die ganze Situation heraufbeschworen habe, gekleidet wie ein echter Bojar, nun ganz unverdient auf der „Morino" stehe und nach Palästina fahre.
2. Bei der von mir aus Buzău überstellten Kindergruppe befanden sich ebenfalls illegal sechs Kinder. In Buzău nahmen wir zehn Minuten vor unserer Abfahrt vom Bahnhof eine genaue Inspektion der Waggons vor und fanden sechs große Jungen, die sich in den Transport geschlichen hatten. Vier davon waren aus Transnistrien und zwei aus Buzău. Ich habe sie persönlich aus den Waggons verwiesen, sogar in Anwesenheit des Polizeivertreters, denn mir war bekannt, dass die Kontrolle auf Grundlage von Fotos vorgenommen und es dieses Mal nicht illegal gehen würde. Trotzdem traf ich bei unserer Ankunft im Hafen dieselben sechs Jungen an, die sich in Buzău im Schatten der Dunkelheit unter die anderen gemischt hatten und erneut in die Waggons geklettert waren. Sie wurden in Begleitung des Polizeivertreters, der uns bis nach Constanța gebracht hatte, nach Buzău zurückgeschickt.
3. Auf den drei Schiffen sind 1031 Personen eingeschifft worden. Nach Angabe unserer örtlichen Experten wären noch Plätze für weitere 100–150 Personen gewesen. Sie wurden nicht besetzt, weil eine Reihe zahlender Emigranten in Bukarest geblieben war und eine andere, kleinere Gruppe – obwohl bis nach Constanța gelangt – es sich aus verschiedenen Gründen unmittelbar vor der Einschiffung anders überlegt hatte. Folglich fuhren die Menschen nicht so dicht gedrängt wie beim letzten Mal, und wenn bei diesen kleineren Überfahrten überhaupt von guten hygienischen Bedingungen die Rede sein kann, dann lässt sich sagen, dass diesen Emigranten ein besseres Schicksal zuteil wurde als jenen, die mit der „Kasbek" gefahren sind.
4. Da die Behörden es den Emigranten dieses Mal nicht mehr gestatteten, unbegrenzt Gepäck mitzunehmen, vermute ich, dass die früheren Erfahrungen und die daraus resultierenden Maßnahmen zu dieser Entscheidung beigetragen haben.

DOK. 263
Arnold Schwefelberg von der Hilfskommission schlägt am 7. August 1944 die Unterbringung der Repatriierten in mehreren Heimen in Bukarest vor[1]

Schreiben (sehr dringend), gez. Rechtsanwalt A. Schwefelberg,[2] Bukarest, an die Leiter der Judenzentrale, Bukarest, vom 7.8.1944

In Sachen Gebäude
Wir sehen uns gezwungen, auf das Problem der *Gebäude* zur Unterbringung verschiedener Gruppen von Armen zurückzukommen, das immer dringlicher wird, je näher das neue Schuljahr rückt und je schwieriger die Emigration wird.
I. *Die Kinderheime.* Wir haben zurzeit vier Heime in Bukarest (und [...][3] Heime in Buzău, eins in Bârlad und eins in Huşi). Wir hoffen noch, binnen kurzem einige davon zu evakuieren, wenn die Kinder emigrieren, aber wir können weder sicher sein, ob noch wann und in welchem Ausmaß sich diese Hoffnung erfüllen wird. Da an den Gebäuden einige Arbeiten (Reinigung, eventuell Desinfizierung, Malerarbeiten und kleine Reparaturen) auszuführen sind, müssen sie einige Tage vorher übergeben werden.
Wir haben also begonnen, für die Unterbringung der ca. 330 einquartierten Kinder, die wir jetzt haben, ein Gebäude zu suchen, das aber möglicherweise noch mehr aufnehmen muss, weil täglich in Familien untergebrachte Kinder und sogar solche aus der Provinz bei uns ankommen. In einem solchen Gebäude müssten für 400 Kinder also alleine etwa 15–20 Schlafräume bereitstehen, eventuell auch einige Unterrichtssäle plus Lehrerzimmer und Sekretariat, außerdem eine Küche, ein Lagerraum, Bäder, Wäscheschränke, Betten, Toiletten, Kellerräume, möglicherweise ein Heizungsraum, Zimmer für das Dienstpersonal (wenigstens 5–6), eine Waschküche, ein Dachboden und ein geräumiger und gut gelegener Hof.
Das ist sehr schwer zu finden, ein erstes besichtigtes Haus wurde uns zu einem Preis von 3 000 000 Lei jährlich angeboten, aber wir sind nicht in Verhandlung getreten, weil es sich unter mehreren Gesichtspunkten weder als ausreichend noch als passend erwies. Berücksichtigt werden muss außerdem, dass die Ausgaben für die Miete weitgehend durch die Personalkosten auszugleichen sind, die wir durch die Zusammenfassung aller Heime in einem einzigen Heim sparen. Wenn wir aus Mangel an entsprechend großen Gebäuden und aus der Notwendigkeit heraus, nicht zu viele Kinder an einem Ort Risiken aussetzen zu wollen (Bombardierungen!), *zwei Gebäude* nehmen würden, müsste die Miete ebenfalls teilweise durch die eingesparten Personalkosten kompensiert werden (gegenwärtig haben wir vier Heime und zwei Küchen mit einem Personalbudget von insgesamt etwa 400 000 Lei monatlich). Da die Kommission die Miete gegenwärtig

1 ANIC, Centrala Evreilor din România, d. 147/1944, Bl. 61–63. Das Dokument wurde aus dem Rumänischen übersetzt.
2 Arnold Schwefelberg (1896–1979) Jurist; 1918 als Anwalt bei einer Bank tätig, seit 1932 in der Organisation jüdischer Juristen aktiv; 1937 enger Mitarbeiter von Filderman; baute von 1940 an ein Hilfsnetz für bedürftige Juden auf, 1943 tätig bei der Hilfskommission für Transnistrien-Deportierte; 1952–1956 in Haft.
3 Eine Zahl unleserlich.

nicht übernimmt, behalten wir uns vor, eventuell trotzdem finanzielle Zuschüsse für diesen Zweck zu beantragen.
Wir schalten auch entsprechende Zeitungsinserate, aber angesichts der Schwierigkeiten, der Kosten für die Einrichtung, der Verteuerung der Mieten und der Hoffnung auf Emigration (120 Kinder sollen mit der „Bella Citta“ ausreisen und vielleicht 320 aus dem ganzen Land mit der „Salahedin“) bitten wir, die Möglichkeit zu prüfen, den Unterrichtsbeginn der entsprechenden Schulen zu verschieben (was sicherlich genehmigt wird, wenn man dem Nationalen Bildungsministerium die Situation schildert).
Was die Provinz anbelangt, habe ich die Abreise der Kinder aus Huşi und Bârlad mit dem nächsten auslaufenden Schiff, der „Salahedin“, vorgeschlagen; in Buzău würden dann noch insgesamt etwa 400 Kinder verbleiben (469 minus 100, die mit der „Salahedin“ abreisen würden, zuzüglich der etwa 30 dieser Tage aus Focşani eingetroffenen Kinder, die dort in Familien gelebt haben), also bitten wir zu veranlassen, das Problem vor Ort zu untersuchen, denn wir wissen nicht genau, in welchen Gebäuden die Kinder untergebracht sind.
II. *Flüchtlingsheime.* Wir verfügen heute über ein Heim im Lyzeum in der Romulus-Straße 55 und ein weiteres in der Schule in der Sf. Ion Nou-Straße 25. Sie sind ebenfalls unzureichend.
Man kann jedoch hoffen, dass ein Teil der Menschen emigrieren kann (ein Teil ist vor einigen Tagen sogar schon mit den drei kleinen Schiffen aufgebrochen). Andere werden vielleicht zur Arbeit gehen, bedauerlicherweise nach außerhalb. Ich habe insbesondere die aus der Romulus-Str. 55, die im Allgemeinen als rumänische Staatsbürger gelten, ermahnt, sich eine Beschäftigung zu suchen, aber sie benötigen dafür Scheine zur Befreiung von der Arbeitspflicht, die für einige auch angefordert wurden. Dennoch wird ein Teil bleiben, vor allem Frauen, Kinder, kranke Alte und Ausländer sowie diejenigen, die in örtlichen Abteilungen arbeiten, und schließlich einige Bombenopfer. Wir wissen auch, dass bald noch eine größere Zahl von Flüchtlingen in Bukarest eintreffen wird, und diese müssen, zumindest bis sie Wohnungen gefunden haben, in Wohnheimen untergebracht werden.
Es werden also zwei Gebäude mit mindestens je 150 Plätzen benötigt. Dabei ist nur die Miete eine zusätzliche Ausgabe, weil wir in den Wohnheimen nur geringfügig Personal und auch keine eigene Küche haben. Für die Miete wird zweifellos eine Sonderzuweisung nötig sein.
III. *Das Heim der gelähmten Repatriierten*[4] *in der Orhei-Straße 14* ist ebenfalls in einer Schule eingerichtet. Wir haben umfangreiche Ausstattungen wie in einem Krankenhaus vorgenommen, und es liegt neben der Klinik für Nervenkranke (im Geburtshaus). In den vergangenen Tagen wurden auch andere Kranke aus Tg. Jiu[5] entlassen, von denen ein Teil nach Bukarest gekommen ist und in diesem Krankenhaus betreut werden könnte. Aus Platzmangel müssten wir sie in der Stadt unterbringen, was sehr teuer ist.

4 In Transnistrien waren die jüdischen politischen Häftlinge im Lager Vapnjarka konzentriert worden. Durch die Ernährung mit einer Futterpflanze erkrankten im Winter 1942/43 Hunderte Häftlinge; siehe Einleitung, S. 62.

5 In Târgu Jiu waren geflohene Juden aus Transnistrien, Ungarn und Polen interniert worden, viele wurden 1944 von dort zu den Flüchtlingsschiffen gebracht.

Es wird sich als notwendig erweisen, ein weiteres Gebäude zu organisieren, entweder für das kleine Krankenhaus oder für die Schule und die Kinderkantine, die normalerweise ebenfalls in der Orhei-Straße 14 untergebracht ist. Auch für die Miete dieses Gebäudes wird ein Sonderhaushaltsposten notwendig sein.
Wir hoffen, dass alle diese Unterkünfte nur vorübergehend notwendig sein werden, aber wie man sieht, geht es sowohl bei der Emigration als auch bei der medizinischen Versorgung nur langsam voran.
IV. Unabhängig von den oben erwähnten Heimen haben wir durch unseren in Kopie beigelegten Brief[6] auf die Notwendigkeit eines *Durchgangswohnheims* aufmerksam gemacht.
Wir bitten, die hier aufgeführten Angelegenheiten unverzüglich voranzutreiben und sie in einer gemeinsamen Sitzung der Zentrale und der Gemeinde zu diskutieren, bei der wir durch den Vorsitzenden der Hilfskommission vertreten sein werden. Übrigens ist der Gemeindevorsteher ebenfalls Mitglied der „Ephorie des Kindes",[7] und alle Wohnheime sind in Gebäuden untergebracht, die von der Gemeinde gemietet wurden.

DOK. 264

Der rumänische Gesandte in Bern plädiert am 7. August 1944 für den Schutz der Juden aus Nordsiebenbürgen, um Rumäniens territoriale Ansprüche zu sichern[1]

Telegramm (Nr. 179/1956, streng geheim) des Gesandten Rumäniens in Bern, gez. V. V. Pella,[2] an den Generalsekretär für Auswärtige Angelegenheiten, Gh. Davidescu, Außenministerium, Direktion des Kabinetts und zuständig für Dechiffrierung (Nr. 3884, Eing. 8.8.1944), vom 7.8.1944

Bitte mir mitzuteilen, ob Sie einverstanden sind, dass wir durch die Mittel, die uns hier zur Verfügung stehen, eine besondere Aktion einleiten sollen, um die dem ungarischen Regime unterstellten Juden in Nordsiebenbürgen zu unterstützen.[3] Auf diese Weise könnten wir uns die Sympathie sowohl der jüdischen Weltorganisation als auch der Angloamerikaner sichern und gleichzeitig wäre es eine Geste, um unsere Rechte an diesen Gebieten zu unterstreichen, die durch den sogenannten Wiener Schiedsspruch[4] verloren gegangen sind.

6 Liegt nicht in der Akte.
7 Bezeichnung für die Fürsorgeabt. der jüdischen Gemeinde.

1 AMAE, Problema 33, vol. 17, Bl. 470. Das Dokument wurde aus dem Rumänischen übersetzt.
2 Dr. Vespasian V. Pella (1897–1960), Jurist; Professor in Jassy, dann Bukarest; 1927–1936 Vertreter Rumäniens beim Völkerbund, 1936–1939 Gesandter in Den Haag, 1939–1944 Gesandter in Bern; 1945 Rumäniens Vertreter bei den Vereinten Nationen.
3 Der Außenminister Mihai Antonescu hatte Transitvisa für Juden aus Nordsiebenbürgen, die ehemalige rumän. Staatsbürger waren, bewilligt. Sie sollten vor der Deportation nach Polen durch die Verschiffung aus rumän. Häfen nach Palästina gerettet werden; siehe Telegramm von Mihai Antonescu an V. V. Pella vom 18.7.1944, AMAE, Fond Ungaria (telegrame), vol. 11/40, Bl. 22. Abdruck in: Șerbănescu (Hrsg.), 1943–1944. Bilațul (wie Dok. 219, Anm. 10), S. 476.
4 Zum Zweiten Wiener Schiedsspruch siehe Einleitung, S. 54.

Selbstverständlich muss die Aktion den Umständen entsprechend mit aller erforderlichen Diskretion und Geschicklichkeit durchgeführt werden und sollte als Initiative der rumänischen Regierung oder zumindest als von ihr initiiert erscheinen, um bei den oben genannten Kreisen eine maximale Wirkung zu erzielen.

DOK. 265
Der Große Generalstab berät am 17. August 1944, wie die Juden in der Operationszone in Gettos gesperrt werden können[1]

Schreiben (Nr. 522 729) des Chefs der I. Abt. des Großen Generalstabs, Oberst Gheorghe Zamfirescu,[2] und des Leiters des Büros 10,[3] Oberstleutnant Ioan Boldur-Lăţescu,[4] an den Großen Generalstab vom 17.8.1944

Die Evakuierung der Juden aus dem Operationsgebiet
Die gesamte jüdische Bevölkerung im Operationsgebiet umfasst 94 837 Seelen, davon werden 12 481 in verschiedenen, dem Militär unterstellten Arbeitsbrigaden eingesetzt, so dass sich 82 356 Juden und Jüdinnen ohne militärische Verwendung an ihrem Wohnsitz aufhalten.
Davon besitzen 6007 Juden Bescheinigungen zur Freistellung von der Arbeit und sind in verschiedenen Wirtschaftsunternehmen beschäftigt; ihre Evakuierung würde das Wirtschaftsleben und die Industrie in einigen Gebieten fast vollständig lahmlegen.
Folglich geht es um die Evakuierung von 76 349 Seelen.
Der Anteil der Juden an der Bevölkerung und ihre Verteilung in den Gebieten sind aus den beigefügten Schaubildern ersichtlich.[5]
Die Evakuierung dieser Menschen erfordert im Vorfeld die Regelung von:
- Transport;
- Unterbringung am Evakuierungsort;
- Verpflegung während des Transports sowie am Evakuierungsort;
- sanitäre Einrichtungen;
- Fortführung der Wirtschaftstätigkeit.
Zur Regelung der genannten Punkte sind sachliche Einzelprüfungen erforderlich.
Allerdings erscheint die Evakuierung aller Juden aus dem Operationsbereich nicht lückenlos durchführbar.

1 AMR, fond 5416 Marele Stat Major, Secţia I-a Organizare-Mobilizare, d. 4610, Bl. 28 f. Das Original konnte nicht eingesehen werden. Abdruck in: Traşcă (Hrsg.), „Chestiunea evreiască“ (wie Dok. 154, Anm. 1), Dok. 444, S. 875 f. Das Dokument wurde aus dem Rumänischen übersetzt.
2 Gheorghe Zamfirescu (1896–1971), Berufssoldat; 1941–1942 Brigadegeneral bei der 3. Infanteriedivision, Febr. 1942 bis Aug. 1944 stellv. Chef im Großen Generalstab, 1944 kurzzeitig im Kriegsministerium, Dez. 1944 bis März 1945 Kommandant der Territorialtruppe Korpus 2.
3 Das Büro 10 der Sektion 1 des Generalstabs war für den Zwangsarbeitseinsatz von Juden zuständig.
4 Ioan Boldur-Lăţescu (*1899), Berufssoldat; Sept. 1940 bis April 1942 Offizier im Kommandostab des 7. Regiments Roşiori, April 1942 bis April 1945 Offizier in der Sektion 1 des Großen Generalstabs, 1943–1944 Chef des Büros 10 des Großen Generalstabs, April 1945 Kommandant des 9. Reiterregiments.
5 Liegen nicht in der Akte.

Deshalb plädiert die I. Abteilung des Generalstabs für folgende Maßnahmen:
1. Schaffung von mit Stacheldraht umzäunten Isolationszonen (Gettos) in allen Städten der Region Moldau mit jüdischer Bevölkerung.
Gettos sind dort einzurichten, wo Juden die Mehrheit bilden; um eine entsprechende Konzentrierung der jüdischen Bevölkerung zu gewährleisten, sind für die Juden aus den restlichen Stadtbezirken Militärbaracken als Unterkünfte zu errichten.
In einem ersten Schritt sollten in folgenden Landkreisen Gettos eingerichtet werden: Fălciu, Vaslui, Roman, Neamţ, Bacău, Covurlui und Iaşi.
2. Die Juden, die sich im Besitz von Freistellungsbescheinigungen befinden, sind für Arbeiten innerhalb der Gettos zu verwenden, wobei auch die Beschäftigung in Geschäftszweigen, für die sie die Berechtigung zur freien beruflichen Betätigung erworben haben, möglich ist.
3. Die Operation wird vom Generalkommissariat für Judenfragen mit Unterstützung des Innenministeriums durchgeführt.
4. Um innerhalb der Gettos alle Wirkungsbereiche – Wirtschaft, Handel, Kultur, Gesundheitswesen und Religionsausübung – abzudecken, bestimmt das Generalkommissariat für Judenfragen entsprechende Vertreter aus den Reihen der Juden, die im Besitz von Bescheinigungen zur Freistellung von der Arbeit sind.
5. Die Weisungen für die Zuteilung von Juden zu Pflichtarbeitskolonnen für Befestigungen, Straßenarbeiten, Bahnarbeiten, Dammbau oder anderen anfallenden Arbeiten werden beibehalten.
6. Als Zeichen der moralischen Isolierung aller im Lande ansässigen Juden soll ein sichtbares, landesweit von allen Juden jeden Alters und Geschlechts zu tragendes Kennzeichen (Davidstern) eingeführt werden.[6]

DOK. 266

Der Große Generalstab verfügt am 30. August 1944 die Auflösung aller Arbeitslager für Juden[1]

Befehl (Nr. 523 114) des Chefs der Sektion I des Großen Generalstabs, gez. Oberst Gh. Zamfirescu, und des Leiters des Büros 10, I. Boldur-Lăţescu, vom 30.8.1944

Mitteilung
Betreff: Auflösung der jüdischen Arbeitsbrigaden
Die vom Generalstab zusammengestellten und am 23. August 1944 bestehenden jüdischen Arbeitsbrigaden umfassen 19 447 Juden in Ortsbrigaden und 12 016 Juden in externen Brigaden.

6 Gheorghe Zamfirescu und Ioan Boldur-Lăţescu hatten bereits am 1.5.1944 vom Großen Generalstab die Bildung von Gettos und die Kennzeichnung der Juden gefordert. Durch die Stabilisierung der Front bis Aug. und aufgrund von Interventionen war diesbezüglich nichts geschehen. Vgl. Şerbanescu (Hrsg.), 1943–1944. Bilanţul (wie Dok. 219, Anm. 10), Dok. 92, S. 111–113.

1 AMR, fond 5416 Marele Stat Major, Sectia I-a Organizare-Mobilizare, d. 4575, Bl. 372. Abdruck in: Traşcă (Hrsg.), „Chestiunea evreiască“ (wie Dok. 154, Anm. 1), Dok. 447, S. 883. Das Dokument wurde aus dem Rumänischen übersetzt.

Angesichts der Tatsache, dass unter den gegenwärtigen Umständen deren Aufrechterhaltung nicht mehr aktuell ist, bitte ich zu genehmigen:
– die Auflösung aller jüdischen Arbeitsbrigaden (lokale und externe) einschließlich der zur passiven Verteidigung sowie den Militärkommandos und -einheiten zugeteilten Brigaden;
– die Entlassung der betreffenden Brigadeangehörigen;
– die Offiziere und Unteroffiziere, denen die Brigaden unterstellt waren, nach Bedarf zu verwenden;
– die Beibehaltung eines Kerns von Verwaltungsbeauftragten zur Auflösung der Vermögenswerte der Brigaden für die Dauer von 20 Tagen nach Erhalt des Befehls.
– Zugleich ist den zuständigen Behörden die Weisung zu erteilen, dass sie den Juden die fälligen Entgelte auszahlen;
– ihr mit Reisepapieren versehener Transport erfolgt, im Rahmen der Möglichkeiten, mit der Bahn;
– die Juden aus der Region Moldau und aus der Bukowina können einen Heimatort wählen, mit Ausnahme von Bukarest und Ploieşti wegen des dort herrschenden Wohnungsmangels.
– Zur raschen Erledigung bitte ich, die Veröffentlichung der beigefügten Mitteilung in der Presse zu genehmigen.[2]

DOK. 267

Curentul Nou: Ein bekannter Publizist führt am 1. September 1944 den Rassismus in Rumänien auf den deutschen Einfluss zurück[1]

Abschaffung der Rassengesetze[2]

Wenn das neue demokratische Regime noch nicht die Abschaffung der Rassengesetze verfügt hat, bedeutet dies nicht, dass diesem Schritt keine Bedeutung beigemessen wird. Eine der ersten Aufgaben des Regimes ist die Emanzipation der jüdischen Bevölkerung, ihre Befreiung aus der babylonischen Gefangenschaft, aus der Lage als Parias, in die sie durch die blutrünstige Demenz des Nazismus gerieten, der bei uns durch den Oberdiktator von Killinger vertreten wurde. Die entwürdigenden Beschäftigungsformen, denen die jüdischen Bürger unterworfen waren, wurden mit dem Machtantritt des Demokratischen Blocks umgehend abgeschafft. Wie ein böser Traum ist das Vergangene beendet. Der Rassismus war niemals im Bewusstsein der rumänischen Massen verankert.

2 Die Auflösung der Lager war eine Folge des Sturzes des Antonescu-Regimes. Am 29.8.1944 waren Vertreter der neuen Regierung Sănătescu nach Moskau gereist, um den Waffenstillstand vertraglich zu vereinbaren.

1 Curentul Nou, 17. Jg. (neue Reihe), Nr. 3, vom 1.9.1944: Abolirea legilor rasiale. Abdruck in: Dumitru Hîncu (Hrsg.), Mărturii. „Chestiunea evreiască". Antologie, Bucureşti 1996, S. 253–255. Das Dokument wurde aus dem Rumänischen übersetzt.

2 Verfasser war Ion Vinea (1895–1964), rumän. Dichter und Publizist; 1922–1932 Leiter der avantgardistischen Zeitschrift Contimporanul; 1934 bei Angriff von rumän. Antisemiten verletzt; 1938–

In der Epoche traurigen Angedenkens, als dieser auch bei uns täglich seine Anwendung fand, haben die Rumänen ihn in ihrem Herzen abgelehnt und oft versucht, manchmal sogar erfolgreich, seine Auswirkungen zu lindern. Die deutschen Okkupanten haben sich bemüht, die Initiative und Verantwortung für diese inhumanen Maßnahmen uns zu überlassen. Es ist nicht zu bestreiten, dass sich unter den Psychopathen und Schurken einige Elemente fanden, die ihnen als Werkzeuge dienten.

Es ist bedauerlich, mit welcher Schnelligkeit bei uns in den Zeiten der Dekadenz einige Dutzend Minister als Strohmänner rekrutiert werden konnten!

Aber unser Arbeiter, Bauer, Intellektueller und Bourgeois[3] hat sich nicht in Gedanken oder durch Taten an all dem beteiligt, was aus Berlin in rassistischem Geist diktiert wurde. So wie es zu den so genannten Kreuzzügen mit der Pistole im Nacken (Ausdruck von Herrn Winston Churchill) getrieben wurde, musste das rumänische Volk mit gebundenen Händen dem beispiellosen Martyrium Israels zusehen. Und obwohl es nicht mehr Herr in seinem Land war, hat es mehr als einmal die schnelle und grausame Hand des Henkers behindert. Bei uns waren solche Grausamkeiten, wie sie in Polen stattfanden, nicht möglich. Die Kennzeichnung und die Gettos konnten nicht in ganz Rumänien durchgesetzt werden. Verbrechen wie die in Warschau und Auschwitz gab es bei uns nicht. Und obwohl die Söhne des Landes zu Hunderttausenden in den Ebenen der Ukraine starben oder vielleicht gerade deswegen, haben die Deutschen es sich bei uns nicht erlaubt, ihr Kriegsgas an jüdischen Kindern auszuprobieren, wie sie es in einem Nachbarstaat taten.

In keiner Weise hat der Antisemitismus die klaren Tiefen der Herzen des Volkes getrübt. Er schaffte es nur, den Instinkt zur Selbsterhaltung einiger herrschenden Kreise zu beeinträchtigen. Gestärkt durch das Gift des Antisemitismus kam der Nazismus klammheimlich zu uns und nach ihm alles, was dann folgte. Das Großrumänien aus der Zeit des Völkerbunds wurde als Land „der Juden, Freimaurer und Kommunisten“ bezeichnet und ersetzt durch das verkleinerte Rumänien,[4] das die Rassentheoretiker ins Fahrwasser von Deutschland und von Mussolinis Italien brachten.

Die Öffentlichkeit wartet heute auf das Dekret, das alles annullieren wird, was der Menschlichkeit, dem toleranten und gutmütigen Wesen des Rumänen zuwiderlief. Wir wissen, dass die Verzögerung keinen Grund zum Zweifel daran zulässt. Die Regierung hatte viele dringendere Probleme zu lösen. Die entspannte Atmosphäre und der innere Frieden, der der Proklamation des Königs folgte, ermöglichten es, dass das Problem der Rassengesetze virtuell gelöst werden konnte, auf implizite Weise, und dadurch nicht sehr akut ist. Wir wissen, dass noch schwierige Probleme zu lösen sind, damit die Juden ihre vollen Bürgerrechte zurückerhalten. Das Prinzip ist aber geklärt und niemand stellt das in Frage. Alle komplizierten und vielfältigen Schwierigkeiten werden schrittweise zum Nutzen der Allgemeinheit behoben werden. Die wichtigste Garantie besteht im guten

1944 Präsident des Verbands der Journalisten; 1939–1944 publizierte er in der Tageszeitung Evenimentul Zilei, dann bei Curentul und von Aug. 1944 an bei Curentul Nou; 1950 Ausschluss aus dem Schriftstellerverband, tätig als Übersetzer, durfte erst von 1960 an wieder publizieren.

3 Der Begriff Bourgeois erhielt erst später eine abwertende Bedeutung.

4 Der Verfasser spricht die Abtrennung Nordsiebenbürgens infolge des 2. Wiener Schiedsspruchs vom Sept. 1940 an, erwähnt aber nicht die Besetzung Bessarabiens und der Nordbukowina durch die Sowjetunion seit Frühjahr 1944.

Willen beider Seiten, in dem geduldigen und abgeklärten Warten, in der so rumänischen Einstellung, dass das Ergebnis der Arbeit heilig ist. Die Regierung will, dass alle Klassen und alle Bürger unabhängig von ihrer Religion und Rasse gleichberechtigt an der schwierigen Aufgabe mitarbeiten, das Vaterland zu verbessern.

DOK. 268
Die Föderation Jüdischer Gemeinden vereinbart am 4. November 1944 mit ausländischen Hilfsorganisationen die Unterstützung der vielen mittellosen Juden[1]

Vertrag, gez. K. Kolb, Filderman, W. Fischer,[2] E. Costiner[3] und Dr. M. Singher,[4] Bukarest (veröffentlicht am 4.11.1944)

Vereinbarung
Hiermit legen wir gemäß den vereinbarten Bestimmungen die Grundsätze der Zusammenarbeit zwischen dem Internationalen Komitee vom Roten Kreuz (Delegation in Rumänien) und dem Komitee für Rumänien des A.J.D.C.[5] bezüglich der Hilfsleistungen für die bedürftige jüdische Bevölkerung fest.[6]

1.
Die Delegation des Internationalen Komitees vom Roten Kreuz in Rumänien unterstützt die Hilfswerke der jüdischen Bevölkerung in Rumänien.

2.
Die Verteilung der verfügbaren Gelder wird entsprechend den Programmen vorgenommen, die vom Komitee des A.J.D.C. in Rumänien aufgestellt und von der Delegation des IKRK in Rumänien genehmigt werden und deren Durchführung von beiden gemeinsam kontrolliert wird.

3.
Bis zum 1. November 1944 erfolgte die Verteilung der Hilfsleistungen entweder durch Vermittlung der Autonomen Hilfskommission oder direkt durch das IKRK.
Infolge der Auflösung der Judenzentrale Rumäniens am 1. November 1944 wurde die Föderation Jüdischer Gemeinden wieder ins Leben gerufen. Es wurde vereinbart, dass ab diesem Zeitpunkt die Unterstützung der Hilfswerke ausschließlich über die Autonome Hilfskommission erfolgen soll, die von nun an im Rahmen und unter Aufsicht besagter Föderation agiert.

1 Archiv des IKRK, G.59/2/112–55.01, Mikrofilm 5, S. 479. Das Dokument wurde aus dem Französischen übersetzt.
2 Wilhelm Fischer.
3 Elias Costiner (*1897), 1940 Generalsekretär der Jüdischen Gemeinde Bukarest; 1941 neben Filderman Mitbegründer der autonomen Hilfskommission, 1943–1945 Organisation von Hilfe für ehemalige Deportierte; 1943–1949 Vertreter des American Jewish Joint Distribution Committee in Rumänien.
4 M. Singher, Arzt; 1944–1946 Vertreter des American Joint Distribution Committee in Rumänien.
5 American Jewish Joint Distribution Commitee.
6 Filderman sprach im Oktober 1944 davon, dass 150 000 Juden, also fast die Hälfte der jüdischen Bevölkerung, Unterstützung benötigten.

Die Verteilung in den einzelnen Städten wird von den lokalen Gemeinden übernommen.

4.

Die Delegation des IKRK in Rumänien stellt der Hilfskommission die zum jeweiligen Zeitpunkt vorhandenen Gelder zur Verfügung und legt ihren Verwendungszweck gemäß den vereinbarten Bedingungen in Punkt 2 fest.

Am Ende jeden Monats legt die Autonome Hilfskommission der Delegation des IKRK in Rumänien einen Bericht über ihre Tätigkeit vor mit einer Abrechnung über die ausgegebenen Summen und mit genauen Angaben, in welchem Verhältnis die Ausgaben von den Beiträgen der rumänischen Juden gedeckt werden.

DOK. 269

Wilhelm Filderman bittet den Außenminister am 23. Februar 1945, die Konsulate anzuweisen, dass sie die Heimkehr rumänischer Juden aus Feindstaaten unterstützen[1]

Schreiben (Nr. 461) des Zentralkomitees der Union Rumänischer Juden, gez. Präsident Dr. W. Filderman und Generalsekretär Rechtsanwalt D. Rosenkranz,[2] Bukarest, an den Außenminister[3] (Eing. 8.5.1945) vom 23.2.1945[4]

Herr Minister,

wir haben die Ehre, Sie gütigst um die Genehmigung zu bitten, Juden rumänischer Staatsangehörigkeit, die zurzeit in Ländern leben, mit denen sich Rumänien im Kriegszustand befindet, auf Antrag der dortigen Gesandtschaften zu repatriieren.

Wir erlauben uns, Ihnen oben Genanntes zu unterbreiten, weil wir über spezielle Kanäle darüber informiert wurden, dass zahlreiche rückkehrwillige Rumänen unter den feindlichen Armeen zu leiden haben.

Gleichzeitig bitten wir Sie, vorausgesetzt, unser Vorschlag findet Ihren Beifall, die Konsulate im Ausland bezüglich der Modalitäten zur Repatriierung der betroffenen Juden per Rundschreiben zu instruieren.

Wir sind guter Hoffnung, dass Sie unserer Bitte wohlwollend entsprechen werden, und versichern Ihnen, Herr Minister, unsere besondere Wertschätzung.

1 AMAE, Problema 33, vol. 17, Bl. 210. Das Dokument wurde aus dem Rumänischen übersetzt.

2 David Rosenkranz, Jurist, Rechtsanwalt; 1941 Generalsekretär der Jüdischen Gemeinde Bukarest, 1942 als Inspektor der Judenzentrale zuständig für berufliche Umschulung, 1943–1944 Reisen nach Transnistrien zur Repatriierung der Deportierten; 1945 im prokommunistischen Jüdischen Demokratischen Komitee.

3 Constantin Vişoianu (1897–1993), Politiker; Nov. 1944 bis März 1945 Außenminister; wurde im Mai 1944 von der Nationalen Bauernpartei nach Kairo geschickt, um von den Alliierten die Bedingungen eines Waffenstillstands zu erfahren; 1946 verließ er Rumänien und unterstützte die Exilregierung.

4 Versehen mit 2 Steuermarken; Eingangsstempel des Außenministeriums Nr. 06 227; unleserliche handschriftl. Anmerkung vom 7.3.1945.

DOK. 270

Ein Polizeidetektiv berichtet am 23. April 1945 über die Protestveranstaltung jüdischer Gruppen gegen britische Einreisebeschränkungen in Palästina[1]

Bericht der Körperschaft der Detektive, Bukarest, an die Polizeidirektion im Innenministerium, Bukarest (Eing. 001 811 vom 25.4.1945), vom 23.4.1945

In unseren früheren Berichten haben wir bereits darauf hingewiesen, dass führende jüdische Kreise an der Organisation einer öffentlichen Kundgebung interessiert sind, um gegen die Restriktionen der britischen Regierung, die die Einwanderung nach Palästina erschweren, zu protestieren. Wir haben ebenfalls darauf aufmerksam gemacht, dass die Kundgebung am Sonntag, den 8. April 1945 stattfinden sollte und von den Behörden verboten wurde. Dennoch wurde an diesem Termin festgehalten, wenn die Veranstaltung auch in kleinerem Rahmen im Tempel der „Heiligen Vereinigung" abgehalten werden sollte. Schließlich wurde der 15. April 1945 als neuer Termin fixiert und wieder verworfen usw.
Gestern Morgen, am 22. April 1945, wurde nun auf Initiative der Leitung der Jewish Agency, vertreten durch A.L. Zissu, des Jüdischen Weltkongresses – Abteilung Rumänien, vertreten durch Jean Cohen,[2] des Ihud (Jugendorganisation), vertreten durch Dan Eşanu,[3] der Zentralen Zionistischen Organisationen Rumäniens, vertreten durch Rechtsanwalt Rohrlich[4] und M. Benvenisti von der Jüdischen Partei im Choraltempel in der Sf. Vineri-Straße ein Gottesdienst und eine öffentliche Kundgebung abgehalten. Deren hauptsächlicher Zweck war es, gegen die Restriktionen zu protestieren, durch die die britische Regierung die Einwanderung nach Palästina behindert.
Die Redner, allen voran Minister Gheorghiu-Dej,[5] Oberrabbiner Alexandru Şafran, A.L. Zissu, Mişu Benvenisti, Jean Cohen, Dan Eşanu usw. haben auf die Notwendigkeit verwiesen, die jüdische Gemeinde im Rahmen des demokratischen Staates zu organisieren, und die Wichtigkeit unterstrichen, den Kampf gegen Faschismus und Hitlerismus fortzusetzen. Dan Eşanu äußerte den Wunsch der Jugendorganisation, als deren Vertreter er sprach, bedingungslos mit der F.N.D.[6] zusammenzuarbeiten.

1 ANIC, Direcţia Generala a Poliţiei, d. 44/1945, Bl. 3 f. Das Dokument wurde aus dem Rumänischen übersetzt.

2 Dr. Jean Cohen (*1910), Jurist und Geschäftsmann; 1939–1940 in der Leitung des Dachverbands zionistischer Organisationen; 1944 für die Emigration nach Palästina aktiv; 1945 im Sekretariat des Jüdischen Weltkongresses in Rumänien tätig, 1945–1947 Mitarbeit bei der Zeitung Mântuirea, 1950–1951 Leben im Versteck aufgrund der Verfolgung durch kommunistische Behörden, 1952–1956 in Haft, 1956 Ausreise nach Israel.

3 Dan Eşanu, auch Ieşanu (*1905), Geschäftsmann; 1944 in der linkszionistischen Organisation Ichud tätig, die für die Kooperation mit Kommunisten warb; 1946–1948 Vertreter vom Ichud beim Jüdischen Weltkongress; 1956 nach Haftentlassung Emigration nach Israel.

4 Bernard Rohrlich (*1892), Rechtsanwalt und Geschäftsmann; 1934 Leiter der Jüdischen Partei in Botoşani; 1937–1940 stellv. Vorsitz der Handelskammer in Roman; 1942 nach Transnistrien deportiert; 1944–1946 in der neuen Zionistischen Exekutive für die Organisation Ichud tätig; 1956 nach Haftzeit Ausreise nach Israel.

5 Gheorghe Gheorghiu-Dej (1901–1965), Elektriker; 1930 Mitglied der illegalen KP; 1933–1944 Haftstrafe wegen Streiks in staatlichen Eisenbahnwerken, im Aug. 1944 erfolgreicher Fluchtversuch und aktiv am Umsturz beteiligt; Minister für Kommunikation, im Okt. 1945 Generalsekretär der KP, von 1961 an auch Präsident des Staatsrats.

Hauptthema in den Reden der jüdischen Repräsentanten war die sofortige Aufhebung der Restriktionen bezüglich der Einwanderung nach Palästina und die sich angesichts der Errichtung eines freien demokratischen palästinensisch-jüdischen Staates ergebende Gelegenheit, auf der Konferenz in San Francisco zu intervenieren.[7]
Darüber hinaus wurde um Intervention bei den zuständigen Behörden gebeten, zwecks Entschädigung für das Leid, das das jüdische Volk unter den faschistischen Regimen zu ertragen hatte. Unterstrichen wurde auch der weiterhin notwendige Kampf gegen die reaktionären Kreise.
Gegen Ende der Zusammenkunft, nach Beendigung des Gottesdienstes durch zahlreiche Rabbiner, allen voran Oberrabbiner Alex. Şafran, teilte eine Gruppe Jugendlicher von der links-zionistischen Organisation *„Hashomer Hazair"* Flugblätter aus, von denen ein Exemplar beiliegt.[8] Daraufhin versuchte eine Gruppe junger Juden von der rechten zionistischen Organisation *„Betar"*, dies zu verhindern. In dem dabei entstandenen Handgemenge kam es zu einer Reihe von Zwischenfällen, in die auch die Anhänger bzw. Gegner von Dr. Willy Filderman verwickelt waren.
Obwohl den Teilnehmern nicht offiziell vorgestellt, hieß es, bei der Veranstaltung seien auch Delegierte der jüdischen Gemeinden aus den Nachbarstaaten Rumäniens anwesend gewesen.
An der Zusammenkunft haben etwa 5000 Personen teilgenommen, was zu einer kurzzeitigen Unterbrechung der Straßenbahnlinie Nr. 19 auf der Sf. Vineri-Straße führte.
Nach der Veranstaltung haben sich die Jugendgruppen neu formiert, hauptsächlich am Hauptsitz in der Tepeş-Vodă-Straße 7, und eine Kundgebung organisiert, die sie durch folgende Straßen führte: Văcăreşti, Dudeşti, Traian, Călaraşi, Boulevard Domniţei, Gogu Cantacuzino, Dionisie. An der amerikanischen Botschaft hielten sie eine Sympathiekundgebung ab, dann zogen sie weiter über den Take Ionescu-Boulevard zum Hotel Ambasador, wo sie ihre Sympathie für die Rote Armee bekundeten. Ihr Weg führte schließlich über den Lascăr-Catargiu-Boulevard und die Kiseleff-Chaussee zur Sowjetischen Botschaft, wo enthusiastisch die UdSSR, Marschall Stalin, die Rote Armee usw. bejubelt wurden.
Dort hielt ein hoher Funktionär vor den Demonstranten eine Ansprache, in der er versicherte, die sowjetische Regierung werde sie bei der Durchsetzung ihrer berechtigten Forderungen unterstützen.
Der Demonstrationszug wurde von A. L. Zissu und Mişu Benvenisti angeführt.
Hervorzuheben ist, dass das Organisationskomitee trotz fehlender Genehmigung der Veranstaltung am Choraltempel für deren ausreichende Absicherung gesorgt hatte und zahlreiche Persönlichkeiten der Einladung gefolgt waren, darunter Herr Gheorghe Gheorghiu-Dej, Minister für Kommunikation, Herr Mirceascu, Protokollchef beim Präsidium des Ministerrats, Vertreter des Roten Kreuzes, Repräsentanten der christlichen Kirchen usw.

6 Frontul naţional democratic – National-Demokratische Front, ein Zusammenschluss von Funktionären der Sozialdemokraten, Kommunisten und einiger kleiner linker Organisationen, der seit Okt. 1944 bestand.
7 In San Francisco tagte vom 25.4.–26.6.1945 die Versammlung der Staatsvertreter, die die Vereinten Nationen/UNO gründen sollten. Vertreter aus Palästina forderten dort die Anerkennung des jüdischen Staates.
8 Liegt nicht in der Akte.

DOK. 271
Emil Dorian schildert am 1. Mai 1945 das große Maifest und das Desinteresse in Bukarest an Hitlers Tod[1]

Tagebuch von Emil Dorian, Bukarest, Eintrag vom 1.5.1945

1. Mai
Der erste freie 1. Mai! Unter dieser Losung hat die Stadt eine einzigartige Feier erlebt. In den Straßen zum Platz des Sieges, wo der offizielle Festakt und das Defilee stattfanden, drängten sich Tausende von Menschen. Der erfrischende Enthusiasmus der Jugend und politischen Aktivisten war überbordend. Die Demonstrationsgruppen füllten die Boulevards von Sf. Gheorghe bis zum Platz des Sieges sowie die umliegenden Straßen. Wunderbare Dekorationen, aufrichtige Freude, goldene Zeit. Schade nur, dass sich durch die zahlreichen Reden auf der Kundgebung der Beginn des Marsches um so viele Stunden verschoben hat. Sie begann gegen Mittag und war erst um sechs Uhr abends zu Ende. Manche Teilnehmer waren von ihrer Gewerkschaftsgruppe abgeordnet worden, doch die meisten haben sich aus eigenem Antrieb und in feierlicher Stimmung eingereiht. Keine Berufsgruppe fehlte. Auch die Griechen, Armenier und Ungarn, die Waisen aus Transnistrien und die Gelähmten aus Vapniarca[2] nahmen daran teil. Und die Hauptakteure natürlich, die unvermeidliche Miţa Voluntaru,[3] die vorn auf dem thematisch arrangierten Wagen saß, während hinten Tănase[4] („Ich und Stalin"), Marietta Sadova[5] (eine inhaftierte Legionärin) und ähnlich Ruhmreiche thronten. Am Abend dann nur noch ärmliche Beleuchtung, kaum Fußgänger, die Schaufenster und Gebäude mäßig beflaggt. Es war dennoch ein unvergesslicher 1. Mai …
Nach zahllosen Überlegungen und Gesprächen, nach Delegierungen und Verhandlungen hat das Zentralkomitee der Partei beschlossen, eine jüdisch-demokratische Organisation zu gründen, ein sogenanntes Jüdisches Antifaschistisches Komitee. Folglich ist es jetzt an uns zusammenzukommen, zu prüfen und zu entscheiden, wie wir das schwierige Projekt gestalten. Das habe ich auf Umwegen und zufällig von Popper[6] erfahren, der mir ein paar Brosamen der Geheimnisse und niederdrückenden Probleme, die die großen und wichtigen Leute beschäftigen, zugeworfen hat. Wir werden sehen, wann und zu welchem Ergebnis man gelangen wird. Es hat folglich neun Monate gebraucht, bis dieses noch namenlose Kind das Licht der Welt erblickte; seine Gestalt und sein Schicksal sind noch nicht absehbar. In diesen Zeiten laufen solche Dinge schlecht, die Menschen mur-

1 Familienarchiv von Marguerite Dorian. Das Original konnte nicht eingesehen werden. Abdruck in: Emil Dorian, Cărţile au rămas neterminate. Jurnal 1945–1948, Bucureşti 2006, S. 38 f. Das Dokument wurde aus dem Rumänischen übersetzt.
2 Gemeint sind Häftlinge im Internierungslager für politische, jüdische Häftlinge, die sich hauptsächlich von Futtererbsen ernährt und schwere Gesundheitsschäden erlitten hatten.
3 Maria (Miţa) Voluntaru (1903–1983), Schauspielerin.
4 Maria Tănase. Neben der Sängerin stand wohl ein Stalinbild.
5 Die Schauspielerin war wegen ihrer Teilnahme am Putschversuch der Legion im Jan. 1941 kurzzeitig inhaftiert.
6 Vermutlich Dr. Armand Popper (1921–1994), Arzt; er durfte 1940–1944 nur Juden behandeln und war in dieser Zeit Präsident des Vereins jüdischer Ärzte; 1945 im prokommunistischen Jüdischen Demokratischen Komitee.

ren und fragen sich, wie sie es anstellen sollen, von dieser unglückseligen jüdischen Frage loszukommen. Die Reaktionäre, die Zionisten und alle politischen Fraktionen bauen ihre Positionen aus, während unsere totale Unzulänglichkeit uns lächerlich macht. Die Zeitung erscheint derzeit nicht. Soviel ich verstanden habe, sind sich die da oben noch nicht einig. Auf jeden Fall wurde der Begriff „jüdisch" aus dem Untertitel gestrichen. Ein Organ des politischen und kulturellen Kampfes, das nur von Juden gemacht und sich ausschließlich mit jüdischen Angelegenheiten beschäftigen wird. Aber es soll sich nicht jüdisch nennen! Was für eine Posse! Manchmal will man es nicht glauben, dass unsere Führer dies entschieden haben.
Der Krieg ist so gut wie beendet. Die militärischen Siege Deutschlands haben in eine Katastrophe geführt, in einen erbärmlichen Untergang. Heute wurde der Tod Hitlers bekanntgegeben. Niemand hat darauf noch reagiert. Hätte sich das zwei, drei Jahre früher zugetragen, hätte es weltweit ordentlich gefunkt, doch heute lässt es einen beinahe kalt. Der kleine Zeitungsverkäufer hat sich vergeblich die Seele aus dem Leib geschrien: Er fand keine Käufer. Kaum zu glauben, dass einmal alle Welt erwartungsvoll auf diese sensationelle Nachricht, die den Gang der Geschichte verändern würde, gewartet hat! Bis zum bitteren Ende musste das durchgestanden werden. Aus der Kanaille, die keinerlei Interesse mehr weckt, ist ein Flüchtender vor den naherückenden Fronten aus allen Himmelsrichtungen geworden, eingebunkert in den Kasematten. Er ist irgendwo dahingeschieden – durch eigene Hand oder erschossen, das ist nicht mehr wichtig. Heute oder morgen werden die Überreste der Wehrmacht im Herzen Mitteleuropas die Waffen niederlegen. Der Versuch, sich der Rache der Russen durch die Hinwendung zur angloamerikanischen Front zu entziehen, war vorhersehbar. Aber aus den deutschen Lagern tauchen überall die ehemaligen Politiker auf: Franzosen, Belgier usw. Von den Naziführern ist kein einziger umgekommen: Himmler, Göring, Goebbels,[7] Alfred Rosenberg usw., usw. – man weiß nichts von ihnen. Sie werden sich weiterhin verstecken oder Selbstmord begehen. Nach sechs Jahren wird heute oder morgen der Vorhang fallen nach dieser in der Geschichte einzigartigen Tragödie.

7 Joseph Goebbels nahm sich am Tag von Dorians Tagebucheintrag das Leben.

Bulgarien

Bulgarien
Bulgarien nach dem Ersten Weltkrieg
Süddobrudscha am 7.9.1940 von Rumänien an Bulgarien abgetreten
1941 dt. besetzt, Juli 1943 bulgar. besetzt unter deutscher Kontrolle
Grenze Bulgariens 1943
Morawien und Pirot-Bezirk; (Vardar-)Mazedonien; (West-)Thrazien (bulgar. Belomorie); alle drei Gebiete seit April 1941 unter bulgar. Verwaltung
RUMÄNIEN
SERBIEN
BULGARIEN
TÜRKEI
Schwarzes Meer
Marmarameer
Ägäis
Donau
Struma
Maritsa
Arda
Constanța
Silistra
Süd-dobrudscha
Vidin
Giurgiu
Ruse (Russe)
Lom
Somovit
Razgrad
Dobrič (Dobritsch)
Kruševac
Pleven
Šumen
Varna
Novi Pazar
Niš
Pirot
Vraca
Tarnovo
K. Mitrovica
Gabrovo
Morawien
Pernik
Sofia
Sliven
Priština
Kazanlăk
Vranje
Radomir
Ichtiman
Jambol
Burgas
Kjustendil
Stara Zagora
Prizren
Samokov
Pazardžik
Kumanovo
Dupnica
Skopje
Gorna Džumaja (heute Blagoevgrad)
Plovdiv
Chaskovo
Svilengrad
Simitli
Veles
Štip
Nevrokop
Smoljan
Edirne
Kırklareli
Debar
(Vardar-)Mazedonien
(heute Goce Delčev)
Kărdžali
Strumica
Stavroupoli (Krăstopole)
Struga
Prilep
Drama
Gjumjurdžina (Komotini)
Istanbul
Ohrid
Kilkis
Serres
Xanthi
Bitola
Zentral-mazedonien
Kavala
(West-)Thrazien
Dedeagač (Alexandroupoli)
Florina
Edessa
Thasos
Samothrake
Kastoria
Thessaloníki
Gelibolu
Kozani
Katerini
Athos
Lager
Grevena
Limnos
Çanakkale
0
50
100 km

DOK. 272

Das Zentralkonsistorium der Juden in Bulgarien ruft am 27. Mai 1938 die jüdischen Gemeinden auf, ihren Beitrag zu einem Fonds für Flüchtlinge aus Österreich zu leisten[1]

Rundschreiben des Zentralkonsistoriums der Juden in Bulgarien Nr. 1345, gez. Geron,[2] Nadler,[3] Sofia, an die verehrten jüdischen Gemeinden im Königreich vom 27.5.1938[4]

Ihnen allen ist das erneute große Unglück bekannt, das unsere jüdischen Brüder in Österreich nach dem im März dieses Jahres vollzogenen Anschluss ereilt hat. Der Weltpresse und vertrauenswürdigen Berichten jüdischer und nichtjüdischer Augenzeugen zufolge sind deren Leiden noch schrecklicher als die, die unsere Brüder in Deutschland seit mittlerweile fünf Jahren zu erdulden haben. Jegliche Sicherheit für Leib und Leben sowie Besitz ist dort für Juden abgeschafft. Freiheit, Ehre, Würde und die Unverletzlichkeit der Wohnung werden mit Füßen getreten, und in letzter Zeit ist man zur Enteignung des Besitzes und ab einer gewissen Größenordnung auch des Vermögens übergegangen.[5] Juden sind in diesen Ländern zu einem Objekt geworden, über das jeder Arier frei, unkontrolliert und verantwortungslos verfügen kann.
Es ist klar, welch panische Angst dies bei unseren Brüdern dort hervorgerufen hat. Jeder Jude wird gegenwärtig nur von einem einzigen Gedanken beherrscht – nämlich, wie er sein Leben retten und den ihm auferlegten schrecklichen und unerträglichen Schikanen entgehen kann.
All dies hat eine neuerliche große Flüchtlingswelle in die verschiedenen Länder der Welt ausgelöst, und Flüchtlinge haben sich auch in unser Land aufgemacht. Seit einiger Zeit treffen sie täglich in bemitleidenswertem Zustand in Sofia ein, ihnen fehlen jegliche Geldmittel, um hier vorübergehend ihren Lebensunterhalt zu bestreiten oder um in andere Länder weiterzureisen. Es ist notwendig, diesen Menschen, sobald sie sich melden, Geld für Lebensmittel und ein Hotel zur Verfügung zu stellen und, falls ein Verbleib in Bulgarien nicht möglich ist, auch für ein Visum und eine Fahrkarte für die Weiterreise in andere Länder.

1 CDA, 1498K/1/2, Bl. 129. Das Dokument wurde aus dem Bulgarischen übersetzt.
2 Josif Chaim Geron (1879–1966), Geschäftsmann und Gemeindefunktionär; langjähriger Vorstand der 1921 gegründeten jüdischen Genossenschaftsbank „Geula"; in den 1920er- und 1930er-Jahren Vorstand der Hauptsynagoge in Sofia und Direktoriumsmitglied von Keren Hajessod Bulgarien, 1935–1943 Vorstand des Zentralkonsistoriums der Juden in Bulgarien; nach 1945 Emigration nach Palästina.
3 Moric Pejsi Nadler (*1893), Angestellter und Gemeindefunktionär; von 1920 an Vertreter der aschkenasischen Gemeinde Sofias am Zentralkonsistorium, 1932–1943 Generalsekretär des Zentralkonsistoriums; am 26.5.1943 Festsetzung im Internierungslager Somovit; emigrierte im Dez. 1943 nach Palästina.
4 Im Original handschriftl. Bearbeitungsvermerke.
5 Mit dem erzwungenen Anschluss Österreichs an das Deutsche Reich im März 1938 gerieten 190 000 österr. Juden unter nationalsozialistische Herrschaft. Von Anfang an waren sie öffentlichen Demütigungen und Terrorakten ausgesetzt. Mit der sofort eingeleiteten Registrierung jüdischen Vermögens wurden Juden zwar formell noch nicht enteignet, doch verfügten sie fortan nicht mehr frei über ihr Eigentum; siehe VEJ 2, Einleitung und Dok. 29.

Die Lage unserer Brüder, die das Schicksal von Landstreichern ereilt hat, ist äußerst tragisch.
Alle eintreffenden Flüchtlinge wenden sich mit ihrer Bitte um Hilfe hauptsächlich an das Konsistorium, und dieses hat bereits beträchtliche Summen aus seinem regulären Budget aufgewendet, um sie als Hilfeleistungen zu verteilen. Aber diese Praxis kann nicht ewig so weitergeführt werden, ohne die regelmäßige Arbeit des Konsistoriums und die ihm auferlegten Aufgaben zu beeinträchtigen. In so außergewöhnlichen Zeiten der Unsicherheit und des Unglücks ist es unumgänglich, die Bemühungen aller Gemeinden, Institute, Organisationen sowie Privatpersonen zu bündeln, um die notwendigen Geldmittel aufzutreiben und die Bedürfnisse dieser Unglücklichen zumindest teilweise zu befriedigen.
In Anbetracht der obigen Erwägungen und angesichts der Dringlichkeit hat das Konsistorium einen speziellen Fonds zur Unterstützung von Flüchtlingen eingerichtet, dessen Einlagen sich aus den Beiträgen des Konsistoriums, der landesweiten jüdischen Gemeinden, der jüdischen Wohltätigkeits- und anderen Organisationen und privaten Spenden zusammensetzen.
Lasst uns angesichts des überaus traurigen Schicksals, das das Judentum in einer Reihe von Ländern bereits heimgesucht hat und morgen auch die Juden in anderen Ländern treffen kann, und angesichts der großen Unsicherheit, in der sich das Judentum befindet, unseren brüderlichen und menschlichen Empfindungen folgen und unseren unglücklichen Brüdern großzügig unsere Unterstützung zukommen.
Das Zentralkonsistorium appelliert an Sie, sofort nach Kenntnisnahme des vorliegenden Schreibens Ihre von Gott auferlegte und menschliche Pflicht zu erfüllen, indem Sie Ihren Hilfebeitrag an folgende Adresse senden: Zentralkonsistorium der Juden in Bulgarien, Maria-Luiza-Straße Nr. 6, Sofia, Flüchtlingsfonds.
Schalom.

DOK. 273

Sofijski tărgovski vestnik: Ein Artikel kritisiert am 24. Juni 1938, dass deutsche Firmen, die ihre jüdischen Vertreter austauschen, Bulgaren benachteiligen[1]

Bulgaren, Juden oder Deutsche

Es wird immer offensichtlicher, dass die Deutschen, insbesondere seit dem Anschluss,[2] systematisch bulgarischen Staatsbürgern Handelsvertretungen wegnehmen und ihren eigenen Landsleuten übertragen.[3] Bei uns wurden Handelsvertreter vorstellig, Bulgaren, die unmissverständlich erklärten, sie zögen es vor, wenn die bulgarischen Juden auch

1 Sofijski tărgovski vestnik, Nr. 1044 vom 24.6.1938, S. 1: Bălgari, evrei ili germanci. Das Dokument wurde aus dem Bulgarischen übersetzt. Die Wochenzeitung Sofijski tărgovski vestnik (Sofioter Handelszeitung) erschien von 1911 bis 1943 als „unabhängiges Informationsblatt für Wirtschaftspolitik, Handel und Industrie“ in einer Auflage von 1000 bis zu 5500 Exemplaren. Herausgeber und verantwortlicher Redakteur war von 1919 bis 1939 Filip Savadžiev, auch Savadžijan.

2 Nach dem Anschluss Österreichs im März 1938 nahmen deutsche Beteiligungen an der bulgar. Wirtschaft stark zu, während sich franz., belg. und brit. Firmen zurückzogen. Bulgar. Händler deuteten die deutsche Expansion als Vorzeichen einer wirtschaftlichen Kolonisierung der Region.

weiterhin ihre Vertretungen hätten und nicht die Deutschen.[4] Diese seien Fremde und trügen praktisch keine Verantwortung, zumal das erwirtschaftete Geld ohnehin kaum im Land bleiben würde. Wenn man den jüdischen Handelsvertretern keine Bulgaren, sondern Deutsche vorgezogen habe, sei es nur natürlich, dass die bulgarischen Handelsvertreter die Juden Letzteren vorziehen werden.
Soweit die Ansicht der bulgarischen Handelsvertreter, die wir teilen. Es müsste in dieser Sache etwas von deutscher Seite unternommen werden, damit das Prestige des Berufsstands der bulgarischen Händler nicht in Mitleidenschaft gezogen wird. Wenn die Deutschen den Juden schon um jeden Preis gewisse Vertretungen wegnehmen wollen, dann sollen sie diese doch Bulgaren übertragen und nicht ihren eigenen Landsleuten, die weder mit unserer Sprache noch mit den Arbeitsbedingungen vertraut sind. Denn es muss klar sein: Bulgarien ist keine Kolonie, sondern ein unabhängiger Staat.[5]

DOK. 274
Die Polizeidirektion in Sofia fordert am 14. September 1938 Maßnahmen gegen den Zustrom jüdischer Flüchtlinge[1]

Schreiben (vertraulich) der Verwaltungsabt. der Polizeidirektion beim Ministerium für innere Angelegenheiten und Volksgesundheit (Nr. IV-19296), gez. Preslavski,[2] Draganov,[3] Sofia, an das Ministerium für auswärtige Angelegenheiten und Religionszugehörigkeiten, Direktion für konsularisch-wirtschaftliche Angelegenheiten, Sofia, vom 14.9.1938

Die Polizeidirektion informiert das geschätzte Ministerium über folgenden Sachverhalt: Aus dem Dossier über die Situation der Juden in den anderen europäischen Staaten ist ersichtlich, dass fast überall strenge Maßnahmen ergriffen worden sind, um den Zustrom neuer Juden in die entsprechenden Staaten zu verhindern. So hat zum Beispiel die Schweizer Regierung beschlossen, jüdische Flüchtlinge nicht in die Schweiz einreisen

3 Die Initiative für den Austausch der jüdischen Handelsvertreter in Bulgarien ging auf die Reichswirtschaftskammer in Berlin zurück. Zusammen mit der NSDAP/AO in Bulgarien arbeitete auch die deutsche Gesandtschaft in Sofia von 1937 an darauf hin, jüdische Handelsvertreter deutscher Firmen durch Nichtjuden zu ersetzen.
4 In Bulgarien lebten in den 1930er-Jahren etwa 1000 Volksdeutsche. Da offenbar nur wenige von ihnen für die Übernahme von Handelsvertretungen in Frage kamen, schlug die deutsche Gesandtschaft dem AA im Nov. 1937 vor, geeignete Kandidaten aus dem Reich zu holen.
5 Als Reaktion auf den Artikel empfahl der deutsche Gesandtschaftsrat Eugen Rümelin (1880–1947) Ende Juni 1938 der NSDAP/AO in Bulgarien, bulgar. Anwärter für die in Frage kommenden Handelsvertretungen künftig verstärkt zu berücksichtigen.

1 CDA, 370K/6/928, Bl. 75. Abdruck in: Nadja Danova/Rumen Avramov (Hrsg.), Deportiraneto na evreite ot Vardarska Makedonija, Belomorska Trakija i Pirot, mart 1943 g., Bd. 1, Sofia 2013, Dok. 225, S. 453–455. Das Dokument wurde aus dem Bulgarischen übersetzt.
2 Grigor Ivanov Preslavski (*1880), Berufsoffizier und Polizeibeamter; 1914/15 Militärattaché in Petersburg, in den 1920er-Jahren Kreisdirektor von Plovdiv, 1927–1932 und 1937/38 Polizeidirektor von Sofia.
3 Stoil Draganov, Polizeibeamter; 1930–1935 bei der Spionageabwehr, bis 1939 Polizeihauptinspektor und Chef der Verwaltungspolizei, von 1940 an Leiter des Aufklärungsdienstes der Staatssicherheit.

zu lassen;[4] das finnische Außenministerium hat die Ausstellung von Einreisevisa nach Finnland für Ausländer jüdischer Abstammung untersagt;[5] in Ungarn wurde ein spezielles Gesetz gegen die Juden verabschiedet;[6] die jugoslawische Regierung hat ebenfalls den Zustrom neuer Juden verboten;[7] die türkische Presse will durch eine Reihe von Artikeln bewirken, dass in der Türkei nachdrückliche Maßnahmen gegen das Judentum ergriffen werden;[8] Polen hat schon längst seine Grenzen für Juden geschlossen, außerdem wird dort eine Politik verfolgt, die systematisch darauf abzielt, die Anzahl der ständig in Polen lebenden Juden zu verringern;[9] in England sind Juden dafür verurteilt worden, dass sie versucht haben, sich illegal dauerhaft niederzulassen;[10] bekannt sind die Maßnahmen, die die italienische Regierung kürzlich gegen die Juden mit italienischer Staatsbürgerschaft ergriffen hat;[11] die Presse beobachtet die Verfolgung und Pogrome gegen das Judentum in der UdSSR, speziell in der Ukraine;[12] Radio Bukarest verkündete den Beschluss der rumänischen Regierung, die Grenzen für alle Juden ungeachtet ihrer Staatsangehörigkeit zu schließen.[13]
In Bulgarien existiert keine antisemitische Bewegung, und die ständig hier lebenden Juden genießen alle Freiheiten und sind wie alle übrigen Bulgaren gleichberechtigte Staatsbürger. Dies ist bekannt und wird von den sich in anderen Staaten aufhaltenden Juden außerordentlich geschätzt. Viele hegen deshalb den Wunsch, nach Bulgarien zu kommen und sich hier dauerhaft niederzulassen, sobald der Aufenthalt in ihren Ländern unmöglich geworden ist.

4 Auf der Flüchtlingskonferenz von Évian, die im Juli 1938 auf Initiative des US-Präsidenten Franklin D. Roosevelt stattfand, lehnte die Schweiz die dauerhafte Aufnahme jüdischer Flüchtlinge ab.

5 Die finn. Behörden, die unmittelbar nach dem Anschluss 100 jüdischen Flüchtlingen aus Österreich Aufenthalt gewährt hatten, ließen seit Aug. 1938 auf Druck von beruflichen Interessenverbänden keine Juden mehr ins Land.

6 Ungarn erließ am 29.5.1938 mit dem Gesetz zum Schutz des gesellschaftlichen und wirtschaftlichen Gleichgewichts ein erstes antijüdisches Gesetz, das den Anteil der Juden in den freien Berufen ebenso wie in Verwaltung, Handel und Industrie auf 20 % reduzierte.

7 Das jugoslaw. Außenministerium erschwerte seit Anfang 1938 die Vergabe von Einreisevisa an rumän., österr. und deutsche Juden; siehe VEJ 14, Einleitung, S. 39.

8 Die Türkei begann im Sept. 1938, jüdische Flüchtlinge auszuweisen, die nur ein Touristenvisum besaßen.

9 Am 31.3.1938 erließ die poln. Regierung ein Gesetz über den Entzug der Staatsbürgerschaft, mit dem poln. Staatsangehörige ausgebürgert werden konnten, wenn sie seit mehr als fünf Jahren im Ausland lebten. Das Gesetz betraf vor allem Juden, die im Deutschen Reich, aber auch in Frankreich und Belgien, lebten; siehe VEJ 2, Einleitung, S. 51 f.

10 Im Aug. 1938 verurteilte ein Magistratsgericht in London drei illegal eingereiste staatenlose Juden zu sechsmonatigen Gefängnis- und Zwangsarbeitsstrafen mit anschließender Ausweisung.

11 Anfang Sept. 1938 fasste der italien. Ministerrat einen Beschluss zur Stellung der Ausländer jüdischer Herkunft, mit dem Juden, die nach dem 1.1.1919 italien. Staatsbürger geworden waren, ausgebürgert wurden. Ferner sollten jüdische Ausländer, die sich nach diesem Stichtag in Italien oder seinen Kolonien niedergelassen hatten, binnen sechs Monaten ausreisen; siehe VEJ 14, Einleitung, S. 20.

12 Gemeint sind vermutlich die Schauprozesse gegen mutmaßliche Gegner des Stalin-Regimes, die 1937/38 in einer umfassenden Säuberungswelle ihren Höhepunkt erreichten. Die Repressionen richteten sich u. a. auch gegen zahlreiche jüdische Parteifunktionäre.

13 Auch Rumänien behinderte die Einreise jüdischer Flüchtlinge. Der Flüchtlingszuzug diente im Jan. 1938 zudem als Begründung für die Überprüfung der Staatsbürgerschaftspapiere rumän. Juden; siehe Dok. 126 vom 13.2.1938.

Die Polizeidirektion stößt täglich auf Fälle jüdischer Neuankömmlinge, insbesondere auf ungarische, polnische und tschechische Staatsbürger, die alles unternehmen, um ihren Wohnsitz im Königreich nehmen zu können. Fast alle Juden, die ursprünglich aus Deutschland, Österreich und Rumänien stammen und mit einer speziellen, vorläufigen Genehmigung des geschätzten Ministeriums eingereist sind, versuchen mit allen Mitteln, dauerhaft in Bulgarien zu bleiben. Bekannt sind die Fälle von Julius Valog, Viktor Zilberman und Georg Zilberman, die sogar versucht haben, bulgarische Staatsbürger zu werden. Überhaupt ist der Wunsch von Juden aus allen Ecken und Enden Europas, nach Bulgarien zu kommen, außerordentlich groß.

Dieses mitteilend, ist die Polizeidirektion der Meinung, es sei höchste Zeit, gegen alle Juden unabhängig von ihrer Staatsbürgerschaft Maßnahmen zu ergreifen, wie sie für Juden, die aus Österreich, Deutschland oder Rumänien stammen, bereits gelten:[14] Künftig sollte kein Jude mit einem ausländischen Pass ohne eine entsprechende Genehmigung mehr die Landesgrenzen überschreiten dürfen, wobei eine solche Erlaubnis nur in außergewöhnlichen und nachweislich dringenden Fällen zu erteilen ist.[15] Dies ist eine präventive Maßnahme, um die Ansiedlung neuer Juden auf dem Gebiet des Königreichs, die schon ein bedenkliches Ausmaß angenommen hat, zu verhindern. Diese Einschränkung ist auch erforderlich, um das Land systematisch und umfassend vor dieser Kategorie (äußerst) unerwünschter Ausländer zu schützen.[16] Bleibt die Einreise von Juden nach Bulgarien frei, wird das unvermeidlich zu unerwünschten und um jeden Preis zu vermeidenden Massenausweisungen führen. Die Polizeidirektion hat aus jüdischen Kreisen zustimmende Signale erhalten, die darauf hinweisen, dass das bulgarische Judentum selbst gegen einen weiteren Zustrom von Flüchtlingen ist, weil es berechtigterweise befürchtet, es könnte durch die jüdischen Neuankömmlinge selbst in eine schwierige Lage geraten.

14 Ministerpräsident und Außenminister Georgi Kjoseivanov hatte im Jan. 1938 das Erteilen von Einreise- und Transitvisa an rumän. Juden vorerst einstellen lassen. Einen Monat später wies das Außenministerium die Polizeidirektion an, auch jüdischen Flüchtlingen aus Zentraleuropa, die bulgar. Territorium auf Schiffen erreichten, die Visa zu verweigern.

15 Laut einer Statistik der Polizeidirektion waren Anfang 1939 etwa 2300 erwachsene Juden mit fremder Staatsangehörigkeit in Bulgarien gemeldet. Schätzungen zufolge gelangten bis März 1941 bis zu 8000 jüdische Flüchtlinge ins Land. Die Hälfte von ihnen konnte sich einem Transport nach Palästina anschließen.

16 Tatsächlich instruierte das Außenministerium am 4.4.1939 die bulgar. Gesandtschaften und Konsulate, rumän., deutschen, tschechoslowak., poln. und bestimmten italien. Juden Einreise- oder Transitvisa nur mit dem ausdrücklichen Einverständnis des Ministeriums zu erteilen.

DOK. 275

Mir: Der Zoologe Stefan Konsulov berichtet am 17. Mai 1939 über seine Reise durch das Deutsche Reich und beurteilt die antijüdische Politik[1]

Vor dem Sturm in Europa. Die Stimmung in Deutschland.[2]

von *Prof. Dr. St. Konsulov*[3]
„Du brichst nach Deutschland auf, wo doch alle von Krieg sprechen? Wie willst du zurückkommen, wenn die Grenzen geschlossen werden?"
Solche Fragen stellten mir meine Freunde Mitte April des letzten Jahres, als ich im Begriff war, einer eingegangenen Verpflichtung nachzukommen und einige Vorlesungen in Breslau und Berlin zu halten, da auch bei uns ausländische Professoren Vorlesungen halten – Franzosen, Deutsche, Italiener und andere.
Einer unserer Professoren rief mich an, der [eigentlich] zu wissenschaftlichen Zwecken bis Oktober in Paris weilen sollte. Auf die Frage, warum er vorzeitig zurückgekehrt sei, antwortete er mir: „In Paris stehen alle unter dem Bann des kommenden Krieges. Man hat Gasmasken ausgegeben und Bezugsscheine. Diese Atmosphäre ist ganz und gar nichts für wissenschaftliche Arbeit, deshalb habe ich meine wissenschaftliche Dienstreise abgebrochen."
In dieser Situation, als alle in unserem Land vom Krieg sprachen, brach ich nach Deutschland auf. Auch in Jugoslawien konnte man unschwer mitbekommen, dass Jahrgänge zur Musterung einberufen werden und es Truppenbewegungen gibt.
„*Was für eine aufgeheizte Atmosphäre werde ich wohl in Deutschland vorfinden!*", fragte ich mich.
Als ich dort ankam, machten einige Dinge starken Eindruck auf mich, zuallererst, dass nirgendwo Truppenbewegungen zu bemerken waren und niemand vom Krieg sprach. Einer alten Angewohnheit folgend, begann ich, Leute zu fragen, um mir über die öffentliche Stimmung klar zu werden, die jetzt in diesem neuen Staat herrscht. Ich ließ keine Gelegenheit aus, mit allen zu sprechen, mit denen es mir möglich war: mit Studenten, Beamten, Professoren, mit Leuten aus der Regierung, mit Arbeitern, Lehrern, mit Männern und Frauen. Ich redete ungezwungen mit vielen Menschen aus den verschiedensten Gesellschaftsschichten. Nicht ein Einziger kam auf das Thema Krieg zu sprechen; immer musste ich das Gespräch darauf lenken. Das bedeutet natürlich ganz und gar

1 Mir, Nr. 11 639 vom 17.5.1939, S. 3: Pred burjata v Evropa. Der Artikel wurde aus dem Bulgarischen übersetzt. Die Zeitung Mir wurde 1894 als Organ der konservativen Volkspartei gegründet, erschien von 1905 an täglich und wurde Ende Dez. 1944 eingestellt. Die Auflage erreichte 20 000 Exemplare; Chefredakteur war 1938 bis 1940 der Journalist Christo D. Brăzicov (1901–1980).

2 Erster von drei Reiseberichten des Verfassers in der Rubrik „Die Welt mit den Augen der Bulgaren gesehen". Die folgenden Berichte erschienen in Nr. 11 640 und 11 641 vom 19.5.1939 und 20.5.1939. In ihnen schilderte Konsulov seinen Besuch in Berlin und Bayreuth, wo er Vorträge hielt und einer Rede Hitlers im Reichstag beiwohnte.

3 Stefan Georgiev Konsulov (1885–1954), Zoologe; Begründer der Eugenik in Bulgarien, 1920 Promotion in Breslau, 1923–1944 Professor in Sofia, 1932/33 und 1938/39 Dekan der Fakultät für Physik und Mathematik; 1945 durch das Volksgericht zu sieben Jahren Haft verurteilt, von denen er zwei Jahre abbüßte; 1952–1954 Leiter eines medizinisch-biologischen Labors an der Medizinischen Akademie in Sofia.

nicht, dass das offizielle Deutschland nicht an Krieg denkt. Die Erklärung scheint mir anderswo zu liegen, und zwar in erster Linie in einer Besonderheit der Deutschen: Während der Franzose – und auch der Bulgare – zu allem eine persönliche Haltung einnehmen will, manifestiert sich im Deutschen in viel stärkerem Maße jenes Gefühl für die Gemeinschaft, das die Massen dazu bringt, sich ihren Führern anzuvertrauen. Nach den nationalen Demütigungen, die die Deutschen in den letzten beiden Jahrzehnten erlebt haben, sind sie nun wieder voller Stolz. Der Staat hat das Vertrauen der Menschen gewonnen, die ihrer gewohnten Arbeit nachgehen.
Für mich besteht jedoch kein Zweifel, dass *die Deutschen heute bis an die Zähne bewaffnet sind.* Mit ihrer beneidenswerten Organisationsfähigkeit ist der ganze Apparat wahrscheinlich bis ins letzte Detail vorbereitet, und ein einziger Knopfdruck reicht aus, damit er sich in Bewegung setzt. In dieser Hinsicht, sagt man, können nur die Engländer den Deutschen das Wasser reichen.
Wenn man über ein fremdes Land spricht, riskiert man bei uns für gewöhnlich, schief angesehen zu werden: Tut er das nicht im Dienste irgendeiner Sache? Diese Frage stellen sich in erster Linie jene, die wirklich einer Sache dienen. Dabei erfordern es unsere Interessen, dass die Öffentlichkeit über die *Wirklichkeit* in den anderen Ländern informiert wird, unabhängig davon, ob uns diese Wirklichkeit passt oder nicht. Es wäre wünschenswert, dass wir richtig informiert werden über die gesellschaftlichen Stimmungen in allen Ländern, die in naher Zukunft eine wichtige Rolle spielen werden: England, Frankreich, Deutschland, Polen, Russland. Wer sich darüber ärgert, dass unangenehme Wahrheiten über ein Land ans Licht gebracht werden, der verrät damit nur, dass er die Propaganda irgendeines anderen Landes unterstützt.

***

Der Anschluss hat das Leben in Wien rasch verändert. Man braucht keine langwierigen wirtschaftlichen Untersuchungen anzustellen, um sich davon zu überzeugen, dass die leidgeprüfte österreichische Hauptstadt, die nur durch Auffrischungen von außen am Leben gehalten wurde, nicht mehr existiert. Die Eindrücke aus Wien erinnerten mich an die Erzählung eines unserer Genossenschaftsfunktionäre. Er musste irgendwann einmal eine Prüfung ablegen. In der Prüfungskommission saß auch der berühmte, inzwischen verstorbene Kiril Popov.[4] Er sah den jungen Mann an, dann stellte er ihm eine einzige Frage:
„Wenn Sie das erste Mal in ein Dorf kommen, woran werden Sie erkennen, ob es ihm wirtschaftlich gut geht?"
Mein Bekannter überlegte und überlegte und antwortete schließlich:
„An der Zahl der Dächer mit neuen Ziegeln."
„Ausgezeichnet, Sie haben bestanden!"
Diese Geschichte kam mir in den Sinn, als ich überall in Wien Baustellen und Gerüste für Reparaturarbeiten und Anbauten von Häusern sah. Das bis gestern noch erloschene Wien beginnt, sich herauszuputzen; es verspürt bereits ein Bedürfnis danach, und es hat inzwischen auch die Mittel dafür. In den Hotels bekommt man kaum mehr ein Zimmer; es herrscht reger Verkehr. Ich fragte Deutsche, was sie davon halten.

4 Bekannter bulgar. Mathematiker.

„Wien war bisher eine große Hauptstadt eines kleinen Landes und führte ein elendes Dasein. Jetzt nimmt es allmählich wieder seine alte Stellung wie zu Zeiten Österreich-Ungarns ein. Besonders wird man das spüren, wenn sich die Situation in Tschechien normalisiert.[5] Der zukünftige Aufstieg Wiens wird jedoch zumindest teilweise auf Kosten Münchens erfolgen."
Die Rückkehr zu einem normalen Leben in Wien scheint noch nicht abgeschlossen. Den Deutschen zufolge ist Wien heute aufgrund der Währungsumstellung noch etwas teurer als andere Städte.
Auch die jüdische Frage scheint dort noch nicht abgeschlossen. Der Handel ist in die Hände der Deutschen übergegangen, aber man sieht noch Anschläge an den Geschäften, dass sie Deutschen gehören – etwas, was nirgends sonst mehr in Deutschland anzutreffen ist.

***

Ich habe die Judenfrage erwähnt. Sie wurde in Deutschland auf eine rohe Art und Weise gelöst, die unserer Mentalität nur schwer verständlich ist. Die Juden sind vom wirtschaftlichen und gesellschaftlichen Leben ausgeschlossen. Es ist ihnen nicht einmal erlaubt, ihre Wohnungen an nationalen Feiertagen wie dem 1. Mai zu schmücken. Sie dürfen nur unter ihresgleichen leben. Ihre Lage ist alles andere als beneidenswert. Sie können fast nichts verdienen, sie können auch nicht mit ihrem Geld auswandern. Ich habe luxuriöse jüdische Häuser gesehen, für die sich keine Käufer gefunden haben; sie werden jetzt für öffentliche Zwecke genutzt.
„Wovon leben die Juden jetzt in Deutschland?", fragte ich meine Bekannten.
„Mit dem, was die Wohlhabenderen besitzen, unterstützen sie die Ärmeren. Das wird so lange so weitergehen, bis die Frage irgendwie international geregelt wird", bekam ich zur Antwort.
Ich sagte, für unsere Mentalität ist diese Art der Lösung der Judenfrage schwer verständlich. Es muss also auch eine psychologische Erklärung dafür geben. Und diese verbirgt sich letztlich in dem unglaublich großen wirtschaftlichen Einfluss, den die Juden in Deutschland erreichen konnten, wo sie nur 1,67 % der Bevölkerung stellten.[6] Die Fähigkeit der Juden, wirtschaftliches Gebiet zu besetzen und die Deutschen dort herauszudrängen, hat allmählich eine unaufhaltsame Bewegung erzeugt, die diese Situation beenden will. Und aufgrund des Charakters des Deutschen ist dies abrupt und hart vonstattengegangen. Mit der Verdrängung der Juden sind all ihr Handel, ihre Industrie und so weiter in die Hände der Deutschen übergegangen; eine Menge Leute hat dadurch große Vorteile erlangt, und die werden natürlich die neue Situation eifrig verteidigen.
Die Juden wurden nicht nur aus der Wirtschaft entfernt, sondern auch aus der Wissenschaft. Von den vielen angesehenen jüdischen Professoren ist kein einziger mehr übrig in Deutschland. Weil sie aber über gar kein Kapital verfügten, konnten sie das Land verlassen und andernorts unterkommen, am häufigsten in Amerika. Diese Vertreibung der Juden aus der Wissenschaft hat mich verwundert; ein deutscher Kollege erklärte mir das so:

5 Konsulov bezieht sich auf die Besetzung des restlichen tschech. Staatsgebiets durch die deutsche Wehrmacht am 15./16.3.1939.

6 Stellten Juden 1925 0,9 % der Gesamtbevölkerung im Deutschen Reich, so betrug ihr Anteil zum Zeitpunkt dieser Veröffentlichung nur noch 0,34 %.

„Die Zahl der von Juden besetzten Stellen an deutschen Universitäten war unglaublich groß. Zugleich gab es in den rein theoretischen Wissenschaftsdisziplinen fast gar keine Juden. Dafür waren die Juden genau dort vertreten, wo die Wissenschaft Aussicht auf Gewinn macht, zum Beispiel in der Medizin."
Es sieht so aus, als sei in der Wissenschaft dasselbe passiert wie im Bereich des Handels: Die Deutschen wollten diese Stellen um jeden Preis selbst besetzen. Mir scheint jedoch, dass man hier einen Unterschied spüren wird. Unter den jüdischen Professoren in Deutschland waren auch große Namen, die auf einen Rutsch nur schwer zu ersetzen sein werden, egal wie viele begabte Wissenschaftler das deutsche Volk auch hervorbringen mag.
[…][7]

DOK. 276

Der oppositionelle Parlamentsabgeordnete Dojko Petkov kritisiert am 22. August 1939 das Vorgehen der Polizeidirektion bei der Ausweisung von Juden[1]

Brief von Dojko Petkov,[2] Volksvertreter aus Ruse, Kjustendil, an den Ministerpräsidenten,[3] Kopie für den Innenminister[4] (Eing. 22.8.1939), Sofia, vom 22.8.1939 (Kopie)[5]

Sehr geehrter Herr Ministerpräsident,
mir war in den letzten Tagen kein Treffen mit Ihnen vergönnt. Gewissen und Pflichtgefühl als Mensch, Bürger und Volksvertreter gebieten mir, in diesem Brief vorbehaltlos darzulegen, was ich Ihnen sonst mündlich vorgetragen hätte. Ich bin gewiss, dass Sie den folgenden Zeilen die gleiche Aufmerksamkeit zukommen lassen werden, die Sie mir erwiesen, als Sie mir vor mehr als zwei Monaten in der gleichen Angelegenheit Gehör schenkten – der Lage der ausländischen Bürger in unserem Lande.
Herr Ministerpräsident,
die Methode, mit der die Polizeidirektion Fremde und insbesondere Juden inzwischen aussiedelt,[6] ist Ihnen bekannt und hat eine Vielzahl von Reaktionen auch seitens der Volksvertreter hervorgerufen, sowohl von Einzelpersonen als auch von Gruppen. Alle

7 Konsulov berichtete nachfolgend über seine Weiterreise nach Breslau, wo er einen Vortrag hielt.

1 CDA, 370K/1/808, Bl. 11. Das Dokument wurde aus dem Bulgarischen übersetzt.
2 Dojko Petkov Dojkov (*1889), Jurist; Richter und Rechtsanwalt in Suchindol, Bjala und Ruse; Sozialdemokrat; 1938/39 Abgeordneter der Opposition in der Nationalversammlung.
3 Georgi Ivanov Kjoseivanov (1884–1960), Jurist; von 1912 an im diplomatischen Dienst, 1926–1931 Gesandtschaftsrat in Athen, Bukarest und Belgrad, 1934/35 Leiter der Kanzlei von Zar Boris III., 1935 Außenminister, 1935–1940 Ministerpräsident und Außenminister, 1940–1944 Gesandter in der Schweiz; verstarb im Schweizer Exil.
4 Nikola Petrov Nedev (1886–1970), Berufsoffizier; 1930 Militärattaché in Rom, 1936 Entlassung aus der Armee; 1938–1940 Innenminister; 1951–1954 Lagerhaft in Belene.
5 Im Original handschriftl. Bearbeitungsvermerke und Unterstreichungen.
6 Die Polizeidirektion begann im Febr. 1939 auf Anweisung von Innenminister Nedev eine Revision der Aufenthaltsgenehmigungen der in Bulgarien ansässigen fremden Staatsbürger. Viele Betroffene waren gebürtige Bulgaren, besaßen aber eine andere Staatsangehörigkeit. Meist blieben ihnen nur wenige Tage bis zu ihrer oft gewaltsamen Ausweisung. Juden mit türk. und jugoslaw. Pässen schoben Polizei- und Grenzbeamte illegal über die Grenzen ab; siehe Dok. 278 vom 25.9.1939.

setzten sich ein für ein humanes Vorgehen, das auch die Interessen dieser Menschen berücksichtigt. Den Volksvertretern R. Madžarov und Dr. Sakarov[7] hat Minister Nedev versprochen, er werde den ausländischen Bürgern genügend Zeit einräumen, damit sie Hausstand und Geschäfte auflösen, ihre Angelegenheiten ordnen und sich auf die Abfahrt vorbereiten können. Mehr noch, der Herr Minister war nicht abgeneigt, der von mir ihm gegenüber entwickelten Idee zu folgen, unsere Regierung solle dem Londoner Komitee unter Vorsitz des ehemaligen Premierministers Baldwin die Zahl der Juden übermitteln, die nicht in Bulgarien bleiben können, damit es sich auch um sie kümmern könnte.[8] Außerdem sollten diese nicht aus Bulgarien ausgewiesen werden, bevor ein neuer Wohnort für sie gefunden wäre. Dies wäre unbestreitbar die einzig humane und zivilisierte Art der Lösung, die unserem Staat zur Ehre gereichen würde – zumal sie der Menschenliebe und der tiefen demokratischen Tradition unseres Volks entspricht. Die Bulgaren haben fünf Jahrhunderte lang unter dem mörderischen Joch ethnischer Ungleichheit gelebt,[9] und heute, emanzipiert von den Vorurteilen des Mittelalters, sind sie stolz auf ihr hohes ethisches Niveau. Bulgarien hat während der Massaker zuhauf Armeniern Gastfreundschaft gewährt[10] – dies hat das Ansehen des Landes vergrößert. Aber, ach! Nun werden viele von ihnen ausgewiesen. Aufgrund welcher Erwägungen? Ein sichtbares Ergebnis unserer Bemühungen und des Versprechens seitens des Ministers gibt es bedauerlicherweise noch nicht.

Mir ist bekannt, Herr Ministerpräsident, dass auch Sie persönlich kürzlich gegenüber einem Abgeordneten die Ausarbeitung einer Instruktion versprochen haben, die, wenn sie von der Polizeidirektion befolgt würde, niemandem Anlass zur Klage gäbe. Hoffentlich wird es Ihnen möglich sein, diese Verordnung bald auszuarbeiten und zu erlassen, damit sie angesichts des hohen Tempos der Polizeidirektion nicht überflüssig wird.[11]

Wie geht man gegenwärtig mit Ausländern um?

Der Druck wird verstärkt, die Brutalität wächst!

Ich habe Informationen, dass einem Händler in Ruse, E. L. Măsărlijan, eine Frist von 15 Minuten, in Worten fünfzehn Minuten, eingeräumt wurde, sich mit seinem Gepäck in der Kommandantur zu melden, um des Landes verwiesen zu werden. Ich will Ihnen keine weiteren Beispiele aufzählen. Man berücksichtigt weder die familiäre Situation noch Alter, Gesundheitszustand usw. Ein reicher Industrieller aus Ruse, Avram S. Ventura,[12] wird ausgewiesen, um nun im Ausland das Geld auszugeben, das er in Bulgarien

7 Raško Projčev Madžarov (1874–1943), Jurist und Politiker; von 1905 an Rechtsanwalt in Sofia; 1918 Landwirtschaftsminister, 1923 Gründungsmitglied der Demokratischen Eintracht, 1924 Justizminister, 1924/25 und 1928/1930 Eisenbahnminister; Dr. Nikola Iliev Sakarov (1881–1943), Ökonom und Politiker; 1926–1934 im Vorstand der Bulgar. Landwirtschaftsbank; von 1911 an in der bulgar. Sozialdemokratie aktiv. Madžarov und Sakarov waren Abgeordnete der bürgerlichen Opposition in der Nationalversammlung.

8 Ende 1938 wurde unter der Leitung von Graf Stanley Baldwin der Baldwin-Fonds für jüdische Flüchtlinge gegründet, der 400 000 Pfund für den Kindertransport aus Deutschland und Österreich zur Verfügung stellte.

9 Gemeint ist die 500 Jahre währende osman. Herrschaft über diese Region.

10 Bis zu 27 000 Armenier aus dem Osmanischen Reich bzw. der Türkei ließen sich von 1894 bis 1922 in Bulgarien nieder.

11 Eine entsprechende VO konnte nicht ermittelt werden.

12 Avram Samuel Ventura, Fabrikant; tschechoslowak. Staatsbürger.

verdient hat. Niemand kümmert sich um wirtschaftliche Interessen, ökonomische Störungen, Firmenzusammenbrüche und Verluste für viele Bürger, auch nicht um die Vorteilsnahmen und glücklichen Gelegenheiten derer, die die Lage der Ertrinkenden auf unmoralische Weise ausnutzen, indem sie sich ihnen als rettender Strohhalm andienen.
Nachdem gegen die Maßnahmen der Administration und die Ausführung [durch die Polizeibehörden] vor dem Obersten Verwaltungsgericht Beschwerde eingelegt wurde, werden diese außer Kraft gesetzt. Doch, oh weh, nun befindet sich der Beschwerdeführer, dafür hat die Polizei gesorgt, außerhalb des Landes. Was es nicht alles für Fälle gibt, über die sich die Menschen entsetzen und empören, und sie werden diese unsere Zustände [gewiss] überall bekannt machen. Blamiert sich Bulgarien bei alldem nicht als Rechtsstaat? Ich habe Angst, der Staat könnte eines Tages gezwungen sein, Entschädigungen an jene zu zahlen, die heute schutzlos sind und mit denen die Behörden leicht fertigwerden. Aber die Zeiten ändern sich.
Herr Ministerpräsident,
bitte lassen Sie nicht außer Acht, dass ein großer Teil der aus unserem Land Getriebenen juristisch und tatsächlich die Voraussetzungen für den Erwerb der bulgarischen Staatsbürgerschaft erfüllt, was nur anerkannt und proklamiert werden muss. Die daran Interessierten haben sich in diese Richtung bemüht, Tausende von Dossiers liegen im Justizministerium, aber schon seit Jahren liegt das Staatsbürgerschaftsgesetz auf Eis; die Forderungen der Antragsteller werden nicht erfüllt.[13] Bis wann soll dieser rechtswidrige Zustand andauern? Schadet das nicht dem Ansehen Bulgariens? Dies blieb beim letzten Kongress des Verbands der bulgarischen Anwälte nicht unerwähnt.
Es ist höchste Zeit, Herr Ministerpräsident, diese Art des vernichtenden Umgangs mit ausländischen Staatsbürgern, die anderswo üblich sein mag, für Bulgarien aber schädliche Folgen hat, einzustellen.[14] Zu einer wahren Tragödie entwickelt sich die Situation derer, die keinen eigenen Staat haben, die in kein Vaterland zurückgehen können. Und die Armen unter ihnen: Arbeiter, Handwerker, kleine Händler, die das Gros ausmachen und in Bulgarien geboren sind, kennen kein anderes Land; durch die Praktiken der Polizeidirektion werden sie in unmenschliche Verhältnisse gebracht. Weder das Volk noch der Staat haben einen Nutzen von einer nach totalitär-rassistischem Vorbild vollzogenen Regelung der Ausländerfrage.
Herr Ministerpräsident, ich habe die Pflicht, Ihnen deutlich zu machen, dass die neue Welle der Internierungen durch nichts gerechtfertigt werden kann.[15] Mittlerweile werden sogar schon die Mitglieder eines Jugendhilfskomitees interniert, das durch Sammlungen die von der Überschwemmung in Sevlievo in Mitleidenschaft Gezogenen unterstützt.[16] Sie werden nach persönlichem Gutdünken und nicht nach Recht und Gesetz für schuldig erklärt. Verzichten Sie im Interesse Bulgariens auf solche Maßnahmen.

13 Spätestens seit 1937 arbeitete die Regierung Kjoseivanov an einem neuen Staatsbürgerschaftsgesetz. Das Justizministerium stellte die Anträge auf Einbürgerung mit Verweis darauf zurück.
14 Anspielung auf die bulgar. Bemühungen nach 1919, die Minderheitenklauseln des Friedensvertrags von Neuilly-sur-Seine möglichst einzuhalten, um Ansprüche auf entsprechende Behandlung der bulgar. Minderheiten in den Nachbarstaaten erheben zu können.
15 Gemeint sind Internierungen von politischen Gegnern nach dem Putsch von 1934, vor allem von Kommunisten. Schätzungen zufolge belief sich 1937 die Zahl der Betroffenen auf ca. 1500 Personen.
16 Es geht um Hilfsaktionen, die den Opfern einer Flutkatastrophe in Zentralbulgarien galten.

Ich hatte Gelegenheit, die unglaubliche Not und die Leiden der Frauen und Kinder der Internierten zu sehen. Sie sind die eigentlichen Bestraften. Warum? In unserem Land herrscht vollkommene Ruhe und Ordnung, die Internierungen sorgen nur für Aufregung und Unzufriedenheit. Währenddessen haben Daladier und Marchandeau[17] im Land der Streiks, Demonstrationen und Kundgebungen mit einem Dekret volle Amnestie gewährt. Auch in unserem Land könnte man auf diesem Weg Beruhigung und Einigkeit im Geiste und in den Auffassungen des Volks über sein Schicksal erreichen.
Hochachtungsvoll

DOK. 277
Die illegale Arbeiterpartei protestiert gegen die antijüdischen Ausschreitungen rechtsextremer Gruppierungen am 19. September 1939 in Sofia[1]

Flugblatt, ungez., Sept. 1939 (Abschrift)[2]

Die angeblich von den Behörden aufgelöste, aber weiterhin in aller Öffentlichkeit, von der Polizei ungestört wirkende Organisation der Ratnici,[3] angeführt von bekannten Professoren, Abgeordneten und „Vertretern des öffentlichen Lebens“, hat zusammen mit Legionären[4] vor einigen Tagen unter den Augen der Polizei die Schaufenster fast aller jüdischen Geschäfte in Sofia eingeschlagen. Die Aktion begann gegen ein Uhr [mittags] mit einem provozierten Streit in einem jüdischen Geschäft.[5] Gegen ein Uhr dreißig ist die Polizei vor Ort, aber … nur als Beobachter. Eine größere Gruppe von Zivilbeamten, angeführt von Inspektor Gešev,[6] steht vor dem Platz der Heiligen Nedelja und beobachtet vergnügt die Grausamkeiten gegenüber unschuldigen bulgarischen Bürgern. Andere

17 Die franz. Regierung unter Premierminister Édouard Daladier (1884–1970) mit Finanzminister Paul Marchandeau (1882–1968) hatte eine Amnestie für die Teilnehmer des Generalstreiks vom 30.11.1938 gegen seine Finanzpolitik im Jan. 1939 eigentlich abgelehnt.

1 CDA, 1B/4/38, Bl. 1. Abdruck in: David Koen/Todor Dobrijanov/Rajna Manafova (Hrsg.), Borbata na bălgarskija narod za zaštita i spasjavane na evreite v Bălgarija prez Vtorata svetovna vojna. Dokumenti i materiali, bearb. von David Koen/Todor Dobrijanov/Rajna Manafova, Sofia 1978, S. 18 f. Das Dokument wurde aus dem Bulgarischen übersetzt.

2 Das Flugblatt geht auf die Bulgarische Arbeiterpartei zurück. Die BRP ging 1938 aus einer Vereinigung der linken Arbeiterpartei (gegr. 1927) mit der von 1924 an im Untergrund agierenden Bulgarischen Kommunistischen Partei hervor.

3 Der Verband der Vorkämpfer für den Fortschritt des Bulgarentums, kurz: Ratnik/Ratnici, war eine 1936 vom Agronomieprofessor Asen Kantardžiev (1891–1981) gegründete rechtsradikale und antisemitische Organisation. Ihre Mitgliederzahl wuchs bis 1939 auf 12 000 Personen an. Trotz eines Verbots Ende Sept. 1939 stiegen zahlreiche Mitglieder von Ratnik in Schlüsselpositionen in Verwaltung und Staat auf.

4 Der Verband der bulgarischen Nationallegionen war eine 1932 gegründete, ursprünglich antikommunistische Jugendorganisation, die später faschistische Ideen und die Schaffung eines Einparteienstaats propagierte. Mit bis zu 50 000 Mitgliedern war sie die bedeutendste rechtsradikale Organisation und stärkste Oppositionskraft.

5 Die Ausschreitungen waren geplant. Sie fanden gleichzeitig in Sofia und in der zweitgrößten Stadt des Landes Plovdiv statt; siehe Bericht des Geschäftsträgers der Schweiz in Sofia, Alfred de Caparède, an Außenminister Giuseppe Motta vom 22.11.1939, CH-BAR, E2001D#1000/1553#3830.

seiner Kollegen streifen durch die Stadt und „kontrollieren" die uniformierte Gendarmerie, hindern sie daran, Verhaftungen vorzunehmen oder vergessen „zufällig", in den Revieren die Ausgänge zu schließen, so dass eine Reihe von Gefangenen ungehindert die Zellen verlassen kann. Die Anweisung eines Vorgesetzten gegenüber einem uniformierten Polizisten, die mitangehört wurde: „Mischt euch nicht ein, seht aber zu, dass sie nicht plündern." Als in der Gegend um die Klementina-Straße gegen neun Uhr dreißig abends die Schaufenster eingeschlagen werden, befindet sich kein einziger Gendarm in der Nähe. In der Tărgovska-Straße und auf dem Dondukov-Boulevard versperren Gendarmen den Weg, hinter ihnen beratschlagt eine Gruppe Ratnici. Kurz darauf zerbersten die Schaufenster des „Porto Riko". Auf der Pirotska-Straße machen Gendarmen die Rabauken auf jüdische Geschäfte aufmerksam.[7]

Was ist der Sinn dieser Ausschreitungen? Warum werden sie durch die Regierung gedeckt und durch das Verhalten der Polizei begünstigt?

Das Bestreben der Regierung ist es, die Aufmerksamkeit der Bürger durch verantwortungslose Elemente und fremde Agenten[8] abzulenken und sie gegenüber den Behörden weniger wachsam zu machen; [ferner] die Schuld für die durch Spekulation herbeigeführte miserable Lage des bulgarischen Volks auf die Juden abzuwälzen und Fronten im Land zu schaffen, die die Einheit verhindern, um nicht für ihre abenteuerliche, abseits der Öffentlichkeit betriebene und dem Volk feindlich gesinnte Politik zur Rechenschaft gezogen zu werden. Die Ausschreitungen illustrieren die Einheit, von der die Regierung ständig spricht. Es geht ihr nicht um Einheit, sondern um die Unterordnung des bulgarischen Volks unter die Interessen einer Gruppe von Spekulanten, Fabrikanten und Lieferanten, verantwortungslosen Elementen und Umstürzlern, die unter dem Stiefel des Despoten Pantev, seines Zeichens Polizeidirektor, ihr Volk für eine Schüssel Linsen zu verkaufen gewillt sind. Die Mittel hierfür sind bekannt: Die Verfassung wird mit Füßen getreten, Rechte und Freiheiten werden entzogen, Zensur, Terror, Internierungen [auf die Tagesordnung gesetzt].[9] Und wenn die Unzufriedenheit überzukochen droht, werden antisemitische Pogrome initiiert,[10] um die Aufmerksamkeit der Bürger abzulenken und die Schuld auf Unschuldige abzuwälzen, wie es der russische „Zarismus" einst vorgeführt hat.

Unschuldigen Menschen werden Millionenverluste zugefügt. Für Leben und Besitz der bulgarischen Bürger sind die Minister und der Polizeidirektor verantwortlich. Sie persönlich müssen für die Schäden aufkommen, nicht der bulgarische Steuerzahler. Der

6 Vermutlich: Nikola Christov Gešev (1896–1944?), Polizeibeamter; von 1925 an Tätigkeit bei der Polizeidirektion, 1936–1944 Chef der politischen Polizei; nach dem 9.9.1944 verschwunden; 1945 Todesurteil in Abwesenheit durch das Volksgericht.

7 Es handelt sich um Straßen in der Sofioter Innenstadt, die an das Viertel Juč Bunar grenzten, in dem die Mehrheit der Juden wohnte; das Porto Riko war eine Delikatessen- und Spirituosenhandlung von Sabitaj Jusef Lereja in der Knjaz-Boris-Straße.

8 Anspielung auf die mutmaßliche Abhängigkeit der Rechtsextremen vom Deutschen Reich.

9 Die Verfassung von Tărnovo wurde nach dem Putsch vom 19.5.1934 nach und nach im Sinne einer autoritären Regierungsform uminterpretiert. Die Festigung des Regimes ging unter anderem mit der Einrichtung einer Zensurbehörde und Internierungen von Regimegegnern einher.

10 Die Nationallegionen und später auch Ratnik standen seit 1934 hinter einer Reihe von Übergriffen auf jüdische Einrichtungen und Geschäfte in Varna, Sofia und anderen Städten. Die Regierung schritt nur zögerlich dagegen ein, siehe Einleitung, S. 75; auch Angriffe auf die Synagoge und die Jüdische Schule in Kjustendil 1934, in: CDA, 176K/6/2614.

Polizeidirektor muss unverzüglich entlassen werden. Die Verbände der Ratnici und der Legionäre müssen aufgelöst, ihre Anführer verhaftet werden.[11] Was die Polizei verantwortet, muss untersucht und die Schuldigen müssen verurteilt werden.
Die Regierung, die in diesem entscheidenden historischen Moment im Inneren Fronten schafft und gleichzeitig im Geheimen operiert, ist eine Gefahr für die gesamte Nation. Die fremden Agenten, Provokateure, Ratnici, Legionäre und Polizisten, die für die Pogrome verantwortlich sind und trotz aller vorgeblichen Empörung seitens der Regierungszeitung „Utro“[12] noch immer als „Patrioten“ bezeichnet werden – von ebensolchen „Patrioten“ wurde auch der Mord am rumänischen Ministerpräsidenten Călinescu verübt –, sprechen eine deutliche Sprache, die zeigt, dass unserem Land heute mehr denn je eine imperialistische Invasion droht. Die Lage ist alarmierend. Das bulgarische Volk muss einen entschlossenen Kampf für eine wahrhafte Volksvertretung führen, die ihm die mit Füßen getretenen Rechte und Freiheiten zurückgibt, für Frieden im Land sorgt und alle dem Volk treuen Kräfte vereint, verantwortungslose Elemente und fremde Agenten vernichtet, eine Vereinbarung mit unseren Nachbarn über eine gemeinsame Verteidigung gegen die imperialistische Invasion erzielt [und], angelehnt an das friedliebendste und größte Land, die UdSSR, ehrliche Friedenspolitik und Politik der Neutralität betreibt.
Auf in den Kampf gegen die fremden Agenten und Provokateure!
Auf in den Kampf für die wahrhafte Volksregierung!

DOK. 278
Das Zentralkonsistorium der Juden in Bulgarien bittet am 25. September 1939, 30 ausgewiesenen Juden den Schiffstransport nach Palästina zu genehmigen[1]

Schreiben des Zentralkonsistoriums der Juden in Bulgarien (Nr. 126), Sofia, gez. Geron, Nadler, an die Polizeidirektion (Eing. 25.9.1939), Sofia, vom 25.9.1939[2]

Sehr geehrter Herr Direktor,[3]
beim Zentralkonsistorium ist eine Mitteilung eingegangen, an der Grenze bei Svilengrad, zwischen unseren und den türkischen Posten, befänden sich einige jüdische Familien, ehemalige Einwohner der Städte Plovdiv und Chaskovo, die als irreguläre türkische Staatsbürger das Land verlassen mussten.[4]

11 Tatsächlich wurden beide Verbände am 26.9.1939 verboten, wohl als Reaktion auf das Attentat auf den rumän. Ministerpräsidenten Armand Călinescu (1893–1939) durch Mitglieder der Eisernen Garde am 21.9.1939 und die internationale Missbilligung der antijüdischen Ausschreitungen; Polizeidirektor Atanas Pantev blieb jedoch weiterhin im Amt.
12 Zu „Utro“ siehe Dok. 288, Anm. 1.

1 CDA, 370K/6/851, Bl. 43. Das Dokument wurde aus dem Bulgarischen übersetzt.
2 Im Original handschriftl. Vermerk vom 28.9.1939, Unterschrift unleserlich: „Der Bezirkspolizeidirektor von Plovdiv wurde angewiesen, die Betroffenen nach Varna zu verschicken, wo sie auf ein Schiff zu setzen sind.“
3 Atanas Pantev (1893–1943), Jurist und Berufsoffizier; 1939–1940 Polizeidirektor, 1942 Vorsitzender des Militärstandgerichts von Sofia und Tätigkeit als Rechtsanwalt; bekannt für seine rechtsnationale und prodeutsche Haltung; er fiel einem Attentat der illegalen Bulgarischen Kommunistischen Partei zum Opfer.

Weil ihnen aber nicht gestattet wird, sich auch in der Türkei niederzulassen und sie zurückgeschickt wurden, leben sie derzeit unter elenden und lebensgefährlichen Bedingungen an der Grenze.
Unseren Informationen nach sind die Leiden dieser Menschen unerträglich, ein älterer Mann ist infolge der häufigen Grenzwechsel an Erschöpfung gestorben.
Es besteht die Möglichkeit, diese Menschen aus ihrem für alle Seiten völlig nutzlosen Leiden zu erlösen, wenn man sie mit dem Schiff von Dr. B. Konfino, das Ende dieses oder Anfang des nächsten Monats ablegt, nach Palästina ausreisen lässt.[5] Aus diesem Grund bittet das Zentralkonsistorium Sie, sehr verehrter Herr Direktor, den sich an der Grenze befindlichen, ehemaligen jüdischen Bewohnern unseres Landes zu erlauben, sich auf den Weg nach Varna zu machen und von dort aus nach Palästina abzureisen.
Die Zahl der besagten Unglücklichen beträgt schätzungsweise 30 Personen, Männer, Frauen und Kinder, und wir gehen davon aus, es würde für die Ihnen unterstellten Organe keinerlei Schwierigkeit darstellen, sie zum angegebenen Hafen zu bringen.
Wir ersuchen Sie, Herr Direktor, Milde walten zu lassen gegenüber diesen Unglücklichen, und bitten, in Erwartung Ihrer Entscheidung unsere vorzügliche Hochachtung entgegenzunehmen.

DOK. 279

Die Schriftstellerin Lola Landau-Wegner berichtet am 7. Mai 1940 über einen Aufenthalt in Bulgarien als Delegierte des jüdischen Gründungsfonds Keren Hajessod[1]

Brief von Lola Landau-Wegner,[2] Pension Hagelberg, Abyssinan-Straße, Jerusalem, an Frau Klompus,[3] vom 7.5.1940 (Abschrift)

Sehr geehrte Frau Klompus,
Sie haben mich freundlicherweise gebeten, Sie über meine letzte Fahrt nach Bulgarien, die ich als Delegierte des Keren Hajessod unternommen habe, zu unterrichten. Sie haben sich auch dafür interessiert, wie ich als Mitglied von WIZO deren Lage in Bulgarien

4 Betroffen waren Juden, die in Bulgarien geboren worden waren, jedoch die türk. Staatsangehörigkeit besaßen. Sie wurden unter dem Vorwand ausgewiesen, dass die türk. Behörden die Pässe der Betroffenen nicht mehr verlängerten. Nach Angaben der Polizeidirektion waren 1939 von 2164 in Bulgarien ansässigen Juden fremder Staatsangehörigkeit 301 türk. Staatsbürger.

5 Der jüdische Augenarzt Baruch Konfino organisierte zwischen Febr. 1939 und Dez. 1940 acht Schiffstransporte, die insgesamt 3683 jüdische Einwanderer aus Bulgarien, Ungarn und dem Deutschen Reich nach Palästina brachten. Bei dem hier erwähnten Schiff handelte es sich wahrscheinlich um den dritten Kurs des Rudničar, der im Nov. 1939 mit 457 Passagieren an Bord Palästina erreichte; zu Konfino siehe Dok. 281 vom 30.8.1940.

1 CZA, F49/303, S. 56 f. Das Dokument wurde aus dem Englischen übersetzt.

2 Lola Landau-Wegner, geb. als Leonore Landau (1892–1990), Schriftstellerin; wuchs in einem liberalen jüdischen Elternhaus in Berlin auf; 1920 heiratete sie in zweiter Ehe den Dichter und Pazifisten Armin T. Wegner; 1933 Schreib- und Publikationsverbot; von 1933 an Arbeit für Keren Hajessod und WIZO; 1936 Emigration nach Palästina; Autorin zahlreicher Gedichtbände, Dramen, Hörspiele und Artikel, darunter „Das Lied der Mutter“ (1919), „Abgrund“ (1926), „Meine drei Leben“ (1987).

3 Vermutlich: Rachel Klompus, auch Kedem, geb. als Rosa Sundelevitsch (1888–1984), zionistische Aktivistin und Präsidentin der WIZO Estland; 1927 Emigration nach Palästina.

einschätze. Zunächst möchte ich Sie wissen lassen, dass die gesamte Kampagne unter den außergewöhnlichen Umständen auf dem Balkan litt, der Bedrohung und Belastung durch den Krieg, die eine offensive Öffentlichkeitsarbeit behindert haben. Um öffentlich auftreten und sprechen zu können, musste man eine polizeiliche Genehmigung haben,[4] und die Juden lehnten es oftmals ab, überhaupt eine solche zu beantragen, aus Angst, dies würde zu viel Aufmerksamkeit auf ihre besonderen Probleme und ihre komplizierte Lage lenken. Man muss bedenken, dass die Juden in Bulgarien, obwohl sie noch über alle staatsbürgerlichen Rechte verfügen, als eine Art nationale Minderheit betrachtet werden. Aufgrund des wachsenden Einflusses der Deutschen im Land und ihres besonders ausgeprägten Antisemitismus hat sich die Stellung der bulgarischen Juden während des letzten Jahres enorm verschlechtert. Deswegen leben sie in ständiger Angst, weil sie wissen, welches Schicksal ihnen blüht, sollte Bulgarien von Deutschland eingenommen werden.

Es ist ihrem überzeugten Zionismus, ihrer zionistischen Tradition und ihrem ausgeprägten jüdischen Bewusstsein zu verdanken, dass ich die Spendenaktion dennoch erfolgreich weiterführen konnte. Die bulgarischen Juden stellen eine interessante Mischung dar. Ihre spanische Herkunft, ihr lebendiges und feuriges Temperament mischt sich mit dem Einfluss der alten russischen Kultur. Sie scheinen durch ihre uneingeschränkte Hingabe an die Sache und ihre jüdische Bildung in gewisser Hinsicht den russischen Zionisten recht ähnlich zu sein. Es gibt eine Reihe von jüdischen Schulen, in denen der Unterricht auf Hebräisch abgehalten wird, und danach führen zionistische Jugendgruppen die Bildungsarbeit fort.[5] Es gibt keine Assimilierung, sondern ein starkes jüdisches Nationalbewusstsein. Eine der besten zionistischen Organisationen in Bulgarien ist die WIZO, die in jeder größeren Stadt über lokale Gruppen verfügt und großartige Aktivitäten entfaltet.[6]

Nach meiner Ankunft in Sofia bekam ich Besuch von Frau Silberstein,[7] der Vorsitzenden der bulgarischen WIZO, außerdem von Frau Gerschkovitz,[8] der Geschäftsführerin. Doch als ich zum Auftakt meiner Spendenaktion in Sofia höflich um die Unterstützung der WIZO bat, erwiderte man, es sei eher unüblich, dass sich Frauen von WIZO direkt an der Kampagne von Keren Hajessod beteiligen. Ich habe nicht weiter insistiert, erfuhr aber gegen Ende der Kampagne den Grund für diese Zurückweisung. Es gibt gewisse Streitigkeiten zwischen den Führungsspitzen von WIZO und Keren Hajessod über die Verteilung der Einnahmen, von denen, so fordert die WIZO, ein bestimmter Prozentsatz an sie gehen sollte. Da man sich hierüber nicht einigen konnte, gab es seitens des Zentralkomitees der WIZO eine Order an die bulgarische Sektion, die Spendenaktion nicht zu unterstützen.

4 Seit dem 30.8.1939 galt in Bulgarien ein allgemeines Versammlungsverbot.

5 Im Schuljahr 1936/37 unterhielten die jüdischen Gemeinden in Bulgarien zwölf Kindergärten, 18 Elementarschulen (1.–4. Klasse) und fünf Progymnasien (5.–7. Klasse) sowie eine Berufsschule, die von insgesamt 3000 Jungen und Mädchen besucht wurden. Der Lehrplan umfasste neben den bulgar. Pflichtfächern auch Hebräisch- und Religionsunterricht sowie jüdischen Geschichtsunterricht.

6 Der bulgar. Ableger der zionistischen Frauenbewegung WIZO wurde 1925 gegründet und zählte zehn Jahre später nach eigenen Angaben bereits 3000 Frauen als Mitglieder.

7 Richtig: Režina, auch Regina Jakob Zilberštajn, geb. Herbst (1880–1966), Sozialwissenschaftlerin und zionistische Aktivistin; seit 1928 Vorsitzende der WIZO Bulgarien und Chefredakteurin der gleichnamigen Zeitschrift; emigrierte 1949 nach Israel.

8 Richtig: Šarlota Moric Gerskovič, geb. Leon Radbil (*1895); zionistische Aktivistin; emigrierte im März 1941 nach Palästina.

Leider muss ich sagen, dass die fehlende Bereitschaft zur Zusammenarbeit der Sache schon geschadet hat. Denn wie Sie sich vorstellen können, ist die Arbeit ohne die Hilfe der Frauen und die Einbeziehung ihrer vielfältigen gesellschaftlichen Kontakte sehr viel schwieriger. Trotzdem habe ich bei der WIZO in Sofia einen Vortrag über die Aktivitäten der Organisation in Palästina gehalten, der sich hauptsächlich mit der Frage der sozialen Unterstützung von Flüchtlingen beschäftigte. Meine Ausführungen kamen gut an, und auf dieser Versammlung lernte ich den großartigen Geist, das leidenschaftliche Interesse und die vortreffliche Organisation der bulgarischen WIZO kennen.
Glücklicherweise konnte ich in allen anderen Städten in der Provinz mit der Unterstützung der WIZO rechnen, nicht zuletzt aufgrund der taktvollen Intervention der Vorsitzenden Frau Silberstein. In Passardjik[9] waren es vor allem Frau Farchi und Frau Jehoshua, wobei die Letztere zugleich die Geschäftsführerin des lokalen Komitees von Keren Hajessod ist. Sie griffen mir nicht nur mit ihrem Arbeitsvermögen unter die Arme, sondern erfreuten mich auch mit ihrer wundervollen Gastfreundschaft.
In Plovdiv lud mich die liebenswürdige Vorsitzende der WIZO[10] zu einem Vortrag ein, und wir hatten dort eine sehr erfolgreiche Veranstaltung. Dort habe ich erfahren, wie schwierig es ist, die Arbeit fortzusetzen. Da alle Versammlungen untersagt sind, kann man sich nur im kleineren Kreis zu Hause treffen. Eine weitere Gefahr ist der wachsende Revisionismus, der an bestimmten Orten schon sein Ziel erreicht hat, indem dort eigene Frauengruppen gegründet wurden.[11] Die WIZO hat auf diese Herausforderung jedoch auf eine recht kluge Weise reagiert, indem sie Jugendabteilungen ins Leben gerufen hat und weiterhin den Vorsatz verfolgt, Neutralität gegenüber den politischen Parteien zu wahren, um sich voll auf die gemeinsame praktische Arbeit konzentrieren zu können.
In Jambol traf ich Frau Polikar, die dortige Vorsitzende der WIZO, eine überaus engagierte und interessante Frau, die als Autorin zugleich auch Mitglied der bulgarischen Vereinigung weiblicher Schriftsteller ist.[12]
Leider durfte ich die beiden wichtigen Städte Varna und Burgas nicht besuchen, da Ausländern der Zugang zu den beiden Hafenstädten untersagt ist. In Ruse jedoch konnte ich meine Arbeit fortsetzen. Die dortige Vorsitzende der WIZO, Frau Kapon,[13] erwies sich als unermüdliche und wundervolle Unterstützerin, die mich beim Besuch einer Reihe wichtiger Personen begleitete. Ich hielt dort auch einen öffentlichen Vortrag[14] und war begeistert vom Enthusiasmus der zionistischen Frauen, die sich von der schwierigen Lage nicht einschüchtern lassen und ihre Bildungs- und Öffentlichkeitsarbeit fortsetzen und so ihren Beitrag für Palästina leisten.

9 Richtig: Pazardžik.
10 Sara Taranto.
11 Gemeint sind Frauengruppen des revisionistischen Zionismus, des rechten Flügels der zionistischen Bewegung. Einen revisionistischen Flügel gab es in Bulgarien seit 1924, der sich 1927 als eigenständige Partei mit eigenem Presseorgan von der Zionistischen Organisation absonderte.
12 Flora Azarja Polikar, Schriftstellerin und zionistische Aktivistin; 1944 Internierung im Lager Kajlăka bei Pleven.
13 Fani Kapon.
14 Landau hielt einen Vortrag über die soziale Tätigkeit der WIZO und die Erziehung der jüdischen Jugend in Palästina.

Ich hoffe aufrichtig, dass im nächsten Jahr Keren Hajessod und WIZO auch in Sofia zu einer Kooperation zusammenfinden werden. Ich denke zudem darüber nach, ob ich nicht eine der Damen als Kandidatin für die Mitgliedschaft im Zentralkomitee von Keren Hajessod vorschlagen sollte.
Mit den besten zionistischen Grüßen
Hochachtungsvoll

DOK. 280
Albert Romano ruft am 28. Mai 1940 bulgarische Zionisten in Palästina dazu auf, ein Hilfskomitee für die Juden in Bulgarien zu gründen[1]

Brief von Avraham ben Ašer,[2] Plovdiv, an einen unbekannten Adressaten in Palästina,[3] vom 28.5.1940 (Abschrift)

Sehr geehrter Herr,
ich wende mich hiermit in einer sehr wichtigen Angelegenheit an Sie.
Bisher haben wir bulgarische Juden uns in aller Regel für die Juden Palästinas eingesetzt. Insbesondere sorgten wir für diejenigen unter uns, die sich in Palästina niederließen. Doch wie sich die Lage nun leider entwickelt, müssen wir für uns selbst sorgen. Derzeit sind wir noch nicht in Gefahr. Sollte sich der Krieg jedoch auch auf unser Land ausweiten, kann sich die Lage sehr schnell ändern. Die derzeitigen Aussichten sind noch kein Grund zur Verzweiflung, doch wir leben in Zeiten unvorhersehbarer Ereignisse. Darüber hinaus sympathisiert die Mehrheit des bulgarischen Volks mit Deutschland. Da diesem die Sympathie der Juden für die demokratischen Kräfte bekannt ist, befinden wir uns latent schon in zwei gegnerischen Lagern. Wir blicken voller Sorge auf das Ende, sollte sich angesichts der deutschen Siege auch der Einfluss der Deutschen ausdehnen. Besonders macht uns Sorge, diese könnten unser Land besetzen und uns von den übrigen europäischen Juden und jenen in den deutsch besetzten Ländern abschneiden.
Abgesehen von einigen grundlegenden Dispositionen, die wir treffen, um auf solche Ereignisse vorbereitet zu sein, möchte ich noch eine weitere wichtige Angelegenheit ansprechen: Wir müssen unbedingt unsere Kontakte zu den Juden in anderen Ländern (in Palästina, in den Vereinigten Staaten von Amerika usw.) pflegen, um sie notfalls um Hilfe bitten zu können.
Daher bitte ich Sie, die Verantwortungsbewussten unter uns[4] zu versammeln und ein Komitee zu bilden, das uns (sollten wir vom Rest der jüdischen Welt abgeschnitten wer-

1 CZA, S26/1265, S. 155. Das Dokument wurde aus dem Hebräischen übersetzt.
2 Hebr. Name von Dr. Albert Ašer Romano (1895–1965), Jurist, zionistischer Aktivist; von 1920 an Vorsitzender der Zionistischen Organisation Bulgariens und Hrsg. der zionistischen Wochenzeitung Ašofar; im Frühling 1944 gestatteten ihm die bulgar. Behörden die Ausreise nach Palästina; Romano war Autor und Mitherausgeber von Jahadut Bulgarija, The Encyclopedia of the Jewish Diaspora (1967).
3 Die Organisationsabt. der World Zionist Organization in Jerusalem erhielt diese Abschrift vom Zentralkomitee für die Betreuung der Alija aus Bulgarien (hebr.: Wa'ada ha-merkazit le-tipul be-alija mi-Bulgarija) und leitete sie am 30.6.1940 an die Zionistische Exekutive weiter.
4 Gemeint sind vermutlich bulgar. Juden in Palästina.

den) im Notfall bei den anderen jüdischen Gemeinschaften vertreten und *uns* bei Bedarf *Hilfe leisten* könnte.[5]
Ich wiederhole, dass wir uns derzeit nicht in Gefahr befinden, aber wir müssen auf den Ernstfall vorbereitet sein.
Ich bitte deshalb, diese Angelegenheit mit der erforderlichen Ernsthaftigkeit zu behandeln und sich an die Arbeit zu machen.
Ich bitte außerdem um eine Bestätigung mit folgendem Wortlaut: „Ich habe den Brief Avraham Ben Aschers vom 28. Mai erhalten und alles erledigt."
Ein Gruß geht auch an alle Freunde.
Mit einem Gruß nach Zion, Ihr Avraham Ben Ascher
P.S.: Ich sprach mit Hrn. Farchi[6] und bat ihn, sich für mich und meine Familie um Visa zu bemühen; ich bitte, diesbezüglich alles Erdenkliche zu unternehmen.

DOK. 281

Ašofar: In einem Gastbeitrag vom 30. August 1940 verteidigt der Augenarzt Baruch Konfino seine privaten Schiffstransporte nach Palästina[1]

Dr. Baruch Konfino[2]

Das Schiff ist angekommen!
Mit diesen Worten wurde die Ankunft des Schiffs im Land unserer Hoffnungen vermeldet.[3] Alle möglichen Märchen waren über die Fahrt dieses Schiffs in Umlauf. Alle möglichen Anschuldigungen wurden lanciert, und welchen Schmähungen wäre der Verfasser dieser Zeilen wohl ausgesetzt gewesen, wenn, Gott bewahre, es durch die

5 Vermutlich geht die Gründung eines Rettungskomitees durch Vertreter der bulgar. Juden in Palästina auf diese Initiative Romanos zurück; siehe Dok. 299 vom 9.10.1942.
6 Vermutlich: Chaim Aaron Farchi (1877–1947), Pharmazeut, Politiker und zionistischer Funktionär; 1911 Abgeordneter der bulgar. Volkspartei; 1920–1926 und 1932–1935 Vorsitzender des Zentralkonsistoriums der Juden in Bulgarien; 1935 Emigration nach Palästina.

1 Ašofar, Nr. 29 vom 30.8.1940, S. 4: Gimijata pristigna! Das Dokument wurde aus dem Bulgarischen übersetzt. Die Wochenzeitung Ašofar wurde 1901 in Plovdiv als Organ der Zionistischen Organisation Bulgariens gegründet und erschien bis Jan. 1941. Mit einer Auflage von bis zu 2500 Exemplaren gilt sie als eine der bedeutendsten jüdischen Zeitungen Bulgariens. Bis 1925 erschien der Ašofar mit einem bulgar. und einem judeospan. Teil, danach nur in bulgar. Sprache. Als verantwortlicher Redakteur der Zeitung zeichnete 1919–1940 Albert Romano.
2 Baruch (Bernard) Jako Konfino, auch Confino (1891–1982), Augenarzt, zionistischer Aktivist; stellv. Vorsitzender des zionistischen Clubs „Theodor Herzl" in Sofia; emigrierte im April 1949 nach Israel.
3 Konfinos Schiffstransporte 1939/40 waren Teil der als Alija Bet bezeichneten illegalen jüdischen Migration nach Palästina, die außerhalb der von der brit. Mandatsmacht zugelassenen Einwanderungsquote erfolgte. Vor der betreffenden Fahrt hatten seine Gegner den Hilfsmotor des Dreimastschoners beschädigt, doch die bulgar. Behörden gestatteten keine Reparatur, so dass das Schiff am 30.5.1940 ohne die notwendige Nachrüstung in See stach.

Kriegshandlungen auf den Meeresgrund gesunken wäre?[4] Nichts Schlimmes ist passiert, alles ist gut gegangen, und alle vermelden voller Freude – das Schiff ist angekommen! Die immensen Sorgen und die Ungewissheit, was morgen sein wird, haben die Nerven des jüdischen Volkes verschlissen. Nicht nur die Nerven des Volkes, sondern auch die derer, die ihm vorangehen. Nur so lässt sich erklären, wie in einer Zeit, in der die Urgewalt des Krieges ganze Völker hinwegfegt, große Staaten zerstört und Millionen von Leben vernichtet, wir Juden, das Volk und seine Vorsteher, so hysterisch um unser Leben und unser Blut besorgt sind.[5] Ein prominenter Vertreter der zionistischen Fraktion in Bulgarien stürzte sich, während das Schiff unterwegs war, mit der in diesen Zeiten charakteristischen jüdischen Hysterie auf mich mit der Drohung, er würde mich, hätte er keine Kinder, erschießen. Natürlich ruft auch dieser Freund nun: Das Schiff ist angekommen! Ja, das Schiff ist angekommen, weil es ankommen musste, das ist der einzige Weg für uns. Naive Vertreter des öffentlichen Lebens behaupten, ohne das Schiff hätte es kein solches Leid gegeben und keine Ausweisungen.[6] Sie verschließen ihre Augen vor der schrecklichen jüdischen Tragödie, vor den Ausweisungen und den Konzentrationslagern, von denen der ganze Kontinent heute gezeichnet ist. Das ganze Übel besteht für sie darin, dass wir unser Volk, wenn auch mit Schiffen, ans rettende Ufer führen. Um ihre Anschuldigungen plausibler erscheinen zu lassen, werden alle möglichen Legenden und Lügen in Umlauf gebracht, die darauf abzielen, ein Schreckensbild zu zeichnen, schrecklicher noch als das Schicksal des jüdischen Volkes. Es scheint nur das eine Ziel zu geben, den Initiator zu brandmarken und dadurch das ganze Unternehmen scheitern zu lassen. Das Schiff sei ein Wrack, mit defektem Motor und leckem Rumpf. Sie erzählten einen Teil der Wahrheit und verschwiegen den Rest. Denn das Schiff war intakt, ausgestattet mit einem Motor, wie man ihn in solchen Zeiten nur schwer auftreiben kann. Aber diese Naivlinge beförderten die Vorstellung, ein Transportmittel sei Grund für die Verfolgung. Es fanden sich durchaus auch Juden, die ihnen Glauben schenkten, Sand ins Getriebe schütteten, wichtige Teile beschädigten, in der Hoffnung, auf diese Weise im Land bleiben zu können. Natürlich wurden sie enttäuscht. Sie mussten dennoch abreisen, nun aber mit einem kaputten Motor. Dafür bezahlte der gesamte Transport mit überflüssigem Leid. Dieses Spiel ist nicht neu unter uns Juden. Als Herzl mit seiner Idee eines jüdischen Staates hervortrat, bezichtigten ihn die Anhänger der Assimilation und die Antizionisten als Antisemiten. Sie beschuldigten ihn, mit seiner Idee stelle er den Patriotismus der Juden vor der nichtjüdischen Öffentlichkeit in Frage und untergrabe damit das Fundament der jüdischen Existenz in der Galut.[7] Zum Glück für das jüdische Volk ließ sich Herzl von Unter-

4 Die Jewish Agency lehnte aus Sorge um eine Konfrontation mit der brit. Mandatsmacht die illegale Einwanderung nach Palästina ab. Zionisten warfen den meist privaten Unternehmen vor, vor allem zahlungsfähige Ausreisewillige mitzunehmen. Zudem hielten viele die Reise in den oft alten Schiffen für gefährlich. Bulgar. Zionisten und das Zentralkonsistorium warfen Konfino ferner vor, durch sein Unternehmen den Ausweisungen von Juden aus Bulgarien Vorschub zu leisten.

5 So im Original. Damit warf Konfino den offiziellen Repräsentanten des Judentums vor, aus Sorge um das jüdische Leben das höchste zionistische Ideal, die Verwirklichung einer jüdischen Heimstätte in Palästina, aufzugeben.

6 Die bulgar. Behörden begannen im Frühjahr 1939, Juden mit fremder Staatsangehörigkeit auszuweisen. Das Zentralkonsistorium erwirkte die Erlaubnis, die zur Ausweisung bestimmten Juden nach Varna zu verbringen, wo sie sich den Schiffstransporten von Konfino und anderen anschließen konnten; siehe Dok. 278 vom 25.9.1939.

7 Hebr.: Exil.

stellungen und Kleinmut nicht abschrecken und setzte sein Werk der Erneuerung fort. Neu ist aber, dass sich nun Zionisten die Ideologie der Antizionisten angeeignet haben und jene angreifen, die den Zionismus tatsächlich realisieren wollen. Was sollte das überhaupt für ein Zionismus sein, ohne Immigration? Trotz dieser elementaren zionistischen Grundauffassung erschien eine Delegation eines jüdischen Instituts[8] bei mir, geleitet von Zionisten, mit dem Appell, ich solle die Transporte stoppen, weil diese zu Verfolgung und Ausweisung führten. Das lateinische Sprichwort hat ganz recht – die Zeiten ändern sich und mit ihnen die Menschen …[9]
Das Schiff ist angekommen! Zum Trost und zur Ermutigung derer, die die Front des Zionismus halten, kann ich vermelden, dass andere ihm folgen werden. Ich weiß, dass das vielen nicht gefallen wird, weil sie weder etwas aus der Geschichte des jüdischen Volks gelernt haben noch aus der rohen Gegenwart der jüdischen Tragödie. Aber ich weiß auch, dass dies der einzige Weg ist. Wenn die Völker zum Wohle von Generationen ihre besten Söhne ins Feuer schicken, kann das jüdische Volk nicht hysterisch das Leben seiner [künftigen] Erbauer beklagen. Ich weiß, dass all dies nicht ohne Schmähungen abgeht und Sorgen uns begleiten werden. Aber ich weiß auch, dass sich eines Tages erweisen wird, wer sich auf dem richtigen Weg befunden hat.
Anm. d. Red. Bekanntlich hat die Emigrationsunternehmung des Verfassers obigen Artikels viel Leidenschaft ausgelöst. Indem wir von der rein persönlichen Seite der Frage abstrahieren und zur Erhellung der prinzipiellen beitragen wollen, hält es die Redaktion für angebracht und sinnvoll, dem Initiator dieser Unternehmung die Möglichkeit zu geben, seine durchaus öffentliches Interesse berührenden Auffassungen darzulegen.

DOK. 282
Ein Wollkämmer aus Burgas begrüßt am 12. Oktober 1940 die angekündigten gesetzlichen Maßnahmen gegen die Juden[1]

Handschriftl. Brief von Krum p. Stančev, Carigradska 48, Burgas, an Innenminister P. Gabrovski,[2] vom 12.10.1940

Sehr geehrter Herr Minister,
ich schreibe Ihnen diese Zeilen, nachdem ich [über] das von Ihnen und der Regierung entworfene Gesetz die Juden betreffend gelesen habe,[3] das zur rechten Zeit kommt, weil

8 Nicht ermittelt, vermutlich das Zentralkonsistorium der Juden in Bulgarien.
9 Richtig: Die Zeiten ändern sich, und wir ändern uns in ihnen (lat.: Tempora mutantur, nos et mutamur in illis).

1 CDA, 264K/7/239, Bl. 90. Das Dokument wurde aus dem Bulgarischen übersetzt.
2 Petăr Dimitrov Gabrovski (1898–1945), Jurist; 1915–1918 Teilnahme am Ersten Weltkrieg; 1919–1922 Studium der Rechtswissenschaften in Sofia und Wien; von 1922 an Tätigkeit als Rechtsanwalt in Sofia; 1936 Mitbegründer der rechtsextremen Ratnici; 1939/40 Eisenbahnminister, 15.2.1939–14.9.1943 Innenminister; 1945 vom Volksgericht zum Tode verurteilt und hingerichtet.
3 Innenminister Gabrovski gab am 8.10.1940 erstmals öffentlich bekannt, dass der Ministerrat den Entwurf eines von ihm vorgeschlagenen „Gesetzes zum Schutz der Nation“ mit umfassenden Maßnahmen gegen die Juden gebilligt habe. Erste Presseberichte mit Einzelheiten des Gesetzesvorhabens erschienen am 9.10.1940; siehe Dok. 286 vom 23.1.1941.

es vor Juden nur so wimmelt und sie ihre Finger in allen industriellen und in letzter Zeit auch handwerklichen und anderen Unternehmungen haben. Sie sind die niederträchtigste Sippe auf der ganzen Welt und haben überhaupt kein Schamgefühl und kein menschliches Gewissen.

Deshalb gratulieren ich, meine Familie und fast ganz Burgas[4] Ihnen, dass Sie und die Regierung zusammengefunden haben, um wie echte Bulgaren an die Bulgaren zu denken, in deren Händen alle wirtschaftlichen und anderen Einrichtungen sein sollten.

Ich zum Beispiel habe eine Kardierwerkstatt zum Kämmen von Wolle, Baumwolle und Stoffstücken gehabt. Ich wohne in der Carigradska-Straße Nr. 48 in Burgas.[5] Ich habe meinen Lebensunterhalt verdient, aber vergangenes Jahr kamen Juden aus Sliven und Burgas und stellten mir gegenüber in neun Meter Entfernung richtige Maschinen auf, und durch ihre jüdische Demagogie und Gemeinheit laufe ich bereits Gefahr, hungrig zu bleiben. Denken Sie deshalb auch an uns, die Wollkämmer in Bulgarien, die wir ziemlich viele sind, aber eine Vereinigung, die uns vertritt, haben wir noch nicht, deshalb gebe Gott Ihnen Gesundheit und ein langes Leben, damit Sie der Nation dienen und sie reinigen vom dreckigen Unkraut, den Juden.

Meine Familie und ich grüßen Sie, Krum pop[6] Stančev, Carigradska-Straße Nr. 48, Burgas.

Verzeihen Sie, dass ich mich an Sie wende, aber ich schreibe als echter Bulgare, von einem Schmerz in meinem Herzen betroffen, schreibe ich Ihnen.

4 In der zweitgrößten bulgar. Hafenstadt am Schwarzen Meer lebten knapp 800 Juden.

5 Geschäftsstraße in der Innenstadt von Burgas.

6 Die Präposition „pop" im Familiennamen bedeutet, dass der Verfasser einen orthodoxen Priester zu seinen Vorfahren zählte.

DOK. 283

Der Verband der bulgarischen Rechtsanwälte protestiert am 30. Oktober 1940 beim Vorsitzenden der Nationalversammlung gegen den Entwurf des Gesetzes zum Schutz der Nation[1]

Schreiben des Vorstands des Verbands der bulgarischen Rechtsanwälte, gez. P. Bojadžiev (stellv. Vorsitzender),[2] N. Rajčev (Sekretär),[3] Sofia, an den Vorsitzenden der Nationalversammlung,[4] Sofia (Eing. 2.11.1940), vom 30.10.1940[5]

Sehr geehrter Herr Vorsitzender,
der Verband der bulgarischen Rechtsanwälte hat den in Vorbereitung befindlichen *Gesetzentwurf zum Schutz der Nation*[6] mit Überraschung aufgenommen. Wir verfügen zwar nicht über den eigentlichen Entwurf des Ministerrats, aber die darin enthaltenen Ideen sind ausreichend deutlich in den in der Tagespresse vom 9. Oktober dieses Jahres wiedergegebenen Äußerungen des Herrn Innenministers[7] umrissen.

Im konkreten Fall interessieren uns die Regelungen, denen die Juden in Bulgarien zukünftig unterworfen sein werden. Die Teile über die internationalen und geheimen Organisationen und über die schädliche und antinationale Propaganda sind in den erwähnten Äußerungen des Ministers nicht detailliert ausgeführt, weshalb wir uns mit ihnen nötigenfalls befassen werden, wenn wir den Gesetzentwurf vorliegen haben.

Was die Verfügungen angeht, die die jüdische Minderheit betreffen, sind sie ziemlich vollständig und konkret skizziert. Mit dem in Vorbereitung befindlichen Gesetz wird an erster Stelle eine völlig haltlose Definition des Begriffs Jude vorgestellt.[8] Die Bürgerrechte und die politischen Rechte der derart definierten jüdischen Minderheit werden beschnitten. Die zu dieser Minderheit Gehörigen sollen keine staatlichen, kommunalen oder öffentlichen Ämter übernehmen dürfen, sei es qua Ernennung oder durch Wahl.

1 CDA, 173K/6/1087, Bl. 42–45. Abdruck in: Koen/Dobrijanov/Manafova (Hrsg.), Borbata (wie Dok. 277, Anm. 1), S. 34–37; David Koen/Krăstjo Gerginov/Antonina Željazkova (Hrsg.), Oceljavaneto. Sbornik ot dokumenti, Sofia 1995, S. 111 f.; teilweise übersetzt in: Dieter Ruckhaberle/Christiane Ziesecke (Hrsg.), Rettung der bulgarischen Juden – 1943. Eine Dokumentation, Berlin 1984, S. 17. Das Dokument wurde aus dem Bulgarischen übersetzt.

2 Petăr Bojadžiev (gest. 1941), Jurist; stellv. Vorsitzender des Verbands der bulgar. Rechtsanwälte. Der Verband wurde 1920 gegründet. Ende der 1930er-Jahre waren 1100 von den 2911 praktizierenden Rechtsanwälten im Land Mitglied im Verband. Nach dem Putsch von 1934 setzte sich der Verband für die Wiederherstellung der verfassungsmäßigen Ordnung und die Wiedereinsetzung der aufgelösten Nationalversammlung ein. Vorsitzender des Verbands war Josif Fadenhecht (1873–1953), Rechtsanwalt und Politiker.

3 Najden Rajčev, Jurist; stellv. Vorsitzender des Verbands der bulgar. Rechtsanwälte.

4 Nikola Petrov Logofetov (1880–1945), Jurist; 1909–1943 Rechtsanwalt in Lom; Mitglied des Stadtrats von Lom und des Kreistags von Vidin, 1940/41 Vorsitzender der Nationalversammlung; 1945 vom Volksgericht zum Tode verurteilt und hingerichtet.

5 Handschriftl. Vermerk quer über die erste Seite: „Archiv, 2.XI.940: Vorliegende Stellungnahme soll berücksichtigt werden, wenn der Gesetzentwurf zum Schutz der Nation in der Nationalversammlung zur Lesung kommt, 2.XI.940, gez. N[ikola] Logofetov."

6 Siehe Dok. 286 vom 23.1.1941.

7 Petăr Gabrovski.

8 Der Entwurf definierte jeden als Juden, der einen jüdischen Elternteil hatte; siehe Dok. 286 vom 23.1.1941.

Sie können nicht in der Armee dienen. Sie dürfen keinen Grundbesitz haben. Die Ausübung freier Berufe durch Juden wird proportional zur Zahl der jüdischen Bevölkerung am entsprechenden Ort beschränkt.
Selbiges gilt für Arbeiter und Angestellte in jüdischen Privatunternehmen. Personen jüdischer Abstammung können die bulgarische Staatsbürgerschaft nicht erlangen. Sie können weder Eigentümer oder Teilhaber von Verlagsunternehmen sein noch Verleger oder Redakteure, außer wenn die entsprechenden Zeitungen, Zeitschriften oder Bücher für die jüdische Minderheit bestimmt sind. Dasselbe gilt für Film-, Theater- und Kinounternehmen sowie für den diesbezüglichen Vertrieb. Personen jüdischer Abstammung können keine Firmen vertreten, die staatliche, kommunale oder andere öffentliche Aufträge erhalten. Personen jüdischer Abstammung dürfen kein Hauspersonal bulgarischer Abstammung beschäftigen.
Aus dem Dargestellten ist ersichtlich, dass der Gesetzentwurf des Ministerrats eine Reihe von wesentlichen und erniedrigenden Einschränkungen für die jüdische Minderheit in Bulgarien schafft.
Aus den Ausführungen des Herrn Innenministers geht nicht hervor, warum ein solches Gesetz erforderlich ist. Im Gegenteil erfahren wir, dass auch der Herr Minister davon überzeugt ist: „Der bulgarische Staat und das bulgarische Volk waren von jeher bestrebt, *und, was wichtig ist, es ist ihnen auch gelungen, ihren nationalen Charakter vollständig zu bewahren. Der bulgarische Staat ist durch und durch national, und unser Volk hat seine Reinheit bis zu einem Grad bewahrt, dessen sich wenige Völker in Europa rühmen können.*“[9]
Wenn also der Herr Minister selbst, und wir nehmen an – auf Beschluss des Ministerrats – erklärt, der bulgarische Staat sei ein *vollständig* nationaler und unsere Nation habe ihre Reinheit bewahrt, dann gibt es kein nationales Bedürfnis nach einem solchen Gesetz, durch das eine bestimmte Gruppe bulgarischer Bürger eingeschränkt und degradiert wird. Das Judentum in Bulgarien gefährdet weder unsere Wirtschaft noch unsere Kultur oder gar die Reinheit der bulgarischen Nation. Völlig falsch zu behaupten wäre es, die Juden hätten besonderen Einfluss auf unser geistiges, politisches und wirtschaftliches Leben. Und es wäre ungerecht zu sagen, die Juden würden ihre Pflichten nicht wie alle übrigen Bürger erfüllen. Deshalb erkennen wir keinen Grund, warum die jüdische Minderheit im Hinblick auf die Interessen von Staat und Volk derart eingeschränkt und degradiert werden sollte. Es fehlt nicht nur an jeder Rechtfertigung, die Restriktionen stehen vielmehr auch in Widerspruch zum demokratischen und freiheitsliebenden Geist der Bulgaren, die weder in der langen und schweren Epoche der Knechtschaft[10] noch in Zeiten von Bitternis, Unrecht und Unglück die Juden im Lager ihrer Feinde und Unterdrücker fanden.
Davon abgesehen muss daran erinnert werden, dass auch anderswo bulgarische Minderheiten leben, deren schweres Schicksal das bulgarische Volk mit Schmerz und Empörung verfolgt. Unsere Sorge und unser Einsatz zum Schutz der versklavten bulgarischen Minderheiten würden viel von ihrer rechtlichen und moralischen Legitimation verlie-

9 Das Zitat ist der Begründung von Innenminister Gabrovski zum Gesetz entnommen, siehe Stenografski dnevnici, 25 Obiknoveno narodno săbranie, Vtora redovna sesija, Stenografski dnevnik na 11. Zasedanie, Petăk, 11 noemvrij 1940 g., Sofia 1941, S. 204.

10 Gemeint ist die osman. Herrschaft über Bulgarien, die vom 14. Jahrhundert bis 1878 andauerte.

ren, wenn wir auf unserem Territorium gegen eine andere Minderheit ähnlich ungerechtfertigte Einschränkungen und Willkürakte zuließen.[11]

Schließlich sind wir verpflichtet zu erklären, dass wir uns durch keinerlei Erwägungen veranlasst sehen, unsere Anwaltskollegen jüdischer Abstammung in ihrer Berufsausübung einzuschränken. Sie sind insgesamt korrekte, moralisch integre Mitglieder unseres Verbands, die ihre professionellen Pflichten immer erfüllt haben. Aus ihrer Mitte sind in der Vergangenheit und gegenwärtig regelmäßig Mitglieder in die Leitungen unserer Organisationen und Institutionen gewählt worden, und diese haben die ihnen anvertrauten Positionen mit Sorgfalt und Würde ausgefüllt.[12] Deshalb begegnen wir jedem Versuch, jüdische Anwälte in ihrer Berufsausübung einzuschränken, mit entschiedener Ablehnung. Für die Entwicklung des Anwaltsberufs sind Sorgen solcher Art absolut unnötig.

Aber unabhängig von allem oben Dargelegten ist für uns immer die juristische Seite der Angelegenheit von primärer Bedeutung. Das sich in Vorbereitung befindliche Gesetz wird ein erneuter Schlag gegen unsere Verfassung sein.[13] Diese untersagt ausdrücklich die Hierarchisierung der bulgarischen Bürger. Alle Staatsbürger sind vor dem Gesetz gleich (Artikel 57). Alle genießen politische Rechte (aktives und passives Wahlrecht, das Recht, zivile und militärische Positionen zu übernehmen usw.), und *alle im Königreich Ansässigen* genießen Bürgerrechte, d. h. alle Rechte, die Gegenstand des bürgerlichen Rechts sind (Artikel 60). Wie lässt sich dies und anderes aus unserer Verfassung mit den oben aufgezählten Einschränkungen der jüdischen Minderheit vereinbaren? Es ist offensichtlich, dass ihre Durchsetzung eine Verletzung der Verfassung darstellt, die Minister nicht wollen und Volksvertreter nicht zulassen dürfen, weil sie geschworen haben, die Verfassung zu schützen und zu verteidigen.

Indem wir Ihnen all dies darlegen, bitten wir nachdrücklich darum, dieses unnötige, schädliche, rechtsverletzende und ungerechte Gesetzesvorhaben aufzugeben.

Mit Hochachtung

11 Bulgarien beanspruchte Minderheiten in den Anrainerstaaten Jugoslawien, Griechenland, der Türkei und Rumänien.

12 Über die Hälfte aller jüdischen Rechtsanwälte war in Sofia tätig. So gab es 1938 in der Hauptstadt 53 jüdische Rechtsanwälte, was einem Anteil von etwa 10 % der in Sofia praktizierenden Anwälte entsprach. Nach der Umsetzung des Gesetzes zum Schutz der Nation durften max. 20 jüdische Anwälte im Land ihre Tätigkeit weiterhin ausüben, davon zwölf in Sofia.

13 Anspielung auf die Verstöße des monarchisch-autoritären Regimes gegen die Verfassung, die von 1934/35 an in Teilen de facto außer Kraft gesetzt worden war.

DOK. 284

Der Metropolit von Sofia weist am 23. November 1940 die Priester seiner Diözese zur Aufnahme von Juden in die Bulgarisch-Orthodoxe Kirche an[1]

Rundschreiben (streng vertraulich) Nr. 4870 der Diözese von Sofia, gez. Stefan,[2] an die allehrfürchtigen und ehrfürchtigen Gemeindepfarrer in unserer von Gott behüteten Eparchie, vom 23.11.1940

„Gott gebe euch viel Gnade und Frieden durch die Erkenntnis Gottes und Jesu Christi, unseres Herrn!" (2 Petrus Kap. 1, Vers 2)

Mit seelischer Zufriedenheit und Freude möchten wir eine bedeutsame Tatsache für die Kirche und ihre treuen Kinder hervorheben. Wir sprechen von dem verstärkten Zustrom von Juden zur Mutter Kirche in den letzten Tagen.[3] Persönlich kennen wir bewegende Fälle von Konversionen von Juden, die denen aus den ersten Zeiten des Christentums gleichen. Zweifellos kann es unter den vielen Neukonvertiten auch einige geben, die – ähnlich wie Simon der Magier (Apostelgeschichte Kapitel 8, Verse 9, 13, 18, 24) – nur aus Angst oder materieller Vorteile wegen unter das Dach der heiligen Kirche kommen. Das ist möglich. Aber es ist nicht an uns, über sie zu richten (Römer, Kap. 2, Vers 3). Das kann nur Gott, und Er wird es tun! „Die Rache ist mein; ich will vergelten!" (5. Mose, Kap. 32, Vers 35), sagt der Herr ausdrücklich. Wegen einiger Unwürdiger – und gibt es denn unter den anderen Christen keine Unwürdigen? – dürfen wir jedoch in keinem Fall die Türen der Kirche Gottes vor denen verschließen, die aus welchen Gründen auch immer anklopfen und beharrlich Einlass begehren. In Übereinstimmung mit der alten Prophezeiung dürfen die Tore des neutestamentlichen Jerusalem – der Kirche – weder bei Tag noch bei Nacht geschlossen werden (Jesaja, Kap. 60, Vers 11). Im Gegenteil, alle, die ihre Schritte zum Haus Gottes gelenkt haben, müssen wir mit Freude begrüßen und aufnehmen! Jesus unser Herr, der die Herzen der Menschen kennt, wird dafür Sorge tragen, ihre inneren Absichten zu prüfen und zu beurteilen. Er wird jedem seinen Lohn geben (2. Korinther, Kap. 5, Vers 10), natürlich auch jenen, die in sein Königreich und zu seinem Hochzeitsmahl aus unreinen Beweggründen und ohne Hochzeitsgewand eingetreten sind (Matthäus, Kap. 22, Vers 11)!

Wer weiß, vielleicht will uns dieser massive Zustrom von Juden in den Schoß der Kirche zu verstehen geben, dass die Zeiten der Heiden zu Ende gehen (Lukas, Kap. 21, Vers 24)

1 CDA, 166K/6/11, Bl. 16; Abdruck in: Albena Taneva/Ivanka Gezenko (Hrsg.), The Power of Civil Society in a Time of Genocide: Proceedings of the Holy Synod of the Bulgarian Orthodox Church on the Rescue of the Jews in Bulgaria 1940–1944, Sofia 2005, Dok. 6, S. 75–79. Das Dokument wurde aus dem Bulgarischen übersetzt.

2 Stefan, Metropolit von Sofia, geb. als Stojan Popgeorgiev Šokov (1878–1957), promovierter orthodoxer Theologe; 1921 Bischofsweihe, 1922–1948 Metropolit von Sofia, 1944–1945 stellv. Vorsitzender der Heiligen Synode der Bulgarisch-Orthodoxen Kirche, 1945–1948 Exarch von Bulgarien; 1948 Amtsniederlegung wegen Kritik am kommunistischen Regime und Internierung im Dorf Banja, wo er starb; 2001 als „Gerechter unter den Völkern" ausgezeichnet.

3 Der Entwurf des Gesetzes zum Schutz der Nation sah vor, diejenigen Juden von den diskriminierenden Bestimmungen auszunehmen, die zum orthodoxen Christentum konvertierten oder mit einem christlichen Ehepartner verheiratet waren. Konversionen sollten jedoch nur dann anerkannt werden, wenn sie vor dem Stichdatum 1.9.1940 erfolgt waren. Das im Aug. 1942 geschaffene Kommissariat für Judenfragen registrierte im Herbst 1942 insgesamt 400 Personen, die ein Privileg in diesem Sinne bekommen hatten.

und der Erlöser für Zion und die Söhne Jakobs, die sich von der Sünde abgewendet haben, kommt (Jesaja, Kap. 59, Vers 20). Vielleicht sind es gerade unsere Tage, über die der große Jude und Apostel der Heiden (Römer, Kap. 11, Vers 13), in völliger Übereinstimmung mit dem uralten Propheten (Jesaja, Kap. 52, Vers 9 – „Lasst uns fröhlich sein und miteinander rühmen das Wüste zu Jerusalem; [denn der Herr hat sein Volk getröstet] und Jerusalem gelöst.“), in seiner berühmten Botschaft an die Römer spricht. Dort warnt er die Christen nichtjüdischer Abstammung und Religionszugehörigkeit:
„Ich will euch nicht verhalten, liebe Brüder, dieses Geheimnis (auf dass ihr nicht stolz seid): Blindheit ist Israel zum Teil widerfahren, so lange, bis die Fülle der Heiden eingegangen sei … Gott hat sein Volk nicht verstoßen, welches Er zuvor ersehen hat … Gott kann sie wohl wieder einpfropfen … Und also das ganze Israel selig werde, wie geschrieben steht: ‚Es wird kommen aus Zion, der da erlöse und abwende das gottlose Wesen von Jakob‘ (Römer, Kap. 11, Verse 25, 2, 23, 26).“ Und einem kommt unwillkürlich ein anderer freudiger prophetischer Ausruf in den Sinn: „Mache dich auf, werde Licht! Denn dein Licht kommt, und die Herrlichkeit des Herrn geht auf über dir … Hebe deine Augen auf und siehe umher: diese alle versammelt kommen zu dir. Deine Söhne werden von ferne kommen und deine Töchter auf dem Arme hergetragen werden“ (Jesaja, Kap. 60, Verse 1, 4).
Dieses freudige Bild, dieser Zustrom von Juden zu Christus, unserem Herrn, muss auch uns aufrichtig Hoffnung machen. „Denn so ihr Fall der Welt Reichtum ist, und ihr Schade ist der Heiden Reichtum, wie viel mehr, wenn ihre Zahl voll würde? … Denn so ihre Verwerfung der Welt Versöhnung ist, was wird ihre Annahme anders sein als Leben von den Toten?“ (Römer, Kap. 11, Verse 12, 15). Vielleicht hat der Herr die Decke von ihren Herzen entfernt (2. Korinther, Kap. 3, Verse 14–16)?
Alles Gesagte sollte uns Anlass sein und muss uns sehr freuen, denn viele Dinge sprechen eindrucksvoll dafür, dass alles genau so in Erfüllung geht, wie es geschrieben steht (Lukas, Kap. 21, Vers 22), und die flüchtige Zeit bringt uns Christus, unserem Herrn, immer näher, und wir werden schneller die Möglichkeit haben, Ihm in der Luft zu begegnen und so immer bei Ihm zu sein (1. Thessalonicher, Kap. 4, Vers 17), uns mit Ihm, unserer immerwährenden Hoffnung und Zuversicht, zu vereinen!
Indem wir diese für den Soldaten Christi apokalyptische und freudige Tatsache hervorheben, können wir auch einen anderen Umstand nicht stillschweigend übergehen. Zu uns sind ungute Gerüchte gelangt, dass einige Priester unter allerlei wohlklingenden Vorwänden sich richtiger Erpressungen der neu in den Schoß der Kirche strömenden Juden schuldig machen und so das große Sakrament der Taufe in ein ganz grobes Handelsgeschäft verwandeln, mit persönlichen Vorteilen für sich selbst.
Wir wollen nicht glauben, dass es solche unter den Dienern Christi gibt. Dennoch fühlen wir die väterliche Verpflichtung, alle daran zu erinnern: Taucht eine Verlockung auf, dann überwindet sie mit dem reinstem Gewissen eines Hirten! In keiner Form und unter keinem Vorwand sollt ihr die neuen Rekruten der Armee Christi erpressen! Denn gerade jetzt ist die Zeit gekommen, um ihnen zu zeigen und mit Taten zu beweisen, in welcher Finsternis und in welchem mörderischen Schatten sie bisher gesessen haben, damit sie noch klarer das große Licht unseres Herrn Jesus Christus erblicken und es ihnen rettend strahlt (Jesaja, Kap. 9, Vers 2)!
Deshalb, Brüder, hütet euch davor, sie zu verführen, und begebt euch nicht in die Dienste am „Chrysos“ – am Gold auf die schiefe Ebene, sonst gleitet ihr ab. Dagegen hat schon

der alttestamentarische Prophet Ezechiel (Kap. 34) mit flammender Rede gewarnt. Hütet euch, denn das Schicksal des Verführers wird fürchterlich sein (Matthäus, Kap. 18, Vers 6)! Und worin würdet ihr euch sonst unterscheiden von ihren einstigen Schriftgelehrten und Pharisäern, die unser Heiland so schonungslos entlarvt hat? Sie schnüren doch den anderen schwere und unerträgliche Lasten zusammen und wollen selbst keinen Finger rühren, um sie zu tragen. Sie ziehen doch über Land und Meer, um einen Anhänger zu finden, und später machen sie ihn zu einem Sohn der Hölle, der doppelt so schlimm ist wie sie selbst (Matthäus, Kap. 23, Verse 4, 15). Hütet euch also! „So sehet nun zu, wie ihr vorsichtig wandelt, nicht als die Unweisen, sondern als die Weisen … denn es ist böse Zeit. Darum werdet nicht unverständig, sondern verständig, was da sei des Herrn Wille" (Epheser, Kap. 5, Verse 15–17)! „So habt nun acht auf euch selbst und auf die ganze Herde, unter welche euch der Heilige Geist gesetzt hat [zu Bischöfen], zu weiden die Gemeinde Gottes, welche Er durch sein eigen Blut erworben hat" (Apostelgeschichte, Kap. 20, Vers 28).

Denkt über die Worte des Propheten nach: „Verflucht sei, der des Herrn Werk *lässig* tut" (Jeremia, Kap. 48, Vers 10)!

Um also jegliche Verdächtigungen zu vermeiden und keinen Anlass zur Versuchung zu geben, speziell im Zusammenhang mit der Aufnahme von Personen jüdischer Abstammung und Konfession in die Orthodoxie, ordnen wir Folgendes an:

1.) In jedem einzelnen Fall sollt ihr persönlich die Juden, die getauft zu werden wünschen, von Grund auf mit den Wahrheiten unseres Glaubens bekanntmachen.

2.) Wenn diese Vorbereitung abgeschlossen ist, sollt ihr genauestens überprüfen, inwieweit der Aufnahmewillige mit unserer Glaubenslehre vertraut ist und sie sich angeeignet hat. Und nur dann soll eine Genehmigung zur Taufe angefordert werden, wenn eine solche nicht schon im Voraus erteilt worden ist. Ohne persönliche Genehmigung von uns für jeden einzelnen Fall soll es keiner wagen, das heilige Sakrament zu spenden.

3.) Taufscheine für die getauften Juden werden von unserem Sekretariat ausgestellt, nachdem wir über alles informiert worden sind, was ihr für die neu in die Wahrheiten und heiligen Geheimnisse unserer heiligen Kirche Eingeweihten getan habt.

4.) Ihr müsst den Paten mit größtem Ernst ins Gedächtnis rufen, was für eine wichtige Rolle sie übernehmen und welche Pflichten sie freiwillig eingehen. Sie sind verpflichtet, ihren geistigen Kindern gegenüber aufmerksam zu sein, viel aufmerksamer als jeder andere ihrer Verwandten oder Bekannten. Sich ihnen gegenüber zu verhalten wie gegenüber unmündigen Kindern im Glauben und in Christus (1. Korinther, Kap. 3, Vers 1). In engem und persönlichem Kontakt mit ihnen zu sein, auch nach der Taufe, und das nur mit dem Ziel, sie auch weiterhin in den Wahrheiten des Glaubens und der Gottesfurcht zu unterweisen. Wie schön, wie lieb und rührend wird es sein, wenn zum Beispiel die Patin, wie eine Mutter ihr Kind, am Feiertag ihre Patentochter abholt oder der Pate seinen Patensohn, sie in die Kirche mitnimmt, bis sie sich an die neue Ordnung und Umgebung gewöhnen und sich mit Gottesfurcht auch auf das heilige Sakrament der Kommunion vorbereiten.

5.) Die neu Getauften sollen mit keinerlei außerordentlichen Gebühren belastet werden. Es soll ihnen ausdrücklich dargelegt werden, dass abgesehen von den gewöhnlichen Gebühren für die Kirche das Sakrament selbst *kostenlos* gespendet wird. Mit einem Wort, alles muss vom Taufpaten und vom Priester vollkommen uneigennützig geleistet werden! Nur so werdet ihr unseren neuen Brüdern im Glauben die Möglichkeit geben, noch

tiefer die erneuernde Kraft des großen Sakraments, der heiligen Taufe zu spüren: das Ablegen des alten Menschen und die Erneuerung durch das Sakrament (Römer, Kap. 6, Verse 3, 11) – und das Werden des neuen Geschöpfs in Christus (2. Korinther, Kap. 5, Vers 17).
Brüder, wir warnen euch, dass auch für das kleinste Vergehen schwerste Strafen verhängt werden. Wir rufen dazu auf, auch wenn wir nicht gehört werden, dass es niemand schwer haben soll! „Was wollt ihr? Soll ich mit der Rute zu euch kommen oder mit Liebe und sanftmütigem Geist?" (1. Korinther, Kap. 4, Vers 21)? Wählt selbst!
Wir fordern euch noch einmal auf: Vergesst nicht, dass ihr Diener Christi seid und nicht des Mammons (Matthäus, Kap. 6, Vers 24; Lukas, Kap. 16, Vers 13).
Deshalb tut alles, was ihr in eurem ganzen Leben als Hirten und speziell in der aktuellen stürmischen und beunruhigenden Zeit tut, einschließlich der Taufe von Juden, zur Verherrlichung Gottes (1. Korinther, Kap. 10, Vers 31), „Und alles, was ihr tut mit Worten oder mit Werken, das tut alles in dem Namen des Herrn Jesu, und danket Gott und dem Vater durch ihn" (Kolosser, Kap. 3, Vers 17)!
Euer herzlicher Fürbitter in Christus

DOK. 285
Albert Romano berichtet der World Zionist Organization am 23. Dezember 1940 über die Tragödie des Schiffes Salvador mit jüdischen Flüchtlingen aus Bulgarien[1]

Brief von A. Romano, Plovdiv, an Dr. Lauterbach, Jerusalem, vom 23.12.1940 (Abschrift)

Hiermit möchte ich Sie erneut über die Ereignisse hier bei uns informieren. Zunächst über das schreckliche Unglück unseres Flüchtlingsschiffs bei Silivri am Marmarameer. Das von Hrn. Dr. Konfino erworbene Schiff sank mitsamt der ca. 230 Passagiere. Ca. 150 Menschen überlebten wie durch ein Wunder.[2] Bei den meisten Ertrunkenen handelt es sich um Kinder und Frauen. In der gesamten jüdischen Gemeinschaft herrscht tiefe Trauer. Überall in den jüdischen Gemeinden wurden Trauerreden gehalten. Erwähnt werden muss, dass vor Auslaufen des Schiffes die Zionistische Organisation in Sofia dringende Warnungen in Bezug auf den schlechten Zustand des Bootes und das Risiko eines Unglücks erhalten hatte. Sie sandte ein Telegramm an die Organisatoren und ordnete an, die Überfahrt (für ihre Mitglieder) zu stornieren. Der Hinweis wurde jedoch nicht befolgt. Unser Konsistorium bemüht sich nun auf verschiedene Art und Weise, den Überlebenden Hilfe zukommen zu lassen, und schickte auch [...][3] nach Ankara. Die [bulgarischen] Behörden allerdings erlauben nur sehr eingeschränkt, etwas über das

1 CZA, S30/4678 und S26/1265, Bl. 154 f. Das Dokument wurde aus dem Hebräischen übersetzt.
2 Bei der „Salvador" handelte es sich um ein Flüchtlingsschiff, das am 3.12.1940 aus dem Hafen von Varna auslief. Der von Konfino und einem aus einigen Zionisten bestehenden Komitee organisierte Transport war in die Kritik geraten, weil das kleine Boot ohne Motor kaum seetauglich war. Bei dem heftigen Sturm zerbrach der Rumpf und sank; von den 320 Passagieren überlebten 120.
3 Fehlendes Wort.

Unglück bekannt zu geben, weil hauptsächlich sie selbst die Schuld dafür tragen:[4] Bei den Flüchtlingen handelte es sich meist um abgeschobene Ausländer. In einem Fall drängten die Behörden 23 Personen, darunter Frauen, Kinder und Jugendliche, an Bord zu gehen. Diese weigerten sich, wohl wissend, was ihnen bevorstand. Alles Bitten blieb vergebens. Unter den Opfern befanden sich auch junge Männer und Frauen von „Makkabi", „Haschomer Hazair" und „Betar",[5] die die Reise aus weltanschaulichen Gründen antraten. Die Überlebenden befinden sich nun in einer äußerst schwierigen Lage, denn die türkischen Behörden werden ihnen wahrscheinlich keine Aufenthaltserlaubnis geben, und zumindest den Ausländern wird die Rückkehr sicher verweigert werden.[6] Daher haben wir der Exekutive[7] ein Telegramm gesandt, um diese Menschen möglichst schnell zu unterstützen, was bedeutet, sie zunächst mit Einreisegenehmigungen zu versorgen.[8]
Nun ist nicht allzu viel Zeit vergangen, bis die bulgarischen Juden von einem weiteren Unglück heimgesucht wurden. Auch dieses war vorauszusehen, doch es traf sie äußerst hart. Die Nationalversammlung verabschiedete mittlerweile das „Gesetz zum Schutz der Nation". Alle Hoffnungen auf Lockerung wurden nicht nur enttäuscht, das verabschiedete Gesetz übertrifft die alte Fassung sogar noch an Grausamkeit. Im Kern besteht es darin, dass die die freien Berufe (Ärzte, Rechtsanwälte, Apotheker usw.) betreffenden Einschränkungen nun auch für Händler gelten. In jeder Berufsgruppe darf der Anteil der Juden 0,8 Prozent nicht übersteigen und muss dem Anteil der Juden an der Gesamtbevölkerung des Landes entsprechen.[9] Die Maßnahmen treten unverzüglich nach Verabschiedung einer Ausführungsverordnung in Kraft und nicht später als sechs Monate nach Gesetzesverkündigung. Noch wurde es nicht veröffentlicht, weil ein anderer, eine andere Sache betreffender Teil des Gesetzes noch nicht verabschiedet wurde. Es ist jedoch davon auszugehen, dass dies noch diese Woche erfolgt und es in der kommenden veröffentlicht wird. Ausgenommen von den Regelungen sind Kriegswaisen und -invaliden sowie Kriegshelden mit entsprechenden Auszeichnungen[10] (andere Auszeichnungen werden nicht berücksichtigt); sämtliche Juden müssen ihr Vermögen bei der Nationalbank offenlegen. Auswanderer müssen nachweisen, dass sie ihr Vermögen nicht

4 Auch brit. Diplomaten und die westliche Presse gaben den bulgar. Behörden die Hauptschuld für die Tragödie; siehe 200 Refugees Die in Wreck in Gale, in: The New York Times vom 14.12.1940, S. 4.

5 Makkabi war eine jüdische Turnbewegung mit zionistischer Ausrichtung, die sich in Bulgarien 1903 als landesweiter Verein konstituierte und später zum Zweig der 1921 begründeten Makkabi Weltunion wurde. In der Zwischenkriegszeit stieg sie zur bedeutendsten jüdischen Jugendbewegung im Land auf. Haschomer Hazair war der bulgar. Ableger der 1913 in Galizien entstandenen gleichnamigen linkszionistischen Jugendbewegung und die zweitgrößte zionistische Jugendorganisation Bulgariens. Auch Betar, die 1923 in Riga gegründete Jugendbewegung des revisionistischen Zionismus, war im Land vertreten.

6 Tatsächlich gestattete der bulgar. Ministerrat am 31.12.1940 per Beschluss die Rückkehr derjenigen Überlebenden des Schiffsbruchs, die bulgar. Staatsbürger waren.

7 Gemeint ist die Jewish Agency for Palestine.

8 An die 40 Personen, die nicht nach Bulgarien zurückkehrten, bestiegen Anfang März 1941 in Istanbul das Flüchtlingsschiff „Darien". Offenbar besaßen die meisten von ihnen zu diesem Zeitpunkt noch kein Palästina-Zertifikat, denn sie wurden in das Internierungslager Atlith südlich von Haifa eingewiesen, nachdem das Schiff von den brit. Behörden unter Kontrolle gebracht worden war.

9 Zum endgültigen Wortlaut des Gesetzes siehe Dok. 286 vom 23.1.1941, hier insbesondere Art. 25.

10 Vermutlich Träger von Tapferkeitsorden; siehe Dok. 286 vom 23.1.1941, Art. 33, Buchstabe b.

illegal außer Landes geschafft haben. In Vorständen dürfen Juden keine Mehrheit bilden und in Kreditinstituten nicht einmal mehr als einfache Mitglieder fungieren. Alle jüdischen Kreditinstitute, allen voran die berühmte Bank „Ge'ula" in Sofia,[11] werden diesem Gesetz zum Opfer fallen, was in ein finanzielles Desaster führt.
Kurz gesagt, es handelt sich um ein „kaltes Pogrom nach allen Regeln der Kunst".[12]
Nach Veröffentlichung des Gesetzes werde ich mich bemühen, Ihnen ein Exemplar zukommen zu lassen. Was unsere Organisation und die Herausgabe von „HaSchofar"[13] angeht, ist deren Schicksal meiner Meinung nach in wenigen Tagen besiegelt.
Persönlich werde ich wohl meine Zulassung als Rechtsanwalt verlieren und in kürzester Zeit „blank" dastehen, Gott bewahre. Wie steht es mit den Einwanderungsgenehmigungen? Werden sie von unseren Freunden nicht erteilt? Alnea ist in Sofia und versprach mir herzukommen. Sicherlich werde ich ihm zuvorkommen und nach Sofia fahren, um die schwierige Lage zu erörtern. Sie wissen sicher, was Sie zu tun haben, nur bei Gott findet man Hilfe.

DOK. 286

Das Gesetz zum Schutz der Nation entzieht am 23. Januar 1941 Juden die Bürgerrechte und unterwirft sie diskriminierenden Beschränkungen[1]

Gesetz zum Schutz der Nation […][2]

Teil II: Personen jüdischer Abstammung.
Kapitel I: Abstammung.
Artikel 15. Jüdischer Abstammung sind Personen, bei denen mindestens ein Elternteil Jude ist.
Als nichtjüdischer Abstammung gelten diejenigen Personen, die in zum Zeitpunkt des Inkrafttretens dieses Gesetzes bereits bestehende Mischehen zwischen zum Christentum konvertierten Personen jüdischer Abstammung und Personen bulgarischer Abstammung hineingeboren worden sind oder werden und die das Christentum als ihre erste Religion angenommen haben oder annehmen werden.
Artikel 16. Alle Personen jüdischer Abstammung (beziehungsweise deren gesetzliche Vertreter oder Vormunde), ohne Rücksicht auf ihre Staatsbürgerschaft, sind verpflichtet, innerhalb eines Monats nach Inkrafttreten des Gesetzes ihre Abstammung bei der Gemeindeverwaltung und der entsprechenden Polizeidienststelle bekannt zu geben, um

11 Bank „Geu'la" (hebr.: Erlösung) war eine jüdische Genossenschaftsbank, die 1921 von Zionisten in Sofia mit dem Ziel gegründet wurde, Kleinkredite zu vergeben.
12 Es ist unklar, woher dieses Zitat stammt.
13 Richtig: Ašofar. Die zionistische Wochenzeitung, die von Romano herausgegeben wurde, wurde tatsächlich gleichzeitig mit dem Inkrafttreten des Gesetzes zum Schutz der Nation im Jan. 1941 eingestellt.

1 Dăržaven vestnik, Nr. 16 vom 23.1.1941, S. 1–5. Teilweise übersetzt in: Ruckhaberle/Ziesecke, Rettung (wie Dok. 283, Anm. 1), S. 28–30. Das Dokument wurde aus dem Bulgarischen übersetzt.
2 Teil I des Gesetzes enthält Bestimmungen „über die geheimen und internationalen Organisationen" und wurde im Hinblick auf die Freimaurerlogen und ähnliche Bünde verfasst.

diese im Melderegister der Gemeinde, im Personalausweis und in der polizeilichen Kartei für Personen jüdischer Abstammung zu vermerken.
Wer gegen die Bestimmungen dieses Artikels verstößt, wird mit Zuchthaus und einer Geldstrafe in Höhe von 1000 bis 100 000 Lewa belegt.
Artikel 17. Beim Erstellen einer Geburtsurkunde für eine Person jüdischer Abstammung muss in der entsprechenden bulgarischen Gemeinde der exakte Name des Neugeborenen angegeben werden. Die Gemeinden stellen auf Grundlage der Geburtsurkunde einen Nachweis über den Geburtsnamen aus. Die Synagogenvorstände (die jüdische Gemeinde) sind bei der Beschneidung verpflichtet, dem Neugeborenen den Namen zu geben, der in dem Nachweis über den Geburtsnamen angegeben ist, der von der entsprechenden bulgarischen Gemeinde ausgestellt worden ist. Derselbe Name wird auch verpflichtend in den Geburtsnachweis eingetragen.
Alle Personen jüdischer Abstammung sind verpflichtet, den Namen zu tragen, der in der Geburtsurkunde angegeben ist. Dieser Name muss auch in allen übrigen Papieren und Dokumenten verwendet werden, wie Personalausweis, Diplome und Zeugnisse, Einberufungsbescheide, Entlassungsscheine, steuerliche Eintragungen, Gewerbeeintragungen u. a.
Artikel 18. Personen jüdischer Abstammung, bei denen zum Zeitpunkt des Inkrafttretens dieses Gesetzes in ihren Dokumenten Namen stehen, die nicht dem Namen entsprechen, der in der Geburtsurkunde angegeben ist, sind verpflichtet, innerhalb einer Frist von drei Monaten eine Abschrift der Geburtsurkunde vorzulegen, auf deren Grundlage der Name in allen Papieren und Dokumenten, die im vorhergehenden Artikel angegeben sind, zu korrigieren ist.
Für vor 1893 Geborene ist der Geburtsnachweis der entsprechenden jüdischen Gemeinde vorzulegen.[3]
In Bulgarien geborene Personen jüdischer Abstammung, die die bulgarische Staatsbürgerschaft durch Einbürgerung erlangt haben, müssen eine Geburtsurkunde in der entsprechenden Gemeinde vorlegen. Außerhalb der Landesgrenzen Geborene müssen eine beglaubigte Abschrift der Geburtsurkunde vorlegen, die von der entsprechenden Gemeinde des Staates ausgestellt ist, in dem sie geboren sind.
Artikel 19. Bei der Konversion von Personen jüdischer Abstammung zum christlichen Glauben kann die Geburtsurkunde in der entsprechenden Gemeinde nur nach einem protokollarischen Beschluss durch das zuständige Gericht korrigiert werden, wobei der neue Name in das Melderegister eingetragen, der alte (jüdische) Name jedoch beibehalten wird.[4]
Personen jüdischer Abstammung und weiblichen Geschlechts, die zum christlichen Glauben konvertiert und mit Bulgaren verheiratet sind, behalten als Zweitnamen ihren Mädchennamen nach dem Vater (den jüdischen Namen).[5]

3 Erst seit 1893 gab es in Bulgarien Zivilstandsregister.
4 Diejenigen, auf die dies zutraf, trugen von diesem Zeitpunkt an Doppelnamen.
5 Das bedeutet, dass sie Doppelnamen tragen mussten.

Bei Personen jüdischer Abstammung werden die Namensendungen -ov, -ev, -ič[6] usw. in den Zu- und Familiennamen gestrichen. Selbige bleiben so, wie sie in den Geburtsurkunden oder Geburtsnachweisen angegeben sind.

Artikel 20. Die Adoption oder Vaterschaftsanerkennung von Personen jüdischer Abstammung durch Personen bulgarischer Herkunft ist nicht zulässig.

Kapitel II: Allgemeine Einschränkungen.

Artikel 21. Die Personen jüdischer Abstammung können nicht:

a) als bulgarische Staatsangehörige akzeptiert werden; die Frauen jüdischer Abstammung erhalten die Staatsangehörigkeit ihres Ehemanns;

b) das aktive oder passive Wahlrecht ausüben, weder bei Wahlen staatlicher oder öffentlicher Institutionen noch bei Wahlen anderer Gesellschaften und Vereinigungen mit ideellen Zielsetzungen, es sei denn, es handelt sich um eine Wahl zu Organisationen von Personen ausschließlich jüdischer Abstammung. Alle Personen jüdischer Abstammung, die bei Inkrafttreten dieses Gesetzes Wahlfunktionen innehaben, die sie im Einklang mit demselben nicht erfüllen können, sind verpflichtet, diese Funktionen innerhalb eines Monats nach Inkrafttreten dieses Gesetzes niederzulegen;

c) staatliche, kommunale oder andere Ämter der öffentlichen Verwaltung bekleiden, ebenso wenig Ämter in privatrechtlichen Organisationen – außer in Organisationen von Personen ausschließlich jüdischer Abstammung – die irgendwelche öffentlich-rechtlichen Privilegien genießen oder die materiell von der öffentlichen Verwaltung unterstützt werden. Sie können ebenso wenig Agenten oder Repräsentanten staatlicher, kommunaler oder autonomer Direktionen, Institute u. a. sein. Alle Personen jüdischer Abstammung, die solche Ämter bekleiden, sind verpflichtet, sie innerhalb eines Monats nach Inkrafttreten des Gesetzes zurückzugeben;

d) sich vom Militärdienst freikaufen, sondern werden ohne Einschränkung einberufen, dienen aber nur als Arbeitssoldaten in gesonderten Arbeitsgruppen; die für den Arbeitsdienst Untauglichen werden mit einer entsprechenden Militärsteuer belegt;

e) Mitglieder in Organisationen sein, die sich unter der Aufsicht des Kriegsministeriums befinden;

f) eine Ehe oder eine außereheliche Lebensgemeinschaft mit Personen bulgarischer Abstammung eingehen; Ehen zwischen Personen jüdischer Abstammung und Bulgaren, die nach Inkrafttreten des Gesetzes geschlossen wurden, gelten als nichtig;

g) Personen bulgarischer Abstammung als Hausangestellte haben, in welcher Form auch immer; gibt es solche Hausangestellte, müssen sie innerhalb von fünfzehn Tagen nach Inkrafttreten dieses Gesetzes entlassen werden.

Wer gegen die Bestimmungen dieses Artikels verstößt, wird mit Zuchthaus und einer Geldstrafe in Höhe von 1000 bis 30 000 Lewa bestraft.

Artikel 22. In einer Lehranstalt, einer bulgarischen oder ausländischen, die nicht nur für Juden bestimmt ist und in der eine beschränkte Anzahl von Lernenden aufgenommen wird, können Personen jüdischer Abstammung in einem Umfang aufgenommen werden, der vom Ministerium für Volksbildung bestimmt wird, aber nur, wenn es keine bulgarischen Kandidaten gibt.

6 Die bulgar. Namensendungen, die Juden als Zeichen der Akkulturation angenommen hatten.

Kapitel III: Über den Wohnsitz von Personen jüdischer Abstammung.
Artikel 23. Nach Inkrafttreten dieses Gesetzes kann keine Person jüdischer Abstammung ohne Genehmigung der Polizeidirektion den Wohnsitz wechseln. Wer gegen diese Bestimmung verstößt, wird mit einer Geldstrafe in Höhe von 3000 bis 25 000 Lewa bestraft und vom Ministerium für innere Angelegenheiten und Volksgesundheit wieder an seinem bisherigen Wohnsitz angesiedelt.
Es ist künftig nicht zulässig, dass Personen jüdischer Abstammung von einem anderen Wohnort nach Sofia umziehen.
Der Ministerrat kann auf Grundlage des Berichts des Ministers für innere Angelegenheiten und Volksgesundheit diejenigen Dörfer und Städte bestimmen, oder einen Teil von ihnen, in denen keine Personen jüdischer Abstammung wohnen dürfen, sowie den in diesen Ortschaften lebenden Juden neue Wohnsitze zuweisen.
Kapitel IV: Über die Immobilien der Personen jüdischer Abstammung.
Artikel 24. Personen jüdischer Abstammung können kein Brachland und in den ländlichen Gemeinden, ausgenommen den Urlaubsorten, auch kein Bauland besitzen, über solches verfügen oder es mieten, weder persönlich noch durch Strohmänner.
Die Eigentümer von Brachland sind verpflichtet, dieses innerhalb einer Frist von drei Monaten dem staatlichen Bodenfonds beim Ministerium für Landwirtschaft zu melden und zum Kauf anzubieten. Der Fonds kauft diese Immobilien nach Maßgabe des Gesetzes über das Arbeitsbodeneigentum.[7] Personen jüdischer Abstammung, die Eigentümer von Bauland in ländlichen Gegenden, ausgenommen den Urlaubsorten, sind, sind verpflichtet, dieses Land innerhalb eines Jahres an Bulgaren oder Gesellschaften mit ausschließlich bulgarischem Kapital zu verkaufen.
Die dem staatlichen Bodenfonds nicht zum Kauf angebotenen Brachflächen und das nicht liquidierte Bauland von Personen jüdischer Abstammung werden innerhalb der oben genannten Frist auf Weisung des Ministers für innere Angelegenheiten und Volksgesundheit zugunsten der Kasse des Öffentlichen Hilfswerks[8] beschlagnahmt.
Personen jüdischer Abstammung, die Brachland gepachtet haben, sind verpflichtet, dieses bis zum 1. Oktober 1941 aufzugeben; zu diesem Datum werden die Pachtverträge kraft dieses Gesetzes aufgelöst, es sei denn die Vertragsdauer läuft vorher ab.
Kapitel V: Über die berufliche und wirtschaftliche Tätigkeit der Personen jüdischer Abstammung.
Artikel 25. Das Ausüben eines freien Berufs, einer Handelstätigkeit (ausgenommen des Straßenhandels) und einer Industriearbeit durch Personen jüdischer Abstammung ist für jeden freien Beruf, jede Handelstätigkeit (ausgenommen den Straßenhandel) und jede Industriearbeit nur im Ausmaß des Prozentsatzes der Bevölkerung jüdischer Abstammung im Lande zulässig. Die so bestimmte Anzahl von Personen jüdischer Abstammung für jeden freien Beruf, jede Handelstätigkeit (ausgenommen den Straßenhandel) und jede Industriearbeit wird über die Ortschaften nach Maßgabe des Anteils der Bevölkerung jüdischer Abstammung in der Ortschaft im Verhältnis zur Gesamtzahl der Bevölkerung jüdischer Abstammung im Land aufgeteilt.[9]

7 Es handelt sich um ein Gesetz über die Verteilung und die Nutzung des Bodens; Dăržaven vestnik, Nr. 31 vom 12.5.1921.
8 Das Öffentliche Hilfswerk war eine der Nationalsozialistischen Volkswohlfahrt ähnelnde, 1934 ins Leben gerufene staatliche Einrichtung, die das Monopol über die Wohlfahrt innehatte.

Der Ministerrat bestimmt binnen einer Frist von sechs Monaten nach Inkrafttreten des Gesetzes die Fristen und die Form der Anwendung der Bestimmungen dieses Artikels.
Artikel 26. Der Ministerrat kann auf Grundlage des Berichts des Ministers für Handel, Industrie und Arbeit die persönliche oder durch Kapital wahrgenommene Beteiligung von Personen jüdischer Abstammung an einigen Zweigen des Handels, der Industrie, des Handwerks oder einer anderen Art von wirtschaftlicher Betätigung verbieten oder teilweise einschränken und auf Grundlage des Berichts des Finanzministers und des Ministers für Handel, Industrie und Arbeit Maßnahmen zur Feststellung und Beaufsichtigung des Vermögens der Personen jüdischer Abstammung ergreifen.
Gegen die Erlässe des Ministerrats, die auf Grundlage dieses Artikels erfolgen, kann kein Einspruch eingelegt werden.
Innerhalb einer Frist von einem Monat nach Inkrafttreten dieses Gesetzes sind alle Personen jüdischer Abstammung, die Besitz im Königreich haben, verpflichtet, ihre Habe – Mobilien und Immobilien – gegenüber der Bulgarischen Nationalbank zu deklarieren, wozu Letztere ein entsprechendes Formular herausgibt. Dieselben Personen sind verpflichtet, auf Verlangen der Bulgarischen Nationalbank einen Rechenschaftsbericht über den Zustand ihres Besitzes zu geben, einschließlich der von ihnen getätigten Ausgaben. Einen solchen Rechenschaftsbericht über die Lewa, die sie durch die Liquidation ihres Besitzes im Land erhalten haben, wie auch über die Verwendung dieser Lewa geben der Bulgarischen Nationalbank auch alle Personen jüdischer Abstammung, die das Territorium des Königreichs verlassen. Sie sind verpflichtet, die verfügbaren Lewa aus der Liquidation ihres Besitzes, aus Spar- und anderen Guthaben auf ein laufendes Konto bei einer örtlichen bulgarischen Bank einzuzahlen. Abhebungen von solch einem Konto erfolgen unter Aufsicht der Bulgarischen Nationalbank. Personen jüdischer Abstammung, die das Territorium des Königreichs verlassen, erhalten weder Pass noch Visum, wenn sie diese Verordnung nicht einhalten.
Einen Rechenschaftsbericht geben der Bulgarischen Nationalbank auch die Personen, denen die Verwaltung des nicht liquidierten Besitzes der ausgewanderten oder auswandernden Personen jüdischer Abstammung anvertraut ist.
Wer gegen die Bestimmungen dieses Artikels verstößt, muss sich nach dem Gesetz für Handel mit ausländischen Zahlungsmitteln verantworten, wobei Übertretungen entsprechend der Verfahrensweise, die im selben Gesetz vorgeschrieben ist, festgestellt werden.[10]
Nicht deklarierter Besitz – Mobilien und Immobilien, Geld, Wertgegenstände und anderes – der Personen, auf die sich dieser Artikel bezieht, wo immer sie sich auch befinden mögen, wird auf Anordnung des Ministers für innere Angelegenheiten und Volksgesundheit und auf Meldung der Bulgarischen Nationalbank hin zugunsten des Öffentlichen Hilfswerks beschlagnahmt.

9 Die genaue Anzahl der zugelassenen jüdischen Gewerbetreibenden in den betreffenden Wirtschaftszweigen pro Ort wurde per Ministerratsbeschluss festgelegt. Bei der Vergabe sollten zuerst diejenigen Juden berücksichtigt werden, die zu den nach Art. 33 des Gesetzes „privilegierten" Kategorien zählten.

10 Das Gesetz für Handel mit ausländischen Zahlungsmitteln war ein Gesetz aus dem Jahr 1924, geändert 1931, das dem Staat die Regulierung der gesamten Einfuhr und der Bulgarischen Nationalbank das Monopol über das Währungsregime übertrug; Dăržaven vestnik, Nr. 24 vom 4.5.1924 und Nr. 159 vom 15.10.1931.

Artikel 27. Personen jüdischer Abstammung können nicht:

a) Besitzer von oder Aktionäre und Teilhaber, mit Kapital welcher Form auch immer, an Lehranstalten, an Theatern und Kinos, an Unternehmen zur Herstellung von Druckerzeugnissen oder zur Herstellung und zum Handel mit Filmen oder Schallplatten, an Vergnügungsstätten, an Hotelbetrieben oder Unternehmen zur Herstellung und zum Handel von Waffen sein und dürfen in Kreditgesellschaften nicht mehr als 49 % der Kapital- und Stimmenanteile besitzen. Innerhalb einer Frist von sechs Monaten nach Inkrafttreten dieses Gesetzes müssen solche Rechte von Personen jüdischer Abstammung liquidiert oder auf Personen bulgarischer Abstammung und bulgarische Staatsbürger oder an bulgarische Kapitalgesellschaften übertragen sein. Die nicht entsprechend dieser Verordnung liquidierten oder enteigneten Rechte werden auf Anordnung des Ministers für innere Angelegenheiten und Volksgesundheit zugunsten des Öffentlichen Hilfswerks eingezogen;

b) wie auch immer geartete Leitungsfunktionen innehaben – Verwalter, Direktoren, Redakteure und andere Leitungsfunktionen in Unternehmungen, die unter Punkt a) dieses Artikels angegeben sind. Solche Personen sind verpflichtet, innerhalb einer Frist von einem Monat nach Inkrafttreten dieses Gesetzes ihre Funktionen aufzugeben;

c) vereidigte Buchprüfer, Zollberater und Kommissionäre sein;

d) mit staatlichen, kommunalen und vom Staat garantierten Wertpapieren und mit Edelmetallen handeln;

e) Mitglieder von Verwaltungsräten oder Aufsichtsräten, Direktoren, stellvertretende Direktoren, Prokuristen und Handelsbevollmächtigte sein in wie auch immer gearteten öffentlichen oder privaten Kreditinstituten oder Banken, selbst wenn diese rein jüdisch sind. Solche Personen sind verpflichtet, innerhalb einer Frist von einem Monat nach Inkrafttreten dieses Gesetzes die Funktionen, die sie innehaben, aufzugeben. Der Minister für innere Angelegenheiten bestellt nach dem Einholen der Meinung des Direktors der Bulgarischen Landwirtschafts- und Genossenschaftsbank (falls das Kreditinstitut eine Genossenschaftsbank ist) oder des Direktors der Bulgarischen Nationalbank (falls das Kreditinstitut eine Privatbank oder Aktiengesellschaft ist) ausschließlich Bulgaren als provisorische Mitglieder des Verwaltungs- und Aufsichtsrates. Die vakant gewordenen Stellen, die nicht durch Wahl bestimmt werden (Direktoren, stellvertretende Direktoren usw.) werden mit vom provisorischen Verwaltungsrat bestimmten Bulgaren besetzt. Allgemeine Versammlungen für die Wahl von ordentlichen Mitgliedern des Verwaltungs- und Aufsichtsrats müssen innerhalb einer Frist von drei Monaten nach Inkrafttreten des Gesetzes angesetzt werden;

f) Eigentümer oder Geschäftsführer von Apotheken, Drogerien und Sanitärgeschäften sein. Wenn sie solche Funktionen innehaben, müssen sie ihre Unternehmen innerhalb einer Frist von einem Jahr nach Inkrafttreten des Gesetzes liquidieren. Die Hauptdirektion für Volksgesundheit veröffentlicht die Namen der liquidierten Apotheken als wieder freie, gemäß Artikel 269 des Gesetzes für Volksgesundheit.[11]

Die Bestimmungen dieses Artikels beziehen sich nicht auf Lehranstalten und Verlage für Druckerzeugnisse, die nur für Personen jüdischer Abstammung bestimmt sind.

11 Gesetz über die Volksgesundheit; Dǎržaven vestnik, Nr. 255 vom 9.3.1929.

Personen jüdischer Abstammung, die die Bestimmungen dieses Artikels nicht erfüllen, werden mit Zuchthaus und einer Geldstrafe in Höhe von 4000 bis 50 000 Lewa bestraft, wobei ihre Kapitalbeteiligungen auf Anordnung des Ministers für innere Angelegenheiten und Volksgesundheit zugunsten des Öffentlichen Hilfswerks beschlagnahmt werden.

Artikel 28. In keiner Gesellschaft und in keinem Unternehmen, in denen Personen jüdischer Abstammung tätig sein können, dürfen – je gesondert für die einzelnen Arten von Tätigkeit ausgewiesen – mehr Personen jüdischer Abstammung arbeiten als Bulgaren.

In Gesellschaften oder Unternehmen, in denen das Kapital nicht vorrangig jüdisch ist, können Personen jüdischer Abstammung nicht in Leitungspositionen berufen werden, wie zum Beispiel zu Mitgliedern des Verwaltungs- und Aufsichtsrats, zu Direktoren, Prokuristen und Vergleichbarem.

Anmerkung: Für Personengesellschaften, in denen die Mitglieder nicht mehrheitlich Juden sind, gelten nach diesem Gesetz die gleichen Bestimmungen wie für Gesellschaften, deren Kapital nicht vorrangig jüdisch ist. Auf Grundlage dieser Regelung wird auch festgelegt, welche Gesellschaften vorwiegend fremdes Kapital aufweisen und entsprechend vorwiegend fremde persönliche Beteiligungen.

Die Posten, die nach diesem Artikel nicht mit Personen jüdischer Abstammung besetzt werden können, müssen innerhalb einer Frist von einem Monat nach Inkrafttreten des Gesetzes geräumt werden, wobei bei ihrem Ersatz gemäß Artikel 27, lit. e) vorgegangen wird.

Wer gegen die Bestimmungen dieses Artikels verstößt, einen solchen Posten innehat oder entsprechende Gesellschaften oder Unternehmen leitet, wird mit Zuchthaus und einer Geldstrafe in Höhe von 1000 bis 30 000 Lewa bestraft.

Artikel 29. Die Übertragung von Betrieben, Aktien, Anteilen oder Kapitalbeteiligungen welcher Form auch immer sowie auch aller Arten von Immobilien oder Hypotheken von Personen jüdischer Abstammung an Personen nichtbulgarischer Abstammung oder Staatsbürger eines fremdem Landes oder Gesellschaften mit vorwiegend ausländischem Kapital wird verboten.

Artikel 30. Alle Geschäfte von Personen jüdischer Abstammung, die gegen die Bestimmungen dieses Gesetzes getätigt werden, sind kraft des Gesetzes nichtig. Die ungültig übertragenen Rechte werden auf Anweisung des Ministers für innere Angelegenheiten und Volksgesundheit auf Grundlage von Kapitel III aus Teil I [dieses Gesetzes] zugunsten des Öffentlichen Hilfswerks beschlagnahmt.

Artikel 31. Die Bestimmungen von Artikel 30 beziehen sich auch auf die Geschäfte von Personen jüdischer Abstammung, die in Artikel 29 angegeben und nach dem 1. September 1940 getätigt wurden, sowie auf ihre Aktiengeschäfte seit der letzten Generalversammlung der Aktiengesellschaft, die vor dem 1. September 1940 stattgefunden hat. Für diese Geschäfte wird eine Frist von sechs Monaten nach Inkrafttreten des Gesetzes eingeräumt, in der der Empfänger von Rechten aus diesen Geschäften verpflichtet ist, sie auf Personen bulgarischer Abstammung und bulgarische Staatsbürger oder Gesellschaften mit vorwiegend bulgarischem Kapital zu übertragen. Nach dem Ablauf dieser Frist werden die nicht übertragenen Rechte nach der in Artikel 30 angegebenen Verfahrensweise beschlagnahmt.

Artikel 32. Personen jüdischer Abstammung können nicht – weder persönlich noch durch Strohmänner – Auftragnehmer von öffentlichen Unternehmen (im Sinne des

Gesetzes über das Budget, die Rechnungsführung und die Unternehmen oder anderer Gesetze), Konzessionen und Lieferungen sein.
Zum Zeitpunkt des Inkrafttretens dieses Gesetzes bereits existierende öffentliche Unternehmungen mit Auftragnehmern jüdischer Abstammung werden zu Ende geführt, falls es sich nicht um Konzessionen handelt, entsprechend der Aufnahmebedingungen. Die Konzessionen hingegen werden kraft dieses Gesetzes als aufgelöst angesehen und, falls im Konzessionsvertrag keine Verfahrensweise dafür vorgesehen ist, von einer Sonderkommission liquidiert, die vom Ministerrat ernannt wird. Der Entscheidung dieser Kommission ist von der Nationalversammlung zuzustimmen.
Artikel 33. Die Bestimmungen dieses Teils II des Gesetzes werden nicht auf folgende Personen jüdischer Abstammung angewendet:
a) die in Bulgarien geboren sind und einen ständigen Wohnsitz in Bulgarien gehabt haben bis zum Inkrafttreten des Gesetzes, bulgarische Staatsbürger sind und das Christentum vor dem 1. September 1940 angenommen haben;
b) die bis zum 1. September 1940 eine Ehe mit einer Person bulgarischer Abstammung eingegangen sind und vor Inkrafttreten des Gesetzes das Christentum angenommen haben.
Die Bestimmungen des Teils II – mit Ausnahme der Punkte a), b), f) und g) von Artikel 21 sowie der Artikel 26 und 27 – werden nicht auf Personen jüdischer Abstammung angewendet, die Freiwillige in den Kriegen gewesen sind oder Kriegsinvaliden sind oder mit einem Tapferkeitsorden ausgezeichnet wurden.
Personen jüdischer Abstammung, die Kriegswaisen sind, werden gegenüber allen anderen Personen jüdischer Abstammung im Hinblick auf die Bestimmungen der Artikel 25 und 26 des vorliegenden Gesetzes bevorzugt behandelt.
Wer berechtigt ist, die Bestimmungen dieses Artikels in Anspruch zu nehmen, wird mittels schriftlicher Nachweise auf Antrag des Interessenten von dem für den jeweiligen Wohnort zuständigen Bezirksgericht festgestellt. Das Gericht äußert sich auf Grundlage des Gutachtens des Staatsanwalts in einer weisungsbefugten Sitzung des Gerichts.
[…][12]

12 Die anschließenden zwei letzten Teile des Gesetzes zum Schutz der Nation mit noch 27 Artikeln beziehen sich auf als „antinational und zweifelhaft“ bezeichnete Handlungen und beinhalten weitere „Sonderverordnungen“, die eine Reihe von unterschiedlichen Feldern umfassten, etwa Hochverrat, „Strohmänner“, in Bulgarien ansässige fremde Staatsbürger und das Abhalten von Treffen internationaler Organisationen auf bulgar. Boden.

DOK. 287

Die Direktion für zivile Mobilmachung regt am 5. März 1941 an, jüdische Männer zu Arbeitsbataillonen der bulgarischen Armee einzuziehen[1]

Bericht (vertraulich) Nr. 3633 des Bulgarischen Kriegsministeriums, Direktion für zivile Mobilmachung,[2] gez. Bakărdžiev,[3] Sofia, an den Vorsitzenden des Ministerrats,[4] Sofia, vom 5.3.1941 (Abschrift)[5]

Mit Inkrafttreten des Gesetzes zum Schutz der Nation mussten viele Juden, die einen Einberufungsbescheid für die Armee hatten und zur zeitweiligen Ausbildung abkommandiert waren, vom Dienst befreit werden.[6] Sie kehrten an ihre Wohnorte zurück und nutzten die günstige Situation, um sich, entlastet von den Verpflichtungen dem Land gegenüber, ihren Berufen aus Friedenszeiten zu widmen, hauptsächlich dem Handel. Auf diese Weise begannen sie, auf Kosten der bulgarischen Soldaten, die in den Reihen der Armee die Interessen der Heimat verteidigen, Reichtümer anzuhäufen.

Das bleibt natürlich nicht unbemerkt, und es breitet sich Unzufriedenheit und Empörung über die dienstbefreiten Juden aus.

Wenn man außerdem bedenkt, wie die Juden von der englischen Propaganda eingespannt werden – das aktuellste Beispiel in dieser Hinsicht ist die Provokation vor dem „Royal"-Theater gestern Abend, wo sich eine Gruppe von Juden erlaubt hat, beim Vorübergehen deutscher Soldaten zu pfeifen –, dann ist vorhersehbar, dass der Unmut gegenüber den Juden bald seinen Höhepunkt erreichen wird.[7]

Um ein Gefühl größerer Gerechtigkeit zu vermitteln, hat die Direktion während einer Konferenz mit dem Direktor für Arbeit,[8] dem Stabschef der Bautruppen,[9] dem Vorgesetzten des 1. Militärbezirks[10] und dem Leiter der provisorischen

1 DVIA, 42V/1/12, Bl. 12 f. Das Dokument wurde aus dem Bulgarischen übersetzt.

2 Die Direktion für zivile Mobilmachung war eine 1939 am bulgar. Kriegsministerium eingerichtete und von 1941 an dem Ministerrat unterstellte Behörde, die Arbeitskräfte für die kriegswichtige Industrie organisierte und koordinierte und zugleich für die Versorgung von Bevölkerung und Armee zuständig war.

3 Sava Dimitrov Bakărdžiev (1889–1944), Berufsoffizier; 1935 Leiter der Polizeidirektion, 1935–1939 Kommandeur eines Artillerieregiments, 1940–1942 Leiter der Direktion für zivile Mobilmachung.

4 Dr. Bogdan Dimitrov Filov (1883–1945), Archäologe; 1910–1920 Direktor des Archäologischen Nationalmuseums, 1920–1941 Professor in Sofia, 1937–1944 Vorsitzender der Bulgarischen Akademie der Wissenschaften; 1938–1940 Bildungsminister, 1940–1943 Ministerpräsident 1940/41 auch Bildungsminister und 1942/43 Außenminister, Sept. 1943 bis 9.9.1944 Mitglied des Regentschaftsrates; 1945 vom Volksgericht zum Tode verurteilt und hingerichtet.

5 Im Original handschriftl. Bearbeitungsvermerke und Unterstreichungen.

6 Nach den Bestimmungen des Gesetzes mussten Juden ihren Wehrdienst als „Arbeitssoldaten" in gesonderten Arbeitsgruppen der bulgar. Armee ableisten; siehe Dok. 286 vom 23.1.1941, Art. 21; VO des Stabschefs der Bautruppen vom 23.5.1941, DVIA, 2000/1/47, Bl. 104 f.

7 Die bulgar. Tagespresse berichtete nicht über einen solchen Vorfall. Deutsche Truppen waren seit Anfang März in Vorbereitung des Angriffs auf Griechenland auf bulgar. Territorium stationiert. Das Kinotheater „Royal" in Sofia gehörte dem jüdischen Tabakgroßhändler Žak Aseov (*1896).

8 Vermutlich: Goran Ivanov, Beamter im Handelsministerium.

9 Anton Ganev (1893–1945), Generalmajor der bulgar. Armee.

10 Konstantin Lukaš (1890–1945), Generalleutnant der bulgar. Armee; Aug. 1941 bis Mai 1944 Generalstabschef; 1945 vom Volksgericht zum Tode verurteilt und hingerichtet.

Arbeitsdienstorganisation[11] über die durch das Gesetz zum Schutz der Nation geschaffene Situation diskutiert und es dem Geist von Artikel 21 Abs. d folgend für angebracht befunden zu empfehlen:
Alle Juden, die einen Einberufungsbescheid für die Armee haben, werden zu einer für das Land nützlichen Arbeit verpflichtet und zu diesem Zweck den Bautruppen zur Verfügung gestellt:
a.) jeweils rund 150 Mann in die 12 Arbeitsbataillone plus je 100 Mann in die Försterei „Tiča" und in die Fabrik nach Gabrovo;[12]
b.) jeweils 50 Mann in die 50 Arbeitslosengruppen der provisorischen Arbeitsdienstorganisation und
c.) der Rest, falls notwendig, zu gleichen Teilen in die acht Arbeitsbataillone der vier Arbeitsregimenter bei jeder Armee; zivile Mobilmachungsbescheide sind auch in Zukunft gültig.

DOK. 288
Utro: Eine Anordnung des Innenministers vom 26. Juni 1941 verbietet Juden bei Androhung harter Strafen, sich über politische Themen zu äußern[1]

Harte Maßnahmen gegen die Juden, die die öffentliche Ordnung stören

Die von Innenminister P. Gabrovski unterzeichnete Anordnung.[2] *– Den Juden wird verboten, sich von 9 Uhr abends bis 6 Uhr morgens auf der Straße und in der Öffentlichkeit aufzuhalten. Das Gesetz zum Schutz der Nation wird umfassend und strengstens zur Anwendung kommen.*
Innenminister P. Gabrovski hat gestern folgende Anordnung unterschrieben:
In letzter Zeit wurde festgestellt, dass viele Personen jüdischer Abstammung systematisch Gerüchte in Umlauf bringen mit dem Ziel, die nationale Einheit zu schwächen und das bulgarische Volk zu verunsichern und seinen Glauben an die Zukunft zu erschüttern.

11 Vermutlich: Cvetan Mumdžiev, Oberst der bulgar. Armee und 1941–1944 Vorgesetzter des Provisorischen Arbeitsdienstes; 1945 vom Volksgericht im sog. Antisemiten-Prozess freigesprochen. Der provisorische Arbeitsdienst wurde 1938 per Gesetz eingerichtet. Demnach konnten männliche Bulgaren im Alter von 20 bis 45 Jahren jährlich bis zu zehn Tage zu gemeinnützigen Arbeiten verpflichtet werden. Die Organisation war seit Juni 1940 in die reguläre bulgar. Armee eingegliedert.

12 Es handelte sich um insgesamt 2000 Männer. Tiča war eine staatliche Försterei bei Sliven; in Gabrovo befanden sich mehrere Textilfabriken sowie zwei Fabriken für die Herstellung von Munition, die für die Kriegswirtschaft mobilisiert waren.

1 Utro, Nr. 9569 vom 26.6.1941, S. 2: Strogi merki sreštu evreite smutiteli na reda. Das Dokument wurde aus dem Bulgarischen übersetzt. Als eine der größten Tageszeitungen im Königreich Bulgarien erschien Utro von 1911 bis zum 9.9.1944. Während des Zweiten Weltkriegs vertrat sie eine regimetreue und prodeutsche Haltung. Ihre Auflage lag bei 50 000 bis 160 000 Exemplaren. Hrsg. und Chefredakteur waren Atanas Fratev Damjanov (1871–1948) und Stefan D. Tanev (1888–1952).

2 Abdruck der vollständigen Anordnung Nr. 422 vom 25.6.1941 in: Ruckhaberle/Ziesecke, Rettung (wie Dok. 283, Anm. 1), S. 39.

Sie waren offenbar der Ansicht, dass das Gesetz [zum Schutz] der Nation nicht in vollem Umfang Anwendung finden würde, ignorierten die darin enthaltene Warnung und missbrauchten die nachsichtige Haltung einiger Organe gegenüber dem bulgarischen Judentum.
Deshalb und mit der deutlichen Warnung, *dass die Behörden ohne Zögern und ohne Rücksicht gegen jeden vorgehen, der auch nur den kleinsten Versuch unternimmt, das bulgarische Volk zu verunsichern*, ordne ich an: *Personen jüdischer Abstammung ist es verboten, Nachrichten jedweder Art in Umlauf zu bringen und politische und gesellschaftliche Fragen zu erörtern; sich von 21 Uhr abends bis 6 Uhr morgens auf der Straße und an öffentlichen Orten aufzuhalten.*
Alle Organe der Polizei und der Verwaltung haben Personen jüdischer Herkunft und ihr Tun mit höchster Aufmerksamkeit zu beobachten und das Gesetz zum Schutz der Nation mit aller Härte anzuwenden.
Über entsprechende Vergehen ist unverzüglich Bericht zu erstatten, um neben der strafrechtlichen Verfolgung auch folgende Maßnahmen durchzuführen:
Ansiedlung an einem neuen Wohnsitz oder Unterbringung an einem speziellen Ort unter polizeilicher Aufsicht.
Diesbezügliches Berufsverbot.
Niederlassungsverbot für bestimmte Städte.
Ungeachtet der bulgarischen Staatsangehörigkeit Vertreibung aus dem Gebiet des Königreichs.
Entzug der bulgarischen Staatsbürgerschaft.
Mit der Durchführung dieser Verordnung beauftrage ich den Polizeidirektor und die Bezirksdirektoren.[3]

DOK. 289

Finanzminister Dobri Božilov stellt am 7. Juli 1941 in der Nationalversammlung eine Gesetzesinitiative zur außerordentlichen Besteuerung der jüdischen Vermögen vor[1]

Redemanuskript von Dobri Božilov „Motive für den Gesetzentwurf zur einmaligen Abgabe auf die Vermögen der Personen jüdischer Abstammung", Sofia, vom 7.7.1941[2]

Meine Herren Volksvertreter! Die Personen jüdischer Abstammung haben bei uns große wirtschaftliche Vorteile genossen; sie haben immer die Konjunkturvorteile jedes einzelnen Wirtschaftsaufschwungs weidlich ausgenutzt, an denen es seit 1912 bei uns nicht gemangelt hat. Niemand kann bestreiten, dass der bulgarische Staat und die bulgarische Gesellschaft

3 Wie monatliche Berichte der Polizeidirektion belegen, wurden die angedrohten Strafen in zahlreichen Fällen vollzogen; siehe Koen/Dobrijanov/Manafova (Hrsg.), Borbata (wie Dok. 277, Anm. 1), Dok. 60, 62, 64, 66, 68, 69, S. 111, 113, 114, 116, 118 f.; Koen/Gerginov/Željazkova (Hrsg.), Oceljavaneto (wie Dok. 283, Anm. 1), Dok. 51, 53, S. 171 f., 173 f.

1 CDA, 173K/6/3, Bl. 3. Das Dokument wurde aus dem Bulgarischen übersetzt.
2 Dobri Božilov Chadžijanakiev (1884–1945), Ökonom; 1922–1935 Vorstandsmitglied, 1935–1938 Vorstand der Bulgarischen Nationalbank, 1938–1944 Finanzminister und 1943–1944 Ministerpräsident; 1945 vom Volksgericht zum Tode verurteilt und hingerichtet.

sich äußerst tolerant gegenüber den umfangreichen und vielseitigen wirtschaftlichen Aktivitäten der genannten Kreise gezeigt haben. Niemals gab es irgendwelche Hindernisse oder Einschränkungen für sie, um sich – verglichen mit der geistigen und körperlichen Arbeit – auf einfache Weise zu bereichern.

Unabhängig davon müssen wir anerkennen, dass ein großer und sehr bedeutender Teil der Kreise, auf die sich der vorliegende Gesetzentwurf bezieht, einsieht, dass aus Gründen der wirtschaftlichen und sozialen Gerechtigkeit einige Einschränkungen durch das Gesetz zum Schutz der Nation bereits eingeführt worden sind. Mehr noch, einige von ihnen erklärten, sie seien bereit, in dieser für den Staat entscheidenden Situation mit Freude einen gewissen Teil ihres Vermögens zugunsten des Staatsschatzes zu opfern; aber es sei ihnen unangenehm, dies öffentlich zu tun, damit es nicht für irgendeine unschöne Heuchelei gehalten wird.

Um einen Teil der enormen Staatsausgaben für die nationale Verteidigung in diesen Zeiten, die unser Vaterland durchlebt, abzudecken und angesichts der Tatsache, dass es in den bulgarischen Gebieten, die sich dem Mutterland anschließen,[3] eine ziemlich bedeutende Zahl von Personen jüdischer Abstammung gibt,[4] die von den bevorstehenden Infrastrukturmaßnahmen, für die riesige Geldmittel notwendig sind, profitieren werden, finde ich es nur gerecht und zweckmäßig, eine einmalige Abgabe in Höhe von 20 Prozent auf den realen Gesamtwert der Vermögen aller Personen jüdischer Abstammung zu erheben. Deshalb bringe ich den vorliegenden Gesetzentwurf ein.

Diese Maßnahme ist aufgrund der großen wirtschaftlichen Vorteile notwendig, die die nach dem vorliegenden Gesetz zu besteuernden Kreise mehr als sechzig Jahre lang genossen haben, und nicht zuletzt auch, um die in diesem Zeitraum bei der Anhäufung ihres jetzigen Vermögens eventuell nicht versteuerten Teile miteinzubeziehen.

Das bisher in ebendiesen Kreisen geschickte Manövrieren mit Staatsbürgerschaften ist für die Regierung ebenfalls ein ausreichender Grund, diesen Gesetzentwurf zu unterstützen. Denn all diese Manöver zielten allein darauf ab, sich entweder als Staatsbürger eines fremden Landes der Entrichtung von Steuern [gänzlich] zu entziehen, die Besteuerung ihrer Gewinne zu vermeiden, Geld, das sie in Bulgarien erwirtschaftet haben, illegal ins Ausland zu transferieren und auf ausländischen Bankkonten in fremden Währungen zu verstecken oder der Blutsteuer für Bulgarien zu entkommen.

Sollen diese Kreise begreifen, dass dieser Gesetzentwurf dem Staat in dieser entscheidenden Situation helfen soll, und sollen sie wissen, dass alle Opfer bringen müssen für die großen Bedürfnisse unseres Vaterlands.

Ich bitte Sie, meine Herren Volksvertreter, den vorgelegten Gesetzentwurf zu begutachten, zu billigen und für ihn zu stimmen.[5]

3 Gemeint sind die bulgar. besetzten Gebiete an der nördlichen Ägäisküste (Belomorie oder Thrazien), in (Vardar-)Mazedonien und in Südost-Serbien.

4 Nach bulgar. Angaben waren von den rund 1 900 000 Einwohnern der besetzten Gebiete ca. 13 000 Juden, das entsprach einem Anteil von 0,68 %.

5 Das Gesetz zur einmaligen Abgabe auf die Vermögen der Personen jüdischer Abstammung wurde am 11.7.1941 von der Nationalversammlung verabschiedet; Dǎržaven vestnik, Nr. 151 vom 14.7.1941, S. 1 f.

DOK. 290
Das Zentralkonsistorium der Juden in Bulgarien protestiert am 10. Juli 1941 beim Bildungsminister gegen die Abweisung jüdischer Schüler am Gymnasium in Pazardžik[1]

Schreiben des Zentralkonsistoriums der Juden in Bulgarien Nr. 2180, Sofia, gez. Geron, Nadler, an das verehrte Ministerium für Volksaufklärung vom 10.7.1941[2]

Herr Minister,[3]
die jüdische Gemeinde in Pazardžik[4] berichtet uns, dass die Schulleitung des Gymnasiums sich unter Berufung auf das Gesetz zum Schutz der Nation weigert, jüdische Schüler in die erste Gymnasialklasse aufzunehmen und die aus höheren Klassen weiterhin zuzulassen.
Diese Auffassung der Leitung des Gymnasiums ist gesetzeswidrig und widerspricht Artikel 22 des Gesetzes zum Schutz der Nation. Dort heißt es: „In einer Lehranstalt, einer bulgarischen oder einer ausländischen, die nicht nur für Juden bestimmt ist und in der eine beschränkte Anzahl von Lernenden aufgenommen wird, können Personen jüdischer Abstammung in einem Ausmaß aufgenommen werden, das vom Ministerium für Volksbildung bestimmt wird, aber nur, wenn es keine bulgarischen Kandidaten gibt.“[5]
Es ist offenkundig, dass eine Beschränkung für Juden nur in jenen Lehranstalten vorgesehen ist, die *eine beschränkte Zahl von Schülern* aufnehmen. Offensichtlich ist dies nicht der Fall bei den Gymnasien, die eine unbeschränkte Zahl von Schülern aufnehmen, solange sie nur die Voraussetzung eines Notendurchschnitts von mehr als 4[6] erfüllen oder erfolgreich ihre Aufnahmeprüfung abgelegt haben.
Wenn dem so ist, dann bitten wir Sie höflichst, die Schulleitung des Gymnasiums in Pazardžik anzuweisen, die vorstellig gewordenen jüdischen Schüler aufzunehmen, sowohl in die erste Gymnasialklasse als auch in die höheren Klassen.
Damit die Einschreibefrist von den Interessenten eingehalten werden kann, bitten wir Sie, dass Ihre Anordnung in allernächster Zukunft erfolgt.[7]
Hochachtungsvoll

1 CDA, 177K/3/2156, Bl. 4. Das Dokument wurde aus dem Bulgarischen übersetzt.
2 Handschriftl. Vermerk am oberen linken Rand: „Soll zugewartet werden.“
3 Bogdan Filov.
4 In der zentralbulgar. Stadt lebten knapp 900 Juden.
5 Siehe Dok. 286 vom 23.1.1941.
6 Entspricht einem Notendurchschnitt, der besser ist als eine Drei.
7 Eine entsprechende AO konnte nicht ermittelt werden. Obwohl das Gesetz zum Schutz der Nation jüdische Schüler bis Mai 1943 aus bulgar. Schulen nicht grundsätzlich ausschloss, drängten Schulinspektorate und Schulleitungen mit Schikanen dieser Art die jüdischen Schüler aus den öffentlichen Bildungsanstalten hinaus. Waren im Schuljahr 1940/41 noch 1105 jüdische Jungen und Mädchen an bulgar. Gymnasien eingeschrieben, so sank diese Zahl auf 194 im Schuljahr 1941/42; siehe CDA, 177K/3/2156.

DOK. 291

Der deutsche Gesandte Beckerle informiert am 31. Juli 1941 das Auswärtige Amt über die Neuregelung des jüdischen Arbeitsdienstes außerhalb der bulgarischen Armee[1]

Telegramm (offen), gez. Beckerle,[2] Sofia, an das Auswärtige Amt (Eing. 31.7., 21 Uhr), vom 31.7.1941[3]

Nr. 828 vom 31.7.41
auf Erlaß vom 10.7. Partei 6152/41 und Drahterlaß Nr. 1065 vom 22.7. sowie hiesiges Telegramm Nr. 793 vom 24.7.[4]
Ich habe heute mit dem Außenminister[5] nochmals über die Juden im Arbeitsdienst gesprochen. Er sieht den deutschen Standpunkt vollkommen ein und sagt heute schon grundsätzlich zu, daß er sich um eine Entscheidung in unserem Sinne bemühen werde.[6] Die Juden sollen danach außerhalb des Arbeitsdienstes zusammengefaßt werden, also nicht mehr zum Arbeitsdienst gehören, auch nicht mehr Uniform tragen dürfen, dagegen verschärft zu besonders schweren Arbeiten herangezogen werden. Er will mit den zuständigen Ministern die Frage sofort klären und regeln.[7] Ich bitte daher, nach dieser grundsätzlichen Zusage den Reichsarbeitsdienst davon zu unterrichten, daß heute schon alle Bedenken gegen eine Zusammenarbeit daher zurückgestellt werden können.

1 PAAA, R 29 552.
2 Adolf-Heinz Beckerle (1902–1976), Diplomvolkswirt; 1932 Mitglied des Reichstags; von 1933 an Polizeipräsident in Frankfurt a. M., Sept. bis Nov. 1939 in Lodz, von Juni 1941 an Gesandter in Sofia; 1922 kurzzeitiger und 1928 endgültiger NSDAP-, 1928 SA-Eintritt; 1944–1955 in sowjet. Kriegsgefangenschaft; von 1956 bis 1966 Prokurist in Neu-Isenburg; 1968 wurde ein Verfahren des Frankfurter Landgerichts gegen ihn wegen Krankheit eingestellt.
3 Im Original Stempel des Verteilers. 16 Exemplare gingen u. a. an den RAM und diverse Abteilungsleiter im AA.
4 In diesem Telegramm berichtete Beckerle, wie er beim bulgar. Außenminister gegen die Einberufung von Juden in den regulären Arbeitsdienst der bulgar. Armee protestiert hatte; wie Anm. 1. Siehe auch Einleitung, S. 78 f.
5 Ivan Vladimirov Popov (1890–1944), Philologe, Jurist und Diplomat; Studium der Sprachwissenschaften in Frankreich und Deutschland; 1924–1933 Pressedirektor im bulgar. Außenministerium, 1933–1940 bulgar. Gesandtschaftsrat in Budapest, Prag und Belgrad, 1940–1942 Außenminister, 1944 bulgar. Botschafter in Bukarest; nahm sich das Leben.
6 Der Chef des Reichsarbeitsdienstes hatte im Juli 1941 damit gedroht, die Zusammenarbeit mit der bulgar. Behörde aufzukündigen, sollten Juden nicht vom regulären Arbeitsdienst ausgeschlossen werden; CDA, 176K/1š/149, Bl. 16.
7 Der Ministerrat erließ einen entsprechenden Beschluss; siehe Protokoll Nr. 132 des Ministerrats vom 12.8.1941, CDA, 184K/1/7707, Bl. 28 f.

DOK. 292

Leon Tadžer berichtet seiner Frau am 15. November 1941 von seiner bevorstehenden Verurteilung und schickt ihr seine Antwort auf die Anklage[1]

Handschriftl. Brief von Lev Tadžer,[2] Gefängnis Ruse, an Sara Tadžer, Zlatica-Str. 26, Sofia, vom 15.11.1941 mit Anlage „Antwort auf die Anklageschrift im Ermittlungsverfahren Nr. 70/1941, nach dem Verzeichnis des zweiten Staatsanwalts am Militärstandgericht Šumen, Sammelakte Nr. 302/1941" (Durchdruck)

Sara,
bald wird man mich wegen Mordes und Brandstiftung verurteilen.[3] Ich schicke Dir meine Antwort auf die Anklageschrift als Erinnerung für die Kinder, damit sie wissen, warum man mich verurteilt hat.
Wenn du kannst, verzeih: Leon.
Unwahrheit bei der Darstellung der Umstände zum Fall in der Anklageschrift.
1. Die staatliche Polizei hat – auch im Fall der mutigen Übertretung der ungesetzlichen „Gesetze" der Regierung und des Königshauses – getreu ihrer Tradition, sich nicht an die Wahrheit zu halten, bewusst den Militärermittler belogen. Sie hat behauptet, ich sei aus dem Konzentrations- vulgo „Arbeitslager" beim Dorf Ribarica geflohen und hätte mich seither vor den Behörden versteckt.[4] Ich bin der Ansicht, dass ihre unwahre Behauptung widerlegt werden kann, indem man den Hauptmann befragt, der den Bautrupp „Beklemeto", Bezirk Trojan, leitet, wohin ich aus Ribarica geschickt wurde und von wo ich vom Hauptmann selbst (später Militärchef des Dorfs Carevo, wo er sich vielleicht auch heute noch befindet – an seinen Namen kann ich mich nicht erinnern) entlassen wurde. Entlassen wurde ich aufgrund eines Briefs der Polizei. Einen Monat später nahm ich an einer dreißigtägigen Übung bei der Garnison Sv. Vrač teil, wobei ich in meiner Eigenschaft als Maurer und Brückenbauer die Südgrenze des Vaterlands befestigt habe, zur vollsten Zufriedenheit und mit dem Lob von Ingenieuren und Vorgesetzten (es soll Hauptmann Angelov befragt werden und entsprechende Vorgesetzte und Soldaten niederer Dienstgrade); danach bin ich im Mai und Juni Arbeitssoldat in der II. Kompanie, II. Zug Gara Bov, als Maurer und Bauarbeiter der Feldküche mit sechs Herden gewesen, erneut zur vollsten Zufriedenheit meiner Vorgesetzten und Kameraden. Ich floh aus dem Lager von Gara Bov, wo ich Arbeitssoldat in der II. Kompanie

1 CDA, 2124K/1/105742, Bl. 42, 163–168. Teilweise abgedruckt in: Evrei zaginali v antifašistkata borba, hrsg. v. Zentralkonsistorium der Juden in der Volksrepublik Bulgarien, Sofia 1958, S. 71–74. Das Dokument wurde aus dem Bulgarischen übersetzt.

2 Leon, auch Lev Josif Tadžer alias Ben David (1903–1941); Arbeiter und kommunistischer Aktivist; 1923 Studienabbruch und Auswanderung nach Palästina; 1934 Ausweisung durch die brit. Mandatsmacht wegen kommunistischer Tätigkeit; 1934–1940 Maurer und freier Journalist in Sofia; nach dem deutschen Überfall auf die Sowjetunion im Juni 1941 tauchte er unter; im Nov. 1941 vom Militärfeldgericht Šumen zum Tode verurteilt und im Dez. hingerichtet.

3 Als Arbeiter in der erdölverarbeitenden Fabrik „Petrol" verübte er im Okt. 1941 einen Brandanschlag und erstach dabei einen deutschen Soldaten.

4 Im Dorf Ribarica bei Teteven im zentralen Balkangebirge richtete die bulgar. Polizei im Juli 1940 ein erstes Internierungslager für politische Gegner des Regimes ein. Die ersten Internierten waren Kommunisten.

war,[5] und ich weigerte mich erst nach dem hinterhältigen und für das bulgarische Volk unerwarteten Überfall Hitlers auf die UdSSR, der Polizei meine Adresse mitzuteilen. Diese Umstände, die aus meiner Akte bei der Polizei bekannt sind und mir vom Leiter der politischen Abteilung in Sofia, Gešev,[6] (der mich ebenfalls verhört hat) bestätigt wurden, sind vom Gericht absichtlich verheimlicht worden, um das Strafmaß zu erhöhen. Aber sie können vom Militärfeldgericht durch eine entsprechende Befragung der obengenannten Truppenteile überprüft werden, da ich mich als nicht entlassener Arbeitssoldat einem von ihnen – Gara Bov – noch immer zugehörig fühle. Ich würde mir wünschen, dass die Richtigkeit meiner obigen Korrekturen der Anklageschrift festgestellt wird, damit man sieht, dass ich bis zum niederträchtigen Bruch des deutsch-sowjetischen Abkommens durch Deutschland meinen Dienst in der bulgarischen Armee nicht verweigert habe.
2. In der Anklageschrift werden bewusst die Umstände verschwiegen, dass ich in Bulgarien noch nie verurteilt worden bin, dass ich mich nicht Jude, sondern bulgarischer Jude nenne, d. h. meiner Überzeugung nach Bulgare bin, auch wenn ich von Eltern geboren wurde, die bulgarische Juden sind, dass ich Sohn eines Offiziers im Rang eines Hauptmanns der Reserve bin, der im Ersten Balkankrieg verwundet wurde und Träger des Tapferkeitsordens ist, und dass ich mit ausgezeichnetem Erfolg und beispielhaftem Betragen das Erste Sofioter Männergymnasium abgeschlossen habe, dass ich von den britischen Kolonialherren in Palästina vertrieben wurde als Sympathisant des unter britischer und zionistischer Unterdrückung um nationale Befreiung kämpfenden arabisch-palästinensischen Volkes und dass ich folglich die Gelegenheit gehabt habe, gegen den Feind der „verbündeten" (wie sich der Staatsanwalt in der Anklageschrift ausdrückt) deutschen Armee zu kämpfen.
[…][7]
5. Meinen Versuch, aus der Fabrik „Petrol"[8] wegzulaufen, betrachte ich als Ergebnis einer unrichtigen Einschätzung des Getanen[9] und weil der Wunsch der Selbsterhaltung über das Pflichtgefühl gesiegt hat. Deshalb erkläre ich von vornherein, dass ich eine eventuelle Bestrafung durch das Gericht nicht als Strafe betrachte, die ich für das Getane verdient habe, sondern als Strafe dafür, was ich aus Kleinmut nicht zu Ende gebracht habe. Aber auch diesen Kleinmut, den ich an den Tag gelegt habe, schreibe ich den polizeilich-barbarischen Erziehungsmethoden und der bourgeoisen Wirklichkeit in Bulgarien zu, welche die menschliche Seele zur sklavischen Spießbürgerlichkeit verstümmelt.

5 Im Dorf Gara Bov bei Svoge im westlichen Balkangebirge befand sich ein Arbeitslager. Die zwangsmobilisierten Juden bauten an der Straße von Sofia nach Varna. Tadžer floh aus diesem Lager.
6 Nikola Gešev.
7 In den Abschnitten drei und vier erklärt Tadžer seine Solidarität mit der Sowjetunion und seinen festen Glauben an einen sowjet. Sieg gegen das Deutsche Reich sowie daran, dass nur die Sowjetunion Bulgarien aus der „politischen und ökonomischen Unterjochung" durch das Reich befreien könne.
8 Eigentümerin der erdölverarbeitenden Fabrik „Petrol" in Ruse war eine 1912 gegründete gleichnamige bulgar. Aktiengesellschaft. Die Fabrik wurde auf Kriegswirtschaft umgestellt; das bulgar. Kriegsministerium gewährte dem Deutschen Reich Mitnutzungsrecht.
9 Gemeint ist die Tötung des deutschen Soldaten, der Tadžers Brandanschlag verhindern wollte.

6. Der Staatsanwalt verschweigt die Tatsachen: a.) dass der Großteil des Benzins und Erdöls, das sich gegenwärtig im Besitz der deutschen Armee in und außerhalb Bulgariens befindet, als geraubtes russisches Erdöl anzusehen ist, da die UdSSR Deutschland (wie Letzteres zugibt) riesige Mengen Erdöl geliefert hat, natürlich nicht, um es für einen Angriff auf die UdSSR zu verwenden; b.) dass Bulgarien formal „freundschaftliche" Beziehungen zur UdSSR unterhält und die Sympathien der Mehrheit der Bevölkerung in Bulgarien in diesem Krieg aufseiten unseres Befreiers Russland sind;[10] c.) dass die Mittäterschaft Bulgariens an diesem niederträchtigsten Überfall in der Geschichte auf das Land des Freiheit bringenden Sozialismus und Kommunismus (die die Kriege und die Vernichtung von Menschen abschaffen), auf die UdSSR, die Festung des Friedens, der Wissenschaft, der Künste, der Religionsfreiheit, des Fortschritts und der Demokratie – dass dies eine Schmach für Bulgarien ist, die der Beschuldigte teilweise mit Benzin wegzuwaschen versucht hat. Dieser Versuch des Beschuldigten, wenngleich nicht von Erfolg gekrönt, ist moralisch-politisch bedeutsam, weil er bis zu einem gewissen Grad die schweren Folgen für Bulgarien, das vom Königshaus und der Regierung dermaßen mit Schande besudelt wurde, abwendet und günstige Auswirkungen für Bulgariens Zukunft bei der unausweichlich kommenden, für Deutschland ungünstigen Wende des Kriegsgeschehens haben wird; d.) dass sicher viele in Bulgarien den Beschuldigten loben, ihn nicht für seine Kühnheit verurteilen; e.) dass die Gesetze und Verordnungen, nach denen meine Verurteilung verlangt wird, von Volksvertretern verabschiedet wurden, die mit Gewalt [an die Macht gekommen] und verfassungswidrig „gewählt" worden sind. Das können Tausende bulgarischer Wähler bestätigen, die vor ihrer Stimmabgabe von der Polizei durchsucht wurden, ob sie nicht Stimmzettel für Kandidaten mit sich führen, die der Regierung und dem Königshaus nicht genehm sind.[11]

7. Der Staatsanwalt erwähnt ebenso wenig, dass meine Sympathien für die UdSSR durch die bourgeois-monarchistische Regierung unfreiwillig bestärkt wurden, da nach dem deutsch-sowjetischen Abkommen von 1939 sowjetische Filme, Ausstellungen, Buchhandlungen, Vorstellungen, Feiern und Organisationen aufklärerischen, akademischen und wirtschaftlichen Charakters offiziell zugelassen wurden, das öffentliche Radiohören in Kaffeehäusern usw. erlaubt war und Reisebeschreibungen aus der UdSSR (wie von G. Markov in der Zeitung „Dnes", von Prof. Asen Zlatarov usw.)[12] von der Zensur genehmigt wurden. Meine Sympathien für die UdSSR konnten auch durch die offiziellen Verlautbarungen in der Presse genährt werden, die ausgiebig diplomatische und historische Dokumentationen brachten über den aufrichtigen und ehrlichen Kampf der UdSSR in und außerhalb des Völkerbunds für internationalen Frieden, Brüderlichkeit unter den Völkern, soziale Gleichheit, demokratische Freiheiten sowie über ihre heldenhaften, von Stalin angeleiteten Vorbereitungen für die Selbstverteidigung und die seit fünf Monaten

10 Mit Zustimmung des Reichs erklärte Bulgarien der Sowjetunion nicht den Krieg und unterhielt bis Sept. 1944 diplomatische Beziehungen mit Moskau. Die bulgar. Haltung wurde offiziell mit der Dankbarkeit der Bulgaren für den russ. Anteil an der Unabhängigkeit des Landes von osman. Herrschaft begründet.

11 Die Wahlen für die Nationalversammlung 1939/40 wurden massiv manipuliert. Letztendlich vertraten von den 160 Volksvertretern nur 20 die Opposition.

12 Dnes war eine regimetreue Tageszeitung. Asen Zlatarov (1885–1936) war ein bulgar. Chemieprofessor mit linken politischen Ansichten.

an den Tag gelegten heldenhaften Bemühungen, den Feind abzuwehren, ihm jedes einzelne Beutestück zu nehmen, indem es vom zurückweichenden Volk vernichtet wird.
In der Anklageschrift werden auch die von Zeugen bestätigten Tatsachen nicht erwähnt, dass ich am Hafen in Ruse gearbeitet habe und dabei Augenzeuge geworden bin, wie die bulgarische Wirtschaft von den deutschen Besatzern über die Donauhäfen ausgesaugt wird; auf Schiffen werden Tausende von Tonnen Obst, Pulp, Tabak, Lebensmittel, Öl, Gerste, Weizen fortgebracht (gleichzeitig wird Mais importiert, um ihn dem Brot beizumischen) – das konnte den Beschuldigten nur empören angesichts wachsender Teuerung, Armut und der Lebensmittelrationierung in seiner Heimat.
Es wird die Tatsache verschwiegen, dass der Beschuldigte der ehrlichen Arbeit eines Maurers nachgeht, dass er Familienvater ist und nicht ein „bezahlter" Funktionär, wie ihn der Staatsanwalt nennt, dass er jahrelang bei Kälte und bei Hitze Wände und Gewölbe von Gebäuden gemauert hat, wie dem Kriegsministerium, dem Innenministerium, der Post, der Börse und einer Reihe anderer monumentaler Gebäude in der Hauptstadt, bei Kälte und bei Hitze; und im Winter hat er für 40 bis 50 Lewa Lohn am Tag in Fabriken bis zu zwölf Stunden seine Arbeitskraft und Gesundheit für Bulgarien hingegeben.
Es wird auch die Tatsache verschwiegen, dass ich beim arabischen Aufstand in Palästina in den Jahren 1936 bis 1938 in der bulgarischen Presse (in der Zeitschrift „Misăl" sowie in den Zeitungen „Zarja", „Akademičen glas" und „Kambana")[13] unter dem Pseudonym Ben David mit der Feder für Frieden zwischen Arabern und Juden gekämpft habe, gegen die anglophile zionistische Organisation und ihre antiarabische Provokation und Unterdrückung. All das hätte der Staatsanwalt meinem Polizeidossier entnehmen können, wenn er gewollt hätte. Aus diesem wird auch ersichtlich, dass ich bei einer öffentlichen zionistischen Versammlung in Sofia mein Verständnis über die Verständigung und Freundschaft zwischen den Völkern verteidigt habe.[14] Und im Zeitraum zwischen dem 23.8.1939 und 22.6.1941 hat der Beschuldigte das Verhalten von Hitlerdeutschland offen fortschrittlicher genannt als den Standpunkt der anglofranzösischen Kriegstreiber. Um vor Gericht meinen ehrlichen Standpunkt zu Deutschland zu verheimlichen, werden die Flugblätter nicht vorgelegt, für die mich die Polizei in Isperich interniert hat, und zwar als Beschuldigten für die Beteiligung an ihrer Vervielfältigung.[15] Ich bitte um Hinzuziehen obengenannter Flugblätter zum Prozess.[16]
8. Meine verzweifelte Selbstverteidigung, als der deutsche Ausländer versuchte, mich auf bulgarischem Boden festzunehmen, und seine unwillentliche Tötung sind auf die drakonischen Sanktionen zurückzuführen, die in den verfassungswidrig geschaffenen Gesetzen zum Schutz des Staates[17] vorgesehen sind. Ich bereue die Tötung. Sie geschah

13 Bulgar. Periodika mit unterschiedlicher politischer Ausrichtung; die bedeutendste davon war die liberale Tageszeitung Zarja, die 1915–1944 erschien. In den späten 1930er-Jahren veröffentlichte die Zeitung auch prosowjet. Artikel.
14 In der Polizeiakte nicht aufgefunden.
15 Tadžer war 1940 wegen Betreibens einer illegalen Druckmaschine für Flugblätter zu einer sechsmonatigen Internierung verurteilt worden.
16 Nicht aufgefunden.
17 Gesetz zum Schutz des Staates, nicht mit dem Gesetz zum Schutz der Nation zu verwechseln, war ein Sonderstrafgesetz der Regierung Cankov von 1924, infolge dessen die BKP und linke Organisationen aufgelöst und ihre Tätigkeit kriminalisiert wurden. In den folgenden Jahren wurde das Gesetz mehrfach ergänzt. Es blieb bis Okt. 1944 in Kraft.

im Zuge der Selbstverteidigung und in äußerst erregtem Zustand. Außerdem riss mir der Deutsche das Messer aus der Hand, und es ist möglich, dass er sich beim Kampf mit meinem Messer selbst aufgespießt hat. Ich war überzeugt, er wolle in seine Tasche greifen und seinen Revolver ziehen.
Schließlich wird die Tatsache verschwiegen, dass alle der Sympathie für den Frieden und die UdSSR überführten redlich denkenden bulgarischen Intellektuellen und Arbeiter-, Gewerkschafts-, Bildungs-, Genossenschafts- und anderen Funktionäre (von denen auch ich einer bin, abgelichtet in der Zeitung „Trud" als Mitglied einer Delegation der Baubranche beim Bulgarischen Arbeiterbund,[18] die zu den Ministern entsandt wurde, um Unterstützung für die saisonbedingt arbeitslosen Bauarbeiter zu fordern) verfolgt werden. Ohne Anklage und Ermittlungsverfahren werden sie zu Tausenden in die Konzentrationslager geschickt;[19] und manche von ihnen, Todor Pavlov[20] beispielsweise, mussten wahrscheinlich auch noch mehr leiden. Der Staatsanwalt erwähnt nicht, dass in den benachbarten slawischen und anderen vom „Verbündeten" Deutschland unterjochten Ländern in solchen Lagern mit dem Ziel von „Vergeltungsmaßnahmen" Dutzende unschuldiger „Kommunisten und Juden" erschossen werden. Aufgrund solcher Meldungen in der bulgarischen Presse musste ich fürchten, vonseiten der Behörden illegal vernichtet zu werden, und habe mich entschlossen, mich an Hitler zu rächen. Als die deutschen Truppen nach Bulgarien kamen, begrüßte ich sie zusammen mit dem Volk als Freunde der UdSSR und Bulgariens, wobei sie ihre treubrüchigen Absichten nicht preisgaben. All das habe ich in ausführlichen Aussagen vor Obersten in der Polizeiverwaltung von Ruse und Sofia hervorgehoben, flüchtig auch vor dem Militärermittler, aber der Staatsanwalt verschweigt es beharrlich, weil er keine Umstände anführen will, die meine „Schuld" mindern würden.
Ich füge hinzu: In von der Zensur genehmigten Schriften habe ich gelesen, dass Deutschland nach dem letzten Weltkrieg bei der Währungsreform der Mark 32 000 Lewa statt 32 Milliarden Mark bezahlt hat, die es der BNB[21] für während des Krieges gelieferte bulgarische Waren schuldete, und dass sich jetzt wieder für einige Milliarden Lewa deutsche Banknoten in der Nationalbank stapeln, für die wir möglicherweise nach dem Krieg wieder so wenig bekommen werden. Da ich diese Machenschaften des „Verbündeten" Deutschland als dreisten Raub bewertete, hätte ich aus Vaterlandsliebe schreckliche Gewissensbisse bekommen, wenn ich keinen Finger gerührt hätte, um das Leben und die Ehre des Vaterlands vor solchen verbrecherischen Verbündeten zu schützen. Obendrein waren das von der Polizei stillschweigend ermutigte Zerschlagen von Schaufenstern wie auch die antijüdischen Gesetze nach Hitlers Vorbild ein letzter Beleg für mich, dass die Unabhängigkeit und Souveränität meines geliebten Vaterlandes Bulgarien in der Hand der Herren Beckerle und Hitler liegen – denselben, die das Vaterland aller Werktätigen zerschlagen, die UdSSR.

18 Der Bulgarische Arbeiterbund war eine staatliche Zwangsorganisation für Arbeiter, die nach dem Putsch vom 19.5.1934 eingerichtet wurde. Die Zeitung Trud war ihr Presseorgan.
19 Das erste bulgar. Internierungslager für Regimegegner, in erster Linie Kommunisten, wurde im Sommer 1940 eingerichtet.
20 Todor Dimitrov Pavlov (1890–1977) war ein bekannter kommunistischer Publizist, der 1941–1943 in diversen Lagern interniert wurde.
21 Bulgarische Nationalbank.

Deshalb beschloss ich, ein Freiwilliger Stalins zu werden, vernünftig, nicht „fanatisiert", wie sich der Hüter des „Gesetzes", der Herr Staatsanwalt, ausdrückt.
Zusammen mit meinem Kopf bringe ich dem Gericht und der Gesellschaft folgendes Schlusswort dar: Die imperialistischen Kriege sind eine Schande für die Menschheit. Setzt ihnen ein Ende! Friede für die Lebenden! Friede den Erniedrigten, Krieg den Henkern! Der Krieg wird durch den Kapitalismus hervorgebracht und ist sein unausweichlicher Begleiter! Tod dem Kapitalismus! Solange es Ausgebeutete und Ausbeuter gibt, wird es Krieg geben. Nieder mit der Ausbeutung des Menschen durch den Menschen! Stirb lieber aufrecht, als auf Knien zu leben! Wenn ich mir um fünf Lewa, die ich beim Aufladen eines Benzinfasses verdient hatte, Trauben kaufte, war ich der Meinung, ich würde die kleinen Köpfe von Kindern essen, getötet von dem Flugzeug, das mit dem von mir aufgeladenen Benzin fliegt. Wenn ich Fässer voll Öl oder Pulp für die deutschen Banditen durch die Gegend schob, schmähte mich mein Gewissen: „Schuft! Schuft!" Jetzt ist es mir leichter, auch wenn ich zu Schikane und Galgen verdammt bin. „Und wenn die Sonne ‚Moskau' einmal aufhört, über uns zu leuchten, wird jemand in die Hölle (in „Petrol") kommen, um ein brennendes Holzscheit zu nehmen und uns damit zu leuchten!"[22]
„Wer im Kampf für die Freiheit fällt, der stirbt nicht!"[23]

DOK. 293
Der Vorstand der Jüdischen Gemeinde Štip schildert dem Zentralkonsistorium am 8. Mai 1942 die katastrophale Lage der Juden der Stadt[1]

Brief des Synagogenvorstands der Jüdischen Gemeinde Štip (Nr. 358),[2] gez. M. M. Kasorla,[3] an das Zentralkonsistorium der Juden in Bulgarien, Sofia, vom 8.5.1942 (Abschrift)

Sehr geehrte Herren,
mit vorliegendem Schreiben werden wir Ihnen die bedauernswerte Lage unserer Gemeindemitglieder darlegen, mit der Bitte, alles Ihnen Mögliche zu tun, um unseren unglücklichen Brüdern in diesen für sie sehr schwierigen Zeiten zu helfen.
Zusammengefasst übermitteln wir Ihnen folgende Situation:
1.[4] Während des Krieges wurde Štip bombardiert und hat dadurch großen Schaden genommen; unmittelbar darauf, bis zur Einrichtung der bulgarischen Behörden, kam es zu Massenplünderungen von jüdischem Besitz; Waren, Hausrat, Geld und Wertgegen-

22 Abgewandeltes Zitat aus einem Gedicht des bulgar. Poeten Ivan Vazov.
23 Zitat aus einem Gedicht des bulgar. Poeten und Nationalhelden Christo Botev.

1 CDA, 667K/1/4, Bl. 226. Abdruck in: Danova/Avramov, Deportiraneto (wie Dok. 274, Anm. 1), Bd. 1, S. 144 f. Das Dokument wurde aus dem Bulgarischen übersetzt.
2 Stadt im Osten Mazedoniens, deren jüdische Gemeinde Ende 1942 560 Mitglieder zählte; CDA, 667K/1/9, Bl. 7.
3 Meir Moše Kasorla (1910 od. 1911–1943), Rabbiner, Lehrer und Gemeindefunktionär; bis 1943 Mitglied des Vorstands der Jüdischen Gemeinde Štip; im März 1943 über Skopje in das Vernichtungslager Treblinka deportiert und dort ermordet.
4 Die Aufzählung wird nicht fortgeführt.

stände wurden geraubt. Mit der Etablierung der bulgarischen Obrigkeit fand dies zwar ein Ende, doch die Juden waren mehrheitlich völlig ruiniert.
Um die Bombenschäden zu beseitigen, wurden die Juden danach zwei Monate lang zu Aufräumungsarbeiten verpflichtet, was sie in eine noch schwierigere materielle Lage brachte.
Dann wurde den Juden auf Grundlage einer Anordnung des Handelsministeriums jegliche Handelstätigkeit untersagt.[5] Damit wurde selbst denjenigen, die auf diese Weise den Lebensunterhalt ihrer Familien ohne Kapitaleinlagen hätten sichern können, jede Möglichkeit dazu genommen. Für eine Reihe jüdischer Familien ist es folglich unmöglich geworden, durch ehrliche Arbeit ihr Auskommen zu finden.
Schließlich wurde die Freizügigkeit und Reisefreiheit für Juden eingeschränkt.[6] In unserer Stadt wohnen jedoch an die 30 Personen, die davon leben, dass sie als fliegende Händler in den Dörfern Kleinwaren verkaufen. Durch das Reiseverbot werden auch sie am Handel gehindert.
Aus all dem ergibt sich ein schreckliches Bild. Die Menschen haben überhaupt keine Reserven mehr, keine Lebensmittel, viele gehen mit leerem Magen ins Bett und essen nur einmal am Tag. Im Winter hatten viele Familien kein Feuerholz. Die ganze Tragödie können Sie daraus ersehen, dass von den etwa 600 Mitgliedern unserer Gemeinde mehr als 400 als hilfsbedürftig registriert sind und Hilfsleistungen von Letzterer beziehen, obwohl die Gemeinde äußerst arm ist und sich selbst kaum erhalten und die Gehälter des Personals nicht selbst aufbringen kann. Dank Ihrer Unterstützung war es bisher noch möglich, das Personal zu bezahlen.[7] Wäre die Gemeinde auf sich selbst gestellt, wäre das nicht zu bewerkstelligen.
Wir wenden uns an Sie als Brüder, damit Sie uns vor dem Hungertod retten. Wir wissen nicht mehr, was wir tun und an wen wir uns wenden sollen. Unsere Worte reichen nicht aus, um Ihnen unsere Not zu schildern. Es genügt, Ihnen zu sagen, dass uns sogar der „Handel“ mit Kürbis- und Sonnenblumenkernen verboten ist. Es muss eine Lösung gefunden werden, wenn schon keine radikale, so zumindest eine, die uns hilft, nicht hungers zu sterben.
Zu diesem Zweck ist es nötig,
1.) Hilfslieferungen zu erhalten, um sie an die Bedürftigsten zu verteilen. Wir wissen, in welch schwieriger materieller Lage sich das gesamte Judentum befindet, dennoch haben wir den Mut, an Sie als unsere Brüder zu appellieren, weil unsere Lage wirklich beklagenswert ist.
2.) [a.)] Schritte beim Handelsministerium einzuleiten, um den ärmsten Händlern und fliegenden Händlern, wenn auch nur zeitweise oder zumindest solange der Handel im

5 Das bulgar. Handelsministerium hatte am 22.9.1941 eine Anordnung in diesem Sinne erlassen. Eine weitere Anordnung der Vertretung der Sofioter Handels- und Industriekammer in Skopje vom 29.1.1942 sah für die Liquidierung jüdischer Geschäfte u.ä. eine dreimonatige Frist vor; CDA, 667/1/4, Bl. 223. Offenbar wurde diese Frist für die Straßenhändler später teilweise gelockert, denn das Kommissariat für Judenfragen in Sofia erließ am 6.2.1943 ein endgültiges Handels- und Gewerbeverbot für sie; CDA, 667/1/4, Bl. 178.

6 Mitteilung der Kreisverwaltung von Štip vom 17.4.1942; CDA, 667K/1/7, Bl. 51.

7 Das Zentralkonsistorium hatte die Jüdische Gemeinde Štip 1941 mit 50 000 Lewa unterstützt; siehe Rundschreiben Nr. 1283 vom 6.3.1942, CDA 1498K/1/2, Bl. 270.

alten Bulgarien noch möglich ist, zu erlauben, ihrer Arbeit nachzugehen, weil wir sonst nicht wissen, was aus ihnen werden soll.
b.) den fliegenden Händlern, die ihre Waren in den Dörfern verkaufen, zu erlauben, sich frei zu bewegen, mit einer längerfristigen Sonderreisegenehmigung der Polizei, eventuell der Polizeidirektion.
c.) Es gibt viele [jüdische] Mädchen, die als Haushaltshilfen in jüdischen Häusern arbeiten könnten, um Geld nach Hause zu schicken und ihren Familien Brot zu besorgen. Es wird ihnen jedoch nicht erlaubt, nach Sofia zu gehen. Wir bitten Sie, alles zu tun, um diese Frage zu klären und ihnen die Übersiedlung nach Sofia zu ermöglichen.
d.) Für jede Fahrt in eine andere Stadt wird eine Genehmigung von der Polizeidirektion verlangt. Es gibt aber dringende Fälle, etwa bei Krankheit, bei denen es erforderlich ist, diese Genehmigung sofort zu erhalten. Für solche Fälle sollten die örtlichen Polizeibehörden angewiesen werden, selbst zu entscheiden.
Wir bitten Sie, alles nur Mögliche in diese Richtung zu unternehmen, denn es hat Fälle gegeben, bei denen Kranke gestorben sind, ehe die Genehmigung erteilt wurde.
Wir sind davon überzeugt, dass Sie das Notwendige in die Wege leiten. Und dass die Behörden in Sofia die vorgetragenen Bitten menschlich behandeln werden, um eine gerechte Lösung zu finden.
Indem wir uns für alles, was Sie bisher für uns getan haben, bedanken, sind wir sicher, dass Sie uns nicht im Stich lassen, sondern auch in Zukunft alles Erdenkliche tun werden, um uns in diesen für unsere Gemeinde schwersten Augenblicken zu helfen.
Mit Hochachtung

DOK. 294
Donauzeitung: Artikel vom 11. Juni 1942 über eine Verordnung, die Juden in den besetzten Gebieten die bulgarische Staatsbürgerschaft verwehrt[1]

Bulgarien regelt Staatsbürgerschaft. Eine wichtige Verordnung für alle neuen Gebiete – Für Juden keine Minderheitenbehandlung
Drahtbericht unseres Vertreters

gh Sofia, 10. Juni[2]
Die Frage der Staatsbürgerschaft in denjenigen ehemals jugoslavischen[3] oder griechischen Gebieten, die nach dem Balkanfeldzug dem bulgarischen Staat angeschlossen wurden,[4] also im Morawagebiet,[5] in Mazedonien und der ägäischen Provinz[6] wurde, so wird berichtet, durch eine grundsätzliche Verordnung der bulgarischen Regierung geregelt, die gestern in Kraft trat.[7] Die Verordnung unterscheidet innerhalb der Bevölkerung im wesentlichen vier Gruppen, für die unterschiedliche Bestimmungen getroffen wurden: 1. ehemals jugoslavische oder griechische Staatsbürger bulgarischer Abstam-

1 Donauzeitung vom 11. 6. 1942, S. 3. Die Donauzeitung war das wichtigste nationalsozialistische Auslandsblatt für Südosteuropa, das zwischen Juli 1941 und März 1945 in Belgrad erschien.
2 G[erhart] H[errmann] alias Mostar (1901–1973), Journalist und Schriftsteller.
3 Hier und im Folgenden so im Original.

mung, 2. ehemals jugoslavische oder griechische Staatsbürger nichtbulgarischer Abstammung, 3. weißrussische[8] und armenische Emigranten und 4. Juden.
Bei der ersten Gruppe lag der Fall von vornherein klar. Alle Bulgaren, die früher jugoslavische oder griechische Staatsbürger waren und zur Zeit im Gebiet Großbulgariens ansässig sind, erhalten ohne weiteres die bulgarische Staatsbürgerschaft. Wenn sie ihren Wohnsitz außerhalb der Grenzen Bulgariens haben, so können sie die bulgarische Staatsangehörigkeit innerhalb eines Jahres erwerben.
Die entscheidende Frage, deren Lösung dringend war, betrifft die ehemals jugoslavischen oder griechischen Staatsbürger nichtbulgarischer Herkunft, also im wesentlichen die Serben, Mazedonier und die Griechen der ägäischen Provinz, dazu die Mohammedaner beziehungsweise Türken[9] in diesen Verwaltungsgebieten.[10] Auch sie erhalten ohne weiteres die bulgarische Staatsbürgerschaft, falls sie nicht den Wunsch äußern, ihre bisherige Staatsbürgerschaft beizubehalten.[11] Diese Entscheidung müssen sie bis zum 1. April 1943 treffen, müssen allerdings auch am gleichen Stichtag das bulgarische Staatsgebiet verlassen haben. Die Regierung bietet den Betroffenen den Vorteil, daß sie sich ihren Entschluss eine geraume Zeit überdenken und die Liquidierung ihrer unbeweglichen Habe in Ruhe in die Wege leiten können. Sie haben dabei, wie uns von unterrichteter Seite mitgeteilt wird, die Möglichkeit, ihre unbewegliche Habe sowohl an den Staat wie an Privatpersonen zu veräußern. Nach dem Bilde, daß sich zur Zeit in diesen Provinzen bietet, ist die Auswanderungslust des griechischen Bevölkerungsteils bedeutend geringer geworden als zu Beginn der bulgarischen Besetzung,[12] während die Türken in letzter Zeit überhaupt wenig Gebrauch von ihrem Auswanderungsrecht machen.[13] Es ist also damit zu rechnen, daß der Großteil der in den betreffenden Gebieten noch

4 Die dem bulgar. Staat 1941 zugebilligten Gebiete hatten für die anderen Achsenmächte bis zur endgültigen Regelung nach dem Krieg zwar nur einen „provisorischen Status", doch behandelte sie die bulgar. Führung als de facto angeschlossen.

5 Morawagebiet, Morawien oder auch Morawa-Tal ist ein Gebiet im südöstlichen Serbien, das vom Fluss Morawa und seinen Seitenarmen Süd- und Westmorawa markiert wird. Das Gebiet stand vom April 1941 bis zum Sept. 1944 unter bulgar. Militär- und Zivilverwaltung.

6 Gemeint ist (West-)Thrazien, das im bulgar. Sprachgebrauch auch Belomorie, d. h. Ägäisküste genannt wurde.

7 Dăržaven vestnik, Nr. 126 vom 10.6.1941, S. 17.

8 Gemeint sind „weiße Emigranten" aus dem russ. Bürgerkrieg.

9 Zu der Gruppe der hier nicht näher bezeichneten Mohammedaner sind sowohl die slavophonen Pomaken als auch die Albaner zu zählen. Insbesondere die Ersteren wurden oft pauschal einfach den Türken zugeordnet.

10 Die Bevölkerung in diesen Gebieten war in ethnischer und religiöser Hinsicht recht heterogen. So lebten alleine in Vardar-Mazedonien gemäß einer 1941 von den bulgar. Behörden durchgeführten Zählung 1 073 000 Einwohner, darunter 625 941 Bulgaren, 185 457 Türken, Albaner, Roma und 248 663 Serben sowie etwa 8000 Juden und 5000 Aromunen (eine ein archaisches Rumän. sprechende Minderheit).

11 Bewohner, die für eine italien. oder alban. Staatsangehörigkeit optiert hatten, galten von vornherein als unzuverlässig und durften nicht für die bulgar. Staatsbürgerschaft optieren.

12 In West-Thrazien, wo die bulgar. Behörden einer griech. Bevölkerungsmehrheit gegenüberstanden, wurden umfangreiche Vertreibungen durchgeführt und gezielt bulgar. Kolonisten angesiedelt.

13 Gegenüber den muslim. Minderheiten in den besetzten Gebieten betrieb die bulgar. Führung eine ambivalente Politik. Während sie durch die erzwungene Schließung ihrer Bildungseinrichtungen einem verstärkten Assimilierungsdruck ausgesetzt wurden, verzichteten die bulgar. Behörden auf Auswanderungszwang, um die Türkei nicht zu verstimmen.

ansässigen Griechen und Türken sich für Annahme der bulgarischen Staatsbürgerschaft entscheiden wird. Was die Serben Mazedoniens und des Morawagebiets betrifft, so hat auch wohl hier das politische Serbentum, das als Beamte oder Militärschicht die bulgarische Grundbevölkerung überlagerte, das Land bereits verlassen,[14] während der verbliebene bäuerliche oder städtische serbische Kleinbesitz voraussichtlich zum größten Teil an seinen Wohnorten bleiben dürfte. Es wird natürlich alles darauf ankommen, daß diese verbliebenen und die Rechte der bulgarischen Staatsbürgerschaft genießenden fremdvolklichen Gruppen sich loyal verhalten,[15] was dann, so wird gesagt, von einem ebenso loyalen Verhalten der bulgarischen Behörden erwidert und zweifellos zu einer gemeinsamen Arbeit am gemeinsamen Wohle und am Ausbau des großbulgarischen Staates führen würde.

Die dritte Gruppe umfasst die weißrussischen und armenischen Emigranten, die sich bisher durch Nansenpässe[16] auswiesen. Sofern sie in den im Vorjahr angeschlossenen Gebieten ihren Wohnsitz haben, wird auch ihnen die Möglichkeit geboten, innerhalb eines Jahres die bulgarische Staatsbürgerschaft zu erwerben. Dies bedeutet für die bisher unter Unzulänglichkeiten des Nansenpasses leidenden Personen besonders für die sprachverwandten Weißrussen zweifellos eine große Chance. Die armenischen Emigranten stammen zu etwa 70 Prozent aus der Türkei, und zu 30 Prozent setzen sie sich aus Flüchtlingen aus der Sowjetunion zusammen.

Das Problem, ob die serbischen, griechischen, türkischen, russischen oder armenischen Bevölkerungsteile, welche die bulgarische Staatsbürgerschaft erhalten, Minderheitenrechte erhalten oder eingevolkt werden, gehört nicht in den Wirkungsbereich der Verfassung und bleibt als allerdings dringende Frage von prinzipieller Bedeutung noch offen. Eines aber sagt die Verordnung bereits klar: dass für die in den neuen Gebieten ansässigen Juden weder eine Behandlung als Minderheit noch etwa gar die Möglichkeit der Einvolkung in Frage kommt. Jedenfalls ist die Bestimmung, daß die Verordnung Personen jüdischer Abstammung nicht betrifft (abgesehen von verheirateten Frauen jüdischer Herkunft, welche die Staatsbürgerschaft ihres Gatten behalten) nach Meinung von informierter Seite so aufzufassen, dass Juden weder die bulgarische Staatsbürgerschaft erhalten noch im Morawagebiet, in Mazedonien oder in der ägäischen Provinz verbleiben würden. Demnach handelt es sich hier praktisch um die Judenaussiedlung, da auch eine Einbeziehung von Juden in das Wirtschaftsleben Altbulgariens durch die bestehenden Gesetze automatisch ausgeschlossen ist.

14 Serben waren vor allem in Morawien und Vardar-Mazedonien ansässig. Die bulgar. Behörden hatten bis zum Sommer 1941 alleine aus dem Bezirk Skopje 26 500 Serben ausgesiedelt und ihr Vermögen konfisziert. Da diese kurzerhand in das deutsche Okkupationsgebiet verdrängt wurden, verursachte dies sehr bald Ärger mit dem deutschen Verbündeten. Nichtsdestotrotz wurden bis zur bulgar. Kapitulation im Sept. 1944 weitere bis zu 120 000 oder annähernd die Hälfte aller Serben aus Mazedonien zur Emigration gezwungen.

15 Zugleich sah das Gesetz für Personen, die unter diese Kategorie fielen, ein Schnellverfahren zum Entzug der bulgar. Staatsbürgerschaft und zur Abschiebung vor, wenn sie staatsfeindlichen Verhaltens verdächtigt wurden.

16 Der Nansen-Pass war ein Ausweis für staatenlose Flüchtlinge und Emigranten. Er wurde 1922 vom Hochkommissar des Völkerbunds für Flüchtlingsfragen Fridtjof Nansen entworfen und eingeführt.

Es darf festgestellt werden, daß die genannte Verordnung den schwierigen Problemen, die in den befreiten Gebieten der Lösung harren, mit einer großzügigen und durch den Wunsch nach möglichster Gerechtigkeit und Loyalität diktierten Einstellung beizukommen versucht. Es wird auf die Art der Durchführung von beiden Seiten ankommen, ob die Chancen, die Serben, Griechen, Türken, weißrussischen und armenischen Emigranten gegeben werden, zum Wohle des Staates und seiner neuen Staatsbürger ausgenutzt werden können.

DOK. 295

Die Vereinigung der Optiker und Brillenmacher in Bulgarien ersucht am 15. Juni 1942 den Kreisdirektor von Pazardžik, den Optiker Žak Bechar zur Aufgabe seines Geschäfts zu zwingen[1]

Schreiben der Vereinigung der Optiker und Brillenmacher in Bulgarien, Tărgovska-Str. 11, Sofia, gez. Evt. St. Dedov,[2] Christo Chr. Petrov,[3] an den Kreisdirektor von Tatar Pazardžik,[4] Sofia, vom 15. 6. 1942

Herr Kreisdirektor,
gemäß dem Gesetz zum Schutz der Nation und dem Erlass des Ministerrats Nr. 29 vom 17. März d. J., erschienen im Staatsanzeiger vom 11. April d. J., hätten unsere ehemaligen Kollegen *jüdischer Abstammung ihr Gewerbe bis spätestens zum 23. April 1942 liquidieren müssen.*[5]
Der Minister für Handel, Industrie und Arbeit[6] hat mit Anordnung Nr. 02 411 vom 20. April d. J. die Brillenherstellung von der Liste der handwerksähnlichen Gewerbe gelöscht. Damit gilt sie als reines Handelsgewerbe, das nur von Brillenmachern ausgeübt werden darf, die von der Direktion für Volksgesundheit zugelassen wurden und Bulgaren sind.
Unsere Vereinigung hat jedoch mit Bedauern davon Kenntnis erhalten, dass Žak S. Bechar[7] aus T. Pazardžik den ihm verbotenen Handel mit optischen Waren weiterhin betreibt.
Angesichts des oben dargelegten Sachverhalts ersuchen wir Sie, Herr Kreisdirektor, umgehend zu veranlassen, das Gesetz gegen *den Juden Žak S. Bechar in seiner ganzen Strenge*

1 CDA, 1568K/1/67, Bl. 44. Das Dokument wurde aus dem Bulgarischen übersetzt.
2 Evtim Stefanov Dedov, Journalist; Sohn des Publizisten Stefan Dedov; 1933–1936 Chefredakteur der Sportzeitung Levski; Sekretär der Vereinigung der Optiker und Brillenmacher.
3 Christo Chr. Petrov, Vorsitzender der Vereinigung der Optiker und Brillenmacher.
4 Der alte Name der Stadt aus türk. Zeiten war Tatar Pazardžik. Atanas Žliev Popov (1900–1944), Jurist; 1934–1939 Kreisdirektor, 1943–1944 Bürgermeister von Pazardžik.
5 Siehe insbesondere Art. 25 bis 29; Dok. 286 vom 23.1.1941; aus der erwähnten VO des Ministerrats vom 17.3.1942 geht hervor, dass Juden, die mit Chemikalien, fotografischen oder optischen Waren sowie Heilkräutern handelten, ihr Geschäft „liquidieren“ mussten und die Frist hierfür bis zum 23.4.1942 verlängert worden war; Protokoll Nr. 36 des Ministerrats vom 17.3.1942, CDA, 284K/1/7883, Bl. 24.
6 Slavčo Zagorov.
7 Žak S. Bechar, Optiker.

anzuwenden und seinen gesamten Warenbestand zu beschlagnahmen, weil er die letzte Liquidationsfrist zum 23. April d. J. versäumt hat.
In Erwartung Ihrer raschen Anweisungen versichern wir Ihnen, Herr Kreisdirektor, unsere Hochachtung.[8]

DOK. 296

Zora: Artikel vom 26. Juni 1942 über das neue Gesetz, das den Ministerrat bevollmächtigt, alle Maßnahmen zur Regelung der „Judenfrage" zu treffen[1]

Die Nationalversammlung und die Regelung der Judenfrage

Die Debatten über den Gesetzentwurf der Regierung
Donnerstag, 25. Juni 1942
Die Sitzung der Nationalversammlung wurde um 5.15 Uhr nachmittags vom stellvertretenden Präsidenten [des Parlaments] Dr. *P. Kjoseivanov* in Anwesenheit der Herren Minister P. Gabrovski, Prof. B. Jocov, Dr. K. Partov und N. Zachariev eröffnet.
Zum Mitglied der parlamentarischen Kommission für das Justizministerium wurde Herr *St. Bagrilov*[2] gewählt und zum Mitglied der Kommission zur Prüfung von Bittschriften Herr *Totju Marov.*[3] Dem Antrag zu den von den Donaudampfschiffahrts-Gesellschaften ausgestellten Bescheinigungen wurde zugestimmt.
Abgestimmt wurde über folgende Gesetzentwürfe: *in erster und zweiter Lesung* – zu den kommunalen Handels- und Industrieunternehmen und zur Änderung und Ergänzung der Verordnung mit Gesetzeskraft über Pässe, Grenzfahrkarten sowie die polizeiliche Kontrolle von Fremden; *in erster Lesung* – über die Fusion der Gemeinden Kostinbrod und Šijakovci, Kreis Sofia sowie Chisar und Momina Banja, Kreis Karlovo.
Vorgestellt wurde in erster Lesung *der Gesetzentwurf über die Beauftragung des Ministerrats, alle Maßnahmen zur Regelung der Judenfrage und der mit ihr verbundenen Fragen zu ergreifen.*

8 Eine Kopie des Schreibens ging an die Liquidierungskommission nach dem Gesetz zum Schutz der Nation beim Ministerium für innere Angelegenheiten und Volksgesundheit. Die Kommission wurde im Febr. 1941 mit der VO zur Durchführung des Gesetzes zum Schutz der Nation ins Leben gerufen; Dăržaven vestnik, Nr. 36 vom 17.2.1941. Eine VO des Innenministers vom Juli 1941 räumte Branchenorganisationen zudem das Recht ein, darüber mitzubestimmen, welche jüdischen Kollegen in die gesetzlich zugelassene Quote aufgenommen werden sollten; Dăržaven vestnik, Nr. 164 vom 29.7.1941.

1 Zora, Nr. 6898, vom 26.6.1942, S. 1: Narodnoto săbranie i ureždaneto na evrejskija văpros. Das Dokument wurde aus dem Bulgarischen übersetzt. Die 1919 gegründete Zora war eine der größten bulgar. Tageszeitungen; sie erschien bis Sept. 1944. Die Höchstauflage lag bei 130 000 Exemplaren. Hrsg. war der Journalist Danail Krapčev (1880–1944), ein aus Prilep in Vardar-Mazedonien stammender Befürworter des Anschlusses Mazedoniens an Bulgarien. Die Zeitung vertrat während des Zweiten Weltkriegs einen prodeutschen Standpunkt.

2 Stefan Ivanov Bagrilov (1906–1945), Jurist; 1940–1944 Abgeordneter der die Regierung stützenden Mehrheit; 1945 vom Volksgericht zum Tode verurteilt und hingerichtet.

3 Totju Jordanov Marov (1894–1945), Buchhändler; 1940–1944 Volksvertreter der die Regierung stützenden Mehrheit; 1945 vom Volksgericht zum Tode verurteilt und hingerichtet.

Minister Petăr Gabrovski (von der Tribüne): Der vorgelegte Gesetzentwurf hat zum Ziel, Voraussetzungen für eine eindeutigere, schnellere und erfolgreichere Regelung der Judenfrage bei uns zu schaffen. Das Gesetz zum Schutz der Nation,[4] wenngleich gründlich und diese Frage umfassender behandelnd, hat sich schnell als unzureichend erwiesen. Das machte es notwendig, zusätzliche Rechtsvorschriften in Verbindung mit der Judenfrage aufzustellen: über die Belegung mit einer Steuer,[5] über die Immobilienspekulation[6] usw. Auch diese Rechtsvorschriften erwiesen sich jedoch sehr schnell als unzureichend. Es zeigte sich, dass es Sachverhalte gibt, die nicht ausreichend reglementiert werden können. Bei uns gibt es noch keine Abgrenzung von Personen jüdischer Abstammung gegenüber Personen bulgarischer und anderer Abstammung.[7] Die Juden machen sich heutzutage seelenruhig in allen bulgarischen Kreisen breit und sind – aufgrund ihres Wesens – bestrebt, politischen und wirtschaftlichen Einfluss auf die bulgarische Gesellschaft auszuüben. Deshalb ist es notwendig geworden, andere, effizientere Maßnahmen zu ergreifen.
Die wirtschaftlichen Beschränkungen, die mit dem Gesetz zum Schutz der Nation eingeführt wurden, ermöglichten den Personen jüdischer Abstammung, weiterhin in den Betrieben zu arbeiten, und dort – obwohl sie formal weniger als die Hälfte der Aktien besitzen – faktisch Herren zu sein. In dieser Hinsicht sind zusätzliche Maßnahmen notwendig, um das gewünschte Resultat zu erreichen: dass die Personen jüdischer Abstammung weder aktiv an den Wirtschaftsunternehmen beteiligt sind noch eine bestimmende Rolle in ihnen innehaben können. Leider fanden sich auch Bulgaren bereit, als Strohmänner von Juden zu fungieren und deren Tätigkeit zu decken. Diese Möglichkeit sollte im Hinblick auf den Sinn und Zweck des Gesetzes und die Interessen des Staates, im Hinblick auf die Zweckmäßigkeit und die Würde[8] dieser Maßnahmen unterbunden werden, denn sie schafft die Voraussetzungen für die Korrumpierung gewisser Kreise. Diese und viele andere Gegebenheiten erfordern es, gewisse zusätzliche einschränkende Maßnahmen hinsichtlich der Personen jüdischer Abstammung zu ergreifen.
Aufgrund dieser und einer Reihe anderer Erwägungen liegt der Nationalversammlung nun ein Gesetzentwurf zur Abstimmung vor, mit dem der Ministerrat befugt wird, die notwendigen Maßnahmen zu ergreifen, sei es mit allgemeinen Verordnungen – sei es mit einzelnen Bestimmungen –, um die Lösung der Judenfrage voranzubringen. Natürlich werden diese Verordnungen, insofern sie ein gewisses Gesetz ablösen oder ergänzen, der Zustimmung der Nationalversammlung bedürfen. Bis dahin jedoch werden sie umgesetzt und angewendet werden können. Dieses Gesetz hat zum Ziel, auch die Einschränkungen der Personen jüdischer Abstammung zu verstärken und die bestehenden Maßnahmen zu verschärfen. Dieser Gesetzentwurf wird zu jener umfassenden Politik beitragen, die der bulgarische Staat und die Führung des Landes gemeinsam mit den Volksvertretern und dem bulgarischen Volk im Hinblick auf die großen und lebenswichtigen Interessen der bulgarischen Nation und des zukünftigen neuen Europas unbeirrbar verfolgen.

4 Siehe Dok. 286 vom 23.1.1941.
5 Siehe Dok. 289 vom 7.7.1941.
6 Das im Febr. 1942 veröffentlichte Gesetz gegen die Spekulation mit Immobilien bestimmte, dass Juden keine Immobilien außer zu unmittelbaren Wohnzwecken und als Gewerbestandort besitzen durften. Alle sonstigen Immobilien wurden vom Staat eingezogen und zwangsversteigert.
7 Gemeint ist vermutlich sowohl eine Kennzeichnung als auch räumliche Abgrenzung der Juden.
8 So die Formulierung im Original.

Zum Gesetzentwurf äußerten sich die Herren Iv. Petrov, Dim. Andreev, Prof. P. Stajnov, Kr. Mitakov und N. Mušanov.[9]
Um 9 Uhr abends wurde die Sitzung auf den nächsten Tag, Freitag 3 Uhr nachmittags mit folgender Tagesordnung vertagt: Weiterführung der Debatte über den Gesetzentwurf über die Beauftragung des Ministerrats mit dem Ergreifen von Maßnahmen zur Regelung der Judenfrage und der mit ihr verbundenen Fragen;[10] erste Lesung der Gesetzentwürfe: zum Katastrophenschutz zu den Rechten, die der Innenminister Amtspersonen aus dem Ministerium übertragen kann u. a.

DOK. 297
Die Deutsche Gesandtschaft meldet am 6. Juli 1942 die grundsätzliche Bereitschaft der bulgarischen Regierung, im deutschen Machtbereich befindliche bulgarische Juden deportieren zu lassen[1]

Bericht (geheim) der Deutschen Gesandtschaft (A 466g/42), gez. Beckerle, Sofia, an das Auswärtige Amt (auf den Erlaß vom 19.6.1942 – D III 497 g) (D III 559 g, Eing. 10.7.1942),[2] Berlin

Inhalt: Absprache in der Judenfrage mit Bulgarien.
1 Anlage[3]
3 Doppel
Der Generalsekretär des Außenministeriums, Gesandter Schischmanoff,[4] mit dem die Angelegenheit besprochen wurde,[5] teilte heute mit, daß die Bulgarische Regierung grundsätzlich bereit sei, eine Absprache in der Judenfrage in der vorgeschlagenen Form zum gegenwärtigen Zeitpunkt zu treffen. Ich habe daher dem Außenministerium die in

9 Ivav Petrov (1887–1945), Jurist; Abgeordneter der regierenden Mehrheit; 1945 hingerichtet; Dimităr Andreev (1898–1945), Jurist, Abgeordneter der regierenden Mehrheit; 1945 hingerichtet; Petko Stajnov (1890–1972), Jurist, Abgeordneter der Opposition; Krum Mitakov (1888–1945), Jurist; Abgeordneter der regierenden Mehrheit; 1945 hingerichtet; Nikola Mušanov (1872–1951), Jurist, Abgeordneter der Opposition. Diese Abgeordneten sprachen sich aus unterschiedlichen Gründen gegen den Gesetzentwurf aus. Petrov, Stajnov und Mušanov gehörten zu den prinzipiellen Gegnern antijüdischer Maßnahmen, während Andreev und Mitakov die Verschärfung dieser Maßnahmen begrüßten, aber den verfassungswidrigen Charakter des geplanten Gesetzes kritisierten.

10 Die Nationalversammlung verabschiedete das Gesetz in der zweiten Lesung; Dăržaven vestnik, Nr. 148, 9.7.1942.

1 PAAA, R 100 863, Bl. 42 f. Abdruck in bulgar. Übersetzung in: Vitka Toškova/Marija Koleva/David Koen (Bearb.), Obrečeni i spaseni. Bălgarija v antisemitskata politika na Tretija Rajch, Sofia 2007, S. 280.

2 Mit diesem hatte UStS Luther unter Bezugnahme auf das Treffen zwischen dem bulgar. Außenminister Popov und Ribbentrop vom 26.11.1941 die Deutsche Gesandtschaft in Sofia angewiesen, die Bereitschaft der bulgar. Regierung zu ermitteln, ihre im Reich und im Protektorat befindlichen jüdischen Staatsbürger in die Deportationen einzubeziehen, sowie ggf. einen entsprechenden Notenwechsel zu initiieren; siehe ADAP, Serie E, Bd. III, (wie Dok. 185, Anm. 1), Dok. 16, S. 24–26.

3 Verbalnote der Deutschen Gesandtschaft an das Königlich Bulgarische Außenministerium in Sofia vom 6.7.1942; wie Anm. 1, Bl. 36 f.; das Original der deutschen Verbalnote und die bulgar. Antwort befinden sich im CDA, 176K/8/1110.

Abschrift beigefügte Verbalnote übersandt.[6] Die Antwort des Außenministeriums werde ich nach Eingang nachreichen.[7]
Der Generalsekretär teilte ferner mit, daß die Bulgarische Regierung grundsätzlich damit einverstanden sei, daß die in Deutschland und im deutschen Machtbereich[8] wohnhaften Juden bulgarischer Staatsangehörigkeit in die gegen Juden geplanten Abschiebemaßnahmen einbezogen würden. Er bat jedoch, ihm vorher eine genaue Liste der abzuschiebenden bulgarischen Juden zu übergeben und ihm insbesondere Namen, Geburtsort und jetzigen Aufenthalt mitzuteilen, damit die Angelegenheit von den zuständigen inneren bulgarischen Behörden wegen der öffentlich rechtlichen Folgen überprüft werden könne.[9] Bezüglich der Kostenfrage verhielt sich der Generalsekretär ziemlich ablehnend, erklärte sich jedoch bereit, über die Frage nach Mitteilung der durch die Abschiebung, Umschulung usw. entstehenden Kosten weiter zu verhandeln. Ich darf daher anheimstellen, mir den Betrag baldmöglichst mitzuteilen.[10]

4 Dimităr Ivanov Šišmanov (1889–1945), Jurist, Diplomat und Politiker; 1935–1940 bulgar. Gesandtschaftsrat in Athen, 1940–1943 Generalsekretär im bulgar. Außenministerium, von Okt. 1943 bis zum 1.6.1944 Außenminister; 1945 vom Volksgericht zum Tode verurteilt und hingerichtet.
5 Šišmanov berichtete über ein Treffen mit Legationsrat Anton Mohrmann (1897–1987), der das Einverständnis der bulgar. Regierung für die Deportation von „einigen Hundert" bulgar. Juden aus dem Deutschen Reich erfragte und den Entwurf für eine entsprechende Verbalnote überreichte. Des Weiteren verlangte die deutsche Seite, dass die Deportationskosten von Bulgarien getragen würden; Aktennotiz von Generalsekretär Šišmanov, o. D., CDA, 176K/1š/385, Bl. 152.
6 Hier nicht abgedruckt.
7 Dies geschah am 9.7.1942; wie Anm. 1, Bl. 53 f. Am 4.9.1942 wies der Reichsinnenminister die Staatspolizeistellen in Wien, Prag, Metz, Straßburg, Veldes, Marburg und Luxemburg an, bulgar. Juden künftig in die Deportationen einzubeziehen; ebd., Bl. 66.
8 Damit war das anvisierte Gebiet größer als nur das Reich und das Protektorat und umfasste automatisch alle deutsch besetzten Teile Europas.
9 Nicht aufgefunden.
10 Die Gesamtzahl der daraufhin von deutschen Stellen deportierten bulgar. Juden ist nicht bekannt.

DOK. 298
Justitiar Aleksandăr Belev erläutert Innenminister Gabrovski im Sommer 1942 die geplante Verschärfung der antijüdischen Maßnahmen und ihre notwendige Zentralisierung[1]

Bericht von Aleksandăr Belev,[2] Justitiar beim Ministerium, Sofia, an den Minister für innere Angelegenheiten und Volksgesundheit,[3] Sofia, o. D.[4]

Herr Minister,
I. Über das Gesetz zur Bevollmächtigung des Ministerrats ist bereits von der Nationalversammlung abgestimmt worden.[5] Die Regierung verpflichtet sich, bei uns die Judenfrage und damit zusammenhängende Fragen zu klären. *Die radikale Erledigung der Judenfrage wäre die Aussiedlung der Juden und die gleichzeitige Beschlagnahmung ihres Besitzes.* Die Aussiedlung der Juden wird vielleicht nach Kriegsende möglich sein oder nach Besetzung von Gebieten im Osten oder in Afrika[6] durch die verbündeten Mächte. *Momentan fehlen Möglichkeiten zur Aussiedlung der Juden, es sei denn, Deutschland erklärt sich bereit, sie aufzunehmen und in Galizien oder andernorts in Russland unterzubringen.* In der Zwischenzeit, während die Voraussetzungen für eine Aussiedlung der Juden geschaffen werden, ist es erforderlich, *die Maßnahmen* ihnen gegenüber *zu verschärfen* und die Durchführung *stärker zu kontrollieren.* Die Verschärfung der Maßnahmen gegenüber den Juden muss in einigen Richtungen geschehen:
1.) Indem die Kategorien der Juden, die Privilegien genießen, und die Privilegien selbst eingeschränkt werden.[7]
2.) Indem die sogenannte Abgrenzung der Juden durchgeführt wird.[8]
3.) Indem die Frage des Immobilienbesitzes der Juden radikal gelöst wird.

1 CDA, 2123K/1/5075, Bl. 37–41; Abschrift in: CDA, 1568K/1/122, Bl. 96–99. Abdruck in: Toškova/Koleva/Koen (Bearb.), Obrečeni (wie Dok. 297, Anm. 1), S. 283–292. Das Dokument wurde aus dem Bulgarischen übersetzt.
2 Aleksandăr Georgiev Belev (1900–1944), Jurist; bis 1934 Justitiar der Heiligen Synode der Bulgarisch-Orthodoxen Kirche, 1934–1939 Rechtsanwalt in Sofia, seit Juni 1940 Abteilungsleiter im Innenministerium, später Justitiar, Sept. 1942 bis Okt. 1943 Kommissar für Judenfragen; Mitglied der rechtsradikalen Ratnici; wurde bei seiner Verhaftung Ende Sept. 1944 getötet oder nahm sich das Leben; vom Volksgericht 1945 als Hauptschuldiger für die Verfolgung der Juden postum zum Tode verurteilt.
3 Petăr Gabrovski.
4 Im Original handschriftl. Unterstreichungen. Die Datierung ergibt sich aus dem Inhalt des Dokuments. Alle im Dokument gemachten Vorschläge flossen in eine VO ein, die der Ministerrat aufgrund der ihm eingeräumten Vollmachten am 26.8.1942 beschloss und die mit der Veröffentlichung im Staatsanzeiger am 29.8.1942 in Kraft trat; Dăržaven vestnik, Nr. 192 vom 29.8.1942, S. 1–6. Für die deutsche Übersetzung siehe: Der Wortlaut der bulgarischen Judengesetze und Verordnungen, in: Nachrichten für Außenhandel vom 27.10.1942.
5 Das Gesetz ermächtigte den Ministerrat, antijüdische Maßnahmen künftig unter Umgehung der Nationalversammlung zu erlassen; Dăržaven vestnik, Nr. 148 vom 9.7.1942, S. 4 f.
6 Zum Madagaskarplan siehe Einleitung, S. 27; VEJ 3, Einleitung, S. 44 f.
7 Zu den Gruppen, denen das Gesetz zum Schutz der Nation gewisse Erleichterungen verschaffte, siehe Art. 33 des Gesetzes; Dok. 286 vom 23.1.1941.
8 Gemeint sind sowohl eine Gettoisierung oder andere räumliche Ausgrenzung der Juden als auch ihre Kennzeichnung.

4.) Indem das Recht der Juden eingeschränkt wird, über ihre Besitztümer, ihre Wertgegenstände und ihr Kapital zu verfügen, und die Ausnahmen von dieser Vorschrift genau festgelegt werden.
5.) Indem die Juden vollständig aus allen Bereichen des Wirtschaftslebens ausgeschlossen werden, in denen ihre Beteiligung nicht notwendig ist für den innerjüdischen Bedarf und die nicht auf körperliche Arbeit hinauslaufen.
6.) Indem die Liquidierung oder völlige Überschreibung der jüdischen Unternehmen erleichtert wird, und die Personen, die diese Unternehmen übernehmen, hinsichtlich der Herkunft ihrer Mittel überprüft werden.[9]
7.) Indem die Frage der Verbindlichkeiten und Außenstände jüdischer Herkunft geregelt wird.
8.) Indem die Situation der Unternehmen, die von bulgarischer in jüdische Hand übergegangen sind, geregelt wird.[10]
9.) Indem die Rechte nach Artikel 24 des Gesetzes zum Schutz der Nation angewendet werden und in jedem Fall die Juden aus Sofia umgesiedelt werden.[11]
10.) Indem Lager, Arbeitsgruppen und Ähnliches geschaffen werden, um die Arbeit und den Lebensunterhalt der mittellosen Juden zu gewährleisten.
11.) Indem die jüdischen Gemeinden unter staatliche Leitung gestellt werden und bei ihnen Fonds zur Unterstützung geschaffen werden.
12.) Indem die Initiative, die gemeinsame Leitung und die Kontrolle über die Anwendung der Maßnahmen zusammengelegt werden, um Einheitlichkeit zu schaffen und Ergebnisse zu gewährleisten.
II. Als Vorabmaßnahme ist die Präzisierung der Begriffe „Jude", „jüdische Abstammung", „gemischte jüdische Abstammung", „Annahme der jüdischen als erste Religion", „bulgarische Abstammung", „verwandte Abstammung", „Ausländer der Abstammung nach" erforderlich. Außerdem ist das Kriterium „Annahme des Christentums" durch „Taufe" oder „Taufakt" zu ersetzen, denn die Praxis der Gerichte hat ergeben, dass dieses Kriterium äußerst subjektiv und nicht zu kontrollieren ist und nicht auf einen bestimmten Moment bezogen werden kann, sodass sich Möglichkeiten boten, die Ziele des Gesetzes zu umgehen.[12]
Es kann als erwiesen gelten, dass Personen, die bulgarischer oder verwandter Abstammung sind und der jüdischen Religion angehören, mit ihrer Nationalität gebrochen haben; haben sie sich bisher nicht von ihrer jüdischen Religion losgesagt, so bleiben sie weiter dem Judentum verbunden. Es gibt daher keinen Grund, diese Personen nicht wie Juden zu behandeln.

9 Das Gesetz zum Schutz der Nation und eine VO des Ministerrats zur Anwendung von Art. 25 dieses Gesetzes räumten jüdischen Unternehmern, deren Betriebe außerhalb der gesetzlich zugelassenen Quote lagen, die Möglichkeit einer „freiwilligen Arisierung" ein, bei der sie innerhalb einer bestimmten Frist ihren Betrieb oder ihr Geschäft einem bulgar. Anwärter übertragen oder liquidieren mussten; Protokoll des Ministerrats Nr. 23 vom 22.7.1941, CDA, 284K/1/7694.

10 Gemeint sind Unternehmen, von denen die offizielle bulgar. Propaganda behauptete, sie seien infolge der Auswirkungen der Weltwirtschaftskrise in jüdische Hand übergegangen.

11 Gemeint ist eigentlich Art. 23 des Gesetzes zum Schutz der Nation, der den Ministerrat berechtigte, Juden aus bestimmten Ortschaften zu verbannen und neuen Wohnorten zuzuweisen; Dok. 286 vom 23.1.1941.

12 Offenbar hatten sich die Gerichte schwer damit getan festzustellen, wann einem Konvertiten Privilegien nach Art. 33 des Gesetzes zum Schutz der Nation zu erteilen oder abzusprechen waren.

Es ist notwendig, Regeln für die Bestimmung der Abstammung aufzustellen. Hatten die Eltern als erste Religion die jüdische, muss man daraus schließen, dass auch die Vorfahren (in aufsteigender Linie zweiten Grades) Juden sind, was ein ausreichender Hinweis auf jüdische Abstammung ist. Waren die Eltern Christen, sollte am besten die erste Religion der Vorfahren in aufsteigender Linie zweiten Grades ermittelt werden. Hatten sie als erste Religion die jüdische, muss man daraus schließen, dass auch die Urahnen (in aufsteigender Linie dritten Grades) jüdischer Religion waren, was ein ausreichender Hinweis auf jüdische Abstammung ist. Ähnlich ist das deutsche System zur Feststellung der Abstammung geregelt.

Die Ausnahme, vorgesehen in Artikel 15 Absatz II, muss auf bulgarische Staatsbürger beschränkt werden, und die Taufe muss vor dem 1.9.1940 stattgefunden haben.[13] Diejenigen, die sich nur wegen des Gesetzes taufen ließen, haben sich überhaupt nicht vom Judentum gelöst, und es gibt keinen Grund, ihre Nachkommen als Bulgaren oder Nichtjuden zu behandeln. Außerdem muss man ausdrücklich sagen, dass die Ehe nicht nach jüdischem Ritus geschlossen worden sein darf.

III. Die weitreichenden Privilegien, die den Juden eingeräumt wurden, haben sich als eine der schwächsten Seiten des Gesetzes zum Schutz der Nation erwiesen. Diese Privilegien genießen vor allem die wohlhabenderen Juden (unter den Krämern in Sofia gibt es keinen einzigen mit einem Privileg; unter den Exporteuren haben 20 % ein Privileg). Das zeigt, dass Privilegien in vielen Fällen eher wegen des Vermögens als wegen der wirklichen Fakten gewährt wurden.[14]

Die Beschränkung der Kategorien erfolgt durch die Verordnung, indem sie an erster Stelle die Kategorie von Artikel 33 Absatz I Buchstabe „a" abschafft.[15] Vielleicht werden einige Juden, die sich vom Judentum gelöst haben, betroffen sein (in den meisten Fällen werden sie mit Bulgaren verheiratet sein und in die Kategorie von Artikel 33 Absatz I Buchstabe „b" fallen), aber in den meisten Fällen kann diese Loslösung nicht festgestellt werden; und wegen dieser wenigen Juden darf es kein Deckmäntelchen für Aseovs[16] und Ähnliche geben. Die Verordnung nimmt auch eine Begrenzung vor,

1.) indem sie die Kategorie der Kriegsfreiwilligen abschafft;

2.) indem sie die Kategorie derer, die mit einem Orden für Tapferkeit ausgezeichnet wurden, durch die Forderung einschränkt, dass sie ihren Orden vor dem 1.9.1940 beantragt haben, insofern dies die Hochachtung für den Orden auch beim Juden voraussetzt und man dadurch alle Fälle von Machenschaften zur Lieferung von Beweisen für die Auszeichnung beseitigt;

3.) indem sie die Kategorie der Kriegsinvaliden durch die Forderung einschränkt, dass die Invalidität 50 % übersteigt. Unabhängig davon dürfen nur solche Personen in den Genuss von Privilegien kommen, die nicht wegen eines allgemeinen Verbrechens verur-

13 Hier und im Folgenden geht es um die Nachkommen eines jüdischen und eines nichtjüdischen Elternteils, die zum Christentum übergetreten waren; siehe Dok. 286 vom 23.1.1941, Art. 15.

14 Hier sind die in Art. 33, Abs. 1, Buchstabe b vorgesehenen Ausnahmen für Kriegsfreiwillige, Kriegsinvalide und Träger von Tapferkeitsorden gemeint; siehe Dok. 286 vom 23.1.1941.

15 Es geht um die in Art. 33, Abs. 1, Buchstabe a vorgesehene Ausnahme für Juden, die bis zum 1.9.1940 zum Christentum übergetreten waren; siehe Dok. 286 vom 23.1.1941. Hier und im Folgenden ist die in Vorbereitung befindliche VO gemeint, die der Ministerrat am 26.8.1942 beschloss.

16 Žak Aseov, auch Jaques Aseo, war ein jüdischer Tabakgroßhändler, der bulgar. Antisemiten als der Inbegriff des reichen und einflussreichen Juden galt. Aseov emigrierte 1941 in die USA.

teilt, die nicht wegen Spekulation bestraft wurden, die keine kommunistischen und staatsfeindlichen Auffassungen vertreten und nicht das Land verlassen haben.
Zum Teil wird auch die Kategorie nach Artikel 33 Absatz I Buchstabe „b“ eingeschränkt wegen ihrer Übereinstimmung mit der neuen Fassung von Artikel 15 Absatz I.[17]
Der Inhalt der Privilegien ist eingeschränkt, wobei die prinzipielle Ausnahme von den Einschränkungen, die in Artikel 33 Absatz I und II festgelegt sind, abgeschafft und die Befreiung von den Einschränkungen ausdrücklich für jede einzelne Kategorie gefordert wird. Außerdem ist in Bezug auf Artikel 33 Absatz I Buchstabe „b“ die Möglichkeit zu eröffnen, die genannten Einschränkungen auch auf diese Personen auszuweiten.
Die Kategorien sollen nun auch für die Kriegswitwen sowie die Witwen und Kinder der Landwehrsoldaten von Šipka[18] gelten. Diese Ausweitung widerspricht nicht dem Bevollmächtigungsgesetz, da es im bisherigen System logisch ist, wenn die Waisen privilegiert werden. Diese Gefahr besteht nach einer Begrenzung der Privilegien nicht mehr. In diesem Zusammenhang sind alle bisher durch die Gerichte anerkannten Privilegien noch einmal zu überprüfen. Diese Überprüfung sollte am besten vom [Innen-]Ministerium durchgeführt werden, wo die Kontrolle strenger sein wird als durch die Gerichte.
IV. In Bezug auf die Abgrenzungen sind ein kleines Abzeichen (mit einem Durchmesser von 2 cm) für die privilegierten Juden und ein angenähter Stern für die übrigen vorgesehen. Vom Tragen des Zeichens befreit werden Kinder bis zum vollendeten zehnten Lebensjahr und Frauen mit Privilegien nach Artikel 33 Absatz I Buchstabe „b“ (verheiratet mit Bulgaren). Das aufgenähte Abzeichen ermöglicht die einfachste Überwachung, und zwar bereits in den jüdischen Häusern und nicht erst auf der Straße.
Im Zusammenhang mit den Maßnahmen zur Abgrenzung stehen: 1.) das Ersetzen bulgarischer Namen durch jüdische;[19] 2.) Zutrittsverbote zu Geschäften, Lokalen und öffentlichen Stätten; 3.) das Verbot, mit Personen bulgarischer oder verwandter Abstammung zusammenzuleben; 4.) das Verbot, in Hotels und Genossenschaftswohnungen zu wohnen; 5.) die Kennzeichnung jüdischer Wohnungen, Firmen und Produkte; 6.) die Einschränkung, Handel und freie Berufe nur für den jüdischen Bedarf auszuüben. Das Verbot der Eheschließung muss ausgeweitet werden auf alle Ehen zwischen [Juden und] Personen bulgarischer oder verwandter Abstammung auf der einen Seite, auf die Ehen zwischen allen nicht der europäischen Völkergemeinschaft angehörenden Personen [und Personen] bulgarischer oder verwandter Abstammung [auf der anderen Seite];[20] das Verbot, [bulgarische] Hausangestellte zu beschäftigen, muss ausgeweitet werden auf Personen verwandter Abstammung (tatsächlich ist es in Bezug auf Slowakinnen ausgeweitet).

17 Demnach sollte nur denjenigen Juden eine Ausnahme von den Bestimmungen des Gesetzes gewährt werden, die bis zum 1.9.1940 einen bulgar. Christen nach christlichem Ritus ehelichten.

18 Gemeint sind die jüdischen Freiwilligen, die an der Schlacht von Šipka im Russ.-Türk. Krieg von 1877/78 teilgenommen hatten.

19 Bereits Art. 19, Abs. 3 des Gesetzes zum Schutz der Nation verbot Juden das Führen bulgar. Namenssuffixe. Eine VO legte später Vornamen fest, die Juden tragen durften. Vielfach mussten sie ihren gebräuchlichen Vornamen durch einen in jüdischen Gemeinderegistern verzeichneten ersetzen, der eigentlich dem Synagogengebrauch vorbehalten war.

20 Gemeint ist eine Ausweitung des Verbots etwa auf die Ehen zwischen Roma und Bulgaren. Dieser Vorschlag fand seinen Niederschlag in der VO des Ministerrats vom 26.8.1942; wie Anm. 4.

V. Es gibt keinen Grund, warum die Juden Immobilienbesitz welcher Art auch immer behalten sollten.[21] Bei dem Regime, dem sie unterworfen sind, ist das Behalten des Wohnungseigentums eine Sentimentalität. Die Enteignung des Immobilienbesitzes wird sie auf ihre Umsiedlung vorbereiten.
Die Vergütung für die beschlagnahmten Besitztümer muss in Form von Gutschriften erfolgen, die auf das gesperrte Konto des Eigentümers bei der Bulgarischen Nationalbank oder einer anderen örtlichen Bank eingezahlt werden. Die jahrelange Auszahlung der Gutschriften ist überflüssig und schädlich beim vollständigen Entzug der Möglichkeit, einen Beruf auszuüben und auch beim tatsächlichen Entzug des Immobilienbesitzes. Die langjährige Auszahlung wäre zum Schaden der bulgarischen Gläubiger.
Von den gesperrten Konten werden 20 % für den Fonds „Jüdische Gemeinden“[22] zurückgelegt, von den übrigen 80 % werden die Außenstände der privilegierten und der hypothekarischen Gläubiger beglichen und der Lebensunterhalt der Familie des Eigentümers in Höhe von maximal 5000 Lewa monatlich abgedeckt, wenn er über keine anderen Mittel verfügt. Der Rest dient zur Deckung der übrigen Verbindlichkeiten des Kontoinhabers. Wenn nach Begleichung aller Verbindlichkeiten auf dem Konto ein Restbetrag bleibt, der multipliziert mit den ausgezahlten Mitteln für den Lebensunterhalt 300 000 Lewa übersteigt, bleibt der darüber hinausgehende Betrag für den Staat. Es ist zu beachten, dass alle Geldsummen des Juden auf das gesperrte Konto eingehen, nicht nur die Erlöse von seinen Immobilien.
Die Immobilien in bestimmten Stadtvierteln können, falls nötig, an Juden vermietet werden.[23] Die übrigen Wohnungen werden über Ratenzahlungen an staatliche und kommunale Angestellte, Invaliden und andere, die kein Eigentum besitzen, verkauft. Die luxuriösen Wohnungen, Geschäfte und Ähnliches werden zu einem guten Preis verkauft. Ein Teil der Immobilien kann für staatliche Zwecke verwendet werden oder zum Tausch, um Immobilien in für staatliche Einrichtungen geeigneten Liegenschaften zu erwerben.
VI. In Bezug auf die Berufsausübung muss die Idee des Numerus clausus strenger angewendet werden, wobei die privilegierten Juden in der zulässigen Zahl aufgenommen werden.[24] In Bezug auf die Handwerker müssen die Regelungen gelten, die bereits bei den Straßenhändlern angewendet werden: Ihre Zahl soll nach der Anzahl der am 1.1.1941 Gemeldeten bestimmt werden. Diejenigen, die 1941 oder 1942 mit dem Straßenhandel oder einem Handwerk begonnen haben, werden das beenden müssen, wenn es keine freien Plätze gibt oder wenn sie keine Privilegien haben. Neuen Handwerkern und

21 Zu den bisherigen Bestimmungen siehe Einleitung, S. 78.

22 Der Fonds „Jüdische Gemeinden“ wurde mit der VO des Ministerrats vom 26.8.1942 geschaffen; wie Anm. 4. Dieser setzte sich aus einer Zwangsabgabe, die jüdischen Konten auferlegt wurde, zusammen. Die Mittel des Fonds dienten zum einen der Finanzierung des Kommissariats für Judenfragen und damit sämtlicher Maßnahmen gegen die jüdische Minderheit, zum anderen dem Unterhalt der gleichgeschalteten jüdischen Gemeinden.

23 Gemeint war eine mögliche Gettoisierung der Juden in einzelnen Gebäuden, ähnlich den sog. Judenhäusern im Reich.

24 Zwar schrieb das Gesetz zum Schutz der Nation vor, dass den privilegierten Juden gegenüber den nichtprivilegierten der Vorzug zu geben sei. Diese Formulierung interpretierte das Innenministerium als Aufforderung, im größtmöglichen Maße privilegierte Juden in den verbleibenden freien und unternehmerischen Berufen zu belassen. Doch das höchste Verwaltungsgericht entschied, die privilegierten Juden überhaupt nicht in den Numerus clausus einzubeziehen.

Straßenhändlern wird man nur dann die Ausübung ihres Berufs genehmigen können, wenn es freie Plätze gibt oder sie Privilegien haben. Die Größe der jüdischen Unternehmen, die bestehen bleiben, muss ebenfalls beschränkt werden, zum Beispiel auf Unternehmen mit höchstens 200 000 Lewa Kapital, wobei sie keine Kredite aufnehmen können, die ihr Kapital übersteigen. Diejenigen Juden, die ihren Beruf weiter ausüben und jüdischen Glaubens sind, sollen ihren Beruf nur für den jüdischen Bedarf ausüben. Unabhängig davon muss den Juden der Zugang zu manchen Branchen vollständig versperrt werden: Import und Export, Vertretung, Handel mit landwirtschaftlichen Erzeugnissen und Getreide en gros, Eisenwaren, Papier, Schmier- und Brennstoffe en gros, Bergbau, Industrie, Transport, Schifffahrt usw.

In Unternehmen, die rein jüdisch sind und für Juden arbeiten, kann das ganze Personal jüdisch sein. In den übrigen Unternehmen darf das jüdische Personal nicht mehr als ¼ der Gesamtbelegschaft ausmachen. Es dürfen nicht mehr Juden beschäftigt sein, als am 1.1.1941 beschäftigt waren, und ihre Zahl darf auf keinen Fall die der beschäftigten Bulgaren übersteigen. In den leitenden Positionen der nichtjüdischen Unternehmen darf es keine Juden geben, wobei unter leitenden Positionen Buchhalter, Kassierer, technische Leiter, Spezialisten und Meister zu verstehen sind.

Mit der Organisation der jüdischen Gemeinden auf neuer Grundlage wird es möglich sein, dass sie die Fragen der Berufsausübung im Hinblick auf ihre eigenen Bedürfnisse regeln.

VII. Es gibt keinen Grund, die Liquidierung der jüdischen Unternehmen durch Setzen neuer Fristen zu verlängern. Die Überwachung der Liquidierung wird derzeit gleichzeitig vom Ministerium für innere Angelegenheiten und Volksgesundheit sowie [dem Ministerium für] Finanzen und [dem Ministerium für] Handel ausgeübt. Das Finanzministerium übt die Kontrolle kraft Artikel 10 des Gesetzes über die einmalige Steuer aus. Diese Überwachung ist gegenstandslos bei der Liquidierung aller jüdischen Unternehmen. Es wäre wünschenswert, die Liquidation effizient und fristgerecht durchführen zu können. In der Liquidationskommission beim Ministerium für innere Angelegenheiten und Volksgesundheit kann es Vertreter dieser Ministerien und der Nationalbank geben. Die Liquidationskommission muss die Überwachung und die Leitung der Liquidation der jüdischen Unternehmen bündeln.

Die Überschreibung und die Liquidation müssen umfassend erfolgen, damit es nicht zur Bildung von Mischbetrieben kommt, durch die sich der Einfluss der Juden in der Gesellschaft wegen der engen Verbindungen zu den Bulgaren, die dadurch entstehen, verstärken würde. Die Aktien und Anteile, die sich im Besitz von Juden befinden und der Liquidierung unterliegen, sollen an die Bulgarische Nationalbank verkauft werden, die sie weiterverkaufen wird. Der Erlös aus den Verkäufen fließt an den Fonds „Jüdische Gemeinden“. Einzelunternehmen und Handelsgesellschaften mit einem Kapital unter einer Million Lewa werden nur bis zum 1.9.1942 – entsprechend der vorgesehenen Fristen – liquidieren müssen, falls die Verpflichtung zur Liquidation kraft der neuen Verordnungen entstanden ist. Dabei umfasst die Liquidierung die Überschreibung des Unternehmens bzw. den Ausverkauf der Waren, jedoch nicht das Eintreiben der Außenstände und die Begleichung der Verbindlichkeiten. Der Jude muss folglich innerhalb der Frist entweder sein Unternehmen überschreiben oder die Ware ausverkaufen; das Eintreiben der Außenstände oder die Begleichung der Verbindlichkeiten kann auch danach weiterhin nach der weiter unten vorgesehenen Regelung erfolgen.

Unternehmen mit mehr als einer Million Lewa Kapital müssen bei der Liquidationskommission im Voraus eine Genehmigung für die Art der Liquidation beantragen.

Wenn die Liquidierung oder Überschreibung nicht innerhalb der vorgesehenen Frist erfolgt und dies nicht einer fehlenden Beurteilung seitens der Liquidationskommission geschuldet ist, werden die Unternehmen zugunsten der Kasse des Öffentlichen Hilfswerks[25] konfisziert.

Die nicht innerhalb der Frist liquidierten Unternehmen werden von der Liquidationskommission liquidiert, die ihnen einen Liquidator zuweist. Zu Liquidatoren können auch die jüdischen Eigentümer selbst bestellt werden, die vorübergehend ihre ehemaligen Unternehmen als gute Wirtschaftsleiter unter Androhung einer Zuchthausstrafe von bis zu zehn Jahren [bei Zuwiderhandlung] verwalten müssen. Die Liquidatoren tragen Sorge für die vorübergehende Verwaltung und den Ausverkauf der Waren oder die Überschreibung des Unternehmens.

Gemäß Artikel 29 des Gesetzes zum Schutz der Nation können Unternehmen nur auf Bulgaren überschrieben werden.[26] Die Liquidationskommission wird zur Genehmigung der Überschreibung verlangen können, dass die Käufer die Herkunft ihrer Mittel offenlegen.

VIII. Die wirtschaftlichen Einschränkungen dürfen nicht nur den Immobilienbesitz und die berufliche Tätigkeit der Juden betreffen, sondern auch ihre bewegliche Habe. Gerade das Verfügen über Kapital macht sie am gefährlichsten. Die Auslegung von Artikel 26 des Gesetzes zum Schutz der Nation durch die Behörde muss bestätigt werden, wobei alle Juden und diejenigen, die keinen Handel oder einen anderen Beruf betreiben, verpflichtet werden, alle ihnen verfügbaren Geldsummen, Mittel und Wertpapiere auf die gesperrten Konten einzuzahlen. In der Hand der Juden darf nur das für den Lebensunterhalt gewährte Geld bleiben oder das, was sie als Entgelt für ihre Arbeit oder in Verbindung mit ihrem Beruf erhalten, ebenso wie die bewegliche Habe, die mit Rücksicht auf ihre Wohnung und ihre Mittel für den persönlichen Gebrauch notwendig ist. Alles Übrige muss in Geld umgewandelt und auf die gesperrten Konten eingezahlt werden.

Ihre Außenstände können auch von der Liquidationskommission eingetrieben werden, wenn sie selbst es nicht energisch genug tun.

Die Gläubiger müssen ihre Außenstände vor der Kommission geltend machen. Die Kommission genehmigt die Auszahlung der Verbindlichkeiten, die durch Geschäftsbücher oder mit notarieller Beglaubigung oder durch gerichtliche Beschlüsse festgestellt werden, in der Reihenfolge ihrer Geltendmachung. Über die übrigen Verbindlichkeiten urteilt sie nach Prüfung. Die Kommission genehmigt auch die Auszahlung von Verbindlichkeiten für den unmittelbaren Unterhalt des Unternehmens bis zu seiner Liquidierung und für den persönlichen Lebensunterhalt in einer Höhe bis zu 5000 Lewa, abhängig von der Zahl der Familienmitglieder. An erster Stelle genehmigt die Kommission die Auszahlungen für Verbindlichkeiten gegenüber dem Staat und den Gemeinden, die privilegierten und hypothekarischen Außenstände.[27]

25 Das Öffentliche Hilfswerk war eine der Nationalsozialistischen Volkswohlfahrt ähnelnde, 1934 ins Leben gerufene staatliche Einrichtung, die das Monopol über die Wohlfahrt innehatte.

26 Siehe Dok. 286 vom 23.1.1941.

27 Gemeint sind einerseits Verbindlichkeiten gegenüber öffentlich-rechtlichen Einrichtungen und andererseits solche, die aus Handelsgeschäften hervorgehen.

Die Geldsummen, die nach der Auszahlung der Verbindlichkeiten auf dem gesperrten Konto verbleiben und für den Lebensunterhalt während fünf Jahren notwendigen Geldsummen übersteigen (also höchstens 300 000 Lewa), fallen an den Staat; die Summe von 300 000 Lewa wird um den bezahlten Unterhalt und das in den Beruf investierte Kapital verringert.

IX. In der Vergangenheit sind wegen der wirtschaftlichen Krise Unternehmen und Immobilien zu Preisen, die bedeutend niedriger sind als die realen, in jüdische Hand gelangt, wodurch viele Bulgaren geschädigt wurden. Jetzt, bei der Enteignung der Unternehmen und der Liquidierung der jüdischen Unternehmen und deren Kapitals, wird dieser unmoralische Gewinn der Juden in die Hand des Staates übergehen. Diese wenngleich indirekte Bereicherung des Staates auf Kosten der geschädigten Bulgaren ist ethisch nicht vertretbar. Es wäre angebracht, den den Bulgaren entstandenen Schaden wiedergutzumachen. Als Berechnungsgrenze könnte das Jahr 1929 genommen werden, als die Krise begann. Eine Entschädigung kann nur erfolgen, wenn die Überschreibung der Immobilie aufgrund von Schwierigkeiten und zu einem bedeutend niedrigeren Preis als dem realen stattgefunden hat. Eine Rückzahlung ist nicht möglich, wenn die Immobilie nicht von Juden in die Hand von Bulgaren übergegangen ist, besonders wenn diese ihren realen Preis bezahlt haben. Bei einer Rückübertragung muss eine Summe bezahlt werden, die dem erzielten Verkaufspreis plus dem Wert der Verbesserungen entspricht, abzüglich eines Teils der erhaltenen Einnahmen. Wenn die Immobilie in bulgarische Hand übergegangen ist, kommt nur eine gewisse Ausgleichszahlung an den ehemaligen Eigentümer infrage, wenn die Überschreibung von Juden auf Bulgaren weit unter dem realen Preis erfolgte.

X. Artikel 24 des Gesetzes zum Schutz der Nation gibt dem Ministerrat das Recht, Umsiedlungen von Juden aus bestimmten Stadtvierteln und Ortschaften zu verordnen.[28] Ich bin der Meinung, dass das Judentum an erster Stelle in der Hauptstadt eine Gefahr darstellt wegen seiner zahlenmäßigen Stärke und wegen der Möglichkeiten, durch seine Verbindungen zu führenden Persönlichkeiten in Sofia Einfluss auf das gesellschaftliche und wirtschaftliche Leben auszuüben. Die Umsiedlung der Juden aus Sofia in die Provinz wird die Anzahl der Juden in der Provinz erhöhen und vielleicht dort gewisse Schwierigkeiten verursachen. Aber die werden bei weitem kleiner und die Juden werden viel ungefährlicher sein als in Sofia. Das staatliche Interesse erfordert zweifelsfrei ihre Umsiedlung aus Sofia, auch wenn die lokalen Interessen davon betroffen sein werden. Damit wird die Wohnungskrise bei uns bedeutend verringert.

Bei der Umsiedlung der Juden aus Sofia werden an erster Stelle die arbeitslosen Juden umgesiedelt, und später werden auch andere Kategorien einbezogen.[29] Proportional zur Abnahme der jüdischen Bevölkerung in Sofia werden auch Juden, die einen Beruf ausüben dürfen, umgesiedelt.

Die Unterbringung in der Provinz wird auf verschiedene Arten geschehen. An erster Stelle werden die Juden in Übereinstimmung mit den für sie geltenden Wohnungsbestimmungen – wenn nötig auch ohne sie – in jüdischen Wohnungen in der Provinz untergebracht. Beispielsweise werden die Juden aus Sofia, die aus Dupnica stammen,

28 Siehe Dok. 286 vom 23.1.1941.

29 Die Umsiedlung der arbeitslosen Juden aus der Hauptstadt begann vermutlich im Okt. 1942. Angaben bis Ende 1942 fehlen; vom 1.1. bis zum 31.3.1943 wurden 300 Personen umgesiedelt.

neben anderen Juden zwangsweise in Dupnica ausgesiedelt, entsprechend der Möglichkeiten zur Unterbringung. Dies wird die Umsiedlung von 30 bis 40 % des Sofioter Judentums erlauben. Juden, die über Mittel verfügen, können auch in anderen Siedlungen mit abnehmender Bevölkerungszahl, wo es nun freie Wohnungen gibt, untergebracht werden. Da die ausgesiedelten Juden Abzeichen tragen und unter Aufsicht stehen werden, besteht keine Gefahr, dass sie unerkannt bleiben und agitieren können. Aber in jedem Fall wäre beides in Sofia gefährlicher. Die Juden, Handwerker, Arbeiter und junge Männer, werden in Orten untergebracht, wo ein Bedarf an Arbeitskraft besteht; so soll es zum Beispiel in der Holzindustrie in Gorna Džumaja einen Mangel an Arbeitskräften geben. An einigen Orten, wo längere Zeit öffentliche Arbeiten durchgeführt werden, können ebenfalls Juden untergebracht werden, deren Arbeitskraft hierfür eingesetzt wird. Schließlich können die Juden in einigen Regionen und Städten im Belomorie-Gebiet untergebracht werden (Sarăšaban [griech. Chrysoupoli] und Portolagos), wo die zwangsweise Ansiedlung eher Strafcharakter haben wird. Die Juden können dort beispielsweise zur Arbeit in den Salinen von Portolagos oder für Befestigungsarbeiten im Delta der Mesta herangezogen werden.

XI. Die jüdischen Gemeinden müssen unter die Aufsicht des Innenministeriums gestellt werden, wobei ihre Leitung Konsistorien anvertraut wird, ernannt vom Ministerium für innere Angelegenheiten und Volksgesundheit. In jedem Konsistorium muss es einen Delegierten der Regierung geben, der eine Amtsperson sein kann. Seine Verordnungen sind für das Konsistorium verpflichtend. Sie können vom Konsistorium beim Delegierten des Zentralkonsistoriums angefochten werden und die Verordnungen des Letztgenannten beim Minister für innere Angelegenheiten. Die jüdischen Gemeinden müssen sich um die Unterstützung und die sozialen Belange der Juden sowie um ihr ganzes Gemeindeleben kümmern. Die jüdischen Gemeinden müssen allmählich zu einem Organ für die Umsetzung der Regierungspolitik in Bezug auf die Juden werden.

Die notwendigen Mittel für den Unterhalt der Gemeinden, für die sozialen Belange der Juden, für die Unterstützung der besitzlosen Juden, für die Begleichung der Verbindlichkeiten der zahlungsunfähigen Juden an Bulgaren und für den Unterhalt der Ämter für die Judenfrage werden aus dem Fonds „Jüdische Gemeinden" genommen, in den 20 % aller Geldsummen eingezahlt werden, die auf den gesperrten Konten der Juden eingehen.

XII. Um Einheitlichkeit und Wirksamkeit der Maßnahmen gegen die Juden sicherzustellen, ist es notwendig, die Initiative, die allgemeine Leitung und die Überwachung dieser Maßnahmen in einer Hand zu bündeln, was bislang nicht gegeben ist und sich negativ auswirkt. Ein und dieselbe Handlung unterliegt der Kontrolle durch mehrere Ministerien. Daher können sich die Interessierten etwa nicht mit den in den verschiedenen Behörden existierenden Anforderungen bezüglich der Fristen zurechtfinden, die von jeder Behörde selbständig bestimmt werden. Deshalb werden die Fristen nicht eingehalten. Natürlich kann ein und dieselbe Handlung von einer Behörde genehmigt und von einer anderen abgelehnt werden. So kann beispielsweise eine Überschreibung vom Finanzministerium abgelehnt und vom Handels- oder Innenministerium genehmigt werden. Aber wie würde in so einem Fall die Sanktion aussehen? Es ist daher notwendig, die Kompetenzen klar abzugrenzen und die Behörde zu bestimmen, die das letzte Wort hat. Ich bin der Meinung, dass diese Behörde das Innenministerium sein muss, das sich im Bewusstsein aller als das für die Lösung der Judenfrage verantwortliche Ministerium herauskristallisiert hat. Dieser gesellschaftlichen Verantwortung müssen Rechte und Möglichkeiten entsprechen. Der In-

nenminister muss die allgemeine Aufsicht über die Durchführung aller Maßnahmen gegen die Juden haben, unabhängig davon, welche Behörde sie anwendet. Er muss auch die Initiative für diese Maßnahmen haben, und in jedem Fall müsste man sein Einverständnis dazu einholen, wenn die Initiative von anderen Behörden ausgeht.[30]
XIII. Falls die empfohlenen Maßnahmen akzeptiert werden, ist es offensichtlich, dass das Amt für [die Anwendung] des Gesetzes zum Schutz der Nation in seiner heutigen Zusammensetzung damit überfordert wäre.[31] Aus dem Bericht des Amtsleiters ist ersichtlich, dass es noch nicht einmal seine aktuellen Aufgaben bewältigen kann.[32]
In der Kommission für [die Anwendung von] Artikel 14-a im Handelsministerium[33] arbeiten außer den drei Justitiaren, die zwei Nachmittage dafür verwenden, zwei weitere Personen als ständige Referenten, um die Liquidierung der Unternehmen mit mehr als 600 000 Lewa Kapital vorzunehmen, die einen vergleichsweise kleinen Teil darstellen und übersichtliche Verhältnisse aufweisen. Die Überprüfung der Liquidierung der übrigen Unternehmen wird offensichtlich die Arbeit von mehr Menschen erfordern. Am Entzug der Immobilien arbeiten einige Kommissionen, unterstützt durch ein ihnen vorübergehend zugeordnetes Leitungs- und anderes Personal.
Die vollständige Liquidierung des Immobilienbesitzes, die fast vollständige Liquidierung der jüdischen Unternehmen, die fast vollständige Liquidierung des jüdischen Besitzes (bewegliche Habe), die Überprüfung aller bereits zuerkannten Privilegien und die damit verbundenen Überprüfungen und Liquidierungen, die Erweiterung des Kreises der Juden, die vom Gesetz betroffen sind, das Organisieren der jüdischen Gemeinden, die Verwaltung des Fonds „Jüdische Gemeinden", das Organisieren der Umsiedlung und Unterbringung der Juden und die Schaffung von Arbeit für sie, das Ausüben effizienter Überwachung der Anwendung des Gesetzes zum Schutz der Nation und der Verordnungen, die sich auf die Juden beziehen, die Liquidierung der Verbindlichkeiten und das Eintreiben der Außenstände, die Lösung der Unterhaltsfrage usw., all das stellt neue Aufgaben dar, die zu ihrer Lösung nicht nur eine Regelung, sondern auch eine entsprechende Organisation erfordern. Die Mittel für diese Organisation wird man von den Juden selbst nehmen, aus dem Fonds „Jüdische Gemeinden". Diese Organisation muss schnell geschaffen werden und ihre Arbeit aufnehmen, wobei ihre Leitung, mit weitreichenden Vollmachten ausgestattet, in einer einzigen Behörde sichergestellt wird. Nur so wird man eine schnelle und radikale Lösung für die Judenfrage finden und Vorwürfe wegen halbherziger Maßnahmen vermeiden.
Falls das Ministerium für innere Angelegenheiten und Volksgesundheit diese Organisation nicht schaffen kann, wird sie teilweise bei anderen Behörden und besonders beim Finanzministerium geschaffen werden, dem in solch einem Fall auch die allgemeine Leitung und Aufsicht zu überlassen zweckmäßiger sein wird, so sehr das sonst auch unpassend sein mag, da die Judenfrage keine fiskalische, sondern in erster Linie eine nationale Frage ist.

30 Die geforderte behördliche Zentralisierung der antijüdischen Maßnahmen erfolgte mit der Schaffung des Kommissariats für Judenfragen kraft der VO des Ministerrats vom 26.8.1942; wie Anm. 4.
31 Gemeint ist die entsprechende Abt. im Innenministerium, der Belev angehörte.
32 Der Bericht von Kiril Al. Kănev liegt der Akte bei; wie Anm. 1.
33 Die nach Art. 14, Abs. 2 einer DVO zum Gesetz zum Schutz der Nation vom 22.7.1941 benannte Kommission war mit der Aufsicht über die Liquidierung der jüdischen Unternehmen, deren Kapital im Jahr 1940 über 600 000 Lewa betragen hatte, beauftragt.

DOK. 299

Bulgarische Juden in Palästina machen am 9. Oktober 1942 auf die bedrohliche Lage der jüdischen Bevölkerung in Bulgarien aufmerksam[1]

Schreiben (sehr dringend) des Zentralkomitees für die Betreuung der Alija aus Bulgarien (Nr. 345/42),[2] gez. B. Pardo,[3] A. Asa,[4] Verwaltung, Herzl-Str. 26, Tel Aviv, an die Jewish Agency, Politische Abt.,[5] Jerusalem, vom 9.10.1942[6]

Memorandum zur derzeitigen Lage der bulgarischen Juden und Aufforderung zu deren Rettung

Sehr geehrter Herr,

in den vergangenen Tagen erreichten uns schreckliche Nachrichten über die Lage der Juden in Bulgarien. Sie wurden über die Organisationsabteilung der World Zionist Organization in Jerusalem und verschiedene Personen aus dem Kreis der Einwanderer, Angehörigen und von Freunden aus Bulgarien vermittelt.

Die Situation konfrontiert uns mit schwerwiegenden Problemen, die die Rettung teurer Angehöriger unseres Volks betreffen. Zu ihnen zählen Persönlichkeiten, die gemeinnützig arbeiten, und erfahrene zionistische Führer, die zeit ihres Lebens intensiv und hingebungsvoll für die zionistische Bewegung und die nationalen Fonds tätig waren. Abgesehen davon leben in Bulgarien zahlreiche Jugendliche, zu deren Rettung – wie überhaupt zur Rettung aller bulgarischen Juden – wir verpflichtet sind. Wir dürfen nicht schweigen und untätig bleiben, wenn einer unserer bulgarischen Mitarbeiter vergangene Woche in einem Brief an einen Kollegen des Jüdischen Nationalfonds[7] im Jerusalemer Zentralbüro schreibt: „Ich habe Ihnen bislang nicht geschrieben, denn unsere Briefe sind derzeit wenig angenehm. Ich verstehe, warum wir vernachlässigt werden. Tatsächlich braucht man uns nicht, und daher interessiert man sich auch nicht für unser Schicksal."

1 CZA, S25/2475, Bl. 81 f. Teilweise abgedruckt in bulgar. Übersetzung in: Šlomo Šealtiel, Ot Rodina kăm Otečestvo. Emigracija i nelegalna imigracija ot i prez Bălgarija v perioda 1939–1949, Sofia 2008, S. 208. Das Dokument wurde aus dem Hebräischen übersetzt.

2 Das Zentralkomitee für die Betreuung der Alija aus Bulgarien wurde im Nov. 1939 gegründet; im Jan. 1941 berief es ein Rettungskomitee ein, das Hilfsaktionen für bulgar. Juden initiieren sollte. Aus dem Zentralkomitee ging der Ichud Ole Bulgaria, die Vereinigung der Juden Bulgariens in Palästina, hervor, die die Interessen von 6000 bulgar. Juden gegenüber der Jewish Agency vertrat und noch heute besteht.

3 Baruch Pardo, Rechtsanwalt; Vorstand der Zentralkommission für die Versorgung der Emigration aus Bulgarien.

4 Avram Chaim Asa (1886–1951), Lehrer, Rabbiner und zionistischer Funktionär; Ausbildung zum Rabbiner in Konstantinopel; 1915–1918 Feldrabbiner in der bulgar. Armee; 1921 Delegierter der bulgar. Juden beim 12. Zionistenkongress in Karlsbad; 1933 Emigration nach Palästina; in den 1940er-Jahren Sekretär des Rettungskomitees, später des Ichud Ole Bulgaria.

5 Leiter der Politischen Abt. der Jewish Agency war Mosche Scharet (1894–1965).

6 Im Original über der ersten Seite des Schreibens handschriftl. Notiz, vermutlich von Eliyahu Dobkin (1898–1976), dem Leiter der Einwanderungsabt. der Jewish Agency: „Sehr dringend! Druckausübung durch Amerika auf England und die Türkei."

7 Es handelt sich um einen Brief von Jakob Fridman aus Plovdiv an Jacob Tsur; CZA, S5/4570. Der Jüdische Nationalfonds Keren Kajemeth LeIsrael (KKL) wurde 1901 in Basel gegründet, um den Landerwerb für jüdische Einwanderer nach Palästina zu finanzieren. In der Zwischenkriegszeit war der KKL auch in Bulgarien tätig.

Unser Gewissen sagt uns, dass wir trotz aller Schwierigkeiten und Hürden handeln müssen – und zwar schnell!
Bisher haben wir uns nicht an Sie gewandt, denn uns war bekannt, dass die bulgarische Regierung den dort lebenden Juden die Ausreise verweigert. Nun hat sich die Lage geändert, und die Auswanderung von Juden ist möglich. Unterstützt wird sie darüber hinaus durch einen besonderen Fonds, der aus dem beschlagnahmten jüdischen Vermögen gebildet wurde.[8] Sollte es uns, Gott bewahre, nicht gelingen, die Auswanderer hierher nach Palästina zu bringen, steht den bulgarischen Juden die Vernichtung bevor. Sie würden unter fürchterlichen Umständen in die von den Nazis besetzten Länder deportiert; uns liegen bereits entsprechende Informationen über einen solchen ersten Transport vor.[9]
Uns war bekannt, dass die hiesige und die Regierung in London Juden, die sich in Feindgebiet befinden oder von dort kommen, keine Einreisegenehmigung erteilen wollten.[10] Die Folter und die Katastrophen, die unsere Brüder durch diese Haltung erleiden mussten, waren uns ebenfalls bekannt. Nichtsdestotrotz müssen wir diese schwerwiegende Frage nun in den Raum stellen und alle möglichen diplomatischen Kanäle nutzen, um die betroffenen Regierungen im Namen der Menschlichkeit aufzufordern, diese ihre Haltung zu ändern und möglichst viele Angehörige unseres Volks vor der Vernichtung zu retten!
Hier in Palästina leben ca. 6000 der insgesamt 45 000 Juden Bulgariens. Alle haben dort Verwandte, Freunde und Bekannte zurückgelassen; sie können deren Zugehörigkeit zum Judentum und die Frömmigkeit jedes Einzelnen bezeugen, sollte die Einwanderung nach Palästina gestattet werden. Falls nötig, könnten diese unmittelbar nach ihrer Einreise sogar in Internierungslager gebracht werden; unser Hauptanliegen ist deren Rettung vor dem Inferno und dem Unrechtsregime. Und statt die jungen bulgarischen Pioniere zu zwingen, für den Feind zu arbeiten und dessen Krieg zu unterstützen,[11] sollten sie lieber die Möglichkeit erhalten, sich zu qualifizieren und ihre Arbeitskraft voller Elan für den Krieg Großbritanniens und seiner Alliierten einzusetzen.
Unsere Bitten und Aufforderungen sind daher:
A. Die Leitung der Jewish Agency in Palästina wird alles unternehmen und sich mit allen Mitteln, unter Nutzung der verfügbaren Kanäle und mit einer der Gefahr und der bevorstehenden Katastrophe angemessenen Eile für einen Kurswechsel der Mandatsregierung einsetzen, um den aus Feindgebiet kommenden bulgarischen Juden die Einreise zu ermöglichen.

8 Es geht um den Fonds „Jüdische Gemeinden“, der laut der VO des Ministerrats vom 26.8.1942 mit dem Ziel gegründet worden war, die Aussiedlung der Juden zu finanzieren. Damit war jedoch ihre Deportation gemeint und nicht die freiwillige Auswanderung.

9 Ende Nov. 1942 machte die Jewish Agency for Palestine den systematischen Massenmord an Juden in Europa publik. Ende 1942 erhielt sie zudem die Zusage der brit. Regierung, 29 000 Zertifikate, die nach der stark limitierten Quote für die jüdische Einwanderung nach Palästina noch zur Verfügung standen, jüdischen Kindern aus Europa zu gewähren. Wohl deshalb wurde die Organisation der bulgar. Immigranten aktiv.

10 Nach Kriegsausbruch behandelte Großbritannien Juden aus dem Deutschen Reich und den mit ihm verbündeten Staaten als feindliche Ausländer und ließ sie nicht mehr nach Palästina einwandern. Illegal einreisenden jüdischen Flüchtlingen drohten Verhaftung und Lagerhaft.

11 Gemeint ist die Einberufung der jüdischen Männer in Bulgarien zur Zwangsarbeit.

B. Die Jewish Agency in Palästina wird ihre Einflussmöglichkeiten nutzen, um die türkische Regierung zu veranlassen, Transitvisa für bulgarische Juden auszustellen. Die Einreisegenehmigungen für Palästina sollten diese dann in der Türkei erhalten.
C. Die Abteilung für Einwanderung der Agency wird für alle Fälle eine größere Reserve an bereits verfügbaren Einreisegenehmigungen vorhalten, um – im Falle eines Kurswechsels der Mandatsregierung – die sofortige Einwanderung von Juden aus Bulgarien zu betreiben.
Wir sind voller Hoffnung, dass diese Notiz eine angemessene Beachtung erfährt.
Hochachtungsvoll

DOK. 300

Das Auswärtige Amt weist am 15. Oktober 1942 die Deutsche Gesandtschaft in Sofia an, Gespräche mit der bulgarischen Regierung über die Deportation der Juden aufzunehmen[1]

Telegramm Nr. 1769 (offen) von UStS Luther, gesehen Rat Klingenfuß (D III 894 g), Berlin, an die Deutsche Gesandtschaft, Sofia (Nr. 156, Eing. 16.10.) vom 15.10.1942

Unter Bezugnahme auf hier geführte Besprechung[2] bitte ich, an bulgarische Regierung heranzutreten, um mit ihr die Frage eines Abtransportes der nach den neuen bulgarischen Verordnungen umzusiedelnden Juden nach dem Osten zu erörtern.[3] Wir seien bereit, diese Juden zu übernehmen. Bevorstehender Abtransport aus Rumänien bietet technische Möglichkeit einer Verbindung der Aktionen.
Im Interesse einer vermögensrechtlichen Klärung wird vorgeschlagen, alle aussiedelnden Juden analog unserer 11. Verordnung auszubürgern.[4] Im Hinblick auf das in Bulgarien anfallende Vermögen ausgesiedelter Juden und die dem Reich erwachsenen hohen Kosten wird Zahlung eines pauschalen Kostenanteils vorgeschlagen; als Ausgangspunkt kann der Betrag von RM 250,– genommen werden.[5] Je nach Aufnahme des Vorschlages bitte ich außerdem zu sagen, daß wir bereit sind, einen unserer im Ausland tätigen Berater für Judenfragen für die Durchführung der Maßnahmen zur Verfügung zu stellen.[6]
Drahtbericht erbeten.

1 PAAA, R 100 863, Bl. 72 f.; Abdruck in bulgar. Übersetzung in: Toškova/Koleva/Koen (Bearb.), Obrečeni (wie Dok. 297, Anm. 1), S. 312.
2 Bereits am 11.9.1942 bat UStS Luther Ribbentrop um Weisung, ob gemäß eines Vorschlags des RSHA „Gesandter Beckerle in geeigneter vorsichtiger Form die Frage der Aussiedlung der bulgar. Juden bei dem bulgar. Außenminister anschneiden kann". Am 15.9.1942 ließ RAM Ribbentrop Luther übermitteln, dass damit noch zugewartet werden solle; wie Anm. 1, Bl. 62–65.
3 Siehe Dok. 298 vom Sommer 1942, Punkt I.
4 Durch die 11. VO zum Reichsbürgergesetz vom 25.11.1941 wurde allen im Ausland lebenden Juden die deutsche Staatsbürgerschaft aberkannt und ihr Vermögen dem Deutschen Reich zugeschlagen; RGBl., 1941 I, S. 722–724.
5 Die Deutsche Gesandtschaft in Sofia wurde später angewiesen, diesen Betrag nicht als zwingend zu behandeln, um die Deportation nicht zu gefährden; Bergmann an Gestapo-Chef Müller am 19.3.1943; wie Anm. 1, Bl. 110.
6 Maschinenschriftl. Anmerkung am Seitenrand: „Hierzu kommt nach Mitteilung des RSHA der in Preßburg tätige Berater Wisliceny in Frage."

DOK. 301

Der Polizeichef von Samokov verbannt am 17. Oktober 1942 die jüdische Bevölkerung von zahlreichen öffentlichen Plätzen und schränkt ihre Bewegungsfreiheit ein[1]

Anordnung Nr. 8 der Kreispolizeiverwaltung Samokov, gez. Ž. Minev (Kreispolizeichef),[2] vom 17.10.1942 (beglaubigte Abschrift)

Kraft Art. 19 der Verordnung, in der der Ministerrat beauftragt wird, alle Maßnahmen zur Regelung der Judenfrage und der damit verbundenen Angelegenheiten zu ergreifen, und die mit dem Erlass Nr. 4567 des Ministerrats vom 27.8.1942 gebilligt wurde,[3] ordne ich an:

1. Personen jüdischer Abstammung ist es ausdrücklich untersagt, den Erholungsort „Borovec" (Čam Kurija) zu besuchen oder die Stadt zu Exkursionen oder Ausflügen in den Wald oder in die Berge zu verlassen.

2. Ihnen ist ferner untersagt, ihren Wohnort ohne Genehmigung der Kreispolizeiverwaltung zu verlassen.

3. Den mit dem Judenstern gekennzeichneten Personen ist es verboten, die Hauptstraße Car Boris III. zu benützen, den Zentralen Platz (bei der Nationalbank), den Car Osvoboditel-Platz (bei der Lesehalle) – dieser endet beim Spirituosenlager Br. Radojkovi – sowie den Busbahnhof Obedinena Bălgarija zu betreten, es sei denn, sie hätten eine Reisegenehmigung.

4. Personen, die das Kennzeichen tragen, sind nur folgende öffentliche Lokale erlaubt: das Hotel-Restaurant Viktorija, das Spirituosenlager Daskalo von Albert Isak Chazan, das Café Sokolec und die Konditorei Savoja. Der Zutritt zu allen übrigen Lokalen ist selbigen Personen ausdrücklich untersagt.

5. Der Besuch des Kinos „Otec Paisij" ist Personen jüdischer Abstammung untersagt.

6. Ferner ist ihnen verboten, auf dem Wochenmarkt, der sonntags von 12 Uhr bis montags um 13 Uhr stattfindet, einzukaufen oder sich dort aufzuhalten. Wer gegen diese Anordnung verstößt, wird mit Zuchthaus und einer Geldstrafe in Höhe von bis zu 100 000 Lewa bestraft. Mit der Umsetzung dieser Anordnung sind die Polizeiorgane beauftragt. Abschriften dieser Anordnung werden dem Kommissar für Judenfragen beim Ministerium für i[nnere] A[ngelegenheiten] und V[olks]gesundheit und dem Bezirkspolizeichef von Sofia zur Kenntnis vorgelegt.

1 CDA, 190K/3/82, Bl. 47. Das Dokument wurde aus dem Bulgarischen übersetzt.

2 Željazko Minev Stojanov, Polizeibeamter; 1938–1943 Polizeichef, Jan. bis Aug. 1944 stellv. Kreisdirektor von Samokov.

3 Zu dieser VO siehe Dok. 298 vom Sommer 1942; Art. 19 derselben räumte den Polizeibehörden das Recht ein, Juden den Zutritt zu bestimmten Lokalen und öffentlichen Plätzen zu verbieten.

DOK. 302

Judenkommissar Belev fasst am 30. Oktober 1942 den Stand der antijüdischen Politik zusammen und kündigt die Deportation der Juden an[1]

Memorandum, gez. Belev, 30.10.1942

Die Judenfrage ist bei uns vor allem eine wirtschaftliche Frage. Ein unverhältnismäßig großer Anteil des Handels- und Industriekapitals und des entsprechenden Umsatzes war in jüdischen Händen konzentriert. In vielen Branchen erreichte dieser Anteil 90 Prozent und mehr. Eine unbedeutende fremde Minderheit – 0,6 Prozent der Bevölkerung des Landes – hatte sich fast die Hälfte des Handels und der Industrie angeeignet.[2] In den Jahren nach den Kriegen begannen die Juden, sich auch aktiver am politischen Leben des Landes zu beteiligen, wie die Encyclopedia Judaica, die im Jahr 1928 herausgegeben wurde, mit Genugtuung konstatiert. Der tatsächliche politische Einfluss der Juden bei uns war viel größer, als man aus ihrer direkten Partizipation am politischen Leben schlussfolgern kann. Ihre Kapitalmacht und Beziehungen sicherten ihnen einen Einfluss, den man auch heute noch spürt. In den letzten Jahren verstärkte sich aber auch die Beteiligung der Juden am kulturellen Leben des Landes, insbesondere in der Malerei und der Musik.[3] Doch ihr indirekter Einfluss, der sich ihrer Kapitalmacht im In- und Ausland verdankte, war viel stärker als ihr unmittelbarer Anteil am kulturellen Leben. Da sie über große Mittel verfügten, hatten sie die Möglichkeit, ihren Geschmack in der Hauptstadt durchzusetzen und damit im ganzen Land. Und schließlich war die Judenfrage bei uns auch eine Rassenfrage, obwohl sich die Gesellschaft dessen wenig bewusst war. Es genügt zu wissen, dass beispielsweise im Jahr 1940 25 Prozent der Juden, die eine Ehe eingingen, einen Nichtjuden heirateten.[4]
Mit dem Gesetz zum Schutz der Nation wurde ein Zeichen für eine radikale Lösung der Judenfrage gesetzt. In der Verordnung vom 29. August 1942 wurde dafür eine Formel gefunden, indem in Artikel 7 den jüdischen Gemeinden die Aufgabe übertragen wurde, die Aussiedlung der Juden aus dem Land vorzubereiten.[5] Der Verordnung, mit der gleichzeitig auch die Liquidierung des jüdischen Besitzes und die Beschneidung des jüdischen Einflusses eingeleitet wurde, liegt die Annahme zugrunde, dass die Juden höchstens noch vier bis fünf Jahre im Land bleiben werden und ihnen für diese Zeit ausreichend Mittel für den Lebensunterhalt zur Verfügung stehen müssen. Sollten sich die Juden auch danach noch im Land aufhalten, wird ihr Unterhalt den Staat indessen in

1 CDA, 176K/1š/256, Bl. 44 f.; Abdruck in: Toškova/Koleva/Koen (Bearb.), Obrečeni (wie Dok. 297, Anm. 1), S. 313–315. Das Dokument wurde aus dem Bulgarischen übersetzt.
2 Die aus den offiziellen Volkszählungen stammenden Daten belegen, dass Juden in Bulgarien nur im Handel überdurchschnittlich stark vertreten waren. So waren 1926 9,36 % aller Händler Juden, wobei ein Drittel von ihnen fliegende Händler waren.
3 Vermutl. Hinweis auf den Komponisten Pančo Vladigerov, dessen Mutter jüdisch war, sowie die Maler jüdischer Herkunft Eliezer Alšech, David Perec, Moric Bencion, Marko Bechar und David Benun. Die Berufsverbände der bildenden Künstler gehörten zu den Organisationen, die im Herbst 1940 gegen das Gesetz zum Schutz der Nation öffentlich protestiert hatten; siehe Einleitung, S. 77.
4 Nach einer Übersicht des Kommissariats für Judenfragen von Ende 1942 hatten in ganz Bulgarien nur 303 Personen aufgrund ihrer Ehe mit einem christlichen Bulgaren eine Ausnahme aus den Bestimmungen des Gesetzes zum Schutz der Nation beantragt; CDA, 2123K/1/4096, Bd. 1, Bl. 79.
5 Siehe auch Dok. 298 vom Sommer 1942, Punkt I.

große Schwierigkeiten bringen. Damit steht die Frage der Aussiedlung der Juden auf der Tagesordnung, und es müssen Mittel und Wege zu ihrer Lösung gefunden werden.

Die freiwillige Aussiedlung wird zu nichts führen. Freiwillig werden innerhalb der alten Grenzen des Landes höchstens die ausländischen Juden aussiedeln; ihre Zahl beträgt aber kaum 1/30 aller Juden im Land. Die Zahl aller anderen Aussiedlungswilligen bliebe klein. Es ist also offensichtlich, dass die Aussiedlung zwangsweise und organisiert erfolgen muss. Das kann nur im Rahmen der umfassenden Lösung der Juden[frage] in Europa geschehen. Unter Mitwirkung Deutschlands könnte die Aktion allerdings früher erfolgen, indem die Aussiedlung in die osteuropäischen Gebiete gelenkt wird, wie bei der bereits laufenden Aussiedlung der Juden aus dem Protektorat und aus der Slowakei.

Die jüdische Bevölkerung im Land umfasste 1935 rund 52 000 Personen.[6] Mit der Aussiedlung von ausländischen Juden[7] und der Auswanderung einiger größerer Gruppen nach Palästina verringerte sich diese Zahl Ende 1940 auf rund 48 000 Personen. Allerdings wuchs sie wieder um ungefähr 500 Juden aus der Dobrudscha, 8600 Juden aus Mazedonien und Morawien und 4650 Juden aus dem Belomorie-Gebiet,[8] insgesamt also um rund 13 750 Personen. Eine rasche Aussiedlung der jüdischen Bevölkerung wird uns von deren zersetzender Propaganda befreien, von der Korruption, die sie verursacht, und von dem Risiko, dass sie sich an ihre neue Situation anpasst und Wege findet, um ihren Einfluss über Beziehungen und Strohmänner zu erhalten. Die rasche Aussiedlung wird uns auch die Möglichkeit geben, Sofia, Skopje, Plovdiv und Bitola von dem vergleichsweise hohen jüdischen Bevölkerungsanteil zu befreien.[9] Durch innere Maßnahmen wäre dies nicht zu erreichen, weil jeder Versuch einer Massenansiedlung von Juden innerhalb der Landesgrenzen auf den Widerstand der lokalen Bevölkerung stoßen würde und die Einrichtung von Lagern unter den gegebenen Voraussetzungen mit unüberwindlichen Schwierigkeiten verbunden wäre. Auch die Arbeitsgruppen[10] sind keine Lösung, weil nur die männliche Bevölkerung davon erfasst würde.

Die Aussiedlung in die Ostgebiete unter Mitwirkung Deutschlands wird jedoch nur dann erfolgreich sein, wenn sie nach Familien und unabhängig von der Arbeitskraft erfolgen würde und wenn auch unqualifizierte Arbeiter und nicht nur einige Spezialisten ausgesiedelt würden. Andernfalls würde dem Land daraus mehr Schaden als Nutzen erwachsen.

Die Aussiedlung muss an erster Stelle Juden aus Mazedonien und dem Gebiet der nördlichen Ägäisküste betreffen, insgesamt rund 13 000 Personen. An zweiter Stelle kommen die Juden aus Sofia und Plovdiv, die an die 33 000 Personen zählen. Zuletzt die übrigen Juden aus dem Gebiet innerhalb der alten Grenzen, ungefähr 16 000 Personen.

Bis die Aussiedlung umgesetzt werden kann, sollte die arbeitsfähige jüdische Bevölkerung ständig in den Arbeitsgruppen festgehalten werden, auch im Winter. Einsatzorte lassen sich finden.

6 Nach der Volkszählung aus dem Jahr 1934 lebten in Bulgarien 48 398 Personen jüdischen Glaubens.

7 Siehe Dok. 274 vom 14.9.1938 und Dok. 278 vom 25.9.1939.

8 Gemeint ist das Gebiet an der nördlichen Ägäisküste im heutigen Griechenland, das die Regionen West-Thrazien und Teile von Ägäisch-Mazedonien umfasst.

9 1934 lebten über 97 % aller Juden in den alten Landesgrenzen in einer Stadt, über die Hälfte von ihnen in Sofia, wo sie rund 9 % aller Einwohner stellten. In Skopje waren 1926 von 69 269 Einwohnern 2854 oder 2,4 % Juden; in Bitola stellten 3164 Juden 2 % aller 65 161 Einwohner dar.

10 Gemeint sind (Zwangs-)Arbeitsbataillone.

DOK. 303
Das bulgarische Außenministerium entwirft am 10. November 1942 eine diplomatische Note an die deutsche Gesandtschaft über die Deportation der Juden[1]

Maschinenschriftl. Entwurf, ungez., vom 10.11.1942[2]

Verbalnote

In Antwort auf die Aufzeichnung A 4318/42 vom 15. Oktober 1942[3] hat das Außenministerium die Ehre, der deutschen Gesandtschaft Folgendes mitzuteilen:

Wie aus den letzten gesetzgeberischen, die Regelung der Judenfrage betreffenden Maßnahmen ersichtlich, hatte sich die königliche Regierung selbst mit dem Gedanken der Aussiedlung der Juden aus Bulgarien getragen, in Übereinstimmung mit den nationalen und wirtschaftlichen Bedürfnissen des Landes. Aus diesem Grund ist die bulgarische Regierung bereit, das Angebot der deutschen Gesandtschaft in Anspruch zu nehmen und die Aussiedlung der bulgarischen Juden mit der aus Rumänien, soweit möglich, zu verbinden. Die bulgarische Regierung hat zu diesem Zweck angeordnet, die notwendigen Vorkehrungen zu treffen, damit die Aussiedlung innerhalb [vernünftiger] Fristen und auf eine Art und Weise erfolgt, die keine negativen Auswirkungen auf das Wirtschaftsleben Bulgariens hat. Im Hinblick darauf beabsichtigt die bulgarische Regierung, zeitweise jene Juden im Land zu belassen, die für das wirtschaftliche Leben erforderlich sind oder als billige Arbeitskräfte eingesetzt werden können.[4]

Um die korrekte Abwicklung der Aussiedlung, in Zusammenhang mit jener der rumänischen Juden, in die Wege zu leiten, wäre die bulgarische Regierung dankbar, wenn ihr von deutscher Seite detaillierte Angaben über den technischen Ablauf, über Fristen und Kontingente zur Verfügung gestellt würden.

Die bulgarische Regierung ist prinzipiell bereit, einen Pauschalbetrag für jeden ausgesiedelten Juden zu bezahlen, hält die geforderten 250 Reichsmark pro Person allerdings für viel zu hoch angesetzt.

1 CDA, 176K/1š/256, Bl. 33; Abdruck in: Danova/Avramov, Deportiraneto (wie Dok. 274, Anm. 1), Bd. 1, Dok. 175, S. 388. Das Dokument wurde aus dem Bulgarischen übersetzt.

2 Im Original handschriftl. Bearbeitungsvermerke und Streichungen. Verschiedene Entwurfsfassungen der Note sowie die Endversion liegen der Akte bei. Die Endfassung wurde am 12.11.1942 an die Deutsche Gesandtschaft verschickt. Autor der Vorlage war wohl Dimităr Ivanov Šišmanov.

3 Die Aufzeichnung der Deutschen Gesandtschaft liegt im Original der Akte bei. Sie ist wörtlich dem Dok. 300 vom 15.10.1942 entlehnt. Am Rande notierte Šišmanov am 16.10.1942: „Wenn es notwendig ist, so kann ein Berater aus Deutschland entsandt werden, der die Einzelheiten regelt."

4 Die Endfassung der Verbalnote unterstreicht noch deutlicher die Absicht, vorerst nicht auf jene Juden vollständig verzichten zu wollen, die als „billige Arbeitskräfte" bei wichtigen Infrastrukturprojekten eingesetzt wurden; siehe Abdruck in: Ruckhaberle/Ziesecke, Rettung (wie Dok. 283, Anm. 1), S. 63.

DOK. 304
Der britische Kolonialminister Oliver Stanley empfiehlt am 8. Dezember 1942 eine Rettungsaktion für jüdische Kinder aus Bulgarien, denen die Vernichtung drohe[1]

Entwurf, ohne Unterschrift und Datum,[2] an Premierminister Churchill[3]

Premierminister,
1. In Bezug auf das Flüchtlingsproblem wurde im September 1939 auf Empfehlung des Kabinettsausschusses beschlossen, dass „es der Regierung Seiner Majestät aus prinzipiellen Gründen unmöglich ist, Bürgern eines Staates, mit dem sie in kriegerischen Auseinandersetzungen steht, bei der Flucht behilflich zu sein, weil die Regierung Seiner Majestät zwischen Flüchtlingen und anderen deutschen Staatsbürgern nicht differenzieren kann. Dies trifft sowohl auf die von den Deutschen kontrollierten Gebiete als auch auf das Deutsche Reich zu."
Aufgrund dieses Beschlusses sahen sich meine Amtsvorgänger im Kolonialministerium außerstande, der Einwanderung von Juden aus den europäischen Achsenländern nach Palästina zuzustimmen.
2. In letzter Zeit allerdings häufen sich die Hinweise, wonach das antisemitische Regime in Bulgarien verschärft wird. Daher mahnt die Jewish Agency for Palestine dringend, die Regierung Seiner Majestät möge ihr Möglichstes tun, um die noch dort verbliebenen Juden vor der Vernichtung zu bewahren und ihnen Zuflucht in Palästina zu gewähren. Sollte dieses Zugeständnis den Erwachsenen gegenüber nicht möglich sein, wird darum gebeten, zumindest die Kinder zu retten.
3. Diesbezüglich wurde der Hochkommissar in Palästina[4] konsultiert, der meinem Vorschlag, eine Reihe von Kindern aus Bulgarien (zusammen mit einer Gruppe erwachsener Begleiter) in Palästina aufzunehmen, im Rahmen der ersten für 1943 festgesetzten Einwanderungsquote im Prinzip zustimmt.[5] Die genaue Zahl würde in Verhandlungen mit dem Hochkommissar festgelegt werden müssen. Ich habe den Außenminister[6] kontaktiert, der mit dem Vorhaben ebenfalls einverstanden ist. Auch das Kriegsministerium erhebt keine sicherheitspolitischen Einwände.
4. Jüngste Berichte über die systematische Ausrottung der Juden in den Achsenstaaten und den von ihnen kontrollierten Ländern haben die Öffentlichkeit wachgerüttelt. Wir können für die große Masse der noch Lebenden nichts tun. Doch dieser Fall böte

1 NA Kew, FO 371/32698. Das Dokument wurde aus dem Englischen übersetzt.

2 Autorschaft und Datum ergeben sich aus einer der Akte beiliegenden Notiz. Oliver Stanley (1896–1950), Jurist und Politiker; 1937–1940 Handelsminister, 1940 Kriegsminister unter Premierminister Neville Chamberlain, 1942–1945 Kolonialminister unter Winston Churchill.

3 Winston Churchill (1874–1965), Berufsoffizier, Schriftsteller und Politiker; 1895–1901 Kriegsberichterstatter in verschiedenen Kolonialkriegen, von 1901 an Mitglied des Unterhauses, von 1911 an Erster Lord der Admiralität, 1922–1929 Schatzkanzler, im Sept. 1929 in das Kabinett Chamberlain berufen, von Mai 1940 an dessen Nachfolger als Premierminister; im Juli 1945 abgewählt, 1951–1955 erneut Premierminister.

4 Harold MacMichael.

5 Die Immigration nach Palästina war 1939 von der brit. Mandatsmacht für fünf Jahre auf maximal 75 000 Personen begrenzt worden. Sie brauchten zur Einwanderung eines der streng limitierten Zertifikate.

6 Anthony Eden.

Gelegenheit, unsere Bereitschaft zu helfen unter Beweis zu stellen, sollten die Bedingungen es zulassen. Soweit sich unser Vorschlag auf eine konkrete Zahl von Kindern beschränkt, bestehen aus unserer Sicht keine ernsthaften Risiken.
5. Ich wäre glücklich, wenn Sie dem von mir vorgeschlagenen Vorgehen zustimmten oder meinen Vorschlag dem Kriegskabinett zur Bewilligung weiterleiten würden.[7]

DOK. 305
Jüdische Einwanderer aus Bulgarien schildern der Jewish Agency in Palästina am 16. Dezember 1942 die prekäre Lage der bulgarischen Juden und warnen vor bevorstehenden Deportationen[1]

Brief von Dr. M. Pappo[2] und Dr. Varkonyi,[3] Haifa, an die Sochnuth,[4] Jerusalem, vom 16.12.1942 (Abschrift)

Was wir zu berichten haben, sagten wir bereits Ihren Vertretern hier und Herrn Barlas[5] in Jerusalem.
Wir wollen es jedoch nochmals schriftlich niederlegen, um damit der Sache unserer Brüder zu dienen und sie aus den Krallen des Todes zu retten.[6]
Wir werden die Verfolgung der Juden in Bulgarien in drei Perioden unterteilen.
I. Die Periode, in der man die Juden materiell vernichtet hat. Man raubte ihnen jedes Gut, Arbeit und Geld, so daß heute bereits 99 % der Juden arbeits- und brotlos sind.[7]
II. Die Periode, in der man die Juden moralisch zu deprimieren strebte. Da wurde Ausgehverbot nach 9 Uhr abends eingeführt, es wurde ihnen das Tragen des gelben Zionssterns verordnet, die Radio- und Telefonapparate wurden beschlagnahmt; Lebensmitteleinkauf nur in bestimmten Tagesstunden – in denen nichts mehr vorhanden ist – erlaubt; das Betreten mehrerer Straßen wurde ihnen untersagt.[8]

7 Am 20.12.1942 teilte das brit. Außenministerium seinem Botschafter in Bern mit, dass das Kabinett der Einwanderung von 4500 jüdischen Kindern und 500 Begleitern aus Bulgarien nach Palästina zugestimmt habe, und gab die Anweisung, die Benachrichtigung des bulgar. Kabinetts durch die Schweizer Regierung zu veranlassen.

1 CZA, S26/1265, S. 137 f. und S6/4570.
2 Dr. Marco (Bochor) Pappo (*1901), Zahnarzt; emigrierte im Nov. 1942 aus Bulgarien nach Palästina.
3 Dr. Hary Varkony, auch Chari Varkoni (*1884 oder 1886), Chirurg; 1912–1920 Arzt in Budapest; 1920 Einwanderung nach Bulgarien; 1929 Inhaber einer Privatklinik in Pavlikeni und 1931–1942 in Sofia; 1942 Emigration aus Bulgarien nach Palästina.
4 Hebr.: Jewish Agency.
5 Chaim Barlas (1898–1982); 1942–1945 Repräsentant der Jewish Agency und Vorsitzender des Rettungskomitees in Istanbul. Ziel des Komitees, in dem Vertreter verschiedener jüdischer Gruppen zusammenarbeiteten, war es, den Kontakt zu den jüdischen Gemeinden im besetzten Europa aufrechtzuerhalten und Rettungsaktionen für sie zu initiieren und umzusetzen.
6 Sprachliche Eigenheiten des Originals wurden beibehalten.
7 Siehe Dok. 286 und 289 vom 23.1.1941 und 7.7.1941 sowie Einleitung, S. 77 f.
8 Gemeint sind Maßnahmen, die mit der VO vom 29.8.1942 eingeleitet wurden; siehe Dok. 298 vom Sommer 1942, Punkt IV. Die Konfiszierung der Radio- und Telefonapparate fand per Beschluss des Ministerrats bereits im Sommer 1941 statt; CDA, 284K, 7679, Bl. 8.

III. Der Übergang zur dritten Periode zeichnete sich mit vielen grausamen Verordnungen aus. So wurde das Ghetto eingeführt. Mehrere Familien mußten sich in Gemeinschaftswohnungen zusammendrängen, so daß sie unter den schlimmsten hygienischen Bedingungen leben mußten. Alle „arbeitslosen“ Juden mußten im kalten bulgarischen Winter Sofia verlassen. Dabei machte man nicht einmal für Greise, Kranke oder Kinder eine Ausnahme.[9] Schließlich führte man Zwangsarbeitspflicht für alle Juden zwischen 18 und 46 Jahren ein, unter schlimmsten Bedingungen,[10] genauso wie die Awadim in Mizraim.[11] Unter diesen Arbeitern befinden sich Juristen, Zahnärzte und Architekten sowie andere Akademiker; Ärzte und Apotheker sind frei, weil man sie noch draußen brauchen kann.[12]

Diese Etappe – sollte sie anhalten –, also das Verjagen der armen Leute aus ihren Wohnungen im kalten kontinentalen Winter und Arbeitszwang in Malariagebieten, oft auch mit 40 Grad Fieber, ohne Arzneien, ohne Verpflegung, mit bestialischer Behandlung – bedeutet einen langsamen, aber sicheren Tod, wenn auch Giftgas oder Elektrizität fehlt. Dafür sind die Bulgaren genug raffinierte Meister.

Das ist der Übergang zur dritten Periode – die Deportierung nach Polen –, der Schlachtbank der Juden. Das wird zweifellos im Frühjahr oder vorher noch stattfinden.

Bulgarien ist das einzige Land, aus dem man noch Juden retten kann. Es ist das einzige Fensterloch in Europa, durch das man noch Juden befreien kann.[13] Mit allen Mitteln, gesetzlichen oder sonst, müssen die Juden aus Bulgarien herausgeholt werden, solange es noch möglich ist. Man darf diese Gelegenheit nicht unausgenutzt lassen.

Es gibt mehrere Wege, um sie herauszuholen. Sie hier zu schildern, entzieht sich unserer Möglichkeit. Als Beitrag aber dafür möge folgendes Gespräch mit Minister Berker,[14] Ankara, dienen: Als wir ihn fragten, warum Bulgaren – Arier – Einreise in die Türkei bekommen, den Juden dagegen nicht einmal Transitvisa gegeben werden, antwortete er, die Bulgaren können in ihr Land zurückkommen, die Juden dagegen nicht.[15] Was soll die Türkei mit den unbemittelten Juden machen? Sie hat genug arme Leute.

Die Lösung dieser Frage überlassen wir den berufenen Leuten der Sochnuth. Jedenfalls gibt es viele Wege, die Juden aus Bulgarien herauszubekommen und wir, die „privat“ aus dieser Hölle heraus sind, können Ihnen das bestätigen.

9 Diese Maßnahmen wurden infolge der VO vom 29.8.1942 eingeführt. In einigen Städten, so auch in Sofia, wurden die jüdischen Einwohner in bestimmte Bezirke, in denen überwiegend Juden lebten, umgesiedelt, mit Mauern oder Zäunen abgeschlossene Gettos existierten jedoch nicht.

10 Siehe Einleitung, S. 78 f. und Dok. 291 vom 31.7.1941.

11 Hebr.: Sklaven in Ägypten.

12 Jüdische Ärzte und Apotheker unterstanden wegen des Mangels an entsprechend ausgebildeten christlichen Bulgaren der zivilen Mobilmachung und wurden in Provinzregionen beordert, wo Mediziner fehlten.

13 Juden konnten noch bis Frühjahr 1943 aus Bulgarien in die Türkei einreisen. Der türk. Staat gestattete jedoch ihre Einreise nur, wenn sie ein Palästina-Zertifikat oder ein Visum für ein drittes Land besaßen.

14 Ali Şevki Berker (1881–1961), Jurist und Diplomat; 1934–1942 Gesandter der Türkei in Bulgarien.

15 Art. 15 des Gesetzes über die bulgar. Staatsangehörigkeit vom Dez. 1940 legte fest, dass bulgar. Staatsangehörige „jüdischer Abstammung“ mit der Emigration ihre bulgar. Staatsangehörigkeit automatisch verloren.

Das Wichtigste aber ist, sich einen Weg zu den Herzen der Engländer zu bahnen, um die möglichst größte Zahl von Visen zu bekommen und sie dem bulgarischen Judentum zur Verfügung zu stellen.
Das ist in kurzem, was wir aus Erfahrung Ihnen sagen können, und wenn wir damit der Sache gedient haben, sind wir froh und glücklich.
Schalom

DOK. 306
Ein bulgarischer Jude berichtet am 27. Dezember 1942 einem Freund im Ausland über die Situation der jüdischen Bevölkerung in Sofia und über die Angst vor einer Aussiedlung nach Polen[1]

Brief aus Sofia, ohne Unterschrift, an einen unbekannten Adressaten, vom 27.12.1942 (Abschrift)[2]

Ich habe die Möglichkeit, Dir dieses Schreiben ohne Vermittlung der Post zukommen zu lassen und Dir deshalb offen zu schreiben.
Es ist eine irrige Auffassung von Dir und auch von den anderen dort, daß es hier in letzter Zeit etwas ruhiger geworden ist. Diese Meinung scheint ihr gewonnen zu haben, da in den hiesigen Zeitungen nichts mehr über uns geschrieben wird und auch das hiesige Radio sich nicht mit uns befasst.[3] Dagegen wird jetzt alles gegen uns ohne viel Aufsehen gemacht und sehr einfach. Das Konsistorium[4] wird jeweils vom Kommissar für jüdische Angelegenheiten[5] gerufen und dieses erhält Aufträge, welche den Juden in den Synagogen bekannt gemacht werden. Dadurch wird die Sache der öffentlichen Meinung entzogen. Sie weiß nicht, was mit uns gemacht wird, und gewinnt den Eindruck, daß gegen uns überhaupt nichts unternommen wird. Wir werden jetzt nicht mehr durch gemeinen Aufruf aus den Häusern herausgeschmissen, sondern bekommen einer nach dem anderen Auftrag durch ein kleines Schreiben des Kommissariats, die Wohnung binnen drei Tagen zu verlassen, und so wird einer nach dem anderen obdachlos gemacht.[6] Ich selbst befürchte, eines Tages ein solches Schreiben zu erhalten, und dann

1 CZA, S6/4570. Eine zeitgenössische hebr. Übersetzung des Briefs findet sich in CZA, S5/830 und S26/1265.
2 Der Brief wurde vom Rettungskomitee in Istanbul der Jewish Agency in Palästina weitergeleitet. Ob sich der unbekannte Adressat in Palästina oder in der Türkei befand, ist unklar. Sprachliche Eigenheiten des Originals wurden beibehalten.
3 Siehe auch Dok. 307 vom 22.1.1943.
4 Nach der VO des Ministerrats vom 26.8.1942 unterstanden die jüdischen Gemeinden dem Kommissariat für Judenfragen, das nun Delegierte an die Konsistorien entsandte und ihre Mitglieder ernannte. Auch das Zentralkonsistorium wurde entsprechend gleichgeschaltet. Als Delegierter beim Zentralkonsistorium fungierte seit 14.11.1942 Penčo Lukov Chadžilukov (*1906), Leiter der Wirtschaftsabt. beim Kommissariat für Judenfragen.
5 Aleksandăr Belev.
6 Die VO vom 29.8.1942 schuf zum einen die Voraussetzungen dafür, dass Juden aus bestimmten Stadtvierteln verbannt wurden, zum anderen legte sie die maximale Zahl der Räume fest, die Juden je nach Haushaltsgröße beziehen durften. Juden durften fortan nicht bei christlichen Bulgaren wohnen. In Sofia sollten alle nach und nach in das vorwiegend von Juden bewohnte Viertel Juč Bunar umgesiedelt werden, wobei diejenigen, die arbeitslos waren, die Hauptstadt verlassen mussten.

weiß ich wirklich nicht, was ich machen muß. Diese neue Methode wird angewendet, denn scheinbar fand die öffentliche [Meinung], daß die Regierung das zulässige Maß überschritten hat, und scheint auch unter der Bevölkerung eine Mißstimmung entstanden zu sein. Wir gehen jetzt mit einem schwarz-gelben Davidstern geschmückt spazieren,[7] doch scheint auch diese Maßnahme bei der Bevölkerung keine besondere Wirkung gehabt zu haben, bis vielleicht auf eine gewisse Distanzierung zwischen beiden Bevölkerungsteilen. Man will vielleicht vermeiden, den Eindruck eines Judenfreundes zu erwecken, und dies ergibt eine gewisse Distanzierung. Das Übel liegt aber viel tiefer. Es muß damit gerechnet werden, daß man uns zuerst nach der Provinz verschicken wird, und von dort steht uns Polen in Aussicht.
Erstere Maßnahme wird höchstwahrscheinlich schon sehr schnell eintreffen werden und diese Maßnahme wird auch im Gesetze selbst vorgesehen.[8] Aus dem letzten Interview Filoffs ist zu entnehmen, daß er beabsichtigt, die Juden außerhalb Bulgariens zu bekommen,[9] und ein anderes Revier außer Polen steht ihm nicht zur Verfügung. Es ist aber absolut nicht vorauszusehen, was noch alles Schlechte für uns hier kommen wird, denn die hierfür leitenden Persönlichkeiten sind absolut unberechenbar und zu allem fähig.[10] Unter diesen Umständen bleibt [uns] nichts anderes übrig als retten, wer sich retten kann. Ich arbeite ununterbrochen und in jeder Richtung, um von hier wegzukommen.

DOK. 307

Der deutsche Gesandte Beckerle berichtet am 22. Januar 1943 von einem Gespräch mit dem bulgarischen Innenminister und äußert sich dabei kritisch über die Haltung der bulgarischen Öffentlichkeit zur „Judenfrage"[1]

Schreiben (geheim) der Deutschen Gesandtschaft (A 88/43 g), gez. Beckerle, Sofia, an Auswärtiges Amt (D III 143g, Eing. 4.2.1943), Berlin, vom 22.1.1943

Der Innenminister[2] hat heute mit mir längere Zeit über die innenpolitische Lage gesprochen. Dabei hat er insbesondere die Judenfrage berührt. Er führte dabei aus, daß er es für falsch hielte, wenn das Problem zu sehr in der Öffentlichkeit diskutiert werde. Er sei mehr für Taten. Es sei nicht wichtig, daß über die Judenfrage gesprochen werde, sondern alleine, daß gehandelt werde. Er sei in der Vergangenheit sehr scharf vorgegangen, und er werde es auch in Zukunft tun. Ich hätte ja sicher auch beobachten können, wie die Maßnahmen gegen die Juden, vor allen Dingen auch auf vermögensrechtlichem Gebiet, von der bulgarischen Bevölkerung stillschweigend durchgeführt wurden.

7 Die VO des Kommissariats für Judenfragen zum Tragen des gelben Sterns trat am 29.9.1942 in Kraft; Dăržaven vestnik, Nr. 214 von 24.9.1942.
8 Siehe Dok. 298 vom Sommer 1942, Punkt X.
9 Ein solches Interview wurde nicht aufgefunden.
10 Gemeint sind vermutlich Innenminister Gabrovski und Judenkommissar Belev.

1 PAAA, R 100 863, Bl. 123 f. Abdruck in bulgar. Übersetzung in: Koen/Dobrijanov/Manafova (Hrsg.), Borbata (wie Dok. 277, Anm. 1), S. 153–156; Koen/Gerginov/Željazkova (Hrsg.), Oceljavaneto (wie Dok. 281, Anm. 1), S. 199–201.
2 Petăr Gabrovski.

In diesem Zusammenhang kam nun auch die Frage auf die Durchführung einer antijüdischen Ausstellung. Der Innenminister erklärte nämlich, daß nach seiner Meinung eine solche Ausstellung unerwünscht sei und daß sich der ganze Aufwand nicht lohne. Es sei viel besser, doch einmal eine Ausstellung durchzuführen, bei der „das soziale Deutschland“ gezeigt werden kann. Man müßte auch dem bulgarischen Volk zeigen, worum der Kampf eigentlich gehe, daß es ein Kampf um die zwei entgegengesetzten Weltanschauungen sei und was der Nationalsozialismus eigentlich sozial für den deutschen und den europäischen Menschen schaffen wolle.
Meiner Meinung nach geht der Innenminister doch von falschen Gesichtspunkten aus. Zweifellos hat die bulgarische Öffentlichkeit sich mit Eifer an der Durchführung der vermögensrechtlichen Gesetze gegen die Juden aus sehr naheliegenden Gründen beteiligt. Darüber hinaus aber versteht sie die eigentliche Bedeutung des Judenproblems nicht. Neben wenigen reichen Juden gibt es ja in Bulgarien sehr viele arme, die sich als Arbeiter und Handwerker betätigen. Teilweise aufgewachsen mit Griechen, Armeniern, Türken und Zigeunern, erkennt der einfache Bulgare den Sinn des Kampfes gegen das Judentum nicht, umso mehr als ihm die Rassenfrage naturgemäß auch nicht naheliegt. Trotzdem stehe ich auf dem Standpunkt, daß man sich nach dem Wunsche des Innenministers richten muß, und nachdem er nun offensichtlich seine Einstellung zu einer antijüdischen Ausstellung revidiert hat, nicht auf einem entsprechenden Vorschlag beharrt. Ich bitte daher, Herrn Dr. Schmidt-Burgk[3] vom Reichspropagandaministerium, der hier in Sofia entsprechende Pläne gefaßt hatte, auch in das Bild zu setzen.
Der Innenminister betonte dagegen, wie oben schon angedeutet wurde, seinen Wunsch, die Judenfrage weiterzutreiben und bis zum Ende durchzuführen. Er kam dabei auch auf den Berater in Judenfragen zu sprechen, der in Aussicht gestellt sei.[4] Was den Transport von Juden anbelange, so stehe er auf dem Standpunkt, daß dafür zunächst die Juden in den neubefreiten Gebieten[5] in Frage kämen. Da SS-Hauptsturmführer Dannecker uns für diese Tage angekündigt wurde, habe ich das Gespräch hierüber nicht vertieft, da sich seinerzeit der Ministerpräsident[6] dafür interessiert hat und ich zunächst diesen bezw. das Außenministerium in Kenntnis setzen lassen wollte.
Den Plan einer Ausstellung über die sozialen Leistungen des neuen Deutschlands, bezw. über die Leistungen für ein einiges Europa, bitte ich von dort aus hinsichtlich ihrer Durchführung zu prüfen. Von bulgarischer Seite bestanden bisher immer gegen eine solche Ausstellung Bedenken, da der hohe Lebensstandard des deutschen Arbeiters und die Leistungen der Arbeitsfront für die bulgarischen Verhältnisse unerschwinglich waren und daher diese Art von Propaganda zur Unzufriedenheit mit der bulgarischen Regierung seitens der bulgarischen Arbeitnehmer geführt hätte. Zweifelsohne aber stellt eine solche Ausstellung vom deutschen Gesichtspunkte aus angesichts der heutigen Lage eine große Propaganda gerade bei den breiten Massen dar. Wenn der Vorschlag für sie

3 Dr. Edgar Schmid-Burgk (*1902), Kunsthistoriker; in den 1930er- und 1940er-Jahren im Reichspropagandaministerium für verschiedene Projekte verantwortlich, darunter die Planung für eine antijüdische Arbeitsgemeinschaft im Schloss Philippsthal (Werra) und eine illustrierte Auslandszeitschrift mit antisemitischen und antikommunistischen Inhalten.
4 Es handelt sich um Theodor Dannecker; siehe Dok. 308 vom 8.2.1943.
5 Die besetzten Gebiete (Vardar-)Mazedonien, (West-)Thrazien und Pirot (Südserbien).
6 Bogdan Filov.

nun von einem Regierungsmitglied ausgeht, habe ich gar keine Bedenken, ihn bereitwillig aufzunehmen. Ich wäre für baldige Weisung dankbar, ob die Möglichkeit für die Durchführung einer solchen Ausstellung bestehe.

DOK. 308
Judenberater Dannecker unterrichtet am 8. Februar 1943 das Reichssicherheitshauptamt über den Beschluss des bulgarischen Innenministers, die Juden zu deportieren[1]

Bericht (geheim) von Dannecker,[2] gesehen von Beckerle, Sofia, an das Reichssicherheitshauptamt, Attachégruppe, für IV B 4, Berlin, vom 8.2.1943 (Durchschrift)[3]

Betrifft: Vorbereitung des Abschubs von Juden aus Bulgarien (1. Bericht).
Vorgang: Fernmündliche Unterredung zwischen SS-Obersturmbannführer Eichmann und SS-Hauptsturmführer Dannecker am 5.2.43.
Anläßlich meiner Einführung bei Innenminister *Gabrowski* am 2.2.43 gab dieser seiner Bereitwilligkeit Ausdruck, die in Thrazien und Mazedonien (neubulgarische Gebiete) lebenden Juden mit deutscher Unterstützung nach dem Osten abzuschieben. Es sei ihm darum zu tun, die politischen Unruheherde in diesen neuen Gebieten zu beseitigen. Gabrowski ließ aber unmißverständlich durchblicken, daß für ihn ein Abschub von Juden aus dem altbulgarischen Gebiet vorläufig nicht in Frage käme. Diese Juden wolle er künftig vermehrt im öffentlichen Arbeitseinsatz beschäftigen.
Demnach kämen – nach Gabrowskis Meinung – etwa 10–12 000 Juden (einschließlich Familienanhang) in Frage, die sämtlich die bulgarische Staatsangehörigkeit nicht besitzen. Der Innenminister erklärte schließlich, die Planung und alle Einzelfragen sollten mit dem Judenkommissar *Beleff*[4] besprochen werden. Dies ist geschehen:
Inzwischen hat Beleff dem Innenminister zur Genehmigung durch den Ministerrat einen Vorschlag unterbreitet mit folgendem Inhalt:
a) Frage des Abschubs der Juden aus Thrazien und Mazedonien unter Einbeziehung unerwünschter jüdischer Elemente aus Rumpfbulgarien. Dabei sind laut Judenzählung für die beiden erstgenannten Gebiete über 14 000 angesetzt.[5] Insgesamt legt Beleff seinem Plan 20 000 vorläufig abzuschiebende Juden zu Grunde.

1 PAAA, R 100 863, Bl. 127–129. Abdruck in bulgar. Übersetzung in: Toškova/Koleva/Koen (Bearb.), Obrečeni (wie Dok. 297, Anm. 1), S. 336 f.
2 Theodor Dannecker (1913–1945), Kaufmann; 1932 NSDAP- und SS-Eintritt; Sept. 1940 bis Sommer 1942 Judenreferent des RSHA in Paris, Jan. bis Sept. 1943 Judenberater und Gehilfe des Polizeiattachés Hoffmann an der deutschen Gesandtschaft in Sofia, Sept. bis Dez. 1943 Leiter eines Einsatzkommandos in Italien, März bis Dez. 1944 Mitglied des Sondereinsatzkommandos Eichmann in Budapest; nahm sich in einem Internierungslager der US Army in Bad Tölz das Leben.
3 Der originale Bericht samt Durchschrift wurde am 8.2.1943 von der Deutschen Gesandtschaft in Sofia (A 154/43 g) an das AA in Berlin (Eingangsnr.: D III 176 g, Eing. 11.2.1943) zur Kenntnis und mit der Bitte um Weiterleitung der Urschriften an das RSHA, Attachégruppe versandt.
4 Hier und im Folgenden richtig: Belev.
5 Bei der Ermittlung der Zahl der Juden und der Erstellung der Deportationslisten in den besetzten Gebieten griff das KEV auf die Register der jüdischen Gemeinden zurück. Eine Zählung der Juden innerhalb der alten Landesgrenzen wurde im April 1943 durchgeführt; siehe CDA, 1568K/1/71.

b) Ferner spricht Beleff in seinem Bericht auch von einem später etwa beabsichtigten Gesamtabschub aller Juden und gibt zu bedenken, daß man gerade hierbei sehr vorsichtig zu Werke gehen müsse, um zu vermeiden, daß sich die männlichen Juden zu den in einigen Landesteilen existierenden meist kommunistischen Banden schlügen. Deshalb schlägt Beleff vor, unverzüglich alle in Altbulgarien – vor allem in Sofia – vorhandenen männlichen Juden zwischen 17 und 46 Jahren zur Arbeitsleistung einzuziehen und in Lagern unterzubringen.[6]
Die beschleunigte Vorbereitung des Judenabschubs hängt nun davon ab, wie lange sich der Ministerrat zur Billigung der Vorlage Zeit läßt. Diese ist aber erforderlich, weil an das Eisenbahn-, das Ernährungsministerium, die Polizei und evtl. auch – wegen Abstellung von Lkw's als Zubringer zu den spärlich vorhandenen Bahnstationen – an die bulgarische Wehrmacht besondere Weisungen ergehen müssen.
Nach Auffassung des Judenkommissars kann mit Abschluß der Vorarbeiten (Zusammenfassung der Juden in Lagern an den Abfahrtsbahnhöfen) in 4–6 Wochen gerechnet werden. Sobald die genauen Zahlen und die Abfahrtsbahnhöfe festliegen, werde ich dann die schriftliche Vereinbarung abschließen.[7]
Jetzt schon wäre es wichtig zu erfahren, wie die Transportbegleitung geregelt sein wird. Es wäre sehr erwünscht, wenn die Übernahme durch eine deutsche Wachmannschaft auf bulgarischem Gebiet erfolgen könnte.
Weitere Zwischenberichte folgen.[8]

6 Hier und im Folgenden siehe Bericht Belevs an Innenminister Gabrovski vom 4.2.1943 „über die Aussiedlung der Juden aus Mazedonien und dem Belomorie-Gebiet", CDA, 2123K/1/4096, Bd. 2, Bl. 188–192. Abdruck zuletzt in: Danova/Avramov, Deportiraneto (wie Dok. 274, Anm. 1), Bd. 1, Dok. 255, S. 503–506. Belev ging davon aus, dass von März 1943 an unter Federführung des KEV 10 000 bis 20 000 Juden monatlich deportiert werden könnten.

7 Siehe Dok. 311 vom 22.2.1943.

8 Siehe Schreiben Dannecker an RSHA, Attachégruppe, vom 16.2.1943 und 23.2.1942; wie Anm. 1, Bl. 135 f., 142–144. Abdruck in bulgar. Übersetzung wie Anm. 1, S. 339, 342–344.

DOK. 309

Das Auswärtige Amt weist am 15. Februar 1943 die Deutsche Gesandtschaft in Sofia an, gegen das britische Angebot zur Rettung von jüdischen Kindern aus Bulgarien zu intervenieren[1]

Telegramm (geheim) des Auswärtigen Amts (Akt. Z. D III 149 g), gez. Bergmann,[2] an Deutsche Gesandtschaft, Sofia[3]

Referent: U.St.S. Luther,[4] LS von Hahn
Betreff: Auswanderung von 5000 jüdischen Kindern nach Palästina
Auf Telegramm Nr. 176 vom 4.2.43[5]
Bitte dem Ministerpräsidenten[6] schon jetzt mitteilen, daß wir dringendst davon abraten, auf das Angebot der Schweizer Schutzmacht, betreffs Auswanderung von 5000 jüdischen Kindern nach Palästina einzugehen. Unsere Erfahrungen ließen die Befürchtung begründet erscheinen, daß diese 5000 Juden unter englischem Einfluß zu 5000 Propagandisten gegen unsere antisemitischen Maßnahmen erzogen würden.
Außerdem würde das geringste Nachgeben in dieser Frage von den Feindmächten als Schwächezeichen ausgelegt und sofort propagandistisch verwertet werden. Auch vertrüge sich eine derartige Maßnahme nicht mit unserer Politik gegenüber den arabischen Völkern.
Bitte hierbei zum Ausdruck bringen, daß es von großer Wichtigkeit sei, die Ablehnung in verbindlicher Form zu äußern. Der Feindpropaganda seien möglichst wenig Handhaben für den zu erwartenden Vorwurf unhumaner Handlungsweise zu geben. Aus diesem Grunde müsse auch einem offiziellen Angebot der Schutzmacht zuvorgekommen werden.[7]

1 PAAA, R 100 878, Bl. 14 f.
2 Dr. Helmut Bergmann (1898–1946), Jurist; von 1925 an im AA tätig, 1930–1932 Dienst in der deutschen Botschaft in Moskau, 1936 Legationsrat der Politischen Abt. des AA, 1937–1945 stellv. Leiter der Personal- und Verwaltungsabt., zeitweilig Leiter der Deutschland-Abt.; 1936 NSDAP-Eintritt; 1945 in Berlin verhaftet und 1946 in Moskau zum Tode verurteilt und hingerichtet.
3 Im Original handschriftl. Streichungen. Das Telegramm trug ursprünglich das Datum 11.2.1943.
4 Verfasser des Schreibens war demnach UStS Luther. Unterzeichnet wurde das Telegramm jedoch von Bergmann, da Luther am 10.2.1943 wegen seines Versuchs, RAM Ribbentrop zu stürzen, verhaftet worden war.
5 In diesem Telegramm berichtete Beckerle erstmals vom Angebot der brit. Regierung, 5000 jüdische Kinder aus Bulgarien in Palästina aufzunehmen, und bat um Weisung, wie er sich diesbezüglich gegenüber den bulgar. Stellen äußern solle.
6 Bogdan Filov.
7 Siehe Dok. 313 vom 11.3.1943.

DOK. 310

Ministerpräsident Filov schildert, wie er sich am 17. Februar 1943 beim König wegen eines Attentats für schärfere Maßnahmen gegen Kommunisten und Juden einsetzt[1]

Handschriftl. Tagebuch von Bogdan Filov, Eintrag vom 17.2.1943

17.2. Mittwoch. Audienz beim Z[aren]. Er bestand darauf, Oberst Kefsizov[2] zum Polizeidirektor zu ernennen, wie wir es mit Gabrovski[3] und Sevov[4] bereits besprochen hatten, und beauftragte mich, mit Michov[5] darüber zu sprechen, von dem er annimmt, dass er uns Widerstand entgegensetzt. Ich erklärte dem Z[aren], dass wir es im Hinblick auf die Ermordung Lukovs[6] nicht bei der Erklärung belassen dürfen, es habe sich um das Werk „fremder Hand" oder „der Feinde Bulgariens" gehandelt. Diese Formulierungen seien diffus, würden niemanden überzeugen, und der Verdacht würde deshalb auf die Regierung fallen. Das Volk will etwas Konkretes. Wir müssen ihm die tatsächlichen Mörder vorweisen, zweifelsfrei Kommunisten, da die Untersuchung ergeben hat, dass Lukov von derselben Person und mit demselben Revolver ermordet worden ist, denen vor einigen Tagen schon der Tischler zum Opfer gefallen war.[7] Wir sollten diese Morde nutzen, um den Kampf sowohl gegen den Kommunismus als auch gegen das Judentum zu verstärken; wir dürfen aber auch keine Exzesse initiieren, und möglicherweise können wir nicht mehr tun als bisher, doch die Regierung muss zumindest den Anschein erwecken, dass sie diese Provokationen nicht hinnimmt und entschlossen ist, energisch dagegen vorzugehen, um den politischen Effekt dieses günstigen Augenblicks zu nutzen. Deshalb erinnerte ich den Z[aren] daran, dass Beckerle[8] mir vor zwei Tagen mitgeteilt hat, die Regierung sähe es nicht gerne, wenn wir die mit der englischen Regierung vereinbarten (vermittelt über die Schweizer Gesandtschaft) 4000 Kinder und 500 Erwachsenen nach Palästina aussiedeln würden, weil dies der englischen Propaganda in die Hände spielen und gleichzeitig die Unzufriedenheit der Araber, die wiederum die Deutschen nicht reizen wollen, wecken würde, was ich ebenso sehe.[9] Ich erinnerte ihn aber auch an das, was Paul Schmidt[10] Zagorov[11] in Berlin gesagt hatte, als die Rede auf die Haltung der Deutschen unserer Re-

1 CDA, 465K/1/9, Bl. 36–42; Erstabdruck in: Bogdan Filov, Dnevnik, hrsg. v. Ilčo Dimitrov, Sofia 1990, S. 557–559. Das Dokument wurde aus dem Bulgarischen übersetzt.
2 Ivan Stojčev Kefsizov (*1896), Oberst; von 1940 an Kommandeur des 6. Kavallerie-Regiments der bulgar. Armee.
3 Innenminister Petăr Gabrovski.
4 Jordan Atanasov Sevov (1891–1945), Architekt; von 1939 an Berater des Zaren; 1945 vom Volksgericht zum Tode verurteilt und hingerichtet.
5 Nikola Michajlov Michov (1891–1945), Generalleutnant; April bis Aug. 1941 Kommandeur der 5. Bulgar. Armee in Mazedonien, 1941/42 Kommandeur der 1. Bulgar. Armee in Sofia, 1942/43 Kriegsminister, 1943/44 Regent; 1945 vom Volksgericht zum Tode verurteilt und hingerichtet.
6 Christo Nikolov Lukov (1887–1943), Generalleutnant; 1935–1938 Kriegsminister; 1940–1943 einer der Anführer der rechtsextremen Nationallegionen; am 13.2.1943 Ermordung durch die Kampfgruppen der BKP. Da die Legionärsbewegung eine engere Bindung Bulgariens an das Deutsche Reich forderte und deshalb im Herbst 1942 auf einen Konfrontationskurs mit dem Regime gegangen war, beschuldigten Legionäre Zar und Regierung, Lukovs Mord in Auftrag gegeben zu haben.
7 Der Tischler Nikola Christov alias Kutuza wurde als Agent der Staatssicherheit von den Kampfgruppen der BKP am 8.2.1943 in Sofia ermordet.
8 Name im Original auf Deutsch.
9 Siehe Dok. 309 vom 15.2.1943.

gierung gegenüber gekommen war: Die Deutschen wollten sich nicht in unsere inneren Angelegenheiten einmischen und würden jede Regierung unterstützen, die in der Lage sei, mit den Kommunisten, den Juden, für die es im neuen Europa keinen Platz gebe, und mit dem nationalistischen bzw. linksradikalen Pöbel auf der Straße fertigzuwerden. Der Z[ar] stimmte mir zu, auch wenn er von meiner These nicht sonderlich überzeugt schien. Ich teilte ihm mit, dass gestern auch G. Manev[12] bei mir gewesen sei, der ebenfalls die Leitung des „Brannik" abgelehnt hat, falls er nicht Minister werde. Eine echte Ministermanie. Wahrscheinlich haben er und Spas Ganev[13] sich abgesprochen, aber auch ohne Hahnenschrei kommt der Tag. Als Pressechef, anstelle von Chr. Šišmanov,[14] der die Stelle abgelehnt hatte, obwohl er sowohl in den Augen des Zaren als auch in meinen damit viel verliert, haben wir uns auf M. Milev[15] verständigt. Wir haben außerdem beschlossen, die Linksradikalen, die bisher nicht eingezogen worden sind, in besonderen Gruppen[16] zu mobilisieren, um die Unterwanderung der Armee zu verhindern.
Am Nachmittag rief ich Michov zu mir, mit dem ich alle aufgeworfenen Fragen ausführlich besprach. Gegen Oberst Kefsizov[17] erhob er keine Einwände; wahrscheinlich hatte man ihn bereits vorgewarnt. Er versprach, sofort den Befehl zur Mobilisierung der Linksradikalen zu geben und dabei auch einen Teil der linksradikalen Studenten miteinzubeziehen. Nach ihm ließ ich Gabrovski kommen, mit dem ich ausführlich die Lage erörterte und folgende Beschlüsse fasste:
1. In den Zeitungen wird eine Kampagne gegen Kommunisten und Juden gestartet, und gleichzeitig werden die Maßnahmen gegen sie verstärkt.
2. Für die Ergreifung der Mörder Lukovs wird eine hohe Belohnung ausgesetzt.
3. Gabrovski soll Al. Cankov, Prof. L. Dikov und N. Mušanov[18] zu sich rufen und klarstellen, dass ihre Vermutung, der Mord an Lukov sei der Regierung zuzuschreiben, nur Wasser auf die Mühlen Moskaus gieße.

10 Name im Original auf Deutsch. Paul Schmidt (1899–1970), Dolmetscher; Chefdolmetscher im AA, von 1935 an offizieller Dolmetscher Hitlers; 1940 SS-Standartenführer, 1943 NSDAP-Eintritt; nach 1945 Leiter eines Dolmetscherinstituts in München, 1954 Landesvorsitzender der Deutschen Partei, Autor von „Statist auf diplomatischer Bühne 1923–1945" (1949).

11 Dr. Slavčo Dimitrov Zagorov (1898–1970), Ökonom, 1922 Promotion in Leipzig; 1939–1942 Minister für Handel, Industrie und Arbeit, 1942–1944 bulgar. Gesandtschaftsrat in Berlin; 1944/45 Internierung in Bayern, im Febr. 1945 vom Volksgericht in Abwesenheit zum Tode verurteilt; 1950–1970 Professor für Statistik, zunächst in Regensburg, Lehrtätigkeit in Stanford, 1959/60 Dekan der Rechtswissenschaftlichen Fakultät der Universität Wien.

12 Dr. Georgi Ivanov Manev (1884–1965), Physiker; von 1921 an Lehrtätigkeit an der Sofioter Universität, 1936/37 Rektor, 1938 Minister für Volksaufklärung.

13 Spas Ganev Rajčev (1888–1945), Ingenieur und Berufsoffizier; 1935–1939 Minister für öffentliche Bauten, Straßen und Infrastruktur, 1940–1944 Abgeordneter der die Regierung stützenden Mehrheit.

14 Christo Petrov Šišmanov (1903–1996), Ökonom und Diplomat; 1940–1942 Chef der Kanzlei von Ministerpräsident Filov, von 1942 an bulgar. Generalkonsul in Paris und Genf.

15 Miljo Milev, Jurist und Diplomat.

16 Gemeint sind (Zwangs-)Arbeitsbataillone.

17 Gemeint ist die Beförderung von Kefsizov.

18 Bekannte Oppositionelle: Aleksandăr Cankov (1879–1959), Ökonom; Professor für Wirtschaftspolitik in Sofia; 1923–1926 Ministerpräsident; 1944 Ministerpräsident einer bulgar. Exilregierung in Deutschland; nach 1945 Flucht nach Argentinien; Ljuben Dikov (1895–1973), Jurist, Universitätsprofessor und ehem. Justizminister; zu Nikola Mušanov (1871–1951) siehe Dok. 312 vom 7.–10.3.1943.

4. Wir werden in der Provinz energisch die Gründung von Komitees unter dem Namen „Vaterländische Front“ vorantreiben, um den Kommunisten und anderen Linksradikalen diese Parole zu entziehen, oder aber als „Völkische Einheit“ oder „Nationaler Bund“ beginnen und dabei möglichst auch die Legionäre einbeziehen. Diese Maßnahme ist gerade jetzt dringend erforderlich, wo wir unsere Isolierung immer stärker spüren. Die breiten Massen haben ihr Vertrauen in den Z[aren] nicht verloren und sind vielleicht auch zufrieden mit dem aktuellen Regime, aber alle übrigen politischen Kreise, insbesondere in Sofia, lehnen es ab.
5. Bei bevorstehenden öffentlichen Versammlungen in der Provinz sollte die Komitee-Idee nur angedeutet werden, die Gründung erfolgt später.

DOK. 311
Judenkommissar Belev und Judenberater Dannecker unterzeichnen am 22. Februar 1943 ein Abkommen über die Deportation von 20 000 Juden aus Bulgarien[1]

Abkommen über die Aussiedlung von zunächst 20 000 Juden [aus den neuen bulgarischen Gebieten Thrazien und Mazedonien][2] in die deutschen Ostgebiete, vereinbart zwischen dem bulgarischen Kommissar für Judenfragen, Aleksandăr Belev, und dem deutschen Bevollmächtigten, SS-Hauptsturmführer Theodor Dannecker, Sofia, vom 22.2.1943

1.) Nach Bestätigung durch den Ministerrat werden 20 000 Juden [in den neuen bulgarischen Gebieten Thrazien und Mazedonien][3] – ohne Rücksicht auf Alter und Geschlecht – zur Aussiedlung vorbereitet.
Das Deutsche Reich ist bereit, diese Juden in seinen Ostgebieten aufzunehmen.
2.) Die Ausgangsbahnhöfe, die Anzahl [der Aussiedler] sowie die Zahl der Züge werden wie folgt festgelegt:
a.) in Skopje 5000 mit 5 Zügen,
b.) in Bitola 3000 mit 3 Zügen,
c.) in Pirot[4] 2000 mit 2 Zügen,
d.) in G[orna] Džumaja 3 000 mit 3 Zügen,
e.) in Dupnica 3000 mit 3 Zügen,
f.) in Radomir[5] 4000 mit 4 Zügen.

1 CDA, 190K/1/8518, Bl. 1–3. Abdruck in deutsch. Übersetzung: Ruckhaberle/Ziesecke, Rettung (wie Dok. 283, Anm. 1), S. 73–75; Abdruck des Originals in: Natan Grinberg, Dokumenti, Sofia 1945, S. 14–16. Das Dokument wurde aus dem Bulgarischen übersetzt.
2 Der Text in eckigen Klammern ist im maschinenschriftl. Original per Hand durchgestrichen.
3 Wie Anm. 2.
4 Die Stadt im Südosten Serbiens war nach der bulgar. Besetzung im April 1941 dem Sofioter Verwaltungsbezirk zugeschlagen worden.
5 Gorna Džumaja, Dupnica und Radomir lagen an einer Eisenbahnstrecke, die die besetzten Gebiete mit Sofia und mit den Donauhäfen im Nordwesten des Landes verband.

Da eine Unterbringung der letztgenannten 12 000 Juden in Lagern nur bis zum 15.4.1943 möglich ist, wird der deutsche Bevollmächtigte erwirken, dass diese 12 Züge – soweit technisch möglich – in der Zeit von Ende März bis zum 15. April 1943 zur Abfahrt bereitstehen.[6]
Die in Skopje und Bitola konzentrierten Juden werden nach dem 15.4.1943 ausgesiedelt.
3.) Das bulgarische Kommissariat für Judenfragen als Organ des Ministeriums für innere Angelegenheiten und Volksgesundheit übernimmt gegenüber dem Deutschen Reich die Garantie, dass folgende Bedingungen erfüllt werden:
a.) Nur Juden sind in die Transporte aufzunehmen.
b.) Juden, die in gemischten Ehen leben, sind nicht zugelassen.
c.) Falls den auszusiedelnden Juden die [bulgarische] Staatsbürgerschaft noch nicht entzogen worden ist, muss dies mit dem Verlassen des Staatsgebiets erfolgen.
d.) Juden mit ansteckenden Krankheiten sind nicht zugelassen.
e.) Die Juden dürfen weder Waffen noch Gift, keine Devisen, Edelmetalle oder Ähnliches mit sich führen.
4.) Für jeden Transport wird eine Liste der Personen angelegt, die ihm angehören; auf ihr müssen Vorname, Name, Geburtsdatum und Geburtsort, die letzte Wohnstätte sowie der Beruf vermerkt werden, alles in dreifacher Ausfertigung.
Zwei Exemplare werden dem deutschen Begleiter des Transports ausgehändigt, eine Ausfertigung dem deutschen Bevollmächtigten in Sofia.
Die bulgarische Regierung stellt ab dem Tag der Abfahrt den notwendigen Proviant für jeweils 15 Tage zur Verfügung sowie die notwendige Anzahl an Wasserfässern.
5.) Die Frage nach der Bewachung der Transporte ist noch zu klären. Eventuell wird ein deutscher Wachtrupp die Transporte bereits am Ausgangsbahnhof übernehmen.[7]
6.) a.) Der Umfang der von Bulgarien zu leistenden Entschädigung, die nach der Anzahl der ausgesiedelten Personen berechnet wird, wird in einem gesonderten Abkommen geregelt werden.[8] Die rechtzeitige Durchführung der Transporte ist vom Zeitpunkt und Inhalt dieser Aushandlung nicht betroffen.
b.) Die Kosten für den Transport vom Ausgangsbahnhof bis zum Zielort gehen zu Lasten Bulgariens.[9]
7.) Die Bulgarischen Staatsbahnen und die Deutsche Reichsbahn werden sich direkt über die Fahrpläne der Züge sowie über die Bereitstellung der Transportmittel verständigen.

6 Anfang März 1943 teilte die Transportleitung Wien Theodor Dannecker mit, dass Züge für den Abtransport derjenigen Juden, die im Inneren Bulgariens interniert worden waren, erst zu einem späteren Zeitpunkt zur Verfügung gestellt werden könnten und alle Transporte aus diesem Gebiet bis 5.4.1943 unterbleiben sollten. Deshalb entschied Dannecker, die thrazischen Juden per Schiff zu transportieren; siehe Dok. 316 vom 22.3.1943.

7 Dies wurde für das Sammellager Skopje umgesetzt, in dem deutsche Schutzpolizisten 7120 mazedon. Juden übernahmen. Die Übergabe von 4219 thrazischen Juden geschah in Wien. Ihren Transport dorthin übernahmen bulgar. Beamte unter dem Kommando zweier deutscher Ordnungspolizisten.

8 Ein solches Abkommen wurde nicht aufgefunden.

9 Alleine für den Abtransport der thrazischen Juden stellte Dannecker der bulgar. Regierung 69 727,47 RM in Rechnung, einen Betrag, den Belev umgehend an die Polizeikasse Wien überweisen ließ; Grinberg, Dokumenti (wie Anm. 1), S. 169.

8.) Die bulgarische Regierung wird unter keinen Umständen die Rückkehr der ausgesiedelten Juden verlangen.
9.) Vorliegendes Abkommen wird in jeweils zwei Exemplaren in bulgarischer und deutscher Sprache ausgefertigt, wobei jede dieser Ausfertigungen als Original gilt.[10]

DOK. 312
Der oppositionelle Politiker Mušanov notiert in seinem Tagebuch vom 7. bis 10. März 1943 die Panik der jüdischen Bevölkerung in Sofia und den Stopp der Deportationen[1]

Handschriftl. Tagebuch von Nikola Mušanov,[2] Einträge vom 7.3. bis 10.3.1943

7., 8. und 9. März.
Rommel[3] soll sechs Angriffe bei Mareth[4] unternommen haben, aber zurückgeschlagen worden sein.[5]
Engländer und Amerikaner greifen Deutschland an: Nürnberg u. a.
Die Russen haben Gschatsk[6] eingenommen.
Die Deutschen rücken auf Charkow vor, aber die Russen attackieren sowohl hinter Wjasma[7] als auch Staraja Rus[sa].[8]
Bei uns neue Verfolgungen von Juden. Große Panik. Man sagt, man würde sie nach Polen aussiedeln. Viele suchten Hilfe bei mir – ich soll ihnen helfen auszuwandern. Ich kann ihnen aber nicht helfen. Alle möglichen Vermittler von Pässen und Visa haben sie ausgeplündert. Sie nehmen ihnen, heißt es, jeweils 500 000 Lewa ab. Ein Rudel gieriger und blutrünstiger Leute. Ich habe nie geglaubt, dass Bulgarien einmal so tief sinken könnte. Der Fisch beginnt vom Kopf her zu stinken! …
Heute wurden die Sitzungen der Nationalversammlung wieder aufgenommen.

10 Die deutsche Fassung des Abkommens ist nicht auffindbar.

1 CDA, 1303K/1/6, Heft IV, Bl. 60 f. Teilweise abgedruckt in: Danova/Avramov, Deportiraneto (wie Dok. 274, Anm. 1), Bd. 1, Dok. 365, S. 772 f. Das Dokument wurde aus dem Bulgarischen übersetzt.
2 Nikola Stoičev, auch Stoikov Mušanov (1872–1951), Jurist und Politiker; seit 1902 führend in der Demokratischen Partei, 1908–1911, 1918/19, 1931 verschiedene Ministerposten, 1931–1934 Ministerpräsident und Außenminister; als Vertreter der legalen Opposition setzte er sich von 1940 an aktiv gegen alle antijüdischen Maßnahmen des Regimes ein; 1945 vom Volksgericht zu 15 Jahren Haft verurteilt, von denen er ein Jahr absaß, danach Berufsverbot, Lagerhaft und Hausarrest.
3 General Erwin Rommel (1891–1944).
4 Eine Stadt im Südosten Tunesiens. In ihrer Nähe erstreckte sich die zwischen dem 19. und 27.3.1943 umkämpfte Mareth-Linie mit ihren Befestigungen.
5 Der Angriff der Achsentruppen im Zuge des „Unternehmens Capri“ erfolgte am 6.3.1943.
6 Gschatsk (heute: Gagarin) nordöstlich von Smolensk.
7 Eine Stadt im Oblast Smolensk.
8 Eine Stadt im Oblast Novgorod, etwa 250 km südlich von Leningrad.

10. März.
Die Russen haben acht Städte geräumt, darunter: Krasnogradsk, Pavlograd[9] u. a., um die Einkesselung zu vermeiden, und dem Vernehmen nach den deutschen Angriff auf Charkow[10] zurückgeschlagen. Die Russen rücken auf Wjasma und Staraja Rus[sa] vor.[11] Heute, hört man, seien die Maßnahmen gegen die Juden außer Kraft gesetzt worden und Belev habe aus diesem Anlass seinen Rücktritt eingereicht.[12] Ob das nicht schon ein Licht am Horizont ist?
Gestern sei München angegriffen und dabei 500 Tonnen Bomben abgeworfen worden. Es habe große Zerstörungen und viele Opfer gegeben.

DOK. 313
Der schweizerische Geschäftsträger Redard berichtet am 11. März 1943 über die Weigerung von Ministerpräsident Filov, die Deportationen aus den besetzten Gebieten zu stoppen[1]

Schreiben der Schweizer Gesandtschaft in Bulgarien (VI.1-8/8.RS, Bericht Nr. 5), gez. Ch. Redard,[2] Sofia, an den Chef des Eidgenössischen Politischen Departements, Bundesrat Marcel Pilet-Golaz, Bern, vom 11.3.1943[3]

Sehr geehrter Herr Bundesrat,
ich habe die Ehre, Ihnen heute Auskunft über die militärische Lage aus der Sicht Sofias zu geben, sowie über die neuerlichen Maßnahmen, die zur Evakuierung der jüdischen Bevölkerung der Regionen Thrazien und Mazedonien unternommen wurden.
Zum zweiten Jahrestag des Dreimächtepakts wurden Telegramme, die die Solidarität Bulgariens mit den Achsenmächten und den Glauben an deren Sieg bekräftigten, zwischen König Boris und dem Reichskanzler, dem italienischen König[4] und dem

9 Krasnograd (heute Krasnohrad) ist eine Stadt im Oblast Charkow im Südosten der Ukraine, Pavlograd (heute: Pavlohrad) liegt im Oblast Dnipropetrowsk ebenfalls im Südosten der Ukraine.
10 Tatsächlich wurde Charkow von der Wehrmacht am 15.3.1943 zurückerobert.
11 Die Stadt Vjaz'ma (Wjasma) wurde von der Sowjetarmee am 12.3.1943 befreit, Staraja Russa jedoch erst fast ein Jahr später.
12 Dass Belev damit gedroht hatte, wird auch von Mitarbeitern des KEV bestätigt. Er blieb allerdings bis Okt. 1943 im Amt.

1 CH-BAR, E2003#1000/716#992#6. Abdruck in: Documents diplomatiques Suisses/Diplomatische Dokumente der Schweiz 1848–1945, Bd. 14, Bern 1997, S. 1042–1045. Das Dokument wurde aus dem Französischen übersetzt.
2 Charles Arthur Redard (1884–1954), Diplomat; von 1916 an im diplomatischen Dienst, 1937–1941 Geschäftsträger der Schweiz in Lissabon, 1941–1945 Geschäftsträger, 1945/46 Gesandter in Sofia.
3 Im Original handschriftl. Notiz: „20.3.43 P[ilet]. G[olaz]".
4 König Viktor Emanuel III. (1869–1947), von 1900 an König von Italien; duldete die Machtübernahme Benito Mussolinis sowie der Faschistischen Partei und wandte sich erst nach Beginn der alliierten Invasion in Italien von ihnen ab; 1946 dankte er zugunsten seines Sohnes Umberto ab.

japanischen Kaiser[5] sowie zwischen Premierminister Filov einerseits und den Herren von Ribbentrop, Mussolini und Tojo[6] andererseits ausgetauscht.
Eine gut informierte und gesprächsbereite Person (es handelt sich um den Bruder von Reichsmarschall Göring, Herrn Albert Göring,[7] geschäftsführender Direktor der Skoda-Werke und der Waffenfabrik Brünn S.A. in Prag) vertraute mir auf seiner Durchreise in Sofia an, dass ein langes Gespräch mit dem Staatschef bei ihm den Eindruck hinterlassen habe, König Boris vertraue trotz der Rückschläge der deutschen Armeen in Russland und in Nordafrika weiterhin auf den Sieg der Achsenmächte. Der Kriegsminister[8] zeige sich nicht weniger zuversichtlich, er räume jedoch den dringenden Bedarf von zwei- bis dreihundert Panzerwagen ein, an denen es der bulgarischen Armee fehle. Dem Informanten zufolge solle vorsichtshalber mit einer möglichen Bombardierung bulgarischer Städte durch angloamerikanische Flugzeuge gerechnet werden.[9]
Gemäß den Anweisungen der Abteilung für auswärtige Angelegenheiten hatte ich die bulgarische Regierung ersucht, die Deportation der Juden, wenn sie denn in Erwägung gezogen werden sollte, aufzuschieben, um der britischen Regierung die Möglichkeit zu geben, die Quote der in Palästina aufzunehmenden bulgarischen Juden zu erhöhen.[10]
Vor knapp einer Woche wurden in einer in Thrazien und Mazedonien durchgeführten Razzia alle Juden dieser Regionen zusammengetrieben und in Konzentrationslager im Landesinneren transportiert. Es handelt sich um etwa 12 000 Personen.[11]
Heute Morgen hatte ich dann ein ungefähr dreiviertelstündiges Gespräch mit Premierminister Filov.[12] Nachdem ich zunächst die Lage geschildert und darum gebeten hatte, die Kinder dieser Familien in Sofia zu sammeln, um als Erste nach Palästina geschickt zu werden, appellierte ich an seine Menschlichkeit und beschwor ihn, er möge die Deportation dieser Juden nach Polen, wo sie ein tragisches Schicksal erwarte, verhindern. Seitdem ich Beziehungen zur bulgarischen Regierung unterhalte, war ich zum ersten Mal mit einer unmittelbaren und sehr entschiedenen Reaktion konfrontiert, obgleich Herr Filov der denkbar liebenswürdigste und freundlichste Mann ist.
„Wie können Sie von Menschlichkeit sprechen, während Städte bombardiert werden, die von keinerlei militärischem Nutzen sind, weil weder Kasernen noch Kriegsindustrie dort ansässig sind? Die Maßnahmen, zu denen sich die bulgarische Regierung gezwungen sah, auch wenn sie bislang gar nicht in ihrer Absicht lagen, wurden durch diese

5 Kaiser Hirohito (1901–1989), 1921–1926 Regent, von 1926 an Kaiser von Japan.
6 Hideki Tojo (1884–1948), Berufsoffizier; 1941–1944 General und Oberbefehlshaber der Kaiserlich Japan. Armee und Premierminister von Japan, 1948 wegen Kriegsverbrechen zum Tode verurteilt und hingerichtet.
7 Albert Günther Göring (1895–1966), Maschinenbauingenieur und Geschäftsmann.
8 Nikola Michov.
9 Die Luftangriffe der brit. und US-Luftstreitkräfte auf Bulgarien begannen im Nov. 1943.
10 Siehe Dok. 304, 309 und 310 vom 8.12.1942, 15.2.1943 und 17.2.1943.
11 Lediglich die thrazischen Juden kamen in Sammellager im Inneren des Landes, die mazedon. Juden aus Skopje, Bitola, Štip und einigen kleineren Orten verschleppten die bulgar. Beamten in ein Lager in Skopje; hierzu siehe VEJ 14/180; Danova/Avramov, Deportiraneto (wie Dok. 274, Anm. 1), Bd. 1, Dok. 307–314, S. 675–688 sowie Žamila Kolonomos/Vera Veskovik-Vangeli, Evreite vo Makedonija vo Vtorata Svetska Vojna (1941–1945). Zbornik na Dokumenti, Skopje 1986, Bd. 2, S. 802–810, 1111 f.
12 Ein Bericht über das Treffen findet sich im Tagebuch von Ministerpräsident Bogdan Filov, Eintrag vom 11.3.1943, in: Filov, Dnevnik (wie Dok. 310, Anm. 1), S. 560 f.

Umstände erzwungen. Man kann nicht von Menschlichkeit sprechen, wenn aus den Flugzeugen unserer Feinde heraus wahllos Frauen und Kinder getötet und auf diese Weise willkürlich Tod und Verwüstung gesät werden. Wir werden zum totalen Krieg gezwungen: Wir müssen siegen oder sterben. Deutschland und auch Bulgarien brauchen Arbeitskräfte. Wir holen sie dort, wo wir sie finden. Aufgrund ihrer Einstellung stehen die hiesigen Juden den staatlichen Interessen Bulgariens entgegen. Sie stellen sogar ein großes Risiko dar, sollte Bulgarien zum Kriegsschauplatz werden. Niemand weiß, was die Zukunft bringen wird. Es ist möglich, dass die zweite Frontlinie, die in aller Munde ist, nicht auf dem Balkan verlaufen wird, aber nichts erlaubt es uns, dieses Risiko vollkommen auszuschließen. Wir müssen Vorsichtsmaßnahmen ergreifen. Daher muss ich Ihre Bitte mit Bedauern zurückweisen: Die aus Thrazien und Mazedonien evakuierten Juden werden nach Polen geschickt, wo sie entweder in Fabriken beschäftigt werden oder in der Organisation Todt. Bis jetzt hat die Regierung noch keine Entscheidung bezüglich der Juden im alten Bulgarien getroffen, aber ich kann Ihnen nicht garantieren, dass eine solche Entscheidung nicht kommen wird. Wir werden festlegen, welche Juden nach Palästina ausreisen können, welche wir hierbehalten und welche ins Generalgouvernement geschickt werden. Die in Bulgarien verbleibenden Juden werden mobilisiert und in ähnlichen Organisationen wie der Organisation Todt in Deutschland arbeiten. Zu diesem Thema kann ich Ihnen nicht mehr sagen. Sie wissen selbst, wie sehr wir bisher versucht haben, allen ihre Freiheit zu lassen, die Freiheit, die den Bulgaren so sehr am Herzen liegt. Doch wir leben nun in einer Zeit, in der die Staatsräson den absoluten Vorrang hat und in der die Regierung die Pflicht hat, für die Sicherheit der gesamten Nation zu sorgen. Ich bedaure gewisse Entscheidungen, die wir treffen mussten, außerordentlich, aber ich versichere Ihnen, dass unser Umgang mit den Juden Bulgariens weitaus humaner ist als die vom Himmel kommenden Massaker an einer Bevölkerung, die lediglich ihren friedlichen Beschäftigungen nachgeht."

Herr Filov fügte noch hinzu, dass andere Länder wie Kroatien, die Slowakei, Rumänien etc. die gleichen Maßnahmen ergriffen hätten. Nur Italien und Ungarn hätten entschieden, eine andere Lösung für das Judenproblem zu finden. Ich merkte daraufhin an, dass, wenn ich richtig informiert sei, auch Rumänien von seiner Absicht, die rumänischen Juden nach Polen zu schicken, Abstand genommen habe. Herr Filov erwiderte, dass er Ende des vergangenen Jahres völlig gegenteilige Informationen erhalten habe und es in Rumänien kaum mehr Juden gebe.[13]

Ich bat Herrn Filov schließlich darum, mir Auskunft zu geben, ob die angeordneten Evakuierungen nur die Juden oder auch andere in Mazedonien wohnhafte Ausländer beträfen. Herr Filov erklärte, ausschließlich die Juden würden evakuiert. Ausländer, die ursprünglich bis zum 1. April dieses Jahres die bulgarische Staatsbürgerschaft hätten annehmen oder die Region verlassen sollen, hätten nun noch bis zum 1. November Zeit, sich zu entscheiden.[14] Die nicht in diesen Regionen ansässigen Ausländer seien davon nicht betroffen und könnten sich weiterhin hier aufhalten.

13 Der bulgar. Gesandte in Bukarest hatte Filov auf eine entsprechende Anfrage hin am 24.10.1942 berichtet, Rumänien plane bis Ende 1942 die „Aussiedlung" von 60 000 bis 65 000 sowie 1943 von weiteren 20 000 seiner knapp 300 000 Juden; Danova/Avramov, Deportiraneto (wie Dok. 274, Anm. 1), Bd. 1, Dok. 189, 192, 194, S. 410, 412 f., 414 f.

14 Siehe Dok. 294 vom 11.6.1942.

Herr Filov ging anschließend zu einer allgemeinen Betrachtung der Lage über und fügte hinzu, es sei absolut notwendig, dass Europa sich gegen den Bolschewismus verbünde, wozu Deutschland die russischen Armeen besiegen müsse.
Wenn sich in den kommenden Monaten die Lage nicht veränderte, könnte der Kommunismus sonst ganz ohne das Zutun der russischen Soldaten Europa erfassen. Niemand wisse, wo die nächsten Kriegsschauplätze lägen. Die Türkei werde ihre Neutralität so lange aufrechterhalten wie möglich, aber gegebenenfalls eines Tages gezwungen sein, diese Haltung aufzugeben. Der Versuch, eine Front auf dem Balkan zu schaffen, sei vielleicht nicht nach dem Geschmack der russischen Regierung, aber ihre Verbündeten könnten anderer Meinung sein. Und selbst wenn keinerlei militärische Operationen im Südosten Europas geplant seien, wäre es möglich – wenn auch nicht sehr wahrscheinlich –, dass feindliche Flugzeuge Sofia bombardieren, obwohl die Hauptstadt kein militärisches oder strategisches Ziel für sie biete. „Aus diesem Grund haben wir der Bevölkerung geraten – und wir denken dabei vor allem an die zahlreichen Menschen, die aus dem Landesinneren gekommen sind, um sich in Sofia niederzulassen –, mit der Möglichkeit einer Evakuierung der Stadt zu rechnen und in die Dörfer zurückzukehren.[15] Die Regierung wird in jedem Fall in Sofia bleiben.“ Herr Filov sprach dann von den unterschiedlichen Interessen zwischen den Alliierten und vom Antagonismus, der England und Russland schon immer entzweit habe und es weiterhin tue, und dies nicht nur im Nahen Osten, sondern überall dort, wo die beiden Mächte aufeinanderträfen.
Gegen Ende des Gesprächs hinterließ Herr Filov, der sein wohlwollendes Lächeln schnell wiedergefunden hatte, bei mir nichtsdestotrotz den deutlichen Eindruck, dass die bulgarische Regierung ihre Entscheidung bezüglich der hiesigen Juden nicht rückgängig machen wird, sondern im Gegenteil fest entschlossen ist, mit allen ihr zur Verfügung stehenden Mitteln die Politik der Achsenmächte zu unterstützen und als treuer Hüter des Balkans bei Bedarf deren Interessen zu verteidigen.
Hochachtungsvoll

15 Die Regierung rief die Bevölkerung der Hauptstadt Mitte Febr. 1943 zur freiwilligen Evakuierung auf.

DOK. 314
Leon Šalom macht eine Zeugenaussage über die Verhaftung der Juden in Pirot am 12. März 1943 und ihren Aufenthalt im Sammellager[1]

Schriftl. Zeugenaussage von Leon Nisim Šalom,[2] Sofia, 20.11.1944 (Abschrift)[3]

Ich heiße Leon Nisim Šalom, 23 Jahre alt, wohnhaft Klementina-Straße 60, Jude, israelitischen Glaubens, ledig, Student, ohne Vorstrafen, und gebe bei der Vernehmung an:
Am 12. März 1943 früh um fünf Uhr dreißig wurden alle Juden, die in der Stadt Pirot lebten, zusammen mit den Umsiedlern bulgarischer Staatsangehörigkeit von der Polizei geweckt.[4] Sie bedeutete uns, wir seien verpflichtet, uns innerhalb einer Stunde vorzubereiten und nur das Gepäck mitzunehmen, das wir zu tragen imstande wären, und den Polizisten Folge zu leisten. So machten wir uns, in großer Unruhe und voller Angst vor der Ungewissheit, auf den dornenreichen Weg zum Lager – einer Schule in der Stadt.[5] Dort offenbarte sich uns die ganze Tragödie – alte Männer und Frauen, beladen mit Gepäck, das zu tragen über ihre Kräfte ging, wobei viele Leute in dem ganzen Durcheinander völlig unnötige Dinge mitgenommen und Wichtiges in ihren Häusern zurückgelassen hatten.
Anfangs befanden wir uns alle im Hof und in den Zimmern der Schule, von wo man uns familienweise in den Turnsaal der Schule rief. Dort wurden wir eingangs alle gründlich durchsucht, und man nahm uns Geld, einige andere Wertgegenstände sowie kalte Verpflegung wie Würste, Sardellen, Kekse usw. ab. Außerdem wurden uns nach „Aufforderung" der zivilen und uniformierten Polizei alle überflüssigen Kleidungsstücke, besonders die Unterwäsche, weggenommen.[6] Man brachte uns im Turnsaal unter, wobei wir nur auf dem von uns mitgebrachten Bettzeug schlafen durften. So lagen wir alle zusammengedrängt wie die Ölsardinen.
Einige Zeit später, nachdem wir von den Aufsicht führenden Polizisten bis auf die Knochen untersucht worden waren, erschien der Lagerkommandant – ein Polizist höheren

1 CDA, 1568K/1/69, S. 134 f. Abdruck in: Danova/Avramov, Deportiraneto (wie Dok. 274, Anm. 1), Bd. 2, S. 645–647. Das Dokument wurde aus dem Bulgarischen übersetzt.
2 Leon Nisim Šalom (*1921); Šalom war 1942 mit seinen Eltern von Sofia nach Pirot umgesiedelt worden.
3 Das Dokument entstand im Zusammenhang mit den Vorbereitungen eines Strafprozesses wegen der an den Juden begangenen Verbrechen, des sog. Antisemiten-Prozesses, im Rahmen des Volksgerichts.
4 In Pirot verhafteten bulgar. Beamte 188 Juden. Unter ihnen waren zehn Familien oder ca. 30 Personen, die aus dem Kernland nach Pirot umgesiedelt worden waren. Die bulgar. Staatsbürger sowie einige Ärzte und Apotheker und ihre Familienangehörigen wurden später entlassen.
5 Das Sammellager in Pirot war ursprünglich für ca. 1500 bis 2000 Insassen geplant, da dort auch Juden aus dem Inneren des Landes konzentriert werden sollten.
6 Dem Durchsuchungsausschuss gehörten der Beamte des KEV Christo Bakărdžiev, der Sekretär der Gemeindeverwaltung Antonov, der stellv. Polizeileiter L. Nikolaev sowie drei weitere Polizisten und zwei Beamtinnen der Gemeindeverwaltung an. Der Ausschuss deklarierte, 388 647 Lewa in bar sowie Schmuck und Wertgegenstände in einem Gesamtwert von schätzungsweise 30 000 Lewa von den Verhafteten beschlagnahmt zu haben; Bericht Bakărdžiev an Belev vom 28.3.1943, in: Danova/Avramov, Deportiraneto (wie Dok. 274, Anm. 1), Bd. 1, Dok. 319, S. 695–700; Grinberg, Dokumenti (wie Dok. 311, Anm. 1), S. 138–142.

Ranges,[7] der uns erklärte, dass er völlige und widerspruchslose Unterordnung von uns erwarte, um Unannehmlichkeiten zu vermeiden. Er klärte uns darüber auf, dass wir morgens zwischen sieben Uhr dreißig und acht Uhr, mittags von zwölf bis ein Uhr und abends zwischen achtzehn und neunzehn Uhr unsere hygienischen Bedürfnisse und unsere Notdurft auf dem Hof zu verrichten hätten.

Die größte Tragödie war, dass am ersten Abend zu wenig Gefäße für die Exkremente von 180 Personen vorhanden waren – alte Menschen, Männer, Frauen, Kinder und Säuglinge. So kam es im Turnsaal beinahe zu einer Überschwemmung. Dies alles in Anwesenheit von angesehenen Ärzten wie Dr. Leviev, Dr. Tadžer, Dr. Farchi, Dr. Avramovič, Dr. Baruch und anderen hochgebildeten Persönlichkeiten. Dieser Mangel an Weitsicht wurde am folgenden Tag korrigiert, indem etwa Tontöpfe angekarrt wurden zur Befriedigung der physiologischen Bedürfnisse.

Alle Lagerinsassen wurden von großer Unruhe und Ungewissheit gequält, doch es war die Zeit des Hofgangs, streng bewacht von Polizisten, in der sich die tatsächliche Haltung der Bewohner Pirots gegenüber ihren jüdischen Mitbürgern offenbarte. Es gab keinen, der nicht gekommen wäre, um seine engen Freunde zu besuchen und ihnen ein Paket mit Brot, Fladen, Eiern, Getränken, Zigaretten und anderen Dingen über den Zaun zu werfen. Und all dies, obwohl die Bewohner fürchten mussten, geschlagen oder von den Behörden mit Geldstrafen belegt zu werden. Und ein jeder schickte das eine oder andere tröstende und aufmunternde Wort hinterher, um Mut zu machen.

Am 14. März kam eine Weisung der Direktion für Volksgesundheit, mit der die unverzügliche Freilassung von Dr. Leviev, Dr. Tadžer und des beim Spital Pirot tätigen Apothekers verfügt wurde.[8] Das wirkte aufmunternd auf uns alle. Auf unsere Fragen an den Gesandten des Kommissars für Judenfragen, Herrn Christo Bakărdžiev,[9] welches Schicksal uns übrigen Lagerinsassen erwartete, antwortete dieser ausweichend, dass er es nicht genau wisse und auf weitere Anweisungen warte usw. Die Wahrheit gebietet es anzuerkennen – er hat sich uns allen gegenüber sehr zurückhaltend verhalten und sich keinerlei Grobheiten erlaubt. Um die gequälten Seelen zu trösten und die Gemüter zu beruhigen, erklärte der Lagerkommandant, man beabsichtige, uns innerhalb der Grenzen Bulgariens anzusiedeln und in Arbeit zu bringen.

All dies ging weiter so bis zum letzten Tag, dem 19. März, als man uns sagte, alle sollten sich für die Fahrt bereitmachen, mit Ausnahme der jüdischen Umsiedler mit bulgarischer Staatsangehörigkeit. Dieser Tag bleibt denkwürdig, denn da manifestierten sich noch einmal die Haltung und Gefühle der Bürger von Pirot gegenüber ihren jüdischen Freunden und Bekannten. Den ganzen Tag über trieben sie sich, obwohl von den Polizisten immer wieder verjagt, um die Schule herum und taten alles Mögliche, um das eine oder andere Paket mit Lebensmitteln und leichter Kleidung zu übergeben, weil sie wussten, dass man uns fortbringen würde.

7 Bakărdžiev ernannte einen Polizeiobermeister Krăstev, nach einem anderen Bericht Krăstjo Sadov, zum Lagerkommandanten.

8 Bakărdžievs Bericht zufolge wurden Dr. Levi, Dr. Farchi und Dr. Tadžer sowie ein Apotheker zusammen mit ihren Angehörigen entlassen.

9 Christo Dobrev Bakărdžiev (*1916), Beamter; 1942 Tätigkeit als Informant, Jan. 1943 bis Sept. 1944 stellv. Abteilungsleiter im KEV, persönlicher Stenograph von Belev und Verbindungsmann zu Dannecker; 1945 im sog. Antisemiten-Prozess des Volksgerichts vom Vorwurf der Beteiligung an der Judenverfolgung freigesprochen.

Alle Männer und Frauen packten ihre Sachen, schnürten ihre Kleidung zu Bündeln, füllten Rucksäcke, weil sie begriffen hatten, dass ein langer Weg auf sie wartete. Um acht Uhr abends sagte man ihnen, sie sollten ihr Essen abholen, wobei für jeden je zwei Kilogramm Zwieback, eineinhalb Kilogramm Marmelade und Dörrfleisch, ein halbes Kilogramm Hartkäse und jeweils für fünf Tage Brot ausgegeben wurden. Alle begannen, nervös durch den Turnsaal zu laufen, weil offensichtlich war, dass der Weg, der ihnen bevorstand, lang sein würde.
Gegen elf Uhr ereignete sich ein interessanter Zwischenfall. Jemand hatte versucht zu fliehen, er wurde entdeckt, und plötzlich stürmten der Gesandte des Kommissars, Herr Bakărdžiev, und viele Polizisten mit Revolvern in der Hand in den Turnsaal und erklärten, dass niemand zu flüchten versuchen solle, weil die Wache die Anordnung habe, auf jeden zu schießen, der sich in irgendein Abenteuer stürzt.
Die Verzweiflung war unerträglich. Frauen und Männer beklagten ihr Schicksal und das ihrer Nächsten. Einige alte, kranke Menschen, die während der Zeit im Lager ins staatliche Krankenhaus gebracht worden waren, wurden wieder zurücktransportiert, um mit den anderen verschickt zu werden. Gegen drei Uhr nachts sagte uns der Lagerkommandant, wir, die bulgarischen Staatsbürger, sollten uns gesondert in das andere Gebäude begeben, der Rest sich zur Abfahrt bereitmachen. Die Trennung war mehr als ergreifend, und nur ein Lyriker hätte eine Form gefunden, sie zu beschreiben.
Auf der Straße gab es dann eine sehr strenge Bewachung mit berittenen Polizisten[10] zu beiden Seiten, und zwischen ihnen, gebeugt unter ihrer Last und von dem großen Unglück, als Juden geboren worden zu sein, gingen alle, Männer, Frauen, Kinder, gebrechliche alte Menschen, zum Bahnhof.[11]
Wir, die wenigen Umsiedler aus Sofia, blieben auch am 20. und 21. März in der Schule. Am 22. März gegen Mittag kam der Kreisvorsteher,[12] zusammen mit Herrn Bakărdžiev, und sie erklärten uns, wir seien frei. Sie öffneten jedoch vorübergehend nur zwei Wohnungen für uns, erst ein paar Tage später gaben sie uns die Schlüssel zu allen Wohnungen.
Obenstehendes habe ich eigenhändig geschrieben.
Zusätzlich erkläre ich, dass uns die Gegenstände, die man uns bei der Ankunft im Lager weggenommen hat, nicht zurückgegeben wurden.

10 Bulgar. Polizei in Pirot.
11 158 jüdische Personen aus Pirot wurden zunächst in das Zwischenlager in Dupnica verbracht. Von dort kamen sie am 19.3.1943 nach Lom im Nordwesten Bulgariens, von wo sie per Schiff über Wien und Kattowitz in das Vernichtungslager Treblinka deportiert und dort ermordet wurden; siehe auch Dok. 316 vom 22.3.1943.
12 Georgi Pavlov Popov, Delegierter des KEV in Pirot.

DOK. 315
Der stellvertretende Vorsitzende der Nationalversammlung Pešev und 42 Abgeordnete der Regierungsmehrheit protestieren am 17. März 1943 beim Ministerpräsidenten gegen die Deportation[1]

Brief von Dim. Pešev,[2] Svinarov, Sp. Marinov, Al. Gatev, T. Kožucharov, P. Michalev, Chajdutov, M. Tjutjundžiev, S. Kirov, Kenderov, N. P. Nikolaev, St. Karaivanov, Sirko Stančev, Dončo Uzunov, Iv. K. Jotov, Danail Žečev, P. Kjoseivanov, Andro Christov Lulčev, Georgi Mikov Ninov, Aleks. Cankov, Nik. Iv. Vasilev, Vas. Chr. Velčev, N. Durov, Dim. Ikonomov, Iv. D. Minkov, Il. Slavkov, G. P. Stefanov, Stef. Statelov, Iv. V. Petrov, G. Todorov, Al. Simov, T. Stoilkov, Filip Machmudiev, Dimăr Atanasov Arnaudov, Petăr Markov ch. Petrov, Kir. Arnaudov, Iv. K. Vazov, Georgi Rafailov Popov, Iv. Beškov Dunov, Nik. Iv. Gradev, Chr. St. Taukčiev, R. Marinov, Pan. Stankov,[3] Sofia, an den Ministerpräsidenten Bogdan Filov, vom 17.3.1943 (Abschrift)

Sehr geehrter Herr Ministerpräsident,
das Gefühl großer historischer Verantwortung, das wir in den schicksalhaften Augenblicken, die unser Volk durchlebt, empfinden, sowie unsere Ergebenheit gegenüber der Politik und der Regierung und unser Wunsch, zu ihrem Erfolg alles Erdenkliche beizutragen, verleihen uns den Mut, uns an Sie zu wenden in der Hoffnung, dass Sie unseren Schritt als Zeichen unserer guten Absicht und Ehrlichkeit begrüßen werden.
Gewisse Anordnungen in letzter Zeit lassen darauf schließen, dass gegen Personen jüdischer Abstammung erneute Maßnahmen beabsichtigt und durchgeführt werden sollen. Um was es sich im Einzelnen handelt und auf welcher Grundlage sie ergriffen werden, welche Ziele sie verfolgen und was sie erforderlich macht, dazu gibt es von den verantwortlichen Stellen bislang keine Erklärungen. Der Herr Innenminister hat in einem Gespräch mit einigen Abgeordneten sogar bestätigt, dass gegen die Gesamtheit der Juden aus den alten Gebieten keinerlei neue Maßnahmen bevorstünden. Tatsächlich erfolgte daraufhin die Aufhebung aller entsprechenden Anordnungen.[4]
Indem wir dies sowie einige in Umlauf befindliche Gerüchte zum Anlass nehmen, wenden wir uns an Sie, weil allgemeine Maßnahmen mit Sicherheit vom Beschluss des Ministerrats abhängig sind.

1 Das Original wurde nicht aufgefunden. Abschrift in: CDA, 250B/17/47, Bl. 11 f. Abdruck in: Koen/Dobrijanov/Manafova (Hrsg.), Borbata (wie Dok. 277, Anm. 1), S. 167–169; Koen/Gerginov/Željazkova (Hrsg.), Oceljavaneto (wie Dok. 283, Anm. 1), S. 216–220; Toškova/Koleva/Koen (Bearb.), Obrečeni (wie Dok. 297, Anm. 1), S. 354–357 u. a. Das Dokument wurde aus dem Bulgarischen übersetzt.

2 Dimităr Josifov Pešev (1894–1973), Jurist; 1920–1936 Richter und Rechtsanwalt in Plovdiv und Sofia, 1936/37 Justizminister, von 1939 an Abgeordneter der regierenden Mehrheit, 1940–1943 stellv. Vorsitzender der Nationalversammlung; 1945 vom Volksgericht zu 15 Jahren Haft verurteilt, nach eineinhalb Jahren entlassen, danach Berufsverbot.

3 Bis auf die rechten Oppositionspolitiker Aleksandăr Cankov und Todor Kožucharov waren alle Unterzeichner Angehörige der regierenden Mehrheit.

4 Pešev und einige andere Abgeordnete hatten am 9.3.1943 Innenminister Gabrovski mit der Frage der Deportation von Juden aus dem Kernland ohne die Zustimmung der Nationalversammlung konfrontiert, woraufhin dieser ihre Auslieferung stoppte; siehe Einleitung, S. 86 f.

Unsere einzige Bitte ist, bei Unternehmungen dieser Art auf die derzeitigen tatsächlichen Bedürfnisse des Landes zu achten, wobei das Ansehen des Volkes und seine moralischen Auffassungen nicht außer Acht gelassen werden sollten.
Wir werden uns also nicht gegen Maßnahmen wenden, die derzeit aus Gründen der Landessicherheit erforderlich sind, eingedenk der Tatsache, dass jeder, der augenblicklich direkt oder indirekt die Bemühungen von Staat und Volk hemmt, unschädlich gemacht werden muss. Es geht also um den Erfolg einer Politik, die mit unserer Billigung und Unterstützung umgesetzt wird, einer Politik, für die wir bewusst und voller Stolz unser ganzes Prestige und Kapital eingesetzt haben.
Unbestreitbar muss der Staat alle Hindernisse beseitigen, die diesem Erfolg im Wege stehen, allerdings nur solange dabei die Grenzen der tatsächlichen Bedürfnisse nicht überschritten werden und der Staat nicht in überflüssige und grausame Extreme verfällt. Das beinhaltet alle Maßnahmen, die sich gegen Frauen, Kinder und Alte richten, soweit ihnen kein individuelles Vergehen vorgeworfen werden kann.
Wir können uns beispielsweise nicht vorstellen, dass die Verschickung dieser Menschen über die Grenzen Bulgariens geplant ist, wie ein böswilliges Gerücht es der bulgarischen Regierung unterstellt. Eine solche Maßnahme wäre nicht nur inakzeptabel, weil die Betroffenen nach wie vor die bulgarische Staatsbürgerschaft besitzen und deshalb gar nicht fortgejagt werden können, sondern weil dies auch mit negativen politischen Folgen für das Land verbunden wäre. Das Schandmal, das Bulgarien damit an der Stirn klebte, wäre nicht nur eine unverdiente moralische Belastung, sondern das Land würde sich aller Argumente entledigen, die es auf internationaler Ebene sicherlich einmal zu seinen Gunsten ins Feld führen müsste.
Kleinere Völker haben nicht die Freiheit, dies zu missachten, weil, was auch immer geschehen mag, darin eine starke, vielleicht sogar die stärkste ihnen zur Verfügung stehende Waffe liegt. Für uns ist das von besonderer Bedeutung, weil Sie, Herr Ministerpräsident, sich sicher daran erinnern werden, dass wir in jüngster Vergangenheit die schweren moralischen und politischen Folgen einiger moralischer und menschlicher Verfehlungen einzelner Bulgaren und oft genug verantwortungsloser Personen zu tragen hatten.[5]
Welche bulgarische Regierung möchte eine solche Verantwortung für die Zukunft übernehmen?
Die geringe Anzahl der Juden in Bulgarien und die Stärke des gesetzlich so gut gerüsteten Staates garantieren die Eliminierung aller gefährlichen und schädlichen Elemente, aus welchem Milieu sie auch kommen mögen. Es ist nach unserer tiefen Überzeugung also völlig überflüssig, zu neuen außerordentlichen und dazu überaus grausamen Maßnahmen zu greifen, Maßnahmen, die den Vorwurf des Massenmords nach sich ziehen könnten. Dies würde in erster Linie die Regierung belasten, aber sich darüber hinaus sicher auch ungünstig für Bulgarien auswirken. Die Folgen sind einfach vorauszusehen, deshalb darf eine solche Situation erst gar nicht eintreten.
Wir werden dafür jedenfalls in keiner Weise die Verantwortung übernehmen.
Eine grundlegende Rechtsordnung ist zum Regieren ebenso notwendig wie die Luft zum Atmen.

5 Der Autor spielte hier wahrscheinlich auf die innenpolitischen Erschütterungen ein, die Bulgarien nach dem katastrophalen Ausgang des Ersten Weltkriegs mit mehreren Staatsstreichen und gewaltsam niedergeschlagenen Putschversuchen erlebt hatte.

Die Ehre Bulgariens und seines Volkes ist nicht nur eine Frage von Gefühlen, sie ist vor allem ein Teil der Politik. Sie ist politisches Kapital von höchstem Wert, weshalb es niemandem gestattet werden kann, sie ohne Rechtfertigung aufs Spiel zu setzen. Diese Ansicht teilt auch unser ganzes Volk.
Nehmen Sie, Herr Ministerpräsident, unsere vorzügliche Hochachtung entgegen.[6]

DOK. 316
Eine jüdische Zeugin schildert einem Freund am 22. März 1943 den Aufenthalt der Juden aus Thrazien und Pirot im Hafen von Lom[1]

Brief, ungez., an Pepo vom 22.3.1943 (Abschrift)[2]

Lieber Pepo,
ich habe Deinen Brief vom 20. dieses Monats erhalten. Ich war ziemlich bewegt von dem, was Euch widerfahren ist. Das ist wirklich schwer, aber was soll man machen. Auch uns hätte hier das gleiche Schicksal ereilen können, aber wie durch ein Wunder ist nichts passiert. Man hatte schon einen Waggon für uns vorbereitet, aber dabei blieb es dann.[3] Hoffentlich bleibt es auch weiterhin so, denn jetzt gibt es in Lom Juden aus den neuen Gebieten, aus Serbien und Griechenland, die in Waggons gesperrt sind.[4] Man lässt uns überhaupt nicht mit ihnen in Berührung kommen. Trotzdem bemühen wir uns, ihnen irgendwie zu helfen. Es gibt viele Menschen, auch gutherzige Bulgaren, die ihnen bringen, was sie entbehren können. Wir einheimischen Juden hatten fünf Kessel warmes Essen gekocht, doch man gab es ihnen nicht auf einmal. Ein bisschen am Abend und ein wenig am Morgen. Inzwischen erlaubt man nicht einmal mehr, dass für sie gekocht wird. Es ist wirklich sehr schwer. Aber Du solltest sie in den Waggons sehen, solche für Pferde natürlich, in jedem annähernd vierzig [Personen]. Ein schreckliches Bild. Die Waggons sind überall versiegelt, verschlossen. Nur durch ein kleines, sehr kleines Fensterchen kommen Kinderhände und gequälte Gesichter zum Vorschein. Wenn sie uns sehen, rufen sie: „Wasser, Brüder!", aber oh weh, selbst Wasser, das ja nichts kostet, gibt man ihnen nicht. Ein schreckliches Bild, sage ich Dir. Während ich diese Zeilen schreibe und mich an all das erinnere, füllen sich meine Augen mit Tränen, und ich, die in solchen Momenten so kalt bin, weine darüber, meine Brüder so gequält und durstig zu

6 Pešev wurde wegen dieses von ihm initiierten Protestschreibens am 26.3.1943 seines Amtes als stellv. Vorsitzender der Nationalversammlung enthoben. Der Mitunterzeichner Aleksandăr Cankov, ein Vertreter des rechten Lagers, erklärte einem Mitarbeiter der deutschen Gesandtschaft, er habe mit seiner Unterschrift nicht grundsätzlich gegen die Deportation protestiert, sondern gegen die grausamen Methoden der bulgar. Behörden; Telegramm von Beckerle an AA vom 26.3.1943, PAAA, R 29 554.

1 YVA, P.37/158, Bl. 4. Das Dokument wurde aus dem Bulgarischen übersetzt.
2 Das Dokument findet sich in einem Konvolut aus dem Nachlass von Benjamin Arditi, auch Arditti (1897–1981) mit sehr unterschiedlichen Dokumenten.
3 Aus Lom hatte das KEV 21 von insgesamt 61 jüdischen Familien zur Deportation bestimmt; CDA, 190K/3/155.
4 4219 Juden aus Thrazien und Pirot wurden zwischen 19.3. und 22.3.1943 vom Donauhafen Lom über Wien und Katowice in das Vernichtungslager Treblinka deportiert und dort ermordet.

sehen. Ich weine und nicht nur ich, sondern alle, die dieses erschütternde Bild sehen, sogar die Augen vieler Bulgaren füllen sich mit Tränen, viele bemühen sich, sie irgendwie zu beruhigen. Viele Freundinnen beruhigen und ermuntern uns. Das ist wirklich alles ziemlich schwer. Eine böse Erinnerung, die mich immer wieder zum Weinen bringen wird. Stell Dir vor, im Waggon gibt es auch tote Juden, doch man lässt uns sie nicht beerdigen, wie es sich gehört.[5] Es gibt auch Gebärende, die sich seelisch so quälen, dass sie sterben. Ich habe Dich nun genug damit in Anspruch genommen. Es wäre schlimm und schwer, wenn auch wir in ihre Lage gerieten. Wir alle beten zu Gott, dass uns dieses Schicksal erspart bleibt. Ich denke, von jetzt an wäre es besser, mich selbst umzubringen, als dass man mich quält und Torturen und Folterungen aussetzt. Vielleicht fragst Du Dich, wohin sie diese annähernd 8000 Menschen bringen werden. Man erzählt, nach Polen, wo man ihnen Land zuteilen wird, d. h. man wird ihnen Land geben, das sie unter deutscher Aufsicht bearbeiten werden. Wehe ihnen. Aber ich habe mich genug gequält, nicht nur mich, sondern auch Dich, mit diesem ihrem berührenden Schicksal. Hoffentlich ereilt nicht auch uns dasselbe. Jetzt werde ich mit diesem Thema aufhören. Ich werde mich ein wenig beruhigen und Dir den anderen Brief beantworten …[6]

DOK. 317
Die Heilige Synode der Bulgarisch-Orthodoxen Kirche setzt sich am 22. März 1943 beim Ministerpräsidenten für eine Milderung der antijüdischen Maßnahmen, insbesondere hinsichtlich Christen jüdischer Abstammung, ein[1]

Schreiben der Hl. Synode der Bulgarischen Kirche Nr. 2975, gez. Neofit von Vidin,[2] Sofia, an den Ministerpräsidenten und Minister für auswärtige Angelegenheiten und Religionszugehörigkeiten[3] (Eing. Nr. 16 658-46-V/25.3.1943), Sofia, vom 22.3.1943[4]

Herr Ministerpräsident,
mit der Schaffung des Gesetzes zum Schutz der Nation hat Ihre verehrte Regierung eine außergewöhnliche rechtliche Situation sowohl für Juden als auch für Christen jüdischer Abstammung im Land geschaffen. Noch während der Vorbereitung des Gesetzes bat die

5 Zwei deportierte Juden starben während des Aufenthalts in Lom. Sie wurden später dort begraben; Bericht von Jaroslav Kalicin an Judenkommissar Belev vom 24.3.1943, in: Danova/Avramov, Deportiraneto (wie Dok. 274, Anm. 1), Bd. 1, Dok. 335, S. 720 f.

6 Abschrift endet hier.

1 CDA, 166K/6/10, Bl. 1 f. Abdruck in: Taneva/Gezenko (Hrsg.), Power (wie Dok. 284, Anm. 1), S. 123–126. Das Dokument wurde aus dem Bulgarischen übersetzt.

2 Neofit von Vidin, geboren als Nikola Mitev Karaabov (1868–1971), orthodoxer Theologe; 1906–1912 Rektor der Theologischen Hochschule von Sofia, 1909 Bischofsweihe, von 1914 an Metropolit der Diözese Vidin, 1930–1944 als stellv. Vorsitzender der Heiligen Synode ranghöchster Metropolit der Bulgarisch-Orthodoxen Kirche.

3 Bogdan Filov hatte von April 1942 an auch das Amt des Außenministers inne

4 Handschriftl. Vermerk quer über die erste Seite: „Heute persönlich dem Min[ister]präs[identen] und M[inister für] aus[wärtige Angelegenheiten und] Relig[ionszugehörigkeiten] vorgelegt, der die Weiterleitung an den Innenminister zur Kenntnis anordnete."

Hl. Synode[5] der heimischen Kirche, geleitet vom Bewusstsein ihrer christlichen Pflicht, nachdrücklich darum, die Menschenrechte zu achten und das Gesetz auf die Grundlage von Gerechtigkeit und Menschlichkeit zu stellen, unserer christlichen Weltanschauung nach die einzige, auf der wir sinnvoll und dauerhaft bauen können. Seither hat die Hl. Synode, in eingeschränkter wie auch in voller Besetzung, nicht aufgehört, bei Ihrer verehrten Regierung auf Verbesserungen für die vom Gesetz zum Schutz der Nation bedrohten Juden und Christen jüdischer Abstammung zu dringen, und, vertreten durch ihre hochwürdigen Erzbischöfe, wiederholt schriftlich und mündlich darum gebeten, die restriktive Grundlage des Gesetzes zu mildern und bei seiner Anwendung Übereifer und Grausamkeit zu vermeiden.[6]

Bisher sind jedoch keinerlei positive Resultate im Sinne einer Erleichterung für die betroffenen Staatsbürger zu verzeichnen. Im Gegenteil, die restriktive Umsetzung durch die Behörden hat das gesetzlich vorgesehene Maß übertroffen, und täglich verstärkt sich die Besorgnis speziell der Christen jüdischer Abstammung. So hat die Hl. Synode in einer speziellen Eingabe (unter der Nr. 10 012 vom 22.10. des letzten Jahres), die den Standpunkt der Kirche bezüglich der Christen jüdischer Abstammung hervorhebt, die Regierung nachdrücklich darum gebeten, diese von der Pflicht, den sechseckigen Stern zu tragen, auszunehmen, weil dies mit dem Christentum unvereinbar und eine Beleidigung für unsere Kirche ist. Der sechszackige Stern ist kein Zeichen des Judentums generell, sondern des jüdischen Glaubens, und diejenigen, die zum Christentum konvertiert und Mitglieder unserer Kirche geworden sind, können kein Kennzeichen des jüdischen Glaubens tragen. Bis jetzt ist jedoch keine Verordnung der Regierung zur Aufhebung dieser misslichen Vorschrift erfolgt, was Unzufriedenheit und Vorwürfe unter unserem Christus liebenden Volk hervorruft. Außerdem haben die Bevollmächtigten Ihrer verehrten Regierung angeordnet, dass nun auch Christen jüdischer Abstammung Steuern an das jüdische Konsistorium zu bezahlen haben; dieser Anordnung wird unter Zwang Folge geleistet. Die Hl. Synode konstatiert voller Trauer, dass auch in dieser Hinsicht das Ansehen unserer heiligen Kirche dem Schimpf preisgegeben wird, denn es ist vollkommen klar: Wer durch die heilige Taufe Mitglied unserer Hl. Kirche geworden ist wie alle Christen jüdischer Abstammung, der ist nicht länger Mitglied der jüdischen Gemeinde, und es ist ungerecht und grausam, ihn dazu zu zwingen, sich erneut zu ihr zu zählen. Unvereinbar ist dies auch mit unserer Überzeugung als Christen, und unsere Kirche kann gegenüber dieser groben Missachtung der elementaren Rechte von Getauften und Kirchenmitgliedern nicht gleichgültig bleiben.

Die repressiven Maßnahmen Ihrer verehrten Regierung gegenüber den Juden und Christen jüdischer Abstammung haben insbesondere in letzter Zeit sehr stark zugenommen. Nach Informationen, die der Hl. Synode vorliegen, sind in vielen Städten des Landes (zum Beispiel Skopje, Plovdiv, Kjustendil, Dupnica u. a.)[7] Christen jüdischer Ab-

5 Ständiges Gremium an der Spitze der Bulgarisch-Orthodoxen Kirche, das die Entscheidungen zwischen den Bischofssynoden traf.

6 Siehe die einschlägigen Dokumente in: Taneva/Gezenko (Hrsg.), Power (wie Dok. 284, Anm. 1).

7 Die Verhaftung der Juden in Skopje fand am Morgen des 11.3.1943 statt; in Plovdiv wurden die zur Deportation bestimmten Juden in der Nacht vom 9.3. auf den 10.3.1943 festgenommen, während sie in Dupnica seit Ende Febr. 1943 unter Hausarrest standen; zu Kjustendil siehe Dok. 319 vom Ende März 1943.

stammung[8] und Juden gewaltsam aus ihren Häusern geholt und ausnahmslos, ohne jede Anschuldigung, ohne Rücksicht auf Geschlecht und Alter in Konzentrationslager deportiert worden, wobei man ihnen nicht einmal genügend Zeit zur Vorbereitung gegeben habe und ihnen nur sehr wenig Gepäck mitzunehmen erlaubt wurde. Gerüchten zufolge befinden sich diese Konzentrationslager nicht einmal in unserem Land, sondern sehr weit weg, und es wird unter der Hand sogar davon gesprochen, dass die außergewöhnlichen Umstände der Internierung dazu führen, dass einige der aus ihren Häusern Geholten die Konzentrationslager gar nicht erreichten.[9]

Die Hl. Synode, deren Verpflichtung es ist, unser Volk im Glauben und in Gottesfurcht zu leiten, es zu Gerechtigkeit und Vaterlandsliebe zu erziehen, wird der Regierung nicht das Recht abstreiten, über die Sicherheit und die Verteidigung der Nation zu wachen und die notwendigen Schutzmaßnahmen zu treffen, insbesondere in den gegenwärtigen schweren Zeiten. Jeder Unruhestifter muss selbstverständlich entschieden in seine Schranken gewiesen werden. Wenn die Sicherheit des Landes es erforderlich macht, Konzentrationslager einzurichten, dann werden sie geschaffen. Aber es ist die Pflicht unserer Kirche, nachdrücklich darum zu bitten, dass auch Maßnahmen dieser Art mit der angemessenen Gerechtigkeit und menschlich durchgeführt werden. Davon dürfen auch hiesige Juden und Christen jüdischer Abstammung nicht ausgeschlossen werden. Obendrein verlangt es die elementare Gerechtigkeit, dass man Christen jüdischer Abstammung von Juden trennt und sie nicht zusammen unterbringt, nicht einmal in Konzentrationslagern, aus den genannten Gründen der Unvereinbarkeit christlicher und jüdischer Religionszugehörigkeit.

Nachdem die Hl. Synode all dies mit tiefer Besorgnis erörtert hat, hat sie sich entschlossen, Sie erneut inständig zu bitten: 1.) Verordnen Sie, das Gesetz zum Schutz der Nation mit der notwendigen Gerechtigkeit und größerer Milde und Menschlichkeit, die eines christlichen Staats würdig sind, anzuwenden. 2.) Sollte der Schutz unserer Nation es erforderlich machen, Juden und Christen jüdischer Abstammung in Lagern zu internieren, müssen dort menschlichere Lebensbedingungen geschaffen und Juden von Christen jüdischer Abstammung getrennt untergebracht werden. 3.) Ordnen Sie an, dass Christen jüdischer Abstammung von der Pflicht zum Tragen des sechseckigen Sterns, der mit der christlichen Religionszugehörigkeit unvereinbar ist, befreit werden; ebenfalls sind sie von der Steuer zu befreien, die sie an die jüdische Gemeinde zu zahlen gezwungen sind.

Wir segnen Sie und verbleiben
Sie in unsere Gebete einschließend[10]

8 Lediglich jene Konvertiten, deren Taufe vom KEV anerkannt worden war, sollten in den alten Landesgrenzen von den Deportationen ausgenommen werden; in den besetzten Gebieten galt die Ausnahme nur denjenigen, die einen nichtjüdischen Partner hatten; Danova/Avramov, Deportiraneto (wie Dok. 274, Anm. 1), Bd. 1, Dok. 259, S. 519 f. und Dok. 311 vom 22.2.1943.

9 Mindestens fünf Personen aus Thrazien und Pirot starben in den Sammellagern in Bulgarien oder während der Deportation.

10 Am 15.4.1943 kam es zu einem Treffen zwischen Vertretern der Hl. Synode, Filov und Zar Boris III., bei dem der Zar und der Ministerpräsident die Proteste der Kirchenvertreter gegen die antijüdischen Maßnahmen zurückwiesen. Nur in Bezug auf die Kennzeichnung versprach Filov, sie für die Konvertiten allmählich zu lockern; Filov, Dnevnik (wie Dok. 310, Anm. 1), S. 570–572.

DOK. 318
Der US-Konsul in Istanbul informiert am 22. März 1943 Außenminister Hull über die bedrohliche Lage der bulgarischen Juden und ihre Angst vor Deportation[1]

Schreiben des Auslandsdienstes der Vereinigten Staaten von Amerika, Nr. 297 (R-275), Amerikanisches Generalkonsulat Istanbul, gez. Berry,[2] Istanbul, an den ehrenwerten Außenminister,[3] Washington, vom 22.3.1943[4]

Betreff: Die Verhältnisse in Bulgarien laut Berichten von zwei gerade in Istanbul eingetroffenen Reisenden

Sehr geehrter Herr,

ich freue mich, Ihnen im Folgenden einen allgemeinen Bericht über die Lage in Bulgarien geben zu können, der von zwei Reisenden stammt, die, von Sofia kommend, am 18. und 22. März in Istanbul eingetroffen sind. Zum einen handelt es sich um einen jüdischen Kaufmann, der ein Transitvisum für die Türkei besitzt und darauf setzt, in Istanbul ein Einreisevisum für Palästina zu erhalten. Der zweite Bericht stammt von einem bulgarischen Anwalt, der den Amerikanern und deren Interessen gegenüber recht aufgeschlossen und antideutsch eingestellt ist. Er ist nach Istanbul gereist, um die Auswanderung von Juden aus Bulgarien zu unterstützen. Beide Männer sind intelligent und gut informiert.

Die Lebensbedingungen der Juden: Im Laufe des März hat sich die Lage weiter zugespitzt. Die bulgarische Regierung verfolgt offenbar das Ziel, möglichst die gesamte jüdische Bevölkerung innerhalb der Landesgrenzen und in den annektierten Gebieten auszulöschen. Derzeit konzentriert man sich primär auf die Juden in den annektierten Gebieten, vorab in Thrazien. Soweit dies überhaupt überprüfbar ist, sind dort alle Juden, zumindest die aus den größeren Ortschaften und den Küstenregionen, in fünf Auffanglager in Simitli,[5] Gorna Jumaya, Dupnitsa,[6] Radomir und Pirot gebracht worden. Simitli und Gorna Jumaya liegen im oberen Struma-Tal, Dupnitsa und Radomir im Südwesten Bulgariens, Pirot an der Eisenbahnlinie zwischen Sofia und Nish.[7] Für die Gesundheitsversorgung in den Lagern sind jüdische Ärzte zuständig. Verlässlichen Berichten zufolge wurde eine beträchtliche Zahl der Menschen aus Thrazien bereits nach Polen deportiert. Die Verbliebenen werden in den erwähnten Lagern festgehalten, schätzungsweise etwa

1 NARA, RG 59, M1207, Decimal File 874.99/718. Das Dokument wurde aus dem Englischen übersetzt.
2 Burton Y[ost] Berry (1901–1985), Diplomat; von 1928 an im diplomatischen Dienst, 1929–1931 Vizekonsul in Istanbul, 1938–1944 Konsul in Athen, Istanbul und Bukarest, 1952–1954 Botschafter im Irak.
3 Cordell Hull.
4 Im Original maschinenschriftl. Vermerk: „An das Ministerium im Original und als Hektografie".
5 Am Bahnhof von Simitli südlich vor Gorna Džumaja wurden die Deportierten von der Schmalspurbahn auf Güterwaggons der Normalbahn beladen.
6 Richtig: Gorna Džumaja, Dupnica.
7 Richtig: Niš. Wegen der Einstellung der Deportationen aus dem Inneren des Landes wurde das in Radomir vorbereitete Lager nicht in Betrieb genommen, und in Pirot konzentrierten die bulgar. Behörden die jüdischen Einwohner der Stadt in einem Schulgebäude; siehe Dok. 314 vom 12.3.1943.

12 000.[8] Sie durften jeweils 30 Kilogramm Gepäck und 500 Lewa in bar mitnehmen. In Thrazien wurden den Juden schon während der Verhaftung und an den Bahnhöfen alle Wertgegenstände, inklusive Ringe, Armbanduhren und Kleidungsstücke, abgenommen. Man teilt ihnen 200 Gramm Brot täglich zu, ansonsten sind sie völlig mittellos und leiden große Not. Der Abtransport vom Lager Pirot aus nach Polen erfolgt in geschlossenen Güterwaggons.[9]

Mazedonien: Es ist schwierig, genauere Informationen über die Lage der Juden in Mazedonien zu erhalten, da es kaum direkte Verbindungen zwischen Mazedonien und dem ehemaligen Bulgarien gibt. Es wird berichtet, alle Juden seien von Skopje direkt nach Polen deportiert worden.[10] Die jüdische Bevölkerung gilt als antibulgarisch und projugoslawisch. Deswegen begegnen die bulgarischen Behörden ihnen mit außergewöhnlicher Brutalität.

Bulgarien: Die gesamte jüdische Bevölkerung aus Kyustendil,[11] Plovdiv, Yambul und Burgas sowie anderen Orten in der Provinz erhielt zwischen dem 10. und 15. März den Befehl, sich mit jeweils 30 Kilogramm Gepäck für die Deportation nach Polen auf Bahnhöfen oder in leerstehenden Gebäuden einzufinden. In Kyustendil gab es seitens der einheimischen bulgarischen Bevölkerung heftige Proteste gegen das Vorgehen der örtlichen Polizei, und eine aus prominenten Bürgern bestehende Delegation fuhr nach Sofia, um sich dort bei der Regierung zu beschweren. In Plovdiv wurden die führenden [jüdischen] Familien frühmorgens um zwei Uhr aus ihren Häusern geholt und am Bahnhof in Waggons geladen. Auch gegen diese Maßnahme gab es Protest bei den Behörden, offenbar angeführt vom bulgarisch-orthodoxen Bischof von Plovdiv[12] und einem bulgarischen General. In Burgas wurden etwa 40 Waggons am Bahnhof bereitgestellt, aber nicht beladen. Über die Lage in Yambul[13] ist nichts Näheres bekannt. Für den Transport der zu Deportierenden standen gewöhnliche Güterwaggons ohne Heizung oder sanitäre Anlagen bereit. Als Reaktion auf den gemeinsam von Erzbischof Stefan von Sofia und dem Vizepräsident der Nationalversammlung, Peshev, eingelegten Protest zog das Kabinett den Deportationsbefehl zurück, und die verhafteten Menschen konnten wieder nach Hause zurückkehren.[14]

8 6000 bis 8000 Juden aus dem Kernland, die zusammen mit den thrazischen Juden deportiert werden sollten, gelangten erst gar nicht in die Sammellager.

9 Da die Deportationszüge aus Thrazien über Sofia fuhren und die Deportierten an den Bahnhöfen und in den Sammellagern von jüdischen Medizinern aus dem Kernland versorgt wurden, lagen bald verlässliche Berichte über die Umstände der Deportation vor.

10 Knapp 7300 mazedon. Juden aus Skopje, Bitola, Štip und einigen kleineren Orten wurden im Sammellager in Skopje konzentriert. Mindestens 7122 von ihnen wurden in drei Transporten am 22.3., 25.3. und 29.3.1943 in das Vernichtungslager Treblinka deportiert.

11 Richtig: Kjustendil; siehe Einleitung, S. 86 f. und Dok. 319 von Ende März 1943.

12 Kiril von Plovdiv, geb. als Konstantin Markov Konstantinov (1901–1971), orthodoxer Theologe; von 1926 an Dozent an der Theologischen Hochschule in Sofia, 1936 Bischofsweihe, 1938 Generalsekretär der Heiligen Synode, von 1938 an Metropolit von Plovdiv; von 1953 an Patriarch der Bulgarisch-Orthodoxen Kirche und Bischof von Sofia; 2000 Auszeichnung als „Gerechter unter den Völkern".

13 Richtig: Jambol. Zu Verhaftungen von Juden kam es jedoch wegen der Einstellung der Aktion im Kernland nicht.

14 Metropolit Stefan von Sofia und Dimităr Pešev protestierten unabhängig voneinander gegen die Deportationen; siehe Dok. 315 vom 17.3.1943. Stefan intervenierte in Dupnica erfolgreich gegen die Verhaftung der einheimischen Juden, die unter Hausarrest gestellt worden waren; Sitzungsprotokoll der Hl. Synode vom 2.4.1943, in: Taneva/Gezenko (Hrsg.), Power (wie Dok. 284, Anm. 1), Dok. 17, S. 129 f.

Von den Bulgaren ist bekannt, dass sie derartigen von der Regierung veranlassten Maßnahmen allgemein ablehnend gegenüberstehen. Als eine Regierungsverordnung es jüdischen Studenten unlängst untersagte, sich ab kommendem Jahr einzuschreiben, hat sich der Senat der Universität von Sofia Berichten zufolge mit 70 zu 2 Stimmen dafür eingesetzt, ihnen das Studium weiterhin zu ermöglichen.[15] Die Regierung hat trotz des Votums der Professoren verboten, Juden nach Ablauf des Jahres weiter an der Universität zuzulassen. Der Kommissar für Judenfragen, Alexander Belev, Innenminister Gabrovski und andere Regierungsmitglieder gelten als Fanatiker, die sich von nichts und niemandem daran hindern lassen, an ihrem Kurs der Judenvernichtung festzuhalten. Auf einem Geheimtreffen einflussreicher Parlamentarier, die die extremen Maßnahmen der Regierung unterstützen, sagte Minister Gabrovski, Bulgarien habe mit der deutschen Regierung vereinbart, alle bulgarischen Juden zu deportieren.[16] Diese Vernichtungspolitik wird derzeit umgesetzt.

Die Vertreibung der Juden aus Sofia und anderen großen Städten: Vor geraumer Zeit erging die Anordnung, der zufolge alle zur Deportation vorgesehenen Juden Sofia bis spätestens Ende März zu verlassen hätten.[17] Während des Winters half die Regierung den Juden dabei, eine Unterkunft in den Provinzstädten zu finden. Als im Februar die Angst vor Fliegerangriffen die Regierung dazu bewog, die gesamte Bevölkerung der Hauptstadt zu evakuieren, wurden die Juden aufgefordert, in der Stadt zu bleiben.[18] Gegenwärtig ist es Juden nicht erlaubt, Sofia oder andere größere Städte zu verlassen und in die Provinz zu ziehen. Diese Kehrtwende ist ein Indiz für die Absicht, alle Juden Bulgariens sowie in den annektierten Gebieten möglichst schnell zu deportieren, sobald entsprechende Transportmöglichkeiten zur Verfügung stehen.

Die Juden wiederum leben in tödlicher Angst vor der drohenden Deportation. In Istanbul gehen täglich Appelle per Brief, Telegramm oder Telefon ein, in denen um Hilfe gebeten wird und darum, unseren Einfluss geltend zu machen, damit die Betroffenen Visa erhalten und Bulgarien verlassen können, bevor es zu spät ist. Momentan erteilt die bulgarische Regierung Juden noch Ausreisevisa, obwohl es bei der Ausstellung häufig zu erheblichen Verzögerungen kommt. Derzeit warten zehn bis fünfzehn jüdische Familien aus Bulgarien in Istanbul auf britische Visa, um weiterreisen zu können. Sie haben uns erklärt, dass den bulgarischen Juden umgehend geholfen werden müsse, weil es sonst zu spät sei. Sie sind davon überzeugt, dass die meisten Juden in den nächsten Wochen deportiert werden.

Allgemeine Lage in Bulgarien: Es existiert eine Anordnung, die überflüssigen Teile der Bevölkerung aus Sofia, Varna und Burgas zu evakuieren. Dazu gehören vorerst Menschen ohne Arbeit, wie Rentner und eine beträchtliche Anzahl von Frauen und Kindern. Man geht davon aus, dass 60 000 bis 100 000 Menschen Sofia bereits verlassen haben.

15 Der Akademische Rat der Sofioter Universität protestierte gegen eine VO des KEV vom Februar 1943, der zufolge die jüdischen Studenten aus Universitäten und Hochschulen auszuschließen waren; Dăržaven vestnik, Nr. 35 vom 16.2.1943; siehe dazu CDA, 190K/3/111.

16 Siehe Dok. 311 vom 22.2.1943.

17 Es ging um die arbeitslos gewordenen Juden. Sie wurden vom KEV auf das Land umgesiedelt; siehe Dok. 298 vom Sommer 1942, Punkt X.

18 Die Regierung hatte Mitte Febr. 1943 die Bevölkerung der Hauptstadt zur freiwilligen Evakuierung aufgerufen. Da Juden ihren Wohnort nicht freiwillig wechseln durften, blieb ihnen diese Option verwehrt.

Die Zahl der Menschen, die aus Angst vor Bombenangriffen aus Varna und Burgas evakuiert wurde, ist nicht bekannt. Bis Anfang April sollen alle Schulen schließen. Einige Schulen in Sofia haben schon jetzt den Unterricht eingestellt. Die Schulgebäude werden hergerichtet, um sie künftig als Militärkrankenhäuser oder Kasernen zu nutzen, und es heißt, dass demnächst alle Schulen diesem Zweck zugeführt werden sollen. Mit den Umbaumaßnahmen will man bis Anfang April fertig sein. Eine große Entbindungsklinik, die in mehreren Gebäuden in Bahnhofsnähe untergebracht ist, soll in ein etwa 1,5 Kilometer entferntes Schulgebäude verlegt werden. Das Unbehagen in der Bevölkerung, insbesondere unter den Einwohnern Sofias, ist offenbar groß. Es gibt dort mit Ausnahme der Bunker unter der Nationalbank und unter dem neuen Gerichtsgebäude keine ordentlichen Luftschutzbunker. Die seien aber für das Personal der Bank und des Gerichts vorgesehen. Alle anderen Luftschutzräume befinden sich in den Kellern von Wohnhäusern. Es heißt, dass alle, die rund um den Hauptbahnhof wohnen, bereits evakuiert worden seien. In letzter Zeit ist die Zahl der Flakgeschütze zum Schutz der Stadt erheblich erhöht worden. Eine Reihe von Luftabwehrbatterien, angeblich Flakgeschütze von 8,8 Zentimeter, wurde in Bahnhofsnähe aufgestellt, sie werden von bulgarischen Artilleristen bedient. Auf der Nationalbank, der Staatsdruckerei und anderen großen, massiv gebauten Gebäuden hat man Batterien mit vier bis fünf Geschützen platziert. Auch auf dem Dach der Alexander-Newski-Kathedrale soll es ein Flakgeschütz geben. Weitere befinden sich in den Vorstadtsiedlungen. Die genaue Zahl der Flakgeschütze ist schwer abzuschätzen, sie soll aber beachtlich sein.
Mobilmachung: Die Mobilmachung erfolgt in aller Stille. Die Armee wird voraussichtlich im April ihre volle Stärke erreichen. Bislang galt die Regel, dass für Rekruten andere, schon länger im Dienst stehende Soldaten für eine gewisse Zeit entlassen wurden. Damit ist nun Schluss. Über den genauen Zweck der Mobilmachung ist nichts bekannt. Die allgemeine Stimmung in der Bevölkerung, heißt es, ist gegen eine aktive Beteiligung am Krieg, der Kampfgeist im Volk ist wohl gering. Es gibt verlässliche Informationen, wonach 500 Nachwuchsoffiziere aus Sofia zwecks Spezialausbildung nach Deutschland geschickt worden sind.[19] Man geht davon aus, dass es Vorbereitungen gibt, bulgarische und deutsche Truppen zusammenzuführen.
Bahnhöfe in Sofia: Über den Bahnhof Poduene, der gut drei Kilometer südöstlich vom Hauptbahnhof liegt, wird der gesamte Zugverkehr Richtung Südbulgarien abgewickelt. Das betrifft Lebensmittellieferungen und die Versorgung eines Großteils der Stadt. Der Hauptbahnhof dient der Verbindung mit dem Norden Bulgariens und militärischen Zwecken. Der Bahnhof Serdika – ein kleiner Bahnhof an der Buxtonstraße[20] – wird derzeit lediglich für Güter- und Proviantlieferungen genutzt. Er ist über einen Abzweig mit der Ringbahn verbunden. Ein Bahnhof an der Ringbahn namens Zaharna Fabrika (Zuckerfabrik) wird ebenfalls für den Umschlag von Waren und Lebensmitteln genutzt. Die Station liegt in der Nähe der Zuckerfabrik, an der Stelle, wo die Fernstraße von Sofia nach Slivnitsa und Dragoman die Ringbahn kreuzt und in einen nordwestlich gelegenen Vorort führt, etwa 1,5 Kilometer vom Zentrum der Stadt entfernt.

19 Es geht vermutlich um die Aufstellung einer Fallschirmjägertruppe, die die bulgar. Luftwaffe von 1942 an aufbaute. Die rund 500 Offiziere und Unteroffiziere, die die Aufnahmeprüfung bestanden hatten, wurden im Jan. 1943 zur Ausbildung nach Braunschweig geschickt.
20 Richtig: Bǎkstonstraße.

Ernährungslage: Es heißt, die Ernährungslage sei äußerst angespannt. Zeitungsberichte über verfügbare Lebensmittel und Rationierungen sollen irreführend sein, weil ein Großteil der auf Bezugsschein abzugebenden Nahrungsmittel überhaupt nicht vorrätig ist. Vorgesehen sind beispielsweise 750 Gramm Zucker pro Person monatlich, obwohl faktisch manchmal gar kein Zucker zu bekommen ist. In den Zeitungen wurde kürzlich angekündigt, Kartoffeln seien ausreichend vorhanden und frei zu kaufen. Tatsächlich kann aber niemand mehr als ein Kilo Kartoffeln pro Woche für jedes Familienmitglied erwerben. Wer über Geld verfügt, kann immerhin bei den Bauern und auf dem Schwarzmarkt genügend Lebensmittel organisieren, aber diejenigen, die ausschließlich auf das öffentliche Zuteilungssystem angewiesen sind, bekommen nicht genug zu essen.
Verhaftungen: Ständig kommt es zu Verhaftungen, die nachts in aller Stille stattfinden. Die Verhafteten verschwinden plötzlich, und niemand weiß wohin. Angeblich werden sie in Konzentrationslager in verschiedenen Teilen des Landes gebracht.[21] Üblicherweise wird den Verhafteten vorgeworfen, Kommunisten oder Regierungsgegner zu sein. Die nächtlichen Überfälle auf Deutsche sind ein weiterer Grund für die Verhaftungen. Einem unbestätigten Gerücht zufolge hat man unlängst 20 Soldaten in einer Kaserne hingerichtet, weil sie angeblich gegen die Regierung agitierten. Laut Aussagen von Fabrikbesitzern finden im ganzen Land ständig alle möglichen Formen von Sabotageakten statt.
Der König: Dem König wird die Freilassung von verhafteten Juden, die kurz vor der Deportation nach Polen standen, zugutegehalten. Ob er selbst diese Anordnung gab und welchen Anteil er daran hatte, ist nicht bekannt. Offenbar spielt er weiter seine übliche Doppelrolle, das heißt, er gibt einerseits der Regierung Anweisungen und unterstützt deren Kollaborationskurs mit den Deutschen in Bezug auf die Vernichtung der Juden; andererseits wird er vom Schlosspersonal als eine Figur dargestellt, die den Deutschen ausgeliefert sei und keinen unabhängigen Kurs verfolgen könne. Diese Version, heißt es, wird für den Fall aufrechterhalten, dass die Dinge schlecht laufen und Bulgarien besiegt wird. Dann könnte sich der König darauf berufen, ihm seien die Hände gebunden gewesen, und damit die Gunst der Briten gewinnen. Tatsächlich scheint niemand seine wirkliche Haltung zu kennen, alle ihn betreffenden Behauptungen sind reine Spekulation. Auf alle Fälle fungiert er als Staatsoberhaupt und ist verantwortlich für die Durchsetzung der Gesetze.
Die Deutschen: Während des Winters haben die Deutschen die vor zwei Jahren in der Umgebung von Sofia errichteten Lager vergrößert, außerdem wurden zwei weitere Lager gebaut. Angeblich werden diese Lager vor allem zur Lagerung von Vorräten und zur Unterbringung verschiedenster Motorfahrzeuge genutzt. Die Gesamtzahl der deutschen Soldaten in der Stadt hat sich nicht beträchtlich erhöht. Unlängst durchquerten Soldaten der deutschen Artillerie und der Luftwaffe die Stadt, aber nicht in größerem Umfang. Sie zogen südwärts in Richtung der ägäischen Küste. Man hört, es seien größere deutsche Truppenkontingente aus der Donauregion in Richtung Bulgarien unterwegs, aber sie

21 Auf bulgar. Territorium und in den besetzten Gebieten unterhielt die bulgar. Staatssicherheit seit 1941 mindestens fünf Lager für Regimegegner, v. a. Kommunisten, in denen jährlich bis zu 2000 Personen interniert wurden, die Zwangsarbeit leisten mussten. Die Lager befanden sich in Krăsto Pole, auch Krăstopole (heute Stavroupoli), Todorovci, beide bei Xanthi, sowie in Gonda voda, Sveti Kirik und Sveti Nikola, alle in der Gegend von Asenovgrad.

ziehen nicht durch Sofia oder andere größere Städte. Sie werden in Bussen und Lastwagen über die Fernstraßen transportiert. Ihr Ziel ist die ägäische Küste.
Bulgarien trifft offensichtlich Vorkehrungen für eine aktivere Beteiligung am Krieg, in welcher Form weiß außer den wenigen Eingeweihten hier aber niemand. Die Menschen werden Zeuge dieser Vorbereitungen, haben jedoch keine genauen Informationen. Abgesehen von der Judenfrage ist die allgemeine Gemütslage von Angst und grundlegendem Unbehagen geprägt. Ein Gewährsmann meint, dass neben den Juden 5000 bulgarische Staatsbürger in Konzentrationslagern inhaftiert sind. Das größte Lager befindet sich in einem malariaverseuchten Bezirk in der Nähe von Ksanthi[22] in Thrazien; ein weiteres liegt auf der Insel Thassos.
Hochachtungsvoll

DOK. 319

Der Kreisverwalter von Kjustendil berichtet Ende März 1943 über Vorbereitung und Einstellung der Deportation der Juden aus der Stadt[1]

Dienstliche Notiz des Kreisverwalters von Kjustendil,[2] ungez., o. D. (Abschrift)[3]

Am Nachmittag des 1. dieses Monats suchte mich Herr Dr. Popov[4] vom Kommissariat für Judenfragen auf. Er gab die Anordnung, dass bis zum 10. dieses Monats keine Reisegenehmigungen für Juden mehr ausgestellt werden sollten, weil deren Aussiedlung bevorstehe. Bei dem folgenden Gespräch war auch Ankov,[5] diensthabender Stellvertreter des Kreisverwalters, zugegen. Schon im Aufbruch sagte Dr. Popov, er werde Bürgermeister Dr. Efremov[6] treffen, der auch Delegierter des Kommissariats für Judenfragen ist. In Zukunft würden alle die Juden betreffenden Anordnungen persönlich von ihm kommen, und er fügte hinzu, dass sein Sitz künftig in Radomir sein würde.[7] Mit

22 Xanthi, ein Internierungslager in der Nähe des Dorfes Stavroupoli in Thrazien. Dieser Ort wurde 1941–1944 in Krăsto Pole, auch Krăstopole, umbenannt.

1 CDA, 2123K/1/4096, Bd. 2, Bl. 73 f. Das Dokument wurde aus dem Bulgarischen übersetzt.
2 Kreisverwalter war Ljuben Christov Miltenov (*1894), angeklagt durch das Volksgericht in Kjustendil.
3 Handschriftl. Notiz am linken Rand des Dokuments: „[zwei unleserliche Worte] 516 Juden, [unleserliches Wort] 203 Juden (68 Familien), gesamt: 1019 Personen."
4 Dr. Ivan Dimitrov Popov (*1912), Ökonom; von Okt. 1942 bis Dez. 1943 Tätigkeit im KEV, zunächst als Leiter der Buchhaltung, dann als Hauptinspektor; war im März 1943 mit der Organisation des Sammellagers in Radomir betraut; 1945 im sog. Antisemiten-Prozess des Volksgerichts vom Vorwurf der Beteiligung an der Judenverfolgung freigesprochen.
5 An anderer Stelle: Antov.
6 Georgi Stanojkov Efremov (1893–1964), Arzt; 1925–1931 Chefchirurg und Geschäftsführender Direktor des Krankenhauses in Kjustendil, 1923–1944 Hrsg. und Chefredakteur eines Gesundheitsblatts, Nov. 1942 bis Sept. 1944 Bürgermeister von Kjustendil; im März 1943 Delegierter des KEV.
7 Das Lager Radomir wurde wegen des Aussetzens der Deportation aus dem Inneren des Landes nicht in Betrieb genommen.

Dr. Popov war auch Borislav Tasev[8] in Kjustendil eingetroffen – ein Polizist aus dem Kommissariat.

Am 4. oder 5. kam Herr Belev, zusammen mit Herrn Dr. Popov, einem weiteren unbekannten Herrn[9] und Borislav Tasev in die Verwaltung. Das war gegen 12 Uhr. In aller Eile gab Herr Belev seine Anordnungen: Vom 10. auf den 11. dieses Monats sollten alle Personen jüdischer Abstammung in ein Tabaklager und am 13. um 6 Uhr 20 mit einem aus 27 Waggons bestehenden Zug nach Radomir gebracht werden. Er ordnete an, es sei allen Personen jüdischer Abstammung erlaubt, Gepäck mitzunehmen – Erwachsenen bis zu 40 kg und Kindern bis zu 20 kg. Er ordnete weiter an, die Konzentrierung der Personen solle möglichst geräuschlos erfolgen und von keinerlei Grobheiten begleitet werden, außerdem seien die Wohnungen der betroffenen Personen sofort nach Verlassen zu versiegeln. Nach ein, zwei Tagen solle der Verkauf der beweglichen Habe beginnen. Herr Belevs Aufenthalt in meinem Büro dauerte nicht länger als eine halbe Stunde. Er sagte, er würde nach Skopje reisen und in zwei, drei Tagen wieder über Kjustendil zurückfahren, um weitere Anordnungen zu geben. Das aber geschah nicht.

Bis zum 8. dieses Monats gab es keinerlei Aufgeregtheit unter den Juden zu verzeichnen. Gegen Abend [des 8.3.] machte sich dann aber eine gewisse Unruhe breit aufgrund der Tatsache, dass der jüdischen Gemeinde – wahrscheinlich auf Anordnung von Borislav Tasev – aufgetragen worden war, Eimer, Töpfe, Essenskübel, Metallbecher und anderes Zeug zu sammeln. Am gleichen Tag wurde auf Anordnung von Herrn Dr. Popov der Jude Jontov[10] nach Radomir geschickt. Dieser kehrte noch am selben Abend nach Kjustendil zurück und verbreitete bereits am 9. unter den Juden, er sei nach Radomir gerufen worden, um einige Tabaklager für die Konzentrierung der Juden zu übergeben.

Diese Umstände waren wohl der erste Anlass dafür, dass das Judentum in Kjustendil in Bewegung geriet und sich Unruhe breitmachte. Ich vermute, dass sich diese Gerüchte auch durch eigens aus Sofia angereiste Personen in Kjustendil verbreiteten.

Noch am 8., nachdem ich selbst Augenzeuge einer Zusammenrottung von Juden in der Post geworden war, gab ich dem Postvorsteher die Anweisung, den Juden in Kjustendil keinerlei Telefonate nach Sofia und umgekehrt zu erlauben.

Am 9. war bei vielen Personen jüdischer Abstammung schon das Bestreben bemerkbar, Gepäck und andere bewegliche Habe nach Sofia zu überführen. Aus diesem Anlass wies ich den Magazinverwalter an, alle Sendungen dieser Art zurückzuweisen, und schickte außerdem Polizisten zum Bahnhof, die sich darum kümmern sollten, dass kein jüdisches Gepäck von Reisenden mitgenommen wurde.[11]

Am 9. des Monats gegen 18 Uhr teilte man mir telefonisch mit, dass eine Delegation aus Kjustendil nach Sofia abgereist sei, um sich für das Judentum in Kjustendil einzusetzen.

8 Borislav Nikolov Tasev (*1911), Angestellter; 1933/34 Lehrer, 1939–1942 Inspektor bei der Polizeidirektion, Okt. 1942 bis Okt. 1943 Inspektor beim KEV, zuständig für die Deportation aus Kjustendil; 1945 im sog. Antisemiten-Prozess des Volksgerichts in Abwesenheit zu einer lebenslangen Haftstrafe verurteilt.

9 Vermutlich ein weiterer Beamter des KEV, der Tasev zur Seite gestellt worden war.

10 Der Name lautet üblicherweise Jomtov. Möglicherweise einer der jüdischen Ärzte, die die Deportierten begleiten sollten.

11 Wie aus einem Bericht von Borislav Tasev hervorgeht, waren aus Sofia zahlreiche Personen nach Kjustendil angereist, um den Juden Hausrat und Kleidung günstig abzukaufen; siehe Bericht von Tasev an Ivan Popov, o.D., in: Grinberg, Dokumenti (wie Dok. 311, Anm. 1), S. 183.

Zur Delegation gehörten der ehemalige Volksvertreter Ivan Momčilov,[12] Rechtsanwalt, der angesehene Kaufmann Asen Sjuičmezov[13] und Vladimir Kurtev.[14]
Am 9. verfügte ich schließlich eine Polizeistunde, weil sich bereits einige junge Männer mit dem Einwerfen von Fensterscheiben von jüdischen Wohnungen hervorgetan hatten. Am selben Tag bat ich den stellvertretenden Direktor des Bezirks, Herrn Jovčev, telefonisch darum, dem Bezirksdirektor[15] zu melden, ich hätte ihm etwas im Hinblick auf die Juden zu melden. Der Herr Bezirksdirektor rief mich jedoch erst gegen Abend des 10. zurück und teilte mir auf Befehl des Herrn Innenministers[16] mit, ich hätte keinerlei weitere Anordnungen auszuführen und auf Befehl des Herrn Innenministers zukünftig nur noch Anweisungen zu befolgen, die von ihm oder direkt vom Herrn Minister kämen. Kurz zuvor hatte mich der stellvertretende Präsident der Nationalversammlung, Herr Dimităr Pešev, ebenfalls aus Sofia angerufen und mir mit Einverständnis des Herrn Innenministers übermittelt, dass keine Anordnung zur Konzentrierung der Juden existiere und vom Herrn Minister eine solche auch nicht erteilt worden sei.
In Kjustendil hat es auch keinen einzigen Juden gegeben, der aus obigem Anlass von den Behörden festgehalten oder belästigt worden ist.

DOK. 320

Ribbentrop teilt am 4. April 1943 der Deutschen Gesandtschaft in Sofia mit, der bulgarische König wolle aus dem Kreis der verbliebenen Juden einige Kommunisten deportieren lassen[1]

Telegramm (geheim) Nr. 422, gez. Ribbentrop, Fuschl (16.15 Uhr), an die Deutsche Gesandtschaft in Sofia (für den Gesandten persönlich, Ankunft 4.4. – 17.45 Uhr), vom 4.4.1943[2]

1.) Chiffrierbüro Tolko
2.) Diplogerma Sofia
Für Gesandten persönlich.
Über die Besprechungen, die ich gelegentlich des Besuchs Königs Boris beim Führer mit dem König gehabt habe, teile ich Ihnen zu ihrer persönlichen streng vertraulichen Information folgendes mit.

12 Ivan Christov Momčilov (1888–1966), Rechtsanwalt; 1938–1940 Volksvertreter in der Nationalversammlung; 1991 ausgezeichnet als „Gerechter unter den Völkern".
13 Asen Grigorov Suičmezov (1899–1978), Kaufmann; 1973 Auszeichnung als „Gerechter unter den Völkern".
14 Vladimir Spiridonov Kurtev (1888–1946), Lehrer; nach dem 9.9.1944 als Aktivist der Inneren Mazedonischen Revolutionären Organisation verfolgt; starb unter ungeklärten Umständen im Arrest; 2010 als „Gerechter unter den Völkern" ausgezeichnet.
15 Vermutlich Christo Ivanov Gerdžikov.
16 Petăr Gabrovski.

1 PAAA, R 29 554. Abdruck in bulgar. Übersetzung in: Vitka Toškova (Hrsg.), Bălgarija – svoenravnijat săjuznik na Tretija rajch, Sofia 1992, Dok. 95, S. 128 f.
2 Maschinenschriftl. Vermerk: „An Diplogerma Sofia am 4.4. unter Nr. 540 weitergegeben. Tel. Kontr. d. 4.4.43."

1.) Ich habe dem König gesagt, daß nach meiner Überzeugung die Türken an sich wohl neutral bleiben wollten, aber aus der Sorge vor Sowjetrußland heraus sich doch weitergehend mit den Engländern eingelassen hätten. Man müsse deshalb scharf aufpassen, wie die Haltung der Türkei sich weiterentwickeln werde. Was das türkisch-bulgarische Verhältnis anbeträfe, so wäre es an sich besser, wenn der Krieg an der bulgarisch-türkischen Grenze nicht aufflamme. Wenn es aber eines Tages sicher sein sollte, daß die Türken die Engländer tatsächlich militärisch in ihr Land hineinließen, so könnten rasche Entschlüsse notwendig werden.
König Boris stimmte dieser Auffassung zu. Es würde noch verabredet, daß Nachrichten über die türkische Haltung zwischen uns und der bulgarischen Regierung gegenseitig ausgetauscht werden sollten. Streng vertraulich habe ich dem König bereits von dem Kenntnis gegeben, was wir aus geheimer Quelle über die militärischen Eventualabmachungen wissen, die anläßlich der Zusammenkunft von Adana zwischen den britischen und den türkischen militärischen Stellen getroffen wurden.[3]
2.) Irgendeine Änderung in der Behandlung der Frage des Streifens bei und südlich Edirne im bisher griechischen Thrazien ist nicht in Aussicht genommen; er wird auch weiterhin von bulgarischen Truppen nicht besetzt werden.[4]
3.) Die Frage der Behandlung der Griechen in dem von bulgarischen Truppen besetzten Gebiet in Ostmacedonien und Westthrazien sowie die damit im Zusammenhang stehende Optionsfrage ist zwischen dem König und mir nicht besprochen worden.[5]
4.) Zur Judenfrage in Bulgarien äußerte der König, daß er die Zustimmung zur Abschiebung nach Osteuropa bisher nur für die Juden aus Mazedonien und Thrazien gegeben habe. Von den Juden aus Bulgarien selbst wolle er nur eine geringe Anzahl bolschewistisch-kommunistischer Elemente abschieben, die übrigen ca. 25 000 Juden hingegen im Lande in Konzentrationslagern zusammenfassen lassen, weil er sie dort für den Straßenbau benötige.[6] Ich bin auf diese Mitteilung des Königs nicht näher eingegangen, sondern habe ihm hierzu lediglich gesagt, daß nach unserer Auffassung in der Judenfrage die radikale Lösung die allein richtige sei.
5.) Ich habe den König darüber informiert, daß ich demnächst den serbischen Ministerpräsidenten Nedić[7] zu einem kurzen Besuch nach Deutschland bitten werde.

3 Anlass für diesen Tagesordnungspunkt war die Konferenz von Yenice bei Adana, die am 30./31.1.1943 zwischen dem türk. Präsidenten İsmet İnönü und dem brit. Premierminister Winston Churchill stattfand. Churchill hatte das Treffen initiiert, um die Türkei zur Aufgabe ihrer Neutralität zu bewegen und einen Zugang zu türk. Militärflugplätzen für die Royal Air Force zu erwirken.

4 Es handelt sich um einen schmalen Landstreifen im äußersten Osten von (West-)Thrazien, mit der Hafenstadt Alexandroupolis, entlang der Grenze zur Türkei, der unter deutscher Besatzung stand.

5 Gemeint ist das Ultimatum, das jene Griechen, die für die Beibehaltung ihrer griech. Staatsangehörigkeit optiert hatten, zwang, die bulgar. Besatzungszone zu verlassen; siehe Dok. 294 vom 11.6.1942.

6 Demnach sollten noch 23 000 bis 24 000 oder beinahe die Hälfte aller Juden deportiert werden.

7 Milan Nedić (1878–1946), General; 1939/40 jugoslaw. Kriegsminister, 1941–1944 serb. Ministerpräsident in der Marionettenregierung im von der Wehrmacht besetzten Serbien; nahm sich 1946 in Haft das Leben.

6.) Auf meine Frage, welche Bewandtnis es mit dem Herrn Puljef[8] habe, der kürzlich mit einem Diplomatenpaß nach der Türkei ausreiste, um sich mit Herrn Earle[9] zu treffen, sagte der König, dem sei keine Bedeutung beizumessen. Puljef sei ohne Bedeutung und habe den Diplomatenpaß wahrscheinlich noch von früher her.

DOK. 321

Der deutsche Polizeiattaché Hoffmann schildert am 5. April 1943 dem Reichssicherheitshauptamt die Hintergründe des Scheiterns der Deportation aus dem bulgarischen Kernland[1]

Schreiben (geheim), gez. Hoffmann,[2] gesehen Beckerle, Sofia, an das R.S.H.A. – Attachégruppe, Berlin, vom 5.4.1943

Betr.: Judenabschub aus Bulgarien.
Vorg.: laufende Berichterstattung.
Es kann nunmehr der Abtransport von 11 343 Juden gemeldet werden. Hiervon gingen 4221 thrazische per Schiff von Lom nach Wien und 7122 mazedonische Juden per Eisenbahn aus Skopje ab.[3] Die Schiffstransporte waren durch bulgarische Polizei mit je 2 Mann Ordnungspolizei, die Eisenbahntransporte durch Ordnungspolizei begleitet. Trotz ständiger Hinweise war eine genaue Übereinstimmung zwischen Listen und Effektivstärke nicht zu erzielen. Die Übertragung der bulgarischen Listen in lateinische Schrift nahm stets mehrere Tage in Anspruch. Diese Ungenauigkeiten gehen zu Lasten der hiesigen üblichen Verhältnisse und halten sich in erträglichem Rahmen.
Nach dem vollzogenen Abtransport der Juden erscheint es angebracht, einen kurzen Überblick über den Stand des Judenproblems in Bulgarien zu geben.
1.) Ausgangspunkt war die durch Innenminister Gabrowski vorgetragene Bereitwilligkeit der bulgarischen Regierung, die Juden aus den neu gewonnenen Gebieten Mazedonien und Thrazien zu evakuieren. Für diese wurden 14 000 Juden in Anschlag gebracht. Der dem bulgarischen Innenminister unterstehende Judenkommissar *Beleff*, der persönlich überzeugter Antisemit ist, hatte von vornherein den Plan erwogen,

8 Richtig: Ljuben Pulev, Kaufmann.

9 George Howard Earle (1890–1974), Politiker und Diplomat, 1940/41 US-Gesandter in Sofia, 1941–1944 US-Sonderbeauftragter für den Balkan mit Sitz in Istanbul.

1 PAAA, R 100 863, Bl. 178–183. Abdruck in bulgar. Übersetzung in: Toškova/Kotev/Stoimenov (Hrsg.), Bălgarija (wie Dok. 320, Anm. 1), S. 129–132.

2 Adolf Hoffmann (*1904), Jurist; SS-Sturmbannführer; 1928 kurzzeitiger und 1937 endgültiger NSDAP-Eintritt; 1935 Aufnahme in den SD, 1938 Berufung in die Gestapo, von Dez. 1939 an Leiter der Staatspolizeistelle Frankfurt a. M., Febr. 1941 bis Anfang 1943 Leiter der Staatspolizeistelle Innsbruck, März 1943 bis Sept. 1944 deutscher Polizeiattaché in Sofia; im Sept. 1944 Flucht aus Sofia, dabei vermutlich von Partisanen aufgegriffen; im April 1964 vom Amtsgericht Wiesbaden für tot erklärt.

3 Die Zahlen differieren in den einzelnen Quellen. In einem Bericht an Innenminister Gabrovski vom 23.3.1943 nennt Judenkommissar Belev 4215 Juden, die über den Hafen von Lom deportiert wurden, sowie weitere 7140 Personen im Sammellager in Skopje. Nach Abschluss der Deportationen aus Skopje hielt das KEV in einem anderen Bericht vom 31.3.1943 4219 Deportierte über Lom sowie 7138 über Skopje fest, was eine Anzahl von insg. 11 357 deportierten Juden ergibt.

weitere 6000 Juden aus Altbulgarien, insbesondere aus den Großstädten, hinzuzunehmen, um die jüdische Führungsschicht in den Plan mit einzubeziehen.[4] Der Innenminister Gabrowski war hiermit zunächst auch einverstanden. Der Plan des Abtransportes von 20 000 Juden fand auch die Billigung des bulgarischen Ministerrates.[5] In diesem Stadium der Verhandlung schlossen Beleff als Judenkommissar und Beauftragter des Innenministers und SS-Hauptsturmführer *Dannecker* als Beauftragter des RSHA am 22.2.1943 eine schriftliche Vereinbarung, die bereits dort vorliegt, und die die Einzelheiten des Abtransportes regelte.[6] Der bulgarische Ministerrat beschloß daraufhin am 2.3.43 die vom Judenkommissar verlangte Bereitstellung von Transportmitteln und Lagern für die Juden aus Mazedonien und Thrazien sowie auch für die Juden des altbulgarischen Gebietes. Gleichzeitig wurde ein Gesetz erlassen, wonach Juden, die zur Aussiedlung kommen, die bulgarische Staatsangehörigkeit verlieren. Das Gesetz fand die Billigung des Sobranje. Es wurde lediglich beschlossen, von einer Veröffentlichung im Staatsanzeiger abzusehen.[7]

2.) Wer die hiesigen Verhältnisse kennt, mußte damit rechnen, daß mit dem Herannahen des Zeitpunktes des Abtransportes der Juden sich Schwierigkeiten einstellen würden. Die Schwierigkeiten entstanden bezüglich der Frage des Abtransportes der Juden aus Alt-Bulgarien. Der Judenkommissar Beleff hatte in Erwartung dieser Schwierigkeiten in Plowdiw, Küstendil, Russe und Warna bereits die einflußreichsten Juden in Lagern zusammengezogen.[8] Er plante Ähnliches für Sofia am 13.3.43. Die Tatsache, daß auch Juden Alt-Bulgariens in die Aktion mit eingeschlossen werden sollten, war inzwischen bekannt geworden; es begannen daraufhin bulgarische politische Kreise, die mit der Judenaktion nicht einverstanden waren, auf den Innenminister einen Druck auszuüben. Insbesondere sprach eine Delegation aus Küstendil unter Führung des Vizepräsidenten des Sobranje Pescheff[9] beim Innenminister dieserhalb vor.[10] Es ist weiterhin anzunehmen, daß der Innenminister auch einen Wink von höchster Stelle bekommen hat, um den geplanten Abtransport der Juden aus Alt-Bulgarien einzustellen.[11] Der Innenminister gab jedenfalls am 9.3. – teilweise ohne den Judenkommissar zu beteiligen – die Weisung, die in Alt-Bulgarien in Lagern zusammengezogenen Juden wieder zu entlassen.

4 Alleine aus Sofia war die Deportation von bis zu 2500 Personen oder ca. 10 Prozent der jüdischen Einwohner der Hauptstadt geplant. Aus den Städten Samokov, Dupnica, Gorna Džumaja und Kjustendil war die Deportation aller Juden vorgesehen; siehe Fahrplan für die Deportationszüge o. D., in: Grinberg, Dokumenti (wie Dok. 311, Anm. 1), S. 172.

5 Siehe Einleitung, S. 86.

6 Dok. 311 vom 22.2.1943.

7 Die betreffenden Beschlüsse des Ministerrats vom 2.3.1943 wurden zuletzt abgedruckt in: Danova/ Avramov, Deportiraneto (wie Dok. 274, Anm. 1), Bd. 1, Dok. 251, S. 492–497. Der Ministerrat sah den Entzug der bulgar. Staatsbürgerschaft für die Deportierten vor. Die Sobranje, die bulgar. Nationalversammlung, wurde nicht in die Beschlussfassung eingeweiht, da der Ministerrat per Gesetz freie Entscheidungsgewalt in allen antijüdischen Maßnahmen hatte; Dok. 296 vom 26.6.1942.

8 Die Juden in den meisten Orten wurden unter Hausarrest gestellt. Lediglich in Plovdiv verhaftete die bulgar. Polizei die zur Deportation Bestimmten und hielt sie einen Tag lang in einem Schulgebäude fest, bis der Befehl für ihre Freilassung eintraf.

9 Hier und im Folgenden richtig: Pešev.

10 Siehe Einleitung, S. 86 f. und Dok. 319 von Ende März 1943.

11 Damit ist vermutlich eine entsprechende Anweisung von Zar Boris III. gemeint.

Dies geschah am 10.3.1943. Die Freilassung der Juden führte eine erhebliche Unsicherheit der Polizeikommandanten der betr. Städte herbei.
3.) Trotzdem wäre es abwegig, anzunehmen, daß die bulgarische Regierung, insbesondere der Innenminister Gabrowski, die Judenaktion zu sabotieren ernstlich versucht hätten. Der deutsche Gesandte hat sich wiederholt dann eingeschaltet, wenn Schwierigkeiten entstanden, bezw. wenn die Aktion nicht vorangehen wollte. Der deutsche Gesandte hat durch sein wiederholtes Vorstelligwerden bei dem Ministerpräsidenten *Filoff* erreicht, daß dieser die Versicherung abgegeben hat, entschlossen zu sein, alle Juden abzuschieben. Um die Einstellung der bulgarischen Regierung richtig verstehen zu können, muß man wissen, daß es ein Judenproblem in der Form, wie es im Reich bestand, in Bulgarien nicht gibt. Wohl gibt es auch in Bulgarien Juden, die sich in Schlüsselstellungen der bulgarischen Wirtschaft hochgearbeitet haben. Ihre Anzahl ist jedoch gering. Es bestehen hier weder die weltanschaulichen noch rassischen Voraussetzungen, um das Judenproblem dem bulgarischen Volk gegenüber so dringlich und lösungsbedürftig erscheinen zu lassen, wie dies im Reich der Fall ist. Die bulgarische Regierung verfolgt mit der Evakuierung der Juden überwiegend materialistische Interessen, die darin bestehen, in das Eigentum der abgeschobenen Juden zuverlässige Bulgaren einzuweisen, hiermit diese zufriedenzustellen und gleichzeitig in den neu erworbenen Gebieten die unruhigen Juden gegen zuverlässige Bulgaren einzutauschen. Die bulgarische Regierung ist ohne Zweifel auch bereit, die Juden aus Alt-Bulgarien abzuschieben; sie will es jedoch auf jeden Fall vermeiden, daß das Judenproblem in Bulgarien durch die Weltpresse gezogen wird. Nur so ist es zu verstehen, daß die bulgarische Regierung dem Schweizer Gesandten gegenüber sich beispielsweise auch bereit erklärt hat, einige tausend jüdische Kinder nach Palästina auswandern zu lassen.[12] Sie hat jedoch dem deutschen Gesandten, der wegen dieses Planes bei dem Ministerpräsidenten sofort vorstellig wurde, durch diesen die Erklärung abgegeben, den Abtransport der jüdischen Kinder in der Praxis zu sabotieren.[13] Die bulgarische Regierung versucht daher, nach außen das Gesicht zu wahren, die Judenabschiebung selbst wird jedoch nicht verhindert. Allerdings muß der Gesandte von Zeit zu Zeit immer wieder nachstoßen, um die Abschiebung in Fluß zu halten.
Daß dies die wahre Haltung der Regierung ist, geht daraus hervor, daß Ministerpräsident Filoff dem Sofioter Schweizer Gesandten als Schutzmachtvertreter Englands auf dessen Intervention wegen des Judenabschubs erklärte, die Regierung sei fest entschlossen, die Aussiedlung durchzuführen, da diese Lösung immer noch humaner sei als die Bombardierung von nichtmilitärischen Plätzen, bei denen Greise, Kinder und Frauen niedergemetzelt würden. Auch zur Frage der Auswanderung nach Palästina hat Ministerpräsident Filoff dem Schweizer Gesandten erklärt, es kämen keine arbeitslosen Juden aus dem Lande heraus. Auch die Judenpropaganda in der Presse, die zeitweise zurückgestellt war, ist jetzt wieder in Gang gekommen.[14]
Der obenerwähnte Vizepräsident des Sobranje, Pescheff, hatte zusammen mit 40 Abgeordneten der Regierungsmehrheit wegen der angeblichen schlechten Behandlung der Juden beim Abtransport eine Eingabe verfaßt. Im Verlauf der internen Sitzung der Regierungsmehrheit wurde der Regierung das volle Vertrauen bezüglich der von ihr

12 Siehe Dok. 304 und 313 vom 8.12.1943 und 11.3.1943.
13 Siehe Dok. 309 vom 15.2.1943.
14 Siehe Dok. 307 und 310 vom 22.1.1943 bzw. 17.2.1943.

verfolgten Judenpolitik ausgesprochen. In öffentlicher Sitzung wurde der Vizepräsident Pescheff, der die Delegation aus Küstendil geführt hatte und auch als erster die erwähnte Eingabe unterschrieben hatte, seines Amtes enthoben.[15]

Berücksichtigt man, daß in Italien, Ungarn, Spanien usw. das Judenproblem überhaupt noch nicht angefaßt bezw. der Abschub der Juden noch nicht eingeleitet wurde, so ist zusammenfassend festzustellen, daß die bulgarische Regierung trotz der Einschränkungen, die üblicherweise auf dem Balkan gemacht werden müssen, die Lösung der Judenfrage in Bulgarien aktiv betreibt.

4.) Außer dem schweizerischen Gesandten, der als Schutzmachtvertreter Englands interveniert hat, hat auch der spanische Gesandte[16] bei Ministerpräsident Filoff den Versuch unternommen, wegen des Abschubs von Juden spanischer Nationalität Einspruch zu erheben. Der spanische Gesandte hatte befürchtet, daß sämtliche Juden in Bulgarien, unabhängig von ihrer Staatsangehörigkeit, abgeschoben würden.

Außerdem hat der katholische Bischof in Skopje[17] bei dem Polizeikommandanten in Skopje[18] wegen der Juden interveniert, die den katholischen Glauben angenommen hatten. Soweit derartige Juden im Lager saßen, hat er die geistliche Betreuung derselben verlangt.[19]

Es ist davon auszugehen, daß auch noch andere ausländische Missionen bei der bulgarischen Regierung wegen des Judenabschubs vorstellig geworden sind.[20] Die bulgarische Regierung hat trotzdem ihre Haltung nicht geändert.

5.) Der stimmungsmäßige Niederschlag des Judenabschubs ist innerhalb der Bevölkerung als positiv zu werten. Da es viele Existenzen gibt, die keinen richtigen Verdienst haben, versprechen sich dieselben von der Entfernung der Juden aus dem wirtschaftlichen Leben persönliche Vorteile durch Einschaltung in den jüdischen Handel.

6.) Unter Berücksichtigung dieser Verhältnisse ist das bisherige Ergebnis des Abschubs von 11 343 Juden als zufriedenstellend zu bezeichnen. Bei einer vereinbarten Zahl von 20 000 wurden 56 % erreicht.

Aus taktischen Gründen wird der Gesandte bezüglich der Frage des Abschubs der Juden aus Alt-Bulgarien zunächst etwas kurztreten, wie er mir anläßlich meines letzten Vortrages persönlich eröffnet hat. Nachdem jedoch der Ministerpräsident Filoff dem deutschen Gesandten die eindeutige Versicherung gegeben hat, daß auch der Abschub der Juden in Alt-Bulgarien durchgeführt werde, wird dieser zu einem Zeitpunkt, der ihm zweckmäßig erscheint und der in die gesamtpolitische Situation paßt, erneut vorstellig werden.

15 Siehe Einleitung, S. 87 sowie Dok. 315 vom 17.3.1943.

16 Julio Palencia y Tubau (1884–1952), Diplomat; 1913–1935 spanischer Konsul in San José (Costa Rica), Shanghai, Kapstadt, Mailand und Ankara, 1935–1938 Geschäftsträger an der spanischen Botschaft in Istanbul, 1939/40 Botschafter in Athen, 1940–1943 spanischer Gesandter in Sofia.

17 Dr. Smiljan Franjo Čekada (1902–1976), Theologe; 1925 Priesterweihe, 1939 Bischofsweihe, 1940–1946 römisch-kathol. Bischof von Skopje; 1946–1951 Apostolischer Administrator von Banja Luka (Bosnien), 1970–1976 Erzbischof von Vrhbosna/Sarajevo; 2011 von Yad Vashem als „Gerechter unter den Völkern" ausgezeichnet.

18 Asen Bogdanov, Oberst; 1941/42 Polizeikreisleiter von Xanthi (Thrazien), 1943/44 Polizeikommandant von Skopje, Anfang Sept. 1944 zum Polizeidirektor von Sofia ernannt; 1948 in Jugoslawien zum Tode verurteilt und hingerichtet.

19 Siehe VEJ 14/180.

20 Belegt sind Anfragen des türk. Gesandtschaftsrats Menteş und des Schweizerischen Geschäftsträgers; siehe Einleitung, S. 87 und Dok. 313 vom 11.3.1943.

In der Zwischenzeit hält SS-H'Stuf. Dannecker mit dem Judenkommissar Beleff ständige Fühlung, mit dem Ziel, dem Innenminister gangbare Vorschläge für den weiteren Abschub zu unterbreiten.
Bei dieser Sachlage ist davon auszugehen, daß der Judenabschub aus Bulgarien in absehbarer Zeit seinen Fortgang nehmen wird.

DOK. 322
Der Zwangsarbeiter Sabetaj Majer beschreibt in seinem Tagebuch vom 10. bis 17. April 1943 die Ankunft der mobilisierten Juden im Arbeitslager bei Ichtiman[1]

Handschriftl. Tagebuch von Sabetaj Majer,[2] Einträge vom 10.4. und 16./17.4.1943

10. April – Samstag
Genau zur festgelegten Zeit wachte ich von ganz allein auf, obwohl ich die alten Eltern Adolfs gebeten hatte, mich zu wecken. Ich machte schnell Frühstück. Vor der Kirche „Hl. Nedelja" traf ich Ciko, und wir nahmen sofort die 3 nach Poduene.[3] Die Straßenbahn war überfüllt, alles solche Unglücklichen wie wir. Als die Straßenbahn vor dem Bahnhof ankam, war der ganze Platz schwarz vor Menschen. Zum Abschied Gekommene und Arbeitssoldaten! Manche gut ausgerüstet, andere sehr schlecht. Unwillkürlich ging mir wieder der Gedanke an Konzentrationslager durch den Kopf. Genau so stellte ich mir in meiner Phantasie die Abfahrt an Orte vor, von wo es kein Zurück gibt. Sie hatten gesagt, dass wir bis halb neun warten müssten. Bis dahin würde ein spezieller Zug zusammengestellt werden. Zweieinhalb Stunden mussten wir warten, und das auf dem Bahnhofsvorplatz, weil sie niemanden hineinließen, und das Wetter war immer noch so schlecht. Kälte und Regen, vermischt mit Schnee. Einige Male ließen sie uns antreten, und es schüttete weiterhin auf uns hernieder. Keiner derjenigen, die zur Verabschiedung gekommen waren, dachte daran, nach Hause zu gehen. Sie warteten bis zum Schluss! Die Vorsehung muss unser Volk mit der Geduld eines Ochsen versehen haben, damit es all das erträgt!
Schließlich machten wir uns gegen neun Uhr in Gruppen auf den Weg zum Bahnsteig, wobei wir laut riefen, die Plevener sollten sich auf der Seite sammeln.[4] Zusammen mit einigen ehemaligen Plevenern, die gegenwärtig in Sofia leben, und eingebürgerten Plevenern nahmen wir einen Waggon. 55 Personen oder 8 Pferde. Der Staat sorgt sehr gut

1 Original in Privatbesitz, Kopie und Abschrift: IIBM, 1/37/29, Heft 1. Abdruck in: Ivajlo Znepolski (Hrsg.), Tova e moete minalo. Spomeni, dnevnici i svidetelstva (1944–1989), Sofia 2015, S. 20 f., 23–25. Das Dokument wurde aus dem Bulgarischen übersetzt.
2 Sabetaj Mois Majer (*1922), Ökonom und Schriftsteller; 1943/44 Zwangsarbeit in verschiedenen Arbeitslagern; in den 1950er-Jahren Tätigkeit als Abteilungsleiter der Verwaltung für Kinematographie; 1960 wegen Spionage zugunsten des Staates Israel zu zehn Jahren Haft verurteilt, von denen er fünf verbüßte.
3 Adolf und Ciko waren Freunde von Majer; die Straßenbahnlinie Nr. 3 fuhr nach Poduene, auch Podujane, einem Bahnhof im Nordosten Sofias.
4 Majer war mit anderen Juden aus Pleven, einer Stadt im Norden Bulgariens mit einer jüdischen Bevölkerung von etwa 400 Personen, einberufen worden.

für uns! In klapprigen Pferdewaggons werden sie uns beinahe 65 km weit transportieren. Aber es geht nicht anders! Wir standen nicht lang am Bahnhof. Unter unvorstellbarem Lärm fuhr der große Sonderzug mit ratternden Rädern ab. Avramak begann sofort zu spielen[5] und wir alle sangen! Wir winkten den zum Abschied Gekommenen, die sich am Zaun vor dem Bahnhof drängten, weil man sie nicht hineinließ! Wenig später verschwand auch Sofia aus unserem Blickfeld. Die letzte Hoffnung schwand mit dem letzten Blick! O weh! Jeder muss demütig das ertragen, was ihm das Schicksal zugedacht hat, ob es grausam ist oder nicht! Im Kreis um Avramak stehend, lauschten wir den Liedern, die sich unter seinen Fingern eines an das andere reihten! Lieder, die wir mehr als einmal in Pleven gesungen hatten, alle zusammen. Uns allen wurde es noch schwerer ums Herz, und nicht wenige ließen den Kopf hängen!
Auf der Fahrt nach Ichtiman ließ uns die immer kältere Luft uns noch besser einhüllen.[6] Wir schauten hinaus, und 20 Zentimeter hoher Schnee erfüllte die Landschaft bis zum Horizont! Warum fährt man uns bei so schlechtem Wetter?, fragte sich jeder! Wozu brauchen sie uns, wenn die Erde ihre eisige Hülle noch nicht abgeworfen hat? Nach beinahe 5 Stunden Fahrt stiegen wir in Ichtiman aus! Ein schönes Städtchen, 600 Meter über dem Meeresspiegel gelegen! Das Wetter wurde milder, weil die Stadt selbst in der Mitte eines Dreiecks liegt, das die Gebirge Vitoša, Rila und Sredna Gora zusammen mit dem Balkangebirge bilden. Wir gingen in die Schule, wo die Untersuchung stattfand. Und hier begannen die endlosen Verhandlungen, welcher Gruppe wir Plevener zugeteilt werden sollten. Der ganze Tag verging nur damit. Der eine schlägt eine Gruppe vor, ein anderer eine andere usw. Schließlich gingen wir hinein und beschlossen, der Zufall sollte die Gruppe bestimmen. Wir Plevener kamen alle zur 5. Gruppe.[7]
Sobald wir die Schule verließen, suchten wir uns eine Unterkunft. Je weiter wir ins Zentrum der Stadt kamen, desto mehr Menschen boten beinahe kostenlos Unterkünfte an, gut geheizt. Rührende Gesten von sonst einfachen, aber mit gesundem Menschenverstand gesegneten Leuten! „Kommen Sie", beharrte jemand, „ich will kein Geld. Kommen Sie nur und seien Sie meine Gäste heute Abend!" „Kommen Sie", sagte ein anderer, „zu Ihren Ehren werden wir ein Festmahl geben." Usw. Das Beschreiben all dieser Szenen würde viel von meiner kostbaren Zeit in Anspruch nehmen.
Am Abend übernachteten wir bei Baj[8] Kosta – einem gutmütigen, friedlichen Mann, dessen einziger Wunsch es war, uns die Nacht so angenehm wie möglich zu machen.
[…][9]

5 Er spielte auf dem Akkordeon.
6 Im April 1943 wurden 1550 jüdische Zwangsarbeiter nach Ichtiman beordert, die an der Hauptverkehrsstraße von Sofia nach Plovdiv bauen und bis zum 31.10.1943 eine Strecke von 10 km fertigstellen sollten. Sie waren mit 750 Schaufeln, 750 Pickeln, 500 Karren und 500 Hämmern ausgestattet; Anordnung des Kommandeurs des 1. Arbeitsbataillons vom 8.4.1943, DVIA, 2058/1/29, Bl. 38–42.
7 Jede Gruppe umfasste 310 Zwangsarbeiter.
8 Anrede für einen älteren, angesehenen Mann.
9 In den folgenden Abschnitten beschreibt Majer die Ankunft im Lager, das Beziehen der Zelte durch die Zwangsarbeiter, die ersten Unterweisungen und die Sehnsucht nach seiner Freundin.

16. April, Freitag
Den ganzen Tag verbrachten wir mit Übungen, die uns allen zum Hals heraushingen. Aber es ging nicht anders. Der Tag verging, ohne dass etwas Besonderes passierte. Ich werde das Blatt mit einer Beschreibung unseres Lagers füllen.
Wir gehören zur 5. Gruppe und alle Plevener zum 2. Zug, unsere Gruppe hat vier Züge, untergebracht in vier Zelten, die in einer außerordentlich schönen Gegend nebeneinanderstehen. Ein ebenes Feld, auf das auch die Bewohner der Dobrudscha neidisch wären, auf allen Seiten von hohen Bergen eingerahmt. Auf der einen Seite das immer verschneite Rila-Gebirge, auf der anderen der hohe Černi Vrăch des Vitoša-Gebirges, auf der dritten die Sredna Gora mit ihren charakteristischen kleinen Bäumen und das Balkangebirge mit seinen großen Felsgraten. So weit das Auge reicht, sieht man nur Berge. Sie verstellen den Blick. Das stört den Menschen, der auch hinter diese Berge sehen will, zumal wenn er weiß, dass dahinter seine Freunde und Verwandten sind. Der Ort ist wasserarm, trocken, eines der größten Übel. Mehr als einmal waren wir gezwungen, Kinder nach Wasser zu schicken, wobei wir für eine Feldflasche 3, 4 Lewa bezahlten, weil uns ausdrücklich verboten war, das Lager zu verlassen. Sehr spät rückten sie zwei Pumpen heraus, die anfangs nur trübes Wasser förderten, das zu überhaupt nichts taugte, nicht einmal, um sich damit zu waschen. Und für die Wäsche! Jeder bekam Angst, wenn er nur daran dachte.
Unser Zelt ist das zweite in der Reihe. Unser Zug zählt 81 Mann, und wir müssen zu siebt in einem Verschlag schlafen, obwohl gesetzlich nur sechs erlaubt sind. Das macht uns allen schwer zu schaffen. Pritschen gibt es keine, nur Strohsäcke, unter denen man nichts verstauen kann. So stellen wir das Gepäck vor die Betten, wodurch nur noch ein ganz schmaler Pfad freibleibt. Zwangsläufig stoßen wir dagegen, wenn wir im Dunkeln vorbeigehen. Aber im Übrigen kann man ohne Licht gar nicht vorbeigehen. Unser Arbeitsplatz befindet sich einige Meter von den Zelten entfernt – entlang der internationalen Landstraße. Sehr unbequem, weil jeden Tag die Vorgesetzten vorbeikommen werden.
Hoffentlich geht diese Zeit möglichst schnell vorbei.

17. April – Samstag
Sind es die Vorgesetzten nicht leid, alle herumzukommandieren? Und das den ganzen Tag! Ich würde diese Blätter nicht wieder mit der Empörung füllen wollen, mit dem Zorn, der alle erfasst hatte!
Unser Unteroffizier heißt Opa Petăr Savov.[10] Opa deswegen, weil er mindestens 59–60 Jahre alt ist. Ein gutmütiger Alter, der nicht fähig zu sein scheint, irgendjemandem etwas Böses anzutun. Ein offenes Gesicht, klare blaue Augen. Einige aus unserem Zug ärgern ihn und spotten ständig über ihn! Besonders mit dem Grüßen haben sie's; lassen den Alten oft vor der Gruppe auf und ab marschieren und lachen dann über seine ruckartigen, greisenhaften Bewegungen.

10 Savov war offenbar Chef der 5. Gruppe, der Majers Zug angehörte. Jede Gruppe hatte einen Gruppenvorsteher, dem ein Stellv. sowie fünf Untergruppenleiter unterstanden. Des Weiteren hatte jede Gruppe einen Feldscher, einen Schreiber und einen Koch angeschlossen. Bis auf den Lagerkommandanten setzte sich das Lagerpersonal nicht aus regulären Armeeangehörigen zusammen.

Der Feldwebel scheint der Einzige von allen in unserem Lager zu sein, der was von seiner Arbeit versteht.[11] Auch er scheint ein guter Mensch zu sein, obwohl er heute Mittag Moni ordentlich mit der Schaufel verdroschen hat.[12] Aber alle gaben dem Feldwebel recht.

Der Kompaniechef ist ein Reserveleutnant,[13] ein alter Mann, der ein Buchstabengläubiger zu sein scheint. Wir fürchten uns alle vor ihm, weil er sich außerordentlich genau an die Vorschriften hält. Dabei bräuchte es für uns Plevener einen Schlawiner.

Dann unser Oberleutnant.[14] Dieser Offizier ist mir außerordentlich sympathisch. Ein leicht gequältes, alterndes Gesicht, das aber Gerechtigkeit ausdrückt. Ich bin sicher, dass er niemandem absichtlich etwas Böses zufügen wird. Der Major[15] – ein Prototyp des Oberleutnants. Sehr jung für seine Sterne. Er scheint ein fähiger Offizier zu sein, der schnell aufgestiegen ist. Er hat uns versprochen, dass er uns sofort entlässt, wenn wir mit dem Objekt fertig sind. Aber wenn nötig, werde er uns auch bis Weihnachten hier festhalten, Hauptsache, der Bau wird fertig, wo wir doch obendrein den Staat täglich 30 000 Lewa kosten. Die höheren Vorgesetzten kennen wir nicht, und hoffentlich bekommen wir sie nie zu Gesicht.

Während wir auf die abendliche Inspektion vor dem Zelt unseres Zugs warteten, begannen Avramak und der Graf zu spielen. Und unser Freundeskreis sang dazu. Ich hätte so gern gehabt, dass wir ihnen die Hymne vorsingen. Aber wir haben sie noch nicht gelernt. Žak kennt ihre Melodie noch nicht, und die Übrigen vergessen immer die erste Zeile der sechsten Strophe.

Die sternenklare Nacht und die schönen Melodien ließen uns wieder an unsere Lieben denken, die sich hinter diesen Gebirgen befanden. Ginge es nach mir, dann würde ich sofort die Arbeiten abschließen und, wie vom Major versprochen, umgehend nach Pleven abfahren, wo ich Viki wiedersehen würde. Was sie jetzt wohl macht? Wo sie wohl ist? Das sind Fragen, auf die ich nie eine Antwort bekommen werde, so sehr ich mich auch danach sehne. Ob sie mich nicht doch wegen meiner langen Abwesenheit vergessen wird? Alles wird von ihr selbst abhängen! Wenn sie auf meine Ratschläge hört und sie nicht falsch versteht.

Morgen ist Sonntag, wir haben frei. Und was haben wir bisher schon groß geschafft? Aber zumindest werden wir nicht den ganzen Tag herumkommandiert.

11 Vermutlich Feldwebel Pantalej D. Karapetrov.

12 Hier handelt es sich offenbar um eine schwere Misshandlung und keineswegs eine im Militär zulässige Bestrafung.

13 Vermutlich Unterleutnant Christo Canev Duchovnikov (*1876).

14 Vermutlich der Lagerkommandant, Leutnant, später Hauptmann Petko Naumov Jočkov (*1899).

15 Vermutlich der Kommandeur des 1. Arbeitsbataillons des Provisorischen Arbeitsdienstes, Major Vălčan Dimov Šiškov.

DOK. 323

Gerhart M. Riegner bittet am 22. April 1943 einen Delegierten des Internationalen Roten Kreuzes, zugunsten der bulgarischen Juden zu intervenieren[1]

Brief (II/a 41 155) von Gerhart M. Riegner, Genf, an de Traz,[2] Internationales Komitee vom Roten Kreuz, Hotel Metropol, Genf, vom 22.4.1943 (Abschrift)

Sehr geehrter Herr de Traz,
Bezug nehmend auf unser Gespräch von letzter Woche erlaube ich mir, Ihnen die Fragen zu übermitteln, die auf Ihrer Reise in Bulgarien geklärt werden sollten.[3] Meine Fragen sind folgende:
1. Erlaubt die bulgarische Regierung *prinzipiell* die Ausreise von Juden aus Bulgarien?
2. Erlaubt der Kommissar für Judenfragen *in der Praxis* die Ausreise von Juden aus Bulgarien, wenn ihre Papiere in Ordnung sind und sie ein Einwanderungszertifikat nach Palästina besitzen? Oder wie kann man ihn davon überzeugen, eine Erlaubnis zu erteilen?[4]
3. Ist es möglich, der jüdischen Jugend in Bulgarien, die auf Baustellen und in Arbeitslagern unter sehr harten Bedingungen arbeitet, mit Medikamenten- und Nahrungsmittelsendungen über das Internationale Rote Kreuz zu helfen? Ist es erlaubt, diesen Menschen Pakete mit Lebensmitteln aus dem Ausland zu schicken? Ist es möglich, Listen mit den Namen der Personen zu bekommen, die sich in den Lagern befinden?[5]
Ich erlaube mir, Ihnen die Namen von Personen zu nennen, die Ihnen genaue Informationen in dieser Angelegenheit geben können: Josif Geron, Präsident des Konsistoriums, Israel Baruch,[6] ehemaliger Direktor des Palästina-Büros, und Isaak Navon.[7] Diese Personen finden Sie hier: Maria-Luisa-Straße 6, Sofia.

1 Original nicht aufgefunden. Abschriften in: CZA, C3/398, S. 2 und YVA, P.10/170. Das Dokument wurde aus dem Französischen übersetzt.

2 David de Traz, Mitarbeiter des IKRK in Bern.

3 De Traz besuchte mit Edouard Chapuisat (1874–1955), einem anderen Mitglied des IKRK, vom 30.5. bis 8.6.1943 Bulgarien, um mit bulgar. Regierungsstellen die Einrichtung einer ständigen Vertretung des Roten Kreuzes sowie die Lage der griech. Bevölkerung in Thrazien zu erörtern. Die Delegation sprach mit Außenminister Filov, Gesandtschaftsrat Ivan Altănov und Bischof Stefan; auf eigenen Wunsch empfing Zar Boris III. Chapuisat.

4 Die Emigration war nur denjenigen vorbehalten, die nicht zur Zwangsarbeit mobilisiert waren, ein Einreisevisum für die Türkei besaßen, ggf. ihr Geschäft liquidiert sowie die Zwangsabgabe auf ihr Vermögen entrichtet hatten. Anfang Mai 1943 verhängte das Innenministerium ein allgemeines Auswanderungsverbot für Juden; Schreiben des Generalstabschefs General Konstantin Lukaš an Ministerpräsident Filov vom 7.5.1943; CDA, 370K/6/1974.

5 Über den Ausgang der Verhandlungen gibt es differierende Berichte. Der Schweizer Geschäftsträger Redard meldete am 5.6.1943 nach Bern, die bulgar. Regierung denke noch darüber nach, ob sie die Auswanderung nach Palästina gestatten soll; Documents diplomatiques suisses (wie Dok. 313, Anm. 1), Dok. 369, S. 1169–1171. Dagegen schrieb Chapuisat rückblickend, ihre bulgar. Gesprächspartner hätten ihnen zugesichert, dass Juden mit bulgar. Staatsangehörigkeit nicht deportiert werden; Brief Chapuisat an Eli Eškenazi vom 8.6.1948, in: Koen/Gerginov/Željazkova (Hrsg.), Oceljavaneto (wie Dok. 283, Anm. 1), Dok. 138, S. 278 f.

6 Izrail, auch Jako Baruch, Rechtsanwalt; 1941–1943 koordinierte er die Verteilung der Palästina-Zertifikate an bulgar. Juden, im März 1943 vorübergehend in Polizeihaft.

7 Isak, auch Izchak Čelebi Navon (*1900), Gemeindefunktionär, bis 1942 Schulinspektor am Zentralkonsistorium; emigrierte im Dez. 1943 über die Türkei nach Palästina; während seines Aufenthalts in Istanbul unterbreitete er dem Rettungskomitee Verbesserungsvorschläge für die Organisation der Emigration aus Bulgarien.

Mit der aufrichtigen Anerkennung für alles, was Sie unternehmen werden, und mit den besten Wünschen für Ihre Reise und für den Erfolg Ihrer Mission verbleibe ich hochachtungsvoll

DOK. 324
Der Zwangsarbeiter Sabetaj Majer berichtet in seinem Tagebuch vom 8. bis 10. Mai 1943 vom Alltag im Arbeitslager bei Ichtiman[1]

Handschriftl. Tagebuch von Sabetaj Majer, Einträge vom 8.5. und 10.5.1943

8. Mai – Samstag
Der Pfiff ertönte um sechs Uhr dreißig. Es würde also nicht gearbeitet werden! Beruhigt räkelten wir uns in den Betten und erwarteten selig den freien Tag. Wir frühstückten gegen halb acht. Als wir zum Großreinemachen antraten, ertönte plötzlich und anhaltend die Sirene eines Lastwagens. Wir begriffen gleich, dass es sich um eine wichtige Person handelte, und traten an der vorgesehenen Stelle zu ihrer Begrüßung an. Dem Lastwagen entstieg unser Hauptmann (unser Oberleutnant ist am Georgstag[2] in den Rang eines Hauptmanns erhoben worden).[3] Mit harter, klarer Stimme verkündete er uns, dass der Kommandeur des Provisorischen Arbeitsdienstes, Oberst Momdžiev,[4] unser oberster Vorgesetzter, begleitet vom Major, dem Vorgesetzten des Provisorischen Arbeitsdienstes beim ersten Arbeitsbataillon,[5] zu einer Begehung kommen würden. Da wir im Vergleich zu den anderen Gruppen mit der Arbeit sehr weit hinterherhinken würden und die dritte Impfung am wenigsten wehtue (die zweite sei entscheidend),[6] müssten wir arbeiten! Wir waren darüber alle enttäuscht. Bei seinen Worten erschrak ich, ehrlich gesagt, denn je später wir die Arbeit erledigen, desto später kommen wir wieder nach Hause, ganz zu schweigen davon, dass man dadurch in weitere Schwierigkeiten geraten könnte.
Die Ärztin kam um neun Uhr. Sie gab uns eine Spritze, und wir machten uns sofort auf den Weg zum Arbeitsplatz, gleich nachdem wir vom Wagen zurückgekommen waren. Sie trieben uns bis zum Erscheinen des Oberst natürlich mehr zur Arbeit an als sonst. Ich grub die Erde mehrmals um, weil die Arbeiter mit den Karren sich außerordentlich viel Zeit ließen, wahrscheinlich wegen der Impfung.

1 Original in Privatbesitz, Kopie und Abschrift: IIBM, 1/37/29, Heft 1. Abdruck in: Znepolski (Hrsg.), Tova e moete minalo (wie Dok. 322, Anm. 1), S. 39–42. Das Dokument wurde aus dem Bulgarischen übersetzt.
2 Der 6. Mai.
3 Lagerkommandant Petko N. Jočkov.
4 Richtig: Cvetan Atanasov Mumdžiev (*1886), Oberst der bulgar. Armee; 1921 Oberst der Reserve, 1941/42 Kommandant der 1. Division der Bautruppen, 1943–1944 Vorgesetzter des Provisorischen Arbeitsdienstes; 1945 vom Volksgericht im sog. Antisemiten-Prozess freigesprochen.
5 Vălčan D. Šiškov.
6 Die Zwangsarbeiter wurden gegen Typhus geimpft.

Dann kam der Oberst. Er ging vorbei, ohne uns zu grüßen oder auch nur zu beachten. Er schalt nur unseren Unteroffizier[7] und den Doktor.[8] Warum, wusste niemand.
Als der Oberst wieder weg war, versuchten wir alle herauszufinden, warum er die besten Vorgesetzten im Lager ausgeschimpft hatte. Wir erfuhren, dass der Vorgesetzte[9] den Doktor denunziert hatte. Dieser sei in die Stadt gegangen und habe mit mobilisierten Juden getrunken, und unser Unteroffizier habe ein Lamm mit uns gegessen. Der Oberst habe sie ziemlich zusammengestaucht und sie darauf hingewiesen, dass jeglicher Umgang mit Personen jüdischer Abstammung verboten sei. Wie dem auch sei, das Verhalten unseres Vorgesetzten machte auf uns einen sehr schlechten Eindruck! Niemand hat das von diesem Alten erwartet, wo er doch ein sehr guter Mensch zu sein schien! Aber er hatte es für gut befunden, so vorzugehen, und damit basta. Niemand hat das Recht, das Vorgehen seines direkten Vorgesetzten zu kritisieren.
Nach dem Mittagessen begann die Spritze zu wirken, und wir verspürten starke Schmerzen im Arm. Niemand konnte seinen Arm schmerzfrei bewegen. Wir dachten, dass man uns nach dem Mittagessen nicht zur Arbeit rufen würde, aber das Gegenteil geschah: Um zwei Uhr fünfzehn ertönte der Pfiff, obwohl der Doktor den Zustand aller in der Gruppe überprüft und uns Arbeitsunfähigkeit bescheinigt hatte. Das anhaltende Pfeifen ließ uns trotzdem zur Arbeit antreten.
Vor Ort standen wir fast alle untätig herum. Wie soll man denn in so einem Zustand arbeiten? Wir konnten kaum die Arme heben! Wie sollten wir arbeiten, wenn die rechte Hand nicht will wie die linke?
Immer mehr Wolken zogen auf, und der Nordwind begann zu wehen, der, wie die Bewohner Ichtimans sagen, fast immer Regen mit sich bringt. Alle beteten: Hoffentlich beginnt es zu regnen, damit wir zurückgehen und unsere stark schmerzenden Arme ausruhen können. Aber nichts da, der Wind begann zu wehen und blies den Regen fort. Erst gegen halb fünf zeigten sich Regenwolken, die sich schnell auf uns zubewegten und uns den heftigen Regen ahnen ließen. Oh, je früher er käme, desto besser!
Gegen fünf Uhr begann es so stark zu regnen, dass wir nass bis auf die Knochen in die Zelte zurückkehrten, obwohl wir rannten, so schnell es unsere Kräfte zuließen. Die Vorsehung weiß, was sie tut! Sie lässt die armen Sklaven nicht ohne Hilfe zurück, wenn sie sie am nötigsten brauchen!
[…][10]

10. Mai – Montag
Schon gestern sagten sie uns, ab heute werde ernsthaft gearbeitet. Kein Spiel, kein Trödeln! Akkord für jedermann.

7 Vermutlich Petăr Savov.

8 Zum Lagerpersonal gehörte kein eigener Arzt. Bei Bedarf wurde der Kreisarzt von Ichtiman, Dr. Mečkarov, herangezogen. Möglicherweise handelte es sich hier aber auch um einen Feldscher, den die Zwangsarbeiter anerkennend Doktor nannten.

9 Gemeint ist entweder der Lagerkommandant Jočkov oder der Kompaniechef Unterleutnant Duchovnikov.

10 Im Eintrag vom 9.5.1943 berichtet Majer, wie er und seine Freunde den freien Sonntag im Lager verbrachten.

Als wir zur Baustelle gingen, war alles angezeichnet: zwei Kubik (pro Person). Mit meinem Rekrutenverstand riet ich den alten Arbeitssoldaten, mit dem Schwager,[11] dem Vorarbeiter der Gruppe, an der Spitze, so nah wie möglich am Lager zu arbeiten. Aber wie aus Absicht wählten sie die am weitesten entfernte Stelle. Anfangs arbeiteten Bati[12] Janko, Ciko, Lazar, der Schwager und ich. Später kam Aron hinzu, um uns zu unterstützen. Jeder muss der Reihe nach mit der Karre, mit der Schaufel oder als Zubringer arbeiten. Bis mittags lief die Arbeit sehr gut. Wir kehrten in der sicheren Hoffnung ins Lager zurück, dass wir unseren Akkord spätestens gegen vier Uhr dreißig erfüllt haben würden.

Nach dem Mittagessen geschahen einige Dinge, die ich detaillierter beschreiben will. Erstens den plötzlichen Wetterumschwung. Ichtiman gilt als einer der gesündesten Kurorte in Bulgarien. Das ist nicht weiter verwunderlich. Schöne Natur, gesunde Bergluft und – am wichtigsten – Essen, wie man es nur schwer in einer anderen Stadt finden kann. So weit, so gut. Aber es gibt Dinge, die uns an all dem zweifeln lassen. Zuerst einmal der Wind, der jeden Tag zu einer bestimmten Zeit unaufhörlich weht. Seit wir hierhergekommen sind, ist kein Tag vergangen, ohne dass dieser kalte Wind geweht hätte. Außerdem die vielen plötzlichen Wetterumschwünge. Oft kommt es vor, dass wir morgens in kurzen Hosen arbeiten und am Nachmittag mit Pelzjacken. Ein merkwürdiger Kontrast! Gegen vier Uhr dreißig fuhr Seine Hoheit in einem gepanzerten Wagen an der Baustelle vorbei. Unsere Grüße erwiderte der demokratischste Zar der Welt fröhlich lächelnd, indem er einige Male den Hut lüftete. Das erfreute alle und ließ uns glauben, dass der erste Bürger Bulgariens immer noch an uns denkt.

Nach dem Mittagessen lief es mit der Arbeit überhaupt nicht mehr. Nicht, dass wir müde gewesen wären, sondern unter der oberen weichen Schicht befand sich versteinerter Lehm, der sich kaum ausgraben ließ, was unseren Vorarbeiter und meinen Freund Janko völlig erschöpfte. Uns wurde klar, dass wir den Akkord nicht erfüllen würden, egal wie wir uns auch anstrengten. Das hatte zur Folge, dass wir den Ernst bei der Arbeit etwas vermissen ließen (mir kommt es vor, es ist immer so, wenn man sieht, dass es unmöglich ist, die Arbeit zu schaffen) und die alten Arbeitssoldaten auf eine Verringerung des Akkords hofften. Jedenfalls lief bis zum Abend alles glatt.

Doch als der Ingenieur[13] kam, war er äußerst verärgert wegen der wenigen Arbeit, die wir abgeliefert hatten. Er drohte uns alles Mögliche an, was uns sehr erschreckte. Unter anderem kündigte er an, dass wir ab morgen noch strenger beaufsichtigt werden würden.

Heute wurde dem Vorgesetzten die Abwesenheit von Arojo[14] gemeldet. Er war schon seit drei Tagen nicht mehr im Lager, und ich habe nicht gewagt, etwas darüber ins Tagebuch zu schreiben. Aber jetzt wissen die Vorgesetzten darüber Bescheid. Was auch immer die Gründe für dieses so lange unerlaubte Fernbleiben aus dem Lager sein mögen,

11 Es ist unklar, ob es sich hierbei um einen Spitznamen handelt oder Majer tatsächlich seinen Schwager meint.

12 Bulgar. Anrede für einen älteren Bruder oder Freund.

13 Ivan Stojanov Gašarov (*1908 oder 1909), Bauingenieur; Hauptinspekteur des Arbeitsdienstes am Ministerium für öffentliche Bauten, Straßen und Infrastruktur, verantwortlicher Ingenieur für das Zwangsarbeitslager in Ichtiman; 1945 im sog. Antisemiten-Prozess des Volksgerichts vom Vorwurf der Beteiligung an der Judenverfolgung freigesprochen.

14 Vermutlich Aron Avram Aron (*1921), laut dem Protokollbuch des 1. Arbeitsbataillons fehlte dieser eineinhalb Tage und verbrachte nach seiner Rückkehr zur Bestrafung einen Tag im Polizeiarrest.

ich würde es nie rechtfertigen. Denn die Folgen eines solch unbedachten Verhaltens sind immer verhängnisvoll! Schade, aber …
Am Abend aßen wir Dinge, die selten, eigentlich zum ersten Mal, unsere hungrigen Mägen füllten. Wir aßen Ölsardinen, die mir meine Eltern mit dem letzten [Päckchen] zukommen hatten lassen,[15] danach Joghurt und zum Nachtisch Makronen. Warum gibt es nicht jeden Tag solches Essen?

DOK. 325
Das Reichssicherheitshauptamt kritisiert am 17. Mai 1943, dass die bulgarische Regierung die Wiederaufnahme der Deportationen bewusst hinauszögern würde[1]

Schnellbrief (geheim) des Chefs der Sicherheitspolizei und des SD (IV B 4 3564/42 g (1484)), gez. Günther,[2] Berlin, an das Auswärtige Amt (Eing. Inl. II 1443g, 27.5.1943), z.Hd. v. Herrn Legationsrat von Thadden, Berlin, vom 17.5.1943

Betrifft: Behandlung der Judenfrage in Bulgarien
Bezug: Telefonische Besprechung zwischen Herrn Legationsrat von Thadden und SS-Hauptsturmführer Boßhammer[3] am 14.5.1943.[4]
Ich nehme Bezug auf das angeführte Telefongespräch vom 14.5. ds. Jrs. und halte die danach für Ihre Besprechung mit dem Gesandten Beckerle wesentlich erscheinenden Gesichtspunkte wunschgemäß nochmals wie folgt fest:
Die nach dem Abschub von etwa 11 500 Juden aus den von Bulgarien neubesetzten Gebieten nach dem Osten noch im altbulgarischen Gebiet befindlichen etwa 51 000 Juden[5] stellen im Rücken der deutschen Abwehrkräfte im Südostraum eine erhebliche Gefahr dar. Als Hauptvorwand gegen ihren Abschub nach dem Osten hat u. a. König Boris

15 Die Zwangsarbeiter durften einmal monatlich ein Päckchen per Post erhalten. Päckchen sowie eingehende und ausgehende Post unterstanden der Kontrolle der Lagerleitung.

1 PAAA, R 100 863, Bl. 193 f. Abdruck in bulgar. Übersetzung in: Toškova/Kotev/Stoimenov (Hrsg.), Bălgarija (wie Dok. 320, Anm. 1), Dok. 99, S. 134 f.

2 Rolf Günther (1913–1945), kaufm. Angestellter; 1929–1937 SA-Mitglied, 1931 NSDAP- und 1937 SS-Eintritt; von 1938 an in der Zentralstelle für jüdische Auswanderung Wien tätig, 1941 bis März 1944 Stellv. Eichmanns beim RSHA im Referat IV B 4, Teilnehmer der 2. Folgekonferenz der Wannsee-Konferenz am 27.10.1942, 1943/44 beim Zentralamt für die Regelung der Judenfrage in Böhmen und Mähren; nahm sich 1945 in Haft das Leben.

3 Friedrich Boßhammer (1906–1972), Jurist; 1933/34 SA-Mitglied, 1933 NSDAP- und 1937 SS-Eintritt; 1940/41 Gerichtsoffizier und Untersuchungsführer bei der Sicherheitspolizei in Wiesbaden, von Jan. 1942 an Sachbearbeiter beim Judenreferat des RSHA, 1944/45 ließ er als Judenreferent in Italien rund 7700 Juden deportieren; 1947/48 Internierung, 1952 Zulassung als Rechtsanwalt in Wuppertal; 1972 zu lebenslanger Haft verurteilt, starb vor dem Inkrafttreten des Urteils.

4 Im Vorfeld hatte sich Theodor Dannecker während einer Reise in Berlin bei Eichmann über die zunehmenden Ausflüchte der bulgar. Regierung sowie die mangelnde Unterstützung seiner direkten Vorgesetzten in Sofia, Gesandter Beckerle und Polizeiattaché Hoffmann, beschwert.

5 Tatsächlich lebten noch 48 000 Juden auf dem Gebiet Alt-Bulgariens.

verschiedentlich angeführt, daß diese Juden zum Arbeitseinsatz in Bulgarien vorerst unentbehrlich seien.[6]
Bisher sind etwa 6000 Juden im Arbeitseinsatz eingesetzt. Angeblich ist beabsichtigt, in allernächster Zeit weitere 8000 einzusetzen, das bedeutet, daß in Zeitkürze die gesamte arbeitsfähige jüdische Bevölkerung zum Arbeitseinsatz in Bulgarien herangezogen wäre.[7]
Hierdurch würde praktisch die gesamte Judenschaft Bulgariens gebunden sein, da bei einer Ostevakuierung eine Familientrennung unerwünscht [wäre] und auch dem Kernproblem der Endlösung nicht entspräche.
Die Arbeitsleistung der Juden beim Straßen- und Bahnbau in Bulgarien hat sich bisher als äußerst gering erwiesen. Z.B. hat man in der Gegend von Stara[8] rd. 2000 Juden eingesetzt, die es bei dem politisch ungeschulten und unbemittelten bulgarischen Aufsichtspersonal erreicht haben, daß sie nur wenige Stunden täglich zu arbeiten brauchen und ein sehr bequemes Leben führen können. In derselben Gegend bestehen neben den jüdischen auch griechische Arbeitslager. Die Griechen läßt man im Gegensatz zu den Juden bis zu 12 Stunden täglich arbeiten.
Selbst der bulgarische Judenkommissar steht auf dem Standpunkt, daß sich in Bulgarien mit dem jüdischen Arbeitseinsatz keine nachhaltigen Ergebnisse erzielen lassen. Es kommt hinzu, daß bei dem Einsatz der männlichen Juden die Familien getrennt werden, was in Sofia – in erster Linie durch die nicht herangezogenen Juden lanciert – eine erhebliche weitere Verstärkung der regierungs- und achsenfeindlichen Propaganda hervorrufen muß, weil man am Ende jede Judenmaßnahme doch als von Deutschland gefordert darstellt.
Zusammenfassend muß danach der von der bulgarischen Regierung in sehr durchsichtiger Weise vorgeschützte Arbeitseinsatz der Juden in Bulgarien lediglich als Vorwand gegen die von Deutschland gewünschte Ostevakuierung bezeichnet werden, der diese zur Zeit mehr oder weniger unmöglich machen soll.
Es liegt im Interesse der vom Reichsführer-SS angestrebten baldigen Endlösung, daß in den deutsch-bulgarischen Erörterungen über die Ostevakuierung sämtlicher Juden aus Bulgarien die derzeitige, für Evakuierungsaktionen besonders günstige Lage, wie sie insbesondere durch das letzte Attentat in Sofia[9] eingetreten ist, mit allem Nachdruck ausgenutzt wird.

6 Siehe Dok. 320 vom 4.4.1943 sowie Einleitung, S. 89.
7 Die Gesamtzahl der einberufenen jüdischen Zwangsarbeiter differiert in den Quellen. Für 1942 werden zwischen 3300 und 8500 genannt, für 1943 bis zu 10 000. Schätzungen zufolge waren im Zeitraum 1941–1944 insgesamt 12 000 jüdische Männer davon betroffen; siehe Jens Hoppe, Zwangsarbeit von Juden in Bulgarien während des Zweiten Weltkriegs. Die jüdischen Arbeitsbataillone 1941–1944, in: Südost-Forschungen, 63/64 (2004/2005), S. 311–338, hier S. 323.
8 Die Ortsbezeichnung ist unvollständig.
9 Gemeint ist ein misslungenes Attentat der illegalen BKP gegen einen Radioingenieur, der an der Funkstörung sowjet. Sender beteiligt gewesen war. Einer von zwei gefassten Attentätern war der jüdische Kommunist Menachem (Miko) Papo (1924–1943), der am 2.11.1943 hingerichtet wurde.

DOK. 326

Kommunisten in Sofia rufen die Bevölkerung zum Ungehorsam gegen die am 23. Mai 1943 beginnende Aussiedlung der Juden auf[1]

Flugblatt, ungez.,[2] Mai 1943[3] (Durchschrift)

Bulgaren und Bulgarinnen,
in der langen Reihe blutiger Kämpfe, die das bulg[arische] Volk für seine Befreiung führte,[4] hat es gelernt, nicht nur die Freiheit seines Vaterlands zu schätzen, sondern auch die aller Unterdrückten und Entrechteten, ohne Rücksicht auf Nationalität und Religion. Nach der Befreiung[5] hat das bulg[arische] Volk weder im Krieg noch im Frieden Rassenhass oder nationale Ressentiments gegenüber seinen Minderheiten, Türken, Armeniern, Juden u. a. bekundet.[6] Nur verblendete Leute haben, geleitet von ihren niederen Interessen, Ausbrüche von Antisemitismus geschürt, ohne jedoch das Gefühl und die Liebe unseres Volkes für Freiheit und religiöse Toleranz beeinträchtigen zu können.
In ihrem Eifer, Bulgarien in Hitlers Krieg hineinzuziehen, hat die käufliche Regierung Filovs eine Reihe von Maßnahmen ergriffen, darunter der in letzter Zeit rasende Terror und die Grausamkeiten gegenüber der friedlichen jüdischen Bevölkerung, legalisiert durch unsere sadistischen Rassengesetze. „Das Gesetz zum Schutz der Nation“ und alle ihm folgenden Verordnungen nahmen einem Teil des bulg[arischen] Volkes sein Recht auf Existenz, seinen Besitz, seine Arbeit, seine Freiheit und Würde, und das nur deshalb, weil sie als Juden geboren worden sind. Überdies ist nach der Einrichtung eines speziellen „Kommissariats für Judenfragen“ und der Übertragung seiner Leitung an einen brutalen Sadisten, Belev, der nur Gabrovski und dem deutschen Gesandten[7] verantwortlich ist, nun auch das Leben der Juden im Land in Gefahr.
Kraft einer letzten Anordnung Kommissar Belevs sind alle Personen jüdischer Abstammung verpflichtet, *innerhalb einer dreitägigen Frist* die Hauptstadt zu verlassen und sich zwangsweise an verschiedene Orte im Land umzusiedeln.[8] Sie sind verpflichtet, ihren

1 CDA, 1B/4/145. Abdruck in: Koen/Dobrijanov/Manafova (Hrsg.), Borbata (wie Dok. 277, Anm. 1), S. 207–209; Koen/Gerginov/Željazkova (Hrsg.), Oceljavaneto (wie Dok. 283, Anm. 1), Dok. 113a, S. 246 f. Das Dokument wurde aus dem Bulgarischen übersetzt.

2 Die Autorschaft ergibt sich aus einer Notiz, die der Akte beiliegt. Darin steht: „Mit dieser Darstellung, die von Parteimitgliedern und Jugendlichen in Konjovica ausgearbeitet worden war, wurde um Unterstützung unter Personen des öffentlichen Lebens geworben.“ Konjovica war ein Arbeiterviertel am westlichen Rand Sofias, das an das jüdische Viertel Juc Bunar angrenzte.

3 Die Datierung ergibt sich aus dem Inhalt des Dokuments.

4 Gemeint sind die Kämpfe um die Unabhängigkeit vom Osman. Reich im 19. Jahrhundert.

5 Gemeint ist die Befreiung von der osman. Herrschaft 1878.

6 Es handelt sich um eine beschönigende Darstellung. Gewalt gegen Juden, Muslime und Griechen gab es bereits vor dem Ersten Weltkrieg. Der 1941 eingeführte Zwangsarbeitsdienst betraf neben den Juden auch Türken und Roma.

7 Adolf-Heinz Beckerle.

8 Siehe Dok. 328 vom Mai 1943. Der Ministerrat beauftragte am 21.5.1943 das KEV mit der umgehenden Umsiedlung der Sofioter Juden in die Provinz; nur Konvertiten und zum Arbeitsdienst Mobilisierte durften bleiben; siehe Koen/Gerginov/Željazkova (Hrsg.), Oceljavaneto (wie Dok. 283, Anm. 1), Dok. 113, S 244–246. Die ersten Aussiedlungsbefehle ergingen am 23.5.1943.

gesamten Hausrat zurückzulassen[9] und nur „leichtes Gepäck" mitzunehmen und damit in die Ungewissheit aufzubrechen. Sie sind verpflichtet, die Mittel für ihren Broterwerb zurückzulassen, die Kupons für Brot zu übergeben und sich dem Hungertod *auszuliefern*. Sie sind dazu verpflichtet, *mit ihren Kindern, Kranken, Alten und schwangeren Frauen* zu Baracken und Unterkünften aufzubrechen, wo sie Krankheiten, gefährliche Seuchen und der Tod erwarten.

Bulgaren,

das Judentum aus dem Belomorie-Gebiet[10] und aus den neuen befreiten Gebieten musste als Opfer eines blutrünstigen Hitler die Schrecken der „Umsiedlung" und der Verschickung nach Polen erfahren.[11] Das bulgarische Judentum, das das Unglück, Hunger, Galgen, Gefängnisse und Internierungen gemeinsam mit dem widerständischen bulg[arischen] Volk erträgt, will nicht in einem polnischen Getto sterben, sondern Schulter an Schulter mit den bulgarischen Patrioten bis zur endgültigen Vertreibung des gemeinsamen Feindes, des Jochs Hitlers, kämpfen.

Volksvertreter, ehemalige Minister, Vertreter des öffentlichen Lebens, Schriftsteller, Geistliche, Werktätige und Geistesarbeiter,

ihr habt vielfache Beweise dafür geliefert, dass ihr die kostbare bulgarische Freiheit und Unabhängigkeit schätzt, dass ihr den guten Namen Bulgariens in der Fremde schützt und hochhaltet. Lasst nicht zu, dass unsere jüdischen Mitbürger zwangsweise aus Sofia fort nach Polen ausgesiedelt werden.

Tausende von empörten Stimmen erheben sich in allen Teilen Bulgariens gegen die Gräueltaten der Sadisten Filov, Gabrovski, Belev. Protestiert persönlich und mit Delegationen, mittels Briefen und Protesten gegen die Verhaftung der jüdischen Honoratioren und ihre Verschickung an unbekannte Orte.[12]

Geistliche,

christliches Gefühl und christliche Moral erlauben keinen Rassenhass und keine Verachtung nationaler Minderheiten. Schlagt Alarm unter euren Gemeindemitgliedern und fordert sie auf, die Juden vor den barbarischen Angriffen selbstvergessener Leute zu beschützen!

Bulgarische Mütter,

ihr, die ihr die schwersten Folgen des Krieges zu tragen habt, die ihr gezwungen seid, eure Söhne auf Befehl von Hitlers Lakaien als Soldaten in weit entfernte Gegenden zu schicken[13] – nur ihr wisst, was der Schmerz einer Mutter ist. Werdet ihr zulassen, dass

9 Dieser musste genau protokolliert werden und wurde später per VO des KEV vom 6.7.1943 zwangsversteigert, wobei der Erlös dem KEV zugeschlagen wurde; siehe CDA 664/1/6, Bl. 125–127 und 148.

10 Das von Bulgarien besetzte Gebiet an der nördlichen Ägäisküste im heutigen Griechenland, das die Regionen West-Thrazien und Teile von Ägäisch-Makedonien umfasst.

11 Siehe VEJ 14 sowie Dok. 311 vom 22.2.1943.

12 Mindestens 140 jüdische Personen, darunter vor allem Mitglieder des Konsistoriums und andere Gemeindefunktionäre, wurden am 24.5.1943 von der Polizei verhaftet und nach Somovit, einer bulgar. Hafenstadt an der Donau, verschleppt, wo auf dem Gelände einer Schule ein provisorisches Lager entstand. Im Okt. 1943 kamen die Lagerinsassen in ein Barackenlager bei Pleven.

13 Bulgar. Streitkräfte übernahmen neben den Besatzungsaufgaben in Mazedonien und Thrazien auch Stationierungs- und Sicherungsaufgaben in der Region, so z. B. seit 1942 in weiten Gebieten und vom Sommer 1943 an im gesamten Südosten des unter deutscher Militärverwaltung stehenden Serbiens sowie in Griechenland auf der Halbinsel Chalkidike und deren Hinterland.

die Kinder eurer Mitbürger, eurer jüdischen Nachbarinnen zwangsweise ausgesiedelt und in die Ungewissheit und den offenkundigen Untergang geschickt werden?
Stellt euch vor die Häuser eurer jüdischen Nachbarn und lasst nicht zu, dass sie mit Gewalt herausgeholt werden!
Versteckt die Kinder und überlasst sie nicht den Henkern!
Arbeiter und Arbeiterinnen,
ihr, die ihr immer in den ersten Reihen beim Kampf für Freiheit und Unabhängigkeit steht und gegen jede nationale Unterdrückung seid, übernehmt offensiv die Verteidigung eurer jüdischen Arbeiterbrüder!
Kommt massenhaft in die jüdischen Viertel und zeigt eure Solidarität mit den unterdrückten jüdischen Bürgern! Erlaubt nicht, dass die Juden aus Sofia und Bulgarien umgesiedelt werden![14]
Juden und Jüdinnen,
seid stolz, dass auch ihr zusammen mit dem ganzen bulg[arischen] Volk heldenhaft den rasenden Angriffen des verhassten Hitlerismus standhaltet.
Verlasst die Hauptstadt und das Land nicht aufgrund irgendwelcher Drohungen! Zieht den heldenhaften Kampf und Tod dem Tod durch die Hand des Henkers Hitler vor!
Beteiligt euch massenhaft und spontan an den Kämpfen unseres Volkes für den Sieg der Vaterländischen Front, für die endgültige Niederschlagung des Hitlerismus in unserem Land!
Nur Mut, der Sieg über die Gewalttäter ist nah!

DOK. 327

In einem anonymen Brief bitten bulgarische Juden die Zarin am 24. Mai 1943 um Schutz vor der Zwangsaussiedlung in die Provinz und der Deportation nach Polen[1]

Anonymer Brief an die Zarin,[2] Sofia, ungez., vom 24.5.1943 (Abschrift)

Euer Hoheit,
wir wagen es, uns mit der Bitte an Euch zu wenden, den Schutz für die 40 000[3]-köpfige jüdische Bevölkerung in Bulgarien zu übernehmen, die sich gegenwärtig in einer ausweglosen und tragischen Lage befindet.
Vom Kommissariat für Judenfragen sind bereits alle Maßnahmen ergriffen worden, *um am Dienstag, den 25. Mai eine Massenumsiedlung in die Provinz in Gang zu setzen,* die wir geduldig und widerspruchslos hinnehmen würden. Unter diesem Vorwand wird

14 Tatsächlich kam es am 24.5.1943 im jüdischen Viertel Juč Bunar zu einem Protest gegen die Aussiedlung, an dem sich einige Hundert Personen beteiligten. Polizisten zerstreuten die Demonstranten und nahmen dabei bis zu 400 Personen fest. Über die Beteiligung von Nichtjuden gibt es widersprüchliche Informationen.

1 CDA, 250B/1/47, Bl. 15. Das Dokument wurde aus dem Bulgarischen übersetzt.
2 Zarin Joanna von Bulgarien, auch Giovanna di Savoia (1907–2000); Tochter des italien. Königs Viktor Emanuel III.; 1930 Heirat mit Zar Boris III. von Bulgarien; 1946 verließ sie mit ihren zwei Kindern Bulgarien, nachdem sich die Mehrheit der bulgar. Bevölkerung bei einer nicht freien Volksabstimmung gegen die Monarchie entschieden hatte.
3 Richtig: 48 000.

jedoch nur *die Verbannung aller Juden aus Bulgarien vorbereitet, ohne Rücksicht auf Geschlecht und Alter, sehr wahrscheinlich nach Polen.*
Wir würden es uns nicht erlauben, die Aufmerksamkeit Euer Hochwohlgeboren auf diese Tatsache zu lenken, wenn nicht das Beispiel der Juden aus dem Belomorie-Gebiet und Mazedonien das von uns oben Befürchtete bestätigen würde.
Auch sie wurden wie wir vor nicht allzu langer Zeit gezwungen, Deklarationen abzugeben, die nach Angaben des dortigen Kommissariats angeblich nur statistischen Zwecken dienen sollten. Eine Woche später erhielten sie Benachrichtigungen über die Umsiedlung ins Landesinnere, *ebensolche Benachrichtigungen haben auch wir heute erhalten.* Nachdem man sie jedoch auf Züge geladen hatte, fuhren sie statt nach Bulgarien *nach Polen.*
Wir waren Zeugen erschütternder Szenen mit diesen in Pferdewaggons verladenen Juden, jeweils 50 an der Zahl, ohne Rücksicht auf Alter und Gesundheitszustand und ohne die elementarsten Voraussetzungen für ein menschenwürdiges Leben, wobei man ihnen sogar die Fürsorge, die man Tieren angedeihen lässt, versagt hat. Es gab Fälle, in denen Mütter ihr krankes Kind und später dessen Leichnam im Arm halten mussten, ohne die Möglichkeit, etwas zu tun.[4]
Diese Tragödie wird auch uns ereilen, *wenn Ihr, die Mutter aller Bulgaren, unabhängig von ihrer Religion, uns Euer Mitgefühl und Eure Unterstützung versagt.*
Indem wir also auf Euer mildtätiges Herz vertrauen, Eure Hoheit, bitten wir Euch demütig, Interesse an unserem Schicksal zu zeigen und darüber zu wachen, dass wir tatsächlich innerhalb von Bulgarien evakuiert werden und nicht in irgendein fremdes Land.
In Erwartung Eurer Gnade verbleiben wir
Euer untertäniges bulgarisches Judentum.

DOK. 328
Judenkommissar Belev entwirft im Mai 1943 einen Plan zur Aussiedlung der Juden aus Bulgarien[1]

Plan über die Aussiedlung der Juden außer Landes (Durchdruck)[2]

Plan
zur Aussiedlung der Juden aus dem Land
I. *Aufgabe*
Es sollen alle Juden aus dem Königreich ausgesiedelt werden. Nicht betroffen sind: a.) Juden, die Staatsbürger eines fremden Landes sind, mit Ausnahme der Juden aus

4 Die Anzahl der während der Deportation verstorbenen Juden kann nicht genau ermittelt werden. Alleine aus Thrazien und Pirot waren es mindestens fünf.

1 CDA, 1568K/1/122, Bl. 49–51. Abdruck in: Toškova/Koleva/Koen (Bearb.), Obrečeni (wie Dok. 297, Anm. 1), S. 414 f. Das Dokument wurde aus dem Bulgarischen übersetzt.
2 Das Dokument ist zwischen 13.5. und 21.5.1943 entstanden. Am ersten Datum teilte Theodor Dannecker Judenkommissar Belev mit, dass für die Deportationen der bulgar. Juden ab sofort vier Passagierdampfer der Donau-Dampfschiffahrts-Gesellschaft zur Verfügung stünden; CDA, 2123K/1/4096, Bd. II, Bl. 130. Am 21.5.1943 beschloss der Ministerrat die Aussiedlung der Juden aus Sofia.

Deutschland und den von Deutschland okkupierten Ländern; b.) Juden, die mit Nichtjuden verheiratet sind; c.) [Juden], die zivil mobilisiert sind,[3] aber nur, wenn sie unbedingt gebraucht werden, und d.) [Juden] mit ansteckenden Krankheiten.
Frist zur Aussiedlung: Sie soll bis zum 30.9.1943 beendet sein.
Die Juden werden in die Ostgebiete des Deutschen Reiches ausgesiedelt.
II. *Gesamtplan*
a.) Die Aussiedlung aus Sofia betrifft 25 000 Juden
aus der Provinz 23 000 Juden[4]
insgesamt 48 000 Juden[5]
b.) Die Übergabe wird in den Donauhäfen stattfinden, vor allem in Lom und Somovit. In den übrigen Häfen werden die örtlichen Juden ausgehoben.
c.) Jeden Monat werden 16 000 Personen das Land verlassen. Bis Wien wird der Transport mit Dampfschiffen erfolgen. Die Bewachung wird bis Wien von Bulgarien übernommen, falls keine deutschen Wachen bereitgestellt werden können.
d.) Es ist nicht wünschenswert, dass die Aushebung in Etappen erfolgt. Bis zu einem festgelegten Datum, zum Beispiel dem *30. Mai 1943*, müssen alle Juden in Lagern untergebracht sein.
e.) Die gleichzeitige Aushebung aller Juden aus Sofia ist technisch schwierig zu bewerkstelligen. Um Punkt d.) einhalten zu können, müssen die Sofioter Juden schon früher in die Provinz ausgesiedelt werden. Rechnet man die Juden ab, die nicht ausgesiedelt werden, die sich in Arbeitsgruppen befinden und die nicht in die Provinz ausgesiedelt werden, dann bleiben ungefähr 16 000 Personen, die in die Provinz auszusiedeln sind, 8000 Personen pro Woche. Diese Aussiedlung kann erfolgen, sobald die Regierung ihre Verbindlichkeit verkündet. Sie wird mit Sammelfahrscheinen erfolgen, die vom Kommissariat ausgegeben werden, wobei eventuell die Fahrt mit diesen Sammelfahrscheinen kostenlos sein wird. Wer nicht freiwillig geht, wird streng bestraft.
Ausgesiedelt werden in den Bezirk Vraca ungefähr 3000 Personen,
in den Bezirk Sofia ungefähr 2000 Personen,
in den Bezirk Plovdiv ungefähr 1500 Personen,
in den Bezirk Stara Zagora ungefähr 1500 Personen,
in den Bezirk Burgas ungefähr 3000 Personen,
in den Bezirk Šumen ungefähr 1500 Personen,
in den Bezirk Ruse ungefähr 2000 Personen,
in den Bezirk Pleven ungefähr 1500 Personen.
Die Aussiedlung der Sofioter Juden in die Provinz soll den Verdacht zerstreuen, die Juden würden nach Deutschland gebracht. Die Verwaltungsdirektoren und die Polizeikommandanten der Bezirke werden davon unterrichtet, dass diese Unterbringung der

3 Gemeint sind Juden, die im Rahmen der zivilen Mobilmachung für kriegswichtige Unternehmen oder als Spezialisten in Berufssparten tätig waren, in denen Arbeitskräfte fehlten, so z. B. als Mediziner oder Pharmazeuten.
4 Zahl handschriftl. nachgetragen.
5 Wie Anm. 4.

Sofioter Juden nur vorübergehend ist. Die Aktion wird sich auf Artikel 29 der Verordnung vom 29.8.1942 stützen.[6]
Die Sofioter Juden werden in der Provinz in jüdischen Häusern untergebracht oder „vorübergehend“ – bis zu ihrer Einquartierung in Wohnungen – in den örtlichen Schulen.
f.) Der Abtransport der Juden aus der Provinz wird somit auch die aus Sofia ausgesiedelten Juden betreffen und kein Problem darstellen. 24 Stunden nachdem die Polizeikommandanten der Bezirke die Anordnung erhalten haben, werden die Schulen geräumt und wird die Aktion vorbereitet. Sie kann beispielsweise am 30. Mai stattfinden. Die Juden werden in Lagern *in den örtlichen Schulen* untergebracht, ihre Wohnungen versiegelt. Am selben Tag beginnt ihr Abtransport nach Lom und Somovit, wo Zwischenlager eingerichtet werden. Die übrigen in Sofia verbliebenen, nicht in die Provinz ausgesiedelten Juden werden am selben Tag ausgehoben und sofort mit Zügen nach Lom geschickt.
g.) Der Transport der Juden mit Zügen zu den Häfen Lom und Somovit wird schrittweise erfolgen, und zwar so, dass es bei Ankunft der Dampfschiffe in diesen Häfen genügend Juden zum Abtransport gibt. Nur am ersten Tag sind 10 000 Personen zu transportieren, danach pro Woche 4000.
h.) Die Juden ab dem 3. Tag ihrer Ankunft in den Lagern vor Ort mit Lebensmitteln zu versorgen, wird nicht sonderlich schwierig sein; bis dahin müssen sie sich von den Lebensmitteln ernähren, die sie mitgenommen haben.
i.) Die Überwachung der hygienischen Verhältnisse und die polizeiliche Bewachung wird wie bei den Lagern in Mazedonien und Thrazien erfolgen.
j.) Für die Räumung der Lager und den Abtransport der Juden werden die Verordnungen gelten, die bei der Aussiedlung der Juden aus Thrazien erlassen wurden.[7]
k.) Über den jüdischen Besitz wird auf die Art und Weise verfügt, auf die über den Besitz der Juden in Mazedonien und Thrazien verfügt wurde.[8]
l.) In Lom sind die Voraussetzungen für die Unterbringung von 5000 Personen in provisorischen Lagern gegeben. In Rjachovo und Somovit[9] können ebenfalls bis zu 2000 Personen untergebracht werden.
[m.)] In Cibăr fehlen die Voraussetzungen für ein provisorisches Lager. Wenn die Aussiedlung nicht erfolgt, kann in Cibăr ein ständiges Lager errichtet werden.[10]

6 Dieser besagte, dass die Sofioter Juden in die Provinz oder außerhalb des Königreichs auszusiedeln seien; für die deutsche Textfassung der VO siehe Nachrichten für Außenhandel vom 27.10.1942 und Dok. 298 vom Sommer 1942.
7 Siehe VEJ 14/233.
8 Siehe VEJ 14/178, 181, 255, 268.
9 Rjachovo und Somovit sind Dörfer am bulgar. Ufer der Donau. In Somovit entstand Ende Mai 1943 ein provisorisches Internierungslager für jüdische Personen, das im Herbst 1943 nach Pleven verlegt wurde.
10 Gorni Cibăr ist ein Dorf an der Donau im Nordwesten Bulgariens.

DOK. 329

Der Zwangsarbeiter Sabetaj Majer beschreibt in seinem Tagebuch vom 25. bis 29. Mai 1943, wie die Nachricht von der Aussiedlung der Sofioter Juden im Arbeitslager aufgenommen wurde[1]

Handschriftl. Tagebuch von Sabetaj Majer, Einträge vom 25. bis 29.5.1943

25. Mai – Dienstag
Dies ist ein unglücklicher Tag für uns, der Tag, der allen im Gedächtnis bleiben wird.
Am Morgen ahnten wir noch nichts von den Gewitterwolken, die sich über uns zusammenbrauten, und freuten uns auf schönes Wetter, das uns die Natur nur selten zuteilwerden ließ. Wir arbeiteten gutgelaunt bis Mittag, wir machten sogar Fotos von uns! Mit einem Wort – es versprach, ein herrlicher Tag zu werden.
Gegen Mittag begannen Wolken aufzuziehen. Diese uns so wohlbekannten grauen Wolken! Wir gingen hinunter zum Brunnen, um unser Essen zu erhalten. Sie brachten uns Zeitungen, aber welch Überraschung! Auf der ersten Seite stand die Mitteilung des Judenkommissariats, dass alle Juden aus Sofia umgesiedelt werden![2] Auch wenn wir nicht aus der Hauptstadt sind, die Reaktion auf diese Meldung war sofort zu bemerken. Alle senkten die Köpfe und stocherten lustlos im Mittagessen herum.
Bei der abendlichen Kontrolle spielte sich eine Szene ab, die ich nie vergessen werde! Nach dem traditionellen Gebet sprach Gajo ein kurzes Gebet an den Allmächtigen zur Rettung seiner Kinder. Daraufhin begannen auch einige aus den anderen Zügen zu weinen! Sie schluchzten so laut, wie nur Kinder weinen können! Sind, oh Herr, die Leiden deines Volkes noch nicht zu Ende? Warum bringst du ihm neue und so schwere Prüfungen? Sind drei Tage etwa ausreichend, damit so viele Menschen umgesiedelt werden können? Sprich! Was schweigst du! Kannst du dir, oh Herr, die Szenen vorstellen, die sich in der Hauptstadt Bulgariens abspielen werden! Frauen ohne Unterstützung, ohne männliche Hand sollen mit so einer schweren Aufgabe fertigwerden? Warum schickst du uns dann diese Prüfung? Was willst du von uns? Haben die bisherigen Opfer denn nicht gereicht? Sprich!
In noch größere Unruhe geriet das Lager bei der Nachricht, dass sich eine schwangere Frau aus dem dritten Stock gestürzt habe! Was soll ich dazu sagen? Ich wüsste gern, wozu ein unschuldiges Leben zu Ende gehen musste?
Mein Gott, ob ich mich nicht als Prophet meines eigenen Schicksals erweisen werde! Alles ordnet sich so an wie in meinem „Todeslager"![3] Oh, das ist so unerträglich, dass ich nicht daran zu denken wage, geschweige denn was auch immer zu schreiben.
Mandil hielt eine meines Erachtens sehr geistreiche Ansprache, die uns Unglücklichen ein wenig das Herz wärmte. „Liebe Freunde, hob er an und sagte dann: Ich bitte alle

1 Original in Privatbesitz, Kopie und Abschrift: IIBM, 1/37/29, Heft 1. Abdruck in: Znepolski (Hrsg.), Tova e moete minalo (wie Dok. 322, Anm. 1), S. 55–59. Das Dokument wurde aus dem Bulgarischen übersetzt.
2 Der bulgar. Ministerrat hatte mit einem entsprechenden Beschluss am 21.5.1943 das KEV beauftragt, alle Sofioter Juden in die Provinz umzusiedeln; siehe Dok. 328 vom Mai 1943.
3 Majer hatte schriftstellerische Ambitionen. Vermutlich handelt es sich hier um eine von ihm verfasste Geschichte.

Freunde aus der Provinz, ihren Verwandten und Freunden in den Städten, in die die Angehörigen unseres Volkes aus Sofia umgesiedelt werden, zu schreiben, damit sie ihnen helfen, so gut es geht. Dort, wo jedes menschliche Gefühl abhandengekommen ist, ist es unsere Pflicht, uns selbst zu helfen! Ich bitte euch, Freunde! Schreibt sofort! Ich habe es schon getan! Schreibt, denn die kleinen Bemühungen, die wir für sie auf uns nehmen, werden ihre großen Qualen erträglicher machen. Das ist unsere Pflicht, weil man nicht weiß, ob nicht auch uns alle morgen dasselbe Schicksal treffen wird! Ich kann euch gar nicht sagen, wie sehr mein Herz bedrückt ist."
Worte, die in der Lage sind, jedes menschliche Herz zu rühren, außer bei Menschen, die aus Eisen und Stein gemacht sind.

26. Mai – Mittwoch
So schlecht der gestrige Tag war, so viele unangenehme Nachrichten wir gestern erdulden mussten, so viele Dinge waren heute zu hören, die alle erfreuten.
Gleich bei der Ankunft an der Baustelle ließen sie nach uns die vierte Gruppe antreten. Ihr Vorgesetzter, der Hauptmann der Reserve Chadžiev, erschien und sprach zu seinen Soldaten über seine Fahrt nach Sofia. Was er sagte, will ich Wort für Wort wiedergeben, ohne es irgendwie auszuschmücken. Es spricht für sich selbst.
„Wie ihr wisst, Kameraden, bin ich, sobald ich vom Beschluss des Kommissariats erfuhr, nach Sofia gefahren, um zu sehen, was ich für euch tun kann. Ich war die ganze Zeit unterwegs, sprach mit vielen Leuten, einflussreichen Persönlichkeiten, guten Freunden. Von ihnen erfuhr ich Folgendes: Alle Juden aus Sofia werden in die folgenden Städte umgesiedelt werden, die bisher bestimmt wurden: Pleven, Ajtos, Karnobat und Vraca. Sie beginnen bei der Bulina Livada-Straße,[4] weil dort eine konspirative Gruppe gefasst worden sei. Ich habe viele Personen beschworen, Urlaub für euch zu erwirken, und ich glaube, sie werden es tun. Von euch erwartet man nur eines: Diese Ereignisse ruhig zu ertragen und nichts zu tun, denn das würde nur eure Lage verschlechtern. Sie sagten auch, man werde gegen Deserteure sehr strenge Maßnahmen ergreifen, bis hin zur Ausweisung nach Polen." Dieser gute Mann sagte noch viele andere Dinge zur Beruhigung seiner Untergebenen. Als ihm ein mobilisierter Jude dankte, wehrte Hauptmann Chadžiev ab: „Alles, was ich getan habe, musste ich tun. Ich habe eine menschliche Pflicht erfüllt."
Nach dem Mittagessen erreichten uns noch bessere Neuigkeiten. Der Beschluss [zur Umsiedlung] sei vorläufig aufgehoben worden. Auf Drängen Seiner Hoheit des Zaren hin. 4000 Demonstranten hätten ihm für diese königliche Geste gedankt. Es trafen auch Telegramme ein, was uns vollständig davon überzeugte, dass alles wahr ist! Das beruhigte alle ein wenig, besonders die Sofioter, denen schon ganz schwarz vor Augen gewesen war. Einige von ihnen sind nach Sofia geflohen. Welches Schicksal sie wohl erwartete, falls sie gefasst werden! Unsinn! Einige von ihnen erklären selbst, dass das Leben ohne ihre Verwandten undenkbar für sie ist und sie tausendmal lieber sterben würden, bevor sie ihre Verwandten der Willkür überlassen.
Ich wiederhole es noch einmal, dieser Tag war ein heller Tag für uns. Wir beschlossen alle, morgen einen Taanit[5] einzulegen. Den ganzen Tag, obwohl wir zur Arbeit müssen.

4 Eine damals am äußersten westlichen Rand von Sofia, im Viertel Konjovica gelegene Straße.
5 Hebr.: Fasten.

27. Mai – Donnerstag

Alles, was man gestern gehört hat, scheint nicht wahr gewesen zu sein. Ein Ablenkungsmanöver, um die besorgten Arbeitssoldaten zu beruhigen. Die schlechten Nachrichten treffen weiterhin ein und quälen die ohnehin leidgeprüften Seelen. Uns erreichten Neuigkeiten, dass es bereits die ersten Opfer gegeben habe. Einige schwangere Frauen hätten Totgeburten gehabt, andere seien aus dem Fenster gesprungen. Es gäbe auch Fälle von Lähmung und Herzinfarkt. Das jüdische Volk hat Opfer zu beklagen. Teure Opfer, geliebte Opfer! Warum? Was können sie dafür, und womit haben sie diesen Tod verdient? Innerhalb von drei Tagen nach Erhalt der Benachrichtigung muss die Familie in die angegebene Stadt umsiedeln. Dabei spielt es keine Rolle, ob sie dort Angehörige hat oder woanders. Sie darf nur in die Stadt umsiedeln, die in der Mitteilung angegeben ist. Die Frauen müssen – vielleicht noch mit Kindern – mit allen Unannehmlichkeiten allein fertigwerden. Sie können nur 30 kg Gepäck mitnehmen! Den restlichen Hausrat müssen sie den Behörden überlassen. Den Wohnungs- oder Hausschlüssel müssen sie einer Person übergeben, die sie im Voraus den Behörden gegenüber benannt haben.

In Sofia hat es eine Demonstration als Zeichen des Protests gegeben, angeführt vom Rabbiner.[6] Aber sie war angeblich [...][7] von den Anhängern des Betar und von [...]. Sie begann bei der Synagoge auf der Pozitano-Straße[8] und kam gerade einmal bis zum Zentrum, weil die Anhänger des Betar die Polizei alarmierten.[9] Ich weiß nicht, was dahintersteckt, aber diese Leute werden bekommen, was sie verdienen, wenn ihre Zeit gekommen ist.

Alle Mitglieder des Konsistoriums und alle Geistlichen wurden festgenommen und eingesperrt. Diese [...] besuchte er [...] im Gefängnis und sagte zu ihnen, dass sie es nur verdienten, nach Polen geschickt zu werden. Das ist übrigens auch das, was uns vorbehalten ist.

Nach Pleven werden, den letzten Mitteilungen zufolge, 1250 Personen umgesiedelt.[10] In unserer Stadt ist die Wohnungsfrage sehr heikel; wo sollen diese Unglücklichen nur unterkommen? Wo und wie werden sie schlafen? Wer wird sich in so beunruhigenden Zeiten um sie kümmern? Um ihre kleinen Kinder? Gestern kam eine Frau mit ihren beiden Kindern ins Lager der vierten Gruppe! So klein, so hübsch. Sie riefen in allen Begeisterung hervor! Was können diese Kinder dafür? Sag mir das – du, der du diese Zeilen liest? Was verstehen sie schon, warum sollen sie im zartesten Alter leiden? Aber weder du noch ich können auf diese Frage antworten! Sie tragen nur eine Schuld, nämlich dass sie jüdischer Abstammung sind.

6 Vermutlich Daniel Cion (1883–1979), Theologe und Philosoph; 1920–1942 Mitglied, zeitweise Vorsitzender des Rabbinatsgerichts (Bet Din) von Sofia; am 24.5.1943 verhaftet und nach Somovit deportiert; im Dez. 1948 Auswanderung nach Israel; in seinen 1945 in Sofia erschienenen Erinnerungen „Pet godini pod fašistki gnet" hielt er auch die Ereignisse am 24.5.1943 fest. Dass er die Demonstration angeführt haben soll, wird darin jedoch nicht bestätigt.

7 Hier und im Folgenden unleserliche Stelle.

8 Synagoge im jüdischen Viertel Juč Bunar. Das Gebäude existiert heute nicht mehr.

9 Das Zentralkonsistorium und die zionistische Jugendorganisation Betar hatten sich einer Protestdemonstration widersetzt, da sie Zusammenstöße mit der Polizei und nationalistischen Gruppierungen bei den traditionellen Kyrill- und Method-Feiern am 24.5.1943 fürchteten.

10 Nach Pleven, einer Stadt mit rund 600 jüdischen Einwohnern, wurden 1600 Juden aus Sofia umgesiedelt.

Am Abend teilte uns der stellvertretende Vorgesetzte mit, dass ein Telegramm eingetroffen sei. Alle Juden würden innerhalb der Landesgrenzen umgesiedelt werden (von Polen ist keine Rede mehr), und die Umsiedlung werde unter der umsichtigen Fürsorge der Behörden stattfinden.
Ich erhielt einen Brief von meinem Bruder,[11] in dem er mir schreibt, dass Marina, seine Freundin in Sliven, sich sehr lobend über mein Tagebuch geäußert habe, nachdem sie eine Seite gelesen hatte. Außerdem schreibt er mir, dass man um den 10. Juni den jüdischen Studenten Urlaub geben würde, damit sie ihre Prüfungen absolvieren können.[12] Wenn etwas daran wahr ist, dann wäre ich ein sehr glücklicher Mensch! Niemand kann leugnen, dass solch ein kleiner Urlaub von außerordentlichem Nutzen für mich wäre! Aber in so beunruhigenden Zeiten ist ein fröhlicher Gedanke nicht in der Lage, sich lange in meinem Gedächtnis zu halten.

28. Mai – Freitag
Die Lage hat sich in letzter Zeit überhaupt nicht verbessert. Es treffen Nachrichten aus Pleven ein, dass die ersten jüdischen Familien in der Stadt ankommen. An die 30 Familien seien in den Häusern untergebracht worden, wo es freien Platz gibt. Sofort nach der Ankunft gehen sie in die jüdische Schule, wo das Kommissariat sie aufteilt.
Die Nachrichten aus Sofia sind immer noch beunruhigend. Einige Leute seien darauf aus, die Notlage auszunutzen. Sie gehen in die jüdische Schule und bieten lächerliche Preise für wertvolle Möbel an. So wechseln manche Möbelstücke, die vielleicht über 20 000 bis 30 000 Lewa gekostet haben, für 1000 Lewa den Besitzer. Aber wer achtet schon auf so etwas? Sie wollen sich darüber nicht den Kopf zerbrechen, und einige sind vielleicht auch gezwungen, so zu handeln!
Von Viki erhielt ich einen Brief, der mich gleichzeitig gefreut und traurig gemacht hat. Das Mädchen habe Tränen vergossen, während sie geschrieben und die Seite aus dem Tagebuch gelesen habe, die ich ihr geschickt hatte. Ach, meine Liebe! Unsere Lage ist wahrlich schwer! Kaum keimte unsere Liebe, wurden wir auseinandergerissen! Ein unerbittliches Schicksal! Sah es denn nicht, wie sehr wir einander gefielen, dass aus uns vielleicht etwas geworden wäre? Warum hat es uns dann getrennt? Aber, Viki, es gibt noch Schlimmeres als das! Wir brauchen uns nur umzusehen! Es gibt Menschen, deren Lage noch viel schlechter ist als die unsere; wir brauchen uns nur die Angehörigen unseres Volkes anzusehen, die ihre Heimatorte verlassen müssen, vertrieben von Menschen, die bis gestern noch ihre Freunde waren, und gezwungen, an Orte zu gehen, wo sie niemanden kennen! Manche haben vielleicht noch kleine Kinder bei sich, und andere tragen sie in sich! Wir sind jung, Viki, und ich bin voller Hoffnung, dass uns das Schicksal so wohlgesonnen sein wird, dass wir einander wiedersehen! Ich bin unter einem glücklichen Stern geboren, nicht wahr, meine Liebe! Lass uns beide beten, und vielleicht wird er uns hören und verstehen. Oh, in so einem Fall müssen wir ihm sehr dankbar sein.

11 Majer hatte einen zwei Jahre jüngeren Bruder.

12 Majer war für ein Studium der Buchhaltung in Sofia eingeschrieben. Zu einer Beurlaubung in der Prüfungszeit kam es jedoch nicht.

Du hast geweint, Viki, aber deine Tränen waren rein, die kristallenen Tränen eines Mädchens, das zum ersten Mal liebt! Warum kränken dich diese schlechten Menschen denn so? Warum verletzen sie dein edles Herz? Aber, Viki, dein Leiden ist die Liebe! Nur der, der leidet, liebt. Und das Leiden, das Unglück ist nur die eine Hälfte des Lebens.

29. Mai – Samstag
Am Morgen waren bei der Arbeit alle schlechter Laune. Wir werkelten gebeugt vor uns hin, jeder in Gedanken über sein eigenes Geschick und Schicksal versunken. Die Situation scheint uns Jungen am schwersten! Wir sind hier, weit weg von Familie und Freunden, die ohne männliche Unterstützung und Schutz sind. Unsere Gedanken sind ständig bei ihnen. Ob man sie ermorden wird? Ob man unsere Mütter, Schwestern, Geliebten schänden wird? Das sind Fragen, auf die niemand von uns Antworten geben kann.
Für mich persönlich ist die Situation sehr [ernst]. Ich weiß nicht, warum, aber im Unterschied zu anderen glaube ich an eine Rückkehr nach Pleven zu meiner Familie und meinen Freunden. Sie dagegen fürchten sich davor, dass die Deutschen uns auf dem Rückweg aus Russland etwas Böses antun! Etwas Böses? Dass sie uns wie Hühner totschlagen? Ich weiß nicht, ob sie mit ihren Befürchtungen recht haben! Schon die nahe Zukunft erschreckt uns. Dabei bin ich mir ganz sicher, dass wir alle Bulgarien lieben und bereit sind, unser Leben dafür zu geben. Und ich bin mir auch sicher, dass sich Bulgarien dafür mit Fürsorge revanchieren wird. Es wird nie erlauben, dass etwas gegen uns, seine Bürger, geboren und aufgewachsen in unserer Heimat, unternommen wird. Über uns scheint doch dieselbe Sonne wie über ihnen! Wir atmen doch dieselbe Luft, die auch sie atmen! Auf welcher Grundlage sollen sie uns dann aus dem Land vertreiben wollen, das wir so lieb haben wie sie!
Ich antwortete auf Vikis Brief. Ich flößte diesem sonst so ausgeglichenen Mädchen ein wenig Mut ein! Interessant! Ihre Briefe, die mich früher einmal so ärgerten wegen der vielen Fehler, machen mir jetzt Freude. Mein so pedantisches Auge schenkt den immer noch anzutreffenden vielen Fehlern keine Beachtung mehr. Das ist ebenfalls ein Trost für uns.
Mit dem Samstag verging auch noch eine weitere Woche. Ob langsam oder schnell, sie vergehen. Wie viele müssen wohl noch vergehen, bis wir nach Pleven zurückkehren können?
Ich möchte ein paar Gedichte schreiben, zu denen ich [...] Ideen habe, aber es ist keine Zeit! Ich beginne sogar einige Male, ins Tagebuch zu schreiben, aber dann häufen sich viele Briefe an!

DOK. 330
Ein Bürger unterbreitet am 9. Juni 1943 dem Finanzminister Vorschläge, wie mit dem Vermögen der aus der Hauptstadt ausgesiedelten Juden umgegangen werden soll[1]

Brief von P. Ivanov an Finanzminister Dobri Božilov, Sofia, vom 9.6.1943[2]

Sehr geehrter Herr Minister,
als langjähriger Finanzminister Bulgariens[3] haben Sie sich unermüdlich und unerschrocken dafür eingesetzt, die Staatskasse so zu füllen, dass der dringendste Finanzbedarf des Staats gedeckt werden konnte.
Zu diesem Zweck wurde auch die Volksanleihe geschaffen.[4] Fast alle bemittelten Bürger haben sie gezeichnet, selbst wenn sie dafür ein Darlehen aufnehmen mussten. Solange es sich um einen guten Zweck handelte und dem Wohle des Staates diente, waren alle Bürger willens, Ihrem Appell Folge zu leisten.
Doch in gleichem Maße wie die Bürger ihre Bereitschaft zeigten, die Bedürfnisse des Staates zu befriedigen, sind sie Zeuge davon geworden, wie sich die „Helfer" der Juden deren Hausrat aneigneten, der unter Umständen von erheblichem Wert ist.[5] Zwar gaben sie vor, das Vermögen der Juden zu schützen, tatsächlich aber versteckten sie es vor dem Staat im Wissen, dass die Juden nicht mehr nach Sofia zurückkehren würden.
Das Kommissariat für Judenfragen hat zwar die Vermögenserklärungen der Juden eingeholt, doch einige unter ihnen sind mit wenig Gepäck umgezogen und haben alles dem Kommissariat überlassen, andere haben ihre bewegliche Habe mit oder ohne Genehmigung verkauft, wieder andere haben diese bei befreundeten Bulgaren versteckt, und es gab sogar einige, die alles mitnehmen konnten.[6]
Dies, Herr Minister, ist ganz offensichtlich Diebstahl seitens der Personen, die den Juden nahestehen und als Kritiker der staatlichen Maßnahmen gegen die Juden auftraten; dieselben wohlmeinenden Bulgaren eignen sich nun deren bewegliche Habe an, die eigentlich dem Staat gehört.
Wie aus dem oben Dargelegten deutlich wird, sind einige Bulgaren gezwungen, Kredite aufzunehmen, um Ihrem Appell zu entsprechen und Volksanleihen zu zeichnen. Gleichzeitig rauben andere die dem Staat zustehenden Werte und bereichern sich mittels der

1 CDA, 1568K/1/67, Bl. 22 f. Das Dokument wurde aus dem Bulgarischen übersetzt.
2 Im Original Unterstreichungen und handschriftl. Vermerk: „Herrn Belev zur entsprechenden Anweisung [vorlegen], 19.6.43, Finanzminister, gez. D. Božilov."
3 Božilov war seit 1938 Finanzminister in vier verschiedenen Regierungen.
4 Die Volksanleihe wurde im April 1943 mit einem Gesetz ins Leben gerufen, um den außerordentlichen Kapitalbedarf des Staates für Kriegs- und Besatzungskosten durch Kapitalreserven der Bevölkerung zu decken.
5 Die Zwangsausgesiedelten durften ihre Wohnungsschlüssel einer bekannten Person überlassen, die sie dem KEV gegenüber benannten. Oft handelte es sich dabei um Nachbarn oder Vermieter.
6 Nach Art. 44 der VO des Ministerrats vom 29.8.1942 durften Juden nicht frei über ihr bewegliches Vermögen verfügen; siehe Dok. 298 vom Sommer 1942, Punkt VIII. Bei der Aussiedlung aus Sofia war ihnen erlaubt, nur ein Gepäckstück von bis zu 30 Kilo pro Person mitzunehmen. Am 2.7.1943 ordnete das KEV die öffentliche Versteigerung der beweglichen Habe aller umgesiedelten Juden an; CDA, 664K/1/6, Bl. 125 f.

Regierungsverordnung, die die Aussiedlung der Juden aus Sofia regelt. Die Staatsmacht steht hier in der Pflicht, umgehend Maßnahmen zu ergreifen, um mit Unterstützung der Bürger die Habe der Juden all jenen zu entziehen, die sie sich unter dem Vorwand des Schutzes angeeignet haben. Ein Teil davon sollte öffentlichen Einrichtungen zugute kommen, der andere versteigert werden, jedoch nur an bedürftige Bürger und nicht an Händler, die später damit spekulieren würden. Ebenso dringlich stellt sich die Frage der Wohnungen [der Juden]. Sie sollten der Obhut eines Ministeriums übergeben werden, das sie als Staatseigentum bewirtschaftet und an bedürftige Staatsdiener oder Bürger vermietet.[7] Mit dem Verkauf der Wohnungen sollte man bis Kriegsende abwarten, damit ein angemessener Marktwert erzielt werden kann.
Bitte berücksichtigen Sie auch, dass etliche Angehörige der Polizei und des Militärs in jüdische Wohnungen eingezogen sind, die ihnen samt Mobiliar gegen einen minimalen Mietzins überlassen wurden. Darüber regt sich die gesamte Öffentlichkeit auf, deshalb sollten Einrichtung und Hausrat beschlagnahmt und verkauft werden. Es ist nicht akzeptabel, dass der Staat die ihm zugefallenen Immobilien nur bestimmten Gruppen überlässt, überdies unentgeltlich, wenn er gleichzeitig in Nöten ist und jeden wohlhabenden Bürger dazu zwingt, seinen Beitrag zu leisten.
Herr Minister, als derjenige, der Rechenschaft über jede Stotinka geben muss und sich Tag und Nacht darum bemüht, die Staatseinnahmen zu erhöhen, dürfen Sie Sachverhalte wie die oben erwähnten nicht länger dulden. Denn die Menschen beobachten dies, sprechen darüber und werden Ihnen eines Tages vorhalten, Sie hätten, was in ihren Händen lag, vergeudet und stattdessen immer neue Beiträge von ihnen verlangt.
Hochachtungsvoll

7 Bereits mit dem im Febr. 1942 veröffentlichten Gesetz gegen die Spekulation mit Immobilien waren die Wohnungen von Juden beschlagnahmt worden, die ihnen nicht zu unmittelbaren Wohnzwecken dienten. Die VO des Ministerrats vom 29.8.1942 legte die max. Wohnungsgröße pro jüdische Familie fest. Mit der im Dez. 1942 begonnenen räumlichen Konzentration der jüdischen Bevölkerung Sofias im Viertel Juč Bunar wurden viele darüber hinaus gezwungen, ihre Wohnungen in den anderen Stadtteilen abzutreten.

DOK. 331

Zwei Jüdinnen schildern am 17. Juni 1943 der Dichterin Dora Gabe die Lage der nach Pazardžik ausgewiesenen Sofioter Juden und bitten um Hilfe[1]

Handschriftl. Brief von Liza Kalo[2] und Renata Natan,[3] bei Benjamin Aroeti, Konstanin-Veličkov-Str. 28, Pazardžik, an Dora Gabe,[4] Sofia, vom 17.6.1943

Sehr geehrte gnädige Frau,
wir erlauben uns, an Sie heranzutreten, zum einen, weil wir in Ihnen einen Menschen sehen, dem unser Schicksal nicht gleichgültig ist, zum anderen, weil wir der Meinung sind, Sie sollten von Menschen informiert werden, die das schwere Schicksal der Verbannung selbst teilen.
Seit 5–6 Tagen befinden wir uns in Pazardžik,[5] beide sind wir Bekannte von Ihnen und ganz zufällig zusammen hier gelandet. An die 2000 Personen wurden hierher geschickt. In der Stadt gibt es nur ungefähr 300 jüdische Familien, weshalb nur ein sehr kleiner Teil der Umsiedler in deren Häuser untergebracht werden konnte. Alle anderen, darunter auch uns, hat man in Schulen untergebracht. Auf ausdrücklichen Befehl der örtlichen Behörden ist es uns strengstens verboten, bulgarische Unterkünfte zu beziehen, selbst wenn ein eigener Eingang für uns verfügbar wäre. In den Schulen leben je 15–16 Familien oder 40–50 Personen in einem Raum. Männer, Frauen, Invalide, Alte, Säuglinge und kleine Kinder – alle zusammen. Wir schlafen auf Schilfmatten, und seit einigen Tagen werden wir aus dem Kessel verpflegt – mittags Bohnensuppe, abends Kartoffelsuppe, ohne jegliches Fett. Ein besonders bedrückendes Bild geben die kleinen Kinder ab, für deren Pflege grundlegende hygienische Voraussetzungen fehlen. Nicht weniger schwierig sind die Bedingungen für die in den jüdischen Wohnungen Untergebrachten, die ebenfalls zu mehreren Familien in einem Zimmer leben. Jetzt werden Anstrengungen unternommen, den in den Schulen Hausenden mehr Raum zu verschaffen, damit man immerhin einen Platz findet, um seine Schilfmatte auszubreiten, sein Gepäck aufzuschnüren und, wenn auch auf dem Boden, etwas weicher zu liegen. Doch bis noch vor ein, zwei Tagen wurde auch in unserer Unterkunft ein grimmiger Kampf um „Lebensraum" geführt, der in einigen Schulen bis heute andauert.

1 CDA, 1771K/1/669. Das Dokument wurde aus dem Bulgarischen übersetzt.

2 Liza Josif Kalo (1903–1943), Schneiderin; im Sommer 1943 schloss sie sich einer Partisaneneinheit an; sie wurde am 26.12.1943 im Dorf Golec bei Loveč durch Angehörige der Gendarmerie erschossen.

3 Renata Natan (*1903), Journalistin; 1943 Mitglied des Zentralkomitees der illegalen BKP, 1943–1944 Partisanin; 1954–1958 Chefredakteurin des Frauenmagazins Ženata dnes.

4 Dora, auch Izidora, Petrova Gabe (1888–1983), Dichterin und Übersetzerin; 1907 Lehrerin in Dobrič; ließ sich bulgar.-orthodox taufen, um 1909 den Literaturwissenschaftler Bojan Penev zu heiraten; wegen des Einsatzes des jüdischen Vaters für die Rückgabe der Süddobrudscha an Bulgarien restituierte der Ministerrat 1942 ihr und ihrer Schwester seinen dort befindlichen Landbesitz.

5 Stadt im südlichen Zentralbulgarien. Die einheimische jüdische Bevölkerung zählte knapp 1000 Personen, zu denen im Mai 1943 rund 2000 Juden aus Sofia kamen.

Die Einschränkungen für die mit dem Zeichen der Schande Dekorierten sind groß – sowohl was Bewegungsfreiheit als auch Versorgung mit Lebensmitteln angeht.[6] Und die meisten dieser Elenden – Frauen mit Kindern, ohne ihre Männer (die meisten von ihnen sind in Arbeitslagern), alte Väter und Mütter ohne ihre Kinder, junge und unerfahrene Mütter mit Säuglingen, alleinstehende Frauen – sie alle müssen jetzt allein mit diesen neuen Lebensbedingungen zurechtkommen, neu und ungewohnt für diese armen Leutchen, die noch Tränen vergießen über ihre gedrungenen Hütten im freudlosen Sofioter Getto.[7] Auch hier, wie überall auf der Welt, sind die meisten arm, und viele unter uns auch die Ärmsten der Armen. Sie haben nur wenig Bequemlichkeit im Leben gehabt, aber auch an die erinnern sie sich mit unterdrückter Trauer. Nie können sie die Bitterkeit und das Unglück vergessen, die sie ereilten. Davongetragen wie von einem bösen Wirbelwind, bedrückt sie noch immer der unheilvolle Anblick des lärmenden Jahrmarkts auf den Straßen des jüdischen Gettos. Der freudloseste, den wir jemals gesehen haben. Allein dieser Anblick der gierigen, hartherzigen, erbarmungslosen Käufer, bereit und begierig, alles zu kaufen oder zu plündern, was diese unglückseligen Umsiedler noch hatten. Nur für ihre Not würde sich wahrscheinlich kein einziger Käufer finden.

Wen bedrohten diese demütigen Menschen, die vielfach nicht aufhören, die Stunde, in der sie geboren wurden, zu verfluchen? Wessen Sünden müssen sie büßen mit ihrem schwarzen Leid? Für welche Verbrechen müssen diese bulgarischen Bürger, die ihre einzige, aber böse Stiefmutter Heimat lieben, sühnen, um ausgesondert zu werden wie Aussätzige? – Das sind Fragen, die hier alle bewegen und ihnen keine Ruhe lassen.

Aber inmitten der Betrübnis und des gerade erst erlebten Unglücks hat jeder in seinem Herzen die Beteuerungen eines oder einer guten oder entfernteren bulgarischen Bekannten, die sich ihrem Unglück gegenüber nicht gleichgültig erwiesen hatten, wie eine teure Erinnerung verschnürt. Sie bewahren sie auf in ihren erschütterten Seelen und erzählen voller Liebe von der lebendigen Erinnerung an den geteilten Gram und die Tränen derer, die sie verabschiedeten. Doch Tränen und Bedauern helfen wenig.

Viele unter uns tragen einen tiefen und unerschütterlichen Glauben an das ehrliche und unbestechliche bulgarische Gewissen in sich. Wir wissen, dass die bulgarische Öffentlichkeit unserem Leiden nicht teilnahmslos gegenüberstehen kann und uns helfen wird. Dass in diesen schweren Tagen jeder ehrliche Nachfahre der Erbauer Bulgariens, die die Verfassung unseres Landes geschaffen haben, dabei helfen wird, eine der schönsten, nun in den Schmutz getretenen Perlen des Rechts wiederauferstehen zu lassen, die Glaubenstoleranz und die Toleranz gegenüber allen bulgarischen Bürgern. Wir glauben fest daran, dass man uns hier wie auch Tausende Umsiedler in anderen Städten nicht im Stich lassen wird. Wird es die bulgarische Öffentlichkeit wirklich zulassen, dass diesen Unglücklichen, die entwurzelten Bäumen gleichen, alle Lebensmöglichkeiten genommen werden? Wird sie wirklich zulassen, dass man die Wurzeln dieser Bäume vertrocknen lässt, damit sie nie wieder in die Erde zurückkehren können, um neue Lebenssäfte aufzunehmen?

6 Den Juden war es vielerorts verboten, bestimmte Plätze aufzusuchen, sie durften nur zu besonderen Zeiten und in wenigen Läden einkaufen, und es war ihnen untersagt, Produkte von den Bauern zu beziehen.

7 Gemeint ist das jüdische Armenviertel von Sofia Juč Bunar, das seit Oktober 1942 als sogenanntes offenes Getto fungierte.

Das Verbot, uns in bulgarische Wohnungen, zumindest solche mit separatem Eingang, einquartieren zu dürfen, erschwert unsere ohnehin schon komplizierte Lage. Die schlechte Ernährung sowie die schwierigen, elementarste Grundbedürfnisse vorenthaltenden Hygienebedingungen sind mit dem Risiko von Krankheiten und anderen Nöten verbunden.
Zu den oben genannten Unbequemlichkeiten und Gefahren gesellen sich noch Risiken moralischer Art. Die Absichten der Behörden sind noch immer ein Geheimnis für uns. Wird man uns hierlassen, werden diese Menschen die Möglichkeit haben, frei ihre Berufe auszuüben, sei es als Arbeiter oder als Handwerker, oder wird ihre Arbeitskraft zur Zwangsarbeit eingesetzt werden – das alles ist nicht klar. Und neben der Frage der Unterbringung ist dies die wichtigste, und sie beschäftigt alle. Bisher jedoch sind wir fast alle nur Müßiggänger.
Sehr geehrte gnädige Frau, wenn all das, worüber wir sie zu informieren gewagt haben, für Sie von Interesse sein sollte, würden wir auf die eine oder andere Nachricht von Ihnen hoffen.[8]
Mit dem tiefen Gefühl, dass unser Brief ein teilnahmsvolles Herz erreichen wird, grüßen wir Sie ganz herzlich

DOK. 332
Polizeiattaché Hoffmann meldet am 24. Juni 1943 den Abschluss der Deportation der Sofioter Juden in die Provinz und erklärt die zögerliche Haltung der bulgarischen Regierung[1]

Telegramm (Arbeitsexemplar) Nr. 927, für Attachégruppe, Reichssicherheitshauptamt, Berlin, von Hoffmann, gesehen von Beckerle, Sofia, vom 24.6.1943 (Durchdruck)[2]

Bezug: Hies. Schreiben IV B 4–010 v. 7.6.1943[3]
1. Der Abschub der Juden aus Sofia in die Provinz kann als abgeschlossen gelten. Rund 20 000 Juden wurden ausgesiedelt.[4]
2. Die Lage in der Provinz hat sich, wie in meinem Bericht vom 7.6.1943 vermutet, zu Ungunsten der Juden entwickelt. Lebensmittelverknappung und Mietpreiserhöhungen sind allerorts zu verzeichnen.

8 Dora Gabe besuchte die zwei Frauen in Pazardžik; siehe Ivan Sarandev, Dora Gabe. Literaturna anketa, Sofia 1986, S. 88–90.

1 PAAA, R 99 408, Bl. 256 f. Abdruck in bulgar. Übersetzung in: Toškova/Koleva/Koen (Bearb.), Obrečeni (wie Dok. 297, Anm. 1), S. 444.
2 Im Original handschriftl. Bearbeitungsvermerke.
3 PAAA, R 100 863, Bl. 217–223. In dem Schreiben berichtete Hoffmann über die Aktivierung der Deportationspläne der bulgar. Führung und die Ausarbeitung eines Deportationsplans durch Kommissar Belev (siehe Dok. 328 vom Mai 1943). Nach dessen Vorlage habe sich Zar Boris zunächst für eine Aussiedlung aus der Hauptstadt ausgesprochen. Hoffmann ging jedoch davon aus, dass diese Maßnahme als erster Schritt zur Deportation vorgesehen war.
4 Nach Angaben des KEV wurden 19 153 Juden aus Sofia ausgesiedelt und etwa 3500 in der Stadt belassen; CDA, 1568K/1/71.

3. a) Die Haltung der Regierung ist aber durch die Kalay-Rede vom Ende Mai d. J. beeindruckt.[5]
b) Vor einigen Tagen empfing König Boris eine Kommission des Roten Kreuzes unter Führung des Schweizerischen Oberst Chapuisa.[6] Dass dabei auch die Judenfrage berührt wurde, ist anzunehmen.
4. Nach Ansicht der Deutschen Gesandtschaft kann aus diesen Gründen vorläufig keinerlei deutscher Druck bezüglich des Judenabschubs nach den Ostgebieten auf die Bulgarische Regierung ausgeübt werden.
Aus allgemeinpolitischen Gründen und im Hinblick auf die bulgarische Mentalität soll der Judenabschub durch die Regierung selbst gewünscht und als freiwillig von ihr selbst veranlaßt erscheinen.
5. Wenn demnach – wenigstens zunächst – damit gerechnet werden muß, daß eine vorübergehende Stockung in der bisher im Fluß befindlichen Endlösungsaktion eintritt, so liegt in den Unzuträglichkeiten, die in der Provinz infolge der Aussiedlung aus Sofia entstehen, der Ausgangspunkt für die baldige Weiterentwicklung in unserem Sinne.

DOK. 333
Der 13-jährige Norbert Jašarov berichtet am 26. Juni 1943 seinem älteren Cousin im Arbeitslager über die Aussiedlung seiner Familie von Sofia nach Pleven[1]

Handschriftl. Brief von Nori[2] an Narcis,[3] Pleven, vom 26.6.1943[4]

Lieber Onkel Narcis,
jetzt, wo unser Familienbau eingestürzt ist und seine Balken vom Wirbelwind der Ereignisse in alle Ecken des Landes verstreut sind, wurde Dein Brief, Onkel Narcis, dieser liebe Gruß von der Donau, von uns allen mit grenzenloser Freude aufgenommen und erklingt in unseren von Schmerz gequälten Herzen wie süßes Glockengeläut, das uns gleichsam dazu aufrief, zu unseren Häusern zurückzukehren und das Heim unserer Familie gemeinsam wieder aufzubauen im Zeichen ewiger Liebe, die uns von den lieben Grand-Papa und Grand-Maman[5] vermittelt worden ist. Aber in ihm ist auch ein kleiner

5 Der Ministerpräsident Ungarns Miklós Kállay erklärte im Mai 1943, er beabsichtige weder die Juden zu deportieren, noch, sie zur Auswanderung zu drängen.
6 Richtig: Chapuisat; siehe dazu Dok. 323 vom 22.4.1943.

1 USHMM, RG-10.235. Abdruck in englischer Übersetzung in: Gabriel Mermall/Norbert Yasharoff, By the Grace of Strangers: Two Boy's Rescue During the Holocaust, New York 2006, S. 28–34. Das Dokument wurde aus dem Bulgarischen übersetzt.
2 Norbert Yasharoff, auch Jašar und Jašarov (1930–2013), Politikwissenschaftler; stammte aus einer bekannten jüdischen Familie; 1943 aus Sofia nach Pleven umgesiedelt; nach der Auswanderung nach Israel im Dez. 1948 schloss er sich einer freiwilligen Einheit der israel. Luftstreitkräfte an, wo er eine Ausbildung zum Radartechniker durchlief, anschließend Studium in Tel Aviv; in den 1950er- und 1960er-Jahren Tätigkeit an der US-Botschaft in Israel; 1976 Emigration in die USA.
3 Der Empfänger Narcis Baruch, auch Barouch, war ein älterer Cousin von Norbert aus Sofia, den er respektvoll mit Onkel ansprach.
4 Sprachliche Eigenheiten des Originals wurden beibehalten. Der Schreibstil des 13-Jährigen macht den sozialen Status der Familie deutlich, die zur kleinen jüdischen Oberschicht gehörte.
5 Die Großeltern von Norbert Yasharoff, Nisim Jašar (1863–1940) und Oro Jašar, geb. Arie (1865–1941).

Unterton von Verzweiflung bemerkbar, ein verborgener Schmerz an jener Stelle, wo Du hervorhebst, dass die Erzählung über unsere Erlebnisse Dich extrem berührt hat.
Ja, Onkel Narcis, (hoffentlich) hat nur die Erzählung Dich empfindlich gemacht, aber wie unsere wirklichen Erlebnisse waren? Schrecklich und unbeschreiblich.
Und jetzt, wo wir Gott sei Dank unter einem Dach untergebracht und beherbergt sind, ziehen mit der Geschwindigkeit eines Filmstreifens all jene düsteren Bilder und tragischen Momente in meinem Bewusstsein vorüber, deren Zeuge ich war in einer Zeit höchster Prüfung, vor die das gesamte Judentum gestellt war. Ich bin immer noch niedergeschlagen von der Angst, die ich am Vorabend des 23. Mai erlebt habe.
Zugleich mit der abendlichen Dunkelheit breitete sich unter den unglücklichen Juden das unheilvolle Gerücht über ihre Ausweisung nach P.[6] aus.
Diese armen Geschöpfe, die sich all den grausamen Schicksalsschlägen gebeugt hatten, in der Hoffnung, zumindest zu überleben, spürten in ihren Gesichtern nun den kalten Hauch des Todes.
In dieser Nacht vergossen unglückliche Mütter über ihren kleinen Kindern Ströme von Tränen. Alte sprachen ihnen mit letzten Kräften Mut zu. Das gesamte Judentum weinte in dieser Stunde an der Schwelle des gemeinsamen Unglücks.
Bei uns herrschte quälendes Schweigen in dieser Nacht. Alle konnten ihre Tränen nur mit Mühe unterdrücken. Doch in diesem psychologisch ergreifenden Moment flog ein Gedanke auf, sprengte die eisernen Ketten der Trauer, überwand Gebirge und Wälder und hielt inne im jüdischen Arbeitslager bei Onkel Narcis, der sich an diesem Abend sicherlich nichtsahnend hingelegt hatte und in seinen Träumen versank.
Ein unterdrückter Seufzer Papas[7] holte mich schließlich aus meinen Gedanken. Mama[8] weinte. Ein Strom heißer Tränen ergoss sich aus ihren müden Augen, die in ein unstillbares Leid sahen, verstärkt durch ihre Mutterliebe. Papa, der den kleinen Kopf von Odeta[9] in den Händen hielt, war in einen Nebel düsterer Gedanken versunken. Plötzlich warf er den Kopf zur Seite und sagte, seine Tränen kaum zurückhaltend und den Ernst des Augenblicks betonend, zu mir und Odeta, dass er, wenn es gar nicht anders ginge, gezwungen sein würde, uns bei anderen Leuten zu lassen, einzig und allein, um uns zu retten.
Da brachen wir alle in unbändiges Weinen aus.
Am herzzerreißendsten weinte Odeta, die bei dem Gedanken, dass Papa, ihr geliebter Papa, sie zurücklassen wollte, untröstlich war. Mit Tränen in den Augen umfasste sie Papas Hals und presste sich so traurig an ihn, dass wir alle erneut zu weinen begannen. Diese flehentliche Geste genügte, um Papas zitternden Lippen einige beruhigende Worte zu entlocken, die ihre Verzweiflung aber kaum mildern konnten. Es war langes Zureden vonnöten, um sie zu beruhigen. Danach erklärten wir Papa, dass wir ihm, unter welchen Umständen auch immer, selbst unter Lebensgefahr, überallhin folgen und gemeinsam mit ihm alle Prüfungen über uns ergehen lassen würden.

6 Hier und im Folgenden offenbar: Polen.
7 Josif Jašarov (1894–1971), Jurist; 1919/20 Sekretär des Israelitischen Geistesrats von Sofia, 1920–1942 Rechtanwalt in Sofia, 1944/45 Verteidiger von Dimitär Pešev im Volksgericht; 1949 Emigration nach Israel.
8 Neli, auch Nelly Jašarov, geb. in Kairo.
9 Die jüngere Schwester von Norbert, geb. 1936.

Am nächsten Tag im Morgengrauen wurden die Juden von einer anderen traurigen Nachricht geweckt: Im Viertel Juč Bunar hatten einige Familien die Benachrichtigung über ihre Aussiedlung in die Provinz erhalten, binnen drei Tagen.[10] Diese neue Nachricht beruhigte die Juden insofern, als sie ihre Ängste bezüglich ihrer Ausweisung nach P. nicht bestätigte, doch sofort setzte sie ein anderer Gedanke in Schrecken, nämlich die Vorstellung des unerträglichen Lebens in den Konzentrationslagern.
Diese Menschen, die aus einem einfachen Milieu stammen, betrachteten dieses neue Unglück nicht ruhig vom Standpunkt der Vernunft aus, sondern ganz im Gegenteil, sie rannten in einem schrecklichen Durcheinander zur jüdischen Gemeinde, um sich zu informieren und Hilfe zu suchen. Aber ach, die Beamten reagierten auf die Fragen dieser Unglücklichen eiskalt und ohne einen Funken Mitgefühl.
Von wem also sollten sie Hilfe erhalten? Von Gott, nur von Gott.
Und tatsächlich strömte am Abend das gesamte Judentum zuhauf in der Synagoge zusammen, bei Gott Schutz suchend und Rettung für ihre leiderfüllten Seelen, die schon mit dem bis dahin Erlebten all ihre Sünden gebüßt hatten. Nach dem Ende der Liturgie wandte sich der Rabbiner[11] an die betrübte Menge, die an diesem Abend voll Ehrfurcht dem Gebet lauschte und ohne Aufforderung aus tiefster Seele betete, und bat sie, sich nicht zu sorgen und nicht in Panik zu verfallen, weil Gott groß sei und alles Unheil von seiner gerechten Hand abgewendet würde.
Alle gingen etwas beruhigt auseinander und trugen sich mit der heimlichen Hoffnung auf Rettung, die ihnen Kraft gab, alle Prüfungen zu bestehen, die das Schicksal für sie bereithielt.
24. Mai. Heute um punkt 5 Uhr musste nach dem Gebot unseres geistlichen Hirten das gesamte Judentum ein inbrünstiges Gebet an den Allmächtigen richten, um Vergebung für seine Sünden und Rettung für seine erschöpften Seelen zu erbitten. Alle Juden leisteten dieser Aufforderung bereitwillig Folge. Der restliche Tag verging in einer düsteren Atmosphäre von Unruhe und fieberhafter Erwartung. So verflogen einige Tage und offenbarten die schrecklichste Seite unserer düsteren jüdischen Odyssee.
Es kam die Stunde der ersten Trennung … Onkel Nisim fuhr weg …
Der erste Balken wurde aus unserem Familienbau herausgebrochen und verschwand im Abgrund der Ungewissheit, ohne Hoffnung, dass irgendwann das wohlmeinende Schicksal helfen würde, sich mit den übrigen Balken wieder zusammenzufinden am geliebten Heim unserer Familie.
Die Stunde der Trennung ist unbeschreiblich. Die ganze Familie versammelt sich um Tante Berta,[12] dieser aufgrund ihres Altruismus' und ihrer selbstlosen Liebe zweiten Grand-Maman; sie weinte aus tiefstem Herzen, fühlend, dass sie ihre Familie und Freunde kaum mehr wiedersehen würde, und im Voraus das hündische Leben beklagend, das ihr das Schicksal bestimmt hatte, fern von Freunden und Verwandten. Wir weinten alle

10 Familie Jašarov wohnte bei Verwandten am Rande des jüdischen Viertels Juč Bunar, nachdem sie Ende 1941 ihr eigenes Haus an eine bulgar.-deutsche Familie hatten abtreten müssen.

11 Vermutlich Ašer Chananel (1895–1964), Oberrabbiner von Sofia. Die Jašarovs gingen in die Hauptsynagoge von Sofia in der Ekzarch-Josif-Straße; Interview mit Norbert Yasharoff vom 22.11.1992, USHMM, RG-50.030*0263.

12 Hier und im Folgenden aus dem Franz. („tante"): Tante. Berta war eine von zwei Schwestern von Josif Jašarov. Die Familien teilten in Sofia eine Wohnung.

so herzzerreißend, dass diejenigen, die sich um uns versammelt hatten, tief ergriffen waren.

Unterdessen zwängte sich inmitten des Stimmengewirrs der unglücklichen Juden, die ihre spärliche Habe zu Spottpreisen verkauften, und der Schreie der Plünderer, die in ihrer Gier alles zusammenrafften, eine Droschke durch, die kam, um uns die teure Tante Berta zu nehmen. Ein letztes auf Wiedersehen. Tante Berta weinte mit der Inbrunst einer Mutter, während sie zum letzten Mal ihren geliebten Bruder umarmte und ihn unablässig küsste, als wolle sie sich nicht von ihm trennen.

Sie stiegen in die Droschke, und unsere Herzen bluteten beim Anblick der verweinten Gesichter von Onkel Nisim und Suzana, die gerührt auf ihr Baby blickten, das ihnen von Gott geschickt worden war wie ein Vorbote auf bessere Tage.

Ein scharfes Hupen unterbrach diese herzzerreißende Szene und verkündete die Abfahrt. Ein letzter Gruß noch, und die Droschke bog um die Straßenecke.

Tante Berta fuhr weg und ließ uns zurück, niedergeschmettert und von einer unendlichen Trauer erfasst, die uns keine Kraft ließ, uns auf den Beinen zu halten.

Und siehe da, am nächsten Tag mussten wir noch eine quälende Trennung hinnehmen. Jetzt fuhren Onkel Solomon, die geliebte Tante Beatris, der wir so viel schulden für ihre unbezahlbare Fürsorge für Grand-Papa und Grand-Maman, Tante Mali,[13] diese würdige Gefährtin unseres geliebten Onkels Narcis, die uns in der kurzen Zeit ihres Aufenthalts in Sofia so viel aufrichtige Liebe und Verbundenheit bekundete. Wir dachten alle unablässig an Dich, Onkel Narcis, dass wir Dein lachendes Gesicht nicht mehr sehen würden, das uns auch in den finstersten Momenten erheiterte, und Deine Witze nicht mehr hören, die Du so gekonnt erzähltest.

Auch sie fuhren weg. Unsere teuren Verwandten verließen uns; der letzte Balken des Familiengebäudes fiel!

Es blieben noch einige Tage bis zu unserer Abfahrt. Mama war krank, und das behinderte die ganzen Angelegenheiten rund um die Abreise. Mit letzten Kräften arbeiteten wir gemeinsam mit Papa, erschwert durch den Umstand, dass wir den Aufbewahrungsort der verschiedenen Dinge nicht kannten.

Und inmitten dieses Durcheinanders begleitete uns noch eine andere Angst (Tante Beatris weiß es), die uns nach der ermüdenden Tagesarbeit nachts keine Ruhe ließ. Jeden Abend nahm Papa seinen Pyjama und …

Dank des von Papa ausgearbeiteten Plans konnten wir den Großteil des Gepäcks zusammensammeln, es verpacken und der Transportgesellschaft übergeben. Einige Tage lang systematisch arbeitend, gelang es uns, alles zu verstauen, wobei wir uns um die Verpackung und Nummerierung kümmerten. Einen Teil der überflüssigen Dinge schickten wir in unser Haus, und was sich nicht in unser Gepäck aufnehmen ließ, verstauten wir in größter Ordnung und Sauberkeit in einem der Zimmer. Wir waren bereit für die Abfahrt.

Und dann kam der Tag der Abfahrt. Das Handgepäck luden wir in die Droschke, und ganz leise, geräuschlos, fuhren wir davon, wobei wir uns zum dritten Mal von unserem Heim und Glück trennten.

13 Die Ehefrau von Narcis Baruch.

Am Bahnhof warteten tausend Menschen. Inmitten der heiseren Schreie der unglücklichen Verbannten drängten wir uns bis zum Waggon vor, wo wir uns dank eines Eisenbahningenieurs mit Tante Liza[14] allein in einem Abteil der zweiten Klasse niederlassen konnten.[15]

Der Zug fuhr ab und brachte uns fort von Sofia, mit dem uns so viele liebe Erinnerungen verbinden und wo wir die heiligen Gräber der immer unter uns lebenden Grand-Papa und Grand-Maman zurücklassen mussten.

Die Reise verlief ohne Zwischenfälle und in der angenehmen Atmosphäre eines sonnigen Junitags. Wir kamen um 8 Uhr an. Der Himmel bewölkte sich wieder und kündigte einen schrecklichen Sturm an.

Wir waren gerade in die von Frau Viza[16] gemietete Droschke gestiegen, da ging ein heftiger Regenguss nieder. Wir erreichten ihr Haus, wo sich die Fürsorge der freundlichen Hausherrin verdoppelte. Da sie aus Mitleid bereits einige obdachlose Familien in ihrer Wohnung aufgenommen hatte, trat sie nun auch noch ihr Schlafzimmer an uns ab und stieg auf den Dachboden, um dort zu schlafen. Zwei Abende verbrachten wir, umhüllt von ihrer Fürsorge, bei Frau Viza, der wir so viel schulden für den unschätzbaren Dienst, den sie uns erwies, indem sie uns Unterschlupf in ihrem Haus gewährte. Am dritten Tag quartierten wir uns im Haus von Tante Liza ein. Dank ihres Entgegenkommens sind wir jetzt hervorragend untergebracht und erfreuen uns eines geräumigen Zimmers mit Lage nach Westen, in das den größten Teil des Tages reichlich Sonnenlicht fällt. Wir haben einen kleinen, schmucken Hof, wo wir in der Rebenlaube angenehme Abendstunden verbringen. Der einzige Vorteil, den wir gegenüber den anderen Umsiedlerstädten haben, sind die fehlenden Beschränkungen, was wir in jeder Hinsicht ausnützen. Der Besuch von allen Parks, Museen, Gärten, Kolonialwarenläden und, von einigen Ausnahmen abgesehen, auch Restaurants ist den Juden von 10 Uhr vormittags bis zum Abend erlaubt.

[Text am linken Seitenrand:] In Bezug auf die Lebensmittelversorgung geht es uns vergleichsweise gut. Wenn wir all das übrige Leid und Unglück beiseiteschieben, könnten wir behaupten, dass es uns gut geht.

Wollen wir dem Allmächtigen danken, dass unsere ersten schrecklichen Vermutungen nicht wahr geworden sind; wollen wir ihm danken, dass er in diesen Tagen der Prüfung unsere Gesundheit erhalten hat; wollen wir ihm danken, dass wir, wenngleich voneinander getrennt, so doch unter menschenwürdigen Bedingungen untergebracht sind; und wollen wir zu ihm beten, dass er uns möglichst bald in unsere Häuser zurückkehren lässt und von dort nach Eretz-Israel

Amen

Ich küsse Euch alle

Euer

14 Liza Sidi war die zweite Schwester von Josif Jašarov, deren Ehemann Isak Sidi aus Pleven stammte. Die Familien wurden deshalb auf ihren Wunsch hin nach Pleven ausgesiedelt.

15 Die Zwangsumgesiedelten reisten sonst in der 3. Klasse. Nur durch Beziehungen war es den Jašarovs gelungen, bessere Fahrkarten zu bekommen; USHMM, RG-50.030*0263 (wie Anm. 10).

16 Eine Schwester des angeheirateten Onkels Isak aus Pleven.

DOK. 334
Der Meister einer Textilfabrik fordert am 8. Juli 1943 die Einziehung des ehemaligen jüdischen Eigentümers zum Arbeitsdienst[1]

Handschriftl. Brief von Meister Stefan,[2] Sliven, an einen unbekannten Adressaten in Sofia vom 8.7.1943

Lieber Herr Oberst,
ich habe mich schon lange nicht mehr bei Ihnen gemeldet, weil wir hier vor Arbeit verrückt werden. Sie sind ebenfalls auf Abstand gegangen und geben mir keine Lieferungen mehr in Auftrag, obwohl Sie wissen müssten, dass ich mit Vergnügen alles für Sie erledige.
Jetzt melde ich mich in Bezug auf diesen dreckigen Juden Alkalaj[3] bei Ihnen, der ein Spion ist, aber schwer gefasst werden kann, weil er sehr gerissen ist.
Jedenfalls ruft seine Freilassung[4] in der ganzen Stadt Empörung hervor, und sie wird überflutet von Flugblättern, von denen ich Ihnen eines schicke.[5]
In Anbetracht dessen bitte ich Sie darum, alles Mögliche dafür zu tun, dass er erneut zum jüdischen Arbeitsdienst eingezogen wird.
Wir haben schon über ihn berichtet, und weil ich weiß, dass Sie diese internationalen Gauner ebenso lieben wie ich, glaube ich, dass Sie den entsprechenden Befehl schon gegeben haben.
Außer diesem Flugblatt, in dem es um die Schmach und Schande der Reserveoffiziere geht, die dem Juden Alkalaj Deckung gegeben haben,[6] liegen beim Stab des Divisionsgebiets auch noch andere anonyme Briefe, in denen man sich über Alkalajs Freilassung empört.[7]
Sonst gibt es von hier nichts Besonderes zu berichten, und ich habe auch keinen Weg nach Sofia, damit wir uns sehen.
Viele Grüße, und ich wünsche Ihnen Gesundheit und alles Gute.

1 DVIA, 22/1/199, Bl. 490 f. Das Dokument wurde aus dem Bulgarischen übersetzt.
2 Vermutlich Stefan T. Cokov, Mustermeister in der Textilfabrik Merino in Sliven. Die Textilfabrik Merino produzierte feine Wollstoffe. Die Anteile von vier jüdischen Gesellschaftern eignete sich 1942 der Staat an; die Fabrik hatte zu diesem Zeitpunkt 200 Arbeiter und 40 Angestellte; CDA, 190K/1/8614, 8625 und 190K/2/100.
3 Izidor Chaim Alkalaj; von Anfang der 1930er-Jahre an Direktor der Textilfabrik Merino; nach Enteignung der jüdischen Anteile 1942 Weiterbeschäftigung als Technischer Direktor im Rahmen der zivilen Mobilmachung.
4 Alkalaj wurde im März 1943 zur Zwangsarbeit eingezogen. Auf Intervention des kommissarischen Direktors der Fabrik Merino wurde er jedoch zwei Monate später wieder entlassen, da sich seine Fachkenntnisse als unentbehrlich erwiesen hatten.
5 Der Akte liegt die Abschrift eines antisemitischen Flugblatts bei.
6 Gemeint sind vermutlich der kommissarische Direktor, Reserveoffizier Panajot Dančev, und der Treuhänder, Rechtsanwalt Vălkov, die sich für die Entlassung von Alkalaj aus dem Arbeitslager verwendet hatten; Bericht der Direktion für zivile Mobilmachung vom 19.5.1943, DVIA, 22/1/99, Bl. 488 f.
7 Der Akte liegen drei weitere Denunziationsbriefe gegen Alkalaj bei, vom 10.2., 31.3. und 2.7.1943, ihr Autor war der Befehlshaber des 3. Divisionsgebiets in Sliven.

DOK. 335

Der Gesandte Beckerle erklärt am 18. August 1943, warum er deutschen Druck auf die bulgarische Regierung zur Wiederaufnahme der Deportationen für verfehlt halte[1]

Schreiben (geheime Reichssache) der Deutschen Gesandtschaft in Sofia (A95/43 gRa), gez. Beckerle, an das Auswärtige Amt, Berlin, vom 18.8.1943[2]

Auf den Drahterlass Nr. 1243 vom 15.8. d. J.[3]
Inhalt: Umsiedlung der bulgarischen Juden
3 Doppel

Die Umsiedlung der Juden in die Provinz hat nach den mir vorliegenden Nachrichten zweifellos eine Verstärkung der antisemitischen Einstellung in den betreffenden Provinzstädten gebracht. Von einem Wachsen des jüdischen Einflusses auf hohe Staats- und Kirchenstellen kann nicht gesprochen werden.

Wegen einer etwaigen aus militärischen Sicherheitsmaßnahmen notwendigen weiteren Umsiedlung der Juden hat der Waffenattaché der Gesandtschaft[4] in meinem Auftrage mit dem bulgarischen Kriegsministerium verhandelt, das zusagte, auf alle deutschen Vorschläge in dieser Hinsicht einzugehen,[5] jedoch hinzufügte, daß die Frage der Umsiedlung der Juden in die Ostgebiete nicht zu seiner Zuständigkeit gehöre. Die bulgarische Regierung aber lehnt zur Zeit jeden Antrag in dieser Richtung scharf ab und wird sich auch bei einem starken Druck von unserer Seite heute keineswegs dazu verstehen, umso mehr als sie auch hierin die Politik zum Ausdruck bringt, die sie zur Zeit verfolgt. Der König hat sich bei seinem Aufenthalt in Deutschland im April d. J. dem Herrn Reichsaußenminister gegenüber ja bereits, wenn auch sehr vorsichtig, im verneinenden Sinne geäußert (vergl. Drahterlass Nr. 540 vom 4.4.).[6]

Aus Gesprächen mit den zuständigen Ministern und aus einer Unterhaltung, die ich gestern mit dem Ministerpräsidenten hatte, weiß ich, daß es zur Zeit vollkommen aussichtslos wäre, die Evakuierung zu verlangen.[7] Maßgeblich dabei ist zweifellos der Wunsch der Bulgarischen Regierung, zur Zeit jede innenpolitische Schwierigkeit wegen der Judenfrage und damit unnötiges Aufsehen über die bulgarischen Grenzen hinaus zu

1 PAAA, R 100 692. Abdruck in bulgar. Übersetzung in: Koen/Dobrijanov/Manafova (Hrsg.), Borbata (wie Dok. 277, Anm. 1), Dok. 145, S. 238 f.; Koen/Gerginov/Željazkova (Hrsg.), Oceljavaneto (wie Dok. 283, Anm. 1), Dok. 127, S. 264 f.

2 Im Original handschriftl. Vermerke und Kürzel.

3 Damit reagierte Beckerle auf Vorwürfe des RSHA, die ihm Horst Wagner am 15.8.1943 per Telegramm mit der Aufforderung zur Stellungnahme übermittelt hatte; das Telegramm befindet sich in der gleichen Akte.

4 Carl-August von Schoenebeck, auch von Schönebeck (1898–1989), Berufsoffizier; 1938/39 Luftwaffenattaché an der Deutschen Gesandtschaft in Belgrad, im Sommer 1939 nach Sofia versetzt, Anfang Sept. 1944 kam er in den Stab vom General der Kampfflieger; 1945–1947 alliierte Haft; danach Tätigkeit als Vertreter von amerik. und brit. Flugzeugherstellern.

5 Ein vom bulgar. Kriegsministerium im Mai 1943 angestoßenes Auswanderungsverbot für Juden ging vermutlich auf diese Verhandlungen zurück; siehe Dok. 323 vom 22.4.1943, Anm. 4.

6 Dok. 320 vom 4.4.1943 und Einleitung, S. 89.

7 In seinem Tagebuch notierte Ministerpräsident Filov am 17.8.1943, dass er mit Beckerle über vermeintliche deutsch-sowjet. Friedensverhandlungen gesprochen hatte; siehe dazu Schreiben Beckerles an AA vom 18.8.1943, in: ADAP, Serie E, Bd. 6, Göttingen 1979, Dok. 233, S. 411 f.

vermeiden,[8] zumal da die von englischer Seite beantragte Umsiedlung jüdischer Kinder nach Palästina bisher immer unter verschiedensten Gründen umgangen wird.[9]
Genauso wie die Bulgarische Regierung jede Nachricht über die Beteiligung von bulgarischen Jägern an dem Abschuß amerikanischer Flugzeuge bei dem Angriff auf Ploesti verhindert hat,[10] wie sie auch die antibolschewistische Propaganda, insbesondere soweit die Person Stalins mitspielt, verbietet, will sie auch keine Fortführung in der Judenfrage zulassen. Bei der panischen Angst vor Luftangriffen hofft sie, dadurch bei den Feindmächten ein falsches Bild über die innenpolitische Lage Bulgariens so lange aufrechtzuerhalten, bis eine neue Aktivierung der deutschen Kriegsführung die Gefahr von Terrorangriffen auf Bulgarien nicht mehr befürchten läßt.
Zweifellos ist die Bulgarische Regierung auch etwas überrascht, daß von ungarischer und rumänischer Seite die Judenfrage nicht, wie ihr anfangs in Aussicht gestellt wurde, ebenfalls zur Lösung gebracht wurde, sondern im Gegenteil von dort die Ausreise nach Palästina in zahlreichen Fällen genehmigt und erst durch das Versagen des Durchreisevisums durch Bulgarien auf unsere Intervention hin unmöglich gemacht wurde.[11] Die Einstellung dieser Staaten hat natürlich ihre Rückwirkung, da Bulgarien nicht allein den Nimbus der Judenfeindlichkeit auf sich nehmen will.
Trotzdem geht mein Standpunkt unverändert dahin, daß es gelingen wird, die Judenfrage restlos zu klären. Sobald wieder deutsche Erfolge im Vordergrund und damit die zur Zeit hereinstürzende feindliche politische Offensive im Hintergrund stehen, wird der Zeitpunkt gekommen sein, der für eine Intervention von unserer Seite günstig sein wird. Von hier aus wird laufend immer wieder auf die Gefährlichkeit der Juden, von denen jeder Einzelne einen verschworenen Feind für unsere Kriegsführung darstellt, hingewiesen werden.
Zur Zeit aber halte ich jeden Druck in dieser Frage für aussichtslos und vom allgemeinen politischen Standpunkt aus sogar für gefährlich. Ich stelle aber anheim, die Frage einmal bei dem bulgarischen Gesandten in Berlin[12] anzuschneiden, was ja ohne Bedenken geschehen kann, wobei sich aber sicher zeigen wird, daß sich aus den obenangeführten Gründen kein Erfolg ergeben wird.[13]

8 Am 10.8.1943 hielt Filov in seinem Tagebuch ein Gespräch mit Zar Boris fest, bei dem es auch um amerik. Proteste gegen die bulgar. Judenpolitik gegangen war. Der Zar berichtete davon, wie ihm der vormalige Völkerbund-Beamte René Charron aus Bern ein Schreiben von Allen W. Dulles (1893–1969), dem Gesandten des US-Geheimdienstes OSS in Bern, in diesem Sinne übermittelt hatte.

9 Siehe Dok. 309 vom 15.2.1943.

10 Gemeint ist der Einsatz der bulgar. Luftwaffe bei der Abwehr der amerik. Luftangriffe auf die vom Deutschen Reich kontrollierten Ölförderanlagen bei Ploieşti in Rumänien am 1.8.1943. Eine bulgar. Staffel mit 16 Flugzeugen hatte den US-Bomberverband beim Flug über Bulgarien angegriffen und ihm teils erhebliche Schäden zugefügt.

11 Bulgarien hatte u. a. im April 1943 die Durchreise eines jüdischen Kindertransports aus Rumänien und Ungarn vereitelt; siehe Dok. 219 vom 30.4.1943.

12 Slavčo Zagorov.

13 Horst Wagner übermittelte dem Chef der Sicherheitspolizei und des SD Ernst Kaltenbrunner (1903–1946) die Haltung Beckerles, zu der er sich unterstützend äußerte; Wagner an Kaltenbrunner am 31.8.1943, in: ADAP, Serie E, Bd. 6 (wie Anm. 7), Dok. 266, S. 459–461.

DOK. 336
Ein Hauptmann des bulgarischen Militäraufklärungsdienstes berichtet am 25. August 1943 über den Auftrag eines Geheimagenten, 1000 Juden in die Türkei zu bringen[1]

Bericht Nr. 14 (persönlich und vertraulich), gez. J. J.,[2] Sofia, 25.8.1943

Betrifft: Verfrachtung von Juden durch Geheimagenten[3]
Bei unserem letzten Treffen vom 24. dieses Monats bat der Geheimagent zum hundertsten Mal ernsthaft, ihm zu erlauben, 1000 Juden in die Türkei zu verfrachten, um sich vor den Augen der englischen Geheimdienstzentrale[4] auf keinen Fall zu blamieren, die in Bezug auf diese Frage bereits Nervosität an den Tag legt, und es ist nicht mehr ausgeschlossen, dass sie[5] den ganzen Betrug aufdecken.
Der Geheimagent ist der Meinung, er habe bereits Tatsachen geschaffen, indem er Eigentümer zweier Schiffe geworden ist.[6] Ebenso besitze er riesige Immobilien in Griechenland, die ihm genügend Einkünfte sichern, so dass er mit der Aussiedlung der Juden kein Geld verdienen will. Er schlägt vor, alle durch diese Unternehmung realisierten Gewinne dem Generalstab der Armee zukommen zu lassen. Außerdem ist er mit allen unsererseits durchzuführenden Kontrollen bei der Abwicklung dieses Geschäfts einverstanden.
Meine persönliche Überzeugung ist, dass der Geheimagent inzwischen die Idee verinnerlicht hat, die Rolle des Provokateurs bis zur Vollendung zu spielen, um uns nicht nur das hiesige Netz der englischen Aufklärung in die Hände zu spielen, sondern auch die Struktur der englischen Geheimdienstzentrale in Istanbul.
Ich bin überzeugt, dass er, wenn wir ihm in Bezug auf die Juden helfen und ihn nach Istanbul schicken, in der Lage sein wird, hier wie dort alles vollständig zu enthüllen. Die Tatsache, dass die Zentrale in Istanbul ihm anbietet zu kommen, um Verbindung zwischen ihr und einigen bulgarischen Ministern und Vertretern des öffentlichen Lebens herzustellen, belegt, dass wir tatsächlich mit Ergebnissen von höchster militärischer und politischer Bedeutung rechnen können. Ich bin der Meinung, dass die Aussiedlung von 1000 Juden angesichts dieser Perspektiven ein absolut vertretbares Opfer darstellt.[7]

1 DVIA, 23/1/890, Bl. 30. Abdruck in: Nikolaj Kotev/Avrora Koteva, Kăm văprosa za edna neizvestna operacija na referenturata na abvera [Abwehr] v Bălgarija prez 1943 godina, in: Godišnik za istorija na evreite v Bălgarija, Bd. 31 (2000/2002), S. 369–386, hier S. 380 f. Das Dokument wurde aus dem Bulgarischen übersetzt.
2 Vermutlich Hauptmann Jonko Jolov.
3 Vermutlich Jordan Apostolov Spasov, bulgar. Seehafenspediteur, mit dem der Mossad le-Alija Bet Anfang 1943 Kontakte geknüpft hatte. Vertreter der Jewish Agency und des Mossad verhandelten in Istanbul mit brit. und türk. Behörden, um die Einwanderung von mindestens 1000 Juden aus Bulgarien nach Palästina mit Hilfe von Spasov zu ermöglichen.
4 Der Autor meint wahrscheinlich den brit. Geheimdienst in Istanbul.
5 Gemeint sind die brit. Geheimagenten.
6 Der Mossad hatte im Mai 1943 das Schiff „Marica“ erworben und es Spasov übereignet; später kam noch das Segelschiff „Milica“ dazu.
7 Der Chef des Militäraufklärungsdienstes Oberst Stefan Nedev (*1897) lehnte am 5.10.1943 die Aktion ab. Gegenüber den Vertretern des Mossad behauptete Spasov, von den bulgar. Behörden eine inoffizielle Zusage bekommen zu haben, weshalb sie ihre Anstrengungen eine Weile fortsetzten. Das Unternehmen scheiterte letztendlich, teils an den behördlichen Hindernissen in Bulgaren, teils an dem Zweifel der Briten und dem Misstrauen bulgar. Zionisten gegenüber Spasov.

DOK. 337

Eine Zionistin berichtet am 30. August 1943 über ihr Leben in Razgrad und drückt die Hoffnung aus, die Verbindung nach Palästina aufrechtzuerhalten[1]

Brief, gez. Levana,[2] Razgrad, an einen unbekannten Adressaten in Palästina vom 30.8.1943 (Abschrift)[3]

Mein Bruder, sei stark!

Deinen Brief vom 17. dieses Monats habe ich erhalten. Ich schrieb Israel und Otto[4] über die uns beschäftigende Frage und fragte, warum sie sich noch nicht gemeldet haben. Heute bekomme ich nun tatsächlich Antwort, denn ihm[5] schrieben sie. In seinem Antwortbrief geht er auf besagte Frage allerdings gar nicht ein. Israel wird ihm noch einmal schreiben. Er hofft, dass diese wichtige Angelegenheit bald geregelt werden kann.

Was die finanzielle Unterstützung angeht, sehen wir darin keineswegs Euren Versuch oder den Wunsch, Euch nach Eurer erfolgreichen Auswanderung von unseren Angelegenheiten zu entlasten. Im Gegenteil schätzen wir die brüderliche Hilfe in diesen schlimmen Tagen sehr. Eure Bemühungen um unsere Auswanderung sind ohnehin offensichtlich.

Was uns Juden hier angeht, ist unser Leben recht eingeschränkt. Zwar hatten wir befürchtet, es könnte noch viel schlimmer werden. Das hatte ich Euch ja bereits geschrieben. In fast jeder Stadt stellt die Gemeinde eine Suppenküche bereit, in der zwei Mal täglich Bedürftige ein Essen bekommen und Handwerker Arbeit finden können. Alle Übrigen, Händler und alle anderen, stehen ohne Beschäftigung da. Körperliche Schwerarbeit ist noch erlaubt. Selbstverständlich leben wir sehr eingeschränkt, wir dürfen die Stadt[6] nicht verlassen (nur an bekannten Orten wird dies mit einer Sondergenehmigung gestattet). Tatsächlich sind wir, was geistige Ansprache angeht, in unseren vier Wänden gefangen. Denn auch die Gemeinde hat Angst vor dem Regime. Es hätte aber wohl noch viel schlimmer kommen können. Vor zwei Tagen erst kam ein Brief zurück, den ich einem Freund von uns aus Zemun (Kroatien) geschickt hatte. Er wurde dort nicht angetroffen, denn jetzt leben dort alle in einem Konzentrationslager, d. h. sie sind von einer richtigen Mauer eingeschlossen.[7]

Ich danke Dir sehr für Deine Nachrichten. Denn worüber freut man sich mehr, als zu lesen und zu wissen, dass in einer solchen Zeit – während unsere Brüder überall unterdrückt werden und sich in ständiger Lebensgefahr befinden – in unserem Land Häuser und Straßen offenbar in beispiellosem Tempo gebaut werden.

1 CZA, S26/1264, Bl. 7. Das Dokument wurde aus dem Hebräischen übersetzt.

2 Vermutlich Levana (Luna) Ninjo, eine der führenden Persönlichkeiten der sozialistisch-zionistischen Jugendorganisation Haschomer Hazair in Bulgarien.

3 Die Abschrift befindet sich in einem Konvolut mit Korrespondenz zwischen dem Rettungskomitee in Istanbul und bulgar. Zionisten. Die rund 270 Briefe decken den Zeitraum von Nov. 1942 bis Juli 1944 ab.

4 Vermutlich Izrael Durchfort, poln. Staatsbürger, und Oto Aladžem, Arzt, beide zionistische Aktivisten, die an der Korrespondenz mit dem Rettungskomitee in Istanbul beteiligt waren.

5 Es ist nicht bekannt, um wen es sich handelt.

6 Levana Ninjo lebte in Razgrad, einer Stadt im Nordosten Bulgariens, in der Anfang 1943 weniger als 100 Juden lebten. Nach der Aussiedlung aus Sofia Ende Mai 1943 waren es 650 Personen.

7 Vermutlich eines der kroat. Lager, siehe: VEJ 14, Einleitung, S. 47–50.

Was den von Dir eingeforderten Bericht angeht, habe ich einen solchen über meinen Bruder, der in Rischon LeZion im Kibbuz G.[8] lebt, an Jaari, ein Mitglied, geschickt. Vielleicht ist das auch kein richtiger Bericht, denn ich lege darin nur einen Teil unserer Lebenssituation offen und bitte um Hilfe. Allerdings hoffe ich, dass mein Bruder, der mit der Situation hier vertraut ist, die Umstände erklären kann. Ich kann das Menschen, die unsere Lage nicht kennen, aus der Ferne nicht erklären. Dieser Brief an Dich ist auch nicht viel anders. Es ist ein rein privater Brief, adressiert an ein Mitglied des HaKibbuz HaArtzi[9] (über die restlichen, offiziellen Angelegenheiten werden Israel und Otto schreiben, um Widersprüche und Missverständnisse zu vermeiden).
Daher nur eine Lagebeschreibung aus meiner Sicht. Unsere Bewegung wurde durch die letzte Auswanderungswelle 1941, mit der uns die meisten und besten Mitglieder verließen, zurückgeworfen.[10] Viele der Zurückgebliebenen schlossen sich den jüdischen Helfern an.[11] Ich wurde vor die Frage gestellt: wohin? – Selbstverständlich harrten all jene Mitglieder aus, die ihrem Weg treu geblieben waren. Der Besuch der hebräischen Schule, die Erziehungsarbeit in der Bewegung und die untrennbaren Beziehungen zur Jüdischen Weltorganisation[12] sorgten für Zusammenhalt. Nun, zwei Jahre nach diesen Ereignissen, erleben wir eine Stagnation. Unsere Zukunft liegt in der Auswanderung, und dieser Gedanke tröstet uns, selbst wenn uns dessen Verwirklichung weit entfernt scheint. Nachdem wir nun alle auseinandergetrieben wurden, versuchen wir irgendwie zurechtzukommen. In jeder Stadt stellt sich erneut die Frage nach der Organisation und nach unserer Arbeit. Natürlich bleibt der Gedanke an die Auswanderung nach Palästina in uns lebendig. Unsere Zukunft können wir uns nirgends anders vorstellen als im Land unserer Hoffnung. In der Zwischenzeit, so lange kein Weg nach Palästina führt, sitzen wir hier fest. Wir müssen also einen Weg finden, unser Leben hier einzurichten. Die derzeitigen Umstände ermöglichen es uns nicht, die Hände in den Schoß zu legen. Wir müssen jederzeit auf alles vorbereitet sein, uns auf das Exil einstellen und unseren Platz im Leben finden. Das ist die Frage, mit der ich mich nun konfrontiert sehe. Dasselbe hoffe ich auch für alle anderen Mitglieder im Exil, denn sonst lässt sich unser überaus sinnentleertes Leben nicht weiterführen. Vor allem und für alle benötigen wir das unauflösbare Band nach Palästina, zu Euch, zu den Nachrichten von dort. Nur dadurch fühlen wir uns eng miteinander verbunden. Andernfalls würde uns der Boden unter den Füßen weggezogen.
Ich hoffe, dass Du Deine geschätzte Ansicht zu allem äußerst und uns mit Rat zur Seite stehst. Ich warte ungeduldig auf Zeitungen und Bücher, vor allem auf das Wörterbuch,

8 Nicht ermittelt.

9 Eine 1927 gegründete sozialistisch-zionistische Siedlungsbewegung, die mit dem Haschomer Hazair eng verbunden war.

10 Gemeint ist vermutlich die Haschomer Hazair Bulgarien. Die linkszionistische Jugendbewegung war die zweitgrößte jüdische Jugendorganisation Bulgariens und zählte 1934 rund 500 Mitglieder.

11 Vermutlich ist hier ein Zusammenschluss außerhalb der zionistischen Reihen gemeint.

12 Wohl der Jüdische Weltkongress oder World Jewish Congress (WJC). 1936 als internationale Vereinigung jüdischer Gemeinden und Organisationen in Genf gegründet, bemühte sich der Jüdische Weltkongress um Hilfe für jüdische Flüchtlinge und setzte sich später aktiv für die Mobilisierung der demokratischen Kräfte gegen die Verfolgung und Ermordung der europäischen Juden ein.

das uns hier sehr fehlt. Solltest Du die Adresse von Bolwary benötigen, kann ich sie Dir geben.
Ich wünsche Euch allen eine fruchtbare Arbeit und viel Erfolg für Eure Bemühungen.
Euch herzliche Grüße

DOK. 338
Ein Vater bittet Außenminister Šišmanov am 11. Dezember 1943 um Unterstützung bei der Suche und Repatriierung seines Sohnes, der sich in deutscher Gefangenschaft in Frankreich befindet[1]

Brief, gez. Lereja,[2] Kjustendil, an Außenminister Dimităr Šišmanov,[3] Sofia, vom 11.12.1943

Sehr geehrter Herr Šišmanov,
ich nehme allen Mut zusammen und erlaube mir, mich an Sie zu wenden, als an einen Menschen, dem ich Dankbarkeit schulde und der der Mensch sein könnte, auf den ich in diesem Moment der Prüfungen und Leiden, die meine ganze Familie durchlebt, am meisten zählen und von dem ich am meisten Hilfe erwarten kann.
Es geht noch einmal um meinen Sohn Josif Chaim Lereov,[4] der in Paris studierte und sich letzten Auskünften Ihres verehrten Konsulats zufolge im Gefängnis Fresnes[5] befand, wo er im Juli dieses Jahres vom Konsulatssekretär, Herrn Enčev, besucht worden ist.[6]
Seit Juli haben wir keinerlei Nachricht von ihm außer durch seinen Kommilitonen Karadavidov, der uns mitteilt, dass sich Žozef nicht mehr im Gefängnis befindet.
Ich bitte Sie aufrichtig als Menschen, der den Schmerz einer Mutter und eines Vaters am besten verstehen kann, etwas für uns und für ihn zu tun, indem Sie uns mitteilen, wo und in welchem Zustand er sich befindet und ob man etwas unternehmen kann, um ihn zurück nach Bulgarien zu holen.[7]

1 CDA, 382K/4/61, Bl. 19 f. Das Dokument wurde aus dem Bulgarischen übersetzt.
2 Chaim Josif Lereja, Transportunternehmer; wohnte in Kjustendil.
3 Der vormalige Generalsekretär des bulgar. Ministeriums für auswärtige Angelegenheiten hatte seit Okt. 1943 den Posten des Außenministers inne.
4 Josif (auch Joseph, Josef) Chaim Lereov (1919–1945), ursprünglich aus Bulgarien, nahm 1938 ein Studium der Ingenieurswissenschaften in Paris auf; im März 1942 wegen kommunistischer Tätigkeit verhaftet, kam er Mitte Juli 1943 als sog. NN-Häftling zunächst in das KZ Natzweiler im Elsass und wurde von dort über das Gestapo-Gefängnis Breslau in die KZ Auschwitz, Stutthof und schließlich Hailfingen-Tailfingen deportiert, wo er am 21.1.1945 starb.
5 Das Gefängnis in der gleichnamigen Stadt südlich von Paris diente der Gestapo zur Inhaftierung von politischen Gefangenen und Widerstandskämpfern.
6 Der Akte liegt eine entsprechende Mitteilung des bulgar. Generalkonsulats vom 5.7.1943 bei. Demnach hatte ein Mitarbeiter der Vertretung Lereov im Gefängnis besucht. Das Generalkonsulat hatte bereits 1942 auf die Bitte des Vaters hin bei den deutschen Polizeibehörden wegen Lereov interveniert. In einem Schreiben an das bulgar. Außenministerium vom 17.3.1942 äußerte Legationssekretär Vladimir Kutikov (1908–1980) den Verdacht, Lereov werde wegen falscher Anschuldigung festgehalten; am 6.6.1942 empfahl er, die Angelegenheit direkt mit Berlin zu klären.
7 Das bulgar. Außenministerium wies das Generalkonsulat in Paris am 15.12.1943 an, den Verbleib von Lereov zu ermitteln. Am 19.2.1944 meldete ein Mitarbeiter der Sipo und des SD Paris, dass sich Lereov in Polizeihaft befände, und lehnte weitere Auskünfte ab. Das bulgar. Außenministerium informierte den Vater am 26.2.1944. Es folgten keine weiteren Anfragen.

Damit würden Sie meiner Familie das Leben schenken. Ich bitte Sie, die Belästigung zu entschuldigen, aber alle, an die ich mich mit meiner Bitte um Hilfe gewandt habe, verweisen mich an Sie als an den Einzigen, der dies zuwege bringen könnte.
Voller Hoffnung sende ich Ihnen meine vorzügliche Hochachtung und erwarte in allernächster Zeit Ihre positive Nachricht

DOK. 339
Innenminister Dočo Christov informiert den Kriegsminister am 14. Dezember 1943, dass Juden künftig die Emigration zu gestatten sei[1]

Schreiben (vertraulich) des Ministeriums für innere Angelegenheiten und Volksgesundheit, Kommissariat für Judenfragen, Nr. 50 445, gez. D. Christov,[2] Sofia, an den Kriegsminister,[3] Sofia, vom 14.12.1943[4]

Auf Nr. V-3491 / 24.11.1943[5]
Das Kommissariat für Judenfragen[6] wurde damit beauftragt, Juden, die die Absicht haben, das Land zu verlassen, Genehmigungen zu erteilen, unabhängig von ihrem Zielland. Bei Personen männlichen Geschlechts im Alter von 16–50 Jahren geschieht dies nur mit meiner Erlaubnis.[7]
Die Juden aus den Städten Sofia, Kazanlăk und Stara Zagora sind insgesamt umgesiedelt und die aus den Städten Varna und Burgas zum Teil.[8] Sie konzentrieren sich nun in verschiedenen Provinzstädten, in denen schon früher Juden gelebt haben. Ihre Zahl beträgt an die 25 000 Personen, d. h. mehr als die Hälfte aller Juden Bulgariens. Wegen der restriktiven Maßnahmen, die mit dem Gesetz zum Schutz der Nation und der Verordnung des Ministerrats vom 29. August 1942[9] im Hinblick auf alle Personen jüdischer Abstammung getroffen wurden, verarmen die Betroffenen zusehends, sind verbittert und organisieren überall im Land eine rücksichtslose, versteckte und sehr geschickte Propaganda, um den Defätismus im Volk zu schüren. Sie sind die Initiatoren des

1 DVIA, 22/1/198, Bl. 155. Das Dokument wurde aus dem Bulgarischen übersetzt.
2 Dočo Nikolov Christov (1895–1945), Jurist; 1924–1932 Gemeinderat in Sofia; 1933–1940 Aufsichtsrat der Kooperativen Eigentümerbank; von 1940 an Abgeordneter, Sept. 1943 bis Juni 1944 Innenminister; 1945 vom Volksgericht zum Tode verurteilt und hingerichtet.
3 Rusi Christov Rusev (1887–1945), Berufsoffizier; 1936–1942 Rüstungsinspektor am Kriegsministerium, Sept. 1943 bis Sept. 1944 Kriegsminister; 1945 vom Volksgericht zum Tode verurteilt und hingerichtet.
4 Handschriftl. Vermerk quer über der ersten Seite: „Ich teile die Auffassung, dass die Juden im Lande gefährlicher sind als außerhalb Bulgariens. Einverständnis erteilen und Liste der für die Aussiedlung nicht in Frage kommenden Juden erstellen. 15.12.1943. R[usi] R[usev].“
5 Nicht aufgefunden.
6 Dem KEV stand seit dem 25.10.1943 der Richter Christo Christov Stomanjakov, auch Stomonjakov (*1890 oder 1891), vor.
7 Männliche Juden im arbeitsfähigen Alter waren nicht nur als Arbeitskraft unentbehrlich, sie standen unter dem Verdacht, sich in Palästina brit. Einheiten im Kampf gegen die Achsenmächte anzuschließen.
8 Siehe Einleitung, S. 90 f.
9 Siehe Dok. 286 und 298 vom 23.1.1941 und Sommer 1942.

sogenannten Schwarzmarkts in den Städten, in die sie umgesiedelt wurden. Die jungen jüdischen Männer zwischen 16 und 35 treten massenhaft den kommunistischen Gruppen bei.[10] Diese besonderen Umstände nötigen dazu, die Juden nicht über allzu viele Städte und vor allem Dörfer zu verstreuen.
Ihre massenhafte und freiwillige Aussiedlung ins Ausland könnte ihren außerordentlich schädlichen Einfluss bei uns eindämmen. Während sie dort nur ein einziges Mal ihr Wissen ausplaudern könnten, würden sie bei ihrem Verbleib im Lande ihre Wühlarbeit unendlich weiter betreiben.
Deshalb halte ich es für dringend erforderlich und bitte um Ihr Einverständnis, Personen jüdischer Abstammung, die auswandern wollen, möglicherweise auch in die Türkei, aufgrund der dargelegten außerordentlichen Umstände bei ihrer Ausreise nicht im Wege zu stehen.
Ich bitte zudem um eine Liste der besonders gefährlichen Personen, deren Ausreise für den Staat eine größere Gefahr darstellen würde als ihr Verbleib, um diese am Verlassen des Landes zu hindern.[11]

DOK. 340
Der bulgarische Gesandte in Ankara berichtet am 9. April 1944 von seinen Verhandlungen über die Auswanderungsmöglichkeiten von Juden aus Bulgarien[1]

Schreiben (vertraulich) der königlich bulgarischen Gesandtschaft in der Türkei (Nr. 138 T.A.), gez. Balabanov,[2] Ankara, an Dimităr Šišmanov, Minister für auswärtige Angelegenheiten und Religionszugehörigkeiten, Sofia, vom 9.4.1944 (Abschrift)

Herr Minister,
ich bin gezwungen, mich wieder mit der Judenfrage zu beschäftigen. Jedes Mal, wenn ich sie erwähne, erinnere ich mich – ich weiß nicht aufgrund welcher Assoziation – daran, wie mir Menemencioğlu[3] seinerzeit, als er aus Kairo zurückgekehrt war, erzählte, dass Roosevelt[4] zu ihm gesagt habe: „Je veux marteler Sofia."[5] Und der Präsident der Vereinigten Staaten hat seine Drohungen tatsächlich wahrgemacht. Dieses Staatsoberhaupt, das solch eine rührende Sorge um das Schicksal aller unschuldigen Flüchtlinge an den Tag legt und unaufhörlich davor warnt, alle Schuldigen an Gräueltaten und

10 Siehe die Angaben zur jüdischen Beteiligung am Widerstand in der Einleitung, S. 91.
11 Handschriftl. Vermerk: „Dem Generalstab des Heeres zur Kenntnis vorlegen."

1 CDA, 176K/8/1302, Bl. 53 f. Das Dokument wurde aus dem Bulgarischen übersetzt.
2 Nikola Markov Balabanov (1886–1970), Jurist und Diplomat; 1940–1943 bulgar. Gesandtschaftsrat in Vichy, 1943–1945 in Ankara; nahm Anfang 1944 im Auftrag der bulgar. Regierung Kontakt zu den Alliierten auf und verhandelte über einen Ausstieg Bulgariens aus dem Krieg.
3 Numan Menemencioğlu (1893–1958), Diplomat und Politiker; 1942–1944 türk. Außenminister.
4 Franklin D. Roosevelt (1882–1945), Jurist und Politiker; 1933–1945 Präsident der Vereinigten Staaten von Amerika.
5 Franz.: Ich will Sofia schlagen.

Kriegsverbrechen würden bestraft werden, zögerte jedoch keinen Augenblick, seine „Liberators“[6] zu schicken, um die Hauptstadt eines faktisch nicht kriegführenden Landes zu zerstören, Hunderten unschuldiger Frauen, Kinder u. a. das Leben zu nehmen und als Krönung dieser „militärischen Ruhmestaten“ die Residenz des kleinen Zaren[7] und der Zarenwitwe anzugreifen und in Schutt und Asche zu legen.[8] Eines Tages wird die Geschichte jedem geben, was er verdient. Künftige Historiker werden allerdings sehr große Schwierigkeiten haben festzustellen, wem die Siegespalme zufällt, wenn es um Gräueltaten und unmenschliche und kulturfeindliche Taten geht!

Das mag vielleicht eine unnötige Vorrede sein, aber irgendwie drängte sie sich mir spontan auf.

Gestern wurde bei mir Isak Mitrani[9] vorstellig, ein Jude aus Palästina. Gebürtig aus Stara Zagora, hat er dort unser Gymnasium absolviert und beherrscht das Bulgarische besser als viele Bulgaren. Als Zionist aus Überzeugung hat er Bulgarien vor 20 Jahren verlassen und sich in Palästina angesiedelt. Er hält sich seit einem Monat in Istanbul auf, wohin er im Auftrag der in Palästina lebenden bulgarischen Juden gekommen ist. Er soll den Juden aus Bulgarien, die das Land verlassen und nach Palästina auswandern wollen, auf jede erdenkliche Art behilflich sein. Ich hatte keinerlei Grund, ihn zu empfangen und anzuhören, bin aber der Meinung, dass es auch nicht von Nutzen gewesen wäre, mich zu weigern. Er hat einen ausgezeichneten Eindruck auf mich gemacht. Zurückhaltend und maßvoll legte er mir seine Aufgabe dar und sagte mir, welche Informationen er über die Lage der Juden in Bulgarien habe. Diesen Informationen zufolge wurden die Maßnahmen gegen die Juden in Bulgarien theoretisch gelockert, seitdem Dočo Christov das Innenministerium leitet. In der Praxis jedoch sei die Veränderung unbedeutend. So habe er Informationen, wonach die Not unter der in die Provinz evakuierten jüdischen Bevölkerung groß sei, was er darauf zurückführte, dass die Juden in ihrem alltäglichen Leben außerordentlich eingeschränkt seien (z. B. dürften sie sich in Plovdiv nicht mehr als zwei Stunden im Freien aufhalten); folglich sei ihnen jede Möglichkeit genommen, ihren Lebensunterhalt zu verdienen. Abgesehen davon hinderten diese Einschränkungen die Auswanderungswilligen daran, möglichst schnell eine Reihe von erforderlichen Formalitäten zu erledigen.

Herr Mitrani bat mich, mich bei der bulgarischen Regierung für Folgendes einzusetzen:
1. nach Möglichkeit die Lebenssituation der Juden in Bulgarien zu erleichtern;
2. die Formalitäten für ein Verlassen des Landes zu vereinfachen und das Verfahren zu beschleunigen;
3. sobald als möglich den Hafen zu bestimmen, von dem aus die beiden gemieteten Segelschiffe in See stechen können, um einige Hundert Juden aus Bulgarien wegzubringen. Die

6 Bomber des Typs B-24 des amerik. Herstellers Consolidated Aircraft, die auch Liberator genannt wurden.

7 Der Sohn des im Aug. 1943 verstorbenen bulgar. Zaren Boris III., Simeon, war sieben Jahre alt.

8 Die alliierten Luftangriffe auf Sofia begannen am 14.11.1943 und erreichten zwischen Jan. und April 1944 ihren Höhepunkt.

9 Isak, auch Izchak Mitrani (*1899), Zionist und Funktionär; 1929 Mitbegründer des von bulgar. Juden besiedelten Moschaws Beit Hanan südlich von Rischon LeZion; im Auftrag der Jewish Agency weilte er zwischen Febr. und Juli 1944 in Istanbul, um über die Auswanderung der bulgar. Juden zu verhandeln.

Frage sei im Prinzip gelöst, es müssten nur noch die Häfen bestimmt werden, von denen aus die Schiffe in See stechen sollen;[10]
4. ein Dampfschiff der Bulgarischen Dampfschiffahrts-Gesellschaft anzumieten, um eine größere Anzahl von Juden zu verschiffen. Das Internationale Rote Kreuz hat ein türkisches Dampfschiff gemietet, mit dem man, in Zusammenarbeit mit dem Rumänischen Roten Kreuz, eine gewisse Anzahl an Juden aus Köstence[11] abtransportieren wird.[12] Alle Formalitäten seien bereits erledigt. Es fehle nur noch das Einverständnis Deutschlands, d. h. die Garantie von Seiten Deutschlands für ein ungehindertes Auslaufen. Vom Repräsentanten des Internationalen Roten Kreuzes erfuhr ich, dass sich von Papen persönlich und beharrlich bei seiner Regierung dafür einsetzt, damit diese Genehmigung erteilt wird.[13]
Am Ende versicherte mir Herr Mitrani, dass er es auf sich nehme, die Reise der bulgarisch-jüdischen Aussiedler nach Palästina zu arrangieren. Er habe ein Einreisevisum für Palästina für etwa 200 Juden aus Bulgarien erhalten, habe aber keine Möglichkeit, den betreffenden Personen mitzuteilen, dass sie die Genehmigung haben, nach Palästina einzureisen. Er bat mich, diese Namenslisten auf offiziellem Wege an die jüdischen Gemeinden in Ruse und Kjustendil weiterzuleiten. Bis zum gegenwärtigen Augenblick hat er mir diese Listen jedoch nicht geschickt.
So viel zum Besuch von Herrn Mitrani.
Der Vorsitzende des Internationalen Roten Kreuzes, der Schweizer Simon,[14] hat mich gebeten, mich bei ihm mit Herrn Hirschmann[15] zu treffen, dem Sondergesandten von Herrn Roosevelt zur Regelung der Flüchtlingsfrage. Letzterer wolle mich sehen, bevor er über Kairo nach Washington reist. Da es sich nicht um politische Gespräche handle, sondern um Fragen rein humanitären Charakters, und da ich weiß, dass sich auch andere Minister der Achsenmächte mit ihm treffen, dachte ich, es sei nicht angebracht und vielleicht auch nicht von Nutzen, mich zu weigern, den besagten Herrn zu treffen.
Er habe, sagte er mir, vergebens darauf gewartet zu hören, was unsere Regierung hinsichtlich der freiwilligen Auswanderung der Juden aus Bulgarien zu tun gedenkt. Er bedauere es, dass er vor seiner Abreise nach Washington, wo er Roosevelt persönlich über die Ergebnisse seiner Arbeit in der Türkei berichten werde, nichts Günstiges über Bulgarien werde sagen können. Ich sagte Herrn Hirschmann (ich hatte Ihr Telegramm Nr. 277 noch nicht erhalten),[16] ich sei völlig davon überzeugt, dass die bulgarische Regierung alles in ihrer Macht Stehende tun werde, damit die Juden, die das Land verlassen

10 Es geht vermutlich um die zwei Schiffe, die der Mossad le-Alija Bet für das Unternehmen von Jordan Spasov 1943 organisiert hatte; siehe dazu Dok. 336 vom 25.8.1943.

11 Türk., veraltet für Constanţa in Rumänien.

12 Möglicherweise ist das Schiff „Tari" gemeint.

13 Ribbentrop lehnte jedoch ab; siehe Corry Guttstadt, Die Türkei, die Juden und der Holocaust, Berlin 2008, S. 254 f.

14 Richtig: Edmond Simond, Vertreter des IKRK in Ankara.

15 Ira Hirschmann (1901–1989), Geschäftsmann; 1944 im Auftrag des US-Präsidenten Roosevelt für das War Refugee Board in der Türkei tätig; dank seines Engagements gelang es, bis zu 7000 jüdische Flüchtlinge aus Rumänien, Ungarn und Bulgarien über die Türkei nach Palästina zu verbringen; 1946 Inspektor von DP-Lagern in Deutschland im Auftrag der UNRRA.

16 Nicht aufgefunden.

wollen, auf keinerlei Hindernisse von Seiten der bulgarischen Behörden stoßen werden.[17] Ich nutzte die Gelegenheit, um demselben Herrn mitzuteilen – immer in Bezug auf humanitäre Fragen –, wie sehr das bulgarische Volk erschüttert und empört ist über die Luftangriffe auf Privatwohnungen, kulturelle und öffentliche Einrichtungen und in letzter Zeit auf das Schloss Vrana … Herr Hirschmann antwortete mir, dass er persönlich diese Art von Luftangriffen überhaupt nicht gutheiße und gegen die Bombardierungen sei und dies in seinem Bericht an Roosevelt ansprechen werde.
Beim Hinausgehen versicherte er mir noch, dass er Sympathien für Bulgarien hege und sehr genau wisse, was für ein tolerantes Volk wir bis zum Kriegseintritt gewesen seien. Deshalb empfahl er wärmstens, die Lebensbedingungen der Juden bei uns zu verbessern und vor allem die Ausreise jener Juden zu erleichtern und zu beschleunigen, die das Land verlassen wollen. Diese auf den ersten Blick kleine Sache könne große Folgen für uns haben – die Tür nach Amerika sei nach wie vor offen.
./.
Ich hielt es für meine Pflicht, Ihnen von meinen oben erwähnten zwei Treffen zu berichten. Es scheint mir überflüssig, Ihnen meine Meinung mitzuteilen. Sie ist Ihnen längst bekannt.
Ich bitte Sie, Herr Minister, die Versicherungen meiner vorzüglichen Hochachtung entgegenzunehmen

17 Balabanov traf sich im Nachhinein wiederholt mit Mitrani sowie anderen Vertretern der bulgar. Juden in Istanbul. Obwohl er ihnen ein erleichtertes Prozedere für die Auswanderung von Juden aus Bulgarien in Aussicht stellte, blieb dies bis auf wenige Ausnahmen bis Sept. 1944 wegen der sich rasch verändernden außen- und innenpolitischen Situation, aber auch mangels Willen bulgarischerseits praktisch wirkungslos.

DOK. 341
Avram Alfasa beglückwünscht am 5. August 1944 das wiederhergestellte Zentralkonsistorium der Juden in Bulgarien und schildert die Lebensumstände der Juden in Dupnica[1]

Handschriftl. Brief, gez. Avr. Alfasa,[2] Dupnica, an Dr. Kalmi,[3] Sofia, vom 5.8.1944

Sehr geehrter Herr Dr. Kalmi,
durch Herrn Špeter[4] habe ich die freudige Neuigkeit über die bevorstehende Bestätigung des Zentralkonsistoriums erfahren,[5] und ich halte es für meine angenehme Pflicht, Ihnen dazu wie auch zur gelungenen Wahl von so erfahrenen Vertretern des öffentlichen Lebens zu gratulieren. Ich wünsche Ihnen und Ihren Kollegen hervorragende Gesundheit und viel Erfolg! Sie sind die Vorboten des Maschiach[6] und der Geula[7] des bulgarischen Judentums.
Die grundlegende Veränderung unserer außergewöhnlichen Lage wird noch eine gewisse Zeit auf sich warten lassen, aber wir wären sehr erfreut, wenn Sie darauf hinwirken könnten, zumindest die lokal stattfindenden Willkürakte zu beenden, wobei die ausdrücklichen Beschränkungen nach dem Gesetz zum Schutz der Nation[8] erhalten bleiben.[9]
Dupnica hält einen Rekord an lokalen Willkürakten, und wenn ich sie hier aufzähle, dann, um Ihnen zusätzliches Material zu liefern, um etwas zu unternehmen. Hier einige Fakten:
Brot. Unsere Karten für Brot sind mit großen roten Stempeln versehen, und wir können es nur in drei Bäckereien kaufen. Natürlich gibt der Versorgungskommissar, sobald er irgendwelches minderwertiges Mehl, z. B. Maismehl, erhält, es den jüdischen Bäckereien, bon pour les juifs,[10] weshalb wir manchmal Maisbrei essen und es in letzter Zeit massenhaft mit Erkrankungen wie Durchfall und Magenverstimmungen zu tun hatten. Die bulgarischen Bäckereien hingegen produzieren ausgezeichnetes Brot, aber wir sind

1 CDA, 1498K/1/17, Bl. 20 f. Das Dokument wurde aus dem Bulgarischen übersetzt.
2 Avram Juda Alfasa (1879–1971), Gemeindefunktionär; seit 1926 Vorsitzender der Loge Karmel in Sofia, eines Ablegers der Loge B'nai B'rith, 1942/43 Vorstand der Jüdischen Gemeinde in Sofia; im Mai 1943 Internierung im Lager Somovit, von Okt. 1943 bis Sept. 1944 in Dupnica; 1951 emigrierte er nach Israel.
3 Dr. Izrael Moše Kalmi (1885–1968), Jurist; stammte aus Ruse; gehörte 1943 mit anderen jüdischen Honoratioren zu einem Rettungskomitee in Sofia, das sich mittels Interventionen bei einflussreichen bulgar. Persönlichkeiten für eine Einstellung der Judenverfolgung einsetzte; im Mai 1943 in Červen Brjag.
4 Vermutlich Natan Samuel Špeter, Arzt.
5 Das Zentralkonsistorium, das mit der Aussiedlung der Juden aus Sofia im Mai 1943 aufgelöst worden war, wurde von dem seit Anfang Juni 1944 regierenden Ministerpräsidenten Ivan Bagrjanov (1891–1945) unter Leitung von Avram Perec Tadžer (1872–1961), einem jüdischen Reserveoberst, wieder eingesetzt. Ziel war es, die antijüdischen Maßnahmen graduell aufzuheben.
6 Hebr.: Messias.
7 Hebr.: Erlösung.
8 Siehe Dok. 286 vom 23.1.1941.
9 Angeblich wollte Bagrjanov die deutschen (noch) Verbündeten nicht über eine Abschaffung der antijüdischen Maßnahmen verstimmen, während er noch auf den Ausgang der Verhandlungen mit den Alliierten über einen Waffenstillstand wartete.
10 Franz.: etwa „gut genug für die Juden".

verpflichtet, Brot von unseren Bäckereien zu kaufen, egal, von welcher Qualität es ist. Momentan ist das Brot zufriedenstellend, aber es gibt keine Garantie für morgen. Weißbrot ist den Juden verboten.

Fleisch. Letzten Winter gab es kaum Fleisch, weshalb der Kommissar[11] den Verkauf desselben an Juden verbot und wir 2–3 Monate lang kein Fleisch gegessen haben. Wir hatten auch eine für uns bestimmte Fleischerei. Als das Lammfleisch 200 Lewa kostete, konnten die Juden es überall kaufen. Als es auf 110 Lewa herabgesetzt wurde, wurde es nicht mehr an Juden verkauft. Jetzt ist der Verkauf von Fleisch frei, nur dass es an Juden um 20–40 Lewa teurer verkauft wird als an Bulgaren, und das mit dem Segen des Kommissars.

Rationen. Es werden hier überhaupt nur noch selten rationierte Waren ausgegeben und an Juden, wie man so sagt, ohnehin nur die Hälfte, und manchmal gibt es für uns auch gar nichts – z. B. Fisch, Süßstoff, Toilettenseife usw.

Kleidung. Seit 3 Jahren werden hier keine Kupons mehr für Textilien, Garn, Schuhe, Strümpfe usw. an Juden ausgegeben.

Einkäufe. An Werktagen müssen wir nach 10 Uhr einkaufen gehen, und am Samstag, dem Markttag, nach 2 Uhr nachmittags. Fast immer ertönen die Alarmsirenen, […][12] wir gehen hinaus, um die Krümel aufzusammeln. Eier, Butter oder Hühner von den Bauern zu kaufen, haben wir kein Recht.

Polizeistunde für die Bulgaren ist 10 Uhr, und für uns um 9. In letzter Zeit hat man sie auf 8 Uhr verlegt, wobei die Heimkehr in die Häuser zwischen Viertel vor 8 und 8 zu erfolgen hat. Letzte Woche kontrollierte ein Gendarmerietrupp gegen 10 vor 8, kassierte 70–80 Personen, hielt sie bis 12 Uhr in der Nacht fest und erlegte ihnen eine Geldstrafe von je 100 Lewa auf. Was für ein jämmerlicher Anblick, 300–400 Menschen überall durch Straßen und Höfe rennen zu sehen wie die letzten Ganoven.

Reisen. Von Kjustendil aus reisen meine Eltern sehr oft, wobei die jüdische Gemeinde das Recht hat, täglich drei Genehmigungen auszufüllen, blanko unterschrieben vom Delegierten. Hier erteilt Letzterer nur bei Todesfällen oder ernsthaften Erkrankungen eine Genehmigung. Unser Delegierter ist Dalkaláčev,[13] der Bruder von Kliment,[14] dem antisemitischen Ideologen Bulgariens, der die Verschickung von 55 Unglücklichen ins Lager in Pleven verantwortet und sich nicht für sie einsetzt.[15] Er sucht immer nur nach einem Anlass für Einschränkungen und Folter.

Bis 7 Uhr abends können wir uns auf der Hauptstraße bewegen, die quer durch die Stadt verläuft, vom Bahnhof bis zur nahegelegenen Haltestelle, über 3 km.

11 Vermutlich der Kommissar für die Versorgung.

12 Das Dokument ist an dieser Stelle abgeschnitten, weshalb ein Teil des Satzes fehlt.

13 Kiril Veniaminov Dalkaláčev (1915 oder 1916–1944?), Beamter; 1944 Kreisverwalter und Delegierter des KEV in Dupnica; 1945 beim sog. Antisemiten-Prozess des Volksgerichts in Abwesenheit zum Tode verurteilt.

14 Kliment Dalkaláčev (gest. 1944), Beamter; einer der Begründer der Ratnici und führend in der nationalistischen Einheitsjugend Brannik; 1941–1944 in der Direktion für nationale Propaganda tätig.

15 Das Lager entstand im Okt. 1943 im Zuge der Verlegung der in Somovit inhaftierten Juden. Es diente fortan der Internierung von Juden, die sich gegen die Befehle des KEV auflehnten oder deren Angehörige sich den Partisanen angeschlossen hatten.

Milch. Nur ein einziger Gastwirt darf Rohmilch an Juden verkaufen, und das zu 50 Lewa; wir sind begierig auf ein Schälchen Joghurt, Milchreis, aber der Zutritt zu allen Milchgeschäften ist uns untersagt.
Nur zu zwei kleinen Konditoreien haben wir Zutritt, zu allen anderen ist er verboten.
Überhaupt besteht unser ganzes Leben aus einem Labyrinth aus Verordnungen und Vorschriften, die uns die Seele vergiften.
Kein einziges anständiges Kaffeehaus dürfen wir besuchen, nur ganz kleine Cafés.
Es gibt noch eine Menge anderer kleiner Einschränkungen, die ich hier nicht erwähne.
Möge die Wiederherstellung des Zentralkonsistoriums der Anfang sein für den Wiederaufbau aller anderen Institutionen.
Verzeihen Sie die Belästigung,
und ich beglückwünsche Sie und Ihre Kollegen

DOK. 342
Die jüdischen Zwangsarbeiter in Veselinovo bitten am 30. August 1944 das Zentralkonsistorium der Juden in Bulgarien, ihre sofortige Entlassung zu erwirken[1]

Brief der Arbeiter der 9. Jüdischen Arbeitsgruppe beim 4. Arbeitsbataillon, Veselinovo,[2] Kreis Šumen, an das verehrte Zentralkonsistorium der Juden in Bulgarien, Sofia, Kopie an die jüdische Gemeinde von Ruse, vom 30.8.1944

Sehr geehrte Herren,
wir erlauben uns, uns hiermit an Sie als Repräsentanten des Judentums in Bulgarien zu wenden, mit der höflichen und inständigen Bitte, Ihren ganzen Einfluss geltend zu machen und alles zu unternehmen, um unsere unverzügliche Entlassung zu erwirken.
Wir möchten Ihnen in aller Kürze alle Fakten und Gründe darlegen, die selbst das härteste Herz und das gewissenloseste Gemüt zum Erweichen brächten, um Ihnen zu vermitteln, wie beklagenswert unsere Lage und die unserer Familien ist.
Wir leben schon seit Jahren verstreut auf Landstraßen, im Gebirge und in Steinbrüchen, um unter unerträglichen Bedingungen zu arbeiten. Völlig mittellos, zerlumpt und verarmt halten wir mit unseren letzten Kräften noch Kreuzhacken und Schaufeln in den Händen und fürchten, auch der letzte Gesunde unter uns könnte der Erschöpfung zum Opfer fallen, von der Malaria und all den anderen Krankheiten dahingerafft werden, diesen ewigen Begleitern unseres Elends, der Entbehrungen und des Hungers. Müssen wir, die jüdische Jugend Bulgariens, auch dieses Jahr, wo schon ganze Völker in Freiheit jubeln, inmitten von Kälte, Regen und Schnee, in unsere Häuser zurückkehren, ohne auf den Winter vorbereitet zu sein und ohne unser zukünftiges Heim in Augenschein nehmen zu können? Werden Sie die jüdische Straße auch diesen Winter in Elend und Schmerz versinken lassen, während wir Väter und Söhne von einem Dienst, der über unsere Kräfte geht, zurückerwartet werden? Müssen unsere Mütter, Schwestern und Frauen weiterhin vor den öffentlichen Küchen und Wohltätigkeitseinrichtungen die Hände recken?

1 CDA, 1498K/1/16, Bl. 7 f. Das Dokument wurde aus dem Bulgarischen übersetzt.
2 Dorf im Nordosten Bulgariens.

Seit Jahren schon wird an uns appelliert, aller Not zu widerstehen, vernünftig und geduldig zu sein um des Wohls und Glücks des gesamten bulgarischen Judentums willen, ob jung oder alt. Nun ist die Stunde gekommen, in der unsere verehrten Vertreter unsere bejammernswerte Lage ins Auge nehmen und so schnell wie möglich unsere Entlassung bewirken sollten.

Sehr geehrte Herren, lassen Sie uns noch eine Tatsache hervorheben, die unsere geistige Verfassung widerspiegelt. Wir sind über Jahre hinweg ein Beispiel gewesen, ergeben und stark. Heute, wo wir sehen, dass wir nach der Außerkraftsetzung des Gesetzes zum Schutz der Nation[3] trotz allem wieder Entbehrungen ausgeliefert und verstoßen bleiben,[4] reift in vielen der Gedanke an Flucht aus den Gruppen,[5] ohne Rücksicht auf Verantwortung oder Folgen.[6] Und sollte unsere Entlassung nicht in allernächster Zeit erfolgen, werden Massenfluchten häufiger werden und damit Anlass geben zu überflüssiger Kritik und Vorhaltungen, die es im bulgarischen Judentum bisher nicht gegeben hat und die es sich nicht erlauben kann.

Wir haben gehört, dass man sich dafür einsetzt, dass wir Kleidung bekommen. Das ist eine lindernde Maßnahme, die nur unsere Leiden und unseren Dienst verlängern wird, ohne dass dies das Schicksal unserer Familien und unmündigen Kinder erleichtern würde, die von uns abhängig sind und unsere Unterstützung erwarten.

Diesen Überlegungen folgend, sind wir überzeugt, dass Sie, unsere älteren Brüder und Väter, uns verstehen und unsere schnelle Entlassung erwirken werden. Unser Wunsch ist auch deshalb gerechtfertigt, weil nach der Außerkraftsetzung der Beschränkungen des Gesetzes zum Schutz der Nation und der Verordnung vom 29.8.1942 vorgesehen ist, die jüdischen Arbeitsgruppen aufzulösen. Uns hier weiterhin zur Arbeit zu verpflichten, halten wir für ungesetzlich, und es ist die Aufgabe unserer Vertreter, diese Gesetzlosigkeit aus der Welt zu räumen. Mehr noch wird sich die bulgarische Regierung, die heute eine Amnestie für alle politischen Gefangenen verfügt hat,[7] Ihre Fürsprache zu Herzen nehmen, um auch die zu befreien, die immer beispielhafte Bürger dieses Landes gewesen sind und ihm ihren Blutzoll entrichtet und ihre Arbeitskraft gegeben haben.

Für Ihre Sorgen und Mühen sprechen wir Ihnen aus der Ferne, in unserem und im Namen unserer Familien, unseren herzlichen Dank aus und die Bereitschaft, Ihnen auch in Zukunft zu folgen und Sie zu unterstützen bei der Erfüllung von edleren und nützlicheren Aufgaben zum Wohle unseres Volkes.

Vorliegenden Brief senden die Arbeiter der 9. Arbeitsgruppe, die davon überzeugt sind, dass er von allen mobilisierten jüdischen Arbeitern unterstützt würde.

Mit ausdrücklicher Hochachtung

3 Siehe Dok. 286 vom 23.1.1941.

4 Das Kabinett Bagrjanov beschloss am 31.8.1944 die Außerkraftsetzung der antijüdischen Gesetze. Der Beschluss wurde jedoch erst wenige Tage später unter Ministerpräsident Muraviev veröffentlicht.

5 Gemeint sind die Arbeitslager.

6 Vermutlich Anspielung auf die Unterstützung der Zwangsarbeiter für die Partisanen. Diese griffen Arbeitslager an, um Proviant zu holen; Isak Pardo, Zavladjavaneto na Evrejskija lager pri gara Sestrimo ot „Čapajci", in: Evrei zaginali v antifašistkata borba, hrsg. von Centralna Konsistorija na evreite v Bălgarija, Sofia 1958, S. 189 f.

7 Auch diese Maßnahme wurde erst von der Regierung Muraviev offiziell verkündet. Die Auflösung der jüdischen Arbeitsgruppen erfolgte daraufhin.

DOK. 343
Mois Pasi schildert seiner Freundin Reni am 4. September 1944, wie er die letzten Tage vor dem Einmarsch der Roten Armee in Vidin erlebt[1]

Brief von Mois[2] in Vidin, an Reni[3] in Ferdinand, vom 4.9.1944

Grüß Dich, liebe Reni,
heute schreibe ich Dir einen zweiten Brief. Ich möchte auf Deinen Brief antworten, den ich heute Nachmittag erhalten habe. Im Moment herrscht Luftalarm. Manchmal frage ich mich, werden diese Alarme nicht irgendwann ein Ende haben? Andererseits sage ich mir, dass uns die englischen Flugzeuge, die auf dem Weg nach Rumänien über uns hinwegfliegen, dem Ende des Krieges näherbringen.
Die Neuigkeiten habt Ihr bestimmt auch bei Euch mitbekommen. Wir warten jeden Tag auf die sowjetischen Armeen, um sie zu begrüßen – als Befreier. Man erzählt, die Garnison von Vidin werde sie empfangen. Noch ein, zwei Tage und man wird die politischen Gefangenen freilassen. Und was diese achtzig Personen angeht, die zu den Partisanen gegangen sind, bin ich ganz Deiner Meinung. Jetzt geben sie Entwarnung: Die englischen Flugzeuge haben ihre Arbeit über Rumänien verrichtet und kehren zurück.
Gestern, am Sonntag, sind wir in den Park gegangen, der an der Donau liegt. Aber was für ein Vergnügen kann es uns bereiten, wenn wir es nicht gewohnt sind? Mehr als drei Jahre sind vergangen, seit sie uns, den Juden, verboten haben, den Park zu besuchen. Trotzdem ist es großartig, wir sitzen auf Parkbänken, blicken auf die Donau und betrachten den Mond! Ein fantastischer Anblick, welch Schönheit! Das ist wahre Romantik! Nur Du hast gefehlt! Wie wir so auf der Parkbank saßen, kam ein Soldat mit Gewehr. Anfangs waren wir verlegen und vielleicht auch ein wenig erschrocken. Wir trugen die Abzeichen.[4] Dann begriffen wir, dass es eine Wache ist. Ein sympathischer junger Soldat! Wir müssen uns an die Freiheit gewöhnen … Ach, wie wertvoll diese Freiheit doch ist! Ich verstehe, dass Du Sehnsucht hast. Ich vermisse Dich auch. Gerade jetzt, wo wir Zeugen solcher Ereignisse werden, bist Du nicht hier. Viele Grüße an alle Freunde. Ich wünsche Dir eine schöne Zeit.

1 Original in Privatbesitz und konnte nicht eingesehen werden. Abdruck in: Rozalija Pasi, Imalo edno vreme, Sofia 1994, S. 16. Das Dokument wurde aus dem Bulgarischen übersetzt.
2 Mois Pasi (*1926), Jurist; stammte aus Vidin; wanderte 1948 nach Israel aus.
3 Reni, auch Rozalia Pasi, geb. Koen (1928–2007), Schriftstellerin; stammte aus Sofia; ihre Familie wurde im Mai 1943 nach Vidin ausgesiedelt, wo sie ihren Freund und späteren Ehemann Mois kennenlernte; mit ihm wanderte sie 1948 nach Israel aus.
4 Gemeint ist der im Sept. 1942 eingeführte sog. Judenstern.

Glossar

Agudas Jisroel (hebr.)

Vereinigung Israels; 1912 in Kattowitz von orthodoxen Juden gegründete nichtzionistische, konservative Partei.

Alija Bet (hebr.)

Von hebr. Alija für Hinaufsteigen, Einwandern; Bezeichnung für die Einwanderung Tausender Juden aus Europa in das Britische Mandatsgebiet Palästina von 1934 bis zur Staatsgründung Israels 1948, die außerhalb der stark limitierten Einwanderungsquote lag und nach brit. Recht illegal war. Flüchtlinge, die die britischen Behörden aufgriffen, wurden interniert.

Arbeitsgruppe (Pracovná skupina)

Geheim agierender Zusammenschluss einiger Mitarbeiter der Judenzentrale, die sich in Kooperation mit ausländischen Hilfsorganisationen darum bemühten, slowak. Juden vor der Deportation in die Vernichtungslager zu retten und ihre Lage in den slowak. Zwangsarbeitslagern zu mildern.

Belomorie (bulgar.)

Weißes Meer; während des Krieges in Bulgaren verwendete Bezeichnung für die Gegend zwischen den Buchten von Alexandroupolis und Thermaikos in Nordgriechenland.

Betar (hebr.)

1923 in Riga von dem revisionistisch orientierten Zionisten Ze'ev (Vladimir) Jabotinsky gegründete zionistische Jugendorganisation, auch bekannt als Hebräischer Jugendbund Josef Trumpeldor.

Brannik (bulgar.)

Soldat, Kämpfer; 1941 per Gesetz ausgerufene staatliche Einheitsjugendorganisation in Bulgarien nach dem Beispiel der nationalsozialistischen Hitlerjugend. Als Stütze des Regimes gegründet, zeichnete sie sich durch ein nationalistisches und antisemitisches Programm aus. Mitglieder von Brannik beteiligten sich an Ausschreitungen gegen Juden.

Bulgarische Arbeiterpartei (Bălgarska rabotničeska partija – BRP)

Die 1938 gegründete linke Partei ging aus der Vereinigung der Arbeiterpartei (gegr. 1927) mit der seit 1924 im Untergrund agierenden Bulgarischen Kommunistischen Partei (BKP) hervor. Nach dem deutschen Überfall auf die Sowjetunion im Juni 1941 rief sie zum bewaffneten Widerstand auf. Von Sommer 1942 an organisierte sie die Arbeit der Vaterländischen Front, einer Plattform, mit der die Kommunisten bei anderen oppositionellen Kräften um Unterstützung für einen Ausstieg Bulgariens aus dem Dreimächtepakt warben.

Chaluz, Plural: Chaluzim (hebr.)

Pionier; Angehöriger der zionistischen Jugendbewegung.

citissime

sehr eilig

Conducător (rumän.)

Führer; bezieht sich auf Ion Antonescu zwischen 1940 und 1944.

Dekret-Gesetz
Dekret-Gesetze wurden vom rumän. Ministerrat ohne parlamentarische Beratung verabschiedet.

Deutscher Heimatschutz
Im Sept. 1944 gegründete und der SS unterstellte Organisation aller wehrfähigen Männer der deutschen Minderheit in der Slowakei im Alter von 16 bis 50 Jahren. Zu den Aufgaben zählten der Schutz der deutschen Gebiete in der Slowakei, die Umsiedlung der deutschen Minderheit ins Reich sowie die Unterstützung der Einsatzgruppe H.

Deutsche Partei (DP)
Im Okt. 1938 gegründete Nachfolgepartei der Karpathendeutschen Partei der deutschen Minderheit in der Slowakei unter Leitung von Volksgruppenführer Franz Karmasin; bis 1945 die einzige zugelassene politische Partei der deutschen Minderheit in der Slowakei.

Domobrana (slowak.)
Volkswehr, Landwehr; nach Beginn des Slowak. Nationalaufstands von der slowak. Regierung als Ersatz für die slowak. Armee aufgestellt, die zu großen Teilen zu den Aufständischen übergelaufen oder von deutschen Truppen und der Einsatzgruppe H entwaffnet worden war. Sie umfasste etwa 40 000 Mann.

Eiserne Garde
Die 1930 in Rumänien gegründete antisemitische Organisation trat an die Stelle der seit 1927 bestehenden „Legion des Erzengels Michael". Die Anhänger von Corneliu Z. Codreanu und ab 1938 von Horia Sima wurden weiterhin Legionäre genannt.

Freiwillige Schutzstaffel (FS)
Paramilitärische Organisation der Deutschen Partei in der Slowakei; orientierte sich an der reichsdeutschen SA; 1939 offiziell zugelassen und der Hlinka-Garde gleichgestellt.

G-Schreiber
Der Geheimfernschreiber war eine deutsche Verschlüsselungsmaschine für Funkfernschreiben.

Hachschara (hebr.)
Vorbereitung; gemeint ist die landwirtschaftliche oder handwerkliche Ausbildung als Vorbereitung für die Emigration, meist in Form befristeter Schulungen auf speziellen Bauernhöfen.

Haschomer Hazair (hebr.)
Junge Wächter; Ziele der vor dem Ersten Weltkrieg gegründeten, ältesten jüdischen, sozialistisch-zionistischen Jugendorganisation waren die Auswanderung nach Palästina und die Gründung von Kibbuzim. Die Bewegung war von der Pfadfinderidee beeinflusst und propagierte einen kollektiven Lebensstil.

Heilige Synode (Sveti sinod na Bălgarskata pravoslavna cărkva)
Ständiges Gremium an der Spitze der Bulgar.-Orthodoxen Kirche, das die Entscheidungen zwischen den Bischofssynoden traf.

HICEM
Die jüdische Hilfsorganisation für Auswanderer wurde 1927 nach dem Zusammenschluss von drei Emigrationsorganisationen gegründet. 1940 verlegte sie ihren Sitz von Paris nach New York.

Hlinka-Garde (Hlinková Garda – HG)
: Die von 1938 bis 1945 bestehende Hlinka-Garde bildete den paramilitärischen Arm von Hlinkas Slowakischer Volkspartei. Sie beteiligte sich an den antisemitischen Ausschreitungen in der Slowak. Republik, den Enteignungen der slowak. Juden und schließlich 1942 an deren Deportation in die nationalsozialistischen Vernichtungslager.

Hlinkas Slowakische Volkspartei (Hlinková Slovenská Ľudová Strana – HSĽS)
: Die Slowakische Volkspartei (Slovenská Ľudová Strana – SĽS) wurde Anfang des 20. Jahrhunderts gegründet und 1925 nach ihrem Vorsitzenden, dem 1938 verstorbenen Priester Andrej Hlinka, in Hlinkas Slowakische Volkspartei umbenannt. Die antisemitische, nationalistische Partei errichtete von Okt. 1938 an ein Einparteienregime und regierte die Slowak. Republik bis Mai 1945.

Jewish Agency
: Die Jewish Agency for Palestine wurde 1929 auf dem 19. Zionistenkongress gegründet und war die Vertretung der Juden gegenüber dem brit. Mandatsträger in Palästina.

Joint
: Das American Jewish Joint Distribution Committee wurde 1914 in den USA als Hilfsorganisation zur Unterstützung jüdischer Opfer des Ersten Weltkriegs und nach Palästina ausgewanderter Juden gegründet. Während des Zweiten Weltkriegs unterstützte der Joint verfolgte Juden.

Judenzentrale (Ústredňa Židov – ÚŽ)
: Die Judenzentrale wurde im Sept. 1940 von der slowak. Regierung als Zwangsorganisation aller als Juden geltenden Slowaken gegründet und war dem Zentralwirtschaftsamt unterstellt. Ihre Existenz endete im Zuge der Niederschlagung des Slowak. Nationalaufstands im Sept. 1944 und der Verhaftung ihrer führenden Mitglieder im Okt. 1944 durch die SS.

Kommissariat für Judenfragen (Komisarstvo po evrejskite văprosi – KEV)
: Eine im Sommer 1942 gegründete bulgar. Behörde, die dem Innenministerium angegliedert war und vom Ministerrat weitgehende Vollmachten erhielt, sämtliche antijüdische Maßnahmen zu bündeln und umzusetzen. Das KEV entsandte Delegierte zu den jüdischen Gemeinden und dem Zentralkonsistorium der Juden, um die Leitung jüdischer Selbstverwaltungsorgane zu übernehmen. Von Sept. 1942 bis Okt. 1943 war der Jurist Aleksandăr Belev Kommissar für Judenfragen.

Keren Hajessod
: Der Gründungsfonds Keren Hajessod wurde 1920 auf einer Konferenz der World Zionist Organization in London ins Leben gerufen, um die zionistische Bewegung beim Aufbau einer jüdischen Heimstätte in Palästina durch weltweite Spendenaktionen zu unterstützen.

Legionen, auch Nationallegionen
: Der 1932 als antikommunistische Jugendorganisation gegründete Verband der bulgar. Nationallegionen propagierte später faschistische Ideen und die Schaffung eines Einparteienstaats. Trotz Verbots 1939 blieben die Regionen bis Sept. 1944 mit bis zu 50 000 Mitgliedern die einflussreichste rechtsradikale Organisation.

Neubefreite Gebiete
: Propagandistische Bezeichnung für die bulgar. besetzten Gebiete Mazedonien, Belomorie-Gebiet (Westthrazien) und Morawien.

Organisation Todt (OT)
: Die Organisation wurde von Fritz Todt, dem Generalbevollmächtigten für die Regelung der Bauwirtschaft, zum Bau militärischer Anlagen gegründet und später von Albert Speer geleitet.

Palästina-Amt
: Das Palästina-Amt der Jewish Agency förderte die Auswanderung nach Palästina u. a. mittels Verteilung von Einwanderungszertifikaten. 1918 in Wien gegründet, hatte das Amt seinen Hauptsitz bis 1941 in Berlin und unterhielt zahlreiche Zweigstellen.

Ratnik, auch Ratnici (bulgar.)
: Vorkämpfer, Krieger; der Verband der Vorkämpfer für den Fortschritt des Bulgarentums war eine 1936 vom Agronomieprofessor Asen Kantardžiev gegründete rechtsradikale und antisemitische Organisation, die 1939 12 000 Mitglieder besaß. Trotz eines Verbots Ende Sept. 1939 gelangten viele von ihnen in Schlüsselpositionen in Verwaltung und Staat.

Sobranje/Săbranie (bulgar.)
: Bulgar. Nationalversammlung

Vaad haHazala (hebr.)
: Rettungskomitee der Jewish Agency, das von 1940 bis 1945 in Istanbul operierte und jüdische Flüchtlinge aus Europa unterstützte.

Vaterländische Front
: Eine 1943 gebildete Koalition oppositioneller Kräfte in Bulgarien, deren Plattform 1942 vom Auslandsbüro der Bulgarischen Kommunistischen Partei in Moskau ausgearbeitet wurde. Sie übernahm beim Einzug sowjet. Truppen in Bulgarien im September 1944 die Macht.

Volksgericht
: Die bulgar. Volksgerichte waren Sondergerichte, die die Regierung der Vaterländischen Front im Okt. 1944 einrichtete, um Verantwortliche für die bulgar. Beteiligung am Dreimächtepakt, Kriegsverbrecher und Kollaborateure abzuurteilen, aber auch, um politische Gegner der neuen Regierung auszuschalten. Im sog. Antisemiten-Prozess wurden Anfang 1945 die Verbrechen gegen die Juden geahndet.

War Refugee Board (Komitee für Kriegsflüchtlinge – WRB)
: Gegründet im Januar 1944 auf Initiative des US-Präsidenten Roosevelt zur Unterstützung der Opfer der NS-Diktatur, vor allem der jüdischen Flüchtlinge, unterhielt das Komitee Zweigstellen u. a. in den neutralen Staaten, Großbritannien, Italien sowie in Afrika.

WIZO
: Die Women's International Zionist Organization wurde 1920 in London gegründet. Ursprünglich als Dachverband aller zionistisch gesinnten jüdischen Frauen gedacht, agiert sie weltweit als karitative Organisation. Ihre Zentrale befindet sich seit 1949 in Israel.

World Jewish Congress (Jüdischer Weltkongress – WJC)
: Der Jüdische Weltkongress wurde 1936 als internationale Vereinigung jüdischer Gemeinschaften und Organisationen gegründet. 1940 verlegte er seinen Hauptsitz von Paris nach New York. Seit 1948 vertritt er alle Juden außerhalb Israels.

World Zionist Organization (WZO)

Die Zionistische Weltorganisation wurde auf Initiative von Theodor Herzl 1897 beim ersten Zionistenkongress in Basel gegründet, um die Schaffung einer jüdischen Heimstätte in Palästina voranzutreiben.

Zentrale Jüdische Amtsstelle für das Land Slowakei (Židovská Ústredná Úradovňa Pre Krajinu Slovenskú)

Ende 1938 als Interessenvertretung der slowak. Juden gegründet, organisierte die Amtsstelle Umschulungskurse sowie das jüdische Schulwesen und half Juden bei der Auswanderung aus der Slowakei. Sie bestand bis zur Errichtung der Judenzentrale 1940.

Zentralkonsistorium der Juden in Bulgarien (Centralna Konsistorija na evreite v Bălgarija)

Die 1920 nach franz. Vorbild gegründete Dachorganisation der jüdischen Gemeinden, Vereine und Organisationen im Königreich Bulgarien.

Zentralwirtschaftsamt (Ústredný hospodársky úrad – ÚHÚ)

Im Sept. 1940 von der slowak. Regierung gegründet, organisierte das Amt die wirtschaftliche und soziale Ausgrenzung der Juden sowie ihre Enteignung.

Chronologie

DATUM	BULGARIEN	RUMÄNIEN
Januar 1938		**21.1.** Gesetz zur Revision der Staatsbürgerschaft entzieht vielen Juden die rumän. Staatsbürgerschaft.
Februar 1938		Ausschluss zahlreicher Juden aus den Anwalts-, Ärzte- und Handelskammern
Mai 1938	**31.5.** Überfälle rechtsextremer Gruppierungen auf Juden und jüdische Geschäfte in Sofia	
Sommer 1938		
September 1938		
Oktober 1938		
November 1938		
1939		Über eine Viertelmillion Juden (36,5 %) werden bis 1939 ausgebürgert und verlieren ihre Anstellung in staatl. Institutionen.

SLOWAKEI	ALLGEMEIN
Gründung der Hlinka-Garde	
30.9. Proklamation des Autonomen Landes Slowakei	**30.9.** Münchner Abkommen; Zerschlagung der Tschechoslowakei und Annexion des Sudetenlands durch Deutschland
6.10. Die SVP übernimmt die Regierungsgewalt in der Slowakei. Gründung des Autonomen Landes Slowakei innerhalb der verkleinerten Tschecho-Slowakei.	
2.11. Zweiter Wiener Schiedsspruch **4.11.** Tiso befiehlt, alle mittellosen Juden in die an Ungarn abzutretenden Gebiete zu deportieren. Juden werden von bestimmten Berufen ausgeschlossen und ihnen vielerorts die Gewerbescheine entzogen.	
	Proteste jüdischer Organisationen aus Frankreich und Großbritannien beim Völkerbund gegen antijüdische Maßnahmen der rumän. Regierung

DATUM	BULGARIEN	RUMÄNIEN
Januar 1939	Die Polizeidirektion beginnt eine Revision der Aufenthaltsgenehmigungen der in Bulgarien ansässigen fremden Staatsbürger; Juden mit jugoslaw. und türk. Pässen werden illegal über die Grenzen geschoben.	
März 1939		
April 1939	Anweisung des bulgar. Außenministeriums, Juden mit rumän., deutschen, poln., italien. und tschechoslowak. Pässen die Einreise zu erschweren	
September 1939	**19.9.** Angriffe auf Juden in Sofia und Plovdiv durch rechtsextreme Ratnici und Legionäre (bulgar. Nationallegionen)	**26.9.** Nach Attentat auf rumän. Ministerpräsidenten Armand Călinescu Verbot einheimischer rechtsextremer Gruppierungen
Oktober 1939		
Januar 1940		
Februar 1940	Bildung einer neuen deutschfreundlichen Regierung unter Bogdan Filov	

SLOWAKEI	ALLGEMEIN
23.1. Bildung der Kommission zur „Lösung der Judenfrage", nachfolgend vielerorts Entzug der Gewerbescheine von Juden, Ausschluss aus bestimmten Berufen, antisemitische Ausschreitungen in Trnava und Piešťany	
14.3. Gründung der Slowakischen Republik	
18.4. VO über die Definition des Begriffs Jude und Einführung des Numerus clausus für etliche freie Berufe **24.4.** VO über das Verbot, Juden in Staatsämtern oder allen öffentlich-rechtlichen Institutionen zu beschäftigen; Ausschluss von Juden vom Hochschulstudium	
1.9. Slowak. Truppen beteiligen sich am deutschen Angriff auf Polen. **29.9.** Wahl Jozef Tisos zum Staatspräsidenten	
17.10. Registrierung der Juden zum Arbeitsdienst	
11.1. Juden werden vom Wehrdienst ausgeschlossen und Arbeitsbattaillonen zugewiesen.	
29.2. Gesetz über die Bodenreform zur Enteignung des Landbesitzes von Juden	

DATUM	BULGARIEN	RUMÄNIEN
April 1940		
Mai 1940		
Juni 1940		**30.6.** Nach Abzug der rumän. Armee aus Bessarabien ermorden Soldaten ca. 300 Juden in Galatz und 52 in Dorohoi.
Juli 1940		
August 1940		**9.8.** Gesetz zum Status der Juden: Eheverbot zwischen Juden und Christen Ausschluss der Juden aus dem staatl. Bildungswesen **30.8.** Durch den 2. Wiener Schiedsspruch muss Rumänien Nordsiebenbürgen an Ungarn abtreten.
September 1940	**7.9.** Im Vertrag von Craiova tritt Rumänien die Süddobrudscha an Bulgarien ab.	**5.9.** Machtübernahme von General Ion Antonescu und der Eisernen Garde

SLOWAKEI	ALLGEMEIN
25.4. 1. Arisierungsgesetz	
19.5. Verordnung über eine zweimonatige Arbeitspflicht von Juden und „Zigeunern“	**10.5.** Angriff der Wehrmacht auf Frankreich und die Beneluxstaaten
28.7. Salzburger Diktat: Umbilduung der slowak. Regierung zugunsten deutschfreundlicher Kräfte; Dieter Wisliceny wird Berater für Judenfragen.	
2.9. Juden dürfen nur noch Volksschulen besuchen. **16.9.** Gründung des Zentralwirtschaftsamts zum Ausschluss der Juden aus dem Wirtschaftsleben **26.9.** Gründung der Judenzentrale als Zwangsorganisation, die dem Zentralwirtschaftsamt untersteht Verordnungen zur Abgabe von Radios, Führerscheinen, Waffen; Verbot der Fischerei	

DATUM	BULGARIEN	RUMÄNIEN
Oktober 1940	**7.10.** Innenminister Gabrovski legt dem Ministerrat den Entwurf des Gesetzes zum Schutz der Nation mit umfassenden Maßnahmen gegen Juden vor.	**4.10.** Verstaatlichung des landwirtschaftlichen Besitzes von Juden
November 1940		
Januar 1941	Das Gesetz zum Schutz der Nation tritt in Kraft: Eheverbot zwischen Juden und christlichen Bulgaren; Entzug des aktiven und passiven Wahlrechts für Juden; Quoten für die Aufnahme von Juden in höhere Schulen und ihre Beteiligung an Industrie, Handel und Handwerk sowie freien Berufen; Entlassung von Juden aus dem Staatsdienst	Putsch der Eisernen Garde von Ion Antonescu niedergeschlagen; während des Aufruhrs werden 125 Juden in Bukarest ermordet.
März 1941	**1.3.** Beitritt zum Dreimächtepakt	Beginn der Enteignung städtischer Immobilien von Juden
April 1941	Einigung zwischen Ciano und Ribbentrop über die Besetzung des Hauptteils von Mazedonien durch Bulgarien **19./20.4.** Bulgar. Truppen marschieren in Mazedonien und Thrazien ein. **24.4.** Abkommen Clodius–Popov über die Besetzung jugoslaw. Gebiete einschließlich des Pirot-Bezirks durch Bulgarien	Gustav Richter wird als Berater für Judenfragen nach Rumänien entsandt.

SLOWAKEI	ALLGEMEIN
	28.10. Italien. Angriff auf Griechenland
30.11. 2. Arisierungsgesetz; Enteignung oder Liquidierung des Besitzes von Juden	
Zwangsarbeitspflicht für Juden zwischen 18 und 60 Jahren	
31.3. Der Vorstand des Gaus Šariš-Zemplín führt die Kennzeichnung von Juden ein.	
Einrichtung des ersten Arbeitszentrums für Juden in Strážke	**6.4.** Angriff der Wehrmacht auf Griechenland, das am 23.4. kapituliert, und auf Jugoslawien, das am 17.4. kapituliert

DATUM	BULGARIEN	RUMÄNIEN
Mai 1941	Juden in den bulgar. besetzten Gebieten werden zu Räumungsarbeiten verpflichtet; wehrpflichtige jüdische Männer werden in Arbeitsbataillone der bulgar. Armee einberufen.	
Sommer 1941		**Juni/Juli** Massaker der Gendarmerie im zurückeroberten Bessarabien und der Nordbukowina
Juni 1941	Juden müssen ihre Radiogeräte und Telefonapparate abgeben.	**21.6.** Evakuierung von 40 000 männlichen Juden aus dem Aufmarschgebiet der Armee **29.6.** Massaker in Jassy mit ca. 14 000 Opfern
Juli 1941	**14.7.** Ein Gesetz belegt Juden mit einer außerordentlichen Abgabe in Höhe von 20 bis 25 % ihres Vermögens. Alle antijüdischen Gesetze und Verordnungen werden auf die besetzten Gebiete ausgeweitet.	
August 1941	Einrichtung von jüdischen Arbeitsgruppen, die zu besonders schweren Bauaufgaben herangezogen werden	Erste Deportationen von Juden an die ehemalige Grenze zur Sowjetunion **30.8.** Vertrag über die Aufgabenteilung im neuen rumän. Besatzungsgebiet Transnistrien zwischen rumän. Großem Generalstab und OKW

SLOWAKEI	ALLGEMEIN
Gründung der 14. Abt. des Innenministeriums als weitere Verfolgungsinstanz von Juden Juden dürfen keine Parks und Schwimmbäder besuchen, Märkte nur zu bestimmten Zeiten; Ausgangssperre.	
22.6. Slowak. Truppen nehmen am Krieg gegen die Sowjetunion teil.	
9.7. Besuch einer slowak. Regierungsdelegation in verschiedenen Zwangsarbeitslagern für Juden in Oberschlesien	
29.8. Einrichtung von Nováky und Sered als Zwangsarbeitslager für Juden	

DATUM	BULGARIEN	RUMÄNIEN
September 1941		
Oktober 1941	Niederschlagung eines griech. Aufstands in Thrazien. Der bulgar. Gesandte in Berlin erklärt, Bulgarien fasse eine Aussiedlung der Griechen nach dem Krieg ins Auge.	Massenmorde an den 130 000 Juden im südukrain. Transnistrien: allein in Odessa über 20 000 Tote nach Bombenanschlag **9.10.** Beginn der Massendeportationen aus Bessarabien und der Bukowina nach Transnistrien; bei der Vertreibung sterben ca. 60 000 Juden. **15.10.** Sabin Manuilă vom Zentralen Statistikamt schlägt das Programm zur ethnischen Homogenisierung durch schrittweise Vertreibung oder Austausch von Minderheiten vor. **17.10.** Der deutsche Judenberater Gustav Richter berichtet über Deportation von etwa 110 000 Juden.
November 1941		Außenminister Mihai Antonescu stimmt der Deportation von 5 000 rumän. Juden aus dem Deutschen Reich und besetzten Gebieten zu.
Dezember 1941	Einbeziehung von Roma und anderen Minderheiten in die Diskriminierungsmaßnahmen	

SLOWAKEI	ALLGEMEIN
9.9. „Judenkodex“ mit 270 Paragraphen über rechtliche, soziale und vermögensrechtliche Stellung der Juden, Einführung der Kennzeichnungspflicht und der außerordentlichen Vermögensabgabe von 20 %	
VO des Zentralwirtschaftsamts, dass Juden aus der Hauptstadt Bratislava in andere Landesteile ausgesiedelt werden (Dislokation) **7.10.** Memorandum des slowak. Episkopats zugunsten getaufter Juden	**15.10.** Beginn der systematischen Deportationen aus dem Reichsgebiet **23.10.** Verbot für Juden, aus dem deutschen Machtgebiet auszuwandern
12.11. Der Vatikan lässt Bedenken gegen den „Judenkodex“ mitteilen.	
4.12. Zustimmung der slowak. Regierung zur Deportation im Deutschen Reich lebender slowak. Juden	**13.12.** Kriegserklärung an USA und Großbritannien

DATUM	BULGARIEN	RUMÄNIEN
Januar 1942		
Februar 1942	**19.2.** Ein Gesetz legt fest, dass Juden keine Immobilien außer zu unmittelbaren Wohnzwecken und als Gewerbestandort besitzen dürfen.	**23.2.** Nach Untergang der „Struma“ mit 760 jüdischen Passagieren Einstellung der legalen Emigration
März 1942		
April 1942		
Mai 1942		
Juni 1942	**10.6.** Den Juden in den besetzten Gebieten wird die Möglichkeit entzogen, bulgar. Staatsbürger zu werden.	Von Juni bis Sept. werden 25 000 Roma nach Transnistrien deportiert, über die Hälfte sind Kinder.

SLOWAKEI	ALLGEMEIN
	20.1. Wannsee-Konferenz in Berlin
Gründung des Arbeitslagers für Juden in Vyhne **16.2.** Das AA fragt an, ob die Slowakei 20 000 arbeitsfähige Juden durch das Reich „zum Arbeitseinsatz in den Osten deportieren“ lassen wolle.	
3.3. Vize-Ministerpräsident Tuka kündigt allen Regierungsmitgliedern Judendeportationen an. **9.3.** Nuntius Burzio unterrichtet den Papst über die bevorstehenden Deportationen. **25.3.** Abfahrt des ersten Deportationszugs von Poprad mit 999 Mädchen und Frauen nach Auschwitz; bis 5.4. werden zunächst 8 000 Juden deportiert.	
11.4. Der erste „Familientransport“ in den Distrikt Lublin verlässt die Slowakei. **26.4.** Hirtenbrief der slowak. kath. Bischöfe	
15.5. Verfassungsgesetz, das die Deportationen legalisiert; Juden verlieren bei Verlassen der Slowakei ihre Staatsbürgerschaft.	

DATUM	BULGARIEN	RUMÄNIEN
Juli 1942	Zustimmung der bulgar. Regierung zur Deportation bulgar. Juden, die sich im deutschen Machtbereich befinden Die Nationalversammlung bevollmächtigt den Ministerrat, alle Maßnahmen zur „Lösung der Judenfrage“ eigenmächtig zu treffen. Jüdische Zwangsarbeiter unterstehen bei Verstößen fortan den Militärgerichten.	**22.7.** Zusage Mihai Antonescus gegenüber dem RSHA betr. Deportation von Banater Juden in den Distrikt Lublin
August 1942	**29.8.** Schaffung eines Kommissariats für Judenfragen (KEV) mit weitgehenden Befugnissen	**17.8.** Martin Luther meldet Ribbentrop erfolgreichen Abschluss der Verhandlungen über das Vermögen deportierter rumän. Juden.
September 1942		**26.9.** Berliner Fahrplankonferenz für Deportationen ohne rumän. Vertreter legt Route und Daten der Deportation von 280 000 Juden nach Belzec fest.
Oktober 1942	**1.10.** Kennzeichnungspflicht für jüdische Personen, Wohnungen, Geschäfte, Firmen und Erzeugnisse jüdischer Produzenten **9.10.** Bulgar. Juden in Palästina alarmieren die Jewish Agency über die Lebensgefahr für Juden in Bulgarien und stoßen Intervention bei der brit. Mandatsmacht an. **15.10.** Staatssekretär Martin Luther im AA weist die deutsche Gesandtschaft in Sofia an, die bulgar. Regierung auf „Abtransport der […] Juden in den Osten“ anzusprechen.	**13.10.** Marschall Antonescu stoppt alle Deportationen, eine Kommission soll fortan die Emigration nach Palästina organisieren.

SLOWAKEI	ALLGEMEIN
	Sept. 1942–Febr. 1943 Schlacht von Stalingrad
20.10. Letzte Deportation slowak. Juden; insgesamt wurden 57 628 Juden nach Auschwitz und in den Distrikt Lublin deportiert.	

DATUM	BULGARIEN	RUMÄNIEN
Oktober 1942	**30.10.** Judenkommissar Aleksandăr Belev formuliert die etappenweise „Aussiedlung“ der bulgar. Juden als nächsten notwendigen Schritt zur „Lösung der Judenfrage“.	
November 1942	**12.11.** Die bulgar. Regierung stimmt der Deportation von Juden zu, wenn dabei bulgar. Wirtschaftsinteressen berücksichtigt werden.	
Dezember 1942	**8.12.** Der brit. Kolonialminister Oliver Stanley spricht sich für die Rettung jüdischer Kinder aus Bulgarien nach Palästina aus. Die bulgar. Untergrundmedien berichten über den Judenmord in Europa und über den Entschluss der Alliierten, die Verbrechen gegen Juden zu vergelten.	
Januar 1943	**5.1.** Der Schweizer Gesandte in Bulgarien übermittelt das brit. Angebot zur Rettung von 4500 jüdischen Kindern und 500 Erwachsenen aus Bulgarien nach Palästina. Theodor Dannecker trifft als Berater für Judenfragen in Sofia ein.	Erste Hilfssendungen des Joint und IKRK für Juden in Transnistrien Die rumän. Regierung diskutiert erstmalig einen Rettungsplan für die 78 000 überlebenden Juden aus den Gettos und Lagern Transnistriens.
Februar 1943	Die bulgar. Regierung lehnt das brit. Angebot zur Aufnahme jüdischer Kinder in Palästina ab. **22.2.** Dannecker vereinbart mit dem bulgar. Judenkommissar Belev die Deportation von 20 000 Juden.	

SLOWAKEI	ALLGEMEIN
	17.12. Zwölf alliierte Regierungen veröffentlichen eine gemeinsame Erklärung gegen die Vernichtung der jüdischen Bevölkerung in Europa.
Abberufung Dieter Wislicenys aus Bratislava Tuka und Ministerpräsident Mach setzen sich für weitere Deportationen ein; Ausbau der Lager für Juden in der Slowakei	

DATUM	BULGARIEN	RUMÄNIEN
März 1943	**2.3.** Der Ministerrat beauftragt das KEV, die Deportation von 20 000 Juden durchzuführen und ihr Vermögen zu beschlagnahmen. **3./4.3.** Bulgar. Beamte verhaften über 4200 Juden in Thrazien, um sie über Durchgangslager im Inneren des Landes nach Treblinka zu deportieren. **9.3.** Die Intervention einer vom stellvertretenden Vorsitzenden der Nationalversammlung Dimităr Pešev geführten Delegation zwingt Innenminister Gabrovski, die anlaufenden Deportationen aus Alt-Bulgarien zu stoppen. **10./11.3.** Etwa 7300 mazedon. Juden werden von bulgar. Beamten in ein Sammellager in Skopje verbracht. **22.3.** Bericht des bulgar. Außenministeriums über die Haltung der anderen Verbündeten zur Deportation von Juden **17.–26.3.** Proteste der Bulgarisch-Orthodoxen Kirche, von Abgeordneten und Oppositionellen gegen die Deportationen aus Alt-Bulgarien	**3.3.** Nuntius Cassulo besucht Deportierte in Transnistrien. **14.3.** Eichmann verlangt die Verhaftung jüdischer Kinder, die über Bulgarien ausreisen sollen.

SLOWAKEI	ALLGEMEIN
8.3. Hirtenbrief des kath. Klerus, der die Deportationen ablehnt	

DATUM	BULGARIEN	RUMÄNIEN
März 1943	**29.3.** Abschluss der Deportationen aus den besetzten Gebieten. Knapp 11 300 Juden werden den deutschen Verbündeten ausgeliefert. Unzählige sterben in den bulgar. Sammel- und Durchgangslagern.	
April 1943		**6.4.** Das rumän. Außenministerium fahndet nach rumän. Juden, die aus Deutschland nach Auschwitz deportiert worden sind.
Mai 1943	Zar Boris stimmt einem Vorschlag Belevs zu, die Juden aus Sofia in die Provinz auszusiedeln. **21.5.** Der Ministerrat verfügt die Aussiedlung der Sofioter Juden in die Provinz. Gegen den Beschluss protestieren einige Kirchenvertreter, Intellektuelle, Angehörige der Opposition. Am 24.5. demonstrieren Teile der jüdischen Bevölkerung. Die Zwangsaussiedlung beginnt.	
Juni 1943	**10.6.** Die bulgar. Regierung erklärt ihr Desinteresse am Schicksal bulgar. Juden im deutschen Machtbereich. Etwa 19 150 Juden werden bis Ende Juni aus der Hauptstadt in 20 Provinzstädte ausgesiedelt.	

SLOWAKEI	ALLGEMEIN
9.4. Die slowakische Regierung plant weitere repressive Maßnahmen gegen Juden.	**19.4.–16.5.** Aufstand im Warschauer Getto
5.5. Der Vatikan verurteilt in einer Note an die slowak. Regierung die Deportationen.	

DATUM	BULGARIEN	RUMÄNIEN
August 1943	**18.8.** Der deutsche Gesandte Beckerle rechnet nicht mit einer Wiederaufnahme der Deportationen aus Bulgarien, bevor das Deutsche Reich neue Kriegserfolge verzeichne. **28.8.** Tod von Zar Boris III.	
September 1943	**9.9.** Bildung eines Regentschaftsrats aus Fürst Kiril, Bogdan Filov und General Nikola Michov **14.9.** Neue Regierung unter Dobri Božilov	
Oktober 1943	Innenminister Dočo Christov erklärt, Bulgarien strebe keine Deportationen mehr an.	
Dezember 1943		Rückkehr von 1960 jüdischen Waisenkindern aus Transnistrien nach Rumänien
März 1944	Das amerikan. War Refugee Board und Vertreter bulgar. Juden in der Türkei nehmen Kontakt zur bulgar. Regierung auf, um über eine Auswanderung der Juden zu verhandeln.	
April 1944		

SLOWAKEI	ALLGEMEIN
10.8. Minister Alexander Mach gibt in einer Regierungssitzung bekannt, dass die Deportationen nicht fortgesetzt werden.	
22.12. Edmund Veesenmayer interveniert bei Tiso, dass ab 1.4.1944 wieder Juden deportiert werden sollen. Errichtung zahlreicher sog. Arbeitszentren mit insgesamt etwa 650 jüdischen Arbeitern	
10.4. Flucht von Vrba und Wetzler aus Auschwitz in die Slowakei, wo der „Vrba-Wetzler-Bericht“ verfasst und an die Alliierten weitergeleitet wird.	

DATUM	BULGARIEN	RUMÄNIEN
Mai 1944		**ab Mai** Repatriierung von ca. 14 000 Juden aus Transnistrien nach Rumänien; ihre Weiterreise nach Palästina wird von deutscher Seite behindert.
Juni 1944	**1.6.** Neue Regierung unter Ivan Bagrjanov, die einen Ausstieg Bulgariens aus dem Krieg sucht.	
Juli 1944		Das US War Refugee Board ermöglicht die Finanzierung der Emigration nach Palästina.
August 1944	Die jüdischen Gemeinden werden der Aufsicht des KEV entzogen. **27.8.** Ausstieg Bulgariens aus dem Dreimächtepakt **31.8.** Einzelne Bestimmungen des Gesetzes zum Schutz der Nation werden außer Kraft gesetzt.	**23.8.** Verhaftung von Marschall Ion Antonescu, Mihai Antonescu u. a.
September 1944	**2.9.** Bildung einer prowestlichen Regierung unter Konstantin Muraviev. Verstöße gegen die antijüdischen Gesetze werden nicht mehr geahndet. **5.9.** Kriegserklärung der Sowjetunion an Bulgarien **8.9.** Kriegserklärung Bulgariens an das Deutsche Reich; sowjet. Einmarsch **9.9.** Putsch der Vaterländischen Front; Auflösung der jüdischen Arbeitsgruppen	**1.9.** Aufhebung diskriminierender Gesetze gegen Juden und Roma Waffenstillstand Rumäniens mit der UdSSR

SLOWAKEI	ALLGEMEIN
	6.6. Landung der alliierten Truppen in der Normandie
29.8. Beginn des Slowak. Nationalaufstands; etwa 2000 Juden beteiligen sich. **29.8.** Tiso stimmt Einmarsch der Wehrmacht und der Einsatzgruppe H zu. **30.8.** Öffnung der Arbeitslager für Juden	
Der US-Außenminister und der Oberrabbiner von Palästina bitten den Papst um Intervention bei Tiso zugunsten der Juden. Das Sammellager für Juden in Sered gerät unter Befehlsgewalt des deutschen „Heimatschutzes“. Auflösung der Judenzentrale, Verhaftung der führenden Repräsentanten; Gründung der Judensammelstelle zum Aufspüren und Verhaften von Juden in Bratislava **5.9.** Regierungsumbildung, Štefan Tiso wird Ministerpräsident, Außen- und Justizminister.	

DATUM	BULGARIEN	RUMÄNIEN
September 1944		
Oktober 1944	**16.10.** Aufhebung aller antijüdischen Gesetze **28.10.** Waffenstillstand mit den Alliierten und der Sowjetunion sowie Kriegseintritt Bulgariens gegen das Deutsche Reich	
November 1944		
Dezember 1944	**1.12.** Das Zentralkonsistorium der Juden in Bulgarien fordert, Verbrechen gegen Juden vor dem Volksgericht zu verhandeln. **2.–7.12.** David Ben Gurion interveniert vor der Regierung der Vaterländischen Front gegen administrative Hindernisse für die jüdische Auswanderung.	

SLOWAKEI	ALLGEMEIN
15.9. Nuntius Burzio informiert den Vatikan über die bevorstehenden Morde an den Juden. **28.9.** Große Razzia in Bratislava mit Massenverhaftungen von Juden **Ende Sept.** Alois Brunner wird Kommandant des Lagers Sered. **30.9.** Erster Deportationszug nach Auschwitz	
Niederschlagung des Slowak. Nationalaufstands Deutschland besteht auf der Deportation aller noch in der Slowakei lebenden Juden in deutsche Konzentrationslager.	
Massaker an Juden und Roma in Kremnica	

DATUM	BULGARIEN	RUMÄNIEN
1945		Vorbereitung der Prozesse gegen Kriegsverbrecher; Material für „Schwarzbuch über die Leiden der Juden" wird gesammelt. Ausreise vieler rumän. Juden nach Palästina
Januar/Februar 1945	Das Volksgericht verurteilt Filov, Gabrovski und andere Minister sowie Abgeordnete, die 1939 bis 1944 wirkten, zum Tode.	
März/April 1945	Der sog. Antisemiten-Prozess im Rahmen des Volksgerichts beschäftigt sich mit den an den Juden begangenen Verbrechen.	
Mai 1945		

SLOWAKEI	ALLGEMEIN
31.3. Letzter Deportationszug von insgesamt mindestens 11 Transporten seit Sept. 1944 nach Auschwitz, Sachsenhausen, Theresienstadt und Ravensbrück	
1.5. Befreiung der gesamten Slowakei **8.5.** Die nach Kremsmünster geflüchtete slowak. Regierung unterzeichnet die Kapitulation.	

Abkürzungsverzeichnis

Die Archivkürzel finden sich im Archivverzeichnis.

AA	Auswärtiges Amt
Abg	Abgeordneter
Abs.	Absatz
Abt.	Abteilung
ADAP	Akten zur deutschen Auswärtigen Politik
AG/A.G.	Aktiengesellschaft
AJDC	American Jewish Joint Distribution Committee
AK	Armee-Korps
Aktz./Az./AZ	Aktenzeichen
Art.	Artikel
BBC	British Broadcasting Corporation
BdS	Befehlshaber der Sicherheitspolizei und des SD
BKP	Bălgarska komunističeska partija (Bulgarische Kommunistische Partei)
BNB	Bălgarska narodna banka (Bulgarische Volksbank)
BRP	Bălgarska rabotničeska partija (Bulgarische Arbeiterpartei)
can.	Canon Iuris Canonici (CIC)
CdS	Chef der Sicherheitspolizei und des SD
Čs.	tschechoslowakisch
ČSR	Česko-Slovenská republika (Tschechoslowakische Republik)
d.	dosar (rumän.) Akte
Div.	Division
DNB	Deutsches Nachrichtenbüro
DP	Deutsche Partei
DP/DPs	Displaced Person/Persons
DPS	Deutsche Pressebriefe aus der Slowakei
e.h.	eigenhändig
Eing.	Eingang
Ex aud. SS.mi	nach Audienz bei Seiner Heiligkeit
FS	Fernschreiben
FS	Freiwillige Schutzstaffel
g. Rs.	geheime Reichssache
Gedob	Generaldirektion der Ostbahn
gefl.	gefällig
geh.	geheim
Gestapo	Geheime Staatspolizei
gez.	gezeichnet
HG/H.G.	Hlinková Garda (Hlinka-Garde)
hies.	hiesig
HM	Hlinková Mládež (Hlinka-Jugend)
HSĽS	Hlinková Slovenská Ľudová Strana (Hlinkas Slowakische Volkspartei)
HSSPF	Höherer SS- und Polizeiführer
HV HSĽS	Hlavné Veliteľstvo HSĽS (slowak. Hauptquartier HSĽS)

IHK	Industrie- und Handelskammer
IKRK/I.K.R.K	Internationales Komitee vom Roten Kreuz
IMRO	Innere Mazedonische Revolutionäre Organisation
Inf.	Infanterie
Inl.	Inland
i.Z.	in Ziffern
JDC/Joint	American Jewish Joint Distribution Committee
JTA	Jewish Telegraph Agency
Kč	Koruna československá (tschechoslowak. Krone)
KdS	Kommandeur der Sicherheitspolizei und des SD
Kdt.	Kommandant
KEV	Komisarstvo po evrejskite văprosi (bulgar. Kommissariat für Judenfragen)
KKL	Keren Kajemeth LeIsrael
KL/KZ	Konzentrationslager
Kp.	Kompanie
KPdSU	Kommunistische Partei der Sowjetunion
Ks	Koruna slovenská (slowak. Krone)
lb.	liebe
Leg.Rat	Legationsrat
Leg.Sekretär	Legationssekretär
LG	Landgericht
lit.	littera (latein. Buchstabe)
LS	Legationssekretär
Lt/Ltn.	Leutnant
M.A.E.	Ministère des Affaires Étrangères de la France (franz. Außenministerium)
MAI	Ministriul Afacerilor Interne (rumän. Innenministerium)
MG	Maschinengewehr
Mg. Ph.	Magister pharmaciae
Min.	Ministerium
Min.Dir.	Ministerialdirektor
Min.-Rat	Ministerialrat
Msgr.	Monsignore
N.V.	Naamloze Venootschap (vergleichbar mit einer deutschen Aktiengesellschaft)
NSDAP/ N.S.D.A.P.	Nationalsozialistische Deutsche Arbeiterpartei
NSDAP/AO	Nationalsozialistische Deutsche Arbeiterpartei/Auslandsorganisation
NSKK	Nationalsozialistisches Kraftfahrkorps
NÚZ	Najvyšši úrad pre zásobovanie (Oberstes Versorgungsamt)
o.D.	ohne Datum
o.J.	ohne Jahr
Oberltn.	Oberleutnant
OD/O.D.	Ordnungsdienst
Of.	Offizier
OKW	Oberkommando der Wehrmacht
OSS	Office of Strategic Services (Nachrichtendienst des US-Kriegsministeriums, 1942–1945)
OT/O.T.	Organisation Todt
PAAA	Politisches Archiv des Auswärtigen Amtes

PCM	Preşidenţia Consiliului de Miniştri (Präsidium des Ministerrats)
pol.	politisch
ppl.	Podplukovnik (Oberstleutnant)
prez.	Prezident (Präsident)
RAM/R.A.M.	Reichsaußenminister
RDB	Reichsbahndirektion
Ref.	Referat
Reg.	Regierung
Reg.Rat	Regierungsrat
Regt.	Regiment
RFSS	Reichsführer SS
RGBl.	Reichsgesetzblatt
RM	Reichsmark
RMdI	Reichsministerium des Inneren
RSHA/ R.S.H.A.	Reichssicherheitshauptamt
SA	Sturmstaffel
SA/S.A.	Sturmabteilung der NSDAP
SD/S.D.	Sicherheitsdienst der SS
S.D.N.	Societé des Nations (franz. Völkerbund)
Sipo	Sicherheitspolizei
Sl Gbl./	Slowakisches Gesetzblatt, Gesetzbuch
sl. Ges.buch /	
Sl.z.	Slovenský zákonník
SĽS	Slovenská Ľudová Strana (Slowakische Volkspartei)
SNP	Slovenské národné povstanie (Slowakischer Nationalaufstand)
SS-H'Stuf/	SS-Hauptsturmführer
SS-Hauptstuf.	
SS-OGruf.	SS-Obergruppenführer
SS-O'Stubaf.	SS-Obersturmbannführer
SS-Stubaf.	SS-Sturmbannführer
St.S.	Staatssekretär
stellv./Stellv./Stv.	Stellvertretend/Stellvertreter
SU	Sowjetunion
SŽ	Slovenská Železnica (Slowak. Eisenbahn)
Tgb.	Tagebuch
UdSSR	Union der Sozialistischen Sowjetrepubliken
ÚHÚ	Ústredný hospodársky úrad (Zentralwirtschaftsamt)
ul.	ulica (Straße)
undat.	undatiert
ungez.	ungezeichnet
UNRRA	United Nations Relief and Rehabilitation Administration
Úr.Nov.	Úradné noviny (Slowak. Amtsblatt)
ÚŠB	Ústredňa štátna bezpečnosť (Staatssicherheitszentrale der Slowakei)
UStS/U.St.S.	Unterstaatssekretär
ÚŽ/U.Z.	Ustredňa Židov (Judenzentrale)
v.J.	vorigen Jahres
v.M.	vorigen Monats

VEJ	Die Verfolgung und Ermordung der europäischen Juden durch das nationalsozialistische Deutschland 1933–1945 (Edition)
VerfGEs.	Verfassungsgesetz
V-Mann	Verbindungsmann
VO	Verordnung
vol.	volume (engl.) / volum (rumän.): Band
Vomi	Volksdeutsche Mittelstelle
Vorg.	Vorgang
WJC	World Jewish Congress
WRB	War Refugee Board
WZO	World Zionist Organization
z.b.V./ZbV/ Z.b.V.	zur besonderen Verwendung
z.d.A.	zu den Akten
z.Hd.	zu Händen
Zion.	zionistisch
Zl.	Zahl

Verzeichnis der im Dokumententeil genannten Archive

American Jewish Archives (AJA), Cincinnati
Archiv na Ministerstvo na vătrešnite raboti (AMVR, Archiv des Ministeriums für innere Angelegenheiten), Sofia
Archiv des Internationalen Komitees vom Roten Kreuz (IKRK), Genf
Archives du Ministère des Affaires Étrangères de la France (MAE), Paris
Arhive ale Ministerului Afacerilor Externe (AMAE, Archive des Außenministeriums), Bukarest
Arhivele Militare Române (AMR, Rumänische Militärarchive), Piteşti
Arhivele Naţionale ale României (Nationale Archive Rumäniens), Cluj
Arhivele Naţionale Direcţia Timişoara, Timişoara
Arhivele Naţionale Istorice Centrale (ANIC, Nationale Historische Zentralarchive), Bukarest
Beit Lochamei haGeta'ot (BLHG, Haus der Gettokämpfer)
Bundesarchiv (BArch), Berlin/Freiburg/ Ludwigsburg
Central Zionist Archives (CZA), Jerusalem
Centralen dăržaven archiv (CDA, Zentrales Staatsarchiv), Sofia
Consiliul Naţional pentru Studierea Arhivelor fostei Securităţii (CNSAS, Nationaler Rat zum Studium der Akten der ehemaligen Staatssicherheit), Bukarest
Dăržaven veonnoistoričeski archiv (DVIA, Staatliches Militärhistorisches Archiv), Veliko Tărnovo
Familienarchiv Dan Berindei, Bukarest
Familienarchiv Ilinca Bossy, London
Familienarchiv Marguerite Dorian, USA
Institute for Studies of the Recent Past (IIBM), Sofia
Institutul Naţional pentru Studierea Holocaustului din România (INSHR, Nationales Institut zur Erforschung des Holocaust in Rumänien), Bukarest
Joint Distribution Committee Archives (JDC), Jerusalem und New York
Moreshet Mordechai Anielevich Memorial Holocaust and Research Center, Givat Haviva
Politisches Archiv des Auswärtigen Amts (PAAA), Berlin
Schweizerisches Bundesarchiv (BAR), Bern
Slovenský národný archív (SNA, Slowakisches Nationalarchiv), Bratislava
Štátny archív v Bratislave, pobočka Modra (ŠABpM), Modra
Strochlitz Institute for Holocaust Research, Haifa
The National Archives (NA Kew), London
United States Holocaust Memorial Museum (USHMM), Washington, D.C.
US National Archives and Records Administration (NARA), College Park/ Maryland
Yad Vashem Archives (YVA), Jerusalem

Systematischer Dokumentenindex

Die angegebenen Zahlen beziehen sich auf die Nummern der Dokumente.

Register der Institutionen, Firmen und Zeitschriften

Zeitungen und Zeitschriften sind ins Register nur aufgenommen, wenn der Text Informationen über die Zeitung/Zeitschrift als Institution enthält (z. B. Erscheinungszeitraum, Herausgeber), nicht, wenn sie lediglich erwähnt oder als Quelle genannt werden.

Internationale Institutionen

Deutsches Reich

Slowakei

Ortsregister

Orte, Regionen und Länder sind i. d. R. nur verzeichnet, wenn sie Schauplätze historischen Geschehens sind, jedoch nicht, wenn sie nur als Wohnorte erwähnt werden.
Die Namen größerer Orte, bei denen auch eine deutsche Form gebräuchlich ist, werden auf Deutsch verzeichnet, bei anderen in den Dokumenten eingedeutschten Namen wird der jeweils 1941 völkerrechtlich gültige Name in Klammern hinzugefügt (dies gilt analog für russische, jiddische etc. Namensvarianten). Taucht ein Ortsname in den Dokumenten in mehreren Varianten auf – einschließlich der völkerrechtlich gültigen –, werden diese im Register durch Schrägstriche getrennt aufgelistet und der völkerrechtlich gültige Name an erster Stelle genannt. Unterscheiden sich die Varianten nur marginal (z. B. durch das Fehlen von Sonderzeichen), werden sie nicht alle aufgeführt; ist die Diskrepanz wesentlich, wird jeweils auf die völkerrechtlich gültige Schreibweise verwiesen. Sonderzeichen werden den betreffenden Buchstaben des Alphabets zugeordnet (also steht ą bei a, č bei c, ł bei l usw.).

Personenregister

In Fällen, in denen der Vorname unbekannt ist, folgt in Klammern eine Angabe zu Beruf bzw. Funktion oder Rang, wenn diese nicht bekannt sind, eine Ortsangabe.

DEUTSCHES REICH
Olomouc (Olmütz)
Brno
(Brünn)
March
SLOWAKEI
Kassa
(Košice/
Kaschau)
Munkács
Theiß
Bratislava
(Pressburg)
Wien
zu Deutschland
zu Ungarn
Österreich
Tokaj
Donau
Győr
(Raab)
Budapest
Debrecen
UNGARN
Nagyvárad
(Oradea/Großwardein)
Graz
Plattensee
Maribor
(Marburg)
SLOWENIEN
zu Ungarn
Drau
Pécs
(Fünfkirchen)
Szeged
Arad
Subotica
BATSCHKA
zu Ungarn
Timişoara
(Temesvar)
Zagreb (Agram)
Sisak
(Sissek)
Osijek
(Esseg)
Novi Sad
(Neusatz)
Theiß
WESTBANAT
Donau
Save
Orşova
Belgrad
UNABHÄNGIGER
STAAT KROATIEN
Drina
Zvornik
Vidin
Travnik
SERBIEN
unter dt. Besatzung
Zadar
unter italien.
Besatzung
Sarajevo
Split
Niš
Pirot
Mostar
MONTENEGRO
italien. Protektorat
Priština
(Prishtina)
unter bulgar.
Besatzung
KOSOVO
zu Albanien
Dubrovnik
Kotor
(Cattaro)
unter italien. Besatzung
Prizren
Skopje
Shkodra
(Skutari)
Adria
ALBANIEN
MAZEDONIEN
unter bulgar. Besatzung
Durrës
(Durazzo)
Ohrid
Bitola
(Manastir)
ITALIEN
Bari